山东省重大理论与实践问题研究课题

波澜壮阔的历史篇章

——山东改革开放40周年

大事记

赵国卿 主编

山东人民出版社 · 济南
国家一级出版社 全国百佳图书出版单位

图书在版编目（CIP）数据

波澜壮阔的历史篇章：山东改革开放40周年·大事记/赵国卿主编. --济南：山东人民出版社，2018.12
（波澜壮阔的历史篇章：山东改革开放40周年系列丛书）
ISBN 978-7-209-10598-9

Ⅰ. ①波… Ⅱ. ①赵… Ⅲ. ①改革开放－大事记－山东 Ⅳ. ①D619.52

中国版本图书馆CIP数据核字(2018)第265906号

波澜壮阔的历史篇章
BOLANZHUANGKUO DE LISHI PIANZHANG
——山东改革开放40周年·大事记
赵国卿　主编

主管部门　山东出版传媒股份有限公司
出版发行　山东人民出版社
出 版 人　胡长青
社　　址　济南市英雄山路165号
邮　　编　250002
电　　话　总编室（0531）82098914
　　　　　市场部（0531）82098027
网　　址　http://www.sd-book.com.cn
印　　装　山东新华印务有限责任公司
经　　销　新华书店

规　　格　16开（169mm×239mm）
印　　张　15.5
字　　数　220千字
版　　次　2018年12月第1版
印　　次　2018年12月第1次
ISBN 978-7-209-10598-9
定　　价　400.00元（全九册）

《波澜壮阔的历史篇章——山东改革开放40周年》系列丛书编委会

前　言

四十年的奋斗波澜壮阔，四十年的成就举世瞩目。改革开放以来，中国走过了极不平凡的光辉历程，创造了世人瞩目、彪炳史册的人间奇迹。山东作为经济大省、人口大省、文化大省，在改革开放的大潮中，始终与全国改革开放步伐一致、同频共振，始终敢闯敢试，领风气之先、立时代潮头。在党中央的坚强领导下，山东人民接续奋斗、砥砺前行，坚持以经济建设为中心，不断解放思想、改革创新，开拓进取、扎实工作，取得了经济社会发展的辉煌成就。

在纪念改革开放40周年之际，山东省委宣传部组织专家学者编写了《波澜壮阔的历史篇章——山东改革开放40周年》系列丛书，既是对山东40年改革开放历史的回顾与记录，也是对山东改革开放宝贵经验的提炼与总结。丛书具有较强的理论性、通俗性和实践性，对广大党员干部群众进一步深化对改革开放的认识，扩大开放的信心和决心，在新的历史起点上继续解放思想、坚持改革开放，进而在全面建成小康社会进程中走在前列，在社会主义现代化建设新征程中走在前列，全面开创新时代现代化强省建设新局面，具有重大的现实意义和深远的历史影响。

目 录

1978年

12月18日至22日 党的十一届三中全会在北京召开。全会作出把党和国家工作重点转移到社会主义现代化建设上来、实行改革开放的历史性决策，强调在党的生活和国家政治生活中加强民主，重新确立了马克思主义的思想路线、政治路线和组织路线，实现了党的历史上具有深远意义的伟大转折。12月24日至30日，山东省委召开常委会，学习党的十一届三中全会精神，一致拥护党的十一届三中全会作出的一系列重大决策，在把全党工作的重点转移到社会主义现代化建设上来等一些重大问题上统一了认识。24日，山东省委发出通知，要求全省各级党组织立即组织党员、干部、群众认真学习和深刻领会全会公报，把广大干部群众的思想和行动统一到党的十一届三中全会精神上来，坚决实现工作重点的转移。

1979年

1月4日至24日　省委召开工作会议，研究贯彻党的十一届三中全会精神，落实工作重点转移的各项措施。会议认真学习了党的十一届三中全会和中央工作会议文件，围绕全党工作重点的转移，就历史遗留问题和“文化大革命”中省委工作的经验教训，敞开思想谈意见。会议提出了顺利实现工作重点转移、加快社会主义现代化建设的措施。会议确定将党的十一届三中全会精神的传达一竿子插到底。这次工作会议，对党的十一届三中全会作出迅速有力的安排，为实现全省工作重点的转移奠定了基础。省委工作会议以后，全省各县普遍召开四级干部会议，传达贯彻党的十一届三中全会精神。到2月底，党的十一届三中全会精神普遍传达到基层干部和广大群众中去。

1月17日　中共中央批准山东省委提交的《关于解决“二·三夺权”问题的请示报告》。19日，省委将中央批复的《关于解决“二·三夺权”问题的请示报告》印发党内，传达到群众。报告宣布：“二·三夺权”是反革命夺权，应予全盘否定。“文化大革命”前的省委、省人委的成绩是主要的，山东各级党组织和广大党员、干部，绝大多数是好的和比较好的。对在“二·三夺权”中被公开点名批判的谭启龙、白如冰、王众音等同志，予以彻底平反，恢复名誉；对遭受迫害的群众组织，一律予以平反；对一切假案、错案、冤案，以及所有受迫害的干部、群众，一律予以平反，一切诬蔑不实之词统统推倒。24日，省委召开全省有线广播大会，省委第一书记宣读了中央批示和省委的报告全文。从此，山东省委和各级党委对“文化大革命”中形成的24.5万起案件全部进行了复查，对冤假错案一一进行了平反纠正。

2月12日至20日　省委宣传部召开各地（市）委宣传部长会议，传达了中央召开的宣传部长会议精神，研究了学习、宣传党的十一届三中全会精神的问题。与此同时，《大众日报》等报刊都加大了对党的十一届三中全会精神的宣传力度。在很短的时间内，全省上下掀起了学习党的十一届三中全会精神的高潮。

2月28日　省委为一批被错误批判的文艺作品公开平反。继为长篇小说《铁道游击队》、话剧《不平静的海滨》、柳子戏《孙安动本》等作品平反之后，省文联召开落实文艺作品政策座谈会，为过去被错误批判的又一批文艺作品平反。会议宣布对余修、吴富恒、刘知侠、丁秀生、苗得雨等人及其作品的批判是错误的，应彻底平反，恢复名誉。4月，省委组织部、省委宣传部、省文化局、省文联联合召开全省文艺界落实知识分子政策会议。会后联合下发了《关于印发〈全国文艺界落实党的知识分子政策汇报座谈会纪要〉的通知》，《通知》下达后，山东文艺界拨乱反正、纠正冤假错案工作开始进入新阶段。

3月19日至21日　省委召开地（市）委书记会议，着重研究了农村工作，强调集中主要精力把农业尽快搞上去是全党工作重点转移的首要任务。会议讨论了省委、省革委《关于落实农村经济政策若干问题的试行规定》。《规定》对农村人民公社体制、尊重基本核算单位自主权、建立生产责任制、搞好收益分配、减轻农民负担、社员自留地、家庭副业和农村集市贸易、农副产品收购、农田基本建设、农业机械化和农、林、牧、副、渔全面发展等有关农村经济政策的若干问题作出了具体规定。4月5日，省委将《规定》印发各地试行。同年10月，省委召开工作会议，正式通过了《中共山东省委关于落实农村经济政策若干问题的规定》。

3月24日 省委发出《关于大力发展社队企业的通知》，号召大力发展社队企业。要求社队企业坚定不移地走一种、二养、三加工、四采矿的路子；大力组织城乡协作，搞好城市工业品扩散；试办农工联合企业；加强社队企业的计划管理和经济扶持；认真执行各项政策，坚持社办社有、队办队有和按劳分配原则；加强对社队企业的领导，建立各级社队企业的领导，建立各级社队企业管理机构。

4月5日至28日 中共中央召开工作会议，提出了对国民经济实行“调整、改革、整顿、提高”的八字方针，决定集中3年时间搞好整个国民经济的调整、改革、整顿、提高工作。5月5日至13日，山东省委召开工作会议，贯彻中央工作会议精神，研究山东国民经济调整的具体政策和措施。5月17日至25日，山东省革委会召开全省计划会议，学习讨论中央工作会议精神，提出了调整国民经济的10项主要任务。

4月14日至24日 省委、省革委召开全省教育工作会议，决定进行中等教育结构改革。会议提出了中等教育结构改革的初步意见，提出有计划地扩大中等专业学校、技工学校、农业中学和各种职业学校在中等教育中的比重，并提出了教育结构改革试点，拉开了山东中等职业教育改革的序幕。会后，首先在济南、青岛两个市进行了试点。

4月 省委、省革委召开全省工业工作会议。会议要求当年全省的主要产品质量达到“三三四”，即优级品达到百分之三十、一级品达到百分之三十、二级品达到百分之四十，努力赶超国内外先进水平。对原材料的消耗，一律达到计划要求，要消灭经营性亏损，政策性亏损也要大力压缩，要增加花色品种。会议还要求，要把科技工作列入党委的重要议事日程，建立健全科技管理和科技机构，大力开展群众性“双革”活动。到年底，全省工交战线技术革新取得丰硕成果，全年共实现技术革新3.1万余项，其中重大项目3253项。

6月1日至10日 全省基本建设会议在济南召开。会议贯彻落实中央关于调整国民经济的方针和全国基本建设工作会议精神，提出在两三年内把全省基本建设调整好、改革好、整顿好、搞上去。会议提出了搞好基本建设调整的措施：一是认真清理在建项目，切实缩短基本建设战线。二是积极创造条件，逐步改革基本建设管理体制。三是认真整顿加强基本建设的管理，坚决按基本建设程序办事。四是进一步搞好企业整顿，努力提高管理水平和技术水平。五是广泛、深入、持久地开展增产节约运动。7月7日，省委批转了这次会议的报告，提出各级党委必须下决心缩短基建战线，集中力量打歼灭战，切实提高投资效果。

7月26日至8月6日 中共中央副主席邓小平来山东视察。视察中，邓小平明确提出山东要对实践是检验真理的唯一标准问题的讨论进行补课。邓小平讲话后，8月2日至5日，山东省委在烟台召开地（市）委书记会议，传达贯彻邓小平在青岛视察时的重要谈话，研究部署了在全省深入开展真理标准问题讨论补课的问题。要求各级党政领导机关、各部门、各基层单位都要重新学习党的十一届三中全会文件，继续开展真理标准问题的讨论，重点是在职干部，特别是县以上领导干部更要学习好、讨论好。8月20日，全省宣传工作会议对真理标准问题讨论补课的问题再次进行了部署。这次真理标准讨论为时半年多，是“文化大革命”结束后山东开展的第一次解放思想大讨论。

8月17日至23日 全省农业机械化会议在掖县召开。会议研究了3年调整期间本省农业机械化问题。9月5日，省委、省革委作出3年调整时期农业机械化有关问题的决定，提出在3年调整时期全省农业机械化总要求是：坚持质量第一，以配套、维修为重点，充分发挥现有农业机械的作用，集中力量打歼灭战，在整顿提高的基础上加快发展。决定提出以提高单位面积产量，提高商品率和劳动生产率，促进农、林、牧、副、渔全面发展为主要目的，按照投资少、收益大、见效快的要求，从实际出发，因地制宜有选择地进行。近两年的主攻方向是：三夏三秋两农忙季节，小麦、地瓜、玉米、花生、棉花5种作物主要生产环节的机械化。

8月至12月 全省开展大规模民主法制宣传教育活动，宣传全国人大五届二次会议关于民主和法制建设的有关内容。6月18日至7月1日召开的全国人大五届二次会议，通过了《中华人民共和国全国人民代表大会和地方各级人民代表大会选举法》等7个重要法律，标志着我国社会主义民主和法制进入一个新阶段。为使7个法律达到家喻户晓，7月10日至13日，山东省委宣传部召集部分理论工作者、各地（市）委和各大企业党委宣传部（处）的负责人会议，要求在全省范围内迅速掀起学习、落实全国人大五届二次会议精神的热潮。8月，根据省委的部署，全省各地广泛开展关于民主和法制的宣传教育活动。为搞好这一活动，全省县以上党委主要进行了5项工作：一是层层培训领导骨干；二是培训宣传员；三是进行试点；四是调查研究；五是编印宣传教育材料，开展各种形式的宣传活动。11月，全省举行了第一个民主和法制教育宣传月活动。为了更深入地开展民主法制宣传教育，省委宣传部还在胶县召开了经验交流会。

10月3日　青岛市与日本山口县下关市正式缔结为友好城市。议定书签字仪式在下关市举行，这是山东与国外缔结的第一对友好城市关系。此后，到1987年，山东省10个省辖市先后与日本、英国、美国、加拿大、墨西哥、新西兰、西德等8个国家的19个城市缔结了友好关系。这些友好关系的缔结，增进了双方政府及民间的交往，推动了经济、科技、文化等方面的交流与合作。

10月24日至11月2日　省委召开工作会议，落实党的十一届四中全会精神，研究进一步调整国民经济比例关系的措施和办法。会议提出了调整好农业内部的比例关系，把经济作物和林、牧、副、渔业搞上去，适当加大林、牧、副、渔各业的投资比重；调整工业内部的比例关系，加快轻纺、电子工业发展；调整积累和消费的比例关系，缩短基本建设战线，把山东经济搞得活一些，好一些，快一些。11月下旬，为搞好国民经济调整工作，省委、省革委组织300多名省直机关干部，分为8个大组、55个小组，分赴基层开展经济问题的调查研究。

12月5日至8日　山东省城市治安工作会议在济南举行。会议研究了山东城市治安存在的问题，讨论了整顿城市社会治安的具体措施。会议确定全省统一行动，集中整顿城市治安秩序，依法严惩各种严重破坏社会秩序的犯罪分子。整顿的重点是济南、青岛、淄博、枣庄4个省辖市、9个地区行署所在地、铁路沿线、旅游胜地和工矿区。遵照省委决定，各地立即行动，重点对大中城市秩序进行了整顿。

12月14日至22日 政协山东省四届二次会议在济南召开。会议确定了政协工作的重点要转移到为四个现代化建设服务的轨道上来，会议选举高克亭为省政协主席。

12月15日至22日 省五届人大二次会议在济南召开。会议根据新颁布的《中华人民共和国各级人民代表大会和地方各级人民政府组织法》的规定，选举产生了山东省第五届人民代表大会常务委员会，作为省人民代表大会的常设机关，选举赵林为主任。撤销了山东省革命委员会，选举产生了第五届山东省人民政府，选举苏毅然为省长。会议选举了省高级人民法院院长，选举了省人民检察院检察长。这次会议，从组织上彻底清除了“文化大革命”的影响，加强了政权建设，为实现工作着重点转移提供了组织保证。

本年度 全省完成国内生产总值251.60亿元，其中第一、第二、第三产业分别为91.12亿元、127.68亿元、32.80亿元。全社会固定资产投资额61.35亿元，地方财政收入56.99亿元，社会消费品零售总额92.22亿元。

1980年

1月上旬 省委、省政府召开全省棉花生产会议。会议传达了全国棉花生产会议精神，研究了如何尽快地把本省棉花生产搞上去的问题，作出了《山东省人民政府关于加速发展棉花生产的决定》，制定了发展棉花生产的政策。会议对棉区提出要狠抓关键性生产措施，把棉花生产搞上去的要求。为切实抓好棉花生产，4月初在临清县召开棉花生产备播现场会，研究棉花播全苗的措施。秋初在聊城召开汇报会，交流各地棉花生产情况，研究棉田后期管理、夺取当年棉花丰收的问题。由于措施得力，当年，全省棉花收购量达到1074.64万担，超过历史最高收购量1倍，居全国首位。

1月29日至2月3日 省委、省政府在济南召开全省计划生育先进集体、先进个人代表会议，提出：为尽快把全省人口自然增长率降下来，使人口增长与国民经济的发展相适应，全省计划生育工作的重点要迅速转移到一对夫妇最好只生一个孩子上来。2月，省委、省政府发出《关于认真搞好计划生育工作的通知》，确定在全省推行一对夫妇只生一个孩子政策，并要求3月在全省城乡掀起一对夫妇只生一个孩子的报名热潮。通知下达后，全省各地大力贯彻落实，到3月底，全省报名只生一个孩子的夫妇达117万多对，占应生一孩育龄夫妇的77%以上。3月31日，省五届人大常委会二次会议批准实施《山东省关于计划生育若干问题的试行规定》，该规定对每对夫妇只生一个孩子作了详细的政策规定。

2月1日 国务院下达《实行“划分收支，分级包干”财政管理体制的暂行规定》，对财政管理体制进行了重大改革。山东据此开始实行“划分收支，分级包干”的财政管理体制。同年，山东省对地（市）实行“比例上交”和“定额补助”的办法。

2月6日 省委、省政府发出《关于发展城镇集体所有制工业企业若干政策问题的规定（试行草案）》。《规定》指出，今后对城镇集体所有制工业企业，在政治上、经济上都不应有任何歧视，不得随意“升级”“过渡”，改变其所有制性质；也不得以任何方式平调其财产。《规定》还提出了城镇集体所有制工业企业管理体制、生产资金与税收、收益分配、职工待遇、经营管理等8个方面的政策措施。

3月11日 省委、省政府发出《关于进一步落实知识分子政策的通知》，《通知》对知识分子的合理安排使用、大力选拔和培养科技人才、解决知识分子的政治待遇、尽快解决高中级知识分子夫妇两地分居、改善知识分子的住房条件、加强对知识分子的政治思想教育、改善科研实验手段以及加强科技干部管理等方面提出了具体要求。至年底，山东各级党组织为1.4万余名干部解决了夫妻两地分居的问题，发展8500多名各类专业人员入党，同时，知识分子的工作条件、政治待遇、生活条件得到了改善。

3月15日至21日 省委在济南召开三届六次全委会，学习贯彻党的十一届五中全会精神。2月23日至29日，党的十一届五中全会在北京举行，会议的主要议题是加强和改善党的领导。会议通过了《关于党内政治生活的若干原则》，讨论了《中国共产党章程》修正草案，并决定印发全党讨论。3月15日，省委为贯彻落实党的十一届五中全会精神召开了三届六次全委会，对加强和改善党的领导，搞好党政分工，积极搞好领导班子建设，选拔培养德才兼备的中青年干部，在党内普遍进行一次深入的思想政治教育，贯彻执行《准则》，整顿党风党纪，抓紧对因刘少奇冤案受株连的案件平反纠正等工作进行了部署。会后，全省各地抓紧对党员进行思想政治教育。到4月底，全省轮训党员150万名，占党员总数的52%。

4月23日 省委发出《关于加强农村人民公社经营管理工作的指示》，要求各地根据不同情况实行不同形式的农业生产责任制。《指示》指出，建立健全生产责任制是搞好农村人民公社经营管理的重要内容，各单位的情况不同，责任制的具体形式应当从自己的实际情况出发，不搞一刀切。凡是有利于发展生产、有利于巩固和壮大集体经济、群众愿意实行的，都要肯定，并加强指导，使其进一步完善提高。至6月底，全省37.2万多个核算单位，实行各种形式生产责任制的近35.7万个，占基本核算单位总数的95.8%。

6月6日至11日 省委召开地（市）委书记会议，研究了积极选拔大批中青年干部，妥善安排年老体弱和难以坚持日常工作的干部，认真调整那些实践证明表现不好和不胜任现职的干部的问题。会议指出，上述三项工作是“三位一体”的任务，各级党委都要按照这一原则和领导班子年轻化、专业化、精干的要求，力争在两年左右的时间内把全省人民公社以上单位的领导班子调整好。会议讨论了省委组织部起草的4个相关文件，确定在部分大专院校开设干部培训班。根据这次会议要求，9月18日，省委批转了省委组织部《关于进一步调整好领导班子的意见》，对调整领导班子的有关问题提出了进一步要求。

6月25日至7月4日 山东省第四次文学艺术工作者代表大会在济南召开，全省文学、戏剧、美术、音乐、曲艺、舞蹈、摄影、民间文学、杂技等各方面的代表出席了会议。会议回顾和总结了本省30年来文艺工作的经验和教训，商讨了文艺如何为四个现代化建设服务的问题，提出了新时期文艺工作的任务。会议修改和制定了省文联和各个协会、分会的章程，选举产生了新的领导机构。这次大会，不仅实现了全省文艺队伍的重组，也标志着全省文艺工作实现了工作重心转移。

7月9日 省委组织部制定《关于全省1980年至1983年干部培训规划》。《规划》指出，随着全党工作着重点的转移，我们面临着人才不足的困难，重新教育干部已经成为当务之急。要求全省88万名干部，到1983年基本轮训一遍。

8月14日 省委、省政府制定《关于进一步搞活商品流通若干问题的暂行规定》。《规定》要求改进商品（主要指工农业产品）的购销形式，进一步疏通商品流通渠道。文件下达后，流通领域的改革开始在全省展开。

8月25日至31日 省委在济南召开全省工业调整工作会议，研究工业调整工作。会议要求各工业部门贯彻中央提出的“发挥优势，保护竞争，推动联合”的方针，进一步把企业搞活，把生产搞上去。到年底，全省对工业调整取得初步成效。首先是对经济效果很差又没有发展前途的356个工业企业进行了关停并转，通过关停并转加强了轻纺电子工业，增加了短线产品的生产。其次是按专业化协作的原则进一步把工业企业组织起来。共组织了87个专业公司和总厂，1014个企业实行了专业化协作。第三是搞好扩大企业自主权试点。全省第一批试点的58个企业从八九月份全面展开工作，取得了良好成效。

9月下旬 省委、省政府召开全省劳动就业工作会议。会议传达了全国劳动就业工作会议精神，研究部署了本省劳动就业工作。会议指出，在解决劳动就业问题上，要放宽政策，广开就业门路，逐步改革现行劳动体制和招工办法，改变城镇劳动力由国家“统包统配”的做法，实行在国家统筹规划的指导下，劳动部门介绍就业、自愿组织起来就业和自谋职业相结合的方针。要逐步推行公开招工、择优录用的办法，使企业能够根据生产需要选择人员，劳动者能够把国家需要和个人专长、志向结合起来选择职业。在控制大中城市人口的前提下允许城镇劳动力在一定范围内流动。会议确定，从本年起不再动员城镇中学毕业生上山下乡，目前仍在农村插队的下乡知青，要在本年招工中先安排就业。11月29日，省委、省政府印发了这次会议的纪要。

10月6日至14日 省委召开地（市）委书记座谈会，传达贯彻中央座谈会精神，研究部署加强和完善农业生产责任制的工作。会议要求迅速将中央印发的座谈会纪要《关于进一步加强和完善农业生产责任制的几个问题》传达到广大干部群众中去，进一步澄清在农业生产责任制，特别是包产到户问题上的不同看法。今冬明春各地要把加强和完善农业生产责任制作为一件大事来抓，对现行的各种形式的生产责任制和社队的经营管理进行一次全面总结检查，整顿提高；积极地有步骤地推行联产计酬责任制。会议结束后，各地（市）、县迅速召开会议学习中央文件，贯彻落实省委的部署。之后，全省各种形式的农业生产责任制得到广泛发展。到年底，全省农村人民公社37万多个核算单位，实行小段包工、定额计酬的占

56%；实行联产计酬、责任到队、到组、到劳的占32%。

10月27日至11月2日 全省第一次司法行政工作会议在济南召开。会议提出，加速各级司法行政机构的建立、健全，努力建设一支坚强的司法干部队伍，是当前司法行政工作的首要任务。这次会议，对恢复和加强全省司法行政工作起到很大促进作用。

11月28日至12月7日 政协山东省四届三次会议在济南召开。大会通过了《中国人民政治协商会议山东省第四届委员会第三次会议政治决议》，通过了省政协常委会所作的工作报告，听取并通过了政协山东省四届三次会议提案审查委员会关于提案审查的报告。

11月30日至12月7日 省五届人大三次会议在济南举行。会议审议通过了《关于1980年国民经济计划执行情况和1981年国民经济计划安排意见的报告》、山东省人大常委会的工作报告以及省法院、省检察院的工作报告，增补了3名副省长。

本年度 全省完成国内生产总值292.13亿元，其中第一、第二、第三产业分别为106.43亿元、146.11亿元、39.59亿元。全社会固定资产投资额69.97亿元，地方财政收入48.11亿元，社会消费品零售总额114.01亿元。

1981年

1月7日至23日 省委在济南召开工作会议，贯彻中共中央工作会议确定的经济上进一步调整、政治上进一步安定的重大方针。会议确定了国民经济“节发展，求安定，压积累，保消费，速度服从调整，讲求经济效益”的指导思想。会议要求，下决心压缩基本建设，认真抓好企业的关停并转，努力增收节支，做到财政收支平衡。

1月13日 省委发出《关于成立对台工作小组加强对台工作的通知》，决定成立省委对台工作小组；各地（市）委及对台工作任务较重的县（市、区）也要成立对台工作机构，加强对台工作。《通知》指出对台工作的主要任务是：向党内外进行对台政策教育；组织对台宣传；做好对台湾同胞、去台人员家属以及其他同台湾有关人士的团结教育和落实政策工作；开展同台方人员的交往和通信工作；接待回大陆参观、探亲的台湾各界人士，做好台湾同胞回大陆定居的安置工作。

1月23日 省委、省政府发出《关于实行粮食购销差额管理、调拨包干办法的通知》，确定从本年起，改变过去粮食由省统收统支的管理体制，实行粮食购销差额管理、调拨包干办法，3年不变。3月下旬，全省粮食工作会议对实行粮食购销差额管理、调拨包干办法作了进一步部署。

2月25日至3月1日 省委组织部、省委宣传部联合召开全省干部教育工作会议，部署了在职干部理论学习的规划和全省干部教育的任务。会议肯定了党的十一届三中全会以来全省干部教育工作取得的成绩，讨论修改了《1980年至1983年全省干部教育工作规划》，5月18日由省委批转各地执行。

3月4日 省委宣传部和省教育厅、省文化局、省卫生厅、省公安厅联合发出《关于贯彻中宣部、教育部、文化部、卫生部、公安部联合通知精神，开展文明礼貌活动的通知》，要求全省各级党组织和政府把开展以"五讲"（讲文明、讲礼貌、讲卫生、讲秩序、讲道德）"四美"（心灵美、语言美、环境美、行为美）为主要内容的文明礼貌活动作为建设社会主义精神文明的大事抓好。

4月20日 省委、省政府发出关于认真贯彻《中共中央、国务院转发国家农委〈关于积极发展农村多种经营的报告〉的通知》，要求各级党委和政府全面贯彻"决不放松粮食生产，积极开展多种经营"的方针，进一步活跃农村经济。5月1日至6日，省委召开地（市）委书记会议，着重讨论发展农村多种经营问题。会议提出在全省目前社员自留地占总耕地面积6.2%的基础上，再扩大1倍，达到10%—15%，会后，省政府制定了《山东省农村多种经营发展规划要点（试行草案）》，于11月28日印发各地。全省各地在抓好粮食生产的同时，积极发展经济作物和多种经营，过去那种只注重单一搞粮食生产，忽视经济作物和林、牧、副、渔以及其他多种经营的状况开始改变。

4月25日至30日 全省农业生产责任制座谈会召开。会议讨论了加强和完善农业生产责任制问题，形成了《全省农业生产责任制座谈会纪要》。5月16日，省委将《纪要》批转全省各地执行。到年底，全省农村基本核算单位中，落实不同形式责任制的达99.6%。

4月27日至5月3日　中共中央总书记胡耀邦视察山东。期间视察了日照石臼所港和临沂、蒙阴、泰安等地，参加了省、市和驻济部队庆祝“五一”国际劳动节联欢晚会，接见了在济南的劳模和科技、文教界的代表及爱国人士，出席了全省地（市）委书记会议。胡耀邦在山东视察期间对山东工作提出了四条意见。

6月4日至6日　鉴于山东财政连续两年出现赤字，财政困难已成为牵动全省大局的突出问题，省委召开财政工作会议，集中研究解决财政困难问题。会议要求，各条战线都要努力搞好生产，千方百计增产增收，认真进行企业整顿，大力扭亏增盈，严格厉行节约，大力压缩非生产性开支，严格财政管理，严肃财政纪律。12日，省委、省政府发出《关于加强财政工作，克服当前财政困难的通知》和《关于抓好今年工交生产努力实现增产增收的通知》。由于加强了企业整顿和增产节约、增收节支，又由于当年山东省财政体制改为“总额分成，分级包干，五年不变”。到年底，全省财政状况得到了好转。

6月　全省选拔一大批优秀中青年干部进入各级领导岗位。自1980年6月以来，各级党委按照中共中央提出的“三位一体”调整领导班子的要求和省委的部署，积极慎重地选拔了一大批中青年干部充实各级领导班子。到本年6月，全省共提拔县级以上领导干部2424名，其中年龄在50岁以下的1474名，占60.8%；高中以上文化程度的1181名，占总数的48.7%；地（市）、厅（局）级干部183名。

7月13日 省委、省政府发出关于普及小学教育的通知。通知要求全省大部分地区1985年前要基本普及小学教育，有条件的县（市）还要进一步普及初中教育。学龄儿童入学率已达95%以上的县（市），今后主要任务是提高巩固率，提高教育质量；入学率在90%以上，不到95%的县（市），要继续提高入学率，减少流动率，1985年达到普及小学教育；少数入学率不足90%的山区、湖区和经济困难的地方，要于1990年前普及小学教育。《通知》提出，为实现上述目标，必须坚持“两条腿走路”的方针，以国家办学为主体，充分调动社队集体、厂矿企业等各方面办学的积极性，还要鼓励群众自筹经费办学。

7月15日至25日 省委举行三届八次全会，传达贯彻党的十一届六中全会精神。会议传达学习了《关于建国以来党的若干历史问题的决议》等文件，回顾总结了历史经验，在一些重大问题上进一步分清了是非，统一了思想。为加强学习《决议》的组织领导，省委还于7月16日专门发出通知，要求全省各地认真组织广大干部、党员学习《决议》，深刻领会精神实质，做到在理论上弄通，思想上提高，认识上统一，实践上运用。

8月30日至9月6日 省委召开全省思想战线问题座谈会。会议传达贯彻邓小平关于加强思想政治工作的讲话和全国思想战线座谈会精神，要求各级党委要理直气壮地向各种错误倾向作斗争，在涉及维护四项基本原则，贯彻党的路线、方针、政策，维护党和人民的利益等重大问题上，必须旗帜鲜明。要运用批评与自我批评的武器，解决当前思想战线存在的问题。此后，全省在思想文化战线展开了反对资产阶级自由化的斗争。

11月22日 新华社报道，鲁西北四区棉粮双丰收。报道说，由于合理调整作物布局，普遍推行联产计酬生产责任制，调动了农民的生产积极性，遭受严重干旱的鲁西北——菏泽、聊城、德州、惠民4个地区今年在夺得棉花持续大丰收的同时，粮食产量也比上年增长。棉花粮食双丰收，使这一片有2200万人口的广大地区，出现了从来没有过的好形势。这4个地区的棉花总产量可超过1000万担，比上年增长二成以上，相当于1979年山东省棉花总产量的3倍多；粮食作物尽管因调整作物布局，面积又比上年减少240万亩，但总产量仍比上年增加15亿斤；集体积累成倍增长，社员人均分配可达124元。“万元户”和“万斤粮户”已不罕见。

12月21日至28日　政协山东省四届四次会议在济南举行。会议传达了全国政协五届四次会议精神，通过了第四届常务委员会的工作报告。

12月23日至28日　山东省五届人大四次会议在济南举行。会议审议并通过了省政府工作报告、山东省1982年经济和社会发展计划、1980年财政决算、1981年财政预算执行情况和1982年财政概算及有关人事任免等。

本年度　全省完成国内生产总值346.57亿元，其中第一、第二、第三产业分别为132.21亿元、155.41亿元、58.95亿元。全社会固定资产投资额79.60亿元，地方财政收入51.19亿元，社会消费品零售总额131.47亿元。

1982年

1月13日至19日　省委在济南召开地（市）委书记会议，传达贯彻中央下发的《全国农村工作会议纪要》（即1982年中央1号文件）精神，研究部署本年度的工作任务。会议要求全省各地（市）一定要按照《纪要》的精神，切实搞好"统"与"包"，凡是"包"没有落实的，要抓紧落实。这次会议，推动了全省农业生产责任制的发展与落实。

1月15日　省委、省政府作出《关于加强农业科学技术工作的决定》。《决定》要求各地尽快建立健全农业科研、技术推广和农业教育3个体系，进一步落实农业科技工作的有关政策，充分调动科技人员的积极性，广泛开展群众性的科学普及活动，提高广大干部群众的科技知识水平，以加快全省农业的发展。

2月23日　省委部署开展"五讲四美"和"全民文明礼貌月"活动。本月14日，中共中央办公厅转发了中央宣传部《关于开展"五讲四美"活动的报告》。《报告》规定每年3月为"全民文明礼貌月"。根据这一指示，省委发出《关于深入开展"五讲四美"、搞好"全民文明礼貌月"活动的通知》，对开展"五讲四美""文明礼貌月"活动作出具体部署。《通知》

要求，“全民文明礼貌月”活动要重点解决“脏”“乱”“差”的问题，对环境卫生、公共秩序和服务质量进行一次全面清理和整顿。第一个“全民文明礼貌月”活动在全省各地迅速开展起来。4月6日，省委又发出《关于经常持久地开展“五讲四美”活动的通知》，提出了巩固发展“全民文明礼貌月”活动成果的11项措施。

4月27日至5月4日 省委、省政府召开全省劳动就业工作会议。会议肯定了全省劳动就业工作取得的成绩，指出3年来在各地、各部门的共同努力下，通过各种渠道，全省城镇已安排就业79.5万余人，历年来积累下来的待业人员基本上都作了适当安置，对于发展国民经济，改善人民生活，促进安定团结起了重要作用。会议强调，解决城镇就业问题是国民经济中的一个重大问题，对城镇待业青年的就业安排，今后主要应通过发展集体经济和个体经济，广开就业门路来解决。6月14日，省委、省政府下发《关于城镇劳动就业问题的几项规定》，对劳动就业中的具体问题作了规定。

4月29日 省委、省政府部署企业整顿工作。1月2日，中共中央、国务院作出《关于国营工业企业进行全面整顿的决定》，要求从1982年起，用两三年的时间，分期分批地对所有工业企业进行全面整顿，以促进全国国民经济状况的根本好转。4月6日至13日，省政府召开全省工业交通工作会议，制定政策，研究措施，强调各地各级都必须按照中共中央、国务院的《决定》精神，开展企业整顿。4月29日，省委、省政府发出关于贯彻执行中共中央、国务院《决定》的意见，对企业整顿工作作出部署。省委、省政府提出，要在3年内把全省4536个县属以上工交企业整顿好。本年度首先要把1266个问题比较多、潜力比较大的县属以上工交骨干企业整顿好，并规定了5项验收标准。全省工业企业整顿的中心是提高经济效益。为加强对企业整顿工作的领导，省委、省政府成立了以苏毅然为组长的企业整顿工作领导小组，统一领导全省企业整顿工作。

5月 全省试点改革农村供销体制。1982年初，中共中央发出了改革农村供销体制的指示，并要求各省（自治区）都要选择一两个县进行试点。按照中央的部署，5月，山东省委、省政府决定，首先将诸城、巨野两个县作为试点进行改革。1983年3月又把日照县作为改革试点。到1983年底，全省农村供销体制改革基本完成。

7月3日至8日 省委、省政府在五莲县召开山区工作会议。会上省委第一书记作了《全党全民动员，加快山区建设步伐》的讲话。会议交流了山区建设的经验，讨论了省委、省政府关于加快山区建设的决定，提出了山区建设的目标和任务。

7月23日至28日 省委、省政府在济南召开全省企业思想政治工作会议。会议分析了全省企业思想政治工作的形势，阐述了新时期思想政治工作的重要地位和作用，提出了企业思想政治工作的根本任务。31日，省委、省政府发出通知，要求各级党委和政府，牢固树立两个文明一起抓的指导思想，在抓好经济建设的同时，大力加强企业的思想政治工作，把企业建成社会主义物质文明和精神文明的坚强阵地。

8月8日 省委发出《关于复议纠正建国以来冤假错案的通知》。《通知》指出，复议纠正建国以来的冤假错案，涉及面广，工作量大，政策性强，情况比较复杂。各级党委要深入学习领会党的十一届六中全会精神，进一步提高认识，解放思想，清除“左”的影响，切实加强对这项工作的领导，各有关部门要密切配合，尽职尽责，善始善终地做好平反纠正冤假错案的工作。

8月10日至24日 省委书记、省长苏毅然率山东省友好代表团访问日本山口县。访问期间，双方签署了山东省—山口县友好省县关系协议，从而掀开了山东省与国外建立友好省县、省道、省州、省区关系的第一页。

8月31日 省委办公厅和省政府办公厅印发《山东省农业生产责任制试行办法》。该办法共50条，对农业生产责任制的形式、农业、林业、畜牧业、渔业、工副业、农业技术推广、农机管理、农田基本建设、财务管理、农业经济合同等方面都作出了具体规定。《试行办法》在全省实施后，对巩固、完善、提高农业生产责任制起到了很大的促进作用。到年底，全省农村42864个基本核算单位，实行联产计酬责任制的占99.7%，其中实行包干到户的占96.8%。至此，全省基本普及了以大包干为主要形式的家庭联产承包责任制。

9月中旬 省委发出通知，对学习宣传党的十二大文件作出部署。9月1日至11日，中国共产党第十二次全国代表大会召开，胡耀邦代表第十一届中央委员会作了题为《全面开创社会主义现代化建设的新局面》的报告，提出了党在新的历史时期的总任务。9月中旬，山东省委发出通知，提出了学习宣传党的十二大会议精神7个方面的要求，要求各级党组织动员广大党员、干部、群众迅速掀起学习宣传党的十二大文件的热潮。20日，省委召开了由省直各部门处以上干部和省军区机关团以上干部共6500多人参加的党的十二大文件宣讲大会。10月，以深入学习贯彻党的十二大文件为主要内容的省委三届九次全委扩大会议召开，会议就如何把党的十二大精神的学习贯彻引向深入，全面开创山东社会主义建设新局面，实现党的十二大提出的战略目标等问题进行了充分研究，从10月开始，全省各级党组织对党员进行以党的十二大新党章为主要内容的集中轮训。

10月下旬 中共中央总书记胡耀邦视察山东。胡耀邦视察了济宁、菏泽地区，先后听取了两个地委及东明、定陶、单县县委的汇报，就落实农村经济政策、农业生产方针、加强能源建设等问题谈了意见。

12月17日 省委发出学习宣传新宪法的通知。11月26日至12月10日召开的第五届全国人民代表大会第五次会议讨论通过的新宪法公布后，山东省委立即发出通知，要求各级党委加强领导，组织各方面的力量，运用各种形式开展对新宪法的学习和宣传活动。

12月20日至27日 政协山东省四届五次会议在济南举行。会议传达了全国政协五届五次会议精神，通过了第四届常务委员会的工作报告。

12月21日至27日 省五届人大五次会议在济南举行。大会一致通过了苏毅然省长所作的政府工作报告，通过了山东省1983年国民经济和社会发展计划，作出了关于山东省第六届人民代表大会代表名额和选举问题的决议等。

12月25日 中共中央决定，梁步庭任山东省委书记、省长；免去白如冰山东省委第一书记职务；苏毅然任山东省委书记，接替白如冰的工作，免去其省长职务。28日，省五届人大常委会第十九次会议接受苏毅然不再担任山东省省长的请求，决定梁步庭任山东省代省长。

本年度 全省完成国内生产总值395.38亿元，其中第一、第二、第三产业分别为154.07亿元、166.05亿元、75.26亿元。全社会固定资产投资额85.00亿元，地方财政收入49.29亿元，社会消费品零售总额141.48亿元。

1983年

1月　全省学习贯彻中央1号文件。1月2日，中共中央下发了《当前农村经济政策的若干问题》(即中央〔1983〕1号文件)，文件提出了各地根据自己的情况，自拟农业发展规划；走农、林、牧、副、渔全面发展，农、工、商综合经营的道路；继续稳定和完善农业责任制；搞活商品流通，促进商品生产发展等14项措施。1月中旬，山东省委召开地(市)委书记会议，对如何搞好山东农业问题进行了研究，提出了贯彻1号文件的措施。要求各地对中央1号文件规定的14项要逐项落实。春节前后，全省普遍召开了三级或四级干部会议，原原本本宣读了中央文件。同时，通过各种形式进行了培训。

3月14日　省委、省政府发出《关于认真开展扫盲工作的通知》。《通知》要求全省各地都要把扫盲工作当作一件紧迫的大事来抓，采取得力措施，力争到1985年基本完成扫除少年、青壮年文盲半文盲的任务。按照要求，各地把扫除文盲作为农村两个文明建设的重要组成部分，制订了规划，普遍实行了扫盲工作责任制，采取多种形式组织扫盲学习，扫盲工作取得了显著成绩。到1985年，全省12岁以上至40岁的人口中，文盲半文盲人数由590多万减少到247万，文盲率由20%下降到10%以下。

3月22日 省委作出向张海迪学习的决定。张海迪原为莘县广播局无线电修理工，后调聊城地区文联工作，时年28岁，5岁时因病造成高位截瘫。20多年来，她以钢铁般的意志，同疾病顽强斗争，刻苦学习，努力工作，谱写了一曲闪耀着共产主义光辉的生命之歌，为广大党员、干部、特别是青年树立了学习的榜样，先后被评为全国优秀共青团员和山东省劳动模范。为此，省委作出了开展向张海迪学习活动的决定。5月9日，中共中央批复团中央和中共山东省委联名上报的《关于进一步开展学习宣传张海迪活动的报告》，号召全国人民特别是青少年向张海迪学习。

3月 全省开展第二个“全民文明礼貌月”活动。2月10日，省委、省政府发出《关于1983年开展“全民文明礼貌月”活动的通知》，对第二个“全民文明礼貌月”活动提出了具体要求。2月25日，省、济南市和济南部队联合召开“全民文明礼貌月”活动动员大会，号召全省党政军民立即行动起来，投入到“全民文明礼貌月”活动中，为建设社会主义精神文明做出新的贡献。随后，“全民文明礼貌月”活动在全省城乡、军民之间广泛、深入地开展起来。在“全民文明礼貌月”活动中，“五讲四美”活动增加了“三热爱”（即热爱祖国、热爱社会主义、热爱党）的内容。活动的开展，使城乡环境面貌和社会秩序、社会风气发生了明显变化。

4月11日至18日 全省利改税工作会议在济南举行。会议根据国务院的规定，确定在全省国营盈利企业中全面实行利改税制度。利改税工作分两步进行，第一步实行利税并存，对大中小企业采取区别对待的政策。5月14日，省政府发出《关于认真搞好国营企业利改税工作的通知》，决定从6月1日起，全省国营盈利企业全面实行征收所得税的制度。到年底，全省5352户国营企业实行了利改税。1984年9月，国务院又决定进行第二步利改税。10月，省政府又发出搞好国营企业第二步利改税工作的通知，全省又进行了第二步利改税的改革，使国家和企业的分配关系在更大程度上以税收的形式固定下来。

4月18日至28日 政协山东省五届一次会议在济南举行。省五届政协共有622名委员出席会议，代表着26个方面。组成委员中增加了台湾同胞联谊会3名委员，体现了爱国统一战线进一步扩大。会议听取了四届政协常委会的工作报告，通过了《政协山东省第五届委员会第一次会议政治决议》，选举了主席、副主席，选举李子超为省政协主席。

4月19日至29日 省六届人大一次会议在济南举行。会议听取并审议了《山东省国民经济和社会发展第六个五年计划的报告》《关于山东省1982年财政决算和1983年财政预算草案的报告》。会议选举了省六届人大常委会组成人员，省人民政府省长、副省长，省高级人民法院院长和省人民检察院检察长，以及出席第六届全国人民代表大会的代表。会议选举秦和珍为省人大常委会主任，梁步庭为省长。

7月10日 省委作出《关于认真学习〈邓小平文选〉的决定》。7月1日，《邓小平文选》在全国公开发行。文选收入邓小平1975年至1982年党的十二大期间的47篇重要论著，这些论著是全党实现伟大历史转变和建设具有中国特色的社会主义的光辉文献。为此，省委作出决定，要求全省广大党员干部特别是县以上领导，要认真学习《邓小平文选》。之后，全省各级党组织分别制订学习规划，利用党校、干校、办短训班以及在职学习等多种形式，组织广大干部、党员认真学习。8月15日至21日，全省宣传工作会议在烟台召开，会议要求把《邓小平文选》的学习和宣传，作为今后一个时期宣传工作的重点来抓。

7月13日至21日 中共山东省第四次代表大会在济南召开。大会审议并通过了苏毅然代表第三届省委所作的《深入贯彻党的十二大精神，全面开创山东工作的新局面》的工作报告，实事求是地回顾总结了第三次党代会以来的工作，确定了全省到20世纪末和近期内经济建设与社会发展的奋斗目标，提出了全面开创社会主义现代化建设新局面的任务和措施。大会民主选举产生了中共山东省第四届委员会、中共山东省顾问委员会、中共山东省纪律检查委员会。7月22日，中共山东省第四届委员会、中共山东省顾问委员会、中共山东省纪律检查委员会分别举行第一次全体会议，选举产生了这三个委员会的领导人员。中共山东省委员会书记为苏毅然、梁步庭，省顾问委员会主任为高克亭，省纪律检查委员会书记为王众音。

8月13日 省委在烟台召开工作会议，贯彻落实中共中央“要严厉打击严重刑事犯罪分子，以迅速扭转社会治安非正常状况”的指示，研究部署山东省开展严厉打击刑事犯罪斗争的具体措施。此后，一场依法严厉打击刑事犯罪分子的斗争在全省范围内展开。8月25日至30日，全省政法工作会议召开，进一步传达贯彻中央关于严厉打击刑事犯罪的重要指示，对严打斗争作进一步部署。此后，全省各地（市）先后召开不同规模的宣判大会，依法判处一批罪大恶极的杀人、强奸、抢劫罪犯死刑，对其他严重刑事犯罪分子处以徒刑。

8月27日 省委、省政府批转中共济南市委、市政府《贯彻中共中央、国务院关于发展城乡零售商业、服务业的指示的安排意见》，要求各地参照济南市的做法，抓紧对发展城乡零售商业、服务业作出具体安排，力争在今后三五年内，使全省的零售商业、服务业的面貌有一个大的改观。省委、省政府强调，在流通领域，今后长时期内要坚持国营商业为主导的各种经济形式同时并存的方针，在办好国营和供销社商业、服务业的同时，要把积极发展集体和个体零售商业、服务业作为今后发展社会主义商业、服务业的一个基本指导思想。

8月30日 经国务院批准，山东行政区划作较大调整。调整变动后，山东共设济南、青岛、淄博、枣庄、东营、烟台、潍坊、济宁8个省辖市，德州、惠民、临沂、泰安、菏泽、聊城6个地区。

9月4日至9日 全省召开基本建设会议，着重研究如何进一步控制基本建设规模和确保重点建设问题。会议要求各地、各部门采取坚决果断措施，继续清理在建项目，坚决控制基建规模，保证国家重点建设的需要。16日至19日，省委召开工作会议，进一步动员全党、全民坚决贯彻中央的战略决策，集中力量确保重点建设。会后，各地、各部门根据省委的要求，采取果断措施，努力控制基建规模，取得明显效果。

11月2日至7日 中共山东省委四届二次全委会在济南举行，会议的中心议题是传达学习党的十二届二中全会精神，讨论研究贯彻中共中央关于整党的决定和关于清除精神污染的指示。会议通过了《中共山东省委关于整党的方案》，全面部署了山东的整党工作。确定全省的整党工作从本年冬季开始，自上而下，分期分批地进行，到1986年底结束。省级机关作为第一期整党立即开始，到1984年底结束。

11月14日 省委、省政府公布《山东省政社分开建立乡政府工作方案》。《方案》对农村政社分开的改革作了具体布置，要求各地有领导有步骤地开展这项工作。从此，山东省改革人民公社管理体制、建立乡政府的工作全面展开。《方案》公布前，省政府即于4月部署了建乡试点工作。《方案》公布后，全省建乡工作于年底陆续展开，至年末，全省在22个县101处公社进行了建乡试点，共建乡镇26个。1984年全省建乡工作全面铺开，10月底基本结束。全省共建乡镇2466个，其中镇725个，乡1741个。

本年度　全省完成国内生产总值459.83亿元，其中第一、第二、第三产业分别为185.57亿元、178.75亿元、95.51亿元。全社会固定资产投资额96.46亿元，地方财政收入50.41亿元，社会消费品零售总额162.14亿元。

1984年

2月13日至21日 省委在济南召开全省农村工作会议，学习贯彻中共中央发出的《关于一九八四年农村工作的通知》（即中央〔1984〕1号文件），研究部署1984年的农村工作。会议提出了全省农村工作要面对三个方面的转变，即由人民公社“一大二公”的旧模式向新型经营和管理体制转变，农村经济从单一经营向农、工、商综合经营转变，自给自足经济向商品经济转变；要做到“三个适应”，即在思想上、工作上、作风上适应农村商品生产的新形势；实现“三个突破”，即实现农村多种经营发展的新突破，乡村工业和集镇经济发展的新突破，流通领域改革的新突破。

2月中旬 中共中央总书记胡耀邦视察胜利油田。胡耀邦为胜利油田题词：“建成第二个大庆，献给开国四十周年”；为全国石油战线题词：“一部艰难创业史，百万覆地翻天人。”10月21日至27日，胡耀邦再次来到山东，先后视察了烟台、青岛和临沂地区的14个县、3个村庄、8个港口，听取了省委和上述市（地）、县委的工作汇报，并发表讲话。11月4日至5日，胡耀邦总书记在返京途中，又来到德州地区进行了视察。

3月28日至4月5日 全省经济工作会议召开，研究部署1984年的经济工作任务。会议提出要集中力量搞好六个突破，打好一个攻坚战，会议还研究确定了全省经济发展的重点和本年国民经济发展目标。

4月2日至5日 省委、省政府召开首次全省体育工作座谈会，就如何开创山东体育工作新局面作了战略性研究和部署。会议形成了《全省体育工作座谈会纪要》，提出了山东体育“一年初开局面，四年卓有成效，十年全面振兴”的奋斗目标，制定了改革训练体制、改革竞赛制度、巩固和发展传统项目学校、加强体育设备建设、筹建体育建设基金会以及召开表彰大会6个方案。这次会议是山东体育史上具有转折意义的一次会议。此后，山东的体育体制开始改革，体育工作面貌发生了深刻变化。

4月20日至27日 政协山东省五届二次会议在济南召开。会议听取和审议了政协山东省五届常务委员会工作报告，通过了《中国人民政治协商会议第五届山东省委员会第二次会议政治决议》。

4月21日至28日 省人大六届二次会议在济南举行。大会审议并通过了政府工作报告、《关于山东省1984年国民经济和社会发展计划（草案）的报告》《关于山东省1983年财政决算和1984年财政预算（草案）的报告》《山东省人民代表大会的工作报告》《山东省高级人民法院的工作报告》《山东省人民检察院的工作报告》，并相应地通过了决议。

4月23日 省委、省政府发出《关于加强扶贫工作的通知》，对加强扶贫工作提出了具体要求。《通知》提出各级党委和政府要坚持“贫困户自力更生，集体帮助，群众互助和国家扶助相结合”的方针，认真贯彻落实党的扶贫政策。对于贫困单位，特别是山区革命老根据地、库存区移民村队、沿黄滩区村队等，要给予重点扶持。扶贫工作是一项社会性的综合工作，必须在各级党委和政府统一领导下，有关部门相互配合，通力协作，共同做好。

要建立县、乡扶贫领导小组，把扶贫工作列入经济发展规划，力争在两三年内基本解决贫困单位和贫困户的温饱问题，进而做到脱贫致富。

5月4日　青岛、烟台被确定为沿海对外开放城市。5月4日，中共中央、国务院转发了《沿海部分城市座谈会纪要》并发出通知，公布包括山东省青岛、烟台在内的14个沿海港口城市为对外开放城市。这些港口城市可以实行经济特区的某些政策。为大力推进青岛、烟台的对外开放，9月12日，省长梁步庭在烟台举行中外记者招待会，就积极发展山东同世界各国、各地区，以及国内和兄弟省市的贸易往来和经济技术合作，加速山东经济振兴问题发表了讲话，宣布从10个方面做好对外开放工作。招待会上发布了山东关于《青岛、烟台两市进一步对外开放，兴办经济技术开发区的若干优惠政策》。

6月21日　省委、省政府制定进一步贯彻知识分子政策的若干规定。规定从16个方面提出了贯彻落实知识分子政策的具体要求和政策措施。省委、省政府要求各级党委和政府把落实知识分子政策的工作列入重要议事日程，并在整党中作为对照检查的一个重要内容，边整边改。

7月9日至15日　全省乡镇企业工作会议在潍坊召开。会议讨论了《关于大力发展乡镇企业的决定》，集中研究了全面开创山东乡镇企业新局面的问题。会议提出了全省乡镇企业总收入10年翻两番的奋斗目标。会议确定了加快乡镇企业发展的政策和措施，主要是：取消对乡镇企业经营范围的限制，乡镇企业的所有制长期不变，加强计划指导和实行市场调节相结合，集中各方面的资金发展乡镇企业，加速培养技术人才，把发展乡镇企业同小城镇建设紧密结合，继续整顿乡镇企业。会议要求，各地要动员各方面的力量，放开手脚，大力发展乡镇企业。7月15日，省委、省政府颁发了《关于大力发展乡镇企业的决定》。

7月26日 省委、省政府决定在济南、潍坊两个市进行城市经济体制综合改革试点。省委、省政府强调，济南、潍坊在进行城市经济体制综合改革试点中，一定要解放思想，坚持一切从实际出发，勇于探索创新。通过改革，把济南市和潍坊市分别建成具有自己特点的、综合性的、开放型的更加合理的经济中心和经济区域。为了搞好两个城市的改革试点，省委、省政府的领导也作了具体分工，并于7月上旬从省直各部门抽调40多名处以上干部组成试点工作组，分赴两个市帮助进行改革试点工作。

8月12日至16日 省委、省政府召开全省教育工作会议，着重研究加速发展农村中等技术教育问题。会议拟定了《中共山东省委、山东省人民政府关于加速发展农村中等技术教育的决定》。9月10日，省委将《决定》印发到乡镇。《决定》提出了全省农村中等技术教育发展的目标要求，对农村集资办学、多种渠道培养和提高师资队伍、加强教育的基础建设以及多种形式发展农村成人中等技术教育和加强领导等问题作了明确规定。由于省委、省政府的重视，各地认真贯彻实施，全省农村中等教育结构改革取得显著效果。

8月14日 山东省人民政府将省商业厅《关于当前城市商业体制改革的报告》批转全省执行。山东城市商业体制改革的主要内容有10项。

8月25日至31日 全省科技工作会议召开。会议明确提出“依靠科技进步，振兴山东经济”的重大决策。会议对全省近期科学技术发展目标、重点和措施，科技体制改革工作，科技队伍的管理使用和进一步落实知识分子政策，加强对科技工作的领导，加速科技进步，振兴山东经济，实现“提前翻番，富民兴鲁”进行了研究和部署。会议还讨论了省委、省政府《关于加强科学技术工作的决定》，并于10月6日下发。

9月5日　省委、省政府发出《关于大力开发水域，发展水产事业的决定》。省委、省政府在8月专门召开了水产工作会议，提出要把发展渔业生产作为振兴全省农村经济战略重点来抓，决定进一步放宽政策，鼓励农民像发“棉花财”一样发“渔财”。根据这次会议精神，省委、省政府于9月5日作出了《关于大力开发水域，发展水产事业的决定》，提出到1990年全省水产品总产量力争比1980年翻两番，达到300万吨以上。《决定》提出水产业要实行以养为主，养殖、捕捞、加工并举的方针，以大力发展海淡水养殖为主攻方向；放宽、落实各项政策，调动各方面的积极性，国家、集体、个人一齐上；下决心搞活水产品流通，实行以市场调节为主，多渠道、多成分、多方式、少环节的经营体制。

9月30日　省委批转省干部教育工作领导小组拟定的《山东省1984年至1990年干部培训规划》，开始大规模培训干部。为实现培训规划，全省上下采取有效措施，广开学路，加快培训工作步伐。

10月26日　省委对学习贯彻党的十二届三中全会精神作出部署。10月20日，党的十二届三中全会通过了《中共中央关于经济体制改革的决定》，明确提出加快以城市为重点的整个经济体制改革的步伐。26日，山东省委发出通知，要求各级党组织认真组织干部、党员、群众学习贯彻党的十二届三中全会《决定》。11月6日至11日，省委召开有地（市）委书记和省直有关部门负责人参加的常委扩大会议，传达学习了党的十二届三中全会精神，提出要把各级领导干部的思想统一到中央的指示上来，搞好以城市为重点的整个经济体制改革。会后，省委、省政府和省直各部门特别是经济部门的负责人深入各地区、各部门，调查研究，讨论制定了山东经济体制改革的初步方案。12月20日至28日，省委四届四次全委会在济南召开，审议并通过了山东省1985年经济体制改革试行方案。

11月14日　省委、省政府采取措施促进沂蒙山区建设。9月29日，中共中央、国务院发出《关于帮助贫困地区尽快改变面貌的通知》，提出目前应集中力量解决十几个连片贫困地区的问题。山东省的沂蒙山区被列为全国连片贫困地区之一。11月14日，根据中央和国务院的指示精神，省委、省政府下发通知，提出促进沂蒙山区建设的意见。为加强对山区建设的领导，省委、省政府确定成立贫困山区工作领导小组，设立开发山区扶持基金，重点抓沂蒙山区建设。19日，省委、省政府召开沂蒙山区开发建设座谈会，研究了沂蒙山区开发建设的奋斗目标和工作任务。

11月30日至12月3日　省委、省政府确定加快海岛开发建设步伐。省委、省政府在长岛县召开全省第一次海岛工作座谈会，提出了加快海岛开发建设，全面振兴海岛经济的战略任务。会议明确了海岛开发以渔为主，多种经营，以岛为主，岛陆结合的方针，力争到20世纪末，把所有有开发价值的海岛都开发起来。会议通过了《海岛工作座谈会纪要》，研究制定了开发建设海岛的15条政策。12月11日，省委、省政府将《全省海岛工作座谈会纪要》印发各地执行。

12月26日　省政府根据国务院批转的《关于改进计划体制的若干暂行规定》的精神，作出了《关于改革全省计划体制的十条规定》，要求各地（市）、各部门从1985年开始实行。《规定》的颁布，标志着全省计划体制开始进行根本性改革。

本年度　全省完成国内生产总值581.56亿元，其中第一、第二、第三产业分别为222.13亿元、239.27亿元、120.16亿元。全社会固定资产投资额140.15亿元，地方财政收入53.60亿元，社会消费品零售总额189.08亿元。

1985年

1月2日　省委根据《中共中央关于经济体制改革的决定》的精神，制定和发布《山东省1985年经济体制改革试行方案》。其基本内容是：(一)实行政企职责分开，把一切应该下放的权力下放给企业。(二)搞好计划管理体制的改革，完善税收制度，改革价格体制和劳动工资制度。(三)进一步改革国家机关行政机构。(四)进一步搞好企业内部的改革。(五)充分发挥城市的中心作用。(六)进一步搞好商业体制改革，搞活流通。(七)实行对内对外开放，发展经济技术交流与合作。(八)制定各部门、各地区的改革方案。

1月23日　省委组织部发出《关于进一步落实知识分子政策的通知》。《通知》强调必须把落实知识分子政策作为贯彻党的十二届三中全会精神的一项重要内容来抓。要清除"左"的影响，真正树立起尊重知识、尊重人才的马克思主义观念，持续不断地把落实知识分子政策，作为推动经济体制改革和"四化"建设发展的一件具有战略意义的大事抓紧抓好。25日，省委、省政府又印发《关于进一步贯彻知识分子政策的补充规定》。

3月13日至17日　省委召开全省第二期整党工作会议。会议的中心议题是：传达贯彻中纪委近期召开的全国第二期整党会议精神，讨论如何落实中央的指示，进一步搞好整党工作。会议强调，要扎扎实实地贯彻落实中央指示，把刹住新的不正之风，增强党性，加强纪律性，作为第二期整党的重点和突破口来抓。通过整党，为改革创造良好的政治条件和社会环境，促进和保证改革的顺利进行。

3月16日至21日　全省经济工作会议在济南召开。会议提出：全省工交财贸战线要紧紧围绕增强企业活力这个中心环节，进行经济体制改革和各项工作，努力提高生产和流通领域的经济效益，实现工业生产、完成税利和财政收入同步增长，全面完成计划指标，并为“七五”经济发展做好准备。会议强调，要把增强大中型企业活力作为今年经济体制改革的主要任务。要突出抓好以下几点：一是加强领导体制改革，加快推行厂长负责制；二是企业要转轨变型，搞活经营；三是适应商品经济发展的要求，制订技术开发战略规划；四是积极推行工资总额同经济效益挂钩浮动的办法；五是扩大原材料节约实施范围；六是整顿现有公司，发展企业间的横向联合。

3月20日、28日　烟台、青岛经济技术开发区建设分别举行开工奠基典礼。烟台开发区坐落在烟台市芝罘区西部，远景规划建设面积10平方公里。青岛开发区设在黄岛区内，与青岛市区隔海相望，远景规划建设面积15平方公里。1988年10月，青岛、烟台两个经济技术开发区经过三年半的建设，正式交付使用。

3月25日至4月3日　山东省对外经济技术合作与贸易洽谈会在青岛举行，30多个国家和地区的客商到会。洽谈会期间，本省与外商签订成交经济技术合作项目合同208项，成交金额8600万美元；对外出口贸易合同

608份，成交金额6429万美元。

4月底　全省第一期整党工作基本结束。全省第一期整党工作从1983年12月7日正式动员开始，到本月底基本结束。参加第一期整党的有省委常委等6个省级领导班子和省直117个单位，共有党员1.45万名。第一期整党，经过学习文件、对照检查、认真整改、核查“三种人”、组织处理和党员登记以及检查总结等阶段，较好地完成了统一思想、整顿作风、加强纪律、纯洁组织的任务。

5月3日　省委、省政府在济南召开市（地）委书记、市长、专员会议，贯彻全国省长会议精神。会议重点强调了经济建设、精神文明建设和整党三个问题。经济建设方面，要求控制发展速度和信贷膨胀，实现速度和效益的同步增长；经济体制改革主要根据宏观管住管好、微观放开搞活的精神，搞好宏观控制和微观放活；加强思想政治工作，提高企业的整体素质。社会主义精神文明建设方面，要求必须牢牢掌握两个文明一起抓的指导方针；深入进行共产主义理想教育；坚决防止和抑制资产阶级腐朽思想的侵蚀。整党方面，要求在巩固和发展第一期整党成果的基础上，认真搞好第二期整党。

5月6日至8日　北京大学和潍坊计算机公司等单位联合研制，由潍坊计算机公司生产的华光Ⅱ型计算机激光汉字编辑排版系统，在国家经委主持下，通过国家级鉴定。该系统主要技术指标达到了国际先进水平，高倍率汉字信息压缩技术、高速度还原技术和不失真文字变倍技术居世界领先地位，获中国发明协会发明奖，并被评为1985年全国十大科技成就之一。

5月23日至31日　政协山东省五届三次会议在济南举行。会议通过了《关于常务委员会工作报告的决议》和《关于接受李思敬等7位同志辞职申请的决定》。

5月25日至6月3日 省六届人大三次会议在济南举行。省长梁步庭作题为《坚定不移地把改革和开放推向前进》的政府工作报告。会议作出了《关于省人民政府工作报告的决议》《关于山东省1984年财政决算和1985年财政预算的决议》。会议听取了省人大常委会、省高级人民法院、省人民检察院的工作报告并分别作出了相应的决议。大会通过了关于接受省长梁步庭辞去现任职务的请求的决议；选举李振为省六届人大常委会主任；选举李昌安为省长。大会号召全省人民要认真贯彻党的十二届三中全会和六届全国人大三次会议精神，团结一致，振作精神，坚定不移地把改革和开放推向前进。

6月6日 省委、省政府在济南召开大会传达全国教育工作会议精神。会议传达了全国教育工作会议精神以及《中共中央关于教育体制改革的决定》。会议指出，这次全国教育工作会议是教育战线进行重大转折的一次会议，贯彻全国教育工作会议精神，一是要认识抓好教育的重大战略意义；二是要认识各级党委和政府的重视是发展教育的关键；三是抓教育要多干实事，少说空话；四是教育改革要从体制改革入手；五是抓住教育改革的根本问题是多出人才、出好人才；六是必须改变不适应社会主义现代化建设的教育思想和教育方法。6月17日，省委、省政府发出关于认真学习贯彻《中共中央关于教育体制改革的决定》的通知。会后，各地认真贯彻《中共中央关于教育体制改革的决定》，各项教育事业取得了新的进展。年底，全省有88个县（市、区）达到国家规定的普及标准，占64.2%。全省学龄儿童入学率达到97.41%。中等职业教育有了新的发展和提高。全省各类中等职业技术学校的在校生达26.4万人，占高中阶段在校生总数比例的35.4%。高等教育加快了改革的步伐。通过多种形式、多种规格、多种力量办学，扩大了招生规模；高校各项改革工作得到新的发展。成人教育在发展数量的同时注重提高质量。

7月10日至12日 省委、省政府在德州召开全省第一次东西部地区经济技术协作洽谈会，以实施富民兴鲁战略。参加洽谈会的有东西部各市（地）、县及170多家工厂企业的负责人。洽谈会期间，共签订协议项目82项，项目意向书11项。

7月12日至15日 全省党员教育工作经验交流会在莱西县召开。会议总结交流了全省党员教育工作的情况和经验，研究部署了下半年党员教育工作的任务。主要任务是：（一）深入进行理想纪律教育；（二）进行现行政策教育；（三）切实搞好法制教育。会议要求各地要加强对党员教育工作的领导，运用各种形式教育党员。

7月24日至28日 省委组织部、省委统战部在济南召开全省落实知识分子政策工作座谈会。会议研究了如何按照中央的要求，在党的十三大召开之前完成落实知识分子政策，解决历史遗留问题的任务。为此，会议确定：省、市（地）、县都要建立健全有权威的知识分子工作领导小组和精干的办事机构；继续搞好全省落实知识分子政策大检查，检查的重点是解决历史遗留问题；各地、各部门、各单位都要迅速制订出落实政策、全面加强知识分子工作的具体规划，并认真组织实施。会议讨论了省知识分子工作领导小组拟定的《山东省1985年至1987年落实知识分子政策加强知识分子工作的规划》。9月8日，省委将《规划》批转各地、各部门组织实施。

8月3日至6日 全省市（地）、县整党工作座谈会在胶南县召开。会议传达了6个省（自治区、直辖市）第二期整党工作汇报会精神，重点研究了如何把全省第二期整党、特别是县一级的整党工作进一步搞好的问题。会议提出要把增强党性、纠正新的不正之风作为第二期整党的突出任务。

8月20日至24日 省委、省政府在济南召开全省科技工作会议。会议学习贯彻《中共中央关于科技体制改革的决定》，研究部署了山东省科技体制改革，讨论制定了《中共山东省委、山东省人民政府关于科学技术体制改革的试行方案》。要求各级党委和政府抓住改变现行科技拨款体制、开拓技术市场、增强技术服务与开发能力和改革科技人员管理制度4个方面的重点，推动全省科技体制改革工作的全面展开和迅速发展。《方案》于10月4日正式发出。到年底，全省市（地）以上已建立技术市场14个，县以上科技交流、技术咨询机构200多个。到1987年底，全省科技经费有偿使用部分已占新上项目当年经费的1/3；经营技术商品的机构发展到400多家；全省43%的科研机构实行了所长负责制，普遍推行了课题承包。

8月 省艺术表演团体的调整改革工作逐步展开。1984年9月，山东省歌舞团首先开始了改革试点工作，这一改革不仅为全省艺术表演团体提供了比较全面的经验，而且在全国也产生了一定的影响。在此基础上，1985年8月，省委、省政府部署了全省艺术表演团体的改革工作，经过两年多的努力，到1987年5月，全省艺术表演团体的调整工作基本结束。原有的158个专业艺术表演团体撤销了24个，改变剧种的有17个，精减人员3876人，全省艺术表演团体的改革工作进展较为顺利。

9月2日至5日 全省城市精神文明建设工作会议召开。会议分析总结了城市精神文明建设的情况，研究了加强城市精神文明建设的措施。16日，省委、省政府发出《关于加强城市精神文明建设争取实现社会风气和社会秩序明显好转的实施意见》，提出了开展城市工作必须坚持两个文明一起抓的战略方针，确定了要把每一座城市建设成为经济繁荣、政治安定、文化发达、环境优美、生活方便、服务优质、秩序井然、风气良好、文明富庶的现代化的社会主义新型城市的奋斗目标，规定了城市社会风气和社会秩序明显好转的八条标志。

10月11日至13日 省委、省政府召开第二次海岛工作座谈会。会议检查了1984年《全省海岛工作座谈会纪要》的执行情况，总结交流了经验，研究了“七五”期间特别是1986年进一步搞好海岛开发建设的措施。

10月27日至30日 省委书记梁步庭，省委副书记、省长李昌安带领省直24个部门的负责人，与济宁市、微山县的领导一起到南四湖考察，就如何加快开发建设南四湖召开了第一次现场办公会议。通过听、谈、议，进一步摸清了湖区的情况，总结了历史的经验教训，共同商定了开发建设南四湖的指导思想和方针政策，解决了一些长期没有解决的问题。此后，省委、省政府于1986年、1987年先后两次召开南四湖经济开发现场办公会，加快了南四湖开发的步伐。

11月11日 省政府颁布《关于中小学领导管理体制的暂行规定》。《规定》确立了全省基础教育实行“地方负责，分级办学、分工管理”的体制，明确了省、市（地）、县、乡镇各级地方政府和村民委员会办学的职责范围，解决了基础教育管理体制统得过多，责权不清的问题。到1987年，在全省134个县（市、区）中，已有125个县（市、区）达到国家规定的基本普及初等教育的合格标准。平度、高密、龙口、肥城、诸城5个县（市）被国家教委授予“全国基础教育先进县”光荣称号。

12月9日 省委四届六次全委会在济南召开。会议认真总结了1985年的工作，通报了山东省“七五”计划的设想，讨论通过了《中共山东省委

1986年工作要点》。会议要求，1986年着重做好以下6个方面的工作：一是坚持把改革放在首位，全面完成和超额完成1986年国民经济和社会发展计划。二是继续搞好整党，进一步端正党风。三是大力加强社会治安的综合治理，实现社会风气的进一步好转。四是认真落实党的政策，解决好历史遗留问题。五是进一步调整领导班子，加强干部队伍建设。六是改进领导作风和工作方法，提高领导水平。

12月31日 石臼港煤炭专用码头建成。石臼港是为扩大煤炭出口而兴建的国家“六五”期间重点建设项目，是国内吨位最大、自动化程度高的煤炭专用码头，也是省内第一座现代化煤炭专用码头，可以同时停靠两个10万吨级煤船，年输出煤炭1500万吨。1986年5月9日，石臼港通过国家验收，20日正式对外籍船只开放。

12月 根据中央、国务院关于对现有企业进行全面整顿的决定，全省从1982年开始进行的为期4年的企业整顿工作已基本结束。列入整顿规划的4963个县以上工基交企业，已验收合格的4853个，占规划数的97.8%；7990个商业企业已验收合格7969个，占99.7%。这次整顿，注意了同经济体制改革互相配合，共同发展，取得了较好的效果。

本年度 全省完成国内生产总值680.46亿元，其中第一、第二、第三产业分别为235.96亿元、293.07亿元、151.43亿元。全社会固定资产投资额194.33亿元，地方财政收入67.53亿元，社会消费品零售总额227.03亿元。

1986年

1月3日 省委发出《关于贯彻执行中指委〈关于农村整党工作部署的通知〉的意见》，部署农村整党工作。《意见》要求把乡镇一级的整党作为重点，注重实效，扎扎实实地解决问题；认真搞好试点，坚持以点带面，用典型指导工作；在秋耕以前集中搞好区、乡镇一级和县局驻区，乡镇企事业单位以及区、乡镇属企业和学校的整党；村级整党在秋耕前试点，明年基本搞完。

1月10日 省委、省政府发出《关于贯彻〈中共中央关于教育体制改革的决定〉的意见》。《意见》确定了分阶段有步骤地实现九年制义务教育、大力发展中等技术教育、改革和发展高等教育、加强师资队伍建设、多渠道增加教育经费和投资等全省教育体制改革的步骤、措施和具体要求。

1月16日 省级机关普及法律常识讲座举行，省委、省顾委、省政府领导以及处以上干部1800多人听讲。此后，省直机关举办了4期厅（局）级干部法律知识轮训班，有500多名干部参加学习；还举办了10次省直机关厅（局）级以上领导干部法律知识讲座，省级六大领导班子成员也参加听讲和考试，为全省普法教育作出了表率。

2月26日至3月3日 省委召开农村工作会议，学习贯彻1986年中央1号文件及其“落实政策，深入改革，改善农业生产条件，组织产前产后服务，推动农村经济持续稳定协调发展”的农村工作总要求，部署本年度农村工作。3月6日，省委、省政府发出《关于贯彻执行中共中央1986年1号文件的通知》。

3月15日 全省最大的平原水库——东营广南水库建成。该水库占地5.85万亩，可蓄黄河水1亿立方米。

4月7日 公安部宣布，山东的青岛（黄岛）、烟台、石臼、威海、龙口5个港口为准予中外籍人员入出境口岸。同年11月30日，公安部又宣布，山东的枣庄、东营、日照、德州、临沂、威海6个市增为对外国人开放地区。

4月 全省普遍开展的“争当文明市民、文明村民”活动成绩显著。一年来，各地在突出理想、道德和法制教育的同时，把创建文明单位的任务落实到千家万户和基层班组岗位。全省经县级以上领导机关命名的文明单位达3.1万个，评出五好家庭306.5万户。各地还评选命名了188.6万个遵纪守法模范户、49.4万个科技文化带头户、160.5万个清洁卫生户、17.5万个“双文明”专业户、2.5万个城镇文明个体户。

5月8日至17日 政协山东省五届四次会议召开。会议听取并审议了政协山东省五届常委会工作报告等，补选了省政协副主席。

5月9日 国家“六五”重点建设项目——石臼港煤码头工程通过国家验收，正式交付使用。该码头具有年输出煤炭1500万吨的能力，对于扩大兖州和晋南煤炭外运，建设临海经济窗口意义重大。石臼港成为全国第二大煤炭输出港。

5月10日至19日 省六届人大四次会议召开。会议讨论通过了《关于山东省国民经济和社会发展第七个五年计划的报告（草案）》等。

5月26日至29日 环渤海沿岸14个城市（地区）市长（专员）在天津举行联席会议。山东的惠民、东营、潍坊、烟台、青岛5个市（地）参加。与会者一致同意建立环渤海经济区，开展多方面、多层次、多种形式的经济联系，以促进经济的发展和繁荣。

5月29日至6月2日 省委在济南召开市（地）委书记整党工作会议，传达学习中央整党工作指导委员会召开的北方11个省（直辖市）委书记整党工作座谈会精神，确定本年度冬季全面开展村一级整党。

6月14日 山东省举行科学技术奖励大会，向荣获1984年度全省科技进步奖的278项成果发了奖。受全国科技奖励大会委托，大会还向全省荣获1985年国家科技进步奖、国家发明奖和“六五”科技攻关奖的101项成果发了奖。本年度内，山东又获科技成果1337项，是新中国成立以来最多的一年。其中，达到国际先进水平的75项，达到国内先进水平的634项。

6月中旬 全省乡镇整党工作基本结束。自1月10日开始，省、市（地）、县委共派出整党联络员、巡视员1.5万多名开展乡镇整党。广大党员通过整党进一步加深了对农村改革的认识，狠刹了不正之风，增强了领导就是服务的观念，“党不管党”的现象有所克服。

7月6日至10日 全省普法工作经验交流会在潍坊召开。《第一个五年全民普法规划》于本年度开始实施以来，全省广泛深入地开展了普及、学习、宣传“十法一条例”（宪法、民族区域自治法、刑法、刑事诉讼法、民法通则、民事诉讼法、婚姻法、继承法、经济合同法、兵役法、治安管理处罚条例）以及经济方面的“十法六条例”教育活动，省至县层层举办的培训班共培训骨干838万人。

7月17日至8月8日 省委派出7个落实政策、解决历史遗留问题检查小组，对14个市（地）、50多个县（区）和60多个基层单位的落实政策、解决历史遗留问题工作进行了检查。党的十一届三中全会以来，全省共计排查各类问题90万余件，已处理87万余件，处理率为96.6%；先后有20多万名干部的冤案得到平反，数以百万计的受株连者得到解脱。

7月22日 省政府在北京举行各省（自治区、直辖市）驻京办事处信息交流会，宣布山东省开展省际横向经济联合的10项优惠政策。8月至9月，山东省经济代表团访问了青海、甘肃、宁夏、陕西，与4个省（自治区）达成数十项对口支援、经济技术协作和物资协作项目。

8月22日 省委、省政府作出《关于加快贫困地区开发建设，搞好扶贫工作的决定》。《决定》指出：要发展农村商品经济，依靠政策调动干部群众的积极性；要继续搞好对口支援，发展多层次、多形式横向经济联系；要加快科技进步和智力开发，提高贫困地区人民群众的科学文化素质；要克服一般化的领导方法，把扶贫工作抓深、抓细、抓实。

9月8日 在国际扫盲日20周年之际，联合国教科文组织总部授予五莲县1986年度克鲁普斯卡娅奖（联合国最高扫盲奖），并颁发了证书、证章和奖金。地处山区的五莲县，经过3年来的努力，为6.7万人扫除了文盲，使青壮年农民中的非文盲率达到90%以上。

9月12日至17日 省委、省政府召开全省农村经济工作座谈会。会议重点研究了如何加快全省乡镇企业发展和进一步搞活农村商品流通的问题；本着坚持改革，继续放宽搞活的精神，对省委、省政府《关于进一步加快乡镇企业发展的若干规定》等进行了讨论修改。9月19日省委、省政府作出《关于进一步加快乡镇企业发展的若干规定》。到年底，全省乡镇企业发展到113万处，总产值达325.8亿元，第一次超过农业总产值，占农村社会总产值的比重达47.4%，占全省社会总产值的比重达26.8%。乡镇企业年总收入过亿元的县达101个，过5000万元的乡镇达74个。

9月20日至10月5日　在第十届亚运会上，中国体育代表团的山东运动员获得金牌6枚、银牌4枚、铜牌4枚。

10月12日　全省厂长（经理）负责制工作会议结束。会议提出，要坚定不移地推进企业领导体制改革，实行厂长（经理）负责制，确立厂长（经理）在企业中的中心地位。另外，全省年内开始试点企业股份制。国有工业企业有147户试行了股份制，其中属于内部职工持股形式的有114户，公开发行股票的企业有17户，企业间相互参股的企业有51户。

10月16日　省委召开省直各部门负责人会议，传达党的十二届六中全会精神，要求认真学习、坚决贯彻执行《中共中央关于社会主义精神文明建设指导方针的决议》。29日，省委通知各级党委，要深刻理解《决议》精神，正确认识精神文明建设对改革开放、发展商品生产和物质文明建设的促进和保证作用，明确各级党组织、各个部门、各条战线在精神文明建设中的重大责任。要制订精神文明建设“七五”规划，定出具体目标和措施。

10月中旬　全省开始村级整党。10月底，村级整党进入全面学习教育阶段，各地组织农村党支部围绕理想、宗旨、改革、政策、商品经济观念、纪律和法律、党员标准等学习教育专题进行学习。到翌年5月，全省参加整党的有8.01万个农村党支部、182.9万名党员。

10月　全省城乡已建起集贸市场5400多处。这些市场由过去农民之间互通有无、调剂余缺为主的场所，发展成为多种经济成分参加、具有多种商品交易的综合性交易场所，成为城乡物资交流的重要渠道。

10月至11月　省委着力抓区域经济开发。10月4日至5日，省委、省政府在东平县召开现场办公会，研究制定了开发建设东平湖的政策措施。7日至10日，省政府在寿光县召开山东渤海湾沿岸开发建设工作座谈会，明确了开发建设渤海湾沿岸的指导思想，采取了相应措施。17日至19日，省委、省政府在胶南县召开第三次全省海岛工作座谈会，明确了海岛开发“以渔为主、多种经营、以岛为主、岛陆结合”的方针。会议研究审议了全省海岛开发总体规划。11月2日至4日，省委、省政府在微山县召开南四湖开发建设第二次现场办公会议，检查第一次现场办公会议以来的工作情况，研究解决了影响开发建设的一些问题，确定了14条有关政策措施。

12月11日至15日　省委举行四届八次全委会。全会审议通过了《山东省“七五”期间社会主义精神文明建设规划》《山东省1987年国民经济和社会发展计划纲要》，建议省政府据此编制《山东省1987年国民经济和社会发展计划》草案，提交省人民代表大会审议批准。

12月23日　青岛啤酒厂年产量突破10万吨，成为全国最大的啤酒生产厂家。

本年度　全省完成国内生产总值742.05亿元，其中第一、第二、第三产业分别为252.73亿元、313.21亿元、176.11亿元。全社会固定资产投资额223.08亿元，地方财政收入62.15亿元，社会消费品零售总额261.64亿元。

1987年

1月　省委贯彻中共中央反对资产阶级自由化的部署。根据中共中央6日发出的《关于认真贯彻执行中发〔1987〕1号文件的通知》，省委将《邓小平同志关于当前学生闹事问题的讲话要点》传达到全体党员和干部，并根据中纪委《关于共产党员必须严格遵守党章》的通知，要求共产党员严格执行党的纪律，在思想上、政治上同党中央保持高度一致。

2月10日　省委组织部、省委宣传部、省委企业政治工作部和省纪委联合发出通知，决定在全省党员中广泛开展“新时期共产党员如何发挥先锋模范作用大讨论”。5月至12月，大讨论在全省360多万名党员中展开。

2月12日　省委召开常委会议，听取全省普法工作汇报。会议决定，在全省迅速开展以宪法为核心、以全国人大常委会《关于加强法制教育，维护安定团结的决定》为教材的法制宣传教育活动。

2月23日至3月4日　山东省对外经济贸易洽谈会在青岛举行。洽谈会展出出口商品1000多个品类，提出400多个对外经济技术合作项目，重点放在外向型和先进技术项目上。来自34个国家和地区的客商1200户、2000多人参加了洽谈会。外贸出口成交1.39亿美元，累计签署合同、协议

103项，金额1亿美元。

3月10日至12日 省政府召开全省“七五”星火计划工作会议。会议确定“七五”期间“星火计划”的目标是实现“一一五”计划，即：重点抓好1000项技术先进、周期短、见效快、效益大、有示范推广意义的技术开发项目；开发100多种适于乡镇企业的成套设备，并组织大批量生产供应农村；培训50万名适用人才。

3月19日 省政府发布《关于深化企业改革，增强企业活力若干问题的规定》。《规定》要求全面推行厂长（经理）负责制，改进、完善企业分配制度，保护企业的合法权益不受侵犯，抓紧清理行政性公司，鼓励发展各种形式的联合体。

4月19日至26日 政协山东省五届五次会议举行。会议听取并审议了《省政协常务委员会工作报告》等，列席了省六届人大五次会议，听取并讨论了省长李昌安所作的《政府工作报告》，就政府工作进行了讨论，提出了许多应时利政的意见和建议。

4月21日至28日 省六届人大五次会议举行。会议听取了省长李昌安所作的《政府工作报告》和《关于山东省1987年国民经济和社会发展计划草案的报告》等。经过大会讨论，通过了有关决议，增选了4名省人大常委会委员。

4月22日至25日 全国第二次中等城市机构改革试点工作会议召开，推广了潍坊市的经验。1986年5月，潍坊市被列为全国第一批16个进行机构改革的试点市之一。1987年1月和3月，潍坊市第一、第二批新机构正式运转，机构由原来的46个精简为24个，人员由原来的2006人精减为1210人。潍坊市积极探索党政合理分工的新路子，有效地克服了权力过分集中的弊端。

4月 全省已成立村民委员会8万多个，它们充分发挥群众性自治组织的作用，使农村社会秩序日趋稳定，经济不断发展。全省还成立村救灾扶贫储金会3500多个，建立扶贫小组5万多个。

6月21日至22日 全省整党总结会议在潍坊召开。全省整党于3月结束，历时3年多，共有320多万名党员参加了整党。会议认为：总的看来，全省的整党发展是健康的，成绩是主要的，基本上完成了统一思想、整顿作风、加强纪律、纯洁组织的任务，为在新时期加强党的建设创造和积累了一些成功的经验。

6月22日至25日 省委、省政府召开农村改革现场会，推广诸城贸工农一体化、组织农村商品经济“大合唱”经验。178名与会人员参观了诸城外贸公司等典型，听取了诸城县组织农村商品生产“大合唱”的经验介绍。在现场会上，省委、省政府决定进一步简政放权，向县级下放8项权力，同时将机构改革综合试点县增加至25个。现场会后，全省各地逐渐涌现出多种形式的一体化经营实体。

7月15日 省委召开省级机关干部大会，部署省级机关开展防止和克服官僚主义的“自学、自查、自改”活动，要求把机关工作提高到一个新水平。18日，省委委托统战部召开各民主党派负责人会议，通报省委关于开展防止和克服官僚主义活动的意见。

8月1日 烟台在国内率先试行住房制度改革。其改革模式是：住房提租发券，给予适当补贴，促进职工和居民买房，逐步实现住宅商品化。

8月4日至7日 省委、省政府在临朐召开沂蒙山区第三次现场办公会暨全省扶贫工作会议，总结3年来沂蒙山区开发建设和全省扶贫工作的经验，讨论修改了《沂蒙山区贫困县综合开发规划（草案）》，研究部署了进一步加快贫困地区、贫困村户脱贫致富步伐的问题。在省直16个部门和济南、青岛、烟台、淄博、威海5个市的对口支援下，沂蒙山区人民经过艰苦奋斗，有60%以上的农户于年底脱贫。

8月8日　省委普法工作领导小组举办的省级领导法律知识讲座首次开课，省委、省顾委、省纪委、省人大、省政府、省政协领导，省直各部、委、办、厅、局负责人参加了听讲。

8月14日至18日　省委、省政府在青岛召开外向型经济工作座谈会。会议认为要坚定不移地贯彻执行改革开放的总方针，面向国际市场，狠抓横向联合和技术进步两个关键，进一步扩大出口和利用外资、引进技术的规模，加快以出口产品为龙头、产业结构合理、科学技术先进的外向型经济开发建设步伐，推动山东经济的全面振兴。

8月25日至30日　省委、省政府在蓬莱召开全省海岛滩涂开发工作会议。会议明确提出了“统一规划，因地制宜，突出重点，综合利用，提高效益”的开发思路。与会人员采取边看边议的方法，先后参观了寿光县、掖县、长岛县浅深水养殖、育苗和加工厂等。会后，省政府制定了《关于开发浅海滩涂，发展养殖生产的若干规定》，提出“以养为主，养殖、捕捞、加工并举”的发展水产业方针和具体措施。

9月22日至24日　山东省第二次东西部地区经济协作洽谈会在梁山县召开。会议按照“优势互补、平等互利、相互促进、共同发展”的思路，开展多层次、多形式、多渠道的联合，以促进东西部地区共同发展。有207家企业参加洽谈会，共达成协作项目97个。

9月27日　威海市升为地级市，荣成、文登、乳山3个县由烟台市划归威海市管辖。省委在组建威海市时，依照“精简、统一、效能”的原则，对市级机构改革进行了大胆尝试。减少市政府的直接管理职能，向县（市、区）放权，强化综合部门和监督检查、研究咨询部门，减少了管理部门。

10月2日至8日 第一届山东艺术节在济南举行。期间，2000余名中外艺术家和文艺工作者表演了19台30场音乐、舞蹈、戏曲节目。同时还举办了美术、书法、摄影、古代艺术珍品、黑陶艺术等展览。

11月6日 省委召开省直机关处以上党员干部大会，传达党的十三大精神，部署学习任务。7日，省委发出关于学习贯彻党的十三大文件的通知，提出具体的学习要求，规定了学习的重点，要求以社会主义初级阶段的理论为中心，全面、深刻地领会文件精神实质，用党的十三大精神统一思想认识，促进安定团结，激发广大干部群众建设“四化”的热情，有力地促进当前的工农业生产和各项工作。

11月13日至15日 省委、省政府召开开发建设南四湖第三次现场办公会。会议总结了湖区开发建设的经验，认真讨论修改了《南四湖综合开发规划》，确定要继续认真贯彻“以湖为主，多种经营，综合开发，全面发展”的方针，重点抓好水产及湖特产品的生产加工和配套行业，相应发展其他各业，形成贸工渔一体化的商品型经济。

11月20日至12月5日 第六届全国运动会在广州举行。山东有478名运动员参赛，共获金牌12枚、银牌17枚、铜牌19枚，团体总分、奖牌数分别列全国第五、第六位，创造了山东在历届全运会上的最好名次，实现了省委、省政府提出的“四年卓有成效”的目标。

12月10日 新（乡）菏（泽）、菏（泽）兖（州）铁路竣工并通过国家验收。铁路全长336.1公里，构成与陇海线平行的另一条东西干线，把京沪、京广两条南北干线横向贯通起来。

12月15日 省委、省政府制定《关于选拔管理专业技术拔尖人才的试行意见》。翌年底，全省已有国家级拔尖人才46人，共选拔各级拔尖人才2397人，其中省级257人、市(地)级859人、县级1281人。

12月24日 省委四届十次全委会议召开。会议提出要划分县以上地方各级党组织与政权机构的职能范围，做到各司其职，并逐步走向规范化、制度化。同时还确定了省委工作的10项主要职责。会议提出了“科教兴鲁”战略。

12月 全省完成农村中小学校舍改造工作。自1979年起，全省投资25.5亿元搞校改，其中群众集资23.6亿元，经过长期努力，使全省农村中小学全部实现“一无两有”，95.6%的学校达到了校舍、院墙、校门、厕所、操场、课桌凳“六配套”，1000多万名农村中小学生告别黑屋子、土台子，搬进宽敞明亮的教室。翌年，全省完成了普及初等教育的历史任务。

年底 山东省国民生产总值、国民收入、工农业总产值分别比1980年增长104%、103%、120%，提前3年实现国民经济第一个翻番的奋斗目标。

本年度 全省完成国内生产总值892.29亿元，其中第一、第二、第三产业分别为287.31亿元、384.57亿元、220.41亿元。全社会固定资产投资额297.77亿元，地方财政收入72.29亿元，社会消费品零售总额300.69亿元。

1988年

1月16日至20日 省委、省政府召开全省乡镇企业工作会议。会议提出全省发展乡镇企业的指导思想是：适应新形势，实现战略性转变，在提高经济效益的前提下，稳中求增，紧中求活，再创新水平。

1月24日至2月1日 政协山东省六届一次会议举行。会议围绕本省政治、经济、社会发展中的重大问题等进行了协商讨论，通过了政治决议，选举产生了政协第六届山东省委员会领导成员，选举李子超为省政协主席。

1月25日至2月8日 省七届人大一次会议举行。会议审议通过了代省长姜春云所作的《政府工作报告》等。《政府工作报告》正式提出了依法治省的战略目标。会议首次对人大常委会副主任、副省长实行差额选举，选举出山东省出席七届全国人大代表178名；选举李振为省七届人大常委会主任；选举姜春云为省长。

1月26日 省委、省政府召开“科教兴鲁”座谈会。会议指出，省委根据党的十三大精神作出了“科教兴鲁”战略决策，今后在经济发展战略上，必须把重点迅速转移到依靠“科教兴鲁”上来。本年内，全省实施“科教兴鲁”战略成效显著，共取得重要科技成果1786项，是新中国成立以来最多的一年；获国家发明奖12项、国家科技进步奖9项、北京国际发明展览会奖26项，数量分别居全国第三位、第二位和第二位。

2月27日至3月7日 山东省对外经贸洽谈会在青岛举行。40个国家和地区的2200多位客商参加了洽谈会，共签订利用外资合同、协议150多项，总金额3.1亿美元；商品出口成交额1.6亿美元。2月28日洽谈会期间，举行了山东省对外开放政策发布会，发布了进一步扩大对外开放的10项措施。

3月5日至6日 省委、省政府召开科技“双放”工作会议。会议就进一步深化科技体制改革，放活科研机构、放活科技人员，动员科技力量投入经济建设主战场等工作进行部署。4月22日，省政府制定下发《山东省关于进一步放活科研机构放活科技人员的若干规定》。

3月18日 国务院决定扩大沿海经济开放区。山东半岛经济开放区包括青岛、烟台、威海、潍坊、淄博、日照等市的44个县（市、区），面积占全省的32.83%，人口占全省的32.82%。

4月18日至20日 省纪委第七次全委扩大会议召开。会议要求各级纪委和纪检干部要协助党委管好党风，要以改革的精神搞好纪检队伍的自身建设，加强调查研究，转变工作作风，以适应改革开放新形势新发展的需要。6月和7月，省纪委召开两次常委会，研究落实中共中央有关党和国家机关保持廉洁、党员违纪处分等一系列通知、规定、意见。

4月25日 山东省第一家人才市场——济南市人才市场开业。

4月25日至27日 省委、省政府在青岛召开山东半岛对外开放工作座谈会。会议研究确定了半岛地区对外开放有关政策，并就如何实施沿海经济发展战略作了部署。会议指出，半岛地区今后对外开放的任务是：狠抓落实，见诸行动，力求在较短时间内使对外出口、利用外资、引进技术和“三来一补”有实质性的进展和突破。

5月10日 省委召开厅（局）级以上领导干部会议，民主评议并推荐省委、省纪委领导成员的人选。全省参加这次评议和推荐的有1500人。

5月25日 省政府作出《进一步加快和深化企业改革若干问题的规定》。《规定》的主要内容是：进一步处理好国家与企业的分配关系，增强企业自我积累、自我改造、自我发展能力；完善承包内容；把竞争机制引入承包；积极推行股份制；完善厂长责任制；搞好企业内部配套改革；试办“特区企业”；促进横向经济联合向高层次发展；鼓励企业扩大出口创汇等。

6月3日至6日 省委、省政府在莱芜市召开强化乡镇政权、深化农村改革现场会，总结推广莱芜市加强乡镇政权建设，下放市直部门设在乡镇的分支机构，普遍建立乡财政和深化农村第二步改革的经验，探讨如何向乡镇放权，把政治体制改革与经济体制改革结合起来，把加强基层政权建设与农村第二步改革结合起来，通过简政放权，转变职能，强化服务，建立社会化服务体系，解决群众反映的“村里腿短，县里太远，乡镇最方便”和乡镇一级“肢体不全”，缺少为农民服务功能的问题。

6月16日至18日 国务院总理李鹏到禹城考察旱涝盐碱综合治理试验区。他指出，黄淮海河流域平原开发，要建立资金投入新机制，用经营办法搞好治理和开发，开发资金要多渠道筹集，包括利用部分外资。

6月22日至25日 全国人大常委会委员长彭真考察济南钟表厂，参观中共山东省党史陈列馆。他说，山东经济发展快，人民生活得到改善，这是个基础。有了这个基础，社会才安定团结，党的威信才会高。山东资源丰富，优势很多，要同其他兄弟省、市相互协作，全省经济建设会有个更大的发展。

6月 省委、省政府作出开发黄河三角洲的决定，成立了领导小组，并召开第三次黄淮海平原农业开发工作会议，论证总体开发规划，准备用3年至5年的时间开发中低产田700万亩，开发荒地100万亩。省政府与12个市（地）签订了1988年黄淮海平原农业开发建设协议书。

7月7日 省委发出《关于保持党政机关廉洁的通知》。要求全省各级党政机关把廉政问题作为一项重大的政治任务提到议事日程上来，各地要抓紧解决困扰农民的若干问题；要首先解决好那些群众意见最大，反映最强烈的问题。

7月16日至25日 山东省对外经济合作洽谈会、名优产品展销会在香港举行。洽谈会期间共签订利用外资合同、协议470项，外资50.48亿美元，进出口贸易成交额1.2亿多美元。这次活动规模很大，对全省的招商引资起到了重要推动作用。

8月25日至31日 中共中央政治局常委、中纪委书记乔石到济南、淄博、潍坊、烟台、威海考察工作。他强调指出，要加强党的领导，密切联系群众，坚持为政清廉，统一全党思想，带领全体人民同心同德渡过改革难关。

9月 省人大常委会作出《关于在全省进行执法大检查的决定》。到翌年4月，这次全省执法大检查共查出各类违法案件8.8万起，查结处理7.9万起。此后，每年都在全省范围内开展一次执法大检查活动。

10月10日至12日 全国贫困地区经济开发经验交流会北方片会议在临沂召开，重点推广沂蒙山区经济开发和扶贫工作的经验。本年度，被国务院列为全国主要贫困县之一的临朐县人均收入550元，超过了人均收入300元的温饱线，在全国率先脱贫。

10月23日至11月2日 全国1988年城市运动会在济南、淄博两个市举行，40个城市代表团的2300多名运动员参加比赛。运动会共设12个项目、171枚金牌，青岛队获金牌总数第四位的好成绩。

11月11日 省委、省政府根据《中共中央、国务院关于清理整顿公司的决定》精神，作出《关于党政群机关干部一律不得在公司（企业）兼职的决定》。26日，省政府宣布第一批撤销、合并16个省属公司（中心）。12月10日，省政府召开省直有关部门负责人会议，进一步部署省属公司的清理整顿工作，要求省属公司的清理整顿要走在全省前面，推动全省清理整顿公司工作的深入开展。

11月12日至15日 省委召开工作会议，研究1989年工作安排。基本指导思想是：从山东实际出发，全面正确地领会和贯彻党的十三届三中全会精神，以治理环境、整顿秩序、深化改革为重点，紧紧围绕压缩需求、增加供给、稳定物价，大力开展增产节约运动，显著提高经济效益，努力做到在治理中发展、在改革中前进。

12月18日至24日 中共山东省第五次代表大会举行。梁步庭代表第四届省委向大会作《坚持党的基本路线，全面深化改革，奋力振兴山东》的报告。大会提出了今后5年的总任务，强调要坚定不移地贯彻执行改革开放的总方针和中央关于治理经济环境、整顿经济秩序的决策，从全省的实际出发，坚持以提高经济效益为中心，实行“东部开放、西部开发”“科教兴鲁”、协调发展的战略。大会对加强党的建设提出了要求。24日至25日，第五届省委召开第一次全委会，选举姜春云为省委书记，马忠臣、赵志浩为省委副书记。同时，中共山东省顾问委员会召开第一次全体会议，选举梁步庭为省顾委主任。中共山东省纪律检查委员会举行第一次全体会议，选举张全景为省纪委书记。

本年度 全省完成国内生产总值1117.66亿元，其中第一、第二、第三产业分别为331.94亿元、497.10亿元、288.62亿元。全社会固定资产投资额369.82亿元，地方财政收入82.68亿元，社会消费品零售总额392.37亿元。

1989年

2月23日至3月2日　政协山东省六届二次会议举行。会议选举增补了省政协领导成员。

2月25日至3月5日　省七届人大二次会议召开。会议听取了省长姜春云向大会作的《政府工作报告》、省人大常委会主任李振作的《省人大常委会工作报告》等，通过了有关决议，分析了全省国民经济和社会发展的重大问题，明确了治理整顿的目标与措施。大会选举赵志浩为山东省省长。此前召开的省七届人大第八次常委会上，通过了关于接受姜春云辞去山东省省长职务请求的决定。

2月25日至3月6日　山东省对外经济贸易洽谈会在青岛举行。全省参加这届洽谈会的有120多家外（工）贸公司，共展出1400多个品类，8500多件（套）传统出口产品和新开发的名优产品，公布“两头在外”项目、“三来一补”项目和老企业“嫁接”项目375个，技术出口项目100个，接待了来自世界34个国家和地区的客商2300多名。青海、甘肃、宁夏、陕西、山西、河南沿黄6个省（自治区）应邀参加了这届洽谈会。洽谈会外贸出口成交总额1.57亿美元，累计签订利用外资合同、协议312项，合同、协议外资额4.16亿美元。

3月20日 省政府作出《关于我省今明两年工业结构调整的决定》。《决定》指出，这次调整采取有保有压、有上有下、扶优汰劣、优化组合的方针，着力于上水平、降消耗、增加供给、提高效益。

3月底 全省清理整顿公司取得成就。经过半年的工作，全省已撤销、合并公司1074户，改变性质的534户。其中，撤并省属公司31户，改变性质的13户；党政机关办的公司（企业）已撤销245户，脱钩456户。

4月5日 全省计划生育工作会议在济南召开。会议传达贯彻了中央政治局常委会议纪要、李鹏总理的讲话和全国计生委主任会议精神，分析了全省人口形势，研究了工作措施。6月6日，省委、省政府作出《关于加强计划生育工作的决定》。

4月8日至12日 省委召开全省党的建设工作会议。会议针对面临的新情况、新问题，研究了进一步加强全省党的建设的指导思想、任务和措施，讨论修改了《山东省党的建设五年规划》。

5月17日至19日 全省农村商品流通体制改革现场会议在招远召开，以总结推广招远、荣成"商农合作，以商促农，搞活流通"的经验。年底，全省农副产品市场交易数量与成交额均居全国之首。全省农产品商品率也由1986年的57.3%，上升为64.3%。

5月 省普法工作领导小组起草《山东省依法治省总体规划》，决定年内将济南、青岛、淄博、烟台、潍坊、威海6个市作为全省依法治理的先行试点城市。6个市先后据此制订实施了依法治市总体规划。省政府还把1990年确定为政府系统的依法行政年。

6月25日至27日 省委、省政府召开全省高等院校工作会议。会议要求认真学习党的十三届四中全会精神和邓小平重要讲话，进一步统一思想认识；从实际出发，正确处理政治风波中出现的问题；认真总结经验教训，进一步探索高校改革的路子，明确社会主义大学究竟需要培养什么样的人的问题；坚持理论联系实际，加强和改革政治理论课教学，加强学生的思想政治工作，把学生造就成建设“四化”有用之才和无产阶级事业的可靠接班人。

6月26日至28日 省委召开常委扩大会议，学习贯彻党的十三届四中全会精神。省委常委和省顾委、省纪委、省人大、省政府、省政协的领导，在济南的中央委员、中顾委委员参加了会议。7月1日至3日，省委召开五届二次全委（扩大）会议，学习讨论邓小平三次重要讲话和总书记江泽民的重要讲话等。与会人员围绕如何贯彻执行党的十三届四中全会精神，经过审议修改，一致通过了《中共山东省五届二次全委（扩大）会议关于学习贯彻党的十三届四中全会精神的决议》。

6月 农业科技“黄淮海战役”在德州打胜第一仗。德州地区526万多亩（折实面积）小麦获丰收，单产达到300公斤，比上年增加30公斤；总产达到15亿公斤，比上年增产1亿多公斤。

7月7日 省政府通知：日照市升为地级市，其行政区域不变，不增加人员编制。

9月12日 省委发出《关于深入开展惩治腐败工作的通知》，要求各地、各部门要对前段惩治腐败工作的情况认真进行一次分析总结，进一步提高认识，强化措施，解决存在的问题，努力开展工作，以取得更大的成绩。上半年，全省纪检系统共查处党员违纪案件5200起，处分党员4620人。最高人民法院、最高人民检察院发布《关于贪污、受贿、投机倒把分子必须在限期内自首坦白的通告》后，到10月31日，全省投案自首的经济违法犯罪分子2159名。其中国家机关工作人员1915名，厅(局)级干部1名、县(处)级干部29名、科级干部204名。自首交代违法犯罪金额达1881万元，退交赃款、赃物计1265万元。

9月23日　首届山东省泰山文艺创作奖授奖大会在济南举行。从本年度5月开始，全省共选拔推荐评奖作品549件(部)，评出一等奖14件、二等奖40件、三等奖61件。

9月26日至10月10日　首届孔子文化节在曲阜举行。9月26日，全国政协副主席、中国孔子基金会名誉会长谷牧，省长赵志浩，省顾委主任梁步庭，孔子的后裔以及来自18个国家和地区的360名宾客，国内各界代表2000余人出席了开幕式。文化节期间，兴办了各种纪念活动。10月9日，孔子诞辰2540周年纪念与学术讨论会举行，国际儒学研究会的国内外知名学者、专家汇聚曲阜，进行了学术研讨交流活动。

10月19日　省政府作出《关于表彰有突出贡献文艺工作者的决定》，对新中国成立以来，特别是党的十一届三中全会以来在文化艺术工作中作出突出贡献的58名文艺工作者予以通令嘉奖。

11月25日　引黄济青工程通水典礼和表彰大会在昌邑县和潍坊市举行。引黄济青是“七五”期间重点建设项目、山东省新中国成立以来最大的水利建设工程，工程总投资9.5亿元，供水线路全长291.14公里，可向青岛日供水30万吨。工程1986年4月开工以来，经过沿途人民艰苦奋战，11月16日做到了全线试通水一次成功。1991年11月5日，引黄济青工程通过国家验收。

11月29日至12月4日　省委召开五届三次全委(扩大)会议。会议传达学习了党的十三届五中全会和中央工作会议精神，审议通过了省委《关于贯彻执行〈中共中央关于进一步治理整顿和深化改革的决定〉的意见》。本年度，全省分四批停缓在建项目1189个，压缩投资32.3亿元。经过治理整顿，全省经济过热现象开始降温。

11月下旬　全省清理整顿公司工作取得显著成绩，党政机关经商办企业以及党政在职和离退休干部在公司兼职、任职问题已基本得到制止；部分公司政企不分的问题初步得到了解决；查处了一批违纪违法案件；撤并了一批公司。据统计，全省已撤销、合并和改办的公司有2250户，其中党政机关开办的922户公司已撤并96%。

12月16日至24日　全国筹措教育经费改善办学条件山东现场会召开。会议首先安排各省（自治区、直辖市）的与会代表分6路赴山东省12个市（地）考察，后于21日在济南举行全体会议。会上，向山东省颁发了“依靠人民办教育，办好教育为人民”的锦旗。国家计委、财政部、国家教委决定奖励山东1000万元，用于发展教育事业。

12月23日　全省整顿商品流通秩序工作会议在济南召开。会议要求围绕发展社会主义有计划的商品经济，从清理整顿公司、整顿批发市场和查处假冒伪劣商品入手，疏理流通渠道，加强监督检查，稳定物价，稳定市场，稳定人心，逐步建立社会主义商品流通秩序。一年后，清理整顿工作基本完成。

本年度　全省完成国内生产总值1293.94亿元，其中第一、第二、第三产业分别为359.14亿元、579.65亿元、355.15亿元。全社会固定资产投资额305.54亿元，地方财政收入100.94亿元，社会消费品零售总额430.74亿元。

1990年

1月22日 省委、省政府作出《关于依靠科技进步振兴山东农业的决定》。《决定》指出，全省要重点推广12个方面的农业技术，抓好广大区域开发，力争在“八五”期末有1500万亩土地实现亩产过吨粮，并开发出一批吨粮乡、吨粮县。

2月15日至24日 山东省对外经贸洽谈会在青岛举行。这届对外贸易洽谈会有42个国家和地区的2000余名客商参加，出口成交累计1.9亿美元，创历届洽谈会最高纪录。累计签订对外经济技术合作合同、协议238项，外贸额3.1亿美元。

2月19日 经国务院批准，济南市划入沿海经济开放区。至此，山东半岛经济开放区已扩大到7个市53个县（市、区），面积6万多平方公里，成为全国最大的开放区。

2月24日至3月2日 政协山东省六届三次会议举行。会议通过了省政协常委会的工作报告和提案工作情况的报告；列席省人大七届三次会议并听取了省长赵志浩的《政府工作报告》等；增选了常务委员，通过了有关政治决议。

2月25日至3月4日　省七届人大三次会议举行。会议审议通过了省长赵志浩的《政府工作报告》和《关于山东省1990年国民经济和社会发展计划草案的报告》《关于山东省1989年财政预算执行情况和1990年财政预算草案的报告》等。

2月26日至3月1日　中共中央政治局常委、书记处书记李瑞环考察济南、泰安、济宁等地农村。他说，党的十一届三中全会以来，山东省经济上持续发展，政治上安定团结，人民生活水平不断提高，这是坚持党的“一个中心，两个基本点”的基本路线的结果，也是与各级党政领导坚持群众观点和群众路线分不开的。在谈到党政干部下基层时李瑞环说，这是密切联系群众的重要形式，一定要把这件事真正办好办实。

3月11日至14日　全省经济体制改革工作会议在济南举行。会议研究提出的本年度全省经济体制改革的主要任务是：从稳定大局出发，紧紧围绕治理整顿，重点放在稳定、充实、调整和改善已经出台的各项改革措施上，进一步深化企业改革、流通体制改革和农村改革。同时继续搞好各项改革试点，积极探索建立宏观调控体系的路子，促进全省国民经济健康发展。

4月6日　省委作出《关于全省党的各级干部学习马克思主义哲学的决定》。《决定》强调，要坚持理论联系实际的原则，特别要联系社会主义建设和改革，联系当前反对资产阶级自由化斗争以及党员干部思想实际，用马克思主义的立场、观点、方法，分析、研究和解决实际问题；要求各级党委要把学哲学作为一件大事，真正摆到重要议事日程上来。7日，省委发出《关于建立健全领导干部马克思主义理论培训制度的意见》。《意见》要求凡经选举产生的各级党政领导干部，必须在每届任期内到相应一级党校接受一次培训，其他领导干部也应至少每5年接受一次相应党校的培训；要求党委及组织部门贯彻培训与使用相结合的原则，把干部接受马克思主义教育的情况作为选拔任用的重要考核内容和依据。

4月9日 按照国务院统一部署，省政府召开全省电话会议，部署清理“三角债”工作，要求尽快解开连环套，打破债务链，使困扰经济发展的企业拖欠问题得以解决。年底，全省已清理相互拖欠货款136.5亿元，占年初拖欠总额的73.9%。翌年下半年，山东注入资金加入全国连环清欠，历时70天，累计清理拖欠款51.9亿元，初步解开了部分企业的债务链。

4月20日至5月26日 省委举办四场继承发扬党的优良传统理论报告会。为了认真贯彻党的十三届六中全会精神，省委邀请省级老干部谭启龙、苏毅然、高克亭、秦和珍以自己的亲身经历和党的历史，讲传统，谈体会，对省级机关干部进行党的优良传统教育。

5月5日 省政府发出《关于在治理整顿中深化企业改革的通知》。《通知》要求对近几年党中央、国务院颁发的搞活企业的政策规定要继续贯彻执行；对省委、省政府作出的若干具体规定，凡是有利于继续增强企业活力、促进生产力发展的，都应坚决贯彻执行。

5月5日至7日 省委召开五届五次全会，进一步贯彻落实党的十三届六中全会精神。会议审议通过了《中共山东省委贯彻执行〈中共中央关于加强党同人民群众联系的决定〉的实施意见》，研究了当前的工作。全会还作出一项在全省开展重新学习和实行《党政干部三大纪律八项注意》活动的决议。

5月17日 国家“七五”重点工程、20万吨级输出泊位的黄岛油港二期工程竣工。工程新增原油通运能力1700万吨，使黄岛油港的年吞吐能力达到3000多万吨，名列全国油港之首。

5月31日至6月1日 沿黄8个省(自治区)经济技术协作会议在日照召开。会议期间,沿黄的青海、甘肃、宁夏、内蒙古、陕西、山西、河南和山东的代表洽谈了一批经济协作项目,草签了88项意向书。

6月17日至19日 全国创建国家卫生城现场经验交流会在威海召开。会上,威海市被授予全国第一个“国家级卫生城市”称号。

7月6日 省委、省政府发出《关于切实减轻农民负担的通知》。《通知》指出,近几年来,不少地方和部门纷纷向农民伸手,摊派、收费、集资的名目越来越多,数额越来越大。农民负担的增长超过了收入的增长,严重损伤了生产积极性,损害了党群、干群关系。省委要求,农民负担项目、各项费用的提取数量和使用范围,要严格按照中央和省委有关规定执行,以乡镇为单位,人均集体提留和乡统筹费一般应控制在上年人均纯收入的5%以内。乡村提留款的统筹费和集体提留,要建立严格的管理制度和预决算审批制度。

8月5日至10日 全国村级组织建设工作座谈会在莱西召开。座谈会主题是:按照党的基本路线的要求,研究如何加强以党支部为核心的村级组织建设,以教育、引导、团结和组织农民发展经济,促进农村社会全面进步,坚定不移地走社会主义道路。莱西县在会上作了典型发言。

8月7日至17日 中共中央政治局常委宋平考察青岛、烟台、威海3个市8个县(市)的农村和企业。他强调,对农民加强社会主义思想教育是当前农村工作的一项重要任务。

8月31日至9月4日 全省对外开放工作会议在青岛召开。会议认真总结了对外开放工作的经验,表彰了166个对外开放先进单位,研究了下一步的政策措施。

9月20日 省政府发出《关于搞好新一轮企业承包工作的通知》。《通知》指出，本年度将有82%的企业承包到期，需要进行新一轮承包。企业新一轮承包要按照“稳定、充实、调整、改善”的方针积极稳妥地进行。新一轮承包工作于年底顺利完成。

9月 全省实施“星火计划”成果显著。1985年以来，全省共投资11.3亿元，安排各级星火项目1458项。到本月底，已验收完成1086项，向农村推广适用技术装备11万台（套）；累计新增产值46.4亿元，新增利税10.8亿元，创节汇2.2亿美元；先后获国家星火奖12项，全国“星火计划”成果展览奖54项，均居全国前列。

10月11日至15日 全省企业技术改造会议在济宁召开。会议着重研究了如何把技术改造与调整紧密结合起来，以增量投入带动存量优化，以技术改造促进结构调整，推动全省经济持续、稳定、协调发展。

10月16日 省委、省政府作出《关于加快高新技术发展，促进山东经济振兴的决定》。《决定》提出“八五”期间的重点任务是：加快高新技术开发区建设，利用高新技术改造传统产业，培植高新技术产业生长点。

10月29日 省政府召开桓台县吨粮田建设情况汇报会。桓台全县39.4万亩粮田单产、总产分别达到1020公斤和4亿公斤，成为长江以北第一个吨粮县。1992年，桓台县在亩产吨粮的基础上，又创亩收入超千元成绩，成为长江以北第一个“双千县”。

11月6日 “中国乡镇百颗星”授奖大会在北京人民大会堂举行。牟平县宁海镇被授予“全国最佳乡镇”称号并名列十佳榜首，获得最高奖“大地奖”。本年度，该镇成为山东省第一个“10亿元镇”，全镇经济总收入10.1亿元，纯收入1.6亿元。临沂市罗庄镇等6个乡镇被命名为“中国乡镇之星”，授予特别奖匾。

11月21日 省委发出《关于贯彻中共中央〈关于县以上党和国家机关党员领导干部民主生活会的若干规定〉的意见》，要求各级党组织和每个党员领导干部都要高度重视，严格遵照执行；要求加强检查监督工作，保证民主生活会的落实。

12月 为进一步扩大对外开放，加快山东走向世界的步伐，省委、省政府进一步完善涉外经济法规，重新修订了《山东省发展外向型经济的若干规定》《山东省鼓励外商投资的优惠措施》《山东省开展对外来料加工装配和补偿贸易的试行办法》《山东省进料加工出口试行办法》和《山东省金融开放的若干政策规定》5个规范性文件，就扩大对外开放，发展外向型经济的有关政策作了重大调整和完善。省委还作出了《关于进一步加强对外宣传工作的意见》，把对外宣传工作纳入党委的工作日程之中。

年底 全省完成“七五”计划主要指标，国民生产总值年均增长9.3%。本年度国民收入同比增长9.2%，工农业总产值增长16.6%，均居全国前三位。原煤产量、原油产量均居全国第二位；发电量居全国第一位。山东的经济走在全国前列。

本年度 全省完成国内生产总值1511.19亿元，其中第一、第二、第三产业分别为425.29亿元、635.98亿元、449.92亿元。全社会固定资产投资额335.66亿元，地方财政收入109.11亿元，社会消费品零售总额460.13亿元。

1991年

1月2日 经国务院批准，全省又有44个县（市）对外开放。至此，全省133个县（市、区）除长岛外，全部对外开放。

1月4日 省委组织全省农村党支部先进事迹报告团，在省委党校举行首场报告会。报告团由龙口市下丁家、平邑县九间棚等11个先进农村党支部组成。

1月20日至23日 省委、省人大、省政府召开全省法制宣传教育工作会议，总结全省第一个五年全面普法宣传教育工作情况，部署“八五”计划期间的普法工作。省人大于年内制定了《山东省依法治省总体规划》。

1月23日 省委印发《关于基层党组织领导干部民主生活会的规定（试行）》。《规定》要求基层党组织领导干部既要参加所在党支部和党小组的组织生活会，又要参加党员领导干部的民主生活会；民主生活会要围绕贯彻执行党的路线、方针、政策和上级党组织的指示、决议，组织和带领党员、干部、群众开展社会主义物质文明和精神文明建设，执行民主集中制，清正廉洁，工作作风，联系群众等问题进行检查总结，统一认识，开展批评与自我批评，发现问题要制定措施切实加以解决。

1月23日 省政府召开全省“质量、品种、效益年”活动电话会议，动员全省上下、各行各业，积极响应国务院号召，打一场质量、品种、效益攻坚战。到年底，“质量、品种、效益年”重点考核的3470种产品质量稳定提高率达到95.1%，试制成功的4700种新产品投产量达到85%。

2月3日至4日 全国扶贫开发工作会议在济南召开。会议指出，“八五”期间全国扶贫开发工作的基本目标、扶贫各项优惠政策不变。会议明确了为实现基本目标的5条要求和原则，还传达了国务院贫困地区经济开发领导小组《关于部署“八五”扶贫开发工作的意见》。

2月6日 省委制定本年度9项工作要点：千方百计夺取农业丰收；工业生产要在提高效益和调整结构前提下保证适当增长；努力发展第三产业，搞活流通；积极推进城乡改革；积极推进对外开放；加强社会主义精神文明建设；巩固发展安定团结的政治局面；进一步加强党的建设；转变工作作风，改进工作方法。

2月10日至11日 省委、省政府召开全省科技工作会议，动员全省各级、各行各业组织实施科技进步“大合唱”，为“科教兴鲁”、实现经济和社会发展第二步战略目标而奋斗。会议提出进一步组织实施“科教兴鲁”战略，实行开发与推广结合，专业科技工作与群众性科普活动结合，发展高新技术与改造传统产业结合，把提高经济效益和科技素质作为科技进步的首要任务，大力推动科学技术向经济和社会各个领域进军。

2月 省委明确提出经过5年、10年的努力争取建成“海上山东”的设想。4月，省人大召开会议，在贯彻《山东省国民经济和社会发展十年规划及第八个五年计划纲要》的报告中，正式向全省人民提出建设“海上山东”的战略。

3月中旬 全省农村社教活动基本结束。这次思想教育活动坚持以党的基本路线为指引，以促进政治、经济、社会稳定发展为宗旨，以培养社会主义新道德与新风尚、全面推进农村两个文明建设、发展生产力为落脚点，分集中宣讲、组织建设、制定规划制度3个阶段进行。

3月21日 省委作出《关于在全省机关、学校、企事业单位、城市街道开展社会主义思想教育的通知》。这次社教活动动员了全省5万多名干部深入基层，对2000多万名城镇群众进行了系统的社会主义思想教育。8月中旬，城市社会主义思想教育的集中教育阶段结束，转入经常性的思想教育。

3月22日 省政府宣布废除87项收费、罚款、集资项目，要求各级政府进一步加强领导，把治理“三乱”作为大事，真正提到议事日程。到年底，全省共废止收费、罚款、集资项目456个，减轻企业和农民负担6亿多元。

4月5日至7日 省委、省政府在泰安召开全省精神文明建设工作会议。会议认真总结了几年来全省精神文明建设的经验，部署和规划了今后几年的精神文明建设工作，命名表彰了1990年度的省级文明单位和全省首批25个精神文明工作先进县（市、区）。

4月下旬 省委、省政府决定改革经贸体制，撤销省经贸委和省外贸局，组建新的省经贸委，实行经贸合一，统一管理全省外经贸工作。此举进一步理顺了经贸关系，使全省实现经贸优势互补、形成合力，建立起扩大对外开放、全面自负盈亏的经营管理体制和良性循环运行机制。12月，省政府发出通知，把经贸体制改革延伸到市（地）、县（市、区）。

5月20日 省委、省政府召开命名表彰社会文化先进县大会。大会宣读了省委、省政府《关于表彰文化先进县的决定》，并向受表彰单位颁了奖。首批受到表彰的有莱州市、张店区、章丘县等12个社会文化先进县（市、区）。

5月22日 根据中共中央关于发展高新技术的指示精神和山东今后10年的发展奋斗目标的要求，省委确定全省高科技工作总的思路。年内，全省在面上选择了500个高新技术产品作为主攻方向，还以淄博等市为典型，探索科技兴市的新途径。高新技术开发区本年度开发新技术产品212项，创产值11.33亿元。

6月24日 齐鲁30万吨乙烯工程通过国家竣工验收。该工程于1984年4月1日正式开工，经过二期工程建设，于1990年10月建成投产，比国家计划提前2个月。工程总投资63.67亿元，创造了较好的经济效益，使齐鲁石化公司成为全国最大的原油加工、塑料、橡胶、烧碱生产基地之一。

6月 全省开展中国共产党成立70周年庆祝活动。省委于14日成立由省级机关百余名老党员、老干部、老英雄、老模范组成的“百人四老”报告团，向广大党团员、干部群众和学校师生进行讲党史、讲传统、讲奉献的教育。28日，省暨济南市各界代表8000余人参加了庆祝中国共产党成立70周年文艺晚会。

7月8日 省委办公厅印发《关于县、市、区委工作的若干规定（试行）》和《关于党组工作的若干规定（试行）》。两个规定就县（市、区）委和部门党组领导班子的工作职责、会议制度、议事规则、常委会日常工作、委员守则、监督等作出了明确规定。这样的规定在全国是首创。年底，有70%的市（地）、县（市、区）直属部门和90%以上的乡镇、村实行了政务公开，建立了各种议事会。

8月29日 省委召开全省领导干部会议，就党组织面临的斗争形势和应抱的正确态度讲了意见：要千方百计把经济工作搞上去；要坚持改革开放的社会主义方向；要用社会主义思想占领意识形态阵地；要努力培养造就千百万社会主义事业接班人；要强化人民民主专政；要进一步搞好党的建设。

10月3日至5日 省委召开工作会议，传达贯彻中央工作会议精神，研究如何进一步搞好国营大中型企业的问题。根据中央确定的“配套联动，综合治理”的思路，省委确定从改善企业外部环境和优化内部机制入手，使企业改革进一步深化。

10月22日 省委发出《关于今冬明春集中一段时间深化农村社会主义思想教育的意见》，决定继续在农村开展社会主义思想教育。这次农村社教在深化、巩固、提高上下功夫，有针对性地集中解决几个突出问题，进一步调动广大农民的积极性，密切党群、干群关系，促进农村两个文明建设。

10月31日至11月7日 全国“七五”星火计划总结表彰及星火成果博览会在北京召开。山东省69名星火管理工作者、星火科技工作者、星火企业家受到国家科委表彰。山东省400项参展星火项目中，有54项获金奖，78项获银奖。

11月2日至4日 黄河三角洲农业综合开发项目经过两年多的开发，顺利通过国家级验收。两年实际开发荒碱地20万亩，完成投资6923万元，形成年产粮食4943万公斤、棉花195万公斤、牧草（干）536万公斤的生产能力。

11月18日 省委就贯彻中央关于培养教育青年干部的决定提出意见：培育教育青年干部，要在正确分析青年干部队伍现状的基础上，有针对性地强化培养教育措施，并进一步加强对培养教育工作的组织领导。山东具体采取4条培养教育措施：加强思想理论教育；加强基层锻炼；实行交流或轮岗锻炼；“压担子”。

12月17日 省政府宣布全省选择132家国营企业进行深化改革试点，其中大中型企业101家。试点企业主要从厂长、经理对企业干部的任免、企业编制和定员、用工自主、工资奖金分配形式、企业留用资金、产品定价、增提固定资产折旧和技术开发基金8个方面拥有了自主权，可以进一步放开经营。

12月31日 省政府举行第一期（1988年至1990年）黄淮海平原农业开发新闻发布会，宣布黄淮海开发一期任务完成。截至1991年6月底，完成投资11.78亿元，为计划的140.9%，3年累计直接经济效益达45.43亿元。

年底 全省农村社会化服务体系建设形成不同模式。一是以诸城市为代表的贸工农一体化，二是以招远市为代表的依托供销社和商业部门的农商合作，三是以寿光市为代表的以培育蔬菜市场作为突破口、形成“五渠通天下”蔬菜流通新格局，四是以桓台县为代表的围绕种植业实行产前、产中、产后统一服务。

年底 全省全面完成了治理整顿任务，经济总量明显回升，为深化改革、扩大开放提供了良好的环境。经过3年多的努力，全省宏观经济环境明显改善，经济秩序明显好转，膨胀的社会需求得到抑制，积累和消费的比例关系更趋合理，社会总供给与总需求的变动日趋平衡，农、轻、重比例趋于协调，产业结构得到改善。3年间，全省工业总产值年均增长14.1%，农业总产值年均增长6.7%。

本年度 全省完成国内生产总值1810.54亿元，其中第一、第二、第三产业分别为521.85亿元、745.90亿元、542.79亿元。全社会固定资产投资额439.82亿元，地方财政收入128.52亿元，社会消费品零售总额536.03亿元。

1992年

1月7日　省委主要领导到章丘考察村级规范化管理和两个文明建设的情况，召开农村社教工作座谈会。会议要求，要把社教工作同推进改革开放紧密结合起来。深入搞好社教，必须认真研究如何深化农村、城市改革，包括上层建筑怎样适应经济基础变化等问题，使社教既为改革开放提供动力，又能提供政治方面的保证。

1月16日　省委1992年1号文件提出本年度工作要点：集中力量抓经济工作，确保国民经济持续稳定发展；加快实施“科技兴鲁”战略，推进科技进步；进一步解放思想，加快改革开放的步伐；保持社会稳定，巩固发展安定团结的政治局面；加强社会主义法制建设，充分调动各方面的积极性；加强思想政治工作，推进精神文明建设；全面加强党的建设，提高党的凝聚力、战斗力；转变领导作风，改进领导方法。

2月12日　省委派团前往徐州市学习破“铁交椅、铁工资、铁饭碗”的经验，提出要以“破三铁”、转换内部经营机制为突破口进行企业改革。6月，国务院《全民所有制工业企业转换经营机制条例》颁布后，山东在全国率先制定了实施办法，最早提出推进企业“三改一管”（改革、改造、改组和管理）的思路，在全国得到推广。

2月25日 全省科技奖励大会在济南举行。1991年全省共取得重要科技成果2488项，其中175项达到国际先进水平，345项属国内首创，1158项达到国内先进水平，获奖总数量在全国省（自治区、直辖市）中名列首位。有14项科技成果获国家发明奖，居全国第一位。

2月28日 中共中央将邓小平南方谈话作为中央1992年2号文件下发，并发出通知，要求尽快逐级传达到全体党员干部。随后，省委相继召开常委会、副省级以上党员干部会议、全省市（地）委书记、市长（专员）和省直部门负责人会议，传达中央2号文件。在讨论中大家一致认为：在中国现代化建设的关键时刻，党中央及时转发邓小平南方谈话，为坚定不移地贯彻执行党的“一个中心、两个基本点”的基本路线，建设有中国特色社会主义，进一步指明了方向。3月3日，省委发出通知，要求各地、各部门尽快将邓小平南方谈话要点逐级传达到全体党员干部。

3月1日至4日 全省深化企业改革、扩大对外开放经验交流会召开。会议提出，要进一步解放思想，必须解决好思想认识问题，认识要有新飞跃，观念要有新转变。会议制定了《深化企业改革、扩大对外开放的十二条意见》，主要内容是：改革企业人事、用工、分配制度，完善企业的管理体制，尽快扭转经营性亏损，搞活流通、把企业推向市场，加速企业向外向型发展，加强企业发展后劲，配套改革并重点突破，转变职能和强化服务等。

3月17日 省政府发出《关于印发山东省1992年经济体制改革要点的通知》，要求各地、各部门进一步解放思想，更新观念，以深化企业改革为重点，以破除“一大三铁”、转换企业经营机制为突破口，搞好各项配套改革。

3月下旬 省委、省政府作出《加快发展高新技术产业的决定》。《决定》确定“八五”期间及今后10年全省发展高新技术及其产业的目标是：使山东省高新技术产业在重点区域形成气候，在重点领域形成特色，在重点行业形成规模，在重点产品创出名牌；使高新技术产业的产值在工农业生产总值中所占的比重高于全国平均水平，逐步把山东半岛建成高新技术产业火炬带。

4月14日至18日 省委召开全省对外开放工作会议。省、市、县和省直有关部门的负责人等1000余人参加了会议，规模和声势多年来罕见。会议查找山东的差距及其原因，进一步解放思想，更新观念，统一认识，以加快经济特别是外向型经济的发展。会议研究确定了全省加快对外开放的战略目标、基本思路、工作重点和政策措施。

5月6日 省精神文明委员会确定工作基本指导思想，要求紧紧围绕经济建设这个中心，服从服务于改革开放的大局，解放思想，更新观念，加强道德建设，搞好以城市为重点的3个层次的文明建设活动，在全社会形成文明健康、奋发向上的精神风貌，为深化改革、扩大开放创造良好的舆论环境和社会环境。

5月13日至16日 全省山区开发建设暨扶贫工作会议在枣庄召开。会议提出了全省山区建设今后10年的具体目标是：立足当地资源优势，因地制宜，选准奔小康的路子，争取在20世纪末80%以上的山区乡村达到小康水平，跟上全省奔小康的步伐。90年代山区开发建设的方针是：紧紧围绕发展山区商品经济和优质、低耗、高产、高效农业，因地制宜，发挥优势，以林为主，农、林、牧、副结合，工、商、建协调发展，农、工、贸一体化经营，全面振兴山东经济。

7月20日 省委、省政府作出《关于表彰长岛县率先成为全省第一个“小康”县的决定》，要求全省各级党委、政府学习借鉴长岛县的经验，为在全国提前实现第二个翻番的战略目标，达到“小康”水平而努力奋斗。

7月23日至31日 中共中央总书记江泽民在威海、烟台、青岛、诸城、日照等市（地）考察工作。他说：山东广大干部群众在小平同志重要谈话精神鼓舞下，奋发向上，精神状态很好。党中央和国务院对山东的工作是满意的，并认为山东发展潜力很大，前景是广阔的。江泽民专程看望了沂蒙山区老红军、老八路和英模代表，并与革命老区的干部群众共商振兴经济的大计。

7月28日 省委、省政府在北京举行新闻发布会，宣读《山东省招聘引进人才的政策规定》《山东省重奖有突出贡献科技人员的政策规定》等优惠政策，以广招天下人才。会后共接待应聘人员近1.75万人次，达成意向的1550人，招调203人。到年底，全省各类专业技术人员达200.36万人，比1985年增加近1倍。

8月7日 省政府作出《山东省发展高产优质高效农业实施意见》。《意见》根据全省实际情况，提出了农业产业结构调整、资源的开发利用、发展乡镇企业、发展外向型农业，以及提高劳动生产率、土地产出率和农民收入水平等5项任务，规定了具体明确的目标。同时初步确定在27个县（市、区）建立省高产优质高效农业示范区。

8月25日至29日 全省“科技兴海”现场办公会在寿光、烟台和威海召开。会议的主要任务是，加快实施省委、省政府提出的建设“海上山东”重要战略部署，确定一批海洋科技开发项目，落实资金，以项目带动

“科技兴海”的全面起步。会议确定首批海洋科技开发项目33项，总投资2.7亿元，有力地推动了黄河三角洲开发和建设“海上山东”工程的进展。

8月26日至29日 全国依法治村经验交流会在章丘召开。会议指出，章丘的经验比较集中地反映了基层依法治理工作的特点，他们“依法建制、依法治村、民主管理”的做法，使这项工作走向了更加成熟的阶段。会议要求学习和推广章丘经验，认真抓好试点，进一步创造和推广典型经验，使章丘的经验在全国开花结果。

10月12日至18日 中国共产党第十四次全国代表大会召开。会议确立了邓小平建设有中国特色社会主义理论在全党的指导地位，明确了建立社会主义市场经济体制的奋斗目标，要求全党与全国人民抓住机遇、加快发展。15日，省委发出通知，要求全省各级党组织精心组织好对党的十四大及其重要文献的学习。

11月9日至12日 省委召开五届九次全委（扩大）会议，讨论通过了《中共山东省委关于学习贯彻落实党的十四大精神的决议》。《决议》提出，全面贯彻“科教兴鲁”战略，分步实施建设“海上山东”和开发黄河三角洲两个跨世纪工程，要求各有关部门和市（地）、县要把两项跨世纪工程提到重要议事日程，采取有效措施，真正把山东这两大资源优势转化为巨大的商品优势和经济优势。会议还提出“内外开拓、纵横突破、纵抓集团、横抓强县”的发展战略。

11月22日 全省加快经济强县强乡发展工作会议在济南召开。会议提出，有条件的县、乡要超常规发展，可成为区域经济发展的新的隆起带，以便更好地带动其他县、乡加快发展。12月2日，省委制定《关于加快经济强县、强乡发展的意见》，对强县、强乡给予政策扶持，促其加快发展，以带动全省经济攀登新台阶。

11月28日 省级商业、粮油、供销、石油4个经济管理部门整建制地转为经济实体，成为集团总公司。

12月19日 国务院批准青岛、潍坊高新技术产业开发区为国家级开发区。本年度，全省大项目和高新技术项目有新突破。全省5个国家级和4个省级高新技术开发区，本年度共投入资金30亿元，实施高新技术项目325个，实现产值27.1亿元，利税5.6亿元。

12月27日至31日 全省计划、经贸、经协会议在济南召开。本年度，全省深化改革、进一步扩大开放的一系列政策措施，有力地促进了外向型经济的发展，利用外资取得突破性进展。全省累计登记注册外商投资企业达5655户，居全国第四位，投资总额为108亿美元，利用外资项目超过前13年的总和。

本年度 全省完成国内生产总值2196.53亿元，其中第一、第二、第三产业分别为534.62亿元、999.11亿元、662.80亿元。全社会固定资产投资额601.50亿元，地方财政收入139.32亿元，社会消费品零售总额653.23亿元。

1993年

1月6日　省委、省政府作出《关于解决当前农业发展中几个突出问题的决定》。《决定》主要包括坚定不移地强化农业的基础地位；大力发展高产优质高效农业，进一步优化农业产业结构；切实减轻农民负担，保护和调动农民生产的积极性；继续抓好农产品收购，积极改革粮棉购销体制；加大改革力度，积极培育农村社会主义市场经济体制和运行机制；进一步加强对农业的领导等内容。

1月15日　全省农业工作会议召开。会议确定全省农业工作总的指导思想是：坚持以市场为导向，以改革开放为动力，以科技进步为支柱，以提高效益为中心，大力发展高产优质高效农业，努力实现粮、棉、油等主要农产品供求平衡和农民收入的稳定增加。

1月18日　山东邮电通信全部实现“三化两网”（县以上城市电话自动化、市地以上城市电话程控化、省到市地的电信传输数字化；移动通信网和无线寻呼网）。这标志着全省邮电事业已开始向装备技术大容量、智能化，通信手段多功能、综合化，邮电服务全方位、立体化迈进。

1月29日　省委常委会召开会议，确定了本年度工作要点。会议要求重点抓好全面贯彻落实党的十四大精神、坚持解放思想与实事求是的统一、确保国民经济又快又好地持续发展、加快改革步伐、抓好领导班子和基层组织建设、切实加强党风和廉政建设等内容。

1月 山东提出按产业化组织发展农村经济的思路，把产业化作为农村市场经济的主要经营体制和运行机制，这在全国是最早的。在总结推广贸工农一体化经验的基础上，山东对农村主导产业实行区域化布局、专业化生产、一体化经营、社会化服务、企业化管理，把“产供销、种养加、内外贸、经教科”结合起来，形成了一条龙经营体制的农业产业化经营。《人民日报》开辟专栏介绍了农业产业化发祥地潍坊的经验，在全国产生很大影响。

2月15日至17日 全省经济工作会议召开。会议强调要进一步解放思想，增强加快发展的紧迫感；深化企业改革，扩大对外开放；大力推进技术进步，增强经济发展后劲；推进结构调整，发展壮大规模经济；积极做好支农工作，促进农村经济加快发展；切实加强领导，提高驾驭市场经济的能力。

2月17日 全省清理“三角债”工作总结会议在济南召开。1991年至1992年，全省累计注入清欠专项贷款22.5亿元，清理固定资产投资项目934个，累计清理企业相互拖欠款91.2亿元。根据国务院的要求，今后此项工作转入正常渠道，政府不再出面组织清欠工作。

2月19日 省委主要领导在听取经济工作情况汇报时，提出了关于企业转换经营机制等问题的意见。以此为基础，山东省在全国最早提出了推进企业“三改一管”（改革、改造、改组和管理）的思路。在年内召开的全国经贸工作会议上，国务院指出，要把“三改一管”作为企业工作的方针。

2月25日 山东组织开展“四清理、三整顿”活动。主要内容是：清理涉及农民负担的各种文件、项目、非生产线建设和承包合同外收费提留；整顿村提留和乡镇统筹费的使用和管理、收费与罚款的使用与管理、义务工和劳动积累工的使用与管理。同时，还决定全面推行“农民负担预决算”和“农民负担卡”制度。通过清理整顿，全省本年度乡统筹和村提留总额26.3亿元，比上年减少8亿元；农民人均负担37.44元，占上年农民人均收入的4.63%；各地相继废止了涉及农民负担的文件1993个、项目2185个。

3月2日 省委、省政府制定《关于加快欠发达地区经济发展的意见》。《意见》提出，确保农业稳步增长，加快发展第二、第三产业，大力加强基础设施建设，继续深化改革。到20世纪末，欠发达地区与全省同步实现小康目标。为此，要抓好确保农业稳步增长、积极推进外向型经济发展、大力加强基础设施建设、多渠道筹措资金等工作。

3月9日 省纪委、省监察厅合署办公。到4月底，全省陆续完成了省、市（地）、县纪委和监察机关合署办公工作。

3月24日 省政府印发《1993年全省经济体制改革的重点任务》。主要内容是：（一）切实贯彻《全民所有制工业企业转换经营机制条例》，加快企业转换经营机制的步伐。（二）积极推行股份制。（三）大力发展企业集团，优化企业组织结构。（四）继续搞好金融体制改革。（五）在培育市场体系上要有新突破。（六）建立健全社会保障体系。（七）转变政府职能，加强和改善宏观调控。（八）加快住房制度和土地使用制度改革。（九）完善和发展农村社会化服务体系，积极推进县级综合改革。（十）进一步深化科技、教育体制改革。

3月26日至4月2日 山东省投资招商暨进出口贸易洽谈会在香港举

行，这是改革开放以来山东在海外举办的规模最大的涉外经济活动。活动成果丰硕，共签订利用外资合同607项，合同外资额达41亿美元。

4月7日至10日 省委五届十次全委会议召开。会议审议并原则通过《关于调整全省“八五”计划主要指标的建议》和《关于山东省党政机构改革方案》。会议决定从这次全会起不再设立省顾委。会议要求动员和组织广大党员、干部、群众抓住有利时机，深化改革，扩大开放，加快经济发展的步伐。

5月3日 省委、省政府决定，建立首批8个省级高新技术开发示范区和7处外向型农业开发示范区。开发示范区的指导思想是：进一步探索高新技术向农业转移和扩大农业对外开放的途径、措施、机制，总结经验，以点带面，大幅提高全省农业的科学技术水平和在国内外市场的竞争能力，促进全省农业上档次、上水平。

5月13日至15日 省委召开县、乡机构改革工作会议。总的要求是，全省县级机关人员在现有基础上减少30%以上，乡镇减少60%以上。6月7日，省委印发《山东省县级党政机构改革实施方案》《山东省乡镇管理体制改革实施方案》。

5月31日 以建设能源、化工、农牧渔三大基地为主体的黄河三角洲综合开发全面启动。本年度，全开发区国民生产总值达到201.5亿元，工农业总产值达到303.6亿元，分别比1980年增长4.8倍和3.9倍。

6月28日至7月1日 全国农村卫生建设经验交流会在潍坊召开。会议对近两年在加强农村卫生工作中作出显著成绩的山东等12个省（自治区、直辖市）政府给予了表彰。

7月11日 省政府通报省级涉及农民负担文件和项目的清理情况。共清理出省出台的文件84份。这些文件和项目的取消，使全省农民每年减轻负担20亿元，人均30元左右。

7月22日 省政府发出《关于加快重点企业集团发展的通知》，对加快重点企业集团发展的选择条件、政策措施、组织实施等作出了具体规定，并公布了全省44家重点企业集团。

8月8日 山东省“火炬计划”实施5周年庆祝表彰大会召开。自1988年以来，山东共实施“火炬项目”591项，实现产值29.2亿元，创利税7.2亿元，节创汇1.7亿美元。

9月20日 全国县级综合改革座谈会在龙口市召开，山东在会上介绍了经验。会议强调，要抓好县级综合改革，加快农村发展，提高农民收入。

10月18日 全国电力建设现场会在潍坊电厂结束。会议提出学习山东经验，加快电力发展。

10月25日 首届山东省农业高新技术、新成果、新产品展销洽谈会在山东省农展馆开幕。此次参展的1000余项新产品中，有许多已达到国际先进水平。

11月21日至26日 中共山东省第六次代表大会举行。五届省委作了《全面贯彻党的基本路线，为实现山东社会主义现代化建设的宏伟目标而努力奋斗》的报告。大会提出了今后5年全省经济和社会发展的总任务。大会要求深化改革，扩大开放，继续强化农业、基础工业、基础设施3个基础，突出抓好科技教育、外向型经济和社会事业持续、快速、健康发展，在全省初步建立起社会主义市场经济体制，使城乡人民生活达到小康水平。大会对对外开放的具体布局作了适当调整，提出要逐步形成以青岛为龙头，以烟台、威海、日照、潍坊、东营为前沿，两翼展开，由东向西纵深扩展的多层次、全方位开放新格局。

12月8日至11日 省委召开农村工作会议，提出了山东今后一个时期深化农村改革、加快农业和农村经济发展的基本思路。会议期间，还召开了全省欠发达地区负责人会议，专门部署了欠发达地区的工作。会后，省委作出《关于加快发展农村社会主义市场经济的决定》。

12月16日 省委制定《关于在全省农村集中开展社会主义思想教育活动的意见》。

12月18日 山东省标准最高、规模最大的交通建设工程——济南至青岛高速公路建成通车。公路全长318公里，投资31亿元。济青高速公路曾被省委、省政府列为“一号工程”，集中人力、物力、财力修建的这条“黄金大道”，后来对于扩大开放和对外交流产生了重大作用，经济效益日渐显著。

12月21日至24日 全省经济工作会议召开。会议讨论修改了省委《贯彻〈中共中央关于建立社会主义市场经济体制若干问题的决定〉的实施意见》和省政府关于企业、财税、金融、投资、外贸、国有资产管理、住房制度等方面的改革方案，具体研究了山东省深化各项改革的措施。

本年度 全省完成国内生产总值2779.49亿元，其中第一、第二、第三产业分别为596.63亿元、1358.94亿元、823.92亿元。全社会固定资产投资额892.48亿元，地方财政收入194.40亿元，社会消费品零售总额857.58亿元。

1994年

1月3日　省委、省政府作出《关于加快发展农村社会主义市场经济的决定》，确立了20世纪90年代以至21世纪初山东省农业和农村工作总任务和总目标：建立和完善农村社会主义市场经济体制，使农民生活水平由温饱达到小康并走向富裕。

1月25日　胜利油田石油会战30周年，全体职工艰苦创业，找到64个油田，累计产油5.2亿吨，占新中国原油总产量的1/5，实现工业总产值1437亿元，上缴国家224亿元，相当于国家投资的5.6倍，出口创汇110亿美元，在茫茫盐碱荒滩上建成了中国第二大石油工业基地。

1月25日至27日　全省纪检监察工作会议在济南召开。会议指出，反腐败仍然是1994年纪检检察工作的重中之重，要严格执行党中央、国务院和省委的要求，把严格控制购买和更换小汽车，严禁借房改之机以权谋私，严禁利用婚丧嫁娶及其他机会挥霍浪费，严禁利用职权借用公款谋私等内容列入领导干部廉洁自律的规定。

1月26日　全省经济欠发达地区改革开放试点县工作会议在济南召开。会议确定，试点县由1993年的9个扩大到25个，继续实行“三方结对、强县带动，部门承包、启动内力”的方针，力争用五六年时间使全省所有欠发达县摘掉欠发达的帽子。

1月 全省实行地方城镇居民户口制度，职工居民家属等16类人员可办理农转非户口。这是一项有利于提高农村人口的城镇化水平、进一步加快小城镇建设的重大改革措施。

2月6日 省委作出决定，在全省广泛开展向徐洪刚学习的活动。1993年8月，济南军区某部班长徐洪刚在探亲归队的长途汽车上与抢劫侮辱妇女的歹徒搏斗，被刺成重伤。《决定》要求各级党委要把开展学习徐洪刚的活动，作为当前加强精神文明建设的一项重要工作认真抓好，让英雄的精神在齐鲁大地上大放光彩。

2月21日至23日 省委、省政府召开全省体育工作会议，总结交流工作，制订振兴山东体育的大计。会议提出今后7年建成体育先进省、继而向体育强省迈进的战略目标。会上宣读了省政府《关于奖励表彰第七届运动会有功人员及先进单位的决定》。

3月12日至18日 中国青岛对外经济贸易洽谈会在青岛山东国际贸易展览中心举办。洽谈会期间，共签订出口成交合同4341份、金额10.59亿美元；共签订利用外资合同1194个，合同外资额28.6亿美元。

3月28日 山东省邮电数据通信公众网建成并开通使用。山东省由此成为国内第一个开通使用数据通信公众网的省份。

3月31日 全省开始建立现代企业制度试点。省政府决定推出50家国有大中型企业进行试点，并提出了具体要求：一要理顺产权关系；二要转换企业经营机制；三要进行公司制改造；四要政企职责分开。11月，国务院确定全国百家企业现代企业试点单位，山东省的烟台合成革总厂、淄博化学纤维总厂、青岛益青实业总公司、济南大观园股份有限公司4家企业名列其中。

3月 山东第二期黄淮海平原综合开发任务完成。该项目共完成投资11.09亿元，通过改造中低产田、开荒、改良草场、造林，使项目区生产条件和生态环境明显改善。3年累计增产大宗农副产品价值40.65亿元，投入产出比达到1∶3.48，农民人均纯收入由526元提高到970元。该项目于4月至5月通过了省和国家的检查验收。

4月25日至28日 全省对外开放工作会议在济南召开。会议传达了全国利用外资工作座谈会精神和国务院对台经济工作会议精神，汇报了山东省赴南方4个省学习考察情况，邀请苏州市、上海浦东新区领导到会介绍了经验。省委主要领导作了《全面实施外向带动战略，推动山东经济再上新台阶》的讲话。

5月9日至14日 全省改革开放试点县工作会议在济宁和临沂召开。会议听取了强县带动、部门推动、自身启动“三方结对帮促”的情况汇报，提出了抓改革开放试点县的基本指导思想。

5月18日 山东最大的炼铁高炉——莱钢750立方米高炉系统工程全面建成投产。该工程是经国务院批准的利用外资改扩建项目的主要工程之一，是国家和山东省“八五”重点建设项目。12月24日，莱钢年产钢突破百万吨，跨入大型钢铁联合企业行列。

5月20日 中共山东省委机关工委、山东省人民政府机关党工委部署贯彻反腐败“新五条”规定，要求省直机关下一步要集中力量重点抓好领导干部的廉洁自律，下决心解决和纠正车子、房子、乱吃喝问题，利用婚丧嫁娶等机会大操大办、挥霍浪费和借机敛财问题以及利用职权拖欠公款等问题。

5月 全省公用电话交换机总容量超过200万门，继广东、江苏、浙江之后，山东成为全国第四个电话交换机容量超过200万门的省份，并提前一年零七个月全面完成了省七届人大四次会议确定的全省邮电通信“八五”发展计划。

6月22日 省政府下发《关于进一步扩大利用外资加快发展开放型经济的意见》。《意见》在加快实施外向带动战略，加大招商引资的力度，优化投资硬环境，加速老企业利用外资进行嫁接改造，努力培植支柱产业，实现乡镇企业发展开放型经济的新突破，积极利用外资加快农业综合开发，扩大第三产业利用外资，高标准、高水平办好各类开发区等方面提出实施意见。

7月27日 省委、省政府下发《关于广泛深入开展增产节约增收节支活动的意见》。《意见》要求把增产节约、增收节支作为经济工作的重点来抓，以提高经济效益为中心，大力增产增收，努力开拓市场，大力开展限产、压库、促销，节约挖潜，打紧支出，勤俭办一切事业。

7月31日至8月2日 建设农业强省战略研讨会在寿光召开。会议认为，建设农业强省，就是按照发展社会主义市场经济和推进农业现代化的要求，利用现代科学技术和综合手段，充分合理地开发利用自然资源和社会资源，促进生产要素的合理流动和最佳配置，把全省农业建设成为整体布局合理、结构优化、技术先进、管理科学、经济总量大、产品质量优、综合效益高的发达的市场农业。

8月上旬 山东省直机关“为基层服务，做全省表率，促进山东经济上新台阶”大讨论结束。大讨论从2月开始，集中进行了5个月，以邓小平建设有中国特色社会主义理论和党的十四大、十四届三中全会精神为指导，广泛开展了学习讨论，查摆问题，分析原因，边整边改，取得了明显成效。

8月23日 山东省直机关召开“三清”工作会议。会议提出：清理小汽车、住房购房和侵占企业财物是1994年反腐败斗争在领导干部廉洁自律和纠风方面的3个重点，尤其是清理小汽车要作为突破口来抓。全年共清理出违反规定购置的小汽车1055辆，查处拖欠公款4.72亿元。

8月29日 省政府下发《关于进一步鼓励个体私营经济发展的通知》。其主要内容是：放宽政策、鼓励和支持个体工商户、私营企业扩大经营规模，拓宽从业人员的经营范围，在税收、资金方面给予扶持，切实解决好个体工商户和私营企业的经营场地、产品鉴定、职称（技术）评定和用工管理等工作，强化监督管理、保护个体工商户、私营企业的合法权益等。

9月6日 山东省华能发电股份有限公司在济南举行新闻发布会，宣布该公司股票在美国纽约成功发行。华能股票8月4日在纽约股票交易所挂牌上市。这是第一家中国公司以纽约股票交易所作为第一市场直接挂牌上市。

10月18日 全国科技兴海经验交流会在潍坊召开。省科委在会上介绍了山东省科技兴海、建设“海上山东”的做法和经验。

11月下旬 中共山东省委宣传部、山东省教委等决定组织开展“在35岁以下的青少年中广泛开展读一百本好书、唱一百首好歌、讲一百个好故事、参观一百个好企业、走访一百个先进村庄”的“五个一百”爱国主义教育宣传活动。该活动从12月开始，至1996年初结束。

12月6日至7日 省委六届三次全体会议在济南举行。会议审议并通过了《中共山东省委贯彻执行〈中共中央关于加强党的建设几个重大问题的决定〉的实施意见》。会议强调：认真贯彻执行党的民主集中制；切实增进党内外团结；下决心解决好基层后进班子问题；高度重视正确选拔和使用干部；保持廉洁自律；进一步加强党的思想建设和作风建设。

12月8日 全省第一家跨地区、跨行业、跨国经营的大型钢铁联合企业——济南钢铁集团总公司正式成立。济钢集团共有紧密层、半紧密层、松散层成员单位110多家，分布在国内8个省和南亚、东南亚地区。

12月21日 省政府颁布《山东省关于稳定和完善农村集体土地经营制度的若干规定》，自1995年1月1日起施行。本规定共分52条，本着“立足于稳、着眼于流、强化于管”的精神，进一步规范了农村集体土地承包使用、流转、补偿办法。

12月22日 《大众日报》报道，山东省蔬菜生产已成为全国面积最大、产量最高、产值第一的农村支柱产业。1994年全省蔬菜播种面积1230万亩，总产量3109万吨，实现产值150亿元，其中出口蔬菜20万吨，创汇额突破1亿美元。

本年度 全省完成国内生产总值3872.18亿元，其中第一、第二、第三产业分别为775.03亿元、1900.46亿元、1196.69亿元。全社会固定资产投资额1108.00亿元，地方财政收入134.66亿元，社会消费品零售总额1137.15亿元。

1995年

1月9日 省委、省政府作出《关于开展向孔繁森学习活动的决定》。为了表彰孔繁森的模范事迹，省委决定追授孔繁森“山东省优秀共产党员”称号，并决定在全省广大党员、干部中广泛开展向孔繁森学习活动。4月7日，《人民日报》发表长篇通讯《领导干部的楷模——孔繁森》，并发表题为《向孔繁森同志学习》的社论。

1月10日至13日 全省党的建设工作会议在济南召开。会议强调要用建设有中国特色社会主义理论武装党员、干部，进一步增强党组织的凝聚力和战斗力。会议提出，要认真执行党的民主集中制原则，大力加强农村党的基层组织建设，积极做好培养选拔德才兼备领导干部的工作，抓紧抓好优秀年轻干部的选拔，继续抓好党的思想作风建设。

1月16日 国家计划生育委员会向省委、省政府通报《关于山东省计划生育社区调查》的情况，指出，山东为落实党中央抓紧抓好计划生育工作的指示，做了大量卓有成效的工作，山东省的经验对于全国其他地区具有示范作用。

1月25日 省政府在济南召开山东重点工程建设新闻发布会，确定

1995年山东省重点建设将以经济效益为中心，加强协调、调度、管理，切实抓好重中之重和竣工投产项目，确保完成全年建设任务。

1月28日 省委下发《关于加强农村基层组织建设的三年规划》。提出在今后3年努力完成8个方面的任务：整顿好处于软弱涣散和瘫痪状态的党支部；促进先进的村级组织建设再上新水平；提高党支部书记的素质；加强和改进党员教育管理；配套抓好其他村级组织建设；发展壮大集体经济；搞好社会治安综合治理；强化乡镇党委和乡镇政权建设。

2月11日至13日 全国政协、中共中央宣传部、中央党校、国家体改委、国务院发展研究中心、中国人民大学等十几个单位20余名学者汇集滨州，研讨“滨印现象”及建立现代企业制度的有关问题。“滨印现象”是理论界对滨州印染股份有限公司改革和管理经验的概括和总结。

2月24日 省委在济南召开全省市（地）委书记会议。会议就全省工作提了4点意见：（一）继续坚持以经济建设为中心，全面完成1995年国民经济发展的各项任务；（二）坚持“两手抓，两手都要硬”的方针，坚持不懈地抓好精神文明建设、民主法制建设和党的建设；（三）下大力气，坚定不移地抓好党风廉政建设；（四）切实加强党对各项工作的领导。

2月26日至28日 全省宣传部长会议在济南举行。会议对1995年全省宣传思想工作进行了全面部署，对全省首届精神文明建设“精品工程”进行了总结表彰。会议强调，越是改革开放，发展市场经济，越需要重视和加强宣传思想工作。

3月10日至12日 全省农村工作会议在济南举行。会议学习了中央农村工作会议精神，总结交流了各地加快农业和农村经济发展的经验，研究部署了下一步的农业和农村工作。会议要求，各级党委、政府要认真学习贯彻中央工作会议精神，真正把农业放在各项经济工作的首位，尽快实现全省从农业大省到农业强省的跨越。

4月10日 省政府下发《关于进一步做好减轻农民负担工作的通知》。其主要内容是：坚决贯彻落实中央和省减轻农民负担的法规政策，制止农民负担回潮；开展专项治理，减轻农民的合同外负担；加强法制建设，定期进行执法检查，严肃查处恶性案件；进行农民负担管理试点和监测。

4月26日 省委理论学习中心组在济南举行理论学习会，学习了邓小平关于深化改革的理论，联系实际、重点讨论研究如何深化国有企业改革问题。会议强调，能否把国有企业搞好，不仅关系到经济能否保持长期持续稳定增长，而且关系到社会主义市场经济体制能否尽快建立起来，关系到有中国特色的社会主义能否成功，这是个经济问题，也是个重大的政治问题。

5月8日 全省科学技术奖励大会在济南召开。1994年，全省共取得重要科技成果1919项，星火奖项目348项。其中457项重要科技成果被授予1994年省科技进步奖，95项星火项目被授予星火奖。

5月18日至20日 全省市长（专员）会议在济南召开。会议的主要内容是，总结交流前段开展“管理效益年”活动的情况，认真分析当年经济运行态势，安排部署重点工作，把“管理效益年”活动作为经济工作的总抓手，加大力度，推动活动深入开展。会议着重对省政府本年度要突出抓好的农业和农村经济发展、“管理效益年”活动、机关思想作风建设进行了强调。

6月28日至30日 全省科学技术大会在济南举行。这次会议主要是传达学习贯彻全国科学技术大会精神，表彰先进，总结交流经验，研究制定具体措施，进一步落实科教兴鲁战略，促进全省经济和社会各项事业持续、快速、健康发展。

7月20日 全省扶贫开发工作会议在济南召开。会议提出，全省扶贫攻坚工作要突出解决好19个列入国家和省攻坚计划贫困县的乡村人口温饱问题，从本年度到1998年，全省每年必须保证年度脱贫80万人。

7月25日 省委下发《关于认真组织实施〈山东省依法治省五年规划〉的通知》。《通知》提出，加强社会主义民主与法制建设，是建设有中国特色社会主义的重要内容，是深化改革、扩大开放、促进发展、保持稳定的重要保障。实施依法治省，必须强化执法，促进依法行政；必须着眼于提高全体公民的民主意识和法制观念，大力加强基层基础工作；必须坚持统一领导，齐抓共管。

8月5日至13日 全省市长（专员）会议在济南召开。会议集中讨论研究了山东省“九五”计划及到2000年发展规划的基本思路，部署了今后一个时期经济、社会发展工作。确定今后5年到15年山东省经济发展的主要任务是：力争提前实现第二步目标，到20世纪末国内生产总值翻三番；确保如期实现第三步目标，到2010年基本实现现代化，把山东省建设成为社会主义现代化强省。

8月8日 省政府印发《山东省国家公务员制度实施方案》。指出，建立和推行国家公务员制度，是干部人事制度的重大改革，也是建立社会主义市场经济体制的客观需要。同时，这对于加强勤政廉政建设，提高机关工作人员素质和政府行政效率也具有重要意义。

8月20日 国家统计局、中国农村评价中心根据全国2300多个县（市）农村社会统计资料，按农业增加值排序，将百名农业生产大县排定位次。荣成市名列全国第一，寿光市列第三位。全省共有19个县（市）名列其中，总数居全国第一。

9月下旬 省政府正式发布企业养老和医疗保险改革方案。这一方案的核心是，费用由企业和个人共同负担，实行社会统筹和个人账户相结合。省政府要求养老保险的实施办法全面推开，医疗保险改革由各市（地）选择有条件的县（市）先行试点，取得经验后逐步推开。

10月7日 山东省委、省政府作出《关于开展向济南市公安局交警支队学习活动的决定》。10月15日，江泽民同志为济南市公安局交警支队题词："严格执法热情服务"。10月17日，全国公安机关学习济南交警支队先进经验现场会议在济南召开，授予济南市公安局交警支队"模范交警支队"称号。

10月29日至31日 全省农村基层组织建设工作会议在济南召开。会议传达学习了党的十四届五中全会和全国农村基层组织建设经验交流会精神，分析了党的十四届四中全会以来全省农村基层建设工作的形势，总结交流了经验，研究部署了1995年冬至1996年春的工作。

11月22日 山东省级机构改革工作会议在济南召开。会议要求，省级机构改革要在年底前基本完成。这次机构改革，省级机关人员要精减20%以上，内设机构总量精简20%左右。

11月22日至23日 省委在济南市历城召开全省城乡社会主义思想教育座谈会，研究部署1995年冬和1996年春全省城乡社会主义思想教育工作，要求在全省城乡进行党的十四届五中全会精神的宣传教育、党的宗旨教育、道德法制教育和发展农村市场经济教育。

12月4日 省政府下发《关于加强农村卫生工作的意见》。《意见》指出，要进一步明确农村卫生工作的指导思想和目标，深化农村卫生体制改革，大力推行农村合作医疗保健制度，合理调整农村医疗机构布局，加强农村卫生队伍建设，加大对农村卫生事业的投入，加强对农村卫生工作的领导。

12月14日 鲁南化肥厂从美国引进的代表世界当代煤化工先进水平的德士古水煤浆加压汽化技术生产线，提前17天实现了年产13万吨尿素的设计能力。该装置是当时中国唯一、也是亚洲唯一的一套当代煤化工最新技术设备。

12月21日 省委、省政府发出《关于继续深化供销合作社改革的通知》。《通知》要求，紧紧围绕把供销合作社真正办成农民的合作经济组织的目标，坚持为农业、农村和农民服务的宗旨，尽快把各级供销合作社建设成农民发展社会主义市场经济的综合服务组织，使之真正成为农村社会化服务的中心和主体，成为加强党和政府与农民联系的桥梁和纽带。

12月26日 全省乡镇企业工作会议在济南召开。会议指出：发展乡镇企业，是农村现代化建设的必由之路。会议要求各级党委和政府统一思想，提高认识，进一步坚定发展乡镇企业的信心和决心；要理清思路，强化措施，推进全省乡镇企业的全面发展；要切实加强对乡镇企业的领导。会上宣读了《山东省人民政府关于表彰第四批优秀乡镇企业家的通报》，并向219名优秀乡镇企业家颁奖。

本年度 全省完成国内生产总值5002.34亿元，其中第一、第二、第三产业分别为1010.13亿元、2372.67亿元、1619.54亿元。全社会固定资产投资额1320.97亿元，地方财政收入275.87亿元，社会消费品零售总额1442.67亿元。

1996年

1月16日 省政府召开全省电视电话会议，就减轻农民负担、困难企业职工和灾区群众生活安排及节日市场供应等几个重大问题作出部署。会议要求，必须把安排好群众生活作为一件具有政治意义的大事来抓；采取果断措施减轻农民负担；要进一步加强对农民负担的法制化管理；切实抓好对灾区、贫困地区困难群众的救助工作；备足货源，稳定物价，确保春节市场供应。

1月19日 省委、省政府下发《关于进一步深化农村改革的意见》。《意见》包括9个方面的内容：（一）稳定农村基本政策，加强土地制度建设；（二）发展合作经济组织，提高农民组织化程度；（三）健全完善运行机制，促进产业化健康发展；（四）加快流通体制改革步伐，完善农村市场体系；（五）建立健全投入机制，优化农业投资结构；（六）深化科技体制改革，加快农业科技进步；（七）优化农村产业结构和劳动力结构，加快城乡一体化进程；（八）加强宏观调控，确保农村经济稳定发展；（九）加强领导，保证农村改革健康发展。

1月19日 省委印发《山东省关于各级人大机构改革的实施意见》和

《山东省关于各级政协机构改革的实施意见》。《山东省关于各级人大机构改革的实施意见》提出了省人大机构改革、设区的市和地区人大机构的改革、县（市、区）人大机构的改革、乡镇人大机构的改革、人员的精减、后勤服务工作和所属事业单位的改革、改革的实施7个方面的具体实施意见。《山东省关于各级政协机构改革的实施意见》提出了省政协机构的改革，设区的市和地区政协机构的改革，县（市、区）政协机构的改革，乡镇一级不设政协机构，可由一位乡镇党委负责人兼管政协工作。

2月6日至8日 全省宣传部长会议在济南召开。会议确定，今后5年全省宣传思想工作的目标和总的要求是：在中央和省委领导下，以邓小平建设有中国特色社会主义理论和党的基本路线为指导，以进一步落实"一个根本指针，四项主要任务"为基本思路，积极推进宣传、文化事业的改革，以便于更好地推进全省的改革开放和现代化建设。会议要求，全省宣传战线要围绕经济建设这个中心，以改革、发展、稳定为大局，坚持正确舆论导向，努力做好宣传思想工作。

2月18日 山东成为全国第一个实现户户通电的省份。全省2194万户城乡居民全部用上了电。

3月6日 省委、省政府批转省纪委、省监察厅《关于1996年全省反腐败工作实施意见》。《意见》在领导干部廉洁自律、查办案件、纠正部门和行业不正之风等方面，提出了本年度的任务和要求，并就加强思想政治建设，深入开展党风、党纪教育；增强党内生活的原则性，进一步建立健全党内监督制约机制；加强政策研究，搞好法规制度建设；加大执法监察和专项检查的力度；紧紧依靠人民群众，调动各方面的积极性推进反腐败斗争等问题制定了措施。

3月7日至8日 全省农村工作会议在济南召开。会议提出要集中精力抓好落实中央和省里关于农业和农村工作的大政方针，深化农村改革，力争在农业产业化上取得新的突破，促使山东省从农业大省变为农业强省。会议指出，加快农业现代化的发展，要全力做好“三个结合”的文章：一是产业化与合作制的结合；二是引导大中型企业进入农业领域，实行工农结合；三是实施农、科、教结合。

3月18日 山东省与新疆维吾尔自治区举行对口交流与合作座谈会。至此，山东和新疆建立了6对友好市（地、州）、6对省（自治区）部门对口支援关系，确立了第一批经济技术协作16个方面的意向。

4月3日至4日 全省乡镇党委建设工作现场会在文登召开。会议介绍了威海市和文登市加强镇党委建设的经验，介绍了文登市汪疃、口子等镇党委转变作风、搞好服务的典型经验。会议指出，这几个镇的主要经验为：将全心全意为农民奔小康提供服务作为市场经济条件下加强乡镇党建工作的一项中心任务；选准适合当地实际和农民需要的服务形式；建立一套严格的管理制度；建设一支坚强有力的乡镇党委领导班子。

5月22日 省委、省政府下发《关于大力推进两个转变深入开展管理效益年活动的实施意见》。省委、省政府确定，整个“九五”时期都要深入开展以提高经济运行质量、经济效益和工作效率为中心的管理效益年活动，做到每年有所侧重，连续抓几年。

6月13日 省委在济南召开动员部署会议，决定在全省范围内采取公开推荐与考试考核相结合（简称“一推双考”）的办法，选拔一批45岁以下的优秀年轻干部和50岁以下的优秀党外干部，充实进省直部分单位领导班子，担任副厅（局）级领导干部。12月18日，经过报名推荐、资格审查、两次笔试和一次面试，“一推双考”工作领导小组在全省择优遴选出38人作为考核对象，并经全面考核，从中确定了19名副厅级领导干部。

6月25日 省委下发《关于认真学习贯彻江泽民总书记纪念“七一”重要讲话的通知》。要求各级要认真分析本地、本单位当前干部队伍和领导班子的现状，总结在干部培养教育、管理任用等方面的经验教训，进一步加大干部队伍建设工作的力度，突出解决干部理论水平、思想政治素质、作风和知识能力不适应的问题，正确选拔使用干部，配备好各级领导班子，把干部队伍建设工作提高到一个新水平。

9月1日 京九铁路山东段开通运营，庆祝京九铁路山东段开通运营大会在聊城举行。这段铁路的开通，结束了鲁西无南北铁路干线的历史。京九铁路山东段全长278公里，北接衡水，南连商丘。

9月5日 省委、省政府作出《关于“九五”时期农村小康建设的决定》。《决定》共分7个部分：农村小康建设的形式和任务；以发展农村经济为中心，不断增加农民收入；不断深化农村改革，调动和保护农民积极性；发展壮大集体经济，促进农民共同富裕；采取有力措施，加快欠发达地区经济发展；加强精神文明建设，推进社会事业进步；切实加强对农村小康建设的领导。

9月26日 省政府通知各地建立城市居民最低生活保障线制度，并对实施最低生活保障线应遵循的原则、保障对象与标准都作出具体规定。通知指出，考虑到山东东西部经济发展的差异和居民消费水平的不同，目前最低生活保障线标准一般以100元至140元为宜。

9月28日 省政府批转省体改委等部门关于搞好股份合作制企业的报告。报告主要对股份合作制企业遵循的基本原则、设立、产权界定及评估、股权设置、收益分配、管理体制、变更与清算等内容进行了界定。

10月4日 省政府下发《关于加快培植大型骨干企业集团的通知》。《通知》主要内容为：充分认识加快培植大型骨干企业集团的重大战略意义；培植发展骨干企业集团的指导思想和目标；增强骨干企业集团的自我发展能力；扶持骨干企业集团的政策措施；切实做好培植骨干企业集团的组织协调工作。

11月5日 省委下发《关于进一步加强和改进国有企业党建工作的意见》。《意见》的主要内容为：深刻认识新形势下加强国有企业党的工作的重要性和紧迫性；明确企业党建工作的指导思想、任务和目标；保证党组织参与企业重大问题决策；充分发挥企业党组织的保证监督作用；坚持党管干部的原则，完善企业人事管理工作机制；搞好企业领导班子建设；抓好基层党支部和党员队伍建设；大力加强企业思想政治工作；合理设置企业党的工作机构，加强党务工作队伍建设；切实加强对企业党的工作的领导。

11月18日至20日 省委在济南召开全省农村基层组织建设工作会议。会议传达贯彻了全国农村基层组织工作座谈会议精神，联系全省农村工作实际情况，研究部署了1996年冬1997年春和今后一个时期农村基层组织建设的任务。

12月31日 省委、省政府作出《关于尽快解决我省农村贫困人口温饱问题的决定》。其主要内容为：提高认识，统一思想，坚定不移地打好扶贫攻坚总体战；明确任务要求，突出攻坚重点，把扶贫攻坚推向新的发展阶段；强化措施，加大力度，确保扶贫攻坚任务目标的全面实现；切实加强对扶贫开发工作的领导。

12月 按照中央、省委的要求，为了搞好农村基层党组织整顿建设，全面提高农村基层组织整体战斗力，入冬以来，全省各级党政机关共选派10万余名干部，组成3万余个工作组，进驻4.38万个村庄，与农民群众同吃、同住、同劳动，宣传党的十四届六中全会精神，开展集中教育整顿。

本年度 全省完成国内生产总值5960.42亿元，其中第一、第二、第三产业分别为1200.17亿元、2810.72亿元、1949.53亿元。全社会固定资产投资额1558.01亿元，地方财政收入241.67亿元，社会消费品零售总额1691.66亿元。

1997年

1月15日 山东济南、青岛、淄博、莱芜、济宁和长岛、蒙阴、文登、安丘、莘县、临沭11个市和县被授予全国双拥模范城（县）荣誉称号。全国双拥领导小组作出决定，以民政部、解放军总政治部名义，授予全国97个市（县、区）为全国双拥模范城（县）荣誉称号。

1月20日 全省大规模“三下乡”活动启动。启动仪式在革命老区莱芜市口镇举行。启动仪式上，100多名文化、科技、卫生工作者现场为农民服务。活动启动后，为使“三下乡”活动收到实效，全省各级党委、政府切实加强领导，省、市（地）、县均成立了领导小组。全省参与“三下乡”的12个部门，密切配合，产生了良好的整体效应。在各级党委、政府的推动下，全年共有3万多名文化、科技、卫生工作者深入1000多个乡镇义务服务，使上千万名农民从中受益。

2月14日至19日 政协山东省七届五次会议在济南召开。会议听取并审议了省政协七届常委会的工作报告，听取和讨论了省长李春亭所作的政府工作报告及其他有关报告。

2月15日至20日 省八届人大五次会议在济南召开。会议听取并审议了省长李春亭所作的政府工作报告和其他有关报告。

3月7日 省委、省政府作出《关于进一步发展壮大农村集体经济的意见》。《意见》指出，在建立社会主义市场经济体制的新形势下，农村集体经济在发展中也遇到了许多新情况、新问题。根据党中央、国务院有关指示精神，结合山东实际，提出了充分认识新形势下发展壮大农村集体经济的必要性、迫切性；发展壮大农村集体经济的指导思想和应遵循的原则；深化改革，建立和完善集体经济经营机制等8条意见。

3月10日 省政府发出《进一步搞好“菜篮子”工程建设的通知》。《通知》要求：（一）切实提高对“菜篮子”工程建设工作重要性的认识；（二）以基地建设、科技推广和健全社会化服务体系为重点，进一步加快“菜篮子”生产发展；（三）建立统一开放、调控有序的“菜篮子”商品流通体系；（四）全面落实和逐步完善各项优惠政策；（五）切实加强对“菜篮子”工作的领导。

3月11日 省委、省政府发出《贯彻落实〈中共中央、国务院关于卫生改革与发展的决定〉意见》。《意见》先后提出了统一思想认识，明确新时期卫生工作的指导思想和目标任务等8项措施32条意见。

4月2日至4日 全省市（地）委书记会议在济南召开。会议学习贯彻落实中共中央总书记江泽民近期的重要讲话和中央有关文件精神，分析了形势，统一了认识，着重研究了关系全省改革、发展、稳定大局的减轻农民负担、困难企业职工生活安排和下岗职工再就业以及社会治安等问题。突出强调了认清形势，把握大局；采取有力措施，切实减轻农民负担等5个问题。

4月5日 全省住房制度改革工作会议在潍坊召开。会议提出，要坚持配套改革，整体推进，加快建立城镇住房新体制。会议要求，全省今后一个时期的房改要坚持稳中求进、不搞一刀切的原则，以建立住房公积金制度为核心，实行公积金、提租、售房3项改革配套进行。11月1日，经省委、省政府研究同意，由省房改领导小组制定了《关于加快住房制度改革的实施意见》，开始在全省各城镇实施取消福利性分房，实行住房新制度。

4月11日 省委在济南召开全省党员领导干部会议，传达3月31日中共中央关于调整山东省委主要负责人职务的决定。中共中央决定：任命吴官正为山东省委委员、常委、书记，赵志浩不再担任山东省委书记、常委职务。

4月17日 省委、省政府发出《关于进一步贯彻落实〈中共中央、国务院关于切实做好减轻农民负担工作的决定〉的意见》。《意见》指出，《决定》是指导当前和今后一个时期减轻农民负担工作的纲领性文件，为切实抓好这一重要文件的贯彻落实，提出“严格执行中央决定，确保逐项逐条落到实处”“加强监督检查，严格防范和严肃查处加重农民负担引发的严重事件和恶性案件”等6个方面的意见。6月16日，根据省委常委会议决定，省委、省政府从省委办公厅、省政府办公厅等部门抽调人员组成14个督查组，对各市（地）减轻农民负担工作情况进行了一次全面检查。

5月19日至21日 全省国有企业改革与发展工作会议在济南召开。会议主要研究了国有企业的改革、结构调整和市场开拓问题。会议指出，解决当前国有企业遇到的困难，加快其改革与发展，必须进一步解放思想，大胆探索，勇于实践；必须立足两个根本性转变，加大结构调整力度，搞好科技开发创新，在提高科技水平、提高经济效益上下功夫；必须坚持从实际出发，因地制宜，量力而行；必须坚持可持续发展战略；必须进一步加强和改善党对企业的领导。

5月22日 全省乡镇企业工作会议召开。会议提出，全省乡镇企业的发展，必须坚持大发展，着力大提高，切实搞好第二次创业，推动全省国民经济持续、快速、健康发展。会议就如何搞好乡镇企业的二次创业提出：要进一步深入改革，完善创新经营机制；调整优化结构，培植新的产业、产品优势等。

6月12日至13日 中共山东省代表会议在济南召开。会议选举产生了山东省出席中国共产党第十五次全国代表大会的代表。会议号召，全省各级党组织和全体共产党员，更加紧密地团结在以江泽民同志为核心的党中央周围，高举邓小平建设有中国特色社会主义理论的伟大旗帜，坚定不移地贯彻党的基本路线和基本方针，团结带领全省人民，同心同德，再接再厉，开拓进取，扎实工作，以社会主义两个文明建设的优异成绩，迎接党的第十五次全国代表大会的胜利召开。

7月28日 省政府发出《关于做好延长土地承包期稳定家庭联产承包责任制工作的通知》。《通知》要求：（一）认真落实延长土地承包期的政策；（二）建立合理的土地承包经营权流转机制；（三）实行土地适度规模经营，必须坚持条件；（四）理顺土地承包费与“村提留、乡统筹费”的关系；（五）依法强化农村承包合同管理；（六）加强对延长土地承包期工作的领导。

8月11日 省委、省政府发出《关于进一步做好再就业工作的通知》。《通知》指出，山东是人口大省，劳动力供大于求的矛盾比较突出，特别是在经济结构调整中部分企业困难加剧，失业、下岗职工增多，已成为山东省经济和社会生活中的一个突出问题。为此省委、省政府作出了提高认识，加强领导，形成全社会齐抓共管，创造就业岗位等10项措施。

9月2日 省委、省政府发出《关于加快发展农业产业化的意见》。《意见》指出，为促进全省经济体制和农业增长方式的转变，提高农业的整体素质和效益，实现由农业大省向农业强省的跨越，就加快农业产业化问题提出以下意见：（一）充分认识加快推进农业产业化的重要意义；（二）因地制宜地选择产业化经营形式；（三）下大力气抓好农业产业化的关键环节；（四）进一步完善扶持农业产业化的保护政策；（五）切实加强对农业产业化的领导。

9月12日至18日 中国共产党第十五次全国代表大会在北京举行。江泽民代表第十四届中央委员会向大会作《高举邓小平理论伟大旗帜，把建设有中国特色社会主义事业全面推向二十一世纪》的报告。9月22日，省委召开常委扩大会议，传达贯彻党的十五大精神。同日，省委发出关于学习贯彻党的十五大和十五届一中全会精神的通知。党的十五大精神在全省各地陆续得到贯彻。

10月18日 省委、省政府发出《关于治理向企业乱收费、乱罚款和各种摊派等问题的通知》。《通知》结合山东实际，就贯彻落实党中央、国务院《关于治理向企业乱收费、乱罚款和各种摊派等问题的决定》，提出以下实施意见：（一）深入学习中央《决定》，认真领会精神实质；（二）抓好中央《决定》中规定取消项目的清理，做好自查自纠工作，取消违规项目工作，要于1997年年底前完成；（三）要在1998年上半年完成规定内项目的清理审核工作；（四）严格遵守中央有关收费、集资、罚款等项目的审批规定，明确审批权限；（五）加强对行政事业性收费、罚款、集资、基金项目的收缴和使用管理，严禁截留、挤占和挪作他用；（六）严格执行中央《决定》，用“九个严禁”约束各级、各部门、各单位的行为；（七）加强监督检查，加大执法力度；（八）加强领导，落实责任制。

12月11日　省委、省政府作出《关于加强水土综合治理建设生态农业的决定》。《决定》要求各地充分认识全省生态农业面临的严重形势，增强紧迫感，采取有效措施，再用20年实现生态环境的良性循环。《决定》还指出，全省的水土综合治理要以治水为中心，开源与节流并重，治水与治污并重。各地要从实际出发，抓住主要矛盾，明确主攻方向。

12月20日　省委、省政府发出《关于切实做好企业职工基本生活保障工作有关问题的通知》。《通知》就解决企业职工基本生活保障的有关问题作出如下规定：（一）坚持发展与保障并重。（二）严格执行企业最低工资制度。（三）积极搞好困难企业职工生活救助与城市居民最低生活保障制度并轨。（四）多渠道筹集企业职工社会保障资金。（五）切实加强企业职工保障资金的管理。（六）统一政策，明确分工，建立有序的运行机制。

本年度　全省完成国内生产总值6650.02亿元，其中第一、第二、第三产业分别为1195.00亿元、3185.05亿元、2269.77亿元。全社会固定资产投资额1792.22亿元，地方财政收入304.42亿元，社会消费品零售总额1914.19亿元。

1998年

1月 省委、省政府下发《关于进一步加强农村制度建设的意见》。《意见》指出，加强农村制度建设，当前要抓住“村级党务工作”“民主议事、民主决策”“财务管理和集体资产管理”“政务公开”“村民自治”5项制度。

3月26日 经国务院批准，撤销聊城地区和县级聊城市，设立地级聊城市。以原县级聊城市的行政区域设立东昌府区。地级聊城市辖原聊城地区的冠县、莘县、阳谷县、东阿县、茌平县、高唐县和东昌府区。原聊城地区的临清市由省直辖。省政府决定，临清市由地级聊城市代管。

4月7日至15日 政协山东省八届一次会议在济南举行。会议听取并讨论了省长李春亭所作的政府工作报告和其他有关报告，就本省的重大问题进行了协商讨论，选举产生了新一届省政协的领导机构。韩喜凯当选为八届省政协主席。

4月8日至17日 省九届人大一次会议在济南举行。会议听取并审议通过了省长李春亭所作的政府工作报告和其他各项工作报告，选举产生了新一届省人大、省政府的领导机构。赵志浩当选为省人大常委会主任，李春亭当选为省长。

5月6日 《大众日报》报道，全省农村卫生三项建设取得喜人成绩。1991年，山东省制定了《农村卫生“三项建设”规划》，并逐级签订了目标责任书。7年来，87.3%的乡镇卫生院完成了改貌建设任务，提前完成了卫生部提出的阶段性目标任务；91.3%的县级卫生防疫站和90.5%县级妇幼保健站（院）也完成了改貌建设。

6月24日 《大众日报》报道，全省贯彻《村委会组织法》10年成效显著。自《中华人民共和国村民委员会组织法（试行）》（简称《村委会组织法》）颁布施行10年来，全省围绕《村委会组织法》的贯彻实施，以法建制，以制治村，下大力气抓好村委会的组织、制度建设，切实保障村委会实现“自我管理、自我教育、自我服务”的功能，极大地推动了全省农村基层民主政治建设。到本月，全省有87%的村制定了村民自治章程，80%的村实行了村民管理档案化，全省农村广泛开展了“十星级文明户”评选活动，建立了村务公开制度。

7月7日 省委发出关于贯彻落实《中共中央关于在全党深入学习邓小平理论的通知》的意见。意见要求：（一）充分认识深入学习邓小平理论的重大深远意义，提高学习的自觉性。（二）以县级以上领导干部为重点，分层次组织好邓小平理论学习。（三）坚持理论联系实际的马克思主义学风，增强学习效果。（四）认真开展党性党风集中教育活动，有针对性地解决突出问题。（五）明确责任、加强领导。

7月11日 省委、省政府印发《关于海尔集团建立市场化经营管理机制的调查报告》。《报告》全面介绍和总结了海尔集团建立市场化经营管理机制的做法和经验，并向全省推广。

7月28日 全省贯彻中央关于军队、武警部队和政法机关不再从事经商活动的决定电视会议在济南召开。会议强调，各级党政机关要进一步提高认识，切实加强组织领导，采取坚决果断措施，认真抓好清理纠正工作，保证中央决定的贯彻落实。为促进工作进展，10月22日至23日，省委、省政府在济南再次召开会议，研究实施办法，安排部署工作任务。到12月3日，山东按照中央要求，提前完成了全省政法机关所办企业的分类处理审批任务。全省共撤销政法机关所办企业780户，移交84户，解除挂靠关系195户。

8月2日 全国双拥工作领导小组、民政部、解放军总政治部联合发出通知，推广山东省支持部队开展争创先进连队和争当优秀士兵活动的经验。山东省开展的这一活动是新形势下双拥工作的新创造，是进一步做好双拥工作、加强军政军民团结的重要途径和有效载体。有效鼓舞了官兵卫国习武的斗志，促进了部队基层建设，激励了人民群众爱国拥军的热情，带动了社会两个文明建设。

8月10日至11日 全省农村精神文明建设工作座谈会在文登召开。在全省精神文明建设不断推进的进程中，省委及时总结了文登开展精神文明建设的先进经验，并在全省大力推广。山东推广文登经验的做法，引起中共中央有关部门的高度重视。11月5日，中共中央宣传部、中央文明办在文登联合召开全国农村精神文明座谈会。会上介绍了山东精神文明建设情况及文登农村精神文明建设经验。11月8日，《大众日报》发表社论，号召大力推广文登精神文明建设经验。

8月12日 省委、省政府发出《关于加强高层次人才培养引进和使用工作的通知》。《通知》要求：（一）从战略高度充分认识高层次人才开发的重大意义，增强紧迫感和责任感。（二）统筹规划，突出重点，加快培养造就高层次人才队伍的步伐。（三）拓宽渠道，积极吸纳海内外高层次人才。（四）完善政策，加大投入，为高层次人才充分发挥作用创造良好环境。（五）加强组织领导，保证高层次人才开发工作的顺利开展。

11月3日 《1998—2010年山东省信息化发展规划纲要》正式颁布实施。《规划纲要》确定了全省信息化建设的指导方针和原则，提出了建设“网上山东”的战略目标和重大举措。

11月6日 省委发出关于贯彻《中共中央关于农业和农村工作若干重大问题的决定》的实施意见。主要包括：（一）全省农村改革20年的重大成就。（二）农业和农村跨世纪发展的目标。（三）长期稳定党在农村的基本政策，建立适应社会主义市场经济发展的农村经济体制。（四）调整优化产业结构，提高农村经济整体素质。（五）实施科教兴农战略，推进农业科技革命。（六）搞活农产品流通，建立农产品市场体系。（七）加强以水利为重点的农业基础设施建设，改善农业生产条件。（八）实施农业可持续发展战略，改善农业生态环境。（九）加快小康建设步伐，发展小城镇，推进农业现代化。（十）加强农村民主与法制建设，扩大农村基层民主。（十一）进一步加强农村社会主义精神文明建设。（十二）加强农村基层党组织建设和干部队伍建设，提高领导农村工作的水平。

11月10日至15日 中共山东省第七次代表大会在济南举行。省委书记吴官正作了题为《全面贯彻党的十五大精神，努力开创山东社会主义现代化建设新局面》的报告。大会选出了中共山东省第七届委员会和中共山东省纪律检查委员会。15日举行了中共山东省七届一次全委会议，选举吴官正为省委书记。同日，省纪委举行第一次全委会议，选举赵春兰为省纪委书记。

12月1日 省委、省政府发出《关于贯彻中共中央、国务院印发的〈关于实行党风廉政建设责任制的规定〉的通知》。《通知》要求：（一）深入学习宣传《规定》，提高贯彻执行的自觉性。（二）采取有效措施，认真贯彻执行《规定》。（三）加强组织领导和监督检查，保证《规定》贯彻落实。

12月21日 省委制定《关于在全省县级以上党政领导班子、领导干部中深入开展以“讲学习、讲政治、讲正气”为主要内容的党性党风教育的实施方案》。主要包括“三讲”教育的指导思想和目标要求，“三讲”教育的基本内容和解决的主要问题，“三讲”教育的步骤、方法和要求，“三讲”教育的组织领导4个方面内容。按照中央部署，此次教育历时两年多，于2001年3月基本结束。

同日 全省城镇职工医疗保险制度改革工作会议召开，决定在全省建立新的医疗保险制度。会议确定了改革现行医疗保险制度的基本原则，提出了进行全省医疗制度的3项要求：一要坚持“低水平、广覆盖”原则。二要坚持社会统筹与个人账户相结合。三要制定科学合理的“门槛”和“封顶线”标准。

12月25日 省委、省政府出台《关于加快旅游业发展的意见》。《意见》要求：（一）要把旅游业培育建设成为山东省国民经济的支柱产业。（二）加快旅游资源开发建设。（三）大力开拓旅游市场。（四）加快企业改组、改革、改造步伐。（五）加快旅游基础设施建设。（六）多方筹集旅游建设资金。（七）加强旅游行业管理。（八）切实加强对旅游工作的领导。

同日 省委、省政府作出《关于加快建设“海上山东”的决定》。《决定》指出：（一）进一步提高对建设“海上山东”重大战略意义的认识，明确建设“海上山东”的目标任务。（二）优化海洋经济结构，推进海洋产业化。（三）加大海洋法制建设力度，实行依法治海、兴海。（四）加强海洋科技人才的培养，积极推进科技兴海。（五）广辟融资渠道，加大海洋投入。（六）进一步加强对“海上山东”建设的领导。

本年度 全省完成国内生产总值7162.20亿元，其中第一、第二、第三产业分别为1215.81亿元、3457.03亿元、2489.36亿元。全社会固定资产投资额2056.97亿元，地方财政收入352.39亿元，社会消费品零售总额2127.17亿元。

1999年

1月1日 《大众日报》创刊60周年。中共中央总书记江泽民1998年12月31日为《大众日报》创刊60周年题词："永远与人民大众在一起"。

1月7日至13日 中共中央政治局常委、书记处书记胡锦涛考察临沂、青岛、济南等地。胡锦涛深入农村、企业和城市基础设施建设工地，同基层干部、群众交谈，了解情况，并看望和慰问了正在执勤的济南交警。胡锦涛在考察中强调，今年是我们党和国家发展历史上具有特殊意义的一年，努力实现今年经济的稳定增长，保持大局的稳定，对于巩固和发展好形势，以更加主动的姿态跨入21世纪至关重要。胡锦涛指出，一定要立足改革、发展、稳定的大局，紧密联系思想和工作实际，把中央关于用整风精神开展"三讲"教育的部署贯彻落实好。

1月31日至2月5日 政协山东省八届二次会议在济南召开。会议听取并审议了省政协八届常委会的工作报告和其他有关报告，听取和讨论了省长李春亭所作的政府工作报告及其他有关报告。

2月1日至6日 省九届人大二次会议在济南召开。会议听取并审议了省长李春亭所作的政府工作报告和其他各项工作报告。

3月2日 省委、省政府发出《关于做好1999年农业和农村工作的意见》。为了解决农业和农村经济进入新的发展阶段后出现的农民收入增长速度减缓的新问题，《意见》提出“坚决落实党在农村的基本政策，调动和保护农民的积极性，调整优化产业结构，提高农业综合效益”等5个方面的要求。

3月23日至24日、30日至31日 全省国有大中型企业深化改革座谈会分两片在潍坊和济南召开。会议认真学习了党的十五大精神和中共中央总书记江泽民关于国有企业改革的重要讲话，深入探讨在建立现代企业制度和企业扭亏脱困中面临的突出问题及解决办法。

5月14日至23日 中共中央政治局常委、全国人大常委会委员长李鹏先后在济南、潍坊、烟台、威海等地进行立法调研，了解国有企业改革情况。他在考察中，多次到企业召开座谈会，详细了解企业改革和发展情况以及遇到的问题，认真听取企业负责人的意见和建议，并到寿光市实地了解该市在蔬菜生产方面取得的成功经验。

5月15日 黄河三角洲高效生态农业开发研讨会在东营召开。会议主要研讨论证黄河三角洲高效生态农业发展战略及规划，共谋发展大计。

6月1日 省政府发出《山东省人民政府关于做好国有大中型亏损企业扭亏脱困工作的通知》。《通知》指出，扭亏脱困工作的总目标是：全省国有及国有控股大中型亏损企业，今明两年亏损面每年减少6%，到2000年底亏损面降到15%以内，资产负债率降到合理水平，使全省国有大中型企业从总体上摆脱困境。

6月4日 省委、省政府联合发出《关于印发〈关于落实党风廉政建设责任制的实施办法〉的通知》。《实施办法》对责任范围和内容、责任考核的具体做法及责任追究的处理规定都提出了具体要求。

6月6日 全国最长的一根海底电缆——南长山岛到北隍城岛海缆在长岛县一次敷设成功，这为山东20世纪末实现村村通电画上一个圆满的句号。这次长岛北四岛海缆敷设共投资2900多万元，电缆总长83公里，为国内海缆敷设之最。

6月22日至26日 中共中央总书记、国家主席、中央军委主席江泽民到山东，着重就黄河治理与开发、国有企业改革和发展问题进行调查研究。通过实地察看和听取汇报，江泽民强调，黄河安危事关重大，一定要立足于防大汛、抢大险，确保黄河大堤和人民生命安全。要抓住机遇，努力把黄河三角洲建设成为环境优美、经济繁荣的新经济区。江泽民在山东期间，重点考察了山东部分国有企业。25日至26日，江泽民在青岛主持召开了华东7个省（直辖市）国有企业改革和发展座谈会，并发表了重要讲话。考察期间，江泽民还视察了驻鲁部队，专程看望了济南交通民警。

10月8日至9日 省委、省政府在济南召开全省科技教育工作会议。会议主要任务是，学习、贯彻、落实党的十五届四中全会精神和全国技术创新大会、第三次全国教育工作会议精神，总结交流科技教育工作经验，研究进一步推进“科教兴鲁”战略的措施。

10月14日 省委、省政府作出《关于加快全省个体经济、私营经济发展的决定》。《决定》要求：一是进一步解放思想，转变观念，提高对发展个体经济、私营经济重大意义的认识；二是进一步加大对个体经济、私营经济的政策扶持力度；三是加强领导，协调动作，推动全省个体经济、私营经济快速、健康发展。

10月20日至30日 中共中央政治局常委、中央书记处书记、中纪委书记、全国总工会主席尉健行先后到烟台、威海、青岛、济南等地，着重就贯彻落实党的十五届四中全会精神，进一步加强国有企业党风廉政建设问题进行调研。尉健行在考察中指出搞好国有企业的重要性。他强调，加强企业党风廉政建设是推动国有企业改革和发展的重要条件，要把加强国有企业党风廉政建设的各项要求寓于企业经营管理之中。

10月22日 省委、省政府作出《关于贯彻〈中共中央、国务院关于深化教育改革全面推进素质教育的决定〉的意见》。《意见》要求：一是实施素质教育，培养德、智、体、美等方面全面发展的跨世纪的社会主义新人；二是加快教育改革与发展，为实施素质教育创造有利条件；三是建设一支适应素质教育需要的教师队伍；四是加强领导，依法治教，为素质教育发展提供保障。

10月29日 省委、省政府发出《关于贯彻〈中共中央关于国有企业改革和发展若干重大问题的决定〉的实施意见》。《意见》要求：一是从战略上调整国有经济布局，加快国有企业重组，全面推进现代企业制度建设；二是努力减轻国有企业负担；三是切实加强和改善企业经营管理，依靠科技进步，加快产业升级；四是进一步做好中小企业改革和发展工作；五是为国有企业改革和发展创造良好外部环境；六是大力加强企业思想政治工作，切实加强和改进党对国有企业的领导。

11月12日 省委、省政府发出《关于加速高新技术产业化的若干意见》。《意见》规定：（一）逐步培植高新技术新兴产业，运用高新技术改造提升传统产业，建设高新技术产业开发区；（二）加强具有自主知识产权和关系经济建设大局的高新技术研究，为山东的经济社会发展提供技术储备，积极培育有利于高新技术产业发展的资本市场；（三）督促企业加大对技术创新的投入，同时大力发展高新技术企业、科技型中小企业和民营企业；（四）加快科研机构体制改革步伐，并进一步做好高层次人才的培养引进工作；（五）鼓励扩大对外科技合作与交流。

12月2日至6日 中共中央政治局常委、书记处书记胡锦涛在山东、江苏、安徽3个省交界地区考察工作。胡锦涛在单县等地就深入贯彻落实党的十五大和十五届三中全会精神，进一步做好农村基层组织建设进行调查研究。胡锦涛强调指出，一定要从实现农业和农村跨世纪发展目标和巩固党在农村执政基础的战略高度，深刻认识加强农村基层组织建设的重要性，深入、扎实、持久地抓好这项工作。当前农村基层组织建设的全部工作，都要紧密联系农村的新形势、新任务，紧紧围绕深化农村改革，调整经济结构，发展农村经济，增加农村收入，维护农村稳定，加快奔小康步伐的进行。

本年度 全省完成国内生产总值7662.10亿元，其中第一、第二、第三产业分别为1221.00亿元、3705.44亿元、2735.66亿元。全社会固定资产投资额2222.17亿元，地方财政收入404.48亿元，社会消费品零售总额2310.06亿元。

2000年

1月16日 山东省第一批援疆干部圆满完成任务返乡。山东第一批29名援疆干部，于1997年赴新疆，对口支援喀什地区的各项建设。3年来，对口支援喀什地区各类项目40多个，援助资金1920万元，有32家企业与喀什地区签订了办厂的合同或协议，总投资达3亿多元。

1月17日 省委召开全省县（市、区）“三讲”教育工作电视电话会议。会议强调，要精心组织，深入整改，扎扎实实搞好县（市、区）“三讲”教育，巩固“三讲”教育成果。会议就深入搞好县（市、区）“三讲”教育作了具体部署。2月22日，省“三讲”教育领导小组办公室发出《关于认真学习江泽民同志重要讲话，切实搞好县（市、区）“三讲”教育的通知》。各市（地）、县（市、区）党委要严格按照中央和省委的要求，对县（市、区）“三讲”教育作出周密合理的安排部署。

1月21日至23日 省委、省政府在青岛召开全省实施经济国际化战略工作会议。会议提出，调整优化经济结构和实施经济国际化战略，是关系山东今后发展的两个关键问题。只有不断调整优化，才能增强经济竞争力，在市场上争取主动。会议要求，各级、各部门特别是领导干部，一定要充分认识实施经济国际化的重大意义，把山东省的对外开放提高到一个新的水平。省委副书记、省长李春亭就山东省实施经济国际化战略作了全面部署。

1月29日 省委、省政府印发《山东省2000年至2010年人才队伍发展规划纲要》。《纲要》以山东经济和社会发展的近期任务和远景目标为依据，充分考虑目前人才队伍现状和培养吸纳人才的能力，对人才队伍的发展进行了科学预测和统筹规划，确定了2000年到2010年全省人才队伍发展的目标、重点和对策措施。

2月15日至20日 政协山东省八届三次会议在济南召开。会上，与会委员就如何加快山东的改革开放和经济建设步伐，推进社会主义民主政治建设和精神文明建设等重大问题，发表了许多建设性的意见和建议。

2月16日至22日 省九届人大三次会议在济南召开。出席会议代表就山东如何加快实施经济国际化战略进程、提高对外开放水平，如何抓住中央决定进行西部大开发的机遇，加快山东西部开放、开发等问题进行了座谈。会议确定了本年度山东经济建设和社会事业的发展目标和任务，提出了深化改革、加快发展以及确保稳定的措施。

3月25日至26日 全省机构改革工作会议在济南举行。会议强调，机构改革是一件事关全局的大事，涉及面广，任务艰巨，各级党委、政府要按照中央和省委、省政府确定的改革目标原则，突出工作重点，切实加强领导，积极稳妥地做好机构改革的组织实施工作，确保全省机构改革任务的圆满完成。山东机构改革工作全面正式启动。4月19日，省委发出《中共山东省委机构改革实施意见》，省委、省政府发出《关于山东省人民政府机构改革实施意见》。

4月21日 省委、省政府发布《关于加快农业和农村经济结构战略性调整的意见》。《意见》提出了当前和今后一个时期全省农业和农村经济结构调整的指导思想和应当切实把握的几项原则；规定了农业和农村经济结构战略性调整的总体目标、战略重点和政策措施。

5月17日 省委常委会召开会议，认真学习讨论了中共中央总书记江泽民在江、浙、沪视察时的重要讲话。会议决定，发出《中共山东省委关于认真学习江泽民同志在江、浙、沪考察时的重要讲话的通知》，要求全省各级党组织组织党员、干部认真学习。22日，省委、省人大常委会、省政府、省政协、省纪委召开会议，进一步学习江泽民在江、浙、沪考察时的重要讲话，对全省深入贯彻落实“三个代表”重要思想作出部署。

6月19日至21日 全省高新技术产业化工作会议在烟台召开。会议动员全省上下进一步解放思想，振奋精神，求真务实，开拓创新，实现山东高新技术产业化的飞跃。省委书记吴官正在讲话中指出，要增强危机感和紧迫感，把高新技术产业放在突出重要的战略地位，要以只争朝夕的精神积极推动科技的进步与创新。省委副书记、省长李春亭在会上对山东发展高新技术产业的战略作了部署。

6月中旬 全省市（地、厅、局）领导干部“三讲”教育“回头看”结束。活动从3月上旬陆续展开，到6月中旬全部结束。在活动中，各单位领导班子把理论武装放在首位，联系思想和工作实际，认真学习中共中央总书记江泽民最近一个时期关于党的建设和“三讲”教育工作的一系列重要讲话、特别是“三个代表”重要思想，进一步提高了思想认识，加深了对“三个代表”重要思想、“从严治党”和“致富思源、富而思进”的理解，增强了努力实践“三个代表”重要思想的自觉性。

7月1日 《大众日报》报道，省九届人大常委会第十五次会议通过了《关于加快国有企业改革和发展的决议》。《决议》主要包括：进一步提高对加快国有企业改革和发展重要性和紧迫性的认识；继续抓好现代企业制度的建立和完善；加大工作力度，加快国有企业扭亏脱困步伐；要下大力气，全面落实国家和省制定的企业改革和发展的有关政策；要为国企改革和发展创造良好的外部环境。

7月18日 省委、省政府发出《关于加快城市化进程的意见》。《意见》提出：科学构建功能互补、布局合理、等级规模有序的城镇体系；加大城市基础设施和生态环境建设力度；调整城市经济结构，增强城市发展动力；加强城市规划建设管理，提高城市现代化水平；建立有利于城市化发展的集聚机制和政策环境；切实加强组织领导，积极稳妥地推进全省城市化进程。

7月22日 新山东大学成立大会在济南举行。新山东大学由原山东大学、山东医科大学、山东工业大学合并而成，为教育部直属高校，实行教育部与山东省共建共管的体制。合并后的山东大学，涵盖了哲学、经济学、文学等九大学科门类，拥有博士学位授予点43个，硕士学位授予点133个，博士后流动站8个，国家和省（部）级重点学科34个，重点实验室23个。

7月24日 《大众日报》报道，全省企业兼并破产优化资本结构取得成效。从1996年到2000年6月底，全省共实施国家批准的兼并破产计划项目285个，其中破产61个，兼并153个，减员增效70个，免除本息1个。4年多来核销银行呆坏账68.86亿元，重新启动或盘活存量资产199.38亿元，分流下岗职工18.8万人。固有资产负债率明显下降，许多长期闲置的厂房、土地等生产要素得到合理利用，一大批长期困难、亏损的企业重新找到新的生路。

7月27日至28日 全省思想政治工作会议在济南举行。会议传达学习了中央思想政治工作会议，特别是中共中央总书记江泽民的重要讲话精神。会议强调，加强和改进思想政治工作是落实“三个代表”重要思想的必然要求，要牢牢把握新时期思想政治工作的重大课题和任务，不断改进创新思想政治工作的方式方法，切实加强党对思想政治工作领域的领导，努力开创全省两个文明建设的新局面。

9月5日至11日 中共中央政治局常委、全国政协主席李瑞环在山东考察工作，先后到山东的威海、烟台、青岛等地进行了考察。在考察中，李瑞环强调指出，各级领导干部要按照“三个代表”重要思想的要求，把符合人民群众利益，得到人民群众拥护，作为我们一切言行的最高标准，多花一点时间研究群众在想些什么，应该尽力为群众做点什么。

9月14日至15日 全省民营经济工作会议在济南召开。会议提出，各级要以党的十五大精神总揽全局，进一步统一思想、提高认识、消除疑虑和思想障碍，以市场需求为导向，进一步拓展发展领域，扩大经营规模，增强整体素质，引导民营经济向大规模、高层次发展，尽快形成与国有经济相互促进、协调发展的新格局，推动全省经济持续、健康地发展。会议对加快山东民营经济发展作了部署。

10月14日 省委在济南召开全省党员领导干部会议，传达学习党的十五届五中全会精神。会议传达了中共中央总书记江泽民在党的十五届五中全会上的重要讲话及朱镕基关于《中共中央关于制定国民经济和社会发展第十个五年计划的建议》草案说明。会议要求全省各级党组织要组织广大党员干部认真学习江泽民的重要讲话和全会的有关文件，深刻领会全会精神。

10月18日 “九五”计划重点建设项目聊馆高速公路竣工通车。该公路西起河北省馆陶县，东与济聊、济青高速公路相连，全长64.32公里。

11月12日至17日 中共中央政治局常委、国务院总理朱镕基，到临沂、济宁、济南等地考察。考察期间，朱镕基分别召开座谈会，就农村金融、国有企业改革、社会保障制度建设等问题听取基层干部的意见，提出了要求。考察期间，朱镕基还听取了山东省委、省政府的工作汇报，对山东近年来各方面取得的显著成绩给予了充分肯定。

12月7日至9日 全省经济工作会议在济南举行。会议的主要内容是学习贯彻中央经济工作会议精神，分析经济形势，研究安排山东明年的经济工作。会议认真传达学习了中共中央总书记江泽民，中共中央政治局常委、国务院总理朱镕基在中央经济工作会议上的重要讲话，结合山东实际，进行了认真讨论。会议对2001年的工作重点进行了部署。

12月12日 全省农村“三个代表”重要思想学习教育工作会议在济南召开。会上，传达了全国农村“三个代表”重要思想学习教育工作会议精神。会议要求各级党委、政府一定要按照中央要求，提高认识，把思想统一到中央精神上来，把这次学习教育活动作为事关改革、发展、稳定全局的大事，切实抓紧抓好。12月18日，省委发出《关于在全省农村开展“三个代表”重要思想学习教育活动的实施意见》。

本年度 全省完成国内生产总值8542.44亿元，其中第一、第二、第三产业分别为1268.57亿元、4244.40亿元、3029.47亿元。全社会固定资产投资额2542.65亿元，地方财政收入463.68亿元，社会消费品零售总额2545.90亿元。

2001年

2月9日至15日 政协山东省八届四次会议在济南召开。会议听取并讨论了关于山东省国民经济和社会发展第十个五年计划纲要（草案）的报告及其他报告。会议期间，委员们围绕事关山东省“十五”国民经济和社会发展的重大问题，提出了许多建设性的意见和建议。

2月10日至18日 省九届人大四次会议在济南召开。会议通过了《关于山东省国民经济和社会发展第十个五年计划纲要和关于〈纲要〉报告的决议》《关于山东省2000年国民经济和社会发展计划执行情况与2001年国民经济和社会发展计划的决议》等。

2月26日 教育部与山东省人民政府重点共建山东大学协议签字仪式在济南举行。山东大学被教育部确定为21所国家重点建设的世界一流大学或高水平大学之一。

3月23日 省委、省政府召开电视电话会议，对农村税费改革（试点）工作进行动员和全面部署。农村税费改革的重大决策，是农业和农村经济发展的新阶段进行的又一次重大改革。会议要求各级党政领导一定要从全局的、战略的高度，充分认识农村税费改革的重大意义，切实抓紧抓好。会议对全省农村税费改革的主要政策措施和方法步骤作了全面部署。

3月30日 省委召开全省“三讲”教育总结大会。会议充分肯定了全省“三讲”教育的成效，要求进一步巩固扩大成果，借鉴运用“三讲”教育经验，切实加强和改进党的建设。省委副书记、省“三讲”教育领导小组副组长陈建国代表省委作了总结讲话。

4月1日 省委、省政府发出《关于印发〈山东省农村税费改革（试点）实施方案〉的通知》。《通知》指出，农村税费改革所遵循的指导思想和原则是认真贯彻落实中发〔2000〕7号文件精神并结合山东实际，统筹兼顾、科学规范、配套联动；农村税费改革的主要内容是“三取消、两调整、一改革”；要妥善解决诸如乡镇财政、村级组织经费等改革中出现的各种矛盾和问题。

4月8日至9日 全省治安工作会议在济南召开。会议传达学习了中共中央总书记江泽民和国务院总理朱镕基等在全国治安工作会议上的重要讲话，要求全省深入贯彻会议精神，结合山东实际，花大力气解决社会治安中的突出问题，开展严打整治斗争。努力实现两年内治安明显进步的目标，为人民群众的安居乐业，为社会主义现代化建设创造良好的社会环境。会上对全省的严打整治工作进行了部署。15日，省委、省政府在济南召开严打整治斗争动员大会，对全省严打整治斗争进行再动员、再部署。这标志着山东省严打整治斗争全面启动。

4月13日 《大众日报》报道，省委、省政府提出了《关于进一步加强和改进乡镇工作若干问题的意见》。该意见包括以下方面：一是关于加快经济发展，解决乡镇财政困难问题；二是关于乡镇精简机构、分流人员、转变政府职能问题；三是关于加快小城镇建设、推进农村城镇化进程问题；四是关于加强乡镇自身建设问题；五是关于加强和改善乡镇对村级领导问题；六是关于加强乡镇民主法制建设；七是关于加强乡镇精神文明建设问题；八是关于为乡镇干部创造良好的工作环境问题。

4月18日至19日 省政府在济南召开全省整顿和规范市场经济秩序工作会议。会议传达了全国整顿和规范市场经济秩序工作会议精神，研究部署山东整顿和规范市场经济秩序工作，同时对当前经济发展中的一些带有全局性的问题作出进一步安排部署。

6月4日 为大力推进农业和农村经济结构调整，增加农民收入，省委、省政府发出《关于采取综合措施努力增加农村收入的意见》。《意见》提出：在保证粮食安全的前提下，加大农业结构调整力度，实施经济国际化战略，扩大农业对外开放和出口创汇；加快农村第二、第三产业的发展和小城镇建设，推动农村劳动力转移分流，加大五大体系建设，为农民增收提供保障；大力搞好农业基本建设，改善农业生产和生态环境；切实加强对农民增收工作的组织领导。

6月13日 省委发出《关于按照“三个代表”要求加强和改进党的基层组织建设的意见》。为落实“三个代表”的要求，加强和改进党的基层组织建设，《意见》要求：一是加强党的基层领导班子建设，发挥党的基层组织的战斗堡垒作用；二是不断扩大党的工作覆盖面；三是抓好党的基层干部队伍思想作风建设；四是保持和增强党员队伍先进性；五是强化对党的基层组织建设工作的领导。

6月16日 京福高速公路泰安至曲阜段竣工通车仪式在泰安满庄立交桥举行。至此，全长389公里的京福高速公路山东段全线贯通，山东高速公路通车里程达到2052.6公里，居全国首位。

6月29日 省委在济南召开会议，隆重庆祝中国共产党成立80周年。中共中央政治局委员、省委书记吴官正出席会议并作了《以“三个代表”为指导努力开创我省社会主义现代化建设新局面》的讲话。讲话中强调：坚持和实践“三个代表”，必须抓住机遇，始终不渝地大力发展社会生产力；坚持和实践“三个代表”，必须加强社会主义文化建设，推动两个文明协调发展和社会全面进步；坚持和实践“三个代表”，必须密切党同人民群众的关系。会议向受到表彰的先进基层党组织、优秀共产党员和优秀党务工作者颁了奖。

7月24日 省委、省政府在济南召开市委书记、市长会议。会议主要深入学习贯彻中共中央总书记江泽民“七一”重要讲话精神，分析全省经济工作形势，总结上半年经济工作情况，并对下半年经济工作作出部署和安排。

7月28日至30日 中共中央政治局常委、国务院副总理李岚清在山东考察工作。李岚清出席了在青岛召开的全国城镇职工基本医疗保险制度和医药卫生体制改革工作会议；考察了青岛市医疗保险中心、疾病控制中心等地，并视察了青岛奥运会水上运动中心规划建设情况。在听取省委、省政府和青岛市委、市政府的工作汇报后，李岚清予以肯定，并强调要把学习中共中央总书记江泽民的“七一”讲话作为头等大事来抓，把全党的思想高度统一到讲话精神上来，努力实践“三个代表”，扎实做好各项工作。

9月18日 省委、省政府在济南召开全省县、乡机构改革工作会议。会议主要贯彻全国市、县、乡机构改革工作会议精神，对全省县、乡机构改革工作进行全面部署。会议指出，实现县、乡机构改革的目标，必须抓好五项工作：一是实现政企分开，切实转变政府职能；二是改革行政审批制度，规范行政审批权力；三是理顺各方面关系，改进和完善行政运行机制；四是探索行政执法体制改革，规范市场秩序；五是精减人员编制，妥善做好人员分流。

9月29日 省委在济南召开全省党员干部会议，传达贯彻党的十五届六中全会精神，并结合山东实际就学习贯彻问题作出部署。会议要求全省一定要认真学习党的十五届六中全会作出的《中共中央关于加强和改进党的作风建设的决定》和江泽民在全会上的重要讲话，把学习贯彻党的十五届六中全会精神与深入学习贯彻江泽民“七一”重要讲话紧密结合，以“三个代表”为指导，进一步统一思想，提高认识，切实把加强和改进党的作风建设抓好，并以新的风貌、作风做好各项工作。

10月8日至9日 省委七届七次全委会在济南举行。会议要求，要通过学习贯彻党的十五届六中全会精神，加强和改进党的作风建设，调动一切积极因素，促进经济、社会更快更好地发展。全委会审议并通过了《关于召开中国共产党山东省第八次代表大会的决议》。

10月15日 山东大学建校百年华诞庆祝大会在山东大学举行。中共中央总书记、国家主席江泽民为山东大学题词：“团结进取，开拓创新，为把山东大学办成国内外知名的高水平大学而奋斗。”

11月9日 省委、省政府发出《关于印发〈山东省应对加入世贸组织全面实施经济国际化战略行动纲要〉的通知》。《通知》主要内容是：深入开展加入世贸组织的研究、培训和宣传；清理和制定有关地方性法规、规章和政策，增强法规、规章和政策的透明度；加快转变政府职能，改革行政管理方式；积极发展市场化、社会化、国际化中介组织；进一步改善开放环境；深化国有企业改革，加快建立现代企业制度；积极调整利用外资战略；大力开拓国际市场，扩大对外贸易，加快实施“走出去”战略，加快开发区建设；面向全球市场，加快调整工业结构，全面提升农业国际竞争力；结合世贸组织的过渡期安排，抓紧修订“十五”计划。

12月3日 全省经济工作会议在济南召开。会议传达了中央经济工作会议精神。会议提出，2002年必须着重抓好以下几个方面的工作：立足山东实际，努力增加城乡居民收入；以结构调整为主线，加快技术进步，努力增加投资；积极应对加入世贸组织的新形势，加快经济国际化进程；为经济发展创造良好环境；正确处理改革、发展、稳定的关系。

12月5日 省委在济南召开全省领导干部会议，传达中央11月22日关于调整山东省委负责人的决定。中央组织部副部长张柏林在会上宣布了中央的决定：李春亭不再担任山东省委副书记、常委、委员职务；张高丽任中共山东省委委员、常委、副书记。6日，省九届人大常委会第二十四次会议任命张高丽为山东省代理省长，接受李春亭辞去山东省省长职务的请求。

12月17日 省委作出《山东省“十五”期间社会主义精神文明建设规划》。《规划》主要内容为：切实加强思想道德建设；繁荣发展先进文化；深入开展群众性精神文明创建活动；加强和改善精神文明建设的领导。

本年度 全省完成国内生产总值9438.31亿元，其中第一、第二、第三产业分别为1359.49亿元、4654.51亿元、3424.31亿元。全社会固定资产投资额2807.79亿元，地方财政收入573.18亿元，社会消费品零售总额2834.92亿元。

2002年

1月26日至27日　全省民营经济工作会议在济南召开。会议要求进一步解放思想，抓住机遇，奋发进取，着力抓好骨干企业、特色经济、改制改组、技术创新、扩大开放、载体建设6项工作，加快民营经济发展步伐。2月17日，省委、省政府印发《关于进一步加快民营经济发展的决定》，对进一步加快民营经济发展的各项政策措施作出明确规定。2002年，民营经济增加值占全省国内生产总值的比重达到36.5%，民营经济成为最具生机和活力的一个"亮点"。

3月20日至26日　省政协八届五次会议在济南召开。会议围绕山东"十五"计划纲要的实施和应对入世新形势等提出了意见和建议，补选吴爱英为省政协主席。

3月21日至28日　省九届人大五次会议在济南召开。会议审议通过了省政府工作报告，选举韩喜凯为省人大常委会主任，张高丽为省长。

3月29日至30日　全省高新技术工作会议在济南召开。会议提出了全省高新技术产业发展的三大奋斗目标，要求进一步提高认识，突出重点，坚持走科技与经济紧密结合的路子，通过建立创新机制，完善服务体系，努力实现高新技术产业的跳跃式发展。4月24日，省委、省政府印发《关于进一步加快高新技术产业发展的决定》，强调突出传统产业改造、新兴产业培植、高新区建设3个重点，建立技术创新、对外合作、投融资3个机制，完善人才培养、中介服务、科学管理3个体系，进一步加快全省高新技术产业发展。

3月31日 全省农村税费改革试点工作动员电视电话会议在济南召开。会议提出，做好农村税费改革试点工作，要努力做到确保合理减轻农民负担、确保基层正常运转、确保农村义务教育投入“三个确保”，实现农民利益得到保护、农村经济和重点事业健康发展、农村社会稳定“三个目标”。4月8日，中共中央决定将山东省确定为全面实行农村税费改革试点省份之一。同日，省委、省政府发出《致全省广大农民群众的一封信》。6月26日，省委、省政府印发《山东省农村税费改革（试点）实施方案》。

4月9日 中共中央政治局常委、全国政协主席李瑞环在菏泽考察。李瑞环充分肯定了山东及菏泽的工作，要求老区干部群众进一步解放思想，抓住机遇，更新观念，加大对外开放的力度，积极招商引资，加快老区发展。

4月29日 全省农业产业化工作会议在潍坊召开。会议指出，当前农村工作的中心任务是千方百计增加农民收入，努力改善农民生活。会议强调，要充分认识农业产业化经营的重要意义，并提出农业产业化经营需要着重解决政策、龙头、科技、体制4个方面的问题。6月11日，省委、省政府作出《关于深入推进农业产业化经营的决定》。

5月1日至3日 中共中央政治局常委、国务院副总理李岚清在山东考察。李岚清对山东省推行以公司为龙头，以高科技为手段，带动广大农户进入市场，推动传统农业向产业化、现代化农业转变给予高度评价，强调要大力推进农业科技创新和体制创新，全面提高农村经济整体水平和竞争力。

5月2日至3日　2002东北亚经济论坛在威海举行。论坛主题是“中国加入WTO与21世纪的东北亚经济”。论坛达成了“企业推动、官民并举、从易到难、循序渐进、互补互利、共同发展”的共识。

5月10日　山东省纪念中国共产主义青年团成立80周年大会在济南召开。会议要求全省各级共青团组织要切实发挥党的助手和后备军作用，党有号召，团有行动，永远跟党走。

5月27日至6月2日　香港特别行政区政府和山东省人民政府共同主办的“山东·香港周”活动在济南举行。活动期间，举办了香港投资环境介绍会、鲁港工商企业恳谈会、香港金融研讨会等活动。此次活动是香港特别行政区政府在内地省、市举办的规格最高、内容最丰富、规模最大、影响最广泛的推广活动。

5月29日　济南绕城高速公路全线贯通暨曲菏高速公路通车仪式在济南举行。9月8日，滨博、莱新高速公路建成通车仪式在淄博举行。至此，在全国率先实现省城与各地级市高速公路贯通，基本实现省内“半日生活圈”。

6月3日至7日　中国共产党山东省第八次代表大会在济南召开。省委书记吴官正作了题为《全面贯彻“三个代表”重要思想，为建设“大而强、富而美”的新山东而努力奋斗》的报告。会议回顾总结了省第七次党代会以来的工作，进一步确定了今后的奋斗目标和工作重点，选举产生了新一届山东省委、省纪委和山东省出席党的十六大代表，通过关于中共七届省委工作报告的决议和省纪委工作报告的决议。7日，中共山东省委八届一次全体会议召开，选举吴官正为省委书记，批准赵春兰为省纪委书记。

6月13日至18日 中共中央政治局常委、全国人大常委会委员长李鹏在山东考察。考察期间，李鹏听取了山东省和青岛市人大工作汇报，要求各级人大及其常委会根据省情、市情，以开拓创新的精神，勇于探索，不断积累经验，做好各级人大工作。

7月2日 全省推进流通现代化工作会议在青岛召开。会议要求充分发挥本省优势，突出连锁经营、现代物流配送和现代批发市场3个发展重点，将流通业努力培植成全省国民经济的支柱产业。

7月3日 全省农村“三个代表”学习教育活动总结表彰电视电话会议在济南召开。会议对全省学习教育活动进行了全面总结，并对全省农村学习实践“三个代表”先进集体、先进个人进行了表彰。会议提出总结运用学习教育经验推进基层组织建设。

7月17日 省委印发《关于学习贯彻〈党政领导干部选拔任用工作条例〉的通知》，对学习贯彻《条例》作出部署。8月12日，省委举办学习贯彻《党政领导干部选拔任用工作条例》培训班，以电视远程教育方式对省、市、县党政领导干部进行培训。

7月18日至19日 中共中央政治局常委、国务院总理朱镕基在山东考察防汛工作。朱镕基强调，治理黄河历来是安民兴邦的大事，必须站在战略和全局的高度，大力实施可持续发展战略，加强黄河中上游水土保持，改善生态环境，统筹规划，标本兼治，进一步把黄河的事情办好。

9月23日至24日 全省就业工作会议在济南召开。会议要求把促进就业作为经济社会发展的优先目标，把服务业作为新增就业的主渠道，更好地发挥民营经济和中小企业在扩大就业方面的重要作用，通过扩大对外开放带动就业增长。11月28日，省委、省政府印发《关于进一步做好就业工作的决定》，要求确保全省就业局势基本稳定。

11月21日 省委召开全省领导干部大会，宣布中共中央决定：吴官正不再任中共山东省委书记、常委、委员职务；张高丽任中共山东省委书记。

11月29日至30日 省委八届二次全体会议在济南召开。会议作出《中共山东省委关于深入学习贯彻党的十六大精神的决定》，并对深入学习贯彻党的十六大精神进行了全面部署。11月19日，省委印发《关于认真学习贯彻党的十六大精神的通知》。11月27日，省委印发《关于今冬明春在全省城乡集中开展党的十六大精神教育活动的意见》。

12月27日 南水北调工程山东段重要组成部分济平干渠工程开工。7月，南水北调东线一期工程东平湖至济南段输水工程获国家批准立项。9月27日，山东省南水北调工程建设指挥部成立。2013年11月15日，主要包括山东段在内的南水北调东线一期工程正式通水运行。

本年度 全省完成国内生产总值10552.06亿元，其中第一、第二、第三产业分别为1390亿元、5309.5亿元、3852.5亿元。全社会固定资产投资额3512.0亿元，地方财政收入610.2亿元，社会消费品零售总额3181.9亿元。

2003年

1月14日至16日 省九届人大六次会议在济南召开。会议通过了省九届人大六次会议选举办法，选举产生了山东省出席第十届全国人民代表大会的代表。

2月25日 省委、省政府印发《关于进一步加强农村卫生工作的决定》，提出要建立以大病统筹为主的新型农村合作医疗制度，开始了新型农村合作医疗制度的试点。3月，全省确定临邑、五莲、曲阜、青州、广饶、招远、崂山7个县（市、区）为首批省级试点单位。

3月20日 全省科学技术奖励大会在济南召开。会议对山东省获得国家和省科学技术奖励、为全省科技进步和经济发展作出突出贡献的科技工作者和先进工作者进行表彰。海洋生物专家曾呈奎、晶体材料专家蒋民华分别荣获首次设立的山东省科学技术最高奖。设立山东省科学技术奖，对获奖人员或团体进行奖励，这在山东省尚属首次。

3月22日至23日 全省农村工作会议在济南召开。会议要求切实把解决农业、农村、农民问题作为全局工作的重中之重，树立统筹城乡经济社会发展的新观念，千方百计增加农村收入，促进农村经济社会全面发展。

3月26日至4月3日 省政协九届一次会议在济南召开。会议听取了省政协九届常委会的工作报告和提案工作的报告，选举吴爱英为省政协主席。

3月27日至4月5日 省十届人大一次会议在济南召开。会议审议了省政府工作报告和其他各项工作报告，选举张高丽为省人大常委会主任，韩寓群为省长。

4月14日 省委在济南召开全省领导干部会议，传达全国非典型肺炎防治工作会议精神，安排部署全省防治非典工作。4月26日，省政府发布《关于防治传染性非典型肺炎的通告》。4月29日，省政府召开全省防治非典型肺炎工作电视会议，安排部署非典防治工作和经济社会工作。6月2日，山东省首例输入性非典型肺炎患者经积极救治出院。7月16日，省委、省政府在济南召开表彰大会，对在全省抗击非典斗争中作出突出贡献的先进集体和先进个人予以表彰。至此，山东抗击非典取得重大胜利。

5月17日至21日 中共中央政治局常委、书记处书记、国家副主席曾庆红在山东考察。考察期间，曾庆红深入济南、聊城、烟台、威海检查防治非典、经济发展和党的建设工作，并在威海主持召开山东、湖南、贵州三省农村党员干部现代远程教育试点工作座谈会。

6月4日至5日 省委工作会议在济南召开。会议明确了21世纪头20年山东经济社会发展的“一二三四五六”的工作新思路，即围绕“一个总目标”，争取“两个提前”，完成“三个阶段”任务，实施“四大战略”，落实“五项工作方针”，实现“六个方面变化”。此前，6月2日至3日，省委八届五次全体会议审议通过了《中共山东省委关于进一步解放思想干事创业加快现代化建设步伐的决定》。

6月16日 省委、省政府印发《关于全面推进"诚信山东"建设的意见》。"诚信山东"建设的基本任务是建立政府信用系统、企业信用系统、个人信用系统、社会信用服务系统。此前，5月27日，省政府在济南召开全省整顿和规范市场经济秩序暨推进"诚信山东"建设工作电视会议，动员全省上下广泛深入开展"诚信山东"建设活动，把市场经济秩序整顿工作全面引向深入。

6月19日 省委印发《关于在全省兴起学习贯彻"三个代表"重要思想新高潮的通知》，对在全省兴起学习贯彻"三个代表"重要思想新高潮作出部署。7月2日，省委印发《关于认真学习胡锦涛同志"七一"重要讲话进一步兴起学习贯彻"三个代表"重要思想新高潮的决定》。

6月19日至25日 中共中央政治局常委、全国政协主席贾庆林在山东调研。调研期间，贾庆林先后到济南、泰安、淄博、潍坊、青岛、威海、烟台等地考察，要求统一战线和人民政协围绕大局、适应大势，研究大事，为深化改革、促进发展服好务。

6月30日 省委纪念中国共产党成立82周年暨防治非典工作先进基层党组织、优秀共产党员表彰大会。会上，对全省防治非典型肺炎工作先进基层党组织、优秀共产党员进行了表彰。

7月10日 省政府印发《关于加快胶东半岛制造业基地建设的意见》，以青岛、烟台、威海3个市为主体的胶东半岛制造业基地建设正式启动。此前，7月3日，全省企业改革暨胶东半岛制造业基地建设工作会议在济南召开。

7月19日 全省经济园区工作会议在济南召开。会议明确全省经济园区建设以省级以上园区为重点，以优化投资环境，扩大招商引资，加快体制、管理和技术创新为突破口，推进各类园区上规模、上档次、上水平，努力提高园区的核心竞争力，实现超常规、高速度、跨越式发展。

8月12日至17日 中共中央政治局常委、中央政法委书记罗干在山东考察。考察期间，罗干先后到济南、德州、淄博、潍坊、烟台、威海等地调查了解基层基础工作情况，并对山东改革开放、现代化建设取得的成绩和维护社会稳定工作给予充分肯定。

9月28日 全省领导班子思想政治建设工作会议在烟台召开。会议要求进一步加强领导班子思想政治建设，保持各级领导班子和领导干部解放思想、干事创业、加快发展的良好精神状态，进一步推动全省经济社会更快更好发展。11月28日，省委印发《关于加强领导班子思想政治建设的意见》。

9月29日 全省生态省建设动员大会在烟台召开。会议对建设生态省的各项任务进行了安排部署。此前，8月20日，国家环保总局同意山东省列为全国生态省建设试点。12月，省政府印发《山东生态省建设规划纲要》。至此，山东省开始全面启动生态省建设。

10月1日至5日 中共中央政治局常委、国务院副总理黄菊在山东考察。考察期间，黄菊先后到济南、青岛、潍坊考察企业改革和生产经营工作，并对山东认真贯彻中央的工作部署，在深化改革、扩大开放、加快发展、维护稳定等方面取得的成绩给予充分肯定。

10月21日 省委办公厅、省政府办公厅转发《省纪委、省委组织部关于建立市、县（市、区）党政主要领导述职述廉制度的意见（试行）》，明确要求在全省建立和实行市、县（市、区）党政主要领导述职述廉制度。

11月11日 省委、省政府印发《关于进一步做好农村劳动力转移工作的意见》，提出要统筹城乡就业，加快制度创新，使农村进城务工人员享受与市民同等的待遇，力争全省农村劳动力年均转移100万人。此前，9月24日，全省农村劳动力转移工作会议在济南召开，对进一步加快农村劳动力的转移制定了详细的可操作措施。

11月14日 省委、省政府印发《关于实施“泰山学者”建设工程的意见》。“泰山学者”建设工程，是实施人才强省战略的重要内容，目的是为全省高校延揽一批学术精英，带出一批高水平学术团队，建设一批强势学科，造就一批学术大师。

11月17日至18日 全省县域经济工作会议在济南召开。会议提出加快全省县域经济发展的总要求和目标，强调要切实做好巩固强化农业基础、坚持走工业兴县的路子、放手发展民营经济、加快县域综合改革、不断扩大对外开放、大力培育特色经济、积极推进城镇化、促进经济社会协调发展8个方面的工作。12月23日，省委、省政府印发《关于加快县域经济发展的意见》。

12月12日至15日 中共中央总书记、国家主席胡锦涛在山东考察。胡锦涛先后到聊城市和菏泽市进行了考察，听取了省委、省政府的工作汇报，对山东的工作给予充分肯定。胡锦涛强调，要深刻认识“三农”问题的重要性，切实把增加农民收入作为农村、农业、农民工作的中心任务，采取有效措施，促进农民收入较快增长，保护和提高粮食综合生产能力，确保国家粮食安全，切实做好农村社会稳定工作，促进农村社会全面发展，进一步加强农村基层组织建设，充分发挥党组织的战斗堡垒作用。

12月19日 胶东地区引黄调水工程开工仪式在招远市举行。该工程是南水北调东线工程的重要组成部分，供水区包括青岛、烟台、威海3个市的12个市（区）。2015年10月，胶东地区引黄调水主体工程具备通水运行能力并实施应急调水。

本年度 全省完成国内生产总值12430.0亿元，其中第一、第二、第三产业分别为1505.0亿元、6650.0亿元、4275.0亿元。全社会固定资产投资额5326.7亿元，地方财政收入712.8亿元，社会消费品零售总额3670.1亿元。

2004年

1月7日至12日 山东省政协九届二次会议在济南召开。会议听取了政协常委会工作报告和提案工作报告，补选孙淑义为省政协主席。

1月8日至13日 山东省十届人大二次会议在济南召开。会议通过了政府工作报告的决议，关于山东省2003年国民经济和社会发展计划执行情况与2004年国民经济和社会发展计划的决议等。

1月12日 省委、省政府在济南召开全省人口资源环境工作座谈会。会上，省政府与各市签订了《生态省建设市长目标责任书》。将建设生态省的任务纳入政府行政首长目标责任制，实行一把手亲自抓、负总责，层层建立责任制。全省17个设区城市所编制的生态市规划都通过了专家论证，并先后经地方政府或人大批准实施。省有关部门也编制了相应的专项规划，把生态省建设纳入本部门年度工作重点之中。

1月20日 省委、省政府作出《关于建设“平安山东”的决定》。决定指出，用3年时间，在全省集中开展建设“平安山东”建设活动，把山东建设成为全国最稳定最安全的地区之一。

2月3日至4日 省委、省政府召开加快菏泽发展现场办公会议。会议强调，要实现菏泽经济社会发展的新突破，努力促进全省经济持续快速健康发展。下半年，两次召开支援菏泽发展会议。2004年，省委、省政府制定了山东半岛城市群发展规划和基础设施专项建设，实施促强扶弱战略统筹区域经济发展，对菏泽进行重点帮扶，组织实施了“百个项目进菏泽”“西输东接”等工程，落实了一批“东西联动项目”，在全省的经济社会发展格局中，推动和形成了“东部快速发展、中部加速崛起、西部跨越式赶上”的东中西联动的全新发展模式。

2月16日 省委、省政府转发《省纪委、省监察厅关于2004年全省党风廉政建设和反腐败工作实施意见》。意见指出，要深入开展民政宗旨教育，增强以民为本、心系群众、为民解困的宗旨意识，针对群众反映突出的问题，切实纠正损害群众利益的不正之风。

3月1日 省委、省政府下发《关于山东省人民政府机构改革的实施意见》。意见指出，要确定有关部门的职责任务，界定职权范围，明确部门责任。

3月18日 省委、省政府下发《关于实施人才强省战略进一步加强人才工作的意见》。意见制定了人才强省战略的具体目标。要突出重点，抓好“三支队伍”建设；加大教育培训力度，建立多层次人才培养机制；深化改革，建立人尽其才的用人机制；引才与引智并举，建立灵活高效的人才引进机制；完善人才市场体系，建立规范有序的人才流动配置机制；构筑干事创业平台，营造有利于人才成长发展的良好环境。

4月7日 省委办公厅、省政府办公厅印发《关于建立新闻发言人制度，进一步加强新闻发布工作的意见》，意见指出，建立新闻发言人制度是适应复杂多变的国际环境和深化改革、扩大开放、加快发展的新形势的需要；是推动政务公开，树立政府开明、开放、务实、高效的良好形象的需要；是提高政务信息发布的及时性、准确性和权威性，加强政府与人民群众的沟通，尊重和实现人民群众的知情权的需要；是充分利用新闻媒体，积极开展对外宣传，进一步扩大山东对外影响的需要；是妥善处理突发事件，澄清事实，消除误解，主动引导舆论，维护社会稳定的需要。

5月1日 中共中央政治局常委李长春到山东考察工作。李长春首先到青岛前港湾集装箱码头，看望了全国“五一劳动奖章”获得者许振超和桥吊队队员，向节日坚持生产的码头工人表示亲切慰问。随后到青岛广播电视中心观看了青岛有线电视数字化平台演示，并详细询问了数字电视的服务功能和推广情况。

5月18日 省委、省政府下发《关于推进事业单位改革的意见》，意见指出实施配套改革，坚持事业单位管理体制、用人制度、分配制度改革与社会保障、财政和国有资产管理等相关制度的改革统筹规划，配套进行。实行分类改革，根据职能任务、经费来源状况和今后发展方向，将现有事业单位区分为行政支持类、社会公益类、经营开发服务类3种类型，分别确定不同的改革重点，采取不同的改革措施和管理办法。坚持积极稳妥的方针，按照“先行试点”—逐步推进—全面展开的工作步骤，稳步推进事业单位改革。

6月18日 山东省人民政府国有资产监督管理委员会成立大会暨揭牌仪式在济南举行。它的成立，标志着全省国有资产管理体制改革和国有企业改革进入一个崭新的阶段。为慎重起见，山东省将国有资产分两步走，先将经营性国有资产划归国资委监管，再逐步实现经营性国有资产与非经营性国有资产统一管理。省国资委紧紧围绕确保国有资产保值增值目标，重点建立“六大体系”，即国有资产监管体系，国有资产营运体系，国有资产经营业绩评价考核体系，企业经营管理者选拔、任用和奖惩体系，集中国有资本运营收益发展壮大国有经济的投入产出体系，加强企业党的建设、领导班子建设和党风廉政建设工作体系，建立全省新的国有资产监管体制的基本框架，为实现国有资产保值增值提供了体制和制度保证。

5月27日 中共中央政治局原常委、全国人大常委会原委员长李鹏在山东视察。在青岛市视察了少年儿童活动中心和青啤集团，在烟台市出席了APEC电子商务博览会，在威海市视察了荣成西霞口龙眼港、野生动物自然保护区和成山橡胶、华泰汽车、三星电子、威高医疗器械等企业。

7月1日 《山东省基本农田保护条例》于2004年7月1日起正式实施。《条例》共5章23条，分别对总则、划定、保护、法律责任、附则作了规定。《条例》建立了严格的基本农田保护制度，明确了基本农田保护要求。规定：全省划定的基本农田比例，要达到法律、法规规定的占本行政区域内耕地的80%以上。《条例》为保护耕地资源、确保粮食安全，将8000万亩的基本农田作为一条不可逾越的“底线”，要求不论任何情况，都要确保基本农田不少于这个数字。这标志着山东省率先在全国建立基本农田警戒线制度。2004年7月，山东省划定的基本农田保护区达到10035万亩，占全省耕地总面积的87%。2004年全省夏粮喜获丰收，一举扭转了连续5年下滑的趋势，与上年相比，出现了种植面积、单产、总产“三增”的局面。

7月7日 省委、省政府作出《关于加强科技创新体系建设进一步推进高新技术产业发展的决定》，决定指出，要充分发挥科学技术在经济结构调整和增长方式转变中的决定性作用，统筹规划，突出高新技术优势与重点，加强科技创新体系建设，提高持续创新能力，构筑科技基础条件平台，提高科技服务能力，深化改革，推进科技体制和机制的创新，完善科技投融资体制，加强知识产权工作，推动县域科技创新，围绕“三农”加强基层科技工作，加强对科技创新工作的领导，促进高新技术产业更快发展。

7月23日 省委在济南召开巡视工作机构成立大会。大会指出，在省委的领导下，巡视机构由省纪委、省委组织部具体组织开展工作，向省委负责。这次大会标志着山东省的巡视工作进入了制度化、规范化阶段。9月，省委各巡视组陆续分赴东营、烟台、临沂、滨州、菏泽5个市开展巡视工作，标志着全省巡视工作全面展开。

8月12日 省政府办公厅转发了省公安厅《关于进一步深化户籍管理制度改革的意见》。意见指出，要打破城乡分割，实行统一的户口登记管理制度。在全省范围内取消农业、非农业户口性质的划分，统一登记为“居民户口”。农村人口在城镇登记常住户口后依法享有当地居民应有的权利，承担应尽的义务。取消农业、非农业户口性质的划分，从根本上改变了全省户籍管理的二元结构，符合公平、公正的原则，也与统筹城乡经济发展的要求相适应。

8月20日 中共山东省委、山东省人大常委会、山东省人民政府、山东省政协、山东省纪委、山东省军区在济南举行纪念邓小平100周年诞辰大会。

9月3日 省委、省政府在济南召开大会，表彰在第二十八届雅典奥运会上取得优异成绩的山东体育健儿和在省体育中心改造工程、承办亚洲杯足球比赛工作中作出突出贡献的先进集体。

10月8日至9日 以“交流·合作·发展——加强东北亚区域经济合作，促进共同繁荣发展”为主题的2004东北亚经济合作论坛在威海举行。国务院副总理吴仪出席开幕式并发表演讲。吴仪指出，经济全球化正不断深入发展，随着东北亚各国经贸关系日益密切，需要进一步加快东北亚经济合作的步伐，为本地区的经贸合作提供更加坚实的机制保障。

12月31日 省委、省政府下发《关于加强高技能人才队伍建设的意见》，意见指出，要充分认识加强高技能人才队伍建设的重要性和紧迫性，明确高技能人才队伍建设的指导思想和目标要求，加快高技能人才培养，完善高技能人才引进、流动机制，建立健全高技能人才评价体系，优化高技能人才成长的社会环境，加强对高技能人才队伍建设的领导，各级党委、政府要按照党管人才的原则，把高技能人才队伍建设作为实施人才强省战略的重要内容，纳入人才队伍建设的总体规划，加强领导，落实责任。

本年度 全省完成国内生产总值15490.7亿元，其中第一、第二、第三产业分别为1778.3亿元、8724.5亿元、4987.9亿元。全社会固定资产投资额7589.3亿元，地方财政收入828.4亿元，社会消费品零售总额4483.4亿元。

2005年

1月8日 省政府下发《关于实施“两湖一河”碧水行动计划的意见》。意见提出，以改善水质为目标，以“两湖一河”治污项目为总抓手，全面推进流域内经济结构调整、城市环境基础设施建设、清洁生产、循环经济、污染治理、污水资源化、生态保护与建设等，带动省辖淮河流域和南水北调东线工程调水沿线，全面改善水环境质量。经过努力，到2006年6月，“两湖一河”流域水污染加剧的势头得到有效控制，部分地区进入环境质量改善期。

1月16日至20日 山东省政协九届三次会议在济南召开。会议听取省政协常委会工作报告和提案工作报告，增选王修智为省政协副主席。

1月17日至22日 山东省十届人大三次会议在济南召开。

1月17日 省委印发《关于以加强执政能力建设为重点全面推进党的基层组织建设纲要》的通知。通知指出，坚持正确用人导向，配强配齐配好党的基层组织领导班子。如期组织党的基层组织换届选举，优化领导班子结构。大力推进“两推一选”、公开选拔、竞争上岗等制度，完善组织调配、社会选聘、民主选举等多种方式，配置基层党务干部的有效机制。

健全党务工作机构，解决部分单位基层党务干部后继乏人、年龄老化和岗位吸引力差等问题。

1月28日 省政府出台了《关于加快实施“走出去”战略的意见》，在财政、金融、审批、服务、促进等方面制定了22条扶持政策。成立省实施“走出去”战略协调领导小组。建立“走出去”各项指标纳入各级外经贸指标考核体系，把鼓励外贸、外资的政策扩大到境外投资和对外承包劳务，与外贸、外资指标一起考核、表彰、奖励。良好的社会氛围，有力地推动了对外经济合作的发展。

1月 省政府印发《关于实施全省农村村村通自来水工程的意见》，山东省成为全国第一个以省政府名义提出村村通自来水工程的省份，标志着山东省农村村村通自来水工作进入快速发展阶段。意见规定，自2005年起，省财政安排专项资金支持村村通自来水建设，并集中整合、统筹安排省级以上各渠道资金。至2007年11月30日，山东村村通自来水工程3年目标超额完成，彻底解决了农村人口饮水困难，对统筹城乡社会经济发展，加快建设社会主义新农村，不断提高和改善农村群众的生活水平具有重要的推动作用。

3月30日 省委、省政府关于转发《省委宣传部、省文明办关于“文明山东”建设的实施意见》的通知，意见指出，通过抓好道德建设和文明养成，大力弘扬中华民族传统美德和与市场经济相适应的新道德，引导大家遵守社会公德、职业道德和家庭美德，形成健康向上的社会风尚。孔孟之乡，礼仪之邦，诚信守法，文明健康，成为山东独特的文明品牌。

4月7日 中共中央总书记、国家主席、中央军委主席胡锦涛先后到潍坊、威海、烟台等地，深入企业、乡村、城市社区等，就落实科学发展观、构建和谐社会、加强党的建设进行调研。胡锦涛指出，中国共产党的根基在人民、血脉在人民、力量在人民。加强党的执政能力建设，加强党的先进性建设，根本目的是要保持党同人民群众的血肉联系，是要实现好、维护好、发展好最广大人民的根本利益。要提高构建社会主义和谐社会的能力，切实做好关心群众生产生活的工作，加强社会建设和管理，妥善处理新形势下的人民内部矛盾，维护社会稳定。希望山东广大干部坚持以邓小平理论和“三个代表”重要思想为指导，进一步增强使命感、责任感和紧迫感，按照建设“大而强、富而美”的社会主义新山东的目标，努力开创山东各项工作的新局面。

4月　山东省印发《山东省新闻发布工作实施方案》。方案规定了新闻发布工作的组织实施方式、内容和形式。山东省新闻发布工作逐步纳入制度化、规范化的轨道。

5月12日　省委、省政府正式确定了《半岛城市群规划方案》。方案指出，山东省打造由8个城市组成的区域综合竞争力强大的都市连绵区和城市空间联系密集区，其间以青岛为龙头城市，以青岛、济南为双中心城市，以烟台为副中心城市。规划范围包括济南、青岛、烟台、淄博、东营、威海、潍坊、日照8个地级市和邹平县县域范围。期限为2004—2020年。这是山东在新一轮战略机遇来临之际，依托半岛8个市优越的地理位置和形成的产业基础，用区域经济的理念对本区发展进行的整体谋划，对于实现建设“大而强、富而美”的社会主义新山东的宏伟目标，具有重大战略意义。

6月3日　省委、省政府下发《关于实施十项民心工程的意见》，十项民心工程包括：一是努力维护社会公正。二是切实保护群众利益。三是加强就业和社会保障工作。四是加快农村扶贫解困步伐。五是切实解决群众住房困难问题。六是加强污染治理和环境整治。七是加强公共卫生服务。八是加大教育投入力度。九是加快文化体育事业发展。十是努力保障社会安全。到年底，十项民心工程取得扎实成效。

6月10日 龙矿集团北皂煤矿海域首采面试生产正式开机。龙口矿业集团从海底掘出了“第一桶乌金”，改写了我国无海下采煤的历史。

6月19日 省委、省政府印发《关于突出发挥青岛龙头带动作用的意见》。意见指出，突出抓好产业结构调整、对外开放和城市建设“三个重点”。一二三产业结构进一步优化；对外开放跃上更高层次；城市规划建设管理达到国际水平。大力发展临港工业、高新技术、现代服务业“三大产业”。进一步壮大经济实力，提高高新技术产业的层次和在工业增加值中所占比重，增强经济发展的国际竞争力，加快发展现代服务业，强化中心城市功能。加快推进工业化、城市化、国际化“三化进程”。以信息化带动工业化，力争达到世界中等发达国家工业化水平；坚持以城带乡，以工促农，城乡统筹，城市化进程明显快于全省；在更大范围、更广领域和更高层次上参与国际合作与竞争，加快与国际惯例接轨步伐，更多地融入国际经济体系。

6月26日 省委、省政府《关于进一步深化改革优化服务业发展环境的意见》，意见指出，建立统一、公开、公正的市场准入制度，进一步降低门槛，激发和保护社会各方面力量投资发展服务业的积极性。加大改革力度，在电力、电信、铁路、民航、交通、石油等领域，引入竞争机制，允许非公有资本进入。加快完善政府特许经营制度，规范招投标行为，鼓励和支持社会资本通过多种形式参与各类公用事业和基础设施的投资、建设和运营。鼓励非公有资本进入社会事业领域，支持非公有资本参与公有制事业单位改组改制，以市场化、产业化为方向，促进科技、医疗、文化、体育等社会事业加快改革与发展。“十五”期间，山东省服务业健康快速发展，成为优化产业结构、构建现代产业体系的重中之重，推动了全省经济社会的快速健康发展。

6月　省政府下发《关于发展循环经济建设资源节约型社会的意见》。按照该意见，山东全面推进了循环递进、相互关联的“点、线、面”循环经济发展体系建设。建立企业“点”上的小循环，建立行业“线”上的中循环，建立社会“面”上的大循环，逐步建立起循环型社会。

8月5日　省委印发《中共山东省委关于落实〈建立健全教育、制度、监督并重的惩治和预防腐败体系实施纲要〉的具体意见》。意见指出，建立健全山东特点的惩治和预防体系，是为加快建设“大而强、富而美”的社会主义新山东提供坚强保证。意见还提出了惩治和预防腐败体系建设的工作重点、教育对象、工作格局。经过全省上下共同努力，反复倡廉教育、制度、监督、改革和惩处整体推进，进一步巩固和发展了全党动手反腐败的局面。

9月29日　联合国教科文组织第172次执行局会议作出决定，正式批准设立国际孔子教育奖，每年9月在巴黎颁奖。这是第一次以中国人的名义在联合国设立的奖项。该奖项由山东省政府和济宁市政府分别出资，每年出资额15万美元，主要用于表彰在教育领域有突出贡献的个人，每年颁发一次，首期为5年。山东省和济宁市的慷慨贡献，充分体现了孔子提倡的“有教无类”和支持终身学习的悠久传统，对提升中国在国际社会的地位与影响产生了积极的推动作用。

10月28日 省委、省政府召开动员大会，对承办第十一届全国运动会进行动员和部署，并表彰在第十届全运会上取得优异成绩的山东体育健儿。

12月31日 省委、省政府印发《关于鼓励和引导农民专业合作经济组织发展的意见》。意见指出，发展农民专业合作经济组织是建设社会主义新农村的需要，在组织农民、培训农民、带领农民发展经济等方面，具有重要作用。发展农民专业合作经济组织，有利于落实农村政策，发展农村经济，完善社会化服务体系，改善农村生产生活环境，动员农民共同建设自己美好家园。各级党委、政府要把发展农民专业合作经济组织作为深化农村改革、建设社会主义新农村的重要内容，切实加强指导和引导，确保健康发展。

本年度 全省完成国内生产总值18468.3亿元，其中第一、第二、第三产业分别为1927.6亿元、10620.3亿元、5920.4亿元。全社会固定资产投资额10541.5亿元，地方财政收入1072.7亿元，社会消费品零售总额6126.4亿元。

2006年

1月1日 第一届全国人民代表大会常委会第九十六次会议于1958年6月3日通过的《中华人民共和国农业税条例》，自2006年1月1日起废止。山东全部取消农业税，之后对“三农”的扶持由主要靠“少取”转向主要靠“多予”阶段。

1月14日至19日 山东省政协九届四次会议在济南召开。会议听取政协常委会工作报告和提案工作报告，补选谢玉堂为省政协副主席。

1月15日至20日 山东省十届人大四次会议在济南召开。会议通过《山东省国民经济和社会发展第十一个五年规划纲要》等决议，选举陈延明为省人大常委会副主任，贾万志、李玉妹为副省长。

2月8日 省委、省政府转发《省纪委、省监察厅关于2006年全省党风廉政建设和反腐败工作实施意见》，意见指出，积极履行监督检查职责，为贯彻落实党的重大决策和部署提供有力保证。按照党的十六届五中全会的要求，围绕加强宏观调控、做好“三农”工作、转变经济增长方式、增强自主创新能力、节约能源资源和保护生态环境等一系列重大政策和改革措施，对贯彻落实科学发展观情况进行监督检查，促进各项任务落到实处。

2月24日至25日 全省农村工作会议在济南召开。会议指出，要全面推进农村经济建设、政治建设、文化建设、社会建设和党的建设，努力建设繁荣、富裕、文明、和谐、民主的社会主义新农村。4月3日，省委、省政府印发了《关于贯彻〈中共中央、国务院关于推进社会主义新农村建设的若干意见〉的实施意见》。11月30日，省委、省政府关于印发《山东省建设社会主义新农村总体规划（2006—2020年）》的通知，规划指出坚持以人为本，突出发展主题。以农民增收为核心，始终把大力发展农村生产力和提高农民生活水平摆到重要位置，创新发展思路和发展模式，转变经济增长方式，促进农业和农村经济快速健康发展，让广大农民过上更加富足的生活。全省农村工作会议的召开和两个文件的出台，加快了山东省社会主义新农村建设的步伐。

2月28日 全省就业工作暨失业保险工作会议召开。会议提出，在全省开展统筹就业试点，以逐步建立公平就业制度，构建就业工作长效机制。7月，山东省在全国率先正式启动了城乡统筹就业试点，参与试点的济南、青岛等5个市和20个县（市、区），在劳动力就业规划、管理和政策等方面逐步推进城乡一体化，构建覆盖城乡的劳动力市场体系，探索城乡有效衔接的社会保障制度。

4月3日 省委、省政府出台《关于实施科技规划纲要增强自主创新能力建设创新型省份的决定》，决定指出，要认真贯彻落实党中央、国务院作出的建设创新型国家的重大战略决策，坚决执行《中共中央、国务院关于实施科技规划纲要增强自主创新能力的决定》和《国家中长期科学和技术发展规划纲要》以及配套政策，实施好山东省的《规划纲要》，以科学发展观统领全局，大力增强自主创新能力，到2020年之前，使山东省在全国率先进入创新型省份行列。

4月24日 山东省庆祝"五一"国际劳动节暨"富民兴鲁"劳动奖章（状）获得者表彰大会在济南召开。在此次表彰大会上，有500人获得"富民兴鲁"劳动奖章，100个单位获得"富民兴鲁"劳动奖状。

5月22日 省委、省政府召开全省旅游发展大会。大会指出，按照建设旅游经济强省的总体要求和目标，创新发展观念，创新发展模式，创新产品体系，充分挖掘、整合、发挥各类资源优势。大力实施旅游品牌战略，将旅游产业建成文明山东、诚信山东、和谐山东、平安山东的窗口和载体。

6月1日 省第十届人大常委会第十九次会议审议通过的《山东省村务公开条例》，自2006年6月1日起施行。本条例是全民推行村务公开工作的形势下，山东省为规范村务工作出台的一部重要的地方性法规，为做好村务公开工作、保障村民依法行使对村务进行民主监督的权利，提供了新的法律依据和政策指导，对促进村民自治工作发展、加快社会主义新农村建设有重要的意义。

6月3日至7日 省委、省政府召开县域经济现场会。对发展县域经济进行再动员、再部署、再落实。会议提出了加快县域经济发展的总要求，即按照省委"一二三四五六"发展目标和工作思路，大力实施"促强扶弱带中间"的发展战略，全面开创县域经济社会发展的新局面。8月3日，省委、省政府出台《关于在新的起点上推进县域经济又快又好发展的意见》。意见指出，县域经济是国民经济的重要组成部分，在全省经济社会发展中具有举足轻重的战略地位，决定着全省经济的整体实力和发展水平，决定着提前基本实现现代化和提前全面建设小康社会的进程。2003年以来，全省各级积极实施“三个突破”和“双30”工程战略，形成了强县率先发展、中间县加速崛起、欠发达县跨越式发展的新局面，县域经济实力显著增强。但与先进省、市相比，山东省县域经济发展还有一定差距，必须进一步增强加快县域经济发展的紧迫感和责任感，不断开创县域经济发展的新局面。

6月8日 省委出台《关于深化农村党的建设“三级联创”活动推进社会主义新农村建设的意见》。意见指出，党的十六届五中全会提出了建设“生产发展、生活宽裕、乡风文明、村容整洁、管理民主”社会主义新农村的重大历史任务。要以建设社会主义新农村为主题，以经济建设为中心，深化“三级联创”活动，统筹城乡发展，加快农村全面建设小康社会和和谐社会建设步伐。

6月8日 省委印发《关于深入学习实践社会主义荣辱观切实推进思想道德建设的实施意见》。意见指出，要充分发挥各级领导机关、广大党员干部的表率作用，把社会主义荣辱观教育作为加强领导班子建设和干部队伍建设的重要方面，列入中心组学习的重要内容。各级领导干部和广大党员要学在前面，做在前面，坚持立党为公，执政为民，当好人民公仆，严格自律，严格要求，以身作则，率先垂范，做社会主义荣辱观的积极实践者和有力推动者。要大兴求真务实之风，把工作着力点放在解决群众反映强烈的问题和社会风气中存在的突出问题上，把“八荣八耻”的具体要求，落实到社会生活的方方面面，把学习宣传教育的成果真正转化为促进改革发展、维护社会稳定、构建和谐社会的强大精神力量。

6月16日至18日 山东（国际）文化产业博览会在济南举行。本届文博会是山东省首次举办的文化盛会，主题为“文化·创意·财富”，阐释了文化创造财富的重要理念，是一个打造国际化大型文化交流和经贸合作的平台。

9月 山东省出台《山东省事业单位公开招聘人员实施办法》，规定事业单位新进人员，除国家政策性安置、按干部人事管理权限由上级任命及涉密岗位等确需使用其他方法选拔任用人员外，都要实行公开招聘。到2007年10月，全省17个市全部推行了事业单位公开招聘制度。

10月 省政府决定，从2006年起，在章丘、寿光、临清3个县级市开展全省政策性农业保险试点。采取“政府推动、市场运作、财政补贴、农民自愿”的做法，由商业保险公司承保，各级财政对农民缴纳保费给予补贴，最高赔付额按全部保费收入的3倍封顶，由各级财政和承保公司共同承担。这是财政支农方式的重大创新，对于完善农业支持保护体系，建立有效的农业防灾减灾新机制具有重要意义，也有力地支持了新农村建设。

11月6日 烟大铁路轮渡——中国首条横跨渤海的铁路轮渡进行试运营。烟大铁路轮渡北起辽东半岛南端的大连市旅顺口西站，南至山东半岛北端的烟台市北站，全长159.8公里。工程于2004年10月全面开工建设，建成后缩短路程1600多公里。标志着连接东北老工业基地、环渤海经济圈和长江三角洲三大经济板块的陆海铁路大通道全线贯通。

本年度 全省完成国内生产总值21846.7亿元，其中第一、第二、第三产业分别为2138.9亿元、12729.0亿元、6978.8亿元。全社会固定资产投资额11134.6亿元，地方财政收入1355.3亿元，社会消费品零售总额7122.5亿元。

2007年

1月5日 第七次全国民事审判工作会议在济南召开。中共中央政治局常委、中央政法委书记罗干出席会议并讲话。会议强调，要深入贯彻党的十六届六中全会精神，适应全面建设小康社会新形势的要求，坚持司法为民、公正司法，积极稳妥地推进司法体制改革，努力建设公正、高效、权威的民事审判制度，为构建和谐社会提供强有力的司法保障。5日至7日中共中央政治局常委、中央政法委书记罗干就贯彻落实科学发展观、维护社会稳定、促进社会和谐等问题在济南、泰安、临沂等地调研。

1月8日 《人民日报》头版报道山东实行涉农补贴“一本通”的情况。山东从2006年开始实行“一户一折一号”的“惠农一本通”制度，把粮食直接补贴资金、农村最低生活保障资金、柴油化肥等农业生产资料补贴资金等全部涉农补贴资金拨入农户“一本通”，直接发放到农民手中。这在全国尚属首例。

1月10日 全省农村党的建设“三级联创”活动工作视频会议在济南召开。会议总结了全省近年来开展“三级联创”的成功经验，研究部署巩固和发展农村先进性教育活动成果，深化“三级联创”活动，健全落实农村基层组织建设长效机制，进一步加强和改进农村基层组织建设的各项任务。

1月30日 省委下发《关于加强领导干部作风建设的实施意见》，对建立健全联系群众制度、反对形式主义和官僚主义、精文简会、勤俭节约等方面作出具体规定。

2月2日 省政府出台《山东省循环经济试点工作实施方案》，提出发展循环经济的指导思想、基本原则、发展目标、主要任务和政策措施，明确循环经济的发展方向。3月21日，山东省人民政府在济南召开发展循环经济工作会议，贯彻落实全国发展循环经济电视电话会议精神，交流总结循环经济工作的经验和做法，全面启动循环经济试点工作。山东全面启动循环经济试点工作，标志着山东发展循环经济工作进入一个新阶段。

2月8日 省委、省政府下发《关于贯彻中发〔2007〕1号文件精神积极发展现代农业扎实推进社会主义新农村建设的实施意见》。内容包括5个方面：一是统一思想认识，切实把发展现代农业作为社会主义新农村建设的首要任务；二是把握工作重点，积极推进现代农业建设；三是落实支农政策，建立促进现代农业发展的投入保障机制；四是深化农村改革，优化现代农业发展环境；五是切实加强领导，为发展现代农业提供组织保障。

2月8日至13日 山东省政协九届五次会议在济南召开。会议表决通过省九届政协常委会工作报告及有关决议。

2月9日至14日 山东省十届人大五次会议在济南召开。会议审议通过山东省政府工作报告、山东省2006年国民经济和社会发展计划执行情况与2007年国民经济与社会发展计划的决议等。

5月10日至11日 全省海洋经济工作会议在济南召开。会议总结“海上山东”建设取得的成绩，研究部署全省海洋经济工作，提出统筹陆海经济发展、建设海洋经济强省。6月，山东省第九次党代会把海洋强省定为山东打造的“五大板块”经济之一。7月，山东省委、省政府作出《关于大力发展海洋经济建设海洋强省的决定》。11月，山东省委九届二次全体会议正式提出实施海洋经济战略，从而首次把发展海洋经济提升到全省发展的战略高度。

5月14日 中共山东省委、山东省人民政府、山东省军区制定并下发《关于加强和改进民兵预备役政治工作的实施意见》。内容包括6个方面：一是深化思想认识，不断强化做好新形势下民兵预备役政治工作的使命感和责任感；二是坚持党管武装根本原则，确保民兵预备役部队永远置于党的绝对领导之下；三是与时俱进探索实践，努力增强思想政治教育的时代感和实效性；四是着眼有效履行新的历史使命，扎实推进军事斗争政治工作准备；五是围绕服务大局，充分发挥民兵预备役部队在全面建设小康社会中的作用；六是加强组织领导，切实把民兵预备役政治工作落到实处。

6月24日至28日 中国共产党山东省第九次代表大会在济南召开。大会应出席代表919名，实到代表882名，符合法定人数。列席大会的有207人，邀请来宾11人。李建国代表八届省委向大会作题为《科学发展和谐发展率先发展在新起点上实现富民强省新跨越》的工作报告。大会通过了关于中共八届省委工作报告的决议和省纪委工作报告的决议，选举产生了由83名委员、15名候补委员组成的中共山东省第九届委员会，选举出由55名委员组成的中共山东省纪律检查委员会，选举出山东省出席党的十七大代表72名。6月28日，中国共产党山东省第九届委员会举行第一次全体委员会议，选举产生了中共山东省第九届委员会常务委员会，李建国当选为省委书记，姜大明、刘伟当选为省委副书记。会议批准了中共山东省纪律检查委员会第一次全体会议选举产生的中共山东省纪律检查委员会书记、副书记和常务委员会委员人选，杨传升为省纪委书记。

7月13日 中共中央政治局常委、中央政法委书记罗干在青岛观看公安海警奥运会安全保卫海上反恐演练，听取青岛市奥运会安全保卫工作汇报。

10月23日 省委发出《关于认真学习宣传贯彻党的十七大精神的通知》。通知要求：（一）充分认识党的十七大的重大意义，迅速兴起学习党的十七大精神的热潮；（二）认真学习领会大会文件，把思想认识高度统一到党的十七大精神上来；（三）领导干部要率先垂范、带头学习，促进学习活动深入扎实开展；（四）精心组织好党的十七大精神的宣传，形成浓厚的舆论氛围；（五）深入贯彻科学发展观，把党的十七大确定的各项任务落到实处；（六）加强对学习贯彻党的十七大精神的领导，切实推动当前各项工作。

12月15日 省委、省政府下发《关于健全推动科学发展促进社会和谐考核监督体系的意见（试行）》。意见提出，考核工作要坚持科学导向、客观公正、群众公认、简便易行原则，考核内容分为经济发展、社会发展、可持续发展、民生状况、政治建设、文化建设、党的建设、群众满意度8个类别，同时对考核方式、结果运用、组织领导方面提出了具体意见。

12月19日 省委、省政府下发《关于统筹城乡发展加快小城镇建设的意见》。内容包括9个方面：一是充分认识新形势下加快小城镇建设的重要意义；二是小城镇建设的总体要求、基本原则和目标任务；三是坚持规划先行，以科学的规划引导、规范小城镇建设；四是加快产业集聚，不断增强小城镇建设与发展的动力；五是完善小城镇功能，加快小城镇基础设施建设和社会事业发展；六是创新发展方式，提高小城镇集约化、节约化建设水平；七是统筹城乡发展，建立小城镇民生保障机制；八是拓宽融资渠道，加大对小城镇建设的投入；九是切实加强领导，努力开创小城镇建设新局面。

12月20日 省委、省政府下发《关于进一步加强节能减排工作的意见》。内容包括3个方面：一是进一步提高认识，切实增强做好节能减排工作的责任感和紧迫感；二是狠抓落实，着力推进节能减排重点工作；三是加强组织协调，完善节能减排保障机制。

12月22日 省委、省政府下发《关于提高自主创新能力加快工业结构调整的意见》。内容包括7个方面：一是认真贯彻党的十七大精神，把思想统一到依靠自主创新加快工业结构调整上来；二是进一步明确依靠自主创新推进工业结构调整的指导思想和目标任务；三是着力提高自主创新能力，加快创新型省份建设步伐；四是大力发展高新技术产业，进一步提高高新技术产业比重；五是运用高新技术和先进适用技术改造提升传统产业，加快产业结构优化升级；六是进一步强化措施，形成依靠自主创新推进经济结构调整的合力；七是加强组织领导，营造依靠自主创新推进经济结构调整的良好环境。

12月26日 省委、省政府在济南召开大会，庆祝全省交通行业实现五大突破，即高速公路通车里程突破4000公里、沿海港口吞吐量突破5亿吨、集装箱吞吐量突破1000万标箱、道路客货运量突破“双15亿”。

本年度 全省完成国内生产总值25887.7亿元，其中第一、第二、第三产业分别为2509.1亿元、14773.4亿元、8605.2亿元。全社会固定资产投资额12537.0亿元，地方财政收入1674.5亿元，社会消费品零售总额8438.8亿元。

2008年

1月13日 省委、省政府召开全省文化建设工作会议。会议的主要任务是，深入落实党的十七大作出的“推动社会主义文化大发展大繁荣”的重要战略部署，围绕加快实现由文化资源大省向文化强省跨越这一宏伟目标，作出全面部署，努力兴起社会主义文化建设新高潮，提高山东的文化软实力和综合竞争力，进一步满足人民群众日益增长的精神文化需求。大会颁发了“山东省文化艺术终身成就奖”，提出文化强省建设重点抓好思想道德建设工程、文化体制改革工程、文化载体建设工程等八大工程。

1月19日至26日 山东省政协十届一次会议在济南召开。大会审议通过了关于九届山东省政协常委会工作报告、提案工作报告的决议等。

1月20日至27日 山东省十一届人大一次会议在济南召开。大会审议并通过了关于山东省政府工作报告、省人大常委会工作报告的决议等。选举李建国为省人大常委会主任，选举姜大明为省长。

3月9日 中共中央总书记、国家主席、中央军委主席胡锦涛参加十一届全国人大一次会议山东代表团审议并对山东工作提出3项要求：加快转变经济发展方式，促进经济又好又快发展；走中国特色农业现代化道路，推进社会主义新农村建设；推进社会主义核心价值体系建设，增强社会主义意识形态的吸引力和凝聚力。

3月10日 省委在济南召开副省级以上领导干部会议，传达学习胡锦涛参加山东代表团审议时的重要讲话。会议强调，全省各级党组织和广大干部群众一定要以学习贯彻胡锦涛总书记重要讲话为强大动力，始终保持奋发有为的精神状态，牢记“两个务必”，以改革创新精神，求真务实抓好落实，努力创造经得起实践、人民和历史检验的成绩，决不辜负胡锦涛总书记对山东工作的殷切期望。

3月31日 省委在济南召开全省领导干部会议，宣布中共中央关于中共山东省委书记调整的决定。中共中央决定：李建国不再兼任中共山东省委书记、常委、委员职务。

4月16日 《大众日报》报道，省政府通过《黄河三角洲高效生态经济区发展规划》，提出按照高效生态经济区的定位，在“十一五”期间规划投资1.5万亿元左右，将黄河三角洲地区建成全省的生态产业基地、新能源基地和全国的循环经济示范基地。

5月5日至8日 省委、省政府在烟台、德州开展推动科学发展促进社会和谐综合考核试点工作。这次考核突出了对工作实绩的考核。考核内容包括经济发展、社会发展、可持续发展、民生状况、政治建设、文化建设、党的建设和群众满意度8个类别60项指标。开展推动科学发展促进社会和谐综合考核试点，把群众满意度作为考核系数纳入综合考核体系，均属于全国首创，对进一步提高山东各级领导干部转变工作作风、创造性地开展工作具有重要的导向和推动作用，产生了良好反映。

5月6日至10日 中共中央政治局常委、中央书记处书记、国家副主席习近平到青岛、潍坊、济南等地，了解山东贯彻落实党的十七大和全国“两会”精神的情况，并就推动科学发展、促进社会和谐、加强党的建设等问题进行调研。习近平在海尔集团、青岛啤酒股份有限公司、海信集团、青岛港、潍柴动力、山东力诺瑞特新能源有限公司和诸城外贸有限公司、寿光蔬菜高科技示范园等单位调研时，详细了解它们贯彻落实科学发展观、转变生产方式、推进自主创新的情况。习近平十分关注以改善民生为重点的社会建设。一路上，他深入农村、社区，慰问基层干部，看望困难群众和困难党员。考察结束时，习近平同山东党政领导干部进行了座谈。他对山东近年来在改革发展稳定方面取得的成绩给予充分肯定。他强调，加强和改进党的建设是党委的重要职责，各级党委要牢固树立抓好党建是本职、不抓党建是失职、抓不好党建不称职的理念，以改革创新的精神状况、改革创新的思想作风、改革创新的工作方法全面抓好党的建设，以党的建设的实际成效推动科学发展观的贯彻落实，推动经济社会又好又快发展。

5月12日　四川汶川发生里氏8.0特大地震。省委、省政府坚决贯彻中共中央、国务院的决策部署，紧急行动，不计代价，不讲条件，积极投入到支援灾区抗震救灾工作中。5月12日晚，省委、省政府给中共四川省委、四川省人民政府发出慰问电，并迅速提供了首批300万元的救援资金。

5月13日　上午，省委召开常委会议，研究部署紧急支援四川地震灾区工作。会议指出，要把支援抗震救灾作为当前一项十分重大而紧迫的任务，发扬一方有难、八方支援的精神，全力以赴支援灾区人民。会上决定成立山东省支援四川地震灾区抗震救灾工作协调领导小组，省委副书记、省长姜大明任组长，下设物资救灾组、救援和医疗组、捐赠组、综合组等，负责救灾物资的调运，医疗和救援力量的选派，捐赠款物的接收、管理、调拨、统计等。地震发生的当夜，山东省立即组织了52人的医疗队、53人的地震救援队和60人的消防救援队，携带各种急救药品和抢险救灾器材，乘专机火速赶赴四川德阳灾区，成为四川省外第一支到达灾区的地方救援、医疗队伍。

7月20日 中共中央总书记、国家主席、中央军委主席胡锦涛来到山东省青岛市，实地考察北京奥运会帆船比赛筹办工作，并就当前形势下企业生产经营情况进行调研。20日上午，胡锦涛冒雨前往奥帆赛场海域浒苔处置工作应急指挥部，考察了解浒苔治理情况。随后，胡锦涛又来到浮山湾畔的青岛奥林匹克帆船中心，参观了奥帆赛筹备工作展览，仔细了解场馆建设、组织运行、城市保障、环境建设等方面情况。接着，胡锦涛考察了奥帆赛运行指挥系统。他一边观看系统演示，一边听取情况介绍。并来到奥帆赛训练基地，看望在这里训练的中外运动员。当天下午，他又来到海尔集团、青岛金王集团，考察了解企业生产经营情况。在考察途中，胡锦涛听取了山东省委和省政府的工作汇报。他对山东省在推进改革开放和社会主义现代化建设、支援抗震救灾和灾后恢复重建、筹办北京奥运会等方面所做的工作给予充分肯定。胡锦涛希望山东省各级党委和政府高举中国特色社会主义伟大旗帜，以邓小平理论和“三个代表”重要思想为指导，深入贯彻落实科学发展观，继续解放思想，坚持改革开放，努力在推动经济又好又快发展方面取得新进步，在保障和改善民生、促进社会稳定和谐方面取得新成绩。

9月2日 省政府下发《关于支持黄河三角洲高效生态经济区又好又快发展的意见》，提出以东营、滨州、潍坊、莱州四大临港产业区为主体，划定约4400平方公里为率先突破区，作为省级综合配套改革试验区。

9月14日 中共中央总书记、国家主席、中央军委主席胡锦涛作出重要批示："青岛市成功地举办了奥帆赛和残奥帆赛，为举办一届有特色、高水平的奥运会和残奥会作出了重要贡献。谨向所有参与此项工作的同志们、向广大青岛市民表示亲切问候和崇高敬意。"

10月6日至7日 省委举行全省深入学习实践科学发展观活动动员大会暨市（厅）级主要领导干部专题研讨班，学习贯彻全党深入学习实践科学发展观活动动员大会暨省（部）级主要领导干部专题研讨班精神，对全省开展学习实践活动进行动员，对第一批学习实践活动作出部署安排。省委确定全省学习实践活动的主题是"科学发展，富民强省"，实践载体是"解放思想、改革创新，加快推进经济文化强省建设"。全省开展学习实践活动以县级以上领导班子和党员领导干部为重点，全体党员参加。截至12月底，全省第一批学习实践活动结束。山东第一批学习实践活动行动迅速，措施得力，特色鲜明，成效显著，受到中央领导的充分肯定和鼓励。11月3日，中共中央政治局常委、中央书记处书记、国家副主席习近平作出重要批示："山东省直各单位在坚持学习实践活动基本要求的前提下，结合各自工作职能，探索、创新活动载体，切实增强了学习实践活动的实效性，值得借鉴。"

11月2日至4日 中共中央政治局常委、国务院副总理李克强先后到青岛、潍坊、济南等地考察调研经济发展和居民生活情况。11月2日，李克强来到双星鞋业工业园等企业，实地了解企业生产经营情况，关切询问市场变化对企业的影响。考察期间，李克强听取了山东省委、省政府工作汇报，对山东近年来经济社会发展取得的成绩给予充分肯定。3日到4日，李克强到深入学习实践科学发展观活动的联系点桓台县进行了调查研究，指导学习实践活动。4日上午，李克强召开桓台县深入学习实践科学发展观活动党员干部会议。

11月13日 省委、省政府制定下发《关于贯彻中央进一步扩大内需促进经济增长十项措施的实施意见》，制定出台21条政策措施，重点抓好重大民生工程、基础设施、生态环保、自主创新、现代产业体系等方面的建设。

12月16日 省委、省政府在济南召开纪念改革开放30周年大会。会议主题是总结山东人民在党的领导下建设中国特色社会主义的伟大实践，回顾山东改革开放30年的光辉历程，展望山东现代化建设的美好未来，进一步动员全省广大党员干部群众高举旗帜、继往开来，深入贯彻落实科学发展观，在新的历史起点上加快推进经济文化强省建设，把改革开放的伟大事业继续推向前进。

本年度 全省完成国内生产总值31072.1亿元，其中第一、第二、第三产业分别为3002.7亿元、17702.2亿元、10367.2亿元。全社会固定资产投资额15435.4亿元，地方财政收入1956.9亿元，社会消费品零售总额10381.2亿元。

2009年

1月1日至2日 中共中央政治局常委、国务院总理温家宝到青岛考察工作。温家宝先后到金王集团、海尔集团、海克斯康测量技术有限公司、青岛港、百盛超市、市南区仙游路社区、即发集团、即墨雅泰电器超市、即墨市西九六夼村考察，看望慰问广大干部群众，鼓励大家在新的一年里坚定信心，迎难而上，创造新业绩，谱写新辉煌。

2月12日至17日 山东省政协十届二次会议在济南召开。会议听取十届省政协常委会工作报告和有关提案工作的报告。

2月13日至18日 山东省十一届人大二次会议在济南召开。会议审议通过省政府工作报告并通过了各项决议。

3月1日 全省工业调整振兴大会在济南举行，动员各级、各部门和广大企业统一思想，坚定信心，努力克服困难，推进工业调整振兴、加快实现工业由大变强的转变。4月24日，省委、省政府出台《关于加快工业调整振兴的意见》，明确了工业调整振兴的目标任务和工业调整振兴的重大措施。全省工业调整振兴全面部署之后，全省各级及有关部门积极行动，建立机构，制订规划，加强领导，积极推进工业调整振兴。省委、省政府出台的工业调整振兴规划是非常之年的非常之策，同时为山东工业调整结构、提高质量提供了一个良好机遇。

3月1日至2日 省委召开第一批深入学习实践科学发展观活动总结暨第二批动员大会。会议的主要任务是，学习贯彻中央深入学习实践科学发展观活动第一批暨第二批动员会议精神，总结山东省第一批学习实践活动，对第二批学习实践活动进行动员和部署。

4月21日至22日 中共中央总书记、国家主席、中央军委主席胡锦涛分别在济南、青岛等地，深入企业、港口、社区，就做好保增长、保民生、保稳定工作进行了考察，并主持召开座谈会，听取了中共山东省委、山东省人民政府工作汇报，发表了重要讲话。胡锦涛对山东省委、省政府保增长、调结构、促改革、重民生、抓稳定的工作思路和政策措施给予了充分肯定，并对山东提出了总要求。他要求各级党委和政府务必进一步坚定信心、迎难而上，进一步挖掘潜力、促进发展，进一步求真务实、真抓实干，紧紧围绕保持经济平稳较快发展的首要任务，全力做好保增长、保民生、保稳定各项工作，以优异成绩迎接新中国成立60周年。4月23日是中国人民海军建军60周年纪念日，胡锦涛出席了在青岛举行的庆祝中国人民海军成立60周年海上大阅兵。

6月27日至28日 中共中央政治局常委、国务院总理温家宝来到济南、淄博、滨州等地，深入纺织、汽车、钢铁、医疗器械等行业的9家企业，了解生产经营情况，鼓励企业坚定信心，渡过难关。27日晚，温家宝在济南主持召开座谈会，听取企业负责人的意见和建议。温家宝充分肯定了山东在应对国际金融危机，保增长、保民生、保稳定方面取得的成绩。他强调，必须毫不动摇地坚持积极的财政政策和适度宽松的货币政策，继续把保持经济平稳较快发展作为当前经济工作的首要任务，正确处理经济发展与结构调整、科技创新、节能环保、城乡统筹、地区协调及改革开放等方面的关系。

6月30日 省委、省政府印发《关于打造山东半岛蓝色经济区的指导意见》，并召开建设山东半岛蓝色经济区工作会议，全面部署山东半岛蓝色经济区建设。8月10日至11日，以“蓝色经济，引领未来”为主题的2009中国·青岛蓝色经济发展国际高峰论坛在青岛举行。聘请31位国内外知名专家，成立山东半岛蓝色经济区咨询委员会，搭建蓝色经济区建设的制度框架和决策保障。8月14日，山东半岛蓝色经济区建设工作会议在济南召开，全面部署了蓝色经济区建设工作。8月17日，山东半岛蓝色经济区规划编制正式启动，目标是：到2015年，基本形成具有核心竞争力的海洋优势产业；到2020年，建成产业发达、优势突出、人与自然和谐、在国内外有重要影响的经济区。

10月16日至28日 第十一届全国运动会在山东省举行。16日晚，中共中央总书记、国家主席、中央军委主席胡锦涛出席开幕式并宣布运动会开幕。开幕式进行了大型文艺表演《和谐盛世齐鲁情》，整场表演由《齐鲁魂》《和谐风》《祖国颂》3个篇章组成。第十一届全运会是北京奥运会、残奥会后我国举办的第一个大型综合性赛事，主赛区设在济南市，山东省其他16个地级市均设有分赛区，共有10900多名运动员参加33个大项、362个小项的比赛。东道主山东代表团以63枚金牌高居榜首。山东、广东、中国人民解放军和辽宁代表团名列综合奖牌榜前列。山东、广东、中国人民解放军和江苏代表团名列综合总分榜前列。全运会历时13天，于28日闭幕。中共中央政治局常委、国务院总理温家宝宣布第十一届全运会闭幕。

10月16日 中共中央总书记、国家主席、中央军委主席胡锦涛在济南接见新中国体育发展60年来涌现出的优秀运动员和教练员代表、全国群众体育先进单位和先进个人代表、全国体育系统先进集体和先进工作者代表。他强调，体育是综合国力的重要组成部分，是社会文明的重要标志。他希望体育战线的同志们牢记肩负的历史使命，全面贯彻党的体育工作方针，大力弘扬伟大民族精神，深入开展全民健身运动，不断提高竞技体育水平，努力推动我国由体育大国向体育强国迈进，为构建社会主义和谐社会、促进人的全面发展作出更大贡献。

10月16日至19日 中共中央总书记、国家主席、中央军委主席胡锦涛到山东出席第十一届全国运动会开幕式，并先后在济南、滨州、淄博、东营等地考察。胡锦涛深入企业、农村、社区、学校，就学习贯彻党的十七届四中全会精神、推动经济社会又好又快发展、加强和改进党的建设进行了调查研究。考察期间，他多次强调，必须痛下决心、狠下功夫，坚决打好转方式、调结构这场硬仗，为保增长提供强有力推动，为长远发展打下坚实基础。考察期间，胡锦涛还到济南军区机关大院亲切会见了驻济南部队师以上领导干部，听取了济南军区党委的工作汇报并作了重要指示。考察结束时，胡锦涛听取了山东省委和省政府的工作汇报，对山东各项工作取得的新成绩给予了充分肯定。他希望山东广大干部群众深入分析国际金融危机冲击带来的机遇和挑战，紧紧围绕保持经济平稳较快发展的首要任务，进一步解放思想、锐意进取，进一步脚踏实地、艰苦创业，不断谱写山东改革开放和社会主义现代化建设新篇章，在全面建设小康社会的征程上继续走在前列。

10月28日至30日 中共中央政治局常委、国务院总理温家宝到济南、临沂等地，就医药卫生体制改革、教育事业发展、社会保障体系建设等进行调研。他强调，建立基本药物制度是医改的重要环节。如何既使群众受益，又使医护人员收入不降低，是必须解决好的问题。29日，温家宝在临沂市召开座谈会，就社会事业发展听取基层干部群众的意见和建议。指出，无论是改革，还是发展，归根到底是为了提高人民群众的物质文化生活水平。必须更加重视发展社会事业，使经济社会协调发展，改变“一条腿长、一条腿短”的状况。只有这样，才能从根本上战胜国际金融危机，保持国民经济平稳较快发展。

本年度　全省完成国内生产总值33805.3亿元，其中第一、第二、第三产业分别为3226.6亿元、19035.0亿元、11543.7亿元。全社会固定资产投资额19031.0亿元，地方财政收入2198.5亿元，社会消费品零售总额12363.0亿元。

2010年

1月9日 山东润丰集团建设的1兆瓦太阳能光伏电站在微山县举行并网发电仪式。这是山东省第一个兆瓦级太阳能光伏电站，也是全国第一个由民营企业投资的兆瓦级太阳能光伏电站。

1月24日至29日 省政协十届三次会议在济南召开。会议通过了政协第十届山东省委员会常务委员会工作报告及其他有关报告，补选刘伟为省政协主席。

1月25日至30日 省十一届人大三次会议在济南召开。会议审议通过了省长姜大明所作的政府工作报告和其他有关报告。

2月2日 省委分别下发关于成立省委非公有制经济组织和社会组织工作委员会的文件。2月3日，举行省非公有制经济组织和社会组织党工委成立会议，山东省非公有制经济组织和社会组织党工委成立。3月3日，省委下发文件提出一系列意见，指导该项工作的开展。

2月22日 全省科技奖励暨技术创新工程推进大会在济南召开。会议表彰了为山东省及科技事业发展和现代化建设作出突出贡献的科技工作者，同时颁布了《山东省高技术产业技术创新行动计划》，启动国家技术创新工程山东省试点，并宣布从2010年到2012年，山东省筹集20亿元资金保障技术创新工程试点工作的实施。

5月6日 空军驻济南某航空兵师飞行员冯思广、中队长张德山驾驶某型飞机时遭遇发动机空中停车，为避免飞机坠落在济南市人口稠密地区，冯思广和张德山果断改变飞行轨迹，因错过跳伞最佳时机，冯思广壮烈牺牲，张德山受伤。冯思广被济空追记一等功，后被空军追授“空军功勋飞行人员金质荣誉奖章”；张德山同时获得这一殊荣，并被记一等功。

5月23日 省委、省政府出台了《关于贯彻落实〈黄河三角洲高效生态经济区发展规划〉的实施意见》，提出了总体要求、目标任务、发展重点、保障措施。27日，省政府出台了《关于金融支持黄河三角洲高效生态经济区发展的意见》。6月11日，全省黄河三角洲高效生态经济区建设工作会议召开。2010年，黄河三角洲高效生态经济区建设工作取得了新成效，区内主要经济指标增幅均高于全省平均水平。

6月10日至11日 中共山东省委九届十次全体会议在济南举行。会议深入学习贯彻中央关于加快经济发展方式转变进行战略部署和中共中央总书记胡锦涛同志对山东工作的要求，审议通过了《中共山东省委、山东省人民政府关于加快经济发展方式转变若干重要问题的意见》。

6月 山东开始全面推进县（市、区）党政领导干部同步审计。2007年至2010年，山东省共对73名县（市、区）党政领导干部进行了经济责任审计，其中对17个县（市、区）的34名党委书记和政府领导进行了同步审计。2009年同步审计人数占被审计总人数的81.8%。2010年，省审计厅对20个县（市、区）的40名党政领导干部进行同步审计，青岛、淄博、济南、烟台、济宁等地同步审计比例达到100%。

7月8日至10日 中共中央政治局常委、国务院副总理李克强在山东调研经济运行情况，并主持召开企业座谈会。李克强对山东各项工作给予充分肯定，希望山东通过下大气力调整经济结构、转变发展方式，把经济增长的质量和效益放在更加突出的位置，继续保持经济平稳较快发展的良好势头。要充分发挥政策引导和市场主体作用，增强经济发展的内生动力。

7月8日至12日 上海世博会期间，山东馆举行了“文化齐鲁魅力山东”为主题的上海世博会山东周活动。5天时间里，山东文化演出90多场次，观众达百万人次。据统计，世博会期间，山东馆累计接待中外参观者660万人次，平均日接待3.6万余人，居各省（自治区、直辖市）展馆之首。

7月17日 全省人才工作会议在济南召开。会议进一步学习贯彻了全国人才工作会议精神，总结交流人才工作经验，讨论了《山东省中长期人才发展规划纲要（2010—2010年）》等文件。9月，正式下发了《山东省中长期人才发展规划纲要（2010—2020年）》。《纲要》提出到2020年，培养造就规模宏大、结构优化、布局合理、素质优良的人才队伍，形成山东人才竞争优势，进入人才强省前列。

7月21日至22日 全省服务业发展工作会议在济南召开。会议对全省服务业工作进行研究部署，提出了山东省服务业跨越发展的总体目标。8月18日，省政府出台了《关于加快服务业跨越发展的若干政策》，强力扶持服务业发展。8月26日，全国服务业发展改革座谈会召开，济南、青岛两个市被确定为国家首批服务业综合改革试点区。

8月10日 省政府在济南举行新闻发布会，发布“公民基本道德行为40则”。9月20日，山东省5位全国道德模范向全省公民发出了学习践行

“公民基本道德行为40则”的倡议。

8月16日 省委、省政府下发了《关于进一步深化乡镇机构改革的实施意见》，并于8月19日召开全省乡镇机构改革会议，对改革工作进行了全面部署。此次乡镇机构改革的核心是推动政府职能转变，明确乡镇政府的4项职能是促进经济发展，增加农民收入；强化公共服务，着力改善民生；加强社会管理，维护社会稳定；推进基层民主，促进农村和谐。

8月18日 省委、省政府下发《关于持续增加农民收入的意见》，就持续增加农民收入工作进行部署。明确了持续增加农民收入的总体要求和任务目标，5年内全省农民人均年纯收入达到1万元以上，半岛地区多数市及30个经济发达县2年至3年内达到1万元以上。

9月30日 山东省公共物流信息平台开通运营。这是全国第一个由政府牵头、多个省级政府部门联合共建的省级公共物流信息服务平台，是全国第一个按照“IT+运营”模式建设的物流信息综合服务平台，是全国第一个由示范园区带动全省物流园区联盟体系的支撑平台。

10月29日 省政府办公厅下发《关于建立县级基本财力保障机制的意见》，决定在全省建立县级基本财力保障机制。按照计划，省政府决定筹措14亿元用于县级基本财力保障机制建设，全省有60个县（市、区）进入扶持范围，其中省直管县（市）18个。

11月18日 省委、省政府下发《关于做好新形势下群众工作若干问题的意见》，对加强和改进新形势下群众工作作出全面部署。19日至20日，在临沂召开全省群众工作会议，对做好群众工作提出了明确要求。后各市相继下发文件、召开会议进行层层部署落实，全省党员干部的群众观念进一步加强。

11月27日至29日 中共山东省委召开第十一次全体会议，深入学习贯彻党的十七届五中全会精神，审议通过《中共山东省委关于制定山东省国民经济和社会发展第十二个五年规划的建议》，对做好此后一个时期的工作作出了全面部署。此前10月20日，中共山东省委召开常委扩大会议，认真传达学习了胡锦涛在党的十七届五中全会第一次全体会议和第二次全体会议上的重要讲话，学习了温家宝就《中共中央关于制定国民经济和社会发展第十二个五年规划的建议（讨论稿）》向全会所作的说明和中央《建议》精神。

12月9日 中共山东省委编委办公室、中共山东省纪委、山东省监察厅联合印发《山东省机构编制监督检查工作办法（试行）》，并于2011年1月1日起施行。《办法》共分6章23条，明确了机构编制监督检查工作的范围、方式方法、程序和违纪违规行为的责任追究主体。

12月17日至19日 中共中央政治局常委、全国政协主席贾庆林在山东调研。调研期间，听取了山东省委、省政府的工作汇报，对山东今年来改革开放和现代化建设取得的成绩给予充分肯定。专程看望了山东省政协、省委统战部机关干部和各民主党派、工商联负责人和无党派人士。

本年度 全省完成国内生产总值39416.2亿元，其中第一、第二、第三产业分别为3588.3亿元、21398.9亿元、14429.0亿元。全社会固定资产投资额23279.1亿元，地方财政收入2749.3亿元，社会消费品零售总额14211.6亿元。

2011年

1月4日　国务院批复《山东半岛蓝色经济区发展规划》。这标志着山东半岛蓝色经济区建设正式上升为国家战略。山东半岛蓝色经济区规划主体区范围包括山东全部海域和青岛等6个市及滨州市的无棣、沾化2个沿海县所属陆域。计划到2015年，基本建立海洋产业体系，到2020年，建成海洋经济发达、产业结构优化、人与自然和谐的蓝色经济区，率先实现现代化。14日，省委、省政府召开山东半岛蓝色经济区建设工作动员大会，深入学习贯彻中共中央总书记胡锦涛的重要指示，动员全省力量，形成强大合力，全面加快推进山东半岛蓝色经济区建设。

2月2日至3日　农历腊月三十到大年初一，中共中央政治局常委、国务院总理温家宝来到山东嘉祥县、曲阜市进行调研并看望农民群众，与基层干部群众共度春节。

2月11日至2月16日　省政协十届四次会议在济南召开。省委副书记、省政协主席刘伟向大会作了常务委员会工作报告及闭幕式讲话。会议通过了政协第十届山东省委员会常务委员会工作报告及其他有关报告，增选了34名省政协常委。

2月12日至2月17日 省十一届人大四次会议在济南召开。会议审议通过了省长姜大明所作的政府工作报告和其他有关报告。选举了2名省人大常委会副主任及3名省人大常委会委员。

2月14日 中共中央政治局常委、中央书记处书记、国家副主席习近平对大学生村官张广秀的事迹作出重要批示。批示指出，大学生村官张广秀同志的事迹很朴实、很感人。她全身心为村民服务，身患重病不忘本职，用真诚赢得了大家的认可。要注意总结宣传张广秀同志这样的先进典型，进一步引导大学生村官扎根基层、奉献才干、锻炼成长。习近平同志还要求有关方面组织医疗专家对张广秀进行精心治疗。张广秀出生于1986年，2009年9月被选聘到烟台市福山区福新街道垆上村担任大学生村官，在垆上村工作的400多个日日夜夜让她赢得了村民的信赖。2010年9月，张广秀被确诊为急性白血病住院治疗，在医院仍惦记着工作，她的事迹和病情经媒体报道后，在全国引起强烈反响，被誉为“最美大学生村官”。此后，中央、山东省委领导多次看望张广秀。中共山东省委组织部、中共山东省委宣传部、共青团山东省委、山东省妇联联合发出《关于在大学生村官中组织开展“学习中央、省委领导指示精神，做张广秀那样大学生村官”大讨论活动的通知》，在广大大学生村官中产生强烈反响。2016年8月21日，张广秀病情复发，因感染在临沂人民医院去世，年仅30岁。

2月23日 中共山东省委组织部、山东省机构编制委员会办公室、山东省教育厅、山东省财政厅、山东省人力资源和社会保障厅联合出台《山东省素质教育推进计划（2011—2015年）》，对此5年的素质教育工作进行了全面规划，明确了推进素质教育的指导思想、改革目标、工作措施和保障措施。这标志着全省中小学素质教育工作进入全面深化的攻坚阶段。

3月9日 中共山东省委创先争优活动领导小组印发《关于开展“学党史、增党性、当先锋”主题实践活动的意见的通知》，要求全省各级党组织把开展活动与庆祝建党90周年、做好换届工作紧密结合起来，教育引导广大党员特别是年轻党员进一步加深对党的认识，继承发扬党的光荣传统和优良作风，增强党性观念和宗旨意识，在做好本职工作、服务人民群众中创一流、作表率、当先锋。

3月20日 省政府召开常务会议研究部署全省保障性安居工程建设。会上，省政府与17个市签订了2011年度住房保障工作目标责任书。会后，全省保障房建设全面展开。至年底，山东省共开工保障性安居工程38.9万套，连同结转项目竣工率达71.2%，超额完成国家下达任务。

3月21日 山东省能源集团有限公司正式在济南挂牌成立。该集团由省内6家煤炭企业重组而成，是一家省属国有独资公司。组建该集团是山东省加快转变经济发展方式的重要举措。在2011年中国企业500强排行榜中，山东能源集团列第75位。

3月29日 全省深化医药卫生体制改革工作会议在济南召开。会议对全面实施基本药物制度作了具体部署，提出围绕“药品”和“医疗机构”两条主线，抓住“采购”和“补偿”两个关键环节，尽快实现基本药物制度全覆盖。6月底，山东所有县（市、区）实现国家基本药物制度全覆盖的工作目标。

4月23日 省委办公厅、省政府办公厅印发《关于在全省农村实施“乡村文明行动”的意见》，对在全省实施“乡村文明行动”作出全面部署。重点抓好6项任务：村容村貌建设、村风民俗建设、乡村道德建设、生活方式建设、平安村庄建设、文化惠民建设。《意见》指出，从2011年到2012年底，全省50%左右的村达到县级以上文明村标准；至2015年底，70%以上的村达到县级以上文明村标准。

5月13日 省委办公厅、省政府办公厅印发《关于在全省农村实行村务监督委员会制度的意见》，明确提出把村务监督委员会制度的推行纳入村民委员会换届选举整体工作中，年底前在全省所有建制村建立村务监督委员会。

5月24日 省委办公厅印发《山东省党的基层组织党务公开实施办法》，要求全省各级、各部门党委（党组）抓好本级党务公开工作的实施。7月22日，省委召开全省推进基层党务公开工作电视会议，进一步推进这项工作。至年底，全省95%以上的基层党组织实行了党务公开，基本实现了全覆盖目标。

6月16日 省委召开首次新闻发布会。主要发布了山东省党委新闻发言人制度建设的有关情况，并公布了省委及省直党委部门、各市党委新闻发言人名单。14位党委新闻发言人分别代表省委、省委有关部（委）在媒体前亮相。这是山东党委新闻发言人首次集中与媒体和公众见面。

6月17日至21日 中共中央政治局常委李长春先后到威海、烟台、青岛、临沂、枣庄、济南等地，考察加快转变经济发展方式、推动文化改革发展等工作。

6月29日 山东省庆祝中国共产党成立90周年大会在山东会堂举行。大会回顾党的90年光辉历程，展望美好发展前景，表彰近年来在经济文化强省建设中涌现出来的先进基层党组织和优秀共产党员。省委书记、省人大常委会主任姜异康出席大会并作重要讲话。

6月30日 青岛胶州湾大桥和青岛胶州湾隧道建成通车。其中，胶州湾大桥是世界最长的跨海大桥，全长36.48公里，是我国北方冰冻海域首座特大型桥梁集群工程；胶州湾隧道工程在建设过程中克服了地质、气候、水文等众多难题，采用了多项新工艺、新材料，在许多方面都是世界首创。

7月1日 省政府发布《关于贯彻国发〔2011〕18号文件开展城镇居民社会养老保险试点的意见》，对全省城镇居民社会养老保险试点工作作出具体安排。4日，省政府召开专门会议，对试点工作作了全面部署。截至年底，山东省新农保和城镇居民城乡养老保险制度提前一年全覆盖。

8月20日 第八届茅盾文学奖获奖作品揭晓。山东作家张炜的《你在高原》位居第一，山东作家莫言的《蛙》位居第三。5部获奖作品中有2部山东籍作家作品，在全社会引起很大反响。

8月26日 省委、省政府出台《关于贯彻中发〔2011〕5号文件精神分类推进事业单位改革的实施意见》。《意见》指出，全省事业单位改革的总体目标是：至2020年，建立起与社会主义市场经济体制相适应的功能明确、治理完善、运行高效、监管有力的管理体制和运行体制，形成基本服务优先、供给水平适度、布局结构合理、服务公平公正的公益服务体系。

9月2日 省委出台《关于加强人民政协政治协商制度建设的意见》，对于进一步推进政协政治协商，实现政协工作的制度化、规范化、科学化，加强政协自身建设，提出了明确的要求。

9月14日 省政府下发《关于黄河三角洲高效生态经济区未利用地开发利用的意见》。15日，省政府在济南召开黄河三角洲高效生态经济区未利用地开发工作会议，安排部署黄河三角洲未利用地开发工作。

10月2日 经国务院同意，国家发改委发出《关于在山东省开展钢铁产业结构调整试点工作的通知》，批准在山东省开展钢铁产业结构调整试点工作。山东省是中国钢铁产业结构调整唯一的试点省份。主要目标是压缩并控制总量，优化产业布局和产品结构、实施节能减排、提高产业集中度、建成钢铁产业循环经济示范区和碳排放考核示范基地等。

10月9日 山东省贯彻落实沂蒙革命老区政策工作会议在济南举行。此前，国务院办公厅下发《关于山东沂蒙革命老区参照执行中部地区有关政策的通知》，提出在安排中央预算内投资等资金时，参照执行中部地区政策。

10月27日 国家超级计算济南中心在济南高新区正式揭牌启用。中心装备国内首台全部采用国产自主中央处理器和系统软件构建的“神威蓝光”千万亿次计算机系统，标志着中国成为继美国、日本之后能够采用自主中央处理器构建千万亿次计算机的国家。

11月7日至9日 中共山东省委九届十三次全体会议在济南举行。会议深入学习贯彻党的十七届六中全会精神，听取和讨论了省委常委会工作报告。会议审议通过了《中共山东省委关于认真贯彻党的十七届六中全会精神加快建设文化强省的意见》，审议通过了《中共山东省第九届委员会第十三次全体会议关于召开中国共产党山东省第十次代表大会的决议》。

11月28日 山东出版传媒股份有限公司正式挂牌成立。这标志着山东出版集团在资源整合、产权结构、机制创新方面迈出了战略性一步，也为以后集团主营业务整体上市奠定了良好的基础。

12月16日 全国首条高端集成电路存储器封装测试生产线在浪潮集团上线投产。这标志着浪潮集团的高端集成电路封装制造能力达到世界先进水平。

12月31日 省委、省政府作出《关于建设生态山东的决定》，对建设生态山东的总体要求和目标，以及建设生态山东的具体任务作出明确规定。

本年度 全省完成国内生产总值45429.2亿元，其中第一、第二、第三产业分别为3973.8亿元、24037.4亿元、17418.0亿元。全社会固定资产投资额26770.7亿元，地方财政收入3455.7亿元，社会消费品零售总额16675.9亿元。

2012年

1月8日 省委、省政府召开支持菏泽打造鲁苏豫皖交界地区科学发展高地座谈会，会议回顾总结对口帮扶菏泽工作，分析菏泽发展面临的形势，着重研究了支持菏泽打造鲁苏豫皖交界地区科学发展高地的对策和措施。座谈会的召开标志着山东支持菏泽打造鲁苏豫皖交界地区科学发展高地这一战略性决策正式进入实施阶段。

1月10日 山东召开生态山东建设大会。会上，省委、省政府正式公布了建设生态山东的决定，并对做好生态山东建设工作作了具体部署。决定指出，到2020年，全省基本形成经济社会发展与资源环境承载力想适应的生态经济发展格局，可持续发展能力显著增强，城乡环境质量全面改善，自然生态系统得到有效保护，生态文明的观念更加牢固，人民群众抚育文明程度明显提高，率先建成让江河湖泊休养生息的示范省，努力走出一条生产发展、生活富裕、生态良好的文明发展道路。

2月8日 省政府印发了《关于用产品质量标准化和认证推动产业优化升级的意见》，进一步发挥产品质量标准化和认证在推动产业优化升级过程中的重要作用，全面提升全省经济增产的质量和效益。截至年底，全省已获得的强制性产品认证、管理体系认证、食品安全管理体系认证等各类证书达55356份，有力地推动了产业优化升级。

2月18日至23日 省政协十届五次会议在济南召开。会议通过政协第十届山东省委员会第五次会议关于常务委员会工作报告及其他报告，补选焉荣竹、陈光为省政协副主席。

2月19日至24日 省十一届人大五次会议在济南召开。会议审议通过了省长姜大明所作的政府工作报告和其他有关报告。

2月20日 中共山东省委宣传部制定了《关于加强改进理论学习宣传研究推进理论化的方案》，在全省大力推进理论大众化。此后，山东省级各类媒体涌现出“理论与大众”“理论超市”等一批各具特色的理论宣传栏目，推出了一批优秀理论图书和理论文章，打造了一批有影响力的理论宣传品牌。6月10日，按照《方案》要求，省委宣传部评选出56个单位为山东省理论大众化示范点。

2月28日 山东出台《山东省普通高校考试招生制度改革实施意见》，明确提出实施“异地高考”政策。此后，省教育厅、省发展改革委、省公安厅、省人力资源社会保障厅4个部门于年底又公布了《关于做好进城务工人员随迁子女接受义务教育后在当地参加升学考试工作的实施意见》，对全省的“异地高考”工作作了具体部署。

3月9日 省委制定《关于以选派“第一书记”为抓手，扎实开展基层组织建设年的实施意见》，组织选派“第一书记”进村帮扶。随后，省委、省政府又制定了《关于从省直单位选派“第一书记”抓党建促脱贫的实施方案》。同时，各地级市也积极开展了选派活动。2012年，全省第一批共选派2.6万名“第一书记”帮包1.8万个村、社区等基层单位。“第一书记”

为农村解决了人才匮乏的问题，给农村带来了先进的理念，促进了城区优势资本与农村优质资源的对接，取得了明显成效。2013年5月28日，山东省选派“第一书记”工作领导小组对2012年第一批117名“第一书记”进行了表彰。

3月23日至28日　中共中央政治局常委、全国政协主席贾庆林到潍坊、烟台、青岛等地调研。此次调研的重点是加快转变经济方式，实现经济平稳较快发展。调研结束时，贾庆林对山东经济社会发展取得的成绩给予充分肯定，并强调要认真贯彻中央的决策部署和全国“两会”精神，紧扣主题主线，坚持稳中求进的工作总基调，广泛凝聚各方面的智慧和力量，着力破解制约发展的突出问题，以优异成绩迎接党的十八大胜利召开。

3月30日　山东扶贫开发工作会议在济南召开。深入学习贯彻中央扶贫开发工作会议精神，总结全省扶贫开发工作的成就和经验，分析当前扶贫开发形势，全面部署今后扶贫开发工作，动员全省各方面打好新一轮扶贫开发攻坚战。此后，全省各级投入财政专项扶贫资金7亿元，启动扶持重点贫困村1.8万个，减少贫困人口100多万人，重点扶持贫困村人均纯收入约增加1000元。

同日　山东专门印发《山东半岛蓝色经济区文化产业发展规划》《黄河三角洲高效生态经济区文化产业发展规划》。这是山东半岛蓝色经济区、黄河三角洲高效生态经济区规划体系的重要组成部分，也是山东深化文化体制改革的重要内容。

4月20日至24日　中共中央政治局常委、中央纪委书记贺国强先后在青岛、潍坊、淄博、济南考察调研。此次调研的重点是坚持稳中求进、保持经济社会平稳较快发展。考察期间，他对山东今年来的工作给予充分肯定，强调要坚决贯彻中央要求和部署，以实际行动维护改革发展稳定的良好局面。

5月5日 山东省纪念中国共产主义青年团成立90周年大会在济南举行。会议主题是认真学习贯彻中共中央总书记胡锦涛在纪念中国共产主义青年团成立90周年大会上的重要讲话精神，表彰山东青年五四奖章获得者和先进团组织、团干部，回顾青年运动波澜壮阔的历史，展望更加灿烂美好的未来，动员全省广大青年积极投身经济文化强省建设。

5月15日 省委组织部、省人力资源社会保障厅、省公务员局发出《关于开展公务员平时考核试点工作的通知》，确定开展公务员平时考核试点工作，并将总结推广试点经验，在全省逐步建立起以平时考核为基础的科学规范、客观公正、便于操作的公务员考核机制。

5月24日至28日 中国共产党山东省第十次代表大会在济南召开。省委书记姜异康作了题为《加快建设经济文化强省，谱写山东人民美好生活新篇章》的报告。会议回顾总结了省第九次党代会以来的工作，进一步确定了今后的奋斗目标和工作重点，选举产生了新一届山东省委、省纪委和山东省出席党的十八大代表。28日，中共山东省委十届一次全体会议召开，选举产生了新的省委常委会，姜异康为中共山东省委书记，姜大明、王军民为副书记。

6月14日 省政府出台了《关于开展“百镇建设示范行动”加快推进小城镇建设和发展的意见》，确定在全省开展“百镇建设示范行动”，加快推进新型城镇化，进一步发挥小城镇在联结城乡、辐射农村、扩大内需中的作用。25日，全省小城镇建设工作电视会议召开，对小城镇建设作出部署。此后，山东小城镇建设开始强力突破。

6月29日 省委、省政府下发《关于推动县域科学发展整体提升综合实力的意见》，提出了以市为单位推进县域科学发展。同日，省委办公厅、省政府办公厅发布《县域科学发展年度综合评价及考核办法（试行）》，7月5日，全省推动县域科学发展整体提升综合实力工作会议在济南召开，对推动县域经济科学发展作出了部署。截至2012年底，全省县域经济GDP平均水平高于全省1.5个百分点，地方财政收入平均高于全省2个百分点，116个县域单位地区生产总值、地方财政收入和固定资产投资等主要经济指标均呈平稳增长态势。

7月4日 省政府发出《关于加强事业单位监督管理的意见》，对事业单位履行公益服务职责、加强事业单位监督管理作出规定。

7月9日 省政府出台了《关于贯彻国发〔2012〕14号文件进一步支持小型微型企业健康发展的实施意见》，制定相关措施31条，从加大财政支持力度、为小型微型企业减税减负、加大融资支持与服务、加强公共服务等10个方面帮扶小型微型企业，进一步优化发展环境，促进全省小型微型企业健康发展。

8月27日 省政府办公厅印发了《山东省“十二五”制造业信息化科技工程实施指导意见》。这是山东大力推动信息化和工业化深度融合战略部署的重要举措，有利于促进制造业转型升级，培育战略性新兴产业，保持经济可持续发展。

10月11日 山东籍作家莫言获得2012年诺贝尔文学奖。

11月21日 省政府出台《关于加快科技成果转化提高企业自主创新能力的意见（试行）》和《关于加强知识产权工作提高企业核心竞争力的意见》。意见的出台，进一步深化科技体制改革，加快科技成果转化，提高企业自主创新能力和知识产权创造、运用、保护和管理能力，为建设创新型省份提供更加有力的科技支撑。

11月26日至27日 中共山东省委十届二次全体会议在济南举行。会议深入学习贯彻党的十八大和十八届一中全会精神，审议通过了《中共山东省委关于深入学习宣传贯彻党的十八大精神的决议》。此前，省委已经召开全省干部会议并下发《关于认真学习宣传贯彻党的十八大精神的通知》，对学习贯彻党的十八大精神，在全省兴起学习贯彻党的十八大精神的热潮作出安排部署。

12月2日 国家发改委正式发布了《中原经济区规划》，菏泽、聊城和东平等市、县纳入其中。这意味着这些市、县将可以享受国家在财税、金融、投资、产业、土地等方面给予中原经济区的支持政策。

12月29日 省委公布了山东落实中央政治局8项规定的实施办法。

12月31日 省委、省政府召开日照钢铁精品基地开工动员大会，标志着日照钢铁精品基地建设的正式启动。此前，省政府下发了《山东省钢铁产业淘汰压缩落后产能实施方案的通知》，规定到2015年前，重组后的山钢及省内9家钢铁企业将淘汰炼钢和炼铁产能分别为2204万吨和1490万吨。

本年度 全省完成国内生产总值50013.2亿元，其中第一、第二、第三产业分别为4281.7亿元、25735.7亿元、19995.8亿元。全社会固定资产投资额31256.0亿元，社会消费品零售总额19175.3亿元。

2013年

1月10日 省委、省政府印发《关于认真贯彻落实中发〔2013〕1号文件精神，深入推进农村改革发展的意见》。《意见》认真贯彻落实《中共中央、国务院关于加快发展现代农业进一步增强农村发展活力的若干意见》精神，进一步深化农村改革，创新体制机制，增创农业农村发展新优势，加快生态文明乡村建设。《意见》强调，要改革农村集体产权制度，保障农民财产权利。

1月24日至30日 省政协十一届一次会议在济南举行。会议通过关于政协第十届山东省委员会常务委员会工作报告的决议、关于政协第十届山东省委员会常务委员会提案工作报告的决议、政协第十一届山东省委员会第一次会议提案审查委员会关于提案审查情况的报告和政协第十一届山东省委员会第一次会议政治决议。会议选举刘伟为省政协主席。

1月25日至2月1日 省十二届人大一次会议在济南举行。会议表决通过省十二届人大一次会议关于政府工作报告的决议、关于山东省2012年国民经济和社会发展计划执行情况与2013年国民经济和社会发展计划的决议、关于山东省2012年预算执行情况和2013年预算的决议、关于山东省人民代表大会常务委员会工作报告的决议、关于山东省高级人民法院工作报告的决议、关于山东省人民检察院工作报告的决议。会议选举姜异康为省第十二届人民代表大会常务委员会主任，姜大明为省长。

2月15日 省政府印发《山东省主体功能区规划》。《规划》将全省15.7万平方公里的陆域面积划分为优化开发、重点开发、限制开发和禁止开发四类区域。

3月9日 青岛港董家口港区矿石接卸码头工程通过交通运输部验收正式投产。该工程包括一个30万吨级的世界上最大的专业化矿石接卸码头和一个20万吨级的矿石转水码头。

4月7日 省委、省政府印发《关于落实党风廉政建设责任制的实施办法》。《实施办法》分为总则、责任范围和内容、检查考核与监督、责任追究和附则5章，共33条。

4月13日 《人民日报》头版以《总投资811亿元的50个重点项目集中推进——山东半岛开放蓝海创意未来》为题介绍了山东省建设山东半岛蓝色经济区的有关情况。自2011年国务院正式批复《山东半岛蓝色经济区发展规划》以来，山东半岛成为国内外海洋高端人才、高端技术、高端产业、高端项目的集聚区。2012年，山东省海洋生产总值超过9000亿元，比2011年增长15%，占全国海洋经济比重逾18%。

4月15日至17日 中共中央政治局常委、全国人大常委会委员长张德江在山东调研。张德江先后到烟台、潍坊、淄博、济南等地，深入企业、农村、社区调研。调研期间，张德江分别主持召开了各级人大代表和地方人大工作座谈会。他强调，实现中华民族伟大复兴的中国梦，要更加注重发挥法治在国家治理和社会管理中的重要作用。

4月25日 首届山东省—南澳州合作发展论坛在济南举行。论坛期间，签署了《山东省与南澳州关于加强交流和合作的备忘录》《山东省与南澳州关于2014年合作举办以山东为主题的澳亚文化节的备忘录》以及相关企业合作备忘录。

5月8日 《大众日报》报道：自2009年医改启动以来，山东省通过大力筹集资金，调整支出结构，全力支持医改五项重点工作深入推进。4年来，省财政累计投入461亿元，年均增长30%。

5月24日 省财政厅向社会公布了2013年省级"三公"经费预算总额及95个省政府组成部门和直属机构单位的部门预算。这是山东历史上首次公开省级"三公"经费预算。

5月27日至30日 "2013香港山东周"在香港举行。本届香港山东周活动共签署合同项目272个，合同外资223.7亿美元，涵盖现代服务业、战略性新兴产业、现代制造业、基础设施、现代农业等众多领域。

6月28日 省委出台《关于深入开展党的群众路线教育实践活动的实施意见》。《意见》按照《中共中央关于在全党深入开展党的群众路线教育实践活动的意见》和中央党的群众路线教育实践活动工作会议的部署要求，结合山东实际，就全省深入开展党的群众路线教育实践活动的总体要求、目标任务、方法步骤、组织领导作出了详细规定。

7月3日 全省党的群众路线教育实践活动动员大会在济南召开。会议对山东省开展教育实践活动进行动员部署，强调要进一步加深对教育实践活动重大意义的认识，坚决贯彻落实中央决策部署，着力解决"四风"问题，密切同人民群众的血肉联系，确保教育实践活动取得实实在在的成效。

7月7日 《人民日报》头版以《山东使巧劲扶持实体经济》为题，介绍了山东省在全国率先探索建立的“以存引贷”管理机制，用较少的财政资金，撬动更多的社会资本，大力扶持实体经济的经验。从2010年开始，按照“谁对中小企业支持大，谁就获得财政性存款多”的原则，山东省建立财政“以存引贷”机制，在商业银行间竞争分配财政性存款，引导商业银行增加中小企业贷款规模。据统计，2012年，山东省中小企业达到82万户，规模以上中小企业销售产值、主营业务收入、利润总额和税金总额，4项指标上升为全国第一。

7月17日 新组建的山东省食品药品监督管理局正式成立。省政府将省政府食品安全工作办公室的职责、省食品药品监督管理局的职责、省工商行政管理局的流通环节食品安全监督管理职责、省质量技术监督局的生产环节食品安全监督管理职责进行整合，重新组建省食品药品监督管理局，同时挂省食品安全委员会办公室牌子，为省政府直属机构，负责对生产、流通、消费环节的食品安全和药品的安全性、有效性实施统一监督管理。

8月2日 《人民日报》头版以《山东决心突破十面“霾”伏》为题，介绍了山东省强力治理大气污染的有关情况。山东是雾霾的重灾区，不合理的能源和产业结构，是山东大气污染的主要原因。从1月起，山东省每月中旬公开发布17个城市的大气质量排名及大气污染情况。7月7日，山东省人民政府印发《山东省2013—2020年大气污染防治规划》和《山东省2013—2020年大气污染防治规划一期（2013—2015年）行动计划》，计划用8年时间、分3期实施，实现空气质量比2010年改善50%左右的目标，2013年到2015年的目标是比2010年改善20%以上。

8月30日 全省推进省会城市群经济圈和西部经济隆起带建设动员大会在济南召开，对“一圈一带”建设工作进行部署。据统计，山东贫困村和贫困人口大部分集中在中西部，分别占全省的95%和93%。经过充分调研酝酿，山东省制定出台了《省会城市群经济圈发展规划》和《西部经济隆起带发展规划》。规划期均为2013年至2020年。两规划串联起山东省中西部区域经济新版图。

9月5日 中德合资寿险公司德华安顾人寿保险有限公司在济南开业。德华安顾人寿是第一家总部设在山东的全国性寿险法人机构，填补了此前山东省无寿险公司总部的空白。

10月9日至10日 省委常委班子召开专题民主生活会，按照“照镜子、正衣冠、洗洗澡、治治病”的总要求，以为民务实清廉为主题，以“反对四风、服务群众”为重点，坚持实事求是、民主团结、以整风精神开展批评和自我批评，认真查摆解决“四风”问题，切实改进工作作风，努力提高促进发展、服务人民群众的本领。

10月11日至26日 第十届中国艺术节在山东举办。11日，“十艺节”在济南省会文化艺术中心大剧院开幕。26日，在青岛举行闭幕式。本届艺术节共有87台剧目参加第十四届文华奖的角逐，133台剧目参加演出；884件作品、157个公共文化项目和117个“群文之星”候选人参评第十六届群星奖，共决出220个作品类群星奖、110个项目类群星奖以及100位“群文之星”。此外，国内外600多个演艺机构近2000个剧节目参加“十艺节”期间举办的2013中国（山东）演艺产品交易会。86个演艺项目达成合作，签约额达9.02亿元。

11月15日至17日 中共中央政治局常委、中央书记处书记刘云山在山东调研。他先后到烟台、威海、济南等地，深入企业、社区、农村和文化单位，就学习贯彻党的十八届三中全会精神，调研了解基层情况，面对面听取干部群众意见。调研期间，刘云山分别召开基层干部座谈会和山东、江苏、安徽、河南4个省党委有关负责同志座谈会，就推进群众路线教育实践活动听取意见。

11月24日至28日 中共中央总书记、国家主席、中央军委主席习近平在山东考察。他先后到青岛、临沂、济宁、菏泽、济南等地，深入革命老区、企业、科研院所、文化机构等，考察了经济社会发展和党的十八届三中全会精神学习贯彻情况。习近平希望山东牢牢把握主题主线和稳中求进的工作总基调，锐意改革，敢闯新路，坚决打好转方式调结构这场攻坚战，切实做好保障和改善民生、创新社会治理这篇大文章，努力在推动科学发展、全面建成小康社会历史进程中走到前列。

11月30日 济宁部分行政区划调整。撤销市中区、任城区，设立新的任城区，以原市中区、任城区的行政区域为新设任城区的行政区域；撤销兖州市，设立济宁市兖州区，以原兖州市的行政区域为兖州区的行政区域。新的任城区、兖州区分别挂牌成立。

12月7日 省会城市群经济圈第一次党政联席会议在济南召开。会议审议通过《省会城市群经济圈联席会议制度》和《推进省会城市群经济圈建设重点工作》。省发展改革委与济南市人民政府签订《关于加快建设省会城市群经济圈战略合作框架协议》。

本年度 全省完成国内生产总值54684.3亿元，其中第一、第二、第三产业分别为4742.6亿元、27422.5亿元、22519.2亿元。全社会固定资产投资额35875.9亿元，地方财政收入4560.0亿元，社会消费品零售总额21744.8亿元。

2014年

1月16日至20日 省政协十一届二次会议在济南举行。会议审议通过了关于常务委员会工作报告的决议、省政协十一届二次会议关于常务委员会提案工作报告的决议、政协第十一届山东省委员会2014年协商工作计划、政协第十一届山东省委员会提案委员会关于省政协十一届二次会议提案审查情况的报告、省政协十一届二次会议政治决议。

1月17日至22日 省十二届人大三次会议在济南举行。会议通过了省十二届人大三次会议关于政府工作报告的决议、关于山东省2013年国民经济和社会发展计划执行情况与2014年国民经济和社会发展计划的决议、关于山东省2013年预算执行情况和2014年预算的决议、关于山东省人民代表大会常务委员会工作报告的决议、关于山东省高级人民法院工作报告的决议、关于山东省人民检察院工作报告的决议。

1月21日 省委印发《山东省实施〈建立健全惩治和预防腐败体系2013—2017年工作规划〉办法》，并发出通知。《办法》以党的十八大、十八届三中全会精神和习近平总书记系列重要讲话精神为指导，按照《工作规划》的总体要求，紧密结合山东实际，对惩治和预防腐败体系建设作出全面部署，是指导全省党风廉政建设和反腐败斗争的重要依据。

1月23日 省委决定成立省委全面深化改革领导小组，负责全省改革的总体设计、统筹协调、整体推进、督促落实。2月8日，省委全面深化改革领导小组召开第一次会议，会议传达学习了习近平总书记在中央全面深化改革领导小组第一次会议上的重要讲话精神，审议通过了《中共山东省委全面深化改革领导小组工作规则》《中共山东省委全面深化改革领导小组专项小组工作规则》《中共山东省委全面深化改革领导小组办公室工作细则》等内容。

1月24日 省委、省政府印发《山东省实施〈党政机关厉行节约反对浪费条例〉办法》，共12章76条。《办法》结合山东实际，对党政机关经费管理、国内差旅、因公临时出国（境）、公务接待、公务用车、会议活动、办公用房、资源节约等进一步作出规范，对宣传教育、监督检查、责任追究等工作提出明确要求。

2月10日 中国人民银行等11个部门联合向山东省人民政府下发《关于印发青岛市财富管理金融综合改革试验区总体方案的通知》。青岛市财富管理金融综合改革试验区正式获国家批复，青岛市成为我国以财富管理为主题的金融综合改革试验区。

3月18日 威海市部分行政区划调整。撤销文登市设立威海市文登区，以原文登市的行政区域（不含汪疃镇、苘山镇）为文登区的行政区域。同时，将原文登市的汪疃镇、苘山镇从行政区域上划归威海市环翠区，仍由威海市临港经济技术开发区管辖。

3月19日 烟台杰瑞集团发布世界首台4500水马力涡轮压裂车。这是目前全球单机功率最大的压裂车，实现我国能源关键装备的重大突破，使我国成为继美国和俄罗斯之后，世界上第三个拥有涡轮压裂装备的国家。

3月23日至25日 中共中央政治局常委、中央纪委书记王岐山在党的群众路线教育实践活动联系点蒙阴县调研。根据中央统一安排，中央政治局常委在第二批教育实践活动中分别联系一个县，王岐山联系蒙阴县。3月24日至25日，王岐山瞻仰孟良崮战役纪念馆，深入服务单位和农村，同干部群众交流，听取意见建议，实地指导蒙阴县教育实践活动。5月13日至14日，王岐山到蒙阴县指导蒙阴县委常委班子党的群众路线教育实践活动专题民主生活会，并到临沂市考察调研经济社会发展和基层党风廉政建设情况。

3月29日至5月28日 中央第四巡视组对山东省进行巡视。根据中央要求和巡视工作职责，中央巡视组主要受理反映山东省级领导班子及其成员和下一级领导班子主要负责人问题的来信、来电、来访，重点是党风廉政建设、作风建设、执行政治纪律和选拔任用干部方面的举报和反映。其他不属于巡视受理范围的信访问题，将按规定由山东省和有关部门认真处理。7月10日，根据中央巡视工作领导小组的部署，中央第四巡视组向山东省反馈巡视情况。同日，省委召开常委会议，传达学习习近平总书记在听取巡视情况汇报时的重要讲话和中央巡视工作领导小组第十九次会议精神，研究部署中央巡视组反馈意见的整改落实工作。

3月31日 中央宣传部会同中央教育实践活动领导小组办公室、民政部和解放军总政治部，在中央电视台向全社会公开发布“时代楷模”朱彦夫的先进事迹。“时代楷模”是中央宣传部改进和规范全国重大典型宣传方式后首次命名的荣誉称号。朱彦夫是获得这一荣誉称号的全国第一人，也是中央为第二批教育实践活动重点推出的首批重大典型之一。

4月4日 省委、省政府出台《关于改进完善17市科学发展综合考核工作的意见（试行）》。《意见（试行）》调低地区生产总值考核权重，加大资源消耗、环境保护、生态效益、科技创新、政府债务等方面指标权重，增加城镇化质量系数、市场主体数量及增长率、粮食产量、义务教育均衡发展、城乡居民医疗保险住院费用报销比例等指标，构建了一个全新的科学发展综合考核体系。

4月9日 省委出台《关于培育和践行社会主义核心价值观的实施意见》。《意见》强调，要围绕中心工作，把培育和践行社会主义核心价值观贯穿于经济发展实践和社会治理中。确定经济发展目标和发展规划、出台经济社会政策和重大改革措施，开展各项生产经营活动，要遵循社会主义核心价值观要求，做到讲社会责任、讲社会效益、讲守法经营、讲公平竞争、讲诚信守约。

4月11日 由中央宣传部、山东省委联合举办的推广善行义举榜现场会在曲阜召开。山东以善行义举四德榜为抓手，积极培育和践行社会主义核心价值观的经验由此向全国推广。截至2014年4月，山东2万多个善行义举四德榜为1000多万名群众的凡人善举“树碑立传”，覆盖全省30%的村（居）。

4月25日 2014青岛世界园艺博览会开幕。本届世园会由国家林业局、山东省人民政府、中国贸促会和中国花卉协会共同主办，青岛市人民政府承办。本届世园会以“让生活走进自然”为主题，倡导人与自然和谐相处的绿色发展理念，举办时间为4月25日至10月25日，共计184天。

4月28日 国家发展改革委正式批复《环渤海地区山东省城际轨道交通网规划（调整）》。根据《规划》，全省城际轨道交通网涵盖17个市，总里程达3753公里。其中，利用京沪高铁、青荣城际、石济客专等既有和在建快速铁路1368公里，新建2385公里。规划期内将形成全省“三纵三横”的快速铁路网。

4月30日 省政府办公厅印发《关于建立政府法律顾问制度的意见》。《意见》分政府法律顾问制度的建立、政府法律顾问的聘任、工作要求3个部分。7月29日，省政府举行聘任仪式，聘请15位法学专家和法律实务工作者担任省政府法律顾问。

5月17日至18日 2014亚太经合组织贸易部长会议在青岛举行。会议以“共建面向未来的亚太伙伴关系”为主题，来自亚太经合组织21个成员经济体的贸易部长或代表率团与会，世界贸易组织总干事阿泽维多等出席会议。会议发表了《2014亚太经合组织贸易部长会议青岛声明》和《亚太经合组织贸易部长支持多边贸易体制的单独声明》。

6月4日 省委、省政府召开全省供销合作社综合改革试点启动电视会议。会议的召开，标志着山东省供销合作社综合改革试点工作的全面启动，也标志着全国供销合作社综合改革试点工作正式进入推进实施阶段。经省委、省政府同意，省委农村工作领导小组加挂山东省供销合作社综合改革试点领导小组的牌子，办公室设在省供销合作社。

6月8日 国务院批复山东省人民政府，同意设立青岛西海岸新区。根据批复，青岛西海岸新区位于胶州湾西岸，包括青岛市黄岛区全部行政区域，其中陆域面积约2096平方公里、海域面积约5000平方公里。

6月10日 济青高铁项目获得国家发展改革委正式批复立项。济青高铁自济南东客站至青岛铁路枢纽红岛站，正线全长306公里，速度目标值350公里/小时；总投资估算520亿元，由山东和中国铁路总公司共同出资建设。

6月28日 省委、省政府印发《法治山东建设纲要》。《纲要》将法治山东建设细化为11个方面，提出了41项主要任务。到2020年之前，基本实现山东省经济建设、政治建设、文化建设、社会建设、生态文明建设的法治化。

7月24日至25日 中共中央政治局常委、国务院总理李克强在济南、德州考察。李克强先后来到省交通厅服务窗口、济南市工商局、浪潮集团、德州陵县雨污分流工地和陵县德强家庭农场等地进行考察。李克强强调，要继续简政放权、放管结合，进一步激发市场活力；统筹城乡发展，协调推进新型城镇化和农业现代化。

8月6日 全球第一条粉煤灰制节能环保瓷砖生产线在淄博市淄川区实现量产。该技术可使粉煤灰综合利用率达90%以上，比传统生产工艺节水80%以上，节约燃料20%以上，生产的新型建材各项指标均优于传统建筑陶瓷砖。

9月12日至15日 中共中央政治局常委、全国政协主席俞正声在山东调研。他先后来到济南、滨州等地，深入学校企业、城乡社区、清真寺院，并多次召开座谈会，与学生老师共商教育培养工作，与基层干部群众共商发展稳定大计。

9月30日 山东省、济南军区暨济南市在我国第一个烈士纪念日于济南英雄山革命烈士纪念塔广场举行公祭烈士活动。2014年8月31日，第十二届全国人民代表大会常务委员会第十次会议通过《全国人民代表大会常务委员会关于设立烈士纪念日的决定》，《决定》将9月30日设立为烈士纪念日。每年9月30日国家举行纪念烈士活动。

10月14日 山东省召开党的群众路线教育实践活动总结大会。按照中央统一部署，山东省党的群众路线教育实践活动从2013年6月开始，自上而下分两批开展，共有近30万个基层党组织、620多万名党员参加。

10月28日 山东·魁北克友好合作论坛在济南开幕。开幕式上，举行了山东·魁北克友好合作协议签字仪式，双方签署了8个合作协议和谅解备忘录，涉及教育、文化、金融、环保、建筑等领域。

11月6日至7日 首届中国(潍坊)农产品电子商务大会在潍坊举行，大会以“互联网改造农业，全渠道升级电商”为主题，吸引来自全国24个省(自治区、直辖市)和香港特别行政区的500多家电子商务企业、潍坊市及周边城市500多名农产品企业负责人参加。

12月22日 山东省与全国工商联在济南召开全国知名民营企业入鲁助推转调创洽谈会。在项目签约仪式上，山东省相关方面与全国知名民营企业现场签订50个合作项目。经过近一年来的交流洽谈，全国知名民营企业入鲁助推转调创取得丰硕成果。截至11月底，累计签订合同项目2234个，投资额28995.69亿元。其中，全国工商联执委企业签订合同项目159个、过百亿元项目53个。

本年度 全省完成国内生产总值59426.6亿元，其中第一、第二、第三产业分别为4798.4亿元、28788.1亿元、25840.1亿元。全社会固定资产投资额41599.1亿元，地方财政收入5026.7亿元，社会消费品零售总额24492.0亿元。

2015年

1月26日至31日 省政协十一届三次会议在济南举行。会议审议通过省政协十一届三次会议关于常委会工作报告的决议；审议通过省政协十一届三次会议关于常委会提案工作报告的决议；审议通过省政协2015年协商工作计划；审议通过十一届省政协提案委员会关于省政协十一届三次会议提案审查情况的报告；审议通过省政协十一届三次会议政治决议。

1月27日至2月1日 省十二届人大四次会议在济南举行。大会通过省十二届人大四次会议关于政府工作报告的决议、关于山东省2014年国民经济和社会发展计划执行情况与2015年计划的决议、关于山东省2014年预算执行情况和2015年预算的决议、关于山东省人民代表大会常务委员会工作报告的决议、关于山东省高级人民法院工作报告的决议、关于山东省人民检察院工作报告的决议。

4月9日 青岛中德“工业4.0”推动联盟在青岛西海岸新区成立，这是国内首家“工业4.0”推动联盟。联盟由德国“工业4.0”研究机构、国内相关院所和中德优秀企业代表组成，将围绕信息采集分析、方案设置、人才培养、学术交流、应用示范等方面开展广泛深入的交流与合作。

4月12日 《人民日报》头版介绍了山东省供销社系统改革创新服务“三农”的实践经验。2014年，山东省供销社领办建立农民专业合作社9256个，帮助农民增收20亿元，社村共建9292个项目，帮助5723个村的农民和村集体增收12.5亿元，基层供销社也盈利9809万元。

4月30日 省委召开全省“三严三实”专题教育工作座谈会，深入学习贯彻中央有关精神，对“三严三实”专题教育作出部署安排。会议强调，要扎实做好专题党课、专题学习研讨、专题民主生活会和组织生活会、整改落实和立规执纪4个关键动作。

5月23日至25日 国际教育信息化大会在青岛举行。这是我国政府和联合国教科文组织合作首次召开教育信息化大会。会议围绕“信息技术与未来教育变革”这一主题，对多项议题进行了深入交流和探讨。大会通过了《青岛宣言》，为全球教育信息化建设提供了行动指南。

6月18日 首届中华学子青春国学荟活动在济南启动。由共青团中央、全国学联、全国少工委和山东省人民政府主办，共青团山东省委等单位承办的第一届中华学子青春国学荟活动启动仪式在山东大学举办。第一届中华学子青春国学荟活动共包含4个方面内容：举办“国学达人”网络挑战赛、“国学达人”挑战赛全国总决赛、全国青少年“五个100”优秀国学项目评选活动、第一届中华学子青春国学荟展示活动。

6月25日至26日 全国网上信访工作会议在烟台召开。会议指出，山东着力打造“阳光信访、责任信访、法治信访”，特别是高标准建成山东省信访信息系统，全面实行网上受理信访制度，在提升信访工作效能和公信力、及时就地解决群众合理合法诉求方面取得了明显成效。

7月1日 全省新型农村合作金融试点工作座谈会在滕州召开，总结全省试点工作进展情况。2014年底，国务院同意山东开展新型农村合作金融试点，全省首批27个试点县（市、区）的37家专业合作社的试点资格得到认定，中国农业银行山东省分行、山东省农信联社被确定为合作托管银行。

7月7日　网上山东抗日战争纪念馆在山东博物馆开馆。纪念馆是全球首个运用3D技术建设的网上抗日战争纪念馆，整合了山东所有抗战史料、展馆资源，通过3D虚拟展馆、手机APP、网页版等多形式，中、英、日、韩多语种，以及融媒体手段，向世界传播中国人民抗日战争的巨大牺牲和巨大贡献。

7月8日　省委、省政府出台《关于改进和完善城乡规划工作的意见》。《意见》共5部分19条，明确了城乡规划基本原则和工作目标，围绕规划编制、实施、监管和体制机制4个方面，提出有针对性的政策措施。

8月1日　省委、省政府出台《关于深入实施创新驱动发展战略的意见》，为山东省进一步激发全社会创新活力和创造潜能，促进大众创业、万众创新提供了政策保障。《意见》共分5个部分、23条政策措施，是山东省未来一段时期深入实施创新驱动发展战略，实现创新发展的重要指导性文件。

8月23日　第二十二届国际历史科学大会在济南开幕。国家主席习近平发来贺信。本届大会是首次在亚洲国家举办，由中国史学会、山东大学承办，以“历史：我们共同的过去和未来”为主旨，设有4场主题研讨，分别是“全球视野下的中国”“情感的历史”“世界史中的革命：比较与关联”“历史学的数字化转向”。大会至29日结束，期间共安排学术交流会议和活动175场。

8月24日至27日　省政府代表团对韩国进行友好访问。访问期间，代表团广泛接触韩国政要和工商企业界人士，就中韩自贸区新形势下山东与韩国的经贸合作交换意见，推动双方抢抓中韩自贸区机遇，深化经贸领域合作。26日下午，山东一韩国经贸合作交流会暨重点合作项目签约仪式在首尔举行，23个重点项目集中签约，涉及电子信息、装备制造、文化传媒、电子商务等领域，总投资17亿美元。

8月30日 省政府与国家质检总局在济南签署共同推动“一带一路”战略全力塑造山东开放型经济发展新优势合作协议。根据协议内容，国家质检总局将在检验检疫区域通关一体化、检验检疫基础设施建设、标准体系建设、质量强省建设、审批事权下放等12个方面，加大对山东经济社会发展的支持。

9月4日 山东省纪念中国人民抗日战争暨世界反法西斯战争胜利70周年大会在济南举行。大会学习贯彻习近平总书记9月3日纪念大会重要讲话精神，回顾山东抗战峥嵘岁月，弘扬伟大的抗战精神，凝聚全省人民的意志和力量，铭记历史、缅怀先烈、珍爱和平、开创未来，为加快建设经济文化强省、全面建成小康社会而努力奋斗。

9月23日 省委、省政府出台《关于深化供销合作社综合改革的实施意见》。《意见》共分8个部分、34条政策措施，就进一步加快推进全省供销合作社综合改革提出了总体要求、目标任务和基本原则。

9月23日至25日 首届中日韩产业博览会在潍坊举办。本届博览会由中国国际商会、日本国际贸易促进协会、韩国贸易协会等中日韩国家级贸易促进机构联合主办，共有日韩等境外参展企业332家，占参展企业总数的57.3%；展位1066个，占总展位数的56.5%。有27家世界500强企业到会参展。

10月10日 山东省司法体制改革试点实施动员大会在济南举行，会议传达学习了中央关于司法体制改革试点指示精神，安排部署在淄博、聊城的4个法院和4个检察院启动开展完善司法责任制、司法人员分类管理、司法人员职业保障、省以下地方法院检察院人财物统一管理4项改革试点工作。

10月19日至20日 全国食品安全城市和农产品质量安全县创建试点工作现场会在威海召开。会上，山东省从强化政府主导、夯实治理基础、突出正面引领、狠抓系统整治、推动多元参与等方面介绍了“两个创建”工作经验。

10月22日至23日 中共中央政治局常委、国务院副总理张高丽在山东调研扶贫工作情况。他就整体搬迁脱贫实地考察了济宁东南片区还迁安置区暨东南华城棚户区改造项目，深入惠普软件人才实训基地调研教育培训脱贫，先后到菏泽市巨野县田庄镇后屯村、定陶县杜堂镇辘湾村、曹县大集镇了解政策保障脱贫、产业扶持脱贫和自主创业脱贫情况。23日下午，张高丽主持召开扶贫工作座谈会。

12月17日 省委、省政府下发《关于贯彻落实中央扶贫开发工作部署坚决打赢脱贫攻坚战的意见》。《意见》指出，全省仍有300万左右农村贫困人口，总量较大、分布零散、脱贫任务艰巨。山东只有提前完成脱贫攻坚任务，才能在全面建成小康社会进程中走在前列。在精准识别、精准施策基础上，对建档立卡的300万左右农村贫困人口，集中开展扶贫工作，主要是：通过发展生产实现150万人左右脱贫，通过转移就业实现60万人左右脱贫，通过异地搬迁实现6万人左右脱贫，通过生态补偿实现4万人左右脱贫，其他农村贫困人口通过社会保障兜底脱贫。在脱贫进度上，

2016年至2017年两年基本完成脱贫任务，第三年全部兜底完成，后两年巩固提升脱贫攻坚成果，建立长效机制。

12月20日 济青高速铁路工程开工动员大会在山东济南召开，标志着济青高铁工程全线进入了全面开工建设阶段。1月12日，济青高铁项目获得国家发改委正式批复，线路全长308公里，总投资600亿元；3月7日，省政府召开专题会议，研究部署加快推进济青高铁建设；6月23日，济青高速铁路有限公司正式成立；9月28日，济青高铁控制性工程青阳隧道先行用地快速取得国土资源部批复；10月1日，青阳隧道工程顺利开工建设；12月18日圆满完成了济青高铁站前工程施工和施工监理招标工作，共22家施工、监理单位。

本年度 全省完成国内生产总值63002.3亿元，其中第一、第二、第三产业分别为4979.1亿元、29485.9亿元、28537.4亿元。全社会固定资产投资额47381.5亿元，地方财政收入5529.3亿元，社会消费品零售总额27761.4亿元。

2016年

1月23日至28日 省政协十一届四次会议在济南举行。会议审议并通过了有关决议、提案和人事任免案。

1月24日至29日 省人大十二届五次会议在济南举行。会议审议并表决通过了关于山东省国民经济和社会发展第十三个五年规划纲要的决议。

2月22日 国务院、中央军委授予武警山东省总队菏泽市支队成武县中队“基层建设模范中队”荣誉称号命名大会在济南举行。会议强调，要牢记党中央、国务院、中央军委和习近平主席的关怀厚爱，牢记武警部队肩负的使命责任，更加坚定自觉地贯彻政治建军、改革强军、依法治军重大战略。

2月至4月 根据中央统一部署，中央第三巡视组对山东省开展巡视“回头看”工作。巡视期间（2月28日至4月28日），中央巡视组主要受理反映山东省级领导班子及其成员、下一级党组织领导班子主要负责人和重要岗位领导干部问题的来信来电来访，重点是关于违反政治纪律、组织纪律、廉洁纪律、群众纪律、工作纪律、生活纪律等方面的举报和反映。

3月29日至30日 全省党校工作会议在济南召开。会议主题是深入学习贯彻习近平总书记重要讲话精神和全国党校工作会议精神，研究部署当前和今后一个时期全省党校工作，切实把党校姓党这一根本原则落到实处，不断开创山东党校工作新局面。

4月16日 山东省“两学一做”学习教育工作座谈会在济南召开，对全省开展“两学一做”学习教育工作进行动员部署。会议强调，要按照习近平总书记关于“两学一做”学习教育重要指示精神进一步提高思想认识，增强行动自觉，准确把握“基础在学、关键在做”的要求，以严的精神和实的干劲，高标准高质量推进学习教育，确保取得党和人民群众满意的成效。座谈会结束后，召开了全省“两学一做”学习教育工作培训会。对学习教育的主要目标、特点要求、推进措施和主体责任进行部署。

4月22日 省委印发《关于推进高等教育综合改革的意见》。《意见》主题是深入贯彻习近平总书记系列重要讲话和视察山东重要讲话、重要批示精神，全面实施国家及山东省中长期教育改革和发展规划纲要，具体从完善大学治理结构，扩大高校办学自主权，转变发展模式，深化教育教学改革，加强教师队伍建设，拓展丰富教育资源，完善改革保障机制7个方面对深化高等教育综合改革提出了攻坚方向和创新举措。

5月4日 省委印发《关于加快推进生态文明建设的实施方案》。《实施方案》分总体要求、重点任务、制度创新、共建共享、保障机制5个部分，涵盖了26项重点建设任务、29个制度创新领域和13条共建共享推进措施。《实施方案》的出台，对于深入持久地推进山东省生态文明建设，加快形成人与自然和谐发展的现代化建设新格局具有重要意义。

5月7日 为深入推进供给侧结构性改革，全面提高供给体系质量水平，推动经济转型发展、提质增效，省委印发《关于深入推进供给侧结构性改革的实施意见》。《意见》聚焦2016年和2017年，重大任务延伸到2018年，力争全省通过集中攻坚，推动要素配置效率明显提升，在全省形成多层次、高质量的供给体系。

5月17日 省委印发《关于实施全面两孩政策改革完善计划生育服务管理的意见》。《意见》贯彻落实《中共中央、国务院关于实施全面两孩政策改革完善计划生育服务管理的决定》精神，全面实施一对夫妇可生育两个孩子政策，改革完善计划生育服务管理，促进人口长期均衡发展。

5月17日至18日 全省城市工作会议在济南举行。会议主题是深入贯彻落实习近平总书记在中央城市工作会议上的重要讲话精神和中央关于城市工作的决策部署，分析全省城市发展面临的新形势，明确当前及今后一个时期全省城市工作总体要求和重点任务，奋力开创山东城市发展新局面。

5月31日 省委印发《山东省法治政府建设实施纲要（2016—2020年）》。这是山东省历史上第一次以省委、省政府文件的形式，出台部署法治政府建设工作，规划了2016—2020年山东省法治政府建设的纲领目标和行动路线，对山东省加快推进依法行政、建设法治政府具有重要意义。

6月28日 全省市、县、乡领导班子换届工作会议在济南举行。会议主题是深入学习贯彻习近平总书记重要指示和中央关于市、县、乡领导班子换届工作精神要求，研究部署全省市、县、乡换届工作。

6月30日 山东省庆祝中国共产党成立95周年大会在济南举行。会议强调，要把党的光荣历史作为砥砺前行的宝贵财富，把党的优良传统作为应对挑战的重要法宝，把党中央治国理政的新理念新思想新战略作为全省改革开放和现代化建设的行动指南，高举中国特色社会主义伟大旗帜，紧密团结在以习近平同志为总书记的党中央周围，牢记使命，勇于担当，共同谱写在全面建成小康社会进程中走在前列的新篇章。

7月1日 《山东省地方金融条例》正式实施。这是全国地方金融监管方面出台的首部省级地方性法规，旨在发挥金融服务经济社会作用、促进金融业发展，推动山东省金融工作再上新台阶。《条例》共6章58条，以金融服务经济社会、促进金融及相关行业发展、适度监管维护金融稳定为出发点，分别对地方金融服务、金融发展、金融监管、法律责任等作了规定。

7月7日 省委常委班子召开巡视整改专题民主生活会。会议深入学习贯彻习近平总书记关于巡视工作重要讲话精神，进一步对照中央巡视反馈意见反躬自省，逐一进行对照检查，相互提出批评意见，对照巡视反馈意见，联系思想和工作实际，深入查找问题和不足，深刻剖析思想根源，提出下步整改措施，推动巡视整改工作取得扎实成效。

7月8日 山东半岛国家自主创新示范区建设动员大会在济南召开。会议指出，建设山东半岛国家自主创新示范区是党中央、国务院作出的重大战略部署，就是要发挥好山东半岛6个国家高新区的先发优势，打造东部沿海地区创新发展的“新尖兵”。会议强调，山东省要深入贯彻全国科技创新大会和国务院批复精神，充分发挥创新资源集聚优势，积极开展创新政策先行先试，激发各类创新主体活力，打造具有全球影响力的海洋科技创新中心。

7月18日 省委印发《关于深化人才发展体制机制改革的实施意见》。《实施意见》按照中央关于深化人才发展体制机制改革的意见要求，着眼于破除束缚人才发展的思想观念和体制机制障碍，解放和增强人才活力，构建科学规范、开放包容、运行高效的人才发展治理体系，形成具有山东特色的人才发展体制机制，对落实省委“一个定位、三个提升”的总体要求，最大限度激发人才创新创造创业活力，为加快建设经济文化强省提供有力人才支撑，具有十分重要的意义。

7月25日至26日 中国共产党山东省第十届委员会第十四次全体会议在济南举行。会议主题是深入学习贯彻习近平总书记在全国科技创新大会上的重要讲话精神，认真贯彻落实党中央关于科技创新的重大决策部署，紧密结合全省实际，进一步明确推进科技创新的思路和举措，深入动员各方面力量，加快建设创新型省份，推动全省科技创新走在前列。在山东省的“两院”院士和科技专家代表等列席会议。

9月9日 省委印发《关于加快推进农业转移人口市民化的实施意见》。按照中央关于深入推进新型城镇化建设的决策部署，进一步推进山东农业转移人口市民化进程，《意见》提出，到2020年，全省实现1000万名农业转移人口落户城镇，700万名城中村、城边村原有居民完全市民化，常住人口城镇化率和户籍人口城镇化率分别达到65%和55%以上。

10月10日 按照“两学一做”学习教育安排，省委常委会召开会议，集体学习《中国共产党廉洁自律准则》和《中国共产党纪律处分条例》，常委会采取分别领读、集体讨论的方式，原原本本学习了《准则》和《条例》全文。通过学习，进一步理解和把握基本内涵和精神实质，提高贯彻落实的自觉性、坚定性，推动党规党纪内化于心、外化于行。

11月15日 全省国有企业党的建设工作会议在济南召开。会议主题是以习近平总书记系列重要讲话特别是关于深化国有企业改革、加强国有企业党的建设的重要指示精神为指引，坚持党对国有企业的领导不动摇，切实把坚持党的领导和完善公司治理统一起来，充分发挥企业党组织的领导核心和政治核心作用，不断提高全省国有企业党的建设科学化水平。

11月17日至18日 中国共产党山东省第十届委员会第十五次全体会

议在济南举行。全会审议通过了《中共山东省委关于深入学习贯彻党的十八届六中全会精神的意见》和《关于召开中国共产党山东省第十一次代表大会的决议》。全会决定，省第十一次代表大会于2017年5月在济南召开。全会指出，党的十八届六中全会明确习近平总书记的核心地位、正式提出"以习近平同志为核心的党中央"，对党和国家事业发展具有重大现实意义和深远历史意义。

12月26日至27日 全省经济工作会议在济南举行。会议主题是深入学习贯彻党的十八大和十八届三中、四中、五中、六中全会精神，深入贯彻落实中央经济工作会议精神，总结全省2016年经济工作，提出2017年经济工作总体思路和目标任务。

12月28日 按照省委理论学习中心组和"两学一做"学习教育工作安排，根据中央开好2016年度党员领导干部民主生活会的要求，省委理论学习中心组开展集中学习研讨，传达学习中央政治局民主生活会精神，重点围绕《关于新形势下党内政治生活的若干准则》和《中国共产党党内监督条例》的基本精神、基本内容、基本要求进行研讨交流。

本年度 全省完成国内生产总值67008.2亿元，其中第一、第二、第三产业分别为4929.1亿元、30410.0亿元、31669.0亿元。全社会固定资产投资额52364.5亿元，地方财政收入5860.2亿元，社会消费品零售总额30645.8亿元。

2017年

1月16日 省委常委班子召开2016年度民主生活会。生活会以学习贯彻党的十八届六中全会精神为主题，以中央政治局民主生活会为标杆，常委班子成员围绕“两学一做”学习教育要求，重点对照《关于新形势下党内政治生活的若干准则》和《中国共产党党内监督条例》，结合思想和工作实际，聚焦政治合格、执行纪律合格、品德合格、发挥作用合格要求进行党性分析，开展批评和自我批评。

2月5日至10日 省政协十一届五次会议在济南举行。会议审议并通过了有关决议、提案和人事任免案。

2月6日至11日 省人大十二届六次会议在济南举行。会议审议并通过了《山东省地方立法条例》，关于山东省第十三届人民代表大会代表选举问题和常务委员会组成人员名额的决定等决议。

4月1日 全省领导干部会议在济南召开。会议宣布中央关于山东省委主要领导调整的决定。中央决定：刘家义同志任山东省委委员、常委、书记，姜异康同志不再担任山东省委书记、常委、委员职务。

4月19日至21日 中共中央政治局常委、国务院总理李克强在威海、济南考察。在威海期间，他到威海港听取了港口发展汇报，详细了解2017年以来进出口增长情况；在济南期间，他走进济南钢铁公司，听取山东钢铁去产能汇报，提出确保分流职工转岗不下岗，生活有保障；在济南经十一路棚户区，他要求加快棚改进度，让群众早日搬进新居，过上有自用的厨房、卫生间和暖气的新生活。

4月25日至26日 省人大十二届七次会议在济南举行。会议选举刘家义为山东省人民代表大会常务委员会主任，龚正为山东省人民政府省长。根据全国人大常委会关于实行宪法宣誓制度的决定和山东省实施宪法宣誓制度办法规定，刘家义、龚正分别进行宪法宣誓。

4月27日 全省推进“两学一做”学习教育常态化制度化工作座谈会在济南召开，对全省“两学一做”学习教育常态化制度化工作进行安排部署。会议强调，要坚持旗帜鲜明讲政治，充分认识推进“两学一做”学习教育常态化制度化，是向以习近平同志为核心的党中央看齐的实际行动，是推进全面从严治党向纵深发展的重大举措，是推动山东实现“走在前列”的重要保证，切实增强推进“两学一做”学习教育常态化制度化的责任感使命感。

5月9日 全省高校思想政治工作会议在济南召开。会议主题是认真学习领会习近平总书记在全国高校思想政治工作会议上的重要讲话精神，针对山东实际，着力解决高校思想政治工作中的重点问题。会议讨论了《关于加强和改进新形势下高校思想政治工作的实施意见》。

5月11日 全省卫生与健康大会在济南召开。会议主题是深入贯彻落实习近平总书记在全国卫生与健康大会上的重要讲话精神，按照党中央、国务院的决策部署，以人民群众期盼为导向，切实解决好卫生与健康领域关键性问题，着力打造医养健康产业强省，加快推进健康山东建设，努力实现与全面小康相匹配的全民健康。

6月1日 省委、省政府印发《关于深化投融资体制改革的实施意见》。《意见》按照中央有关文件精神，提出在全省着力推进结构性改革尤其是供给侧结构性改革，充分发挥市场在资源配置中的决定性作用和更好发挥政府作用。进一步转变政府职能，改进投资管理，强化制度创新，建立企业投资市场主导、融资渠道丰富畅通，政府管理简明规范、职能转变务实到位，宏观调控稳健高效、法制体系保障健全的新型投融资体制。

6月8日 中国共产党山东省第十届委员会第十六次全体会议在济南举行。全会决定，中国共产党山东省第十一次代表大会于2017年6月13日至17日在济南召开。

6月13日至17日 中国共产党山东省第十一次代表大会在济南召开。大会的主题是：紧密团结在以习近平同志为核心的党中央周围，深入学习贯彻习近平总书记系列重要讲话精神和治国理政新理念新思想新战略，牢牢把握走在前列的目标定位，加快推进由大到强战略性转变，奋力开创经济文化强省建设新局面。会议选举出中国共产党山东省第十一届委员会委员92名、候补委员17名。选举出山东省出席党的十九大代表76名。

6月17日 中国共产党山东省第十一届委员会第一次全体会议在济南召开。全会选举了省第十一届委员会常务委员会委员，选举刘家义为省委书记，龚正、王文涛为省委副书记，陈辐宽为省纪委书记。会议还通过了《中国共产党山东省委员会工作规则》。

6月18日 十一届省委常委会召开第一次会议，研究从严从实加强常委会自身建设的有关意见。会议审议通过了《中国共产党山东省委员会常务委员会议事决策规则（修订稿）》《中共山东省委关于加强常委会自身建设的意见》《中共山东省委实施〈中国共产党问责条例〉办法》《中共山东省委山东省人民政府关于激励干部担当作为干事创业的意见》。

7月28日　省委印发《关于加快推动国有企业改革的十条意见》。《意见》指出，党的十八届三中全会以来，全省国有企业改革发展取得重要进展，但企业体制机制活力不足、国有资本布局结构不优、国有经济发展质量效益不高等问题仍然突出，迫切需要加大改革力度，加快改革步伐，强化改革牵引作用，因此提出了加快推动国有企业改革的十条具体意见。

7月31日　省委印发《关于进一步完善产权保护制度依法保护产权的实施意见》。《意见》要求，要严格执行产权保护的法律制度，依法有效保护各种所有制经济组织和公民财产权，增强人民群众财产财富安全感，增强社会信心，形成良好预期，发挥产权的激励约束、资源配置、规范调节等功能，增强各类经济主体创业创新动力，维护社会公平正义，保持经济社会持续健康发展和社会长治久安。

8月至9月　中央第三环境保护督察组督察山东省工作。为深入贯彻落实习近平总书记关于加强生态文明建设和环境保护工作的重要批示指示精神和党中央、国务院的重要决策部署，经党中央、国务院批准，中央第三环境保护督察组（2017年8月10日至9月10日）进驻山东省开展环境保护督察，中央环境保护督察组主要受理山东省环境保护方面的来信来电举报。

8月14日至17日　省委副书记、省长龚正率山东代表团在香港成功举办了2017香港山东周系列活动。本届香港山东周活动的主题为“汇聚全球优质资源，助推新旧动能转换”。这是2009年建立鲁港交流合作高层推动机制以来，山东省连续第九次在香港举办山东周活动，也是全省新旧动能转换重大工程首次在港宣传推介活动。在山东省新旧动能转换重大工程推介会上集中签约42个重大合作项目，协议外资额124.6亿美元。

8月27日至9月8日 中华人民共和国第十三届运动会在天津举行。山东省体育健儿在十三届全运会上，在以代表团名义参加的比赛中，获得58枚金牌、44枚银牌、49枚铜牌，奖牌总数151枚；同时在以个人名义参加的比赛中，获得11枚金牌、13枚银牌、12枚铜牌，奖牌总数36枚。金牌数和奖牌数高居全国首位，成为全运史第一个连续三届登顶的省份。

9月5日 省委印发《关于支持非公有制经济健康发展的十条意见》。《意见》就深入贯彻落实习近平总书记关于非公有制经济“两个毫不动摇”“三个没有变”的重要论述，支持全省非公有制经济在加快新旧动能转换中实现健康发展，确保在创新发展、持续发展、领先发展中发挥重要支撑作用，提出十条具体意见。

9月6日至15日 省委副书记、省长龚正率山东省代表团，成功访问澳大利亚、新西兰、白俄罗斯，进一步密切交往、深化合作，取得一系列重要成果，为融入“一带一路”建设，提高全省开放型经济水平、加快实施新旧动能转换重大工程，推动创新发展、持续发展、领先发展，注入强劲动力活力。

9月24日 全省美丽乡村建设现场会议在沂南县召开。会议研究部署了全省做好新形势下美丽乡村建设各项工作，抓重点、补短板、强弱项。提出要以美丽乡村建设为“三农”工作的总统领总抓手，与脱贫攻坚紧密融合，坚持先难后易，突出问题导向，强化政策措施，实行重点突破，加快美丽乡村建设。

9月26日 全省开放型经济发展大会在济南召开。会议主题是深入学习贯彻习近平总书记系列重要讲话特别是“7·26”重要讲话精神和视察山东重要讲话、重要指示批示精神，全面落实中央关于扩大开放的决策部署，研究推进山东新一轮高水平对外开放工作，充分有效利用两种资源、两个市场，努力塑造开放型经济发展新优势，为在全面建成小康社会进程中走在前列、加快建设经济文化强省提供强大动力。

10月18日至24日 中国共产党第十九次全国代表大会在北京举行。25日，中国共产党第十九届中央委员会第一次全体会议，选举习近平为中共中央总书记、中央军委主席，李克强、栗战书、汪洋、王沪宁、赵乐际、韩正为政治局常委。

10月26日 省委召开全省领导干部会议。会议主题是传达学习党的十九大精神，以习近平新时代中国特色社会主义思想武装头脑、统一思想、指导实践，在全省迅速兴起学习宣传贯彻党的十九大精神的热潮。

10月30日至31日 中国共产党山东省第十一届委员会第二次全体会议在济南举行。全会深入学习贯彻党的十九大和十九届一中全会精神，听取和讨论了省委常委会工作报告，审议通过了《中共山东省委关于深入学习贯彻党的十九大精神的决议》。

11月4日 省委印发《关于推进新一轮高水平对外开放的意见》。《意见》主题是深入贯彻落实习近平新时代中国特色社会主义思想，按照习近平总书记视察山东重要讲话、重要指示批示要求，进一步扩大全省对外开放层次水平，深入推进新旧动能转换重大工程，开创经济文化强省建设新局面。

11月至12月 国家海洋督察组（第二组）督察山东省工作。按照国务院批准的《海洋督察方案》，国家海洋督察组（第二组）（11月20日至12月19日）进驻山东省开展海洋督察工作。督察组主要受理涉及围填海管理方面的举报。

11月29日 全省推开国家监察体制改革试点工作动员部署视频会议在济南召开。会议主题是深入学习贯彻党的十九大精神，以习近平新时代中国特色社会主义思想为指导，按照中央关于深化国家监察体制改革的部署要求，对全省推开国家监察体制改革试点工作进行动员部署。

12月4日 中共山东省委、人民日报在济南共同举办“不忘初心、牢记使命，做新时代先锋模范”理论学习研讨会。主题是深入学习贯彻党的十九大精神，用习近平新时代中国特色社会主义思想武装头脑、指导实践，引导党员干部不忘初心、牢记使命，做新时代先锋模范。

12月25日至26日 全省经济工作暨金融工作会议在济南召开。会议主题是深入学习贯彻党的十九大精神，以习近平新时代中国特色社会主义思想为指导，全面贯彻落实中央经济工作会议和全国金融工作会议精神，总结党的十八大以来全省经济工作，研究部署2018年经济工作和今后一个时期金融工作任务。

本年度 全省完成国内生产总值72678.2亿元，其中第一、第二、第三产业分别为4876.7亿元、32925.1亿元、34876.3亿元。全社会固定资产投资额54236.0亿元，地方财政收入6098.5亿元，社会消费品零售总额33649.0亿元。

2018年

1月3日 国务院批复山东省人民政府、国家发改委，原则同意《山东新旧动能转换综合试验区建设总体方案》。这是党的十九大后获批的首个区域性国家发展战略，也是全国第一个以新旧动能转换为主题的区域发展战略，标志着山东新旧动能转换综合试验区建设正式成为国家战略，山东将在全国新旧动能转换中先行先试、提供示范。

1月18日 《中国共产党山东历史》第一、第二卷首发式在济南举行。该书共计220余万字，记载了自1921年至1978年山东党组织在党中央领导下，团结带领山东人民进行革命和建设的光辉历史，生动诠释了军民水乳交融、生死与共铸就的伟大沂蒙精神，全面反映了战斗在山东的一代又一代共产党人为人民谋幸福、为民族谋复兴的奋斗历程。

1月20日 省委常委会召开2017年度民主生活会。民主生活会以认真学习领会习近平新时代中国特色社会主义思想、坚定维护以习近平同志为核心的党中央权威和集中统一领导、全面贯彻落实党的十九大各项决策部署为主题，以中央政治局民主生活会为标杆，重点对照《中共中央政治局关于加强和维护党中央集中统一领导的若干规定》《中共中央政治局贯彻落实中央八项规定实施细则》，结合思想和工作实际进行党性分析，开展批评和自我批评。

1月22日 中国共产党山东省第十一届委员会第三次全体会议在济南举行。全会以习近平新时代中国特色社会主义思想为指导，为即将召开的省人大十三届一次会议和省政协十二届一次会议作准备，并就有关工作进行安排，审议通过了新修订的《中国共产党山东省委员会工作规则》，审议了《山东省新旧动能转换重大工程实施规划》《关于推进新旧动能转换重大工程的实施意见》。

1月24日至30日 省政协十二届一次会议在济南举行。大会审议并通过了有关决议和报告，选举产生了十二届政协山东省委员会常务委员会，选举付志方为省政协主席。

1月25日至2月1日 省人大十三届一次会议在济南举行。大会审议并通过了有关决议和报告，选举刘家义为山东省第十三届人民代表大会常务委员会主任，选举龚正为山东省人民政府省长，选举陈辐宽为山东省监察委员会主任。大会还选举产生了山东省出席第十三届全国人民代表大会代表。

2月3日 山东省监察委员会正式挂牌成立。省纪委监察委第一次干部大会在济南召开。省监察委员会正式挂牌成立，标志着山东省如期完成省、市、县三级监委组建挂牌，全省监察体制改革试点工作取得重要阶段性成果。

2月22日 省委、省政府在济南召开山东省全面展开新旧动能转换重大工程动员大会。会议主题是深入学习贯彻习近平新时代中国特色社会主义思想和党的十九大精神，按照省第十一次党代会和省委十一届三次全会部署，动员全省各级、各部门广大党员干部和各方力量，思想再解放、改革再深入、工作再抓实，迅速全面展开新旧动能转换重大工程，吹响山东向高质量发展的进军号，迈出经济文化强省建设新步伐。

2月至5月 按照中央部署，2月22日至5月22日，2018年中央第七巡视组巡视山东省工作。中央巡视组主要受理反映山东省级领导班子及其成员、下一级党组织领导班子主要负责人和重要岗位领导干部问题的来信来电来访，重点是关于违反政治纪律、组织纪律、廉洁纪律、群众纪律、工作纪律和生活纪律等方面的举报和反映。根据巡视工作条例规定和中央要求，本次巡视还将济南、青岛市委和市人大常委会、市政府、市政协党组主要负责人纳入巡视监督范围，并对有关重要情况进行专题了解。

3月8日 中共中央总书记、国家主席、中央军委主席习近平参加十三届全国人大一次会议山东代表团审议并发表重要讲话。习近平充分肯定党的十八大以来山东工作并要求在全面建成小康社会进程中、在社会主义现代化建设新征程中走在前列，全面开创新时代现代化强省建设新局面。9日，省委发出通知，要求全省要深入学习贯彻习近平总书记重要讲话精神，切实用讲话精神统一思想、凝聚共识，汇集各方面智慧和力量，确保习近平总书记对山东工作的重要指示要求落到实处、见到实效。

3月10日 省委印发《中共山东省委巡视工作规划（2018—2022年）》。提出每年巡视70个左右党组织，省委一届任期内完成巡视全覆盖，并“回头看”30个左右党组织。文件把“两个维护”作为巡视巡察工作的根本政治任务，强调巡视巡察工作要切实担负维护习近平总书记核心地位、维护党中央权威和集中统一领导的重大政治责任。

3月10日 省委印发《关于在全省开展“大学习、大调研、大改进”的通知》。按照通知安排，从3月开始，在全省开展“大学习、大调研、大改进”，进一步深入学习贯彻习近平新时代中国特色社会主义思想和党的十九大精神，持续推进“两学一做”学习教育常态化制度化，全面推进中央各项决策部署在山东落实落地。

3月21日 中国共产党山东省第十一届委员会第四次全体会议在济南举行。全会主题是深入学习贯彻习近平新时代中国特色社会主义思想和党的十九大精神，学习贯彻习近平总书记重要讲话和全国“两会”精神。

4月至5月 省委书记刘家义率领山东省党政代表团先后到新疆、西藏和青海调研。围绕深入贯彻落实习近平总书记关于做好对口支援新疆、西藏和青海工作一系列重要指示精神和中央有关工作会议精神，实地调研了山东援助新疆、西藏和青海的各项工作，走访慰问了山东省援助干部和专业人才，并和当地党委、政府召开工作座谈会，具体研究下一步援助措施。

5月10日 山东海洋强省建设工作会议在青岛国际会议中心举行。会议主题是深入学习贯彻习近平新时代中国特色社会主义思想，认真贯彻落实习近平总书记海洋强国战略思想和“要更加注重经略海洋”的重要指示精神，增强全省上下关心海洋、认识海洋、经略海洋的意识，树立世界眼光，坚持陆海统筹，深化改革开放，努力在发展海洋经济上走在前列，加快建设新时代海洋强省，为海洋强国建设作出山东贡献。

5月30日至31日 全省生态环境保护大会暨“四减四增”三年行动动员大会在济南召开。会议主题是深入学习贯彻习近平生态文明思想，按照全国生态环境保护大会精神，动员全省力量，以更大决心和力度，坚决打好污染防治攻坚战，深入推进“四减四增”工作，着力抓好中央环保督察整改落实，推动全省生态文明建设迈上新台阶。

6月10日 上海合作组织成员国元首理事会第十八次会议在青岛国际

会议中心举行。中国国家主席习近平主持会议并发表重要讲话。上海合作组织成员国领导人、常设机构负责人、观察员国领导人及联合国等国际组织负责人出席会议。与会各方共同回顾上海合作组织发展历程，就本组织发展现状、任务、前景深入交换意见，就重大国际和地区问题协调立场，达成了广泛共识。

6月12日至14日　中共中央总书记、国家主席、中央军委主席习近平在出席上海合作组织青岛峰会后，先后到青岛、威海、烟台、济南等地，深入科研院所、社区、党性教育基地、企业、农村，考察党的十九大精神贯彻落实和经济社会发展情况。14日下午，习近平听取了山东省委和省政府工作汇报，对山东各项工作给予肯定，要求山东深入贯彻党的十九大精神和新时代中国特色社会主义思想，坚持稳中求进工作总基调，统筹推进“五位一体”总体布局、协调推进“四个全面”战略布局，全面做好稳增长、促改革、调结构、惠民生、防风险各项工作，打好“三大攻坚战”。

6月24日　中国共产党山东省第十一届委员会第五次全体会议在济南举行。全会以习近平新时代中国特色社会主义思想为指导，深入学习习近平总书记视察山东重要讲话精神，审议通过了《中共山东省委关于深入学习贯彻习近平总书记视察山东重要讲话精神的意见》。

后　记

《波澜壮阔的历史篇章——山东改革开放40周年》系列丛书由中共山东省委宣传部组织编写。

《大事记》由省委党史研究院（省地方史志研究院）院长赵国卿组织撰写。赵国卿负责本书的总体设计和体例规范，负责组织协调和书稿的审稿、定稿工作。本书按照统一的体例要求，按照年份的先后顺序由以下同志具体撰写：郭洪云、左进峰、沈亚南、尹飞鹏、张华、秦国杰、井学法、柳晶、石晓萌、齐薇、吴秀才、潘洋。李晨玉参与了本书的统稿工作。

本书的撰写得到了省委宣传部的大力支持，得到了山东人民出版社的鼎力帮助，在此表示感谢。由于时间仓促和水平所限，书中难免存在不足之处，恳请读者批评指正。

本书编写组

2018年11月

山东省重大理论与实践问题研究课题

波澜壮阔的历史篇章
——山东改革开放40周年
党建篇

王立新 主编

山东人民出版社·济南
国家一级出版社 全国百佳图书出版单位

图书在版编目（CIP）数据

波澜壮阔的历史篇章：山东改革开放40周年 · 党建篇/王立新主编. --济南：山东人民出版社，2018.12
（波澜壮阔的历史篇章：山东改革开放40周年系列丛书）
ISBN 978-7-209-10598-9

Ⅰ. ①波… Ⅱ. ①王… Ⅲ. ①改革开放－研究－山东②中国共产党－党的建设－研究－山东 Ⅳ. ①D619.52 ②D26

中国版本图书馆CIP数据核字(2018)第273273号

波澜壮阔的历史篇章
BOLANZHUANGKUO DE LISHI PIANZHANG
——山东改革开放40周年 · 党建篇
王立新　主编

主管部门　山东出版传媒股份有限公司
出版发行　山东人民出版社
出 版 人　胡长青
社　　址　济南市英雄山路165号
邮　　编　250002
电　　话　总编室（0531）82098914
　　　　　市场部（0531）82098027
网　　址　http://www.sd-book.com.cn
印　　装　山东新华印务有限责任公司
经　　销　新华书店

规　　格　16开（169mm×239mm）
印　　张　11
字　　数　170千字
版　　次　2018年12月第1版
印　　次　2018年12月第1次
ISBN 978-7-209-10598-9
定　　价　400.00元（全九册）
如有印装质量问题，请与出版社总编室联系调换。

《波澜壮阔的历史篇章——山东改革开放40周年》系列丛书编委会

前　言

四十年的奋斗波澜壮阔，四十年的成就举世瞩目。改革开放以来，中国走过了极不平凡的光辉历程，创造了世人瞩目、彪炳史册的人间奇迹。山东作为经济大省、人口大省、文化大省，在改革开放的大潮中，始终与全国改革开放步伐一致、同频共振，始终敢闯敢试，领风气之先、立时代潮头。在党中央的坚强领导下，山东人民接续奋斗、砥砺前行，坚持以经济建设为中心，不断解放思想、改革创新，开拓进取、扎实工作，取得了经济社会发展的辉煌成就。

在纪念改革开放40周年之际，山东省委宣传部组织专家学者编写了《波澜壮阔的历史篇章——山东改革开放40周年》系列丛书，既是对山东40年改革开放历史的回顾与记录，也是对山东改革开放宝贵经验的提炼与总结。丛书具有较强的理论性、通俗性和实践性，对广大党员干部群众进一步深化对改革开放的认识，扩大开放的信心和决心，在新的历史起点上继续解放思想、坚持改革开放，进而在全面建成小康社会进程中走在前列，在社会主义现代化建设新征程中走在前列，全面开创新时代现代化强省建设新局面，具有重大的现实意义和深远的历史影响。

目　录

总 论

改革开放40年，山东发生了翻天覆地的变化，在经济、政治、文化、社会、生态文明等各方面取得辉煌的成就，这些成就都是在省委坚强领导下，认真贯彻落实中央的指示精神，坚持党的十一届三中全会以来的路线方针政策，结合山东实际不断开拓创新取得的。“办好中国的事情，关键在党。”在我们伟大事业中起决定性作用的是“党的建设新的伟大工程”。坚持党的领导，加强党的建设，使党始终成为改革开放和现代化建设的坚强领导核心，是取得辉煌成就的前提基础和根本保证。

第一章
改革开放初期山东的党建工作

从1978年12月党的十一届三中全会召开到1982年9月党的十二大召开，是我国改革开放的初期，也是我国实现伟大历史转折的时期。在这一时期，党的建设的任务是正本清源，把党的指导思想恢复到马克思主义思想路线上来，恢复到党的实事求是的优良传统和作风上来，纠正“文化大革命”的错误，清除“文化大革命”及其以前的“左”的错误思想，实现拨乱反正。结束“以阶级斗争为纲”，把全党的工作重心转移到经济建设上来，团结和带领全国各族人民进行现代化建设。在这一时期，中共山东省委认真贯彻落实党的十一届三中全会精神，实现党的工作重心的转移，开展真理标准问题大讨论的补课，加强思想建设和组织建设，纠正冤假错案。到1983年7月，山东省第四次党代会召开，完成拨乱反正，全面开创山东工作的新局面。

第一节　确定党的正确的政治路线

1978年12月18日至22日，党的十一届三中全会在北京召开。党的十一届三中全会确立了解放思想、开动脑筋、实事求是、团结一致向前看的指导方针，重新确立了马克思主义思想路线。全会确立了正确的政治路线，果断地停止使用“以阶级斗争为纲”的口号，作出了把全党的工作重点转移到社会主义现代化建设上来的战略决策。全会确立了正确的组织路线。总结和吸收党的历史经验教训，决定健全党的民主集中制，健全党规，严肃党纪。强调党中央和各级党委实行集体领导。全会增选了中央领导机构成员。增选陈云为中央政治局委员、政治局常委、中央委员会副主席，增选邓颖超、胡耀邦、王震为中央政治局委员，增补黄克诚、宋任穷、胡乔木、习仲勋、王任重等9人为中央委员。为了维护党规党纪，切实抓好党风，全会决定恢复成立中央纪律检查委员会，推选陈云为第一书记，邓颖超为第二书记，胡耀邦为第三书记，黄克诚为常务书记，王鹤寿等11人为副书记。这些人事安排从组织上保证了党的十一届三中全会确定的路线方针政策的贯彻执行。全会讨论了“文化大革命”中以及“文革”以前发生的一些重大事件，审查和解决了党的历史上一批重大冤假错案和一些重要领导人功过是非问题，解决了一批重大历史问题。全会提出了改革开放的任务，会议指出，实现四个现代化，要求大幅度地提高生产力，必须对经营管理体制和经营管理方法进行改革，在自力更生的基础上积极发展同世界各国平等互利的经济合作。党的十一届三中全会揭开了我国改革开放的序幕，开启了社会主义现代化建设的新时期，开始形成以邓小平同志为核心的党的第二代中央领导集体。

党的十一届三中全会，是新中国成立以来我党历史上具有深远意义的历史转折。这一伟大转折，使我国进入了以改革开放和社会主义现代化建设为主要任务的新的历史时期。同时，也开启了党的建设新的历史时期。

一、学习贯彻党的十一届三中全会精神

山东省委高度重视学习贯彻党的十一届三中全会精神。在十一届三中全会召开期间，山东省委组织各级领导机关的党员干部收听广播。十一届三中全会召开以后，山东省委发出通知，要求全省各级党组织，立即组织干部群众，认真学习全会公报，深刻领会十一届三中全会的精神。

各地党组织按照省委要求，组织广大党员干部群众学习公报并组织讨论和座谈。许多机关、部队、工厂、学校、商店和农村人民公社的干部群众，通过收听广播、阅读报纸学习了全会公报，了解了十一届三中全会的精神。十一届三中全会精神的宣传学习引发了广泛的社会议论，绝大多数人认为，十一届三中全会是党的历史上具有重大意义的会议，恢复了实事求是的思想路线，把全党的工作重点转移到社会主义现代化建设上来，实行改革开放等各项决议，反映了全党、全军和全国各族人民的共同心愿，并表示热烈拥护，坚决贯彻执行。

省委要求，在学习领会精神的基础上，把广大干部群众的思想和行动统一到十一届三中全会精神上来，落实到实际工作的行动中去。1979年1月，山东省委召开工作会议，学习贯彻十一届三中全会精神，研究落实工作重点转移的各项措施。提出了保证工作重点转移、加快社会主义现代化建设的六条措施：（一）各级党委的领导精力由主要抓政治运动转变为主要抓现代化建设，省、地（市）、县的一把手和党委的大多数成员，要集中力量搞经济工作；（二）抓紧揭、批、查运动的结束工作和遗留问题的处理；（三）放眼长远，狠抓当前；（四）按经济规律办事，用经济手段管理经济；（五）领导作风来一个大转变；（六）十一届三中全会精神的传达贯

彻，要一竿子插到底。春节过后，全省以县为单位，召开四级干部会议，省、地（市）领导人分别到各县参加会议，指导帮助各地召开四级干部会议，传达贯彻党的十一届三中全会精神。至2月底，十一届三中全会的精神普遍传达到基层干部和广大群众中去。

这次会议，结束了山东工作徘徊前进的局面，开始全面认真地纠正“文化大革命”中及其以前的“左”的错误，为实现全省工作重点的转移奠定了基础。

党的十一届三中全会以后，山东省委作出一系列重大决策，采取一系列措施，落实党的十一届三中全会精神，使十一届三中全会以来的路线方针政策更加深入人心。凝聚起广大人民群众进行改革开放，为实现四个现代化，为根本改变我国落后面貌，把我国建设成社会主义现代化强国而努力奋斗。

二、推进农村改革由试点到铺开

党的十一届三中全会以前，我们国家搞了30多年的人民公社体制。这种体制脱离中国农村实际，超越了生产力发展的水平，片面追求“一大二公”“一平二调”，是平均主义的“乌托邦”。在公社里，社员劳动出工不出力，干多干少都一样，干好干坏一个样，分配上实行平均主义、吃“大锅饭”，严重地挫伤了农民的生产积极性，生产效率低下，生活普遍贫困。到了1978年，我国还有约70%的人口没有解决温饱问题，其中绝大多数是农民。

僵化的体制束缚了生产力的发展，中国农民始终期盼改变这种生产方式，一旦政策松动就尝试着用什么方法来填饱肚子。就在安徽凤阳小岗大队的农民甘冒风险，18户农民“按手印”决定实行“包干到户”的时候，山东菏泽地区个别地方的农民，“偷偷地”搞起了“包干到户”“包产到户”，成为引领中国农村改革的先声。

1978年春节过后，中共菏泽地委召开常委扩大会议，会议的中心议题就是如何松动农村政策。会议结合菏泽农村当前实际，根据群众的愿望，纠正过去在执行政策上的失误，决定在尊重生产队自主权、实行按劳分配、搞好家庭副业、划分自留地、开放集市贸易、减轻农民负担等几个方面给予“松绑”。会议提出，什么政策、方法、措施最有利于生产发展，最有利于调动农民的积极性和提高农民的生活水平，就应当采用和实行。这在当时是难能可贵的，充分体现菏泽地区党组织和干部坚持实事求是的精神、敢于担当的勇气和为人民服务的情怀。会议精神传达到基层后，立刻引起强烈反响，得到广大农民的衷心拥护和热烈欢迎。全区原来禁止农民搞的种植业、养殖业、加工业，都允许农民去搞；原来关闭的农贸市场重新得到开放，允许农民个人到集市上交换和出售农副产品；把原来作为“资本主义尾巴”批判时作价收归集体的16万辆地排车，全部退还给农民；收归集体耕种的80多万亩自留地，也陆续退还给农民。农民被捆绑多年的手脚松开了，长期贫困的农村开始出现了生机。

全省率先实行“包产到户”的菏泽地区东明县，早在1978年就把10万亩撂荒地分给了农民自种自收。沙窝公社柳里大队在1978年分给农民一部分盐碱地的基础上，1979年又分给每人一亩地，包产量，包口粮。破庙公社的许多大队也把一部分地分给农民作“口粮田”，集体不再分配口粮。有的生产队又把另一部分土地定产定工包给农民作为“责任田”，定产部分交生产队由集体按工分分配，超产部分归自己。这些生产队当年都解决了口粮问题。

在聊城地区，1978年在生产队的植棉组中普遍实行了“统一经营、五定一奖、联产到组”的责任制形式，到1979年，有的地方把这种责任制变成了“统一经营，联产到劳”，少数变成了“包产到户”和“包干到户”，这些变异的形式都比植棉组的增产效果要大。

1979年3月，山东省委召开地、市委书记会议，讨论《关于落实农村经济政策若干问题的试行规定》。对农村人民公社体制、尊重基本核算单位自主权、建立生产责任制、搞好效益分配、减轻农民负担、社员自留地、家庭副业和农村集市贸易、农副产品收购、农田基本建设、农业机械化、农林牧副渔全面发展等有关经济政策的若干问题作出了具体规定。4月5日，省委将《规定》印发各地试行。同年10月，山东省委召开工作会议，正式通过了《中共山东省委关于落实农村经济政策若干问题的规定》，有力地推动了农村改革的全面铺开。

党的十一届三中全会以后，山东农村改革由试点到全面铺开，实行以“包产到户”“包干到户”为主要形式的农村生产责任制，改变过去那种干活“大呼隆”、分配吃“大锅饭”的生产方式，极大地调动了农民的生产积极性，促进了农村生产力的提高，增加了农产品产量，增加了农民收成和收入，改善了农民生活水平，很受农民欢迎。截至1982年底，全省农村424864个生产基本核算单位，实行联户计酬的达到423624个，占99.7%，其中，包干到户的有411081个，占97%。至此，以大包干为主要形式的家庭联产承包责任制在全省普遍建立起来，并趋于稳定。

三、把党的工作重心转移到经济建设上来

把党的工作重心转移到经济建设上来，是党的正确政治路线确立的重要标志。在伟大的历史转折过程中，山东省委紧跟中央战略部署，坚持十一届三中全会的政治路线，把全省的工作重心转移到经济建设上来，开始全面认真地纠正“文化大革命”中及其以前的“左”的错误，调整国民经济，促进协调发展，结束山东工作徘徊前进的局面。

为尽快实现工作重点的转移，1978年12月24日，山东省委召开常委会议，学习十一届三中全会精神，一致拥护十一届三中全会作出的一系列重大决策，坚持把全党工作重点转移到社会主义现代化建设上来。由于长期受极左思想的影响，人们观念上存在着僵化的思维定式，许多人对停止“以阶级斗争为纲”，把工作重心转移到经济建设上来的思想认识不足，思想一时转不过弯来，因而调整工作行动迟缓。为此，省委通过一系列工作推动人们思想的转变，促进工作重心的转移。

1979年4月，党中央召开中央工作会议，制定了“调整、改革、整顿、提高”的八字方针，决定用三年时间对比例严重失调的国民经济进行调整。1979年5月，山东省委召开工作会议，贯彻落实中央提出的“调整、改革、整顿、提高”八字方针，研究山东省国民经济调整的具体政策和措施。之后，全省开始着手调整“文化大革命”造成的国民经济比例严重失调的状况。调整农业内部结构，把经济作物和林、牧、副、渔搞上去；调整工业内部结构，加快轻纺、电子工业发展；调整积累和消费的比例关系，缩短基本建设战线。全省农业、工业、财贸系统相继进行了国民经济调整工作。

在城镇，开展以扩大企业自主权为主要内容的改革，工业企业改革围绕“扩权让利，搞活企业”这一中心内容逐步展开。1979年9月，根据国务院关于改革管理体制，扩大企业自主权的部署，省革委发出《关于贯彻执行国务院五个改革管理体制文件，做好扩大国营工业企业自主权试点工作的通知》。对工业企业进行扩大企业自主权试点，主要是扩大企业在产品生产、销售、试制方面的权限，允许企业自主安排部分生产和销售；改企业基金制为利润留成制；实行党委领导下的厂长负责制，建立职工代表大会制度；企业有权按国家计划自行录用职工，确定对职工的奖惩；提高固定资产的折旧率和改进折旧金使用办法等。

经过在全省58个国营工业企业中进行经营管理自主权试点工作，到年底试点工作取得了显著的经济效果。据统计，全省58个试点企业的工业总产值、实现利润总额、上缴利润分别比上年增长15.1%、24.6%和11.8%。

从1980年起，国家对财政、金融、税收等方面开始进行改革，山东积极落实相关政策，通过放权让利，调动了地方、企业、劳动生产者的积极性。

第二节　确立党的正确的思想路线

思想是行动的先导。改革开放初期，党的思想建设的重要任务就是要真正确立起解放思想、实事求是的思想路线，在党的指导思想上进行拨乱反正，实现正本清源，用马克思主义思想路线指导改革开放和现代化建设的实践。

一、开展真理标准问题大讨论的补课

1978年5月10日，中央党校内部刊物《理论动态》发表《实践是检验真理的唯一标准》一文；5月11日，《光明日报》以特约评论员名义发表该文，从而在全国范围内掀起了一场关于真理标准问题的大讨论。真理标准问题的讨论促进了人们对历史问题的反思，冲破了种种条条框框束缚，促进了人们的思想解放，成为实现伟大历史转折的思想理论先导，为党的十一届三中全会的召开作出了充分的思想准备。

党的十一届三中全会高度评价了实践是检验真理的唯一标准的讨论，批评了“两个凡是”的错误方针。邓小平在《解放思想，实事求是，团结一致向前看》的讲话中旗帜鲜明地提出，解放思想是当前的一个重大政治问题：“一个党，一个国家，一个民族，如果一切从本本出发，思想僵化，迷信盛行，那它就不能前进，它的生机就停止了，就要亡党亡国。只有解放思想，坚持实事求是，一切从实际出发，理论联系实际，我们的社会主义现代化建设才能顺利进行，我们党的马列主义、毛泽东思想的理论也才能顺利发展。”①

由于党内“左”的思想长期占统治地位，而全党的马列主义水平不高，因此有相当一部分人头脑中仍然存在“现代迷信”“个人崇拜”的思想意识，在各级干部中都有相当一部分人坚持“两个凡是”的错误观点。思想处于僵化和半僵化状态，极左思潮的流毒远远没有肃清，对于彻底否定

① 邓小平：《解放思想，实事求是，团结一致向前看》（1978年12月13日），《邓小平文选》第二卷，人民出版社1994年版，第143页。

“文化大革命”的认识不足，真理标准问题大讨论开展得不够充分，山东的解放思想的任务远远没有完成。

1979年7月，邓小平视察山东时指出：“真理标准问题的讨论，越看越重要，越看意义越大”，“这个问题山东没有解决好，要好好解决。”又指出：“不解决思想路线问题，不解放思想，正确的政治路线就制定不出来，制定了也贯彻不下去。”邓小平要求山东省委对实践是检验真理的唯一标准问题的讨论要进行补课，要重新学习党的十一届三中全会文件，端正思想路线。①

根据邓小平同志关于对真理标准问题的讨论要进行补课、进一步端正思想路线的重要指示，山东省委认真研究部署了在全省继续深入开展真理标准问题的学习和讨论的工作。1979年8月2日至5日，省委在烟台召开地、市委书记会议，传达邓小平的重要讲话精神，特别是认真讨论了邓小平关于对真理标准问题的讨论要进行补课，进一步端正思想路线的重要指示。会议指出，山东省前段时间对真理标准问题讨论得不够认真，不够得力，开展得不够广泛深入，思想路线问题没有解决好。当前，衡量思想路线是否对头，主要是看对党的十一届三中全会确定的路线、方针和政策持什么态度。会议强调，深入开展真理标准问题的学习讨论是正确理解和自觉贯彻执行党的十一届三中全会精神的重要保证，要求各级党政领导机关、各部门、各基层单位都要重新学习十一届三中全会文件，继续开展真理标准问题的讨论，重点是在职干部，特别是县以上领导干

① 中共山东省委党史研究室编：《中共山东历史大事记（1978年12月至2002年6月）》，中共党史出版社2004年版，第24页。

部更要学习好、讨论好。要把真理标准问题的讨论同学习马克思主义基本原理，同解决党内外现实思想问题，同深入批评林彪、“四人帮”极左路线，同总结经验教训，同大兴调查研究之风、研究和解决“四化”建设的新情况、新问题结合起来，进一步解放思想，端正思想路线，把全党及广大干部群众的思想统一到十一届三中全会的精神上来，团结一致搞好四个现代化建设。会后，全省迅速掀起了真理标准问题大讨论补课的热潮。

从1979年8月2日到10月5日，山东省委机关报《大众日报》连续发表了5篇评论员文章，把真理标准问题的讨论引向深入。到9月上旬，全省地、县两级举办997期训练班，培训骨干12.3万多人，确定了285个试点单位和重点单位，继续开展真理标准问题大讨论，重点是在职干部，特别是县以上领导干部，真正把思想转变到党的十一届三中全会精神上来。通过这次真理标准问题大讨论的补课，为以后山东在各项工作中能够坚持解放思想、实事求是，加快改革开放和经济发展步伐，打下了坚实的思想基础。

二、在指导思想上完成拨乱反正

1979年3月，受党中央委托，邓小平在党的理论工作务虚会上，作了题为《坚持四项基本原则》的讲话，指出：“我们要在中国实现四个现代化，必须在思想上政治上坚持四项基本原则，这是实现四个现代化的根本前提。第一，必须坚持社会主义道路；第二，必须坚持无产阶级专政；第三，必须坚持共产党的领导；第四，必须坚持马列主义、毛泽东思想。如果动摇了这四项基本原则中的任何一项，那就动摇了整个社会主义事业，整个现代化建设事业。”[①]四项基本原则的提出，对于澄清模糊认识，保证改革的正确方向，对于防止和纠正否定党的领导的右倾错误起到了重要警示作用。四项基本原则成为党在社会主义初级阶段基本路线的两个重要基本点之一。

山东省委认真学习传达邓小平讲话和中央理论工作务虚会精神，针对社会上和党内出现的一些思想动向，开展两个方面的思想斗争，既要肃清林彪、“四人帮”的流毒，纠正“左”的错误思想，又要防止和纠正右的错误倾向，反对资产阶级自由化。强调要加强坚持四项基本原则的宣传教育，对资产阶级自由化思潮及其影响要引起足够的重视，对于那种脱离社会主义方向、脱离党的领导的资产阶级自由化思潮，要进行严肃正确批评和恰当的斗争。要求各级党委要理直气壮地同各种错误倾向作斗争，特别是要克服自由化倾向。

1980年12月，省委在济南召开思想政治工作会议，传达贯彻全国思想政治工作座谈会议精神。会议针对干部群众中存在的一些思想问题，如对当前形势，对党的路线方针政策，对党的领导和社会主义制度，以及对历史问题的评价等方面存在模糊认识；针对不少地方、单位存在着思想政治工作严重削弱等问题，提出在新的历史时期，各级党委的主要任务是抓好思想政治工作。要求各级党委要把思想政治工作列入重要日程，第一把手亲自抓思想政治工作，要建设一支稳定而有力的思想政治工作队伍，要坚持疏导的方针，把各种不正确的思想引向正确的轨道。

---

① 邓小平：《坚持四项基本原则》（1979年3月30日），《邓小平文选》第二卷，人民出版社1994年版，第164、173页。

1981年6月，党的十一届六中全会审议通过了《关于建国以来党的若干历史问题的决议》。《决议》对建国以来党的重大历史问题，特别是对“文化大革命”作出了正确总结，从根本上否定了“文化大革命”关于“无产阶级专政下继续革命”的错误理论，对一些重大历史事件和重要历史人物作出了实事求是的评价，对党的一些历史问题作出了科学的正确的回答，科学总结了新中国成立以来社会主义革命和社会主义建设的历史经验。《决议》实事求是地评价了毛泽东在中国革命中的历史地位，充分论述了毛泽东思想的科学内涵，把毛泽东思想与毛泽东晚年的错误区分开来，从而分清了是非，纠正了当时存在着的“左”的和右的错误观点。《决议》肯定了党的十一届三中全会以来的路线方针政策。《决议》的通过，对于统一全党全国人民的思想，维护全党团结和全国人民的团结，起到重要作用。标志着党在指导思想上拨乱反正任务的完成。

1981年7月15日至25日，山东省委召开三届八次会议，传达贯彻党的十一届六中全会精神。7月16日，省委发出通知，要求全省各地认真组织广大党员干部学习《关于建国以来党的若干历史问题的决议》，深刻领会其精神实质，正确吸收历史经验。通过对《决议》的学习，结合前期进行的真理标准问题大讨论的补课，广大党员干部开始冲破思想理论上的“禁区”，思想进一步解放。一是重新认识一些重大的是非问题。认识到在社会主义制度建立以后，社会主要矛盾不再是无产阶级与资产阶级的矛盾，而是人民日益增长的物质文化需要同落后的社会生产之间的矛盾。没有必要进行大规模的阶级斗争，社会主义社会的根本任务是解放和发展生产力。党的十一届三中全会果断停止“以阶级斗争为纲”的口号，废弃所谓“无产阶级专政下继续革命”的错误理论，把工作重点转移到经济建设上来，符合社会主义发展规律，符合人民的根本愿望。二是冲破了思想禁锢，把思想观念从长期存在的“个人崇拜”和“现代迷信”囹圄中解放出来，科学地认识到毛泽东的历史功绩及毛泽东思想的历史地位，认识到毛泽东思想是马克思列宁主义的基本原理同中国革命的具体实践相结合的产物，是全党集体智慧的结晶，是关于中国革命和建设的正确的理论原则和经验总结，毛泽东晚年的错误不属于毛泽东思想，从而划清了毛泽东思想与毛泽东晚年错误的界限。经过“补课”和学习《决议》，广大党员干部在思想上进行了一次拨乱反正，确立起一切从实际出发、理论联系实际、实事求是的思想路线。党的十一届三中全会精神日趋深入人心，增强了广大党员干部贯彻党的路线方针政策的自觉性，有利于调动各方面的积极因素，把力量凝聚到社会主义现代化建设上来，为以后山东在各项工作中加快改革开放和经济发展步伐，打下了坚实的思想基础。

第三节　确立党的正确的组织路线

山东省委在党的十一届三中全会精神的指导下，贯彻正确的组织路线，全面落实各项政策，处理历史遗留问题，清理干部队伍，加强组织建设。1980年1月31日至2月4日，山东省委召开地、市委书记会议，学习了邓小平《目前形势和任务》的报告，并根据报告精神，结合山东实际，提出了要着重解决的四个问题：一是对广大干部群众进行形势教育，提高认识、统一思想、正视困难、坚定信心；二是真正解决好以经济建设为中心的问题，加快山东经济建设的步伐；三是坚定不移、贯彻四项基本原则，不断排除“左”的和右的干扰，清除影响安定团结的因素；四是坚持和改善党的领导，整顿和加强党的组织建设和作风建设。

一、清理整顿干部队伍

“文化大革命”结束后，一些帮派思想严重的人以及一些政治品质不好的投机钻营分子，仍然存在于干部队伍之中，有的还窃据领导岗位，这些人抵触党的十一届三中全会以来的路线方针政策，反对改革开放，是党和国家的政治隐患，必须清理出去。党的十一届三中全会以后，根据中央的指示精神，从1979年开始，山东党组织对各级领导班子进行了清理整顿。重点清理了“三种人”，即跟随林彪、江青反革命集团造反起家的人，帮派思想严重的人，打砸抢分子。同时，清除反对党的十一届三中全会以来路线方针政策的人以及投机钻营、政治品质不好的人。

1980年9月18日，省委批转省委组织部《关于进一步调整好领导班子的意见》。《意见》根据省委6月召开的地、市委书记会议的要求和前一段工作进展情况，对调整领导班子的有关问题提出了进一步要求。对“三种人”和反对党的路线方针政策，严重违法违纪，投机钻营、政治品质不好的人，要特别警惕，绝不允许他们混进领导班子，已经在领导岗位的，必须坚决撤下去。

二、按照“四化”方针培养接班人

随着党和国家工作重点的转移以及现代化建设的推进，干部队伍文化水平低、业务能力差、普遍老化的状况，越来越难以适应改革开放和现代化建设的要求。在总结党的组织建设的历史经验的基础上，根据新时期党的建设的需要和干部队伍的状况，党中央提出了党在新时期干部队伍建设的“四化”，即“革命化、年轻化、知识化、专业化”的方针，用以指导各级领导班子和干部队伍建设。

1979年7月，邓小平在视察山东时也指出，思想路线、政治路线的实现要靠组织路线来保证。“组织路线最根本的是选择、培养接班人”，“要从上到下，有意识地选一点比较年轻的人，真正坚持我们现在思想路线和政治路线的人，正派的人，党性强的人。”①

为贯彻落实党的十一届五中全会精神和中央组织部召开的选拔优秀中青年干部工作座谈会精神，1980年6月6日至11日，省委召开地、市委书记会议，研究部署选拔优秀中青年干部，调整领导班子问题。不久，省委又召开了选拔优秀中青年干部、调整领导班子的地、市委书记会议。会议专门讨论了《关于抓紧做好选拔中青年干部工作的三年规划》《关于在部分大专院校开展培训优秀中青年干部的意见》等文件。会议认为，选拔一大批年富力强、具有专业知识和能力的优秀人才进入各级领导班子是一项迫在眉睫的战略任务。会议确定，在部分大专院校开设干部培训班，重点培养35岁左右、有高中文化程度、有一定实践经验的优秀中青年干部，和40岁左右、现职地县级的领导骨干以及有培养前途的干部。对他们分别培训两年，达到大专文化程度。根据省委要求，全省择优录取了611名中青年干部，进入省委党校、山东大学等大专院校开设的干部专修科学习。

为了使干部队伍革命化、年轻化、知识化、专业化，1980年6月20日，省委常委会作出决定，率先在全国采取有力措施系统培训干部。在省委党

① 中共山东省委党史研究室编：《中共山东历史大事记（1978年12月至2002年6月）》，中共党史出版社2004年版，第24页。

校、山东大学、山东农学院、山东工学院、山东经济学院、山东师范学院、曲阜师范学院、山东农业机械化学院和山东农林干校等九所高等院校举办干部专修科。

1980年7月，省委组织部制定《关于全省1980年至1983年干部培训规划》。按照中央提出的三五年内干部轮训一遍的要求，将全省88万名干部分批轮训一遍。

随着中青年干部培养工作的进行，逐步建立健全了干部选举、招考、任免、考核、弹劾、轮换、职务任期以及离退休等制度，有力地推进了干部制度的改革，初步形成了优秀人才能够脱颖而出、富有生机与活力的用人机制。与此同时，还努力完善党内监督制度，积极推进党内监督同法律监督、群众监督、舆论监督以及民主党派和无党派人士的监督相结合，初步形成了有效的权力制约机制，促进了党内生活的民主化。

三、贯彻落实《关于党内政治生活的若干准则》

1980年2月，党的十一届五中全会通过了《关于党内政治生活的若干准则》，这是党内政治生活的一件大事。《准则》既概括了历史上处理党内关系和整顿党风的经验，又提出了当时体现时代特征的党的建设的任务和要求，对于解决党的建设中各项重要问题具有重要理论意义和实践意义。《准则》作为地位仅次于党章的重要法规，对于规范党组织集体和党员个人政治生活具有重要作用。《准则》强调：坚持党的政治路线和思想路线是党内政治生活中最根本的一条；坚持集体领导是党的领导的最高原则之一；每个党员要把维护党的集中统一，严格遵守党的纪律作为自己言论和行动的准则；要发扬党内民主，保障党员的权利不受侵犯。《准则》的制定和实施，在当时的历史条件下，对于提高党员干部的思想政治水平，增强党性，加强党的建设具有重大意义。

山东省委认真贯彻落实《准则》。1980年3月，省委三届六次全会贯彻落实党的十一届五中全会的有关决议和精神。省委对学习贯彻《准则》提出指导性意见。随后，省委批转了省委组织部、宣传部、纪委联合制定的《关于搞好党员教育的意见》。根据省委的部署，全省各级党组织通过举办党校、业余党校培训班等多种形式，对广大党员进行《准则》教育的培训。8月，组织部召开全省党的基层组织工作交流会，要求严格执行《准则》的要求，抵制和纠正不正之风。12月，省纪委召开学习贯彻《关于党内政治生活的若干准则》座谈会，研究进一步严肃党纪党风、坚决纠正党内不正之风问题，提出了端正党风的要求和措施。要求对群众意见强烈，对"四化"建设影响最大的问题坚决刹住，党群关系有了明显的改善。进一步整顿好领导班子，保证党的路线方针政策的贯彻执行。建立健全民主集中制，使党内政治生活正常化，增强抵制不正之风的能力。全省各级党组织贯彻落实《准则》取得显著成绩。

四、酝酿政治体制改革

1980年8月18日至23日，中共中央政治局召开扩大会议，讨论党和国家领导制度改革问题。在会上，邓小平作了《党和国家领导制度的改革》的重要讲话。讲话指出，在我们党和国家现行的一些具体制度中还存在不少弊端，主要是官僚主义、权力过分集中、家长制、干部领导职务终身制和形形色色的特权现象。妨碍甚至严重妨碍社会主义优越性的发挥。如不认真改革，就很难适应社会主义现代化建设的迫切需要，我们就会严重地脱离广大群众。如不认真改革，就不能适应党和国家政治生活民主化的需要，还可能发生“文化大革命”那样严重的问题。制度是更带有根本性、全局性、稳定性和长期性的。改革党和国家领导制度，不是要削弱党的领导，涣散党的纪律，而正是为了坚持和加强党的领导，坚持和加强党的纪律。这是在党的十一届五中全会酝酿党和国家领导制度改革之后，正式提出政治体制改革问题。

省委要求各地深刻领会讲话精神，切实把传达落实邓小平的重要讲话作为一件大事来抓。随后，党和国家又制定了一些规定，通过了一些法律，逐步健全党的各级代表大会制度、党内选举制度、党的组织生活制度以及集体领导和个人分工负责相结合的制度等，以贯彻实行党的民主集中制，实行依法治国。山东省按照中央部署，进行了政治体制改革的理论探讨和实践探索。

五、成立省委纪律检查委员会

党的十一届三中全会决定恢复党的纪律检查制度，成立了中央纪律检查委员会，推选陈云为第一书记，邓颖超为第二书记，胡耀邦为第三书记，黄克诚为常务书记，王鹤寿等11人为副书记，并选举了中央纪律检查委员会的常务委员和委员。

1979年3月7日，省委发出《关于成立省委纪律检查委员会的通知》，决定成立省委纪律检查委员会，省委书记苏毅然兼任第一书记，赛风任常务书记。同日，省委就成立党的各级纪律检查委员会问题发出通知：各地（市）、县（市、区）委成立纪委，各公社设专职纪律检查干部，省直属各大企业、县以上厂矿企业和高等学校均成立纪委。

1979年6月13日至24日，全省纪律检查工作会议召开，这是山东党的纪律检查机构重新建立以来召开的第一次重要会议。会议传达贯彻中央纪委第一次全体会议精神，总结省纪委成立以来纪律检查工作情况，部署今后纪律检查工作的任务。这次会议的召开对于推动全省纪律检查工作的开展起到重要的推动作用。到10月底，全省各地（市）、县（市、区）委普遍建立了纪律检查委员会。至此，三级党委纪律检查委员会先后成立，90%以上的人民公社配备了专职纪检干部。

六、全面落实各项政策，纠正冤假错案

由于各种原因，山东曾出现过许多冤假错案，许多老同志受到错误的批判、处分甚至迫害。“文化大革命”结束后，山东省对“文化大革命”期间发生的一批重大案件进行了复查，开始了局部平反。但由于种种原因，山东的平反冤假错案工作总体进展缓慢。党的十一届三中全会以后，平反工作加快。特别是1983年7月召开的省第四次党代会，有力推动了平反冤假错案工作的深入开展。

根据党的十一届三中全会精神，1979年1月，省委决定撤销“省委处理专案问题领导小组”，今后凡属于外部问题的案件，由政法部门负责审理；属于内部问题的案件由省委纪律检查委员会负责审理。

中共中央于1979年1月17日批复中共山东省委《关于解决“二·三夺权”问题的请示报告》，郑重宣告1967年2月3日山东造反派夺权是反革命夺权，应予全盘否定。“文化大革命”前的山东省委、省人委的工作成绩是主要的，山东各级党组织和广大党员、干部，绝大多数是好的和比较好的。这为彻底否定山东“文革”，平反冤假错案，解放干部，落实政策，

开始拨乱反正奠定了坚实基础。

1979年2月，省委批转省委组织部《关于清理“文化大革命”中形成的干部档案材料的几点意见》。《意见》指出，在“文化大革命”中形成的干部档案材料，存在许多不实事求是、无限上纲和污蔑不实之词，不能正确地反映干部真实面貌，必须进行认真清理。

针对“文化大革命”中被错判的反革命案件、刑事案件进行复查平反。截至1978年11月底，全省共排查出“三类案件”2543起。

全省“文化大革命”中形成的各类干部案件共24.5万起，全部进行复查，其中立案审查的脱产干部案件68000余起，经复查平反纠正的55000余起，约占81%；受审查的农村城镇基层党员干部案件76000余起，复查后平反的69900余起，占91%以上；被批斗罢官的脱产干部共10万余人，全部给予平反，恢复名誉，并妥善处理善后工作。

对“文化大革命”前的有关案件以及其他历史遗留问题进行平反。例如，对1959年“反右倾”斗争和四清运动中形成的案件进行了复查。此外，还对抗日战争时期湖西“肃托事件”历史冤案中被错杀和错误处理的人员进行了平反。

到1984年底，全省落实政策工作基本完成。在落实干部政策方面，对全省“文化大革命”中形成的各类干部案件24.5万起全部进行复查。全省被列入复查范围的“文化大革命”以前历史案件6.3万起，也全部复查结案。其间，全省解决了30万人的历史遗留问题。在落实知识分子政策方面，自1957年以来，知识分子是历次政治运动中受冲击的主要对象，形成了许多冤假错案。十一届三中全会以后，全省有51248起冤假错案得到平反纠正，并对停、减发的工资，被查抄的财物，被挤占的私房进行补发和清退。为知识分子恢复或调整工作，改善工作条件和生活条件，极大地调动了广大知识分子的积极性。

自1978年4月以后，全省原划为“右派”34800余人，改正34365人，占总数的98.80%。1984年3月，省纪委、省委统战部、省委组织部联合发出《关于解决错划右派改正结论中“尾巴”问题的通知》。《通知》指出，自贯彻中央1978年55号文件以来，全省原划“右派”绝大部分得到改正，效果很好。但由于受“左”的思想影响，在错划“右派”改正结论中，有的或多或少留有一些“尾巴”。《通知》要求，各级党组织要对错划“右派”改正结论进行一次认真复查，凡是在改正结论中留有“尾巴”的都要坚决去掉，使他们放下包袱，积极投入到“四化”建设中去。

历史冤假错案的平反，各项政策的落实，化解了一些社会矛盾，团结一切可以团结的力量，调动起广大人民群众的积极性，凝聚成建设“四个现代化”的社会力量。

第二章
全面改革开放时期山东的党建工作

从中共山东省第四次代表大会开始，山东进入全面改革开放时期。党的建设的主要任务是要加强党的建设，保证各级党组织在改革开放中的坚强领导核心地位，推动改革开放全面铺开。反对来自“左”的和右的各种错误思潮的侵蚀，坚定不移地推进改革开放，保证中国事业沿着中国特色社会主义方向前进。

第一节　山东改革开放的全面展开

1982年9月，党的十二次全国代表大会召开。邓小平在开幕词中指出：“把马克思主义的普遍真理同我国具体实际结合起来，走自己的道路，建设有中国特色的社会主义，这就是我们总结长期经验得出的基本结论。”①

① 邓小平：《中国共产党第十二次全国代表大会开幕词》（1982年9月1日），《邓小平文选》第三卷，人民出版社1993年版，第2—3页。

大会明确提出了“建设有中国特色的社会主义”的重大命题，从而回答了人们最为关切的道路方向问题，成为新时期改革开放和现代化建设的伟大旗帜。

大会提出了党在新时期的总任务是：团结全国各族人民，自力更生，艰苦奋斗，逐步实行工业、农业、国防和科学技术现代化，把我国建设成为高度文明、高度民主的社会主义国家。围绕总任务，大会确定从1981年到2000年实现工农业生产总值翻两番，使人民生活达到小康水平的奋斗目标。

党的十二大提出把党建设成为领导社会主义现代化事业的坚强核心作为当前党的建设的任务和目标。标志着我党拨乱反正任务全面完成，开启了全面现代化建设的新局面。

山东省委认真学习贯彻党的十二大精神，1982年9月中旬，省委发出《关于学习、宣传十二大文件的通知》，对学习宣传十二大文件作出部署。要求各级党组织把学习、宣传、贯彻十二大文件当作头等大事切实抓紧抓好，动员广大党员、干部、群众迅速掀起学习、宣传十二大文件的热潮。20日，省委召开了由省直各部门处以上干部和省军区机关团以上干部共6500多人参加的十二大文件宣讲大会。大会号召广大党员干部认真学习、深刻领会十二大文件精神，统一思想认识，沿着十二大指引的方向，为全面开创社会主义现代化建设新局面努力奋斗。10月15日至24日，省委召开三届九次全委扩大会议，就如何把学习贯彻党的十二大精神引向深入，全面开创山东社会主义建设新局面，实现十二大提出的战略目标等问题，进行了充分的研究和部署，并对抓好基层党组织建设和整顿提出了具体措施和要求。

一、中共山东省第四次代表大会召开

1983年7月，中共山东省第四次代表大会召开。这是进入改革开放新时期山东省召开的第一次党的代表大会。由于在“文化大革命”期间党的政治生活不正常，山东省已经有12年没有召开过全省党的代表大会。大会对山东省第三次党代会以来12年的工作进行了系统回顾，实事求是地总结了正反两方面的经验教训。提出：（一）坚持一切从实际出发，理论联系实际，实事求是，在实践中检验和发展真理的思想路线。（二）坚持正确的组织路线，是实现正确的思想路线、政治路线的重要保证。必须十分注重按照干部革命化、年轻化、知识化和专业化的要求选配好各级领导班子。（三）发扬党内民主，坚持民主集中制，是实行正确领导，做好工作，不犯错误或少犯错误所必须遵循的根本组织原则。（四）提高党性觉悟，坚持同中央保持政治上的一致，是各项事业取得胜利的根本保证。

中共山东省第四次代表大会，对“文革”期间山东省委所犯的错误进行总结，对十一届三中全会以来取得的成绩给予肯定。大会认为，党的十一届三中全会以来，全省各级党组织和广大干部群众贯彻落实十一届三中全会精神，纠正“左”倾错误，抓经济建设，做了大量工作，取得了显著成绩。学习贯彻党的十一届三中全会、六中全会和十二大文件，逐步解放思想，端正思想路线。平反冤假错案，落实党的政策。清除了混进领导班子的“三种人”，整顿调整了各级领导班子。贯彻国民经济调整、改革、整顿、提高的方针，推进多种形式的生产（经营）承包责任制。加强了教育科学文化工作，推动精神文明建设及民主与法制建设，开展社会治安的综合治理和打击严重刑事犯罪活动。贯彻党内政治生活准则，对党组织进行了初步整顿。

大会选举产生了中共山东省第四届委员会、中共山东省顾问委员会、中共山东省纪律检查委员会，实现了领导班子的新老交替。这次党代会的胜利召开，标志着山东省在新时期伟大历史性转变的实现，开启了山东经济社会发展和改革开放的新的历史时期。

二、以城市为重点的经济体制改革全面展开

1984年10月，党的十二届三中全会通过了《中共中央关于经济体制改革的决定》，明确提出进一步贯彻执行对内搞活经济、对外实行开放的方针，提出社会主义经济是公有制基础上的有计划的商品经济；加快以城市为重点的整个经济体制改革的步伐。改革的基本任务是建立起具有中国特色的、充满生机和活力的社会主义经济体制，促进社会生产力的发展。经济体制改革的中心环节是增强企业活力，建立自觉运用价值规律的计划体制，发展社会主义商品经济，建立合理的价格体系，建立多种形式的经济责任制，发展多种经济形式，认真贯彻按劳分配原则。此后，把改革的重点从农村转移到城市，以城市为重点的经济体制改革全面展开。

中共山东省委认真贯彻落实中央《决定》，1984年10月26日，省委发出通知，要求各级党组织认真组织干部、党员、群众学习和贯彻党的十二届三中全会精神。11月6日至11日，省委召开有地、市委书记和省直有关部门负责人参加的常委扩大会议，传达、学习党的十二届三中全会精神。会议提出：当前首要的任务是认真学习和掌握党的十二届三中全会文件，把全党各级领导干部的思想统一到党中央的指示上来，坚持实事求是，进一步解放思想，搞好以城市为重点的整个经济体制改革。会后，省委、省

政府和省直各部门特别是经济部门的负责人深入各地区、各部门，调查研究，倾听基层的意见，总结经验教训，讨论制定山东经济体制改革的初步方案。1984年12月，召开了省委四届四次会议，学习贯彻《中共中央关于经济体制改革的决定》，讨论通过了《山东省1985年经济体制改革试行方案》，对全省的改革开放作出新的部署。改革应以搞活企业特别是大中型企业为重点，简政放权，实行厂长负责制，推行以承包为主要形式的经济责任制，推进横向经济联合，进行劳动工资制度改革，进一步完善市场体系，开展城市综合经济体制改革。《方案》要求全面推行扩大企业自主权和承包责任制改革，同时进行私有制结构、分配制度、企业运行机制、劳动制度、价格体系、金融体制、外贸体制、计划体制和宏观调控体制等改革，标志着山东城市经济体制改革全面启动，改革的重心由农村转移到城市。从此，山东进入了经济体制改革的新时期。

第二节　开展全面整党

用整风的方式进行党的建设，是中国共产党的成功经验。自延安整风运动以来，每到一个重大历史关头，每当遇到伟大历史转折，我们党总是通过整风的方式加强党的建设，统一思想，整顿党风，加强纪律，凝聚力量。面临大规模的改革开放和现代化建设事业的开展，党组织和党员都需要在思想、组织、作风、纪律、党性等各方面有一个较大的提高。为解决党内存在的突出问题，需要在思想、作风、组织等各方面进行全面、系统的整顿。

一、中央部署全面整党

根据党的十二大作出的战略部署，中央决定在全党展开全面的整党。1983年10月，党的十二届二中全会在北京召开。全会通过了《中共中央关于整党的决定》。

《决定》认为，在新的历史条件下，资本主义腐朽思想和封建主义残余思想的影响和侵蚀有所增加。党内仍然存在许多严重的问题。有些党员对拨乱反正的伟大意义缺乏认识，还没有站到马克思主义路线的立场上来，有些党员对社会主义制度的基本原则和优越性、共产主义的光明前途认识模糊，思想混乱。在思想战线上，有些党员对违反马克思主义和社会主义的思想熟视无睹，有的甚至公然传播这些思想。有些党员和党员干部个人主义严重，甚至恶性膨胀，为谋求个人和小团体的利益，不惜采取各种手段损害国家和人民的利益，走上犯罪道路。有些党员和党员干部组织观念淡薄，纪律松弛，精神不振，无所作为，不起先锋模范作用。有些党组织软弱涣散，甚至处于瘫痪状态，丧失战斗堡垒作用。在党内，“三种人”还没有得到完全清理。这种思想、作风、组织上的严重不纯，对党的危害极大，必须坚决有效地加以整顿。同时，我们党面临着进行社会主义现代化建设这一光荣而艰巨的历史任务。社会主义事业必须有共产党的坚强领导。中央早已指出，必须坚持党的领导，也必须改善党的领导。现在，我们党除了存在着上述思想、作风、组织上的严重不纯以外，还在许多方面同我们所面临的新形势和新任务不相适应。

中央决定从1983的冬季开始全面整党。从延安整风运动以后，整党是我们党加强自身建设，提高党员思想政治素质和领导能力的重要措施。

《决定》提出了这次整党的总目的和要求，就是要在马克思列宁主义、毛泽东思想的指导下，依靠全党同志的革命自觉性，正确运用批评和自我批评的锐利武器，执行党的纪律，揭露和解决党内存在的思想、作风和组织严重不纯的问题，实现党风的根本好转，提高全党的思想水平和工作水平，更加密切党和人民群众的联系，努力把党建设成为领导社会主义现代化事业的坚强核心。

二、山东全面整党任务的完成

1983年11月2日至7日，山东省委召开四届二次全体会议，学习贯彻党的十二届二中全会精神和邓小平、陈云的重要讲话，讨论研究如何贯彻中央关于整党的决定和关于清除精神污染的指示。会议审议通过了《中共山东省委关于整党的方案》，全面部署整党工作。确定全省的整党工作从本年冬季开始，自上而下、分期分批地进行。会议要求全省各级党组织都要坚决贯彻执行中央的整党决定，紧密联系实际，在整党中着重解决好在思想上政治上同党中央保持一致的问题；纠正以权谋私，克服官僚主义的问题；加强纪律性，改变软弱涣散的问题；纯洁组织的问题。会议还讨论了省委关于反对精神污染的意见。

这次整党从1983年12月初开始，从省到基层分两期五批自上而下进行。每批整党的内容各有侧重，经过学习文件、对照检查、集中整改、组织处理和党员登记四个步骤进行。

按照“统一思想、整顿作风、加强纪律、纯洁组织”的任务目标进行整顿。统一思想，就是进一步实现全党思想上政治上的高度一致，纠正一切违反四项基本原则、违反十一届三中全会以来党的路线的“左”的和右的错误倾向；整顿作风，就是发扬全心全意为人民服务的革命精神，纠正各种利用职权谋取私利的行为，反对对党对人民不负责任的官僚主义；加强纪律，就是坚持民主集中制的组织原则，保持党的严格的组织纪律性，反对无组织无纪律的家长制、派性、无政府主义、自由主义，改变党组织的软弱涣散状况；纯洁组织，就是按照党章规定，把坚持反对党、危害党的分子清理出来，开除出党。《决定》指出，“三种人”如不进行彻底清理，就会成为党的严重隐患。纯洁组织是这次整党的一个重要目的。清理“三种人”，是纯洁组织的关键问题。

整党按照自上而下、分期分批的原则，重点检查整顿是否坚定不移地贯彻执行党的路线方针政策，自觉克服“左”和右的错误倾向，在思想上政治上同党中央保持高度一致；是否反对官僚主义、个人主义，自觉纠正以权谋私等不正之风，牢固树立全心全意为人民服务的观点。检查整顿是否坚持民主集中制原则，克服和反对无组织无纪律的家长制、派性、无政府主义和自由化倾向，增强党性观念。检查清理“三种人”。

整党主要采取党员集中学习、开展批评与自我批评的方法，提高党员觉悟，解决党组织和党员存在的问题。每个单位党组织的整顿，采取自上而下，先领导班子、领导干部，后党员群众，党的各级领导干部特别是高级干部做到以身作则。每个党组织的领导干部，都要以普通党员的身份积极参加整党，严格剖析自己，勇于对自己的缺点、错误进行诚恳的、深刻的、实事求是的自我批评，并且勇于对其他领导干部的缺点、错误采取同样的态度进行批评。为了防止走过场，确保整党达到预期效果，加强了学习宣传，层层建立整党机构，加强对整党工作的领导和具体指导。选派整党联络员、巡视员，协助各级党组织了解情况，掌握政策，督促检查，指导宣传，及时解决问题，及时总结经验。在整党过程中，省地县领导调整工作取得了显著成效。截至1983年底，省级领导班子的调整工作基本完成；省属部委厅局和地级市领导班子的调整于1983年底基本结束。调整后的新班子人数减少，平均年龄下降，文化程度提高，向革命化、年轻化、知识化、专业化前进了一大步。

1985年4月底，全省第一期整党工作基本结束。参加第一期整党的有省委常委等6个省级领导班子和省直117个单位，共有党员1.45万名。第一期整党主要解决了以下几个问题：（一）进一步端正业务工作指导思想，提高了同党中央保持一致的自觉性，坚定了实现党的总任务、总目标，建设有中国特色社会主义的决心和信心；（二）深入进行彻底否定“文化大革命”的教育，促进了团结；（三）认真整顿了党风，提高了党员的党性觉悟；（四）认真进行了核查“三种人”的工作，纯洁了党的组织；（五）加强了领导班子和第三梯队的建设。

在第一期整党取得成效之时，按照中央的要求，省委积极安排部署第二期整党工作。省委传达了中纪委近期召开的全国第二期整党会议精神，要求贯彻落实中央的指示，进一步搞好整党工作。省领导指出，扎扎实实落实中央指示，把刹住新的不正之风，增强党性，加强纪律性，作为第二期整党的重点和突破口来抓，通过整党，为改革制造良好的政治条件和社会环境，促进和保证改革的顺利进行。

这次整党历时三年四个月，到1987年3月底，山东的整党工作基本结束，全省共有320万名党员参加。经过整党，广大党员特别是党的干部加深了对党的十一届三中全会以来路线方针政策的理解，提高了在思想上政治上行动上同党中央保持一致的自觉性；各地查处了一批党员干部严重违法乱纪的案件；各地党组织通过认真清理“文化大革命”时期的“三种人”，使党的组织进一步纯洁；基本上实现统一思想、整顿作风、加强纪律、纯洁组织的目标，为新时期党的建设创造和积累了成功经验。但是，全省整党工作发展不平衡，有的单位敷衍了事，“认认真真”地走了过场，没有全面完成整党的任务。

第三节　配合整党加强党的各项建设

在进行整党的同时，山东各级党组织注重思想、作风和组织建设。在思想教育方面，加强对党员的经常性教育，在基层组织中开展争先创优党支部和优秀党员活动。在组织建设方面，坚持将培养选拔年轻干部作为一项战略任务，按照干部“四化”标准调整配备党的领导班子。在作风建设方面，把恢复发扬党的优良传统，纠正不良倾向和不正之风，密切党群关系作为重要任务，深入持久地对党员进行党风党纪教育，认真查处党内违纪案件，严肃党的纪律，收到了明显效果。

一、开展各项活动加强思想教育

1983年8月，全省宣传工作会议在烟台召开。会议传达贯彻全国宣传工作会议精神，会议认为，《邓小平文选》的出版，对于建设有中国特色社会主义，全面开创社会主义现代化建设的新局面，具有重大的现实意义和深远的历史意义。会议要求，一定要把《邓小平文选》的学习和宣传作为今后一个时期宣传工作的重点，在前段学习宣传的基础上，进一步引向深入。

1985年2月，全省宣传工作会议讨论研究宣传工作如何更多地为“四化”建设服务的问题。强调宣传工作要更好地服务于服从于“四化”建设，要加强社会主义精神文明建设，加强共产主义理想教育、坚决防止和抵制资产阶级腐朽思想的侵蚀。

重视加强对党员的经常性教育。1987年2月，省委组织部、宣传部、企业政治工作部和省纪委联合发出通知，决定在全省党员中广泛开展“新时期共产党员如何发挥先锋模范作用大讨论”。为了搞好大讨论，全省抽调3万多名干部深入基层指导，培训了近10万名辅导员，抓了9912个试点单位，在城乡和工矿企事业单位召开了1129场典型经验交流会。5月至12月，大讨论在全省360多万党员中展开。各地在讨论中密切联系实际，注意解决实际问题，坚定了改革、开放、搞活和率先致富的信心；增强了党性观念，提高了为人民服务的自觉性；纠正了少数干部存在的不正之风；加强了基层领导班子建设。

此外，省委组织部、宣传部还组织了“讲党性、正党风”演讲报告活动及“学党章、正党风”教育活动，在基层组织中开展了争创先进党支部和优秀共产党员活动。

1985年7月，召开全省党员教育工作经验交流会，总结全省开展党员教育工作的情况和经验，指出要运用各种形式进一步进行纪律教育、现行政策教育、法制教育。

1989年2月20日，省委召开厅局级以上党员主要领导干部会议，传达中央领导在中央党建研究班、全国纪检会议、全国党员教育会议、全国宣传部长会议和廉政建设会议上的讲话精神。会议强调在学习讲话精神上要重点领会几个思想观点：第一，关于坚持“两手抓，两手都要硬”的思想；

第二，坚持改革开放总方针的观点；第三，强调坚持四项基本原则的观点；第四，注重党的建设的思想观点；第五，强调廉政建设的思想；第六，必须树立“精神支柱”的思想；第七，加强马克思主义理论建设的观点。

二、纯洁干部队伍加强组织建设

1983年9月，省委就清理“三种人”工作作出指示，指出，清理“三种人”是一项非常严肃的工作，是纯洁干部队伍，加强领导班子建设的一项重要措施。各级党委、各级领导务必高度重视，采取有效措施，抓紧抓好。从领导班子中清理“三种人”和把“三种人”调离要害部门，必须坚持党性原则，严格防止和排除派性干扰。要坚持“既要坚定，又要慎重”的方针，严格掌握政策界限。要密切结合机构改革，调整领导班子，扎扎实实地把清理“三种人”的工作做好。

1984年1月，省委批转省纪委《关于成武县委严重问题的调查情况和处理意见的报告》，指出成武县委在改选中由于派性干扰出现了不正常的情况，县委的领导权已被几个派性严重和违法乱纪的人篡夺。19日，省委决定改组成武县委，有关人员受到查处。同日，省委将成武县这一严重事件通报全省。2月11日，中央纪委将山东省委改组成武县委一事通报全国。《人民日报》《大众日报》等就此事作了报道和评论。9月15日，省委批转菏泽地委《关于借鉴成武教训，推动全区党风好转的报告》，要求全省各地、各部门认真学习、研究、推广菏泽地委抓整顿党风的做法和经验。22日，《大众日报》发表省委批示，介绍了菏泽地委的经验。30日，中纪委发出通知，向全国各地、各部门推广菏泽地委的经验。

推进实现干部“四化”。1984年1月，省委、省政府发出《关于贯彻执行中共中央、国务院〈关于县级党政机关机构改革若干问题的通知〉的通知》，山东省县级机构改革正式开始。县级机构改革的核心，是严格按照革命化、年轻化、知识化、专业化的要求，调整好县级领导班子。截至3月底，全省县级领导班子调整工作基本完成，全省136个县（市、区）有125个县（市、区）的党政领导班子进行了调整，占91.9%。新调整的县（市、区）领导班子在人数、职务、年龄及知识结构等方面基本上达到了干部“四化”的标准。

坚持把培养、选拔年轻干部作为一项战略任务，采取多种形式，加强对年轻干部的培养锻炼，按照革命化、年轻化、知识化、专业化要求，调整配备了各级领导班子，形成了在年龄、专业、知识结构等方面比较合理的格局。坚持“任人唯贤”“德才兼备”和“四化”标准，形成了民主推荐、群众评议、组织考察相结合的一套有效的干部考察任用制度。

1985年6月，省委组织部召开座谈会，部署全省农村党支部领导班子建设工作，按照干部“四化”要求，调整好农村党支部领导班子，使35岁以下的干部人数占到班子成员的40%以上，初中文化程度的占到50%以上，每个支部要力争有一名高中生。认真搞好农村基层干部的培训工作，尽快提高他们的政治、文化素质。建立健全各项规章制度，制订加强农村领导班子建设的具体规划。

三、加强党的作风建设

执政党党风问题事关党的生死存亡。为此，山东省委结合山东实际，采取了一系列措施争取党风根本好转。在作风建设方面，把恢复党的优良传统，纠正不良倾向和不正之风，密切党群关系，作为一项重要任务，深入广泛持久地对党员进行党风党纪教育，认真查处党内违纪案件，严肃党的纪律，收到了明显效果。

1984年8月，省委、省政府作出《关于减轻农民额外负担的暂行规定》，要求各级党委政府必须尽快把农民不合理的负担减下来，坚决刹住乱摊派、乱收费、转嫁负担的歪风，强调这是端正党风和密切党群关系的大事，必须认真抓好。

1985年11月，为培养锻炼干部，转变领导机关作风，加强基层组织建设，省委决定，从省直机关选调一批干部到基层挂职锻炼和培训中小学教师，重点到经济比较贫困的临沂、聊城、菏泽地区，同当地干部群众一起，帮助所在单位把工作搞上去，搞好基层党组织建设。

1986年1月，省委专门召开全省调查研究工作座谈会，强调各级党委都要重视调查研究工作。1月，省委通知开展端正机关党风工作，抓住那些群众最关心的、影响党群关系的、干扰工作正常进行的突出问题，列出单子一个一个解决好，切实改变机关工作作风。1987年7月，省委召开省级机关领导干部大会，部署省级机关开展防止和克服官僚主义的“自学、自查、自改”活动，要求把机关工作提高到一个新水平。1988年3月20日《大众日报》报道，郯城县委、县政府的领导人转变工作作风，解决了高价化肥、乱摊派、乱集资等八件困扰农民的突出问题，切实为农民解难题办实事。郯城的经验引起了中共中央、国务院的重视，山东省委、省政府在全省推广郯城县的经验，要求各地以郯城经验为借鉴，深化改革，综合治理“困农”问题，以解决困扰农民的问题及相关问题为突破口，促进党政机关清廉为民。7月7日，省委发出《关于保持党政机关廉洁的通知》。

《通知》要求全省各级党政机关把廉政问题作为一项重大的政治任务提到议事日程上来，各地要抓紧解决困扰农民的若干问题，首先解决好那些群众意见最大、反映最强烈的问题。省内党政干部到下级单位检查指导工作、调查研究，一律不准举行宴会；严禁公款送礼，上级机关不得要求下级机关为其补贴购物差价；党政机关干部要带头杜绝公费旅游，节约开支，未经批准严禁购买国家专控商品；不准党政机关和党政干部经商、办公司；对贪赃枉法的问题，要随时发现随时处理。

1989年1月9日至10日，省委在昌乐召开“坚持党的宗旨，廉洁从政”现场会，会上郯城、昌乐县委介绍了廉洁从政的经验。会议指出，在改革开放新形势下，如何保持党和政府清正廉洁、防止腐败是一个根本性、全局性的问题。要积极探索廉洁从政的新思路、新途径。要坚持党的宗旨与建立制度相结合，突出建立好政务公开制度、检查监督制度、人民参政议政制度、举报制度、考核查处制度，做到制度公开透明；要领导率先垂范与依靠群众相结合，自我约束与严肃查处相结合，一般号召与总结推广典型相结合。要从领导机关、领导干部抓起，要建立严格的廉洁责任制，坚持从严治政，从严治党风、政风，要把抓党风、政风同建设社会主义民主政治结合起来。

1989年1月26日，省委召开省直机关“坚持党的宗旨，廉洁勤政”动员大会，贯彻中央书记处廉政建设会议精神，推广郯城、昌乐等地廉洁勤政的经验，以进一步搞好机关廉政建设。31日，省委、省政府公布了《山东省省级党政领导干部廉洁勤政守则（暂行）》，要求各地、各部门给予支持和监督。8月2日，省委、省政府又制定了《关于清正廉洁的几项规定》。

四、加强纪律检查工作

1984年6月27日至7月1日，省纪委第三次全委扩大会议召开。部署今后一个时期的工作，一是要抓好纠正以权谋私和严重官僚主义这个重点，坚决同破坏改革、阻碍改革的现象以及各种不正之风和违法乱纪行为作斗争；二是要学习和推广山西运城地区和本省成武县、菏泽地区的经验，党委重视，全党动手，上下左右，齐抓党风；三是要抓好大案、要案，重点是查处违犯党的政治纪律、以权谋私和严重官僚主义、政治上经济上严重违法乱纪的案件；四是要抓好纪检机构的自身建设。

1985年4月，全省纪检工作会议在济南召开，会议的主题是传达贯彻全国纪检工作会议精神，落实中共中央、国务院发出的《关于严禁党政机关和党政干部经商、办企业的决定》。检查清理本省党政机关和党政干部经商、办企业问题，对当前存在的不正之风进行纠正。会后，各地大力纠正不正之风，取得较大成效。据12个地市不完全统计，本年共查处此类案件152起，在已查清的63起案件中，有37人受到党纪处分，23人被开除党籍。在查处清理违法违纪案件的同时，各地还对党员进行了理想、纪律的教育。

1988年4月，省纪委第七次全委扩大会议召开。会议要求各级纪委和纪检干部要协助党委管好党风，要以改革精神搞好纪检队伍自身建设，加强调查研究，转变工作作风，以适应改革开放新形势发展的需要。6月和7月，省纪委召开两次常委会，研究落实中共中央有关党和国家机关保持廉洁、党员违纪处分等一系列通知、规定、意见。1988年，全省共查处党员违纪案件6736起，结案6334起，处分党员6266人，其中地厅级干部3人，县处级干部40人。

五、加强党员干部教育培训工作

党的十一届三中全会以后，全省的党校工作得到恢复和发展。有的党校在“文化大革命”时期被撤销，有的被改为“五七”干校，这些都在十一届三中全会以后逐步得到恢复或重建。根据党的工作重心的转移和改革开放现代化建设的需要，各级党校相继办起了各种培训轮训班次。省委党校先后举办了干部轮训班、后备干部培训班和干部专修科，党校教学和干部教育工作开始驶入健康发展的轨道。

从1982年至1990年，是党校教育步入正规化办学时期。1983年，遵照党的十二大和第二次全国党校工作会议精神，制定了《中共山东省委党校教育正规化的五年（1983—1987）规划》，对培训规模、班次和课程设置等作了安排，明确了教学工作的具体任务。从1982年开始，在省委的直接领导下，省委党校举办了17期市地厅局领导干部学习研讨班、读书班，参加学员共计1287人次。从1983年10月起，连续四年举办了四届培训班，培训学员共计330人。从1988年3月至1989年6月，共举办六期进修班，轮训学员共计876人。为了适应大规模培训干部的要求，省委党校举办了理论培训班、教师进修班，还招收了本科学历班和党政干部研究生班。各地市、县党校相继办起了干部教育大专班、中专班，建立起大专办学体制和中专办学体制，全方位、大规模地进行干部教育，促进了党员干部政治素质、理论水平和业务素质的提高。

1984年9月，省委批转省干部教育工作领导小组拟定《山东省1984年至1990年干部培训规划》。《规划》指出，在全省97万名干部中，具有大专以上文化程度的不到17%，而初中以下文化程度的却占38%，这种状况与社会主义现代化建设的需要很不适应。《规划》确定，干部培训工作的基本任务是：使全体干部在马克思主义理论、专业知识、科学文化水平和领导管理能力等方面都得到提高，成为懂得马克思主义的、坚持社会主义道路的、具有一定文化水平和具备专业知识的党和国家的合格工作人员。干部培训的重点对象是各级领导干部及其后备干部，特别是县级以上各级领导干部及其后备干部。同时，充分注意对基层干部的培训，特别是加强对国民经济各部门急需的各类干部的培训。

第四节　贯彻落实党的十三大精神

1987年10月25日至11月1日，中国共产党第十三次全国代表大会在北京举行。大会的中心任务是坚持和发展十一届三中全会以来的路线，加快和深化改革，进一步确定经济建设、经济体制改革和政治体制改革的大政方针，确定在改革开放中加强党的建设的基本方针。

大会的突出贡献，是系统阐述了社会主义初级阶段的理论，提出了党在社会主义初级阶段的基本路线。

大会指出，我国的社会主义制度还处于初级阶段。这一论断表明：我国社会已经是社会主义社会，我们必须坚持而不能离开社会主义；我国的社会主义社会还处在初级阶段。我们必须从这个实际出发，而不能超越这个阶段。同时指出，社会主义处级阶段不是泛指任何国家进入社会主义都会经历的起始阶段，而是特指我国在生产力落后、商品经济不发达条件下建设社会主义必然要经历的特定阶段。我国从20世纪50年代生产资料私有制的社会主义改造基本完成，到社会主义现代化的基本实现，至少需要上百年的时间，都属于社会主义初级阶段。在社会主义初级阶段中，社会的主要矛盾是人民日益增长的物质文化需要同落后的社会生产之间的矛盾。党和国家的主要任务是发展生产力，推进社会主义现代化建设。社会主义初级阶段理论的提出，为人们正确理解社会主义，正确认识新中国成立以来的成功与失误，正确对待改革开放，正确坚持中国特色社会主义，提供了强大的思想理论武器。社会主义初级阶段理论是中国共产党人对马克思主义的重大发展，是对科学社会主义理论的重要贡献。

从初级阶段的实际出发，十三大制定了党在社会主义初级阶段的基本路线："领导和团结全国各族人民，以经济建设为中心，坚持四项基本原则，坚持改革开放，自力更生，艰苦创业，为把我国建设成为富强、民主、文明的社会主义现代化国家而奋斗。"党在社会主义初级阶段基本路线的制定是党的十三大作出的重大贡献。实践证明，党的基本路线是党和国家的生命线，是人民的幸福线，必须长期坚持不动摇。坚持这条路线是不断夺取中国特色社会主义新胜利的根本保证。

一、积极宣传学习党的十三大精神

1987年11月6日，省委召开省直机关处以上党员干部大会，传达党的十三大精神，部署学习任务。7日，省委发出关于学习贯彻十三大文件的通知，提出具体的学习要求，规定了学习的重点，要求以社会主义初级阶段的理论为中心，全面、深刻地领会文件精神实质，用十三大精神统一思想认识，促进安定团结，激发广大干部群众建设"四化"的热情，有力地促进当前的工农业生产和各项工作的展开。

落实党的十三大精神，加快建立和培育社会主义商品经济体系，实施“科教兴鲁”战略，深化科技体制改革，围绕搞活大中型企业这个中心环节进行企业改革。把政治体制改革与经济体制改革相衔接，把经济体制改革和经济发展的难点、热点作为政治体制改革的重点，以经济体制改革推动政治体制改革，促进生产力的发展，做好把中央政治体制改革的方针同山东实际相结合的文章。

二、中共山东省第五次代表大会召开

1988年12月18日至24日，中共山东省第五次代表大会召开。大会以党的十三大精神为指导，围绕改革开放和现代化建设发展目标，提出今后五年的总任务：围绕发展社会主义商品经济和建设社会主义民主政治，全面深化各项改革，加速新旧体制转换，初步确立新体制在经济运行和社会生活中的主导地位。为了完成这个总任务，大会提出，要坚定不移地贯彻执行改革开放的总方针和中央关于治理经济环境、整顿经济秩序的决策，从山东省的实际出发，坚持以提高经济效益为中心，实现“东部开放、西部开发”、“科教兴鲁”、协调发展的战略。大会提出今后五年的奋斗目标是：全省国民经济总产值平均每年增长8%，工农业总产值增长8.5%；国民经济主要比例关系和产业结构进一步优化，基础产业、基础设施与经济发展不适应的矛盾逐步缓解；农业的基础作用明显加强，力争主要农副产品在更大程度上适应人民生活、工业生产和外贸出口的需要；主要工业产业的关键技术装备得到更新，相当一批达到20世纪80年代初的国际先进水平，产品质量和经济效益有较大提高，日用工业品的供应状况明显好转；第三产业有较大进展，城乡市场更加活跃，科技、教育、文化、卫生、体育等各项事业进一步繁荣；在经济发展和控制人口的基础上，农民和城市居民实际收入不断提高，有相当多的家庭生活接近小康水平。

大会对加强党的建设提出了要求：要围绕党的基本路线加强党的建设，要加强党的基本路线和根本宗旨教育，提高党员素质；坚持从严治党，保持党组织的先进性和纯洁性；继承和发扬党的优良作风，保持清正廉洁；要加强制度建设，应着重围绕扩大党内民主，改善和加强党的领导来进行，搞好党的自身建设的改革，使党的建设经常化、制度化。

第三章
确立社会主义市场经济体制时期山东的党建工作

以1992年初邓小平南方谈话和10月召开的党的第十四次全国代表大会为标志，中国特色社会主义建设进入建立社会主义市场经济体制新时期。这一时期党的建设的主要任务，是坚持以邓小平建设有中国特色社会主义理论为指导，进一步解放思想，建立社会主义市场经济体制。党的建设面临着改革开放的考验和市场经济的考验，围绕发展社会主义市场经济，要扎实推进党的建设新的伟大工程。

第一节　思想进一步大解放

20世纪80年代末到90年代初，国际和国内形势发生了巨大变化。在国际上，东欧剧变，苏联解体，社会主义阵营分崩离析。在国内，有人质疑我国改革开放的路线方针政策，改革开放的步伐放缓了。在历史关键时期，邓小平到南方视察，发表重要谈话，为中国深化改革开放指明方向，推动了我国社会主义市场经济体制的建立和市场经济的发展。

一、学习贯彻邓小平南方谈话精神

1992年初，邓小平先后到武昌、深圳、珠海、上海等地视察，发表了重要谈话。邓小平指出，社会主义的本质，是解放生产力，发展生产力，消灭剥削，消除两极分化，最终达到共同富裕。革命是解放生产力，改革也是解放生产力。改革开放胆子要大一些，敢于试验，不能像小脚女人一样。看准了的，就大胆地试，大胆地闯。抓住时机，发展自己，关键是发展经济。我国的经济发展，总要力争隔几年上一个台阶。判断的标准，应该主要看是否有利于发展社会主义社会的生产力，是否有利于增强社会主义国家的综合国力，是否有利于提高人民生活水平。计划经济不等于社会主义，资本主义也有计划；市场经济不等于资本主义，社会主义也有市场。计划和市场都是经济手段。

邓小平认为，解决中国的发展问题，关键是要坚持党的基本路线不动摇。他强调，要坚持党的十一届三中全会以来的路线、方针、政策，关键是坚持“一个中心，两个基本点”。不坚持社会主义，不改革开放，不发展经济，不改善人民生活，只能是死路一条。基本路线要管一百年，动摇不得。

邓小平强调，在整个改革开放的过程中，必须始终注意坚持四项基本原则。要坚持两手抓，一手抓改革开放，一手抓打击各种犯罪活动，这两只手都要硬；坚持两手抓，社会主义精神文明建设就可以搞上去。他强调，在整个改革开放过程中都要反对腐败；对干部和党员来说，廉政建设要作为大事来抓；还是要靠法制，搞法制靠得住些。十一届三中全会确立的这条中国的发展路线，是否能够坚持得住，要靠大家努力。

邓小平强调，社会主义经历一个长过程发展后必然代替资本主义，这是社会历史发展不可逆转的总趋势。我们搞社会主义才几十年，还处在初级阶段。巩固和发展社会主义制度，还需要一个很长的历史阶段，需要我们几代人、十几代人，甚至几十代人坚持不懈地努力，决不能掉以轻心。我们要在建设有中国特色社会主义道路上继续前进。从现在起到下世纪中叶，将是很要紧的时期，我们要埋头苦干。

邓小平强调，正确的政治路线要靠正确的组织路线来保证。中国的事情能不能办好，社会主义和改革开放能不能坚持，经济能不能快一点发展起来，国家能不能长治久安，从一定意义上说，关键在人。要注意培养人，要按照革命化、年轻化、知识化、专业化的标准，选拔德才兼备的人进班子。

邓小平南方谈话，科学总结了党的十一届三中全会以来的实践探索和基本经验，从理论上深刻回答了长期困扰和束缚人们思想的许多重大问题，是把改革开放和现代化建设推向新阶段的又一个解放思想、实事求是的宣言书。

1992年2月28日，中共中央将邓小平南方谈话要点作为中央2号文件下发，并要求各地将邓小平南方谈话的要点传达到全体党员。3月9日至10日，江泽民主持召开中央政治局全体会议，讨论我国改革和发展的若干重大问题。会议完全赞同邓小平南方谈话，认为谈话不仅对当前的改革和建设、对开好党的十四大具有十分重要的指导作用，而且对中国整个社会主义现代化建设事业具有重大而深远的意义。5月16日，中央政治局通过《中共中央关于加快改革，扩大开放，力争经济更好更快地上一个新台阶的意见》，就贯彻落实邓小平南方谈话精神作出部署。

山东省各级党组织认真学习邓小平南方谈话精神。1992年2月29日上午，省委召开常委会传达中央2号文件。下午，省委又召开副省级以上党员干部会议进行传达学习。3月1日，召开全省市（地）委书记、市长（专员）和省直部门负责人会议，传达学习中央2号文件。在讨论中大家一致认为，在中国现代化建设的关键时刻，党中央及时转发邓小平南方谈话，对于澄清人们的模糊认识，弄清改革开放过程中遇到的问题，提高人们执行十一届三中全会以来党的路线方针政策的自觉性，具有十分重要的意义。为坚定不移地贯彻执行党的“一个中心，两基本点”的基本路线，建设有中国特色的社会主义，进一步指明了方向。3月3日，省委又发出通知，要求各地、各部门尽快将谈话精神要点逐级传达到全体党员、干部，全面深刻地领会精神实质，进一步解放思想，以邓小平南方谈话精神为指导，把全省改革开放、经济建设推向前进。

为落实邓小平南方谈话精神，1992年3月1日至4日，省委、省政府召开全省深化企业改革扩大对外开放经验交流会。会议提出，要以邓小平南方谈话精神和中央文件精神为指导，进一步解放思想，正确认识计划与市场的关系，正确处理改革、发展、稳定的关系。要进一步深化改革，扩大对外开放，加快从以内向型经济为主向以外向型经济为主的转变，大力开拓国际国内两个市场。会议制定了《深化企业改革、扩大对外开放的十二条意见》，主要内容是：改革企业人事、用工、分配制度，完善企业的管理体制，尽快扭转经营性亏损，搞活流通，把企业推向市场，加速企业向外向型发展，加强企业发展后劲，配套改革并重点突破，转变职能和强化服务等。3月17日，省政府发出《关于印发山东省1992年经济体制改革要点的通知》，要求各地区各部门进一步解放思想，更新观念，以深化企业改革为重点，以破除“一大三铁”、转换企业经营机制为突破口，搞好各项配套改革。4月14日至18日，省委召开全省对外开放工作会议。省、市、县和省直有关部门的负责人等1000余人参加了会议，规模和声势多年来罕见。会上传达学习了邓小平南方谈话、中央政治局会议精神及全国人大和全国政协两个会议决议。提出要进一步解放思想，更新观念，统一认识，以加快经济特别是外向型经济的发展。会议研究确定了全省加快对外开放的战略目标、基本思路、工作重点和政策措施。这次会议对于统一思想认识，破除“左”、旧、小的陈旧观念，进一步解放思想，扩大开放，加快发展外向型经济，起到了很大的推动作用。5月4日，省委作出《关于进一步扩大对外开放 加快发展外向型经济的决定（试行）》。5月30日至31日，省委召开全省地、市委书记会议，传达学习《中共中央关于加快改革，扩大开放，力争经济更好更快地上一个新台阶的意见》，通报全省改革开放和经济发展情况，引导城市企业改革进一步深化，积极有效地推进对外开放。

1992年6月9日，江泽民在中央党校省部级干部进修班上作题为《深刻领会和全面落实邓小平同志的重要谈话精神，把经济建设和改革开放搞得更快更好》的讲话。讲话明确提出，加快经济体制改革的根本任务，就是要尽快建立社会主义的新体制，即在国家宏观调控下，更加重视和发挥市场在资源配置上的作用，建立社会主义市场经济体制。

1992年6月17日，省委召开省、市（地）负责人会议，学习江泽民在中央党校的讲话，研究部署全省改革开放和经济工作。19日至23日，省委发出通知并召开常委会，部署学习江泽民讲话，研究贯彻落实意见，指出要把讲话精神作为当前和今后相当长一个时期各级领导指导经济工作的“总抓手”，始终不渝地坚持下去。

1992年7月23日至31日，中共中央总书记江泽民到山东威海、烟台、青岛、诸城、日照、临沂、曲阜、济南等市地考察工作。对山东落实邓小平南方谈话和中央指示精神，在改革开放各方面取得的成绩给予肯定。江泽民指出，山东广大干部群众在邓小平同志重要谈话的精神鼓舞下，奋发向上，精神状态很好。山东在建设和改革开放中取得的重大成就是广大干部和广大军民共同艰苦奋斗的结果，也是同历届省委的辛勤工作分不开的。党中央和国务院对山东的工作是满意的，认为山东发展潜力很大，前景是广阔的。全党同志要进一步领会和全面落实邓小平同志年初的重要谈话精神，不断增强贯彻执行党的基本路线的自觉性和坚定性，抓住当前有利时机，团结一致，埋头苦干，努力开创经济建设和改革开放的新局面，以优异的成绩迎接党的十四大的召开。江泽民专程看望了沂蒙山区老红军、老八路和英模代表，并与革命老区的干部群众共商振兴经济大计。28日，江泽民接见了临沂地区罗庄镇的王廷江，对其带领乡亲们共同致富的事迹连声称赞：“了不起！不简单！好样的！”

二、学习贯彻党的十四大精神

1992年10月，党的第十四次全国代表大会召开。大会的任务是：以邓小平同志建设有中国特色社会主义的理论为指导，认真总结党的十一届三中全会以来14年的实践经验，确定今后一个时期的战略部署，动员全党同志和全国各族人民，进一步解放思想，把握有利时机，加快改革开放和现代化建设步伐，夺取有中国特色社会主义事业的更大胜利。

大会系统总结了改革开放以来的基本实践和基本经验，全面阐述了邓小平建设有中国特色社会主义的理论，明确提出建立社会主义市场经济体制的奋斗目标，提出了加快改革开放、推动经济发展和社会全面进步的主要任务，对新形势下加强党的建设和改善党的领导作出了战略部署。

1992年10月15日，省委发出通知，要求全省各级党组织精心组织好对党的十四大会议及其重要文件的学习。22日，省直机关召开处以上干部大会，要求以党的十四大为新的里程碑，经济发展要有新的作为，思想观念要有新的转变，深化改革要有新的突破，扩大开放要有新的推进，党的建设要有新的发展。27日至28日，省委召开常委扩大会议，要求党员干部认真学习党的十四大精神，把我们的思想认识提高到一个新的水平。要求各级党组织加强领导，全面、认真贯彻党的十四大精神，要进一步解放思想，更新思想观念，加快经济发展，加快改革开放步伐，加强党的建设和精神文明建设。

1993年1月29日，省委召开常委会，讨论决定新一年的工作重点：全面贯彻落实党的十四大精神；坚持解放思想与实事求是相统一；总揽全局、突出重点，确保国民经济又快又好发展；围绕建立社会主义市场经济体制，加快改革步伐；坚持“两手抓、两手硬”；抓好各级领导班子和基层组织建设，按照干部队伍“四化”方针和德才兼备原则，建设配备各级领导班子；切实加强党风和廉政建设，有效地开展反腐败斗争，着重解决群众反映强烈的问题。

三、学习贯彻《中共中央关于建立社会主义市场经济体制若干问题的决定》

1993年11月，中共十四届三中全会讨论通过了《中共中央关于建立社会主义市场经济体制若干问题的决定》。《决定》指出，社会主义市场经济体制是同社会主义基本制度结合在一起的，建立社会主义市场经济体制，就是要使市场在国家宏观调控下对资源配置起基础作用。社会主义市场经济体制，就是在坚持以公有制为主体、多种经济成分共同发展的基础上，建立适应市场经济要求、产权清晰、权责明确、政企分开、管理科学的现代企业制度，建立全国统一开放的市场体系、完善的宏观调控体系、合理的收入分配制度和多层次的社会保障制度。

党的十四届三中全会以后，以建立社会主义市场经济体制为目标，我国的改革全面深化，先后进行了财税体制改革、金融体制改革、外贸体制改革、投资体制改革等一系列改革。进一步深化国有企业改革。通过这些改革，加快了由计划经济体制向市场经济体制转轨的步伐，逐步建立起让市场在资源配置中发挥基础作用的市场经济体制。

1993年11月16日，省委召开常委扩大会议，传达学习党的十四届三中全会精神，贯彻落实《中共中央关于建立社会主义市场经济体制若干问题的决定》。会议指出，党的十四届三中全会通过的《决定》，是我国建立社会主义市场经济体制的总体规划，是20世纪90年代进行经济体制改革的行动纲领。全省各级党政机关要用全会精神统一思想，把改革开放和现代化建设不断推向前进。会议通过了《中共山东省委关于认真学习贯彻十四届三中全会精神的通知》。18日，省委召开副省级以上党员领导干部会议，传达贯彻党的十四届三中全会精神。

1993年11月21日至26日，中共山东省第六次代表大会召开。姜春云代表中共山东省第五届委员会作《全面贯彻党的基本路线，为实现山东社会主义现代化建设的宏伟目标而努力奋斗》的报告。

大会提出今后五年全省经济和社会发展的总任务是：以邓小平建设有中国特色社会主义理论为指导，在以江泽民同志为核心的党中央的领导下，坚定不移地贯彻执行党的基本路线，深化改革，扩大开放，继续强化农业、基础工业、基础设施三个基础，突出抓好科技教育、外向型经济和第三产业三个重点，加快建设“海上山东”和开发黄河三角洲两个跨世纪工程，培植一批主导产业，保证国民经济和社会事业持续、快速、健康发展，在全省初步建立起社会主义市场经济体制，使城乡人民生活达到小康水平。

第二节　扎实推进党的建设新的伟大工程

社会主义市场经济体制的建立，使党的建设面临许多新情况、新问题、新要求，党所处的环境和所肩负的任务有了很大变化。一定要适应市场经济的发展，加强和改进党的领导和党的建设，提高党的执政水平和领导水平，在建设有中国特色社会主义的伟大事业中更好地发挥党的领导核心作用。

一、社会主义市场经济体制建立过程中加强党的建设

1994年9月，党的十四届四中全会召开，全会通过了《关于加强党的

建设几个重大问题的决定》，把党的建设提到“新的伟大工程”的高度，明确提出了党的建设的总目标和总任务。《决定》指出，在当代世界风云变幻的条件下，在当代中国改革开放和现代化建设的伟大变革中，把党建设成为用邓小平建设有中国特色社会主义理论武装起来、全心全意为人民服务、思想上政治上组织上完全巩固、能够经受住各种风险，始终走在时代前列的马克思主义政党。《决定》要求全党按照新的伟大工程的总目标，从思想上、组织上、作风上全面加强党的建设，不断提高领导水平和执政水平，不断增强拒腐防变的能力，以新的面貌和更大的战斗力，带领人民完成新的历史任务。

山东省委认真贯彻党的十四届四中全会精神。1994年12月，省委召开六届三次全会，研究贯彻落实党的十四届四中全会精神问题。会议结合山东实际，审议通过了《中共山东省委贯彻执行〈中共中央关于加强党的建设几个重大问题的决定〉的实施意见》，围绕党的建设新的伟大工程总目标和总任务，针对党的建设特别是各级领导干部建设存在的问题，着重解决好党的组织建设中存在的问题，特别是不少地方党组织涣散问题，坚持和健全民主集中制，加强和改进党的基层组织建设，培养和选拔德才兼备的领导干部特别是年轻干部。

全面加强农村和企业党的基层组织建设。1995年1月，省委制定了《关于加强农村基层组织建设的三年规划》。这个规划以发展经济奔小康总揽全局，以整顿软弱涣散、瘫痪状态党支部和后进乡镇党委班子为重点，全面加强农村基层组织建设。

1996年11月，省委制定了《关于进一步加强和改进国有企业党建工作的意见》。1997年初，山东省委、省政府召开全省国有企业党建工作会议，研究制定了进一步加强企业党的建设工作的具体意见和措施。

在党政机构改革方面，1995年7月，省委召开六届四次全会，审议通过了《山东省省级机构改革实施意见》和《山东省市地机构改革实施方案》，讨论研究了《山东省国家公务员制度实施方案》。按照《实施意见》和《实施方案》规定，改革后，省委、省政府直属党政工作机构将比原有精简20%左右，人员比原有精减30%左右。市地党政机构将平均精简20%左右，人员精减30%左右。

在干部队伍建设方面，省委进一步加大了干部制度改革的力度，实行了公开招考公务员制度，在省直和市、地党政机关中对中层领导职务普遍实行了竞争上岗，采取“一推双考”（公开推荐与考试考核相结合）的办法公开选拔厅级干部，并在扩大民主、完善考核、推进交流和干部能上能下等方面有一定的突破，使一大批德才兼备、政绩突出、群众公认的优秀人才脱颖而出，从而增强了干部队伍的活力。

二、加强党风廉政建设和反腐败斗争

进入20世纪90年代以后，山东省各级纪检监察机关重点抓纪检监察信访工作，努力维护社会稳定。1992年9月，省纪委印发《关于1993—1995年纪检信访工作目标管理几个问题的说明》，贯彻落实中央纪委提出的“五项要求”“四项指标”的管理计划。1996年4月，省纪委召开全省基层纪检监察信访工作会议，总结经验，表彰先进，部署下一步工作。

省委带领全省广大党员，深入开展学习邓小平建设有中国特色社会主义理论教育活动，深入开展学习党章的活动，采取有力措施加强党风廉政建设，深入开展反腐败斗争。在党风廉政建设方面，重点抓领导干部廉洁自律、查办大案要案、纠正部门和行业不正之风。1993年至1995年，省委先后6次召开会议，就反腐败工作进行研究部署。1993年初，山东沿海个别地方出现严重的走私贩私活动，4月至9月，省委先后6次召开会议进行专题研究，对走私贩私案件一查到底，从重从快处理，特别是通过对乳山走私香烟等几个案件的严厉查处，一举刹住了走私歪风。1995年，对一批领导干部违法违纪和重大经济犯罪案件进行了查处，特别是对泰安市原市委书记胡建学、日照市原市委书记王树文等地厅级干部经济犯罪案件的查处，推动了全省反腐败斗争的深入开展。

1998年11月10日至15日，中共山东省第七次代表大会在济南举行。吴官正代表六届省委作《全面贯彻党的十五大精神，努力开创山东社会主义现代化建设新局面》的工作报告。号召全省各级党组织和全体共产党员，要更加紧密地团结在以江泽民同志为核心的党中央周围，高举邓小平理论伟大旗帜，全面贯彻党的十五大精神，团结和带领全省人民，解放思想，抓住机遇，艰苦创业，开拓进取，努力开创山东社会主义现代化建设的新局面。

2001年9月，中共十五届六中全会在北京召开，全会审议通过了《中共中央关于加强和改进党的作风建设的决定》。《决定》指出了加强和改进党的作风建设的极端重要性和紧迫性，明确了加强和改进党的作风建设的指导思想和重要任务，提出了“八个坚持、八个反对”。29日，山东省委召开全省党员干部大会，传达贯彻党的十五届六中全会精神，并结合山东实际就学习贯彻问题作出部署。要求全省党员干部，要围绕提高党的领导水平和执政水平，提高拒腐防变和抵御风险能力两大历史性课题，切实把加强和改进党的作风建设抓好，全面推进党的建设新的伟大工程。

10月，省委召开七届七次全委会，要求进一步认真贯彻党的十五届六中全会精神，落实“八个坚持、八个反对”的要求，加强和改进党的作风建设。

三、全省开展“讲学习、讲政治、讲正气”学习教育活动

按照党的十五大提出的党的建设新的伟大工程的总目标，江泽民反复强调，多次要求全体党员干部要讲学习、讲政治、讲正气。1998年11月21日，中共中央印发《关于在县级以上党政领导班子、领导干部中深入开展以“讲学习、讲政治、讲正气”为主要内容的党性党风教育的意见》，决定从1998年11月开始，在全党县级以上党政领导班子、领导干部中集中时间、分期分批开展以“讲学习、讲政治、讲正气”为主要内容的党性党风教育活动。

根据中央部署，山东省县处级以上领导班子、领导干部，从1998年底至2001年3月分期分批开展了“三讲”教育活动。1998年12月21日，山东省委制定《关于在全省县级以上党政领导班子、领导干部中深入开展以“讲学习、讲政治、讲正气”为主要内容的党性党风教育的实施方案》。其主要内容包括：（一）“三讲”教育的指导思想和目标要求。（二）“三讲”教育的基本内容和解决的主要问题：理想信念问题，全局观念问题，民主集中制问题，群众观念问题，精神状态问题，廉洁自律问题等。（三）“三讲”教育的步骤、方法和要求。（四）“三讲”教育的组织领导。对全省“三讲”教育活动进行了部署。

1998年12月22日，山东省级领导班子、领导干部“三讲”教育活动动员大会召开。会议指出，“三讲”教育活动是一次以整风精神进行自我

教育、自我检查、自我剖析、自我提高的教育活动。对于从整体上提高领导班子和领导干部的素质，增强党组织的凝聚力、战斗力，更好地坚持党的基本理论、基本路线不动摇，推进建设有中国特色社会主义的伟大事业，具有十分重大的意义。此次会议标志着“三讲”教育活动正式开始，全省“三讲”教育活动相继展开。23日，副省级以上领导干部集体参加了“三讲”教育学习辅导讲座。28日，省委常委进行集中学习讨论“三讲”学习文件，交流“讲学习”的心得体会。29日，省领导五大班子集体参加“讲政治”专题讲座。省级领导班子、领导干部“三讲”教育活动深入扎实地开展起来。“三讲”教育活动分思想发动、学习提高，自我剖析、听取意见，交流思想、开展批评，认真整顿、巩固成果四个阶段进行。广大干部在“三讲”教育活动中切实拿起批评与自我批评的武器，广泛听取群众意见，查找领导工作中及自身存在的问题，开展积极健康的思想斗争。“三讲”教育活动历时两年多，全省参加“三讲”教育活动的各级领导干部共5万余人。

通过“三讲”教育活动，全省县以上领导班子和领导干部受到了一次深刻的马克思主义教育，经受了一次党内政治生活的严格锻炼，达到了思想上有明显提高，政治上有明显进步，作风上有明显转变，纪律上有明显增强的目的。“三讲”教育活动在思想上、作风上的收获，不断转化成广大干部求真务实、锐意进取、廉洁自律、不怕困难、勇挑重担的实际行动。

第三节　开展“三个代表”重要思想学习实践活动

2000年2月，江泽民在广东考察工作时，提出了“三个代表”重要思想，即中国共产党要始终代表中国先进生产力的发展要求，始终代表中国先进文化的前进方向，始终代表中国最广大人民的根本利益。进一步回答了在实行改革开放和发展社会主义市场经济条件下，“建设一个什么样的党和怎样建设党”这一直接关系党和国家前途命运的重大问题。

“三个代表”重要思想提出后，山东省委积极组织学习宣传。2000年5月，省委召开常委会，认真学习江泽民关于“三个代表”重要思想的重要讲话，并发出通知，对全省党员干部的学习提出具体要求。全省各级党组织、广大党员特别是党员干部按照省委的部署要求，认真学习，深刻领会，身体力行，积极把“三个代表”重要思想落实到党的思想建设、政治建设、组织建设和各项工作中去，带领全省人民，把山东的改革开放和社会主义现代化建设全面推向新的阶段。

2001年7月1日，江泽民在庆祝中国共产党成立八十周年大会上发表重要讲话，进一步阐释了“三个代表”重要思想的科学内涵，指出，“三个代表”是统一的整体，相互联系、相互促进。“三个代表”要求，是我们党保持先进性、始终成为建设有中国特色社会主义坚强领导核心的基本要求，与坚持马克思列宁主义、毛泽东思想、邓小平理论，坚持党的工人阶级先锋队性质和全心全意为人民服务的宗旨是一致的。全党同志一定要坚持把全面落实“三个代表”要求，统一于党的建设的各个方面，统一于党领导人民进行改革开放和社会主义现代化建设的全过程。江泽民“七一”讲话对党的理论有了新的论断、新的发展。

山东省委高度重视江泽民“七一”讲话学习宣传，把学习“七一”讲话作为党的思想政治建设的首要任务，提出了明确具体的要求。从2001年7月23日开始，省委理论学习中心组读书会集中9天进行了学习，并在省委党校举办培训班培训理论骨干，组成宣讲团到全省进行巡回宣讲。8月，全省宣传部长会议在济南召开，把学习宣传江泽民“七一”讲话作为宣传思想战线第一位的任务，把干部群众的思想和行动统一到讲话精神上来。各地、各部门和社会各方面采取多种形式认真学习，很快掀起了学习高潮。

2002年5月31日，江泽民在中央党校省部级领导干部进修班毕业典礼上发表重要讲话，阐述了“三个代表”重要思想的科学内涵，为党的十六大的召开作了思想理论准备。江泽民总书记“5·31”讲话发表以后，山东省委常委立即进行学习讨论，并对讲话的学习贯彻作出安排部署。

2002年11月，党的十六大召开。把江泽民“三个代表”重要思想，同毛泽东思想、邓小平理论一道确定为党必须长期坚持的指导思想。11月30日，山东省委下发了《关于深入学习贯彻党的十六大精神的决定》，要求全省各地按照省委的部署认真组织学习，引导广大党员干部加深对党的十六大精神、特别是对“三个代表”重要思想的学习理解，掌握“三个代表”重要思想的科学内涵，充分认识到贯彻“三个代表”重要思想的要求，关键在坚持与时俱进，核心在坚持党的先进性，本质在坚持执政为民，增强了实践“三个代表”重要思想的自觉性和坚定性。

根据中央的统一部署，从2000年冬开始，全省在县（市）部门、乡镇、村领导班子和基层干部中，有计划、有步骤地开展了“三个代表”重要思想学习教育活动。活动要求，以马列主义、毛泽东思想、邓小平理论为指导，按照“三个代表”重要思想的要求，紧紧围绕农村改革、发展和稳定的大局，着力解决当前农村存在的突出问题，努力创建党的基层组织建设的先进单位，进一步提高农村基层干部素质，增强农村基层组织的凝聚力和战斗力，为做好农业和农村工作提供有力的思想和组织保证。农村广大基层干部积极投身学习教育活动，认真学习，对照检查，边学边改，认真分析和解决干部群众关心的热点、难点问题，努力为群众办实事、办好事，取得了比较好的成效。

第四章
全面建设小康社会和把中国特色社会主义不断推向前进时期山东的党建工作

进入新世纪，我国的改革开放事业在取得辉煌成就的同时，也遇到了许多问题，如何更好地发展的问题摆在了党的面前。围绕新形势下实现什么样的发展、怎样发展等重大问题，党在深刻把握当代中国基本国情和发展实际，借鉴世界各国发展经验、汲取国外发展理论有益成果的基础上，提出了科学发展观，把对中国特色社会主义规律的认识提到新的水平，开辟了当代中国马克思主义发展新境界。

第一节　以科学发展观为指导全面加强党的建设

2002年11月，中国共产党第十六次全国代表大会召开。这次大会的主题是：高举邓小平理论伟大旗帜，全面贯彻“三个代表”重要思想，继往开来，与时俱进，全面建设小康社会，加快推进社会主义现代化，为开创中国特色社会主义事业新局面而奋斗。

一、树立科学发展观

2003年7月28日，在全国防治“非典”工作会议上，胡锦涛在讲话中首次使用了“全面发展、协调发展、可持续发展的发展观”的表述。2003年10月14日，中共十六届三中全会审议通过的《中共中央关于完善社会主义市场经济体制若干问题的决定》中提出，“坚持以人为本，树立全面、协调、可持续的发展观，促进经济社会和人的全面发展”。

《决定》指出，十一届三中全会开始改革开放、十四大确定社会主义市场经济体制改革目标以及十四届三中全会作出相关决定以来，我国经济体制改革在理论和实践上取得重大进展。社会主义市场经济体制初步建立，公有制为主体、多种所有制经济共同发展的基本经济制度已经确立，全方位、宽领域、多层次的对外开放格局基本形成。改革的不断深化，极大地促进了社会生产力、综合国力和人民生活水平的提高，使我国经受住了国际经济金融动荡和国内严重自然灾害、重大疫情等严峻考验。同时也存在经济结构不合理、分配关系尚未理顺、农民收入增长缓慢、就业矛盾突出、资源环境压力加大、经济整体竞争力不强等问题，其重要原因是我国处于社会主义初级阶段，经济体制还不完善，生产力发展仍面临诸多体制性障碍。为适应经济全球化和科技进步加快的国际环境，适应全面建设小康社会的新形势，必须加快推进改革，进一步解放和发展生产力，为经济发展和社会全面进步注入强大动力。

《决定》明确了完善社会主义市场经济体制的目标和任务：按照统筹城乡发展、统筹区域发展、统筹经济社会发展、统筹人与自然和谐发展、统筹国内发展和对外开放的要求，更大程度地发挥市场在资源配置中的基础性作用，增强企业活力和竞争力，健全国家宏观调控，完善政府社会管理和公共服务职能，为全面建设小康社会提供强有力的体制保障。主要任务是：完善公有制为主体、多种所有制经济共同发展的基本经济制度；建立有利于逐步改变城乡二元经济结构的体制；形成促进区域经济协调发展的机制；建设统一开放竞争有序的现代市场体系；完善宏观调控体系、行政管理体制和经济法律制度；健全就业、收入分配和社会保障制度；建立促进经济社会可持续发展的机制。要坚持以人为本，树立全面、协调、可持续的发展观，促进经济社会和人的全面发展。这是第一次在党的正式文件中完整地提出科学发展观。其后，胡锦涛同志多次在不同场合对科学发展观进行了论述。科学发展观的提出，对于建设中国特色社会主义事业具有重要的指导意义。科学发展观是新的战略思想的确立。

2007年10月，在党的十七大报告中，胡锦涛全面系统地阐述了科学发展观的科学内涵、精神实质、重大意义、根本依据和根本要求，指出科学发展观的第一要义是发展，核心是以人为本，基本要求是全面协调可持续，根本方法是统筹兼顾。科学发展观是研究和解决当代中国社会发展问题的理论体系，是中国共产党对社会发展总的看法和根本观点。它进一步明确了我国经济社会的发展目标、发展思路和发展战略，是对社会主义现代化建设指导思想的重大发展，是中国共产党指导发展的世界观和方法论的集中体现。

2003年，当科学发展观刚刚提出，山东省委就积极学习贯彻，以科学发展观统领经济建设全局，牢牢把握重要的战略机遇，坚持把发展作为执政兴国的第一要务，自觉树立和认真落实全面、协调、可持续的发展观。坚持理论和实际相结合，因地制宜，因时制宜地把科学发展观的要求贯穿于各方面的工作之中。一是发展速度、运行质量、经济效益明显提高。二是投资拉动、消费拉动、出口拉动进一步增强。三是招商引资、高新技术、民营经济实现新的突破。同时，各项社会事业全面发展，人民群众生活水平进一步提高。

在工作指导上，着重抓了以下几个方面的工作：一是解放思想，更新观念。组织开展十个重大问题专题调查研究，到南方先进省市学习考察，对照先进找出差距，提出在八个方面解放思想、更新观念，进一步增强了加快发展的责任感和紧迫感。二是与时俱进，创新发展思路。省委召开工作会议，作出了解放思想、干事创业、加快发展的部署，确定了围绕“一个总目标”，争取“两个提前”，完成“三个阶段任务”，实施“四大战略”，落实“五项工作方针”，实现“六个方面变化”的目标任务和工作思路。突出抓好十项重点措施，努力实现十个方面的突破。三是积极深化改革。全面落实十六届三中全会精神，推进国有企业、事业单位、市场体系等各项改革。四是努力营造良好的发展环境。建设团结奋进的人文环境、稳定和谐的社会环境、诚信法治的市场环境、务实高效的服务环境、积极向上的舆论环境。五是提高领导和驾驭市场经济的能力。按照“五个统筹”的要求，突出解决“三农”问题，抓好外经外贸、高新技术、民营经济“三个亮点”，努力扩大投资、扩大消费、扩大出口，促进农民增收、财政增长、就业增加。六是狠抓落实。先后抓了济南城市规划建设、山东半岛城市群建设、制造业基地建设、加快县域经济发展、国有企业改革、繁荣服务业等重大举措，明确责任，一项跟一项，一环扣一环抓好落实。

2004年，山东省按照中共十六届三中、四中全会的要求，省委着重抓了树立和落实科学发展观、加强党的执政能力建设等重大问题的学习教育。4月，中共山东省委常委举办理论学习中心组读书会，就树立和落实科学发展观进行专题学习研讨。2004年4月15日至16日，中共山东省八届七次全委会议在济南举行。会上进一步认真学习了中共十六大和十六届三中全会精神以及中央领导关于树立和落实科学发展观的一系列重要讲话。审议通过《关于牢固树立和认真落实科学发展观的决定》。张高丽代表省委常委讲话，向全委会报告了近一个时期省委常委的工作，并对当前工作提出要求。先后举办5期专题培训班和理论研讨班，对市厅级主要领导干部、县（市、区）委书记和部分理论研究骨干进行专题培训。

2004年，山东省坚持营造良好的舆论氛围和加强宏观管理两手抓。紧紧围绕树立和落实科学发展观，集中开展战役性宣传。成立省重大报道选题策划协调小组，中央主要媒体宣传山东的重点新闻稿件有6000多篇（条）。其中，《人民日报》、中央电视台发山东的头版头条稿件、新闻联播提要的数量位居全国第一。不断完善新闻阅评等管理制度。加强和改进新闻宣传，把体现党的主张与反映人民心声有机统一起来。治理报刊散滥工作得到巩固。

2006年，山东省以科学发展观统领全局，努力促进经济又好又快发展。一是认真贯彻中发〔2006〕14号文件，制定出台《关于做好当前经济工作的意见》。严把土地信贷闸门和市场准入门槛，坚决把投资增长过快的势头降下来，防止高能耗、高污染和产能过剩行业盲目扩张。认真清理新建项目，对有问题的项目分别作了停建、缓建、整改等处理。调整经济结构，转变经济增长方式，防止经济增长由偏快转为过热。二是认真贯彻工业反哺农业、城市支持农村和“多予少取放活”的方针，把新农村建设的重点放在发展农业生产、促进农民增收上。坚决落实中央一系列支农惠农政策，全部免除农业税。调整优化农业结构。加大农村“路水电气医学”等基础设施建设和社会事业的投入。三是建立以节能降耗、质量效益、生态环境为主要内容的科学发展考核指标体系，突出抓好高耗能行业和企业技术改造。召开全省科技大会，制定山东省中长期科技规划纲要。加强重点流域区域污染防治。四是坚持发挥青岛的龙头作用，中部突破济南，东部突破烟台，西部突破菏泽。召开第二次加快菏泽发展现场会。召开全省县域经济现场会，奖励先进县（市、区）。五是着力抓好金融证券、科技教育、现代物流、商贸餐饮、文化体育、旅游休闲、房地产业、中介服务等重点。促进文化产业发展，成功举办首届山东（国际）文化产业博览会。六是深入推进农村综合改革、国企改革、政府管理体制改革、事业单位改革。

2007年4月24日，省委在济南召开常委扩大会议，深入学习胡锦涛总书记关于科学发展观的重要论述，用科学发展观的立场、观点和方法，分析研究全省经济社会发展的重大现实问题。

2007年，山东省大力宣传科学发展观、构建社会主义和谐社会等重大战略思想和战略任务，宣传贯彻落实党的十七大和山东省第九次党代会精神的新情况、新进展、新举措。中央6家主要新闻媒体刊发宣传山东的稿件突破2万篇，其中头版头条、主要新闻栏目头条105篇。健全完善新闻出版宏观调控机制，组建新闻联络员队伍，初步建立起省级新闻线索平台。加强对突发事件和社会热点的舆论引导。加强重点新闻网站建设，举办第四届中国网络媒体山东行网络采访活动，积极开展文明办网、文明上网活动。

二、学习贯彻党的十七大精神

2007年10月，中国共产党第十七次全国代表大会在北京举行。会议高举中国特色社会主义伟大旗帜，以邓小平理论和“三个代表”重要思想为指导，深入贯彻落实科学发展观，对中国特色社会主义的经济、政治、文化、社会和党的建设等各项工作作出了全面部署。

党的十七大召开后，山东省委及时地抓好十七大精神的贯彻落实。2007年10月23日，山东省委召开常委扩大会议，传达学习党的十七大和十七届一中全会精神。24日，中共山东省纪委召开常委扩大会议，传达学习党的十七大精神，部署学习贯彻落实工作。30日，省委又下发了《关于按照中央通知要求深入学习宣传贯彻党的十七大精神的通知》。11月8日至9日，省委召开九届二次全会，审议通过了《中共山东省委关于深入学习贯彻党的十七大精神的决议》。山东省委把学习贯彻党的十七大精神作为首要政治任务，先后举办理论学习中心组读书会，举办学习党的十七大精神辅导报告会。12月8日至10日，省委会议部署2008年的学习宣传工作。在省委的带领下，全省的学习宣传党的十七大精神的活动深入扎实地进行，推动全省各项工作的开展。

山东各级党组织认真贯彻落实党的十七大精神，以改革创新的精神加强自身建设，把提高党的执政能力建设和先进性建设作为主线，坚持党要管党、从严治党，贯彻为民、务实、清廉的要求，始终站在时代前列带领全省人民，克服各种困难，不断开创事业发展新局面，实现“解放思想、改革创新、加快推进经济文化强省建设”的奋斗目标。2008年5月12日，四川汶川发生了里氏8.0级特大地震，造成6.9万人遇难，1.8万人失踪，受灾群众达1510万人。全省人民在省委的领导下，坚决响应党中央、国务院的号召，把抗震救灾作为重大紧迫任务，迅速组织力量参加抢险救援。做好灾区群众过渡性安置，建设过渡安置房32876套。中央确定山东省对口支援北川县灾后恢复重建后，确定每年对口支援北川的实物工作量不低于全省上年地方财政收入的1%，加上社会捐赠款物、工业园区项目建设资金等，三年总投入在100亿元以上。

2008年8月8日至24日，第29届夏季奥运会在北京举行。这是中华民族的百年期盼，是全体中国人民的奥运会。全省人民在省委的领导下，切实做好奥运安保工作，为奥运会、残奥会圆满成功举办作出应有贡献。6月中旬，青岛奥帆赛海域爆发历史罕见的浒苔自然灾害，省委、省政府认真落实胡锦涛总书记等中央领导同志重要批示要求，组织大量人力物力奋勇抗击浒苔，取得治理浒苔灾害的决定性胜利，保障了奥帆赛的如期顺利举办。精心组织火炬传递，实现“安全、准时、顺利”的总体要求。认真抓好“4·28”特大交通事故善后处理工作，紧急组织动员全社会力量，全力以赴配合铁道部门开展救援救助和善后处理工作，维护了社会稳定。

2008年7月20日，胡锦涛同志到青岛市实地考察北京奥运会帆船比赛筹办工作，并就当前形势下企业生产经营情况进行调查研究。在考察途中，胡锦涛听取了山东省委和省政府的工作汇报，对山东省在推进改革开放和社会主义现代化建设、支援抗震救灾和灾后恢复重建、筹办北京奥运会等方面所做的工作给予充分肯定，希望山东省各级党委和政府高举中国特色社会主义伟大旗帜，以邓小平理论和“三个代表”重要思想为指导，深入贯彻落实科学发展观，继续解放思想，坚持改革开放，努力在推动经济又好又快发展方面取得新进步，在保障和改善民生、促进社会稳定和谐方面取得新成绩。

三、开展学习实践科学发展观活动

科学发展观是在深入总结改革开放以来经验基础上形成和发展起来的，是中国特色社会主义理论体系的重大创新成果，体现了党对中国特色社会主义发展规律的认识的深化，对于坚持和发展中国特色社会主义具有重大而深远的意义。党的十七大作出在全党开展深入学习实践科学发展观活动的部署。十七大之后，在全国选择23个单位进行试点，取得了一定经验。在试点的基础上，2008年9月5日，中央政治局会议决定从2008年9月开始，用一年半左右的时间，在全党分批开展深入学习实践科学发展观活动。9月14日，中共中央印发《关于在全党开展深入学习实践科学发展观活动的意见》，学习实践活动正式开始。

2008年9月24日，山东省委在济南召开常委会议，传达中央关于深入学习实践科学发展观活动动员大会暨省部级主要领导干部专题研讨班精神，研究全省开展学习实践活动的实施意见。10月6日至7日，省委在济南举行全省深入学习实践科学发展观活动动员大会暨市厅级主要领导干部专题研讨班。按照中央的统一部署，全省学习实践活动在先行试点的基础上，从2008年10月开始，自上而下分三批进行，全面开展深入学习实践科学发展观活动。全省27.1万个党组织、580万名党员参加活动。12月20日，省委召开深入学习实践科学发展观活动会议，结合实际研究部署学习实践活动。

扎实抓好学习实践活动各项任务的贯彻落实。一要紧紧围绕解放思想、树立科学发展理念抓好学习实践活动。二要紧紧围绕应对国际金融危机、保持经济平稳较快发展抓好学习实践活动。把握“科学发展、富民强省”这个主题和“解放思想、改革创新，加快推进经济文化强省建设”这个实践载体。三要紧紧围绕保障和改善民生、促进社会和谐抓好学习实践活动，使活动成为群众满意工程。四要紧紧围绕改革创新、健全完善体制机制抓好学习实践活动。五要紧紧围绕加强党性修养、改进工作作风抓好学习实践活动。六要紧紧围绕充分调动和发挥人民群众的积极性抓好学习实践活动，把全社会发展的积极性引导到科学发展上来。

全省学习实践活动扎实推进，取得了显著成效。用中国特色社会主义理论体系武装头脑，用科学发展观指导实践，党员干部增强了贯彻落实科学发展观的自觉性、坚定性。进一步理清发展思路，在推动科学发展、加快经济文化强省建设上迈出了新的步伐。在学习实践中，注意解决突出问题，保增长、保民生、保稳定，让人民群众在得实惠上见到了新的成效。在建立完善促进科学发展体制机制上取得了新的成果，切实把握“党员干部受教育、科学发展上水平、人民群众得实惠”这个总要求，在活动中把抓班子、带队伍、强作风作为有效途径，在促进领导机关和党员干部队伍作风建设上取得了新的进展。

在教育实践活动中，各级党组织高度重视，精心组织，加强领导。各单位党委（党组）全面负责本单位的学习实践活动，主要负责同志认真履行第一责任人的职责,鼓励和支持基层单位创造性地开展学习实践活动，用实际成果检验活动成效。一是在活动中认真学习、全面落实胡锦涛总书记视察山东重要讲话精神和中央、省委部署要求，坚持把应对国际金融危机、克服经济发展困难和保持社会稳定，作为学习实践活动最大的实践，解决影响科学发展、群众反映强烈的突出问题近20万个，总结推出王伯祥、李登海等先进典型，整个活动取得明显成效。习近平、李克强等中央领导多次肯定山东做法。二是紧紧围绕省委工作大局开展教育培训。把学习贯彻中共十七届四中全会精神作为首要任务，全省共培训县处级以上领导干部3万多人次。突出抓好“推进文化强省建设”“半岛蓝色经济区”“应对国际金融危机”等9个方面培训，开办专题班次28个。开通“山东干部学习网”，扎实推进干部自主选学工作。三是充分发挥组织、动员和保障功能，各级党组织和广大党员干部在全运会筹办、保持经济平稳较快发展等方面发挥重要作用。

2010年3月19日，山东省委在济南召开深入学习实践科学发展观活动总结大会，对全省深入学习实践科学发展观活动进行总结，安排部署巩固扩大学习实践活动成果工作。全省共580多万名党员在本单位集体收听收看了山东电视台公共频道和省党员干部现代远程教育网络直播的大会实况。

第二节　加强党的领导构建社会主义和谐社会

党中央继提出科学发展观重大战略思想之后，又从中国特色社会主义总体布局和全面建设小康社会的全局出发，提出建设社会主义和谐社会的重大战略目标。党的十六大提出了“社会更加和谐”的目标。2004年9月，党的十六届四中全会针对新世纪新阶段我国所面临的前所未有的发展机遇和前所未有的严峻挑战，第一次明确提出了构建社会主义和谐社会的重大战略任务。2005年2月，胡锦涛在省部级主要领导干部专题研讨班上的讲话中指出，我们所要建设的社会主义和谐社会，应该是民主法治、公平正义、诚信友爱、充满活力、安定有序、人与自然和谐相处的社会。2006年

10月8日至11日，中国共产党第十六届中央委员会第六次全体会议在北京举行，会议全面分析了当前的形势和任务，研究了构建社会主义和谐社会的若干重大问题，作出《中共中央关于构建社会主义和谐社会若干重大问题的决定》。

一、构建社会主义和谐社会是党的建设题中之意

社会和谐是中国特色社会主义的本质属性，是国家富强、民族振兴、人民幸福的重要保证。构建社会主义和谐社会，是我们党以马克思列宁主义、毛泽东思想、邓小平理论和“三个代表”重要思想为指导，全面贯彻落实科学发展观，从中国特色社会主义事业总体布局和全面建设小康社会全局出发提出的重大战略任务，反映了建设富强民主文明和谐的社会主义现代化国家的内在要求，体现了全党全国各族人民的共同愿望。

构建社会主义和谐社会是一个不断化解社会矛盾的持续过程。作为执政党要始终保持清醒头脑，居安思危，深刻认识我国发展的阶段性特征，科学分析影响社会和谐的矛盾和问题及其产生的原因，更加积极主动地正视矛盾、化解矛盾，最大限度地增加和谐因素，最大限度地减少不和谐因素，不断促进社会和谐。要坚持解放思想、实事求是、与时俱进，一切从实际出发，自觉按规律办事，立足当前、着眼长远，量力而行、尽力而为，有重点分步骤地持续推进，切实把构建社会主义和谐社会作为贯穿中国特色社会主义事业全过程的长期历史任务和全面建设小康社会的重大现实课题抓紧抓好。

2005年，山东认真贯彻落实中央关于构建社会主义和谐社会的决策部署，大力推进物质基础、平安山东、民主法制、社会事业、民心工程、

文明山东、生态环境、党的先进性八大建设。一是确保社会稳定安全生产。全省未发生大的安全生产事故，认真做好禽流感防控工作，未发现禽流感疫情。二是关心困难群众生产生活。努力扩大就业，完善社会保障体系。动员全省广大党员干部积极开展向困难群众送温暖、献爱心活动。在农村重点抓好“路水电医学”等涉及民生的基础建设，全省行政村基本实现村村通柏油路，80％的村实现通公共汽车，村村通自来水普及率提高到52％，参加新型农村合作医疗农民的比重达到44％。

2005年2月27日，省委召开常委扩大会议。会议传达学习中央领导在省部级主要领导干部“提高构建社会主义和谐社会的能力”专题研讨班上的重要讲话精神，省委书记、省人大常委会主任张高丽主持会议。张高丽强调，要按照胡锦涛总书记和中共十六届四中全会的要求，紧密联系山东实际，围绕构建社会主义“和谐山东”，积极推进物质基础、平安山东、民主法制、社会事业、民心工程、文明山东、生态环境、党的先进性八大建设，开创各项工作新局面。

2005年4月7日至10日，中共中央总书记、国家主席、中央军委主席胡锦涛到先进性教育活动联系点寿光市调研，视察指导工作；到潍坊、威海、烟台等地，就落实科学发展观、构建社会主义和谐社会、加强党的建设进行调研。

2005年4月20日至21日，全省构建和谐社会工作会议在济南召开。会议的主要任务是，以邓小平理论和“三个代表”重要思想为指导，认真贯彻落实中共中央提出的构建社会主义和谐社会的重大战略任务和胡锦涛总书记在山东视察时的重要讲话精神，进一步统一思想，提高认识，结合山东实际，就构建社会主义“和谐山东”进行研究部署。

2006年，山东省从解决群众最关心的问题入手，扎实推进和谐山东建设。一是切实解决群众关心的热点难点问题。认真做好就业工作，全省城镇新增就业107.3万人，转移农村劳动力159.2万人。加强社保资金管理，扩大社会保险覆盖面。对农村贫困家庭和城市低保家庭的义务教育阶段学生实行“两免一补”，利用助学贷款、社会救助等多种形式帮扶困难学生。抓好抗旱救灾工作。切实解决好农村土地征用、城镇房屋拆迁和企业改制重组中侵犯群众利益的问题。二是深入推进平安山东建设。抓基层、抓基础、抓队伍，正确处理人民内部矛盾，狠抓社会治安综合治理，切实搞好安全生产。三是扎实推进民主法制建设。贯彻中发〔2005〕9号文件精神，加强人大工作。省委召开政协工作会议，研究制定加强政协工作的措施。开展社会主义法治理念教育。推进基层民主政治建设。四是抓好精神文明建设。正确把握舆论导向，强化新闻出版和互联网的监督管理。广泛开展社会主义荣辱观教育。五是加强社会建设和管理。坚持党委领导、政府负责、社会协同、公众参与的社会管理格局，发展社会事业。大力实施“科教兴鲁”战略，推进体育强省建设，积极做好第十一届全运会的筹办工作。2006年10月23日至25日，中共山东省八届十三次全委会议在济南举行。全委会认真传达学习中共十六届六中全会精神，听取和讨论张高丽受省委常委委托作的工作报告；审议通过《中共山东省委关于贯彻落实党的十六届六中全会精神努力构建社会主义和谐社会的决定》。11月28日，《人民日报》以《山东“平安建设”助推社会和谐》为题，报道了山东省在平安建设中推动和谐建设的经验。

二、加强农村党组织建设，推动社会主义新农村建设

2004年，山东省以“三级联创”活动和四项试点为抓手，大力加强基层党组织建设。积极推进农村基层党建工作，对农村基层组织建设先进县（市、区）工作进行考核验收，评选表彰了28个农村基层组织建设先进县（市、区）；指导做好全省村“两委”换届选举工作；扎实开展农村党员干部科技知识培训工作，全省有133万农民党员掌握了1至2门实用技术。在148个单位开展保持共产党员先进性教育试点。在新的社会阶层中发展党员试点和党代表大会常任制试点进展顺利。农村党员干部现代远程教育试点扎实有效，截至8月底，中央和省委确定的试点市全部完成站点建设任务；省里建成开通了省卫星专用频道、省级辅助教学网站等。扎实推进街道社区、高校、国有企业、非公经济组织等领域党的建设，截至2004年底，全省有2万家非公经济组织建立了党组织，具备建立党组织条件的非公有制企业中，党组织组建率达到98.7%。大力加强党员队伍建设，全省新发展党员15万名，入党积极分子队伍超过80万人。

面对科学发展、和谐发展的新主题新情况新局面，全省创新基层党建工作的步伐大大加快。2005年1月，省委下发《关于以加强执政能力建设为重点，全面推进党的基层组织建设纲要》，涵盖党的基层组织的思想建设、组织建设、作风建设、制度建设等方方面面。山东的做法得到中组部领导的肯定，中组部认为：“很及时、很重要，其中一些思路和措施很有新意。”

圆满完成村“两委”换届工作，全省村“两委”按期换届率达到99.5%，村“两委”交叉任职比率为74.8%，村党组织书记与村委会主任

“一人兼”的比率达到88.6%。全面推行村“两委”任期目标承诺制和践诺奖惩制。省委召开纪念莱西会议15周年座谈会，研究提出今后一个时期农村基层组织建设的总体思路和工作重点。就建立健全国有企业党建工作责任制、加强社区党建工作等提出明确要求，积极探索在社会中介组织中开展党建工作的新模式。总结推广产业建支部、无职党员设岗定责等经验做法。加强对党代表大会常任制试点工作的指导。认真做好党员发展和教育管理工作。加大帮扶生活困难党员的工作力度。农村党员干部现代远程教育试点工作基本完成。5月，全面完成终端接收站点建设任务，实现全省乡镇和行政村的全覆盖，有的地方开始向城市社区延伸。省现代远程教育中心基地正式投入使用，初步形成功能比较完备、“天地网合一”的网络体系。队伍和站点管理初步走上制度化轨道。远程教育的效果初步显现，特别是在预防高致病性禽流感、开展第三批先进性教育活动中发挥了重要作用。

2006年，山东省整体推进基层党组织建设和党员队伍建设，深化农村党的建设“三级联创”活动，全省“五个好”乡镇党委和村党组织比例分别达到61%和55.4%。建立基层组织正常运转保障机制，全省各级财政每年转移支付用于村级资金超过15亿元。各级投入5.4亿元，建成村级组织活动场所2257处。扎实推进国有企业、街道社区、学校、新经济社会组织等领域党的建设。开展扩大基层领导班子成员直选、党代会常任制试点。大力推行无职党员“设岗定责”和党员公开承诺制度，积极推广为民服务代理制。认真落实老党员生活补贴政策。2006年11月，省委、省政府印发《山东省建设社会主义新农村总体规划（2006—2020年）》。

2008年，山东省坚持因地制宜、分类指导，整体推进基层组织建设。

一是深入开展农村党的建设“三级联创”活动，进一步落实各级党组织管党责任，对基层党建工作先进县进行考核验收，顺利完成村“两委”换届，选聘2500多名大学生到村任职。努力构建城乡统筹的基层党建新格局，以“城乡手拉手、共建新农村”活动为主题，积极探索党建工作以工促农、以城带乡的有效途径。整体推进国有企业、城市社区、“两新”组织等领域党的建设。二是坚持教育、管理、服务并重，不断加强党员队伍的先进性建设。探索构建党员联系和服务群众工作体系，广泛开展党员设岗定责、服务承诺等活动，加强流动党员管理，认真做好关心老党员和困难党员工作。三是积极稳妥、扎实有效地推进党的组织制度建设。推行党代表任期制，继续开展党代会常任制试点，探索建立“五位一体”党员意愿表达机制。推动远程教育入户，通过远程教育培训党员干部800多万人次。

2009年，山东省高度重视基层，服务基层，积极推进基层党建工作创新。健全“抓书记、书记抓”基层党建工作机制，下发《关于健全落实县乡党委书记抓基层党建工作专项述职制度的意见》，就专项述职的内容、环节、配套措施等作出明确规定，初步形成“用责任制管责任人，用责任人带一班人”的工作格局。组织实施基层党建创新“县委书记项目”，确定36项作为省委组织部重点联系、指导的基层党建创新“县委书记项目”。建立健全村党组织书记队伍建设“四个机制”，切实抓好集中教育培训和报酬待遇落实。创办《山东党建手机报》。新选聘一批高校毕业生到村任职。以创新基层组织设置、加强农村社区党建、开展结对帮扶活动为重点，探索构建城乡统筹的基层党建工作新格局。扎实做好街道社区、非公有制经济组织和社会组织等各个领域的党建工作，在非公有制经济组织党组织中开展“困难面前见党性、共克时艰当先锋”活动，在国有企业开展

“凝心聚力谋发展、共克时艰渡难关、立足岗位作奉献”活动。在全国街道社区党的建设工作经验交流会、全国国有企业党建工作会议、全国机关党的建设工作会议上分别作典型发言。坚持教育、管理、服务并重，丰富完善党员公开承诺、无职党员“设岗定责”等形式，组织广大党员开展创先争优活动。开通“12371”党员咨询服务电话，建立健全党内关怀帮扶激励机制。围绕服务学习实践活动，抓好教学资源建设，开发制作专题教材，充分发挥党员干部现代远程教育作用。

2010年，山东省围绕增强基层生机与活力，扎实推进各领域基层党组织建设和党员队伍建设。一是抓好基层党建工作责任制落实。坚持“抓书记、书记抓”，完善县乡党委书记专项述职制度，实施基层党建创新“书记项目”2000多个。召开全省推广文登市镇村集中议事经验现场会。二是抓好农村基层组织建设。召开纪念莱西会议20周年暨农村社区党建工作座谈会，对以农村社区党建为重点的农村基层党组织建设进行部署。开展“千村调研”督查和村“两委”换届试点。全面完成第二轮村级组织活动场所建设任务。在19个乡镇开展公推直选基层党组织书记试点。举办6期基层党组织书记示范培训班。做好大学生村官管理服务，统一选聘2599名大学生村官，多渠道解决期满出路问题。三是抓好街道社区、“两新”组织等领域党建工作。召开全省街道社区党建网格化推进会，抓好“三有一化”落实。省市县均成立非公有制经济组织党工委和社会组织党工委，加强工作指导。统筹做好国有企业、机关、高校等领域党建工作。同时，建设“齐鲁先锋山东党员教育平台”，发挥远程教育作用。

第三节　以改革创新精神全面推进党的建设新的伟大工程

一、加强党的执政能力建设

进入新世纪现阶段，国家形势发生深刻变化，我国改革发展面临新情况新问题。面对新形势新任务，迫切要求改善党的领导方式，改革领导体制和工作机制，提高党员干部的思想理论水平，增强依法执政、民主执政、科学执政的能力。党的十六大提出“加强党的执政能力建设”的命题。2004年9月，党的十六届四中全会通过《关于加强党的执政能力建设的决定》，明确提出加强党的执政能力建设的指导思想、总体目标和主要任务。9月23日至24日，中共山东省八届八次全委会议审议通过了《关于深入学习贯彻党的十六届四中全会精神加强党的执政能力建设的决定》，从加强和改进基层组织建设等10个方面提出贯彻落实意见。

党的执政能力建设是党执政后的一项根本建设。党的基层组织是党的全部工作和战斗力的基础，加强执政能力建设必须加强党的基层组织建设。2004年，山东省委组织部发出《关于在各行各业开展争创“五个好”活动，加强党的基层组织执政能力建设的意见》。2005年1月，省委印发《关于以加强执政能力建设为重点，全面推进党的基层组织建设纲要》。全省基层党组织紧紧围绕加强执政能力建设，以改进和完善设置形式、活动方式、活动内容、领导体制和工作机制为重点，推进组织体系网络化、教育管理科学化、工作制度规范化、党的活动经常化、组织领导系统化，扩大组织覆盖、工作覆盖和活动覆盖，提高了创造力、凝聚力和战斗力。

山东省全面推进党的建设主要做了以下工作：一是加强思想政治建设。省委常委会先后多次对加强思想政治建设方面的工作进行研究。召开了全省领导班子思想政治建设工作会议，制定下发了《关于加强领导班子思想政治建设的意见》，推动了各级领导班子思想政治建设的深入开展。开展了对市级领导班子及领导干部的巡视试点工作。二是抓好领导班子和干部队伍建设。严格按照《党政领导干部选拔任用工作条例》规定的标准、条件和程序办事，大力选拔德才兼备的干部。全省各级换届工作圆满完成，领导班子结构进一步优化。三是全面推进人才工作。认真学习贯彻中央政治局两次会议和全国人才工作会议精神，落实《山东省2000—2010年人才队伍发展规划纲要》，推进人才强省战略进程。以实施“泰山学者”建设工程为突破口，推动高层次人才队伍建设。四是加强基层党组织建设。深入开展了农村基层组织建设“三级联创”活动，加强了国有企业、街道社区党的建设，扎实推进新型经济社会组织党建工作。共产党员先进性教育试点、农村党员干部现代远程教育试点、在新的社会阶层发展党员试点、党代表大会常任制试点工作取得比较好的效果。五是深入开展党风廉政建设。省委常委制定下发了《关于进一步加强自身建设的意见》，建立健全了有关制度。加强教育、管理和监督，注重在源头上遏制腐败行为的发生。注重解决发生在老百姓身边的、严重损害群众切身利益的不正之风，取信于民。

2004年，山东省委严格执行《党政领导干部选拔任用工作条例》，大力选拔德才兼备的优秀干部，推进干部交流任职。公开选拔20名省直单位副厅级领导干部，提拔使用10名优秀县（市、区）委书记。大力推进人才强省战略，制定《关于实施人才强省战略进一步加强人才工作的意见》。

强化农村、企业、社区、学校和新型经济社会组织党建工作。

加强党风廉政建设，严格执行《中国共产党党内监督条例（试行）》和《中国共产党纪律处分条例》，落实党风廉政建设责任制，建立巡视制度。省委主要领导带头向社会作出廉政承诺，自觉接受组织和人民群众的监督。严格执行“五个不许”，狠抓领导干部廉洁自律，加大对腐败案件的查处力度。逐步建立与社会主义市场经济体制相适应的教育、制度、监督并重的惩治和预防腐败体系，注重从源头上遏制腐败行为的发生。

2005年1月，中共山东省委下发《关于进一步做好意识形态领域工作意见》。2月，召开全省加强改进大学生思想政治教育工作会议，传达全国加强和改进大学生思想政治教育工作会议精神，对加强和改进全省大学生思想政治教育工作作出部署。

2007年，山东省全面推进党的建设新的伟大工程。一是抓好思想政治建设。把加强学习作为提高各级领导干部执政能力的基础性环节，积极推进大规模培训干部工作。二是搞好领导班子和基层组织建设。顺利完成省、市、县、乡党委换届任务，精简领导班子和副书记职数。做好市、县（市、区）人大、政府、政协领导班子换届工作。全面推进基层党组织建设。三是加强干部作风建设。按照胡锦涛总书记倡导的“八个方面”良好风气的要求，制定下发《关于加强领导干部作风建设的实施意见》。四是推进制度建设。制定《中共山东省第九届委员会常务委员会议事规则（试行）》，对省委常委会议事决策原则、议事决策内容、议事决策程序等作出具体规定。进一步建立完善考核监督体系。五是加强反腐倡廉建设。认真吸取杜世成、段义和严重违纪违法案件的教训，推进惩治和预防腐败体系建设。省委先后制定《关于坚持从严治党进一步加强党风廉政建设的意见》《山东省实施〈关于领导干部报告个人重大事项的规定〉办法》等制度规定，并督促各级认真落实。严格执行党风廉政建设责任制，完善巡视制度，规范从政行为。形成《以执政能力建设和先进性建设为重点全面加强党的建设和组织工作的调研报告》。完成中组部《十六大以来党的组织工作取得的新进展、新成果》重点调研课题。确定2007年全省组织工作12个重点调研课题，形成一批有价值的调研成果。及时宣传党的建设和组织工作的重大部署、重要会议、重要活动以及基层典型、经验，积极稳妥地做好网络宣传工作。

2008年，以改革创新精神全面推进党的建设，为经济社会发展提供坚强组织保证。一是加强思想建设。坚持用中国特色社会主义理论体系武装头脑，坚定理想信念，始终同以胡锦涛同志为总书记的党中央保持高度一致。加强干部教育培训，五年大规模培训干部任务如期完成。二是加强干部队伍和基层组织建设。完善地方党委领导班子配备改革后新的领导体制和运行机制，努力使新班子呈现新气象，树立新形象，开创新局面。加强干部队伍建设，探索建立党政干部培养链。实施人才强省战略，组织实施"泰山学者"等系列工程，鼓励各类人才干事创业。深化农村党的建设"三级联创"活动，深入开展国有企业"四好"领导班子创建活动，加强机关、学校、新经济组织、新社会组织等基层党组织建设，增强基层党组织的战斗力。三是严格按照《干部任用条例》选拔任用干部。认真贯彻党的干部路线方针政策，扩大干部工作中的民主，完善干部选拔任用机制，不断提高选人用人公信度。加强教育引导，严明组织人事纪律，强化监督检查，认真做好巡视工作，努力营造风清气正的选人用人环境。四是不断改进作风建设，加强反腐倡廉建设。制定下发《中共山东省委关于加强领导干部作风建设的实施意见》，对全省领导干部作风建设提出明确要求。建立健全领导干部基层工作联系点、下派帮扶、联系困难群众和定期接访等制度，加强和改进群众工作。认真贯彻中共十七届中央纪委二次全会精神，全面落实中央《建立健全惩治和预防腐败体系2008—2012年工作规划》，制定下发实施办法，扎实推进惩治和预防腐败体系建设。

二、学习贯彻党中央《关于加强和改进新形势下党的建设若干重大问题的决定》

2009年9月，党的十七届四中全会召开，全会通过《关于加强和改进新形势下党的建设若干重大问题的决定》，就新形势下如何加强和改进新形势下党的建设作出新的决策部署。《决定》强调，要建设马克思主义学习型政党，坚持和健全民主集中制，弘扬党的优良传统和作风，加快推进惩治和预防腐败体系建设，不断提高党的建设科学化水平。

党的十七届四中全会召开后，山东省委立即召开常委扩大会议和常委会议，认真传达学习全会精神，研究贯彻落实意见。2009年9月20日，山东省委召开常委扩大会议，就深入学习贯彻党的十七大和十七届三中、四中全会精神作出部署。省委要求，坚持用中国特色社会主义理论体系武装头脑，始终同以胡锦涛同志为总书记的党中央保持高度一致，牢牢把握山东工作的正确方向。把学习贯彻胡锦涛总书记等中央领导同志视察山东时的重要讲话和重要指示，作为振奋精神、坚定信心、促进工作的强大动力。9月25日至27日，省委召开九届八次全体会议，通过了《中共山东省委关于认真贯彻落实〈中共中央关于加强和改进新形势下党的建设若干重大问题的决定〉的意见》。强调要加强学习，建设学习型党组织。在学习贯彻中，强调以为化危、以为求机，引导各级领导干部着力转变不适应、不符合科学发展观的思想观念，着力解决影响和制约科学发展的突出问题，着力在改进工作和务见成效上下功夫。省委先后组织各市和省直部门负责同志到江苏、西藏等兄弟省区学习，引导各级解放思想，坚定信心，进一步增强科学发展的紧迫感。

山东省委组织部门带头学习贯彻中共十七届四中全会精神，举办全省组织部长培训班，首次对140名县（市、区）组织部长进行集中培训。以“讲党性、重品行、作表率”深化拓展年活动为抓手，把加强组工干部党性修养放在突出位置，努力实现做人、做事、做党员、做组工干部的有机统一。严格执行组工干部“十严禁”纪律要求，加强日常教育、管理和监督，牢固树立公道正派、廉洁自律的良好形象。健全完善部机关各项工作制度，强化基础性建设，不断提高自身建设制度化、规范化、科学化水平。扎实开展“组织部长下基层”和“民意研讨月”活动，推动工作重心下移。在全省组织系统评选表彰2009年度“山东组工创新奖”11项，在部机关评选“出色工作”6项。加强组织部门理论研究、干部档案和信息化建设，进一步加大宣传力度，努力营造良好的舆论环境。

2010年，山东省委按照中央的部署，以党的执政能力建设和先进性建设为主线，全面推进党的建设新的伟大工程。一是扎实开展学习实践活动和创先争优活动。全省深入学习实践科学发展观活动到4月份基本结束。整个活动主题突出，特色鲜明，富有成效，进一步增强了全省上下贯彻落实科学发展观的自觉性和坚定性，并集中解决了一批影响和制约科学发展的突出问题。从4月份开始正式启动创先争优活动，以争做“齐鲁先锋”为载体，以创建“齐鲁先锋”基层党组织、争当“齐鲁先锋”共产党员为主要内容，引导基层党组织和党员增强先锋意识，实践先锋使命，展示先锋形象，取得了积极成效。二是狠抓理论学习和干部培训。按照中央关于加强学习型党组织建设的部署，制定了全省学习型党组织建设的实施意见，在全省组织开展“领导干部、领导班子带头学习、带动学习，争创学习型党组织”的“两带一创”主题学习活动，开展“七个怎么看”理论宣讲，举办了省委理论学习中心组读书会和10场专题学习报告会。三是加强领导班子和干部队伍建设。制定印发贯彻落实深化干部人事制度改革规划纲要《实施意见》和全国党政领导班子建设规划纲要《试行办法》，建立党政领导干部选拔任用工作责任制，制定下发了“两公开、四差额”选拔任用县乡党政正职《试行办法》和市县党委常委会任用干部票决制《试行办法》。在部分省管领导班子中开展了差额选拔厅级干部试点。组织实施“基层培养优选计划”，公开选拔选派了5批干部上下交流任职或挂职。加强对干部的管理和监督。四是增强基层党组织创造力凝聚力战斗力。统筹抓好农村、城市社区、国有企业、“两新”组织和机关、学校、科研机构等领域基层党建工作，扩大党的组织和工作覆盖面，健全基层党组织体系。落实基层党建工作责任制，制定下发《关于健全落实县乡党委书记抓基层党建工作专项述职制度的意见》，在全省实施36个基层党建创新“县委书记项目”，形成“用责任制管责任人、用责任人带一班人”的工作格局和运行机制。以农村社区党建为重点，加强城乡党建资源整合，加快构建城乡统筹的基层党建新格局。五是高度重视做好人才工作。认真贯彻落实全国人才工作会议精神，召开全省人才工作会议并作出部署，编制了《山东省中长期人才发展规划纲要（2010—2020年）》。确立人才优先发展战略布局，深入实施人才强省战略，统筹抓好各类人才队伍建设，推进人才体制机制创新，努力把山东建设成为高端人才聚集地和优质劳动力富集地带。六是加强作风建设和反腐倡廉建设。坚持不懈地抓干部作风建设，要求各级干部牢固树立正确的政绩观，始终保持良好的精神状态，努力创造经得起实践、群众和历史检验的政绩。进一步学习贯彻《党员领导干部廉洁从政若干准则》，狠抓反腐倡廉制度的贯彻执行，深入推进惩治和预防腐败体系建设。加大案件查处力度，坚决惩治腐败。

第四节　培育和践行社会主义核心价值观

一、社会主义核心价值观的提出

2006年3月，胡锦涛总书记在参加全国政协十届四次会议民盟、民进界委员联组讨论时提出了以“八荣八耻”为主要内容的社会主义荣辱观。社会主义荣辱观的提出，继承和发展了我国古代的“知耻”文化传统，发扬了我们党关于社会主义思想道德建设褒荣贬耻的传统，同时又赋予了新的时代内涵，深化了我们党对社会主义道德建设规律的认识。

2006年10月，党的十六届六中全会第一次明确提出了“建设社会主义核心价值体系”的重大命题和战略任务，明确提出了社会主义核心价值体系的内容，并指出社会主义核心价值观是社会主义核心价值体系的内核。学界开始深入探讨社会主义核心价值观。

2007年10月，党的十七大进一步指出：“社会主义核心价值体系是社会主义意识形态的本质体现。”2011年10月，党的十七届六中全会强调，社会主义核心价值体系是“兴国之魂”，建设社会主义核心价值体系是推动文化大发展大繁荣的根本任务。提炼和概括出简明扼要、便于传播践行的社会主义核心价值观，对于建设社会主义核心价值体系具有重要意义。

二、结合实际推进社会主义核心价值体系建设

按照中央的统一部署，山东省扎实推进社会主义核心价值体系建设，开展中国特色社会主义理论研究普及。为推进社会主义核心价值体系建设，在全社会广泛开展理想信念教育、国情教育和形势教育，引导广大干部群众增强对共产党领导、社会主义制度、改革开放事业的信念和信心。在全社会的共同努力下，公民思想道德建设工程持续推进，逐步形成知荣辱、讲正气、树新风、促和谐的文明风尚。

扎实做好意识形态领域的工作，努力营造积极向上的社会氛围，坚持用社会主义核心价值体系引领社会思潮，深入开展中国特色社会主义理论体系宣传普及活动。加强思想道德建设和精神文明建设，广泛开展“迎奥运、迎全运、讲文明、树新风”和“城乡文明牵手共建”等群众性精神文明创建活动。加强社会主义民主法治建设，坚持党的领导、人民当家作主和依法治国的有机统一，努力形成民主团结、生动活泼、安定和谐的政治局面。坚持和完善人民代表大会制度，支持人大及其常委会依法履行职能，充分发挥各级人大代表作用。支持政协推进政治协商、民主监督、参政议政制度建设，重大问题向各民主党派、工商联和无党派人士通报情况、听取意见。充分发挥工、青、妇等群团组织的作用。扎实做好双拥工作，进一步密切军民关系。加强新闻宣传舆论工作，坚持团结稳定鼓劲、正面宣传为主，组织开展重大主题宣传、重大典型宣传和重大事件宣传，唱响主旋律、打好主动仗，有效引导社会舆论。精心组织庆祝新中国成立60周年重

大主题宣传。扎实推进文化体制改革，制定关于推动文化大发展大繁荣的意见，实施文化建设“八大工程”，文化事业和文化产业有新发展。

加快推进社会主义核心价值体系建设，深化抗震救灾精神、北京奥运精神、载人航天精神教育。加大爱国主义教育基地的宣传力度，积极发展红色旅游。通过举办群众性民俗文化活动、中华经典诗文诵读、“我们的节日”征文等活动，弘扬中华民族优秀传统文化。制定《关于实施“四德工程”，进一步推进公民道德建设的意见》，开展第六个公民道德宣传日活动。开展“做一个有道德的人”主题活动和“我推荐、我评议身边好人”活动。制定下发《关于贯彻省委工作会议精神，加强和改进典型宣传工作的意见》，在全省推出30多个先进典型。中国重汽、爱民警察吴强、伤残军人袁殿华等被中宣部确定为全国重大或重要典型。组织开展群众性精神文明创建工作，烟台市顺利通过全国首批文明城市复查，6个城市被评为全国创建文明城市工作先进城市，45个单位被评为全国文明单位，34个村镇被评为全国文明村镇。继续开展“城乡文明牵手共建”行动、“百城万店无假货”活动。围绕“服务科学发展、创新宣传工作”实践载体，组织开展深入学习实践科学发展观活动。深入开展“三项学习教育活动”。研究“齐鲁文化英才工程”实施意见。4人入选全国宣传文化系统“四个一批”人才。评选表彰全省抗震救灾和奥运宣传先进集体146个、先进个人595名。

丰富城乡文化生活取得新进展。繁荣艺术创作成效显著。围绕构建社会主义核心价值体系，大力实施精品打造工程，创作了一批优秀作品。成功承办第五届中国京剧艺术节，省京剧院的《铁道游击队》、济南市京剧院的《辛弃疾》、青岛市京剧院的《驼哥与金兰》三个参赛剧目均获一等奖，填补了全省历届中国京剧节大奖的空白；省杂技团的《蹬人》在武汉国际杂技艺术节上荣获最高奖；菏泽市的《山东汉子》入选国家舞台艺术精品工程资助项目；青岛市市南区的《左邻右舍》、嘉祥县的《村姑的喜悦》荣获第六届全国“四进社区”文艺展演金奖；胶州市的《喜洋洋》荣获首届中国农村艺术节文艺会演金穗奖。面向旅游演艺市场，相继推出了《粉墨》《家乡》《蔚蓝青岛》《蒙山沂水》《泰山神韵大舞台》《秧歌》等一批较有影响力的舞台艺术作品。社会文化活动丰富多彩。组织参加了北京奥运会、残奥会文艺演出活动和赴北川灾区慰问演出，成功举办“纪念改革开放30周年优秀剧目展演”“鲁川血脉情抗震救灾义演”“迎奥运全省美术书法摄影展”，组织开展广场艺术节、社区文艺会演、农村文艺会演、舞蹈大赛、秧歌大赛、器乐大赛等。各地举办广场文艺演出84000多场，社区文艺演出22000多场，各类艺术节、文艺会演28000多场。公益性文艺演出扎实开展。各地积极组织开展“送戏下乡、进社区”公益演出活动，为基层群众送去高水平的文艺节目。威海市专门成立“新农村文艺演出队”和“文艺拥军演出队”，开展“千场演出进农村”活动；淄博市全年“送戏下乡”演出有1300多场。全省国办院团“送戏下乡”演出近万场。济南“泉城大舞台”，实现“天天有曲艺、周周有戏剧、月月有音乐会”，全年演出460多场，已成为全省的公益演出品牌。

第五节　开展先进性教育实践活动

保持先进性教育活动是中国共产党在新的历史条件下用发展着的马克思主义武装全党的一项重大举措，是加强党的执政能力建设和先进性建设的一次成功实践。

2004年11月7日，中共中央下发了《关于在全党开展以实践“三个代表”重要思想为主要内容的保持共产党员先进性教育活动的意见》，决定从2005年1月开始，用一年半左右的时间，在全党开展以实践“三个代表”重要思想为主要内容的保持共产党员先进性教育活动。

一、开展先进性教育实践活动

按照中共中央的统一部署，山东省保持共产党员先进性教育活动从2005年1月中旬开始分批次开展。1月中旬到6月中旬，第一批县及县以上党政机关、部分企事业单位110多万名党员和5.8万个基层党组织参加教育活动。从6月下旬到年底，第二批城市社区、乡镇机关、企业、学校、社会团体和中介组织中的180多万名党员和8.4万个基层党组织参加教育活动。12月5日，省委对第三批先进性教育活动作了动员，全省230万名党员、8.3万个基层党组织参加。

全省在520万名党员、22.5万个基层党组织中，分三批开展了保持共产党员先进性教育活动。先进性教育活动以建设群众满意工程为目标，突出学习实践“三个代表”重要思想这条主线，突出落实科学发展观、构建社会主义和谐社会这个要求，突出分类指导这个基本工作方法，突出取得实效这个关键，突出长效机制建设这个根本，着力解决党内和群众关注的突出问题。以先进性教育活动为契机，切实加强班子和组织建设。先后对部分市、省直部门和高校的班子进行调整充实，公开选拔25名副厅级干部。认真抓好大规模培训干部工作，精心组织实施人才强省战略。

在先进性教育活动中，全省各级党组织着力解决党组织和党员队伍中存在的突出问题、影响改革发展稳定的主要问题、群众最关心的重点问题，共查摆问题584.58万个，整改377.19万个，达到了提高党员素质、加强基层组织、服务人民群众、促进各项工作的目标要求。

寿光市是中共中央总书记胡锦涛的先进性教育活动联系点。2005年4月7日至10日，胡锦涛先后到潍坊、威海、烟台等地，深入机关、企业、农村和城市社区进行调研，发表重要讲话，提出坚持实践标准、群众标准，努力使先进性教育活动真正成为群众满意工程，要求山东在以科学发展观统领全局、构建社会主义和谐社会、加强党的先进性建设上走在全国前面。胡锦涛的重要讲话为先进性教育活动指明了方向，鼓舞了士气。

全省各级组织部门把先进性教育活动作为一项重大政治任务和组织工作的重中之重来抓，坚持以胡锦涛总书记视察山东重要讲话为统领，始终突出建设群众满意工程这个根本目标，突出“三个代表”重要思想这个主题，突出落实科学发展观、构建社会主义和谐社会这个基本要求，突出确保取得实效这个关键，突出建立长效机制这个重点，认真抓好每个批次、每个阶段、每个环节的工作。第一、第二批先进性教育活动中党员参学率分别达到99.8%和99.1%，群众满意度分别达到99.3%和98.9%。

扎实开展保持共产党员先进性教育活动，以建设群众满意工程为目标，突出建设社会主义新农村这个主题，探索建立保持共产党员先进性的长效机制，取得丰硕的实践成果、制度成果和理论成果。组织175万名党员群众对先进性教育活动进行满意度测评，满意率达到99.85%。在全省组织系统开展保持共产党员先进性教育活动。结合巩固和扩大先进性教育活动成果，以学习先进典型为抓手，深入开展“学先进、创一流、永葆共产党员先进性”主题实践活动。大力加强组工干部能力建设，切实抓好教育培训。

二、开展创先争优活动

中央部署开展创先争优活动以来，山东省将其作为巩固和拓展学习实践活动成果的重要举措，迅速行动，扎实推进。在巩固扩大第一批、第二批活动成果的基础上，继续抓好第三批学习实践科学发展观活动，紧扣“科学发展、富民强省”这一主题，突出实践特色，着力解决影响和制约科学发展的突出问题，基本达到了“党员干部受教育、科学发展上水平、人民群众得实惠”的目标要求。253.6万名党员群众参加满意度测评，总体满意率达99.98%。坚持分类指导，分行业分领域提出争做“带富、创业、兴业、和谐、服务”先锋的目标要求，推动党群共建，打造“齐鲁先锋”党建品牌。推行承诺践诺评诺制度，全省25.3万个基层党组织、535万名党员公开承诺事项1200万项，为群众办实事253万件。

以“齐鲁先锋”为载体开展创先争优活动。根据中央统一部署，从2010年4月至2012年6月，全省开展了创先争优、争做“齐鲁先锋”活动，建立完善以“齐鲁先锋”为统领的党建品牌体系、以对标比超为重点的工作推进体系、以为民服务为目标的先锋实践体系、以群众满意为取向的综合评价体系、以组织保障为关键的责任体系，引导基层党组织和广大党员增强先锋意识，实践先锋使命，展现先锋形象。活动旨在宣传山东省优秀共产党员的感人事迹和先进基层党组织的典型经验，展示共产党人的时代风采和党建工作的丰硕成果，使广大党员群众从中受到崇高精神和先进文化的滋养，激励全省共产党员在实施“十二五”规划、加快经济文化强省建设的征程中，学习先进典型，贡献智慧力量，努力创先争优，争做齐鲁先锋，走在时代前列。

实施“双百先锋宣传行动”，面向全国公开征集“齐鲁先锋”标识、歌词和主题用语，营造良好舆论氛围。为了打造品牌形象，2010年12月，“齐鲁先锋——山东党员教育平台”开通。2011年4月，“齐鲁先锋”标识、《齐鲁先锋之歌》歌词和“齐鲁先锋”主体用语征集评审结果向社会公布；6月，山东卫视《齐鲁先锋》党建栏目开播，使“齐鲁先锋”品牌在山东大地熠熠生辉，在群众心中光彩夺目，成为富有强大感召力、影响力和生命力的优秀党建品牌。

三、中共山东省第十次代表大会召开

2012年5月，中共山东省第十次代表大会召开。会议提出了“一个提前，六个更加”奋斗目标，提前实现全面建设小康社会的奋斗目标，建设经济强省。在党的建设方面，提出要以党的执政能力建设和先进性建设为主线，切实做好保持党的纯洁性等各项工作，以改革创新精神全面推进党的建设新的伟大工程。

加强思想政治建设，始终坚持坚定正确的政治方向。坚定理想信念，不为任何风险所惧，不被任何干扰所惑，不断增强坚持中国特色社会主义道路、中国特色社会主义理论体系、中国特色社会主义制度的自觉性和坚定性。严守党的政治纪律，深入开展讲政治、顾大局、守纪律教育，增强政治敏锐性，坚决维护中央权威，确保中央政令畅通。保持党的纯洁性是马克思主义政党的本质要求。要从党和人民事业发展的高度，充分认识保持党的纯洁性的极端重要性和紧迫性，把保持党的纯洁性作为党的建设的根本问题和重要目标，不断增强自我净化、自我完善、自我革新、自我提高能力，大力保持党员干部思想纯洁、队伍纯洁、作风纯洁和清正廉洁，永葆共产党人政治本色。加强学习型党组织建设，引导党员干部勤于学习、善于思考，提高理论水平、思想境界和综合素质，做到眼界宽广、思路开阔、意志坚强。充分发挥党校、行政学院和各类培训机构的作用，深化"名师送教"活动，增强干部教育培训的针对性、实效性，五年计划培训干部228万人次。大力弘扬理论联系实际学风，把学习成果转化为谋划发展的正确思路、促进发展的政策措施和领导发展的实际能力。

着力建设高素质的领导班子和干部队伍。坚持五湖四海、任人唯贤，坚持德才兼备、以德为先，树立正确的用人导向。坚持科学化、民主化、制度化方向，规范干部选拔任用提名制度，加大公开选拔、竞争上岗力度，完善科学发展综合考核评价体系，健全干部选拔任用监督体系，提高选人用人透明度和公信力。认真贯彻执行民主集中制，完善领导班子议事规则、决策程序，健全集体领导与个体分工负责相结合的制度。

统筹城市基层党建，充分发挥基层党组织的战斗堡垒作用。完善常委管党建，书记抓党建的领导责任制，全面推进农村、国有企业、非公有制经济组织、新社会组织、相关事业单位等基层党建工作。抓好组织体系、骨干队伍、活动载体、工作制度、场所阵地建设，构建城市统筹基层党建新格局。努力建设服务型党组织，着力扩大党组织和党的工作覆盖面。努力做到哪里有群众、哪里就有党的工作；哪里有党员，哪里就有党组织；哪里有党组织，哪里就有健全的组织生活和党组织作用的充分发挥。

加强和改进党的作风建设，密切党同人民群众的血肉联系。加强和改进党的作风建设，核心问题是保持党同人民群众的血肉联系。要牢记"两个务必"，坚持党的群众路线，重视做好新形势下的群众工作，想问题、作决策、办事情都要从群众利益出发，做到合民需、顺民意、得民心。

加快构建惩治和预防腐败体系，不断取得反腐倡廉建设新成效。坚决惩治和有效预防腐败，关系人心向背和党的生死存亡，是必须始终抓好的重大政治任务。要坚持标本兼治、综合治理、惩防并举、注重预防的方针，严格落实党风廉政建设责任制，深入扎实推进党风廉政建设和反腐败斗争，完善山东特色“6+1”惩治和预防腐败体系工作格局。加强党性党风党纪教育，打造“齐鲁清风”廉政文化品牌，把反腐倡廉教育贯穿于干部培养、选拔、管理、使用全过程，筑牢党员干部拒腐防变的思想道德防线。坚持用制度管权管事管人，加强反腐倡廉制度创新，深化重点领域和关键环节改革，着力从源头上防治腐败。以加强领导干部特别是主要领导干部监督为重点，健全权力运行制约和监督机制，加强和改进巡视工作，推进廉政风险防控机制建设。深化专项治理，坚决纠正损害群众利益的不正之风，着力解决发生在群众身边的腐败问题。加大违纪违法案件查处力度，坚决惩治腐败行为，突出查处大案要案，以反腐倡廉的实际成效取信于民。加强各级领导班子自身建设，以身作则，率先垂范，影响和带动广大党员干部群众。各级领导干部要严守《廉政准则》各项规定，自重、自省、自警、自励，严格要求自己，严格要求配偶子女和身边工作人员，带头做光明磊落、襟怀坦荡的人，做言行一致、诚实守信的人，做一身正气、两袖清风的人，树立为民、务实、清廉的良好形象。

第五章
中国特色社会主义进入新时代山东的党建工作

党的十八大以来，以习近平同志为核心的党中央，从新时代中国共产党的历史使命出发，准确把握世情国情党情，勇于面对党所面临的重大风险和考验，认识到“治国必先治党，治党务必从严”，把全面从严治党纳入“四个全面”战略，把全面加强党的领导与全面从严治党结合起来，坚持从根本上管党治党，推动党的建设发生了历史性变革，进一步增强党的凝聚力、战斗力、号召力和领导力，开辟了治国理政和管党治党新境界。

山东省委按照中央的统一部署和要求，从2013年起，连续开展党的群众路线教育实践活动、“三严三实”专题教育、“两学一做”学习教育并将学习教育常态化制度化，认真学习贯彻党的十八届六中全会和十九大关于从严治党的重要战略部署，教育引导广大党员干部补足精神之“钙”，筑牢信仰之“基”，党员思想认识大大提高，党性修养的自觉性大大增强。

第一节 从作风建设抓起从严治党

一、整治“四风”

改革开放以来，党团结带领人民进行改革开放和社会主义现代化建设，我们党始终重视加强党的自身建设，党始终成为中国特色社会主义事业的领导核心，党的整体状况总的来说是好的。但是，由于外部环境的影响和市场经济因素，部分党员领导干部脱离群众，形式主义、官僚主义、享乐主义和奢靡之风严重，甚至违纪违法、贪污腐败。党内的不正之风严重侵蚀党的肌体，动摇党的执政基础，成为党面临的最大风险和挑战。党的作风问题，影响着人民群众对党的认知和感情，决定着党和人民的关系，决定着人心向背。

2012年11月，党的十八大召开，随后召开的党的十八届一中全会选举产生了以习近平同志为总书记的新一届中央领导集体。党的十八大指出，我们党担负着团结带领人民全面建成小康社会、推进社会主义现代化、实现中华民族伟大复兴的重任。党坚强有力，党同人民保持血肉联系，国家就繁荣稳定，人民就幸福安康。形势的发展、事业的开拓、人民的期待，都要求我们以改革创新精神全面推进党的建设新的伟大工程，全面提高党的建设科学化水平。

党的十八大以来，以习近平同志为核心的党中央以巨大的政治勇气和强烈的政治担当，勇于面对党面临的重大风险考验和党内存在的突出问题，从自身开始，聚焦“四风”，脚踏实地地进行作风建设。

2012年11月15日，在新当选的十八届中央政治局常委同中外记者见面会上，习近平总书记强调，“打铁还需自身硬”，必须“切实解决自身存在的突出问题，切实改进工作作风，密切联系群众，使我们党始终成为中国特色社会主义事业的坚强领导核心”。

2012年12月4日，中共中央政治局会议审议通过《十八届中央政治局关于改进工作作风、密切联系群众的八项规定》。

（一）要改进调查研究，到基层调研要深入了解真实情况，总结经验、研究问题、解决困难、指导工作，向群众学习、向实践学习，多同群众座谈，多同干部谈心，多商量讨论，多解剖典型，多到困难和矛盾集中、群众意见多的地方去，切忌走过场、搞形式主义；要轻车简从、减少陪同、简化接待，不张贴悬挂标语横幅，不安排群众迎送，不铺设迎宾地毯，不摆放花草，不安排宴请。

（二）要精简会议活动，切实改进会风，严格控制以中央名义召开的各类全国性会议和举行的重大活动，不开泛泛部署工作和提要求的会，未经中央批准一律不出席各类剪彩、奠基活动和庆祝会、纪念会、表彰会、博览会、研讨会及各类论坛；提高会议实效，开短会、讲短话，力戒空话、套话。

（三）要精简文件简报，切实改进文风，没有实质内容、可发可不发的文件、简报一律不发。

（四）要规范出访活动，从外交工作大局需要出发合理安排出访活动，严格控制出访随行人员，严格按照规定乘坐交通工具，一般不安排中资机构、华侨华人、留学生代表等到机场迎送。

（五）要改进警卫工作，坚持有利于联系群众的原则，减少交通管制，一般情况下不得封路、不清场闭馆。

（六）要改进新闻报道，中央政治局同志出席会议和活动应根据工作需要、新闻价值、社会效果决定是否报道，进一步压缩报道的数量、字数、时长。

（七）要严格文稿发表，除中央统一安排外，个人不公开出版著作、讲话单行本，不发贺信、贺电，不题词、题字。

（八）要厉行勤俭节约，严格遵守廉洁从政有关规定，严格执行住房、车辆配备等有关工作和生活待遇的规定。

2012年12月11日，中共中央印发这一规定，这是党的十八大召开以后制定的第一部重要党内法规。中央要求，各级党政机关和领导干部，要坚持以人为本，执政为民，带头改进工作作风，带头深入基层调查研究，带头密切联系群众，带头解决实际问题，各地区、各部门要严格按照本细则，结合实际情况，制定涵盖各级领导干部的更加具体、更便于操作的贯彻落实办法，狠抓落实，确保抓出成效。

以习近平同志为核心的党中央以身作则，率先垂范，严格执行八项规定。2012年12月7日至11日，习近平赴广东深圳、珠海、佛山、广州等地考察，一路轻车简从，不封路、不清场。12月29日至30日，习近平到河北阜平看望慰问困难群众，在群众家吃家常饭，吃的是蒸土豆。在考察中直接与群众面对面交谈，听真话、摸实情，绝不允许弄虚作假，为的就是与群众走得更近一点。

中央八项规定颁布后，2012年12月，山东省委召开常委会议，研究制定了省委常委会落实中央政治局关于改进工作作风、密切联系群众八项规定的十条实施办法。

省委要求，要深入学习领会党的十八大精神和习近平总书记近期一系列重要讲话、中央政治局八项规定，切实用中央精神统一思想和行动。要从群众反映强烈的问题入手，认真查找存在的问题，带头改进作风，以良好党风为全省党员干部作表率。

省委常委会研究通过了关于落实中央八项规定的《实施办法》。《实施办法》要求，要扎实深入开展调查研究。省委决策和省委常委部署重要工作之前，都要采取各种形式进行调研和论证，做到不调研不决策。建立定期研究重大问题制度，每年召开一至两次高层次务虚会，对事关全局的重大问题集思广益，进行前瞻性研究，把握指导工作主动权。省委每年确定若干重大课题，由常委带队深入调研，提出对策，增强工作针对性和指导性。省委常委每年到基层调研的时间不少于两个月。要改进调研工作作风，从“文山会海”和繁杂事务中走出来，深入基层和群众，认真听取意见。坚持实事求是原则，鼓励如实反映情况，多听不同意见，营造讲真话、讲心里话的良好氛围。完善省委常委联系点制度，每个常委联系一个县（市、区），蹲点调研，解剖“麻雀”，直接了解基层干部群众的所想、所急、所盼，真心实意为基层解决困难。要切实减轻基层负担，省委常委不集中、不在同一时间到一个市、县（市、区）、一个点、一条线路调研。坚持轻车简从，不搞层层多人陪同。

《实施办法》要求，要减少会议提高效率。省委常委要带头减少会议，严格控制以省委、省政府名义举行的会议和活动，严格控制各种纪念会、表彰会、研讨会和座谈会。对部门召开的工作会议，省委、省政府主要负责同志不出席，分管同志不必每次都参加。能用文件、电话等形式解决问题的，不召开会议；内容相近、时间靠近、与会人员重叠的会议，可合并套开或接续召开。未经省委批准，不在市任职的常委不出席各类剪彩、奠基活动和庆祝会、纪念会、表彰会、博览会、研讨会及各类论坛等，在市任职的常委出席上述活动从严掌握。要改进会议形式，严格控制会议规模和参会人员，充分运用现代信息技术手段，全省性会议可视情采用电视电话会议形式召开，有的会议可直接开到基层。要提高会议实效，注重解决实际问题。开会讲短话、讲管用的话，力戒空话、套话。要降低会议成本，各类会议严格执行有关规定，不得提高食宿标准。要精简文件提高质量，凡国家法律法规和党内法规已作出明确规定的，一律不再制发文件。没有实质内容、可发可不发的，一律不发。

《实施办法》强调，要禁止铺张浪费。省委常委要带头发扬艰苦奋斗作风，从严要求自己，到基层自觉做到“五个一律”：一律不提特殊要求，不做特别安排；一律在定点政务接待宾馆住宿，不住超规格套房，房间不配高档生活用品；一律不接受宴请，自助餐也要节俭，不上高档菜肴，人数较少或不具备自助条件的安排份饭；一律不到高档娱乐场所和健身场所；一律不接受地方赠送的各类纪念品和土特产。要反对搞形式讲排场。省委常委要带头简化接待工作，严格要求和监督各地做到“十不”：地方负责同志不到边界接送，不张贴悬挂标语横幅，不打电子屏幕，不组织群众迎送，不安排礼仪人员，不铺设迎宾地毯，不献花插彩旗，不摆花草和豪华用品，不组织专场文艺表演，不安排接见合影。要控制和规范出访活动，按照中央有关规定和工作需要，合理制定年度出访计划，严格控制出访陪同人员，出访时不搞迎送。省委常委外出考察或调研，不安排警车开道，不违反交通信号，沿线不腾道、不清路，不在收费站预留专用通道，不封山封园封路，不清场闭馆，不干扰群众正常生活。

《实施办法》提出，要改进规范新闻报道。减少简化会议报道，省委常委出席会议活动根据工作需要、新闻价值、社会效果决定是否报道。搞好涉及全年工作部署、出台重要政策和重要工作安排、涉及全局工作的会议和活动的报道。按照精简务实、注重效果原则，压缩数量、字数和时长。省委、省政府主要负责同志出席的重要会议活动，可安排在报刊、电视节目重要位置，文字稿不超过1000字，电视播出时间不超过2分钟；其他常委出席的全省性会议活动，文字数和电视播出时间酌减。常委出席部门会议和各类议事协调机构召开的会议，原则上不报道。除经省委批准外，省委常委参观展览、观看一般性文艺演出以及出席其他文艺活动，不作报道。常委给部门、地方的指示、批示等，一般不报道。除省委统一安排外，省委常委个人不公开出版著作、讲话，不发贺信、贺电，不题词、题字。

《实施办法》强调，要加强廉洁自律。省委常委要带头改进工作作风和密切联系群众，确保把各项要求执行到位，做到言必信、行必果。省委常委要严格遵守《中国共产党党员领导干部廉洁从政若干准则》，严格要求亲属和身边工作人员，严格执行住房、车辆配备等工作和生活待遇的规定。

省委要求，《实施办法》印发后，有关部门要根据承担的职责制定实施细则，细化措施，分解任务，强化责任，精心实施。省委办公厅、省政府办公厅要定期督促检查，向省委常委会汇报执行情况，对违反规定的提出处理建议。省纪检监察机关要把监督执行本办法作为改进党风政风的一项经常性工作来抓。省审计部门要对会议活动等经费使用情况进行审查。各级各部门要求真务实，真抓实干，以转变作风的实际成效，推动党的十八大精神的贯彻落实。

《实施办法》的出台，是针对中央八项规定作出的积极回应。省委要求贯彻落实中央八项规定关键在密切联系群众，关键是要抓好落实。要坚持原则，从严把关，对各项规定特别是量化规定、刚性要求务必不折不扣地执行。同时，坚持边实践、边总结、边完善，建立健全相关规章制度。

方法制定，立即执行。2013年1月，山东省“两会”召开之际，体现了新的会风。没搞宴请，不摆鲜花，处处彰显务实勤俭会风。没有警车开道，不挂彩球横幅，不扰民。老百姓看到了“两会”的变化。不论大型会议还是业务会议，一杯清茶、直面主题，简化形式，更重实效。省委《实施办法》出台后，全省各地各部门纷纷出台规范公务接待、会议、机关公务用车、因公出国（境）等办法，制定相应规章制定，切实转变工作作风，建设廉洁型、节约型机关。

在改善党风、密切党群关系方面着力于为群众办好事、办实事。省委、省政府继续落实原来实施的十项民心工程，切实解决了关系群众切身利益的突出问题。各级各部门求真务实，真抓实干，以转变作风的实际成效，推动党的十八大精神的贯彻落实，切实把为民工程落到实处。

边学边查边改，着力解决突出问题，是党的群众路线教育实践活动的鲜明特色之一。山东省在党的群众路线教育实践活动中，聚焦“四风”顽疾，把边查边改摆上突出位置，专项清理整顿工作，做到问题整改事事有着落、件件有回音，以实实在在的成效取信于民。

基层反映、群众诉求、网民批评，是查纠“四风”问题的重要信息途径，根据省委常委会征求意见和有关方面的反馈情况，有针对性地启动专项清理整顿工作。省委、省政府成立专项清理整顿工作小组，省直有关部门认真研究制定具体工作方案，明确整改时限。在重点清理整顿工作活动中，省级领导班子带头，在公车使用、秘书配备、办公用房等方面开展自查自纠，给全省作出了表率。

其中，会议文件简报被大幅精简，省委、省政府会议分别精简24.5%、17%，文件分别精简28.2%、45%，简报分别精简72.5%、24%；省委议事协调机构精简调整51个，只保留48个，省政府议事协调机构和联席会议撤销（包括合并）127个，只保留85个；停建楼堂馆所和清理办公用房，完成数据汇总，摸清了“底数”；全省各级党政机关在职干部、事业单位中层以上领导干部105万人全部作出会员卡“零持有”报告。清理规范节庆论坛展会、庸懒散专项治理、规范公务用车等6项工作也正积极推进。省纪检监察机关对全省18起违反中央八项规定精神的典型案例分三次通过媒体曝光。

为深入贯彻落实中央八项规定精神，根据《中共中央政治局贯彻落实中央八项规定实施细则》要求，省委2017年12月印发《中共山东省委常委会贯彻落实中央八项规定精神实施办法》。

《实施办法》经省委常委会会议审议通过，共10个部分45条，从提高政治站位、深入调查研究、精简会议活动、精简文件简报、规范出访活动、改进新闻报道、厉行勤俭节约、严守待遇规定、严格落实责任、强化督促检查等方面，对省委常委会贯彻落实中央八项规定精神作出明确具体的要求，与2012年省委常委会落实中央八项规定的《实施办法》比较，这次的《实施办法》更严、更细。

《实施办法》要求，要深入学习贯彻党的十九大精神，坚持以习近平新时代中国特色社会主义思想为指导，牢固树立“四个意识”，旗帜鲜明讲政治，坚决维护习近平总书记在党中央和全党的核心地位，坚决维护以习近平同志为核心的党中央权威和集中统一领导，坚决在政治立场、政治方向、政治原则、政治道路上同以习近平同志为核心的党中央保持高度一致。坚定不移改作风，以永远在路上的坚韧抓好中央八项规定精神的落实。自觉践行全心全意为人民服务的根本宗旨，带头贯彻落实好中央八项规定精神，以良好作风为全省党员干部作出示范和表率。

在深入调查研究方面，《实施办法》强调，要把调查研究作为决策重要依据，坚持先调研后决策，改进调研工作作风，要有更多的自主活动，力求全面、准确、深入了解情况，坚决杜绝走秀式调研。减少陪同人员，不搞层层多人陪同。简化接待工作，提出不安排宴请、不提供香烟、不上酒等“十六不”的要求。

在精简会议活动方面，《实施办法》规定，要本着务实高效的原则，严格清理、切实减少各类会议活动，坚决反对以会议落实会议，控制会议活动规模和时间，提高会议效率和质量，坚持开短会、讲短话，严格控制会议活动经费。

在精简文件简报方面，《实施办法》规定，制发文件坚持确有必要、讲求实效，从严控制发文数量，没有实质内容、可发可不发的，一律不发。《实施办法》还对严控发文规格、提高文件简报的质量和实效等内容作出明确规定。

在规范出访活动方面，《实施办法》规定，坚持因事定人、人事相符原则，合理安排出访，规范出访次数、时间及人员，提高出访成效，严明出访纪律。

在改进新闻报道方面，《实施办法》要求，简化出席会议活动新闻报道，按照精简务实、注重效果的原则，进一步压缩数量、字数和时长，突出民生和社会新闻，让新闻报道“有温度”、接地气、有感染力。《实施办法》还对全省性会议活动、调研活动等新闻报道作出规范，强调充分发挥省有关职能部门的作用，加强新闻报道统筹协调。

在厉行勤俭节约方面，《实施办法》规定，反对铺张浪费，带头发扬艰苦奋斗作风，带头节约能源资源，推进建设节约型机关、节约型社会。规范差旅出行，一律不提特殊要求，不作特别安排，按标准交纳食宿费。

《实施办法》强调，要严格落实管党治党政治责任，自觉接受监督，带头树立良好家风。各地各部门要严格执行《实施办法》精神，结合实际情况，及时制定修订相关制度规定，推动各项要求落到实处。省委办公厅、省政府办公厅要定期进行督促检查，纪检监察机关要强化监督执纪问责，审计部门每年要对各地各部门“三公”经费和会议活动等经费使用情况进行审查。

山东省各级党员干部以身作则，带头执行八项规定，聚焦“四风”，切实改进作风，以良好的党风带动政风民风，赢得了人民的衷心信任和拥护。

二、开展党的群众路线教育实践活动

在全党开展以为民务实清廉为主要内容的党的群众路线教育实践活动，是党的十八大作出的重大部署。党的十八大明确提出，围绕保持党的先进性和纯洁性，在全党深入开展以为民务实清廉为主要内容的党的群众路线教育实践活动，这是新形势下坚持党要管党、从严治党的重大决策，是顺应群众期盼、加强学习型服务型创新型马克思主义执政党建设的重大部署，是推进中国特色社会主义伟大事业的重大举措。

2013年4月19日，中共中央政治局召开会议，决定从该年下半年开始，用一年左右时间，在全党自上而下分批开展党的群众路线教育实践活动。

会议认为，全心全意为人民服务是党的根本宗旨，群众路线是党的生命线和根本工作路线。深入开展党的群众路线教育实践活动，对于教育引导党员干部牢固树立宗旨意识和马克思主义群众观点，切实改进工作作风，赢得人民群众信任和拥护，夯实党的执政基础，巩固党的执政地位，具有十分重大而深远的意义。

会议指出，当前党员干部贯彻落实党的群众路线总体是好的，在联系服务人民群众方面做了大量富有成效的工作，但也存在着不符合为民务实清廉要求的问题。特别是有的领导机关、领导班子和一些领导干部形式主义、官僚主义、享乐主义突出，奢靡之风严重，主要表现在理想信念动摇，宗旨意识淡薄，精神懈怠；贪图名利，弄虚作假，不务实效；脱离群众，脱离实际，不负责任；铺张浪费，奢靡享乐，甚至以权谋私、腐化堕落。这些问题，严重损害党在人民群众心中的形象，严重损害党群干群关系，必须认真加以解决。

会议强调，开展党的群众路线教育实践活动，要高举中国特色社会主义伟大旗帜，坚持以马克思列宁主义、毛泽东思想、邓小平理论、“三个代表”重要思想、科学发展观为指导，紧紧围绕保持党的先进性和纯洁性，以为民、务实、清廉为主要内容，以县处级以上领导机关、领导班子和领导干部为重点，切实加强全体党员马克思主义群众观点教育，把贯彻落实中央八项规定作为切入点，进一步突出作风建设，坚决反对形式主义、官僚主义、享乐主义和奢靡之风，着力解决人民群众反映强烈的突出问题，提高做好新形势下群众工作的能力，保持党同人民群众的血肉联系，发挥党密切联系群众的优势，为推动经济持续健康发展、全面建成小康社会、实现中华民族伟大复兴的中国梦提供坚强保证。

会议要求，各级党委（党组）要坚持围绕中心、服务大局，全面贯彻落实党的十八大提出的各项任务要求，把作风建设放在突出位置，以作风建设的新成效凝聚起推动事业发展的强大力量。要教育引导党员干部树立群众观点，弘扬优良作风，解决突出问题，保持清廉本色，使干部作风进一步转变，干群关系进一步密切，为民务实清廉形象进一步树立。要以好的作风组织开展教育实践活动，牢牢把握正面教育为主、批评和自我批评、讲求实效、分类指导和领导带头的原则，确保教育实践活动沿着正确轨道健康深入推进，努力在解决作风不实、不正、不廉上取得实效，在提高群众工作能力、密切党群干群关系、全心全意为人民服务上取得实际成效。

2013年5月9日，中共中央印发《关于在全党深入开展党的群众路线教育实践活动的意见》。党的群众路线教育实践活动以为民、务实、清廉为主要内容，从2013年6月开始，自上而下分两批开展，至2014年9月底基本结束。2013年6月18日，党的群众路线教育实践活动工作会议举行，习近平总书记强调要集中整治形式主义、官僚主义、享乐主义和奢靡之风这“四风”问题。2014年10月8日，党的群众路线教育实践活动总结大会举行，习近平总书记对新形势下全面推进从严治党提出八点明确要求。

按照中央的统一部署和要求，2013年7月3日上午，山东省党的群众路线教育实践活动动员大会在济南召开。会议对山东开展党的群众路线教育实践活动进行动员部署，强调要进一步加深对教育实践活动重大意义的认识，坚决贯彻落实中央决策部署，着力解决“四风”问题，密切党同人民群众的血肉联系，确保教育实践活动取得实实在在的成效。

省委要求，要认真学习习近平总书记在中央教育实践活动工作会议和中央政治局专门会议上的重要讲话，深刻阐述在全党开展教育实践活动的极端重要性和深远意义。深刻领会其精神实质和丰富内涵，切实把思想和行动统一到讲话精神和中央部署要求上来。要把习近平同志重要讲话精神作为科学指南，指导我省的教育实践活动，贯穿活动的始终，落实到每一个环节、每一个步骤上。要围绕学习贯彻习近平总书记重要讲话精神特别是“三个必然要求”的重要论述，围绕实现山东省第十次党代会提出的奋斗目标，加快建设经济文化强省，围绕加强山东各级党组织和党员队伍建设，更好地担负起历史重任，进一步加深对开展教育实践活动重大意义的认识，切实增强政治责任感、使命感和紧迫感。要坚决贯彻落实中央决策部署，扎扎实实做好每个环节每个步骤的工作。

要把“照镜子、正衣冠、洗洗澡、治治病”的总要求贯穿始终，查摆问题一定要真，对照标准一定要高，整改措施一定要硬，真正取得令全省人民满意的实际效果。要把搞好学习教育、强化理论武装作为教育实践活动第一位的任务，用好各类党性教育和爱国主义教育基地，就地就近开展革命传统教育，增强宗旨意识和群众观点。要找准并着力解决“四风”问题，密切党同人民群众的血肉联系。“四风”问题实际上是“四害”，损害党的形象、破坏党群关系、影响科学发展。解决“四风”问题，一是贵在认真，对作风存在问题的党员干部要进行教育提醒，对问题严重的要进行查处，对损害群众利益的突出问题要进行专项治理。二是贵在行动，善于发现问题，认真分析问题，着重解决问题。三是贵在自觉，解决问题不能拖，更不能等着上级催，早改早主动，越拖越被动。四是贵在效果，对作风之弊、行为之垢，来一次大排查、大检修、大扫除，使党员干部队伍呈现崭新面貌，以教育实践活动的成效取信于民。

要以整风精神开展批评和自我批评，坚持惩前毖后、治病救人，开展积极健康的思想斗争，形成健康的党内政治生活。要主动把自己摆进去，对照党章之镜，对照党的纪律、群众期盼、先进典型，对照改进作风要求，好好地照照自己。要真正开展批评，敢于指出其他同志的问题，真诚帮助提高，营造开展批评和自我批评的良好环境。要召开高质量民主生活会，谈问题，剖析原因，提出整改措施。要高度重视建立长效机制，把中央要求、实际需要和新鲜经验结合起来，研究出台一些加强作风建设的制度规定，实现作风建设制度化规范化。

要切实加强组织领导，确保教育实践活动扎实有序推进。各级党委（党组）要增强责任感和紧迫感，把开展好教育实践活动作为一项重大政治任务抓紧抓好抓实。严格落实领导责任，坚持领导干部带头，加强具体指导，坚持从实际出发，把规定动作做到位，把自选动作搞扎实。依靠群众开门搞活动，扎下去听取群众的意见和建议，每个环节都要组织群众有序参与，让群众监督和评议。充分发挥督导组作用，认真听取和吸收中央督导组的意见，落实好督导组的要求。加强宣传引导，营造浓厚氛围，坚持统筹推进，把开展活动同做好当前改革发展稳定各项工作紧密结合起来，用经济社会发展成效检验活动成效，做到两手抓、两不误、两促进。

省委常委一班人，向全省广大党员干部群众作出郑重承诺：坚决贯彻中央要求，认真参加教育实践活动，带头学习、带头剖析、带头整改，要求别人做到的自己首先做到，要求别人不做的自己坚决不做，切实发挥好示范表率作用，请全省广大党员干部群众进行监督。

2013年7月1日，山东省委常委群众路线教育的“第一课”在沂蒙老区“开课”，省委常委会全体同志率先垂范，一路轻车简从，每到一处，倾听群众心声，接受革命教育，真真正正地在沂蒙老区上了一堂生动的党课。他们首先来到红嫂纪念馆，重温那段难以忘怀的历史，领略沂蒙红嫂感人至深的英雄事迹。沂蒙红嫂、“火线架桥”组织者李桂芳，解放战争期间入党老党员魏丙见，沂南县南村社区党委书记李凤德，平邑县九间棚村党委书记刘嘉坤，沂南县后峪子村党总支书记梁兆利，当代沂蒙新红嫂、朱老大食品公司总经理朱呈镕，结合自己的亲身经历，讲述了革命战争年代和改革开放新时期，紧紧依靠群众、团结带领群众，干革命、促生产，抓发展、惠民生，党爱民、民拥军的感人事迹。

随后，省委常委又来到孟良崮战役纪念馆参观，大家怀着激动的心情，共同追寻那逝去的战火硝烟，共同领略那撼人心魄的战争场景。一件件历史实物，一张张战场照片，一个个感人故事，把大家带到了战火纷飞的革命岁月。透过沙盘展示、历史图片、文献资料和声光电情景模拟，大家了解了孟良崮战役过程，真切感受到沂蒙人民踊跃支前、无私奉献的伟大精神。

在孟良崮战役纪念馆，省委常委踊跃发言，结合思想和工作实际，畅谈自己的心得体会和认识。大家认为，省委常委会全体同志一起来到临沂，接受革命传统教育，用这种方式纪念党的生日，很有意义。同时，这也是省委常委会开展党的群众路线教育实践活动的动员和开端。回顾那段艰难的岁月，重温那段光辉的历史，在思想上受到了震撼，心灵上得到了洗礼，受到了一次很好的马克思主义群众观点教育，对如何更好地践行党的群众观点和群众路线，有了更加深刻的认识和新的思考，为党的群众路线教育实践活动的开展奠定了良好的思想基础。

通过深入讨论，省委常委在三个方面进一步加深了认识：一是人民是历史的创造者，群众是真正的英雄，党的一切来自于人民，我们必须牢固树立群众观点，坚持人民主体地位。二是群众路线是我们党的生命线和根本工作路线，是党的优良传统和政治优势，我们必须始终坚持党的群众路线，切实做好新形势下的群众工作。三是党的作风关系人心向背，关系党和国家的生死存亡，执政党的最大危险就是脱离群众，我们必须切实改进作风，始终保持党同人民群众的血肉联系。

山东党的群众路线教育实践活动自上而下分两批开展，共有近30万个基层党组织、620多万名党员参加。山东省委常委班子《整改方案》确定了10个方面55项任务；第一批活动单位确定了7256项整改事项；第二批活动部署开展了3期16项专项整治任务。活动主要围绕以下内容展开：

一是荡沉年积弊，迎为民清风，取得了反“四风”和作风建设的显著成效，刹住了许多人认为“不可能刹住”的歪风，解决了一批事关百姓切身利益的问题，建立了一系列常态化符合实际的制度。围绕解决群众反映强烈的突出问题，山东先后开展了规范城乡低保、医疗门诊服务、中小学收费、殡葬服务和推行村务公开、打击农村黑恶势力等49个专项整治行动。由省直有关部门牵头，上下联动抓整治，成效显著。全省650家医疗机构开设了无假日门诊、错时门诊和夏季夜间门诊；清理规范殡葬服务项目和收费标准，全部实现网上公示，由当事人自愿选择服务；70624个村实现了农村集体“三资”动态管理；打掉农村霸痞团伙329个，有效维护了农村社会的和谐稳定。

第二批党的群众路线教育实践活动开展时，正值中央巡视组到山东开展巡视工作，巡视组发现党风廉政建设责任制落实不够到位、领导干部及其亲属插手工程招标土地转让、监督制约机制不健全等问题。省委立即决定，把整改工作与落实中央巡视组的反馈意见结合起来，成立整改工作领导小组，13名省委常委全部参加，下设5个专项小组，明确责任分工，制定整改落实工作方案，对22项整改任务、95项工作措施均建立台账，每周召开一次调度会，一项一项盯紧落实。对带病提拔问题严格责任倒查，对超职数配备干部等问题坚决整改。同时，集中开展了规范工资关系和清理“吃空饷”、“裸官”、干部兼职等专项行动。

在整改过程中，各地自始至终坚持依靠群众，接受群众监督，让党员干部当好运动员，让广大群众当好裁判员，形成党内外良性互动。对征求上来的群众意见，改什么、怎么改、改得怎样，请群众评价，对基层和群众反映的问题一一回应。省委常委会的整改方案，17市确定的重点整改任务和进展情况，都在省级媒体上进行了公示。先后分五批向社会公示了第一批活动单位整改重点问题182项，整改措施749条。各市也通过一定方式，及时公示整改内容、时限和进展情况，让广大群众来监督。

二是把实事办到群众心坎上。在党的群众路线教育实践活动中，山东各级各部门各单位深入基层一线，多渠道、全方位查找“四风”突出问题和群众反映强烈的突出问题，真正摸清群众需求，并把立行立改贯穿活动全过程，群众反映什么问题，就解决什么问题，让群众切身感受到活动带来的新变化。

三是结合问题整改推进制度建设。各地区各部门各单位针对查找出的问题，坚持边整改边总结，及时把好经验、好做法用制度固定下来、坚持下去。一手抓问题整改，一手抓建章立制，以法治思维和改革精神建制度立规矩，形成科学、务实、管用的制度和机制，防止出现反复反弹，为转变作风提供制度保障，推动作风建设常态化、长效化。省委常委会以身作则，带头建立了自身作风建设的8项制度；省委将中央确定的四个方面的制度建设任务细化分解为19项任务，结合山东实际提出了3项制度建设任务，并区分修订完善和新建立两种情况，对制度建设的目标、内容、推进措施等提出了具体要求，目前已经完成8项，其他正在抓紧推进中。建立健全了贯彻落实中央八项规定和《党政机关厉行节约反对浪费条例》，以及党员干部直接联系群众、加强基层服务型党组织建设，规范公务接待、办公用房和“三公”经费管理等方面的制度。各地围绕解决“四风”方面的突出问题，在加强和改进学习、党员干部直接联系服务群众、关爱服务基层、严格党内生活、改进文风会风、厉行节约反对浪费、规范权力运行等方面，建立健全了行得通、指导力强、能长期管用的制度规定。按照分门别类、突出重点的原则，机关单位围绕科学民主决策、党务政务公开和各领域办事公开，执法监管部门围绕公正执法、规范执法、阳光执法，窗口单位、服务行业围绕便民服务、高效服务、优质服务，镇（街道）和村（社区）围绕联系服务群众、加强民主管理、维护群众合法权益，健全完善了一系列制度和机制，切实解决好服务群众“最后一公里”问题。

四是以正风肃纪推进制度落实。打掉问题堡垒、赢得反“四风”攻坚战，离不开强有力的纪律约束。省纪委及全省各级纪检监察机关加大对违反中央八项规定精神问题的查处力度，特别是严厉查处党的群众路线教育实践活动开展以来的顶风违纪行为。紧盯重要时间节点，突出抓好反对享乐主义和奢靡之风，对公款吃喝、公款送礼、公款旅游、党员干部出入私人会所、借培训中心奢侈浪费以及利用婚丧喜庆敛财等问题快查严处，不断释放执纪必严的强烈信号。整改期间，省纪委严肃查处了日照市委原常委、统战部原部长万同，省人大民族侨务外事委员会原主任委员吕在模，菏泽市原副市长刘国生，临沂大学原副校长李富山等省管干部严重违纪违法案件，在全省形成了有力震慑。整治不正之风和反腐败取得的明显成效，让各级党员干部认识到，制度的笼子已经越扎越牢，有如带电的高压线，有效约束权力的运行。广大党员干部增强了不碰红线、不越底线的意识，行为得到规范，工作作风明显好转。

2014年10月14日，山东省召开党的群众路线教育实践活动总结大会。省委书记作了总结讲话，指出，省委和各级党组织深入学习贯彻中央决策部署和习近平总书记系列重要讲话精神，把以上率下、落实责任，立行立改、抓实整改，从严要求、从实督导贯穿始终，持续聚焦“四风”，着力改进作风，两批活动上下联动、有序衔接、步步深入，达到了预期目的，取得了重大成果。广大党员干部受到马克思主义群众观点和党的群众路线的深刻教育，进一步坚定了理想信念，宗旨意识更加牢固；“四风”积弊得到有力整治，进一步强化了纪律观念、规矩意识，党员、干部作风明显转变；党员干部经历了一次严格的党内生活锻炼，进一步提高了发现和解决自身问题的能力，党的优良传统得到恢复和弘扬；解决了一批关系群众切身利益的问题，进一步密切了党群干群关系，基层基础切实加强；建立完善一系列反“四风”改作风的制度规定，进一步扎紧了制度的笼子，制度执行力和约束力得到增强。

党的群众路线教育实践活动的生动实践，为新形势下开展党内集中教育活动积累了新的经验，提供了重要借鉴。一是强化理论武装，坚持知行合一，切实做到教育实践相互促进；二是坚持问题导向，着力解决问题，切实做到聚焦“四风”持续用力；三是突出领导带头、夯实责任压力，切实做到示范引领以上率下；四是从严从实要求，发扬认真精神，切实做到一把尺子量到底；五是相信和依靠群众，全程敞开大门，切实做到以群众满意为评价标准。

通过党的群众路线教育实践活动，改进作风有了一个良好开端，但取得的成果还是初步的，基础还不稳固。我们要对作风问题的顽固性反复性保持清醒头脑，充分认识到，集中教育实践活动有期限，但作风建设是一个永恒课题，永远在路上；活动收尾绝不是作风建设收场，而是一个新的开始。一定要从全局和战略高度，深刻认识加强党的作风建设的极端重要性和现实紧迫性，始终绷紧作风建设这根弦，以锲而不舍、驰而不息的决心和毅力，持续推进作风建设取得更大成效。

按照中央统一部署，山东党的群众路线教育实践活动从2013年6月开始到2014年10月底基本结束。省委和各级党组织深入学习贯彻中央决策部署和习近平总书记系列重要讲话精神，把以上率下、落实责任，立行立改、抓实整改，从严要求、从实督导贯穿始终，持续聚焦“四风”，着力改进作风，两批活动上下联动、有序衔接、步步深入，达到了预期目的，取得了重大成果。

省委指出，党的群众路线教育实践活动虽然结束了，但我们坚持从严治党、加强党的建设的任务需要继续进行。新形势下加强我省党的建设的根本任务，就是深入学习贯彻习近平总书记系列重要讲话精神，全面落实新形势下从严治党的各项要求，不断提高管党治党的能力和水平，保持和发展党的先进性纯洁性。一是坚持深入学习贯彻习近平总书记系列重要讲话精神，作为当前和今后一个时期的一项重大政治任务，领会精髓要义，把握实践要求，不断增强从严治党的政治自觉。二是坚持把抓好党建作为最大政绩，切实担负起从严治党的政治责任，把党建工作与中心工作一起谋划、一起部署、一起考核，及时研究解决党建工作中出现的新情况、新问题，真正形成党委抓、书记抓、各有关部门抓、一级抓一级、层层抓落实的党建工作格局。三是坚持作风建设永远在路上，持续保持整治“四风”高压态势，严把整改质量，经常组织“回头看”，凡是党的群众路线教育实践活动中向群众承诺了的，凡是自己对照检查中找出来的，只要没有解决好、只要群众还不满意，就决不放过。要继续强化正风肃纪，加强明察暗访，继续抓好中央巡视组反馈意见整改工作，不断把党风廉政建设和反腐败斗争引向深入。四是坚持把“严”的要求落实到管党治党的各个方面，全面提高党建工作的科学化水平。要严格党内政治生活，严明党的纪律，以严的标准要求干部、以严的措施管理干部、以严的纪律约束干部，持续从严整治选人用人上的不正之风。五是坚持围绕中心、服务大局，以教育实践活动总结收尾作为新的开端，把党的群众路线教育实践活动激发出来的动力转化为攻坚克难、干事创业的干劲，以良好的作风保障和推动各项事业发展。

三、开展“三严三实”专题教育

2014年3月9日，在十二届全国人大二次会议安徽代表团参加审议时，习近平总书记对各级领导干部提出“既严以修身、严以用权、严以律己，又谋事要实、创业要实、做人要实”的要求。此后，习近平总书记进一步指出，“三严三实”要求是共产党人最基本的政治品格和做人准则，也是党员、干部的修身之本、为政之道、成事之要。

2015年4月，中共中央办公厅印发《关于在县处级以上领导干部中开展“三严三实”专题教育方案》，对2015年在县处级以上领导干部中开展“三严三实”专题教育作出安排。中央决定在县处级以上领导干部中开展

“三严三实”专题教育，是党的群众路线教育实践活动的延展深化，是深入推进党的思想政治建设和作风建设的重要举措，是使领导干部队伍适应全面建成小康社会需要的重要保障。

《方案》要求，开展“三严三实”专题教育，要深入学习贯彻党的十八大和十八届三中、四中全会精神，深入学习贯彻习近平总书记系列重要讲话精神，紧紧围绕协调推进“四个全面”战略布局，对照“严以修身、严以用权、严以律己，谋事要实、创业要实、做人要实”的要求，聚焦对党忠诚、个人干净、敢于担当，着力解决“不严不实”问题，切实增强践行“三严三实”要求的思想自觉和行动自觉，努力在深化“四风”整治、巩固和拓展党的群众路线教育实践活动成果上见实效，在守纪律讲规矩、营造良好政治生态上见实效，在真抓实干、推动改革发展稳定上见实效。

《方案》强调，坚持从严要求，强化问题导向，真正把自己摆进去，着力解决理想信念动摇、信仰迷茫、精神迷失，宗旨意识淡薄、忽视群众利益、漠视群众疾苦，党性修养缺失、不讲党的原则等问题；着力解决滥用权力、设租寻租，官商勾结、利益输送，不直面问题、不负责任、不敢担当，顶风违纪还在搞“四风”、不收敛不收手等问题；着力解决无视党的政治纪律和政治规矩，对党不忠诚、做人不老实，阳奉阴违、自行其是，心中无党纪、眼里无国法等问题，推动各级领导干部把“三严三实”作为修身做人用权律己的基本遵循、干事创业的行为准则，争做“三严三实”的好干部。

《方案》提出，坚持以上率下、示范带动。中央政治局带头开展“三严三实”专题教育。全国人大常委会党组、国务院党组、全国政协党组结合各自实际开展“三严三实”专题教育。同时，对省部级领导干部，市、县党政领导班子成员特别是党政主要负责同志，机关、企事业单位及其内设机构县处级以上领导干部和管理人员，分层提出要求。

《方案》明确，“三严三实”专题教育作为党的群众路线教育实践活动的延展深化，作为加强党的思想政治建设和作风建设的重要举措，要融入领导干部经常性学习教育，不分批次、不划阶段、不设环节，不是一次活动。从2014年4月底开始，在各级党政机关、人民团体及其内设机构县处级以上领导干部和事业单位、国有企业中层以上领导人员中开展，各级同步进行。

《方案》提出，结合专题教育动员部署工作，县级以上党委（党组）书记要带头讲“三严三实”专题党课。党委（党组）中心组和内设机构党组织要开展“三严三实”专题学习研讨。要强化整改落实和立规执纪，坚持边学边查边改，主要领导干部带头，列出问题清单，一项一项整改，进行专项整治，严格正风肃纪。对存在“不严不实”问题的领导干部，立足于教育提高，促其改进；对群众意见大、不能认真查摆问题、没有明显改进的，要进行组织调整。针对“不严不实”问题，建制度、立规矩，强化刚性执行。

《方案》要求，把开展“三严三实”专题教育与做好当前改革发展稳定各项工作结合起来，与完成本地区本部门本单位重点工作任务结合起来，做到专题教育与日常工作有机融合、相互促进，两手抓、两不误。

按照中央的统一部署，2014年4月30日上午，中共山东省委举办“三严三实”专题教育党课，正式启动全省县处级以上领导干部“三严三实”专题教育。

“三严三实”是对马克思主义党建理论的丰富发展，进一步回答了新的历史条件下加强党的建设的关键问题。自觉对照“三严三实”要求，着力发现和解决思想、作风上不严不实的突出问题，率先垂范、走在前面，做好忠诚、干净、担当的标杆，以高度的思想自觉和行动自觉践行“三严三实”要求。领导干部要带头践行“三严三实”要求，以实际行动树标杆作表率。一是在改造主观世界上树标杆作表率，始终做到忠诚于党、忠于人民。要进一步坚定理想信念，深入学习贯彻习近平总书记系列重要讲话精神，固本培元，内化于心、外化于行。要进一步增强宗旨意识，到实践中去、到群众中去，不断增进与群众的感情，找出解决问题的思路、推进工作的办法。要进一步砥砺道德操守，发扬老区优良传统和革命精神，始终保持蓬勃朝气、昂扬锐气、浩然正气，同时把好家庭关、亲情关，培育良好家风。二是在严守政治纪律政治规矩上树标杆作表率，始终做到思想清醒、政治坚定。要坚定不移地同党中央保持高度一致，自觉维护中央权威，坚决执行中央决定。要正确处理好个人和组织的关系，严格遵守“四个服从”，严格遵循组织程序、执行组织制度，不做特殊党员干部。要自觉接受严格的党内生活锻炼，勇于拿起批评和自我批评这个有力武器，以整风精神开展积极健康的思想斗争。三是在秉公用权、清廉用权上树标杆作表率，始终做到心中有戒、严以用权。要正确对待权力，决不能利用手中权力为个人捞好处，增强法治思维和依法办事水平。要自觉接受监督，自觉接受来自上级与下级的监督、党内与党外的监督、组织与群众的监督、社会与媒体的监督。四是在谋事创业、勇于担当上树标杆作表率，始终做到心中有责、为官有为。要高点定位提升标准，深刻把握省委“一个定位、三个提升”的新要求，着眼“走在前列”谋划发展思路，围绕“走在前列”展开工作布局，对照“走在前列”制定工作措施。面对困难和问题，必须要有“三严三实”的精神，在攻坚克难中把握主动、推动发展。要科学务实真抓实干，善于用改革的办法解决发展中的难题，努力以践行“三严三实”的实际行动，推动经济社会持续健康发展。

全省“三严三实”专题教育启动以来，各地各部门各单位认真贯彻落实中央、省委部署要求，结合实际精心谋划安排，以严实的标准和作风扎实推进专题教育。

层层抓责任落实，充分做好准备工作。各地各部门各单位党委（党组）把开展“三严三实”专题教育，作为落实管党治党责任的现实检验，作为提升自我净化、自我完善、自我革新、自我提高能力的重要契机，纳入各级党委（党组）书记抓党建工作述职评议考核、科学发展综合考核，层层夯实责任、传导压力。济南市市级领导班子成员集中拿出10天时间，到基层单位和企业调研，听取意见，认真查找梳理“不严不实”问题和具体表现，着力把领导干部思想作风状况摸清摸透，为开展“三严三实”专题教育找准定位、确诊症结、明确靶向。滨州市委常委班子成员进行了为期5天的驻村蹲点调研，听取意见建议。省政府办公厅、省编办、省司法厅、省住房城乡建设厅等部门单位采取发放调查问卷、设立意见箱、召开不同层面座谈会等形式，广泛征求党员干部群众的意见建议。枣庄市在深入调研的基础上制定“三严三实”专题教育实施方案，提出要结合打造“两个高地”，反思在推动城市转型升级、促发展保稳定、抓基层打基础、抓班子带队伍等方面存在的问题。烟台市在实施方案中详细列举了党员干部“不严不实”的24个方面的问题，要求各级结合实际列出具体表现，领导干部主动认领、对号入座。

提高党课质量，保证开局起点高、有影响力。省委书记带头讲专题党课，省委常委及时跟进，为全省领导干部作出示范。2014年5月底前，17市、137个县（市、区）和150个省直部门单位党委（党组）书记全部讲了高质量专题党课。各级领导干部按照“三个讲清楚”的要求，充分运用学习思考和调研成果，用真心、动真情，认真撰写党课讲稿。淄博市委主要负责同志在专题党课中指出了一些领导干部面对经济下行压力，面对急难险重任务，担当能力不足，怕担风险、怕惹麻烦，不敢挺身而出、不敢碰硬，“守摊子”“当太平官”等突出问题。为确保党课质量，各级普遍实行了党课纪实、评价分析等制度，对党课质量不高的，及时约谈提醒。潍坊市对县（市、区）和市直部门党委（党组）书记专题党课进行综合评价，对12个被评为“一般”等次的部门单位专门召开会议通报情况、提出要求。党员干部普遍反映，这次专题党课讲到了点子上、点到了要害处、讲出了好效果，多年没见到这样的情况了。通过听专题党课，既与领导面对面，更是同自身的问题面对面、与肩负的责任面对面，很受触动、很有压力，也有了目标、有了动力。

做好结合文章，深入学习研讨。专题教育启动后，各地各单位把专题学习研讨作为重中之重，突出“三严三实”主题，个人自学、集中学习与讨论交流相结合，精心组织开展，努力增强实效。为使“三严三实”专题教育不虚不空、有的放矢，淄博市瞄准领导干部在思想境界、担当作为方面存在的突出问题，制定出台了《“为官不为”行为问责暂行办法》，把履职不当、执行不力、担当不够、作风不严4大类、34项具体内容，确定为“为官不为”行为问责依据。要通过整治“为官不为”，发挥问责的倒逼作用，问责一个，警醒一片，推动广大干部既廉又勤，想干事、敢担事。同时，通过这样一些具体的行动、严厉的措施，把“三严三实”专题教育向纵深推进。

领导班子和领导干部带头做到即知即改。一些部门和单位在征求意见的基础上，召开党委（党组）会议对即知即改事项进行专题研究，深入分析，认真抓好整改。青岛市把专题教育与查摆问题相结合，引导各级党员领导干部重点围绕“重大决策落实不到位、履行岗位职责不主动、解决群众问题不及时、回避矛盾怕得罪人、安于现状打不开局面、弄虚作假做表面文章”等6个方面列出问题清单。烟台市各级党员领导干部围绕学习研讨主题，结合市委提出在全市开展的“三查三比三看”活动，坚持把自己摆进去，摆进思想、摆进职责、摆进作为、摆进变化，积极查找改进“不严不实”问题。威海市坚持广开言路，通过主动上门听、深入基层查、多方联动查等方式，多渠道听取基层党员干部意见，全面深入排查“不严不实”问题。东营市委常委确定即知即改事项33项、确定整改措施104条，5个县区及市直各部门单位确定即知即改问题316条，县级以上领导干部确定即知即改问题1250条。

落实从严从实要求，必须立规执纪。很多部门和单位把启发自觉与立规执纪紧密结合起来，始终保持对“四风”问题的高压态势，营造时时严、处处严、全程严的氛围。济宁市开展“作风建设集中整治月”活动、隐形“四风”和“为官不为”问题专项整治活动，出台《济宁市党政领导干部问责办法》，明确53种问责情形，从严立规执纪，狠抓问题整改。菏泽市围绕破解领导干部存在的不担当不作为问题，制定专项整治方案，重点整治领导干部和工作人员中不担当、不作为等“不严不实”问题。针对党委管党治党责任落实不到位的问题，滨州市出台《落实县乡党委书记抓基层党建工作责任制的意见》，列出各级党委书记抓基层党建的责任清单；针对一些干部不敢为、不想为、不作为的问题，建立经常性沟通机制，加大干部约谈力度，同时紧盯重点部位，加大查处力度，先后通报8起典型案例，起到了震慑和促进作用。

把专题教育落实到实际工作中，着力破解经济社会发展难题。聊城市为提升各级党委（党组）书记履行管党职责能力，举办县乡党委书记、市直部门党组书记履行管党职责培训班，市委主要负责同志作专题辅导报告。省委高校工委组织调研组对部分高校的党建工作、干部任用、大学生思想教育现状等工作开展调研指导，做到即知即改。省国土资源厅负责同志坚持问题导向，针对群众反映问题突出、信访案件集中、国土资源违法案件易发多发等问题，推行“一线工作法”，到地方和企业蹲点，解剖麻雀，帮助解决实际问题。省水利厅针对深化水利改革进程中遇到的体制机制性障碍、重大水利工程建设和农村饮水安全工作中遇到的困难和问题、防汛抗旱减灾存在的薄弱环节，认真查摆“不严不实”问题，以整改落实促工作提升。

第二节 思想建党与依规治党相结合

一、开展“两学一做”学习教育

2016年2月，中共中央办公厅印发了《关于在全体党员中开展“学党章党规、学系列讲话，做合格党员”学习教育方案》，并发出通知，要求各地区各部门认真贯彻执行。

通知指出，开展“学党章党规、学系列讲话，做合格党员”学习教育（以下简称“两学一做”学习教育），是面向全体党员深化党内教育的重要实践，是推动党内教育从“关键少数”向广大党员拓展、从集中性教育向经常性教育延伸的重要举措。各地区各部门各单位党委（党组）要充分认识开展“两学一做”学习教育对于推动全面从严治党向基层延伸、保持发展党的先进性和纯洁性的重大意义，作为一项重大政治任务，尽好责、抓到位、见实效。要把思想建设放在首位，教育引导党员尊崇党章、遵守党规，以习近平总书记系列重要讲话精神武装头脑、指导实践、推动工作，着力解决党员队伍在思想、组织、作风、纪律等方面存在的问题，努力使广大党员进一步增强政治意识、大局意识、核心意识、看齐意识，坚定理想信念、保持对党忠诚、树立清风正气、勇于担当作为，充分发挥先锋模范作用。

省委强调，“两学一做”学习教育不只是一次活动，要突出正常教育，区分层次，有针对性地解决问题，依托“三会一课”等党的组织生活制度，发挥党支部自我净化、自我提高的主动性，真正把党的思想政治建设抓在日常、严在经常。各地区各部门各单位要结合实际确定学习方式，为基层留出空间。要紧紧围绕党的中心工作和全党工作大局开展学习教育，坚持两手抓，防止“两张皮”。要进一步严密党的组织体系、严肃党的组织生活、严格党员教育管理、严明党建工作责任制，激励基层党组织和广大党员干事创业、开拓进取，为协调推进“四个全面”战略布局、贯彻落实五大发展理念提供坚强组织保证。

省委要求，各地区各部门各单位党委（党组）要根据方案要求，结合实际制定具体实施方案。

2016年4月16日，山东省“两学一做”学习教育工作座谈会在济南召开。会议强调，要深入学习贯彻习近平总书记系列重要讲话和关于开展

“两学一做”学习教育的重要指示精神，进一步提高思想认识，增强行动自觉，准确把握“基础在学、关键在做”的要求，以严的精神和实的干劲，高标准高质量推进学习教育，确保取得党和人民群众满意的成效。会议传达学习了习近平总书记关于“两学一做”学习教育重要指示精神。

省委指出，习近平总书记关于“两学一做”学习教育的重要指示，是我们开展学习教育的行动指南和根本遵循。要认真学习领会，把握精神实质，深刻认识开展“两学一做”学习教育，是加强思想政治建设、确保全省党组织和广大党员干部同党中央保持高度一致的重要举措；是落实全面从严治党要求、整体提升我省党建工作水平的有利契机；是实现“走在前列”目标要求、加快建设经济文化强省的强大动力。要切实把思想和行动统一到中央部署要求上来。

在活动中按照“基础在学、关键在做”的要求，把学习教育各项任务不折不扣地落到实处。要打牢“学”这个基础，把党章党规和系列讲话贯通起来学习、统一起来领会，明确基准底线、强化立根固本，切实在真学真懂真信真用上下功夫。对全体党员来讲，主要是通过通读熟读党章党规，进一步明确做合格党员的标准和条件，搞清楚能做什么、不能做什么；通过学习系列讲话，牢记新形势下党员的职责使命，更加自觉地履行党员义务、发挥党员作用。对党员领导干部来讲，要学得更多更深一些，要求更严更高一些，深入领会以习近平同志为总书记的党中央治国理政新理念新思想新战略，掌握贯穿其中的马克思主义立场观点方法，更好地指导实践、推动工作。要创新学习方式，认真总结党的群众路线教育实践活动和“三严三实”专题教育中行之有效的做法，探索符合实际、贴近基层、特色鲜明的有效抓手，充分利用本地学习教育资源，用好正反两方面典型，用好个人自学、集中学习讨论、讲好党课、在线学习交流等方式，使每名党员都能受教育、得提高。各级党员领导干部要以普通党员身份参加所在支部的学习教育，发挥好示范引领作用。

要抓实“做”这个关键，坚持以学促做、知行合一，照着标准做、对着问题改，努力做“四讲四有”合格党员，树立起共产党员的先锋形象。一要用合格党员的标准要求规范自己，讲政治、有信念，讲规矩、有纪律，讲道德、有品行，讲奉献、有作为，切实增强“四个意识”，坚定理想信念，严守政治纪律政治规矩，牢记党的宗旨，积极践行社会主义核心价值观，在推动改革发展稳定实践中建功立业。二要对照合格党员的标准查找和解决问题，根据不同领域党员、不同层次党员领导干部的实际，列出问题清单，细化具体表现，坚持即知即改、立行立改，作出整改承诺，自觉接受监督。三要用实际行动树立共产党员先锋形象，引导党员立足岗位、履职尽责，在平常时候看得出来，在关键时刻站得出来，在推进改革发展、维护社会和谐稳定中当标兵、作模范，使群众切实感受到党员的力量、党组织的力量、党的力量。

各级各部门党组织坚持抓在日常、严在经常，把开展学习教育与做好党的建设基础性工作有机融合起来。要着眼常态长效，坚持以党支部为基本单位，以“三会一课”等党的组织生活为基本形式，以落实党员教育管理制度为基本依托，用好日常教育途径方式。注重健全党的组织体系，抓好软弱涣散基层党组织整顿，推进基层服务型党组织建设，促使每个党支部成为政治坚定、团结有力、担当尽责、群众信任的过硬支部。要加强分类指导，注重因地制宜、精准施策，体现差别、突出特色，鼓励基层结合实际探索创新开展学习教育。坚持把学习教育同做好改革发展稳定各项工作结合起来，同落实好本地本部门本单位各项任务结合起来，做到两手抓、两促进。引导基层党组织和广大党员干部满腔热情地投入到脱贫攻坚各项工作中去，确保提前实现脱贫攻坚目标。各级党委（党组）在活动中切实履行抓好“两学一做”学习教育的主体责任，加强组织领导，周密安排部署，扎实有序推进。各级党组织书记要切实担负起第一责任人职责，班子成员要认真履行“一岗双责”。各级组织部门要加强调度指导，搞好统筹协调，及时提出建议，推动工作落实。把开展学习教育情况作为党建工作述职评议考核的首要内容，强化督促指导，及时研究解决问题。切实加强宣传引导，鼓舞人心，凝聚力量，形成开展“两学一做”学习教育的强大正能量。

各级各部门党组织紧密结合实际、充分体现特色，具体化、精准化地确定学习方式、学习重点、学习计划，切实增强学习教育的针对性和实效性。把学习教育同做好各项工作结合起来，紧紧围绕“四个全面”战略布局，牢固树立和贯彻落实新发展理念，按照省委“一个定位、三个提升”的要求，扎实做好本地区本单位重点工作，为加快经济文化强省建设凝心聚力、多作贡献。

2016年8月10日，山东省“两学一做”学习教育工作推进会在济南召开，深入学习贯彻习近平总书记“七一”重要讲话和关于“两学一做”学习教育重要指示精神，传达学习中央召开的部分省区“两学一做”学习教育工作座谈会和中组部有关会议精神，总结交流经验，研究部署下步工作。

会议对全省“两学一做”学习教育给予充分肯定。认为全省学习教育启动以来，各级党组织认真贯彻落实中央、省委部署要求，统筹谋划，突出特色，从严从实推进，整个学习教育发展健康、进展顺利。会议要求要深入学习贯彻习近平总书记“七一”重要讲话精神，贯穿学习教育全过程，进一步统一思想、深化认识、引领行动。要聚焦解决问题，拿出务实管用的措施办法，通过抓重点破难点，增强学习教育的针对性实效性。

要聚焦常态长效，严格落实“三会一课”、组织生活会、民主评议党员等基本制度，努力建设过硬支部，夯实基层基础工作。要聚焦服务大局，进一步提振精气神、营造良好政治生态，把学习教育成效体现到推动经济社会发展、做好市县乡换届、改善群众生产生活和打赢脱贫攻坚战上。要切实加强组织领导，严格落实责任、强化督促指导，确保学习教育各项任务落实落地。

二、“两学一做”学习教育常态化制度化

2017年4月27日上午，全省推进“两学一做”学习教育常态化制度化工作座谈会在济南召开。会议强调，要坚决贯彻习近平总书记重要指示精神和中央部署要求，坚持高标准、严要求，拿出硬措施、实招数，确保在推进“两学一做”学习教育常态化制度化上取得新进展、见到新成效。省委书记刘家义出席会议并讲话，省委副书记、省长龚正主持会议并传达习近平总书记重要指示精神。

刘家义指出，去年以来，全省各级党组织按照党中央统一部署，在全体党员中深入开展“两学一做”学习教育，坚持全覆盖、常态化、重创新、求实效，坚持融入日常、抓在经常，思想引领和理论武装取得新进展，党内政治生活更加严格规范，一些突出问题得到有效解决，基层组织活力得到持续提升。以习近平同志为核心的党中央深入总结党的十八大以来党的建设成功经验，作出了推进“两学一做”学习教育常态化制度化的重大决

策部署，充分体现了我们党对马克思主义执政党建设规律的准确把握、科学运用，充分体现了坚定不移推进全面从严治党的鲜明态度、坚定决心，充分体现了持续用力抓根本抓基础抓长远的战略谋划、政治考量。我们一定要深入学习领会、认真贯彻落实。

要坚持旗帜鲜明讲政治，充分认识推进“两学一做”学习教育常态化制度化，是向以习近平同志为核心的党中央看齐的实际行动，是推进全面从严治党向纵深发展的重大举措，是推动山东实现“走在前列”的重要保证，要切实增强推进“两学一做”学习教育常态化制度化的责任感使命感。要教育引导广大党员、干部进一步增强思想认同、情感认同、实践认同，把政治意识、大局意识、核心意识、看齐意识融入党的肌体的每一根血脉、每一个细胞，始终在思想上政治上行动上同以习近平同志为核心的党中央保持高度一致。

2017年7月，省委办公厅印发了《关于推进“两学一做”学习教育常态化制度化的实施方案》，并发出通知，要求各地各部门结合实际认真贯彻落实。

通知指出，推进“两学一做”学习教育常态化制度化，是坚持思想建党、组织建党、制度治党紧密结合的有力抓手，是不断加强党的思想政治建设的有效途径，是全面从严治党的战略性、基础性工程。推进“两学一做”学习教育常态化制度化，对于进一步用习近平总书记系列重要讲话精神武装全党，严明党的政治纪律和政治规矩，激励各级党组织和广大党员凝心聚力、干事创业，确保中央各项决策部署在山东落实落地，实现山东创新发展、持续发展、领先发展，具有重大而深远的意义。各级党组织和广大党员、干部要坚持旗帜鲜明讲政治，充分认识推进“两学一做”学习教育常态化制度化的重大意义，把思想教育作为首要任务，用党章党规规范党组织和党员行为，用习近平总书记系列重要讲话精神武装头脑、指导实践、推动工作。要坚持全覆盖、常态化、重创新、求实效，以尊崇党章、遵守党规为基本要求，以“两学一做”为基本内容，以“三会一课”为基本制度，以党支部为基本单位，以解决问题、发挥作用为基本目标，把“两学一做”学习教育融入日常、抓在经常，教育引导广大党员不断增强政治意识、大局意识、核心意识、看齐意识，做到政治合格、执行纪律合格、品德合格、发挥作用合格，确保党的组织充分履行职能、发挥核心作用，确保党员领导干部忠诚干净担当、发挥表率作用，确保广大党员党性坚强、发挥先锋模范作用，为加快建设经济文化强省、努力在全面建成小康社会进程中走在前列提供坚强组织保证。

通知强调，推进“两学一做”学习教育常态化制度化，要健全完善日常学习长效机制，把学党章党规、学系列讲话作为经常性教育的基本内容，明确学习内容、规范学习安排、创新学习方式，在持续学、深入学上下功夫，推动学习成为广大党员的自觉行动和日常习惯。要建立践行“四个合格”长效机制，细化合格党员标准、搭建党员发挥作用载体、健全党员日常评价激励机制，引导广大党员立足岗位作贡献、推动发展当先锋。要建立查找解决问题长效机制，引导各级党组织和党员经常性对照查摆、经常性思想见面、经常性修补短板，直面突出问题，不断改进提升。要建立以上率下、层层示范长效机制，充分发挥“关键少数”的引领示范作用，突出政治学习，强化党员意识，践行“三严三实”，当好“两学一做”的践行者、示范者。要建立党支部发挥主体作用长效机制，树立党的一切工作到支部的鲜明导向，健全组织体系、建强骨干队伍、落实基本制度、规范工作运行、强化基础保障，推动党的思想政治工作落到支部、从严教育管理党员落到支部、群众工作落到支部。要严格落实抓学习教育责任制，落实工作责任、加强考核评估、强化宣传引导、营造良好氛围，为推进“两学一做”学习教育常态化制度化提供坚实保障。

通知要求，各地各部门各单位党委（党组）要结合实际制定具体工作方案，认真抓好落实，重要情况和意见建议及时报告省委。

三、加强理想信念教育

要坚持把加强思想政治建设作为首要任务，在真学实做、知行合一上形成常态、抓出长效。一是推动学思践悟、立根固本成为常态，把党章党规与系列讲话贯通起来学习、统一起来领会，使学习入脑入心、形成自觉。二是推动践行“四个合格”成为常态，充分发挥先进典型的示范带动作用，引导党员、干部立足岗位作贡献，做到平常时候看得出来、关键时刻冲得出来、危急关头豁得出来。三是推动查找问题、改进提升成为常态，聚焦问题不散光，直面问题不回避，抓实整改不放松，在经常性查找解决问题中增强党性、提升素质。

要坚持把从严从实作为基本要求，在以上率下、精准推进上形成常态、抓出长效。从省委常委做起，各级党员领导干部都要自觉向党中央对表、对标，带头旗帜鲜明讲政治，带头强化党性修养，带头严格自律，带头担当负责，学在前、做在前，敢挑最重的担子、敢啃最硬的骨头，当好“两学一做”的践行者、示范者。要树立党的一切工作到支部的鲜明导向，抓实基层支部，打牢工作基础，切实把党支部打造成为教育党员的学校、团结群众的核心、攻坚克难的堡垒。要抓好分类指导，区分不同层次、不同领域，分别提出有针对性的要求，真正体现具体化、精准化、差异化。

山东省委和全省各级党组织落实以习近平同志为核心的党中央各项战略部署，推进全面从严治党向纵深发展，落实管党治党主体责任，深化开展党风廉政建设。坚持把抓好党建作为最大政绩，在融入中心、服务大局上形成常态、抓出长效。要以“两学一做”学习教育为抓手，推动管党治党责任落实，各级党委（党组）要切实履行主体责任，党委（党组）主要负责同志要亲自抓谋划、抓推动、抓落实，班子成员要认真落实一岗双责。要以“两学一做”学习教育为契机，进一步确立高点定位、争创一流的工作标准，树立能者上、庸者下、劣者汰的用人导向，努力营造敢于担当、容错纠错的浓厚氛围和干事创业、攻坚克难的良好环境。要以“两学一做”学习教育为牵引，提升党员干部思想境界、能力水平，努力推动山东创新发展、持续发展、领先发展，以优异成绩迎接党的十九大胜利召开。

四、中共山东省第十一次代表大会召开

2017年6月，中共山东省第十一次代表大会召开。会议推动全面从严治党向纵深发展，为经济文化强省建设提供坚强政治保证

开创经济文化强省建设新局面，关键在党，关键在党要管党、从严治党。要旗帜鲜明讲政治，不断提高政治觉悟、政治站位、政治能力，坚持思想建党、组织建党和制度治党紧密结合，严字当头、实字托底，推进管党治党真管真严、敢管敢严、长管长严。

（一）坚持用马克思主义中国化最新成果武装头脑

党的十八大以来，习近平总书记系列重要讲话提出了一系列相互联

系、相互贯通的新理念新思想新战略，形成了一个系统完整、逻辑严密的科学理论体系，开辟了马克思主义中国化新境界，为我们做好各项工作提供了科学理论指导和行动指南。山东省委高度重视、学习习近平总书记系列重要讲话精神，把学习习近平总书记系列重要讲话精神作为当前各级党组织加强党的思想建设的重要任务。各级党组织要持续深入学习贯彻习近平总书记系列重要讲话精神，教育引导党员干部把对马克思主义的信仰、对社会主义和共产主义的信念作为毕生追求，筑牢信仰之基、补足精神之钙、把稳思想之舵。推进“两学一做”学习教育常态化制度化，完善党委（党组）理论学习中心组制度，进一步发挥党校、行政学院、干部学院等培训主渠道作用，不断提升理论学习质量和效果。用好沂蒙党性教育基地、济宁干部政德教育基地、胶东党性教育基地等资源，加强理想信念教育、党性教育、道德教育，引导广大党员干部在开拓创新、攻坚克难中检验和锤炼党性，在推动山东创新发展、持续发展、领先发展中打头阵、当先锋，把理想信念的坚定性体现在做好本职工作的过程中。

（二）努力营造政治上的绿水青山

省委要求，坚持在政治上、思想上、组织上、纪律上、作风上彻底消除政治隐患，清除污染源头，打造政治上的绿水青山。认真落实党内政治生活准则，坚持党的思想原则、政治原则、组织原则、工作原则，用好用足以实事求是、理论联系实际、密切联系群众、批评和自我批评、民主集中制、严明党的纪律等为主要内容的基本规范，着力增强党内政治生活的政治性、时代性、原则性、战斗性。严格贯彻执行党内监督条例，加强对权力运行的制约和监督，突出对“一把手”和重点领域、重要岗位、关键环节的监督，健全监督体系，形成监督合力。坚持和完善“三会一课”、民主生活会和组织生活会、谈心谈话、民主评议党员等制度，推行基层党组织“主题党日”制度，创新方式方法，增强党的组织生活活力。尊重党员主体地位，保障党员民主权利，积极推进党代会代表任期制，探索各级党的代表大会闭会期间发挥代表作用的有效途径和形式。加强党内政治文化建设，不断培厚良好政治生态的土壤，涵养风清气正的政治生态。党员领导干部要发挥“关键少数”的示范带动作用，牢固树立政治理想，正确把握政治方向，坚定站稳政治立场，严格遵守政治纪律，在讲政治这个根本性的大问题上，必须头脑特别清醒、眼睛特别明亮、态度特别鲜明、行动特别自觉，任何时候都不能有丝毫含糊和动摇。

坚持破立并举，既追根溯源，澄清谬误，又注重正本清源、祛邪扶正，把正确思想、优良作风、良好导向、正面典型树起来，坚决清除负面影响，推动形成良好政治生态。

（三）着力打造忠诚干净担当的执政骨干队伍

坚持党管干部原则，坚持好干部标准，贯彻干部任用条例，树立正确选人用人导向，把公道正派作为干部工作核心理念贯穿选人用人全过程，一切出于公心选干部，一切为了事业选干部，一切按照规矩选干部，真正把组织放心、干部服气、群众认可的好干部选出来、用起来。严肃干部工作纪律，坚决防止干部“带病提拔”“带病上岗”，从严加强干部管理监督。加强各级领导班子思想政治建设，着力提高思想政治水平、专业化水平、贯彻执行民主集中制水平，强化领导班子整体功能。统筹做好年轻干部和女干部、少数民族干部、党外干部的培养选拔工作，加大从基层一线培养选拔干部力度，拓宽社会优秀人才进入党政干部队伍渠道。积极稳妥推进公务员职务与职级并行制度试点工作。加强干部教育培养，着力强化党性锤炼，提升干部的专业素养和履职能力。健全正向激励机制，按照“三个区分开来”要求建立容错纠错机制，为敢于担当者担当，为敢于负责者负责，大力营造担当作为、干事创业的浓厚氛围。完善考核评价机制，着力推进干部能上能下。关心关爱基层一线干部，既要从严要求，又要“松绑减压”。用心用情做好离退休干部工作。坚持党管人才原则，深化人才发展体制机制改革，营造尊重知识、尊重知识分子、尊重人才的良好社会氛围。

（四）推动基层党组织建设全面进步全面过硬

推进全面从严治党向基层延伸。坚持和完善各级党委（党组）抓基层党建工作责任制，规范市县乡党委书记抓基层党建述职评议考核工作。坚持抓乡带村，进一步加强农村基层党组织建设；以区域化党建工作为抓手，统筹推进城市街道、社区、非公有制经济组织和社会组织等领域党建工作；加大机关、国有企业、高校党建工作力度，不断强化各领域基层党组织政治功能和服务功能。树立党的一切工作到支部的鲜明导向，推动人力、物力、财力向基层倾斜，选好配强党支部班子，持续整顿软弱涣散党支部，抓实各项基础性工作，着力打造政治坚定、团结有力、担当尽责、群众信任的过硬支部。深化“第一书记”抓党建促脱贫攻坚工作。加强党员教育管理服务，提高发展党员质量。建好用好“灯塔—党建在线”综合管理服务平台，推动党的建设在线化、数据化，为党建工作注入新的动力和活力。

（五）驰而不息加强作风建设

作风具有“惯性”，要持之以恒落实中央八项规定精神，把纠正“四风”往深里抓、实里做，紧盯享乐主义和奢靡之风寸步不让，严治形式主义和官僚主义毫不松懈，强化监督检查，严肃查处追责。巩固深化党的群众路线教育实践活动、“三严三实”专题教育、“两学一做”学习教育成果，引导党员干部主动作为、主动担当、依法作为，把严和实的精神体现在日常学习工作生活的各个方面，推动作风建设形成长效机制。民心是最大的政治，要始终把人民群众放在心中脑中，以人民忧乐为忧乐、以人民甘苦为甘苦，大兴调查研究之风，打造更多联系群众的“直通车”“连心桥”。

（六）坚定不移推进党风廉政建设和反腐败斗争

坚持把纪律挺在前面，严格执行党章党规党纪，实践运用好监督执纪“四种形态”，强化日常监督管理，抓早抓小，动辄则咎，以严明的纪律管住管好全体党员。坚持目标不移、力度不减、节奏不变，以零容忍的态度惩治腐败，“老虎”“苍蝇”一起打，严肃查处群众身边的不正之风和腐败问题，加大国际追逃追赃力度，不给任何腐败分子以藏身之地，着力构建不敢腐、不能腐、不想腐的有效机制。发挥巡视“利剑”作用，深化政治巡视，推进市县巡察工作，形成巡视和巡察联动格局。强化派驻监督，实现市县纪委派驻监督全覆盖。完善审计制度，推进审计监督全覆盖。按照党中央部署要求，推进我省国家监察体制改革。认真执行廉洁自律准则、党纪处分条例、问责条例等党内法规，引导党员领导干部在依法用权、正确用权、干净用权中保持廉洁，在守纪律、讲规矩、重名节中做到自律，在私底下、无人时、细微处做到慎独慎微，注重家庭、家教、家风，始终保持共产党人清正廉洁的政治本色。

推进全面从严治党，关键在落实责任。要巩固中央巡视和巡视“回头看”反馈意见整改落实成果，把严的要求贯彻到管党治党全过程、落实到党的建设各方面。坚持标本兼治，深入推进党的建设制度改革，加强党内法规制度建设，扎紧制度的笼子。认真落实全面从严治党主体责任、监督责任和领导干部“一岗双责”，健全责任体系，层层传导压力，强化问责追究，持续在常和长、严和实、深和细上下功夫，推动管党治党从宽松软走向严紧硬，不断增强全面从严治党的系统性、创造性、实效性。

五、学习贯彻《准则》《条例》

中国共产党第十八届中央委员会第六次全体会议，于2016年10月24日至27日在北京举行。全会听取和讨论了习近平受中央政治局委托作的工作报告，审议通过了《关于新形势下党内政治生活的若干准则》和《中国共产党党内监督条例》。

全会高度评价全面从严治党取得的成就，认为党的十八大以来，以习近平同志为核心的党中央身体力行、率先垂范，坚定推进全面从严治党，坚持思想建党和制度治党紧密结合，集中整饬党风，严厉惩治腐败，净化党内政治生态，党内政治生活展现新气象，赢得了党心民心，为开创党和国家事业新局面提供了重要保证。

全会总结了我们党开展党内政治生活的历史经验，分析了全面从严治党面临的形势和任务，认为办好中国的事情，关键在党，关键在党要管党、从严治党。党要管党必须从党内政治生活管起，从严治党必须从党内政治生活严起。为更好进行具有许多新的历史特点的伟大斗争、推进党的建设新的伟大工程、推进中国特色社会主义伟大事业，经受“四大考验”、克服“四种危险”，有必要制定一部新形势下党内政治生活的准则。

全会强调，新形势下加强和规范党内政治生活，必须以党章为根本遵循，坚持党的政治路线、思想路线、组织路线、群众路线，着力增强党内政治生活的政治性、时代性、原则性、战斗性，着力增强党自我净化、自我完善、自我革新、自我提高能力，着力提高党的领导水平和执政水平、增强拒腐防变和抵御风险能力，着力维护党中央权威、保证党的团结统一、保持党的先进性和纯洁性，努力在全党形成又有集中又有民主、又有纪律又有自由、又有统一意志又有个人心情舒畅生动活泼的政治局面。

全会强调，新形势下加强和规范党内政治生活，重点是各级领导机关和领导干部，关键是高级干部特别是中央委员会、中央政治局、中央政治局常务委员会的组成人员。高级干部特别是中央领导层组成人员必须以身作则，模范遵守党章党规，严守党的政治纪律和政治规矩，坚持不忘初心、继续前进，坚持率先垂范、以上率下，为全党全社会作出示范。

全会提出，共产主义远大理想和中国特色社会主义共同理想，是中国共产党人的精神支柱和政治灵魂，也是保持党的团结统一的思想基础。必须把坚定理想信念作为开展党内政治生活的首要任务。全党同志必须把对马克思主义的信仰、对社会主义和共产主义的信念作为毕生追求，坚定对中国特色社会主义的道路自信、理论自信、制度自信、文化自信。领导干部特别是高级干部要以实际行动让党员和群众感受到理想信念的强大力量。全党必须毫不动摇坚持马克思主义指导思想，党的各级组织必须坚持不懈抓好理论武装，广大党员、干部特别是高级干部必须自觉抓好学习、增强党性修养。

按照中央关于学习宣传贯彻党的十八届六中全会精神的统一部署，山东省委发出《关于认真学习宣传贯彻党的十八届六中全会精神的通知》，要求全省各级各部门充分认识十八届六中全会的重大意义和深远影响，认真组织学习、全面准确宣传十八届六中全会精神，周密部署，统筹安排，迅速兴起学习宣传贯彻的热潮，切实把思想和行动统一到全会精神上来，把力量凝聚到实现全会确定的各项任务上来。

《通知》指出，党的十八届六中全会是在我国进入全面建成小康社会决胜阶段召开的一次十分重要的会议。认真学习宣传贯彻十八届六中全会精神，是当前和今后一个时期全省上下的重要政治任务。要全面准确掌握十八届六中全会精神，深刻认识全会正式提出“以习近平同志为核心的党中央”的重大意义，深刻认识党和国家事业发展取得的重大成就，深刻认识制定《关于新形势下党内政治生活的若干准则》、修订《中国共产党党内监督条例》的重大意义，深刻认识《准则》的基本精神，深刻认识《条例》的基本要求，领会精神实质，把握精髓要义，切实用全会精神统一思想、凝聚力量、指导实践。

《通知》要求，全省各级党组织和广大党员、干部要进一步增强“四个意识”特别是核心意识、看齐意识，更加紧密地团结在以习近平同志为核心的党中央周围，更加坚定地维护以习近平同志为核心的党中央的权威，更加自觉地在思想上政治上行动上同以习近平同志为核心的党中央保持高度一致。要深入学习贯彻习近平总书记系列重要讲话精神，以理论上的清醒保持政治上的坚定，做到党中央提倡的坚决响应、党中央决定的坚决执行、党中央禁止的坚决不做，以实际行动坚决维护习近平总书记在党中央和全党的核心地位。

《通知》强调，要把学习宣传贯彻十八届六中全会精神作为理论武装工作的重点任务，分层次组织学习，分阶段开展宣传，不断把学习宣传贯彻十八届六中全会精神引向深入。要抓好党员、干部学习培训，通过集体学习、宣讲辅导、专题研讨、集中培训等形式，增强学习效果。要精心组织宣传报道，开设宣传专栏，集中推出一批有分量有深度的报道、评论、通讯、综述和理论文章。要集中开展宣讲活动，组成宣讲团，深入全省城乡基层开展面对面宣讲。要注重加强理论研究阐释，结合我省全面从严治党的实践，开展深入系统研究，尽快推出一批研究成果。要提高学习宣传实效，创新宣传方式，加大宣传力度，营造学习宣传贯彻全会精神的浓厚氛围。

《通知》要求，要认真贯彻十八届六中全会部署要求，不断把我省全面从严治党各项工作提高到新水平。要坚持问题导向，聚焦在严肃党内政治生活、加强党内监督方面存在的薄弱环节，紧密结合实际研究具体贯彻落实措施。要充分发挥领导干部示范带头作用，坚持以上率下，层层传导压力，逐级落实责任。各级党员、干部特别是领导干部要坚持知行合一，自觉对照《准则》和《条例》校正自己的思想、作风、行为，推动《准则》和《条例》各项要求在山东落地生根。

《通知》强调，各级党委（党组）要切实担负起学习宣传贯彻全会精神的重大责任，把学习宣传贯彻全会精神摆上重要位置，纳入“两学一做”学习教育，制定周密学习计划和方案，推动广大党员、干部全面准确掌握全会精神。要把学习宣传贯彻十八届六中全会精神情况作为督查工作的重点，加强督促指导，及时跟踪了解和掌握学习贯彻情况。要以学习宣传贯彻全会精神为动力，扎实做好当前各项工作，切实巩固经济持续向好势头，着力加大保障和改善民生力度，认真做好意识形态工作，有效防控各类风险，切实维护社会和谐稳定，确保十八届六中全会精神落到实处。

《通知》号召，全省上下要紧密团结在以习近平同志为核心的党中央周围，深入学习宣传贯彻党的十八届六中全会精神，扎实推进全面从严治党各项工作，不忘初心，继续前进，努力在全面建成小康社会进程中走在前列，为实现“两个一百年”奋斗目标和中华民族伟大复兴的中国梦作出新的更大贡献，以优异成绩迎接党的十九大胜利召开。

2016年10月29日，山东省委召开省级党员领导干部会议，传达学习党的十八届六中全会精神，研究贯彻落实意见。会议认为，党的十八届六中全会是在我国进入全面建成小康社会决胜阶段召开的一次十分重要的会议。全会明确习近平总书记的核心地位，正式提出“以习近平同志为核心的党中央”，充分反映了全党全军全国各族人民的共同心愿，是党和国家根本利益所在，是坚持和加强党的领导的根本保证，是进行具有许多新的历史特点的伟大斗争、坚持和发展中国特色社会主义伟大事业的迫切需要。要进一步增强“四个意识”特别是核心意识、看齐意识，坚决维护习近平总书记在党中央和全党的核心地位。要更加坚定地维护以习近平同志为核心的党中央的权威，做到思想上充分信赖，政治上坚决维护，组织上自觉服从，感情上深刻认同，始终保持绝对忠诚。要深入学习贯彻习近平总书记系列重要讲话精神，以理论上的清醒保持政治上的坚定。要更加自觉主动地向党中央看齐，向党的理论和路线方针政策看齐，向党中央决策部署看齐，更加自觉地在思想上政治上行动上同以习近平同志为核心的党中央保持高度一致，更加扎实地把党中央的各项决策部署落到实处。

会议指出，习近平总书记在全会上发表的重要讲话，统揽全局、思想深邃、内涵丰富，贯穿了马克思主义立场观点方法，创造性地提出了一系列新思想新观点新要求，进一步深化了对党的建设规律的认识，是马克思主义中国化的最新成果，是推进全面从严治党、开创党的建设新局面的行动纲领，为我们贯彻落实好全会精神、进一步做好各项工作指明了方向。全会审议通过的《准则》和《条例》，以党章为根本遵循，深刻总结党的建设历史经验，直面当前党内政治生活和党内监督存在的突出问题，聚焦党员领导干部特别是高级干部这个“关键少数”，形成了新的制度安排，实现了党内政治生活和党内监督制度化、规范化、程序化，为推进全面从严治党、提高党的创造力凝聚力战斗力提供了更加有力的制度保障。全省各级各部门要充分认识十八届六中全会的重大意义和深远影响，全面准确把握全会的丰富内涵和精神实质，切实把思想和行动高度统一到党中央部署要求上来。要深刻认识党和国家事业发展取得的重大成就，进一步坚定信心、奋发有为，努力在全面建成小康社会进程中走在前列；深刻认识领导机关和领导干部肩负的重大责任，坚持领导带头、以上率下，坚决扛起全面从严治党主体责任。

要认真抓好十八届六中全会精神的学习宣传贯彻，不断把全省全面从严治党各项工作提高到新水平。全省各级党组织要把学习宣传贯彻全会精神摆上重要位置，纳入重点工作部署，强化组织领导，分层次组织学习，分阶段开展宣传，确保取得实实在在的成效。要切实抓好基层党员干部的学习，重点抓好县处级以上领导干部的学习，把学习十八届六中全会精神纳入“两学一做”学习教育，制定周密学习计划和方案，推动广大党员干部全面准确掌握全会精神。要按照中央提出的分两个阶段开展宣传的要求，认真组织好新闻报道、集中宣讲和理论研究阐释工作，不断把学习宣传贯彻十八届六中全会精神引向深入。要结合山东省实际研究贯彻落实措施，推动《准则》和《条例》各项要求在山东落地生根。要发挥好领导干部的示范带头作用，层层传导压力，逐级落实责任。要结合“两学一做”学习教育，坚持知行合一严格贯彻执行《准则》和《条例》，把党中央管党治党的新部署新要求体现到党内政治生活的方方面面，落实到开展党内监督的全过程。

当前要按照中央和省委、省政府部署要求，全面了解经济运行态势，坚持用新发展理念统领发展全局，巩固经济持续向好势头。对照2016年省委确定的改革要点和出台的改革文件，抓好改革任务落实落地。进一步严肃换届纪律，扎实组织好换届和代表选举等工作。着力维护社会和谐稳定，扎实做好脱贫攻坚工作，真心为群众办实事、解难事。

2016年11月9日，山东省学习贯彻党的十八届六中全会精神宣讲团成立暨宣讲工作动员会举行，山东省党的十八届六中全会精神集中宣讲活动全面启动。

深入学习贯彻党的十八届六中全会精神，是全省的重大政治任务。组织宣讲团开展集中宣讲，是省委贯彻落实中央决策部署、深化十八届六中全会精神学习宣传贯彻的重要举措。全省各级各部门要认真学习贯彻习近平总书记对宣讲工作的重要指示精神，突出全面从严治党这个主题，组织开展多层次、广覆盖的宣讲活动，把十八届六中全会精神讲透彻，把怎么看、怎么学、怎么做讲清楚，推动全会精神深入基层、深入群众、深入人心。要通过宣讲，引导全省广大党员、干部、群众把思想和行动统一到全会精神上来，进一步增强“四个意识”特别是核心意识、看齐意识，坚定不移维护以习近平同志为核心的党中央权威，不忘初心，继续前进，努力在全面建成小康社会进程中走在前列，加快建设经济文化强省，以优异成绩迎接党的十九大胜利召开。

要充分认识党的十八届六中全会的重大意义，切实增强做好全会精神宣讲工作的政治责任感和使命感。要紧紧围绕习近平总书记重要讲话，围绕全会通过的《准则》《条例》，突出重点、把握实质，准确阐释、深入解读好全会精神，切实引导人们把思想和行动进一步统一到全会精神上来，把力量凝聚到实现全会确定的任务上来，推动经济文化强省建设和党的建设各项工作迈上新台阶。

要按照中央和省委的统一部署要求，把全会精神宣讲工作摆上重要位置，以过硬的政治素质和政策水平，以良好的精神状态和工作作风，精心谋划、周密安排，认真宣讲，全力做好全会精神宣讲工作。要吃透全会精神，先学一步，学深学透，进一步把握精髓要义。要把准基调口径，注意分寸尺度，牢牢把握正确的方向导向。要注重宣讲效果，着力增强宣讲的吸引力、感染力，增强宣讲的针对性、实效性。要精心组织好宣讲活动的宣传报道，迅速形成规模声势，营造浓厚思想舆论氛围。各市各有关部门单位要加强组织协调，做好服务保障，推动全会精神深入基层、深入群众、深入人心。

根据中央有关通知精神和省委常委会研究的意见，从2016年11月下旬起，山东分期分批对县处级以上领导干部进行了党的十八届六中全会精神集中轮训。按照省委决定，在省委党校举办了6期专题培训班，对省管干部进行培训。

第三节　党的十九大以后推进党的建设向纵深发展

中国共产党第十九次全国代表大会于2017年10月18日至10月24日在北京举行。这是在全面建成小康社会决胜阶段、中国特色社会主义进入新时代的关键时期召开的一次十分重要的大会。大会高举中国特色社会主义伟大旗帜，以马克思列宁主义、毛泽东思想、邓小平理论、“三个代表”重要思想、科学发展观、习近平新时代中国特色社会主义思想为指导，分析了国际国内形势发展变化，回顾和总结了过去5年的工作和历史性变革，作出了中国特色社会主义进入了新时代、我国社会主要矛盾已经转化为人民日益增长的美好生活需要和不平衡不充分的发展之间的矛盾等重大政治论断，深刻阐述了新时代中国共产党的历史使命，确立了习近平新时代中国特色社会主义思想的历史地位，提出了新时代坚持和发展中国特色社会主义的基本方略，确定了决胜全面建成小康社会、开启全面建设社会主义现代化国家新征程的目标，对新时代推进中国特色社会主义伟大事业和党的建设新的伟大工程作出了全面部署。

习近平代表第十八届中央委员会向大会作了题为《决胜全面建成小康社会　夺取新时代中国特色社会主义伟大胜利》的报告。《报告》对加强新时代党的建设，提出了新要求，作出了新部署。

《报告》强调，要不忘初心，牢记使命。坚定不移全面从严治党，不断提高党的执政能力和领导水平。习近平指出，中国特色社会主义进入新时代，我们党一定要有新气象新作为。打铁必须自身硬。党要团结带领人民进行伟大斗争、推进伟大事业、实现伟大梦想，必须毫不动摇坚持和完善党的领导，毫不动摇把党建设得更加坚强有力。

全面从严治党永远在路上。全党要清醒认识到，我们党面临的执政环境是复杂的，影响党的先进性、弱化党的纯洁性的因素也是复杂的，党内存在的思想不纯、组织不纯、作风不纯等突出问题尚未得到根本解决。要深刻认识党面临的执政考验、改革开放考验、市场经济考验、外部环境考验的长期性和复杂性，深刻认识党面临的精神懈怠危险、能力不足危险、脱离群众危险、消极腐败危险的尖锐性和严峻性，坚持问题导向，保持战略定力，推动全面从严治党向纵深发展。

党的十九大报告指出新时代党的建设总要求是：坚持和加强党的全面领导，坚持党要管党、全面从严治党，以加强党的长期执政能力建设、先进性和纯洁性建设为主线，以党的政治建设为统领，以坚定理想信念宗旨为根基，以调动全党积极性、主动性、创造性为着力点，全面推进党的政治建设、思想建设、组织建设、作风建设、纪律建设，把制度建设贯穿其中，深入推进反腐败斗争，不断提高党的建设质量，把党建设成为始终走在时代前列、人民衷心拥护、勇于自我革命、经得起各种风浪考验、朝气蓬勃的马克思主义执政党。

提出党的建设八个方面的任务：（一）把党的政治建设摆在首位；（二）用新时代中国特色社会主义思想武装全党；（三）建设高素质专业化干部队伍；（四）加强基层组织建设；（五）持之以恒正风肃纪；（六）夺取反腐败斗争压倒性胜利；（七）健全党和国家监督体系；（八）全面增强执政本领。

一、宣传贯彻党的十九大精神

山东省委高度重视十九大精神的学习贯彻。2017年10月26日上午，省委常委会召开会议，省委书记刘家义主持会议并讲话，省委副书记、省长龚正传达党的十九大精神。会议对学习宣传贯彻党的十九大精神进行研究部署。26日下午，山东省委召开全省领导干部会议，传达学习党的十九大精神，要求以习近平新时代中国特色社会主义思想武装头脑、统一思想、指导实践，在全省迅速兴起学习宣传贯彻十九大精神的热潮。10月31日，中国共产党山东省第十一届委员会第二次全体会议通过了《中共山东省委关于深入学习贯彻党的十九大精神的决议》，对全省深入学习贯彻落实党的十九大精神作了部署。

省委指出，要充分认识党的十九大的重大意义，切实把思想和行动统一到十九大精神上来，坚决维护习近平总书记核心地位，在思想上政治上行动上同以习近平同志为核心的党中央保持高度一致，全面落实十九大提出的各项目标任务。

省委强调，学习宣传贯彻党的十九大精神，是当前和今后一个时期首要政治任务。全省各级党组织要按照党中央部署要求，根据省委安排，迅速兴起学习宣传贯彻十九大精神热潮。要深入学习领会和牢牢把握习近平新时代中国特色社会主义思想、中国特色社会主义进入新时代和我国社会主要矛盾发生变化的重大政治论断、“两步走”全面建设社会主义现代化国家的宏伟蓝图、“五位一体”总体布局和“四个全面”战略布局的重大战略举措、新时代党的建设这个根本保证，通过深入学习领会，更好地用党的十九大精神统一思想、凝聚力量。各级领导干部要带头学，切实抓好集中学习培训，开展好宣讲活动，着力营造浓厚氛围，不断将学习宣传活动引向深入。要加强工作谋划，聚焦社会主要矛盾新变化分析研判形势，围绕十九大战略部署谋划好思路措施，着眼新时代党的建设新要求提出更好推进党的建设新举措，统筹抓好经济社会发展各项工作，确保见到实实在在的成效。

为了做好党的十九大精神的宣传，深化对十九大精神的学习，山东省迅速制定《党的十九大精神宣讲工作方案》，组建了省委宣讲团。2017年11月5日，山东省学习贯彻党的十九大精神宣讲团成立暨宣讲工作动员会召开，要求以习近平新时代中国特色社会主义思想为主线，全面系统深入宣讲党的十九大精神。动员会召开当天，全省学习贯彻党的十九大精神理论宣讲骨干培训班开班，26名省委宣讲团成员开始集体学习备课；11月6日，听取中央宣讲团成员在济南作宣讲报告，认真准备宣讲稿。11月7日至15日，省委宣讲团成员分赴17市和有关企业、高校，牢牢把握在学懂弄通做实上下功夫的要求，以高度的使命感责任感和饱满的工作热情投入宣讲工作。他们进企业、进农村、进机关、进校园、进社区，与基层干部群众围坐在一起，像拉家常一样为大家答疑解惑，让宣讲活动既有高度，又有温度。

通过学习宣传，党的十九大和十九届一中全会选举产生的以习近平同志为核心的新一届中央领导集体，体现了全党意志、反映了全国各族人民心愿，为在新的时代条件下进行伟大斗争、建设伟大工程、推进伟大事业、实现伟大梦想提供了坚强政治保证和组织保证。

明确了当前和今后一个时期党风廉政建设和反腐败工作的总体要求、具体安排，对进一步做好党风廉政建设和反腐败工作，纵深推进全面从严治党，具有重要意义。大会通过的党章修正案，体现了党的十八大以来党的理论创新、实践创新、制度创新取得的成果，体现了党的十九大报告确立的重大理论观点和重大战略思想，反映了这些年来党的建设的成功经验，对加强党的全面领导、推进全面从严治党提出了明确要求，必将在推进党的事业和党的建设中更好发挥根本性规范和指导作用。党的十九大和十九届一中全会选举产生的以习近平同志为核心的新一届中央领导集体，体现了全党意志、反映了全国各族人民心愿，为在新的时代条件下进行伟大斗争、建设伟大工程、推进伟大事业、实现伟大梦想提供了坚强政治保证和组织保证。

要深刻理解“八个明确”的内在要求、有机联系，全面准确地把握习近平新时代中国特色社会主义思想的精神实质和丰富内涵，切实在思想上深刻认同、在行动上坚定遵循；要深刻理解“十四个坚持”的基本方略，用心领悟贯穿其中的马克思主义立场、观点、方法，用心领悟蕴涵其中的科学指向、战略重点、实践路径，把习近平新时代中国特色社会主义思想全面准确地贯彻落实到各项工作中。

把握精神实质。全省各级党组织要把深入学习宣传贯彻党的十九大精神作为当前和今后一个时期的首要政治任务，加强领导，精心组织，周密部署，务求实效。要原原本本、原汁原味学习好党的十九大报告和党章，准确领会把握党的十九大精神的思想精髓、核心要义，做到学懂弄通做实。要在全面系统的基础上突出重点、抓住关键，把着力点聚焦到习近平新时代中国特色社会主义思想是党必须长期坚持的指导思想上。

抓好学习培训。以县处级以上领导干部为重点，认真组织好党的十九大精神学习培训，重中之重是学习好、领会好、宣传好、贯彻好习近平新时代中国特色社会主义思想。各级党委（党组）理论学习中心组要把学习党的十九大精神作为中心内容，制定系统学习培训计划，列出专题深入研讨。各级领导干部要率先垂范、带头学习，示范带动广大党员干部学习。要把学习党的十九大精神作为党的理论武装工作的重点任务，面向全体党员开展多形式、分层次、全覆盖的学习培训。各级党校、行政学院和培训机构要把学习党的十九大精神作为必修课，举办各种形式的学习班、培训班、研讨班，分批培训党员干部。集中一段时间分期分批把县处级以上领导干部全部轮训一遍。充分发挥基层党组织作用，发挥人民团体和社会组织作用，组织好基层党员和群众的学习，把学习党的十九大精神纳入学校思想政治教育和课堂教学的重要内容，推动党的十九大精神进企业、进农村、进机关、进校园、进社区、进网站，使党的十九大精神家喻户晓、深入人心。

省委深刻领会党的十九大精神，坚定不移贯彻中央关于全面从严治党的重大部署。党要团结带领人民进行伟大斗争、推进伟大事业、实现伟大梦想，必须毫不动摇坚持和完善党的领导，毫不动摇把党建设得更加坚强有力。

以党的政治建设为统领，把党的政治建设摆在首位。党的政治建设是党的根本性建设，决定党的建设方向和效果。保证全党服从中央，坚持党中央权威和集中统一领导，是党的政治建设的首要任务。全党要坚定执行党的政治路线，严格遵守政治纪律和政治规矩，在政治立场、政治方向、政治原则、政治道路上同党中央保持高度一致。

要用习近平新时代中国特色社会主义思想武装全党。促进党员干部运用马克思主义最新理论成果武装头脑。

共产主义远大理想和中国特色社会主义共同理想，是中国共产党人的精神支柱和政治灵魂，也是保持党的团结统一的思想基础。要把坚定理想信念作为党的思想建设的首要任务，教育引导全党牢记党的宗旨，挺起共产党人的精神脊梁，以坚定理想信念宗旨为根基，解决好世界观、人生观、价值观这个“总开关”问题，自觉做共产主义远大理想和中国特色社会主义共同理想的坚定信仰者和忠实实践者。

大会通过的党章修正案，体现了党的十八大以来党的理论创新、实践创新、制度创新取得的成果，体现了党的十九大报告确立的重大理论观点和重大战略思想，反映了这些年来党的建设的成功经验，对加强党的全面领导、推进全面从严治党提出了明确要求，必将在推进党的事业和党的建设中更好发挥根本性规范和指导作用。

要尊崇党章，严格执行新形势下党内政治生活若干准则，增强党内政治生活的政治性、时代性、原则性、战斗性，自觉抵制商品交换原则对党内生活的侵蚀，营造风清气正的良好政治生态。完善和落实民主集中制的各项制度，坚持民主基础上的集中和集中指导下的民主相结合，既充分发扬民主，又善于集中统一。弘扬忠诚老实、公道正派、实事求是、清正廉洁等价值观，坚决防止和反对个人主义、分散主义、自由主义、本位主义、好人主义，坚决防止和反对宗派主义、圈子文化、码头文化，坚决反对搞两面派、做两面人。全党同志特别是高级干部要加强党性锻炼，不断提高政治觉悟和政治能力，把对党忠诚、为党分忧、为党尽职、为民造福作为根本政治担当，永葆共产党人政治本色。

坚持思想建党与制度治党相结合。全面推进党的政治建设、思想建设、组织建设、作风建设、纪律建设，把制度建设贯穿其中，深化党的建设制度改革，推动各方面制度更加成熟定型，更多地用制度治党、管权、治吏。

二、贯彻落实十九大精神，部署党建工作

把党的政治建设摆在首位。全省各级党组织和广大党员干部要旗帜鲜明讲政治，牢固树立政治意识、大局意识、核心意识、看齐意识，坚决在政治立场、政治方向、政治原则、政治道路上同以习近平同志为核心的党中央保持高度一致，自觉维护以习近平同志为核心的党中央权威和集中统一领导。认真学习党章党规，模范遵守党章党规，严肃认真开展党内政治生活，着力增强党内政治生活的政治性、时代性、原则性、战斗性，自觉抵制商品交换原则对党内生活的侵蚀，营造风清气正的良好政治生态。完善和落实民主集中制的各项制度，严格按照民主集中制原则作决策办事情。弘扬忠诚老实、公道正派、实事求是、清正廉洁等价值观，不断培厚良好政治生态的土壤，努力营造政治上的绿水青山。要加强党性锻炼，严格遵守政治纪律，不断提高政治觉悟和政治能力，强化政治担当，对党绝对忠诚，全力为党分忧、为党尽职、为民造福，永葆共产党人的政治本色。研究制定贯彻落实《中共中央政治局关于加强和维护党中央集中统一领导的若干规定》的具体措施。

夯实思想建设基础。用习近平新时代中国特色社会主义思想武装头脑，教育引导广大党员干部牢记党的宗旨，挺起共产党人的精神脊梁，解决好“总开关”问题。

省委常委同志以上率下，坚持读原著、学原文、悟原理，培厚理论功底，筑牢理想信念之基。省委理论学习中心组以学习《习近平谈治国理政》第一卷、第二卷为重点，与学习习近平总书记视察山东时重要讲话、重要指示精神结合起来，学思践悟，融会贯通，深刻领会习近平新时代中

国特色社会主义思想精髓意义，带动全省各级党组织和广大党员干部，自觉加强学习，以理论上的清醒确保政治上的坚定。

扎实推进“两学一做”学习教育常态化制度化，按照中央统一部署，以县处级以上领导干部为重点，开展好“不忘初心、牢记使命”主题教育，深入学习领会贯彻习近平新时代中国特色社会主义思想。完善党委（党组）理论学习中心组制度，进一步发挥党校、行政学院、干部学院等培训主渠道作用，用好沂蒙党性教育基地、济宁干部政德教育基地、胶东党性教育基地等资源，加强理想信念教育、党性教育、道德教育，引导党员干部进一步坚定中国特色社会主义道路自信、理论自信、制度自信、文化自信，使广大党员干部成为习近平新时代中国特色社会主义思想的坚定信仰者、积极实践者、忠诚捍卫者。

建设高素质专业化干部队伍。坚持党管干部原则，认真落实好干部标准，充分发挥党组织领导和把关作用，从政治和大局需要出发，一切出于公心选干部，一切为了事业选干部，一切按照规矩选干部，突出政治标准，提拔重用牢固树立“四个意识”和“四个自信”、坚决维护党中央权威、全面执行党的理论和路线方针政策、忠诚干净担当的干部，树立正确的选人用人导向。严肃干部工作纪律，防止干部“带病提拔”。完善考核评价机制，坚持聚焦经济社会发展重要部署、重大任务、重点工作，科学设置指标，强化结果运用。认真贯彻落实中央《推进领导干部能上能下若干规定（试行）》和山东省实施细则，推进干部能上能下、能进能出。完善后备干部选拔培养工作机制，实施优秀年轻干部培养工程，统筹做好女干部、少数民族干部、党外干部工作，用心用情做好离退休干部工作。认真抓好《关于激励干部担当作为干事创业的意见（试行）》贯彻落实，旗帜鲜明为敢于担当者担当，为敢于负责者负责。关心关爱基层一线干部，既要从严要求，又要“松绑减压”。坚持党管人才原则，实施人才强省战略，加快落实省委《关于深化人才发展体制机制改革的实施意见》，积极推进省级人才改革试验区建设，着力构建国内领先的人才制度体系，努力形成人人渴望成才、人人努力成才、人人皆可成才、人人尽展其才的良好局面。

加强基层组织建设。科学制定《山东省2017—2022年党的基层组织建设规划纲要》，以提升组织力为重点，突出政治功能，强化基层基础工作，把各领域基层党组织建设成为宣传党的主张、贯彻党的决定、领导基层治理、团结动员群众、推动改革发展的坚强战斗堡垒。推动党支部更好地担负起直接教育党员、管理党员、监督党员和组织群众、宣传群众、凝聚群众、服务群众的职责。积极推进过硬支部建设，坚持和完善“三会一课”、民主生活会和组织生活会、谈心谈话、民主评议党员等制度，尊重党员民主地位，保障党员民主权利。以新一届村、城市社区“两委”换届为契机，选优配强基层党组织带头人。加大非公有制企业和社会组织等领域党建工作力度，深入抓好流动党员党组织建设，不断扩大基层党组织覆盖面，持续整顿软弱涣散基层党组织。提高党员发展质量，优化党员队伍结构，稳妥有序开展不合格党员处置工作。落实党内激励关怀帮扶制度，完善党员干部联系服务群众制度，深化“第一书记”抓党建促脱贫攻坚，更好组织动员群众坚定不移跟党走。制定出台健全完善述职评议考核制度，落实各级党委书记抓基层党建工作责任的意见，组织实施党委书记抓基层党建突破项目，进一步压实各级党组织抓基层党建工作责任。

持之以恒正风肃纪。深入推进作风建设，紧紧围绕保持党同人民群众的血肉联系，严肃认真对待群众反映强烈的问题，坚决纠正损害群众利益的行为，不断厚植党执政的群众基础。按照《中共中央政治局贯彻落实中央八项规定的实施细则》精神，修订山东省实施办法。坚持以上率下，紧盯老问题、关注新动向，继续整治“四风”问题，坚决反对特权思想和特权现象，坚持不懈改作风转作风。全面加强纪律建设，深化党章党规党纪教育，把严明政治纪律作为首要任务，加强对组织纪律执行情况的监督检查，带动各项纪律严起来。坚持惩前毖后、治病救人，把纪律挺在前面，运用监督执纪“四种形态”，抓早抓小、防微杜渐，让党员干部知敬畏、存戒惧、守底线，习惯在受监督和约束的环境中工作生活。

山东省委根据中央指示精神，把彻底清除孙政才、令计划恶劣影响作为“两个维护”的具体行动，深挖中央巡视反馈问题线索，在认真分析研究的基础上，对具体工作作出安排，坚持在政治上、思想上、组织上、纪律上、作风上彻底削除政治隐患，清除污染源头。

夺取反腐败斗争压倒性胜利。坚持无禁区、全覆盖、零容忍，坚持重遏制、强高压、长震慑，坚持受贿行贿一起查，以坚如磐石的决心惩治腐败，巩固压倒性态势，夺取压倒性胜利。突出惩治重点，严肃查处高压态势下仍然不收敛、不收手，群众反映强烈、问题反映集中，现在重要岗位且可能还要提拔使用的领导干部，特别是要清除政治问题与经济腐败相互交织的利益集团。加大整治群众身边腐败问题力度，持续开展全省扶贫领域腐败和作风突出问题专项治理，严肃查处对扶贫款动脑筋、伸黑手，精准扶贫作风不实、敷衍塞责等问题。认真做好反腐败国际追逃追赃工作。建设覆盖纪检监察系统的检举举报平台。推进标本兼治，坚定理想信念，督促深化改革，健全制度机制，强化不敢腐的震慑，扎牢不能腐的笼子，增强不想腐的自觉。

三、推进党的建设向纵深发展

2018年2月，省委党的建设工作领导小组召开会议，深入学习贯彻习近平新时代中国特色社会主义思想和党的十九大精神，专题研究《中共山东省委党的建设工作领导小组2018年工作要点》，安排部署全面从严治党工作。会议强调，要坚持问题导向推动全面从严治党向纵深发展。针对具体问题深入“解剖麻雀”，防止“高空作业”，切实把党员干部群众所思所想所盼搞清楚，采取有效措施加以解决。要加强纪律建设、作风建设，严格落实中央八项规定和实施细则精神，驰而不息纠正“四风”，省委常委会带头，坚持以上率下，坚决反对特权思想和特权现象。要加强对党建工作落实情况的督导检查，加大巡视巡察力度，加大整治群众身边腐败问题力度。要积极推进扫黑除恶专项斗争，严查背后的“保护伞”，使黑恶势力违法犯罪特别是农村涉黑涉恶问题得到根本遏制。今后对落实管党治党责任不严，抓党的建设不力，在党的建设方面出现重大问题的地区、部门和单位，要公开通报曝光，追究当事人责任和相关领导责任，切实让党员干部受警醒、知敬畏、明底线。

2018年7月24日，省委党的建设工作领导小组召开会议，深入学习贯彻落实习近平总书记在全国组织工作会议上的重要讲话和视察山东时重要讲话、重要指示精神，落实中央巡视反馈意见，总结上半年全省党建工作，研究部署下一步党建工作。省委书记、省委党的建设工作领导小组组长刘家义主持会议并讲话。

会议指出，今年以来，全省党的建设工作取得新进展、新成效，但也存在不少问题和不足。要深入学习领会习近平总书记关于党建方面的重要论述，坚决贯彻落实习近平总书记在全国组织工作会议上的重要讲话精神，坚决扛起管党治党政治责任，营造风清气正的政治生态。各级党委（党组）要切实扛起主责、抓好主业、当好主角，积极构建党委统筹抓、书记亲自抓、各有关部门共同抓，一级抓一级、层层抓落实的党建责任格局。要坚持把党的政治建设作为党的根本性建设，树牢“四个意识”，坚定“四个自信”，做到“四个服从”“两个维护”，真正学懂弄通做实习近平新时代中国特色社会主义思想，坚决把党中央各项决策部署落到实处。要严肃党内政治生活，切实抓好意识形态和思想政治工作，引导党员干部做到“五个必须”“五个决不允许”，杜绝“七个有之”，推动山东省政治生态持续好转、整体向好。

会议强调，要坚定践行新时代党的组织路线，持之以恒抓好基层党组织建设。着力加强机关、企业、农村、社区、事业单位等领域党建工作，加强支部规范化建设，选好配强支部书记，广泛宣传先进典型，推动基层党组织全面进步、全面过硬。深刻领会“增强进取意识、勇探新路”的现实意义，以支部为核心抓好村级组织配套建设，扎扎实实推动乡村组织振兴。要树立正确选人用人导向，大力发现培养选拔使用年轻干部，着力打造忠诚干净担当的高素质干部队伍。要切实转变作风、狠抓落实，力戒形式主义、官僚主义，不喊口号、不搞变通，一步一个脚印、实打实地干，不折不扣落实好党中央决策部署和省委要求。要严守政治纪律和政治规矩，强化巡视巡察，强化党建工作监督，以强力问责倒逼责任落实。要坚决抓好中央巡视反馈意见整改落实，举一反三、标本兼治，问题不解决坚决不松手，整改不到位坚决不收兵。要更加注重制度创新，增加党建领域有效制度供给，以制度创新提升党的建设质量，推动全面从严治党向纵深发展。

坚持解放思想、改革创新，坚持党要管党、从严治党，注重思想建党与制度治党紧密结合，制度治党与依法治国紧密结合，落实从严治党责任，保持党的先进性和纯洁性，不断增强党的创造力凝聚力战斗力，全面加强和改进全省党的建设，为加快建设经济文化强省提供坚强政治保证。

四、结合中央巡视推进山东党建工作

根据中央统一部署，2018年2月22日至5月22日，中央第七巡视组对山东省进行了巡视。山东省委积极支持配合中央巡视工作，并根据巡视反馈的情况进行整改，推动山东党建工作的深入进行。

《中国共产党巡视工作条例》充分吸纳党的十八大以来巡视工作理论和实践创新成果，是对党内法规体系的充实完善和创新发展，为依规管党治党建设党提供了重要保障和制度武器。《条例》对巡视领导体制、范围内容、方式权限、纪律责任等作出明确规范，为做好新时期巡视工作提供了科学指导和基本遵循，必将有力提升巡视工作质量和水平；《条例》坚持把纪律和规矩挺在前面，从严要求、从严管理，为全面从严治党树立了新的标尺，必将有力推进党的先进性和纯洁性建设；《条例》突出强调巡视工作各责任主体的责任，以法规形式明确了责任界定、履责要求和问责情形，构建了完整的巡视工作责任体系，有力增强了从严管党治党的刚性约束。山东省委表示，要进一步深入学习宣传贯彻好《条例》，带动形成关心重视巡视、支持配合巡视、有序参与巡视的良好氛围。要进一步发现问题、解决问题、形成震慑，认真抓好问题整改落实和巡视成果运用，建立长效机制，推动巡视工作制度化、规范化、常态化。

要充分发挥党总揽全局、协调各方的作用，就必须牢牢把握新时代党的建设总要求，把党的建设成效体现到新时代现代化强省建设的具体实践中。实践证明，抓住巡视整改的有利契机，紧紧围绕党的政治路线加强党的建设，党员干部就有精气神，党组织就有凝聚力、战斗力，就能团结带领群众干事创业，开创各项工作的新局面。必须从党的建设这个根本上想办法、定措施，这既是巡视整改的题中应有之义，也是彻底解决问题、推进各项事业发展的根本途径。

改革开放40年来，中共山东省委带领各级党组织，在改革开放和社会主义现代化建设进程中，全面推进党的建设新的伟大工程，以加强党的长期执政能力建设、增强党的先进性和纯洁性为主线，全面加强党的政治建设、思想建设、组织建设和作风建设，把制度建设贯穿其中。在坚持和发展中国特色社会主义事业中始终发挥着党的坚强领导核心作用。特别是党的十八大以来，山东省委坚决拥护以习近平同志为核心的党中央，坚持党委管党，从严治党，着眼于党所面临的新形势、新问题，推动党的建设取得重大历史性成就，也积累了许多宝贵的经验。

一是必须始终坚持“治国必先治党、治党务必从严”。党要管党才能管好党，从严治党才能治好党。时刻保持“打铁还需自身硬”的政治清醒，保持自我净化、自我完善、自我革新、自我提高的政治自觉，坚持严字当头、实处着力。从严治党要把政治建设摆在首位。要严格遵守政治纪律和政治规矩，在政治立场、政治方向、政治原则、政治道路上同党中央保持高度一致。坚持和维护党中央权威和集中统一领导。要尊崇党章，严格执行新形势下党内政治生活若干准则。完善和落实民主集中制，不断加强党的自身建设，着力提高领导水平和执政能力，努力把党建设成为始终走在时代前列、勇敢担负历史责任、带领人民群众向着伟大目标不断奋进的马克思主义执政党。

二是必须始终坚持思想建党与制度治党紧密结合。思想建设是党的基础性建设。共产主义理想和中国特色社会主义共同理想，是中国共产党人的精神支柱和政治灵魂，也是保持党的团结统一的思想基础。要把坚定理想信念作为党的思想建设的首要任务，解决好世界观、人生观、价值观问题。要坚持马克思主义立场观点方法，用发展着的马克思主义指导实践，用党的创新理论武装头脑并不断发展创新党的理论。要建立健全党的制度和法规，坚持制度管党依法治党。要尊崇党章严守党规党纪，严格党内政治生活，坚持民主集中制。深化党的建设制度改革，推动各方面制度更加成熟定型。

三是必须围绕党的政治路线来进行，必须始终坚持以人民为中心。“中国共产党人的初心和使命，就是为中国人民谋幸福，为中华民族谋复兴。”中国共产党坚持使命引领与问题导向相统一。我们党在不同历史时期，总是根据人民意愿和事业发展需要，提出富有感召力的奋斗目标，团结带领人民为之奋斗。坚信党的根基在人民、党的力量在人民，把人民放在心中最高位置，坚持全心全意为人民服务的根本宗旨，一切为了人民、一切依靠人民，充分发挥人民群众的积极性、主动性、创造性。坚持党内监督和人民监督相结合。全面从严治党，首先必须依靠自身力量，用好批评和自我批评这个锐利武器，切实增强“四自”能力。

四是必须始终坚持抓住“关键少数”引领“最大多数”。历史和现实告诉我们：解决中国的问题，关键在党；解决党自身的问题，关键在党的各级领导干部。“关键少数”发挥关键作用，政治生态才能风清气正。只有充分发挥领导干部的引领示范作用，一级做给一级看、一级带动一级干，以点带面、以上率下，才能更好地推动全面从严治党落到实处。同时，党的建设要坚持党员的主体地位，依靠广大党员群众进行党的建设。必须注重加强人民监督，实现党内党外同向发力、党心民心同频共振，才能管好党治好党。

五是加强基层党组织建设。基础不牢，地动山摇。党的基层组织是党在社会基层组织的战斗堡垒，是党的全部工作和战斗力的基础。党的基层组织是确保党的路线方针政策和决策部署落实的基础，是贯彻党的决定、领导基层治理、团结动员群众推动改革发展的坚强战斗堡垒。党的基层组织是党联系群众的桥梁和纽带，是党对党员进行教育管理的最基本单位，担负着教育党员、管理党员、监督党员和组织群众、宣传群众、凝聚群众、服务群众的职责。要重视加强党的基层组织建设，按照“围绕中心、服务大局、拓宽领域、强化功能”的要求，紧紧围绕中心工作，创新活动方式，调动广大党员的积极性和创造性，充分发挥党支部推动发展、服务群众、凝聚人心、促进和谐的作用。

改革开放40年来，中共山东省委带领全省党组织和党员，全面加强党的领导和党的建设，始终以党的坚强领导推动中国特色社会主义事业的发展，同时又根据改革开放和现代化建设的需要来加强党的建设，取得了巨大的成绩和辉煌的胜利。

党的建设任重道远。我们一定要紧密地团结在以习近平同志为核心的党中央周围，坚持以习近平新时代中国特色社会主义思想为指导，坚持党要管党、从严治党，牢固树立“最大政绩”“首要之责”理念，团结带领全省广大党员干部群众，不忘初心、牢记使命，改革创新、苦干实干，推动新时代党的建设不断迈上新台阶，奋力开创新时代现代化强省建设新局面！

后 记

《波澜壮阔的历史篇章——山东改革开放40周年》系列丛书由中共山东省委宣传部组织编写。

《党建篇》具体由省委党校党史研究室主任、教授王立新组织撰写。王立新负责总体设计与书稿的主要撰写工作，时新华、张衍霞参加资料收集、部分初稿的撰写和校对工作。

在本书的写作过程中，我们吸收了诸多专家学者提出的许多指导性意见和建议，省委宣传部、省委党史研究院（省地方史志研究院）等有关同志提出修改意见，在此特致谢忱。

由于时间和水平所限，本书还存在许多不足之处，恳请大家提出宝贵意见，并不吝赐教。

本书编写组

2018年11月

山东省重大理论与实践问题研究课题

波澜壮阔的历史篇章
——山东改革开放40周年
生态文明篇

王安德　葛为砚　主编

山东人民出版社·济南
国家一级出版社　全国百佳图书出版单位

图书在版编目（CIP）数据

波澜壮阔的历史篇章：山东改革开放40周年·生态文明篇／王安德，葛为砚主编. --济南：山东人民出版社，2018.12
（波澜壮阔的历史篇章：山东改革开放40周年系列丛书）
ISBN 978-7-209-10598-9

Ⅰ. ①波… Ⅱ. ①王… ②葛… Ⅲ. ①改革开放－研究－山东 ②生态环境建设－研究－山东 Ⅳ. ①D619.52 ②X321.252

中国版本图书馆CIP数据核字(2018)第265908号

波澜壮阔的历史篇章
BOLANZHUANGKUO DE LISHI PIANZHANG
——山东改革开放40周年·生态文明篇
王安德 葛为砚 主编

主管部门 山东出版传媒股份有限公司
出版发行 山东人民出版社
出 版 人 胡长青
社 址 济南市英雄山路165号
邮 编 250002
电 话 总编室（0531）82098914
市场部（0531）82098027
网 址 http://www.sd-book.com.cn
印 装 山东新华印务有限责任公司
经 销 新华书店

规 格 16开（169mm×239mm）
印 张 12.5
字 数 180千字
版 次 2018年12月第1版
印 次 2018年12月第1次
ISBN 978-7-209-10598-9
定 价 400.00元（全九册）

《波澜壮阔的历史篇章——山东改革开放40周年》系列丛书编委会

前　言

四十年的奋斗波澜壮阔，四十年的成就举世瞩目。改革开放以来，中国走过了极不平凡的光辉历程，创造了世人瞩目、彪炳史册的人间奇迹。山东作为经济大省、人口大省、文化大省，在改革开放的大潮中，始终与全国改革开放步伐一致、同频共振，始终敢闯敢试，领风气之先、立时代潮头。在党中央的坚强领导下，山东人民接续奋斗、砥砺前行，坚持以经济建设为中心，不断解放思想、改革创新，开拓进取、扎实工作，取得了经济社会发展的辉煌成就。

在纪念改革开放40周年之际，山东省委宣传部组织专家学者编写了《波澜壮阔的历史篇章——山东改革开放40周年》系列丛书，既是对山东40年改革开放历史的回顾与记录，也是对山东改革开放宝贵经验的提炼与总结。丛书具有较强的理论性、通俗性和实践性，对广大党员干部群众进一步深化对改革开放的认识，扩大开放的信心和决心，在新的历史起点上继续解放思想、坚持改革开放，进而在全面建成小康社会进程中走在前列，在社会主义现代化建设新征程中走在前列，全面开创新时代现代化强省建设新局面，具有重大的现实意义和深远的历史影响。

目　录

总 论

生态文明是人类遵循自然规律、经济规律和社会发展规律，在长期实践中取得的一切物质、精神和制度成果的总和，是人与自然、人与人、人与社会和谐共生、持续发展的一种伦理道德与意识形态，是继农业文明、工业文明后的一种新的文明形态。生态环境是关系党的使命宗旨的重大政治问题，也是关系民生的重大社会问题，生态文明建设是统筹推进“五位一体”总体布局和协调推进“四个全面”战略布局的重要内容，是关系中华民族永续发展的根本大计。改革开放40年以来，全省生态环境保护与生态文明建设实践不断走向深入，有力地促进了产业结构的调整优化，促进了人民群众生产生活环境的改善，促进了城市精细化管理水平的提升，促进了经济社会发展中“劣币驱逐良币”问题的解决，充分彰显了生态环境保护对经济社会持续健康发展的支撑点、发力点、监测点作用。生态环境保护工作从无到有、从弱到强，见证了全省生态环境质量从持续恶化到稳步改善，人民群众的获得感日益增强，为形成“人与自然和谐发展”山东格局，打造“绿水青山就是金山银山”齐鲁样板，建设生态山东、美丽山东，实现山东生态环境保护走在全国前列奠定了基础。

第一章
生态文明的内涵与变迁

第一节　文明的发展史

人类文明的发展演变是一个与自然界密切相关的长期的历史过程。从一千多万年以前自古猿进化而来发展到今天，人类在认识自然、改造自然的过程中，创造了一个又一个光辉灿烂的文明形态。

一、原始文明：敬畏自然、崇拜自然

人类从动物界分化出来以后，经历了几百万年的原始社会，通常把这一阶段的文明称为原始文明或渔猎文明。人类在诞生以及很长的一段时期里，还只是简单的自然食物捕食者和采集者，只能通过采集、渔猎等方式，直接向自然界获取生活资料，受到自然界中诸如果实生长季节规律、动物迁徙规律等制约。但是随着人类开始掌握人工取火的技能，骨器、石器及弓箭等工具的使用，人类开始有能力影响和改变他们赖以生存的自然界。恩格斯曾说："摩擦生火第一次使人支配了一种自然力，从而最终把

人同动物界分开。”原始文明时期，人对人与自然的关系还处在一种朦胧混沌的状态，自然界也进入了一个在人类参与和干预下的人与环境辩证发展的新阶段。

二、农业文明：依赖自然、顺应自然

大约距今一万年前出现了人类文明的第一个重大转折，即由原始文明进入农业文明。在农业文明阶段，人类已经可以大规模地向自然界主动索取生产和生活资料。人类不再依赖自然界提供的现成食物，而是通过创造适当的条件，使为自己所需的动物和植物得到生长和繁衍，并且改变其某些属性和习性，培养驯化出更有利于人类生存或生活的品种。随着生存条件的改善，科学技术也实现了进步，出现了青铜器、铁器、造纸、印刷术等一系列代表性的成就。各种金属工具的使用，大大增强了人类改造自然的能力，对自然力的利用也已经扩大到若干可再生能源，如畜力、风力、水力等。

在原始文明和农业文明时期，虽然人类与自然的关系都是一种基本和谐的状态，却存在着一个明显的区别。原始文明中，人类仍只是机械地适应自然；而在农业文明时代，人类与自然对立统一，人类意识到要在自然界中生存和发展，必须保证与自然和谐共处，同时又开始努力反抗自然界的支配。这一时期社会生产力发展和科学技术虽然有所进步却比较缓慢，从总体上看，农业文明仍然属于人类对自然认识和变革的幼稚阶段，所以，尽管农业文明在相当程度上保持了自然界的生态平衡，但这是一种在落后经济水平上的生态平衡，是和人类能动性发挥不足与对自然开发能力薄弱相联系的生态平衡，因而不是人们应当赞美和追求的理想境界。

三、工业文明：征服自然、改造自然

随着资本主义生产方式的产生，人类文明出现第二个重大转折，即从农业文明转向工业文明。18世纪60年代，一场史无前例的、意义深远的革命从英国开始了。“从那时起，世界不再是以前的世界了。”工业革命是人类历史的伟大飞跃，标志着人类社会发展史上一个全新时代的开始。工业文明不仅从根本上提升了社会的生产力，创造出巨大的社会财富，而且从根本上变革了农业文明的所有方面，完成了社会的重大转型。经济、政治、文化、精神，以及社会结构和人的生存方式等，无不发生了翻天覆地的变革。人类和自然的关系也发生了根本性的改变。人类运用科学技术的武器，在控制和改造自然方面取得空前胜利，从蒸汽机到化工产品，从电动机到核反应堆，每一次科学技术革命都建立了人化自然的新丰碑。人们大规模开采各种矿产资源，广泛利用高效化石能，进行机械化大生产，并以工业武装农业，使农业实现机械化。自然界不再具有以往的神秘和威力，自然对人类无论施展和动用怎样的力量，如寒冷、凶险的野兽、火、水等，人类总是会找到对付这些力量的手段。弗兰西斯·培根宣告：“知识就是力量。”人类开始相信只需凭借知识和理性就足以征服自然，成为自然的主人。

工业文明时代，人们把自然当作可以任意摆布的附属品，以及可以无穷索取的原料库和无限容纳工业废弃物的垃圾箱，这些做法违背了自然的规律，超出了自然界能够承受的阈限。终于，在历史进入20世纪时，人类对自然的掠夺式开发和破坏式利用遭到了大自然的报复。20世纪30年代至60年代，发生了比利时马斯河谷烟雾事件、美国多诺拉烟雾事件、英国伦敦烟雾事件、美国洛杉矶光化学烟雾事件、日本水俣病事件、日本富山骨痛病事件、日本四日市哮喘病事件、日本米糠油事件等8起震惊世界的公害事件。陶醉于征服自然的辉煌胜利中的人们开始认识到，工业文明在给人类带来优越生活条件的同时，也给自然造成了空前严重的伤害，因而使人类自己也面临着深刻的危机。工业文明时期的人类高扬主体性和能动性，忽略了自己还有受动性的一面，忽视了自然界对人类的根源性、独立性、制约性，工业文明对自然的开发观念和行为准则违背了人和自然关系的辩证法，而藐视辩证法是势必会受到惩罚的。

四、生态文明：尊重自然、顺应自然、保护自然

大自然给人类敲响了警钟，历史呼唤着新的文明时代的到来。这种新的文明，有人从文明发展的顺序出发称之为后工业文明，也有人从生态价值标准出发称之为生态文明，即人与自然相互协调共同发展的新文明。如果说原始文明是蓝色文明，农业文明是黄色文明，工业文明是黑色文明，那么生态文明就是绿色文明，是人类文明发展的新形态。生态文明是基于东方智慧的新文明发展道路，是对传统文明特别是工业文明的反思成果，是迄今为止人类文明发展的最高阶段。

第二节　生态文明的内涵

生态文明由“生态”和“文明”两个词组成。

“生态”这个词源于古希腊语，原意是指家或者环境。通俗地讲，是指包括人类在内的一切生物的生存状态及其内在的联系。研究发现，无论是

整个自然环境的大系统，还是组成大系统的小系统，均具有其内在特定的结构和功能，按照特定的逻辑和规律运转，系统内部的各组成部分按照自身的规律发展和生长，系统与系统之间具有良好的沟通和协作，而且系统内部和系统与系统之间的发展和生长都不以牺牲其他部分的福利和发展空间为代价，整体呈现出良好运转的“美好”外在形象。

“文明”是指人类社会的进步状态和理性的社会体系。通俗地讲，是指与野蛮相对的人类社会进步状态，代表人类脱离野蛮、从低级走向高级的社会进步状态。

生态文明，就是指人类遵循人、自然、社会和谐发展这一客观规律，将生态理念融入社会发展而取得的物质与精神成果的总和。通俗地讲，是人类为了改善人与自然的关系所采取的一切积极的措施和产生的良好效果。生态文明并不是要求人类消极被动地顺应自然，而是要求在把握自然规律的基础上积极能动地利用自然、改造自然，最终实现自然规律与社会发展规律有机融合，实现物质与精神成果双丰收，实现人与自然和谐相处。

第三节　生态文明的变迁

古代的中国人较西方人而言，更注重有机整体的宇宙观，生态文明源于我国古代传统的生态观，经过漫长历史时期的、丰富的现代生态观的滋养，逐步发展完善。

一、传统生态观

齐鲁大地，作为中华文明的重要发源地之一，历史悠久，有丰富的文化遗存。发源于齐鲁大地的儒家、墨家、道家思想，都饱含丰富的、宣扬人与自然和谐一致的传统生态观，为生态文明观的形成奠定了深厚的文化基础。

（一）儒家思想中的传统生态观

在山东，诞生了孔子、孟子等大思想家，以他们为代表的儒家思想，自春秋末期创立，从汉武帝“罢黜百家，独尊儒术”起，成为中国社会的正统思想，至今已有两千五百余年的历史，深刻影响了中国乃至世界。儒学是一个庞大的思想体系，其丰富和深邃的思想理论和价值观念一直指引着生态文明的发展，尤其是“天人合一”“仁爱万物”等传统生态观，以有机整体思维方式思考人与自然生态的关系，以仁爱之情对待自然生态，超越了狭隘的人类中心主义，为现代人与自然和谐共生思想的产生提供了坚实的哲学基础和思想源泉，对生态文明产生了深远影响。

1.“天人合一”是传统生态观的思想基础

儒家认为，人是大自然的一部分，是自然秩序中的一个存在，自然本身是一个生命体，生命体内所有的存在相互依存，共同发展成为一个整体。儒家把人类社会放在整个大生态环境中予以考虑，强调人与自然息息相通，和谐一体[①]。《周易·系辞传》说：“天地之大德曰生。”意为天地的最大恩德，是为宇宙和人类提供了生生不息的环境，让各类生命各得其所，安身立命。《周易·序卦传》说：“有天地，然后有万物；有万物，然后有男女。”意为，人是天地万物的一部分，天、地、人既相互独立，又

① 参商孟华：《儒学与生态文明》，《儒学的当代使命——纪念孔子诞辰2560周年国际学术研讨会论文集》，九州出版社2010年版。

紧密联系；它们相互作用，相互依赖，构成和谐统一的整体。这就是“天人合一”思想的根本。汉代董仲舒在《春秋繁露·深察名号》中说：“事物各顺于名，名各顺于天。天人之际，合而为一。”第一次明确提出天与人“合而为一”。北宋张载在《正蒙·乾称》中说：“儒者因明至诚，因诚至明，故天人合一。”这是“天人合一”第一次出现在文献记载中。程颢、程颐在《二程全书》中说：“仁者，以天地万物为一体。”这一宇宙观在当代为中国文化所独有。运用“天人合一”的生态环境理念，能够引导人们正确认识和处理人与自然的各项利益关系，增强全社会的生态和环境意识。[①]

2.“仁爱万物”是重要的环境伦理思想

儒家思想的核心是“仁”，主张“仁者，爱人”“仁爱万物”。儒家认为，对待天地万物应采取友善、爱护的态度，天地万物的自然资源是人类赖以生存的物质基础，如果随意破坏、浪费，就会损害人类自身。孔子认为“仁者，爱人”，是对人最基本的道德要求。孟子主张把人类之爱施于万物，他说：“亲亲而仁民，仁民而爱物。”(《孟子·尽心上》)董仲舒在《春秋繁露·仁义法》中说：“质于爱民，以下至鸟兽昆虫莫不爱。不爱，奚足谓仁？”强调要用爱心对待自然万物，不应将天地万物置于“哀鸣”“摧残”“毁坏”之态。《礼记》载：“曾子曰：‘树木以时伐焉，禽兽以时杀焉。’夫子曰：‘断一树，杀一兽，不以其时，非孝也。’孝有三：小孝用力，中孝用劳，大孝不匮。思慈爱忘劳，可谓用力矣。尊仁安义，可谓用劳矣。博施备物，可谓不匮矣。”就是说，孔子将不按时节砍伐捕猎视为“非孝”，这种“孝”，曾子将其解释为“博施备物”的大孝。也就是

① 参余谋昌：《环境哲学：生态文明的理论基础》，中国环境科学出版社2010年版。

可以理解为人类应该博施仁义，特别是对于哺育人类的大自然，不应当让其匮竭。儒家思想把对待动植物的态度看作道德问题，初步实现了由家庭伦理、社会伦理向生态伦理的拓展。

3.“天道循环”是准确的环境行为因果观

董仲舒提出了“天道循环”论，他说：“天地之物有不常之变者，谓之异，小者谓之灾。灾常先至而异乃随之。灾者，天之谴也；异者，天之威也。谴之而不知，乃畏之以威。”“凡灾异之本，尽生于国家之失。国家之失乃始萌芽，而天出灾害以谴告之，谴告之而不知变，乃见怪异以惊骇之，惊骇之尚不知畏恐，其殃咎乃至。”（《春秋繁露·必仁且知》）他认为与天合一就能得到天的赏赐如祥瑞、风调雨顺等，违背天意的话，天会给予惩罚，出现灾异以谴告。虽然这是“天人感应”的表达，但也表现出了人对天神、对自然的敬畏，人应该根据自然规律改变自然，否则会受到自然的惩罚，这与我们当前所强调的“尊重自然”“顺应自然”一脉相承。

（二）墨家思想中的传统生态观①

墨子，姓墨名翟，春秋末战国初期鲁国人。墨子作为一位平民圣人，是墨家的创始人，亦是中国古代重要的思想家。对于生态问题，墨家有自己独到的视野。墨学是现实社会的政治产物，墨家从当时的社会情况出发，站在人类整体利益的立场上看问题，并没有有意识地着眼于探究环境伦理思想。但是，由于墨家以天下大义、大爱为终极理想，重视感官知觉，并具有较强的功利性和务实性，因而墨子的思想与现代环境伦理思想

① 参滕宇：《墨家环境伦理思想及其现代意义》，哈尔滨工业大学2015年学位论文。

息息相关，最终形成了独树一帜的墨家生态环境伦理思想。

墨家生态环境伦理思想主要包含互爱互利的“兼爱”思想、反战的“非攻”思想以及以“节用”为主的节俭思想。在人与自然的关系上，强调“互爱互利”的兼爱思想；在保护环境的具体措施方面，强调“节用”“节葬”“非乐”的节俭思想；同时其也意识到战争对生态的破坏，以反战思想作为实现人与自然和谐的根本保障。这些思想虽产生于遥远的春秋战国时期，但与现代生态环境保护理论在本质上具有诸多相通相容之处。

墨子是平民阶层的代表，墨家的救世学说也是站在小生产者的立场上展开的。因此，墨家深度关切人的生存问题，其生态环境伦理思想具有鲜明的民本性和务实性。同时，由于墨家的学说是站在人类整体利益的角度上，从人类的长远利益出发看待问题，所以墨家生态环境伦理思想还具有可持续的特点，这在今天依然是值得弘扬和借鉴的珍贵思想。

（三）道家思想中的传统生态观

道教由张道陵于东汉时期创立，至今已有一千八百余年的历史，是中国土生土长的固有宗教，经过长期的历史发展，对中华文化的各个层面产生了深远影响。山东半岛是道家文化的重要起源地。道教的“道”与“德”一起，共同构成其教理的核心内容。道家思想是从“以道为本”“道生万物”的本体论出发来看待人与自然的关系，构建起“天人合一”“万物一体”的系统思想。在道家看来，“道”是世界的本原，也是人与世界万物共同的本原。“道生一，一生二，二生三，三生万物。万物负阴而抱阳，冲气以为和。”（《道德经》）道是这个世界得以被创造出来的根本动力，它创造了世界万物，并且融汇于世界万物之间。自然界中的一切生物都是在阴、阳相互作用和谐之后产生的，“和”是两种事物互相存在的一种最理想的状态。①

1.“道法自然”是天人一体的哲学思想

基于“天人合一”的整体生态自然观，老子认为“人法地，地法天，天法道，道法自然”，首次提出“自然”这个重要范畴。这里的自然既是指万物本来的自在状态，也是指与人类社会相对的天然存在的物质世界。老子的生态文化思想是以“自然”为根本思想，以“道法自然”为实现手段，以人与自然的融为一体为目的的。“道法自然”是道家生态文化思想的价值体现。道家认为，自然界有一定的生存规律，人类必须尊重这一规律，不能为了满足自身的私欲，依靠人类的力量破坏自然界的正常运行系统；人类的所有行为，都应该建立在顺应自然的基础上，遵循万物的自然本性而进行。“天人合化”是道家关于天人关系的重要思想。《黄帝阴符经解》中对天人关系的合化机制进行了具体分析，认为：“天地育万物也，或生或杀，万物又盗天地而不生不杀，人盗万物而生而杀，人又盗万物以资养，是天地人递相交取而成三才者，轮转和合也，故天地万物与人而成其变化。故曰三盗既宜，三才乃安。”在天人关系的运动和演化过程中，人是宇宙的一部分。②

2.“万物齐一”是万物平等的伦理思想

《庄子·齐物论》说：“天地与我并生，而万物与我为一。”认为世间

---

① 参朱琳：《中国传统哲学与当代中国生态文明建设》，四川省社会科学院2015年学位论文。

② 参张苏、赵芃：《道教的“天一合一”思想与生态文明建设》，《社会科学研究》2012年第5期。

万物没有高低贵贱之分，人类与自然都是平等的。《庄子·天道》说："夫明白于天地之德者，此之谓大本大宗，与天和者也；所以均调天下，与人和者也。与人和者，谓之人乐；与天和者，谓之天乐。"体现出道家天人合一、人与自然和谐共处的生态思想。庄子说"阴阳和静，鬼神不扰，四时得节，万物不伤，群生不夭"，认为人类在与自然相处的过程中应该抱以谦卑和善的态度，在和谐相处中获得人与自然的共同发展。"知止其所不知，至矣"，他反对人类向自然无节制地索取资源，认为人类要控制自己的欲望，敬畏自然，用发展的态度对待自然，考虑后代子孙的长远利益。《道藏》说："天人齐等，无有高下。"天与人在相互平等、互相尊重并且无有高下的前提下方可以实现天人关系的合和为一。道家的万物平等论，也是道家尊重生命、天地和谐的环境伦理观念。不仅人与人的生命是平等的，人与动植物的生命以及天地的生命也都是平等的，人类和生物圈中的其他物种一样，必须服从客观的自然法则。

3．"天人同乐"是朴素的生态文明目标

道教的"天人同乐"思想对于促进天人关系和谐发展，实现天人之间各方面的合作与协调，发挥人在天人关系中的主观能动性，建设生态文明具有重要意义。林希逸在《南华真经口义》中说："若知此天地之德，则可以与天为徒，故曰'与天合和者也'。和，合也。'大本大宗'，即是赞美自然之德，与'自本自根'意同。'均调天下'，则与人合。亦犹尧曰：子，天之合也；我，人之合也。既曰'天和''人和'，又曰'人乐''天乐'。"郭象注曰："时行则行，时止则止，自然为物所尊奉。故美配天者，唯朴素也。与天和者，天地以无为为德。故明其宗本，则与天地无逆也。与人合者，顺天所以应人，故天和至而人和尽也。天乐适，则人乐足矣。"

天人同乐是实现生态系统良性运行的美好体现，对于实现真正意义上的人与自然和谐统一具有理论和实践指导意义。

二、现代生态观

随着文明的演进，人类根据自身的需要不断地、任意地改变着原有的自然环境，造成了严重的环境问题，人类开始审视自身的行为，寻求改善和解决环境问题的新理论支持和新的方法，在这个过程中，现代生态观开始逐步形成并且丰富起来，具有代表性的主要包括马克思生态观、循环经济理念、可持续发展观、环境生产力等。

（一）马克思生态观

马克思经典著作《1844年经济学哲学手稿》中是这样描述人与自然界之间的关系的：“被抽象的理解的、自为的，被确定为与人分隔开来的自然界，对人来说也是无。”马克思和恩格斯认为，人是自然界长期进化、发展的产物，为了生存与发展，人类必须依赖给予他们物质与能量交换的自然环境。①

马克思在强调人与自然之间的统一性的同时，也强调人的能动性和主体性，人类认识自然、不断改造和征服自然的目的就是为了能够更好地从自然界获取生存资料。在《政治经济学批判（1857—1858年手稿）》的评论中，马克思曾这样说：“一切以前的社会阶段都只表现为人类的地方性发展和对自然的崇拜。只有在资本主义制度下自然界才真正是人的对象，

① 参胡倩：《习近平生态文明思想研究》，浙江理工大学2017年学位论文。

真正是有用物；它不再被认为是自为的力量；而对自然界的独立规律的理论认识本身不过表现为狡猾，其目的是使自然界（不管是作为消费品，还是作为生产资料）服从于人的需要。”马克思自然观从人与自然的实践出发，将直观自然区分为“人化自然”与“自在自然”，这种自然二分法是人类历史上对自然界认识的一次质的飞跃，从根本上有别于唯心主义自然观与旧唯物主义自然观。马克思认为，“自在自然”是“人化自然”的物质基础，人的实践使得“自在自然”不断被纳入“人化自然”之中。自然界提供给人类生存与发展的物质资料，人依靠自然界而活，人是自然界的一部分，这是对自然客观存在性与重要性的肯定，马克思虽然指出了“自在自然”的先在性，但究其实质，并非要人们盲目崇拜大自然，而是为了人类的生存与发展，他强调的是两者之间的辩证统一关系。

马克思和恩格斯用实践唯物主义观确立了人与自然界和谐发展的历史观，告诫人们：“不要过分陶醉于我们对自然界的胜利。对于每一次这样的胜利，自然界都报复了我们。”与此同时，他又充满信心地指出：“事实上，我们一天天地学会更加正确地理解自然规律，学会认识我们对自然界的惯常行程的干涉所引起的比较近或比较远的影响。只要我们正确处理人和自然的关系，就一定能够创立一个完全新式的人类文明，一个可以永续发展的文明社会。”

（二）循环经济理念

循环经济的思想萌芽可以追溯到环境保护兴起的20世纪60年代。1962年，美国科普作家蕾切尔·卡逊发表了《寂静的春天》，指出生物界以及人类所面临的危险。“循环经济”一词，首先由美国经济学家K.波尔丁提出，主要指在人、自然资源和科学技术的大系统内，在资源投入、企业生产、产品消费及其废弃的全过程中，把传统的依赖资源消耗的线形增长经济，转变为依靠生态型资源循环来发展的经济。其“宇宙飞船经济理论”可以作为循环经济的早期代表，主张以储备型经济替代传统的增长型经济，以休养生息经济替代传统的消耗型经济，以福利量经济替代传统的生产量经济，以循环式经济替代传统的单程式经济。循环经济是指在经济发展中，实现废物减量化、资源化和无害化，使经济系统和自然生态系统的物质和谐循环，维护自然生态平衡，是对“大量生产、大量消费、大量废弃”的传统增长模式的根本变革。循环经济的目的是通过资源高效和循环利用，实现污染的低排放甚至零排放，保护环境，实现社会、经济与环境的可持续发展。20世纪90年代之后，发展知识经济和循环经济成为国际社会的两大趋势，我国引入了关于循环经济的思想。此后，关于循环经济的理论研究和实践不断深入。1998年，引入德国循环经济概念，确立“3R”原则（the rules of 3R，是减量化“reducing”，再利用“reusing”和再循环“recycling”的简称）的中心地位；1999年，从可持续生产的角度对循环经济发展模式进行整合；2002年，从新兴工业化的角度认识循环经济的发展意义；2003年，将循环经济纳入科学发展观，确立物质减量化的发展战略；2004年，提出从不同的空间规模如城市、区域、国家多个层面大力发展循环经济。

（三）可持续发展观

可持续发展理论是人类对未来发展的一种需求和思考的结果，目的是寻求实现生态平衡、人与自然和谐相处的途径。“可持续发展”这一概念最早出现在《自然保护大纲》中，这是一份由国际自然保护同盟制定的关于保护自然、管理资源的文件，其后这一概念被广泛地用于社会学和经济学。1987年，联合国世界环境与发展委员会发表的《我们共同的未来》中，首次清晰地表达了可持续发展观，即“可持续发展是既满足当代的需求，又不对后代满足需求能力构成危害的发展”。可持续发展观包括以下主要内容：一是肯定发展的必要性。只有发展才能使人们摆脱贫困，才能为解决生态危机提供必要的物质基础，才能最终打破贫困加剧和环境破坏的恶性循环。二是显示了发展与环境的辩证关系。环境保护需要经济发展提供资金和技术，环境保护的好坏也是衡量发展质量的指标之一。经济发展离不开环境和资源的支持，发展的可持续性取决于环境和资源的可持续性。三是提出了代际公平的概念。人类历史是一个连续的过程，后代人拥有与当代人相同的生存权和发展权，保护和维持地球生态系统的生产力是当代人应尽的责任。

（四）环境生产力

习近平同志指出：“保护生态环境就是保护生产力，改善生态环境就是发展生产力。”这一重要论述抓住了生态文明建设的要义，深刻阐明了生态环境与生产力之间的关系，饱含尊重自然、谋求人与自然和谐发展的价值追求，是对生态文明建设规律认识的深化，是对马克思主义生态观的升华。包括水、空气、土地、动植物等的自然生态系统，是人类赖以生存发展的基本条件。生态环境本身就是资源，形成自然生产力。从本原来看，生产力体现为自然生产力和社会生产力，社会生产力建立在自然生产力基础上，一切发展都不能脱离自然。从价值观来看，建设美好世界是改造自然的根本意义和最终目的。因此，要树立环境也是资源、蓝天也是幸

图1-1　黄河三角洲高效生态经济区

福、生态也有价值的理念，正确处理发展与保护生态环境的关系。从实践来看，应在保护生态的前提下发展绿色经济，用经济发展的成果反哺生态保护，实现生态环境保护与经济发展双赢。应当认识到，保护和改善生态环境不仅不会影响经济社会发展，这种倒逼机制还会推动科技创新和经济转型，使发展迈上更高水平。

三、习近平生态文明思想[①]

在2018年的全国生态环境保护大会上，习近平总书记发表重要讲话，对全面加强生态环境保护、坚决打好污染防治攻坚战，作出了系统部署和安排。大会确立了习近平生态文明思想，这是标志性、创新性、战略性的

① 参中共生态环境部党组：《以习近平生态文明思想为指导　坚决打好打胜污染防治攻坚战》，《求是》2018年第12期。

重大理论成果，是新时代生态文明建设的根本遵循，为推动生态文明建设提供了思想指引和实践指南。

习近平生态文明思想内涵丰富、博大精深，深刻回答了“为什么建设生态文明”“建设什么样的生态文明”“怎样建设生态文明”等重大理论和实践问题，集中体现为“生态兴则文明兴”的深邃历史观、“人与自然和谐共生”的科学自然观、“绿水青山就是金山银山”的绿色发展观、“良好生态环境是最普惠的民生福祉”的基本民生观、“山水林田湖草是生命共同体”的整体系统观、“实行最严格生态环境保护制度”的严密法治观、“共同建设美丽中国”的全民行动观、“共谋全球生态文明建设之路”的共赢全球观。这一重要思想进一步丰富了坚持和发展中国特色社会主义的总目标、总任务、总体布局、战略布局和发展理念、发展方式、发展动力等，是习近平新时代中国特色社会主义思想的重要组成部分和核心内涵。

坚持人与自然和谐共生是新时代坚持和发展中国特色社会主义的基本方略。党的十八大以来，习近平总书记就人与自然关系发表许多重要论述，强调生态文明建设是关系中华民族永续发展的根本大计。人与自然是生命共同体，人类必须尊重自然、顺应自然、保护自然。人类只有遵循自然规律才能有效防止在开发利用自然上走弯路，人类对大自然的伤害最终会伤及人类自身，这是无法抗拒的规律。坚持山水林田湖草是一个生命共同体，人的命脉在田，田的命脉在水，水的命脉在山，山的命脉在土，土的命脉在林和草。坚持节约优先、保护优先、自然恢复为主的方针，推动形成人与自然和谐发展现代化建设新格局。党的十九大把“坚持人与自然和谐共生”作为新时代坚持和发展中国特色社会主义的基本方略，全国生态环境保护大会又将其作为新时代推进生态文明建设必须坚持的重要原则。这些重要举措充分体现了以习近平同志为核心的党中央对经济社会发展规律认识的深化，为科学把握和正确处理人与自然关系提供了根本遵循。

坚持“良好生态环境是最普惠的民生福祉”是践行以人民为中心发展思想的鲜明体现。党的十九大提出，必须坚持以人民为中心的发展思想，把人民对美好生活的向往作为奋斗目标。当前，我国社会主要矛盾已经转化为人民日益增长的美好生活需要和不平衡不充分的发展之间的矛盾，人民群众从过去“盼温饱”到现在“盼环保”、从过去“求生存”到现在“求生态”，期盼享有更加优美的生态环境。习近平总书记立足发展新阶段和人民新期待，提出良好生态环境是最公平的公共产品，是最普惠的民生福祉。强调环境就是民生，青山就是美丽，蓝天也是幸福。生态环境是关系党的使命宗旨的重大政治问题，也是关系民生的重大社会问题。深入学习贯彻习近平生态文明思想，把解决突出生态环境问题作为民生优先领域，积极回应人民群众所想、所盼、所急，大力推进生态文明建设，提供更多优质生态产品，不断满足人民群众日益增长的优美生态环境需要，就是践行以人民为中心发展思想的具体体现，彰显了中国共产党改善民生、造福人民的初心和使命，开创了中国共产党执政理念和执政方式的新境界。

坚持“绿水青山就是金山银山”是落实新发展理念的价值取向。党的十九大报告指出，中国特色社会主义进入了新时代，我国经济已由高速增长阶段转向高质量发展阶段，正处在转变发展方式、优化经济结构、转换增长动力的攻关期，建设现代化经济体系是跨越关口的迫切要求和我国发展的战略目标。习近平总书记指出，绿色发展是构建高质量现代化经济体系的必然要求，是解决污染问题的根本之策。必须坚持绿水青山就是金山银山，贯彻创新、协调、绿色、开放、共享的发展理念，加快形成节约资源和保护环境的空间格局、产业结构、生产方式、生活方式，给自然生态留下休养生息的时间和空间。坚持绿水青山就是金山银山是绿色发展理念更接地气的表达，代表了新发展理念的价值取向，深刻揭示了发展与保护的本质关系，指明了实现发展与保护内在统一、相互促进、协调共生的方法论。

坚持“共谋全球生态文明建设之路”是推动构建人类命运共同体的关键一招。党的十八大以来，习近平总书记高瞻远瞩地提出构建人类命运共同体，成为习近平外交思想的重要内容。习近平总书记强调，人类是命运共同体，建设绿色家园是人类的共同梦想。国际社会应该携手同行，构建尊崇自然、绿色发展的经济结构和产业体系，解决好工业文明带来的矛盾，共谋全球生态文明建设之路，实现世界的可持续发展和人的全面发展。党的十九大报告明确提出，构建人类命运共同体，建设持久和平、普遍安全、共同繁荣、开放包容、清洁美丽的世界。共谋全球生态文明、建设清洁美丽世界是推动构建人类命运共同体的关键一招，符合世界绿色发展潮流和各国人民共同意愿，彰显了习近平生态文明思想的鲜明世界意义。

第二章
我省生态文明建设的主要历程

改革开放40年以来，我省立足省情和经济社会发展状况，从环境保护起步，深入开展生态文明建设实践，经历了从筚路蓝缕以启山林，到万物葱郁蔚为大观的巨大转变，记录了对生态文明的认识不断加深，治理领域不断拓宽，治理手段不断丰富，制度建设不断完善的历史过程。40年的生态文明实践史，是我省改革开放40年的巨大变迁史。

第一节　萌芽起步（1978—1992年）

1978年十一届三中全会以后，我省经济社会发展进入高速增长阶段，伴随而来的资源环境约束和问题，使各级政府和社会各界逐步认识到环境保护的重要性。我省在建立健全环境保护的管理体制、法律体系、政策体系方面进行了积极探索，初步建立起了环境保护的基本法律、政策和制度框架。我省生态文明建设从这一阶段的环境保护工作开始起步。

一、改革开放后经济建设迅猛发展

1978年12月，党的十一届三中全会召开，作出了把党和国家工作中心转移到经济建设上来的决定，实现了从封闭半封闭到改革开放、从计划经济到市场经济的深刻变革。十一届三中全会以后，国家进入了一个新的历史发展时期。全国上下开始了以经济建设为中心的现代化建设，实行了“调整、改革、整顿、提高”等一系列重大的方针政策，“发展是硬道理”成为共识，经济发展和各项社会事业百业兴旺，国民经济稳定增长，经济效益明显提高，人民生活有了较大改善。15年间，地区生产总值（GDP）以每年16.4%的速度快速增长，工农业总产值平均每年增长17.3%。

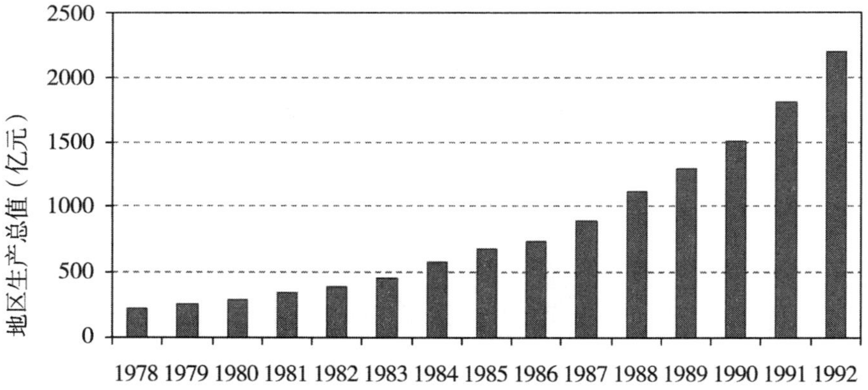

图2-1　1978—1992年山东省GDP增长趋势图

随着经济的快速发展，环境问题也日益显现出来。一方面，经济建设的迅猛发展使经济规模大增，经济结构又都是传统的高耗能、高投入、高污染、低产出行业，经济的增长方式极为粗放，再加上污染治理的技术与环境管理跟不上，导致污染迅速加剧。另一方面，乡镇企业异军突起，截至1988年底，山东全省乡镇企业已发展到142万个，从业人员950

万人，占全省农村劳动力的29%，乡镇企业总产值达到706亿元，乡镇工业已占全省工业总产值的41.1%。由于乡镇企业存在规模小、技术水平落后、不重视环境保护等问题，乡镇企业的大规模发展带来了严重的环境问题，农村生态环境大面积污染，环境问题开始成为经济社会发展的重要制约因素之一。

二、保护环境被确立为我国的一项基本国策

1978年12月31日，中共中央批转了国务院环境保护领导小组的《环境保护法工作汇报要点》，第一次以党中央的名义对环境保护工作作出指示，明确提出保护环境是社会主义现代化建设的重要组成部分。1979年6月，山东省革委会发布《关于加强环境保护工作的通知》，对在国民经济调整、改革、整顿、提高期间环境保护的机构建设及工作重点提出了明确要求。1983年12月31日，国务院召开了第二次全国环境保护会议，明确提出保护环境是我国的一项基本国策，制定了我国环境保护事业的战略方针。1984年1月，山东省召开了第四次全省环境保护会议，贯彻第二次全国环境保护会议精神，在认真总结以往工作的基础上实事求是地分析了环境和生态方面存在的问题，确定将环境保护作为一项长期战略任务纳入各级政府的议事日程。1992年10月，中共山东省委、山东省人民政府提出了《实施可持续发展战略，认真搞好环境保护工作的十条意见》，从此，可持续发展战略成为山东经济和社会发展的基本指导思想，山东的环境战略也进一步呈现出新的变化。

从这一时期，环境保护工作开始列入我省的国民经济和社会发展计划体系。“六五”和“七五”时期，山东省在国民经济和社会发展五年计

划中列入了环境保护总体目标与任务，在一定程度上促进了环境保护工作的开展。1989年，山东省人民政府确定环境保护计划作为全省国民经济与社会发展“八五”计划的10个专题之一，省及市、县政府都编制了环境保护“八五”计划和2000年规划。1990年山东省环保局作为国家试点单位，首次试行编制全省环境保护年度计划，并研究确定了环境保护计划主要指标。

三、环境保护机构建设步入正轨

山东省的环境保护机构最早始于1973年省基本建设委员会的内设机构“三废”治理办公室。同年成立了山东省环境保护领导小组，下设环境保护办公室。

1979年6月，山东省革委会发布的《关于加强环境保护工作的通知》确定：省、地市、县设立局一级的环境保护机构；省有关委、办、局和专业公司，都应有领导干部分工管理环境保护工作；省环保部门建立环境监测站，地市科研、监测站（所）要进一步加强，各县（市）要进一步增设检测化验人员。全省13个市地开始设立局一级的环境保护部门，省直有关部门根据各自的职能，开始有领导干部参与分管与本行业有关的环境保护工作，为后来各部门齐抓共管的萌芽时期。

1979年12月，山东省人民政府以鲁政发〔1979〕3号文件通知，将山东省革命委员会环境保护局改为山东省环境保护局，列入政府编制序列。

1984年3月，省政府成立山东省环境保护委员会。由省政府分管领导任主任，济南军区、省建委、计委、经委负责同志任副主任，省科委、经济研究中心、省军区、省财政厅、化工厅、农业厅、卫生厅、环保局负责同志任委员。从此，在山东省环境保护的历史上，开始成立以省政府分管领导为主任的高规格的环境保护议事机构。

1984年12月，省政府以鲁政办发〔1984〕85号文件确定，将省环境保护局改为一级局，列入政府工作部门序列，这种机构模式一直延续至1996年机构改革。

这一时期，环保队伍逐步建立起来，截至1992年底，全省17个市中，有16个市的环保局为一级局，莱芜市环保局为二级局；135个县市区中，设置环境保护机构的有130个，其中128个为一级局。此外，还有70%的乡镇配备了环境保护助理员，有的建立了环境保护办公室。全省环保系统人员达到6145人。

四、环境管理制度开始建立

（一）法制体系建设打下基础

1979年9月，我国颁布了第一部环境保护基本法《中华人民共和国环境保护法（试行）》，标志着我国环境保护事业进入法制轨道，环境保护工作结束了无法可依的局面。之后又陆续颁布了《水污染防治法》《大气污染防治法》等近10部行政法规。1989年，《中华人民共和国环境保护法》由第七届全国人民代表大会常务委员会第十一次会议通过。我省在认真执行国家环境保护法律法规的同时，于1984年开始了地方环境法治建设的步伐。对国家颁布的环保法规，我省大都制定了相应的实施细则、条例和办法，还根据本省实际情况制定出台了一系列地方性环保法规，先后制定并颁布实施了《山东省征收排污费实施办法》《关于加强小清河污染防治工作的决议》《山东省城市交通噪声管制暂行条例》《关于加强乡镇、街道企业环境管理的实施办法》《山东省建设项目环境保护管理办法》《南四湖水污染防治管理办法》《山东省粉煤灰、煤矸石综合利用暂行办法》等多部环境保护地方性法规和规章，为山东省环境法制体系的构建打下了基础。

（二）八项管理制度初步建成

1989年，我国确定了“环境影响评价制度”“‘三同时’制度”“征收排污费制度”“环境目标责任制度”“城市环境综合整治定量考核制度”“排污申报登记和排污许可证制度”“污染集中控制制度”和“污染限期治理制度”环境保护八项管理制度。我省充分利用各项制度进行环境管理，取得明显成效。1982年2月，省政府颁布了《山东省小型基建、技措项目、社队、街道、省工商联合企业建设项目环境保护管理办法》，将环境影响评价的覆盖范围扩大到小型建设项目。1986年3月，省六届人大常委会第十八次会议通过《山东省征收排污费实施办法》。1988年，省长与济南、淄博、潍坊、青岛四个城市的市长签订了《市长环境保护责任书》，之后在全省范围内推行环境保护目标责任制。山东省城市环境综合整治定量考核（简称“城考”）工作开始于1989年7月，城考指标包括环境质量、污染控制、环境建设、环境管理四部分内容，是落实城市政府对环境质量负责的一项重要环境管理制度，是解决城市环境污染、改善城市环境质量的重要举措。

五、污染治理在探索中展开

（一）工业污染防治开始启动

一是通过工业调整、技术改造，整顿了一批污染重、布局不合理的企业。关、停、并、转、迁了1900多个耗能高、浪费大、污染重的污染点源，对电镀、铸造、锻压、热处理等生产工艺落后的企业进行了整顿整合，建立了一批新的工艺协作中心，改善了环境质量，取得了很大的经济效益。二是加强了对新建项目的“三同时”管理。全省大中型项目执行率逐年提高，1980年之前执行率为65.7%，1981年为71.4%，1995—1998年，从环境影响评价和审批手续来讲，基本上都执行了“三同时”规定。三是加强了对老企业的污染治理。在这一时期，各方面用于工业污染防治的投资达6.41亿元，实施治理项目5800多个，截至1987年底，已竣工投产使用的占91%，新增三废处理能力（废水217万吨／日、废气4243标立方米／小时、废渣657万吨／年）。全省废物综合利用的产值大幅度提高，1981年仅为5804万元，1998年上升到34053万元，增长了近五倍。四是开展了清洁文明工厂和环境优美工厂创建活动。省环保局与省化工厅、省冶金厅先后命名了81个清洁文明工厂。山东省环境保护委员会于1987年命名了81个“三废”综合利用和污染治理效果好的环境优美工厂，其中获得国家级的有19个。这一活动调动了企业治理污染的积极性，加快了工业污染治理步伐。

（二）城市环境综合整治初步开展

城市环境综合整治就是采取综合措施清除城市的“污水、废气、废渣、噪声”四害。有些城市以水为重点，划定了水源保护区，采取了有效的水污染防治措施。有些城市初步建起了煤气工程，到1987年底，全省城市气化率达到37.3%。济南、淄博、烟台等城市建设了集中供热工程，大多数城市实施了联片采暖。全省共创基本无黑烟区190个，削减烟筒720多根。城市废渣处理有了一定进展，市内工业废渣基本上得到了处理和利用。城市噪声控制工作初见成效，包括青岛在内的20多个城市开展了噪声功能区划，设置了禁鸣路段，放置了禁鸣标志。

第二节　重点突破（1993—2002年）

20世纪90年代初开始，是我国由计划经济向市场经济转轨的重要阶段，我省掀起了新一轮的大规模经济建设，全省工业企业快速发展，致使环境污染问题达到了无以复加的地步，污染开始从局部向整体、从城市向农村、从河流的下游向上游加剧蔓延。随着污染的日益严重，各级党委、政府逐步加大环境保护力度。我省环境保护事业由小到大，可持续发展战略初步实践，重点领域污染防治取得成效，这一阶段是我省生态文明建设重点突破的重要阶段。

一、实施“工业强省”战略

1992年，党的十四大作出三项具有深远意义的决策：一是抓住机遇，加快发展；二是明确我国经济体制改革的目标是建立社会主义市场经济体制；三是确立邓小平建设有中国特色社会主义理论在全党的指导地位。1993年到2002年，是各项改革全面展开并取得重大突破，建立完善社会主义市场经济体制迈出决定性步伐，对外开放逐步向纵深发展的阶段，全省经济顺利实现了由旧经济体制向新经济体制的过渡。十年间，全省经济发展速度持续保持在两位数以上，生产总值增长2.7倍，年均增长12.6%。城乡居民收入进入快速增长期，城镇职工平均工资和居民人均可支配收入年均分别增长15.9%和14.5%；农民人均纯收入连

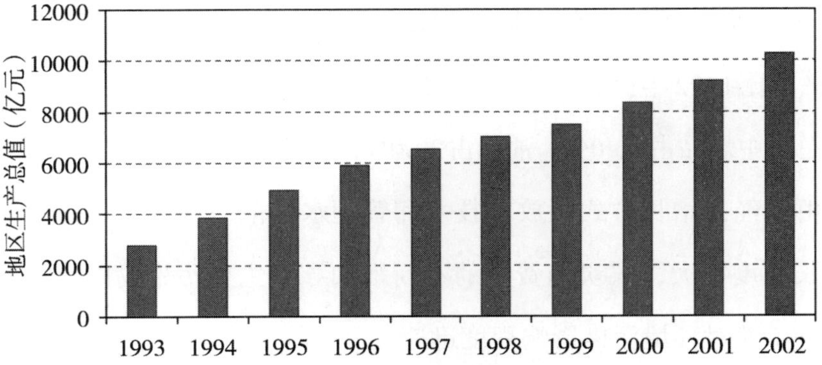

图2-2　1993—2002年山东省GDP增长趋势图

跨1000元和2000元，2002年接近3000元，达到2954元，比1992年增长2.7倍。

这一时期，山东省强化“工业强省”战略，大力发展工业制造业，能源、冶金、化工、建材等重工业加速扩张，装备制造产品产量占全国比重明显上升，重工化特征开始显现。2002年，规模以上工业总产值、资产总额均突破万亿元，总产值中轻、重工业比例调整为49：51。从主要工业产品产量和占全国比重看，机制纸666万吨，占14.3%，位居全国第一；生铁960万吨，粗钢1001万吨，电解铝22万吨，分别占5.6%、5.5%、5.0%，依次位居第五、第六和第七，位次明显提前；化肥417万吨，水泥8239万吨，分别占11.0%、11.4%，均跃居第一。家用电冰箱421万台，洗衣机359万台，空调359万台，彩电450万台，分别占全国产量的26.3%、22.5%、11.4%和8.7%，依次位居全国第一、第二、第四和第三。

山东能耗总量比1992年翻了一番，成为全国第一能耗大省。2002年，山东能耗总量为14618万吨标准煤，比1992年增长一倍，年均增长7.4%。工业能耗突破亿吨标准煤，为11617万吨标准煤，占全省能耗总量的79.5%，比全国工业能耗比重高5.2个百分点；占全国工业能耗的比重为11.1%，比1992年提高3.8个百分点。从能源消费煤、油品结构看，山东能耗总量中煤品占76.0%，油品占22.0%，天然气仅占1.0%。

由于经济增长方式粗放，技术和管理水平落后，资源、能源的消耗量增长幅度很大，煤炭消费量的不断增加导致主要污染物的排放量居高不下，工业对环境污染影响程度迅速提升，污染影响的范围也逐渐扩大。在此期间，各地上项目、铺摊子热情急剧高涨，加之乡镇企业的无序发展，在城市环境污染加剧的同时，污染向农村蔓延，生态破坏的范围扩大，环境污染形势由点源污染变成面源污染。

二、环境保护不断推进

随着经济社会的不断发展和环境问题的凸显，社会对生态文明建设和环境保护的意识逐渐加深，各级党委、政府逐步加大环境治污力度。1992年10月，中共山东省委、山东省人民政府提出了《实施可持续发展战略，认真搞好环境保护工作的十条意见》，从此，可持续发展战略成为山东经济和社会发展的基本指导思想，山东的环境战略也进一步呈现出新的变化，表现为环境战略从环境领域逐步延伸到经济社会领域，将发展与环境作为一个整体对待，环境战略的重点从污染防治转向生态保护和污染防治并重。1993年到2002年的10年间，环境保护由小到大，逐步发展壮大，全省生态环境保护工作实现重点突破。

专栏：可持续发展战略初步实践

1994年8月，中共山东省委转发省人大常委会党组《关于全省贯彻实施环境保护法律法规情况和意见的报告的通知》，要求各级党委高度重视环境保护工作，切实加强对这一工作的领导，下决心解决好污染防治问题。

1995年10月，《山东省国民经济和社会发展第九个五年计划及2010年远景目标纲要》将实施可持续发展战略作为全省经济和社会发展的重点之一，提出“九五”期间要进一步加大环境保护资金投入，环境保护投资占全省GDP的比重要由“八五”期间的0.6%提高到1%。大力推进经济增长方式转变，省委、省政府要求必须把经济发展建立在资源节约和环境保护的基础上，下大力气转变经济增长方式，促进经济与环境协调发展。

通过采取优化产业结构，关停污染严重小企业，提高资源利用效率等措施，降低了单位GDP的资源消耗量和污染物排放量。1996年到2002年的7年间，在GDP年均增长10.6%的情况下，全省化学需氧量、二氧化硫、烟尘、工业粉尘、工业固体废物等主要污染物排放总量分别削减66.4%、31.3%、48.6%、62.1%、94.1%。重视研究和推进循环经济，1996年到2002年，在烟台高新技术开发区、日照市及3家企业开展了循环经济试点，全省64家企业通过了清洁生产审核，187家企业和7个开发区通过了ISO14000环境管理体系认证。

三、环境管理机构建设得到强化

这一时期，省环保局在职能配置、内设机构和人员编制上进行了两次调整和变更，局直属事业单位也进行了调整，省环保局宏观调控和执法监督职能得到加强，市、县级环境管理机构也在改革中得到充实。

1996年1月，省政府办公厅下发通知，印发《山东省环境保护局职能配置、内设机构和人员编制方案》，省环保局内设办公室、计划财务处、政策法规处（挂国际合作处牌子）、科研监测处、污染控制处、开发监督处（挂自然保护处牌子）、人事处、南四湖环境管理处、小清河环境管理处9个处室和机关党委，行政编制66名。机构改革后，省环保局职能转变的重点是强化环境保护的宏观调控和执法监督。

2000年7月，省政府批准省环保局职能配置、内设机构和人员编制新方案。省环保局内设办公室、规划与财务处、政策法规处、人事处、科技标准处、污染控制处、自然生态保护处、监督管理处、流域环境管理处（挂国际合作处牌子）9个处室和机关党委，行政编制58名。此次改革主要划入以下职能：管理和组织协调全省环境保护国际条约的国内履约活动及对外联系，机动车污染防治监督管理，农村生态环境保护监督管理，生物技术环境安全监督管理；协助市级党委管理环境保护部门领导干部。

全省17个市及139个县（市、区）全部设立了环境保护机构，有的县（市、区）成立了乡镇环保所，拓宽了环保工作的覆盖面。截至2002年底，全省环境保护系统共有工作人员近万人。

四、环境法治体系不断完善

随着环境保护工作的不断推进，山东省深入开展环境法制宣传教育，严格执行国家环境保护法律法规，重视加强地方立法工作，具有立法权的济南、青岛、淄博三市也制定了一些地方性环保法规，通过法律法规的制定实施，有力推动了全省环境保护工作。1993年到2002年期间，相继颁布《山东省环境保护条例》《山东省水污染防治条例》《山东省环境噪声污染防治条例》等20多个环境保护地方性法规，《山东省防治环境污染设施监督管理办法》《山东省环境污染行政责任追究办法》等30多个行政规章。

1996年12月，省八届人大常委会第二十五次会议审议通过《山东省环境保护条例》。为防止地方保护，增强执法的严肃性，《条例》确定调整了排污收费和行政处罚的层级管辖制度，即“下级不收上级收”和“下级不罚上级罚”。

2000年10月，省九届人大常委会第十七次会议审议通过《山东省水污染防治条例》。《条例》对山东省行政区域内的河流、湖泊、水库、运河、渠道等地表水体和地下水体污染防治的范围、标准、防治措施、处罚金额等作出了明确规定。

2001年4月，省九届人大常委会第二十次会议审议通过《山东省实施〈中华人民共和国大气污染防治法〉办法》。《办法》突出强调了排污总量控制、机动车尾气污染防治和城市大气污染防治三项重点任务，在排污申报登记、排污许可证、机动车污染监测与防治、建设项目环境管理、“十五土（小）”生产项目关停以及广大人民群众关心的饮食服务业环境管理、畜禽养殖污染、秸秆禁烧、露天烧烤等方面作出明确规定。

各地市环境立法方面也取得积极进展。济南市1994年由市第十一届人大常委会第八次会议通过，并由省八届人大常委会第九次会议批准了《济南市烟尘污染防治办法》；1999到2002年期间，又先后批准颁布了《济南市城市市容管理条例》《济南市大气污染防治条例》《济南市城市生活垃圾管理办法》《济南市水土保持管理办法》等地方法律法规。青岛市1995年3月16日由市第十一届人大常委会第十六次会议通过，并由省八届人大常委会第十四次会议批准《青岛市近岸海域环境保护规定》；2001年、2002年又分别批准颁布了《青岛市大气污染防治条例》和《山东省生活饮用水源环境保护条例》等地方法律法规。淄博市1993年由市第十届人大常委会第六次会议通过，并由省八届人大常委会第四次会议批准了《淄博市孝妇河流域水污染防治管理办法》；1996年、1998年和2002年又分别批准颁布了《淄博市太河水库保护管理办法》《淄博市水资源保护管理条例》《淄博市萌山水库保护管理条例》等地方法律法规。

五、生态环境保护实现重点突破

（一）以制度建设推动污染治理

综合运用经济、法律、科技和必要的行政手段，狠抓流域、区域的污染防治和地方政府对环境质量负责。提出建立经济与环境的综合决策机制、环境质量行政领导负责考核奖惩机制、环保资金筹措机制，完善环保法规体系、环保监督管理体系、污染物排放总量控制体系等重大举措。将省市长环境目标责任书深化到10个省直部门，全面编制并实施有法律效力的小清河、南四湖、东平湖等重点流域污染综合治理规划，力求从流域范围内实现经济与环境的协调发展。

（二）以流域治理促点源治理，以点源治理保流域治理

“九五”期间，山东省组织实施了淮河、海河流域水污染防治规划和“两湖一河”流域污染综合治理总体规划，实施了全省环境保护和水利发展史上一次性投资最大的小清河流域污染防治治理工程，至2000年，初步实现了跨省界断面水质规划目标。1998年1月1日零时，山东省参加由国家环保总局和各新闻单位联合开展的监督监测淮河流域工业废水限期达标“零

点行动”。省环保局成立“零点行动”指挥中心，督察沿淮各市(地)环境监测及未达标企业关停工作。“零点行动”期间，全省共出动监理监测人员1116人、车辆243辆，检查企业243家。山东省日排废水100吨以上的303家企业中，有115家企业通过达标排放验收，102家已完工正在调试，41家已关停并转或破产，43家正在治理，仅有2家没有动工治理，对于没有完成治理任务的企业，山东省下达停产治理的决定。

(三)城市环境综合整治成效显著

以城市污水处理厂、二氧化硫、烟尘、工业粉尘和噪声达标区建设为重点，实施了一批城市环境综合整治工程，城市环境保护整体水平有较大提高。威海、烟台、莱州、荣成和青岛5个城市被命名为国家环保模范城市。

第三节　全面推进(2003—2012年)

党的十六大确定我国要走新型工业化道路，把可持续发展能力不断增强作为全面建设小康社会的奋斗目标。2007年党的十七大召开，将生态文明首次写入政府报告，将建设资源节约型、环境友好型社会写入党章，把建设生态文明作为一项战略任务和全面建设小康社会目标首次明确下来。从2003年山东被选为全国生态省建设试点省，印发《山东生态省建设规划纲要》全面启动生态省建设，到2012年出台《山东省委山东省人民政府关于建设生态山东的决定》，我省在全省和区域层面作出了一系列生态文明建设战略部署，通过遵循生态规律和循环经济理念，建立以可持续发展为目标的资源节约型、环境友好型社会。全省生态文明建设全面推进，在转方式调结构、环境污染综合治理等方面取得了积极进展。

一、经济社会快速发展

2003年到2012年，是各项改革全面纵深推进、经济社会实现跃升式发展、对外开放取得辉煌成就的崭新阶段。山东全面贯彻落实科学发展观，积极构建社会主义和谐社会，加快推进全面建设小康社会和社会主义现代化建设，改革开放和经济社会各项事业呈现崭新面貌，经济社会发展进入稳中求进、好中求快、又好又快的健康轨道。经济总量自2004年跃居全国第二位，五年增长1.0倍，年均增长14.6%。人均GDP分别于2004年、2005年在全国连上两个台阶，由第九位上升到第七位，2007年达到3657美元，逐渐向世界中等收入国家平均水平迈进。人民生活富裕程度提高，城镇居民人均可支配收入和农民人均纯收入五年年均分别增长13.4%和11.0%，比全国年均增速分别高1.1和0.2个百分点。

从2002年下半年开始，全国各地兴起了重化工热，纷纷上马钢铁、水泥、化工、煤电等高耗能、高排放项目，致使能源资源全面紧张，污染物排放居高不下。2006年，全国主要污染物二氧化硫、氮氧化物、化学需氧量、氨氮均达到了历史最高点。在全国生态环境普遍恶化的大背景下，我省在国民经济高速发展的同时，稳步推进环境保护工作，取得了积极的成效，“十一五”期间化学需氧量和二氧化硫排放量削减率分别达到19.4%和23.2%，降幅分别居全国第三位和第四位，国家下达的减排目标累计完成率分别为130%和116%，全面完成了“十一五”减排各项目标任务。

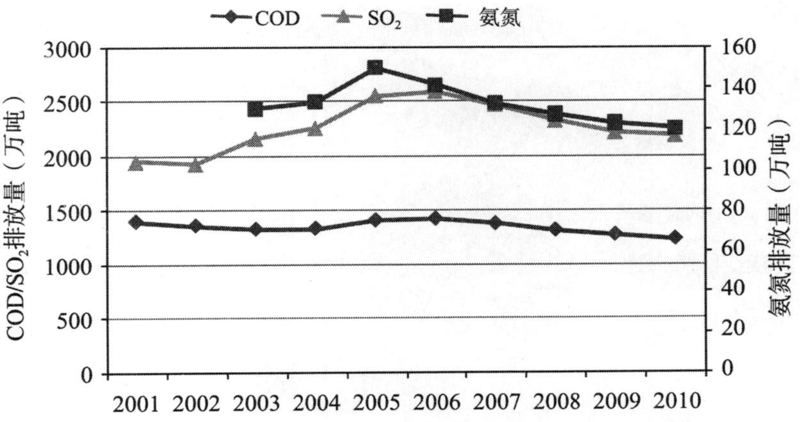

图2-3　全国化学需氧量、二氧化硫和氨氮排放量变化图

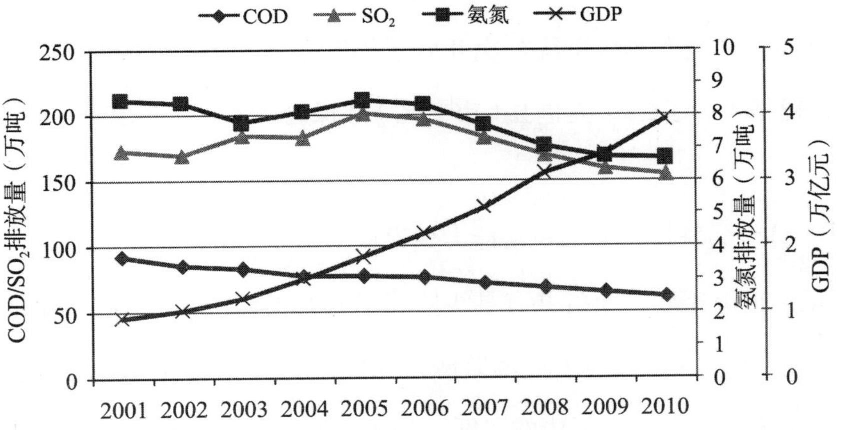

图2-4　山东省化学需氧量、二氧化硫和氨氮排放量变化图

二、环保队伍和能力建设又上新台阶

(一)全省环保机构和队伍建设全面加强

2009年，在省政府机构改革中，组建了省环境保护厅，由省政府直属机构调整为省政府组成部门，这是全省环保事业发展的一个里程碑，既充分体现了省委、省政府对环保工作的高度重视，又是对全省环保工作的充

图2-5　2009年6月9日，山东省环境保护厅揭牌

分肯定。省政府下发了《关于印发山东省环境保护厅主要职责内设机构和人员编制规定的通知》，正式批复了省环保厅“三定”方案。

全省各市、县也都进一步加强了环保机构和编制，菏泽市在149个乡镇全部设立了环保所，进一步健全了基层环保工作机构。在全省环保系统首次开展了年度先进县（市、区）环保局评选工作，通报表彰了25个先进县（市、区）环保局。

（二）全省环境监测和执法能力建设取得重要突破

截至2010年底，全省共有县级监测机构133个，达到标准化建设要求的共计72个，占全省县级环境监测机构的54.1%。全省各级环境监察机构的基本硬件装备发生了质的飞跃，省环境监察总队环境监察标准化建设于2006年11月通过原国家环保总局考核验收；市（地）级环境监察标准化建设达标验收率为94%；区县级达三级以上标准的115个，达标验收率为83.9%。省级为每个县统一配备了1辆环境监测车，为47个县（市、区）监测站配置了环境预警监测仪器设备，建设了18个饮用水水源地水质自动监测站。

自2007年初开始，山东省投入14.5亿元建设了环境自动监控系统。该系统将污染源监控（含全部国控重点污染源）和主要水、气环境质量监控

图2-6　山东省环境信息与监控中环境监控系统平台

整合到统一的监控平台，实现了对占全省排污量80%以上的1000余家重点监管企业、处理量70%以上的180余座城镇污水处理厂、59个主要跨界河流断面、17个设区城市144个环境空气监测点、24个城市主要饮用水水源地的全天候实时监控和初步预警。建设了1个省级、17个市级、121个县级监控中心，并实现了三级监控中心的互联互通和数据共享。

三、全面落实科学发展观

党的十六大以后，党中央立足社会主义初级阶段基本国情，总结中国发展实践，借鉴国外发展经验，适应中国发展要求，提出了科学发展观这一重大战略思想。党的十七大把科学发展观写入党章。省委、省政府高度重视环保工作，强调环保工作是学习实践科学发展观需要着力加强的一个重要方面。全省经济工作会议明确提出，推进节能减排和环境保护，是转方式调结构的必然要求和成果体现。政府工作报告明确指出，节能减排工作只能加强不能弱化。

2005年，省政府出台了《关于贯彻国发〔2005〕39号文件进一步落实科学发展观加强环境保护的实施意见》。

2006年，山东省委确立环境优先战略，将能耗和环保作为约束性指标纳入经济和社会发展规划。省人大把环保列为常委会年度执法检查重要内容。

在省委、省政府的正确领导下，全省坚持以科学发展观为统领，围绕建设“大而强、富而美”社会主义新山东的发展目标，落实环境保护基本国策，保护环境与经济增长并重、环境保护和经济发展同步，真抓实干，综合运用法律、经济、技术和必要的行政手段解决环境问题。以生态省建设为平台，大力发展循环经济，统筹城市与农村环境保护，依靠科技创新，加大环境执法监管力度，举全省之力，解决突出的环境问题，努力建设资源节约型、环境友好型社会。

四、全面开展生态省建设

2003年3月，省十届一次人代会政府工作报告提出，全面启动生态省建设，努力实现经济社会与人口、资源、环境的协调发展。2003年，省委八届五次全会作出《关于进一步解放思想干事创业加快现代化建设步伐的决定》，坚持可持续发展，积极推行循环经济模式，发展循环经济，建设生态省。8月20日，国家环保总局将山东省列为全国生态省建设试点省，山东省成为全国第6个生态省建设试点的省份。9月24日，省十届人大常委会第四次会议听取了省政府《关于全面启动生态省建设情况汇报》，并于9月26日作出《关于建设

图2-7　2003年9月29日，全省生态省建设动员大会召开

生态省的决议》，把生态省建设纳入了法制化轨道。12月26日，省政府印发《山东生态省建设规划纲要》，要求各地、各部门把建设生态省纳入重要议事日程，采取积极措施，加大工作力度，切实搞好生态省建设。山东省全面启动和推进生态建设，可持续发展战略的实施向更高层次迈进。

专栏：独具特色的循环经济

山东省把发展循环经济作为建设生态省的核心。2003年，省政府研究制定了《关于大力发展循环经济推进新型新型工业化的意见》，在全省组织实施发展循环经济“613”工程。2005年7月颁布了《关于发展循环经济建设资源节约型社会的意见》，对进一步加快发展循环经济作出全面部署。2005年11月，山东省被列为国家第一批循环经济试点省。2007年出台了《山东省循环经济试点工作实施方案》，提出着力培育10个循环经济型城市，20个循环经济园区，300家循环经济型企业。经过多年的努力，山东省涌现出日照市、烟台经济技术开发区、潍坊海化开发区、鲁北化工、山东钢铁等一批发展循环经济的典型，山东钢铁、新汶矿业、莱芜钢铁、鲁北化工、烟台万华等企业在发展循环经济方面走在山东乃至全国前列，有力地带动了全省循环经济的发展，循环经济在促进全省资源节约、节能减排和环境保护方面发挥了日益重要的作用。

山东省生态省建设取得了一系列重要成果，截至“十一五”末，转方式调结构取得积极进展，传统产业调整振兴成效显著，战略性新兴产业蓬勃发展，全省万元生产总值能耗较“十五”末降低22.1%，化学需氧量和二氧化硫排放量累计削减19.4%、23.2%，以资源能源过度消耗、环境污染为代价的增长方式得到初步遏制；城乡环境面貌明显改善，生态保护与

图2-8　2012年1月10日，省委、省政府召开生态山东建设大会

修复扎实推进，水环境质量连续8年持续改善，省控59条重点污染河流全部恢复鱼类生长。

2012年，为深入贯彻落实科学发展观，加快转变经济发展方式，全面提升生态文明水平，省委、省政府作出了关于建设生态山东的决定，提出要以科学发展为主题，以加快转变经济发展方式为主线，统筹经济社会与资源环境协调发展，坚持以人为本、生态优先，实行最严格的资源环境管理制度，以保护生态环境优化经济增长，以节能减排倒逼转方式调结构，加强法规制度、经济政策、科学技术、行政监管和生态文化五大体系建设，努力建设经济繁荣、人民富裕、环境优美、社会和谐的生态山东。同年，召开了高规格的生态山东建设大会，成立了省委书记、省长为组长，常务副省长、分管省长为副组长的生态山东建设工作领导小组，对全省的生态建设工作起到了重大作用。

五、重点流域污染综合治理取得显著成效

从20世纪80年代开始，针对境内多数河流、湖泊污染日趋严重的问题，山东开始进行以流域为单元的水污染综合治理，不断探索，自2002年开始，逐步形成了“治用保”流域治污体系，流域污染治理取得显著成效。

2003年，省政府批准了《南水北调东线工程山东段水污染防治总体规划》《山东省辖淮河流域水污染防治“十五”实施计划》和《山东省辖海河

流域水污染防治“十五”实施计划》，出台了《关于进一步加强小清河流域水污染防治工作的意见》，召开了全省重点流域区域污染防治工作会议，提出要建立严格规范的排污总量控制体系，进一步加强重点流域水污染综合治理。2005年，为保证国家南水北调工程的顺利实施，山东省把“两湖一河”流域的水污染防治确定为全省水环境保护的重中之重，正式启动“两湖一河”碧水行动计划。

经过多年持续不懈的努力，山东省重点流域水污染综合治理取得较大成效，在保持经济持续发展的同时，主要河流、湖泊水质有了明显好转。从2003年到2012年，山东省水环境质量连续10年持续改善，省控59条重点污染河流全部恢复鱼类生长，南四湖水质主要污染指标实现了由劣五类向三类水的跃升，流域内恢复水生高等植物78种、鱼类52种、浮游植物119种、底栖动物51种。小清河流域生态环境综合治理成效明显，恢复鱼类27种。省政府两批挂牌督办的378个污水直排口全部整治完成。水环境质量总体上达到了1985年以前的水平。

专栏：南水北调东线一期工程正式通水

南水北调东线工程重点在山东，关键在治污。山东省委、省政府高度重视南水北调治污工作，努力构筑治污工作大格局，坚持“治用保”科学治污思路，扎实推进东线治污工作，经过调水沿线各级党委政府和社会各界十余年不懈努力，成功突破了南四湖治污难题，为东线工程顺利通水奠定了基础。2013年10月19日，东线一期工程全线试通水，经28天严密监测，输水水质稳定达标。11月15日，经国务院同意，东线一期工程转入正式通水运行。下图为2017年5月拍摄的济平干渠（济南段）。

图2-9 2017年5月拍摄的济平干渠(济南段)

第四节 进入新时代(2013年至今)

2012年,党的十八大的召开标志着生态文明建设进入新时代。党的十八大将生态文明建设纳入中国特色社会主义“五位一体”总体布局,首次专章论述生态文明建设,首次把“美丽中国”作为生态文明建设的宏伟目标,并将“中国共产党领导人民建设社会主义生态文明”写入党章。自此,生态文明建设正式进入经济和社会发展的主战场,生态环保形势发生积极而深刻的变化,全省环境空气质量连续5年持续改善,水环境质量连续15年持续改善。

一、经济增长方式逐步绿色化

党的十八大以来,针对发展质量不高、结构性污染突出的问题,山东省把加快新旧动能转换作为统领经济发展的重大工程,开展泛济青烟新旧

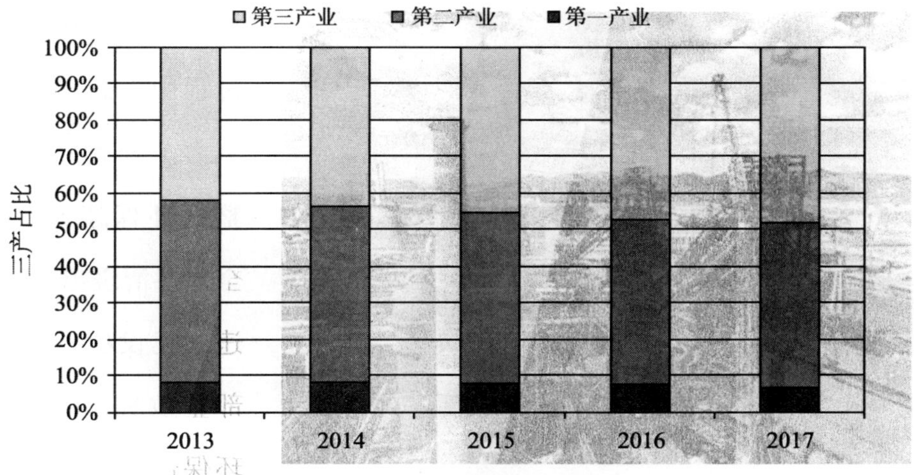

图2-10　2013—2017年山东省地区生产总值构成变化

动能转换综合试验区建设，加快促进经济转型升级、提质增效，着力解决经济发展和生态建设中的深层次问题。经济发展稳中有进，2013年以来，GDP年均增长率为7.8%，产业结构实现了由"二三一"向"三二一"的历史性转变，服务业增加值占比由2013年的41.2%提高到2017年的48.0%。

省政府坚持把加强生态环境保护作为推动新旧动能转换的强大动力，以加快新旧动能转换为契机，着力优化空间布局，化解过剩产能培育新动能，推进化工产业转型集聚发展。聚焦"三去一降一补"，以钢铁、煤炭、煤电等行业为重点，积极淘汰落后和化解过剩产能，大力发展生态循环经济、绿色产业，推动生产方式绿色化。大力推进污染企业退城搬迁，德州实华化工、烟台万华化学、青岛双星集团、滨化集团、明化集团等大型化工企业纷纷退城入园，完成搬迁改造，开辟了新的发展空间。2017年，运行了59年的济南钢铁集团全线停产，实施整体搬迁。以生态环保倒逼传统行业调整结构、转型升级，2013年发布实施逐步加严的大气污染物排放标准，一大批企业直接按照2020年排放标准限值实施

图2-11 拥有59年历史、全国十大钢铁企业之一的济南钢铁集团有限公司钢铁生产线全线停产

提标改造，在治污的过程中提高了行业竞争力。分类分批清理整顿环保违规项目，全省共清理出7019个违规建设项目，并全部整改完成，为此，环保部将我省有关文件转发全国借鉴。

2014年，省委、省政府下发《山东省委、省政府关于改进完善17市科学发展综合考核工作的意见》，标志着山东省科学发展新一轮综合考核标准的全面实施，考核导向由注重比经济总量、增长速度，转变为注重比发展质量、发展方式、发展后劲。备受关注的"GDP考核"权重减轻，"地区生产总值增长目标实现程度"指标权重由以前的60分降低为25分。这个调整可以进一步纠正简单以生产总值增长率论英雄的倾向。新的考核标准着力强化考核"指挥棒"和"风向标"的作用，引导各级牢固树立科学发展观和正确政绩观，把推动发展的立足点转到转方式调结构、提质量增效益上来。考核指标中，设立空气细颗粒物浓度现状及改善率分值为40分，主要污染物年度削减率分值为35分，单位生产总值能耗下降率分值为35分，新增造林合格面积分值为30分。除了在定量考核中明显加重对生态环保的考核力度外，在扣分项目中还添加了"环境损害"指标，提醒17市要有发展成本与代价意识，敬重自然，尊重规律，告别粗放式的发展路径，使地区发展更集约，更经得起自然与历史的考验，让一方水土天更蓝，水更绿，空气更清新。

二、党政主导的大环保格局初步形成

多年来，我省立足于社会主义政治制度的重要优势，着力构建党委政府主导、人大和政协监督、各部门齐抓共管、全社会共同努力的大环保格局，取得明显进展。

省委、省政府把生态文明建设和生态环境保护摆在经济社会发展更加突出的战略位置来抓，努力实现稳中求进与科学发展的共赢。省委、省政府印发实施《关于建设生态山东的决定》《关于加快推进生态文明建设的实施方案》，省委十届八次全会明确“将生态环境质量逐年改善作为区域发展的约束性要求”，省委全面深化改革领导小组成立了生态文明体制改革专项小组。省人大常委会定期以生态环境保护为内容展开专题询问。2017年，为推进环保突出问题综合整治攻坚，研究制定了2017年环保突出问题综合整治攻坚方案，省委、省政府召开了我省有史以来规格最高、规模最大、层次最全的环保突出问题综合整治攻坚动员大会，并向全社会现场直播，对全省攻坚行动作出全面动员部署。接着又召开以生态环保和整治为主题的重点工作推进视频会议，进一步加以推动。建立健全攻坚行动督导调度机制，省人大、省政协、省委统战部、省政府参事室分别组织人大代表、政协委员、民主党派和省政府参事，对重点工作开展检查；省委、省政府领导多次专题研究调度气源保障、压减煤炭工作；省委办公厅、省政府办公厅将攻坚行动的进展作为重点督办事项，开展了明察暗访；原省环保厅成立了督导调度办公室，建立了工作台账、定期调度、公开通报、第三方评估等八项调度督办制度，以日保周、以周保月、以月保年，促进每项工作按期开展，推动问题整改取得实效。

健全机制推动落实“党政同责”“一岗双责”。省委办公厅、省政府办公厅印发了《山东省各级党委、政府及有关部门环境保护工作职责（试行）》《山东省党政领导干部生态环境损害责任追究实施细则》《山东省环境保护督察方案（试行）》等一系列文件，将经济社会发展综合考核指标标准中打好污染防治攻坚战分值提高至200分。按照“不换思想就换人，不负责就问责，不担当就挪位，不作为就撤职”的要求，在全国率先出台省级层面《环境保护约谈办法》，强化对环境保护不作为、乱作为、失职渎职行为的问责力度。以环保督察促党委政府及其部门责任落实，2017年3月，启动了省级第一批环保督察，对10个市开展了进驻督察。2018年8月，启动了对7个市的第二批省级环保督察，并对第一批督察的10个市开展回头看，实现了省级督察全覆盖。2017年8月10日至9月10日，中央第三环境保护督察组进驻我省开展督察，省委、省政府主要领导亲自部署推动，责令整改企业10073家、立案处罚1471家、罚款1064615万元，拘留76人、约谈1186人、问责1268人（其中处级干部44人）。借鉴中央环境保护督察期间群众举报问题的高效办理机制，省委、省政府设立了高规格的日常环保督察热线，在中央环境保护督察结束后，确保群众仍然有高效的举报办理机制，避免“一阵风”。

生态环境主管部门的统一监督管理职责得到强化。2018年，组建了生态环境厅，根据《关于山东省省级机构改革的实施意见》，省生态环境厅主要负责统一行使生态和城乡各类污染排放监管与行政执法职责，监督管理污染防治、核与辐射安全；指导、协调、监督生态保护工作；组织开展全省环境保护督察等。稳妥推进省以下环保机构监测监察执法垂直管理制度改革，编制了改革实施方案和4个配套文件，成为全国第四个经备案同意的试点省，完成了全省6个区域监察办公室人员选调工作，所有人员都实行异地交流任职，强化培训和作风建设，72人已全部上岗工作。全面加强生态环境执法，组建了省环境执法局，初步建立了日常环境监察、定期环保督察和“双随机一公开”督政与督企结合的环保执法三位一体监督机制，强化环境行政执法与刑事司法衔接。

全程管控落实企业治污主体责任。加快建立覆盖所有固定污染源的企业排污许可制度，督促企业自我申报、自我治理、自我管理、自我监测、自我公开、自我承诺，自觉接受全社会监督。实施《山东省企业环境信用评价办法》，评价结果推送有关部门并向社会公开，强化守信激励、失信惩戒。有序推进生态环境损害赔偿制度改革，筛选三起典型案例开展实践探索，涉案总金额达2.6亿元。研究起草了《山东省企业环境污染强制责任保险管理办法》，充分发挥保险机制在防范污染事故、减缓赔付压力、保护公民权益、维护社会稳定的作用，全面提升化解环境风险水平。

搭建平台促进全民共治。印发了《山东省省级生态文明建设示范区管理规程（试行）》和《山东省省级生态文明建设示范区指标（试行）》，进一步完善了生态文明建设示范区工作体系。联合共青团、妇联、教育、民政等部门，以创建绿色家庭、绿色学校、绿色社区、环境教

图2-12　2018年10月27日，山东省生态环境厅举行揭牌仪式

图2-13 2018年5月28日，在山东省十三届人民代表大会常委会第三次会议上，受省政府委托，省生态环境厅（原省环保厅）厅长王安德向大会报告环境保护工作情况

育基地和评选齐鲁环保小卫士为载体，全面开展面向家庭、学校、社区、公众、青少年的“绿色创建行动”，积极引导社会公众共同参与环境治理，进一步营造崇尚生态文明、共建美丽山东的良好社会氛围。推进环境监测和污染治理设施向社会公众尤其是向在校学生开放，增强社会公众的生态环保责任意识。

三、生态文明顶层设计和制度体系建设加快推进

为加快推进生态文明建设领域治理体系和治理能力现代化，省委、省政府高度重视生态文明体制改革工作，认真落实中央和省委深改组工作部署。系统制定改革文件。相继出台了党政领导干部生态环境损害责任追究、环境保护督察、生态环境监测网络建设、生态环境损害赔偿制度改革试点等重要文件，初步构建起生态文明建设制度体系。系统开展环保改革试点。截至2017年底，完成改革任务111项，省委深改组审议通过改革文件11项。建立了国土空间开发保护制度和空间规划体系，完善自然资源产权制度和能源资源集约利用制度，健全生态保护补偿、环境损害赔偿和资源有偿使用制度，有序推进省以下环保机构垂直管理改革，完善生态文明绩效考核和责任追究制度。中央改革办刊发《山东生态文明体制改革关键环节和重点领域取得进展》，专题介绍我省工作情况。

四、环保工作长效机制逐步建立

在法规标准方面，省人大颁布实施《山东省大气污染防治条例》《山东省机动车排气污染防治条例》《山东省辐射污染防治条例》。省政府审议通过《山东省扬尘污染防治管理办法》，先后发布实施36项地方环境标准。

在经济政策方面，印发《关于加快推进燃煤机组（锅炉）超低排放的指导意见》《山东省燃煤机组（锅炉）超低排放绩效审核和奖励办法（试行）》。建立了资金奖励、电价补贴、电量鼓励和差别化排污收费等激励机制，被原环保部转发全国借鉴。建立了基于环境空气质量改善的生态补偿机制，省级财政发放生态补偿资金近5亿元，部分市累积上缴3000多万元。印发《关于完善排污收费政策促进治污减排有关问题的通知》，分阶段逐步提高企业排污收费标准，按排放浓度高低实行差别化收费政策。

在科技支撑方面，组织开展了全省“重大环境瓶颈问题解析与突破”系列论坛。组织举办20余次环保技术交流暨供需对接洽谈会，促成近300家技术供方单位和近2000家需方单位的对接洽谈。成功举办第五届、第六届绿博会，绿博会已逐渐发展成为有一定影响力的区域性绿色产业市场平台。

在环境文化方面，印发《关于加强生态山东建设宣传教育工作的意见》，运用广播、电视、报纸和网络新媒体等渠道，大力宣传环保正面典型，主动曝光违法行为。组织开展“生态文明十进宣传教育活动”、“六·五”世界环境日和“齐鲁环保世纪行”等系列活动。创建省级环境教育基地88家、全国中小学环境教育社会实践基地4家。坚持“公开是原则，不公开是例外”的原则，每季度召开新闻发布会，每月召开新闻媒体通报会，在山东环境网站实时公布各类环境信息，开展“晒企业治污、晒环保监管”的山东“双晒”活动。积极拓宽公众参与渠道，在网传“潍坊地下深井排污”“临沂样本”引发环保“舆论风暴”等事件中，与媒体、网络大V和公众坦诚沟通，还原真相，相互理解，实现了广泛参与、良性互动、共同推进环保事业的良好局面。

五、环境监管能力体系建设更加完善

在环境监测方面，全省环境监测网络已有近1.1万个监测点，涵盖水、大气、土壤、噪声、污染源等环境要素。率先开展环境监测管理体制机制改革，从体制上有效避免了可能的行政干预，显著提高了监测数据质量。在中央深改组审议通过的《生态环境监测网络建设方案》中，我省监测管理事权上收、“谁考核、谁监测”等做法均纳入其中。全省环境监测站系统标准化建设通过原环保部整体验收。在全国环境监测“三五”人才评选中，“尖端人才”“一流专家”入选人数居全国之首。

在环境监察执法方面，积极探索环境监管工作新机制，先后建立了上下结合的独立调查工作机制、部门联动的环保专项行动机制、区域共治的执法联动机制、环境行政执法与刑事司法衔接机制、良性互动的公众参与机制等。与公检法部门强化联勤联动，形成共同打击环境违法犯罪行为的强大合力。

在环境安全防控方面，围绕预防、预警和应急三大环节，建立完善环境风险评估、隐患排查、事故预警和应急处置四项机制，逐步构建起全防全控的环境安全防控体系。全省危险废物综合利用和无害化处置能力得到初步提升，17市均建成医疗废物处置中心。创新“超标即应急”零容忍工作机制和“快速溯源法”工作程序，成功处置“超标即应急”事件600余起，妥善处置突发环境事件50余起。

六、科学系统的治污体系逐步健全

一是启动实施山东跨越八年的治霾规划。省政府印发了《山东省2013—2020年大气污染防治规划》及一期、二期行动计划，明确了“一个目标、三篇文章、六大举措”的大气污染防治思路，为我省跨越八年的蓝天梦想确定了清晰的路线图和时间表。截至“十二五”末，全省脱硝机组装机容量占比达86.2%，脱硝水泥产能占比达91.9%。累计淘汰黄标车及老旧车116.5万辆，完成国家下达的淘汰任务。加快推进工业绿动力计划、扬尘综合治理、燃煤电厂超低排放改造、油品质量综合整治、重点行业错峰生产和散煤治理，取得积极进展。建立了省会城市群大气污染联防联控机制。

二是全力打造山东水污染防治升级版。省政府印发实施《山东省落实〈水污染防治行动计划〉实施方案》，提出了跨越三十五年的全省水环境质量改善和水生态系统恢复目标，全力打造山东水污染防治升级版。在此基础上，编制实施水污染防治一期（2016—2018年）和二期行动计划（2019—2020年），一并纳入山东省“十三五”规划，共同构成山东省“十三五”水污染防治的规划框架体系。

三是稳步推进土壤和固废污染防治。落实国务院《土壤污染防治行动计划》，启动“土十条”实施方案编制工作。开展了土壤污染状况调查，初步摸清了全省土壤环境质量状况、土壤无机物和有机物污染情况，大致掌握了土壤污染概况，为开展土壤污染防治工作奠定了基础。加强危险废物全过程规范化管理，加大违法处置危险废物案件的查处力度。

四是扎实推进生态和农村环境保护。印发实施了《山东省生态保护红线规划》。截至目前，全省建成国家生态市（区）7个，已通过验收待命名2个，国家级生态乡镇560个（部分乡镇区划调整前579个），生态村6个，国家生态工业园区7个。省级生态市1个，生态县（市、区）23个，省级生态镇592个，生态村580个。共建成国家级自然保护区7个，省级自然保护区38个，市以下自然保护区33个。

七、系统谋划部署生态文明建设新征程

党的十九大报告将污染防治攻坚战作为全面建成小康社会决胜期要坚决打好的三大攻坚战之一。2018年5月，第一次党中央决定召开，第一次总书记出席大会并发表重要讲话，第一次以中共中央、国务院名义印发加强生态环境保护的重大政策性文件的全国生态环境保护大会召开，对生态文明建设和生态环境保护工作作出了系统的部署和安排。为切实贯彻落实国家的决策部署，2018年5月底，我省召开了全省生态环境保护大会暨“四减四增”三年行动动员大会，这是深化我省生态文明建设和生态环境保护新征程的动员令。为明确我省生态文明建设和生态环境保护新征程的路线图和时间表，我省制定了“1+1+8”系列文件。第一个“1”，是《关于全面加强生态环境保护坚决打好污染防治攻坚战的实施意见》（鲁发〔2018〕38号），这是未来一个时期我省生态环境保护工作的纲领性指导文件。第二个“1”，是《山东省加强污染源头防治推进“四减四增”三年行动方案（2018—2020年）》（鲁发〔2018〕36号），这是解决我省产业结构、能源结构、运输结构和农业投入结构不合理等污染防治根本性问题的行动

图2-14　2018年5月30日，全省生态环境保护大会暨“四减四增”三年行动动员大会召开

方案，是我省打好污染防治攻坚战的基础和核心内容。“8”，是指八大标志性重大战役作战方案。习总书记提出了打赢蓝天保卫战，打好柴油货车污染治理、城市黑臭水体治理、渤海综合治理、长江保护修复、水源地保护、农业农村污染治理攻坚战七大标志性重大战役。除打好长江保护修复攻坚战外，其余六大战役与我省密切相关。在此基础上，我省又结合自身的短板和切实需要解决的问题，增加了危险废物治理攻坚战、自然保护区等突出生态问题整治攻坚战两大战役，共八大作战方案。未来一个时期，我省将按照山东省生态环境保护“13691”系统谋划，以“1+1+8”污染防治攻坚战系列文件的目标任务为重点，精准施策，统筹推进，打好污染防治攻坚战，大力推动生态文明建设和生态环境保护工作踏上新征程，取得新成果。

第三章
探索实践

改革开放40年以来，山东省生态文明建设和生态环境保护事业取得了长足发展，污染减排实现重大进展，环境质量明显改善，生态保护与修复取得初步成果，环境监管能力和队伍建设逐步加强，全省生态环保工作走上了制度化、经常化、数字化的轨道，多项工作迈入全国先进行列。

第一节　绿色发展篇

一、分级分类，实施生态空间用途管制

自然生态空间用途管制是国家建立国土空间开发保护制度，推进生态文明体制改革的重要工作。我省以生态保护红线划定、“三线一单”“多规合一”和城市环境总规制定等为抓手，逐步探索并试点开展生态空间管控工作。

（一）科学划定生态保护红线

生态保护红线是指依法在重点生态功能区、生态环境敏感区和脆弱

区等区域划定的严格管控边界，是国家和区域生态安全的底线。建立生态保护红线制度是构建系统完整的生态文明制度体系的基础性工作，对于构建科学合理的城市化格局、农业发展格局、生态安全格局，保障国家和区域生态安全具有重要意义。党的十八届三中全会把划定生态保护红线作为改革生态环境保护管理体制、推进生态文明制度建设最重要、最优先的任务。《中华人民共和国环境保护法》以法律文件的方式规定，国家在重点生态功能区、生态环境敏感区和脆弱区等区域划定生态保护红线。我省从2015年开始，按照国家部署，系统开展了全省生态保护红线的划定工作。

2015年5月，原环保部印发《生态保护红线划定技术指南》，要求各省按照指南要求组织开展生态保护红线划定工作。2015年5月13日，原省环保厅等9部门联合印发《山东省生态红线划定工作方案》（鲁环发〔2015〕48号），成立生态保护红线划定领导小组和技术小组，着力推进全省生态保护红线划定工作。2016年9月，经山东省政府批准（鲁政字〔2016〕173号），原省环保厅、省发改委等8部门联合印发了《山东省生态保护红线规划》（鲁环发〔2016〕176号），成为全国第四个批准生态保护红线划定方案的省份。

2017年，中共中央办公厅、国务院办公厅印发《关于划定并严守生态保护红线的若干意见》（厅字〔2017〕2号，以下简称《若干意见》），原环境保护部办公厅、国家发展改革委办公厅制定了《生态保护红线划定指南》（环办生态〔2017〕48号，以下简称《划定指南》），对生态保护红线划定工作作出新的部署，要求统筹陆域和海洋红线，最终形成全国“一条线”“一张图”。同时要求，已初步完成或发布实施生态保护红线划定方案的有关省（区、市），需按照《若干意见》和《划定指南》进一步优化调整划定方案，按程序重新上报审批。2017年12月，根据国家部署，我省全面启动了生态保护红线优化工作，原省环保厅会同省发改委编制印发了《山东省生态保护红线优化及勘界定标工作方案》。2018年1月，经省政府同意，成立了由原省环保厅、省发改委等单位组成的省生态保护红线优化及勘界定标工作协调领导小组，积极推进我省生态保护红线优化工作，目前我省优化方案已经省政府常务会议审议通过。生态保护红线划定后，相关规划要符合生态保护红线空间管控要求，不符合的要及时调整。空间规划编制要将生态保护红线作为重要基础，发挥生态保护红线对于国土空间开发的底线作用。

（二）探索开展“多规合一”试点工作

开展市县空间规划改革试点，推动经济社会发展规划、城乡规划、土地利用规划、生态环境保护规划“多规合一”，形成一个市县一本规划、一张蓝图，是2014年中央全面深化改革工作中的一项重要任务。推动市县“多规合一”，是解决市县规划自成体系、内容冲突、缺乏衔接协调等突出问题，保障市县规划有效实施的迫切要求；是强化政府空间管控能力，实现国土空间集约、高效、可持续利用的重要举措；是改革政府规划体制，建立统一衔接、功能互补、相互协调的空间规划体系的重要基础，对于加快转变经济发展方式和优化空间开发模式，加快实施新旧动能转换重大工程，促进经济社会与生态环境协调发展都具有重要意义。

2014年，根据国家发改委、原国土部、原环保部、住建部《关于开展市县“多规合一”试点工作的通知》（发改规划〔2014〕1971号文件），淄博市桓台县成为全国28个“多规合一”试点地区之一。经过两年多的探索，桓台县形成了《桓台县国土空间综合规划（2014—2030年）》，并于2016年获省政府批复。同年，省住建厅会同省发改委、原省国土厅、原省环保厅、省交通厅，在我省选择滕州、宁阳、齐河、兰陵4个县（市、区）开展了我省“多规合一”试点工作，2015年底试点地区编制完成了“多规合一”暨城乡总体规划（2015—2030年）。

为进一步推动“多规合一”，省发改委会同原省国土厅、省住建厅、原省环保厅制定了《关于开展“多规合一”试点工作的通知》，并于2018年1月由省政府办公厅以鲁政办字〔2018〕10号文印发实施，在全省选择6个不同尺度、不同类型的区域（济南南部山区和济南新旧动能转换先行示范区、青岛西海岸新区、淄博市、泰安市、日照省级以上园区），开展“多规合一”试点工作，以主体功能区规划为基础，全面摸清并分析国土空间本底条件，划定城镇、农业、生态空间以及生态保护红线、永久基本农田、城镇开发边界，注重开发强度管控和主要控制线落地，统筹各类空间性规划，推动城乡规划、土地利用规划、生态环境保护规划等“多规合一”，形成一个市县（区域）一本规划、一张蓝图，总结形成较为完善的技术规程、基本规范等空间规划编制办法，搭建有利于空间开发数字化管控和项目审批核准并联运行的信息管理平台，实现一张蓝图绘到底、干到底，为实现全省“多规合一”、建立健全国土空间开发保护制度积累经验，提供示范。

二、节约优先，推动能源消费革命

2006年，国家《国民经济和社会发展第十一个五年规划纲要》中首次提出了节能减排的战略目标。自2006年起，我省着力落实国家部署，把节

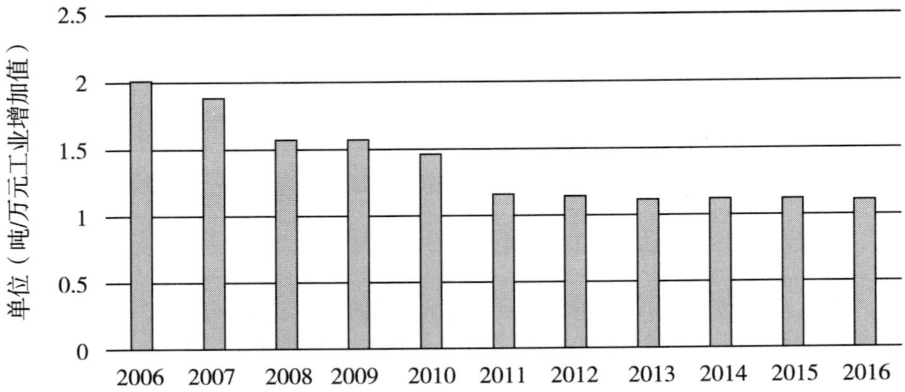

图3-1　我省单位工业增加值煤炭消费量变化趋势

能减排作为经济社会发展的重点工作，通过实施工业绿动力计划、清洁能源和可再生能源替代、高耗能行业转型升级等措施，节能减排工作取得明显成效。万元GDP能耗从2006年开始连续12年持续下降，累计下降幅度超过40%。万元工业增加值煤炭消费量逐年降低，从2006年的2.02吨/万元下降到2016年的1.12吨/万元，累计下降45%。

（一）加强节能顶层设计与制度建设

“十一五”以来，我省认真贯彻中央决策部署，省委、省政府把节能作为经济社会发展的重大战略，创新思路，强化措施，狠抓落实，各项工作取得积极成效。先后出台了《中共山东省委山东省人民政府关于进一步加强节能减排工作的意见》（鲁发〔2007〕24号）、《山东省人民政府关于印发节能减排综合性工作实施方案的通知》（鲁政发〔2007〕39号）、《山东省节约能源“十二五”规划》《山东省“十三五”节能减排综合工作方案》等一系列政策文件，推动了全社会节能减排工作的有序开展。加强节能地方性法律法规的制定。颁布《山东省节约能源条例》《山东省民用建筑节能条例》，出台《山东省清洁生产促进条例》《山东省再生资源回收利用管理办法》（省政府令第215号）、《山东省公共机构节能管理办法》（省政府令第210号）等法规规章，进一步完善节能法规体系。建立完善节能标准体系。建立日常监察和专项监察相结合的执法工作机制，加大节能执法力度。省政府成立了由省长任组长的节能减排工作领导小组，组建了省政府节能办和节能监察总队，建筑、交通运输、公共机构等管理部门设置了节能管理处室或岗位。建立各市、重点部门和重点企业节能目标责任制，省政府按年度下达节能目标并实施考核奖惩。加强节能督查，省委、省政府多次组织开展节能减排专项督查。适时启动节能预警调控，取得积极成效。

（二）大力调整能源供给和消费结构

2016年以来，根据国家《"十三五"生态环境保护规划》提出的我省"十三五"期间煤炭消费总量下降10%左右的目标要求，继续着力做好煤炭消费压减推进工作。特别是2017年，山东深入贯彻绿色低碳发展理念，加大节能环保整治力度，深化供给侧结构性改革，加快新旧动能转换步伐，能源供给和消费显著优化。新能源发电保持高速增长，截至2017年底，新能源发电装机容量达到2437万千瓦，占全省电力装机的比重达到19.4%，居全国第三位，同比增长58.2%。2017年，全年新能源和可再生能源发电量达到352亿千瓦时，占全省总用电量的6.5%，相当于减少省内煤炭消费约1500万吨，清洁能源输入规模扩大。其中，风电和光伏发电双双突破千万千瓦，分别位列全国第五位和第一位。工业煤炭消费量首次大幅下降，由于加大工业环保突出问题整治力度，加快推进煤改气、煤改电工程，遏制高耗能行业无序增长，2017年规模以上工业煤炭消费量下降6.6%，创近十年来年度最大降幅。节能降耗成效卓著。“十二五”时期，全省万元GDP能耗降低19.8%；2017年，万元GDP能耗比2016年下降6.94%，规模以上工业万元增加值能耗下降9.43%。

（三）认真落实新建项目节能审查

认真落实能评审查制度，加强能评审查，严控新建高耗能项目。在项目审批建设中，注重生态环保约束。认真贯彻落实《固定资产投资项目节能审查办法》（国家发改委2016年第44号令），印发了《山东省发展改革委〈固定资产投资项目节能审查办法〉实施办法（试行）》。2017年以来，省里对32个固定资产投资项目进行了节能审查，通过提出改进措施，核减能源消费量约3.4万吨标准煤。

（四）支持鼓励发展节能产业

出台《山东省人民政府关于加快我省新能源和节能环保产业发展的意见》（鲁政发〔2009〕77号）、《山东省人民政府办公厅转发省经济和信息化委等部门关于加快太阳能光热系统推广应用的实施意见的通知》（鲁政办发〔2009〕119号）等一系列政策措施。颁布实施太阳能热水器行业联盟标准。实施485个太阳能集热系统财政补贴项目。以节能机电装备制造、新能源利用为重点，认定12个节能环保产业基地。出台《山东省人民政府办公厅关于贯彻国办发〔2010〕25号文件加快推行合同能源管理促进节能服务业发展的意见》（鲁政办发〔2010〕47号），鼓励推行合同能源管理，48家公司被国家推荐为首批合同能源管理服务公司。

制定《山东省低碳发展工作方案（2017—2020年）》，从低碳产业、低碳能源、低碳交通、低碳建筑、低碳生活等不同方面，提出了培育绿色低碳新动能的政策措施。立足“走在前列”的目标定位，对我省碳排放达峰问题进行了认真研究，在全国率先提出了碳排放峰值年目标（2027年左右达峰），建立了碳排放达峰倒逼机制，成为助推绿色低碳转型的有力抓手。

（五）深入推进建筑领域节能

全面执行《公共建筑节能设计标准（65%）》，在各省区中率先编制发布《居住建筑节能设计标准（75%）》，建筑能效在现行节能标准基础上再提升30%。积极推行建筑节能全过程闭合式管理模式，工程质量和标准执行率不断提高，2015年，县城及以上城市规划区新建建筑节能强制性标准执行率，设计阶段达到100%，施工阶段达到99.6%。“十二五”期间，全省累计建成节能建筑4.08亿平方米，全省新建满足绿色建筑标准要求的项目1.03亿平方米。既有建筑节能改造成效显著。省政府召开全省供热计量改革与既有建筑节能改造工作会议进行全面部署，省财政厅、省住房城乡建设厅与各市政府签订目标责任书。“十二五”期间，全省完成既有居住建筑供热计量及节能改造1.21亿平方米，惠及居民130余万户，改造后单位面积采暖能耗下降30%左右，日照、文登被确定为全国“节能暖房”重点市、县；完成公共建筑节能改造1100万平米，济南、青岛被列为全国公共建筑节能改造重点城市。可再生能源建筑应用全面深化。实施太阳能光热强制推广政策，12层及以下住宅建筑及集中供应热水的公共建筑全部同步设计、安装太阳能热水系统，积极推动高层建筑应用太阳能热水系统，济南、菏泽等市将强制推广范围扩大到100米以下住宅建筑。因地制宜推广浅层地能、空气能、太阳能光伏等建筑应用技术。积极创建国家可再生能源建筑应用示范，烟台、威海获批集中连片推广重点区，9市、17县、1区获批示范市（县、区），其中7市和11县已通过验收，获批光电建筑应用示范项目27个，科技研发及产业化项目8个。“十二五”期间，全省新增太阳能光热一体化应用建筑1.34亿平方米，浅层地能热泵应用建筑3900万平方米，太阳能光电建筑应用装机容量184兆瓦。

（六）加快企业节能管理创新

在全国率先出台企业能源管理体系建设标准，52家企业建立了能源管理体系。建立能源管理师制度，编写培训教材，组织培训考试，573人取得能源管理师资格证书。组织实施千家企业节能行动。推动企业加强能源计量、统计等基础工作，实施能源计量保障工程，强化重点用能企业能源计量器具配备与管理，组织开展能源审计，编制能源利用状况报告，加强能耗监测分析。下发《关于开展重点耗能企业能效对标活动的意见》（鲁经贸资字〔2009〕66号），以水泥行业40户企业为重点，研究对标工具，编写对标手册，推动高耗能行业开展能效对标活动。

三、腾笼换鸟，实施新旧动能转换

我省积极转变经济发展方式，通过坚持淘汰落后产能、发展循环经济、严格环境准入等措施，不断优化产业结构，三次产业比重由2006年的9.8：58.2：32，调整为2012年的8.6：51.4：40，至2017年，调整为6.7：45.3：48。十二年间，一产比重下降3.1个百分点，二产比重下降12.9个百分点，三产比重提升16个百分点。

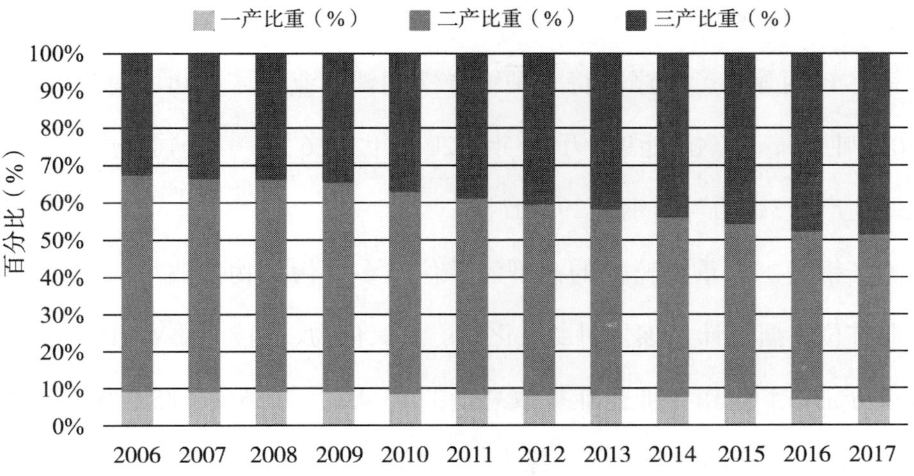

图3-2　我省三产比重变化趋势图

（一）坚持淘汰落后产能

“十二五”期间，国家下达我省工业行业淘汰落后产能任务共涉及462户企业，省政府与各市政府签订《淘汰落后生产能力目标责任书》，各市及时将任务分解落实到县（市、区）和企业。截至2014年底，涉及的17个行业中，除炼钢、炼铁外，焦炭、铁合金、电石、电解铝、铜冶炼、水泥、造纸、酒精、味精、柠檬酸、制革、印染、化纤、铅蓄电池、平板玻璃等15个行业均提前一年完成和超额完成国家下达的目标任务。累计淘汰水泥产能6458.8万吨（其中含熟料1418.3万吨）是国家计划的129.9%，炼铁产能1120.56万吨是国家计划的114.6%，炼钢产能498万吨是国家计划的134.6%，焦炭产能441.2万吨是国家计划的142.3%等。

专栏：实施山钢集团济钢板材有限公司（以下简称“济钢”）搬迁改造

1.实施济钢产能调整的背景

济钢隶属山钢集团（省属企业），原名济南钢铁总厂，始建于1958年，占地8852亩，职工16395人，总资产285亿元，是拥有焦化、烧结、炼铁、炼钢、轧钢等生产工序的特大型综合性钢铁企业。该公司原有生铁产能770万吨/年，粗钢产能920万吨/年。2017年1—6月，该公司生产铁312万吨，生产钢311万吨、钢材295万吨。

济钢是国家重点监控的污染源单位，多项污染物排放量居全市工业企业首位。据统计，该公司二氧化硫、氮氧化物、烟粉尘、COD、氨氮排放量分别占到全市工业企业排放总量的15.4%、20.6%、25.3%、8.3%、13.6%，对全市环境质量影响巨大。根据监测结果，正常生产时期济钢子站可吸入颗粒物、细颗粒物、二氧化硫、二氧化氮、一氧化碳浓度分别比市区高34.1%、18.9%、92.4%、1.6%、105.1%；挥发性有机物（VOCs）、烷烃、烯烃、芳香烃等污染物浓度也大幅高于济南市区平均水平。

2.推动实施济钢搬迁改造

2014年上半年，国家发改委批复同意《济南市东部老工业区搬迁改造实施方案（2013—2022年）》，确定2022年前全面完成济钢搬迁改造任务。2014年11月，济南市委、市政府决定开展全市大气污染防治“十大行动”，并将济钢搬迁改造工作纳入《济南市东部老工业区搬迁改造及落后产能淘汰行动实施方案》。山东省委、省政府和济南市委、市政府经过慎重决策，下定决心，实施了该公司关停搬迁的重大决策。2016年8月，省政府正式批准《济钢产能调整和山钢转型发展工作总体方案》，明确了济钢产能调整的目标任务及人员安置、资金需求、社会职能移交等工作要求，并决定提前于2017年6月底开始实施。从2017年3月中旬开始，济钢各生产工序陆续实施关停、搬迁或拆除，至7月8日，主要生产工序全部停产。

3.搬迁改造后对区域环境空气质量的影响

济钢停产后，对区域环境空气质量影响较大，2017年8月是济钢实施关停后的第一个完整月份。与上年同期相比，济钢子站可吸入颗粒物、细颗粒物、二氧化硫、二氧化氮、一氧化碳浓度分别下降36.2%、26.1%、64.0%、27.3%、74.2%；空气质量综合指数5.22，下降32.8%。同期，市区环境空气中可吸入颗粒物、细颗粒物、二氧化硫、二氧化氮、一氧化碳浓度分别下降12.6%、16.3%、45.8%、2.6%、29.8%；市区环境空气质量综合指数4.72，下降10.8%。2017年8月成为自2013年1月以来空气质量最好的月份。

4.启示[①]

曾经的济钢绝不仅仅是一家企业，代表的是一种具有优越感的生活水准和生活方式。一家实力强效益好的国有企业带动了周边社会的发展，形成了以济钢为中心的小型社会，触及了职工生活的方方面面，辐射影响了周边片区人们的衣食住行，定格了几代人的成长和记忆。然后，随着经济社会的发展和我省产业结构的升级，济钢产能过剩日益凸显，济钢可持续发展与省会城市资源环境之间的矛盾张力趋紧，随之而来的是正向收益的逐年递减和负面效应的与日俱增。于是，搬迁、转型升级就成了必选，但搬迁的阵痛着实影响着每一个方面。从地方政府角度而言，意味着今后相当长的一段时间内GDP排名下滑、税收减少、财政支出增加，甚至出现社会维稳压力上升等连锁反应，意味着失去一家国有特大型钢铁企业，意味着需要为4万职工重新谋生活、谋出路。但从长远来看，牺牲的是眼前利

① 参http://m.iqilu.com/pcarticle/3806724。

益、局部利益，换来的是势头更强劲的发展内生动力，是支持评价渐高的民意，体现了地方政府的长远眼光和宽广格局。对于企业自身而言，是刮骨疗毒的勇气和勇于自我突破的决心。有着59年历史的济钢集团，规模之庞大、结构之复杂、搬迁工程之浩大超乎寻常。让这样一台庞大机器关停、迁移，需要的不仅是胆识，还有智力；不仅是精尖技术，还有全面管理。而最后的安全关停、环保关停、零污染和投诉事故，以及往日照精品基地的有序搬迁，则体现了老牌企业扎实的制度基础和组织凝聚力。对于济钢人来讲，这更是一场人生必须面对的考验和课题，计划经济时代老工厂里机械规律、按部就班甚至包揽个人全部的管理方式，需要向动态化管理、效率意识、竞争意识转变。

去产能，绝非仅仅局限于减法层面的去生产，同时还要打造新优势、安装新引擎，方可实现“鹰之重生”。于是，吸纳聚集高科技的“一中心、两基地、三产业园”战略规划应运而生。精品钢、高端钢材的定位，瞄准的正是当前我国钢铁高端产能不足这一薄弱环节，描绘了企业国际化的战略定位和发展蓝图，讲述了企业未来广阔而美好的发展前景。

（二）推进清洁生产与循环经济

重点抓好钢铁、煤炭、电力、化工、建材、机械、纺织印染、食品加工、造纸9个工业行业，农业、建筑、交通、商贸服务4个领域的清洁生产。印发《山东省清洁生产技术指南》，推广轻工、机械、化工、建材、冶金、电力等重点行业清洁生产先进技术73项。鼓励企业开展自愿性清洁生产审核，截至2014年底，全省通过自愿性清洁生产审核单位3370家。重点围绕5类重金属污染防治重点防控企业、7类产能过剩企业以及21类重污染行业，对“双超双有”企业实施强制性清洁生产审核，已有1700余家企业完成了强制性清洁生产审核。

完善发展循环经济政策法规和标准体系。起草了《山东省循环经济条例（草案）》，出台了《关于发展循环经济建设资源节约型社会的意见》《关于推进再制造产业发展的意见》《关于支持循环经济发展的投融资政策措施》《山东省再生资源回收利用管理办法》《山东省餐厨废弃物管理办法》等政策文件、规章，制定了《山东省循环经济发展“十二五”规划》《山东省循环经济试点工作实施方案》《关于建立促进资源节约和循环利用制度体系的工作方案》等。积极实施循环经济试点示范，“十二五”期间共争取国家循环经济试点示范单位35家。经过十多年的发展，山东循环经济已从最初的修旧利废、企业局部循环、单纯寻求环保达标，发展到主动作为、积极作为；从工业领域拓展到农业、服务业乃至全社会；从简单原始到规范多样，派生出一大批新技术、新产品、新业态。通过国家和省两级试点，总结凝练出48个循环经济典型模式案例，全省循环经济站上了新起点，进入了新阶段。

专栏：潍坊市成为全国首批国家循环经济示范城市[①]

1.发展循环经济

潍坊市2013年12月被国家发改委确定为国家循环经济示范城市首批创建地区，践行创新、协调、绿色、开放、共享的发展理念，狠抓调整优化产业结构、推进节能减排、推行清洁生产、大力发展节能环保产业等基

① 参http://wfrb.wfnews.com.cn/content/20180117/Articel01002TB.htm。

础工作，把握推行企业循环式生产、推动园区循环化改造促进社会循环化发展等关键环节，通过实施项目带动模式引领、创新发展，有效推动了循环经济工作，形成了一批具有地方特色的可借鉴、可复制、可推广的循环经济模式。

一体化全产业链发展模式，引领全国大棚蔬菜经济发展。寿光大棚不仅改变着百姓的四季餐桌，还引领着全国大棚蔬菜经济。在寿光，蔬菜市场与物流规模化发展，形成“全国买、全国卖”的格局；通过“繁育—种植—加工”“贸易—物流—博览”“废物资源—利用”、废旧农资的综合利用，打造了全蔬菜产业链。目前，蔬菜秸秆还田利用、种苗集约配送、水肥一体、测土施肥等先进技术、设施的推广应用，使寿光蔬菜品牌变得更加响亮。

田园综合体循环经济模式，实现多村美好记忆与农村的良好发展。一批各具特色的农业生态、农耕文化、有机种养、休闲旅游的田园综合体在潍坊市蓬勃发展，“开心农场”“开心牧场”“果蔬采摘”“农作物科普”等游览娱乐活动丰富多彩。随着田园综合体的发展，简单的采摘活动现已演变成现代科技、特色动物养殖、蔬菜加工等多个门类的参与项目，个性化种植、体验收获、学习科技循环知识等，玩学结合，教学相长，促进了农村生态、特色种养、农耕文化、休闲旅游协调发展，留住了乡村美好记忆，提升了农业农村发展水平。

种养加工贸循环经济模式，促进农业种养规模化、专业化发展。通过构建以伊利奶业、诸城外贸、盛大农产品交易市场为核心的“种养加工贸”循环经济模式，促使食品加工企业向供应端产业延伸，助推工业资本和信息技术向农业种养转移，实现了种养业的规模化提升发展。如诸城外贸年屠宰肉食鸡达6000万只规模，为保证产品质量，建立了配套的常育场、饲养场、宰杀加工厂和饲料厂，实行产业链种养模式，通过把农作物秸秆、畜禽养殖粪污转化为沼气、有机肥回馈农村生活和农业生产，减少了农业面源污染，实现了生产、生活、生态“三生融合”。

供给侧前延型循环经济模式，发挥源头减量化作用。各企业注重产品生产的供给侧，从源头上减量化，使发展步入新天地。例如，近年来，临朐县立足循环发展，通过采用集中采购优质铝棒、集中收集铝型材下脚料、集中交由铝棒生产企业加工的“三个集中”办法，实现年节约标准煤12万吨，减少污染物排放6万吨，节约成本近10亿元，推动铝型材产业集约集群发展。类似的还有建筑业，通过昌大装配式建构件、龙骨集中配送、装配式外墙保温，供应链向前形成一个产业，促进了绿色建筑发展。

龙头企业循环化发展带动产业集群壮大的循环经济模式，循环经济提升产业规模和效益。围绕支柱产业，通过支持材料加工、部件制造、生产性服务，促进了龙头企业规模化发展；龙头企业的壮大，又带动了多家配套企业的快速发展。产业集群发展的典型有：福田汽车、潍柴动力、盛瑞传动等龙头企业带动下的车辆工程、动力机械制造产业集群，海化集团为龙头企业的海洋化工产业集群，弘润为龙头的石油化工产业集群，潍焦集团为龙头的煤化工产业集群，柠檬生化、英轩实业为龙头的食品加工及其生物医药化工产业集群产业的集群发展模式成为潍坊特色。例如，山东海化集团相继开发了溴、碱、苦卤和精细化工系列为主的四大循环经济产业链条，从而形成了上下游产品继续成连、关联产品复合成龙、资源闭路循环为特色的生态工业体系。

全生命周期绿色建筑循环经济模式，全时空践行循环经济理念。在石灰石绿色矿山开采、水泥绿色生产、节能门窗、清净能源供热、生活垃圾分类处理、建筑垃圾利用等方面，构建了全生命周期的绿色建筑模式，实现了“人、自然、环境、经济”可持续和谐发展。例如，坊子区天同九龙湾住宅小区通过应用地源热泵系统，整个小区全部运行起来后一年节约运行费用128万元左右。

全面推行可再生资源、城乡低值废弃物综合利用模式。积极推动城市矿产开发、城市低值废弃物无害化处理，在动力电池回收利用、建筑垃圾、废旧纺织品资源化利用方面都取得了突破。例如，居民产生的生活垃圾运往滨海区光大焚烧发电，饭店餐厨废弃物通过密闭运输送往滨海区金信达公司生产出生物柴油、化工制品、高效有机肥，小区的生活垃圾按值分类，充分利用，形成了一个全新的静脉产业，做到了“化腐朽为神奇”。

与此同时，潍坊市还正在践行“三产融合”“生产生活键连”“城乡协同”“产城融合”“共享型”等循环经济创新模式，这些模式的完善发展，必将对经济社会持续发展发挥更大的作用。

2.循环经济发展的效益

循环经济示范城市的创建，促进了资源产出率的提高、产业的转型升级，促进了区域城乡协调发展，促进了社会消费低碳绿色发展，促进了社会生态建设。2016年，潍坊市三次产业占比调整为8.6∶46.4∶45，资源产出率达到4599元/吨，比2012年提高27.8%，能源产出率达到1.7万元/吨，比2012年提高65.0%，主营业务收入利润率由2012年的5.1%提高到5.5%。

（三）推进化工企业转型升级

为尽快扭转我省化工产业安全生产被动形势，进一步提升化工产业本质安全质效水平，加快新旧动能转换，2017年6月，省委、省政府成立了化工专项行动领导小组，确定在全省开展为期五年的化工产业安全生产转型升级专项行动，以安全生产倒逼转型升级，以转型升级促进安全生产，全力打赢化工产业安全生产转型升级攻坚战。

加强制度设计和顶层设计。一是以省委办公厅、省政府办公厅文件印发《山东省化工产业安全生产转型升级总体工作方案》（鲁厅字〔2017〕43号），作为全省化工专项行动纲领性文件，为化工专项行动提供了行动指南。二是以省政府办公厅文件印发《山东省化工园区认定管理办法》（鲁政办字〔2017〕168号）、《山东省专业化工园区认定管理办法》（鲁政办字〔2018〕8号）、《山东省化工重点监控点认定管理办法》（鲁政办字〔2018〕9号），按照园区规模、产业特性、单体大型企业等情况，分层级加强管理，为化工园区优化提升、规范管理提供依据，在化工园区标准建设方面走在了全国前列。三是制定出台《山东省化工生产企业新一轮评级评价行动计划》（鲁化安转发〔2017〕2号），突出“安全、环保、节能、质量”“四个倒逼”和转型升级综合评价，推进化工企业减量和产业转型升级。四是制定出台《山东省危险化学品道路运输、仓储、经营企业评级行动计划》（鲁化安转发〔2018〕1号）、《山东省道路危化品运输车辆本质挂靠经营和运输介质不符整治行动计划》（鲁化安转发〔2018〕2号），加强道路危化品全领域管理，提高道路运输本质安全水平。五是以省政府办公厅文件印发《山东省化工投资项目管理暂行规定》（鲁政办字〔2017〕215号），突出增量控制和存量优化，严格行业管控和项目审批，实现新增高风险化工项目的源头把控。六是按照《国务院办公厅关于推进城镇人口密集区危险化学品生产企业搬迁改造的指导意见》（国办发〔2017〕77号）要求，以省政府办公厅文件印发了《山东省城镇人口密集区危险化学品生产企业搬迁改造工作实施方案》（鲁政办发〔2018〕9号），加快推进全省城镇人口密集区危险化学品生产企业搬迁改造，降低城镇人口密集区安全和环境风险。

通过强力落实各项政策措施，狠抓各项工作落实，截止到2018年9月，专项行动以来，全省关闭转产化工企业500余家，停产整顿2000家。经过集中清理整顿，全省化工行业主要经济指标不降反升，有效化解了“劣币驱逐良币”“杂草淹没禾苗”的问题，净化了市场环境，促进了化工产业健康有序发展。

（四）严格环境准入

坚决落实环评审批总量指标前置，严格执行建设项目“先算、后审、再批”工作程序。对于没有完成减排任务的企业的建设项目、没有总量指标的建设项目，环评一律不予受理。对于没有完成年度减排目标、重点减排项目不落实的地区，实行区域限批。对于已审批的污染减排、淘汰落后产能项目，严把竣工环保验收关，对于未落实环评批复要求的一律不予验收。有序推进环保违规项目清理整顿工作，妥善解决历史遗留问题，印发了《山东省清理整顿环保违规建设项目工作方案》，清理出7019个环保违规建设项目。对列入淘汰类的项目，严格按照要求时限责令取缔；对符合产业政策但达不到环境管理要求的项目，严格限产、停产、停建措施，确保整改到位；对符合产业政策和环境管理要求的项目，依法完善环保手续。

（五）以科学的标准体系引导转型升级

通过实施逐步加严的流域性水污染物排放标准、区域性大气污染物排放标准和重点行业排放标准，取消高污染行业排污特权，最终倒逼污染企业调整结构和优化布局。

专栏：以环境标准倒逼造纸等高污染行业转方式调结构

传统产业改造提升是山东新旧动能转换的一个主战场。造纸行业是山东传统优势产业，2003年以来，我省组织编制实施分阶段逐步加严的地方环境标准，用八年时间，分四个阶段，逐步实现从行业排放标准到流域性综合标准的过渡，在全省取消了高污染行业的“排污特权”，通过环保高标准引领，倒逼造纸行业转型升级，推动造纸行业涅槃重生，实现了环保和发展的双赢，对于山东加快实施新旧动能转换重大工程、打赢污染防治攻坚战具有重要示范意义。

1.实施地方环境标准的背景

山东省是水资源严重短缺的省份，造纸行业则是耗水和污染大户，2002年造纸行业新鲜水用量及COD排放量均超过全省工业的50%，但对工业增加值的贡献率仅为3%，高污染、高耗水是制约造纸行业持续发展的瓶颈。从20世纪90年代中期开始，山东省就积极探索解决造纸行业高污染问题。1996年到2002年，主要采取行政手段关闭规模较小、污染严重的草浆造纸生产线472条，污染加重趋势得到初步遏制。但单纯采用行政手段也逐渐显现出缺乏预见性、易于反弹和社会成本较高等问题。据统计，仅2001年到2002年间关闭的41条草浆造纸生产线，就使固定资产10多亿元报废、数万名职工下岗，给社会稳定带来很大压力。如何既能改善环境质量，又能保障经济发展和社会稳定，是环保工作需要破解的难题。

2. 实施分阶段逐步加严的地方环境标准

2003年，山东省首先从污染最为严重的造纸行业入手，在全国率先发布实施了第一个地方行业标准《山东省造纸工业水污染物排放标准》，开启了以环境标准倒逼“两高”行业转方式调结构的新路子。该标准分四个阶段实施：第一阶段，从2003年5月1日起，草浆造纸外排废水COD执行420mg/L的标准限值，略严于450mg/L的原国家标准，向行业发出“标准即将加严”的明确信号。第二阶段，从2007年1月1日起，大幅度加严标准，草浆造纸外排废水COD执行300mg/L的标准限值。规模较大、工艺技术装备较先进的企业具备达标排放的能力，达标无望的企业主动选择结构调整。第三阶段，出台《山东省南水北调沿线水污染物综合排放标准》等4项覆盖山东全境的流域性综合排放标准，流域标准第一时段与造纸工业水污染物排放标准第三时段相衔接，实现了行业排放标准与流域综合排放标准的对接，草浆造纸外排废水COD执行300—150mg/L的标准限值。第四阶段，自2010年1月1日起，全省流域内所有企业全部执行统一的污染物排放标准，重点保护区COD执行60mg/L、一般保护区COD执行100mg/L的标准限值，企业排污不再依行业而定，而是按照企业在流域中所处的位置确定排放限值。

3. 山东省造纸行业生产方式发生根本性转变

实施公开透明的、企业可以预见的标准体系，以数字化法规的形式宣布了落后生产力的淘汰进程，激发了环保科技进步，促进了造纸行业先进生产力的发展。山东各大造纸企业和有关科研机构投入巨资组织国内外专家进行科技攻关，突破制浆工艺和废水深度处理与回用技术等行业环保瓶颈，整体技术水平大幅度提高。山东省环科院研发的重大科技专项“造纸废水深度处理与回用技术研究”取得重要突破，已在7个省市得到推广应用。华泰集团自主和联合开发的“制浆和碱回收过程优化控制系统的研究与应用”等多项技术荣获国家科技进步二等奖。泉林纸业环保和循环经济类专利达160多项，研发成功的“一草三用”技术路线实现了麦草全部综合利用。2011年7月，环境保护部突破禾草浆造纸产业政策禁区，批复了泉林纸业年处理150万吨秸秆综合利用项目，标志着山东造纸行业转方式调结构取得重要突破。2014年，美国弗吉尼亚州招引山东麦草造纸企业赴美投资建厂，并且给予企业500万美元奖励。曾经被贴上“落后”标签的山东麦草制浆造纸行业，在生态环保的倒逼之下转型升级，攻克了麦草制浆造纸的环保难题，成为美国人的“香饽饽”。

从2003年起，山东再也没有采取行政手段关闭任何一家造纸企业。2013年以后，全省制浆造纸企业数量大大减少，但整个行业规模和利税大大提高。2016年，全省机制纸及纸板产量达到1850万吨，比2002年增加了178%；利税达106亿元，增加了117%，居全国第一位；COD排放量减至1.23万吨，占工业COD排放的比重从48.7%降至15.1%。目前，全省造纸企业已全部在排污口设置“生物指示池”，达到了常见鱼类稳定生存再排向环境的治污水平。山东省造纸行业生产方式发生了根本性转变，总体领先国内同行业五年左右。

按照分阶段逐步加严的思路，山东省又先后出台了几十项地方环境标准，形成了覆盖全境的地方环境标准体系，推动流域水污染防治取得明显成效。

4.启示

（1）没有真正落后的行业，只有落后的观念、标准、技术和管理。受市场竞争的比较优势原理制约，发展中地区通常“两高”行业比较多。进入转型期，对于仍然存在的不适应先进生产力和时代发展要求的落后生产方式，既不能采取安于现状、保护落后的态度，也不能脱离实际简单加以排斥，搞“一刀切”，而要立足实际，创造条件加以改造、改进和提高，逐步使其向先进适用的生产方式转变。制定地方排放标准，应当综合考虑环境效益、社会需求以及技术、经济可行性，只有这样，“外部不经济性”才能内在化，环境容量这个稀缺的社会公共资源的使用和分配才能更加公平合理。实践表明，只要转变观念，制定科学合理的引导性标准，就能有效推动落后行业改进生产工艺，优化产业结构，突破资源环境瓶颈，从而使传统意义上的落后行业脱胎换骨，走上新型工业化的道路。

（2）科学实施积极的环保倒逼措施，是“新常态”下绿色发展的需要，不仅不会影响经济发展，反而是推动传统行业转方式调结构的重要手段。地方排放标准的制定，应当建立在深刻理解经济社会发展内在要求的基础上，标准的阶段划分、时限设置、标准值的设定应当与地方经济社会发展的阶段相适应，也就是要实现“同步”。高消耗高污染的生产工艺，说到底是落后生产力，在规范、开放的市场条件下是没有前途的。地方标准的实施，是综合利用法律、经济、技术和必要的行政手段进行环境管理的重要抓手，是有效治理结构性污染的环保措施，既改善了环境，又促进了行业经济结构调整。一些先进造纸厂能解决高消耗高污染问题，实际上是在生产工艺上、整个技术的升级换代上脱胎换骨，由过去的资源消耗高污染大的企业变成了资源消耗低污染小、技术含量高、经济效益好，而且人力资源得到有效利用的企业。对企业自身而言，标准越严格，企业发展优势就越大，这实际上就是先进生产力。在山东造纸转型升级的实践中，政府的作用是发布标准、依法监管，企业的作用是技术创新、转型升级，市场的作用是优胜劣汰。在积极治理污染的过程中，一定会有一批污染企业由丑小鸭变成白天鹅。

（3）实施分阶段逐步加严引导性地方标准，是新时期政府环境管理行之有效的新举措。在山东省这样一个水环境容量小而排污总量相对较大的区域，实行严格的排放标准是非常有必要的，但若仅考虑环境效益而不考虑企业承受能力，将使绝大多数造纸企业破产。山东省造纸工业水污染物排放标准创造性地用分三阶段逐步加严的这种方式来解决环境问题，提前将下一阶段的要求和目标告知企业，从而使企业能够采取积极的措施，通过污染治理投入、提高污染治理水平、改进生产工艺、调整原料结构等方式实现达标排放，避免了单纯用行政手段来关闭企业生产线引发社会不稳定等问题，大大节约了执法成本。而且单纯用行政手段来关闭生产线非常被动，且很难推动。污染治理着眼的不是一个企业的问题，而是整个行业的结构性污染。标准逐步加严的过程是公开透明的，而在这个过程中，政府由单纯监管的角色变为服务的角色，帮助企业进行技术研发，帮助企业进行结构调整。因此，虽然过程逐渐严格，但最终有可能是一家企业都不关，实现效益与环境双赢，促使企业走上经济、社会和环境相协调的健康发展之路。

（4）用环境保护优化经济发展，要把握必要性、预见性、引导性和强制性“四性”策略，巧用环保力，促进大变革。《国务院关于落实科学发展观加强环境保护的决定》提出各地区要根据环境禀赋、环境容量、生态状况、人口数量以及国家发展规划和产业政策，明确不同区域的功能定位和发展方向，将区域经济规划和环境保护目标有机结合起来。必要性，就是要把握大势，用维护生态安全的必要性和经济社会发展的必然规律统一思想，形成合力。预见性，就是统筹经济社会与环境保护，提前若干年科学确定工作目标，让社会明确努力方向。引导性，就是实施分阶段逐步加严的政策措施，引导企业调整结构转型升级。强制性，就是确定的政策措施必须有权威性，要依法坚决落实。“四性”策略有机结合，一些貌似困难的事情就会好办得多，一些难题也就迎刃而解。

回顾山东造纸业的发展，环保是行业发展的重要动力。在环保压力下，山东造纸企业改变了粗放发展、要效益不要环境的模式，通过引入新设备、研发新工艺、发掘新产品来降低污染物排放水平和生产成本，最终实现了“金山银山”和“绿水青山”的兼顾。

第二节　污染防治篇

一、天蓝、云白、繁星闪

山东省的大气污染主要来自能源的燃烧。按其来源主要分为三类：一是工业污染源，即火电厂、冶炼厂、化工厂以及水泥行业等企业在生产过程中和燃料燃烧过程中所排出的烟尘、粉尘及无机或有机物质所造成的大气污染。二是生活污染源，指居民、机关和服务行业由于饮食、取暖等生活需要，燃烧矿物燃料向大气排放烟气造成的低空大气污染。三是交通污染源，系经过城市的汽车、火车、飞机和船舶等交通工具，尾气排放含一氧化碳、氮氧化物、碳氢化合物、铅等所造成的大气污染。针对全省大气污染的状况，山东省在不同时期因地制宜地采取了相应的控制措施。经过多年的实践和探索，全省的大气污染防治工作逐步由行政管理向依法管理，由定性管理向定量管理，从点源治理向区域综合治理，从单纯的污染防治向结合经济社会发展实行全过程控制转变。

2013年是山东大气污染防治史上具有里程碑意义的一年。这一年，山东遭遇史上最严重雾霾天气，雾霾发生频率之高、波及面之广、污染程度之重前所未有，有时白天能见度不到几十米，中小学停课，航班停飞，高速公路封闭，公交线路暂停运行。这一年，国务院出台《大气污染防治行动计划》（以下简称“气十条”），利用五年时间，全面加强大气污染防治工作，切实改善环境空气质量。“气十条”实行的五年间，山东PM2.5平均浓度下降41.8%，可吸入颗粒物平均浓度下降33.8%，二氧化硫平均浓度下降66.2%，二氧化氮平均浓度下降22.9%，重污染天气平均天数下降75.5%，二氧化硫、二氧化氮年均浓度达到国家环境空气质量二级标准。

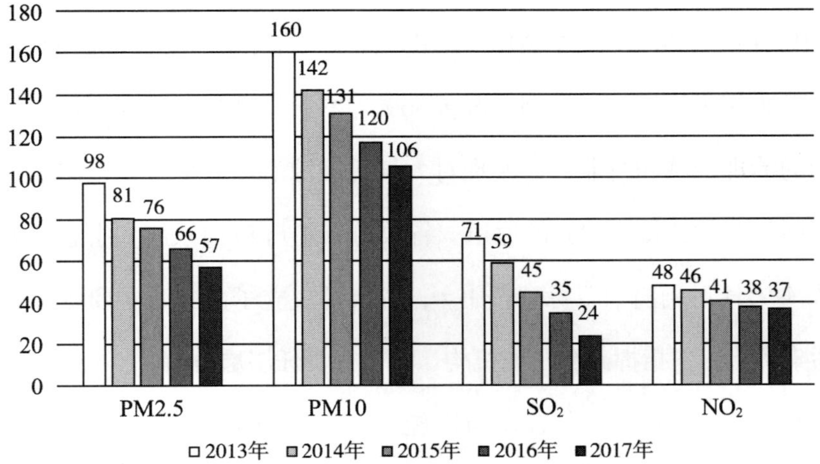

图3-3 山东省2013—2017年主要大气污染物改善情况

图3-4　昔日的雾霾笼罩

图3-5　如今的蓝天白云

各项主要环境空气质量指标均达到2013年以来的年度最优值，威海市连续两年达到国家环境空气质量二级标准。

（一）构建长效机制，完善山东“治气”的“顶层设计”

2013年，“气十条”出台的同一年，山东省政府印发实施《山东省2013—2020年大气污染防治规划》，提出“一个目标，三篇文章，六大举措”的大气污染防治思路，山东“跨越八年的蓝天梦想”有了清晰的路线图和时间表。“一个目标，三篇文章，六大举措”，结合全省不同阶段的经济社会发展和环境质量状况，分三个阶段实现：2013—2015年为一期行动计划，全省空气质量比2013年改善20%以上；2016—2017年为二期行动计划，改善35%左右；2018—2020年为三期行动计划，改善50%左右。三期目标环环相扣，每期侧重不同的治理领域和行业，以实现对大气污染源治理的全覆盖，保障空气质量进入逐年改善、持续向好的通道。省政府分别与17市政府和省直有关部门签订了《大气污染防治目标责任书》，各市都成立了由党政主要领导牵头的大气污染防治工作指挥部和工作机构，将目标责任层层分解。

同样是2013年，山东省发布实施《山东省区域性大气污染物综合排放标准》和火电、钢铁、锅炉、建材、工业炉窑等五项重点行业大气污染物排放标准，利用八年时间，分四个时段逐步加严。到2020年，以公众能够享受到最基本的大气环境质量为目标，倒推污染源最高允许排放浓度限值，取消高污染行业排污特权，努力实现排放标准与环境质量基本衔接。2013年以来，山东省以分阶段逐步加严的大气污染物综合排放标准体系为抓手，倒逼重点行业实施提标改造，着力推进重点行业污染治理。2013、2015、2017年污染物排放标准分阶段加严，在总体严于国家排放标准的基础上，区分治理技术和行业，在二氧化硫、氮氧化物、烟（粉）尘排放浓度限值上加严了17%—75%不等幅度。

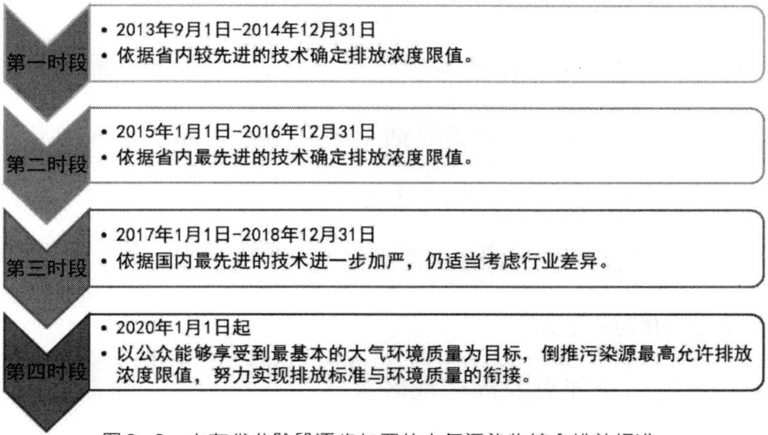

图3-6　山东省分阶段逐步加严的大气污染物综合排放标准

五年期间，大力推进脱硫、脱硝、除尘、挥发性有机物治理等工业治污项目建设。目前，全省单机10万千瓦及以上燃煤机组全部达到超低排放，单机10万千瓦以下燃煤机组和单台10蒸吨/小时以上燃煤锅炉的超低排放改造工作也已基本完成。

（二）坚持标本兼治，打响大气污染防治“攻坚战”

2013年以来，山东省各项大气污染防治措施逐步完成并发挥作用，效果开始显现，已形成治标与治本一起抓、持久战与攻坚战一起打、联防与联控一起用力的良好局面。

2017年，山东将国家对济南、淄博、济宁等7个京津冀大气污染传输通道城市的大气污染防治要求扩大到全省17个设区的市，以两次环保整治攻坚行动（全省2017年环境保护突出问题综合整治攻坚行动、2017—2018年秋冬季大气污染综合治理攻坚行动）为抓手，全面打响蓝天保卫战，解决了许多长期制约山东环保工作的突出问题，啃下了一些“硬骨头”。通过去产能、优化能源结构等措施，全省净压减煤炭消费2774.5万吨，超额完成国家下达我省的任务目标，年度能耗总量实现了20年来的首次下降。每年组织开展采暖季工业企业错峰生产。基本完成全省单台10蒸吨/小时及以下燃煤锅炉“清零”，累计淘汰燃煤小锅炉5万多台。基本完成全省“散乱污”企业综合整治，累计整治“散乱污”企业8万余家。7个传输通道城市共完成气代煤、电代煤改造57万户，超额完成国家下达的改造任务。

借鉴国家建立京津冀及周边地区大气污染防治协作机制的成功经验，为突出重点区域防控，山东省政府于2015年建立了省会城市群大气污染联防联控协作机制，并于2017年增加济宁、菏泽两市。先后多次组织开展区域联合执法检查，推动建立区域协同治污、联合执法、应急联动三项联防联控机制。省政府有关部门进一步加大省会城市群及周边重点城市的资金、政策、技术支持，推动重点区域率先解决大气污染问题。

为积极应对重污染天气，2015年，山东省建设完成省市两级共享使用的空气质量预报预警业务系统，每天同时向省市环保部门推送未来24小时和48小时空气质量精细化预报，以及未来3—7天污染趋势预报。2017年，完成省市两级重污染天气应急预案修编工作，全省17设区市均与京津冀区域统一了新的预警分级标准，各市均制定或修订了重污染应急减排措施清单，应急减排措施清单修订完善工作受到了生态环境部的表扬。

（三）建立约束机制，综合运用“五记重拳”治大气

2013年以来，山东探索建立了五项推动空气质量改善的激励约束机制，包括干部考核、信息公开、生态补偿、环保限批、责任追究。

干部考核。自2014年起，山东省委组织部将PM2.5浓度现状及改善率纳入对各市的经济社会发展综合考核体系，每年对各市进行考核。

信息公开。2013年1月起，每月公布全省空气质量状况，以及17设区市空气质量现状和改善幅度排名；2014年3月起，每月公开全省大气污染源“双晒”情况（一晒企业达标排放情况，二晒环保监管情况），目前已公开8000余家企业的信息。自2018年8月起，在对设区的市环境空气质量进行排名的基础上，对全省县（市、区）环境空气质量进行排名。

生态补偿。2014年，在全国率先出台《山东省环境空气质量生态补偿暂行办法》，省市两级每季度结算生态补偿资金并向社会公布。2014年以来，先后多次对生态补偿办法进行修改，将单位浓度污染物生态补偿资金由最初的20万元提高到80万元，并增加一次性奖励。2014—2017年，省级财政累计发放生态补偿资金12亿余元，有关市共上缴4476.5万元。目前，各市也参照省里的做法，建立了针对县（市、区）的生态补偿机制。

环保限批。印发《关于实行对大气质量反弹区域实施建设项目环评限批的通知》，对上年度环境空气质量未达到二级标准，且季度环境空气质量同比恶化的市，实行涉气建设项目环保限批。2014年以来，先后44次对

相关区域实行环保限批，推动解决突出环境问题。

责任追究。省政府每年组织开展以大气污染防治为主题的环保专项行动。建立了政法机关服务保障环保工作联席会议制度和移送环境违法违纪案件机制，实行环保公安联合执法。

二、水清、海碧、凭鱼跃

山东省省辖重点流域涉及淮河、南水北调工程沿线、海河、小清河和半岛诸河五大流域，流域总面积约为14万平方公里，境内水系发达，河流众多。我省是水资源严重短缺省份，人均、亩均水资源总量分别不足全国平均量的1/6、1/7，与世界上最缺水的以色列相当，枯水季节河流基本没有自然径流。

20世纪80年代开始，随着经济快速发展，各地造纸、化工等重污染企业纷纷上马，加之乡镇企业的无序发展，全省重点流域曾经一度污染严重，多数河流鱼虾绝迹。水污染严重阻碍了全省经济社会可持续发展，影响了人民群众生产生活。面对严峻的水污染防治形势，我省围绕建设“生态山东”的目标，将流域治污作为推动全省转方式调结构的重要着力点，创新思路，攻坚克难，务实推进。尤其是2003年以来，各级各部门不断加

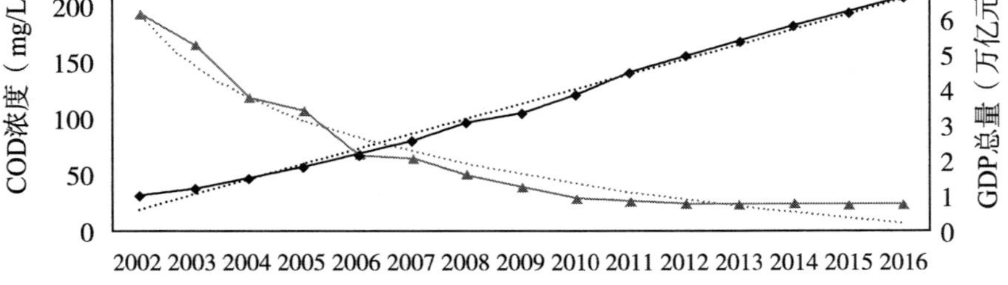

图3-7　山东省地表水COD浓度变化

图3-8　20世纪80年代严重的水污染

图3-9　如今的碧水涟漪

大流域治污工作力度，创新性地探索实施了“治用保”流域治污体系，全省水污染防治工作取得积极进展。自2003年起，山东在经济保持中高速增长的背景下，已连续15年实现水环境质量的持续改善，省控重点河流全部恢复鱼类生长，全面完成了国家下达的污染减排目标任务，在国务院通报表扬减排工作成绩突出的8个省市中位列第一，山东以水污染为代价的经济发展方式得到了明显转变。

专栏：南四湖流域治污工作获李克强总理赞许

南四湖是南水北调东线工程的输水通道，2002年东线工程启动时，南四湖湖区水质全面呈劣五类，局部湖区COD高达上千毫克/升，水污染十分严重，曾被专家学者称为“天下治污第一难”。而到了2012年，南四湖湖区5个测点高锰酸盐指数、氨氮、总氮、总磷浓度基本达到地表水III类标准，昔日污染严重的“酱油湖”脱胎换骨，成功跻身全国水质优良湖泊行列。李克强总理对此作出重要批示：“山东省在有关方面配合下，精心治理南四湖流域污染，取得了可喜成绩，为南水北调工程顺利通水打造了‘绿色屏障’。相关经验可予总结，以资借鉴。”

按照国外发达国家经济发展与环境改善的Kuznets曲线，在人均GDP仅为3000美元左右的南四湖流域，严格和单纯的总量减排措施难以实现水环境质量的根本改善。“治用保”技术策略在南水北调东线输水干线流域的全面推广应用，有效降低了环境成本，减轻了社会压力，实现了在经济两位数持续增长背景下南四湖主要水质指标由地表水劣Ⅴ类向Ⅲ类的跃升。“治用保”流域污染综合控制技术策略成为山东省人大颁布实施的《山东省南水北调工程沿线区域水污染防治条例》立法原则之一，并上升为山东省政府的治污策略。

（一）发挥政治体制优势，建立流域治污大格局

自20世纪80年代开始，针对山东境内多数河流、湖泊污染日趋严重的问题，省委、省政府高度重视，将水污染防治工作摆在经济社会发展的突出位置，山东省开始进行以流域为单元的水污染综合治理。省委、省政府主要领导同志多次就流域治污作出重要批示，省人大每年组织对水污染防治工作进行监督检查，有力推动了全省流域治污工作的深入开展。进入新时代以来，我省又建立健全流域、水生态控制区、水环境控制单元三级分区体系，实施以控制单元为空间基础、以断面水质为管理目标、以排污许可制为核心的流域水环境质量目标管理，强化对地方政府的督办、考核，推动各地统筹施策、系统治污。为切实落实治污责任，省委、省政府印发了《关于健全推动科学发展促进社会和谐考核监督体系的意见》，把治污减排任务确定为约束性指标，实行“一票否决”，纳入了县域经济社会发展考核体系。

为贯彻落实国务院印发的《水污染防治行动计划》，2015年12月31日，

山东省政府正式印发《山东省落实〈水污染防治行动计划〉实施方案》，并配套制定水污染防治一期行动计划和重要饮用水水源、南水北调水质保障等4个专项计划；组织17市批复实施落实“水十条”工作方案和78个控制单元水体达标方案；省长与17市政府主要负责同志签订了《水污染防治目标责任书》。

严格的考核奖惩机制调动了各市治污工作的积极性，在全省较好地构建了党委政府主导、人大和政协监督、各部门齐抓共管、全社会共同努力的工作大格局。

（二）坚持科学治污，构建“治用保”流域治污体系

经过多年实践，山东省探索建立了“治用保”系统推进的流域治污工作体系。

一是污染治理。实施全过程污染防治，引导和督促排污单位达到常见鱼类稳定生长的治污水平。“十一五”以来，通过严格落实排污许可制度，深挖治污潜力，倒逼960多家涉水工业企业实施了废水深度治理工程。运用市场机制，大力推进环境基础设施建设，全省建成污水处理厂290座，总污水处理能力达到1270万吨/日。大力解决城市建成区污水直排环境问题，创新开展了污水直排口“随手拍”活动，省政府挂牌督办的第一批253个污水直排口全部完成整治。大力实施“退渔还湖”，南四湖、东平湖流域清理取缔和改造投饵围网、网箱约31万亩，省级财政安排1亿元生态补偿资金，引导建立渔业污染防治长效机制。在此基础上，开展了全省河流、湖泊和入海口滩涂底泥重金属污染状况调查，完成了沂河沂水段底泥重金属处置示范工程，为底泥重金属污染治理探索了经验。组织开展了

全省化工企业聚集区地下水污染状况专项调查，摸清了化工企业聚集区地下水污染状况，为推动地下水污染防控奠定了基础。同时，原省环保厅、原质监局联合出台《全省污水排放口环境信息公开技术规范》，引导涉水企业开展污水排放口规范化改造，主动公开环境信息，接受社会监督，启动了“晒企业治污、晒环保监管”的“山东双晒”活动，创新探索公众参与环保工作的新机制。目前，已有1300多家企业完成信息公开改造任务。

二是循环利用。构建企业和区域再生水循环利用体系，努力减少废水排放。山东每年产生的再生水资源高达44亿立方米，做好这些再生水资源的循环利用对于缺水的北方地区意义重大。省发改、住建、水利、环保等部门联合印发了《山东省关于加强污水回用工作的意见》，将污水处理再生水纳入区域水资源统一配置。目前，全省污水处理厂再生水利用能力达到345.6万吨/日，再生水利用量达到5.5亿吨，相当于5个大型水库的调蓄水量。南四湖流域已建成大型区域再生水循环利用工程16项，年可消化再生水1.78亿立方米，有效灌溉农田面积188万亩。

三是生态保护。建设人工湿地和生态河道，构建沿河环湖大生态带，努力提升流域环境承载力。在重要排污口下游、支流入干流处、河流入湖口及其他适宜地点因地制宜建设表面流和潜流人工湿地，达标废水经湿地进一步净化后再进入干流，构建了环湖沿河绿色生态屏障。目前，全省已建成人工湿地120多处，总面积达23万亩，修复自然湿地80多处，总面积达24万亩。南四湖流域内已恢复水生高等植物78种、鱼类52种、浮游植物119种、底栖动物51种。小清河流域生态环境综合治理成效明显，鱼类已恢复到27种。马踏湖已建成人工湿地4700余亩，修复受损湿地2万亩，猪龙河等入湖支流开始恢复历史走向。

（三）健全地方法规和标准体系，夯实流域治污法规基础

继发布实施《山东省水污染防治条例》《山东省湖泊保护条例》后，2006年，我省又颁布实施了全国首个针对南水北调治污的地方性法规《山东省南水北调工程沿线区域水污染防治条例》，以地方立法的形式对南水北调治污工作进行规范，为持续改善流域和湖泊水生态环境奠定了坚实的法规基础。2003年我省在全国率先发布了第一个地方行业标准《山东省造纸工业水污染物排放标准》，2006年发布实施了全国第一个流域性标准《山东省南水北调沿线水污染物综合排放标准》，在此基础上又发布了省辖海河、小清河、半岛等流域性综合排放标准。自2010年1月1日起，全省所有流域均执行最后时段的排放标准。2011年，我省又再次加严四大流域水污染物综合排放标准。环境标准的可预见性和引导性特点，对我省污染减排和促进“两高”行业转方式调结构起到重要作用。

三、绿水、青山、环境美

中国特色社会主义进入新时代，我国社会主要矛盾已经转化为人民日益增长的美好生活需要和不平衡不充分的发展之间的矛盾。长期以来，农村环境成为短板，为了解决这一不平衡不充分的问题，我省从农村环境综合整治、农村饮用水水源保护等方面入手，加快推进农村人居环境整治。

（一）积极探索农村环境污染治理模式

“十二五”以来，我省开始把加强农村环境保护纳入重要日程，不断完善政策措施，持续加大投入，工作成效初步显现，开局良好。农村道路、厕所、供暖、供电、学校、住房、饮水“七改”工程全面提速，人居环境

整治加快推进。

生活垃圾收集处理方面。目前，我省所有县（市、区）均实现了城乡环卫一体化全覆盖，形成了“户集、村收、镇运、县处理”城乡环卫一体化的垃圾收集处理体系，农村生活垃圾处理率达到99%。鼓励偏远地区就近建设中小型垃圾无害化处理设施，减少长途运输成本，以枣庄市峄城区、滕州市东郭镇和淄博高青县花港镇等地为典型，积极推行农村垃圾就地资源化、减量化、无害化处理模式。2016年，我省首批通过全国农村生活垃圾城乡环卫一体化全覆盖验收。

农村生活污水收集处理方面。我省本着“因地制宜、分类实施”的原则，合理确定工艺布局。一是积极探索城乡一体化生活污水治理路子，指导各地按照“城（厂）边接管、就近联建、鼓励独建”的原则，将靠近城市周边村镇的污水纳入城市污水厂集中处理，将靠近工业园区村镇的污水纳入工业园区污水处理厂处理，以工业污水处理带动周边村镇生活污水处理，鼓励有条件的镇村建设小型污水处理设施，提倡相邻乡镇联合建设污水处理厂，实现区域统筹、共建共享。二是对于人口密度较低、水环境容量较大的地方以及地处非环境敏感区的建制镇和农村新型社区，鼓励在满足环保要求的前提下，采用自建氧化塘、人工湿地、沼气工程等自然、生态、简易的污水处理方式。建立了“省补助、市配套、县为主、镇补充”的资金支持渠道，自2013年以来，省财政投入8.374亿元专项资金，用于村镇污水治理工作。发挥市场机制作用，鼓励社会资本投入村镇污水垃圾处理设施建设和运营。截至2016年底，全省88%的建制镇建有污水集中处理设施，24%的村庄（1.57万个）对生活污水进行收集处理。

畜禽养殖污染防治方面。我省是畜禽养殖大省，2016年全省畜牧业总产值超过7500亿元，畜牧产业规模多年位居全国第一，每年约产生粪尿2.7亿吨。目前，我省初步建立起了“源头减量、过程控制、末端利用”的畜禽养殖污染防治体系。组织全省174个县级人民政府划定了畜禽养殖“三区”，截至2017年底，全省禁养区内46904家规模化畜禽养殖场（小区）和养殖专业户全部完成关闭搬迁任务。各地因地制宜、因场施策，基本确立了散户“就地还田、直接利用”，小型养殖场“加工制肥、协议消纳”，大型养殖场“加工制肥、分散利用”，第三方处理中心“集中收集、专业处理、商品生产”的畜禽粪污资源化利用模式。其中，菏泽郓城县郭屯镇西张楼村建设畜禽粪便污染治理项目，利用畜禽粪便生产沼液和有机肥用于灌溉施肥，实现畜禽粪便的有效处理和综合利用。积极推进农村畜禽养殖粪便和农作物秸秆等农业有机废弃物收集、转化、应用三级网络试点工作，探索建立废弃物处置利用的规模化、专业化、社会化运营模式。2015年至2017年，原省环保厅选取肥城市、齐河县等地开展试点，并申请省财政资金9000万元予以支持。

农药化肥使用与农膜收集处理方面。在125个县（市、区）开展测土配方施肥工作，每年测土配方施肥技术覆盖面积稳定在1亿亩次，配方肥推广量在200万吨以上，占全省化肥施用量（实际量）的14.6%。加强农药登记管理，农药登记产品达6553个，约占全国登记总数的1/4，农药登记有效期内高毒、剧毒农药品种比例低于2%。建立作物病虫害绿色防控技术示范区300多个，绿色防控覆盖面积5000万亩次。农膜回收利用率逐步提高，寿光、招远、荣成等地作为地膜污染防治示范区，地膜回收率在80%以上。

专栏：荣成市农村生活污水处理

荣成市将农村改厕与污水处理设施建设结合起来，建立了联席会议制度，全力构建农村改厕治污一体化新模式。

差异补贴，一体保障。组建了水务运营公司，积极争取国家和省低息贷款。在建设费用上，污水处理设施按沿海镇街30%、内陆镇街70%的比例补贴，户型污水处理器全额补贴；在运行费用上，沿海镇街污水处理设施补贴50%，内陆镇街享受全额拨款，村级设施和户型污水处理器一律按70%的比例补贴。

专业建设，一体运营。由水务运营公司通过竞争性谈判，确定荣成水务集团负责污水处理设施和户型污水处理器的建设及管理运行，明确了工艺参数、施工标准和质量规范，狠抓过程监管、综合验收和运行检测，切实做到“建成一处、合格一处，运行一处、达标一处”。

尊重民意，营造民心所向的工作氛围。通过会议发动、登门入户等多种形式，广泛宣传改厕和污水处理设施建设的重要性。对同意改厕的群众，按照砖砌化粪池每户1200元、聚乙烯化粪池每户1200元至1300元的标准，由市财政部门给予补贴。

因地制宜，分类指导。统筹考虑村居地质条件、撤并规划、污水总量等因素，确定建设模式，做到了“分村定位、一村一案”。荣成市已于2017年6月底前完成当前厕所改造3.7万户，提前完成全市改厕任务，并于8月底通过全省农村无害化卫生厕所全覆盖认定。

专栏：商河县农村生活污水处理

商河县探索出了一条适合经济欠发达县的农村生活污水收集处理路

子。在乡镇驻地，生活污水处理主要采用一体化简易污水处理站、小型人工湿地和“以城带乡”三种处理模式。在新型农村社区，主要采取新建独立的污水处理站、就近接入污水处理厂两种模式。在广大农村，主要以建设氧化塘为主。氧化塘投资小，一次性投资，基本无运行成本，且不受农村生活污水产生量小的影响。各镇（街道）利用村内原有的池塘（沟渠），按照生活污水处理要求进行改造，并在塘内种植具有净化污水功能的芦苇或蒲草等水生植物，部分农村还将氧化塘建成村庄公园，成为村民劳动之余休闲娱乐的场所。目前，商河县有300多个村庄新建或改造了氧化塘，促进了农村水环境的整体改善。

（二）加强农村饮用水水源保护

积极推进饮用水源保护区划定工作。2015年，国家出台《关于进一步加强农村饮用水水源保护工作的指导意见》，进一步明确了农村饮用水水源保护工作职责和工作重点。截至目前，全省111个“千吨万人”以上饮用水水源保护区的县（市、区）已全部完成划定批复工作。同时，为全面掌握全省农村饮用水水源水质和管理现状，我省分别对854处“千吨万人”以上供水工程水源地和约1.8万处农村单村、联村水源地进行了基础环境状况调查和水质监测分析，分析污染成因和潜在环境风险，有针对性地提出水质改善方案。

积极开展饮用水源集雨区村庄环境整治。按照国家《水污染防治行动计划》重点工作任务安排，为综合整治饮用水源周边环境，确保水质安全，我省以南水北调沿线和饮用水源集雨区村庄为重点，积极组织开展综合整治。原省环保厅制定了“十三五”期间工作方案，将整治任务按年度分解到市，市、县逐一落实到乡、村，各地因地制宜编制了实施方案，按年度计划积极推进。经过努力，“十三五”前两年共完成了南水北调沿线和饮用水源周边区域5150个村庄的综合整治，占国家下达任务的107.29%。全面完成全省省定贫困村和扶贫重点村饮用水源保护工程，按期完成黄河滩区迁建中的任务。围绕“让贫困群众喝上放心的水”这一工作目标，大力实施贫困村饮用水水源保护工程建设。在摸底排查的基础上，逐一厘清了7005个省定贫困村和新增2000个扶贫工作重点村在用的饮用水水源的名称、区位、类型和保护现状等基本情况，共投入中央和省级财政资金1.6亿元，定点投放到位，开展防护工程建设，实现了对省定贫困村2655处在用饮用水源保护工程全覆盖。

（三）美丽乡村建设取得积极进展

2003年，经省政府同意，原省环保局下发《关于开展创建省级环境优美乡镇活动的通知》，制定《省级环境优美乡镇考核验收规定》，各乡镇认真组织开展环境整治和绿化美化活动。同时，加大环保投入力度，加快环境基础设施建设步伐，使乡镇环境和人居环境得到明显改善，基本消灭了“脏、乱、差”现象。开展创建工作的乡镇普遍实现道路平整，庭院规整，居室洁净，环境良好整治。

2005年5月，全省生态文明村创建工作现场会在东营市广饶县召开，文明生态村创建活动在全省展开。9月，省文明办、省农业厅、原省环保局联合印发《关于在全省农村广泛开展创建文明生态村活动的意见》，对创建文明生态村活动的基本内容、原则和目标，以及创建文明生态村活动的基本要求等作出具体规定。全省各级各有关部门把创建文明生态村活动纳入社会主义新农村建设的整体布局，作为新时期农村精神文明建设的重要内容和有效抓手，结合当地实际，深入细致地开展工作，村庄环境明显改善，“五乱”现象得到有效控制，人居环境质量不断提升。

2012年，全省召开了规格高、规模大的生态山东建设大会，印发了省级生态乡镇和生态村申报及管理规定，生态市、县、乡、村的标准体系全部配套。截至2016年底，我省共建成国家级生态乡镇560个（部分乡镇区划调整前579个）、生态村6个，建成省级生态镇592个、生态村580个。

专栏：吴村镇“美丽乡村”建设实践

吴村镇立足于生态观光农业型主体功能区发展定位，以环境整治村“三化”、生态文明乡村“四好”、美丽乡村“五美”为建设目标，深入扎实推进农村生态环境提升、农村新型社区建设、农民创业增收、乡风文明培育、农村社会和谐促进五大工程，科学规划，有序推进，不断加快“美丽乡村”建设步伐，社会经济得到快速发展。以乡村旅游、观光采摘、林果苗木种植等产业为发展重点，坚持规划先行，因地制宜，把生态建设规划与经济社会发展规划、农业和旅游业发展规划以及文化特色产业具体规划相衔接，做到以点带面、稳步推进，打造生态农业、生态旅游、生态文化特色乡镇。截至目前，全镇共有设施农业示范基地12处，家庭农场21处，精品采摘园36家，特色民俗村4个，生态农业观光型发展格局已经形成。

围绕良好的生态环境，发展特色乡村旅游。吴村镇紧紧围绕“农业观光特色镇”建设要求，突出“打造仙山圣境、建设美丽吴村”发展思路，以发展生态观光和休闲旅游为重点，着力加强基础设施建设、环境整治、道路绿化、资源开发等工作，乡村旅游得到快速发展。以丰富的生态资源为依托，先后发展了山水民俗半日游和山水民俗体验一日游、农业观光游等多条特色乡村旅游线路。为促进农民增收，还成立了凤凰山农家乐旅游合作社等多家合作社，组织农户搞旅游服务，通过旅游发展，解决了3000余人的就业问题，农民旅游年人均收入突破万元大关。2017年，吴村镇共接待游客30余万人次，旅游收入大幅增加，其中乡村旅游收入2000多万元、农民旅游收入1200多万元，乡村旅游收入占村集体收入比重达到60%，乡村旅游所创造税收占乡镇财政收入的比重达到30%。

依托良好生态环境，发展特色效益农业。围绕生态做文章，依托良好的生态环境优势，吴村镇大力发展特色效益农业，帮助农民增收致富，同时借助特色效益农业促进生态环境健康发展，形成了生态环境与农村经济互促共进的良好态势。通过国家级生态乡镇的创建，吴村镇生态环境质量进一步改善，生态环境的改善促进吴村镇产业结构转型升级，形成以农业观光与生态旅游为主导产业的发展态势，生态品牌效益进一步放大，推动乡镇经济持续健康快速发展。生态建设促进农民增收致富。吴村镇立足本地实际，按照农业观光特色镇主体功能区建设定位，大力发展生态高效农业及特色生态旅游，取得良好的成效。先后通过认证无公害果品及有机食品8个品种，发展无公害果品示范园3万余亩，并成功注册圣佳、圣城九仙山无公害果品蔬菜商标。其中，峪东村贡枣园、高楼村葡萄种植基地、车站村大樱桃示范园等已初具规模，为促进农业增效、农民增收，推动农业结构不断优化升级打下了良好基础。群众生态文明意识不断提高。吴村镇生态环境质量不断改善，生态效益不断显现，人民群众得到实实在在的生态经济效益，积极主动参与到生态建设中。乡镇发展布局得到优化。认真按照市委、市政府发展战略要求，优化发展环境，提高服务水平，全力推进美丽乡村、文化慢城重点项目建设，城市化水平不断提高。围绕“农业观光主体功能区”一个定位，打造“林果乡、乡村游”两大品牌，推进“产业项目聚集区、生态田园观光区、高效农业示范区”三区建设，乡镇空间布局进一步优化，吴村镇生态环境魅力进一步彰显。加快推进农业产业结构优化升级。大力实施千亩优质果园示范工程建设，连片发展峪南苹果、高楼葡萄、车站大樱桃、峪西山楂、峪东大枣等村级优势果品，积极开发东岭生态园、峪西枣园农家乐等示范基地建设。大力实施生态环保工程。实施城乡环卫一体化，集中开展“靓村、清水、绿果、畅路”四位一体的环境综合整治。吴村镇26个村共配置专兼职保洁员260名，全面实行绩效管理，同时配备保洁车辆26辆、铁质垃圾桶800个，2辆垃圾转运车实现正规化运作，投资近200万元建设标准化生活垃圾压缩站，农村环境综合整治长效机制逐步完善。

实施人工湿地建设工程，利用生物净化原理，通过整修坑塘和种植菖蒲，强力启动污水处理工程，饮水安全及河道沟渠坑塘整治达标化。建成迎宾湖、高楼骊珠生态湖、东岭人工湿地、会泉峪生态景观水系、葫芦套人工湿地等8处生态化污水净化系统。

实施环境整治“全域精品化”工程，强力推进环境综合整治工作，全面提升镇域环境。新开工建设村庄道路80公里，确保彻底实现“户户通”；启动实施村庄沟渠网格化建设工程、亮化全覆盖、绿化提档，提升村庄基础设施建设水平；投资600余万元，实施“改厨改厕”工程260余户，改造“农家小院”302户，实现环境卫生的提档升级。

第三节　生态建设篇

山水林田湖草生态保护与修复，是提升自然生态系统承载能力的重要手段，我省积极践行“山水林田湖草是一个生命共同体”理念，大力实施自然保护区建设管理、国土绿化、湿地保护与修复、海岸线保护与修复等工程，积极开展生态创建等工作，生态建设取得一定成就。

一、着力推进自然保护区建设管理

近年来，山东省各级党委政府认真贯彻中央决策部署，不断加强自然保护区建设管理。特别是中央办公厅、国务院办公厅印发甘肃祁连山国家级自然保护区生态环境问题通报以来，全省上下进一步提高政治站位，强化看齐意识，深刻汲取教训，认真开展自然保护区突出问题自查自纠、严格整改，取得一定成效。目前，全省共建成自然保护区78个，总面积101.2万公顷。其中，国家级自然保护区7个，面积21.9万公顷；省级自然保护区38个，面积55.2万公顷；市、县级自然保护区33个，面积24.1万公顷；全省建成省级重点生态功能保护区12个，面积46.2万公顷。全省基本形成地质遗迹、

图3–10　荣成大天鹅国家级自然保护区

海洋海岸、野生动物、森林生态、古生物遗迹、内陆湿地等多类型，并具有一定管理水平的保护区体系。

（一）完善法规制度体系

一是加强地方立法。颁布实施了《山东省森林和野生动物类型自然保护区管理办法》《山东省环境保护条例》《山东省地质环境保护条例》和《山东省海洋环境保护条例》等一系列涉自然保护区法规和制度。印发《山东省自然保护区发展规划》，确定我省自然保护区发展布局和建设重点，抢救性地建立了一批自然保护区。二是明确管理体制。印发《关于贯彻国办发〔2010〕63号文件进一步加强自然保护区管理工作的通知》，理顺了自然保护区综合管理和分部门管理相结合的管理体制，进一步明确了自然保护区审批、调整以及涉自然保护区开发建设项目规范管理的基本原则。三是认真修订清理一批地方法规政策。青岛和东营两市开展了《青岛市崂山风景区条例》《山东黄河三角洲国家级自然保护区条例》的修订工作；东营市调整了《东营市港城总体规划（2008—2020）》，将与自然保护区重叠区域调整出港城总体规划；济宁市废止了《济宁市南四湖自然保护区管理办法》和《南四湖渔业功能区划与养殖总量控制规划》。

（二）坚决整治违法违规问题

一是坚持问题导向，严格落实责任。全省各级各部门坚持问题导向，制定工作方案，明确问题的整改时限、整改措施和整改责任人，建立联合工作机制，全面贯彻落实自然保护区突出问题整改攻坚行动。各市自查自纠，立查立改，提升管护水平，省直有关部门组织开展一系列自然保护区专项检查、专项督导等活动，深入一线，现场办公，跟进督办，落实地方党委、政府生态保护责任。二是坚决整改突出问题。截至目前，在“绿盾2017”专项行动中，我省7个国家级自然保护区违法违规问题整改率达到93.1%，38个省级自然保护违法违规问题整改完成率为82.9%。组织开展“绿盾2018”专项行动，认真检查，严格整改。

（三）健全完善长效机制

一是建立生态补偿机制。自2013年以来，我省建立了自然保护区生态补偿机制。省财政五年来累计安排专项补偿资金1.1亿元，用于国家和省级自然保护区能力建设、日常维护管理、科研监测和生态修复，有力推动了自然保护区的规范化建设和管护能力提升。二是建立联合调度督查机制。省环保、国土、住建、水利、农业、海洋、林业、旅游等部门建立了会商机制，定期召开会议，调度通报自然保护区问题整改进展，及时研究解决推进问题整改的措施意见。三是建立公众参与机制。加大自然保护区违法违规问题的社会监督，在政府网站公布举报电话和信箱，公开征集问题线索，鼓励公众积极举报涉及自然保护区的违法违规行为，接受社会监督。

二、着力推进绿色山东建设

国土绿化是山东生态省建设的关键环节之一。多年来，山东省委、省政府高度重视国土绿化工作，积极推进绿色山东省建设。特别是在开展生态省建设以来，认真贯彻落实中共中央、国务院《关于加快林业发展的决定》，作出了《关于加快林业发展　建设绿色山东的决定》，突出封山育林、平原绿化、绿色通道、退耕护岸林“四大工程”，大力开展国土绿化，积极推进荒山绿化，不断完善平原防护林体系。大力推进造林、营林，不断增加森林资源。全省荒山绿化稳步推进，平原绿化向着高标准农田林网迈进，绿色通道建设取得历史性突破，沿海防护林建设成效显著，城乡绿化、美化一体化步伐加快。

图3-11　绿色环抱中的新型村镇

“十二五”期间，造林绿化加快推进。重点实施了沿海、长防、防沙治沙、湿地保护与修复等一批国家重点工程。开展了三年大造林，重点推进了荒山绿化、水系绿化和森林城市建设。根据第八次全国森林资源清查，全省森林面积3819万亩，活立木总蓄积1.23亿立方米，森林蓄积8919万立方米。与第七次清查相比，森林资源总量实现有效增长，其中，活立木总蓄积、森林蓄积分别增加了43.3%和40.8%。到2015年底，全省有林地面积达到5180万亩，林木蓄积量达到1.24亿立方米，全省林木绿化率达到25%。根据第二次全国湿地资源调查，全省湿地面积2606.25万亩。与第一次调查相比，受保护的湿地面积增加了670.5万亩，达到了946.5万亩，湿地保护率由10.32%提高到36.32%。全省林业系统累计建立各级各类自然保护区66处，面积1354.87万亩。根据2014年全省第五次沙化荒漠化监测调查，与2009年第四次监测调查数据相比，全省沙化、荒漠化土地面积减少145.5万亩，土地沙化趋势总体上得到初步遏制。农田林网化率、野生濒危动植物保护率、重要湿地保护率分别提高到80%、90%和60%以上。全省森林碳储量达到1.12亿吨，年吸收二氧化碳3980万吨，释放氧气2534万吨，涵养水源58亿立方米，农田林网增产粮食10%—15%。

2017年，山东省政府工作报告和省第十一次党代会明确提出“开展‘绿满齐鲁·美丽山东’国土绿化行动”。省委、省政府主要领导同志分别对林业工作作出批示，要求大兴植树造林，加强森林植被建设和保护，不断提高全省绿化水平。2017年11月，省政府印发《关于开展“绿满齐鲁·美丽山东”国土绿化行动的实施意见》，提出从2017年起，利用4年时间，统筹实施林业生态重点建设工程，完成新增、更新和低效林改造提升600万亩，森林抚育400万亩。国土绿化行动将重点实施森林生态修复与保护工程、退耕还果还林工程、农田防护林建设工程、森林生态廊道建设工程、森林质量精准提升工程、城乡绿化美化等六大工程，逐步构建结构优化、功能完备、效益显著的森林生态安全体系。行动按照扩总量、提质量、保存量、增效益的总体思路，让齐鲁大地天更蓝、山更绿、水更清、生态环境更美好。

三、着力推进湿地保护与修复

我省湿地生物多样性丰富，生态功能强大，在生态文明建设中发挥着不可替代的巨大作用。一是全省湿地维持着230亿吨淡水，保存了全省2/3以上的淡水资源，是淡水安全的生态保障。二是全省湿地中有高等植物

111科389属684种，高等脊椎动物699种，其中，国家I级保护动物12种，国家Ⅱ级保护动物55种。湿地中生活着全省44%的野生物种，是名副其实的“物种基因库”。三是湿地净化水质功能十分显著，每公顷湿地每年可吸收固定1000多公斤氮和130多公斤磷，为降解污染发挥了重要的生态功能。四是全省湿地储存了约10.8亿吨碳，占全省陆地生态系统碳储量的35%。研究表明，全省湿地每年创造直接价值1592.7亿元，间接价值215.9亿元，平均每公顷湿地每年创造价值10.4万元。

近年来，全省按照“林业牵头、综合协调、分部门实施”的原则，在湿地保护与修复方面开展了大量的工作，取得了良好的成效。

逐步完善湿地保护相关的法规制度。先后制定出台了《山东省湿地保护办法》《关于加强全省水系生态建设的意见》《关于进一步加强湿地保护管理工作的意见》《山东省重点保护湿地名录》《关于推进湿地保护修复的实施意见》等，为湿地保护管理提供了法制保障和政策支持。实施了《山东省湿地保护工程规划（2006—2020年）》，以及“十一五”“十二五”“十三五”湿地保护规划，明确湿地保护建设目标和工作重点。

扎实推进生态保护与修复工程。省和各地组织实施了一批重点工程，累计争取中央湿地保护和恢复资金3亿多元。2012年始，省财政每年从造林绿化资金中列支2000万至3000万元用于湿地保护。先后实施了黄河三角洲、南四湖、东平湖、马踏湖、单县黄河故道、黄河口生态补水、微山湖湿地修复等一批骨干工程，治理退化湿地160多万亩，带动各地湿地保护投入110亿元。

建立完善湿地保护体系。截至目前，共建立湿地公园200多处，其中国家级68处，省级134处，无论数量和面积均位于全国前列。初步建立起以湿地自然保护区、湿地公园为主体，湿地保护小区和湿地多用途区为补充的保护管理体系。纳入保护体系的湿地面积63.10万公顷。黄河三角洲、南四湖被纳入国际重要湿地，微山湖国家湿地公园被评为“中国十大最美湿地”之一。目前，我省湿地总面积173.75万公顷（2606万亩），占全省国土面积的11.09%，居全国第七位。

深入开展湿地保护宣传教育。全省各地以“国际湿地日”“爱鸟周”等为契机，利用多种形式，广泛开展湿地保护的宣传教育。一些地区还利用湿地资源优势，挖掘历史文化内涵，举办了各种节会活动。2013年，我省承办了第三届中国湿地文化节暨国际湿地保护交流会议，社会各界湿地保护意识明显提高，湿地的认知度和影响力逐步提升。

四、着力推进海岸线保护与修复

2010年以来，全省各级政府积极开展全方位、大规模的海岸线整治修复保护工作，先后实施了107项整治修复项目，包括招远侵蚀海岸、龙口北部海岸、烟台四十里湾海岸、莱山逛荡河口、威海九龙湾岸线、荣成爱莲湾海岸、乳山潮汐湖、日照阳光海岸带等整治修复工程，整治修复岸线103.56千米，恢复沙滩60多万平方米、植被20万平方米，重要受损岸线得到有效修复，海岸生态功能、景观旅游价值有所提升。

全省大陆海岸已建立自然保护区、海洋特别保护区、海洋公园、湿地公园、森林公园等50个国家级保护区，保护海岸带国土面积近5500平方千米，保护对象包括河口湿地、三角洲湿地、柽柳林湿地、原生砂质海岸、岩礁自然景观、海岸潟湖地貌、珍稀濒危鸟类、暖温带森林生态系统、海岸防护林、海岛生态系统、海洋生态系统、海洋生物重要栖息地、水产种质资源、海砂资源等。各类保护区的建设与管理对有效保护全省海岸自然景观、重要生态系统以及历史文化遗迹，维护海岸生态安全，促进海岸地区可持续发展起到重要作用。

五、着力推进泰山区域山水林田湖草生态保护修复工程

2016年9月，财政部、原国土部、原环保部联合印发《关于推进山水林田湖生态保护修复工作的通知》，启动了山水林田湖生态保护修复工作。2017年，我省成功申报了“泰山山水林田湖生态保护修复试点工程”。2018年1月4日，财政部下达2017年重点生态保护修复治理专项资金预算的通知，其中，“泰山区域山水林田湖生态保护修复工程”纳入第二批山水林田湖草生态保护修复工程试点，获得基础奖补资金10亿元。

为切实做好试点工程，制定推进措施，由省政府主要领导任组长，各厅局及有关单位有关负责同志组成调研组，对试点地区泰安、济南、莱芜三市进行了调研，赴江西省考察学习了山水林田湖生态保护修复工作经验，省政府研究室牵头完成了《关于泰山山水林田湖生态保护修复试点工程情况的调研报告》。

工程试点在治理方向上突出了水环境治理，集中力量开展大汶河、东平湖流域水环境治理，做好畜禽、水产养殖污染和农村生活污水处理，并结合土地整治和高标准农田建设等加大东平湖、大汶河流域农业面源污染防治力度，体现了山水林田湖草是一个生命共同体的理念。项目实施周期为2018—2020年。通过开展泰山区域山水林田湖草生态保护修复工程，试点区域内将逐步构建起较为完善的生态系统修复、保护和管理的体制机

制，建成集“生态友好、环境美丽、功能完善、文化永续”为一体的生命共同体，打造“山青、水绿、林郁、田沃、湖美”的泰山大生态带，建设成为中华文化永续发展的重点区域，构建华北平原的重要生态屏障，确保国家重要交通干线运行安全。以生态环境质量持续改善为核心，全面深化污染治理、循环利用、生态修复的“治用保”流域治污体系，试点建设“收转用”的农业废弃物综合利用模式，为南水北调调水安全提供重要的生态保障。工程试点区域包括泰安、济南和莱芜三市。根据试点区域自然地理特征、区域生态环境特点，按照“一山两水、两域一线”的总体布局，将试点工程区划分为泰山生态区、大汶河—东平湖生态区和小清河生态区三个生态保护修复工程区。安排地质环境工程、土地整治工程、水环境工程、生物多样性及其他工程和监管能力建设工程5大类13小类，合计132个项目，总投资268.4081亿元。大汶河—东平湖生态区以水生态环境和矿山生态环境修复、保护以及土地保护为主。泰山生态区以生物多样性恢复和地质灾害防治为主。小清河生态区以泉域生态修复与保护、破损山体修复为主。

六、着力推进生态创建活动

1995年开始，原国家环保总局在全国开展国家级生态示范区创建工作，山东结合生态省创建和生态山东建设工作，积极开展各级生态创建活动。

1995年至2005年，山东省有12个试点获批为国家级生态示范区，分别是：五莲县（第一批）；桓台县、莘县、枣庄市峄城区、栖霞市、寿光市（第二批）；章丘市、青州市、鄄城县、胶南市、胶州市、青岛市城阳区（第三批）。2001年起，山东省开展省级生态示范区创建工作，先后分三批确定了32个省级生态示范区试点。至2004年，全省建成国家级生态示范区12个，省级生态示范区建设试点82个。

“十一五”期间，有24个县（市、区）被命名为国家级生态示范区，有8个县（市区）被命名为省级生态示范区，5个县（市、区）通过了省级验收。全省共创建国家级生态乡镇174个（原全国环境优美乡镇）、生态村6个，省级环境优美乡镇445个。积极开展“创绿色家园，建富裕新村”等一系列促进生态建设活动，不断加快推进城乡绿化一体化进程，建成省级绿化示范村4000个、示范乡镇200个，5个县（市区）被国家有关单位联合授予“全国绿色小康县”，45个村被授予“绿色小康村”，威海等4个市被评为“全国绿化模范城市”，胶南等11个县市被评为“全国绿化模范县（市）”，济钢等30多个单位被评为“全国绿化模范单位”。

“十二五”期间，临沂市、聊城市获得国家环境保护模范城市命名，青岛等18个已命名模范城市和章丘市通过了原环保部复核，泰安市、新泰市通

图3-12　国家级生态镇

过了原环保部技术核查。截至2015年底，我省共创建国家生态县（市、区）4个，国家级生态乡镇579个，国家级生态村6个，国家生态工业园区7个。

第四节　体制机制篇

党的十八届三中全会以来，省委、省政府高度重视生态文明体制改革工作，在中央全面深化改革委员会的指导和支持下，主要领导同志亲自谋划、亲自部署、亲自调度，认识之高、决心之大、举措之准、要求之严前所未有。截至2017年，《山东省环保机构监测监察执法垂直管理制度改革实施方案》等11个改革文件通过省委深改组会议审议，111项省委深改组年度工作要点全部完成。

一、持续推进改革举措落地见效

（一）树牢“四个意识”，“一把手”带头抓改革

坚持用习近平总书记全面深化改革重要思想武装头脑，第一时间传达学

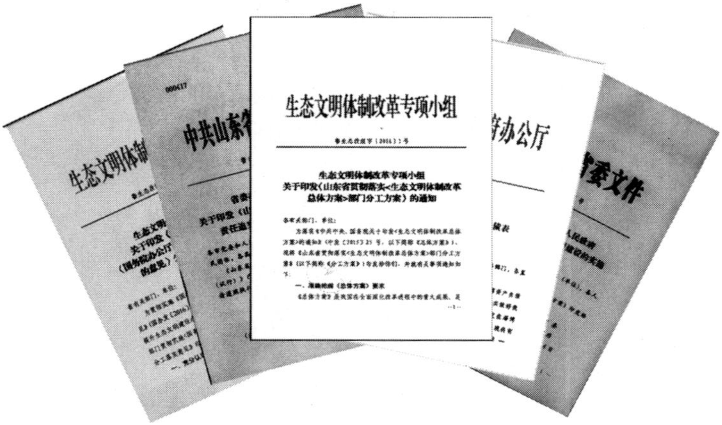

图3－13　山东省生态文明体制改革相关文件

习习近平总书记关于改革工作的重要讲话精神，确保改革始终沿着正确的方向前进。省委、省政府主要领导同志率先垂范，亲自推进全面建立河长制、环保机构监测监察执法垂直管理制度改革等重点改革事项。各成员单位“一把手”积极履行“第一责任人”职责，理情况、把方向、勇担当、促落实，分管负责同志盯上靠上具体抓协调推动，形成齐抓共管的良好局面。

（二）强化统筹协调，完善改革推进机制

不断强化组织领导和推进机制，2014年底，山东省委全面深化改革领导小组第六次会议决定，单独设置生态文明体制改革专项小组，强化生态文明体制改革领导力度，由时任省委常委、副省长孙伟同志任小组组长，3位副省长和省生态环境厅（原省环保厅）厅长任副组长，省编办、省发改委省工业和信息化厅（原省经信委）等16个部门为成员单位，办公室设在省生态环境厅（原省环保厅），将生态文明领域改革摆在了全面深化改革的突出位置。紧跟中央改革步伐，对中央审定印发的改革文件，第一时间明确牵头部门，持续督办问效，我省应落实的30项中央出台的生态文明领域改革方案已完成15项，《生态文明建设目标评价考核办法》等3个文件正在落实，《农村人居环境整治三年行动方案》等近期出台的12个方案已列为2018年改革要点任务推动实施。在做好“规定动作”的同时，积极争取并承担了国家生态损害赔偿制度改革、涉环保项目“邻避”问题防范化解等试点工作，丰富和拓展了改革的深度和广度。《编制自然资源资产负债表试点方案》《关于开展领导干部自然资源资产离任审计的试点方案》两项文件属于中央生态文明体制改革“1+6”方案提出的基础性制度改革文件，我省虽不在试点范围，但相关部门主动参照试点要求，制定印发了《关于

开展编制自然资源资产负债表试点工作的通知》《省委办公厅、省政府办公厅关于开展领导干部自然资源资产离任审计试点工作的实施意见》。强化统筹协调，综合采取专题研究、部门会商等办法，提高改革举措的关联性、耦合性，用组合拳打歼灭战。专项小组办公室建立工作台账，明确责任人、成果形式、完成时限，定期调度、销号管理，让压力上肩、责任生根。

（三）狠抓督查暗访，打通改革落地“最后一公里”

部署开展了生态文明领域改革落实情况“回头看”活动，全面总结评估党的十八届三中全会以来我省生态文明领域改革情况，形成了改革任务落实情况、出台的改革文件及问题、尚未落实或落实不力的改革事项三个清单，督促各责任单位补齐短板。对“关于加快推进生态文明建设的意见”“环境保护督察方案（试行）”“建立促进资源节约和循环利用制度体系”“加快自然资源及其产品价格改革”等9项改革任务开展重点督查；对“全面实施不动产统一登记制度”“全面实行河长制”落实情况进行暗访，督促改革任务落实和改革出台的政策落实，在完善配套措施、解决实际问题、落地落实落细上不断取得新进展。

二、加快建立系统完整的生态文明制度体系

按照中央关于生态文明体制改革的总体部署，我省各项改革扎实推进，部分领域实现重大突破，生态文明制度体系加快建立，节约资源和保护环境的空间格局、产业结构、生产方式、生活方式初步形成，一些重要领域取得突破，部分工作走在了全国前列。中央改革办刊发《山东生态文明体制改革关键环节和重点领域取得进展》，专题介绍了我省工作情况。

（一）建立国土空间开发保护制度和空间规划体系

一是逐步完善生态保护红线制度体系。初步划定了陆海全域生态保护红线，正在根据国家新要求进一步调整优化。研究起草了生态保护红线绩效考核办法，全省13个国家级重点生态功能区全部编制了产业准入负面清单。二是实行最严格的耕地保护制度。出台了《关于加强耕地保护和改进占补平衡的实施意见》，完成永久基本农田落地块、明责任、设标志、建表册、入图库“五项任务”。严格执行“占优补优”制度和“补改结合”政策，新占用耕地全部落实占补平衡政策。三是严格海域开发保护。编制了《山东省海岸线保护与利用规划》，完成了可围填海权属核查工作，严格控制项目围填海规模，不断加大海洋生态系统保护力度。出台了推进长岛海洋生态保护和持续发展的若干意见，支持长岛创建国家生态文明试验区。四是大力推行“多规合一”。研究起草了我省空间规划暨“多规合一”实施意见，启动了济南新旧动能转换先行区和南部山区、青岛西海岸新区、淄博市、泰安市、日照省级以上园区试点，努力探索具有山东特色的路径模式。印发实施了《山东半岛城市群发展规划（2016—2030年）》，推动山东半岛城市群区域一体化发展。

（二）完善自然资源产权制度和能源资源集约利用制度

一是开展自然资源产权确权。全省110个具有独立发证职能的市、县（市、区）不动产登记机构全面运转，不动产登记信息系统全部接入国家平台，不动产登记规范化建设稳步推进，为自然生态空间统一确权登记打下基础。二是试点编制自然资源资产负债表。先后完成了县级（垦利县和泰山区）、市级（淄博市和潍坊市）自然资源资产负债表编制试点工作。试编我省自然资源资产负债表，形成全省土地、林木、水等资源资产账户。三是完善资源节约和循环利用制度。先后出台“十三五”节能减排综合工作方案、水资源消耗总量和强度双控行动实施方案，强化约束性指标管理。落实《建立促进资源节约和循环利用制度体系工作方案》，已创新制定了29个相关制度。四是探索建立资源环境承载能力监测预警机制。印发了《山东省资源环境承载能力监测预警工作方案》，探索建立我省资源环境承载能力监测预警长效机制。

（三）健全生态保护补偿、环境损害赔偿和资源有偿使用制度

一是逐步建立生态保护补偿机制。出台了省有关部门健全生态保护补偿机制分工落实意见，明确了重点领域生态补偿制度建设的责任单位和重点事项。2014年在全国率先建立基于环境空气质量改善的生态补偿机制，并根据大气污染防治工作需要先后三次修订完善。研究提出了流域生态补偿办法、生态红线生态补偿办法。二是承担生态环境损害赔偿制度改革试点。在全国7个试点省市率先出台了关于办理省政府提起生态环境损害赔偿案件若干问题的意见，印发了全国首个省级生态环境损害赔偿资金管理办法，健全磋商工作机制，开展鉴定评估工作，圆满完成了试点任务。在原环保部贯彻落实生态环境损害赔偿制度改革方案视频会上，我省作典型发言介绍试点经验。三是逐步完善资源环境有偿使用制度。扩大国有土地有偿使用范围，逐步建立合理利用土地资源的激励与约束机制。逐步建立城镇非居民用水超额累进加价制度，全面实行居民生活用水、用气阶梯价格制度，扩大居民阶梯电价执行范围。完成了环保费改税工作，实行了37年的排污收费制度退出历史舞台，《环境保护税法》于2018年1月1日在我

省正式实施。出台了《山东省水资源税改革试点实施办法》，启动了水资源税改革试点工作。

（四）形成推进绿色发展的政策导向和市场机制

一是树立财政投资的绿色生态导向。出台《关于建立以绿色生态为导向的农业补贴制度改革意见》，调整完善农业支持保护补贴、国内渔业油价补贴、农机购置补贴等三项补贴政策，健全耕地、粮食、林业、湿地、渔业、畜牧等六类补偿政策，着力解决农业资源环境突出问题。二是以生态环保政策倒逼新旧动能转换。印发《利用综合标准依法依规推动落后产能退出工作方案》，通过完善综合标准，严格常态化执法和强制性标准实施，关停退出落后产能，有效化解过剩产能。编制了我省低碳发展工作方案，圆满完成了煤炭消费总量净压减目标。出台节能环保产业发展规划、环保服务业转型升级实施方案，推动环保产业化、产业环保化。三是推动生态产权要素交易。成立了山东省水发水资源管理服务有限公司，搭建了省级水权交易平台，初步实现了"互联网+水权交易"管理；东平县在省内首次设立非农业用水水权交易平台，积极推进当地矿井排水等利用。建立了重点企（事）业单位温室气体排放报告制度，完成了电力、电解铝、水泥等三大行业碳排放权配额分配研究，为开展碳排放权交易打下基础。

（五）加强环境治理体系和治理能力建设

一是有序推进省以下环保机构垂直管理改革。经省委常委会研究同意，成立了由省委副书记、省长任组长，省委常委、常务副省长和省委常委、组织部部长任副组长的省环保垂改领导小组。省委、省政府和省垂改领导小组先后7次召开会议研究部署环保垂改工作。出台了《山东省环保机构监测监察执法垂直管理制度改革实施方案》和“1+4”相关配套实施文件，成为继河北、重庆、江苏之后全国第四个经中央编办、原环保部备案同意的试点省，省市两级环保垂改工作稳步推进。二是改革环境监测体制。在全国率先开展环境监测“TO”模式改革，国家《生态环境监测网络建设方案》将我省监测管理事权上收、“谁考核、谁监测”等做法纳入其中。出台了《山东省生态环境监测网络建设工作方案》，逐步健全大气、水、土壤、声、辐射、污染源、生态状况等7大监测网络。三是改革环保执法监督机制。制定了《山东省大气污染防治条例》，对生态文明建设和环境保护法规规章规范性文件开展专项清理，启动了水污染防治条例、自然保护区条例的制修订工作。初步建立了日常环境监察、定期环保督察和“双随机一公开”督政与督企结合的环保执法三位一体监督机制，强化环境行政执法与刑事司法衔接。建立了覆盖全省的环境监管网格化体系，网格划分已延伸至社区和行政村。四是加快推进污染物排放许可制改革。完成了火电、造纸、钢铁等15个重点行业排污许可证发放工作，为落实企业治污主体责任打下基础。在济宁市、聊城市分别颁发了全国首张水泥、氮肥行业排污许可证，山东太阳纸业新版排污许可证正副本亮相“砥砺奋进的五年”大型成就展。五是深化环评审批制度改革。结合新旧动能转换重大工程实施，原省环保厅下放了55.2%的省级审批权限，同时经原环保部同意，赋予济南、青岛、烟台三市与省级同等的环评审批权限。试点探索建立“三线一单”环境管控体系，推进空间管控与项目环评管理相结合，为战略和规划环评落地、项目环评审批提供硬约束，为其他环境管理工作提供空间管控依据。六是探索建立涉环保项目“邻避”问题防范与化解机制。在全国率先研究提出《涉环保项目“邻避”问题风险识别及防范措施指南》，建立了行业专家库，建设了技术支撑体系。组织开展了风险排查和集中整治，解决了一批突出问题，打造了一批示范项目和典型案例。试点工作顺利通过国家验收评估。

（六）完善生态文明绩效考核和责任追究制度

一是全面展开环境保护督察工作。省委、省政府组织对17市实现了省级环境保护督察全覆盖；全力配合中央环境保护督察，督察组交办的8170件群众举报信访件全部办结，许多长期想解决而没有解决的环保难题得到解决。在边督边改中，设立了高规格环保督察热线，建立了群众投诉案件办理常态化机制，打造永不停歇的环保大督察、永不落幕的环保大整改。二是持续完善责任考核机制。全面实行河长制，省市县乡四级工作方案和工作制度全部出台，各级河长体系全面落实。出台了大气污染防治工作部

图3-14 中央第三环境保护督察组督察山东省工作动员会

门职责分工方案、目标任务完成情况评估办法，推动各级各部门落实大气污染防治责任。组织全省审计机关同步开展自然资源资产离任审计试点，今年将全面推行领导干部自然资源资产离任审计。研究提出了我省生态文明建设目标评价考核办法、绿色发展指标体系，绿色发展统计报表制度已经国家统计局审批通过。三是建立生态环保追责体系。在全国率先出台了《山东省环境保护约谈办法》。围绕《山东省党政领导干部生态环境损害责任追究实施细则》，配套建立了省直有关部门责任追究联席会议机制和移交机制。省监察厅、原省环保厅联合印发《关于强化生态环境损害责任追究工作的意见》，严格落实“党政同责”“一岗双责”“终身追责”，在生态环保方面不负责就追责，不担当就挪位。

三、持续深化环评审批制度改革

近年来，我省深入落实全面深化改革、加快推进政府职能转变和投资审批改革的部署要求，稳步推进环评审批制度改革，取得了积极成效。

（一）深化环评制度改革

1. 实行“四个一批”，推动简政放权

一是下放一批。在2015年下放环评审批权限的基础上，2017年11月，经省政府同意，原省环保厅又发布了《山东省环境保护厅审批环境影响评价文件的建设项目目录（2017年本）》。此次省级环境影响评价审批目录调整后，除保留原环保部规定审批的和跨市的项目外，由2015年的10个行业29类项目调整为7个行业13类项目，进一步下放了55.2%的审批权限，同时赋予济南、青岛、烟台三市省级环评审批权限。二是备案一批。

对《建设项目环境影响评价分类管理名录》(原环境保护部令第44号)需要编制环境影响登记表的项目不再审批，实行承诺备案制。省市县三级环保部门在官方网站设立了环境影响登记表备案、公示系统，申请人足不出户就可登录所在县(市、区)环保局网站办理相关业务。2017年各级环保部门共备案121761项目，简化了手续，提高了效率。三是豁免一批。对未纳入国家《建设项目环境影响评价分类管理名录》且不涉及环境敏感区域的建设项目，无需履行环境影响评价手续。四是简化一批。规划环评范围内的项目，可根据规划环评结论和审查意见，对环境现状、项目选址、地下水评价等评价内容进行简化。

2.优化审查环节，提升审批效能

一是制定实施绿色通道。2016年2月，原省环保厅印发了《建设项目环评审批绿色通道工作意见》，对省、市重大基础设施和民生工程项目，强化主动提速意识，实行容缺受理、并联办理、即来即审，印发以来，共办理绿色通道项目17个。二是优化论证评估流程。2017年3月，原省环保厅印发了《关于优化重大公共基础设施项目穿越生态保护红线办理流程的通知》，对确实无法避让，需穿越生态保护红线的公路、铁路、输油输气、轨道交通、输变电和调水等重大公共基础设施建设项目，要求合并开展专题环境影响评价，一并进行技术评估。另外，对于已完成规划环境影响评价审查的公路、铁路、输油、输气、轨道交通等相关规划，经省政府审批后，对其中涉及穿越生态保护红线的具体项目选址选线无重大变动的，且符合专项法律法规规定的，不再办理生态保护红线手续，减少了内部审查环节，提高了办事效率。

（二）加强事中事后监管

1.完善事中事后监管办法

2015年12月，制定印发《山东省环保厅建设项目环境影响评价审批事中事后监管办法》，强化“三同时”监督检查，规定检查内容、程序等。明确对超过省重点污染物排放总量控制指标或者未完成省确定的环境质量目标的地区，实行区域或行业限批。提出市域边界5公里范围内新扩改建项目，其环评报告书评审（评估）时和审批前须主动征求相邻市的意见。

2.强化中介机构管理

为提高环评文件编制质量，2017年1月，原省环保厅印发《山东省建设项目环境影响评价文件质量考核办法（试行）》，填补了国内环评文件质量没有具体日常考核方法的空白。原省环保厅每季度公布环评机构考核情况，对不合格机构采用通报、限期整改等方式进行了处罚。通过对环评文件质量考核，约束和惩戒了不良行为，进一步督促环评机构自觉履行法定义务和社会责任，提高了环评文件质量。2018年4月，原省环保厅召开新闻通报会，向主流媒体通报了2017年环评机构考核情况。

3.做好建设项目竣工自验制度衔接

新修订的《建设项目环境保护管理条例》于2017年10月1日起实施，竣工环境保护验收由原来的环境保护行政主管部门验收改为建设单位按照国务院环境保护行政主管部门规定的标准和程序自主验收。为做好条例实施的衔接工作，原省环保厅在2017年6月终止建设项目环境监理试点工作的基础上，于2017年8月印发《关于废止建设项目竣工环境保护验收监测社会化试点工作相关文件的通知》，终止了建设项目竣工环境保护验收监测社会化试点工作，不再设置建设项目环境监理机构资质要求和竣工环境保护验收监测机构资质要求，全部放开第三方市场，建设单位可自行委托有技术能力机构开展环境监理和验收监测工作。

（三）加强规划环评管理，向宏观环境管理转变

1.推动产业园区规划环评

积极推动开展区域环评工作，2016年10月，印发了《关于进一步加强产业园区规划环境影响评价管理工作的通知》，将空间管制、总量管控和负面清单作为园区规划环评的重要内容，要求规划环评已实施5年以上的各类产业园区必须开展环境影响的跟踪评价，通过跟踪评价完善产业园区“三线一单”。加强规划环评与项目环评联动，对符合区域规划环评结论及审查意见要求的建设项目，其环评文件按照规划环评的意见进行简化，在建设项目环境保护管理中体现规划环评的成果。2018年2月，制定印发了《山东省环境保护厅规划环评召集审查程序（试行）》，规范了规划环评审查程序。

2.依法推进专项规划环评

加强沟通，发函提醒省直有关部门依法开展省级“十三五”专项规划环评工作。会同省国土资源厅转发了原环保部、原国土部《关于做好矿产资源规划环境影响评价工作的通知》，提出了分类开展矿产资源规划环评的要求。2017年8月，转发了《环境保护部关于〈山东省矿产资源总体规划（2016—2020年）环境影响报告书〉的审查意见》，要求各市凡涉及的项目，须落实环境影响报告书及审查意见的相关要求。

3.推动战略环评工作

原省环保厅与省发改委联合开展了“山东省能源中长期发展规划战略

环境影响评价”工作。通过能源战略环评，编制全省能源发展的“三线一单”，加快构建清洁低碳、安全高效的现代能源体系，促进全省大气环境质量改善。积极协调地方政府，选取工业结构重、污染重、环境问题复杂的聊城市茌平县和滨州市邹平县，开展了县域战略环评试点工作。通过战略环评研究两县规划布局、产业结构、环境承载现状，分析预测改善生态环境的途径，建立县域“三线一单”指标体系，提出优化区域国土空间结构和治理体系的环保意见。

第五节　执法监管篇

一、敢为人先的环境监测

为切实提高环境监测数据质量，逐步降低环保行政成本，我省立足实际，探索实施了环境监测管理体制机制改革，对全省所有城市空气质量自动监测站实施“转让一经营”（TO）模式运营管理。

（一）实施改革的背景

从山东省的情况来看，随着环境监测领域越来越广泛，公众关注度越来越高，原有的环境监测管理体制机制逐渐显露出诸多问题。一是受机构、编制、经费等制约，很难在各级都建立一支庞大的环境监测队伍，高水平的专业人才引不来、留不住。二是由于工作繁忙，监测数据质控工作常常流于形式，导致监测数据质量不高。三是环保部门既当负责监测的运动员，又当负责管理的裁判员，监测数据公信力容易受到质疑。四是按现行体制，环境质量的监测数据基本上是由各级环保部门自行监测上报，即

“考核谁、谁监测”，容易受到同级行政干预。因此，探索开展监测管理体制机制改革势在必行。

（二）实施改革的总体思路

围绕“使市场在资源配置中起决定性作用和更好地发挥政府作用”，加快转变政府职能，山东省提出了改革应当遵循的“五个有利于”原则，即有利于提高环境监测数据质量，有利于降低环境监测行政成本，有利于合理划分环保部门管理职责，有利于提高环境监测公信力，有利于促进环境服务业发展。体制改革的要点是环境质量监测“上收一级”管理，污染源“下放一级”管理。省级负责17个设区城市环境质量的监督监测，污染源监督监测下放到各市、县。机制改革的要点是实行“转让—经营”（TO）模式，即“监测设备有偿转让，专业队伍运营维护，专业机构移动比对，环保部门质控考核，政府购买合格数据”。

（三）实施改革的过程

一是准备阶段。2010年，山东省组织环保、财政部门开展了专题调研，确定了实施“转让—经营”（TO）模式作为提高环境监测数据质量、降低行政成本的改革之路。随后征得环境保护部的支持，纳入了《环境保护部　山东省人民政府环境保护战略合作框架协议》。在此基础上，就国有资产转让、资金保障等事宜征求了各市意见，较好地统一了思想。二是试点阶段。2011年9月，正式启动了改革试点工作，试点范围包括济南、滨州、菏泽三市，由省环保部门组织公开招标，运营单位购买各市的空气站并负责运营维护及设备更新，比对单位通过移动监测站对空气站数据进行整体校核，省、市两级环保部门共同对运营单位、比对单位进行质控考核，共同出资购买合格数据，监测数据归省、市两级环保部门共同所有。三是推广阶段。在总结试点经验的基础上，山东省环保、财政部门联合印发了《山东省城市环境空气质量自动监测站“转让—经营”（TO）模式推广工作实施方案》。2012年7月，按照政府采购规定，组织公开招标，遴选出3家运营单位和1家比对单位。8月1日，召开空气站“转让—经营”（TO）模式推广启动会议，全省17市144个空气站全部实行了“转让—经营”（TO）模式运营。

（四）实施改革的成效

一是提高了数据质量。过去环保部门自行监测、自行监管，由于任务繁重，质控工作往往流于形式。在“转让—经营”（TO）模式下，专业化的社会机构通过竞争分别获得运营业务和比对业务，两者互相监督；环境监测部门对运营、比对单位进行质控管理考核；政府部门花钱购买合格数据。这种机制改变了以往的工作模式，质控管理效果显著提高。全省空气站设备运行率和数据准确率均在90%以上；按照老标准计算的空气质量良好率由过去各市自行上报的90%以上降低到60%左右，下降了约30个百分点。数据的真实性得到了各级政府和社会各界的普遍认可。二是提高了监测公信力。在运营单位、比对单位和省、市环保部门三方质控保障的同时，山东省还创造性地提出了一套具象性指标体系，如以“蓝天白云、繁星闪烁”评价空气质量状况，以能见度超过10公里作为相应的技术参考标准。这种做法使得社会公众直接通过自己的感官就可以理解、判断、监督环保工作，而且，具象性指标和专业性指标通过能见度指标相衔接，在公众和政府之间架起了一座理解的桥梁，环境监测的公信力明显提升。特别是在雾霾天气期间提供的真实可靠的监测数据，得到公众和媒体普遍认可，为科学决策和有效防范雾霾提供了依据。三是避免了可能的行政干预。通过改革，环境质量监测实行上“收一级”管理。上级环保部门负责对运营、比对单位的监管，地方环保部门协助开展工作，并相应负责下一级环境质量监测的监管，形成了省级以宏观监管、市县两级微观监管为主的职责定位，由过去“考核谁、谁监测”转变为“谁考核、谁监测”，从体制上有效避免了可能的同级行政干预。四是降低了监测成本。在“转让一经营”（TO）模式下，数据质量和设备使用寿命与公司效益直接挂钩，极大地增强了运营单位提高数据质量、延长仪器寿命、降低监测成本的积极性。运营单位多是设备生产商，具有明显的规模效应和专业优势，节约潜力很大。为了有效形成竞争局面，山东省同时招标了3家运营单位分片负责全省空气站运营，每3年根据运营绩效决定是否续签合同。初步测算，实行“转让一经营”（TO）模式改革后，山东省空气站运行成本（含设备更新）比原有模式降低了15%。而规范的市场竞争，必将形成数据质量不断上升、监测成本进一步下降的良好局面。

二、抓铁有痕的环境监管

（一）强化部门联动，实现行政执法与行政问责、刑事司法的有序衔接

为有效解决环保监管权威性不足的问题，自2007年起，我省充分发挥环保部门统筹协调的职能，积极沟通协调省公安、法院、检察院等部门，着力形成工作合力，建立适应新时期人民群众期待和环保工作要求的部门联动工作机制。省委政法委组织召开了全省政法机关服务保障环保工作座

图3-15 环保、公安、城管联合执法现场查处渣土运输车辆

谈会，深入研究了政法机关为全省环保工作提供政法保障的一系列政策措施。会议确定，政法部门要充分发挥职能作用，切实加大服务保障环保工作力度，进一步加强体制机制建设，确保服务保障环保工作的政策措施落到实处。原省环保厅先后与省公安厅、省监察厅、省检察院等部门联合印发实施了《关于加强协作配合严厉打击污染环境犯罪的意见》《全省公安环保联勤联动执法工作机制实施意见》《山东省环境保护部门调查与移送涉嫌环境污染犯罪案件的工作程序》《关于移送环境违法违纪案件规定》《关于在环境保护行政执法检查监督工作中加强协作配合的意见》《关于进一步强化公安环保联勤联动切实做好环保执法保障工作的通知》等一系列规章制度，进一步完善了部门联合执法机制，规范了环境违法违纪案件移送程序，基本实现了行政执法、行政问责、刑事司法有序衔接。省级环保部门对重点环境案件实施挂牌督办和后督查，对经后督查仍不能解决问题的，移交纪检监察部门严肃追究相关单位和人员的行政责任，情节严重的移交司法部门依法追究刑事责任。省公安厅成立了食品药品与环境犯罪侦查总队，17市公安局成立了支队，80多个县级公安机关成立了大队，共有人员524人。

（二）强化随机抽查，确保环境污染问题整改落实到位

原省环保厅制定出台《关于群众反映和监控发现的环境污染问题整改

落实情况随机抽查办法（试行）》，针对交由下级环保部门查处且已整改完毕的环境污染问题开展厅督查，组织回头看。问题来源主要包括信访、督察举报、重大舆情反应、重点污染源监督性监测数据超标查处案件、重点污染源自动监测数据超标查处案件、纳入环境安全应急管理范围案件以及其他需要进行抽查的案件。原省环保厅建立随机抽查数据库，每季度从数据库中随机抽取一定比例的案件，采取暗查或者独立调查的形式开展现场调查核实。对发现的企业违法问题，严肃依法查处，查处结果定期公示。对随机抽查工作中发现的环境保护监管职责履行不到位、瞒报谎报整改落实情况、包庇纵容环境违法行为等情形，依法依纪严肃追究相关单位和人员的责任；涉嫌犯罪的，按照相关规定移送司法机关处理。同时，将随机抽查结果纳入全省环保系统评先树优考核体系，作为市级环保部门年度考核的重要依据。

（三）强化区域联动，建立了行政边界地区环境执法联动工作机制

为妥善解决边界环境污染纠纷，持续改善区域环境质量，原省环保厅印发实施了《关于建立行政边界地区环境执法联动工作机制的意见》，组织小清河流域、省辖淮河流域及南水北调工程沿线等重点流域区域深化环境执法交流合作，签署《行政边界地区环境执法联动协议》，为区域联合执法和协商解决边界地区的环境问题搭建了更直接和更广阔的平台，形成了行政边界地区共同打击环境违法行为、推进环境污染防治的合力，妥善解决边界环境污染纠纷。

三、快速有效的环境应急

我省正处于工业化、城镇化加速发展时期，经济增长方式粗放，行业企业的结构性、布局性环境风险突出，经济社会发展与生态环境承载力的矛盾尖锐。全省涉重金属企业500余家，重点行业企业风险单位4000余家，潜在的环境安全风险突出，保障环境安全的形势严峻。基于上述省情，我省积极探索环境保护与经济社会发展相适应的管理模式，加快推进环境管理战略转型，明确提出以“改善环境质量、确保环境安全、服务科学发展”为主线，突出抓好预防、预警、应急三大环节，严格落实风险评估、隐患排查、事故预警和应急处置四项机制，全面构建全省环境安全防控体系。

（一）夯实工作基础，建立完善防控体系工作机制

一是出台《关于构建全省环境安全防控体系的实施意见》，编制《山东省环境安全防控体系建设“十二五”规划》和《山东省重金属污染综合防治“十二五”规划》，确定了环境安全防控体系的总体思路、目标任务和工作措施。二是成立环境安全管理工作领导小组，全面落实环境安全防控体系职责分工。2010年，在全国率先成立了环境安全应急管理处，综合协调有关处室、单位，形成推进防控体系建设的工作合力。三是建立全省环境形势分析会议制度，每月定期分析环境形势、变化趋势和存在的突出环境问题，研究措施方案，打好“组合拳”，及时解决影响环境质量和安全的突出问题。

（二）突出源头预防，扎实做好环境风险防控管理

把风险防控作为环境安全管理的核心，深入推进环境安全全过程管理，实现了从被动应对到主动管理、事后处置到事前预防的根本转变。把落实环境风险评价和风险防范措施作为环评审批和环保验收的前置条件和关键环节，所有新、扩、改建设项目必须在环境影响评价文件中设置环境风险评价专题章节；对未按规定进行环境风险评价或预警监测措施、应急处置措施和应急预案经审查不符合要求的，一律不予审批；对环境影响评价文件落实不到位的，一律不予通过验收，从源头上消除了环境风险隐患。坚持日常检查和专项行动相结合，强化隐患排查整治，健全风险防控措施，实施风险单位动态管理。各级环保部门每年督促企业进行环境风险隐患自查，并全面开展环境风险排查。

（三）强化监测预警，全面提高环境事件快速反应能力

把环境监测预警作为及时发现环境问题、有效遏制环境事件的关键，综合施策、多措并举，建立多方位、全覆盖的环境安全预警体系。科学设置预警监测点位，严格落实分级定期监测。省市县三级环境监测机构、风险源单位按照有关规定，实施分级定期监测，全面强化了对突发环境事件的预警和风险源单位的监管，把可能引发环境污染的突发事件消灭在萌芽状态。加快监测预警能力建设，建成省级环境安全预警与突发事件应急处置指挥平台系统，部分市、县建立了环境应急指挥中心。开展化工园区环境安全预警试点工作。2014年，在聊城市经济开发区化工园区开展了有毒有害气体环境风险预警体系建设试点工作。科学规划和建设园区有毒有害气体环境风险预警数据收集与传递，在园区内新增环境风险源26个监控点、

56台套检测设备，园区周界共设置25个监控点位、55台套检测设备，同时在园区周边方圆5公里内的环境敏感点建设了自动监测网络监控平台。研发突发环境事件应急决策支持平台，力争实现环境风险“一张图”综合监控，消除环境安全隐患。

（四）加强应急处置，切实保障生态环境安全

把妥善处置突发环境事件放在安全应急管理工作的首位，快速反应，科学处置，最大程度减轻事件造成的危害。坚持“五个第一时间”和“三个不放过”，全力做好突发环境事件的应急响应和处理处置工作。“五个第一时间”，即第一时间报告信息、第一时间赶赴现场、第一时间开展监测、第一时间组织调查、第一时间发布信息；“三个不放过”，即事件原因没有查清不放过、事件责任者没有严肃处理不放过、整改措施没有落实不放过。在加强重金属等第一类污染物预警监控、风险防范的基础上，把第二类水污染物严重超标和空气严重污染纳入环境安全应急管理范围，将影响环境安全的不稳定因素消灭在萌芽状态。每两年组织开展省级环境应急实兵演练暨监察监测技术比武，隔年开展市级环保部门的应急实兵演练。

专栏：典型案例

河南、山东两省跨省界徒骇河水污染事件。自2011年3月24日开始，徒骇河入山东界水量急剧增加，水质严重恶化，大清河节制闸前断面COD和氨氮浓度最高分别达到1584mg/L和124mg/L，毕屯（入山东界）断面COD和氨氮浓度最高分别达到1212mg/L和74.2mg/L。经查是由河南省南乐

县境内企业违法排污造成的徒骇河跨界水污染事件，造成了严重的环境影响和重大经济损失。

青岛“11·22”东黄输油管道复线泄漏爆炸事件。这起事件是由重大责任事故次生的较大突发海洋污染环境事件。事故发生的直接原因是输油管路与排水暗渠交汇处管道腐蚀变薄破裂，原油泄漏，流入排水暗渠，所挥发的油气与暗渠当中的空气混合形成易燃易爆气体，在相对封闭的空间内集聚，现场处置人员使用不防爆的液压破碎锤在暗渠盖板上进行钻孔粉碎时，产生撞击火花，引爆了暗渠的油气。2013年11月22日2时许，泄漏的原油进入地下雨水管网，而后沿雨水盖板箱涵经排水明渠到达胶州湾排海口。虽然黄岛环保分局及时组织布设了两道围油栏，把泄漏的原油控制在了排水明渠内，但在抢修过程中，10时30分许，原油泄漏处发生爆炸，造成大量人员伤亡和财产损失。盖板箱涵出口处发生原油燃烧，火焰逐渐蔓延，将布设于排海口的两道围油栏烧毁，失去围控作用，导致部分原油扩散至胶州湾部分海域，造成污染。

2014年黄河（河南段）甲醇泄漏事件。这起事件就是由交通事故次生的突发水污染环境事件，因跨行政区域，为较大突发环境事件。2014年1月31日（农历正月初一）上午8时许，一辆运输甲醇的罐车行驶至河南省新乡市长垣县境内（菏泽市东明县长兴集乡黄河浮桥西侧）时发生交通事故，致使大量甲醇泄漏流入黄河。甲醇具有能够致人失明和死亡的较强毒性，对我省春节期间饮用水和农灌取水安全构成威胁。

四、敢打硬仗的环保队伍

打铁还需自身硬。面对人民群众对环境质量改善的期盼，原省环保厅

图3-16 环境监察执法大练兵

始终把全面从严治党作为第一政治任务和队伍职业化建设的保障和前提，以打铁还需自身硬的勇气和担当，积极打造风清、气正、心齐、想干、会干、干好的政治生态，确保省委、省政府赋予的自然生态保护和污染防治任务目标的全面完成。

（一）从严抓思想教育，全面提升党性修养

一是强化理论武装。原省环保厅党组始终把政治思想工作摆在重要位置，认真学习党的十八大和十八届历次全会、党的十九大和十九届历次全会精神，集体研读习近平总书记一系列重要讲话和批示精神，深入开展党的群众路线教育实践活动、“两学一做”学习教育和“牢记初心、不忘使命”主题教育等活动，始终在思想上政治上行动上与以习近平同志为核心的党中央保持高度一致。每年印发《厅党组中心组理论学习年度计划》，下发中心组学习实施方案。成立省委党校省环保厅分校，印发《关于进一步加强全厅党员队伍学习教育的通知》，通过采取集中领学、宣讲辅导、专题研讨等形式学习贯彻，确保不漏一人、不落内容、入心入脑。二是健全规章制度。2014年以来，印发实施《推动全面从严治党向纵深发展的实施意见》《关于加强厅领导班子建设的几点意见》《中共山东省环境保护厅党组工作规则》等一系列文件，建立起全面从严治党制度体系。三是严肃党内政治生活。原省环保厅党组每年组织召开专题民主生活会，严肃开展批评和自我批评。印发《省环保厅机关处室和直属单位党支部生活二十项基本制度和要求（试行）》，组织按时召开年度专题组织生活会。印发《关于厅级党员干部编入党支部参加组织生活的通知》，明确厅领导参加“双重”组织生活要求。

（二）从严抓党风廉政建设，层层压实主体责任

一是突出责任落实。原省环保厅成立厅党建工作领导小组，党组承担全面领导责任，定期研究加强党建各项工作。厅党组书记认真履行第一责任人的职责，对上级全面从严治党各类会议精神亲自传达、重要工作亲自部署、重大问题亲自过问、重点环节亲自协调解决。厅党组书记与分管厅领导、分管厅领导与各分管处室每年签订《党风廉政建设责任书》，进一步厘清“一岗双责”内容。二是狠抓源头预防。印发实施《中共山东省环境保护厅党组落实党风廉政建设主体责任实施办法》《关于落实党风廉政建设责任制实施细则》《党风廉政建设责任制检查考核与责任追究暂行办法》《山东省环境保护系统五项禁令》等文件，对于违反党纪政纪的，依据有关规定严肃处理，涉嫌犯罪的移送司法机关。每年组织召开全省环保系统党风廉政建设工作会议，大力开展岗位廉政教育和廉政示范教育，组织观看各类警示教育片，运用环保系统内的违法违纪案件开展警示教育，坚持以案释纪释法，用身边的事教育身边的人，筑牢拒腐防变的思想基础。三是强化权力监督。认真落实《建立健全惩治和预防腐败体系2013—2017年工作规划实施办法》的实施意见，按照“6+1”惩防体系工作格局，狠抓廉政风险点防控管理，坚持用制度管权、按制度办事、靠制度管人。推行党务政务事务公开和权力清单制度，所有行政审批事项均在省级行政审批系统办理。严格执行《山东省环境保护厅环保专项资金内部管理程序》，提

高专项资金管理水平。四是狠抓作风建设。研究制定《关于解决作风建设突出问题的实施方案》，以查促纠、以纠促改，有效转变工作作风。坚持公车配备、办公用房、公务接待等规定监督检查高压态势，按期完成了公车、办公用房改革任务，并持之以恒整治“四风”，大力推进作风建设常态化、长效化。严防“节日腐败”，在重大节日前下发廉洁自律通知，对违规违纪行为特别是隐形变异“四风”问题坚决查处。印发《关于加强全省环保系统干部队伍作风建设的若干意见》，研究探讨评先树优、对标进位、容错纠错、失职追责4个机制。

（三）从严抓意识形态，牢牢把握意识形态工作的领导权、主导权

一是严格落实责任制。制定实施《山东省环境保护厅党组落实意识形态工作责任制方案》《中共山东省环境保护厅党组落实网络意识形态工作责任制实施方案》等，研究制定厅党组意识形态工作责任清单、全厅各级党组织意识形态工作责任制管理负面清单。将意识形态工作贯彻落实情况，纳入执行党的纪律尤其是政治纪律和政治规矩的监督检查范围；把意识形态工作作为组织生活会和年度基层党组织书记述职评议的重要内容。二是坚守意识形态主阵地。持续加强精神文明建设，组织厅全体党员干部开展争创全国文明单位活动；按照省文明委的要求，组织开展行业文明创建和青年文明号创建活动。联合省委宣传部下发《关于加强环境保护宣传引导工作的通知》，大力推进环保宣传和舆论引导工作。严把“一网三微”宣传平台信息安全，严格按照《山东环境网站管理办法》，抓好信息发布前的审核工作，开展日常安全检查和维护。三是妥善解决社会关注和群众关心的突出环境问题。严格执行24小时舆情监测值班制度；联合省委宣传

部、省网信办建立了“环保舆情工作专班”，实现重大舆情信息共享、集体研判；完善环境舆情和环保执法的联动机制，将重大、敏感舆情处置纳入环境安全应急管理范围。完善山东环境公众投诉（信访）平台，建立信访办理与政务微博互动的工作机制。加强与网民互动交流，针对网络上出现的不实谣言，理智分析、酌情澄清，避免舆情发酵触发“次生舆情”，化解意识形态风险点的产生。

专栏：环保卫士孟祥民

孟祥民，男，汉族，1963年8月出生，1981年10月入伍，1985年2月加入中国共产党，1996年转业分配到淄博市环保局淄川分局，生前任淄川分局监察大队监察一科科长，2011年7月因积劳成疾不幸病逝，年仅48岁。孟祥民同志从事环保工作以来,15年如一日扎根在环境保护工作一线，爱岗敬业、廉洁奉公、无私奉献，尤其是在身患绝症的情况下，以超越常人的毅力和干劲，边治疗边工作，做出了无愧于党和人民的工作业绩，他的实绩集中展示了共产党员的高尚品德，赢得了广大人民群众和社会各界的广泛赞誉。2011年，时任中共中央政治局常委、国务院副总理的李克强作出重要批示：“对在环保一线工作的先进模范人物及其事迹应予宣传和学习。”时任中央政治局委员、书记处书记、中宣部部长的刘云山同志曾两次作出重要批示。2012年，原环保部党组作出了《关于开展向“环保卫士”孟祥民同志学习活动的决定》。同年7月，省委书记姜异康作出批示：“孟祥民同志的先进事迹非常感人，值得党员干部学习。”省委追授其“山东省优秀共产党员”荣誉称号，在全省17市举办了先进事迹巡回报告会。2013年9月26日，孟祥民同志被评为第四届全国道德模范“全国敬业奉献模范”。

第六节　法规制度篇

法制建设是环保部门行使监督管理职能的重要依据，我省深入开展环境法治宣传教育，严格执行国家环境保护法律法规，重视加强地方立法工作。赋予济南、青岛、淄博三市地方立法权，相继颁布《山东省环境保护条例》《山东省水污染防治条例》《山东省大气污染防治条例》等40多个环境保护地方性法规，《山东省建设项目环境保护管理办法》《山东省环境污染行政责任追究办法》《山东省湿地保护办法》等60多个行政规章及多个规范性文件，全省环境保护工作逐步走上法治化、制度化、规范化轨道。

1994年1月17日，省八届人大常委会第五次会议通过《山东省南四湖流域水污染防治条例》。

1994年4月21日，省八届人大常委会第七次会议通过《山东省陆上石油勘探开发环境保护条例》和《山东省农业环境保护条例》。

1995年6月14日，省八届人大常委会第十五次会议通过《山东省小清河流域水污染防治条例》。

1996年12月14日，省八届人大常委会第二十五次会议审议通过《山东省环境保护条例》。《条例》分总则、保护和改善环境、管理与监督、污染物排放总量控制、防止新污染、污染的治理、法律责任和附则，共8章65条。为防止地方保护，增强执法的严肃性，《条例》确定调整了对排污收费和行政处罚的层级管辖制度，即“下级不收上级收”和“下级不罚上级罚”。

2000年10月26日，省九届人大常委会第十七次会议审议通过《山东省水污染防治条例》。《条例》分总则、监督管理、防治措施、生活饮用水源的保护、城市污水的集中处理、法律责任和附则，共7章49条。《条例》对山东省行政区域内的河流、湖泊、水库、运河、渠道等地表水体和地下水体污染防治的范围、标准、防治措施、处罚金额等作出明确规定。

2001年4月6日，省九届人大常委会第二十次会议审议通过《山东省实施〈中华人民共和国大气污染防治法〉办法》，于同年6月1日起施行。《办法》突出强调了排污总量控制、机动车尾气污染防治和城市大气污染防治三项重点任务，在排污申报登记、排污许可证、机动车污染监测与防治、建设项目环境管理、“十五土（小）”生产项目关停以及广大人民群众关心的饮食服务业环境管理、畜禽养殖污染、秸秆禁烧、露天烧烤等方面作出明确规定。

2001年12月7日，省九届人大常委会第二十四次会议审议通过《关于修改〈山东省环境保护条例〉的决定》，并根据《决定》公布修改后的《山东省环境保护条例》。《条例》与修改前相比，强化政府在环境保护方面的责任，增加生态保护方面的法律规范，提出与加入WTO和社会主义市场经济相适应的新要求，在污染责任纠纷调处、污染治理市场化、生态保护与生态建设、法律责任等方面作出新的规定。《条例》着重解决人民群众关心的环境问题，明确公民在环境保护方面的权利、义务，环保工作的舆论监督与公众监督，环境质量状况定期公布制度、建设项目环保审批的公示与听证，政府、部门及其工作人员支持、包庇、放任环境违法行为或因决策失误致使辖区环境质量恶化的责任追究等规定。

2002年9月28日，省九届人大常委会第三十一次会议审议通过《山东省实施〈中华人民共和国固体废物污染环境防治法〉办法（草案）》。《办法》以防治危险废物为重点，突出固体废物减量化、资源化、无害化的“三化原则”，涉及工业固体废物、危险废物、生活垃圾、建筑垃圾以及“白色污染”等方面的污染防治。

2003年7月25日，省十届人大常委会第三次会议审议通过《山东省地质环境保护条例》。《条例》的颁布实施填补了山东省地质环境保护立法上的空白。

2004年9月23日，省十届人大常委会第十次会议审议通过《山东省海洋环境保护条例》。《条例》明确界定海洋工程与海岸工程的范围、确定海洋环境质量公报或者专项通报的发布主体，规定海洋工程与海岸工程的统一审核与分别审批制度、海洋污染事故信息公告制度、环境影响后评价制度、敏感海域生态调查与评价制度、海洋特别保护区制度、海洋环境污染损害民事赔偿制度，细化各级人民政府保护海洋环境的职责等。

2005年11月25日，省十届人大常委会第十七次会议审议通过《山东省实施〈中华人民共和国环境影响评价法〉办法》。《办法》对规划环评的范围、区域环评、省级以下环保部门建设项目环评的分级审批权限、公众参与机制以及违法建设项目处理等方面给予明确和规范。

2011年5月24日，省十一届人大常委会第二十四次会议通过并公布《山东省机动车排气污染防治条例》。2011年12月27日，省政府第115次常务会议通过《山东省扬尘污染防治管理办法》。《山东省机动车排气污染防治规定》于2013年10月8日省政府第16次常务会议通过并予以公布。这些法规为机动车排气和城市扬尘污染防治提供了法律法规保障。

《山东省辐射污染防治条例》于2014年1月15日经省十二届人大常委会第六次会议审议通过，并于5月1日起正式施行。这是山东省第一个辐射污染防治方面的地方性法规。

《山东省大气污染防治条例》于2016年7月22日经省十二届人大常委会第二十二次会议审议通过，自2016年11月1日起施行。该《条例》是在《中华人民共和国环境保护法》和《中华人民共和国大气污染防治法》修改后，紧密结合我省实际制定的，对于推动我省大气污染防治工作具有重要的引领、推动、规范和保障作用，称得上是我省“史上最严”的环境保护地方性法规。

2018年7月24日，省十三届人大常委会第四次会议审议了省政府提报的《山东省水污染防治条例(修订草案)》。2018年9月18日，省十三届人大常委会第五次会议审议了省政府提报的《山东省环境保护条例(修订草案)》。

第七节 经济政策篇

为引导公众、企业等参与生态文明建设和生态环境保护的积极性，近年来，我省着力构建生态补偿、损害赔偿机制，建立企业信用等级评价制度，大力发展绿色金融，不断完善价格、税收、收费等绿色财政政策，取得积极进展。

一、率先建立环境空气生态补偿机制

2014年，以“将生态环境质量逐年改善作为区域发展的约束性要求”和“谁保护、谁受益；谁污染、谁付费”为原则，由原省环保厅、省财政厅研究提出，省政府办公厅印发《关于印发〈山东省环境空气质量生态补

偿暂行办法〉的通知》，在全国率先建立了基于环境空气质量改善的生态补偿机制；之后，我省又根据大气污染防治的新形势、新要求，先后两次修订完善生态补偿机制，通过发挥公共财政资金引导作用，有效调动全社会参与大气污染防治的积极性，促进我省环境空气质量持续改善。

（一）主要特点

按照“谁保护、谁受益；谁污染、谁付费”的原则，我省环境空气质量生态补偿机制的主要考虑为：由省级设立专项补偿资金，各市空气质量同比改善的，由省级财政向市级补偿；同比恶化的，由市级财政向省级补偿。每季度结算补偿资金，并向社会公开。市级向省级交纳的资金纳入省级生态补偿资金进行统筹，用于补偿环境空气质量改善的市，实质是建立空气质量恶化城市向改善城市进行补偿的横向机制，具有纵向转移支付和横向生态补偿的双重特征。主要有以下特点：

一是强化引导。《山东省环境空气质量生态补偿办法》将影响山东空气质量的四项主要污染物（细颗粒物、可吸入颗粒物、二氧化硫、二氧化氮）全部纳入，并作为考核指标。同时，鉴于现阶段细颗粒物是影响大气能见度、造成灰霾天气的主要影响因子，也是目前距离质量改善目标差距最大的指标，在考核中所占的权重达到60%；2017年根据当前空气环境质量改善难度加大的现状和国家对各省空气改善考核的新要求，增加了“空气质量优良天数比例”考核指标；对于年度空气质量连续两年达到二级标准的设区市，省政府予以通报表扬并给予一次性奖励；大幅度提高补偿标准，生态补偿资金系数由40万元/（微克/立方米）提高到80万元/（微克/立方米），导向作用明显。

二是注重公平。在补偿标准设置上，主要根据表征大气污染物稀释扩散条件的客观指标即年平均风速作为调整系数，将17市分为两类进行考核：一类是青岛等沿海4市，空气现状质量较好，改善难度相对较大，故将稀释扩散调整系数为1.5。另一类是济南等中西部地市，稀释扩散调整系数为1。即污染物同样降低1微克，沿海4市获得的补偿资金是中西部地市的1.5倍。

三是便于操作。全省空气质量实际上是各市空气质量的平均值。因此某市同比改善的绝对量越多，对全省空气改善的贡献率就越大。《办法》尽可能地规避由于各市人口规模、经济社会情况、地域特点等影响因素造成的考核不公平和可操作性差等缺点，依据各市同比变化的绝对量计算补偿额度，物理意义明确，也比较简单。

四是公开透明。考核数据采用山东省环境信息与监控中心提供的各城市环境空气质量自动监测数据。自动监测数据每月通过《山东环保要情简报》、原省环保厅官方网站发布。数据和计算方式公开透明，各市每季度上缴或省级下拨的资金额度公开透明，便于公众监督。

（二）实施效果

环境空气生态补偿机制的建立和实施，有效调动了地方党委政府严厉查处违法企业、加快治理大气污染的积极性和主动性。各市参照省里的做法，积极探索建立各自行政辖区的市级生态补偿机制，对县（市、区）开展生态补偿，有的（市、区）进一步扩展到乡镇和街道办事处，形成了层层递进的大气污染治理责任体系。该《办法》实施4年来，省级共补偿各市12.24亿元，市级共补偿省级0.45亿元。2018年4月，山东省政府印发《关于表扬威海市环境空气质量连续两年达到二级标准的通报》，对威海市

"环境空气质量连续两年达到国家二级标准，位居全省第一位"的优良"气质"公开通报表扬，并决定给予威海市1000万元奖励。同时，该做法引起了国内主流媒体和社会各界的广泛关注，北京、天津、浙江、湖北、四川等省市先后到我省调研学习制度建设经验。《人民日报》《大众日报》《中国环境报》《南方周末》等多家媒体均对我省做法作专题报道，产生了良好的社会反响，在网民评选的"2014年山东十大政策"中，我省建立环境空气质量改善生态补偿机制位列榜首。

二、探索开展生态环境损害赔偿制度

开展生态环境损害赔偿制度改革试点工作是中央生态文明体制改革"1+6"方案的一项重要内容。2016年4月，经国务院同意，原环境保护部确定我省为全国7个改革试点省份之一。根据中共中央办公厅、国务院办公厅印发的《生态环境损害赔偿制度改革试点方案》要求，按照原环保部的统一部署，2016年至2017年，我省利用两年时间组织开展了生态环境损害赔偿制度改革试点工作。

（一）试点工作基本情况

试点期间，注重强化组织领导，认真落实主体责任，制定实施方案，筛选确定三起典型案例开展实践探索，在赔偿磋商、赔偿诉讼、资金管理、鉴定评估等方面为全国开展生态环境损害赔偿制度改革试行提供了可复制可借鉴的重要经验。

1.高度重视，强化组织领导

国家确定我省为改革试点省份后，省委、省政府高度重视，统筹谋划，切实加强组织领导，明确任务分工，落实改革试点主体责任。2016年7月，省政府办公厅印发了《关于成立山东省生态环境损害赔偿制度改革试点工作领导小组的通知》(鲁政办字〔2016〕105号)，省政府成立由分管省长任组长，分管秘书长和省生态环境厅(原省环保厅)厅长任副组长，省法院等14个单位负责人为成员的试点工作领导小组，领导小组办公室设在省生态环境厅(原省环保厅)，分管厅长兼任领导小组办公室主任。

2.科学论证，周密制定方案

省委全面深化改革领导小组明确省生态环境厅(原省环保厅)是落实生态环境损害赔偿制度改革试点工作的牵头部门，承担主体责任。原省环保厅发挥牵头作用，深入开展调查研究，反复论证，形成方案初稿，2016年8月，经省政府第84次常务会议审议通过，省委全面深化改革领导小组第26次会议审议通过。12月，省委办公厅、省政府办公厅正式印发《山东省生态环境损害赔偿制度改革试点工作实施方案》(鲁办发〔2016〕69号)。《实施方案》明确，违反法律法规，造成生态环境损害的单位或个人为赔偿义务人，应当承担生态环境损害赔偿责任；省政府是本省行政区域内生态环境损害赔偿权利人，同时也可指定相关部门或机构负责相关损害的索赔事宜。

3.筛选案件，分步推进试点

选取合适的生态环境损害案例进行磋商或诉讼，通过案例研究明确磋商和诉讼规则，是生态环境损害赔偿制度改革试点的关键。

一是筛选确定案例。2015年10月21日，济南市章丘区发生一起重大非法倾倒危险废物案件，造成4人当场死亡，应急处置阶段直接经济损失约3000余万元，鉴定评估生态损害赔偿金额为2.5亿元。根据环境保护部《突发环境事件信息报告办法》中突发环境事件分级标准，该事件性质为重大（Ⅱ）突发环境事件。鉴于该案件完全符合试点方案确定的追究损害赔偿责任的适用范围情形，我省决定将该案（以下简称“章丘案件”）作为省内首起试点案例。另外筛选的两起案件，分别是山东天一环保科技投资有限公司非法处置医疗废物案件（以下简称“天一案件”）、山东道一新能源科技有限公司非法倾倒危险废物案件（以下简称“道一案件”），鉴定评估生态损害赔偿金额分别为764.46万元和229万元。

二是开展赔偿磋商。省政府指定原省环保厅负责生态环境损害赔偿具体工作。章丘案件，涉案企业有6家，经过四轮磋商，2017年2月、6月，原省环保厅会同济南市章丘区政府分别与其中4家企业达成赔偿协议，签订了赔偿合同书，赔偿金额共计1357.54万元。天一案件，经过三轮赔偿磋商，未达成赔偿协议。道一案件，经过磋商，2017年7月，原省环保厅会同莱芜市环保局与涉案企业达成赔偿协议，签订了赔偿合同书，赔偿金额共计229万元。

三是提起赔偿诉讼。省政府批准原省环保厅作为生态环境损害赔偿民事诉讼案件的原告，依据《实施方案》和《侵权责任法》，对天一案件磋商未达成一致的1家涉案企业，于2017年8月向泰安市中级人民法院提起生态环境损害赔偿民事诉讼，请求判令被告支付生态损害赔偿款及其他费用764.46万元。12月6日，泰安市中级人民法院下达民事判决书，判令被告支付生态损害赔偿款及其他费用745.77754万元。这是我省首例生态环境损害赔偿诉讼判决案件。对章丘案件磋商未达成一致的2家涉案企业，于2017年8月向济南市中级人民法院提起生态环境损害赔偿民事诉讼，请求判令被告支付生态损害赔偿款及其他费用2.3亿元，12月12日已开庭审理。

四是加强生态环境修复。三起案件发生后，济南市章丘区政府、泰安市高新区管委会、莱芜市环保局分别对事发地受损场地进行了应急处置，并采取政府垫资的方式，先行组织对受损场地生态环境修复工作。济南市章丘区环保局针对普集镇上皋村废弃矿井的受损土壤和地下水的修复难度大、工期长、费用高等问题，组织编制修复方案，召开专家论证会，开展工程招投标，签订修复合同书，于2017年5月启动修复。

五是开展修复后评估。全面评估生态环境修复效果，主要通过资料分析、现场勘察、环境调查与监测等手段，评估内容包括是否正确执行生态环境修复方案，是否达到生态环境修复总体目标和分项目标，修复期间是否造成二次污染，是否需要开展补充性修复等。目前，道一案件污染场地修复后评估工作已经展开，制定了后评估实施方案和环境监测方案。

（二）主要突破和创新点

1.建立生态环境损害赔偿磋商工作机制，构建通过磋商方式解决问题的“快车道”

为防止损害发生后单一采用诉讼途径而产生的“费时耗力”问题，在试点中，将开展赔偿磋商作为解决损害赔偿问题的优选项，坚持磋商为诉讼的前置条件，力争使每一起案件都能通过磋商达成赔偿协议，解决问题。为此，采取“一事一议”方式，根据生态环境损害鉴定评估报告，就损害事实与程度、修复启动时间与期限、赔偿的责任承担方式与期限等具体问题与赔偿义务人进行多轮反复磋商，统筹考虑修复方案的技术可行性、成本效益最优化、赔偿义务人赔偿能力、第三方治理可行性等情况，最终与相关赔偿义务人达成了磋商赔偿协议。并通过及时总结章丘案件、天一案件、道一案件生态环境损害赔偿磋商工作经验，研究提出了《山东省生态环境损害赔偿磋商工作程序规定》，规定了适用范围、磋商启动、调查取证、正式磋商、签订赔偿合同书、诉讼衔接等，已征求有关部门、单位意见，待进一步修改完善后印发实施。

2.制定办理省政府提起生态环境损害赔偿案件诉讼规则，实现与司法程序的有效衔接

按照《实施方案》，当磋商未达成一致时，赔偿权利人应及时提起生态环境损害赔偿民事诉讼。针对没有专门上位法依据、缺乏省政府提起生态环境损害赔偿案件方面的诉讼规则等问题，原省环保厅加强与省法院、省检察院对接，提出了《关于省政府提起生态环境损害赔偿诉讼案件有关问题的建议》。2017年4月，省法院印发《关于办理省政府提起生态环境损害赔偿案件若干问题的意见》(鲁高法〔2017〕40号)，这是全国7个试点省市法院制定的第一份关于审理此类案件的指导性意见。《意见》明确了涉及生态环境损害赔偿案件的当事人、案件管辖、审判组织、案件范围等十个问题，指导各市中级人民法院对此类案件的审判工作。省政府法制办与原省环保厅召开生态环境损害赔偿诉讼案件原告主体资格问题专家论证会，讨论了原省环保厅代表省政府对赔偿义务人提起民事诉讼的主体资格问题。经省政府授权，原省环保厅作为生态环境损害赔偿民事诉讼原告，对磋商未达成一致的涉案企业，分别向济南、泰安两市中级人民法院提起生态环境损害赔偿民事诉讼。

3.加强生态环境损害赔偿资金管理，保障对受损生态环境的有效修复

根据法院判决、调解或磋商的结果，造成损害的单位或个人缴纳生态环境损害赔偿金。管好用好资金，是推进受损生态环境修复的重要基础。

2017年7月，省财政厅、原省环保厅、省法院和省检察院联合印发《山东省生态环境损害赔偿资金管理办法》(鲁财建〔2017〕63号)，这也是全国首个省级生态环境损害赔偿资金管理办法。《办法》明确某一生态环境损害事件的赔偿金应用于该事件的生态环境修复，不可修复或无必要修复的，可用于其他污染治理和生态环境修复。资金使用情况由项目实施地环保部门和财政部门联合报省财政厅、原省环保厅、省法院、省检察院备案，并以适当形式向社会公开。章丘案件、天一案件、道一案件发生后，原省环保厅立即组织力量赶赴现场指挥当地政府做好事件应急处置相关工作，对于赔偿义务人明确的，督促赔偿义务人对受损的生态环境进行修复；对于案发后赔偿义务人尚未明确的，受损地人民政府采取政府垫资代处置方式，先行组织对受损生态环境进行修复。相关判决、磋商结果落实后，损害赔偿资金将按程序入库、划转。

4.规范生态环境损害鉴定评估工作，推动将环境损害鉴定纳入司法鉴定管理

生态环境损害司法鉴定机构与能力建设，是开展生态环境损害赔偿重要的技术支撑，也是试点工作的一个重点环节。2016年以来，原省环保厅、省司法厅积极稳妥地推进将环境损害司法鉴定纳入统一管理工作，对涉诉环境损害鉴定案件数量、现有环保检验检测机构技术能力、鉴定技术标准等进行调研、论证，在鉴定机构需求数量和布局、行业准入资质要求、技术标准规范、鉴定活动特点及程序、收费标准依据等方面达成共识。2017年4月，原省环保厅、省司法厅联合印发《关于公开遴选全省环境损害司法鉴定机构登记评审专家库专家的通知》。6月，原省环保厅、省司法厅联合发布《关于全省环境损害司法鉴定机构登记评审专家库专家名

单的公告》，61名专家通过公开遴选纳入全省环境损害司法鉴定机构登记评审专家库。11月，省司法厅、原省环保厅联合印发《山东省环境损害司法鉴定实验室及仪器设备配置标准（试行）》。省司法厅、原省环保厅对本省现已开展海洋生态环境损害鉴定等业务的海事类司法鉴定机构进行评估，将其直接纳入环境损害司法鉴定机构。2018年以来，省司法厅已经开展环境损害司法鉴定机构登记评审工作，目前我省已有5家机构取得环境损害类司法鉴定许可证，业务范围覆盖污染物性质鉴定、空气污染环境损害鉴定等5个专业，共有73名执业鉴定人从业，可以满足当前我省生态环境损害鉴定评估工作需要，为生态环境损害赔偿提供技术保障。

三、积极建立企业环境信用评价制度

为规范企业环境信用评价工作，落实企业环境保护主体责任，依据《中华人民共和国环境保护法》《企业信息公示暂行条例》等法律、行政法规，结合山东省实际，原省环保厅印发了《山东省企业环境信用评价办法》，全省行政区域内企业环境信用评价适用本《办法》。

企业环境信用评价采取环境违法违规行为年度记分制。当年无记分记录的企业为环境信用绿标企业，以绿牌标识；当年有记分记录、累计记分11分以下的企业为环境信用黄标企业，以黄牌标识；当年累计记分12分以上的企业为环境信用红标企业，以红牌标识。对环境信用绿标企业，环保部门可以适当减少现场检查频次，支持参加环保评先评优活动。对环境信用黄标企业，环保部门应当适当增加现场检查频次，限制参加环保评先评优活动。对环境信用红标企业，环保部门应当将其列入重点监管对象，对适用于限制生产、停产整治的，依法责令其限制生产、停产整治；对适用于停业、关闭的，依法报经有批准权的人民政府批准，责令其停业、关闭。

原省环保厅负责制定企业环境违法违规行为记分标准，建立企业环境信用评价信息管理系统，组织全省企业环境信用评价工作。设区的市环保局负责本行政区域企业环境信用评价工作。环保部门应当在企业环境违法违规行为作出行政处罚处理决定后，立即将企业环境违法违规行为、行政处罚处理决定、整改要求与期限等信息录入企业环境信用评价信息管理系统，按照企业环境违法违规行为记分标准作出相应的记分，并及时将行政处罚处理决定和企业环境信用评价信息管理系统登录须知送达企业。对企业在本《办法》施行之日前、尚未完成整改的环境违法违规行为，环保部门应当在本《办法》施行之日后十五个工作日内，按照前款有关规定办理。

企业可以自行登录企业环境信用评价信息管理系统，查询其环境违法违规行为信息和记分情况。企业对环境违法违规行为信息和记分有异议的，应当向作出记分的环保部门书面提出异议，并提供相关证据和材料。环保部门应当在收到企业异议之日起五个工作日内进行复核，并将复核意见书面告知企业。复核需要现场核查、监测或者鉴定的，所需时间不计入复核期间。

受到环境行政处罚处理的企业应当按照环保部门整改要求，整改其环境违法违规行为；整改完成后，向作出记分的环保部门提交整改报告及相关证明材料。环保部门应当在收到企业环境违法违规行为整改报告之日起五个工作日内对其整改情况进行核实，核实需要监测或者鉴定的，所需时间不计入核实期间。核实后，将企业整改信息录入企业环境信用评价信息管理系统，对一次性记11分以下的环境违法违规行为，核销其相应的记分；对一次性记12分的环境违法违规行为，保留其相应的记分，下年度予以核销。企业当年度尚未完成整改的环境违法违规行为信息和记分应当转入下一年度记录。

原省环保厅每年将企业环境违法违规信息和环境信用年度评价结果通报省发改委、原省经信委、省国资委、省工商局、省质监局、人民银行济南分行、山东银监局、山东证监局、山东保监局等有关部门和机构。同时，环保部门应当在其官方网站上公开企业环境信用记分实时情况和年度评价结果，接受社会监督。

四、大力发展绿色金融

发展绿色金融，是实现绿色发展的重要措施，也是供给侧结构性改革的重要内容。山东银行业积极践行绿色金融发展理念，发挥金融杠杆作用，通过绿色信贷、绿色债券等金融工具和政策的创新，引导更多的资本投入绿色产业，为经济转型升级、提质增效培育新引擎。

（一）推进环保与金融加速融合

山东各金融部门牢固树立和落实绿色发展理念，增强工作责任感和紧迫感，把支持节能环保产业的系列政策要求内化为信贷管理规范，全力构建绿色金融服务体系。积极顺应节能环保产业发展趋势，加大节能环保领域业务拓展力度，持续强化绿色环保重点项目银企对接，进一步优化信贷资源配置，推动节能环保产业与绿色金融深度融合。

2017年3月，人民银行济南分行与原省经信委联合召开2017年全省企业重点技术改造项目推介会，向济南省金融机构推荐企业重点技术改造项目598项，对接贷款需求652.3亿元，其中新兴产业技术改造项目268项，传统产业技术改造项目302项。同年4月，该行又与原省经信委、省节能办联合召开节能环保产业重点项目银企对接暨绿色金融政策宣讲会，有关专家分别就绿色金融政策发展和绿色金融实践进行解读。会上，共向银行推介节能环保产业项目291项，计划总投资386亿元，融资需求177.8亿元，将对山东省节能环保产业发展起到巨大拉动作用。

同时，山东金融部门积极探索建立绿色信贷联动机制，烟台市出台《绿色信贷管理办法》，建立绿色信贷管理联席会议制度，由环保部门负责定期报送企业环保违法信息并纳入征信系统，金融机构将环保信息作为贷款管理的重要依据。人民银行与银监部门对执行结果进行跟踪评价，将评价结果与高管人员履职评价、机构准入、业务审批相挂钩，督促商业银行开展绿色信贷，有效控制对污染企业的信贷投放。

（二）创新服务支持绿色发展

为满足节能环保企业多样化金融需求，山东金融机构积极创新节能环保金融产品和服务。农业银行、建设银行、进出口银行山东省分行成立专门的绿色信贷管理领导小组，推进绿色信贷业务开展。兴业银行济南和青岛分行成立环境金融中心，对节能环保项目审批设置绿色通道。北京银行济南分行推出“节能贷”，浦发银行济南分行推出“可再生能源及清洁项目贷”“建筑节能及绿色项目贷”“自然生态修复项目贷”等众多金融产品，有效提升了金融支持节能环保产业发展效率。

鼓励银行机构优化信贷投放结构，扩大绿色信贷投放规模，逐步压缩产能过剩行业贷款余额。据初步统计，截至2017年末，我省节能环保项目及服务贷款余额2776.4亿元，较2015年末增加1223.2亿元。钢铁、水泥、轮胎等产能过剩行业贷款金额减少，截至2017年末，我省“5+4”产能过剩行业贷款余额6096.1亿元。鼓励银行机构持续推出特色化金融产品，支持我省重点绿色产业项目。如浦发银行济南分行2016年率先在银行间市场发行26亿元绿色债券，专项投放于节能减排、新能源、生态保护等领域。农发行山东省分行大力支持沂南4亿元田园综合体项目；2017年审批林业生态建设项目3个，共计77.2亿元。

山东省风能资源丰富，储量居全国第三位，是国家规划发展的第八个千瓦级风电基地。在国家产业政策倾斜、电量全额收购、风电比例配额、上网价格补贴及税收优惠减免等各项鼓励政策的扶持下，山东风电产业实现蓬勃发展，迅速成为继火电、省外来电之后的第三大电源，由此产生的金融需求不断增加。烟台是山东省风力发电起步最早、装机容量最大的城市，预计到2020年，烟台电网清洁能源装机总容量将达到660万千瓦。农业银行烟台分行积极贯彻落实国家产业调整、节能减排、环境保护等政策，为多个风电项目创新设计“建设期内中短期信用+项目贷款”“项目贷款+融资租赁”以及“融租汇通”等一揽子组合产品，优化信贷服务方案，大力支持核电、风电、太阳能发电等清洁能源电站项目建设。

（三）实施绿色信贷倾斜政策

山东银行业金融机构围绕新旧动能转换的新要素、新空间和新动力，实施绿色信贷倾斜政策，通过增加授信规模、降低贷款利率、简化审批手续、降低担保条件等方式，支持绿色环保企业发展。推动银行机构调整授信政策，将环境评价及节能减排作为授信审批必备条件，对环保违法违规企业实施“一票否决”制，对节能环保及重大能效项目提高审批效率，开辟绿色通道。农业银行、齐鲁银行等机构在年度信贷政策中明确支持绿色信贷发放，建立绿色信贷审批快速通道，执行绿色信贷问责机制等，潍坊银行制定了《关于实施绿色信贷发展战略的指导意见》，日照银行通过了《日照银行绿色信贷发展规划》。日照银行与世界银行国际金融公司（IFC）签署项目服务协议，IFC向日照银行提供绿色金融、节能减排项目等方面的一揽子技术咨询服务，并作为风险分担方为日照银行纳入“山东省节能减排融资项目”的合格贷款分担50%的风险。兴业银行日照分行设置环境金融部，并简化绿色信贷审批手续。烟台银行对节能环保企业降低担保条件、缩短审批流程，并特别制定公司信贷规模配置计划，截至2017年9月末，该行已累计投放绿色信贷32.5亿元，储备绿色信贷项目57.17亿元。[①]

第八节　生态文化篇

一、国际合作更广泛

我省积极拓展环境保护领域的国际合作和交流，形成了“绿博会”（山东省生态建设高层论坛暨绿色产业国际博览会）特色品牌，与日本、韩国、德国、澳大利亚、美国、以色列等多个国家建立了友好共赢的合作和交流关系。绿博会自2004年起，每两年举办一届，至今已连续举办

① 参金融办“十三五”总结材料以及《山东推进绿色金融发展侧记》。

图3-17　2018年1月，省生态环境厅（原省环保厅）厅长王安德率团访问德国巴伐利亚州环境与消费者权益保护部

7届，共有28个国家和地区的3000余家企业和国际组织参加，生态环境部、美国商务部、韩国环境部、日本贸易振兴机构等机构的70多位省部级官员出席过绿博会开幕式。具体有：一是持续深化与日韩的合作。召开了多次鲁韩大气合作咨询委员会会议和鲁韩环保合作事务委员会会议，与京畿道、首尔市环保部门签署了环保合作备忘录，举办了山东省一首尔市环境技术合作论坛。济南市成为中韩大气质量改善示范城市，开展大气质量改善联合研究及重点项目。与日本山口、福冈、和歌山等地开展人员交流，举办山东省和歌山县纪念结好30周年环保交流座谈会。与日中经济协会合作，在淄博市建立“中日大气污染防治综合示范区”；二是与欧美等国家开展友好交流合作。举办山东一魁北克友好合作论坛环保分论坛，达成多项合作意向。与英国牛津大学化学系共同开展山东省地炼企业脱硫技术研发。邀请英国知名空气质量专家、挪威里海大学水处理专家来我省作讲座，介绍大气污染防治政策与技术、污水处理厂减排关键技术。与澳大利亚南澳洲专家共同开展山东省固体废弃物管理

信息系统研究项目。与美国兰德公司进行信息交流，探讨开展合作研究。全省环保系统业务骨干赴加拿大、德国学习培训完成GEF中国火电效率项目山东省排污权指标交易项目，开展山东省排污权指标交易项目总结及学术交流研讨。

图3-18 2017年10月，省生态环境厅（原省环保厅）巡视员葛为砚会见意大利翁布里亚大区国际事务部部长詹皮耶罗·拉西梅利一行

二、生态文化更繁荣

积极引导社会公众共同参与环境治理，大力营造崇尚生态文明、共建美丽山东的良好社会氛围。

（一）环境举报与环保执法紧密联动，切实维护公众环境权益

始终坚持以改善环境质量为核心，以解决实际问题为导向，亮出“阴暗面”，把问题摆到桌面上，接受公众监督。为有效掌握影响群众健康、事关群众利益的突出环境问题，不断完善公众参与环保的保障机制，原省环保厅先后在山东环境网站开通了环境信访平台，建立了省市县三级联动的环保舆情监控平台，出台了《山东省环保厅环境信访舆情执法联动工作程序》，将媒体曝光、社会举报的一般环境问题，统一纳入环境信访平台，按照属地管理原则分发各市处理并进行督办，确保件件有交办、事事有落实；对问题严重、多次被举报、久拖不决的重大环境问题，形成《环保舆情简报》报厅领导，由原省环保厅开展独立调查，调查结果及时反馈举报人，并向社会公开。

（二）运用政务新媒体，打造公众参与环保的重要平台

山东环保顺应时代发展潮流，打破传统思维模式，充分利用“互联网+”，加强政务新媒体的建设和管理，不断探索新媒体时代的环保群众工作新方法。把“一网三微”（政务网站、微博、微信、微视频）政务新媒体打造成权威信息的发布平台、与网民互动交流的平台、宣传教育科普的平台和环境舆情引导的阵地。特别是探索建立了环保政务微博与个人工作微博相结合、省市县三级环保部门联动的微博工作矩阵，环保政务微博与个人工作微博上下联动、左右互动，在重大问题上集体发声，互相帮助，形成网上舆论强势。例如，2015年7月，临沂“铁腕治污”引发舆论风暴，面对各种质疑，本着实事求是、客观公正的原则，在政务微博“@山东环境”第一时间发声力挺，并发起“临沂样本，如何看，怎么办”大讨论，各级环保政务微博和工作微博实时互动，专家、网友纷纷评论支着儿，阅读量近40万条。随后，各大主流媒体纷纷刊发文章和评论，强力支持临沂“铁腕治污”，舆论形势彻底扭转。

（三）开展污染“随手拍”，动员全社会力量向污染宣战

为扩大环保治理的社会监督，推进全省环境质量持续改善，原省环保厅于2013年联合省直有关部门、媒体，先后启动了污水直排环境和烟（粉）尘污染“随手拍”活动。自开展“随手拍”活动以来，共收到举报图片1800余组，查实的54组图片者全部进行了挂牌督办，整改结果都及时在山东环境网站发布，并反馈给举报人，接受公众监督，10名优秀拍客获得了原省环保厅颁发的证书、奖章和奖金。

（四）组织“环保开放日”，增强环保工作社会透明度

为使公众近距离感受环保，从而更好地认识、支持、参与环保，自2013年7月起，每月固定组织“环保开放日”活动。参观内容非常丰富，包括原省环保厅“治用保”小流域综合治理模式科普教育基地、省环境监控中心、年度环保十大事件宣传展板、青少年环保绘画长廊等。现场发放宣传手册，安排专业人员讲解，并与观众实时互动、答疑解惑。参观人员来自各行各业，有基层环保职工、党校学员、中小学生、社区居民、企业负责人及环保NGO代表等。“环保开放日”显示了环保部门坦诚、开放的姿态，搭建了与公众沟通交流的平台，向社会展示了山东环保的先进理念、科学方法和工作成效，受到参观人员的一致好评。

（五）连续25年开展齐鲁环保世纪行活动

1993年至今，齐鲁环保世纪行活动积极配合省人大、省政府的环境与资源保护工作，着力推动解决制约山东经济社会发展和人民群众普遍关心的一些重大环境与资源问题，积极发挥舆论监督的重要作用。山东充分利用齐鲁环保世纪行平台，广泛宣传节约资源、环境保护法律法规，提高全民特别是领导干部的法律意识和环境资源意识，宣扬好的执法典型，批评各种违法行为，大力促进和支持各级环保部门严格执法，受到群众广泛称赞。

（六）依托“环保大篷车”，打造环保宣教流动新舞台

依托“齐鲁环境讲堂——生态文明十进宣传教育活动”，联合中华环保基金会、嘉吉投资（中国）有限公司于2015年启动了“环保大篷车”项

目。我省“独家定制”的“环保大篷车”车体展开后可以作为舞台，车厢后门的LED显示屏可以作为宣传展板，车厢内部安装的大尺寸视频播放器可以播放环保公益宣传片，能够直接开到学校、社区、机关团体、工矿企业、田间地头，现场开展宣传。“环保大篷车”每到一地，当地的宣传、教育、公安、交通等部门都大力支持，密切合作，全力保障。在学校、社区、企业等活动承办单位，学校师生、社区居民、企业员工都踊跃参与科普宣传、文艺演出、问答互动，形成全员参与、寓教于乐的活动局面，极大地激发了公众关心环保、参与环保的热情，获得了很好的社会反响。

（七）增强沟通互信，探索环保政民合作新模式

山东环保始终充分尊重、理解、顺应和维护主流民意，以爱国、公益为前提，把务实、理性作为合作基础，团结一切可以团结的力量，不断探索政民合作新模式。邀请环保社会组织、网络知名人士参与山东环保的信息公开和监督管理工作，加强线上互动、线下沟通，共同探索符合我省省情、行之有效的合作模式，提高山东环保的社会公信力。2014年11月，举办了“环境信息公开与公众参与”高层论坛，邀请国内、省内知名专家学者及环保NGO领军人物参与主题讨论，标志着环保信息公开和公众参与在山东迈出重要一步。2015年6月，承办了首届全国环境互联网会议，围绕“互联网+”时代环境传播面临的机遇和挑战、环保部门与媒体如何良性互动、环保部门与网络名人如何取得共识等主题，搭建各方坦诚沟通的平台，将环保公众参与带入理性、有序的新时代。

第四章
经验启示

经过多年的探索和实践，我省在推动生态文明建设、加强生态环境保护方面积累了大量的有益经验。实践证明，我省近年来的生态环境保护工作的思路、措施和手段是行之有效的，应该长期坚持。

一、坚持生态优先，把生态文明建设融入经济社会发展的全过程

党的十八大报告指出，要把生态文明建设融入经济建设、政治建设、文化建设、社会建设各方面。习近平总书记强调，推动形成绿色发展方式和生活方式，是发展观的一场深刻革命。要把推动形成绿色发展方式和生活方式摆在更加突出的位置，全方位、全地域、全过程开展生态环境保护建设。我省始终坚持把生态文明建设放在突出地位，融入经济建设、政治建设、文化建设、社会建设各方面和全过程，秉承尊重自然、顺应自然、保护自然的生态文明理念，始终坚持抓好环保就是发展生产力，把环境保护作为经济社会发展的着力点、增长点和观测点。

回顾山东造纸业的发展历程，充分印证了生态文明和绿色发展对经

济社会发展的推动作用，也充分印证了没有真正落后的行业，只有落后的观念、标准、技术和管理。受市场竞争的比较优势原理制约，发展中地区通常“两高”行业比较多。进入转型期，对于仍然存在的不适应先进生产力和时代发展要求的落后生产方式，既不能采取安于现状、保护落后的态度，也不能脱离实际简单化地加以排斥，搞“一刀切”，而是要立足实际，创造条件加以改造、改进和提高，逐步使其向先进适用的生产方式转变。实践表明，只有坚持生态优先，将绿色发展的理念真正贯彻到经济社会发展的全过程中，充分认识到环境保护是行业发展的重要动力，才能有效推动落后行业改进生产工艺，优化产业结构，突破资源环境瓶颈，从而使传统意义上的落后行业脱胎换骨，最终实现“金山银山”和“绿水青山”的兼顾。

二、坚持以人为本，不断满足人民群众日益增长的生态需求

改革开放以来，随着我国城乡居民的物质文化生活水平不断提高，人民群众对良好生态产品的需求愈发迫切。生态环境的质量已经成为影响人们生活幸福的重要指标，生态产品短缺已经成为制约我国民生建设的“短板”，成为影响人民群众幸福感的制约因素。习近平总书记在全国生态环境保护大会上指出，生态环境是关系党的使命宗旨的重大政治问题，也是关系民生的重大社会问题。广大人民群众热切期盼加快提高生态环境质量。

生态文明建设的根本目的是满足人的生态需要，保障人的生态权利，维护人的生态安全，追求人的生态幸福，因而是落实以人为本的重要路径。我省始终坚持以人民为中心的生态环保理念。在城市，努力满足群众热切期盼的“舌尖上的安全”、清洁空气、洁净饮水、良好气候、优美环

境等优质生态产品和健康需求，在全国创新性地提出了“蓝天白云、繁星闪烁”“有河就有水，有水就有鱼”等形象化生态环境保护目标指标，以空气质量明显改善为刚性要求，还老百姓蓝天白云、繁星闪烁，深入实施水污染防治行动计划，还给老百姓清水绿岸、鱼翔浅底的景象，全面落实土壤污染防治行动计划，让老百姓吃得放心、住得安心。在农村，持续开展农村人居环境整治行动，解决长久以来农村地区生存条件简陋、环境脏乱差的问题，为老百姓留住鸟语花香田园风光。

只有不断坚持以人为本，让老百姓喝上干净的水，呼吸新鲜的空气，享用绿色的植被，吃上放心的食物，生活在宜居的环境中，满足城乡广大人民群众的生态产品需求，才能真正获得人民群众的支持，有了这样的群众基础，生态文明建设工作才能有力地推动下去，生态文明建设的根本目的也才能够得以实现。

三、坚持统筹兼顾，构建多元共治大格局

从流域污染治理到大气污染防治，再到“山水林田湖草”系统工程建设，山东省在推进生态文明建设中，充分发挥政治体制优势，着力构建党委政府主导、人大和政协监督、各部门齐抓共管、全社会共同努力的工作格局。

建立并完善部门联动机制，实现了行政执法、行政问责、刑事司法有序衔接，形成了打击环境污染违法犯罪高压态势。通过联动执法，环保部门、公安机关既发挥职能作用，尽职履责，又发挥综合监管优势，主动协作，相互支持，相互配合，真正形成合力，严厉打击各种环境违法犯罪行为。同时，在联动执法中不断推进依法行政，切实提高环境行政执法效率和防范打击能力，对环境违法行为起到震慑作用。

在全国较早推行行政边界地区环境执法联动工作机制。原省环保厅专门下发了《关于建立行政边界地区环境执法联动工作机制的意见》，提出在小清河流域、省辖淮河流域及南水北调工程沿线、省会城市群、黄河三角洲高效生态经济区、海河流域、半岛流域六大重点流域，建立行政边界地区环境执法联动工作机制。山东省六大重点流域区域市级环保部门和辖区内多数相临县（市、区）环保局均签订了执法联动协议。为形成区域治污一盘棋的合力，山东省会城市群在前期建立环保部门执法联动机制的基础上，济南、淄博、泰安、莱芜、德州、聊城、滨州七市政府于2015年11月22日签订了省会城市群大气污染联防联控协议书，实现了由环保部门执法联动向市政府联防联控的延伸。

四、坚持多措并举，形成污染治理的强大合力

生态环境保护是一个庞大而复杂的系统工程，靠单一的行政手段很难达到好的效果，通过40年的实践摸索，我省在生态环境保护工作方面探索出了一条行政、法规、科技、标准、市场等手段相结合的成功模式，形成污染治理的强大合力，取得了良好的成效。

强化执法监管机制，逐步建立强化日常环境监察、定期环保督察和“双随机一公开”环保执法，构建全地域、全方位、全过程督政与督企相结合的“三位一体”生态环保监管体系，采取督察、督导、检查、限批、约谈等措施，提高监管成效。加强地方性环保法治建设，颁布了40多个环境保护地方性法规、60多个地方行政规章和一系列规范性文件。推动监管工作法治化、制度化、规范化。通过组织开展重大环境瓶颈问题解析与突破，组织举办环保技术交流暨供需对接洽谈会，强化科技攻关，促进科技

成果转换，助力生态环保工作推进。

我省发布强制性地方环境标准近20项，以逐步加严的环境标准倒逼企业提高治污水平，倒逼行业转型升级、优化产业布局。实施分阶段逐步加严引导性地方标准，是新时期政府环境管理行之有效的新举措。山东省在环境标准领域走在全国前列，在制定造纸行业标准时创造性地用分三阶段逐步加严的地方标准这种方式来解决行业的水污染问题，这一成功经验又应用在了《山东省区域性大气污染物综合排放标准》中。通过分阶段的标准制定，提前将下一阶段的要求和目标告知企业，使企业能够采取积极措施，通过污染治理投入、提高污染治理水平、改进生产工艺、调整原料结构等方式实现达标排放，避免了单纯地用行政手段来关闭企业生产线引发社会不稳定等问题，大大节约了执法成本。

此外，山东还积极探索采取生态补偿等措施调度地方治污的积极性，采取税收优惠、财政补贴、差别化价格、绿色金融等措施调动企业治污的积极性。通过一系列的举措，实现了效益与环境双赢，促使企业走上经济、社会和环境相协调的健康发展之路。

五、坚持深化改革，破解生态环境保护体制机制难题

近年来，以体制机制改革为突破口的山东生态文明建设已经迈上了一个新阶段，创新、深入、严格、高效的改革展示了鲜明的山东特色。

建立以绿色发展为导向的目标责任考核体系，改变唯GDP的观念，增加生态文明在考核评价中的权重，把资源消耗、环境损害、生态效益等指标纳入经济社会发展和领导干部考核评价体系。建立健全环境保护督察机制、党政领导干部生态环境损害责任追究制度，推动地方党委政府建立和

落实生态环境保护"党政同责"和"一岗双责"，增强地方绿色发展定力。健全统一衔接的国土空间管控体系，以空间规划为基础，以用途管制为主要手段，通过生态保护红线划定、"三线一单""多规合一"等手段，科学合理布局和整治生产、生活和生态空间。完善以市场优化资源配置的绿色政策体系，改变"环境无价、资源低价、商品高价"的生态资源配置扭曲和效率低下的局面，推动形成绿色发展的内生机制。

这场生态环保机制体制改革也是全方位，更具有全民参与色彩的。在全国率先推出的环境空气监测管理制度改革，把原来的"考核谁、谁监测"变成了"谁考核、谁监测"，让空气质量良好率由过去各地自行上报的90%多下降到60%左右，让监测数据更贴近人们的真实感受，环境监测的公信力明显提升。创造性引入"蓝天白云、繁星闪烁"，让公众理解和判断空气质量有了具象性指标，社会公众通过自己的感官就可以理解、判断、监督环保工作，而且，具象性指标和专业性指标通过能见度指标相衔接，在公众和政府之间架起了一座理解的桥梁。同样是国内第一个的《山东省环境空气质量生态补偿暂行办法》，把地方治理的每一点努力都量化成具体的奖惩数据，调动了各地生态治理的积极性。

六、坚持文化引领，形成全民共治的强大氛围

推动生态文明建设，解决环境问题的确更多地体现为公共产品、公共事务，政府在其中要起到主导作用，要担负重要的职责，但不能仅仅依靠政府来发挥作用。生态文明建设同每个人息息相关，每个人都应该做践行者、推动者，建设生态文明离不开每个人的努力。只有政府与社会、民众真正联手共创生态文明，建设美丽中国才有实实在在的基础。

山东在生态文明建设过程中始终把动员和发挥社会公众的力量作为重要的工作，省委、省政府印发《关于加快推进生态文明建设的实施方案》，明确提出“要推动生态文明意识更加深入人心、生活方式更加绿色健康、公众参与渠道更加畅通”，在全社会“凝聚人人都是生态文明建设者的共识”。通过坚持用生态文化、绿色文化作引领，形成了全民参与、全民共治的强大社会氛围。

积极开展绿色社区、绿色学校等多种形式的绿色创建活动，使绿色发展理念深入人心。通过一系列富有成效的创建活动，不断将绿色理念推向学校，推向社区，校园环境教育工作在原有基础上不断提升，社区居民的环境意识和绿色文明程度有了明显提高，为我省生态文明工作奠定了深厚的群众基础。按照“公众监督把阴暗面亮出来，政府顺应民意认真整治，整治效果依然接受公众监督”的工作思路，山东环保主动公开环境信息，积极拓宽公众参与渠道。通过建立政务网站、微博、微信、微视频“一网三微”新型宣传互动平台，组建政务微博与个人工作微博相结合、省市县三级环保部门联动的微博工作体系，持续开展“随手拍”“环保热线”等活动，调动了污染防治全民参与的积极性。充分运用广播、电视、报纸和网络新媒体等渠道倡导绿色生活方式，完善绿色采购、绿色交通、绿色建筑等绿色生活支撑体系，倡导绿色生活观念，推动全民在衣、食、住、行、游等方面加快向勤俭节约、绿色低碳、文明健康的方式转变，推动生活方式绿色化。

第五章
新的征程

改革开放40年来，我省生态文明建设和生态环境保护经历了萌芽起步、重点突破、全面推进阶段，当前已经进入了新时代。在这一新时代，我们开展了一系列根本性、开创性、长远性的工作，取得了长足发展，生态环境质量持续好转，出现了稳中向好趋势，但成效并不稳固。习近平总书记提出，生态文明建设正处于压力叠加、负重前行的关键期，已进入提供更多优质生态产品以满足人民日益增长的优美生态环境需要的攻坚期，也到了有条件有能力解决生态环境突出问题的窗口期。这是习近平总书记立足当前、着眼长远，统筹考虑经济、社会、环境、民生诸要素在内的发展全局，作出的精准、客观、全面的重大战略判断，是做好当前和今后一个时期生态环境保护工作的前提与基础，我们必须咬紧牙关，爬过这个坡，迈过这道坎。

第一节　形势与挑战

中国特色社会主义进入新时代，我国社会主要矛盾已经转化为人民日益增长的美好生活需要和不平衡不充分的发展之间的矛盾。随着社会发展进步，人民美好生活需要日益广泛，不仅对物质文化生活提出了更高要求，而且在民主、法治、公平、正义、安全、环境等方面的要求日益增长。过去是盼温饱、求生存，如今是盼环保、求生态。对生态环保工作来讲，就是要提供更多优质生态产品以满足人民日益增长的优美生态环境需要。生态环境是全面建成小康社会的突出短板之一。从山东来看，也是由大到强战略性转变、加快经济文化强省建设，实现“走在前列”的突出短板之一。要提升生态文明，建设生态山东美丽山东，既要看到挑战，勇于担当，也要抓住机遇，坚定信心，坚决打赢生态环境保护攻坚战。近年来，特别是十九大以来，省委、省政府抓生态环保工作的力度前所未有，切实解决了一些长期想解决而没解决的难题，办成了一些过去想办而没办成的难事，切实增强了环保工作的信心。当前，我省生态文明建设和生态环境保护仍然任重道远，既面临前所未有的挑战，又面临难得的历史机遇。

在挑战方面：一是我省过于依赖资源能源消耗的发展方式没有根本改变，污染物排放领域多、总量大、强度高、重化工业是排放大户的格局没有根本改变，经济社会发展和生态环境协调性、相容性不强的状况没有根本改变，制约着经济的高质量发展和环境质量的持续改善。二是生态环境问题依然突出，全省只有威海一个城市的环境空气质量达到国家二级标准，细颗粒物、可吸入颗粒物、二氧化硫、二氧化氮等污染物改善空间趋窄；部分河流断面水质劣于五类，少数河流断面水质出现反弹，个别城市集中式饮用水水源地水质不稳定，农村和农业领域环保欠账较多，农村环境综合整治任务艰巨，推进大气、水、土壤等方面环境质量改善工作艰巨复杂，生态环境保护任重道远。三是生态环境保护责任落地还不够，治理体系有待进一步完善，尤其是“横向到边，纵向到底”的压力传导机制还不顺畅，距十九大要求的“构建政府为主导、企业为主体、社会组织和公众共同参与的环境治理体系”目标还有一定差距。

在机遇方面：一是党中央、国务院高度重视，十八大以来，习近平总书记有关生态环境保护和生态文明建设的重要讲话、论述和批示指示有300余次，形成的系统完整的习近平生态文明思想，成为习近平新时代中国特色社会主义思想的重要组成部分，十九大对生态文明建设和生态环境保护提出了一系列新理念、新要求、新目标和新部署，为我们做好生态环保工作提供了根本遵循和行动指南。二是各级各部门和全社会贯彻绿色发展理念的自觉性和主动性显著增强，忽视生态环境保护的状况明显改变，为推进工作创造了良好条件。三是生态环保领域改革不断深化，为推进工作释放了改革红利，增添了强大动力。四是一些突出问题尤其是许多环保历史欠账的存在，辩证地看，也为加快推进工作提供了空间和余地。五是改革开放后经济、技术的不断发展和积累，为解决突出环境问题提供了更好的更充裕的物质和技术条件。

总体而言，机遇大于挑战，我省生态环境保护已经进入了不欠新账多还旧账的阶段。

一、全国生态环境保护大会对生态文明建设和生态环境保护工作作出了系统的部署和安排

2018年5月18日至19日，全国生态环境保护大会在北京召开。中共中央总书记、国家主席、中央军委主席习近平出席会议并发表重要讲话。他强调，要自觉把经济社会发展同生态文明建设统筹起来，充分发挥党的领

导和我国社会主义制度能够集中力量办大事的政治优势，充分利用改革开放40年来积累的坚实物质基础，加大力度推进生态文明建设、解决生态环境问题，坚决打好污染防治攻坚战，推动我国生态文明建设迈上新台阶。中共中央政治局常委、国务院总理李克强在会上讲话。中共中央政治局常委、全国政协主席汪洋，中共中央政治局常委、中央书记处书记王沪宁，中共中央政治局常委、中央纪委书记赵乐际出席会议。中共中央政治局常委、国务院副总理韩正作总结讲话。

习近平强调，生态环境是关系党的使命宗旨的重大政治问题，也是关系民生的重大社会问题。广大人民群众热切期盼加快提高生态环境质量。我们要积极回应人民群众所想、所盼、所急，大力推进生态文明建设，提供更多优质生态产品，不断满足人民群众日益增长的优美生态环境需要。

习近平指出，新时代推进生态文明建设，必须坚持好以下原则。一是坚持人与自然和谐共生，坚持节约优先、保护优先、自然恢复为主的方针，像保护眼睛一样保护生态环境，像对待生命一样对待生态环境，让自然生态美景永驻人间，还自然以宁静、和谐、美丽。二是绿水青山就是金山银山，贯彻创新、协调、绿色、开放、共享的发展理念，加快形成节约资源和保护环境的空间格局、产业结构、生产方式、生活方式，给自然生态留下休养生息的时间和空间。三是良好生态环境是最普惠的民生福祉，坚持生态惠民、生态利民、生态为民，重点解决损害群众健康的突出环境问题，不断满足人民日益增长的优美生态环境需要。四是山水林田湖草是生命共同体，要统筹兼顾、整体施策、多措并举，全方位、全地域、全过程开展生态文明建设。五是用最严格制度最严密法治保护生态环境，加快制度创新，强化制度执行，让制度成为刚性的约束和不可触碰的高压线。

六是共谋全球生态文明建设，深度参与全球环境治理，形成世界环境保护和可持续发展的解决方案，引导应对气候变化国际合作。

习近平强调，要加快构建生态文明体系，加快建立健全以生态价值观念为准则的生态文化体系，以产业生态化和生态产业化为主体的生态经济体系，以改善生态环境质量为核心的目标责任体系，以治理体系和治理能力现代化为保障的生态文明制度体系，以生态系统良性循环和环境风险有效防控为重点的生态安全体系。要通过加快构建生态文明体系，确保到2035年，生态环境质量实现根本好转，美丽中国目标基本实现。到本世纪中叶，物质文明、政治文明、精神文明、社会文明、生态文明全面提升，绿色发展方式和生活方式全面形成，人与自然和谐共生，生态环境领域国家治理体系和治理能力现代化全面实现，建成美丽中国。

习近平指出，要全面推动绿色发展。绿色发展是构建高质量现代化经济体系的必然要求，是解决污染问题的根本之策。重点是调整经济结构和能源结构，优化国土空间开发布局，调整区域流域产业布局，培育壮大节能环保产业、清洁生产产业、清洁能源产业，推进资源全面节约和循环利用，实现生产系统和生活系统循环链接，倡导简约适度、绿色低碳的生活方式，反对奢侈浪费和不合理消费。

习近平强调，要把解决突出生态环境问题作为民生优先领域。坚决打赢蓝天保卫战是重中之重，要以空气质量明显改善为刚性要求，强化联防联控，基本消除重污染天气，还老百姓蓝天白云、繁星闪烁。要深入实施水污染防治行动计划，保障饮用水安全，基本消灭城市黑臭水体，还给老百姓清水绿岸、鱼翔浅底的景象。要全面落实土壤污染防治行动计划，突出重点区域、行业和污染物，强化土壤污染管控和修复，有效防范风险，让老百姓吃得放心、住得安心。要持续开展农村人居环境整治行动，打造美丽乡村，为老百姓留住鸟语花香田园风光。

习近平指出，要有效防范生态环境风险。生态环境安全是国家安全的重要组成部分，是经济社会持续健康发展的重要保障。要把生态环境风险纳入常态化管理，系统构建全过程、多层级生态环境风险防范体系。要加快推进生态文明体制改革，抓好已出台改革举措的落地，及时制定新的改革方案。

习近平强调，要提高环境治理水平。要充分运用市场化手段，完善资源环境价格机制，采取多种方式支持政府和社会资本合作项目，加大重大项目科技攻关，对涉及经济社会发展的重大生态环境问题开展对策性研究。要实施积极应对气候变化国家战略，推动和引导建立公平合理、合作共赢的全球气候治理体系，彰显我国负责任大国形象，推动构建人类命运共同体。

习近平强调，打好污染防治攻坚战时间紧、任务重、难度大，是一场大仗、硬仗、苦仗，必须加强党的领导。各地区各部门要增强“四个意识”，坚决维护党中央权威和集中统一领导，坚决担负起生态文明建设的政治责任。地方各级党委和政府主要领导是本行政区域生态环境保护第一责任人，各相关部门要履行好生态环境保护职责，使各部门守土有责、守土尽责，分工协作、共同发力。要建立科学合理的考核评价体系，考核结果作为各级领导班子和领导干部奖惩和提拔使用的重要依据。对那些损害生态环境的领导干部，要真追责、敢追责、严追责，做到终身追责。要建设一支生态环境保护铁军，政治强、本领高、作风硬、敢担当，特别能吃苦、特别能战斗、特别能奉献。各级党委和政府要关心、支持生态环境保护队伍建设，主动为敢干事、能干事的干部撑腰打气。

李克强在讲话中指出，要认真学习领会和贯彻落实习近平总书记重要讲话精神，以习近平新时代中国特色社会主义思想为指导，着力构建生态文明体系，加强制度和法治建设，持之以恒抓紧抓好生态文明建设和生态环境保护，坚决打好污染防治攻坚战。要抓住重点区域重点领域，突出加强工业、燃煤、机动车“三大污染源”治理，坚决打赢蓝天保卫战。深入实施“水十条”“土十条”，加强治污设施建设，提高城镇污水收集处理能力。有针对性治理污染农用地。以农村垃圾、污水治理和村容村貌提升为主攻方向，推进乡村环境综合整治，国家对农村的投入要向这方面倾斜。要推动绿色发展，从源头上防治环境污染。深入推进供给侧结构性改革，实施创新驱动发展战略，培育壮大新产业、新业态、新模式等发展新动能。运用互联网、大数据、人工智能等新技术，促进传统产业智能化、清洁化改造。加快发展节能环保产业，提高能源清洁化利用水平，发展清洁能源。倡导简约适度、绿色低碳生活方式，推动形成内需扩大和生态环境改善的良性循环。要加强生态保护修复，构筑生态安全屏障。建立统一的空间规划体系和协调有序的国土开发保护格局，严守生态保护红线，坚持山水林田湖草整体保护、系统修复、区域统筹、综合治理，完善自然保护地管理体制机制。坚持统筹兼顾，协同推动经济高质量发展和生态环境高水平保护、协同发挥政府主导和企业主体作用、协同打好污染防治攻坚战和生态文明建设持久战。

李克强强调，要依靠改革创新，提升环境治理能力。逐步建立常态化、稳定的财政资金投入机制，健全多元环保投入机制，研究出台有利于绿色发展的结构性减税政策。持续推进简政放权方面的改革，把更多力量放到包括环境保护在内的事中事后监管上。抓紧攻克关键技术和装备，强化督查执法，大幅度提高环境违法成本。引导全社会树立生态文明意识，确保完成污染防治攻坚战和生态文明建设目标任务。

韩正在总结讲话中指出，要认真学习领会习近平生态文明思想，切实增强做好生态环境保护工作的责任感、使命感；深刻把握绿水青山就是金山银山的重要发展理念，坚定不移走生态优先、绿色发展新道路；深刻把握良好生态环境是最普惠民生福祉的宗旨精神，着力解决损害群众健康的突出环境问题；深刻把握山水林田湖草是生命共同体的系统思想，提高生态环境保护工作的科学性、有效性。各地区各部门要狠抓贯彻落实，细化实化政策措施，确保能落地、可操作、见成效。要严格落实主体责任，加大中央环境保护督察力度；坚持一切从实际出发，标本兼治、突出治本、攻坚克难，防止急功近利、做表面文章；咬定目标不偏移稳扎稳打，坚定有序推进工作，扎扎实实围绕目标解决问题；切实依法处置、严格执法，抓紧整合相关污染防治和生态保护执法职责与队伍；确保攻坚战各项目标任务的统计考核数据真实准确，以实际成效取信于民。

二、全省生态环境保护大会暨“四减四增”三年行动动员大会是深化我省生态文明建设新征程的动员令

2018年5月30日至31日，全省生态环境保护大会暨“四减四增”三年行动动员大会在济南市召开。会议深入学习贯彻习近平生态文明思想，按照全国生态环境保护大会精神，动员全省力量，以更大决心和力度，坚决打好污染防治攻坚战，深入推进“四减四增”工作，着力抓好中央环保督察整改落实，推动我省生态文明建设迈上新台阶。

会议指出，习近平生态文明思想内涵丰富、博大精深，深刻回答了为什么建设生态文明、建设什么样的生态文明、怎样建设生态文明的重大理

论和实践问题，开辟了马克思主义人与自然关系理论的新境界，是习近平新时代中国特色社会主义思想的重要组成部分，为新时代生态文明建设提供了强大思想武器。我们要反复学习、深入领会、准确把握精神实质和丰富内涵。要深刻理解生态文明建设是关系中华民族永续发展的根本大计，“六项原则”是推进生态文明建设的根本遵循，构建生态文明体系是生态文明建设的制度保障，推动绿色发展是生态文明建设的治本之策，打好污染防治攻坚战是生态文明建设的重点任务，加强党的领导是生态文明建设的根本保障。要迅速掀起学习习近平生态文明思想的热潮，切实把思想和行动统一到习近平总书记重要讲话精神上来，统一到党中央决策部署上来，坚定不移沿着习近平总书记开辟的生态文明道路奋力前行，不断开创生态山东、美丽山东建设新局面。

会议指出，党的十八大以来，特别是2017年以来，经过全省上下共同努力，我省生态环保形势发生积极而深刻的变化，生态优先理念日益深入人心，环保责任普遍增强，绿色动能蓄势崛起，生态保护修复扎实有效，污染治理成效显现，生态环境质量持续改善。成绩固然可喜，面临的形势依然严峻。人民日益增长的优美生态环境需要与更多优质生态产品的供给不足之间的矛盾依然突出，过于依赖资源能源消耗的发展方式没有根本改变，污染物排放领域多、总量大、强度高、重化工业是排放大户的格局没有根本改变，经济社会发展和生态环境协调性、相容性不强的状况没有根本改变。必须保持清醒头脑，坚定信心决心，把握节奏重点，全力以赴打好污染防治攻坚战。

会议强调，要树立辩证思维，正确认识和处理好生态环保与几个方面的重要关系。一是与党的使命宗旨的关系，坚持以人民为中心，把生态文明建设同党的执政理念、历史责任紧紧联系在一起，从战略和全局高度看待和做好生态环保工作；二是与经济发展的关系，坚持腾笼换鸟、凤凰涅槃，转变发展方式，推动高质量发展，实现经济生态化和生态经济化；三是与民生福祉的关系，加大生态环保投入，使人人享有舒适之衣、绿色之食、碧水蓝天；四是与社会治理的关系，以生态环保问题的解决，带动解决更多社会矛盾和问题，促进社会治理体系和治理能力现代化；五是与城乡协调的关系，更加重视城乡统筹协调，尽快形成以城带乡、城乡融合的生态环保格局；六是与安全生产的关系，把生态环保和安全生产放在生命线的高度，一刻也不放松，决不越雷池一步；七是与企业经济效益的关系，坚持绿色发展、创新发展，实现生态环保和企业发展的共赢；八是与加强法治的关系，更加重视完善法规制度体系，旗帜鲜明为守法者撑腰壮胆，让违法者寸步难行，造成严重污染的坚决依法惩治；九是与“我”的关系，牢固树立“生态保护人人有责，环境整治从我开始”的理念，打赢保护环境这场人民战争。要从中华优秀传统文化中汲取营养，以文化人，培育生态道德和行为准则，使建设生态文明成为不用提醒的文化自觉、思想自觉。

会议强调，要明确我省生态环保思路重点和工作方法。当前我省生态环保工作最重要的任务，是确保习近平生态文明思想在山东落地生根；最现实的选择，是推动高质量绿色发展；最紧迫的课题，是立足省情探索生态环保系统治理之道。要解决好走什么路的问题。全省各级各部门各企业必须形成高度共识，切实做到新旧动能转换重大工程、打造乡村振兴齐鲁样板、建设海洋强省等重点任务与生态环保一起谋划、一体落实，在规划上协调衔接，在方案举措上步调一致，在时间节点上统筹把握，在实施路线上系统推进，在实际行动上同向同力，走高质量、高效益、低污染的绿色发展之路。要解决好抓什么的问题。全力推进“四减四增”，再苦再难再累，也要打赢这一仗、翻过这座山，各地各企业要因地制宜、精准施策，用力得当、精准有度，体现质量和效果，确保年年都有明显变化、三年实现根本好转。要打好打赢蓝天保卫战、柴油车污染治理、黑臭水体治理、渤海区域环境综合治理、饮用水源水质保护、农业农村污染治理、危险废物处置、自然保护区问题整治等标志性战役，让人民群众生活在绿水青山中，享受自然之美、生命之美、生活之美。要解决好怎么抓的问题。坚持问题导向，着眼常态长效，探索一套完善成熟的治理方式。要抓当前谋长远，以功成不必在我的境界、功成必定有我的担当抓好中央环保督察反馈意见整改；要抓制度管长效，织密“制度网”，构建“制度链”，狠抓制度落实；要抓短板强弱项，下大功夫、花大本钱，拉长补齐，打牢环保工作基础；要抓创新求突破，以解决问题为出发点，以解决问题的成效来检验，在探索创新中找到办法、趟出路子。推进生态文明建设，关键在党，必须加强党的领导，统筹好经济社会发展和生态文明建设。层层压实党委领导、政府主导、企业主体责任，提升领导能力，加强环保队伍建设，强化督查考核，加强舆论监督和群众监督，严肃追责问责，坚定不移打好污染防治攻坚战，答好生态环境保护历史性答卷，为美丽中国建设作出山东应有贡献。

第二节　总体思路

今后一个时期我省生态文明建设和生态环境保护工作的总体思路是，以习近平新时代中国特色社会主义思想为指导，全面贯彻落实党的十九大和十九届二中、三中全会精神，按照中共中央、国务院关于全面加强生态环境保护坚决打好污染防治攻坚战的部署要求，以更高的标准、更大的力度、更实的举措、更严的执法，全地域、全过程、全方位加强生态环境保护，坚决打好污染防治攻坚战，以实际行动推动习近平生态文明思想在山东落地生根、开花结果。

第三节　重点任务

我省将按照山东省生态环境保护“13691”系统谋划，以“1+1+8”污染防治攻坚战系列文件的目标任务为重点，着重于治本，着重于贯彻绿色发展理念，着重于提高发展质量和效益，加快形成节约资源和保护环境的空间格局、产业结构、生产方式、生活方式，实现我省生态环境保护走在全国前列的目标。

专栏：按照“13691”系统谋划

“1”是指：牢固树立和践行“绿水青山就是金山银山”一个理念。

“3”是指：始终围绕所有污染源达标排放、辖区环境质量达到国家要求、生态红线得到保护与生态破坏得到修复三条主线，开展生态环保工作。

“6”是指：落实企业、党委政府、各级职能部门、环保部门、联合群团组织和社会组织、广大公众的六大责任，形成齐抓共管生态环保强大合力。

“9”是指：实施九大措施，治标与治本统筹，努力实现生态环保走在前列的目标。在污染源达标排放和生态保护与修复方面，主要谋划采取四大战略举措：实施所有污染源排污许可制；制定实施生态保护红线、环境质量底线、资源利用上线和环境准入负面清单“三线一单”管理，严控新增各类污染；强化日常环境监察、定期环保督察和“双随机一公开”环保执法三位一体监督；持续解决群众关心的突出环境问题。在实现辖区环境质量达到要求，实现生态环境质量好转方面，主要采取五大措施：结合新旧动能转换试验区建设和“多规合一”，通过倒逼产业转型升级，优化经济结构与布局；通过持续推进煤炭消费压减和清洁能源替代，优化能源结构与布局；通过构建绿色交通体系和“车、油、路、人”全方位管控，推进汽运向铁运转变，优化交通运输结构与布局；通过散煤替代、散乱污整治等各行各业环境综合整治，提升城市精细化管理水平，优化城市空间布局；通过实施主体功能区战略和新旧动能转换，优化国土空间开发布局。

“1”是指：实现山东生态环境保护走在全国前列的目标。

一、坚决打赢蓝天保卫战

（一）加强工业污染治理

持续实施“散乱污”企业及集群综合整治。全面淘汰10蒸吨/小时以下燃煤锅炉，开展35蒸吨/小时以下燃煤锅炉淘汰工作。加快淘汰排放高、污染重的燃煤机组，清理整顿违法违规燃煤机组。强化工业企业无组织排放管理。加强挥发性有机物和氮氧化物协同控制，有效遏制臭氧浓度上升趋势。实施挥发性有机物排放综合整治，到2020年，全省挥发性有机物排放总量比2015年下降20%左右。加快实施钢铁等非电行业超低排放改造，推动燃气锅炉、燃气工业炉窑等实施低氮改造或尾气脱硝治理。

（二）严格控制燃煤污染

实施煤炭消费减量替代，到2020年，全省煤炭消费总量比2015年下降10%左右。坚持从实际出发，宜电则电、宜气则气、宜煤则煤、宜热则热，加快推进清洁取暖。除偏远山区、海岛外，基本实现全省天然气“镇镇通”。抓好天然气产供储销体系建设。加快重点输电通道建设，增强接纳省外来电能力和安全稳定运行能力。

（三）强化移动源污染防治

以打好柴油货车污染治理攻坚战为抓手，统筹开展车、油、路治理和机动车船污染防治。加强新车生产源头管控，自2019年7月1日起，全省实施机动车国六排放标准。强化在用柴油货车执法检查，加快淘汰高排放、老旧柴油货车，鼓励淘汰老旧船舶、工程机械和农业机械。大力推广新能源汽车，全省财政资金购置的公交车、公务车，以及市政、环卫车辆等优先采购新能源汽车或清洁能源汽车。加快推进油品升级，自2019年1月1日起，全省全面供应符合国六标准的车用汽柴油。严厉打击制售不合格油品行为，集中力量整治黑加油站点。逐步推进非道路移动机械排放检验和环保标识管理，划定非道路移动机械低排放区域。减少柴油货车集疏港运输，推动沿海主要港口的煤炭、矿石、焦炭等改由铁路或水路运输。加快电力、钢铁、焦化、氧化铝等重点企业和工业园区铁路专线建设，大幅提高铁路运输比例。新、改、扩建涉及大宗物料运输的建设项目，原则上不得采用公路运输。加快管道输送能力建设，推动原油、成品油、天然气等危险化学品主要采用管道运输。压缩大宗物料公路运输量，到2020年，运输距离在400公里以上的、计划性较强的煤炭、矿石、焦炭、石油等大宗货物基本转为铁路运输或管道运输。

（四）深化面源污染整治

提升施工扬尘防治水平，城市建筑、交通、水利、铁路等各类工地全面落实扬尘控制措施。强化道路扬尘控制，提高道路机扫、冲洗率。加强城市餐饮服务业油烟污染、露天烧烤污染、城市焚烧沥青塑料垃圾、露天焚烧秸秆落叶等烟尘和恶臭污染的监督执法。严禁露天焚烧秸秆。

（五）积极应对重污染天气

加强重污染天气应急联防联控。实施钢铁、建材、焦化、铸造、有色、化工等高排放行业企业季节性生产调控；涉及大宗物料运输的重点货车运输企业实施重污染天气错峰运输。

二、着力打好碧水保卫战

（一）打好饮用水水源水质保护攻坚战

科学划定集中式饮用水水源保护区。全面深化南水北调沿线水污染防治，确保水质安全。深化工业污染防治，严格氮、磷、硫酸盐排放控制。因地制宜建设人工湿地水质净化工程，提升水体自净能力。加强饮用水水源地风险防范，全面提升环境应急管理与处置能力。

（二）打好黑臭水体治理攻坚战

将黑臭水体治理作为河长、湖长工作的重要内容。实施城镇污水处理“提质增效”三年行动，加快补齐城镇污水、城市初期雨水收集和处理设施短板。加强入河排污口整治力度，规范入河排污口监督管理。强化河道底泥污染安全治理，深入开展河道生态修复。到2020年，各设区的市建成区黑臭水体消除比例达到90%以上；基本消除县（市）建成区黑臭水体，逐步消除建制镇建成区黑臭水体，多渠道、多方式消除农村黑臭水体。

（三）打好渤海区域环境综合治理攻坚战

按照陆海统筹原则，积极实行陆、岸、海生态环境综合防治。全面清理非法和设置不合理的排污口，确保直排海污染源全面稳定达标排放。率先在渤海实施入海污染物总量控制。以渤海湾、莱州湾、黄河口等为重点，推动河口海湾综合整治。实施最严格的围填海和岸线开发管控，统筹安排海洋空间利用活动。强化海岸带生态保护，保护自然岸线，推进人工岸线生态化。强化海洋污染防治，严格控制海水养殖等造成的海上污染，推进海洋垃圾防治和清理。加强港口码头和海上船舶污染防治，强化沿海工业企业环境风险防控。开展重点江河湖库及重点近岸海域破坏生态环境的养殖方式综合整治。推进渤海等重点水域禁捕限捕，加强海洋牧场建设，加大渔业资源增殖放流力度。

（四）打好农业农村污染治理攻坚战

扎实推进乡村生态振兴，以农村垃圾处理、污水处理、村容村貌提升为重点，加快补齐农村人居环境突出短板。建立农村环境基础设施建设与运营资金筹集长效机制，逐步建立城乡一体的垃圾处理、生活污水处理机制和清洁供暖机制。大力减少农药化肥使用量，推进有机肥替代化肥、病虫害绿色防控替代化学防治和废弃农膜回收，完善废旧地膜和农药包装废弃物等回收处理制度。坚持种植和养殖相结合，就近就地消纳利用畜禽养殖废弃物。

三、扎实推进净土保卫战

（一）加强土壤污染管控和修复

全面开展土壤污染状况详查。以耕地为重点，划定农用地土壤环境质量类别，分别采取不同管理措施；严格管控重度污染耕地，依法划定特定农产品禁止生产区域，严禁种植食用农产品。实施耕地土壤环境治理保护重大工程。建立建设用地土壤环境调查评估制度。将建设用地土壤环境管理要求纳入城市规划和供地管理。建立建设用地土壤污染风险管控和修复名录。

（二）加快推进垃圾分类处理

到2020年，实现所有城市和县城生活垃圾处理能力全覆盖，基本完成非正规垃圾堆放点整治。推进垃圾减量化、资源化、无害化处置，有序发展垃圾焚烧发电。推进农村垃圾就地分类，资源化利用和处理；开展农业有机废弃物资源化利用试点。

（三）强化危险废物处置监管

对以危险废物为原料进行生产或者在生产中排放危险废物的企业，实施强制性清洁生产审核；辖区内尚无危险废物集中处置设施或处置能力严重不足的地方，严格控制产生危险废物的项目建设。加快清理危险废物存量（包括实验室危险废物）。将危险废物集中处置设施纳入当地公共基础设施统筹建设，优化处置能力配置。危险废物年产生量5000吨以上的企业和1万吨以上的化工园区，应配套建设危险废物处置设施。强化危险废物规范化管理。推进医疗废物城乡一体化处置，形成覆盖城乡、满足需求、持续稳定的医疗废物集中处置能力，建立城乡一体的医疗废物收集转运体系。

四、切实加强生态保护与修复

（一）划定并严守生态保护红线

按照应保尽保、应划尽划的原则，将生态功能重要区域、生态环境敏感脆弱区域等纳入生态保护红线，2020年年底前，完成勘界定标。制定实施生态保护红线管理办法、保护修复方案，建设生态保护红线监管平台，开展生态保护红线监测预警与考核评估。

（二）打好自然保护区等突出生态问题整治攻坚战

持续开展“绿盾”自然保护区监督检查专项行动，2020年年底前，45个省级及以上自然保护区核心区和缓冲区内的违法违规建设项目全部处置到位并完成生态恢复。开展全省78个自然保护区总体规划的编制、修编。核准县级及以上自然保护区核心区、缓冲区、实验区边界，并设置警示警告标识。

（三）统筹山水林田湖草系统治理

推动实施泰山山水林田湖草生态保护修复工程国家试点，支持长岛生态文明综合试验区建设。开展“绿满齐鲁·美丽山东”国土绿化行动，推进湿地保护与修复。实施矿山地质环境保护治理。推进水土流失、荒漠化综合治理。推动耕地、森林、河流、湖泊、海洋休养生息。

五、引导倒逼新旧动能转换

（一）实行项目建设和严控污染物排放综合决策

严禁钢铁、焦化、水泥、电解铝、铸造、平板玻璃等行业新增产能，对确有必要新建的必须实施等量或减量置换。建立产能总量和污染物总量双平衡机制，实施“上新压旧、上大压小（指传统产业或污染严重的小项目）、上高压低”，优化整合钢铁、电解铝、地炼、焦化、轮胎、化肥、氯碱等高耗能行业产能布局，新项目投产时，被整合替代的老项目必须同时依法关停。

（二）强化生态环境保护空间管控

2019年年底前，编制生态保护红线、环境质量底线、资源利用上线和环境准入负面清单（即“三线一单”）。各级党委、政府要将“三线一单”作为综合决策的前提条件。建立资源环境承载能力监测预警长效机制，逐步将各类开发活动限制在资源环境承载能力之内。加快城市建成区、重点流域的重点污染企业和危险化学品企业搬迁改造。对重点区域、重点流域、重点行业和产业布局开展规划环评。

（三）用生态环境保护标准推动重点行业改造提升

加强财税、金融、价格、土地等政策的协调配合，综合运用法律、行政、经济、技术等手段，淘汰落后产能，压减过剩产能，清理违法违规产能。全面推进能源、冶金、建材、有色、化工、电镀、造纸、印染、农副食品加工等行业清洁生产改造或清洁化改造。

（四）提高环评质量和审批服务水平

加强环评质量考核。提高环评审批审查服务水平，已通过审查的规划环评范围内的建设项目，适当简化项目环评内容。对环境影响登记表类项目，实行“零跑腿”网上备案管理。开辟重大项目环评审批绿色通道，做到“最多跑一次”，尽最大可能缩短审批时间，提高审批效率。

六、推进生产方式和生活方式绿色化

（一）推进能源资源节约集约利用

强化能源和水资源消耗、建设用地等总量和强度双控行动，实行最严格的耕地保护、节约用地和水资源管理制度。促进传统产业优化升级，构建绿色产业链体系。大力发展节能环保产业、清洁生产产业、清洁能源产业，培育发展一批骨干企业。

（二）推进公众生活绿色健康

围绕“美丽中国，我是行动者”开展活动，倡导绿色低碳的生活方式。推进衣食住行全面绿色化，以绿色消费倒逼绿色生产。

七、改革完善生态环境治理体系

（一）全面加强党对生态环境保护的领导

严格落实“党政同责”和“一岗双责”，各级党委、政府对本行政区域的生态环境保护工作及生态环境质量负总责，主要负责人是本行政区域生态环境保护第一责任人，其他有关领导成员在职责范围内承担相应生态环境保护责任。建立省市县（市、区）生态环境保护委员会，健全完善委员会成员责任机制、考核机制和奖惩机制，落实“管发展就要管环保、管生产就要管环保、管行业就要管环保”的“一岗双责”要求。各市、各有关部门生态环境保护责任落实情况每年向省委、省政府报告。

按照中央要求开展污染防治攻坚战成效考核，实行生态文明建设目标评价考核，考核结果作为领导班子和领导干部综合考核评价、奖惩任免的重要依据。全面开展领导干部自然资源资产离任审计，加强生态文明建设重大决策部署的跟踪审计。实行市县乡三级生态环境质量排名，强化通报、约谈、限批等措施。完善省级环境保护督察体系，开展重点区域、重点领域、重点行业专项环保督察。

（二）更好发挥政府生态环境保护的主导作用

实施生态环境保护体制改革，全面完成省以下生态环境机构监测监察执法垂直管理制度改革。完善生态环境保护法治体系，制定、修订资源环境类地方性法规规章，推进生态环境执法规范化建设。完善生态环境保护领域行政执法与刑事司法衔接机制。健全生态环境经济政策制度体系，把生态环境保护作为财政保障重点，逐步建立常态化、稳定的财政资金投入机制。健全生态补偿机制。完善和落实环境保护、生态建设的价格和税收优惠政策。加强生态环境监管能力建设，按省市县乡不同层级工作职责配备相应工作力量，健全完善网格化环境监管体系，建成全省生态环境监测网络。

（三）夯实企业环境污染治理的主体责任

强化监管约束，倒逼企业治污。加快建立覆盖所有固定污染源的排污许可制度，将排污许可制度建设成为固定污染源环境管理的核心制度，实现“一证式”管理。实施工业污染源全面达标排放计划。健全环保信用评价、信息强制性披露、严惩重罚等制度。建立跨部门联合奖惩机制，将环境违法信息作为政府、金融机构等对企业执行财税、信贷、产业政策的重要参考。推行生态环境损害赔偿制度。构建市场体系，引导企业治污。建立多层次的绿色金融体系，支持金融机构大力发展绿色信贷、绿色债券、绿色保险等金融产品，支持设立市场化运作的各类绿色发展基金。在环境高风险领域推行环境污染责任强制保险制度。推进社会化生态环境治理与保护，规范支持政府和社会资本合作项目。鼓励通过政府购买服务方式实施生态环境治理和保护。依靠科技进步，推动企业治污。针对大气、水、土壤等问题，开展重点领域科技攻关，对涉及经济社会发展的重大生态环境问题开展对策性研究。加强环保科技成果共享平台建设，推动技术成果共享与转化。

（四）推动社会组织和公众提高环保意识

加大宣传教育力度，培育普及生态文化。把生态环境保护纳入国民教育体系和党政领导干部培训体系，作为素质教育的重要内容和普法宣传教育的重点内容。推动生态文明示范创建、绿水青山就是金山银山实践创新基地建设活动，创建一批生态环境保护教育基地、科普基地，开展创建节约型机关、绿色城镇、绿色学校、绿色社区、绿色家庭等行动。建立生态环境监测信息统一发布机制，健全生态环境新闻发布机制。重点排污单位全面规范排污口设置，依法公开排污信息，强化社会监督。建立有效的监控数据及信访、举报、舆情反应问题的处置后督查机制。完善公众监督、举报反馈机制，引导环保社会组织依法开展生态环境保护公益诉讼等活动。建立政府、企业环境社会风险预防与化解机制。

生态文明建设是关系中华民族永续发展的根本大计，只要我们认真贯彻落实习近平生态文明思想，紧紧围绕习近平总书记关于生态文明建设提出的“六项原则”“五大体系”，牢固树立绿水青山就是金山银山的理念，加快四个结构调整，加快新旧动能转换，坚决打赢污染防治攻坚战，我们就一定能实现“生态环境质量持续改善”的目标，我们的天将会更蓝，地将会更绿，水将会更清，生态山东、美丽山东的美好愿景一定会实现！

后 记

《波澜壮阔的历史篇章——山东改革开放40周年》系列丛书由中共山东省委宣传部组织编写。

《生态文明篇》由山东省生态环境厅承担，在本书的编写过程中，王安德同志负责总体设计和组织工作，葛为砚同志负责编制思路制定工作，郭艳同志负责具体组织协调工作，谢刚同志负责具体编写工作。具体章节分工如下：总论由彭岩波撰写，第一章由郭艳、宋杰撰写，第二章由彭岩波、韩子旸撰写，第三章由温超、高龙、高伟、吴兴鲁、马召坤撰写，第四章由相福亮、于阳春撰写，第五章由谢刚、张亚峰撰写。最后，由王安德、葛为砚同志统一对全书进行技术审查、统改和定稿。

在编写过程中，由于时间和水平所限，本书还存在许多不足之处，恳请大家提出宝贵意见，并不吝赐教。

本书编写组

2018年11月

山东省重大理论与实践问题研究课题

波澜壮阔的历史篇章

——山东改革开放40周年

社会篇

崔树义 主编

山东人民出版社 · 济南
国家一级出版社 全国百佳图书出版单位

图书在版编目（CIP）数据

波澜壮阔的历史篇章：山东改革开放40周年·社会篇/崔树义主编.--济南：山东人民出版社，2018.12
（波澜壮阔的历史篇章：山东改革开放40周年系列丛书）
ISBN 978-7-209-10598-9

Ⅰ.①波… Ⅱ.①崔… Ⅲ.①改革开放－研究－山东②社会发展－研究－山东 Ⅳ.①D619.52 ②D675.2

中国版本图书馆CIP数据核字(2018)第265909号

波澜壮阔的历史篇章
BOLANZHUANGKUO DE LISHI PIANZHANG
——山东改革开放40周年·社会篇
崔树义 主编

主管部门 山东出版传媒股份有限公司
出版发行 山东人民出版社
出 版 人 胡长青
社　　址 济南市英雄山路165号
邮　　编 250002
电　　话 总编室（0531）82098914
　　　　 市场部（0531）82098027
网　　址 http://www.sd-book.com.cn
印　　装 山东新华印务有限责任公司
经　　销 新华书店

规　　格 16开（169mm×239mm）
印　　张 11
字　　数 170千字
版　　次 2018年12月第1版
印　　次 2018年12月第1次
ISBN 978-7-209-10598-9
定　　价 400.00元（全九册）

《波澜壮阔的历史篇章——山东改革开放40周年》系列丛书编委会

前　言

四十年的奋斗波澜壮阔，四十年的成就举世瞩目。改革开放以来，中国走过了极不平凡的光辉历程，创造了世人瞩目、彪炳史册的人间奇迹。山东作为经济大省、人口大省、文化大省，在改革开放的大潮中，始终与全国改革开放步伐一致、同频共振，始终敢闯敢试，领风气之先、立时代潮头。在党中央的坚强领导下，山东人民接续奋斗、砥砺前行，坚持以经济建设为中心，不断解放思想、改革创新，开拓进取、扎实工作，取得了经济社会发展的辉煌成就。

在纪念改革开放40周年之际，山东省委宣传部组织专家学者编写了《波澜壮阔的历史篇章——山东改革开放40周年》系列丛书，既是对山东40年改革开放历史的回顾与记录，也是对山东改革开放宝贵经验的提炼与总结。丛书具有较强的理论性、通俗性和实践性，对广大党员干部群众进一步深化对改革开放的认识，扩大开放的信心和决心，在新的历史起点上继续解放思想、坚持改革开放，进而在全面建成小康社会进程中走在前列，在社会主义现代化建设新征程中走在前列，全面开创新时代现代化强省建设新局面，具有重大的现实意义和深远的历史影响。

目 录

总 论

习近平总书记在十九大报告中指出："永远把人民对美好生活的向往作为奋斗目标。"党的十八大以来，以习近平同志为核心的党中央坚持以人民为中心，将增进民生福祉作为社会发展的根本目标。习近平总书记对于社会建设发表了多次重要讲话，其核心思想有两个：一是社会管理的基础是改善民生，二是群众工作是社会管理根本性、基础性、经常性的工作。党的十九大报告中指出："坚持在发展中保障和改善民生。增进民生福祉是发展的根本目的。必须多谋民生之利、多解民生之忧，在发展中补齐民生短板、促进社会公平正义，在幼有所育、学有所教、劳有所得、病有所医、老有所养、住有所居、弱有所扶上不断取得新进展，深入开展脱贫攻坚，保证全体人民在共建共享发展中有更多获得感，不断促进人的全面发展、全体人民共同富裕。建设平安中国，加强和创新社会治理，维护社会和谐稳定，确保国家长治久安、人民安居乐业。"2018年6月，习近平总书记在山东考察时强调，增进民生福祉是发展的根本目的。做民生工作，首先要有为民情怀。要多谋民生之利、多解民生之忧，在发展中补齐民生短板、促进社会公平正义。要坚持以人民为中心的发展思想，扭住人民群众最关心的就业、教育、收入、社保、医疗、养老、居住、环境、食品药品安全、社会治安等问题，扎扎实实把民生工作做好。

在改革开放40年的历程中，中国的社会发展[①]步伐一直未曾停歇。改革初期邓小平同志提出，社会主义建设不能单打一，要注意综合平衡；社会主义建设要十分重视和树立良好的社会风气，物质文明和精神文明建设要“两手抓、两手都要硬”；要高度重视和认真对待社会稳定，促进社会安定和生动活泼的有机统一；要大力发展教育科学文化，实现社会的共同发展和共同富裕。20世纪80年代末90年代初，面对国内外新形势新变局带来的严峻挑战，以江泽民同志为核心的中央领导集体提出了中国社会出现“五个日益多样化”的重要论断，揭示了重视和加强社会发展的深层原因和理论依据；从经济社会体制发生深刻变化的层面回答了如何看待改革开放以来出现的新的社会阶层；从最广泛、最充分调动一切社会积极因素的角度提出要鼓励新的社会阶层积极创业，实现社会各阶层之间各尽所能、各得其所而又和谐相处；提出并实施可持续发展战略、西部大开发战略、“走出去，请进来”的开放战略、科教兴国战略。其后，以胡锦涛同志为总书记的党中央在党的十六大上将“社会更加和谐”作为重要目标提出；党的十六届三中全会《决定》提出“统筹城乡发展、统筹区域发展、统筹经济社会发展、统筹人与自然和谐发展、统筹国内发展和对外开放”的新要求，蕴含着全面发展、协调发展、均衡发展、可持续发展和以人为本的

---

① 社会发展的含义有广义和狭义之分。广义而言，是指整个社会的向前运动过程，其中包含经济、文化、政治、习俗、体制等一系列社会要素的总体发展；狭义而言，是指社会中非经济部分的进步。近年来，特别是“五位一体”的发展理念提出后，人们对社会发展的含义做了进一步限定，主要指就业、医疗卫生、社会保障、教育、社会治理、居民收入与生活等。本章即是在这一意义上使用“社会发展”概念。

科学发展观；2004年召开的十六届四中全会进一步提出了构建社会主义和谐社会的战略任务，2006年召开的十六届六中全会通过了《中共中央关于构建社会主义和谐社会的若干重大问题的决定》，将社会主义事业的总体布局由原来的“三位一体”拓展为经济建设、政治建设、文化建设与社会建设[①]相并列的“四位一体”。党的十七大报告指出，要深入贯彻落实科学发展观。科学发展观，第一要义是发展，核心是以人为本，基本要求是全面协调可持续，根本方法是统筹兼顾。加快推进改善民生为重点的社会建设，明确提出了社会建设的主要任务就是从人民群众最关心、最直接、最现实的利益出发，优先发展教育，实施扩大就业战略，深化收入分配制度改革，逐步建立覆盖城乡居民的社会保障体系和基本医疗卫生制度，完善社会管理，维护公平正义。党的十八大报告中指出，要在改善民生和创新管理中加强社会建设，强调加强社会建设是社会和谐稳定的重要保证，必须以保障和改善民生为重点，加快推进社会体制改革。党的十九大报告进一步指出，要提高保障和改善民生水平，加强和创新社会治理。“坚持人人尽责、人人享有，坚守底线、突出重点、完善制度、引导预期，完善公共服务体系，保障群众基本生活，不断满足人民日益增长的美好生活需要，不断促进社会公平正义，形成有效的社会治理、良好的社会秩序，使人民获得感、幸福感、安全感，更加充实、更有保障、更可持续。”[②]

社会建设是指社会主体根据社会需要，以社会政策为手段，有计划、有组织地改善民生和推进社会进步的社会行为和过程。改革开放40年来，

① 在此意义上使用的“社会建设”与“社会发展”同义，适用于全书。

② 习近平：《决胜全面建成小康社会　夺取新时代中国特色社会主义伟大胜利——在中国共产党第十九次全国代表大会上的报告》（2017年10月18日），人民出版社2017年版，第45页。

在党中央的领导下，在政府与社会各界的共同推动下，中国的社会建设顺应时代需求，在理顺运作机制、调整政策重点、完善体系建设等方面取得了重大进步，在推动社会公正、促进社会和谐等方面取得了显著成效。特别是党的十八大以来，中国的社会建设迈入了新阶段，在理论上更加成熟，在实践上更加科学。经过改革开放40年的探索，中国在社会建设方面取得了长足进步，社会治理理念不断革新。一方面，对关系国计民生的社会事业日益重视，并在发展理念上更加注重系统性与协调性；另一方面，社会安全稳定形势持续向好，人民生命财产安全得到有效维护。人民群众对党的领导更加拥护，对国家的发展充满信心。

改革开放40年来，山东不但经济发展突飞猛进，逐步确立了经济大省的地位，而且在社会发展方面紧跟中央步伐，积极落实各项利国惠民的大政方针。在变革发展中，我们经历了一个为什么要发展、应当怎样发展、发展什么的探索过程。政治建设、经济建设、文化建设发展上去，社会建设不能落下。山东省在以经济促发展、以发展促经济的过程中，不忘百姓苦、不忘百姓忧，使改革红利惠及山东近亿群众。山东省在党中央的正确领导下，认真贯彻中央政策和部署，在社会发展领域不断进行改革创新，积极发展教育，扩大就业，推进社会保障，增加人民收入，提高人民健康水平，基本实现了人民群众学有所教、劳有所得、病有所医、老有所养、住有所居的社会建设目标。本书将从就业、教育、社会保障、医疗卫生、社会治理、社会公正等六个方面，认真总结改革开放40年来山东社会发展的历程、成就与经验，对于进一步推进山东经济文化强省建设，加速实现山东在全面建成小康社会和社会主义现代化建设新征程中“走在前列”的战略目标，具有重要的意义。

第一章
把做好就业工作摆到突出位置，多渠道创造就业岗位

党的十九大报告中指出："就业是最大的民生。要坚持就业优先战略和积极就业政策，实现更高质量和更充分就业。"劳动与就业是民生之基石，是人民群众衣食住行的主要经济来源，也是社会运行与发展的原始动力。无论从经济建设的角度出发，还是从社会建设的角度考虑，就业问题都是关系国计民生与社会稳定的重中之重。改革开放之前，中国的就业机制严格遵守计划经济体制下的"统包统配"劳动就业制度，工农劳动者在身份与就业性质上具有明显的界限，劳动者个体就业选择权缺失。改革开放之后，中国的就业制度先后经历了双轨制就业阶段、市场机制建立与完善阶段和就业市场公正化建设阶段，形成了"劳动者自主择业、市场调节就业、政府促进就业"的新格局，就业结构日趋优化，就业法律体系不断完善，就业市场公正化建设进一步推进。山东省在从农业大省向经济强省转变的过程中，在促进充分就业、调整就业结构、推动积极创业等方面做出了卓有成效的努力。

第一节　发展历程

改革开放40年来，山东省就业工作的推进与改革主要经历了四个阶段。第一阶段发展初期，山东省紧跟党中央步伐，将工作重心转向经济建设，就业制度从统包统配向多种形式就业安置转变，通过扶持组建劳动服务公司，发展集体经济、合作经济和个体经济，推行劳动合同制用工制度改革等方式，促进和吸纳社会待业人员实现就业，吸纳农村转移劳动力就业。第二阶段发展中期，山东省积极扩大全员劳动合同制试点，进一步落实中央精神，颁布实施细则，将劳动合同管理的范围扩大至全省。与此同时，伴随着国企改革而出现的下岗职工再就业工作也成为这一时期政府就业工作的重点，山东省通过开展技能培训、建立再就业服务中心等手段帮助下岗职工重回就业岗位。对流动人口就业思路也从适当防范转变为合理疏导，开启了规范有序管理的新阶段。第三阶段加速发展时期，山东省致力于统筹城乡劳动者就业，继续推动失业人员再就业，推动高校毕业生等重点群体就业创业。通过实施积极的就业政策，开展就业培训等手段，促进全省的就业与创业工作。第四阶段全面发展时期，是以创业促就业的新时期，在农民工就业管理与服务、高校毕业生就业服务中引入了若干新理念、新办法，尤其是在以创业促就业工作中，出台了多项扶植意见，取得了良好效果。

一、发展初期（1978年12月—1991年12月）

从党的十一届三中全会召开到邓小平发表南方谈话，是山东省社会建设改革发展的初期。在这一时期，山东也和全国其他省份一样，实现了从“以阶级斗争为纲”向“以经济建设为中心”的战略转移，社会发展的中心任务是经济建设，同时社会建设也开始得到全面发展。在就业方面，山东是人口大省，劳动力总量大，就业任务繁重。就业既是宏观经济发展的重要指标，也是民生之本，关系着千家万户群众的生活。改革开放以来，山东省坚持实施积极的就业政策，实现了相对充分的就业，使劳动者依靠辛勤劳动积累财富，同时也促进了社会的稳定。

改革开放以前，国家实行的是以统包统配为基本特征的就业政策。随着“文化大革命”的结束，传统统包统配制度的弊端日益显现，城镇就业长期积累的问题集中爆发，迫切要求国家在就业政策方面进行制度创新。党的十一届三中全会以后，妥善安排城镇青年就业成为就业工作的重点。1980年中央召开全国劳动就业工作会议后，党中央、国务院密集出台了多项重要文件，对劳动就业政策和有关制度进行重大改革，其核心指导思想，是通过进一步调整产业结构和所有制结构，特别是通过大力发展集体和个体经济，实现多种形式的就业安置。

按照中央有关文件精神和本地实际，山东省在1981年3月成立了劳动服务公司，1982年召开了全省劳动就业工作会议，并先后下发有关扶持劳动服务公司、发展集体经济和个体经济、吸收待业青年就业的政策规定，强调多种形式实现就业安置。通过贯彻劳动部门介绍就业、自愿组织起来就业和自谋职业相结合的“三结合”方针，鼓励集体经济、合作经济和个体经济的发展，促进第三产业发展，广开就业门路，多渠道、多形式安排就业。这些政策取得了明显效果，据统计，从1979年到1985年底，全省共建立各级各类劳动服务公司910个，各类生产服务网点7856个，累计吸收待业人员32.25万人。

这一时期，随着农村联产承包制的实行，劳动效率大大提高，农村劳动力得到极大解放。这部分从土地上解放出来的劳动力，大部分被改革开放后异军突起的乡镇企业所吸纳，一部分开始从事粮食生产以外的多种经营，还有一部分则随着限制城乡人口流动的就业管理制度的松动，开始进入城镇务工经商，从而形成了改革开放后第一次“民工潮”。

国有企业用工制度改革，也是这一时期劳动就业制度改革的一项重要内容。1986年，国家颁布了全民所有制企业招工的四项规定，即招工要“面向社会，公开招收，全面考核，择优录用”，并由企业与择业者签订劳动合同。1987年，全国开始推行劳动合同制，允许企业和职工进行“双向选择”，使企业有了选择新职工的自主权，劳动者有了择业自主权。根据中央文件精神，山东大力推行经济体制改革，并以此推动企业用工制度改革。1986年，省委、省政府批转省劳动局《关于进一步做好城镇劳动就业工作的报告》，同时，认真贯彻落实国务院《国营企业招用工人暂行规定》，在用工制度上实行双轨制，劳动合同制工人与企业原有的固定职工实行不同的管理方式，俗称“老人老办法，新人新办法”，为改革提供了比较稳定的外部条件。

据统计，截至1991年末，全省职工共有803.1万人，其中全民所有制职工579.8万人。随着用工制度的改革，合同制职工增速加快，到1991年末，全省合同制职工达199万人，占职工总数的67.5%，在全民所有制职工中，合同制职工占比达到23.1%。

二、发展中期（1992年1月—2002年11月）

从邓小平发表南方谈话，提出“发展是硬道理”，到党的第十六次全国代表大会召开，正式提出“全面建设小康社会，加快推进社会主义现代化”的战略任务。国有企业用工制度改革在这一时期进入攻坚和实质进行阶段。1992年，省劳动局等5部门联合印发《关于在烟台、潍坊、威海进行区域性劳动人事工资分配社会保险制度改革试点的通知》《关于企业实行全员劳动合同制的试点意见》和《关于企业实行考核竞争上岗、岗位合同管理的通知》，对改革的指导思想、原则、方法、步骤以及有关政策界限提出具体要求。同时，积极扩大企业实行全员劳动合同制试点。1993年，省劳动厅印发《山东省劳动合同管理试行规定》，将实行劳动合同管理的范围扩大到全省行政区域内所有企业（含个体工商户）、国家机关、人民团体、事业单位等用人单位和劳动合同制工人、轮换工、临时工和雇工，以及实行全员劳动合同制的职工。1985年，固定工制度改革被提上议事日程。1988年，省政府下发《批转省劳动局〈关于深化劳动制度改革扩大搞活固定工制度试点意见〉的通知》，要求各市（地）、省属企业主管部门扩大搞活固定工制度试点，具备条件的地区在全民所有制和县以上集体所有制企业进行试点。

企业用工制度改革有效提高了劳动生产率，极大增强了企业活力，但同时也使国有企业内部的大量隐性失业人员公开化并被推向社会，形成了国有企业改革时期特有的“下岗”现象，而安置这部分“下岗职工”，使之尽快“再就业”，成为这一时期就业制度改革的核心任务之一。按照中央和全省总体部署，省劳动厅于1994年确定在青岛、淄博、烟台三市进行国有企业下岗职工再就业工程试点，并在1995年开始全面实施“再就业工程”，省政府和各级劳动部门相继实施一系列政策措施，促进待业人员再就业和企业安置富余职工。1998年起，山东省按照《中共中央、国务院关于切实做好国有企业下岗职工基本生活保障和再就业工作的通知》(中发〔1998〕10号)要求，成立了由省委副书记、省长任组长的下岗职工基本生活保障和再就业工作领导小组，将再就业工程定位为“一把手工程”。各地普遍建立了再就业服务中心，对下岗职工和失业人员开展再就业援助，同时，为提高下岗职工的再就业能力，山东省各级劳动部门还对下岗职工加强专业技能培训。通过以上各项政策措施，山东省的下岗职工再就业工作取得了明显成效。截至2001年，全省下岗职工累计实现再就业5.2万人，再就业率达到16.4%。

随着农村劳动生产率的不断提高和城市就业制度的改革，农村剩余劳动力大规模增加，越来越多的农民进城务工、经商。为了保证城市经济生活的稳定，引导农民“宏观调控下的有序流动”和农村城镇化健康发展，国家开始逐步建立一些适应广大农民就业的法律和政策，从1995年1月1日起，全国实行统一的外来人员就业证和外出人员就业登记卡制度。山东省从1995年10月起，农村劳动力实行证卡管理，核发山东省外来人员就业证和外出人员就业登记卡，加强对农村劳动力跨区域流动就业有序化管理，城镇单位使用农村劳动力的规模得到有效控制。截至1996年，全省国有和县以上集体单位使用农村劳动力80%以上实现了“证卡合一”。

城市用工制度的改革和农村剩余劳动力的合理开发利用，使这一时期山东省的就业结构发生了明显变化，第一产业成为劳动力净释放部门，第二产业年均创造就业岗位约30万个，第三产业就业比重不断提高。1978

年，山东省第一、二、三产业就业比重为79.2：12.3：8.5；2000年调整为53.1：23.6：23.3。到2001年末，全省城镇登记失业率为3.1%，全年通过劳动力市场实现就业50多万人，7.9万下岗职工实现了再就业。

三、加速发展时期（2002年12月—2012年11月）

自党的第十六次全国代表大会召开以来，到党的第十八次全国代表大会召开提出全面建成小康社会的新要求，是山东省社会建设的加速发展时期。这一阶段，山东省实施积极的就业政策，建立了促进城乡劳动者就业的长效机制。其突出特点，是从最初的着力解决国有企业下岗失业人员再就业问题，逐步转向统筹城乡劳动者就业，鼓励扶持创业带动就业，解决高校毕业生等重点群体的就业创业问题。

2002年11月底，山东省委、省政府制定下发了《关于进一步做好就业工作的决定》（鲁发〔2002〕24号），决定实行积极的就业政策，鼓励用人单位多渠道吸纳就业，支持劳动者自谋职业和自主创业；积极稳妥地推进城乡统筹就业；在继续巩固“两个确保”和完善社会保障体系的基础上，着眼长远，建立促进就业再就业的长效机制。在中央政策的基础上，山东省再就业政策扶持对象从城镇国有企业下岗失业人员扩大到以城镇国有、集体企业下岗失业人员为主要对象。政策出台后，各部门积极响应，2003年1月，山东省劳动和社会保障厅等13部门联合下发《关于贯彻落实〈中共山东省委、山东省人民政府关于进一步做好就业工作的决定〉有关问题的通知》（鲁劳社〔2003〕4号），随后各部门制定出台了一系列配套政策文件。同年，山东省人民政府办公厅下发《关于加快推进就业再就业工作的通知》（鲁政办发〔2003〕49号），进一步加强了政府责任，为促进就业再就业政策落实提供了强有力的制度保障，山东省第一轮的积极就业政策进入全面实施阶段。

经过两年多的实践，积极的就业政策取得了比较好的成效，受到了地方政府、企业和人民群众的普遍欢迎。为了保持政策的连续性，2005年底，山东省人民政府制定下发了《关于进一步加强就业工作的通知》（鲁政发〔2006〕3号），对原来实行的积极就业政策进行了延续、扩展、调整和补充。随后，省劳动保障厅等部门共同制定了有关配套文件，17市分别制定了实施意见，形成了山东省新一轮的积极就业政策。新一轮的积极就业政策是对山东省积极就业政策体系的进一步完善，有助于帮助更多失业人员实现再就业以及促进城乡劳动者实现充分就业。

为贯彻落实党的十七大提出的“实施扩大就业的发展战略，促进以创业带动就业”的要求，2008年5月，山东省人民政府制定下发了《关于进一步做好促进就业工作的通知》（鲁政发〔2008〕58号），在延续政策执行期限的同时，进一步扩大了政策扶持对象范围，加大了就业扶持力度，加强对创业政策的扶持。2009年1月，山东省下发《关于促进以创业带动就业工作的意见》（鲁政办发〔2009〕1号），明确促进创业带动就业工作的目标任务，鼓励支持更多的城乡劳动者通过自主创业实现就业。同年3月，根据中央、人社部就业创业工作部署及精神要求，山东省人民政府又制定下发了《关于采取积极措施稳定和促进就业的通知》（鲁政发〔2009〕16号），进一步加大政策扶持力度。同年，山东省人民政府又下发《关于积极应对当前形势切实做好农民工工作的通知》和《山东省加强就业培训提高就业与创业能力五年规划（2009～2013）》，大力开展就业与创业能力培训，全面提升城乡劳动者的就业竞争能力、职业转换能力和创业带动能力。2010年，根据财政部、国家税务局文件精神，相关政策审批期限延长至2010年12月31日。2011年9月，山东省财政厅、山东省人力资源和社会保障厅联合下发《山东省就业专项资金管理暂行办法》（鲁财社〔2011〕55号），对就业专项资金的使用作出了规定。同年，又联合下发《山东省省级大学生创业引领专项扶持资金管理使用暂行办法》《山东省实施大学生创业孵化基地和大学生创业园项目管理办法》。至此，山东省积极就业政策体系逐步完善，并初步形成了政策扶持、创业培训、创业服务“三位一体”的促进创业带动就业的工作机制。为加强对劳动者的就业培训，根据《山东省人民政府办公厅转发省劳动保障厅省财政厅〈关于加强就业培训提高就业与创业能力的意见〉的通知》（鲁政办发〔2008〕37号）要求，制定了《山东省加强就业培训提高就业与创业能力五年规划（2009～2013）》。同时，山东省政府还下发了《关于促进以创业带动就业工作的意见》，鼓励支持更多的城乡劳动者通过自主创业实现就业。至此，山东省形成了较为完善的就业培训体系，形成了政府促进创业、社会支持创业、劳动者参与创业的社会氛围。2012年，全省城镇新增就业119.9万人，新增农村劳动力转移就业137.4万人；失业人员再就业55.6万人，其中困难群体再就业12万人，零就业家庭全部实现动态消零；城镇登记失业率为3.33%，低于4%的青年控制目标。[①]

---

① 山东省统计局、国家统计局山东调查总队：《2012年山东省国民经济和社会发展统计公报》，载山东省统计局官网，www.stats-sd.gov.cn/art/2013/2/28/art_6196_405511.html。

四、全面发展时期（2012年12月至今）

自党的第十八次全国代表大会召开以来，山东省坚持将社会建设作为中国特色社会主义事业“五位一体”总体布局中的重要内容，多谋民生之利，多解民生之忧，解决人民最关心最直接最现实的利益问题。2012年12月至今，是山东省在经济新常态下拓展就业创业新领域，全面深化就业创业体制机制改革的时期。为适应这种新变化，山东省政府先后出台了《关于进一步做好新形势下农民工工作的意见》（鲁政发〔2013〕22号）、《关于促进创业带动就业的意见》（鲁政办发〔2013〕25号）等积极就业创业的政策文件，深入实施就业优先战略，设立创业带动就业扶持资金，加强创业创新平台建设，制定实施创业补贴、创业担保贷款、创业载体奖补等创业扶持政策。同时，积极创新公共就业创业服务，实施“智慧就业”工程、“创业齐鲁训练营”项目、“扶持人力资源服务发展”项目，推广创业大学培训模式，开展“大众创业、万众创新”活动，推进“创业齐鲁·乐业山东”建设，鼓励支持城乡劳动者自主创业，推动实现更高质量的就业。

为进一步提高人力资源社会保障的基本公共服务能力，2013年11月，省人社厅制定下发《山东省人力资源和社会保障基本公共服务体系建设实施意见（2013—2015年）》，进一步明确山东省公共就业服务体系建设的总体目标、重点任务。2014年，省人社厅等13部门联合下发《关于印发〈关于促进人力资源服务业发展的指导意见〉的通知》（鲁人社发〔2014〕4号），提出要建立专业化、信息化、产业化、国际化的人力资源服务体系。2015年7月，《山东省人力资源市场条例》公布，以立法形式建立了人力资源市场的基本管理框架。2015年8月，省人民政府办公厅《转发省科技厅〈关于加快推进大众创新创业的实施意见〉的通知》(鲁政办发〔2015〕36号)。9月，山东省人民政府办公厅制定下发《关于扶持新注册小微企业发展的意见》(鲁政办发〔2015〕43号)，完善了促进小微企业发展的政策，积极推进创业就业工作。2015年12月，山东省委、省人民政府制定下发《关于深入实施创新驱动发展战略的意见》(鲁发〔2015〕13号)，深化就业创业体制机制改革，进一步激发全省创新活力和创造潜能，推动实现创业就业。

通过上述政策措施，2015年，山东省城镇新增就业116.8万人，农村劳动力转移就业665万人，全面完成了就业工作的各项目标任务，保持了全省就业局势的总体稳定。这一时期，创业成功率年均增长基本保持在5%；年培训城乡劳动者有120万人以上，培训后就业创业率超过85%；年度城镇新增就业和农村劳动力转移就业均稳定在100万人以上，城镇登记失业率控制在4%以内，其中2017年城镇新增就业128.3万人，城镇登记失业率为3.4%，低于4%的全年控制目标，基本实现了更多劳动者创业、更高素质就业、更充分就业、更公平就业、更和谐就业的目标。

第二节　辉煌成就

山东是中国的人口大省，劳动力资源丰富，就业任务历来十分艰巨。改革开放以来，山东省始终把就业作为首要民生工程来抓，立足当前，着眼未来，统筹城乡，劳动就业制度变革深刻，就业渠道不断扩大，就业结构得到改善，探索出了一条具有山东特色、适应山东省情的就业之路，为把山东建设成经济文化强省以及在各项工作中走在前列做出了重要贡献。

一、建立市场化就业机制，形成多渠道多形式的就业格局

山东的就业工作始终坚持与改革开放事业同步，与国家就业制度改革同步。结合山东省情，抓住时代机遇，借经济发展的东风，及时调整工作重心，推动就业机制转变，形成多渠道多形式就业的新格局。

第一，建立成熟的市场化就业机制。从20世纪90年代开始，面对劳动力资源供给过剩的严峻就业形势，山东省逐渐以国家政策指导下的市场就业体制，取代20世纪80年代实行的“三结合”就业体制。目前，市场化就业已成为山东省劳动力就业的主要途径，双向选择的就业机制提高了用人选择效率，加快了劳动力转化率，反过来亦促进了就业市场的发展。

第二，产业结构调整升级形成了多渠道的就业格局。伴随着从农业大省到经济强省的转变，山东省的产业结构不断优化升级。第三产业成为新增劳动力就业的主体，非公有制经济从业人员迅速增加，成为吸纳就业的主渠道。企业就业布局优化，区域就业平衡发展。此外，多种用工形式促进了就业形式的多样化。伴随着社会的发展与互联网时代的到来，许多新兴职业和就业形式开始出现，临时工、钟点工、非全日工和阶段性就业等多种用工形式被越来越多的人所接受。[①]

第三，在创新创业带动就业的路子上取得了重大进展。创业带动就业作用日益显现。通过多种方式和渠道倡导、鼓励和扶持城乡劳动者自主创业，培养了一批创业者，繁荣了城乡经济，带动了就业增长。山东省通

---

① 陈建坤主编：《1999～2000年：山东经济社会蓝皮书》，山东人民出版社2000年版；彭立荣主编：《山东省社会蓝皮书：山东省社会形势分析、预测与对策（2011）》，山东人民出版社2001年版。

过加强新型创业创新平台建设、拓宽创业融资渠道、调整完善创业担保贷款、加大降免费力度、完善创业补贴政策、发挥创业示范引领作用等，引导高校毕业生、新时代农民工以创业促就业，收效显著。

近年来，在以新动能打开山东经济发展新局面的背景下，山东省加快新旧动能转换的步伐，改造传统产业，以创新为驱动，以人才为撬动，打造经济新常态。山东省及时调整就业制度，保障劳动者充分就业，逐步增加劳动者就业收入，为经济建设提供了强有力的人才支撑，极大地推动了山东省社会建设工作的发展。

二、流动人口就业管理服务体系日趋成熟

改革开放40年来，山东省流动人口总量不断增加，截至2016年底，山东省共有农民工2420万人。城市经济的发展离不开流动人口的贡献，如农民工对基础建设的贡献、高端人才对行业前沿和创新领域的支持。近些年来，流动人口的迁移出现了一些新趋势：家庭化迁移比率不断提高，流动人口内部分层加剧，社会融入需求增加，由谋求生存向追求平等转变等。山东省在促进流动人口就业、提升流动人口福利、供给流动人口服务等方面开展了很多卓有成效的工作，取得了较高的社会效益。

第一，颁布了多项流动人口管理与服务条例，结合省情将中央精神落实到位，促进流动人口稳定就业。山东省在2006年颁布了《山东省人民政府关于贯彻国发〔2006〕5号文件解决农民工问题的实施意见》（鲁政发〔2006〕91号），2013年颁布了《山东省人民政府关于进一步做好新形势下农民工工作的意见》（鲁政发〔2013〕22号），2014年山东省政府办公厅印发《山东省农民工职业技能提升3年行动计划》《山东省农民工权益保

障3年行动计划》和《山东省农民工公共服务3年行动计划》(鲁政办字〔2014〕106号)三项行动计划，从职业技能提升、权益保障、公共服务三个方面全面促进农民工就业与保障农民工福利，从提高劳动合同签订率、工资增长与支付、同工同酬、社会保险参保率、安全生产与职业健康等方面增进农民工就业与收入的稳定性。此外，还通过开展农民工技能培训与供给农民工就业福利等途径为农民工就业提供支持和保障。其中，农民工公共服务3年行动计划的重点之一，是要搞好农民工就业创业服务，提出实行统一的就业失业登记制度，确保农民工同等享受免费公共就业服务和相关创业优惠扶持政策。

第二，在流动人口管理工作中落实服务理念，通过建立流动人口服务中心等窗口平台，促进流动人口就业。2016年颁布《山东省流动人口服务管理暂行办法》规定，流动人口持居住证或居住登记凭证，在居住地依法享有下列权益和公共服务：公共就业服务机构提供的职业指导、职业介绍、就业失业登记、就业信息查询等服务；按照规定参加居住地专业技术职务资格评定或者考试、职业(执业)资格考试、职业(执业)资格登记。以济南市为例，通过搭建农民工综合服务中心，为农民工提供就业失业登记、职业咨询与培训、政策咨询、劳动维权等服务，协助打造了“阳光大姐”育婴家政服务、“超意兴”便民快餐等农民工就业、创业品牌。习近平总书记在2013年视察山东时，曾来到济南农民工综合服务中心，同工作人员和农民工亲切交谈，并作出“坚持下去、在实践中完善起来”的重要指示。

第三，就业市场规范化，农民工就业待遇上升。山东省注重劳动力市场公平性建设，先后于1999年推出了《山东省劳动力市场管理条例》，2015年推出了《山东省人力资源市场条例》，通过规范人力资源市场和人力资源服务平台，减少就业歧视和同工不同酬现象，为流动人口就业提供了公平和友好的就业环境。2018年制定了《山东省保障农民工工资支付工作考核办法》，使农民工在劳动雇佣关系中的弱势地位得到改善，保障农民工群体收入来源的稳定性。《山东省流动人口2016年动态监测数据分析报告》数据显示，当前山东省流入人口个人月均收入为4068元，比2015年增加了147元，增长率为4%。从收入分布来看，近一半流动人口的月均收入集中在2000至4000元；其次为4000至6000元，占比23%；此外，2000元以下的占18.9%，6000元以上的占10.4%。2016年，山东省流动人口平均家庭月收入为6839元，较2015年增加了425元，增幅为6%。

三、基本形成促进就业的政策法律体系

改革开放以来，山东省全面贯彻落实各项就业政策，出台相关文件，制定实施细则，形成了较为完备的地方就业政策法规体系。

第一，全面确立政策法规框架体系。制定出台一系列促进就业的政策文件，基本形成与山东省经济社会发展相适应的就业政策法规体系框架。山东省结合省情，将中央各项就业法规落实到位，分别制定了《山东省劳动人事争议调解仲裁条例》《山东省劳动合同条例》《山东省工伤保险条例》《山东省就业促进条例》《残疾人就业条例》《山东省劳动力市场管理条例》《山东省人才市场管理条例》等政策法规，积极贯彻落实中央的《就业服务与就业管理规定》《中华人民共和国劳动合同法实施条例》，形成了系统的管理体系。

第二，建立就业工作组织领导制度。省、市、县三级普遍建立就业工作部门联席会议制度，健全工作机制。良好的工作制度是高效开展就业工

作的重要保障。《山东省促进就业条例》对省、市、县三级在促进就业工作中的定位和职责给予了明确，省人民政府应当健全促进就业工作协调机制，研究全省就业工作重大问题，组织对全省促进就业工作进行考核和监督检查；设区的市、县（区）人民政府应当健全促进就业工作协调机制，负责就业工作重大问题的研究、统筹和协调；县级以上人民政府设立的公共就业服务机构在本级人民政府人力资源社会保障部门指导下，具体实施公共就业服务，并对就业支持、创业扶持、就业服务的内容进行了细致的规定，明确政府职责和工作范围。

第三，建立并完善了目标责任考核机制。山东省政府实行对就业工作的年度目标责任考核，省、市、县三级政府分别签订了《就业与再就业目标责任书》，实行年度考核和定期通报制度。责任考核可以对就业政策执行的效果进行评估，能够及时反映出就业政策执行中出现的问题，对就业政策运行过程中的经验教训进行总结，督促就业与再就业目标得以达成。

四、形成了完备的职业与就业培训体系

改革开放以来，山东省为不断提升劳动者职业能力、工作能力、创业能力，实现劳动者稳定就业，不断扩大培训规模，大力实施培训规划和项目，不断健全培训体系，提升劳动者从业水平，促进劳动者稳定就业。

第一，注重职业培训软、硬件设施建设。首先，职业培训的开展需要以场所、师资为依托，目前全省已形成以就业训练中心、技工学校为骨干，企业培训机构和大量民办培训机构为补充的职业培训体系，职业培训定点培训机构已发展到1339家。其次，充分利用网络服务，发挥网络服务的便捷优势，配合做好职业培训、就业指导、专业技能水平考核认定等工作。

第二，注重通过开展就业培训促进就业。山东省政府制定下发《山东省人民政府办公厅转发省劳动保障厅省财政厅〈关于加强就业培训提升就业与创业能力的意见〉的通知》（鲁政办发〔2008〕37号），对加强就业培训、提高就业创业能力提出具体的要求与目标任务。山东省人力资源和社会保障厅出台的《山东省加强就业培训提高就业与创业能力培训项目管理办法》（鲁劳社〔2009〕37号）为就业培训的开展提供了经济支持和制度保障。《山东省加强就业培训提高就业与创业能力五年规划（2014—2018）》强调了培训重点、培训管理、绩效考核和组织保障等若干方面，实施五年以来，收到了良好的效果。

第三，山东省重视农民工职业培训。山东省农民工数量庞大，且省内转移就业比例高达80%，农民工的就业培训工作也是山东省职业培训的重点工作。2010年颁布了《山东省人民政府办公厅关于贯彻国办发〔2010〕11号文件进一步做好农民工培训工作的通知》（鲁政办发〔2010〕19号）、2014年颁布的“三项行动”都对农民工培训工作做出了具体部署。由于大部分农民工存在学历较低、未经过专业培训等问题，在就业过程中存在报偿低和可替代率高的情况，山东省开展农民工职业和创业培训3年以来，提供培训机会约540万人次，提升了农民工的就业竞争力。

五、形成了比较完善的公共就业服务体系

改革开放之后，为了适应就业择业双向机制的铺开，山东省成立了一些职业介绍机构，同时在劳动力市场的科学化、规范化、现代化建设上下功夫。目前，山东省的公共就业服务机构已由最初以劳服企业为主的单一结构模式，发展成为由省、市、县三级综合性公共就业服务机构和街道

（乡镇）社区基层服务机构组成的工作体系，实行就业服务机构的网格化。同时，就业服务工作实现制度化，建立健全了劳动者的免费服务制度、就业援助制度、就业与失业管理制度、特定群体的专项服务制度和供求信息服务制度。通过多项就业服务活动，山东省现已形成多个具有本地特色的就业服务品牌活动，如青岛的“真情相助”、济南的“就业直通车”、威海的“满意服务360”等，成为促进就业创业工作的强大推进力量。改革开放40年来，山东省就业规模不断扩大，就业局势较为稳定。近年来，城乡就业规模稳步扩大。全省城乡就业人员从1978年的2969.8万人增加到了目前的6606.5万人，2004年以来全省已连续13年实现城乡年就业双过百万。此外，就业局势保持稳定。城镇登记失业率得到有效控制，2001年以来始终控制在4%以内。

第三节　经验启示

改革开放以来，山东省在建立市场化就业机制的同时，在相关法律法规建设、就业渠道拓宽、职业与就业培训和公共就业服务等方面也做了大量工作，积累了丰富的经验。

一、重点抓好稳定就业工作

山东省就业形势依旧较为严峻。面对复杂的新形势、新情况，稳定就业局势一直是就业工作的重点。山东省各级人社部门始终坚持将推动和稳定就业作为工作的重点，精准施策，多措并举。山东省稳定就业工作的重点人群包括高校毕业生、农民工和就业困难群体。对于高校毕业生，山东省通过开展校园招聘、就业指导、人才服务等工作，合理推动高校毕业生走向工作岗位。同时，开展高校毕业生创业扶持计划，优化创业环境，为其提供创业资助与服务，以创业带动就业。农民工群体是城市建设与发展的重要生力军，稳定就业是农民工在城市立足、生活、融入的基本前提和保障。针对农民工文化水平低、专业技能欠缺等问题，山东省通过开展农民工就业培训、在职培训等办法，配合发展第三产业与劳动密集型产业，积极提升农民工的稳定就业水平。在促进就业困难人员再就业方面，通过送政策、送岗位、送技能、送贷款、税费减免和全面落实下岗失业人员再就业社保补贴政策，鼓励用人单位吸纳就业困难人员，鼓励多种方式灵活就业并开发公益性岗位，促进就业困难群体走上就业岗位。在落实就业政策的过程中，山东省注意建立经济发展与促进就业的协同机制，去除促进就业各个环节上的制度性障碍，提高政府工作效率，将就业工作的开展与山东省经济、社会建设的步调相协调。

二、注重提供就业培训服务

为了促进就业，山东省一直注重提高求职就业人员的从业技能与从业素质。一是大力加强高校毕业生就业培训与职业技能培训。改革开放以来，山东省高校毕业生数量逐年递增。为促进大学生就业，山东省不断加强对毕业大学生的就业辅导、就业培训和职业能力建设教育，将就业准备和从业能力的培养纳入大学生个体发展框架，通过职业培训提高学生的就业竞争力。同时，重视学生培养的产学结合，设置相关的技能选修课，开展系统的入职公开课，帮助学生了解工作案例、工作需求，调动学生就业、创业热情。二是对在职职工开展技能提升培训，构建劳动者终身职业培训体系。通过推动建立项目统筹、标准统一、管理规范、覆盖城乡的大培训机制，全面实行“企业订单、劳动者选单、培训机构列单、政府买单”的培训模式，探索企业新型学徒培训模式。同时，山东省还探索建立完善的终身职业培训体系，兼顾知识理论学习与实践技能提高，兼顾职业道德、沟通能力、合作能力的培养，致力于培养高技能人才队伍。

三、注重就业公共服务均等化建设

改革开放以来，山东省基本建立了立体的就业公共服务网络，在这一过程中，他们注重从公共就业服务、创业服务、职业培训、劳动关系协调和劳动权益保护等四个方面，推进基本劳动就业创业的公共服务均等化，努力使各类型劳动者均能够平等地享有公共就业服务，其中特别注重对就业弱势群体给予适当的帮扶。具体来说，就是通过就业公共服务均等化建设，使每一位劳动者在就业信息发布、政策法规咨询、就业指导、失业登记、职业介绍、技能培训等方面，均享有公平的服务，不因学历、身份、性别等差异而在公共就业服务的使用上受到排斥。

四、合理引导创新创业，通过创业带动就业

山东省坚持通过改革创新促就业，不断开创就业创业工作的新局面。多年来，山东省结合本地实际，不断推动就业创业领域改革创新，推动就业发展动力转换、就业增长方式转型和就业体制机制创新，实现了就业增长与经济增长趋势相一致、就业结构与产业转型升级要求相适应、就业质量与各类群体的就业创业意愿相契合，保障了就业形势持续稳定发展和就

业工作持续走在全国前列。一是政策创新。省政府每年安排一定数量的就业专项资金，就业创业资金投入居全国前列。山东省在全国首创一次性创业补贴和创业岗位开发补贴政策，率先将创业担保贷款统一到同等标准，为城乡各类劳动者就业创业提供了宽松优良的政策环境。二是平台创新。将就业创业平台作为就业体系建设的重要方面，在发挥政府主导作用的基础上，引入市场化手段，建设了几百处创业孵化基地和创业园区，培育了一大批创业型城市、乡镇（街道）和社区，优化了创业创新环境。在改革创新驱动下，全省各类新型就业创业平台应势而起、日趋完善，成为落实就业创业政策、提供就业创业服务的主阵地和主渠道，在就业创业工作中发挥了越来越重要的作用。

五、根据产业结构变化调整培训与就业结构

改革开放40年来，山东省从农业大省转变为经济大省经历了若干次产业结构转型升级，2016年，产业结构实现了由“二三一”向“三二一”的历史性转变。山东省产业结构的调整，必然要求就业结构的转变，对劳动者的职业技能培训也不断提出新要求。为此，山东省顺应产业发展规律，主动转变职业培训结构。依托大中专学校、职业学校、大型企业建成一批技能培训与升级平台，实现职业培训结构与劳动力梯队结构的转变，通过增进劳动者技能水平提高产业效率。以就业市场需求为导向，加大对第三产业重点行业的培训支持力度，提升社会服务业从业水平，形成促进产业发展的内生力量，进而推动产业规模做强做大，促进就业容纳力提升和行业收入水平提高，形成良性循环。同时，注意通过企业对高新产业人才的引进和科研开发团队的打造，通过提高产业工人的技术技能，推动第二产

业劳动力结构转型升级，助推供给侧结构改革继续深化。注重农业新型人才培养，提升农业生产效率。以提高科技素质和致富能力为核心，依托农业大学、职业中学、农业试验站、农业广播电视学校等平台打造农业人才培养基地，加强农村实用人才队伍建设。

六、注重制定符合山东实际的政策体系

在就业工作探索前进的40年历程中，山东省始终紧跟中央步伐，贯彻落实各项就业方针政策，传达意见与精神，实事求是地制定符合山东省特殊环境的就业规划与细则，推动了山东省就业市场的发展。目前，山东省已经建立起比较完善的就业政策，涵盖就业市场管理、就业促进、合同签订、就业创业服务、劳动保障监察等若干方面，不仅提高和稳定了就业率，使就业市场公平性日益提高，而且有效保护了劳动者的就业权益不受侵犯。今后，山东省的就业政策建设还需从实际需求出发并不断丰富完善，促进就业市场充分发育、调整和革新，为山东省经济发展大策服务，为保障劳动者就业权益服务。

第四节　未来展望

改革开放40年来，山东省在政治、经济、文化、社会建设领域均取得重大进步，在就业领域亦取得了长足发展，建立起市场化的就业机制，形成了促进就业的政策法律体系，形成了完备的就业执业培训体系，打造了比较完善的公共就业服务体系。今后，山东省还要坚持向改革要动力、要活力、要效益，深化经济体制改革，以经济发展带动就业发展，以就业转

变带动经济转变，全面深化改革，服务新旧动能转换，服务在全面建成小康社会和社会主义现代化建设新征程中“走在前列”的战略目标。

山东是人口大省，劳动力资源在今后一段时期内供应比较充足，就业任务仍然艰巨。在此背景下，山东省将继续坚持劳动者自主就业、市场调节就业、政府促进就业和鼓励创业的方针，深入实施就业优先战略，把促进充分就业作为经济社会发展的优先目标，把就业成效作为评价各地经济社会发展成果的重要指标，进一步强化政府促进就业的法律责任；实施更加积极的就业政策，加强就业政策与财税、金融、产业、教育、社会保障等政策的衔接，形成有利于促进就业的综合性经济政策体系，推动实现更加充分、更高质量的就业；深入开展大众创业、万众创新，加快营造大众创业、万众创新的均等化普惠环境，构建有利于创新创业的政策、制度和公共服务体系，使创新创业成为全社会共同的价值追求，促进以创业带动就业；统筹做好高校毕业生、农村转移劳动力、退役军人等重点群体的就业工作；完善人力资源市场机制，加大创业资金支持，充分发挥市场在人力资源配置中的决定性作用；强化职业培训，推行终身职业技能培训制度，实现培训对象广覆盖、培训类型多样化、培训等级多层次、培训载体多元化、培训管理规范化，全方位提升人力资本质量和劳动者就业创业能力。通过持续努力，山东省将会使就业规模持续扩大，就业结构更趋合理，就业环境更加公平，城乡均等的公共就业创业服务体系更加健全。“十三五”期间，山东省实现城镇新增就业550万人以上，高校毕业生总体就业率稳定在85%以上，城镇登记失业率控制在4.5%以内。

第二章
不断促进教育发展成果更多更公平惠及全体人民

育才造士，为国之本。习近平总书记强调，教育是对中华民族伟大复兴具有决定性意义的事业，建设教育强国是中华民族伟大复兴的基础工程。必须把教育事业放在优先位置，深化教育改革，加快教育现代化，办好人民满意的教育。改革开放40年来，山东省始终把教育放在优先发展的战略位置，以国家、省中长期教育规划纲要为指导，全面启动教育综合改革，不断深化基础教育体系建设，各级各类教育事业实现全面发展。

第一节　发展历程

改革开放以前，山东的教育也和社会建设的其他领域一样，在“文化大革命”中遭到严重破坏，各级各类教育不仅规模偏小、基础设施和师资力量薄弱、教育投入相对较少，而且学历层次和教育质量偏低，比例结构严重失衡，难以满足人民日益增长的教育需要和社会、经济各个行业对教育的需求。1978年党的十一届三中全会召开，为教育领域的改革发展提供了最初的基本条件和良好的外部环境。1978—1991年，是山东省教育发展的初期，这一阶段的主要任务是重新恢复教学秩序，通过制定相关教育法规，推进初、中、高等教育规范发展和规范管理。1988年，“科教兴鲁”战略的提出和实施，为教育的发展提供了强大的动力。1992—2002年，是山东省教育发展中期，这一阶段九年制义务教育开始普及，职业教育工作有所推动，高等教育规模开始扩大，民办教育和成人学历教育也开始迈入正轨。2002—2012年，是山东省教育加速发展时期，这一阶段山东省初、中、高教育继续健康发展，亮点是职业教育、成人教育和民办教育体系更加规范和完善。2012年至今，是山东省教育全面发展时期，山东省教育发展基本面持续向好，尤其在高等教育产学研结合和高素质人才培养等方面取得长足进步。

一、发展初期（1978年12月—1991年12月）

（一）初等教育

初等教育的改革发展，是从全面恢复、整顿正常教学秩序开始的。“文化大革命”结束后，山东各地立即普遍纠正了各级各类学校随意停课的现象，要求按照教学大纲和教学计划进行教学，并重新确定了小学、初中、高中的学制。1981年7月，中共山东省委、山东省人民政府发出关于贯彻执行《中共中央、国务院关于普及小学教育若干问题的决定》的通知，要求各级党委和政府把普及小学教育作为整个教育工作的重点，标志着山东实施普及小学教育正式开始。1983年，山东省委、省政府又作出《关于加强和改革农村学校教育几个问题的决定》，再次要求各地区落实普及初等教育的规划和措施。随后，山东根据国家关于普及义务教育的部署安排，于1986年9月通过颁布了《山东省实施〈中华人民共和国义务教育法〉办法》，力争1988年在全省普及小学教育，1990年小学毕业升初中达到75%，2000年左右实现九年制义务教育。为了实现上述目标，山东省根据各地经济发展水平，采用了分类推进的方式，省教委制定了《山东省九年义务教育学校设置暂行规定（试行）》（1988）、《关于清理整顿中小学收费项目有关问题的通知》（1989）、《山东省义务教育证书制度》（1990）、《山东省县（市、区）和乡（镇）义务教育的实施程序》（1990）、《山东省初中、小学学生辍学报告制度》（1990）等文件，规范和推动了全省义务教育普及工作发展。经过全省上下的努力，截至1991年底，全省基本实现了初等（小学段）义务教育的普及，教学质量进一步提高，在校巩固率达到98.1%，小学毕业升学率达到78.9%，小学生毕业率达到98.2%。

（二）中等教育

“文化大革命”期间，山东省普通高中教育是重灾区。高中学制两年，师资力量参差不齐，教材版本多样。“文革”结束后，山东省开始使用全国统编教材，学校教学工作逐步恢复正常。1980年7月，省教育厅印发《山东省全日制三年制高中教学计划（试行草案）》，要求分期分批将高中二年制改为三年制。为了解决高中师资力量薄弱问题，1978年7月，山东省人事局、劳动局、教育局联合发出《关于招收一万名中小学教师的实施方案》，确定各地从1978年新增职工指标中招收中小学教师，在一定程度上解决了高中教师短缺的问题，缓解了师资严重不足的压力。同时，采取多项措施，加强高中师资培养培训工作，一大批不具备国家规定合格学历的高中教师通过卫星电视教育、专业合格证考试、自学考试等不同形式，完成了学历达标、能力过关，并向继续教育、终身教育发展。这一时期，山东省开始重视普通高中重点学校的建设，严格控制普通高中的盲目发展，纠正片面追求升学率的倾向，并调整教学计划，改革课堂教学，努力提高教学质量。到1991年底，全省共有普通高中650所，在校生482352人。

"文化大革命"使得山东的中等职业教育与高中教育遭到严重破坏，结构比例严重失衡，迫切需要进行改革调整。1979年4月召开的山东省教育工作会议，提出了改革中等教育结构的初步意见，决定恢复和重建中等专业学校和技工学校；同月，山东省教育局颁发《关于中等教育结构改革的初步意见》，提出了发展中等职业教育的五项措施。为了继续推动山东省中等职业教育发展，科学调整中等职业教育的结构，山东省委、省政府、省人大常委会、教育厅等先后多次召开有关会议，并颁布了《关于加速农村中等教育结构改革问题的报告》（1982）、《关于加速发展农村中等技术教育的决定》（1984）、《农村各类技术中学承认中专学历应具备条件的暂行规定》（1985）、《山东省中等职业技术教育条例》（1987）、《关于大力发展职业教育的决定》（1997）等相关文件。经过十几年的不断调整和治理，中等职业结构呈现多元化，结构更加科学合理。到1991年底，全省各类中等职业技术学校发展到1084所，在校生53.6万人，在校生占高中阶段在校生的比例上升到52.7%。

（三）高等教育

1977年国家决定恢复高考，这是中国教育发展史上的一个里程碑。当年，山东省报考人数达到80万人，共被普通高等学校录取13192人，录取比例约为80：1。随着高考的恢复，山东的高等教育进入了不断改革发展的新时期。随后几年，山东省重新调整了高校学制，对高校专业结构和层次进行重大调整，各高校改革教学计划，引入学分制等教学管理制度，对课程体系、课程内容、教材等也都着手开展修订工作，普通高校数量从1976年的22所增加到了1984年的47所，招生规模、在校学生和专职教师数量都迅速增加。

1985年，中共中央颁布了《关于教育体制改革的决定》，这标志着我国教育改革进入了一个新的阶段。1986年1月，山东省委、山东省人民政府作出了《关于贯彻〈中共中央关于教育体制改革的决定〉的意见》，对山东省的教育体制改革提出了明确的目标、规划和措施，山东高等教育至此开始进入新一轮的较为全面的改革阶段。1986年3月，国务院发布了《高等教育管理职责暂行规定》，赋予省级政府管理高等教育更大的权限，有力地支持了山东省高等教育的继续改革。在中央和山东省关于教育体制改革的精神指导下，山东高等教育在这一时期进行了全面的改革，管理体制、办学体制以及教学改革都取得了较大进展，为山东高等教育以后的快速发展奠定了基础。到1991年，山东高等教育已经初步形成了多层次、多形式、学科门类齐全的体系，全省普通高校达到49所，在校生达到10.7万人。

（四）民办教育

党的十一届三中全会召开后，我国教育事业全面拨乱反正，民办教育事业也开始重新起步。1982年颁布的《中华人民共和国宪法》第十九条指出，“国家鼓励集体经济组织、国家企事业组织和其他社会力量依照法律规定举办各种教育事业”。根据这一规定，山东省人民政府于1985年12月18日颁布了《山东省社会力量办学暂行办法》(省政府〔1985〕137号)。它是改革开放后山东省民办教育界的第一个、也是这一时期唯一个关于民办教育的省级政策文件，基本适应了山东省民办教育发展初期的需要，在一定程度上促进了民办教育事业的发展。由此，山东省民办教育事业发展并形成了第一个办学高潮。20世纪80年代后期，烟台南山集团开始兴办基础教育，1988年至1990年三年中相继创办了新华幼儿园、新华完小和新华中学。1991年3月，开工兴建新华职业高中并于9月正式开学。根据当时企业的急需，首期招生三个班，共120名学生，目标是为企业培养技术工人。

总体来说，这个时期山东省的民办教育事业发展总体处在恢复起步阶段，资金来源比较单一、条件相对简陋、师资队伍极不稳定，主要依靠租借校舍、聘请公办学校退休教师等方式开展教育教学工作，在组织形式、办学模式及管理机制等方面积累了一些宝贵经验。

二、发展中期(1992年1月—2002年11月)

(一)初等教育

1992—2001年，是山东九年制义务教育大普及时期。1992年，全省各地普遍调整了义务教育规划，通过建立岗位目标责任制、推行乡镇义务教育实施水平评估、完善奖惩制度等措施，推动义务教育的进一步发展，义务教育普及率稳步提升，1993年在发达县乡率先实现了普及。

1994年9月，在全省教育工作会议上，省委、省政府提出了提前三年于1997年实现“两基”(基本普及九年制义务教育、基本扫除青壮年文盲)的任务目标。1995年，山东省围绕基本普及九年制义务教育的目标，坚持量力而行、尽力而为、积极进取的原则，加强分类指导、分步推进，按照国家教委要求和山东省实际，调整实施规划，逐县进行落实。制定了《山东省县级普及九年义务教育评估验收标准》，印发了县级义务教育档案，特别对经济欠发达地区加强了督查和指导。到1995年底，全省已有77个县（市、区）通过了“两基”验收。1997年，全省“两基”工作成绩显著，“普九”工作走在全国前列，128个县（市、区）完成了任务，占全省总数的91.4%。到年底，全省又有12个县通过了验收。

1998年12月，省政府在菏泽召开了“普九”座谈会，进一步明确“普九”的任务和要求。2000年，全省全力打响“普九”攻坚战，到年底，全省139个县（市、区）全部实现普及，并顺利通过国家验收。截至2001年末，全省小学在校生699.2万人，小学毕业生升学率98.5%；初中在校生达到578.1万人。[①]

（二）中等教育

这一时期，山东先后制定出台了《关于提高教育质量办好教育为人民的决定》（1992）、《关于改革和发展山东省高中教育的意见》（1993）、《关于加强普通高中素质教育制止片面追求升学率倾向的通知》（1995）、《关于遏制普通高中学校片面追求升学率倾向的通知》（1996）、《普通高中教育教学管理八项规定》（2000）、《关于改革高中毕业会考制度的意见》（2001）等文件，努力改革办学体制与办学模式、重视规范化学校建设、规

① 山东省统计局：《山东省2001年国民经济和社会发展统计公报》，载山东省统计局官网，www.stats-wh.gov.cn/common/tjsj/shxx/sdgb/sjgb2001.htm。

范办学行为、积极进行课程改革和教学评价制度改革，使山东的高中教育在协调发展方面取得了明显进步。截至2001年末，全省普通高中在校生达到124.1万人。

同时，这一时期，山东省的职业教育也在艰难中前行。为了促进职业教育的发展，鼓励更多的学生就读职业学校，山东针对职业教育采取了一系列的措施。例如，1985年，山东省教育厅制定印发了《农村各类技术中学承认中专学历应具备条件的暂行规定》；1987年，省人大常委会颁发了《山东省中等职业技术教育条例》；1997年，省委、省政府发布了《关于大力发展职业教育的决定》；1999年6月，在烟台召开了山东省职业学校布局调整经验交流会。截至2001年末，全省共有技工学校270所，2001年招生5.4万人，毕业生当年就业率达到90%。尽管如此，山东的职业教育在招生、就业等方面仍然面临许多困难，发展缓慢。

（三）高等教育

这一时期，国家先后颁布了许多重要文件，如1992年的《关于加快改革和积极发展普通高等教育的意见》，1993年的《中国教育改革和发展纲要》，1994年的《国务院关于〈中国教育改革和发展纲要〉的实施意见》，1995年的《中华人民共和国教育法》，1998年的《中华人民共和国高等教育法》，1999年的《面向21世纪教育振兴计划》等。根据这些文件精神，山东先后制定了《关于高等教育加快深化改革为经济建设服务的意见》（1992）、《关于深化高等教育改革的若干意见》（1999）等文件，进一步破除高等教育发展的体制机制障碍。通过深化招生和就业制度改革、教学和考试制度改革，大力推进管理体制改革工程、高校重点建设和跨世纪人才工程，特别是通过1999年开始的扩招，使这一时期山东的高等教育总体水平有了明显提升，高等教育规模持续扩大，高校类型更加多元。2001年，全省普通高等教育共招生18.4万人，毛入学率就达到15.46%，山东正式进入高等教育大众化阶段。2001年末，全省普通高等教育在校生达到44.9万人。

（四）民办教育

1992年10月，党的十四大报告明确指出："鼓励多渠道、多形式社会集资办学和民间办学，改变国家包办教育的做法。"《民办高等学校设置暂行规定》（1993）明确了民办高校的设置条件和程序。国家教育行政主管部门先后批准了一批具有独立颁发学历文凭资格的民办高等学校。1999年，中共中央、国务院发布了《关于深化教育改革全面推进素质教育的决定》，明确提出"积极鼓励和支持社会力量以多种形式办学，满足人民群众日益增长的教育需求，形成以政府办学为主体、公办学校和民办学校共同发展的格局"。在国家鼓励、支持民办教育发展的大环境下，山东省更加重视民办教育的发展问题。1997年，《山东省社会力量办学条例》颁布，山东省民办教育进入了快速发展时期，民办学校和在校生规模持续迅速增长，民办教育的办学环境、民办学校的内部管理和教学质量、生源质量等均有较大程度的提高。1999年，山东省出台《关于深化高等教育改革的若干意见》，提出要"深化办学体制改革，积极推进民办高等教育的发展"。2000年，山东省出台了《山东省高等职业学校设置暂行办法》，从领导干部素质、师资队伍配置、办学条件、课程设置、招生专业数量、办学经费、周边环境和审批程序等方面对高等职业学校（含民办）的设置进行了相关规定。2001年，山东省实施《社会力量办学条例》办法，从设置与审批、管理与监督、保障与扶持和法律责任等方面对社会力量办学进行了规范。2002年，山东省出台了《民办高等教育管理暂行办法》，主要规定了民办高等教育机构的设置条件、设置程序和管理。

这些举措极大地激发了山东省内社会力量办学的积极性，形成了山东省民办教育发展的一个高潮，更多的社会组织和个人陆续参与办学。在办学实践中，民办学校大都采取“以学养学”的滚动式发展办法，即各民办学校主要以收取的学费作为办学经费，用于支付教师代课费、教学设施费、校舍租赁费、水电费等，一般能维持办学的正常运行或略有结余。学校的办学结余经费，积累起来用于扩大办学规模，补充教学设备，从而实现滚动式发展。总的来讲，这个时期山东省民办教育事业发展的速度比较快，在所有的办学领域都有所涉及，大大缓解了教育经费不足的难题，显著增加了社会教育资源供给，社会影响力越来越大，民办学校的地位也逐步由“拾遗补缺”发展成为教育体系的重要组成部分。据统计，2000年，全省共有各级各类民办教育机构8730处，招生规模达到74.97万人。各类教育在校生达194.52万人。

（五）成人学历教育

改革开放后，人们学习文化知识、接受高等教育的热情高涨，但由于普通高校招生规模非常有限。为了满足人们对文化知识的需要，1979年1月，山东省总工会、省革委会、教育局等5部门联合提出《大力发展职工教育的意见》，各个行业开始重视职工教育，于是一批颁发成人学历教育的高校、中等学校应运而生。1993年8月，省政府转发《省教委关于加快改革和发展山东省成人高等教育的报告》，26所普通高校和成人高校试办专科第二学历教育，在培养、培训在职干部、职工和农民，提高劳动者素质方面取得了巨大成效，不但于1996年基本扫除了青壮年文盲，而且培养了百余万各类人才，为山东经济社会发展作出了突出贡献。截至2001年末，全省各类成人高等学历教育共有在校生25.6万人，各类成人中等专业学校在校生10.6万人，各类成人技术培训学校共培训739.3万人次，其中农民技术培训680.2万人次。

三、加速发展时期（2002年12月—2012年11月）

（一）初等教育

2002年，义务教育新课程体系全面进入实验阶段，实施新课程的县（市、区）占全省的30%，此后逐年递增，到2005年，全省义务教育阶段起始年级全部实施新课程。在新课程实施工作中，省教育厅下发了《关于实施〈基础教育课程改革纲要（试行）〉的意见》，制定了《山东省基础教育课程改革实验区义务教育阶段课程安排表（试行）》，并多次召开各种形式和内容的会议，研究、交流改革情况，及时解决存在的问题，采取加强培训、科研、指导、评估、管理、政策保障等措施，推动了课程改革实验工作的顺利开展。从2002年开始，山东义务教育工作进入了巩固与提高阶段。在全省推进高水平、高质量普及九年义务教育工作，全面实施“两免一补”助学措施，加强规范化学校建设，全面推进素质教育，进一步规范和完善中小学管理体制和办学体制，积极开展课程改革。2002年9月，省教育厅等4部门下发了《关于遏止农村初中学生辍学有关问题的通知》，进一步明确了义务教育的执法主体，建立控制学生辍学的监督和制约机制，更好地巩固了义务教育的成果。

关注进城务工子女人员入学问题。随着经济发展和社会进步，流动人口规模不断扩大，流动少年儿童的入学问题日益突出，成为普及义务教育的难点和社会关注的焦点。2003年11月，省政府办公厅印发了《转发省教育厅等部门〈关于进一步做好城市外来务工就业人员子女基础教育工作的意见〉的通知》，明确提出流入地政府负责城市外来务工就业人员子女接受基础教育工作，以全日制公办中小学为主，做到收费与当地学生一视同仁。2004年，省教育厅对此组织开展了专项督查，以促进各地更好地解决这一民生问题。

这一时期，山东省对义务教育的财政性经费投入明显加大，2009年，全省实现了城乡义务教育阶段学生免杂费政策全覆盖。在免杂费的同时，全面落实预算内公用经费基准标准，农村小学生人均公用经费定额由2007年的240元提高至400元，农村初中由340元提高至600元，农村中小学经费保障水平明显提高。[①]2012年，全省共有小学1.2万所，在校生627.7万人。

（二）中等教育

这一时期，山东的中等教育进入了规范化发展阶段。山东省先后制定印发了《普通高中新课程改革工作实验方案》（2004）、《山东省普通中小学管理基本规范（试行）》（2007）、《关于进一步加强普通高中教育管理工作的通知》（2008）等文件，办学体制进一步多样化，教师队伍整体素质大幅度提高，普通高中课程改革进一步深化，学校建设、办学行为更加规范

① 《山东：已实现义务教育学生资助政策全覆盖》，新华网，2009年9月23日，http://news.xinhuanet.com/edu/2009-09/23/content_12099261.htm。

化，在校生数量和学生综合素质不断提高。这一时期，山东省职业教育发展加快，职业教育办学体系逐步完善，规模不断扩大。2012年，全省共有普通高中557所，在校生164.5万人；中等职业学校（不含技工学校）560所，在校生114.7万人；技工学校213所，在校生40.1万人。①

（三）高等教育

这一时期，山东继续深化高等教育方面的各项改革，出台和启动了一系列重要文件和工程，如2002年印发的《山东省高等学校学科带头人岗位及人员聘任管理办法》，2004年启动的“泰山学者”设岗工作，2006年启动的“高教强省”行动计划，2009年印发的《山东省实施地方高水平大学建设工程意见》《山东省高等学校科技计划管理办法》和《山东省高等学校人文社会科学研究计划管理办法》，2010年编制的《“特色重点学科项目”建设方案》，2011年印发的《山东省高等教育名校建设工程实施意见》等，重点加强了重点大学、重点学科和实验室建设以及骨干教师的培养选拔。通过系列措施，山东高校教育教学质量工程不断推进，学科专业建设和教学改革促进高等教育质量提升，高层次创新人才培养质量不断提高，教师队伍建设稳步推进，科研管理的科学化和科研水平不断提升，山东正由高等教育大省向高等教育强省不断迈进。2012年末，全省普通高校发展到137所，在校生达到165.8万人；其中本科院校62所，在校生达110万人。②

---

① 山东省统计局、国家统计局山东调查总队：《2012年山东省国民经济和社会发展统计公报》，载山东省统计局官网，www.stats-sd.gov.cn/art/2013/2/28/art_6196_405511.html。

② 山东省统计局、国家统计局山东调查总队：《2012年山东省国民经济和社会发展统计公报》，载山东省统计局官网，www.stats-sd.gov.cn/art/2013/2/28/art_6196_405511.html。

(四)民办教育、职业教育和成人教育

社会力量办学的蓬勃发展，显著增加了全社会的教育供给，然而，山东省民办教育发展也出现了无序、失范的弊端，产生了很多社会矛盾。为了规范民办学校的办学行为，促进其健康、持续发展，2004年，山东省物价局、山东省教育厅联合出台了《关于民办教育收费管理有关问题的通知》(鲁价费发〔2004〕55号)；2006年山东省教育厅出台了《关于加强民办教育管理若干规定》(鲁教职字〔2006〕18号)；2007年山东省人民政府又出台了《关于加强民办教育规范管理引导民办教育健康发展的意见》(鲁政发〔2007〕3号)；2008年山东省教育厅出台了《关于严格规范民办学校办学秩序的通知》(鲁教职字〔2008〕4号)；2009年山东省教育厅出台了《关于民办教育强化属地管理健全规章规范的意见》(鲁教民字〔2009〕1号)。这些政策的出台有效促进和规范了民办教育发展。这一时期一系列政策法规的颁布与实施，使得民办教育的法律地位得到全面巩固，促进了更多的社会力量参与举办民办教育事业，民办学校的数量呈现快速发展之势。民办教育的发展对减轻政府教育财政压力、扩大优质教育资源、创新教育竞争机制、满足人民群众多元化和个性化的教育需求等产生了极大的促进作用。

这一时期，山东省的职业教育、成人教育和民办教育更加规范和完善。2008年，山东省继续实施职业教育“十百千”建设工程、基础能力建设项目、专业骨干教师和校长培训工程、30个经济欠发达县职教中心建设工程，2009年山东省教育厅制定了《关于深化职业教育教学改革提高毕业生就业质量的若干意见》和《山东省民办非学历高等教育机构管理规程》，2010年制定下发了《关于深化办学体制改革推进民办教育发展的意见》和

《关于进一步加强社会教育培训机构规范管理工作的通知》，2012年制定了《山东民办高校年检实施办法》，研发了“山东省成人高等教育教学管理平台”，促进了职业教育、成人教育和民办教育的发展。2012年末，山东省共有高等职业学校75所，在校生49万人；成人高等教育学校17所，在校生42.8万人；民办的其他高等教育机构96个。[①]

四、全面发展时期（2012年12月至今）

（一）义务教育

2012年党的十八大之后，党和政府越来越高度重视教育公平问题。山东省将解决义务教育均衡发展作为实现教育公平的重要举措来抓，出台了《关于做好义务教育学校布局工作的意见》等文件，调整完善义务教育经费保障机制，完善义务教育治理模式，改善中小学校布局，控制学校规模和班额，治理无序择校，启动“全面改薄”工程，全面改善贫困地区义务教育学校办学条件。截至2017年底，全省共有普通小学9738所，在校生708.5万人；普通初中2968所，在校生329.4万人。全面推进“县管校聘”管理与改革，校长、教师交流轮岗。截至2017年底，有12个设区市完成校长职级制认定和聘任。新建、改建、扩建中小学校1146所。小学教育、初中教育专任教师分别达到42.2万人和27.6万人。[②]

---

① 山东省统计局、国家统计局山东调查总队：《2012年山东省国民经济和社会发展统计公报》，载山东省统计局官网，www.stats-sd.gov.cn/art/2013/2/28/art_6196_405511.html。

② 山东省统计局、国家统计局山东调查总队：《2017年山东省国民经济和社会发展统计公报》，载山东省统计局官网，www.stats-sd.gov.cn/art/2013/2/28/art_6196_812195.html。

（二）中等教育

党的十八大以来，山东省进一步深化普通高中课程改革，大力推行“选课制”与“走班制”，并积极推动考试评价制度改革，严格规范、严密组织高中学业水平考试，规范综合素质评价的项目和内容，稳步推进高校招生制度改革，引领素质教育向纵深发展。目前，选课走班已在山东省绝大多数普通高中得到落实。

同时，山东省在这一时期大力推进职业教育。2012年12月，省政府发布了《关于加快建设适应经济社会发展的现代职业教育体系的意见》（鲁政发〔2012〕49号），2013年，发布了《关于贯彻落实鲁政发〔2012〕49号文件推进现代职业教育体系建设的实施意见》及系列配套文件，2015年出台了《山东省职业教育体系建设规划（2015—2020年）征求意见稿》，在省级层面基本形成了全方位支持职业教育改革发展的政策体系。截至2017年，山东省高中阶段教育毛入学率为96.83%。中等职业学校（不含技工学校）401所，在校生79.3万人；技工学校194所，在校生33.3万人，专任教师4.87万人；普通高中592所，在校生165.5万人，普通高中教育专任教师13.44万人。[①]

（三）高等教育

这一时期，山东省加大了高等教育管理体制的改革力度，积极推进省属本科院校向应用型本科教育转型工作，创新高校人才培养模式，不断探索建立适合本省实际情况的现代大学制度和现代职业教育体系。在继续推

① 资料来源：山东省统计局、国家统计局山东调查总队的《2017年山东省国民经济和社会发展统计公报》（www.stats-sd.gov.cn/art/2018/2/28/art_6196_812195.html）。和山东省教育厅的《2017年山东省教育事业发展统计公报》（www.shandong.gov.cn/art/2018/7/4/art_10507_16949.html）。

行重点大学、重点学科、重点实验室建设以及高水平教师引进和教育教学改革的同时，愈加重视高等教育的综合改革，实行重点建设和全面改革相结合的战略，更加重视高校之间和高校与社会其他组织单位之间的协同创新工作，继续深化创新性人才的培养模式改革，以创新协同带动全省高等教育内涵式提升。2014年起，山东省教育厅开始计划通过实施优势特色专业工程、优势特色学科建设工程、课程体系建设工程、高校综合评估体系建设等，促进本科院校向产教融合、校企合作的应用型高校转型发展，加快应用型人才培养与创新发展，争取两三年内见效，四五年内形成一批转型发展典型。2017年，齐鲁工业大学与山东省科学院整合成立新的齐鲁工业大学，齐鲁医科大学组建工作稳步推进，中国能源大学正在谋划筹建。截至2017年底，全省高等学校156所（其中普通高校145所，成人高校11所），研究生培养机构33所。普通本专科在校生201.5万人，研究生（含在职研究生）11.6万人。全省普通高校专任教师11.1万人。①

（四）民办教育

2012年底以来，山东省出台了一系列促进民办教育深化改革、健康发展的政策措施。2013年，山东省教育厅、发展和改革委员会、财政厅、人社厅联合印发《山东省非营利性民办职业院校认定管理办法（试行）》，开始通过区域试点等举措实施民办高校分类管理，积极探索营利性和非营利性民办学校分类管理，实行不同的扶持政策。在通过公共财政

① 山东省教育厅：《2017年山东省教育事业发展统计公报》，www.shandong.gov.cn/art/2018/7/4/art_10507_16949.html。

对民办学校给予支持的同时，保障民办学校学生、教师与公办学校享受相同待遇、职称评定等。截至2017年底，山东省民办小学282所，招生7.1万人，在校生46.1万人，分别占全省总数的2.9%、5.58%和6.51%；民办普通初中317所，招生14.7万人，在校生40.5万人，分别占全省总数的10.7%、13.4%和12.3%；民办普通高中162所，招生8.4万人，在校生22.3万人，分别占全省总数的27.4%、15.3%和13.5%；民办中等职业学校99所，招生4.2万人，在校生11.4万人，分别占全省总数的24.7%、16.1%和14.3%；民办普通高等学校40所，普通本专科招生12万人，在校生36.4万人，分别占全省总数的27.6%、19.6%和18.1%。①

第二节　辉煌成就

改革开放以来，山东省各级各类教育不断发展壮大，取得了显著成就，初步建成了从基础教育到高等教育、从普通教育到继续教育的层次比较合理、质量效益较好的教育体系，为山东省从人力资源大省迈向人力资源强省作出了贡献。

一、居民受教育水平不断提高

山东省采取措施，努力提高居民受教育水平，积极开发人才资源。目前，九年义务教育全面普及，小学学龄儿童净入学率保持在99.99%，初中

① 山东省教育厅：《2017年山东省教育事业发展统计公报》，www.shandong.gov.cn/art/2018/7/4/art_10507_16949.html。

阶段毛入学率在100%以上，九年义务教育巩固率达到97.6%；高中阶段教育得到较好的普及，高中阶段教育毛入学率为96.83%；高等教育毛入学率高达51.35%，已经进入普及阶段。[①]随着九年义务教育的全面普及，山东省人口受教育结构的重心逐步上移。

二、教育资源配置更加公平、合理、科学

改革开放以来，山东省高度重视义务教育均衡发展工作，区域之间、城乡之间、校际之间教育发展差距不断缩小，适龄儿童少年平等接受义务教育权利得到有效保障，义务教育均衡发展不断迈上新台阶；各级各类学校弱势群体备受关注，对进城务工人员随迁子女、贫困家庭学生等特殊群体受教育权利保障力度不断加大；对乡村薄弱学校的政策扶助不断增多。

三、各级各类学校结构布局日渐科学合理

就近入学是义务教育阶段保障和促进教育公平的具体措施。山东省采取多项措施，对中小学校布局结构进行彻底调整，规定义务教育阶段的招生都实行学区制，九年一贯制招生都要就近对口入学。普通高中类型在办学主体、办学形式、培养模式、课程教学等方面日渐多样化。职业教育在发展过程中规模迅速扩大，建设能力不断增强，逐渐从规模发展走向内涵发展，现代职业教育体系不断完善，全方位支持职业教育改革发展的政策体系基本形成。高校结构布局调整稳步推进，高等教育结构不断完善改

① 山东省教育厅：《2017年山东省教育事业发展统计公报》www.shandong.gov.cn/art/2018/7/4/art_10507_16949.html。

进，高等高校布局调整不断优化。

四、教育信息化建设取得新成就

山东省不断加大教育信息化建设力度。目前，各级各类教育的大数据库正在快速建设，山东省教育科研计算机网主干网连接了全省所有普通本科高等学校、部分高等职业学校和部分教育城域网。全省17市140个县（市、区）全部建立了教育城域网，各级各类学校全部实现宽带联网，初步建立起了较为完善的省、市、县三级数字教育资源服务体系。同时，教育信息资源日益丰富，全省已初步建成具有山东特色的数字教育资源库。

五、科技创新取得重大进展

科技创新基地和平台建设规模不断扩大。目前，山东省建有两所国家级大学科技园以及青岛国家大学科技园、烟台三校科技园，国家工程技术研究中心36个，国家火炬计划特色产业基地69个，国家级高新技术产业开发区13个，国家知识产权试点示范园区11个，企业国家重点试验室17个，院士工作站334个。科技创新人才队伍建设有序推进，科技创新成效突出。截至2017年，共有在鲁两院院士49人，“千人计划”专家205人，“百千万人才工程”人选176人，享受国务院特殊津贴专家3260人。仅2017年，山东省获得国家级科技成果奖励19项，PCT国际专利申请量1700件，发明专利申请量6.8万件，每万人口有效发明专利拥有量达到7.57件。①

①　资料来源：山东省统计局、国家统计局山东调查总队的《2017年山东省国民经济和社会发展统计公报》（www.stats-sd.gov.cn/art/2018/2/28/art_6196_812195.html）和山东省教育厅的《2017年山东省教育事业发展统计公报》（www.shandong.gov.cn/cn/art/2018/7/4/art_10507_16949.html）。

第三节　经验启示

改革开放40年来，山东省各级别、各类型教育改革与建设均取得了卓越成绩。基础教育、高等教育、职业教育、民办教育、成人教育等多种形式的教育机构、教育设施、教育师资、教育理念、教育内涵均有较大的发展，做到了各类教育充分、全面、平衡发展。40年的探索与改革过程中，山东省在教育建设方面积累了很多宝贵经验，值得在今后的工作中继续发扬。

一、把基础教育放在优先发展位置

改革开放以来，山东省基础教育工作经历了重建秩序、实施推广“普九”和素质教育转型等几个建设重心的转移，其发展历程充满着机遇和挑战。在每一个历史时期，山东省对基础教育的发展都坚持两手抓，一手抓条件保障，一手抓内涵提升，使山东省基础教育建设迈上了新台阶。首先，山东省坚持抓基础教育条件改善。改革开放伊始，山东省就十分注重改善基础教育办学条件，加大基础教育资金投入，改善中小学办学条件，到2000年，全省139个县（市、区）全部完成了“普九”任务，完成了基础教育的奠基工程。进入21世纪，山东省继续在扩大办学规模，提高办学质量，改善办学条件，推进学校标准化、科学化、规范化建设方面抓建设、抓落实，为全省基础教育工作的飞速发展提供了物质保障。其次，山东省重视基础教育的内涵发展。山东省一直坚持贯彻落实国家和教育部针对基础教育改革出台的各项方针政策，从20世纪80年代至今，先后在落实“两全”、素质教育、课程改革等任务中注重结合本省省情，实事求是，与时俱进，推动了本省基础教育改革的顺利实施，起到了改革排头兵的作用。山东省在推进素质教育、规范办学行为、深化课程改革、加强中小学德育一体化建设等方面取得了喜人的成就。此外，依法治教、教育督导、科研强教等重要手段也是推动山东省基础教育改革深化与素质教育建设的重要保证。改革开放40年以来，山东基础教育始终坚持改革，以改革促发展，以改革促教育方针政策、法律法规的贯彻落实，以改革促教育质量的全面提高。近40年的基础教育发展历程也雄辩地证明，只有改革才能不断促进基础教育学校全面贯彻教育方针、全面实施素质教育、全面提高教育教学质量。

二、通过深化改革促进高等教育发展

改革开放以来，山东省在高等教育办学体制、投资体制、管理体制、人才培养、办学模式、科学研究等方面不断改革，规模、质量、效益协调发展，教育公平持续推进，现代大学制度建设成效显著，高等教育治理体系和能力的现代化水平不断提高，高等教育的社会贡献度极大提高，有力地支持了国家和山东的社会经济发展。首先，山东省在高等教育建设中坚持抓重点工程，引导省属重点大学和重点学科建设提效增速，开展了特色名校建设工程、优质课程建设工程等重点建设项目，促进了高等学校的教学水平提高和知名度提升，带动了全省高等教育发展；山东省还积极推进高等教育综合改革，注重全省高等教育齐头并进，注重改善各类高校资源分配和经费管理方式，构建科学的科研管理制度，推进全省高等教育迈上一个新台阶。其次，坚持走内涵式发展的道路。高等教育的深化发展单靠扩大规模和改善硬件设施是治标不治本的，外延式的发展模式急需淘汰，内涵式发展是未来高等教育发展的必由之路。山东省在高等教育建设中，注意转变高等教育评价体系，逐渐取消以往以数量、规模为主的评价体系，转为重质量、重素质、重教学、重科研、重转化的高校评价体系。第三，注重师资建设。高等教育内涵式发展的核心需以人才为基本。特别是进入21世纪以来，山东省实施了以“泰山学者”计划为代表的高水平人才的引进，同时加强青年教师的培养，实施以“高校青年教师成长计划”为代表的一系列工程来提高现有教师的水平，做到了引进来和自我培养相结合的高素质教师队伍建设的策略。第四，努力建设现代化高等教育治理体系。政府赋予高校以更大的自主权，高校内部赋予基层组织和教师个人以更大的自主权，不断健全高等教育质量保证体系，开展实施高等教育的综合改革，努力构建具有山东特色和各校自身特色的现代大学制度。第五，大力推动高校产学研一体化。通过促进高校、研究院所和企业科研资源开展广泛合作，实现知识创新和技术开发，连通科研机构成果与企业科研需求，不断拓宽产学研结合的深度和广度，尽快实现科研成果到生产力的转化，从而为推动山东省经济发展转型服务，加快新旧动能转化进程。

三、大力发展民办教育

山东省委、省政府和各级教育主管部门充分认识到发展民办教育的重大意义，努力发挥民办教育的“鲶鱼效应”。首先，采取多种形式，积极鼓励和支持社会力量兴办教育。全省各地贯彻执行因地制宜、因势利导的原则要求，积极探索国有资本、集体资本和非公有资本以多种形式创办各类学校，努力实现办学形式多样化、办学主体多元化，着力构建“社会投资建校、政府支持师资、收费保障运转、部门协调监管、资产学校所有”的社会力量办学体制。其次，完善政策法规体系，推动民办教育管理进入法制化轨道。山东省人民政府制定了《关于加强民办教育规范管理引导民办教育健康发展的意见》，山东省教育厅颁布《关于加强民办教育管理的若干规定》《关于严格规范民办学校办学秩序的通知》和《关于民办教育强化属地管理健全规章规范的意见》，山东省贯彻落实中共中央组织部、教育部的《关于加强民办高校党的建设工作的若干意见》的文件要求，明确了规范管理和扶持发展的相关政策，积极引导和促进民办教育的发展。各地市也都根据属地管理的要求，出台了支持和规范民办教育发展的相关政策法规。最后，健全监督管理服务体系，优化民办教育发展环境。山东省各级教育行政部门认真贯彻落实《中华人民共和国民办教育促进法》和省政府制定的政策法规，完善了分级管理、分级负责、属地管理为主的制度和运行机制。省教育厅和省委高校工委成立了民办高校工作领导小组，向全省实施高等学历教育的民办高校派驻督导专员和党建工作联络员。山东省教育厅专门成立了民办教育与继续教育处，分管民办教育工作。各市教育行政部门加强了民办教育管理机构与队伍建设，完善了管理规章，为促进山东省民办教育健康发展作出了积极的探索和努力。

四、努力建立现代职业教育体系

建立现代职业教育体系，是促进现代职业教育服务转方式、调结构、促改革、保就业、惠民生和工业化、信息化、城镇化、农业现代化同步发展的制度性安排，对打造中国经济升级版，创造更大人才红利，促进就业和改善民生，加强社会建设和文化建设，满足人民群众生产生活多样化的需求，实现中华民族伟大复兴的中国梦都具有重要意义。改革开放以来，山东省职业教育在办学方向上密切联系市场，注重特色办学，通过完善顶层设计，推动职业教育迅速发展。首先，坚持正确的办学方向，与经济建设紧密相连。山东省委、省政府要求各职业教育办学主体坚持正确办学方向，密切贴近当地经济建设，适时调整专业结构，强化技能训练，举办技能大赛等活动，为建设经济文化强省提供技术和人才支撑。为解决中等职业学校专业设置滞后于经济发展、专业基础能力建设依然薄弱、专业教学内容难以适应学生和社会需求等问题，省教育厅出台中等职业学校专业建设标准，规定中等职业学校设置专业，必须严格执行标准，按照规定程序审批、备案；中等职业学校专业分为合格、规范化、示范性三级，由学校提出申请，市级教育行政部门按照专业标准审核认定，并报省教育厅备案。其次，面向市场办学，坚持制度创新。山东省的职业教育始终坚持以市场需求为导向，从实际需求出发，改革创新职业教育体系。山东省先后出台多项政策，推动职业院校更新管理理念、完善制度标准、创新运行机制、改进方法手段，全面提升招生、学籍、课程、教学、教师等方面管理水平。从教师管理、学生管理、学籍管理、校企合作办学中的管理等方面入手，建立了一整套与现代职业教育体系相适应的教育制度。最后，注重培育特色学校，发挥典型带头作用。山东省地广人多，不同地区经济发展差异明显，为了适应各地特色与经济发展水平，职业教育应突出地方特色，强调学校办出特色，避免模式单一。鼓励各市根据当地经济社会需求，发挥区域内的资源优势，统筹考虑，合理布局，在学校设置、专业配置、办学模式、人才培养体系等方面创特色、出亮点；鼓励各职业院校贴近当地经济社会需求，在学校基础设施建设、专业学科建设、“双师型”

教师队伍建设、校企合作等方面创特色，亮绝活。通过国家示范学校创建、中职学校示范学校建设、中职学校品牌专业建设等提升山东省中等职业学校办学水平和服务经济社会发展的能力。工作重点是强化综合素养教育、深化教学改革、促进产教深度融合、提升师资队伍水平、推进信息化建设、完善学校内部管理。

第四节　未来展望

回顾历史，展望未来，山东省教育改革所取得的成绩与经验，将成为今后继续深化改革，推进教育建设与发展的宝贵财富。今后，山东省将继续实施教育优先发展战略，深化教育综合改革，推进依法治教，优化教育结构，提高教育质量，推进教育公平，促进学生全面、个性发展，建立更加完善的现代国民教育体系和终身教育体系，办好人民满意的教育。力争到2020年，全面完成《山东省中长期教育改革和发展规划纲要（2011—2020年）》目标任务，使山东省教育发展规模和综合实力位居全国前列，教育现代化取得重大进展，总体达到教育现代化指标体系要求，建成学习型社会和人力资源强省。

一是推动基础教育均衡发展。到2020年，学前三年毛入园率要超过85%，义务教育适龄儿童入学率保持在99%以上，九年义务教育巩固率达到98%，高中阶段毛入学率达到98%，公民具备基本科学素质的比例达到10.5%。

二是完善现代职业教育体系。实施职业教育质量提升计划，提高学生综合素养和职业能力，增强职业教育人才培养与经济社会发展适应性，培育一批管理规范、特色鲜明、在全国有影响力的示范性或优质职业院校。

三是促进高等教育优质特色发展。全面推进高等教育分类管理和综合改革，坚持科学定位、稳定规模、优化结构、强化内涵、突出特色的原则，引导高校转变发展模式，深化教学改革，全面提升创新能力和社会服务能力。到2020年，高等教育毛入学率要超过50%。同时，分类推进研究生培养模式改革，优化学术学位与专业学位研究生培养结构。

四是重视特殊教育和民族教育。全面贯彻党的民族政策，进一步加大对民族教育的支持力度。完善特殊教育体系，提升特殊教育普及水平和教育质量，促进残疾人事业全面发展，帮助残疾人更好地融入社会。

五是构建终身教育体系。山东大力发展面向全体社会成员的继续教育，畅通全民终身学习通道，构建惠及全民的终身教育培训体系，加快学习型社会建设。

六是加强卫生和国防教育。创新学校卫生和健康教育活动形式，促进学生养成科学、文明、健康的生活方式和行为习惯。重视开展国防教育，增强国防观念，激发爱国热情。

为此，山东省将进一步深化教育改革开放，全面推进德育、体育和美育综合改革，推动建立现代学校制度，增强教育发展动力；进一步提升教育保障水平，依法保证教育投入稳定增长，提高教师队伍素质，加快推进教育信息化，提升依法治教能力，全面增强各级各类学校的办学综合实力。

第三章
建设更加公平可持续的社会保障制度

改革开放前，山东和全国其他省份一样，城镇社会保障实行的是“企业办社会”和“单位办社会”的单位保障，其主要特点是“低工资、多就业、高补贴、高福利”。改革开放以后，山东省认真贯彻落实党中央、国务院的决策部署，结合山东实际，着力进行了一系列改革和实践，社会保障事业取得巨大成就。

第一节　发展历程

从党的十一届三中全会召开到邓小平发表南方谈话，是山东省社会保障制度改革发展的初期。在这一时期，山东也和全国一样，实现了从“以阶级斗争为纲”向“以经济建设为中心”的战略转移，发展的中心任务是经济建设，同时社会保障制度也开始改革与发展。从邓小平发表南方谈话，提出“发展是硬道理”，到党的第十六次全国代表大会召开，正式提出“全面建设小康社会”，是山东省社会保障制度改革发展的中期。在这一时期，社会政策建设作为全面建设小康社会的一个重要方面越来越受到重视。从党的第十六次全国代表大会召开到党的第十八次全国代表大会召开，提出“全面建成小康社会”的新要求，是山东省社会建设加速发展时期。在这一时期，山东在经济发展的基础上，更加注重社会建设，着力保障和改善民生，推进社会体制改革，扩大公共服务，完善社会管理，促进社会公平正义，努力使全体人民学有所教、劳有所得、病有所医、老有所养、住有所居，推动建设和谐社会。从党的第十八次全国代表大会召开至今，是山东省社会建设全面发展时期。山东省坚持将社会建设作为中国特色社会主义事业“五位一体”总体布局中的重要内容，多谋民生之利，多解民生之忧，解决人民最关心最直接最现实的利益问题，扩大社会保障网络覆盖范围，推动城乡一体化进程。

一、发展初期（1978年12月—1991年12月）

（一）养老保险

改革开放以前，中国没有统一的养老保障模式，城市主要是以用人单位为主体的自我保障模式，农村则主要是以个人为主体的自我保障模式。改革开放后，国家即开始探索逐步实行退休费用的社会统筹，陆续出台了一系列关于安置老弱病残干部、工人退休退职、干部离职休养的政策规定。

1986年，山东省根据国务院《关于发布改革劳动制度四个规定的通知》精神，出台了《关于发布改革劳动制度四个实施细则的通知》（鲁政发〔1986〕127号），明确规定了国营企业和机关事业单位劳动合同制工人退休养老实行社会保险制度，退休养老基金的来源由单位和劳动合同制工人缴纳。自此，山东省以市、县为单位逐步实行退休费用社会统筹试点，早于全国统一实行的时间。《山东省关于〈国营企业实行劳动合同制暂行规定〉的实施细则》中规定，合同制工人退休养老基金，用工单位按合同制工人工资总额的18%缴纳；工人本人按月标准工资的3%缴纳。凡用工单位和本人缴纳退休养老基金满15年者，年龄符合退休条件的，可享受退休养老及病、亡等待遇。

1990年11月，山东省政府决定成立“山东省社会保险管理委员会”。其职责是：贯彻中央、国务院关于社会保险制度改革的方针、政策，制定山东省社会保险制度改革的规划和方案，对社会保险工作实行统一管理，指导社会保险基金筹集和退休职工管理服务工作，协调各部门的关系，研究解决工作中的重大问题等。该委员会办公室设在省劳动局。1991年，为了深化社会保险制度改革，山东省逐步在城乡建立以养老保险为核心的社会保险制度。这一时期，农村社会养老保险也于1991年开始试点。山东省有5个县市被列为试点，并在部、省、市、县各级各部门的共同努力下取得了丰富的经验，民政部于1991年10月在牟平县召开了全国试点工作会议。此后，山东省各地纷纷要求试点，至1991年底，民政部已批准山东省72个县（市、区）为试点单位。

（二）医疗保险

改革开放初期，山东省医疗保障体系城乡二元结构明显，主要有城镇职工医疗保障制度和农村合作医疗保障制度，两个制度虽然名称不同、资金筹集渠道不同，但实质都是低水平的免费医疗。随着社会主义市场经济体制的逐步确立和国有企业改革的不断深化，公费医疗和企业劳保医疗制度的弊端也逐步显现。从20世纪80年代中后期开始，山东省一些地方便开始改革，主要是改革原有的医疗费由国家和单位包揽的模式，实行医疗费由财政、医院、单位、个人多方负担的管理办法，增强个人的费用意识，减少浪费。到1985年上半年，全省约有40%的单位进行了医疗制度改革。

（三）失业保险

这一时期尚无“失业保险”这一概念，人们普遍使用的是“待业保险”。1986年7月，国务院颁布《国营企业职工待业保险暂行规定》。1986年12月，《山东省〈国营企业职工待业保险暂行规定〉实施细则》颁布，规定了国营企业和国家机关、事业单位和社会团体必须缴纳待业保险基金，保障了破产企业职工、濒临破产企业被精简职工、被企业辞退职工和终止、解除劳动合同的合同制工人在无工作期间的基本生活、医疗等费用，实际上确立了后来山东省失业保险制度的基本框架。

（四）生育保险

山东是计划生育先进省份，对生育保险的要求比较迫切。20世纪80年代中后期，全国各地陆续开展了生育保险制度改革探索。1988年底，山东省在曲阜启动生育保险基金社会统筹试点工作，将企业在职固定工、合同制工人、计划内临时工纳入统筹范围，按照以支定收的原则，由企业向社会保险经办机构缴纳费用，对保障女职工生育期间基本生活和医疗保健需求发挥了积极作用。到1990年，试点范围扩大到德州、滨州等7个县市。

二、发展中期（1992年1月—2002年11月）

（一）养老保险

1993年，山东省人民政府印发《贯彻国务院〈关于企业职工养老保险制度改革的决定〉的通知》（鲁政发〔1993〕6号），提出逐步建立起基本养老保险与企业补充养老保险和职工个人储蓄性养老保险相结合的养老保险制度。从1993年开始，山东省陆续开展了机关事业单位养老保险统筹试点。从这一时期开始，企业与机关事业单位实行不同的养老保险制度，逐步形成所谓的养老保险双轨制。

1995年，山东省人民政府印发了《贯彻国务院〈关于深化企业职工养老保险制度改革的通知〉的通知》（鲁政发〔1995〕98号），规定企业职工基本养老保险实行社会统筹与个人账户相结合的基本制度，基本养老保险费由单位和个人共同负担，逐步实行企业养老金社会化发放，首次规定了集体企业和国有企业实行同样的参保政策。随后，企业补充养老保险和储蓄性养老保险工作也相继展开。1997年，山东省印发了《山东省统一企业职工基本养老保险制度实施办法》（鲁政发〔1997〕109号），确立了统账结合的基本制度模式，统一了企业养老保险缴费比例、个人账户规模和基本养老金计发办法等政策。2000年底，山东省143.6万企业离退休人员全部实现了养老金社会化发放，位居全国前列，成为山东省完善养老保险制度的一项重大突破。

2001年，山东全省顺利实现了企业职工基本养老保险金新老计发办法并轨，将全省企业职工养老保险个人缴费比例从5%调整到6%。机关事业单位养老保险金的收缴基数逐步由“双基数”征缴改为“单基数”征缴。机关、企事业单位养老保险参保人数达799万，缴纳养老保险金172.4亿元，养老保险金征缴率和企业养老金发放率进一步提高。2002年，山东省积极推动各地普遍建立街道社区劳动保障工作机构，把企业退休人员纳入社区管理，退休人员逐步实行社会化管理服务，全省养老金社会化发放率达到100%，养老金基本上做到了按时足额发放。

（二）医疗保险

这一时期，职工基本医疗保险制度正式确立。1994年，国家出台了《关于职工医疗制度改革的试点意见》，提出建立“统账结合”的新型城镇职工医疗保险制度。1995年，山东省印发了《山东省城镇企业职工医疗保险制度改革试点意见》（鲁政发〔1995〕97号），在全省企业开展以“个人账户金、企业调剂金、医疗统筹金”为核心的企业职工医疗保障制度改革，建立了稳定的医疗保险筹资机制和医疗费用分担机制，实现了医疗费用的互助共济，平衡了企业的医疗费用负担，较好地保障了企业职工的基本医疗需求。随后几年，试点范围不断扩大。1999年，省政府办公厅制定下发《关于印发〈山东省建立城镇职工基本医疗保险制度实施方案〉的通知》（鲁政发〔1999〕94号），在全省范围内确立了职工基本医疗保险制度，建立起用人单位和个人共同缴费的筹资机制、医疗费用分担机制，以及医疗机构的竞争机制，形成了医、患、保三方激励与制约相统一的管理机制，初步实现用比较低廉的费用购买比较优质的医疗服务的改革目标。2001年，全省已有16个市113个县市区启动实施了医疗保险制度，参保人数达到511万。

（三）失业保险

为适应企业转换经营机制和政府机关转变职能的需要，1992年12月，

《山东省职工待业保险办法》发布，进一步扩大了待业保险范围，将机关事业单位和社会团体的劳动合同制职工以及城镇各种所有制企业职工纳入保障范围，完善了待业保险制度。这期间，国务院于1999年1月颁布了《失业保险条例》，标志着中国失业保险体系正式确立。1999年9月，山东省政府印发了《关于实施〈失业保险条例〉有关问题的通知》（鲁政发〔1999〕103号），失业保险成为下岗职工和失业人员基本生活保障的主要形式。2001年底，领取失业保险金的人数达到30.9万，失业保险金已成为下岗失业人员基本生活的重要保障。

（四）工伤保险

改革开放初期，山东省仍然沿用20世纪50年代制定的工作人员伤亡抚恤办法、职业病处理办法等，由企业自行承担费用。进入20世纪90年代，山东省开始进行工伤保险社会统筹试点。1993年11月，省劳动厅转发《劳动部办公厅关于印发〈工伤保险改革试点省市座谈会纪要〉的通知》，推进试点改革。1994年，随着《关于加快建立全省社会保障体系的意见（试行）》的出台，山东省工伤保险制度改革走上快车道。1997年3月，山东省劳动厅印发《关于贯彻劳动部〈企业职工工伤保险试行办法〉的通知》，山东省工伤保险改革工作全面启动，工伤保险工作迅速发展。到2001年，全省17个市全面实施工伤保险费用统筹，参保人数达到285.8万。

（五）生育保险

1994年，国家劳动部颁发《企业职工生育保险试行办法》，对生育保险范围、基金征集、待遇支付等问题作了明确规定。山东各地陆续启动生育保险改革，1996年，试点达到61个县市，1997年扩大到全省12个市地，生育保险工作进入稳定发展的新阶段。这一时期，山东省生育保险覆盖面进一步扩大，到2001年，已经有16个市实现了生育保险社会统筹，参保人数达到331.8万，生育保险制度基本定型。

三、加速发展时期（2002年12月—2012年11月）

从党的第十六次全国代表大会召开到党的第十八次全国代表大会召开，提出“全面建成小康社会”的新要求，是山东省社会建设的加速发展中期。在这一时期，山东在经济发展的基础上，更加注重社会发展，着力保障和改善民生，推进社会体制改革，扩大公共服务，完善社会管理，促进社会公平正义，努力使全体人民学有所教、劳有所得、病有所医、老有所养、住有所居，推动建设和谐社会。

（一）养老保险

这一时期，山东省城乡养老保险工作全面加速推进。2002年，各地普遍建立了街道社区劳动保障工作机构，全省养老金社会化发放率达到100%。2003年，山东省出台了一系列养老保险政策，如山东省办公厅印发的《关于扩大企业基本养老保险覆盖范围有关问题的意见》（鲁政办〔2003〕37号）等，对乡镇企业参保和农民工养老保险关系接续等方面作出了相关规定。[①]2006年8月，省政府印发的《山东省完善企业职工基本养老

① 李善峰主编：《社会蓝皮书：山东省社会形势分析与预测（2004）》，山东人民出版社2004年版，第133页。

保险制度实施意见》，成为山东省企业养老保险工作的纲领性文件，标志着山东省统账结合的企业职工基本养老保险制度基本成熟。2009年，省政府印发《山东省企业职工基本养老保险省级统筹实施意见》，企业职工基本养老保险由此实现了省级统筹。随后几年，山东省养老保险制度建设得到稳步推进。到2001年底，山东省实现了城乡居民社会养老保险全省全覆盖，提前一年完成国家的任务目标。

这一时期，山东省农村养老保险不断取得新进展。2009年9月，国务院印发《关于开展新型农村社会养老保险试点的指导意见》，决定建立新型农村社会养老保险制度，山东省19个县（市、区）为国家首批新农保试点单位。截至2012年末，山东省城镇职工基本养老保险参保人数达到2063.2万，企业基本养老保险参保人数达到1739.8万，机关事业单位养老保险参保人数达到323.4万，城乡居民社会养老保险参保人数达到4401.2万，1257.5万人按月领到了养老金。[①]

（二）医疗保险

2003年，劳动和社会保障部办公厅发出《关于进一步做好扩大城镇职工基本医疗保险覆盖范围工作的通知》，将医疗保险的范围进一步扩大到灵活就业人员和实施关闭破产的中央企业和中央下放地方的企业退休人员等。2007年7月，《山东省建立城镇职工基本医疗保险制度实施方案》出台，计划到2009年底前，基本建立社会医疗保险制度。2010年山东省医疗

---

① 山东省统计局、国家统计局山东调查总队：《2012年山东省国民经济和社会发展统计公报》，载山东省统计局官网，www.stats-sd.gov.cn/art/2013/2/28/art_6196_405511.html。

保险异地就医结算、流动就业人员医疗保险关系转移接续、城镇居民医疗保险门诊统筹试点等政策顺利出台。2011年，山东把领取失业保险金期间的失业人员纳入职工基本医疗保险范围，从制度上解决了10余万失业人员的医疗保障问题，全省各市基本实现了医疗保险市级统筹。

这一时期，山东省新型农村合作医疗试点工作顺利进行。随着城镇职工基本医疗保险的建立和完善，农村居民的医疗保障问题逐渐凸现。2003年，国务院办公厅转发了卫生部通知，确定在全国部分县（市）试点新型农村合作医疗制度，2003年2月，《山东省人民政府办公厅转发了省卫生厅等部门关于建立新型农村合作医疗制度的意见的通知》（鲁政办发〔2003〕12号）出台，确立了山东省的新型农村合作医疗制度，将农村居民纳入了医疗保障制度范围。2004年4月，《山东省人民政府办公厅转发省卫生厅等部门关于进一步做好新型农村合作医疗试点工作的指导意见的通知》出台，结合山东省实际，提出了一些指导意见，首先要求进一步提高对新型农村合作医疗试点工作重要性和艰巨性的认识；明确试点工作的目标任务；研究和探索适应经济发展水平、农民经济承受能力、医疗服务供需状况的新型农村合作医疗政策措施，建立健全农村合作医疗的管理体制、筹资机制、运行机制和监督机制，为全面建立新型农村合作医疗制度提供经验。

山东省为了全面建立新型农村合作医疗制度，2006年山东省卫生厅等6部门发布《关于加快建立新型农村合作医疗制度的意见》，明确了新农合制度的指导思想、原则和目标任务，将新型农村合作医疗制度纳入社会主义新农村整体规划。2006年全省试点县（市、区）占60%以上，到2007年占80%以上，在全省建立基本覆盖农村居民的新型农村合作医疗制度，同步建立和完善农村医疗救助制度，有条件的地方探索逐步向社会医疗保险过渡，实行多种形式的农民医疗保障办法。山东省还提高了财政补贴标准和新型农村合作医疗的保障能力。2007年1月，山东省政府下发《关于全面推开新型农村合作医疗试点工作的通知》，把新型农村合作医疗制度建设纳入社会主义新农村的建设范围，纳入政府年度考核目标，确保新型农村合作医疗制度建设顺利进行。从2003年到2006年，山东省先后共启动46个省级试点县（市、区）。[1]2007年，全省134个有农业人口的县（市、区）全部建立了新农合制度，农民参合率达90.31%。2012年，新农合参合率达99.9%，人均筹资标准302元，年人均保障标准2214元，比2011年提高了521元。截至2012年末，全省医疗保险参保人数达到3101.2万。

（三）失业保险

2003年，山东实现下岗和失业并轨，全省共有3万名下岗职工在企业再就业服务中心享受基本生活保障待遇。2003年8月，《山东省失业保险规定》出台，将国家机关和参照公务员管理的机关工勤人员纳入参保范围。随后几年，山东省不断调整失业金标准，扩大支出范围试点。2007年，14个市调整了失业金标准；2008年，11个市开展了扩大失业保险基金支出范围试点；2011年，省人社厅、省财政厅联合印发《关于延长扩大失业保险基金支出范围试点政策有关问题的通知》（鲁人社〔2009〕69号），并按照人社部发《关于东部7省（市）扩大失业保险基金支出范围试点有关问题的通知》（〔2011〕95号文件）要求，增加了降低用人单位和职工失业保

① 李善峰主编：《社会蓝皮书：山东省社会形势分析与预测（2006）》，山东人民出版社2006年版，第119页。

险缴费费率的政策。至2011年底，全省有16个市（青岛市未开展试点）和省本级落实扩大支出试点政策。截至2012年末，全省失业保险参保人数达1009.8万。

（四）工伤保险

2003年4月，国务院发布《工伤保险条例》，标志着中国工伤保险制度的正式确立。2004年6月，劳动和社会保障部发布《关于农民工参加工伤保险有关问题的通知》（劳社部发〔2004〕18号），将工伤保险范围扩大到农民工，这是工伤保险制度的重大进步。2011年，山东省结合本省实际，制定了《山东省工伤保险条例实施细则》。2011年，全省17市基本实现工伤保险市级统筹，工伤保险基金抗风险能力进一步增强。2012年7月，山东省印发了《山东省工伤康复管理试行办法》，填补了山东省在工伤康复政策上的空白，完善了“三位一体”的工伤保险制度体系。截至2012年末，全省工伤保险参保人数达1339.6万。

（五）生育保险

2007年5月，山东省政府出台《山东省企业职工生育保险规定》，标志着山东省生育保险制度正式确立。其规定：本省行政区域内的企业，都应当按照本规定参加生育保险，为其职工缴纳生育保险费；凡是符合国家计划生育政策生育或者实施计划生育手术，所在单位按照规定参加生育保险并为该职工连续足额缴费一年以上的企业职工，都有权享受生育保险待遇，包括女职工产假期间的生育津贴；女职工生育发生的医疗费用；职工实施计划生育手术发生的医疗费用以及国家规定的与生育保险有关的其他费用。这一时期，山东省生育保险参保人数增长明显：2002年底为323.2万，2007年底为563.3万，2012年底全省生育保险参保人数达到919万。

四、全面发展时期（2012年12月至今）

从党的第十八次全国代表大会召开以来，山东省坚持将社会建设作为中国特色社会主义事业“五位一体”总体布局中的重要内容，多谋民生之利，多解民生之忧，解决人民最关心最直接最现实的利益问题，在学有所教、劳有所得、病有所医、老有所养、住有所居上持续取得了新进展。

（一）养老保险

这一时期，山东省认真贯彻落实党的十八大精神，积极推进养老保险制度城乡统筹，企业和机关事业单位养老保险制度实行统一模式，城乡居民基本养老保险实现制度统一。2013年7月，山东省人民政府发布《关于建立居民基本养老保险制度的实施意见》，将新农保和城居保合并实施，建立居民基本养老保险制度，“比国家提前近一年实现城乡居民基本养老保险整合”[①]。2014年，山东省人民政府又出台了《关于居民基本养老保险有关事项的通知》等政策，顺利实现了企业职工基本养老保险与居民基本养老保险两种制度之间的转移接续。2015年2月，山东省印发了《关于机关事业单位工作人员养老保险制度改革的实施意见》（鲁政发〔2015〕4号），同年7月，省人社厅印发了《关于印发〈山东省机关事业单位工作人员养老保险

① 《山东人社五年十余个“全国率先” 百姓提前享“红利”》，新华网，2016年1月29日，http://news.xinhuanet.com/2016-01/29/c_1117934792.htm。

制度改革实施办法〉的通知》（鲁人社发〔2015〕46号），在全国率先改革机关事业单位工作人员养老保险制度，并率先在全省范围内启动了参保缴费和待遇发放工作。2016年，山东省还在全国率先开展试点，将非营利民办学校教师纳入机关事业单位养老保险制度。这一时期，《山东省被征地农民参加居民基本养老保险办法》（鲁人社发〔2013〕35号）于2013年出台，较好地解决了新征地农民的养老保险问题。截至2017年末，山东居民基本养老保险参保人数达到4530.6万，基础养老金最低标准自2016年7月1日起提高到每人每月100元；城镇职工基本养老保险参保人数达到2660.9万。①

（二）医疗保险

2012年底，山东省人社厅、财政厅印发《关于省属驻济机关事业单位参加职工基本医疗保险有关问题的通知》（鲁人社发〔2012〕52号），全面启动省直机关事业单位基本医疗保险制度。2013年，公费医疗制度正式结束运行。2013年11月，山东省人民政府发布《关于建立居民基本医疗保险制度的意见》（鲁政发〔2013〕31号），决定自2014年1月起，将城镇居民基本医疗保险和新型农村合作医疗制度进行整合，建立全省统一、城乡一体的居民基本医疗保险制度，实施城乡居民医保统筹，报销政策不再城乡有别，农村居民药品报销目录从1100多种增加到2400多种，山东也成为十八大后首个实现城乡居民基本医疗保险整合的省份②。山东城乡居民医

① 山东省统计局、国家统计局山东调查总队：《2017年山东省国民经济和社会发展统计公报》，载山东省统计局官网，www.stats-sd.gov.cn/art/2018/2/28/art_6196_812195.html。

② 《山东人社五年十余个“全国率先” 百姓提前享“红利”》，新华网，2016年1月29日，http://news.xinhuanet.com/2016-01/29/c_1117934792.htm。

保整合后，还同步实施统一的居民大病保险制度。2015年起，大病保险从原新农合仅对20类大病补偿，全部过渡为按额度补偿。2017年，山东省人力资源和社会保障厅、山东省财政厅《关于贯彻落实人社部发〔2017〕36号文件进一步做好居民医疗保险工作的通知》(鲁人社发〔2017〕33号)指出：山东省居民医疗保险工作应继续提高财政补助标准，提升个人筹资水平，增强保障能力；规范基本医保政策、健全大病保险运行机制，不断完善医保制度建设；深入开展医保精准扶贫，做好扶贫政策衔接，形成保障合力；加强基金管理，规范基金核算，强化风险防控。同时，针对扶贫问题还特别指出：全面落实资助参保政策，确保将低保对象、特困人员、建档立卡贫困人口等困难人员纳入居民医保范围；对符合《山东省农村贫困人口大病专项救治工作实施方案》(鲁卫办字〔2017〕58号)规定的11种大病临床路径救治对象，按原有基本医保和大病保险政策给予足额补偿；加强基本医保、大病保险与医疗商业补充保险、医疗救助、农村贫困人口大病专项救治等政策和经办业务的有效衔接，实现部门间信息互联共享，充分利用基本医保管理信息系统，为参保人员提供“一站式”即时结算服务，切实减轻贫困人员医疗费用垫支负担。

这一时期，山东省还积极推进异地就医结算工作。2011年，山东省就在全国率先启动了省内异地住院直接结算，2013年全省17市之间全部实现互联互通。2015年，全省异地就医联网结算实现17市互联互通。2017年，山东省又全面启动实施跨省异地就医住院医疗费用直接结算工作，全省17市及省本级已全部接入国家异地就医结算系统，并开通山东大学齐鲁医院等定点医疗机构89家。据统计，2015年，山东省医疗保险参保人数达到9235.8万，其中居民基本医疗保险参保人数为7331.4万；居民大病保险累积补偿180.7万人次、37.8万元，居民以及职工政策范围内住院费用报销比例分别为70%和75%以上，城乡医疗救助资金支出10.7亿元，救助和资助居民276万人次。[①]

（三）失业保险

2012年以来，山东省在保障失业人员基本生活的同时，不断扩大失业保险基金支出范围，促进失业保险支持企业稳定就业岗位，提高失业保险金标准，先后出台了《关于延长扩大失业保险基金支出范围试点有关问题的通知》（鲁人社发〔2012〕47号）、《关于做好新形势下失业保险支持企业稳定岗位工作的通知》（鲁人社发〔2015〕55号）等一系列文件。2017年10月，山东省政府常务会议审议通过了调整失业保险金的标准，拟将原三档失业保险金标准各增加80元，分别调高为每月1080元、1030元、980元，平均标准达到1030元，增幅8.4%。截至2017年底，全省失业保险参保人数为1268.3万，失业保险金标准平均增长8.4%[②]。自2007年以来，山东省失业保险金标准已经实现10连调。

（四）工伤保险

这一时期，山东省工伤保险制度体系建设进一步完善。至2012年底，全省17市均建立了工伤保险费率浮动机制并定期进行调整。2015年，山东

---

① 山东省统计局、国家统计局山东调查总队：《2015年山东省国民经济和社会发展统计公报》，载山东省统计局官网，www.stats-sd.gov.cn/art/2016/2/29/art_6195_405514.html。

② 山东省统计局、国家统计局山东调查总队：《2017年山东省国民经济和社会发展统计公报》，载山东省统计局官网，www.stats-sd.gov.cn/art/2018/2/28/art_6196_812195.html。

省启动了省属驻济机关事业单位工伤保险制度改革，省直工伤保险顺利启动并正常运转，全省公务员参加工伤保险试点工作取得积极进展，潍坊、东营、青岛、济宁、淄博、日照、临沂、烟台等8个市将公务员纳入工伤保险参保范围。2017年，全省工伤保险参保人数达1569.1万，1至4级工伤职工伤残津贴平均增长6.2%。[①]

（五）生育保险

这一时期，山东各地生育保险工作进展顺利。自2013年起，各地陆续将机关事业单位纳入生育保险范围，目前，全省17市机关事业单位已全部纳入生育保险范围。全省生育保险参保人数稳步增长，2013年为974.4万，2014年为1046.5万，2015年为1111.3万，2017年达到1186.6万。

第二节　辉煌成就

改革开放以来，山东省在社会保障制度的建立、改革与完善方面体现出五个转变：一是在发展理念上推动了社会保障责任主体的多元化进程，改变了过去国家统揽的单一责任制；二是实现了社保制度由企业保障向社会保障的转变；三是建立了“统账结合”的制度模式，推动社会保障由完全“现收现付制”向“部分积累制”的模式转变，增强了社会保障制度的保障功能；四是在保障层次上，逐步建立以社会保险为主，企业年金、职

① 山东省统计局、国家统计局山东调查总队：《2017年山东省国民经济和社会发展统计公报》，载山东省统计局官网，www.stats-sd.gov.cn/art/2018/2/28/art_6196_812195.html。

业年金、补充医疗保险、商业保险为辅的多层次社会保障体系，实现了由单层次保障向多层次保障的转变；五是城乡社会保障公平性建设取得重大进步，新农保、新农合制度的建设和完善与农民工社会保障工作推进了社会保障城乡一体化进程。山东省认真贯彻上级决策部署，坚持“全覆盖、保基本、多层次、可持续”方针，全省社会保障工作取得了巨大成就，呈现总体平稳、稳中有进、进中提质的良好态势。

一、社会保障制度体系基本形成

改革开放以来，山东的社会保障体系建设日趋完善，形成了涵盖养老、医疗、失业、工伤、生育五大险种在内的社会保障体系。低保制度也得以建立和不断完善，构筑了社会安全的最后一道防线。

一是养老保险制度体系逐步建立。山东省已经建设形成了由企业职工基本养老保险、机关事业单位养老保险、居民基本养老保险三大板块构成的养老保障体系，企业补充养老保险、个人储蓄型养老保险、商业养老保险成为重要的养老辅助路径。此外，山东省还出台了企业养老保险关系转移接续办法和城乡养老保险制度衔接办法，加强养老保险制度衔接，保证了各类参保人员的顺畅流动。2013年，山东省率先建立了省、市、县三级完整的居民养老保险制度体系，将城市居民养老保险和新农保对接形成城乡统一的居民养老保险制度。山东省基本养老制度体系全面建立并不断完善，实现了养老保险制度全覆盖。2018年山东省人力资源和社会保障厅、山东省财政厅《关于提高全省居民基本养老保险基础养老金最低标准的通知》（鲁人社发〔2018〕25号）规定，自2018年1月1日起，全省居民基本养老保险基础养老金最低标准由每人每月100元提高到118元，山东省社会养老保险制度建设得到稳步推进。

二是逐步健全全民医疗保险制度体系。1999年山东省开始建立职工基本医疗保险制度，2003年建立新型农村合作医疗制度，2007年建立城镇居民基本医疗保险制度。2013年，山东省开始整合城乡居民基本医疗保险，建立起全省统一、城乡一体的居民基本医疗保险制度，成为十八大后全国第一个整合城乡居民医疗保险制度的省份。2014年，在全国率先开展城乡一体、全省统筹的居民大病保险，将城乡居民全部纳入大病保险保障范围。2017年，山东省人力资源和社会保障厅、山东省财政厅下达了《关于贯彻落实人社部发〔2017〕36号文件进一步做好居民医疗保险工作的通知》，进一步加强和完善了医疗保障体系。经过一系列探索实践，山东省在健全全民医疗保险制度体系方面走在了全国前列。初步建立起以基本医保为主体，以职工大额医疗费用补助、单位补充医疗保险、居民大病保险、医疗救助、商业健康保险和社会慈善捐助等为补充的多层次医疗保障体系。

三是建立并完善了失业保险制度、工伤保险制度和生育保险制度。失业保险方面，近年来，山东省不断扩大失业保险基金支出范围，出台一系列失业保险支持企业稳定就业岗位的政策，失业保险稳就业、促就业、防失业的功能不断强化。同时，不断提高失业金支付标准，保障失业人员基本生活。工伤保险方面，山东省根据国务院修订的《工伤保险条例》，制定出台一系列工伤预防、补偿和康复“三位一体”的配套政策，建立起具有山东特色的工伤保险制度体系，有效保障了受伤害职工的合法权益。工伤保险方面，2014年，山东省制定了省属驻济机关事业单位工作人员参加工伤保险政策，省属驻济机关事业单位工伤保险正式启动。2015年，公务员参加工伤保险试点工作取得了积极进展。落实农民工参加工伤保险“平安计划”，建筑业实行按项目参保，将农民工纳入工伤保险。解决企业“老工伤”问题，将12.6万名老工伤人员全部纳入统筹管理。生育保险方面，2007年，省政府出台《山东省企业职工生育保险规定》，统一了生育保险政策，为全面推进生育保险提供了完善的政策框架。

四是构建了城镇居民最低生活保障制度。2001年9月28日，《山东省实施〈城市居民最低生活保障条例〉办法》颁布，对本省行政区域内持有非农业户口的城市居民提供最低生活保障。城市最低生活保障制度实行政府负责制。县级以上人民政府民政部门具体负责本行政区域内城市居民最低生活保障的管理工作；财政部门按照规定落实城市居民最低生活保障资金；统计、物价、审计、劳动保障、人事等部门在各自职责范围内负责城市居民最低生活保障的有关工作。2007年9月25日，山东省人民政府办公厅下发了《关于转发省民政厅省财政厅〈山东省农村居民最低生活保障制度实施意见〉的通知》(鲁政办发〔2007〕4号，以下简称《意见》)。该《意见》分为农村低保遵循的原则，农村低保标准的确定与调整，农村低保对象的确定，农村居民家庭收入核算，农村低保待遇的申请、审批与发放，农村低保资金的筹集、管理与监督，工作管理，工作考核，工作监督9部分。城乡低保制度的建立为社会的平稳运行提供了安全阀和最后一道防线。近些年来，山东省不断提高城乡低保标准，2018年农村低保标准提高为3527元以上，这个标准是按照年度动态调整后的省定扶贫标准。山东省今后仍将继续完善低保对象认定办法，加快探索建立直观量化、便于操作、切合实际、群众认可的贫困状况评估指标体系，综合评估申请家庭贫困程度，精准认定低保对象。积极探索建立居民在居住地申请低保制度，研究制定支出型贫困家庭救助支持政策，将持续一定时间的支出型贫困家庭纳入低保保障范围。同时致力于缩小城乡低保标准的差距，预计于2019年将城乡低保标准之比缩小为1.5：1之内。此外，山东省将低保制度建设与扶贫攻坚工作结合起来，坚持精准扶贫、精准脱贫，解决区域性整体贫困，帮助困难群众真正脱贫。

五是长期护理保险制度在山东省试点并推广。伴随着山东省老龄化的不断加剧，高龄老人、失能失智老人的数量不断增加，对照料和护理的需求不断上升。为了解决老年护理难题，2014年山东省政府办公厅出台了《关于开展长期护理保险试点工作的指导意见》(鲁政办字〔2014〕85号)，在青岛、东营、潍坊、日照、聊城、济南6地开展了试点工作，以解决失去生活自理能力人员长期护理保障为目标，依托医疗机构和老年护理机构，构建职工长期护理保险制度。2017年，山东省在对试点经验进行总结的基础上体提出了《关于试行职工长期护理保险制度的意见》(鲁政办字〔2017〕63号)，在全省范围内启动职工长期护理保险，各地市相继开始准备铺开。2018年，又在东营市开始城乡居民长期护理保险试点。

二、社会保障覆盖范围不断扩大

山东省在实现社会保障制度基本全覆盖的基础上，坚持以应保尽保、应收尽收为目标，强化部门协同配合，大力实施全民参保登记计划，养老、医疗保险参保率逐年提高，社会保险参保人数持续增加。《2017年山东省国民经济和社会发展统计公报》数据显示，山东省职工基本养老、职工基本医疗、失业、工伤、生育保险参保人数分别达2660.9万、2013.1万、

1268.3万、1569.1万、1186.6万。居民基本养老保险和医疗保险参保人数分别达到4530.6万、7282.6万。企业退休人员月人均养老金达到2627元。432家医院实现省内异地就医联网即时结算。失业保险金标准平均增长8.4%，1至4级工伤职工伤残津贴平均增长6.2%。城镇最低生活保障人数23.8万，年人均保障标准6192元，比上年提高222元。农村最低生活保障人数181.7万，年人均保障标准4249元，比上年提高435元。

三、社会保障待遇水平稳步提高

一是连续提高养老金水平。山东省着眼于探索建立更加公平合理的基本养老金调整与职工工资增长、物价上涨等因素的联动机制，连续提高企业退休人员养老金，平均养老金从2004年的人均740多元，增加到2016年的人均2780多元，2018年山东省人均每月养老金有望达到2910元，接近突破3000元大关，人均上涨约138元。目前，山东已连续13年提高企业退休人员养老金水平，居民基础养老金标准提高到每人每月118元。

二是稳步提升基本医疗保险待遇水平。山东逐步调整完善基本医疗保险待遇政策，提高统筹基金报销比例和最高支付限额，有效减轻了参保人员的经济负担。职工和居民医保政策范围内住院费用报销比例分别在75%以上和70%左右，居民基本医保连同大病保险最高支付限额在40万元以上。在重点保障住院待遇的同时，将普通门诊和部分门诊的大病费用也纳入了保障范围。

三是失业、工伤、生育人员得到较好保障。建立失业保险金与物价上涨挂钩联动机制，及时发放价格临时补贴，保障了失业人员的正常生活。建立工伤保险待遇定期调整机制，调整伤残津贴、生活护理费、供养亲属抚恤金。落实生育保险政策规定，及时发放职工生育津贴，足额补偿职工生育医疗费用、产前检查和计划生育手术医疗费用，部分市实现了生育医疗费个人零负担。

四、社会保障支付能力得到加强

经过多年发展，山东社会保险基金规模持续扩大，总体运行态势良好；与全国社保基金理事会签订基金委托运营合同，积极拓宽基金保值增值渠道；建立完善企业职工基本养老保险省级调剂金制度，有效弥补了各地基金收支缺口，增强了制度的均衡性和可持续性；省属企业国有资本划转充实社会保障基金工作开始起步，逐渐做大社会保障基金。2016年，全省各项社会保险基金收入、支出和累计结余分别为3502.5亿元、3202.2亿元、3678.7亿元。2015年1月，经国务院批准，山东省政府与全国社保基金理事会签订了1000亿元基金委托运营合同，山东成为继广东之后在全国第二个实现企业职工养老保险基金委托投资运营的省份，对于实现山东省养老保险基金保值增值、推动更加公平可持续的社会保障体系建设具有重要意义和深远影响。

五、社会保险管理服务水平大幅提升

山东省大力推进管理服务规范化、专业化、信息化，积极推动经办服务网络和经办职能向基层延伸，优化社保经办公开平台和流程，规范社保经办模式。大力推进省内异地就医联网结算工作，优化异地就医结算平台；大力加强社会保障基层基础建设，初步建立起覆盖城乡的省、市、县、乡、村五级经办服务体系；服务手段不断拓宽，经办流程更为优化；

严格收支两条线管理，强化社保机构内控管理，社会保障基金管理水平有了明显提高，有效维护了基金安全完整。另外，山东省制定出台了《山东省社会保险基金监督举报奖励暂行办法》，不断加大基金监督力度。

第三节　经验启示

改革开放40年来，山东省始终以党中央各项方针政策为指导，坚持以人为本和科学发展的理念，把保障和改善民生放在社会建设的核心位置。山东省委、省政府立足省情，不断开拓创新，完善机制建设，把增进人民福祉、建成小康社会作为奋斗的动力和目标。

一、充分重视社会保障制度建设

社会保障在经济社会发展全局中占有重要位置。就业是民生之本，社会保障是民生之基，是体现社会公平正义和社会主义优越性的关键所在。党的十四届三中全会提出，建立健全社会保障体系是建立市场经济体制的重要配套措施；党的十六届三中全会进一步提出，加快建设与经济发展水平相适应的社会保障体系是完善市场经济体制的重要内容；党的十七大强调，把加快建立覆盖城乡居民的社会保障体系作为推进以改善民生为重点的社会建设的重大任务；党的十八大进一步强调，社会保障是保障人民生活、调节社会分配的一项基本制度，要统筹推进城乡社会保障体系建设；党的十九大指出，保障和改善民生要抓住人民最关心最直接最现实的利益问题，坚持人人尽责、人人享有，坚守底线、突出重点、完善制度、引导预期，完善公共服务体系，保障群众基本生活，不断满足人民日益增长的美好生活需要，不断促进社会公平正义，形成有效的社会治理、良好的社会秩序，使人民获得感、幸福感、安全感更加充实、更有保障、更可持续。习近平总书记系列讲话中，对做好新时期民生保障各项工作提出“守住底线、突出重点、完善制度、引导预期”的工作总思路和基本要求。山东省委、省政府认真贯彻落实党中央、国务院的决策部署和习近平总书记讲话精神，在制度建设、机制建设等方面不断结合省情、立足实际，扎实推进、务实创新，在政策探索和实施方面，多次走在全国前列。以政策为导向，以制度为保障，山东省社会保障事业获得健康快速协调发展。

二、切实维护参保人员的合法权益

社会保障是维持社会成员基本生活的重要保障，是社会正常运行的稳定器。社会保障能够调节社会成员收入，促进社会公正，有利于切实解决好民生问题。为了为维护参保人员的合法权益，社会保障政策的决策、制定、执行、监督工作必须从实际出发、与时俱进，致力于解决人民群众最关心最直接最现实的民生问题，妥善处理不同利益群体关系，努力维护参保人员的合法权益。为此，山东省在社会保障事业发展过程中，首先在社会保障制度决策阶段，就广泛吸收和采纳各部门以及社会各界的意见，认真听取基层百姓心声，重视相关科研成果，做好基层调研和政策评估工作，增强社会保障政策制定的科学性；其次，为适应经济与社会发展节奏，使广大人民群众共享改革开放与经济发展成果，山东省根据通货膨胀率和人均收入增长率不断及时提高保障标准，社会养老保险、医疗保险、失业保险等已经多次调整给付标准，提高参保群众待遇；再次，在中央政策的指导下，山东省委、省政府勇于探索创新，在机关事业单位养老保险改革、老年人长期照护保险试点、城乡医保、社保统筹等方面走在了全国前列，有利于平衡不同群体的需求，满足特殊群体需要，增进了社会保障制度的实效性；此外，山东省在社保资金的筹集与运营方面采用了划转国有资本、委托运营等新思路、新方法，基金的保值增值成为未来社会保障体系平稳运行的重要保证；最后，针对因病致贫、因病返贫情况较多的现象，全省各级社会保障部门结合当地实际，科学制定完善基本医疗保险和大病保险政策，实施全民参保登记计划，建立健全稳定可持续的筹资机制，探索向困难群体倾斜的具体政策，实施精准施策，发挥基础保障和兜底作用。山东省各项社保政策的发展完善推动了和谐山东建设，为全面实现小康社会的奋斗目标增砖添瓦。

三、推进社会保障城乡一体化进程

改革开放以来，中国的发展思路经历了农村支援城市到工业反哺农业的转变。正视城乡差异，协调城乡发展，是构建和谐社会、实现小康社会的应有之义。社会保障制度作为再分配的重要手段，其制度设置与运行对协调城乡关系、促进公平正义具有重要意义。从中国社会保障制度的发展过程来看，农村社会保障制度一直滞后于城市职工社会保障制度建设，农村社会保障制度的发展经历了十分坎坷的过程，在农村合作医疗制度、农村社会养老保险制度的建立过程中，曾经遭遇过挫折与失败。经过若干年的探索，才出台了新农合与新农保制度，但是与城市居民社会保险体系相比仍然存在保障水平偏低的问题。为了促进城乡社会保障体制接轨，山东省于2013年开始推行城镇居民与农村居民的养老保险制度和医疗保险制度合并运行，逐步推进城乡社会保障一体化进程，使城乡居民共享改革开放以来的经济成果。2013年7月，山东省出台了《关于建立居民基本养老保险制度的实施意见》，将新农保和城镇居民社会养老保险合并，实施统一的城乡居民社会养老保险制度，农村居民和城市居民享受同样水平的社会养老保障。合并后的山东省城乡居民养老保障包括12个缴费档次，最低标准为100元，最高标准为5000元，档次跨度较大以满足不同群体的需求。截至2017年9月，城乡居民养老保险参保人数达到4520.4万。2013年底，山东省还出台了《关于建立居民基本医疗保险制度的意见》，整合城乡基本医疗保险制度。山东省城乡居民医疗保险整合工作于2014年底完成，做到了制度“六个统一”，实现待遇“一个扩大，两个提高”。截至2017年9月底，全省城乡居民基本医疗保险参保人数达到7257.7万。山东省城乡居民养老保险制度和医疗保险制度的建立均走在了全国前列，并且在参保人数上均位列全国第二。总之，山东省近40年社会保障事业发展道路，是不断完善、不断修正、不断前进的改革之路，正是在实事求是的根本要求之下，各级人力资源和社会保障部门不断地运用实践去检验理论，检验各项政策，又以不断丰富和发展的社会保障理论、政策来发展全省的社保体系。

第四节　未来展望

改革开放40年来，山东省委、省政府不断解放思想、与时俱进、改革创新，山东省社会保障事业建设取得了巨大成就。但是，伴随着中国发展进入战略发展机遇期，新的困难和问题不断出现，城乡社会保障体系发展还不平稳、不同群体间待遇差距仍然存在、广大人民群众对社会保障的广度和深度的要求越来越高等诸多难题亟须破解。今后，各级社会保障部门仍需不断解放思想，着眼现实，与时俱进，用改革的思路去破解社会保障工作中遇到的难题，用改革的办法去化解深层次的矛盾。未来，山东省将继续坚持全覆盖、保基本、多层次、可持续的方针，以增强公平性、适应流动性、保证可持续性为重点，实施全民参保计划，强化政府责任、制度衔接，坚持精算平衡，完善筹资机制，分清政府、企业、个人责任，提升保障标准和统筹层次，建立更加公平更可持续的社会保障制度。

一、继续完善社会保障制度建设，提高社会保障整体水平

尽管山东省社会保障制度建设取得了有目共睹的成绩，但是在覆盖率和保障水平上仍然还有较大的推动空间。据山东省经济综合调查数据显示，当前社会保障制度的覆盖率还有所欠缺，仍有15.5%的人没有参加法定的养老保险，9.6%的人没有参加法定的医疗保险。同时，只有14.2%的人参加了失业保险，16.3%的人参加了工伤保险，11.1%的人享受到了住房公积金或住房补贴。[①]与此同时，当前社会保障制度的保障水平也有所欠缺，调查显示，参加养老保险的人中，参加机关事业单位养老保险、城镇职工养老保险、城乡居民养老保险的比例分别为6.2%、28.1%和63.2%，其中参加城乡居民养老保险的被调查者中，300元和500元缴费档次分别占比65.9%和12.6%，总体而言，当前社会养老保险的保障水平还相对偏低。参加医疗保险的人中，参加机关事业单位医疗保险、城镇职工基本医疗保

① 李广杰主编：《山东蓝皮书：山东社会形势分析与预测（2018）》，社会科学文献出版社2018年版，第161—162页。

险、城乡居民基本医疗保险的占比分别为6.4%、27.4%和66.2%，其中参加城乡居民医疗保险的居民，2017年缴纳医保费前五位依次是160元、140元、240元、200元、300元，分别占比19.5%、9.8%、9%、7.9%、7.4%，缴费标准普遍偏低。①党的十九大报告指出，当前中国社会主要矛盾已经转变为“人民日益增长的美好生活需要与不平衡不充分发展之间的矛盾”，对于山东省社会保障制度体系建设而言，继续完善社会保障制度体系建设，增进社会保障制度的覆盖率和保障水平，是今后社会保障建设工作需要努力的方向。在社会养老保险和医疗保险设置中继续缩小不同群体保障待遇差别，推进公平性建设；在失业保险、工伤保险和生育保险的运行过程中，推广用人单位强制参保制度，鼓励个体和自由就业人群通过商业保险等手段降低生活风险，为人民群众基本生活铸造安全防护网。2017年12月，山东省人社厅、民政厅、财政厅共同出台了《关于完善山东省社会保障体系机制若干问题的意见》，针对现行社会保障制度中的薄弱环节提出了21条具体措施，对促进山东省社会保障制度建设不断进步与完善必将起到重要作用。

二、推进全民参保登记工作，扩大社会保障制度覆盖范围

人力资源社会保障部2014年5月27日印发了《关于实施“全民参保登记计划”的通知》（人社部发〔2014〕40号，以下简称《通知》），计划用4年时间在全国范围内开展全民参保登记计划。全民参保登记计划目标是

① 李广杰主编：《山东蓝皮书：山东社会形势分析与预测（2018）》，社会科学文献出版社2018年版，第162—170页。

实现基本养老保险覆盖全体职工和适龄城乡居民，参保率超过90%，基本医疗保险覆盖全民，失业保险、工伤保险、生育保险基本覆盖所有法定群体，实现各类人员参加社会保险制度的权利公平、机会公平、规则公平。

按照《通知》要求，山东高起点谋划，高标准部署，制定了“自上而下”从省级层面部署实施的“四步走”工作方案，目标是促进和引导各类单位和符合条件的人员长期持续参保，基本实现法定人员全覆盖。开展全民参保登记，对各类人员参加社会保险情况进行全程跟踪，实现源头管理和精确管理，为全民参保提供基础支持。具体来说，全省全民参保登记“四步走”方案包括：第一步，各市将本市范围内五项社会保险、城乡养老和医疗保险进行数据比对，并上传至省级全民参保登记平台，形成以身份证号码为唯一标识的社会保险已参保数据库；第二步，将全省已参保数据库与全省公安部门人口库进行比对，生成社会保险未参保数据库，省级平台通过部级参保登记平台剔除已在外省参保的数据信息，最终形成入户调查数据库；第三步，通过全民参保登记信息系统将入户调查数据分发至各市、县（区）、社区、街道、乡村保障所，进行逐户未参保登记确认；第四步，汇总各市上报信息，形成全省全民参保登记数据库，实现信息自动实时更新。实施全民参保登记以来，全省全民参保登记基础数据实现省级集中，入户调查工作也迅速部署开展，全省各级人社部门统筹部署、积极行动，对本地户籍内未参保人员进行入户调查登记，努力做到“一户不少、一人不落、一项不缺”。

通过全民参保登记工作的实施，山东省对总体参保情况和未参保原因进行了摸底。据资料显示，截至2017年10月底，未参保人员的主要原因分为九类：一是由于个人原因未参保的人数为133.8万，占未参保总数的52.5%，主要是在农村居住或在城镇无固定工作的人员；二是由于其他原因未参保的人员，人数为37.4万，占目前未参保人数的14.7%，主要是部分市因历史原因造成的疑似错误或垃圾数据；三是由于人户分离联系不上，人数为32.1万，占目前未参保人数的12.6%；其他未参保人员依次为全日制在校生、参军人员及随军家属、户口待注销人员、出国人员、判刑人员和单位未予参保人员。在这一工作的基础上，山东省下一步将更容易找准社保工作开展和推广的方向，通过不断完善制度建设、满足群众需求、加强宣传引导等，继续扩大山东省社会保障制度的覆盖范围。

三、做好流动人口的社会保障工作，减少民生保障真空地带

将流动人口社会保障落实到位，能够为流动人口提供基本生活保障、化解生活风险，对于减少犯罪，维护城市稳定，促进经济和社会的和谐发展具有重要意义；落实流动人口社会保障政策是全面建设和谐社会、着眼长远、保障流动人口基本公民权的需要，是社会顺利转型、推进城市化战略、缩小城乡差距、实现社会公平的需要，是新时期社会反贫困的重要举措。做好流动人口的社会保障工作是山东省社会保障事业全面发展的重要组成部分。当前，山东省城乡居民基本养老保险制度与城乡居民基本医疗制度已经并轨运行4年，对于流动人口，尤其是省内流动人口、核算区域内流动人口而言，为其参加社会保险提供了较大的便利，但也存在一些问题。2017年山东省流动人口动态监测数据显示，2017年山东省内还有6.2%的流动人口无任何医疗保险，这部分群体多为低收入水平、低文化程度和无固定职业人员。同时，2017年山东省内流动人口中已经办理社会保障卡的比例为48.7%，持卡率不足五成，而山东省户籍人口中个人社会保障卡

的持卡率为90.5%，比流动人口持卡率高出近一倍。与全国其他省份相比，山东省流动人口的社会保障持卡率相对较低，在全省31个省、直辖市、自治区中，仅排名18位。今后，山东省还需要进一步加大对流动人口的社会保障力度，采取多项措施，切实提高流动人口的社会保障持卡率。在流动人口社会保险的转移接续方面，还需继续拓宽渠道、简化手续，增加福利的可携带性，使异地就医、异地养老更加便捷。针对当前工伤保险、失业保险和生育保险参保率较低的情况，应为非正式就业、自谋职业流动人口参加社会保险提供入口，保障其合法权益。此外，应尽快建立依托居住证制度将流动人口纳入当地低保的可行性操作方案，帮助因突发状况而致贫的流动人口及其家庭暂渡难关或返乡安家。

四、认真研判社会需求转变，社会保障建设要跟上时代发展脉搏

当前，中国经济社会发展已经进入转型关键期，新现象、新形势、新挑战、新机遇不断涌现，给社会保障建设提出了很多新课题。社会保障建设应以满足发展变化中的社会需求为导向，不断修改和完善社会福利制度，保障广大人民群众的根本利益。当前山东省社会保障制度建设面临的主要挑战包括：一是日益扩大的老年群体与高龄老人群体对社会保障的需求与日俱增，山东省在养老保险体系公平性建设、养老保障待遇稳步提高和高龄失能老人长期照护保险铺开等方面作出了努力，今后仍需在这些方面加强制度建设；二是流动人口群体中不断出现的新形势、新情况对社会保障制度的调整提出了新要求，流动人口家庭化迁移、随迁老人数量增多、二代农民工融入城市需求较高等情况均成为今后流动人口社会保障

制度建设需要考虑的现实问题；三是全面二孩时代的到来对生育保险和生育福利的供给提出了新需求，如何通过合理的生育保险和生育福利维护育龄女性的就业权利并促进山东人口结构优化调整成为较为现实的问题。改革开放40年中，山东省社会保障建设不断开拓创新，基本上实现了人人共享改革成果的良好局面。但是与此同时也要正视社会保障制度仍然存在不足，社会发展不断提出新课题、新要求的现实需求，都要求我们做好预判、预研工作，不断推进社会保障制度的改革与完善，急人民所急，解人民所困，切实维护广大人民群众的根本利益。

第四章
加快推进医疗卫生体制改革，提高人民健康水平

改革开放40年来，山东省医疗卫生条件不断改善，在制度设计、设施建设、服务提升、队伍打造、资金扶持等方面作出了大量改进，推动了以城乡医疗保险为核心、医疗体制改革为手段、城乡医疗卫生服务发展为目标的医疗卫生体系建设。没有全民健康，就没有全面小康。党的十九大报告中指出，要“实施健康中国战略，人民健康是民族昌盛和国家富强的重要标志，要完善国民健康政策，为人民群众提供全方位全周期健康服务”。

第一节　发展历程

自改革开放以来，山东省城乡卫生服务体系建设经历了四个十年，每个阶段的发展重点和发展目标有所不同。1978—1991年，山东省加大了对农村卫生院和乡村医生队伍的建设力度，并在广大农村地区探索开展农村合作医疗制度，初步搭建起农村医疗卫生服务体系。1992—2002年，主要

进行了城市社区医疗卫生服务体系建设，构建了城市基层医疗卫生服务网络。同时，城镇医药卫生体制改革开始启动，目的是增强医疗卫生服务的公益性，纠正医疗卫生服务体系建立初期走过的一些错路、弯路。2002年底—2012年，山东省医疗卫生服务体系的发展主要围绕四个方面展开：一是新农合制度的建立与推广，二是以乡镇卫生院建设为主的农村基础卫生服务体系的发展，三是社区卫生服务机构建设和社区卫生服务网络构建，四是医疗卫生制度改革继续深化。这一阶段是山东省医疗卫生服务体系建设的快速发展期。2012年底至今，是城乡基层卫生服务体系继续完善与基层医疗卫生机构综合改革深化阶段。这一阶段，山东省继续紧跟党中央步伐，贯彻落实中央精神和文件，推动山东省医疗卫生服务体系公平性建设。同时，习近平总书记"健康中国"重要思想开始形成，医疗卫生服务体系作为构建健康中国的重要支撑体系，其重要性不言而喻。山东省医疗卫生体系建设不断更新理念，理顺思路，稳步推进。

一、发展初期（1978年12月—1991年12月）

改革开放以前，中国的医疗卫生保障主要依靠单位和财政拨款，实行统收统支。1978年党的十一届三中全会以后，经过拨乱反正，落实多项正确政策并把工作重点转移到社会主义现代化建设上来，医疗卫生体系及其工作同其他社会建设事业一样进入了新的历史时期。改革开放以后，随着经济社会体制的不断改革变化，原有医疗保障制度所依赖的经济组织基础不复存在，财政体制方面，统收统支的财政政策向分级分税制转变，地方政府开始更多地承担卫生筹资责任。政府对医疗机构引入经济核算，更多强调市场机制在资源配置中的作用。医院成为独立经济核算的主体，医院和公共卫生机构可以进行创收，以弥补预算的不足。1981年，山东省卫生厅、农业厅下发了《关于巩固发展合作医疗，办好生产大队卫生所的通知》和《做好赤脚医生的考核工作的意见》等文件，对赤脚医生的社会定位、解决这一群体的补助和加强群体素质建设及考核作了明确的政策性规定。

1987年，全省各级党委和政府普遍加强了对农村卫生工作的领导，推动了全省农村卫生工作的发展。1987年，山东省政府批转了省卫生厅《关于将卫生院划归乡镇政府管理的报告》，初步改变了卫生院管理体制上条块分割的状况，增强了乡镇政府管好卫生工作的责任感，农村卫生服务得到进一步发展。通过各地积极工作，全省建立卫生室的行政村达到87935个，占行政村总数的98.9%。为加强对乡村医生队伍的管理，山东省还成立了农村卫生协会，会员发展到38392人[①]。山东省在20世纪90年代初实施初级卫生保健达标工作，合作医疗事业得以恢复和发展。32个初级卫生保健达标或基本达标县市、区合作医疗覆盖率达72.80%，同年全省合作医疗覆盖率也上升到24.88%。到1991年，全省各类医院达到2861个，医院病床16.5万张，卫生技术人员30.9万人。

二、发展中期（1992年1月—2002年11月）

20世纪90年代国家的卫生发展战略提出，要以提高人民健康水平和卫生服务水平为主导，突出预防保健和农村卫生两个战略重点，保障人民群众最基本的医疗保健需求。中国卫生工作和卫生事业发展的总目标是：到

① 中共山东省委党史研究室编：《中共山东编年史》第14卷，山东人民出版社2015年版，第470页。

2000年，全体人民都能获得基本的卫生保健服务，总体上达到与小康水平相适应的健康水平，实现人人享有卫生保健。

1992年9月，国务院下发《关于深化卫生改革的几点意见》，提出“进一步推进医疗领域要素市场的自由流动，利用市场价值来配置资源”，这标志着中国医疗卫生体制将发生重大变革。根据该文件，卫生部按照“建设靠国家，吃饭靠自己”的精神，要求医院在“以工助医、以副补主”等方面取得新成绩。医院“创收”热情高涨，政府的财政投入比重相应降低。急功近利的改革曾经短期见效，但弊端很快显现出来。“看病难”未能有效缓解，“看病贵”引发的问题相继出现。但是，即使在这种形势下，山东省的农村卫生服务仍然得到进一步发展。

1996年，国家首次提出要积极发展城市社区卫生服务。1996年12月，中共中央、国务院召开新中国成立以来第一次全国卫生工作会议，会议通过了《中共中央、国务院关于卫生改革与发展的决定》，确立“新时期卫生工作的方针是：以农村为重点，预防为主，中西医并重，依靠科技与教育，动员全社会参与，为人民健康服务，为社会主义现代化服务。”1997年1月，中共中央、国务院发布了《关于卫生改革与发展的决定》，中国开始把积极发展社区卫生服务作为转变城市卫生服务模式的主要方式。1999年，国务院印发了10部委《关于开展城市社区卫生服务工作的若干意见》，对城市社区卫生服务的有关事项作了规定。山东省认真响应中央号召，积极开展转变基层医疗机构及其功能为核心的改革试点工作，明确社区服务内容，制定社区卫生服务机构工作方案。1999年9月，山东的社区卫生服务已覆盖城区全部居委会，社区卫生服务体系成为新型卫生服务体系的基础性环节。此后，山东省对社区卫生服务继续进行巩固、完善和提高，于2000年实现了社区卫生服务机构的全覆盖。到2001年末，全省拥有卫生机构1.73万所，其中医院、卫生院3000所，卫生防疫防治机构360所，妇幼保健机构150所。各类卫生机构拥有床位21.8万张，全省卫生事业人员38.7万人，其中卫生技术人员31.8万人[①]。

2000年2月，国务院体改办等8部委下发了《关于城镇医药卫生体制改革的指导意见》(简称《意见》)。《意见》中明确指出，“建立健全以社区卫生服务和大中型医疗卫生机构分工合理、相互协作的二级卫生服务体系”。2000年，山东省的社区卫生服务进入巩固、完善和提高的阶段，完善了考核评价标准，规范管理，加强社区卫生服务医务人员的学习培训，保证了社区卫生服务的工作质量和水平。与此同时，山东省政府采用行政与市场调节两种调控手段，通过加强宏观管理，解决供需矛盾，合理配置卫生资源，打破了区域垄断，广泛动员卫生部门、厂矿企业医疗机构开展社区卫生服务，并引进驻区以外医疗机构进区开展社区卫生服务，实现社区卫生服务机构全覆盖。

三、加速发展时期(2002年12月—2012年11月)

(一)农村基础卫生服务体系的发展

新型农村合作医疗制度的建立与推广是这一时期农村卫生服务体系发展与社会保障体系完善最重要的组成部分。2003年1月，国务院发布《关于建立新型农村合作医疗制度的意见》，农村合作医疗步入快车道。随着城镇职工基本医疗保险的建立和完善，农村居民的医疗保障问题逐渐凸现

① 山东省统计局编:《山东统计年鉴(2002)》，中国统计出版社2002年版。

出来。自2003年始，为了尽快在全省全面建立新型农村合作医疗制度，山东省作出了积极努力，颁布了一系列有关新型农村合作医疗的文件。到2007年底，山东省提前一年全面建立起覆盖全省农村居民的新型农村合作医疗制度。截至2011年底，全省新农合参保人数达6629.13万，参保率达到99.9%。

此外，山东省为了做好农村基层医疗卫生服务工作，还制定了多项关系广大农民健康服务的规章制度，引导、规范和约束基层农村医疗服务体系健康发展。山东省人民代表大会常务委员会于2004年4月颁布《山东省农村初级卫生保健条例》(简称《条例》)。《条例》指出，农村初级卫生保健的基本任务是：建立健全农村卫生服务体系，为农村居民提供方便、质优、价格合理的卫生服务；建立并完善新型农村合作医疗制度和农村医疗救助制度等多种形式的医疗保障制度；开展爱国卫生运动，改善农村卫生基本设施，开展农村改水、改厕和垃圾处理工作，创造清洁卫生的生产和生活环境；加强健康教育与健康促进工作，普及卫生科学知识，倡导健康文明的生活方式，促进农村居民养成科学的卫生习惯；加强对农村公共卫生、药品以及与健康相关产品的监督，普及食品卫生和营养知识，改善农村居民营养状况；建立突发公共卫生事件报告制度，落实疾病预防控制措施，降低农村传染病、地方病、寄生虫病、慢性非传染性疾病、职业病的发病率；落实妇幼保健和生殖健康措施，开展婚前医学检查、产前诊断和遗传病诊断、新生儿疾病筛查工作，降低孕产妇死亡率、婴儿死亡率和出生缺陷发生率，提高农村出生人口素质；充分开发中医药资源，发挥中医药的特点与优势，提高农村中医药服务水平。

为贯彻党的十六届五中全会精神，进一步落实科学发展观，根据

《中共山东省委、山东省人民政府关于进一步加强农村卫生工作的决定》（鲁发〔2003〕3号）和《中共山东省委、山东省人民政府关于实施十项民心工程的意见》（鲁发〔2005〕19号）要求，山东省先后开展了“360工程”和“1127工程”。为加强“360工程”项目管理，规范工作程序，确保优质、高效地完成任务，切实改善农村基本医疗卫生服务条件，根据省政府办公厅2005年出台的《转发省卫生厅省财政厅〈关于实施“360工程”加强全省重点卫生院建设的意见〉的通知》，山东省制定了“360工程”业务用房整修、设备购置和技术骨干培训等项目管理办法，并于2006年3月下发《关于印发“360工程”业务用房整修、设备购置和技术骨干培训项目管理办法的通知》，省卫生厅和省财政厅组织力量，对全省16个市123个县（市、区）1682所乡镇卫生院的房屋、设备、人员、业务、财务等状况，进行了全面调查摸底，并根据服务人口和服务半径，结合区域经济、地理交通、中心镇建设等因素进行了分析和研究，从中选定了360所重点卫生院，由省、市、县三级共同组织对其进行优先建设和改造，整修业务用房、配置必需设备、培训技术骨干。2006年至2007年，通过省市县三级联动，各负其责，对全省重点卫生院进行重点扶持、重点突破，基本建立起县级医疗卫生机构、重点卫生院、一般卫生院和村卫生室较为完善的农村公共卫生服务体系。2006年12月，山东省卫生厅、财政厅颁布了《关于实施“1127工程”全面提升农村公共卫生服务能力的意见》（鲁卫规财发〔2006〕12号），下发了《关于印发“1127工程”业务用房整修、设备购置和技术骨干培训项目管理办法的通知》，促进了卫生人力技术资源向基层流动，提高了基层医疗卫生服务能力，特别是提升了乡镇卫生院和社区卫生室的服务能力。

2011年7月，山东省人民政府办公厅出台了《进一步加强乡村医生队伍建设的实施意见》，8月下发了《关于开展村卫生室和乡村医生基本情况摸底调查的通知》，通过对山东行政区域内的村卫生室和乡村医生进行调查，了解基层情况，按照深化医药卫生体制改革的要求，明确了乡村医生的职责，科学设置村卫生室，将村卫生室纳入基本药物制度和新型农村合作医疗门诊统筹实施范围，提高村卫生室和乡村医生服务水平，为村民提供便捷、价廉、安全的基本医疗卫生服务。山东省还加大了对农村医疗卫生的财政投入，加强公共卫生和基层医疗卫生服务体系建设，全省乡镇卫生院的基础设施、基本医疗装备及卫生状况得到显著改善。

此外，山东省还加大了对基本公共卫生服务的资金补助，省财政厅、省卫生厅下发了《关于印发山东省基本公共卫生服务项目补助资金管理办法的通知》（鲁财社〔2011〕38号）和《关于进一步加强基本公共卫生服务项目补助资金管理的通知》（鲁财社〔2012〕19号），确保各级财政在预算中安排足额资金投入基本公共卫生服务项目。山东省农村医疗卫生财政支出由2005年的54.41亿元增长到2010年的240.37亿元，农村卫生服务体系得到完善。

（二）城市社区卫生服务体系的发展

自2006年2月《国务院关于发展城市社区卫生服务的指导意见》发布之后，山东省响应中央号召，大力推动社区卫生服务工作发展，制定了《山东省人民政府关于发展城市社区卫生服务的实施意见》，目标是于2010年之前在全省城市和有条件的县城建立起比较完善的社区卫生服务体系，做到机构设置合理，服务功能健全，人员素质较高，运行机制科学，监督管理规范，居民可以在社区享受到预防保健等公共卫生服务和一般常见病、多发病的基本医疗服务。《山东省城市社区卫生服务发展规划（2006—2010年）》中指出，要通过发展城市社区卫生服务，建立健全社区卫生服务机构与医院和预防保健机构分工合理、协作密切的新型城市卫生服务体系，完善健康教育、预防、保健、康复、计划生育技术服务和一般常见病、多发病的诊疗服务等功能，完善城镇居民医疗保障体系，保障城镇居民基本医疗需求，提高卫生服务的可及性和公平性，满足居民基本卫生保健服务需求，不断提高城镇居民健康水平和生活质量。

2007年10月，山东省政府下发《关于做好政府购买城市社区公共卫生服务项目管理工作的通知》，要求各地充分认识城市社区公共卫生工作的重要性，提高认识，认真落实政府购买城市社区公共卫生服务项目；因地制宜，认真做好政府购买城市社区公共卫生服务项目的确定工作；明确责任，建立社区卫生服务机构与预防保健机构的分工合作机制；严格考评，确保政府购买城市社区公共卫生服务资金落实到位；重点带动，全面推动政府购买城市社区公共卫生服务项目的落实。此外，山东省还相继出台了《关于加强城市社区卫生服务机构能力建设的意见》《山东省城市社区卫生服务机构能力建设项目管理办法》等文件，在建筑面积、科室设置、设施配备、技术参数、人员配置等方面作出规定，各地严格管理、杜绝浪费，使山东省社区卫生服务的硬件设施得到较大提升。为进一步推动山东省社区卫生服务的软件配套，山东省城市社区卫生服务机构深入开展“两好一满意”活动，即“服务好、质量好、群众满意”活动，提高城市社区卫生服务机构的规范化服务水平，创建人民群众满意的社区卫生服务机构，使社区卫生服务机构树立良好的社会形象。截至2008年底，全省共建成城市社区卫生服务机构1873处，城市社区卫生服务人口覆盖率达到87%，基层医疗卫生机构在房屋、设备等硬件方面有了很大的改善，服务条件也得到明显改善。到2012年，全省共拥有医疗卫生机构约6.9万所，共拥有床位47.6万张，卫生技术人员53.1万人，分别比2001年增加约5.2万所、25.8万张和21.3万人。[①]

此外，为了深化城市社区卫生服务网络建设，山东于2012年颁布了《山东省城市社区家庭医生式服务工作方案》，围绕家庭积极开展基本医疗服务及基本公共卫生服务，家庭医生式服务的主体是全科医生和全科团队。此方案的实施有助于社区卫生服务走进家庭，提高其服务的主动性，增强个性化服务，进一步健全城市社区卫生服务网络。

（三）建立健全基本医疗卫生制度

2009年3月，国务院《关于印发医药卫生体制改革近期重点实施方案（2009—2011年）的通知》（国发〔2009〕12号），指出要重点抓好五项改革："一是加快推进基本医疗保障制度建设，二是初步建立国家基本药物制度，三是健全基层医疗卫生服务体系，四是促进基本公共卫生服务逐步均等化，五是推进公立医院改革试点。"医药卫生体制改革又被称为"新医改"，实施新医改主要解决三个层次的问题：着力解决群众反映较多的"看病难、看病贵"问题，推进基本医疗保障制度全覆盖，降低医疗服务和药品价格，促进基本公共卫生服务均等化；落实医疗卫生事业的

① 山东省统计局、国家统计局山东调查总队：《2012年山东省国民经济和社会发展统计公报》，载山东省统计局网站，www.stats-sd.gov.cn/art/2013/2/28/art_6196_405511.html。

公益性质，保障广大群众看病就医的基本需求，解决城乡基本医疗保险衔接问题；带动医药卫生体制全面改革，改变部分城乡居民没有医疗保障和公共医疗卫生服务薄弱的状况。2009年4月，山东省颁布了《山东省卫生厅关于实施“卫生强基工程”的意见》(鲁卫办发〔2009〕5号，简称《意见》)，加大对基层医疗服务的资金支持，将“强基层”作为改革重点，为基本公共服务提供经费保障。《意见》指出了对乡镇卫生院、村卫生室及城市社区的帮扶方式及内容，推动“卫生强基工程”深入发展。具体帮扶措施包括省市大型医院帮扶县级医院和社区卫生机构、县级医院帮扶乡镇卫生院和社区卫生机构、乡镇卫生院帮扶村卫生室活动，每三年为一帮扶周期，推动卫生人力和技术资源向基层流动。

这一阶段也是山东省深化医药卫生体制改革的攻坚期。山东省于2011年7月出台《关于加快推进山东省基层医疗卫生机构综合改革的指导意见》指出，推进基层医疗卫生机构管理体制和运行机制的根本性转变，加快建立坚持公益性、调动积极性、保持可持续的充满活力的新体制机制，提高城乡公共卫生服务和基本医疗服务能力。截至2011年底，山东省城镇基本医疗保险参保人数达2947.7万、参保率达到97.1%，新型农村合作医疗参保人数达6629.13万、参保率达到99.9%；基层医疗卫生服务体系进一步完善，2009年至2012年完成中央下达给山东的基层医疗卫生服务体系建设项目515个，累计完成投资26.89亿元，完成建设规模122.05万平方米，基层卫生队伍建设稳步推进，对基层医疗机构的技术帮扶成效显著，中医药服务能力逐步增强，全科医生制度建设开始启动。深化医药卫生体制改革，缓解了群众的“看病难、看病贵”问题，提高了卫生服务均等化水平，推动了城乡公共卫生服务体系进一步发展。

四、全面发展时期（2012年12月至今）

（一）城乡基层卫生服务体系继续完善

这一时期，山东省农村卫生服务体系建设的重点工作是响应中央号召，加强乡镇卫生院的建设与管理工作。2013年，山东省启动乡镇卫生院管理年活动，对乡镇卫生院临床诊疗、乡村一体、公共卫生服务、新农合、财务管理、医护人员和医德医风建设等管理方面进行标准化、规范化建设。2014年8月22日，国家卫生计生委召开电视电话会议，启动“建设群众满意的乡镇卫生院”活动。山东省依照国家卫生计生委制定的标准，找出存在的不足，通过加强基础设施建设、人才队伍建设、强化医疗质量和安全、规范公共卫生服务、完善运行新机制等具体手段和措施，推进乡镇卫生院标准化建设工作，提高乡镇卫生院综合服务能力，逐步实现看病就医方便经济、医疗服务安全可靠、公共卫生服务可及、内部管理规范有序、农村居民满意信任的目标。这一时期，乡村医生队伍建设得到加强。基层医疗卫生人员的良好素质是提高农村基层医疗服务水平的关键因素，山东省人民政府办公厅于2015年12月印发《进一步加强乡村医生队伍建设的实施意见》（简称《意见》）指出，建设乡村医生队伍要坚持“保基本、强基层、建机制”，合理规划和调整乡村医生的资源总量与配备标准，建立健全乡村医生准入退出制度，创新乡村医生服务模式和激励机制，落实和完善乡村医生补偿、养老和培养培训政策，加强医疗卫生服务监管，稳定并优化乡村医生队伍，全面提升乡村医疗卫生服务水平，为建立城乡居民均等可及的基本医疗卫生制度奠定坚实的基础。同时，《意见》还对加强乡村医生管理、强化乡村医生培训与培养、保障乡村医生合理待遇、改善乡村医生工作条件和执业环境等作出相关规定。山东省通过一系列举措，从人才梯队、基础设施、基础服务等方面加强了农村卫生服务体系建设，保障了广大农民的健康安全。

这一时期，城市社区卫生服务体系建设得到进一步加强，延续上一阶段工作重点。依照系列文件精神，城市基层医疗卫生服务建设重点仍在促进社区卫生服务体系发展。2015年9月，国务院办公厅颁布了《关于推进分级诊疗制度建设的指导意见》，要求进一步完善分级诊疗政策体系，形成医疗卫生机构分工协作机制，使优质医疗资源有序有效下移，继续加强以全科医生为重点的基层医疗卫生人才队伍建设，进一步提高医疗资源利用效率和整体效益。山东省贯彻落实中央精神，继续加强城市社区基本医疗卫生服务建设。截至2017年底，全省社区卫生服务中心（站）2372个，其中社区卫生服务中心533个，社区卫生服务站1839个。社区卫生服务中心卫生人员2.42万人，平均每个中心45.46人；社区卫生服务站卫生人员1.32万人，平均每站7.17人。与2016年相比，总的机构增加61家，其中社区卫生服务中心增加14家，社区卫生服务站增加47家。卫生人员增加3290人，其中社区卫生服务中心增加2152人，社区卫生服务站增加1138人。除社区卫生服务机构数量上有所增加外，社区医疗服务质量也有所提升。2017年，全省社区卫生服务中心诊疗2055.4万人次，比去年增加233万人次；入院28万人，比去年增加3.95万人；平均每个中心年诊疗3.86万人次，年入院525人；社区卫生服务中心医师日均担负诊疗9.9人次和住院0.8床。2017年，全省社区卫生服务站诊疗1578.95万人次，比去年增加96.34万人次；平均每站年诊疗8585.92人次，社区卫生服务站医师日均担负诊疗13.3人次。[①]

（二）基层医疗卫生机构综合改革深化

根据《中共中央国务院关于深化医药卫生体制改革的意见》《国务院关于印发“十二五”期间深化医药卫生体制改革规划暨实施方案的通知》和《山东省国民经济和社会发展第十二个五年规划纲要》《中共山东省委山东省人民政府关于贯彻落实中发〔2009〕6号文件精神进一步深化我省医药卫生体制改革的实施意见》要求，山东省于2012年编制了《山东省“十二五”期间深化医药卫生体制改革规划暨实施方案》（简称《方案》），本规划主要明确全省2012年至2015年医药卫生体制改革的阶段目标、改革重点和主要任务，是深化医药卫生体制改革的指导性文件，深化了基层卫生服务体系建设。《方案》指出在“十二五”期间，医改要在加快健全全民医保体制、巩固完善基本药物制度和基层运行新机制、积极推进公立医院改革三个方面取得重点突破，同时，统筹推进其他领域的改革。通过三项重点改革，实现基本医疗卫生服务的机制化和制度化。“保基本、强基层、建机制”需要贯穿医改始终，解决基本医疗卫生服务体系中最突出、最焦点、最主要的问题，切实惠及全省人民。一方面，山东省加大了对基层医疗卫生机构的财政支持，保证基层医疗卫生机构平稳运行。2015年，山东省基层医疗卫生机构财政补助收入90.6627亿元（占比31.08%）；业务收入175.56964亿元（占比60.01%）；上级补助收入25.44956亿元（占

① 山东省卫生和计划生育委员会：《2017年山东省卫生和计划生育事业发展统计公报》，www.sdwsjs.gov.cn/jksd/tjsj_763/zytjbg/201805/t20180515_1312944.html。

比8.73%）。另一方面，山东省基层医疗卫生机构总资产稳步增长，资产负债率逐年降低。2015年，山东省基层医疗卫生机构总资产达224.45067亿元，净资产达到157.83054亿元，净资产率达70.32%，负债总额为66.62013亿元，资产负债率减少到29.68%。

2017年，《山东省卫生计生委关于印发〈山东省基层卫生发展"十三五"规划〉的通知》（鲁卫发〔2017〕8号）为未来山东医疗卫生机构综合改革指明了方向。山东省将进一步"以基层为重点"，贯彻"创新、协调、绿色、开放、共享"的发展理念，进一步优化医疗卫生资源配置，构建与国民经济和社会发展水平相适应、与居民健康需求相匹配、体系完整、分工明确、功能互补、密切协作的整合型医疗卫生服务体系，提升基层卫生服务能力和效率，促进健康山东建设和分级诊疗制度的建立与完善。"十三五"期间要进一步健全基层医疗卫生机构服务功能，规范基层医疗卫生服务机构设置与管理，提升基层医疗卫生机构服务能力，加强基层卫生人才队伍建设，完善基层医疗卫生服务模式，推进城乡基本公共卫生服务均等化，加强基层医疗卫生和公共卫生监管。通过加强基层卫生组织领导、创新基层卫生管理模式、巩固完善基层运行新机制、完善基本药物制度、加强基层卫生政策研究和监测评估等手段，确保"十三五"期间山东省基层卫生发展目标得以实现。

2018年5月，《中共山东省委办公厅、山东省人民政府办公厅印发〈关于进一步深化医药卫生体制改革的意见〉的通知》（鲁办发〔2018〕18号）指出，要以习近平新时代中国特色社会主义思想为指导，深入贯彻党的十九大精神，全面落实中央实施健康中国战略的决策部署，把人民健康放在优先发展战略地位，坚持党对医疗卫生事业的领导，坚持基本医疗卫生服务的公益性，坚持新时期卫生与健康工作方针，坚持“保基本、强基层、建机制”，强化改革的系统性、整体性、协同性，着力深化体制机制改革，着力解决当前存在的突出矛盾和问题，建立健全基本医疗卫生制度、医疗保障制度和优质高效的医疗卫生服务体系，为人民群众提供全方位全周期的健康服务。在今后相当长的一段时期内，医药卫生体制改革将仍然是山东省医疗卫生体系建设的重头戏。

第二节　辉煌成就

改革开放以来，山东省医疗卫生事业取得了较快发展，不仅推动了医疗保险全覆盖工作发展，还建立起较为成熟的城乡基层医疗卫生服务体系，城乡医疗卫生条件得到逐步改善，人民群众健康水平明显提高，医疗服务体系建设更加成熟，山东省公共卫生服务均等化水平明显提高。

一、医疗卫生条件持续改善

山东省重视医疗卫生资金投入与基础设施建设，通过加大财政支持等手段有效地保障了医疗卫生体系发展的资金来源，促使全省医疗卫生条件不断改善。它主要体现在以下几个方面：

第一，山东卫生总费用不断增加。2016年底，全省卫生总费用达3354.7亿元，其中政府卫生支出813.19亿元（占24.24%），社会卫生支出1536.92亿元（占45.81%），个人卫生支出1004.59亿元（占29.95%）。人均卫生费用3372.7元，卫生总费用占GDP百分比为4.93%。与2015年相比，政府和个人卫生支出分别下降了1.15和1.99个百分点，社会卫生支出上升了3.14个百分点；人均卫生费用上升了16.74%，卫生总费用占GDP的比重上升了0.41个百分点。

第二，卫生人员总数增加。2017年底，全省各级各类卫生计生机构卫生人员总数达91.90万，比2016年增加4.32万（增长4.93%）。其中，卫生技术人员68.94万人，比2016年增加4.64万人（增长7.22%）。乡村医生和卫生员10.97万人，其他技术人员4.15万人，管理人员3.21万人，工勤技能人员4.63万人。卫生技术人员中，执业（助理）医师26.47万人，注册护士29.37万人。

第三，医疗卫生机构床位数增加。2017年底，全省各级各类医疗卫生机构床位58.48万张，比去年增加4.23万张，增长7.8%。其中，医院44.1万张（占75.41%），基层医疗卫生机构11.67万张（占19.95%）。每千人医疗卫生机构床位由2010年的3.99张增长到2015年5.27张，到2017年，每千人医疗卫生机构床位达5.85张。

第四，山东省医疗卫生机构总数增加。2017年底，全省各级各类医疗卫生机构达79099个，比2016年增加2049个。其中，医院2450个，基层医疗卫生机构75105个，专业公共卫生机构1352个。与2016年相比，医院增加431个，基层医疗卫生机构增加2201个，专业公共卫生机构减少591个。

第五，山东省医疗卫生机构房屋及设备配置情况有所改善。2017年底，全省各级各类医疗卫生机构房屋建筑面积5599.66万平方米，比2016年增加424.6万平方米，增长8.20%；2017年全省各级各类医疗卫生机构万元以上设备的数量为46.01万台，比2016年增加5.31万台，增长13.04%。

二、全省居民健康水平明显提高

目前，山东省反映人民健康素质的综合指标已跨入全国先进行列。

一是群众健康水平显著提高。截至2016年底，山东省人均预期寿命比“十一五”末增长2.04岁，比全国人均预期寿命高2岁；人口死亡下降到6.67‰，婴儿死亡率、5岁以下儿童死亡率和孕产妇死亡率分别降至4.53‰、5.58‰和1.262/万，提前实现国家妇女儿童发展纲要中提出的目标和联合国千年发展目标，主要健康指标居全国前列，居民健康水平达到中高收入国家水平。

二是公共卫生体系建设进展顺利。已经形成覆盖全省的疾病预防控制、传染病救治和紧急救援指挥体系，卫生医疗保障能力逐步改善。近几年来，山东省传染病疫情总体平稳，法定报告传染病发病率连续多年处于全国较低水平，没有出现重大传染病暴发流行。

三是加强老年人口、妇女儿童、残疾人等弱势群体的健康服务重点扶持。当前山东省已有984万老年人建立起健康档案系统，729万老年人享受了健康查体和健康管理服务。山东省建立并完善了孕产妇和3岁以下儿童健康管理系统，使7岁以下儿童保健管理率保持在90%以上。对特殊残疾儿童群体开展医疗救助项目，降低儿童残疾率，提高全民健康水平。

四是强化精神卫生与心理健康服务。对严重精神障碍患者进行报告登记、服务管理和救治救助，建立完善“病重治疗在医院，康复管理在社区”服务机制，逐步建立精神障碍患者社区康复服务体系，加强患者随访管理，提高严重精神障碍患者管理登记率和精神分裂症治疗率。另外，对常见的焦虑、抑郁等症状开展早期筛查与干预，并开展心理健康服务。山东省还颁布《山东省精神卫生工作规划（2017—2020年）》强调，完善心理卫生服务体系，对心理疾病患者加强社会保障，通过建设精神康复社区服务网络、基层心理卫生服务平台、加强精神卫生专业队伍建设等手段推动心理卫生服务网络的构建与完善，为未来山东省精神卫生工作的开展指明了方向，也提出了新的要求。

三、医疗服务体系建设更加成熟

第一，社会医疗保障体系不断完善。自2014年山东省城乡居民医疗保险合并以来，山东省基本医疗保险体系建设进入快速发展期，社会保险城乡一体化进程稳步推进，城乡基本医疗保险体系公正性得以提升。首先，城乡制度分割和待遇差别被彻底消除。近些年来，山东省将城乡居民医保报销范围与城镇职工医疗保险并轨，进一步提高了住院报销比例，扩大了门诊慢性病的承保范围，提高大病保险的补助上限。其次，实施全民参保登记，全省基本医保参保率稳定在95%以上，初步形成了以基本医疗保险为主体，居民大病保险、商业健康保险为补充，社会医疗救助为托底的多层次医疗保障体系。2017年出台的《关于完善山东省社会保障体系机制若干问题的意见》指出，要进一步健全基本医疗保险制度，持续巩固居民医疗保险制度整合成果，进一步提升管理服务水平；深化基本医疗保险支付方式改革，全面实施医保基金预算管理；推进生育保险和职工基本医疗保险合并实施试点。

第二，基层医疗卫生服务体系日益完善。首先，山东省社区卫生服务体系建设取得较大进步。2017年底，全省共有社区卫生服务中心（站）2372个，其中社区卫生服务中心533个，社区卫生服务站1839个。社区卫生服务中心卫生人员2.42万人，平均每个中心45.46人；社区卫生服务站卫生人员1.32万人，平均每站7.17人。与2016年相比，总的机构增加61家，其中社区卫生服务中心增加14家，社区卫生服务站增加47家。卫生人员增加3290人，其中社区卫生服务中心增加2152人，社区卫生服务站增加1138人。同时，社区医疗服务人数有所上升。2017年，全省社区卫生服务中心诊疗2055.4万人次，比去年增加233万人次；入院28万人，比去年增加3.95万人。其次，山东省农村三级医疗服务体系建设取得长足进步。2017年底，全省共设有县级医院1066所、县级妇幼保健机构84所、县级疾病预防控制中心84所、县级卫生监督所78所，四类县级卫生机构共有卫生人员23.77万人。截至2017年底，全省共设有1658个卫生院，床位9.72万张，卫生人员10.69万人，其中卫生技术人员9.35万人。2017年，全省县级（县级市）医院诊疗人次达8878.81万，入院人数670.46万，病床使用率达80.68%；全省卫生院诊疗人次为7421.26万，入院人数282.16万，病床使用率达61.43%；2017年村卫生室诊疗量达22357.44万，平均每个村卫生室年诊疗4216.48人次。

第三，医药卫生改革取得重大突破。山东省的医改工作由试点探索、单项突破逐步转向系统配套、全面深化阶段。一是公立医院综合改革全面推开，实现了区域、机构、政策三个全覆盖。二是分级诊疗制度建设加快推进，家庭医生签约服务扎实推进，群众看病就医更加高效便捷。目前，17个市已全部出台分级诊疗实施意见，在市域内部署开展了分级诊疗工作。三是医联体建设进展顺利，实现了城市三级医院对县级医院、县级医院对基层的纵向联合全覆盖。目前，全省已建各种形式的医联体200多家。四是基本药物制度实现全覆盖，药品耗材集中采购更加规范。基层医疗卫生机构率先破除以药养医机制，基本药物制度在基层医疗卫生机构普遍实施。

第四，山东省社会办医实现良好发展。山东省不断完善促进社会办医的政策措施，推动社会办医快速发展。截至2016年上半年，全省社会办医疗机构达2.4万家，其中社会办医院1159家，占全省医院总数的59.25%；床位8.1万张，占全省医院床位总数的21.2%，多元化办医格局初步形成。

第五，医养健康产业初步发展。2017年，山东省实施新旧动能转换重大工程，其中医养健康被列为十大新兴产业之一。2018年6月，《山东省医养健康产业发展规划（2018—2022年）》正式发布。据统计，到2017年底，全省17市全部开展分级诊疗工作，全部实现跨省异地就医住院费用直接结算，432家医院实现省内异地就医联网即时结算，组建各种模式医联体800多个，国家健康医疗大数据区域中心建设正式启动。

四、公共卫生服务均等化水平明显提升

增进医疗卫生服务的公益性，全体居民享有基本公共卫生服务，推动基本公共卫生服务均等化建设是当前中国的重要卫生政策。山东省逐步完善基层医疗卫生机构和公立医院补偿机制。省财政对东、中、西地区补助予以分类的政策，医疗资源重点向中西部倾斜，重点加大对困难地区和困难群众的支持力度。通过落实公立医院政府补偿责任，稳定了医疗服务价格，降低了医院运行成本，改革了医保支付方式，增加了公共医疗卫生服务的公平性和可及性。山东省基本公共卫生服务项目人均补助标准提高至50元，服务内容增加到12类45项，服务人群覆盖面进一步扩大。在国家近几年的基本公共卫生服务项目绩效考核中，山东省稳居全国前茅。同时，为强化政府责任，还将部分基本公共卫生服务项目指标纳入党委和政府科学发展综合考核，“重医疗、轻预防”的做法逐步得到扭转。

第三节　经验启示

改革开放40年来，山东省医疗卫生事业发展的环境复杂、道路曲折，医疗卫生系统的发展受各类先决条件的影响较大，医疗卫生体制改革的任务十分艰巨。在山东省委、省政府的正确领导下，山东省医疗卫生服务体系建设取得了很大进展，基层卫生事业的公益性不断加强，基层卫生服务网络建设更加全面，医疗卫生事业取得全面进步。全省医疗卫生改革攻坚战的进行为今后医疗卫生体系的深化改革积累了宝贵的经验。

一、完善顶层设计，坚持医疗卫生事业的公益性

顶层设计的科学性与合理性是山东省卫生医疗体制深化改革和卫生医疗服务体系健全发展的重要保证。改革开放以来，山东省不断完善顶层设计，巩固完善医疗卫生体系运行机制。以医改为例，山东省切实抓好全省医改总体思路研究和重要制度设计，形成了《“健康山东2030”规划纲要》《山东省“十三五”深化医药卫生体制改革规划》《山东省“十三五”卫生与健康规划》“一纲要、两规划”[①]的顶层设计，并配套出台相关专项规划和重要制度文件，基本搭建起全省深化医改的主体框架。

坚持医疗卫生事业的公益性，是社会主义市场经济条件下保障群众健康权益的正确选择，体现了以人民为中心的执政理念，符合医疗卫生事业

① “一纲要、两规划”指《“健康山东2030”规划纲要》《山东省“十三五”深化医药卫生体制改革规划》和《山东省“十三五”卫生与健康规划》。

发展规律。保障基本公共卫生和基本医疗服务作为公共产品向全民提供，是政府履行公共服务的基本职责。习近平总书记明确指出：医疗卫生事业要“以人民健康为中心”，“要毫不动摇把公益性写在医疗卫生事业的旗帜上，不能走全盘市场化、商业化的路子。政府投入要重点用于基本医疗卫生服务，不断完善制度、扩展服务、提高质量，让广大人民群众享有公平可及、系统连续的预防、治疗、康复、健康促进等健康服务。”[①]多年来，山东省深入贯彻落实国家深化医药卫生体制改革精神，紧紧围绕“保基本、强基层、建机制”的要求，推进基层医疗卫生机构管理体制和运行机制的根本性转变，加快建立坚持公益性、调动积极性、保持可持续的充满活力的新体制机制，提高城乡公共卫生服务和基本医疗服务能力，为人民群众提供安全有效方便价廉的医疗卫生服务。实践证明，只要坚持医疗卫生服务的公益性，医疗卫生事业就会不断提升，群众健康水平就会随之提高；若偏离了公益性，弱化甚至放弃了政府责任，就会背离医改目标，医疗卫生工作就会受影响。

二、既坚持政府主导，又尊重市场机制

医疗卫生事业的公益性，决定了它必须由政府主导。只有坚持政府主导，强化政府在制度、规划、筹资、服务、监管等方面的责任，才能真正保障公共医疗卫生的公益性。政府是公共医疗卫生服务体系建立与运行的主导者和管理者。政府的主要工作是建立公平公正的医疗卫生服务体系，

① 《在全国卫生与健康大会上的讲话》，《习近平关于社会主义社会建设论述摘编》，中央文献出版社2017年版，第72页。

完善社会医疗保险系统，促进医疗卫生资源合理分配，推动城乡公共卫生服务均等化，对公立医院提供资金支持并进行监管，把工作重心放在基层卫生工作，承担起保基本和促公平的宏观调控责任。改革开放以来，山东省始终坚持政府在医疗卫生事业中的主导地位，不断加强政府在制度、规划、筹资、服务、监管等方面的责任，保障公共医疗卫生的公益性；强化政府对基层、基础卫生资源的责任，提高基本医疗服务的可及性，新增资源向基层倾斜，促进公平公正，努力实现人人享有基本医疗卫生服务。同时，政府在医疗卫生方面的公共资源有限，要想打造全方位的医疗卫生服务体系，仅靠政府的力量不可能实现，而应该尊重市场规律，发挥社会各方力量的主体能动性，共同解决卫生资源不足、分布不均衡、结构不合理等问题。山东省认识到，医疗卫生体系要建设好，就必须在坚持政府主导的前提下，发挥市场机制的调节作用，兼顾公平与效率，加大卫生服务供给，满足基层群众的健康服务需求。社会办医是医疗卫生服务体系不可或缺的重要组成部分，是满足人民群众多层次、多元化医疗服务需求的有效途径。社会办医可以提供基本医疗服务，与公立医院形成有序竞争；可以提供高端服务，满足非基本医疗需求；可以提供康复、老年护理等紧缺医疗服务，对公立医院形成补充。多年来，山东省合理引导和规范市场办医，不断加强民营医疗机构的监管，使之成为医疗卫生体系的有益补充，使山东省的医疗卫生体系建设不断迈上新台阶。

三、加强基层医疗服务体系建设，提升基层医疗机构服务能力

习近平总书记在2016年的全国卫生与健康大会上发表的重要讲话中指出：“以基层为重点，以改革创新为动力，预防为主，中西医并重，把健康

融入所有政策，人民共建共享。”[①]但是，长期以来，中国存在优质医疗卫生资源过于集中和基层医疗卫生服务体系过于薄弱的问题，三甲医院人满为患与乡镇医院资源闲置现象并存。造成上述现象的重要原因在于医疗卫生资源配置不合理，基层医疗服务体系在硬件设施与人才队伍建设等方面都存在欠缺。为有效解决这一问题，山东省多年来一直致力于城市社区医疗卫生机构和农村三级医疗卫生服务网络建设，加强基层医疗卫生服务机构建设，为城乡居民提供安全有效方便价廉的基本医疗和基本公共卫生服务，保证基层医疗卫生服务的公平性。山东省在加大基层医疗卫生机构资金投入，加强基层卫生人才队伍建设，改善设备条件和就医环境，引导优质的医疗资源下沉，提高优质医疗卫生资源增量等方面作了大量努力，提升了基层医疗机构的服务能力。《山东省“十三五”卫生与健康规划》发布后，山东省开始加快“家庭医生”签约服务工作，预计到2020年基本实现家庭医生签约服务城乡居民全覆盖。在整个分级诊疗模式中，家庭医生肩负首诊和分诊的任务，控制三级医院普通门诊规模，从基层转诊到大医院的患者将优先就诊、优先检查、优先住院，鼓励上级医院出具药物治疗方案，在下级医院或基层医疗卫生机构实施治疗。2018年5月，山东省卫生计生委《关于做实家庭医生签约服务工作的通知》（鲁卫基层字〔2018〕6号）传达了做实家庭医生签约服务工作的要求。家庭医生签约服务，是建立分级诊疗制度、落实医养结合的重要抓手，是推进医学模式转变、构建和谐医患关系的重要载体。推动家庭医生签约服务，有助于完善基层医疗服务体系。

---

① 《在全国卫生与健康大会上的讲话》，《习近平关于社会主义社会建设论述摘编》，中央文献出版社2017年版，第71页。

四、坚持推进医疗卫生体系公平性建设

医疗卫生服务体系的公益性、政府的主导地位和重视基层建设，都决定了它必须坚持公平性。医疗卫生体系公平性的内涵，是向全民提供均等化的基本医疗和基本公共卫生服务，主要包括三个方面的要求：

一是要将加强基层医疗卫生服务能力建设与减少各级医疗卫生资源浪费相结合。通过加强基层医疗卫生服务体系建设，使基层医疗机构建设遵循全面且集中的原则，通过提升基层医疗服务人员技术水平和更新基层医疗器材等方式提升基层医疗服务能力，减少医疗资源浪费，引导优质资源下沉，更好地为基层群众服务。

二是推动城乡居民基本医疗卫生服务公平性建设，促进城乡医疗卫生资源统筹发展。加强对农村地区和贫困地区医疗卫生机构的扶持力度，通过强化县级机构的龙头带动作用，构建县乡村一体的医疗卫生服务格局，充分发挥区域卫生资源整合优势，更好地提高农村地区和贫困地区的医疗服务水平。促进城乡居民基本医疗卫生服务体系均等化是推进医疗卫生体系公平性的重要内容。

三是推动区域之间医疗卫生服务公平性建设，促进各地区医疗卫生资源均等发展。改革开放以来，山东省一直把医疗卫生服务体系的公平性放在重要位置，在增进医疗卫生服务的公益性，加强基层医疗卫生服务体系建设，缩小城乡差距和地区差距等方面，都取得了明显的进步。特别是党的十八大以来，山东省逐步完善基层医疗卫生机构和公立医院补偿机制。省财政实行对东、中、西地区的补助予以分类的政策，医疗资源重点向中西部倾斜，重点加大对困难地区和困难群众的支持力度。通过落实公立医

院政府补偿责任，稳定了医疗服务价格，降低了医院的运行成本，改革了医保支付方式，增加了公共医疗卫生服务的公平性和可及性。近年来，针对优质医疗资源和三甲排头医院在区域分布上较为集中的现实，为了推动地区之间医疗卫生体系协同发展，山东根据医养健康产业发展规划，将建立九大医疗中心。高水平规划建设济南国际医学中心，积极创建济南、青岛国家级区域医疗中心，稳步推进鲁中、鲁南、鲁西北、鲁西南、胶东半岛、黄河三角洲省级区域医疗中心建设，逐步形成以省级三甲医院和区域医疗中心为龙头，以专病专科医院为特色，以县级医院为支撑国内领先的医疗服务体系，促进高端医疗资源区域配置公平性。

五、坚持防治结合与全生命周期健康服务

习近平总书记在2016年的全国卫生与健康大会上发表的重要讲话中指出："树立大卫生、大健康的观念，把以治病为中心转变为以人民健康为中心。"过去，中国的医疗卫生服务体系长期停留在有病治病的阶段，在疾病的预防与控制方面做得仍然不够。改革开放以来，山东省将预防保健放在重要的战略地位，坚持预防为主、防治结合，努力实现全方位、全生命周期的健康服务。近年来，山东省认真贯彻落实习近平总书记重要讲话精神，不断转变服务模式，树立大健康理念，从"以疾病为核心"转向"以健康为核心"，发挥基层医疗卫生机构覆盖面最广、与群众最贴近、关系也最密切的优势，大力开展健康教育，对居民健康行为进行干预，推动提供覆盖全生命周期的预防、治疗、康复和健康管理的一体化服务，更好地解决城乡居民的健康问题。不断创新探索，建立慢性非传染性疾病防控措施，截至2017年6月，全省累计创建17个国家级和46个省级慢性病综合防

控示范区。同时，还加强了对传染性疾病的预防和控制工作，加强对重点人群、重点疾病的监测、预警、防疫与治疗，推动山东省基层公共卫生事业加快发展、科学发展。多年来，山东省传染病疫情总体平稳，没有重大传染病暴发流行。

第四节　未来展望

回顾改革开放40年来，山东省医疗卫生服务体系建设取得了长足进步，但也存在一些问题，如资源布局不合理、服务能力有待加强、公共卫生体系建设相对薄弱、多元办医格局尚未全面形成、服务体系管理不够协调等。展望未来，山东省医疗卫生服务体系建设工作还需要发现不足，积极改进，勇于创新，继往开来。

一、医疗卫生服务公益性、公平性建设持续推进

经过几十年的努力，山东省医疗卫生服务体系在推进公益性、公平性建设方面付出了巨大的努力，也取得了令人瞩目的成绩。医疗卫生服务体系的公益性和公平性建设能够保障医疗卫生服务体系惠及全体人民，增进人口健康，提升人口素质。习近平总书记强调，没有全民健康，就没有全民小康。在今后的工作中，山东省将医疗卫生服务体系的公益性和公平性建设始终放在关键位置。第一，鉴于医疗卫生服务体系关系着广大人民的生命安全，公共卫生医疗服务必须坚持公益性，不以营利为目的，才能保证医疗卫生服务真正惠及全体人民。第二，鉴于当前山东省医疗卫生资源分布不均衡的情况依然存在的现实，今后仍需加强城乡基层卫生服务体系

建设，合理配置医疗资源，促进优质医疗资源下沉，推动城乡医疗卫生服务协调发展。第三，建立规范有序的药品供应保障制度，推动药品生产、流通、使用全流程改革，推动基本药物的全面配备与优先使用，保障药品安全有效、价格合理、供应充分。

二、建设健康山东步伐不断加快

山东省将加快建设健康山东步伐，以大力发展新旧动能转换中的五大新型产业之一的医养健康产业为抓手，以保障居民健康为中心，以深化医药卫生体制改革和推进计划生育工作转型发展为动力，完善“生育—预防—治疗—康复—护理—养老—临终关怀”全生命周期健康服务链，推动发展方式由“疾病管理为重心”向“健康管理为重心”转变，全面提升全省卫生与健康事业发展的协调性和可持续性，促进人口长期均衡发展，为在全面建成小康社会进程中走在前列奠定坚实基础。到2020年，山东省将建立覆盖城乡居民的、比较完善的、符合山东经济社会发展要求的基本医疗卫生制度，实现人人享有基本医疗卫生服务，主要健康指标达到高收入国家水平，医疗卫生服务水平位居全国前列。居民健康水平明显提高。全省居民的人均预期寿命在79岁左右，孕产妇死亡率、婴儿死亡率和5岁以下儿童死亡率分别控制在1/万、4‰和5‰以下，城乡居民健康素质差异进一步缩小。

三、医疗服务能力显著提升

今后，山东省医疗服务能力将显著提升，城乡卫生资源均衡化水平明显提高，人民群众多样化、多层次的健康需求将会得到更好的满足；医疗卫生服务体系将更加优化，与居民健康需求相匹配、体系完整、分工明确、功能互补、密切协作的整合型医疗卫生服务体系将得以构建，健康服务模式将有效转变，中医药文化将广泛普及，以健康促进为中心的服务模式逐步建立，多元办医格局有效形成，各类机构间的分工协作更加紧密，分级诊疗制度基本建立；健康生活方式将得到推动普及，重点疾病和健康危险因素得到有效控制，居民健康素养将明显提升；国家生育政策将得到平稳实施，生育服务管理制度更加完善，妇幼健康服务保障能力不断增强，出生人口素质进一步提高，结构进一步优化。

四、医疗卫生服务信息化建设不断推进

当前，随着计算机与互联网的普及应用，人口健康的信息化建设将成为推动卫生资源整合、提高服务效率的新契机。云计算、物联网、移动互联网、大数据等信息技术和互联网+健康医疗服务等信息技术的普及与应用将会起到优化医疗卫生服务流程、整合医疗资源、提高服务效率的作用，必将推动医疗卫生服务模式和管理方式的深刻变革。通过医疗智能终端建设，可以重点解决偏远地区人民医疗卫生需求、空巢老人日常健康监测、慢性病患者跟踪服务等问题。此外，医疗卫生大数据也能够为调整社会医疗保险保障范围、调整各类病种支付标准、监测社会医疗保险基金运营状况服务。总之，互联网与医疗卫生服务体系的结合将是广泛的、影响深远的，山东省应在推进医疗卫生服务信息化工作方面敢于创新，借助新技术、新手段推动山东省医疗卫生服务体系快速发展。

五、特殊群体医疗卫生服务得到加强

加大对老年人的医疗卫生服务支持。山东省是全国较早迈入老龄社会

且老龄化水平较高的省份之一，随着老年人占总人口比重的加大，山东省慢性病、老年病发病率有所上升，心血管疾病、恶性肿瘤、脑血管疾病已成为危害老年人健康的三大“杀手”。今后，山东省将加强对老年人常见多发性慢性病、高发性慢性病发病的预防、登记、干预等工作，增强老年群体与低龄慢性病发病群体的健康意识，使其自觉采用健康的生活方式、加强体育锻炼、适当适量用药控制病情，提高其生活质量，延长个体寿命。将“医养结合”的发展理念和“长期照护保险”制度建设相结合，推动老年人医疗卫生服务体系不断完善，真正为老年人解决老有所养和病有所医的问题。加大对二孩家庭的医疗卫生服务支持。随着近几年全面两孩政策的实施，山东省二孩出生数量上升较快。2017年，山东出生人口174.98万人，占全国总数的1/10，其中一孩生育登记47.8万人，二孩生育登记116.9万人。在此背景下，山东省应继续加大孕产妇医疗服务以及新生儿、婴幼儿健康服务的供给力度，在人财物等方面增加投入，切实提升山东省的人口素质。

加大对残疾人的医疗卫生服务支持。到2017年，山东省残疾人数量已超过570万。改革开放以来，山东省在为残疾人提供医疗卫生服务方面取得了不俗的成绩。今后，山东省应继续贯彻落实《残疾预防和残疾人康复条例》，将残疾人纳入基本医疗保险范围，建立残疾儿童康复救助制度，各级人民政府应当根据残疾预防和残疾人康复工作需要，将残疾预防和残疾人康复工作经费列入本级政府预算，倡导从事残疾预防和残疾人康复服务的机构提供更多的公益服务，同时这些机构依法享受有关税收优惠政策。

做好城乡医疗救助工作，针对农村五保户、城乡低保对象等特殊困难群体，采用资助参保、住院大病救助、门诊救助、优惠减免等办法，为其提供医疗救助服务。

六、心理卫生与健康服务更加受到重视

改革开放以来，中国城市生活节奏快、压力大，乡村留守老人和留守儿童数量大，农民工群体工作环境较差、文化娱乐缺乏，社会各阶层之间收入差距扩大，这些社会现象均易诱发精神与心理问题。山东省的精神卫生工作同样面临严峻挑战。全省第四次精神障碍流行病学调查数据显示，2015年全省18岁以上人群各类精神障碍的总患病率达17.56%，其中抑郁障碍患病率为4.53%，精神分裂症患病率为0.84%。今后，山东省应充分重视城乡心理健康服务体系建设，健全精神卫生预防、治疗、康复服务体系，防范心理问题与精神疾病的发生，加强精神障碍患者的登记、评估与收治工作，降低精神障碍患者肇事率。建立精神卫生专业机构、社区康复机构及社会组织、家庭相互支持的精神障碍社区康复服务体系。在医院、社区、企事业单位、监管场所普遍开展精神卫生宣传及心理卫生保健，在学校普遍设立心理咨询辅导室并配备专业教师。

第五章
加强和创新社会治理，着力加强平安山东建设

改革开放以前，国家实行权力高度集中、政府统管一切的社会管理方式。改革开放后，山东根据中央部署，在社会治理方面进行改革，逐渐打破了权力高度集中的管理体制，“小政府、大社会”的社会管理理念推动了各级政府从全能型向有限型转变，各类社会主体与广大公民个体获得了共同参与国家和社会管理、服务人民群众的机会。当前，中国的社会主要矛盾已由“人民日益增长的物质文化需要同落后的社会生产之间的矛盾”转化为“人民日益增长的美好生活需要和不平衡不充分发展之间的矛盾”。为了解决社会新矛盾，满足社会新需求，党的十九大强调要加强和创新社会治理领域，建立“共建共治共享的社会治理格局”，这必将有助于提高社会运行效率，维护最广大人民群众的根本利益。

第一节　发展历程

山东省社会治理进程主要划分为四个阶段：第一阶段是发展初期，主要的任务是配合经济建设转轨，改革社会管理体制；第二阶段是发展中期，是山东省政府主导的社会市场化管理改革期，政府充分重视市场机制的资源配置作用；第三阶段是加速发展时期，社会管理理念开始转型，社会治理的意识雏形开始出现，基层自治工作开始启动；第四阶段是全面发展时期，新的社会治理理念形成，成为习近平治国理政思想的重要组成部分。

一、发展初期（1978年12月—1991年12月）

改革开放初期，中国的经济体制从计划经济向有计划的商品经济转型，由单位制和人民公社制组成的社会管理体制开始逐步瓦解，这一时期社会管理改革的重点是全面适度的放权，政府的角色从严格的控制者转变为管理者和指导者。在这一时期，山东省对“文革”时期的错误进行全面的拨乱反正，正确处理历史遗留问题，将工作重心转移到经济发展上来。

（一）体制改革

这一时期，山东省各级人民代表大会相继恢复重建，并在县以上各级人民代表大会普遍设立了常务委员会。人民代表大会的平稳运行，恢复和保障了人民依法参与社会管理的权利，推进了山东省的民主法制建设，有助于彰显民意和保证宏观决策的正确性。与此同时，山东省各级司法机关得以全面恢复并逐步健全，进一步形成了公检法功能完备、分工负责、相互配合、相互制约的体制。

逐渐确立了刑事诉讼、民事诉讼和行政诉讼三大制度，山东省司法制度建设日臻完善，司法行为逐步规范。从1979年到1982年，全省法院工作的重心基本以刑事审判和民事审判为主，主要任务是复查纠正建国之后特别是“文革”期间的冤假错案。山东省法院机构逐步健全，法院队伍也不断发展壮大。人民代表大会制度恢复和司法制度的完善提高了本阶段国家管理的合理性和规范性。通过体制、法制建设，我国的国家管理体系开始步入正轨。

政社合一的人民公社体制于1984年在山东省被废止，建立乡政权，实行政社分开。在城市，国有和集体所有制企业开始实行政企职责分开，所有权和经营权“两权分离”，企业实行经营承包责任制。到1991年，山东省95%以上的企业实行了企业厂长负责制。

（二）社会治安

自十一届三中全会之后，中国逐步确立经济发展要走社会主义市场经济之路。随着经济活力被唤醒，经济形式日趋多样化，经济总量不断增加，但在经济领域也滋生了一些违法犯罪活动。为了打击经济领域的犯罪，维护市场秩序，1979年第五届全国人大第二次会议通过的《中华人民共和国刑法》（简称《刑法》）对破坏社会主义经济秩序罪作出规定，明确了走私、投机倒把、偷税抗税、制贩假货币、伪造有价证券、挪用特定款物、破坏生产、假冒注册商标、滥伐林木、非法捕捞、非法狩猎等15项罪名。根据《刑法》《刑事诉讼法》的规定，公安部于1979年印发

《关于刑事侦查部门分管的刑事案件及其立案标准和管理制度的规定》（公发〔1979〕182号），明确公安机关主要负责伪造国家货币、贩运伪造的国家货币案，伪造有价证券案，伪造票证案，投机倒把案，走私案，破坏生产案等经济犯罪案件的侦查、打击工作。从1983年开始，山东省进行了历时三年的“严打”斗争，法院的民事审判和经济审判也得到了快速发展。截至1992年，山东省共立查经济案件4000余起，在全力维护全省社会政治、治安稳定的同时，有力地维护了经济秩序和经济安全。

这一时期，山东省的社会治安工作主要集中在四个方面。第一，打击走私犯罪。1980年，山东省公安厅、青岛海关、省工商局联合转发《公安部、海关总署、工商总局关于坚决打击重大走私和投机倒卖进口物资犯罪活动的联合通知》，要求三部门密切配合，建立联系制度，坚决打击走私和投机倒卖进口物资的犯罪活动。在省政府直接领导下，1991年成立了省打击走私工作领导小组办公室，公安机关与海关、工商等十几个部门协同配合，打击走私工作不断向纵深发展。据统计，1982年至1992年，全省公安机关累计立案查处走私案件153起。第二，打击投机倒把。1980年11月8日，省政府印发《关于制止非法买卖走私进口物品打击投机倒把活动的通知》（鲁政发〔1980〕173号），要求对走私和投机倒卖外货、金银、珠宝、玉器以及贵重药材的惯犯、要犯和集团首犯依法惩办，狠狠打击，对参与、包庇、纵容走私、投机倒把活动的国家干部、现役军人，从严处理。第三，打击伪造、贩卖货币、有价证券等犯罪。1982年至1992年，山东省公安机关共查处伪造、贩卖假币、有价证券案件415起，有力地维护了国家经济秩序。第四，打击诈骗犯罪。少数不法分子通过虚假包装、签订虚假合同等手段招摇撞骗、买空卖空，大肆行骗敛财，破坏了经济秩序，妨碍了企业经营。全省各级公安机关加大打击诈骗犯罪力度，维护了社会诚信公平。

（三）基层治理

这一时期，山东省的村民自治制度处于初创阶段。实行家庭联产承包责任制后，农民获得了生产经营自主权，农村的生产方式和分配方式发生了重大变化，原来负责组织农民统一生产和分配的生产大队、生产队两级组织逐渐失灵，人民公社体制的解体造成了农村基层管理的真空状态。在山东，最早对村民自治作出积极探索和创造性实践的是邹县。1981年，邹县县委针对实行生产责任制后，一些农村出现的损公肥私、打架斗殴、聚众赌博、偷盗抢劫、村集体铺张浪费等严重影响农村生产与社会稳定的现象，首先在南关办事处进行试点，由农村干部和群众自己制定并实行村规民约，反响良好。随后，全县各乡镇逐步建立起乡规民约例会制度、检查评比制度、党团员联系户制度等，创建活动的制度化建设取得了重大进步。1982年，邹县的经验在全国农村思想政治工作会议上被作为典型介绍，很快引起各级党政领导的重视，为全省乃至全国农村实行村民自治、开展农村基层民主政治建设提供了有益的经验。1982年，第五届全国人民代表大会第五次会议颁布的《宪法》第111条规定：城市和农村居民居住地区设立的居民委员会或者村民委员会是基层群众性自治组织。居民委员会、村民委员会的主任、副主任和委员由居民选举。这就明确了居民委员会和村民委员会是群众性自治组织的法律地位，标志着中国基层民主自治体系开始确立。1988年，山东省第七届人民代表大会常务委员会第三次会议通过了《山东省人民代表大会常务委员会关于贯彻实施〈中华人民共和国村民委员会组织法（试行）〉的决定》，标志着山东省村民自治制度基本确立。1989年，第七届全国人大常委会第十一次会议通过了《中华人民共和国城市居民委员会组织法》，这是城市社区自治中具有里程碑意义的重要法规。城市居民委员会和农村村民委员会共同构成了中国的基层自治体系。

（四）社会关系

随着国家政治秩序的恢复与经济体制的改革，山东省的社会结构、阶层结构和利益格局发生了深刻的变化。改革开放前严格控工控农的社会结构被打破，在非公有制经济快速增长的促进下，一些新的职业、新的阶层开始涌现，如由私营业主、个体工商户、外资和私营企业高级管理人员和技术人员组成的新的社会阶层，再如由工业化、城市化的拉力和农村劳动力过剩的推力促成的“农民工”群体的产生，此外与现代经济社会相联系的社会中间阶层的人员规模也得以快速扩大，社会阶层和利益诉求呈现出多元化和差异化。协调社会关系、平衡阶层利益等课题逐渐进入政府视野。为加强对流动人口的管理，国家于1985年颁布《关于城镇暂住人口管理的暂行规定》，开始对流动人口实施暂住证管理，同年开始实施居民身份证制度。山东省随后进行了相关改革。社会治理由原来的高度集中统一转向放松管制、放权搞活，不同的社会组织和市场主体开始参与社会治理，由党和政府包揽一切向注重激发社会活力转变。[①]

① 吴超：《当代中国社会治理的发展历程、挑战与对策》，《团结讲坛》2016年第5期。

二、发展中期(1992年1月—2002年11月)

经过改革开放十几年的探索历程，市场经济体制进一步确立，经济与社会发展进入新阶段。这一时期，社会治理服务或配套于经济体制的市场化改革，开始从社会行政管理向社会治理的市场化转变，同时也加快了社会治理法制化进程，并且出现了结构分化和治理重心下移。基层社会管理的法制化得到加强，农村的基层组织建设和城市的社区建设都开始走上法制化轨道。政府作为管理者的角色开始不断完善，山东省也进入了社会管理与治理的挑战机遇期。山东省通过继续加强法制治安建设、推动基层民主建设、调和社会关系和理顺政社关系，维护山东省经济与社会平稳运行。

(一)法制建设

1992年，全省开始推广章丘县“依法建制、以制治村、民主管理”的经验，基层依法治理工作取得积极进展，为依法治省奠定了坚实的基础。1995年6月，省人大常委会颁布实施《山东省依法治省五年规划》，省政府、省法院、省检察院分别制定了实施方案。依法治省的五点要求包括：加快地方立法步伐，继续深入开展普法教育，进一步强化依法行政，大力推进依法治理，努力搞好社会治安综合治理。这是山东省第一个依法治省五年规划，标志着山东省依法治理工作进入整体推进的新阶段。在此基础上，2001年4月，山东省又实施了第二个依法治省五年规划，即《山东省2001—2005年依法治省规划》，地方立法步伐明显加快，司法和行政执法改革继续深入，法制宣传教育全面深化，依法治理整体推进，法律服务水平不断提高，法律监督工作进一步加强，各项事业管理逐步纳入法治化轨道，依法治省工作取得重大进展。

（二）社会治安

这一时期，山东省开展了“严打”整治斗争，依法打击和防范敌对势力和“法轮功”等邪教组织的破坏活动，巩固了政治安定、社会稳定的良好局面。山东省社会治安管理法制化稳步推进，先后出台了一系列关于实行和加强社会治安综合治理的规定，如1992年2月出台的《山东省社会治安综合治理若干规定》（简称《规定》）。《规定》指出，当前社会治安和综合治理的任务是动员和组织社会各方面力量，运用政治的、法律的、行政的、经济的、文化的、教育的等多种手段，打击犯罪和预防犯罪，整顿社会秩序，保障社会稳定。《规定》强调社会治安综合治理实行专门机关工作与群众路线相结合，依法治理。国家机关、社会团体、企业事业单位和乡（镇、街道）、村（居）民委员会应当建立健全与维护社会治安任务相适应的群众性的自防自治组织或内部保卫组织，各项治安保卫工作都要严格依法办事；全体公民都应依法行使和履行维护社会治安的权利和义务。坚持“打防并举、标本兼治、重在治本”的方针，努力预防和减少犯罪。《规定》进一步强化了政法机关的人民民主专政职能，强调了全民参与的重要性。

从1996年4月至1997年2月，在全国范围内开展了第二次“严打”整治斗争，打击重点为杀人、抢劫、强奸等严重暴力犯罪，流氓犯罪，涉枪犯罪，毒品犯罪，流氓恶势力犯罪以及黑社会性质的犯罪等严重刑事犯罪。2001年4月，中央召开全国社会治安工作会议强调，切实保障人民群众的生命和财产安全，是党和政府肩负的重大责任。会议确定，当前要集中力量，在全国范围内开展“严打”整治斗争，加强社会治安工作。第三次“严打”整治斗争从2001年4月开始，为期两年。将带黑社会性质的团伙犯罪和流氓恶势力犯罪，爆炸、杀人、抢劫、绑架等严重暴力犯罪，盗窃等严重影响群众安全的多发性犯罪确定为重点打击对象。根据中央统一安排部署，山东省也开展了“严打”整治斗争，通过“严打”与“专项斗争”相结合，山东省建立了社会治安综合治理责任制体系，加强了综合治理领导和办事机构建设，肃清了省内各类不良势力与不良现象，保障了社会秩序和人民安全，巩固了政治安定、社会稳定的良好局面。

这一时期是中国经济犯罪集中爆发和经济安全秩序重建期，为了应对经济领域出现的若干不稳定因素，中国相继出台了若干经济安全法规，打击和严惩经济犯罪行为，重建经济秩序与维护社会稳定，通过法制建设促进社会稳定发展。1993年，第八届全国人大常委会第二次会议通过《关于惩治生产、销售伪劣商品犯罪的决定》。1995年，第八届全国人大常委会先后通过《关于惩治违反公司法的犯罪的决定》《关于惩治破坏金融犯罪的决定》《关于惩治虚开、伪造和非法出售增值税专用发票犯罪的决定》。1998年，第九届全国人大常委会第六次会议通过《关于惩治骗购外汇、逃汇和非法买卖外汇犯罪的决定》。1999年、2001年、2002年，第九届全国人大常委会先后通过《刑法修正案》和《刑法修正案（二）》《刑法修正案（三）》，分别对打击违反外汇管理犯罪、证券领域犯罪、洗钱犯罪、违反公司法犯罪、食品药品犯罪、走私犯罪、违反发票管理犯罪等条款作出补充和修正。山东省委、省政府高度重视经济安全，指示公安部门与经济违法行为作斗争。1999年11月23日至24日，省公安厅在济南召开第一次全省经济犯罪侦查工作会议，强调公安部门是打击经济犯罪的主力军和重要责任部门，对有争议的疑难案件，公检法部门要多协调、多沟通，确保及时、准确、有效地打击各类经济犯罪。山东省重点对经济领域中的金融与证券犯罪、涉税犯罪、假冒伪劣商品犯罪、传销犯罪进行打击，维护了山东的经济秩序与社会稳定。

（三）基层治理

这一时期，山东省城镇发展与城市建设进入快车道。乡镇企业的发展，推动了部分沿海地区农村的就地城镇化。与此同时，很多发展势头良好的乡镇企业为了谋求更好的发展，开始向资源更为丰富的城市地区聚集。一些大中城市的政府部门也乐于引进有实力的乡镇企业来本地落户，大中城市门户开放，山东的城市发展进入新阶段。城市的发展对城市社区的管理工作提出了新要求，社区建设成为稳定社会秩序、推动城市发展的重要前提。1999年，民政部开展了“全国社区建设试验区”工作，在全国选择了26个城区作为社区建设试验区，探索社区自治和建设道路。山东省主要有济南市历下区和青岛市市南区。社区建设试验中逐步形成了党委和政府领导、民政部门牵头、有关部门配合、社区居委会主办、社会力量支持、群众广泛参与的推进社区建设的整体合力。1999年4月，山东省委、省政府在青岛市召开全省社区建设经验交流会，将前期经验向全省介绍和推广，扩大了社区基层民主在省内的覆盖范围。2000年，中共中央办公厅、国务院办公厅联合下发了《民政部关于在全国推进城市社区建设的意见》的通知；2001年，民政部在青岛召开“全国城市社区建设工作会议”，同年民政部下发《全国城市社区建设示范活动指导纲要》。在中央文件的指导下，山东省的社区建设工作取得了重大进步，城市社区基层自治更加制度化、规范化。

为了维护村民自治治理系统的平稳运行，山东省人大代表常委会、省政府、省委先后按照《村民委员会组织法（试行）》的要求，组织进行了若干届村委会换届选举工作，其间还出台了《关于贯彻实施〈中华人民共和国村民委员会组织法（试行）〉的决定》《关于贯彻实施〈中华人民共和国村民委员会组织法（试行）〉的通知》《关于做好村民委员会换届选举的通知》《关于全省村民委员会换届选举有关问题的通知》等指导性文件。同时，在省委的部署下，各地成立了由各级党政主要领导人挂帅的村委会换届选举工作领导小组，加强了对换届选举工作的组织领导。通过连续几届民主选举，山东省村委会选举制度更加规范和完善，选出的村委会成员的整体素质有所提高，广大村民的法律意识、民主意识有了长足的进步，农村基层民主政治建设的现实基础得到进一步夯实。1994年，民政部发布《全国农村村民自治示范活动指导纲要（试行）》，对村民自治示范活动的目标、任务、指导方针、具体措施等作了全面系统的规定，提出要建立民主选举、民主决策、民主管理、民主监督等四项民主制度。1998年，第九届全国人大常委会第五次会议通过《村民委员会组织法》，对基层党组织在农村基层民主政治建设中的地位和作用作了规定，并补充规定村民委员会要“实行民主选举、民主决策、民主管理、民主监督”。1998年，山东省第九届人民代表大会常务委员会第五次会议审议并通过了《山东省村民委员会选举办法》，为规范全省村委会换届选举、真正实现由村民直接选举村委会成员，提供了可靠具体的法律保障。2000年，山东省第九届人民代表大会常务委员会第十八次会议审议并通过了《山东省实施〈中华人民共和国村民委员会组织法〉办法》。山东省的村委会建设和村民自治工作步入规范化、法制化轨道。

（四）政社关系

山东确立了以市场经济为主导的经济体制之后，市场的事情市场办，社会的事情社会办，政府职能转变为以宏观调控为主，但也产生了规模过大、人浮于事的问题。为了缩减政府规模、提高办事效率，山东省从县乡行政机构改革入手，按照"精简、统一、效能"的原则，走小机构、大服务的路子，优化了县乡一级党政机关的职能配置，精简了机构人员，提升了运转效率。1995年，山东省委六届四次全委会审议通过了《山东省省级机构改革实施意见》《山东省市地机构改革实施方案》，讨论研究了《山东省国家公务员制度实施方案》。改革后省委、省政府直属机构精简20%，人员精简20%以上；市地机构和人员分别精简20%、30%左右。政府机构改革的同时，社会力量参与经济建设、基层治理和社会服务开始恢复并扩大。这一时期，社会组织的发展特点主要包括：第一，具有官方背景的NGO（非政府组织）开始形成有力的资源动员机制；第二，草根NGO开始起步；第三，行业协会在市场经济改革的背景中迅速发展；第四，各种形式的民办非企业组织开始快速增长；第五，一批国际NGO进入中国开展多种公益活动，形成了公退民进的总体格局。[①]为了加强对社团的法制化管理，中央和山东省都在民政部专门设立了民间组织管理局，并出台了《社会团体登记管理条例》，《民办非企业单位管理条例》也在1998年出台。这一时期，社会管理的结构分化和治理重心下移，政府虽然仍是最重要的社会管理主体，但是政府之外的社会管理主体，如事业单位、社区自治组

① 谢菊、马庆钰：《中国社会组织发展历程回顾》，《云南行政学院学报》2015年第1期。

织、社会组织、企业组织，也开始在社会管理中发挥重要作用。[①]

三、加速发展时期（2002年12月—2012年11月）

进入新世纪，中国的社会管理机制不断完善，在对前期经济高速发展产生的一些副作用进行纠正与治理的过程中，朴素的社会治理理念开始孕育。山东省这一时期在社会管理与治理理念上重新梳理和确立了民本思维，从维护广大人民群众的最根本利益、反映广大人民群众的社会需求角度出发，继续推进法制建设、加强社会治安、深化基层治理、开展信访工作、培育社会组织，推动了社会多元主体参与社会管理和社会服务。政府的定位从管理者向服务者角色转变，这是中国政府机构改革耀眼的阶段性成果，符合贯彻落实社会主义科学发展观的时代要求。

（一）法制体制建设

《山东省2006—2010年依法治省规划》指出，这一阶段是建设平安山东，构建社会主义和谐社会，加快山东省经济社会全面发展的关键时期。依法治省是山东省法制建设坚定的主题，构建平安和谐山东是依法治省的阶段性目标。以邓小平理论和“三个代表”重要思想为指导，认真贯彻党的十六大和十六届三中、四中、五中全会精神，全面落实科学发展观，以宪法和法律为依据，以经济建设为中心，围绕实施依法治国基本方略，深入开展法制宣传教育，不断提高全省公民，特别是领导干部和公务员的法律素质，继续深化以基层为重点的依法治理，整体推进依法执政、依法行

① 吴超：《当代中国社会治理的发展历程、挑战与对策》，《团结讲坛》2016年第5期。

政和公正司法，进一步强化法律监督和法律服务，努力提高全社会法治化管理水平，为促进山东省政治经济社会各项事业持续快速健康发展、构建社会主义和谐社会、全面建设小康社会，营造良好的法治环境。《山东省2006—2010年依法治省规划》指出当前的任务是：切实加强依法执政能力建设；不断加强地方立法；进一步强化公正司法；继续深化法制宣传教育；全面推进依法治理；搞好法律服务；加强监督。

加强和创新社会管理体制也是这一时期社会管理的重要内容。山东省把加强和创新社会管理作为战略任务，将其纳入山东省“十二五”规划，在全省普遍实行社会管理创新重点工作目标管理责任制，并将各项任务逐一分解细化，采取项目化管理，整体推进，重点突破，以提高执行力和公信力为重点，努力建设法治政府、服务型政府、廉洁政府。2011年11月，山东省加强和创新社会管理工作电视电话会议召开，部署山东省加强和创新社会管理工作。

（二）社会治安

2004年，党的十六届四中全会通过《中共中央关于加强党的执政能力建设的决定》提出了“打防结合，预防为主，专群结合，依靠群众”的新方针，明确了开展社会治安综合治理的重要性。2003年，各地陆续开展“平安建设”。2005年，中共中央办公厅、国务院办公厅转发了《中央政法委员会、中央社会治安综合治理委员会关于深入开展平安建设的意见》的通知，强调平安建设是构建和谐社会、促进经济社会协调发展的保障工程，能够保障人民群众的根本利益，提高党的执政能力。《2005年山东省政府工作报告》提出：要“大力推进‘平安山东’建设，保持社会稳定”。山东省坚持重心下移，抓基层，抓基础，抓队伍，“平安山东”建设成效显著。加强新形势下的对敌斗争，切实维护社会政治稳定。深入开展严打整治行动，全面推进社会治安综合治理，大力加强治安防范，有效地预防和减少了违法犯罪。积极预防和化解社会矛盾，建立健全社会矛盾纠纷调处网络，认真做好信访工作，妥善处置群体性事件，全省信访总量下降6.8%。广泛开展“安全生产落实年”，加强安全生产专项整治，安全事故起数和死亡人数分别下降17.6%和12.8%。

2003年，党的十六届三中全会通过《关于完善社会主义市场经济体制若干问题的决定》，标志着中国市场经济从初步建立开始走向逐步完善，经济领域各项改革深入推进。随着改革开放不断深入，在建立完善市场经济的过程中，由于市场经济本身的负面效应，加之体制、法制、管理滞后和外来犯罪的渗透等多种因素影响，经济犯罪问题日益突出。为适应日益严峻的经济犯罪形势需要，山东省公安厅印发《关于加强经侦工作的决定》(鲁公发〔2006〕38号)指出，要始终保持对经济犯罪的严打高压态势，对金融、证券、财税、商贸等事关经济安全领域的严重经济犯罪活动，事关人民群众切身利益的案件，涉案金额巨大、涉及面广、影响稳定的案件，影响经济发展和中心工作大局的侵犯知识产权犯罪、农村经济犯罪等重点案件，全力侦破，依法查处。同年，省公安厅印发《关于建立主动进攻机制提高打击经济犯罪工作水平的意见》(鲁公发〔2006〕200号)，提出以提高打击经济犯罪的主动性、针对性、实效性为目标，以情报信息为先导，以基础建设为保障，以打防控结合为重点，以全方位协作为平台，建立主动发现、主动打击、主动预警、主动服务的综合侦查机制。这一时期，经济安全打击的重点在于金融和证券犯罪、涉税犯罪、传销犯罪、侵权假冒犯罪、食品药品犯罪等方面。

（三）信访工作

随着改革的深化与市场经济的发展，社会阶层之间呈现出关系复杂化和收入差别化，不同群体的利益诉求有所不同，信访工作的重要性日益凸现。信访工作的核心原则是要坚持以人民为中心的根本立场和基本原则，把维护人民群众的合法权益作为出发点和落脚点。通过信访工作，党和政府可以直接听取来自各行各业最广大人民群众的呼声、需求与愿望，将群众的需求与愿望作为依据，完善党和国家的政策方针，推动经济社会共同进步。2005年，山东省人民政府办公厅、中共山东省委办公厅根据《信访条例》和《山东省信访规定》（2000），由省委、省政府信访局组织制定了《山东省处理群众来信工作规程（试行）》《山东省处理群众来访工作规程（试行）》和《山东省信访督查督办工作规程（试行）》。要求各级党委、政府及县级以上党委、政府的工作部门要按照“属地管理、分级负责，谁主管、谁负责”的原则和办信“三见面”制度的要求，依法、及时处理群众来信，做到件件有着落、事事有回音，并对来信的受理、交办、告知、办理和督办等具体内容作出了规定。信访工作做得好，社会矛盾能控制，社会安定有保障。山东省信访工作的法制建设和有序推进，对社会治理的实践具有积极意义。《2008年山东省政府工作报告》再次强调，要“完善社会矛盾纠纷预防和化解机制，妥善处理人民内部矛盾。加强和改进信访工作，办好‘绿色邮政’和‘省长信箱’，畅通民意表达渠道，切实解决信访突出问题”。这一时期，为推进社会矛盾纠纷化解机制建设，山东还建立起重大事项社会稳定风险评估机制，并围绕征地拆迁、交通事故、劳资、医患等多发矛盾纠纷，建立和完善了行业性、社会性调解组织，人民调解、行政调解、司法调解以及行业调解、社会调解衔接联动的多元化调解新机制逐步完善。为加强对特殊群体的服务管理，山东相继出台对社会闲散青少年、农村留守儿童和城市生活无着的流浪乞讨人员的管理服务制度。

（四）基层治理

2003年，党的十六届三中全会通过了《中共中央关于完善社会主义市场经济体制若干问题的决定》，提出了开展“农村社区服务”、农村“社区保障”，搞好“城乡社区自我管理、自我服务”的要求。2006年，国务院下发了《关于加强和改进社区服务工作的意见》（国发〔2006〕14号），对社区服务体系建设提出了具体要求。山东省依据中央指示精神，于2006年9月发布了《山东省人民政府关于加强和改进社区工作的意见》（鲁政发〔2006〕94号），坚持“以人为本，服务居民”“立足基层，加强基础”“资源共享，共驻共建”“扩大民主，居民自治”“因地制宜，循序渐进”的原则，以建设“居民自治、管理有序、服务完善、治安良好、环境优美、文明祥和”的和谐社区为目标，以加大政府投入、加强社区基础设施建设为突破口，以满足群众需求、强化社区服务为重点，以克服社区行政化倾向、理顺社区管理体制为保障，全面提升山东省社区工作水平。为了建设完善社区居民自治，政府部门及其派出机构尊重宪法和法律赋予社区居委会的基层群众性自治组织的性质、地位和权利，在履行职能的同时搞好对社区的服务，主动接受社区的监督和评议。社区居委会自觉维护社区党组织的领导核心地位，完善居民自治制度，实行自我管理、自我教育、自我服务、自我监督，发挥好协调利益、化解矛盾和排忧解难的作用。2007年，民政部和国家发改委联合编制下发了《“十一五”社区服务体系发展规划》（发改社会〔2007〕975号），2010年，中共中央办公厅、国务院办公厅下发了《关于加强和改进城市社区居民委员会建设工作的意见》（中办发〔2010〕27号），为社区居委会建设工作指明了方向。山东省社区治理与服务工作不断推进。

2004年，中共中央办公厅、国务院办公厅下发《关于健全和完善村务公开和民主管理制度的意见》（中办发〔2004〕17号），提出了进一步健全村务公开制度，保障农民的知情权；进一步规范民主决策机制，保障农民群众的决策权；进一步完善民主管理制度，保障农民群众的参与权；进一步强化村务管理的监督制约机制，保障农民群众的监督权。保障农民群众的选举权、知情权、决策权、参与权和监督权成为村民自治工作的重心。这一时期，山东省村民自治工作稳步推进，各地普遍建立村民直接选举村委会成员的选举制度，这是实行村民自治的基础；村务决策实行民主决策制，村委会定期向村民报告工作；民主管理和民主监督正在成为保证自治权利实现和管理效力提高的动力。改革开放以来，全省各地基本上做到了凡是重大村务都要在村民的参与和监督下进行，都要在法律、法规和村规民约的规范下进行，从而调动了基层群众参政议政的积极性，成为改善管理、提高效率的动力。为夯实基层组织、强化基础工作，山东结合村（社区）“两委”换届选举，对“两委”成员培训社会管理创新知识。全省98.7%的乡镇（街道）、88.3%的村（社区）综治基层基础建设达到规范化标准，基层治安防控和社会管理的群众基础更加牢固。①

① 徐锦庚：《山东扎实推进社会管理创新：强化基础　重点突破》，《人民日报》2011年10月6日。

（五）社会组织

从2002年到2012年，中共中央共有11次全会讨论了社会组织的地位、作用和发展问题。2006年，中共中央《关于构建社会主义和谐社会若干重大问题的决定》指出，“支持社会组织参与社会管理和公共服务”，直至2012年中共十八大提出“加快形成现代社会组织体制”，成为中国社会组织发展的黄金时期。这一时期，山东省对社会组织的管理更加规范，对社会组织的认识更加全面，对社会组织的扶持力度相对加大。第一，山东省加强了社会组织的管理规范建设。2002年10月，山东省人民政府发布的《山东省实施〈社会团体登记管理条例〉办法》指出，社会团体应当建立健全自我约束、自我管理、自我发展的自律机制，实现章程规定的宗旨。第二，山东省将社会组织人才建设纳入规划。2004年，《中共山东省委、山东省人民政府关于实施人才强省战略进一步加强人才工作的意见》（鲁发〔2004〕10号），专门强调了积极做好非公有制经济组织和社会组织人才工作。重点消除体制和政策障碍，在政治上对非公有制经济组织和社会组织人才一视同仁，在政府奖励、职称评定等人才政策上统一安排，在面向社会的资助、基金、培训项目、人才信息库等公共资源运用上平等开放，在改善创业环境和工作生活条件上积极提供服务。第三，2010年成立了山东省社会组织党工委，发布了《中共山东省委关于成立中共山东省委社会组织工作委员会的通知》，依托省民政厅成立中共山东省委社会组织工作委员会，加强对社会组织的管理和引导。其主要职责是：指导和协调全省社会组织党的建设；宣传和贯彻执行党的路线、方针、政策，促进中央、省委各项决策部署在社会组织中的贯彻落实；引导和监督社会组织遵守国家法律法规，团结凝聚职工群众，维护各方合法权益，促进社会组织健康发展；加强对全省社会组织党建工作的调查研究，及时向省委提出改进工作的意见建议；指导有关部门、市县相应机构抓好社会组织党建工作；指导社会组织党组织开展党的宣传工作、教育工作、组织工作、纪律检查工作、群众工作、统一战线工作等；做好党员的教育培训、管理服务和发展党员工作，充分发挥党员的先锋模范作用；完成省委交办的其他工作。第四，加强对社会组织的监督和评价工作。凡经各级民政部门登记注册的社会团体、民办非企业单位和基金会均应参加年度检查，重点整治瘫痪半瘫痪社会组织，树立优秀典型，严格处置问题。2010年，山东省委社会组织工作委员会、山东省民政厅联合下发《关于2010年度省管社会组织年检优秀单位评定情况的通报》，山东省民政厅下发《关于对部分省管社会组织实施行政处罚情况的通报》，2012年对社会组织创先争优先进集体和先进个人进行了表彰。

四、全面发展时期（2012年12月至今）

经过改革开放30多年辉煌成就的沉淀，经过我党对改革开放以来治国理政思想的总结与反思，以习近平同志为核心的党中央牢牢把握推进国家治理体系和治理能力现代化的总要求，不断创新社会治理理念思路、体制机制、方法手段，从源头上预防和减少影响社会和谐稳定的问题发生，破解社会治理难题，建设平安中国。党的十九大报告提出，要“打造共建共治共享的社会治理格局”，“提高社会治理社会化、法治化、智能化、专业化水平”。这为新时代加强和创新社会治理指明了方向、提供了遵循依据。这一时期，山东省认真贯彻党中央社会治理理念，注重提高社会治理的法治化、社会化和专业化，山东省按照中央部署和习近平总书记2013

年、2018年视察山东时对创新社会治理作出的重要指示要求，努力做好创新社会治理这篇大文章。各级党委和政府切实承担主体责任、发挥主导作用，把社会治理摆到更加突出的位置。以总结推广新时代“枫桥经验”为契机，动员广大人民群众和全社会积极参与社会治理、一体化推进综治中心建设、网格化管理、“雪亮工程”建设和矛盾纠纷多元化解、信访突出问题解决、维护社会公共安全等基层基础工作，不断提高山东省社会治理社会化、法治化、智能化、专业化水平，为打造法治山东、平安山东、和谐山东保驾护航，为新时代现代化强省建设作出了应有的贡献。

（一）法治建设

党的十八大报告指出，“法治是治国理政的基本方式”，“全面依法治国”是“四个全面”战略布局的重要组成部分。山东省委深入学习贯彻落实习近平总书记系列重要讲话精神，加强地方立法、依法行政、公正司法、依法治理，法制山东建设取得新进展。首先，山东省推动综合立法，提高立法质量，实现有法可依。山东省立法工作坚持问题导向，加强重点领域立法，与改革决策、发展需求相适应，在应对新态势、配合新决策、淘汰修正不适用法律法规方面反应迅速、处置及时。制定并颁布了《山东省地方金融条例》《山东省多元化解纠纷促进条例》《山东省非物质文化遗产条例》等维护山东省经济、金融、民生、文化秩序的法律法规，修订了《山东省大气污染防治条例》《山东省农村可再生能源条例》《山东省海洋环境保护条例》等条例中不再适用当前发展现状的部分条款，并废止了若干已经与经济、社会发展不相适应的法规。2013年至2017年，山东省人大常委会制定和修改地方性法规46件，制定法规性决议3件，批准设区的市报批法规76件。山东省的立法工作保证了山东在经济与社会发展过程中有法可依、有章可循。此外，山东省加快推进法治政府建设，坚持依法行政、简政放权、率先建立政府法律顾问制度、深化综合执法体制改革、在省以下开展行政复议体制机制改革，在依法治省工作中成效显著。2016年，山东省发布了《山东省法治政府建设实施纲要（2016—2020年）》，对以后几年山东省法治建设作出了规划和部署，指出要打造“法治山东”，依法全面履行政府职能，牢固树立创新、协调、绿色、开放、共享的发展理念，简政放权、放管结合、优化服务，切实转变政府职能，推进机构职能职权法定，行政效能和服务水平显著提高。“法治山东”建设是山东省“社会治理”的重要组成部分。

（二）社会治安

社会综合治安工作一直是安全建设的重要组成部分。山东省处于经济、社会全面发展和转型期，许多社会不稳定因素威胁着社会安定团结的局面，社会治安工作的开展可以为改革深化保驾护航。从2014年2月起，山东警方开展了为期4个月的打击整治农村黑恶势力专项行动，严打四类农村黑恶势力犯罪。重点打击破坏村级“两委”选举、损害党的执政基础、破坏党和政府形象的农村黑恶势力；重点打击欺行霸市、强迫交易、敲诈勒索、破坏经营秩序的各种市霸、行霸等黑恶势力；重点打击依靠暴力手段强揽工程、强立债权、非法占地、滥开滥采等非法牟利的黑恶势力；重点打击受雇他人解决纠纷、追债逼债、抢占市场，采取聚众造势、恐吓滋扰等行为的新型黑恶势力。通过治安整治工作，维护了基层民主的纯洁与农村地区的安定。

2015年，山东公安机关确定未来5年法治公安建设目标。依据山东省公安厅下发的《山东省公安机关全面推进法治公安建设实施意见》，全省各级公安机关根据总体目标和具体任务，细化、量化工作标准，明确责任落实，健全考核机制，将法治公安建设成效作为衡量工作实绩的重要内容，纳入综合考核指标体系。第一，加强地方公安立法和执法制度建设，推动宪法法律深入实施，推进地方公安立法，加强执法制度建设，完善执法操作标准，健全规范性文件备案审查机制。第二，完善公安行政权力运行机制，提高依法行政能力，健全依法决策机制，规范行政执法流程，提高行政管理服务水平，完善行政权力监督制约，健全行政执法与刑事司法衔接机制，积极推行警务公开。第三，坚持严格规范公正文明执法，提高维护公平正义的刑事司法能力，深入推进刑事司法体制改革，切实提升执法规范化水平，加强刑事执法活动监督制约，完善人权司法保障。第四，发挥法治引领规范保障作用，提高依法治理能力，依法打击各类违法犯罪活动，创新完善立体化社会治安防控体系，依法加强公共安全监管，积极构建法治框架下的社会矛盾预防化解机制，提升执法危机应对处置能力，健全法制宣传教育机制。第五，建设正规化、专业化公安法治队伍，奠定坚实的人才基础。第六，强化组织领导，确保全面推进法治公安建设各项任务落到实处。这一时期，山东省在法治公安建设方面的综合认识有所提升，将治安工作的各个环节看作有机联系的整体，多管齐下，整体提升治安水平和治安能力。

山东省委政法委、省综治委落实上级指示精神，不断创新、大胆尝试，制定印发了《关于创新立体化社会治安防控体系建设的意见》《山东省立体化社会治安防控体系建设三年规划（2015—2017年）》，召开了全省创新立体化社会治安防控体系建设现场会和省综治委全体会议，提出深入推进地面、地下、空中、海域、网络“五位一体”立体化社会治安防控体系建设，推动治安防控体系建设纳入省科学发展考核，推进“天网工程”建设，固化“环京护城河”“环鲁防控圈”等长效机制，不断增强防控体系的系统性、整体性、协同性。2017年，山东省委办公厅、省政府办公厅出台《山东省健全落实社会治安综合治理领导责任制实施办法》，山东省综治委出台《关于推进全省各级综治中心标准化建设与管理指导意见》，从机构建设、机构设置、机构管理与领导责任落实等方面，保障了山东省治安综合治理工作的顺利开展。

（三）信访工作

2015年9月，山东省第十二届人民代表大会常务委员会第十六次会议表决通过了《山东省信访条例》（简称《条例》）。这是山东省制定出台的第一部全面规范各级国家机关信访工作的基础性、综合性法规，对于深化全省信访工作制度改革，把信访纳入法治化轨道，运用法治思维和法治方式解决信访突出问题，实现维护信访群众合法权益与维护信访秩序的统一，具有十分重要的意义。这一时期的信访工作制度改革主要解决了八个方面的问题：一是信访渠道入口过宽、受理范围不够明晰的问题，二是信访事项分类模糊、办理程序不够规范的问题，三是信访事项办理质量不高、公信力不强的问题，四是信访积案反复启动处理程序、终而不结的问题，五是信访工作机构职能定位不明确、权责不匹配的问题，六是信访人权利不清、义务不明的问题，七是少数信访人缠访闹访、扰乱信访秩序的问题，八是信访工作责任内涵不明确、落实不到位的问题位。《条例》强调，诉访分离分类处理，健全信访工作程序，全面保障信访人合法权益和依法规范信访秩序。《条例》重点对山东省信访工作中长期存在的一些积累和遗留问题进行了集中修正，对于建立科学合理的现代信访机制和信访网络具有重要意义，是山东省信访工作开展的总体指导文件。2017年3月，《山东省信访工作责任制实施细则》出台，山东省启动了追责程序，一是对应当追究信访工作责任的情形进行追责，二是向有管理权限的党政机关提出追责建议。坚持“属地管理、分级负责，谁主管、谁负责，依法、及时、就地解决问题与教育疏导相结合”的工作原则，综合运用督查、通报、考核、惩戒等措施，依法规范各级党政机关履行信访工作职责。从机制上解决了信访部门有信访无职权的尴尬局面，理顺了信访工作机制。

（四）基层自治

党的十八大报告中，第一次把社区治理写入了党的纲领性文件。这一时期，社区治理理念与社区服务建设实现了内核的统一，强调社区治理主体的多元化、治理目标的过程化、治理内容的扩大化和治理方式的多维化。2011年，国务院办公厅印发了《社区服务体系建设规划（2011—2015年）》（国发办〔2011〕61号），把中国城乡社区建设推向新阶段。山东省落实中央精神，于2012年发布了《关于印发〈山东省社区服务体系建设规划（2012—2015年）〉的通知》，指出要以社区为基本单元，以各类社区服务设施为依托，以社区全体居民、驻社区单位为对象，以公共服务、志愿服务、便民利民服务为主要内容，以满足社区居民生活需求、提高社区居民生活质量为目标，形成党委统一领导、政府主导支持、社会多元参与的服务网络及运行机制。山东省确立了“以人为本，服务居民；政府主导，社会参与；资源整合，共建共享；因地制宜，分类指导；细化管理，注重规范”的基本原则。到2015年，初步建成较为完善的社区服务设施、服务内容、服务队伍、服务网络和运行机制，农村社区服务试点工作有序推进。此后，山东省社区治理观念迈入了城乡一体化建设阶段，社区自治的理念促进了社区服务体系化建设进程。

2015年，山东省委办公厅、山东省政府办公厅正式下发了《关于加强城乡社区协商的实施意见》，就城乡社区协商民主建设作出了部署，就协商制度建设提出了三点要求：一是分层次建立协商制度，二是规范协商程序，三是丰富协商形式。《关于加强城乡社区协商的实施意见》的出台，有助于探索出一条以村（居）民自治制度为基础、以协商制度为切入点的城乡社区治理新模式、新机制和有效途径，让协商文化和理念在基层群众中扎根，推进城乡社区协商制度化、规范化和程序化。村（居）民自治应坚持先民主协商后民主决策，形成民主选举、民主协商、民主决策、民主管理和民主监督“五位一体”的村（居）民自治制度体系。

为贯彻落实《中共中央办公厅、国务院办公厅印发〈关于深入推进农村社区建设试点工作的指导意见〉的通知》精神，2015年10月，山东省委办公厅、省政府办公厅印发《关于深入推进农村社区建设的实施意见》，要求各地各部门创新农村基层社会治理，提升农村公共服务水平，促进城乡一体化建设。主要工作任务包括：完善农村社区治理体制；建立健全农村社区组织；创新农村社区治理机制；加快农村社区综合服务设施建设；提升农村社区服务水平；推进农村社区环境综合整治；强化农村社区文化建设；深化农村社区法治建设；探索开展农村社区社会工作服务；推动农村社区治理服务信息化建设；推进农村社区纳入城镇化管理。根据城乡发展一体化、公共服务均等化、社区治理现代化的要求，深入推进农村社区建设，稳妥推进社区内行政村合并，逐步实现一社区一村（居）民委员会，计划到2018年建成1.2万多个农村社区服务中心，争取到2020年建成一批管理有序、服务完善、文明祥和、特色鲜明的农村示范社区。该文件标志着山东省在社区自治和社区治理，尤其是农村社区自治方面的思路发生了转变，从社区自治建设的层次提升到社区自治与社区服务、社区建设齐头发展的综合理念，社区自治在理论上和实践上进入了新的发展阶段。

（五）社会组织

山东省改革开放的深化，为市场和社会注入了活力。自2012年以来，山东社会组织的发展进入了平稳和繁荣发展期，社会组织的管理机制也不断完善，制定了社会团体、民办非企业、基金会等社会组织的管理与评估办法，引导和规范社会组织健康科学持续地发展。自2013年以来，山东省先后出台了《社会组织评估管理办法》《社会组织登记管理机关行政处罚程序规定》《社会组织登记服务规范》《社会组织年度检查服务规范》《山东省人民政府办公厅关于印发政府向社会力量购买服务办法的通知》等若干文件。2017年，中共中央山东省委办公厅、山东省人民政府办公厅《关于改革社会组织管理制度促进社会组织健康有序发展的实施意见》指出，要进一步加强社会组织建设，激发社会组织活力。一手抓积极引导发展，一手抓严格依法管理，正确处理政府、市场、社会的关系，完善社会主义市场经济体制，改进公共服务供给方式，加强和创新社会治理，激发社会活力，巩固和扩大党的执政基础，充分发挥社会组织服务国家、服务社会、服务群众、服务行业的作用，努力走出一条具有中国特色、符合山东省实际的社会组织发展之路。通过培育发展社区社会组织、行业协会商会、科技类社会组织、公益慈善类社会组织，促进社会组织全面发展；充分发挥社会组织在促进经济发展、管理社会事务、提供公共服务中的作用，做好社会组织协商民主和党外代表人士的统战工作，建立政府与社会组织信息沟通机制，积极推进社会智库建设，推进社会组织服务平台建设；支持社会组织提供公共服务，加大财政金融支持力度，全面落实税收优惠政策，完善社会组织人才政策；做好登记审查；严格管理监督；加强党建工作；抓好组织实施。充分发挥社会组织的作用，能够减轻政府负担，提升社会服务，促进社会各界共建共治国家与社会发展，共享改革成果。

第二节　辉煌成就

在社会治理思想指导下，山东省综合推进“法治山东”“平安山东”“民主山东”“和谐山东”“活力山东”建设，初步形成了共治共建共享的社会治理格局。

一、打造“法治山东”，依法治省工作取得重大进步

改革开放以来，山东省着力打造“法治山东”。针对政治、经济、社会、文化领域先后出现的一些急需法律予以约束和规范的情况，山东省委、省政府以及相关政府部门及时做出反应，依靠法律手段，维护山东安全、平稳、顺利发展。1978年至2017年1月，山东省人大及其常委会共

制定和修改地方性法规402件，制定法规性决议23件，其中现行有效法规216件；批准设区的市人大常委会报批法规513件，其中现行有效法规275件，这些文件形成了“有法可依”的有效前提。近年来，山东省强调落实各级人民代表大会对法律制定、司法执法、政府依法行政等各个环节的监督作用，尤其对“依法行政”作出了系统性部署，极大地推进“法治山东”的建设进程，推动了山东省的“社会治理”进程。

二、打造“平安山东”，综合安全治理收效良好

改革开放以来，山东省坚持以人民安全为宗旨，全面落实以经济安全为基础、以文化和社会安全为保障的安全观，着力打造“平安山东”。山东省通过完善制度体系建设，建设过硬综治队伍，保障了全省治安综治工作的有序推进。通过落实政法委的督导作用、落实综合治理领导责任、培训政法综治干部等措施，全面提升执法系统的执法能力，任务层层分解、责任落实到位，确保了各项部署和要求能够落实到位。创新治安防控体系，构筑矛盾化解网络，通过打造“五位一体”立体化社会治安防控体系，利用新科技、新技术，推动科技信息深度应用于社会治安防控工作，加强综合治安中的预防环节，防患于未然。“打黑恶、反盗抢、防诈骗、扫毒害、追逃犯”，重拳打击违法犯罪，夯实平安建设基础，确保居民幸福指数。山东省在全国率先开展各级综治中心标准化建设与管理工作，综治中心在创新社会治理中的平台作用已经显现。2017年，山东省县、乡、村级基层综治工作平台覆盖率分别达到80.6%、99.1%和83.7%；“一村一警务助理”实现所有行政村全覆盖；纳入网格化管理的城乡社区达到95029个，覆盖率达99.3%；无命案乡镇（街道）覆盖率达82.1%，无刑事案件村（社

区）覆盖率达70.3%。

三、建设“民主山东”，基层民主自治不断深化

改革开放以来，山东省坚持社会治理重心下移，健全完善城乡社区治理体系，着力建设“民主山东”。2016年12月30日，习近平总书记主持召开了中央全面深化改革领导小组第三十一次会议。会议审议通过的《中共中央国务院关于加强和完善城乡社区治理的意见》指出，“加强和完善城乡社区治理要以基层党组织建设为关键，以居民需求为导向，健全完善城乡社区治理体系，提升城乡社区治理水平，补齐城乡社区治理短板，推动形成党领导下的政府治理和社会调节、居民自治良性互动格局，全面提升城乡社区治理法治化、科学化、精细化水平”[①]。改革开放以来，山东省在推动城乡社区自治工作上取得了重大进步。首先，山东省委、省政府注重完善顶层设计，出台、修订和完善了相关政策法规，为城乡基层社会治理的推进提供了保障；其次，加强了城乡综合服务设施建设，城乡社区综合服务中心建设大面积铺开；再次，注重培育社区社会组织，形成居民、社区社会组织、社区自治组织、党委共治的局面，提升了社区自治的参与范围和参与层次；此外，还加大了社区工作人员的培养力度，通过社会招聘与考核壮大了社区工作人员队伍，社区服务队伍素质得到提高；最后，“互联网+社区”服务体系初步建立，通过建立网络服务平台和居民信息库以及整合各部门信息，提升社区公共服务覆盖面。

---

① 《投入更大精力抓好改革落实　压实责任提示要求抓实考核》，《人民日报》2016年12月31日。

四、建设“和谐山东”，防范并化解社会矛盾

改革开放以来，山东省努力化解各种社会矛盾，推动社会和谐建设，着力建设“和谐山东”。特别是近年来，山东省集中出台了一批相关文件：2016年7月，推动出台了国内第一部促进多元化解纠纷工作的省级地方性法规《山东省多元化解纠纷促进条例》；2017年1月，以省委办公厅、省政府办公厅名义印发《关于完善矛盾纠纷多元化解机制的实施意见》；2016年6月，省综治办与省高级人民法院联合出台《关于进一步加强诉调对接工作的实施意见》等。为加强对全省社会矛盾纠纷排查化解工作的组织领导，山东省还制定出台了《山东省综治委矛盾纠纷排查调处工作协调会议制度》和《山东省综治办关于落实矛盾纠纷排查调处工作情况报告制度的实施办法》等，搭建了以县、乡、村三级综治工作平台为依托的社会矛盾排查预警和调处化解综合机制，提升应对处置突发性、群体性事件的能力和水平。截至2016年7月，全省有人民调解组织7000余个，专业性调委会1661个，专兼职调解员34.2万名，全省17市全部建立起《重大复杂矛盾纠纷台账》《矛盾纠纷排查调处工作分类台账》《矛盾纠纷调解组织和队伍台账》，全省社会矛盾纠纷排查化解工作整体水平显著提高，有力地维护了全省社会大局持续和谐稳定。此外，山东省的信访制度也不断改革和完善。《山东省信访条例》明确了信访人的权利和义务，信访工作机构与职能，信访渠道，信访事项提出、受理、办理，信访工作督查，追究法律责任等事项。山东省信访制度改革不断深化，贯彻了打造阳光信访、责任信访和法治信访的新理念，构建了新的制度框架，通过综合施策，将群众合理合法的利益诉求解决好。

五、共建“活力山东”，社会建设热情受到激发

改革开放以来，山东省不断扩大开放公共服务市场，通过政府购买服务、健全激励补偿机制等办法，鼓励和引导企事业单位、社会组织、人民群众积极参与社会治理，努力共建“活力山东”。山东省注重社会组织培育和引导，改革社会组织管理制度，推动社会组织明确权责、规范自律、依法自治，积极参与社会治理全过程。[①]当前，山东省社会组织发展的制度环境和社会土壤不断优化，一方面山东省经济、社会环境不断优化，政策氛围较为宽松，为各类社会组织的发展和发育提供了保障；另一方面，各级政府对社会组织的服务意识有所提升，从严格控制到引导发展再到支持发展的路径，基层政府与社会组织的合作范围逐步扩大。2018年5月，为深入持续推进社会组织登记管理制度改革和最大限度地激发社会组织的活力，山东省制定出台《山东省民政厅关于进一步深化社会组织领域“放管服”改革的意见》(鲁民〔2018〕38号)，实行“四类”社会组织直接登记，降低注册资金标准，下延基金会登记权限，支持新兴领域成立社会组织，优化行业协会商会区域布局，放宽社会团体负责人任职政策限制，调整民办非企业单位(社会服务机构)登记范围，减少社会组织登记环节，加快推进登记服务事项网上办理，全面实现“最多跑一次”服务要求，切实加强事中事后监管。该文件为今后山东省社会组织大发展奠定了坚实的政策和制度保障，必将对“活力山东”建设起到重要的推动作用。

---

① 中共中央宣传部:《习近平新时代中国特色社会主义思想三十讲》，学习出版社2018年版，第240页。

第三节　经验启示

党的十八大以来，以习近平总书记为核心的党中央综合考虑了国际国内大局、党和国家大局、全面深化改革全局，提出了“社会治理”的战略思想。“社会治理”理论的提出和发展，是对我党和政府社会管理理念的创新，是习近平新时代中国特色社会主义思想的重要组成部分，是社会主义制度发展和完善的重要体现。改革开放以来，山东省委、省政府高度重视社会管理和社会治理工作，在多年的实践中积累了一些宝贵的经验。

一、确保人民当家作主的权利

习近平总书记指出，推进社会治理，要注重动员组织社会力量共同参与，发动全社会一齐来做好维护社会稳定工作，努力形成社会治理人人参与、人人尽力、人人共享的良好局面[①]。2018年6月，习近平总书记在山东考察时指出，要推动社会治理重心向基层下移，把更多资源、服务、管理放到社区，更好为社区居民提供精准化、精细化服务。改革开放后，中国的人民代表大会制度开始恢复重建，广大人民通过人民代表大会行使参政议政的权利，切实保障了人民当家作主的地位不动摇。社会治理强调共治、共建、共享，需要保证人民的呼声能够表达、人民的需求能够传达、人民的美好向往和意愿能够实现，因此在立法和行政环节应加大人民群众

① 中共中央宣传部:《习近平新时代中国特色社会主义思想三十讲》，学习出版社2018年版，第240页。

的参与和监督力度，通过民意调研、听证会、座谈会等形式，广泛征求民意，推动政务公开，接受人民监督。改革开放以来，山东省在社会治理实践中注重持续推动基层民主建设，注重顶层设计，为基层社会治理提供保障。明确政府、社区社会组织、社区居民之间的不同角色，树立合作、共治理念，推动三者之间的平等合作，提升社区服务水平。充分发挥社区社会组织的积极作用，在社区服务、社区卫生、社区文化等若干方面充分发挥社区社会组织的积极作用，克服社区工作行政化、社区工作分散化等不良现象，形成共同参与社区建设的合力。通过构建科学的运行机制、有效的激励机制和严格的约束机制，推动社区社会组织健康、平稳、充分发展，提升社区社会治理水平。鼓励社区居民投入社区建设和社区服务工作，增加社区居民参与社区事务的渠道，提升社区居民的议事能力和决策能力，注重吸纳中青年居民参与社区自治组织，真正共治共建共享社区公共资源和公共服务。

二、社会治理离不开法治思维

中共十八届四中全会通过的《中共中央关于全面推进依法治国若干重大问题的决定》明确提出，要“深入推进依法行政，加快建设法治政府”，“各级政府必须坚持在党的领导下、在法治轨道上开展工作，加快建设职能科学、权责法定、执法严明、公开公正、廉洁高效、守法诚信的法治政府”。中共十八届五中全会提出，要运用法治思维和法治方式推动发展，加强和创新社会治理，构建全民共治共建共享的社会治理格局。党的十九大报告55次提及“法治”一词，按照“深化依法治国实践”的新要求，明确对“建设法治政府，推进依法行政，严格规范公正文明执法”作出重要部署，吹响了建设法治政府的冲锋号，开启了建设法治政府的新征程，释放出依法治国的最强音。建设法治政府是保障山东省经济、社会良性发展的基本前提，建设“法治山东”是推进山东省社会治理不断深化的重要保证。一直以来，山东省致力于法治政府、法治社会建设，运用法治思维和法治方式，不断提高社会治理的能力和水平。首先，做好顶层设计和制度建设，顺应经济、社会发展趋势，及时废止、修订和制定法律法规，应对伴随时代发展而出现的需要予以约束和惩处的不良行为与不良现象。其次，大力做好山东省的全民普法工作，培养懂法、守法的现代公民。深化法治城市、法治县（市、区）、民主法治示范村（社区）等法治创建活动，推动法律进机关、进乡村、进社区、进学校、进企业、进单位的“法律六进”工作，重点做好青少年、广大党员、领导干部的法治宣传教育工作，使全社会内化法律思维，讲法、学法、守法、用法。再次，落实“阳光”司法，加强司法的透明度和公正度，清除司法的灰色地带，贯彻“按照法治思维，在法律框架内予以解决”的工作思路。最后，严格依法行政，规范和约束行政权力。教育党员干部要时刻牢记党内法规，严格按照法律行使行政权，并对行政行为后果承担相应的法律责任。

三、公共安全是深化改革的基础

公共安全是社会和谐稳定的基础，是国家安全和社会治理的重要组成部分。维护公共安全，应以维护人民安全为宗旨。改革开放以来，山东省高度重视公共安全工作，通过开展社会治安综合治理工作，重点打击各类刑事犯罪、经济犯罪和信息犯罪等活动，保障了全省人民的人身与财产安全；通过其他一系列法规和政策措施，保障了人民群众的信息安全、食品安全、公共卫生安全、交通安全、救灾应急等。山东省在多年的实践中认识到，首先，在公共安全方面，应树立居安思危的意识，注重预防和防范工作。建立监测、预测、预报和预警系统，建成反应灵敏、运转高效的预防机制，降低社会风险，从源头管控危害山东省广大人民群众公共安全的不安定要素，提高安全治理效率。其次，要深入推进安全综治工作，除了严抓社会治安工作之外，还要针对信息安全、食品安全、公共卫生安全、交通安全等方面开展安全治理，这些都是关系国计民生的大事，必须把更多的公共资源投入相关的社会管理和服务，真正保障人民的安全。再次，建立针对突发灾祸或其他紧急状况的安全应急机制，要反应快速、处置得当的应对社会风险，提升山东省在公共安全领域的抗风险能力。最后，要注重依靠科技进步提升安全治理水平，依靠全覆盖视频监控、人工智能、大数据和云计算平台等现代科技手段打造立体安全防护网。

四、维护和谐有序的社会关系

改革开放以来，山东省在社会治理实践中高度重视维护和谐有序的社会关系。随着改革开放的深入和市场经济不断发展，社会各阶层的构成和地位不断发生变化，阶层利益不断发生冲突，阶层差异在各个方面的表现愈加明显。山东省认识到，要维护和谐有序的社会关系，首先要协调经济发展与社会治理之间的关系，这是发展与稳定关系的一种新型表现形式。经济的发展并不必然带来社会治理格局的改善，也不可能自觉促进社会关系和社会利益的调和，只有坚持以人民为核心的社会治理理念，不断推动社会治理进程，才能保障每一位守法公民的合法权利不受侵犯，协调人与人之间、群体与群体之间的利益关系，牢固树立主人翁意识和履行社会治理的主体责任。要不断建立和完善调解、信访机制，使暴露出来的矛盾与冲突得以有效解决。建立多层次、广覆盖的调解机构，在当事人自愿、平等的基础上，通过调解员和调解机构，快速、优质、高效地化解争议和矛盾，协调社会关系，节约社会资源，筑起维护社会稳定的“第一道防线”。信访工作应着重解决两个方面的问题：一是信访诉求的分类处置问题，使信访诉求能够传达到责任部门；二是信访问题的解决，需要建立责任追溯机制，相关部门联动反应，对处置不当的部门进行追责。要注重培育和扶植社会中间阶层，形成中间大、两头小的相对稳固的阶层结构，能够有效防范社会矛盾和社会冲突的激化，这是降低社会阶层摩擦、推进社会治理进程和构建和谐社会的必要条件。

第四节　未来展望

创新社会治理是全面建成小康社会的必然要求和重要保障。展望未来，山东省将以习近平新时代中国特色社会主义思想和党的十九大精神为指导，更加重视加强和创新社会治理，提高现代社会治理水平，完善党委领导、政府主导、社会协同、公众参与、法治保障的体制机制，实现政府治理和社会调节、居民自治良性互动，促进社会治理精细化，增强社会发展活力，形成全民共治共建共享的社会治理格局，确保人民安居乐业、社会安定有序。为此，山东省将继续深化平安山东、法制山东建设，扎实推进“雪亮工程”，健全完善立体化、智能化社会治安防控体系，依法打击和惩治黄赌毒黑拐骗等违法犯罪活动，组织开展好扫黑除恶专项斗争。加强社会治理制度建设，改进信访工作，完善预防和化解社会矛盾机制，发挥社会组织作用，持续推进网格化管理、组团式服务、信息化支撑，实现政府治理和社会调节、居民自治良性互动。完善基层群众自治机制，促进群众在社区建设、集体事务和公益事业中自我管理、自我服务、自我监督。健全社区矫正制度。创新和完善乡村治理机制，强化农村基层组织建设。完善公众有效参与机制，依法保证居民知情权、参与权、决策权和监督权，完善公众参与治理的制度化渠道。提高管控风险的科学化、精细化水平，建立风险识别和预警机制，以可控的方式和节奏主动释放风险，提高风险防控能力。省域内治理体系和治理能力现代化水平不断提高，重点领域和关键环节改革取得决定性成果。“法治山东”建设将取得更显著成效，人民民主更加健全，法治政府基本建成，司法公信力明显提高。

第六章
促进社会公平正义，让广大人民群众共享改革发展成果

改革开放以来，随着山东经济社会健康发展，人民群众得到了更多改革和发展的实惠，居民收入持续增长，生活水平显著改善，生活质量不断提高。截至2017年底，城镇、农村居民人均可支配收入分别达到36789元、15118元，2012年至2017年年均分别增长8.5%、9.7%，5年累计500多万省标以下贫困人口稳定脱贫，贫困发生率由7.2%下降到0.3%，城乡居民收入和生活实现了由温饱到小康的历史性跨越。

第一节　发展历程

山东居民的收入与生活水平随着经济社会的发展而不断提高，其发展历程也可以分为四个阶段：第一阶段发展初期，主要特征是居民，特别是农村居民的收入与生活水平随着改革的开始而大幅度提高，温饱问题基本解决；第二阶段发展中期，主要特征是居民收入与生活水平基本满足温

饱，开始向小康迈进；第三阶段加速发展时期，主要特征是居民收入与生活水平基本实现小康；第四阶段全面发展时期，主要特征是居民收入与生活水平继续大幅度提高，开始实现全面小康。

一、发展初期（1978年12月—1991年12月）

改革开放以前，山东城乡居民的收入和生活水平很低，不少居民家庭，尤其是一些农村居民家庭甚至难以达到温饱水平。1978年，山东城镇居民可支配收入仅有391.5元，农村居民人均收入仅有114.6元。以家庭联产承包责任制为主的农村经济体制改革和城市的流动用工制度改革，极大地调动了生产者的积极性和创造性，城乡居民收入大幅增加。到1991年末，全省城镇居民人均生活费收入1566元，农民人均纯收入764元；全省城镇人均生活费支出1407元，农民人均生活费支出613元，均比改革开放前有了大幅度提高。每百户城乡居民拥有彩电数量分别为115台和69.79台，拥有电冰箱数量分别为60台和1.69台，拥有洗衣机数量分别为80台和6.83台；城乡居民储蓄存款余额721.52亿元①。

二、发展中期（1992年1月—2002年11月）

这一时期，城乡居民收入继续提高，生活进一步改善，大多数居民家庭已经基本满足温饱，开始向小康迈进。截至2001年末，全省城镇居民人均可支配收入达7101.1元，比1991年增加5535.1元；人均消费性支

① 山东省统计局：《2001年山东省国民经济和社会发展发展统计公报》，载山东省统计局官网，www.stats-wh.gov.cn/common/tjsj/shxx/sdgb/sjgb2001.htm。

出5252.4元，比1991年增加3845.4元。每百户城镇居民家庭拥有电视机116.9台、电冰箱87.9台、洗衣机90.8台，分别比1991年有明显增加；拥有照相机和淋浴热水器均在50台以上，拥有摩托车、影碟机、空调器和移动电话均在33台以上。全省农民人均纯收入达到2804.5元，生活消费支出802.6元，分别比1991年增加2040.5元和189.6元；每百户农村居民家庭拥有彩电56.3台、电冰箱17.7台、洗衣机17.1台，分别比1991年增加46.75台、16.01台和10.27台；拥有电话机58.3部，拥有摩托车42.8辆。农民的恩格尔系数早在1999年就为50%以下，实现了农村居民生活质量由温饱向小康的跨越①。

三、加速发展时期（2002年12月—2012年11月）

这一时期，城乡居民生活质量进一步改善，大多数家庭基本实现小康。2012年，全省城镇居民人均可支配收入达25755元，比2001年增加18653.9元；人均消费性支出15778元，比2001年增加10525.6元。城镇居民恩格尔系数为33%，首次降为1/3以下。每百户城镇居民家庭拥有彩色电视机124.3台、电冰箱105台、洗衣机99.1台，均比2001年有明显增加；拥有家庭家用计算机88.8台、移动电话220部、家用汽车31.2部。农村居民生活水平稳步提高，全省农村居民人均纯收入达到9446元，是2001年的3.4倍，生活消费支出6776元，是2001年的8.4倍；每百户农村居民家庭拥有彩电113.5台、电冰箱84.1台、洗衣机86.3台，分别比2001年增加

① 山东省统计局：《2001年山东省国民经济和社会发展发展统计公报》，载山东省统计局官网，www.stats-wh.gov.cn/common/tjsj/shxx/sdgb/sjgb2001.htm。

57.2台、66.4台和69.2台；此外，拥有移动电话198.2部、电动自行车94辆、家用计算机31.5台，热水器62.4台。[①]

四、全面发展时期（2012年12月至今）

这一时期，山东城乡居民收入持续增长，生活质量进一步提高，生活水平显著改善。2015年，全省居民人均可支配收入达22703元，人均消费支出14578元。[②]到2017年底，山东省城镇、农村居民人均可支配收入分别达到36789元、15118元，年均分别增长8.5%、9.7%；5年累计500多万省标以下贫困人口稳定脱贫，贫困发生率由7.2%下降到0.3%。城镇、农村居民人均现住房建筑面积分别为37.6平方米和42.5平方米。年末民用汽车拥有量1952.9万辆，增长11.3%。其中，私人轿车1140.1万辆，增长11.7%。种种数据显示，山东城乡居民的收入和生活水平正在向全面小康大步迈进。

第二节　辉煌成就

改革开放以来，随着山东经济社会的发展，城乡居民收入持续增长，生活质量进一步提高，生活水平显著改善，实现了由温饱到小康的历史性跨越。

---

① 山东省统计局、国家统计局山东调查总队：《2012年山东省国民经济和社会发展统计公报》，载山东省统计局官网，www.stats-sd.gov.cn/art/2013/2/28/art_6196_405511.html。

② 山东省统计局、国家统计局山东调查总队：《2015年山东省国民经济和社会发展统计公报》，载山东省统计局官网，www.stats-sd.gov.cn/art/2016/2/29/art_6195_405514.html。

截至2017年底，山东省城镇居民人均可支配收入36789元，比上年增长8.2%；人均消费支出23072元，比上年增长7.3%。农村居民人均可支配收入15118元，比上年增长8.3%；人均消费支出10342元，比上年增长8.6%。城镇、农村居民人均现住房建筑面积分别为37.6平方米和42.5平方米。年末民用汽车拥有量1952.9万辆，增长11.3%；其中，私人轿车1140.1万辆，增长11.7%。每百户城乡居民家庭拥有家用汽车分别为59.2辆和32.4辆；分别拥有摩托车17.4辆和58.1辆；分别拥有电冰箱（柜）101.5台和58.1台；分别拥有洗衣机98台和93.6台；分别拥有热水器96.6台和82.1台；分别拥有空调128.1台和63.7台；分别拥有彩色电视机106.8台和110.2台；分别拥有计算机81.1台和39.8台；分别拥有移动电话226部和225.3部（其中可接入互联网的分别为139.4部和86.7部）。

脱贫攻坚精准推进。2017年，83.2万省标以下贫困人口实现脱贫，完成年度减贫任务。60万黄河滩区居民脱贫迁建全面启动，18个村台、41个外迁安置社区开工建设。山东省为242.4万建档立卡贫困人口购买“扶贫特惠保险”，改造建档立卡贫困户危房4.85万户。①山东城乡居民收入和生活水平的提高，充分印证了改革开放以来山东经济社会发展取得的历史性成就、发生的历史性变革，为山东在全面建成小康社会和社会主义现代化新征程中走在前列奠定了坚实基础。

---

① 山东省统计局、国家统计局山东调查总队：《2017年山东省国民经济和社会发展统计公报》，载山东省统计局官网，www.stats-sd.gov.cn/art/2018/2/28/art_6196_812195.html。

第三节　经验启示

改革开放由来，山东省各级党委、政府深刻认识到，经济社会发展的最终目的，是为了最大限度地满足人民日益增长的对美好生活的需要，最大限度地改善人民生活，实现共同富裕。人民是历史的创造者，是决定党和国家前途命运的根本力量。党的根本宗旨，是全心全意为人民服务；党和政府的一切工作，都要以人民为中心。这就要求我们必须坚持人民的主体地位，坚持立党为公、执政为民，践行全心全意为人民服务的根本宗旨，把党的群众路线贯彻到治国理政全部活动之中，把人民对美好生活的向往作为奋斗目标，依靠人民创造历史伟业。改革开放以来，山东省委省政府在各项社会事业发展中，一贯坚持党的根本宗旨，始终把实现好、维护好、发展好最广大人民的根本利益作为一切工作的出发点和落脚点，从人民群众的根本利益出发谋发展，以不断满足人民群众日益增长的物质文化需要，切实保障人民群众的经济、政治、文化权益，让发展成果惠及全体人民。

改革开放以来，山东省民生投入资金逐年递增。2008年至2012年，民生投入资金占财政支出连续5年在50%以上，2012年达56.1%，2013年为57.2%，2014年超过77%，2015年为78.1%[①]，2016年为78.9%，2017年达79%，财政支持经济社会发展和保障民生的能力显著提高。

从城乡居民收入的增长情况来看，改革开放40年来，山东省人民收

① 《2015年山东财政收入突破5500亿元》，《大众日报》2016年1月3日。

入大幅增加，消费水平不断提高。1978年，山东城镇居民可支配收入仅有391.5元，农村居民人均收入仅有114.6元。到1991年末，全省城镇居民人均生活费收入1566元，农民人均纯收入764元；全省城镇人均生活费支出1407元，农民人均生活费支出613元，均比改革开放前有了大幅度提高。2001年末，全省城镇居民人均可支配收入达7101.1元，比1991年增加5535.1元；人均消费性支出5252.4元，比1991年增加3845.4元。全省农民人均纯收入达到2804.5元，生活消费支出802.6元，分别比1991年增加2040.5元和189.6元，农民的恩格尔系数早在1999年就降为50%以下，实现了农村居民生活质量由温饱到小康的跨越。2012年，全省城镇居民人均可支配收入达25755元，比2001年增加18653.9元；人均消费性支出15778元，比2001年增加10525.6元。城镇居民恩格尔系数为33%，首次降为1/3以下。全省农村居民人均纯收入达到9446元，是2001年的3.4倍，生活消费支出6776元，是2001年的8.4倍。2017年，山东省城镇居民人均可支配收入为36789元，比上年增长8.2%；人均消费支出23072元，增长7.3%。农村居民人均可支配收入15118元，比上年增长8.3%；人均消费支出10342元，比上年增长8.6%。但值得注意的是，山东省城乡居民收入之间仍然存在较大差距。缩小城乡收入差距、推动城乡协调发展，今后仍是山东省社会发展的重点。

改革开放以来，为了更好地实现党的根本宗旨，让全体人民共享改革开放的成果，山东省还十分重视扶贫工作。从20世纪80年代开始，各级政府就采取了多种方式，向贫困村派驻干部和专家，帮助贫困村实现脱贫，这些干部和专家在贫困村发展中承担了资金引进、技术支持、参与或主导贫困村的发展规划和产业布局等多重角色。党的十八大以来，以习近平总书记为核心的党中央更加重视扶贫工作，提出到2020年全面消除贫困的目标。为了实现这一目标，中共中央、国务院发出了《关于打赢脱贫攻坚战的决定》，提出要“注重选派思想好、作风正、能力强的优秀年轻干部到贫困地区驻村，选聘高校毕业生到贫困村工作”。山东坚决贯彻中央决定，全面落实习近平总书记关于精准扶贫、精准脱贫的有关指示精神，出台了一系列政策文件，加大扶贫力度，力争到2018年将山东省内国标贫困人口全部脱贫，提前两年完成中央规定的任务。

第四节　未来展望

展望未来，山东将坚持发展为了人民、发展依靠人民、发展成果由人民共享，按照人人参与、人人尽力、人人享有的要求，完善制度安排、强化政策兜底、引导社会投入，体现公平正义，增进民生福祉，实现共同富裕。到2020年，将建成覆盖城乡的基本公共服务体系，总体实现基本公共服务均等化。同时，教育现代化加快推进，就业比较充分，中等收入人口比重上升，脱贫攻坚任务顺利完成，社会保障体系更加健全完善，防灾减灾救灾能力显著提高，“平安山东”建设取得重大进展，人民群众幸福感获得感明显增强。其中，确保提前实现现行省定标准贫困人口全部脱贫，稳定实现农村贫困人口不愁吃、不愁穿，农村贫困人口义务教育、基本医疗、住房安全有保障，是山东全面建成小康社会最艰巨的任务。为此，山东将严格执行脱贫攻坚一把手负责制，实行省负总责、市县抓落实的工作机制，逐级签订责任状，层层落实脱贫攻坚责任，以更大的决心、更明确的思路、更精准的举措、超常规的力度，结合乡村振兴战略的实施，全面实施精准扶贫、精准脱贫基本方略，充分发挥政治优势和制度优势，巩固提高扶贫成果，建立长效机制，众志成城打赢脱贫攻坚战。在此过程中，将坚持聚焦再聚焦、精准再精准，瞄准特定贫困群众精准帮扶，进一步完善和落实保障性扶贫措施，做到脱真贫、真脱贫。突出抓好精神扶贫，注重扶贫同扶志、扶智相结合，激发贫困人口内生脱贫动力。发挥社会救助在脱贫攻坚中的兜底保障作用，将符合条件的农村贫困人口全部纳入保障范围。加大涉农资金整合力度，加强扶贫资金和项目管理，完善资产收益扶贫机制。深入推进第一书记抓党建促脱贫，提高扶贫协作实效，广泛汇集社会力量参与扶贫。开展扶贫领域腐败和作风问题专项治理，强化监督考核，倒逼责任落实。制定打好精准脱贫攻坚战三年行动实施意见，探索建立稳定脱贫长效机制，进一步巩固脱贫成果，确保山东在全面建成小康社会和社会主义现代化建设新征程中走在前列。

后 记

《波澜壮阔的历史篇章——山东改革开放40周年》系列丛书由中共山东省委宣传部组织编写。

《社会篇》由山东社会科学院人口学研究所崔树义研究员、刘娜博士撰写。在写作过程中，得到了中共山东省委宣传部、山东社会科学院领导的认真指导，特别是得到了山东社会科学院科研处的大力支持；山东省民政厅、山东省人力资源和社会保障厅、山东省卫生和计划生育委员会、山东省教育厅等单位提供了大量数据资料，在此一并表示衷心感谢。

由于时间仓促、水平有限，本书难免有不当之处，敬请读者批评指正。

本书编写组

2018年11月

山东省重大理论与实践问题研究课题

波澜壮阔的历史篇章
——山东改革开放40周年
文化篇

涂可国　主编

山东人民出版社·济南
国家一级出版社　全国百佳图书出版单位

图书在版编目（CIP）数据

波澜壮阔的历史篇章：山东改革开放40周年·文化篇/涂可国主编.--济南：山东人民出版社，2018.12
（波澜壮阔的历史篇章：山东改革开放40周年系列丛书）
ISBN 978-7-209-10598-9

Ⅰ. ①波… Ⅱ. ①涂… Ⅲ. ①改革开放－研究－山东②地方文化－文化事业－建设－研究－山东 Ⅳ. ①D619.52②G127.52

中国版本图书馆CIP数据核字(2018)第265902号

波澜壮阔的历史篇章
BOLANZHUANGKUO DE LISHI PIANZHANG
——山东改革开放40周年·文化篇
涂可国 主编

主管部门 山东出版传媒股份有限公司
出版发行 山东人民出版社
出 版 人 胡长青
社　　址 济南市英雄山路165号
邮　　编 250002
电　　话 总编室（0531）82098914
　　　　 市场部（0531）82098027
网　　址 http://www.sd-book.com.cn
印　　装 山东新华印务有限责任公司
经　　销 新华书店

规　　格 16开（169mm×239mm）
印　　张 12.5
字　　数 190千字
版　　次 2018年12月第1版
印　　次 2018年12月第1次
ISBN 978-7-209-10598-9
定　　价 400.00元（全九册）

《波澜壮阔的历史篇章——山东改革开放40周年》系列丛书编委会

前　言

四十年的奋斗波澜壮阔，四十年的成就举世瞩目。改革开放以来，中国走过了极不平凡的光辉历程，创造了世人瞩目、彪炳史册的人间奇迹。山东作为经济大省、人口大省、文化大省，在改革开放的大潮中，始终与全国改革开放步伐一致、同频共振，始终敢闯敢试，领风气之先、立时代潮头。在党中央的坚强领导下，山东人民接续奋斗、砥砺前行，坚持以经济建设为中心，不断解放思想、改革创新，开拓进取、扎实工作，取得了经济社会发展的辉煌成就。

在纪念改革开放40周年之际，山东省委宣传部组织专家学者编写了《波澜壮阔的历史篇章——山东改革开放40周年》系列丛书，既是对山东40年改革开放历史的回顾与记录，也是对山东改革开放宝贵经验的提炼与总结。丛书具有较强的理论性、通俗性和实践性，对广大党员干部群众进一步深化对改革开放的认识，扩大开放的信心和决心，在新的历史起点上继续解放思想、坚持改革开放，进而在全面建成小康社会进程中走在前列，在社会主义现代化建设新征程中走在前列，全面开创新时代现代化强省建设新局面，具有重大的现实意义和深远的历史影响。

目 录

总　论

经过40年的发展，山东省文化建设取得了令人瞩目的重大成就，人民群众的思想道德素质和科学文化素质不断增强，精神文明建设广泛深入，文化事业欣欣向荣，公共文化服务体系不断完善，文化产业发展迅速，文化体制改革顺利完成，山东正向中国区域性文化中心大步迈进。

第一节　山东省文化建设的基本历程

根据党的代表大会的召开，改革开放40年来山东省文化建设的基本历程大致可以分为四个阶段：第一阶段是从十一届三中全会到党的十四大召开之前的1991年；第二阶段是从1992年到党的十六大召开之前的2001年；第三阶段是从2002年到党的十八大召开之前的2011年；第四阶段是从2012年至今。

一、以精神文明建设为主体（1978—1991年）

1978年党的十一届三中全会确定以经济建设为中心，实现了历史性的伟大转折。从此之后，山东省的文化建设以精神文明建设为主体，在各个领域取得了重要进展和成果。

（一）加强思想道德建设

一是注重思想解放与思想教育。山东省广泛开展了思想解放运动和真理标准、人性、人道主义、异化问题以及人生观的大讨论。进行了坚持四项基本原则的教育活动，集中开展了清除精神污染活动和反对资产阶级自由化的思想斗争，从1990年冬季开始在城乡进行社会主义思想教育活动。二是致力于改变社会风气。重点进行城市职业道德教育和城乡移风易俗教育。

（二）加强社会主义精神文明建设

1986年12月，中共山东省委四届八次全会通过了《山东省“七五”期间社会主义精神文明建设规划》。从此，群众性精神文明活动在齐鲁大地兴起并迅速发展起来。

山东省广泛开展了以“五讲”（讲文明、讲礼貌、讲卫生、讲秩序、讲道德）、“四美”（心灵美、语言美、行为美、环境美）及“三热爱”（热爱祖国、热爱社会主义、热爱中国共产党）为主要内容的文明礼貌活动；还结合实际开展了“三优一学”活动（优质服务、优良秩序、优美环境，学习雷锋和其他先模人物）及治理脏、乱、差活动。注意发挥先进典型的作用，从1990年开始，山东省决定开展以学习雷锋、王进喜、焦裕禄、赖宁等同志为中心内容的“学先进、讲奉献、树新风”活动，同时总结、表彰和推广了一大批在各项文明建设活动中涌现出来的先进个人和先进集体。

广泛开展创建文明村庄、文明单位，军民共建精神文明，评选“五好家庭”活动。同时还在全省开展了以加强思想道德建设，培育文明市民，创优质服务、优良秩序、优美环境为主题的文明城市竞赛活动。

（三）恢复重建文化事业

山东省社会科学事业得到恢复发展。截至1990年底，全省各级社会科学专业研究机构有120多个，社会科学研究人员超过8300人。文艺事业呈现繁荣景象。《老人仓》《高山下的花环》《山中，那十九座坟茔》《鲁班的子孙》《秋天的愤怒》《古船》《骚动的秋天》等小说相继在全国获奖。山东杂技艺术以崭新面貌出现在国内外舞台上，部分优秀节目在国外比赛中获奖。文博事业成果显著。进行了一系列田野调查、发掘和抢救清理工作。1990年，山东省制定通过了第一部文物保护的地方法规——《山东省文物保护管理条例》。群众文化事业日渐兴起。从1979年底开始，山东省探索多层次、多形式兴办群众文化事业的新路子，因地制宜地兴办了一批文化中心。1981年，兴建农村集镇文化中心和文化大院，文化专业户开始涌现。

（四）兴办公共文化服务设施

博物馆的数量日渐增多，类型不断丰富。除文物（文化）系统外，其他部门也兴办了一批本行业的专题博物馆。截至1990年底，全省群众艺术馆已发展到17个，县（市）文化馆142个，乡（镇）文化站2482个，各类文化俱乐部（室）26195个，业余演出团（队）6519个。图书馆事业稳步发展。截至1990年底，全省已有各级公共图书馆115个，藏书达1485万册，基本形成了一个以省、市、县公共图书馆为骨干的图书馆网络。

（五）文化产业开始发展

从1978年到1991年，山东省努力推动新闻出版事业的恢复发展和体制改革。1979年12月，山东省出版局成立，1987年，省新闻出版局成立。广播电视事业进入了迅速发展时期。截至1990年底，全省有无线广播电台16座、电视台34座，电视覆盖全省人口达82%。电视剧的创作数量逐年增加，质量不断提高，《武松》《高山下的花环》《今夜有暴风雪》等三部电视剧连续三年获得“飞天奖”和“金鹰奖”，在全国各省市第一个实现了“三连冠”。

（六）文化体制改革开始萌芽

改革开放后，山东省文化体制改革开始起步，各级艺术表演团体较普遍地实行了承包经营责任制。1985年之后，山东省调整剧团的布局，省歌舞团、京剧团、吕剧团、话剧团先后改建为歌舞剧院、京剧院、吕剧院和话剧院。1988年，山东省实行文化“双轨制”政策，大量民间职业剧团涌现出来并日益活跃。出版、广电开始结构调整。从1978年到1984年，原山东人民出版社所属的专业编辑室先后改成山东科技出版社、齐鲁书社、山东教育出版社、山东文艺出版社、山东美术出版社、山东少年儿童出版社（后改为明天出版社）、山东人民出版社等7个专业出版社。创建了省、市（地）、县“三级办广播，三级办电视，三级混合覆盖”的事业格局。重视文化市场培育。《山东省文化市场管理条例》于1990年8月颁布施行，山东省拟定了《山东省文化娱乐市场管理规定》，文化娱乐业开始走上正规化、法制化的轨道，省及市地全部建立了文化市场管理机构。

二、文化建设不断向纵深扩展（1992—2001年）

1996年，山东省委六届六次全会通过了《山东省“九五”期间社会主义精神文明建设规划》。1998年，山东省第七次党代会进一步提出把发展社会主义经济、政治、文化有机统一起来。从1992年到2001年，山东省各项文化事业改革不断深化，文化发展愈加充满生机和活力。

（一）深入推进思想道德建设

一是注重政治理论学习。1998年，全省各地把学习邓小平理论、党的十五大精神同“三讲”（讲学习、讲政治、讲正气）教育紧密结合起来，兴起了学习邓小平理论的热潮。1999年，围绕纪念五四运动80周年和反对以美国为首的北约袭击我驻南斯拉夫大使馆的野蛮暴行，山东开展了生动的群众性爱国主义、社会主义教育。1999年7月，全省上下开始深入开展同“法轮功”非法组织的政治斗争。2000年，江泽民同志明确提出“三个代表”重要思想，山东省迅速兴起了学习贯彻“三个代表”重要思想的高潮。

二是扎实推进公民道德建设。致力于加强社会公德、职业道德和家庭美德建设，开展了以“三德”教育为主的思想道德教育。以“窗口行业”为突破口，突出抓全社会的职业道德建设。2001年11月，中共中央印发《公民道德建设实施纲要》，山东省认真贯彻落实《公民道德建设实施纲要》精神，扎实推进公民道德建设。

三是发挥先进典型作用。1990年，山东省决定开展以学习雷锋、王进喜、焦裕禄、赖宁等同志为中心内容的“学先进、讲奉献、树新风”活动，以后又总结推出了一大批具有鲜明时代特色和无私奉献精神的先进集体和先进个人。1995年，全省广泛开展了学习人民的好公仆孔繁森、无私奉献的好军嫂韩素云等先进典型的活动，推出了文明执勤的济南交警和热情服务的济南工行这两个职业道德建设的先进集体。

（二）讲文明，树新风

以“讲文明，树新风”为主要内容，以创建文明城市、文明村镇、文明行业为重点，从城市到农村，山东省群众性精神文明创建活动高潮迭起。1999年，在全省开展创建文明城市活动，启动“文明村镇百强工程”、文明行业和文明校园创建活动。开展了创建“五好家庭”“文明家庭”“小康家庭”“双文明户”“十星级文明户”等多种形式的创建活动。创建文明单位、文明村镇活动有新的突破。1999年，在中央文明委首次开展的全国精神文明建设工作先进单位评选表彰中，山东省有86个单位受到表彰，无论是单项还是数量，都居全国第一。

（三）加快文化事业健康发展

实施全省精神文明建设“精品工程”，举办“山东文化艺术节”等活动，形成了创建社会文化先进县活动的工作思路。泰山和曲阜的孔庙、孔林、孔府被联合国教科文组织列入《世界遗产名录》。齐鲁文化开始更多地走出国门，注意向国外介绍古老而优秀的齐鲁文化。

（四）完善公共文化服务体系

这一时期，山东省文化设施建设以前所未有的规模和速度向前发展。1992年，山东省吕剧院、百花剧院、山东省杂技团落成，启动山东省博物馆新馆建设工程。开展了《山东省文化设施保护管理条例》立法调研和《山东省文化市场管理条例》的修订工作。1997年，边疆文化长廊建设取得新成绩，青岛市李沧区被文化部授予“全国文化长廊先进地区”的称号。

（五）推动文化产业发展

从1992年到2001年，山东省文化产业开始逐步起飞。新闻出版事业逐步由以规模数量增长为主要特征的阶段向以优质高效为主要特征的阶段转变，各出版社、报刊社普遍“断奶”，实行事业单位企业化管理，部分新闻出版单位开始探索走集约化经营的路子。1995年，山东有线电视台建成，向群众推出了新闻、综艺、影视、体育四套有线电视节目。

（六）加快文化体制改革的探索

截至1999年底，全省文化领域已有12个市地实行了领导干部聘任制和全员聘任制，13个市地的94个单位实行了活工资分配制度。在巩固省直文化系统分配制度改革成果的基础上，省文化厅与财政厅联合制定了《艺术表演团体演出补贴办法》，省直文化系统部分单位实行了领导干部聘任制。深化文化单位的内部改革，建立健全激励竞争机制，新闻单位注重改革干部人事管理制度、工资奖金分配制度，艺术演出院团主要进行了演出补贴改革和考评聘任制改革。

三、文化建设快速发展(2002—2011年)

(一)多方推进思想道德建设

2003年，山东省委、省政府作出全面推动“诚信山东”建设的决定。从2004年开始，广泛开展了“弘扬和培育山东精神、塑造新时期山东形象”主题教育活动，大力弘扬和培育“改革创新、开放包容、忠诚守信、务实拼搏、敢为人先”的新时期山东精神。从2007年开始，组织开展了全省道德模范评选表彰活动。从2008年初开始，在全省实施社会公德、职业道德、家庭美德、个人品德“四德工程”。2010年，山东省利用第七届中国公民道德论坛在济南举办的契机，着力加强公民道德建设与社会主义核心价值体系宣传教育活动。2011年，积极探索用社会主义核心价值体系引领社会思潮的有效途径和方式。

(二)文明建设呈现新气象

山东省城乡文明牵手共建活动范围不断拓展，“乡村学校少年宫”进一步普及，志愿服务活动不断深入。在全省农村广泛开展“文明一条街”“文明生态村”创建活动，注重提升公共文明水平。2011年4月，在全省范围内全面启动了为期五年的“乡村文明行动”。6月19日，山东省委颁布了《山东省“十二五”期间社会主义精神文明建设规划》。

(三)重视文化事业发展

继续坚持以创建社会文化先进县活动为总抓手，全面推动基层文化工作的“四基”建设。2008年，成功举办了第五届中国京剧艺术节、首届山东国际大众艺术节、首届山东省农民文化艺术节。2009年，成功举办了第十一届全国运动会和第十九届全国图书交易博览会。2010年，大运河申报世界文化遗产工作和齐长城大遗址保护工程正式启动。10月，在济南举办了首届中国非物质文化遗产博览会，潍水文化生态保护实验区被评为“国家级文化生态保护实验区”。2011年，第二届中国非物质文化遗产博览会在枣庄市台儿庄古城开幕，由张炜创作完成的长篇小说《你在高原》以最高票数获第八届茅盾文学奖。这一时期，山东省实施文化“请进来，走出去”的交流战略，一共派出、接待文艺团组五千多起，涉及欧美日韩等近百个国家和地区，在世界各地举办了“孔子文化周”、孔子实物展、“孔子文化大展”。

（四）改善城乡基础文化设施

建立健全公共文化服务网络，山东省基层文化场馆建设进一步完善，基本形成以县图书馆、文化馆为龙头，乡镇文化站为依托，村文化大院（室）为基础，各类文化专业户和民间文艺团队为骨干的群众文化工作网络。大力推进文化惠民工程。2010年，全省1388个乡镇全部建成综合文化站，基本实现“一村一月放映一场电影”。建立起互联网和卫星双重覆盖到村的传输网络，成为全国唯一文化信息资源共享工程示范省。2011年，青岛市成为首批国家公共文化服务体系示范区31个创建城市之一，山东省美术馆、全省所有公共图书馆及文化（艺术）馆实现全部免费开放。

（五）繁荣振兴文化产业

从十六大到2011年，是山东省文化产业加快改革、快速发展的黄金十年，文化产业连续保持两位数增长。

通过整合资源，组建了大众报业集团、山东广电总台、山东出版集团、济南日报报业集团和青岛日报报业集团等多家国有文化集团。鼓励文化企业跨地区、跨部门、跨行业联合、兼并、重组，推动文化资源向优势企业集聚。2010年，山东广电网络有限公司及各市分公司揭牌成立，实现了全省“一张网”。2011年，印发了《关于鼓励和支持文化企业上市融资的意见》《关于促进文化与科技融合发展的意见》《关于大力发展农村文化产业的意见》《关于促进文化企业及文化产品和服务“走出去”的意见》以及《关于进一步促进文化和旅游融合发展的意见》等五个政策性文件。规范发展文化市场，重点培育书报刊、电子音像制品、演出娱乐、影视剧等文化产品市场、特色文化市场和新兴文化市场，大力发展资本、产权、信息、管理、技术、人才等生产要素市场。先后颁布实施了《山东省文化市场管理条例》《山东省文化娱乐市场管理规定》《山东省2005—2015年文化市场发展纲要》等一系列管理条例和规定。

（六）自觉开拓文化体制改革

山东省真正意义上的文化体制改革始于十六大以后，经历了战略设想、试点探索、全面展开、深入推进等几个阶段，改革由点到面逐步深入，文化体制改革工作力度不断加大。

党的十六大提出“抓紧制定文化体制改革的总体方案”。2003年，党的十六届三中全会通过的《完善社会主义市场经济体制若干问题的决定》，明确要求逐步建立党委领导、政府管理、行业自律、企事业单位依法运营的文化管理体制。从此，山东省开始进一步推进公益性文化事业单位劳动人事、收入分配和社会保障制度改革，创新经营性文化单位体制。6月，山东省的文化体制改革正式启动，确定大众报业集团、山东广电总台两个全国试点单位和27个省级试点单位先行探索。9月，成立了山东省文化体制改革领导小组，设立了文化体制改革和发展办公室，全省文化体制改革工作的方案开始提上议事日程。2006年3月，中央召开深化文化体制改革工作会议。9月，山东省出台了《山东省深化文化体制改革工作方案》，对全省文化体制改革作了全面部署。2007年6月，山东省扩大文化体制改革试点范围，新增了烟台、潍坊、威海、泰安4个全国综合试点市。

2008年1月13日，山东省召开了新中国成立以来第一个文化建设工作会议，会议提出把文化体制改革作为文化强省建设的“八大工程”之一重点推进。同年，山东省先后出台了《关于推动文化大发展大繁荣的意见》《关于深化文化体制改革 加快文化产业发展的若干政策》《关于加强公共文化服务体系建设的实施意见》等10个文件。2008年12月31日，山东出版集团有限公司、山东新华传媒股份有限公司、山东影视集团有限公司、山东大众传媒股份有限公司等四家山东省直文化企业分别在济南揭牌。2009年被定为山东“文化改革年”，山东省制定了《2009年全省文化体制改革路线图和时间表》《关于深化国有文艺演出院团体制改革的实施意见》。截至2009年底，全省累计有160多家经营性文化单位完成转企改制，8个市组建了新的文广新局。2010年7月26日，在济南召开了文化体制改革和文化产业振兴大会，出台了5个旨在促进文化体制改革和文化产业振兴的配套文件，全省17市均实行了三局合一，组建了文广新局。2011年，《中共中央关于深化文化体制改革 推动社会主义文化大发展大繁荣的决定》就文化体制改革作了全面系统部署。6月14日，山东省召开了文化体制改革工作会议，出台了《关于深化非时政类报刊出版单位体制改革的实施意见》。

四、文化建设进入新时代（2012年至今）

从2012年至今，山东省文化建设进入新时代，呈现出许多新气象、新特点、新进展。

（一）强化思想理论学习和教育

2012年，山东省深入开展了社会主义核心价值体系学习教育活动。2013年，山东省进行了第一批党的群众路线教育实践活动，召开了全省社会主义核心价值体系建设“四德工程”工作会议。2014年，中共山东省委颁布了《关于培育和践行社会主义核心价值观的实施意见》。2015年，山东省注重加强党的群众路线教育实践活动、“三严三实”专题教育。2016年，开展“厚道鲁商”评选活动。2013年11月，习近平总书记视察山东时指出：“山东是革命老区，有着光荣传统，军民水乳交融、生死与共铸就的沂蒙精神，对我们今天抓党的建设仍然具有十分重要的启示作用。”2017年6月，山东省委理论学习中心组围绕“弘扬沂蒙精神、坚定理想信念”赴沂南进行了集体学习研讨。10月之后，全省将学习宣传贯彻党的十九大精神和习近平新时代中国特色社会主义思想作为首要政治任务，组织开展了一系列学习活动。

2012年3月，山东省“学雷锋，做山东好人”活动和全省青年文明号“学雷锋树新风、志愿青春耀齐鲁”集中行动相继启动。2016年，继续开展“四德工程”建设和“山东好人之星”评选活动。截至2016年底，山东省有11人当选全国道德模范，468人荣登中国好人榜，连续第三年上榜人数居全国第一，入选数量居全国首位。截至2017年底，全省善行义举四德榜共计11.7万余个，基本实现了行政村全覆盖。

（二）更加广泛深入地推进精神文明建设

这一阶段，山东省精神文明建设坚持以培育和践行社会主义核心价值观为主线，深入推进“美德山东”“文明山东”“诚信山东”建设。2012年，制定了“乡村文明行动”工作方案。2016年10月，发布了《关于进一步深化乡村文明行动的实施意见》，2017年6月，宣布“乡村文明行动”第一个五年工作目标全面完成。

（三）精神文明创建再创佳绩

2017年底，在第五届全国文明城市评选中，济南市、日照市、莱芜市当选全国文明城市。其中，济南市在省会城市序列中排名第一。

（四）推动文化事业更加繁荣

一是推进文化遗产保护传承体系建设。2013年，山东省正式启动了民间文化“百乡千人”扶持计划，出台了《山东省非物质文化遗产保护传承工作规划》，评审出首批山东省非物质文化遗产保护特色村（社区）。2014年，确定了文物保护88项重点工程，实施“乡村记忆工程”，举办了第三届全国非遗博览会。

二是继续加大力度推进文艺创新。2013年，山东省成功举办了“中国十艺节”。2014年，制定了《山东省舞台艺术创作规划（2014—2016

年）》，深入实施舞台艺术“4+1工程”。2016年，成功举办了第九届山东国际大众艺术节。2017年，实施重点选题评选资助办法，研究制定了《关于深化院团内部管理机制改革的实施意见》。

三是强力推进传统文化保护发展。2012年，山东省规划建设了“七区两带”文化遗产保护片区。2014年，启动实施了“四大文化传承展示工程”，开办“乡村儒学”“社区儒学”，启动乡村儒学推进计划，创新推进“图书馆+书院”模式。2016年，组织开展了首个“山东省非物质文化遗产月”系列活动，制定实施了《山东省传统工艺振兴工程总体方案》。2017年，积极推进大运河文化带建设，制定《山东省大运河文化带建设工作方案》。2018年1月9日，省政府发布了《曲阜优秀传统文化传承发展示范区建设规划》。

四是开展“文化惠民、服务群众”活动。2012年3月8日，山东省决定把再建10000个农村文化大院列为2012年山东省“文化惠民、服务群众”12件实事之一。2016年，山东省群众性文化惠民活动蓬勃开展，创新实施了“169”文化精准扶贫行动、编制文化精准扶贫数字地图。2018年4月，下发了《2018年山东省“文化惠民、服务群众”9件实事工作方案》。6月，省政府办公厅发布《第二届山东文化惠民消费季实施方案》。

五是加强对外文化交流。2014年，第三届尼山世界文明论坛成功举办，在俄罗斯莫斯科、波兰华沙、新西兰奥克兰、澳大利亚悉尼等新设立6家“尼山书屋”。2016年，“2016韩国·中国山东文化周”“2016新加坡·中国山东文化年”等重大活动取得圆满成功。2017年，制定了《山东省“融入‘一带一路’大战略，齐鲁文化丝路行”实施意见》，成功举办了第八届世界儒学大会。

第二节　山东省文化建设的主要成就

改革开放40年来，山东省文化建设取得了巨大成就。

一、思想素质显著提高

改革开放40年来，广大人民群众的思想道德水平得到较大的提高，社会主义理想和信念更加坚定，共产主义、社会主义的世界观、人生观和价值观广泛确立，爱国主义精神广泛弘扬。人民群众的思想日益活跃、日益多样化，人们的责任意识、规则意识、奉献意识、竞争意识、平等意识、效率意识、民主意识、法治意识等普遍增强。社会主义道德得到弘扬，职业道德建设取得较大突破，形成了全社会重视职业道德建设的良好氛围；公共道德水平有了显著提高，越来越多的人加入社会公益活动和志愿服务当中，逐渐形成了男女平等、尊老爱幼、互爱互助、见义勇为的社会风尚。

二、社会主义精神文明建设成绩斐然

经过40年的发展，以“美德山东”“文明山东”“诚信山东”为基本内容的精神文明建设成效显著。特别是新世纪以来，山东省涌现出一大批在全国有重大影响的先进典型，逐步形成了文明、和谐、向上的良好社会风尚，城乡文明水平显著提高，“乡村文明行动”全面地提升了乡村文明水平，山东各地乡容村貌日新月异。

三、文化事业日新月异

文化遗产保护取得新进展，大运河项目列入世界文化遗产名录，山东省的世界文化遗产达到4个，20个项目入选第四批国家级非遗代表性名录，总数达到173项，入选数量、项目总量均居全国第二位。国家级、省级文化生态保护实验区规划建设也走在了全国前列。群众文化特别是基层群众文化工作成为山东省文化事业的一大亮点，受中宣部、文化部表彰的先进县近30个，被文化部命名的“中国民间艺术之乡”共23个，总数列全国各省、市、区首位。文化精品力作不断涌现，创作出许多思想性、艺术性、观赏性俱佳的优秀文艺作品。截至2017年底，先后有500多部舞台艺术作品获得“文华奖”，850余项艺术学科研究课题获得国家社会科学基金及文化部资助。“鲁剧”成为全国知名文化品牌，继《闯关东》之后，《南下》《沂蒙》《生死线》《北方有佳人》等电视艺术精品延续着鲁剧神话。文化交往迈出新步伐，成功举办世界儒学大会、尼山世界文明论坛、中国（曲阜）国际孔子文化节等活动，拓展了山东文化传播的广度和深度。

四、完善的公共文化服务体系基本建立

山东省不断推进基础文化设施建设，有效提升了公共文化设施的规模、档次和水平，基本实现了省、市、县、乡、村五级公共文化服务设施基本覆盖的目标。截至2017年底，全省村级综合性文化服务中心达标率在80%以上。青岛市、烟台市成功入选第一、二批国家公共文化服务体系示范区创建城市。作为全国唯一的文化信息资源共享工程示范省，全省17市、140个县支中心全部达到国家要求。积极推进乡镇综合文化站和乡村

文化阵地建设工程，目前全省1388个乡镇全部建成符合标准的文化站。

五、文化产业实现高质量发展

山东省文化产业总量快速膨胀，文化产业快速增长。截至2017年底，山东省文化产业增加值约3120亿元。文化产业发展阵地建设加快推进，文化产业基地规模优势与集聚效应增强，促进了文化产业向集约化、规模化方向发展，培育形成1个国家级文化产业示范园区，6个国家级文化产业示范基地，济南、青岛、烟台3个国家级动漫产业基地，基本形成了以国家文化产业示范园区、基地为龙头，以省级文化产业示范基地为骨干，以专、精、特、新的中小文化企业为基础的文化产业发展格局。文化市场繁荣有序，各类文化要素市场充满活力。文化消费市场日益扩展，文化消费空间进一步扩大。文化产业品牌效应日渐显现，形成一批具有鲜明地方文化特色的文化创意产业品牌。

第三节　山东省文化建设的基本经验

山东省在文化建设的改革发展过程中，积累了值得认真总结的宝贵经验。

一、领导重视，齐抓共管

山东省各级领导都十分重视社会主义文化建设，从现代化的战略高度谋篇布局，建立了一套把文化建设作为奖惩任免干部重要内容的机制，并建立起党委统一领导，各部门分工协作、齐抓共管的领导机制。山东省各级政府普遍确立了文化强市、强县的目标，把文化改革发展摆上重要议事日程，纳入科学发展目标考核体系，明确了党政主要负责人作为第一责任人的职责。加强组织协调，编制、财政、人力资源和社会保障、国土、文化、新闻出版广电、工商、税务等有关部门密切配合，从上到下形成了推进文化建设改革发展的强大合力。

二、评优选先，典型引路

山东省新时期以来自觉地注意选择、培养、宣传、推广和学习各种先进典型，在实践中创造和形成了一套清晰、完整的工作思路。大力开展“评先树优”活动，在党员干部中开展评选“廉洁勤政模范”“优秀共产党员”活动，在妇女中开展评选“三八红旗手”“建功立业巾帼英雄”活动，在青少年中开展争当“优秀团员”“青年突击手”活动，在精神文明建设中开展评选“十星级文明户”“十佳文明单位”“十佳文明市民”活动等。通过多种渠道、运用多种形式对文化先进典型大张旗鼓地进行宣传，使典型的先进事迹家喻户晓、人人皆知，成为大家竞相学习和效仿的榜样。

三、依靠群众，服务群众

40年来，山东省文化建设开展的各项活动，始终以与群众工作生活密切相关、群众迫切需要解决的问题作为突破口，面向群众、依靠群众、服务群众，满足群众意愿，为群众排忧解难，让群众切实感受文化建设给自己带来的利益，自觉自愿加入到精神文明建设中来，从而取得了实实在在的成效。“讲文明，树新风”活动、百城万店无假货活动、青年文明号活动、社会承诺服务等各项活动之所以得民心，就在于始终把群众的利益放在首位。40年来丰富多彩的群众文化活动，受到了全省群众的欢迎，有效地调动了群众的文化积极性、创造性。

四、弘扬传统，注重创新

从1978年到2018年，山东省充分发挥齐鲁文化底蕴深厚的优势，深入实施齐鲁文化传承创新工程，推动传统文化的传承、弘扬与开发。积极推进传统工艺振兴计划，举办中国非物质文化遗产博览会，建立国家级、省级文化生态保护实验区，构建曲阜优秀传统文化传承发展示范区和齐文化传承发展示范区，建立完善“图书馆+书院”模式，加强对儒家文化、道家文化、墨家文化、兵家文化等文化资源的挖掘，并将丰厚的齐鲁文化资源转化为要素、作品、产品，这些都有力地推动了山东优秀传统文化的创造性转化和创新性发展。进入新时期，山东省文化建设实施创新驱动，全方位地推进文化创新，在全国创造了独具一格的“四德工程”“厚道鲁商”，首创“社会文化先进县”和“乡村儒学”，致力于推进艺术创新，文学艺术各个领域都有较大创新性突破。

五、建章立制，力求规范

文化建设作为一项长期性的工作，要持之以恒开展下去，必须在规范化、制度化上下功夫。山东省在这方面进行了有益的探索。制定了切合实际、可操作的规划，使文化建设既有长期目标又有阶段性计划。早在2007年12月，山东省就出台了《山东省文化产业发展专项规划（2007—2015）》。山东省文化产业之所以能够快速发展，也得益于制定实施了深化文化体制改革的实施方案、“时间表”和“路线图”。同时，致力于制定文化领域的规范、制度和准则，如制定了文明家庭、文明市民、文明村民守则和严格的监督制度，探索建立起领导负责、组织协调、考核奖惩等各种文化发展长效机制。

六、完善政策，塑造品牌

40年来，山东省积极实施各种文化发展工程，确定了“四德建设”工程、“乡村文明行动”工程、“乡村记忆”工程、齐鲁优秀传统文化保护展示工程、“4+1工程”，等等，这些成为山东文化强省建设的重要依托。出台了一系列推动文化强省建设的政策，在财政、土地、人才、税费、投融资、工商管理等方面提供最大限度的政策支持，全省各级普遍设立了文化产业发展专项资金。高度重视文化品牌建设，制定了齐鲁文化品牌打造战略，加强品牌运作和经营，着力打造出富有齐鲁特色、体现中国气派、具有广泛影响力的知名文化品牌，进一步培育壮大了鲁剧、齐鲁画派、鲁版图书等一系列品牌，形成了文化品牌组群，提高了山东文化的知名度和美誉度。

第四节　山东省文化建设的未来展望

进入新时代，产业结构的转型升级、包括供给侧结构性改革在内的各项改革的全面深化、国家“一带一路”倡议的实施、经济社会的现代化发展、信息技术的深刻变革，以及人民群众精神文化需求的日益增长，将为未来山东文化的发展提供重大的历史机遇。

展望2020年，山东省的文化发展必将采取行之有效的思路和举措，全力推进文化供给侧结构性改革，紧紧围绕全省人民群众的精神文化需求制定文化生产方式；抓住国民经济结构转型升级和新旧动能转换的重要契机，确立山东省文化创意产业发展新的战略，加快文化与互联网等新技术的融合发展；顺应消费结构升级的趋势，培育个性化、多样化、分众化文化消费，提高文化消费能力和水平；保持弘扬优秀传统文化和创新现代文化必要的平衡，着力构建现代化的公共文化服务体系、文化事业体系、文化产业体系、文化市场体系和文化交往体系；推进公共文化服务体系均等化、大众化、标准化，大力发展“互联网+文化创意产业”，加快文化精准扶贫的步伐。

可以预料，到2020年，山东省的文化建设与经济社会发展要求相适应的文化发展格局会进一步完善，文化对经济社会发展的支撑能力将显著增强，对全省综合实力的提升作用会更加突出。

山东将切实把社会主义核心价值体系转化为山东人民的自觉追求，社会主义核心价值观更加深入人心，人民群众的责任意识、规则意识、奉献意识、竞争意识、平等意识、效率意识、民主意识、法治意识等普遍增强，新时期民族精神、时代精神和“水乳交融、生死与共”的沂蒙精神得到更好的弘扬。

大力推进“文明山东”建设，广泛开展群众性精神文明创建活动，精神文明创建活动总体格局更加完善，城市文明程度明显提升，“乡村文明行动”进一步推进。

思想理论、学术研究、文艺创作、设施建设、事业投入等主要指标居全国前列，全省人民的文化生活质量显著提高，推出一大批有筋骨、有道德、有温度，具有较高思想性、艺术性、观赏性的精品力作，“文化惠民、服务群众”等一系列文化惠民、利民、育民举措不断推出，群众性文化惠民活动蓬勃开展，优秀传统文化传承创新走在全国前列。

文化设施配套齐全、文化生活丰富多彩的文化生产服务体系，保障和满足人民群众的基本文化需求。着力打造公共文化服务发展水平和方式的"升级版"，大力推进公共文化服务标准化、均等化、社会化，构建城乡"15—20分钟公共文化服务圈"。力争到2020年，全省所有设区的市有图书馆、文化馆和博物馆，县（市、区）有图书馆、文化馆，乡（镇、街道）有综合文化基础设施，行政村、城市社区有文化大院或文化活动室，文化设施覆盖率达到100%。

文化产业增长速度高于同期国民经济增长水平，继续保持年均10%以上的增长速度。到2020年，全省文化产业增加值实现4000亿元左右，居民文化消费在消费性支出中的比重超过25%，恩格尔系数降低到20%，涌现出一大批知名度高、竞争力强、经济效益好的文化市场。文化产业的规模化、集约化、专业化水平有所提高，发展的政策环境进一步优化，文化创新能力、整体实力和竞争力明显增强，文化产业增加值占全国文化产业增加值和全省国内生产总值（GDP）的比重居全国前列，新兴文化产业所占比重将进一步提高。

文化品牌优势进一步放大，鲁报、鲁剧、鲁书、鲁画、鲁戏、鲁歌以及"文明山东""社会文化先进县""四德工程"建设等一大批文化品牌再放异彩，推出更多具有山东特色、反映时代风貌、在社会上叫得响、在全国有影响力的知名文化品牌。

总之，在新时代的历史条件下，到2020年，具有21世纪崭新时代风貌、数千年悠久历史传统和鲜明地域特色的齐鲁文化将在国内外产生更加重要的影响，文化强省建设取得重大进展，全国性区域文化中心的基础更加牢靠。

第一章

加强思想道德建设

在40年的改革开放历程中，山东省多方面、多层次地加强思想道德体系建设：一是强化中国特色社会主义思想学习教育，扎实推进社会主义核心价值体系建设，培育和践行社会主义核心价值观，使广大人民群众的思想道德水平得到较大的提高，社会主义理想和信念更加坚定；二是积极培育与弘扬民族精神、时代精神、新时期山东精神和沂蒙精神，形成了热爱祖国、崇尚科学、大胆进取的精神风貌，人们的竞争意识、平等意识、效率意识、民主意识、法治意识等普遍增强；三是大力加强社会主义道德建设，精心实施“四德工程”和道德模范工程，积极开展“诚信山东”“文明山东”“和谐山东”“美德山东”建设和未成年人思想道德建设，大力弘扬志愿服务文化，逐渐形成了男女平等、尊老爱幼、互爱互助、见义勇为的社会风尚。

第一节 思想道德建设的发展历程

一、思想道德教育活动逐步开展（1978—1991年）

从党的十一届三中全会召开到20世纪90年代初，山东省思想道德建设的重点是实现思想路线的拨乱反正，清除极左思想余毒，树立改革开放观念，加强思想教育，提倡讲文明、讲道德的社会风尚；同时围绕克服资产阶级自由化倾向，深入开展党在社会主义初级阶段的基本路线教育，开展关于社会主义市场经济的大讨论。

山东省广泛开展思想解放运动，破除极左思潮造成的思想束缚，积极开展真理标准和关于人性、人道主义和异化问题的大讨论。随着改革开放的深入和思想解放运动的发展，山东省也出现了某些右的思想倾向和淡化思想政治工作的现象。为了让现代化事业沿着正确方向发展，从1978年底到1989年上半年，山东省经常性地进行坚持四项基本原则的教育活动，于1983年下半年到1984年上半年集中开展了清除精神污染活动，并于1986年到1989年着力进行反对资产阶级自由化的思想斗争，以改变思想政治工作薄弱的局面。

党的十四届四中全会以后，在全省基层党员干部中开展“学理论、学党章”活动，并从1990年冬季开始在城乡进行社会主义思想教育。山东省的农村社会主义教育，以其高昂的主旋律和鲜明的时代主题，在全省农村干部群众思想上锻造形成了为建设社会主义新农村而奋斗的精神支柱，提高了农民群众的整体素质，促进了党的农村基本政策的贯彻落实，增强了基层党组织的凝聚力、战斗力。为了坚持“一个中心，两个基本点”，山东省还具体抓了学习马列主义、毛泽东思想、邓小平理论以及社会主义和共产主义教育、党的基本路线教育、国情省情教育、民主法制教育、初级阶段理论教育、自力更生艰苦创业教育等一系列思想教育工作，特别是在全省范围内系统进行了“三个主义”（爱国主义、集体主义、社会主义）和“三观”（世界观、人生观和价值观）教育。

为树立良好的社会风尚，这一阶段，山东省着力加强了社会主义道德建设，重点进行城市职业道德教育、城乡移风易俗教育。1980年初，着力抓优质服务和职业道德教育，以后又进一步发展为在全社会尤其是党政机关、企业、“窗口行业”等进行职业道德建设，纠正行业不正之风。同时，发动城乡广大干部群众自觉抵制封建主义思想残余和资本主义腐朽思想的侵蚀，破旧俗，立新风，大刹各种恶风邪气，坚决制止和打击赌博、卖淫、迷信、买卖包办婚姻及传播淫秽物品等活动。

二、思想道德建设深入推进（1992—2001年）

在此阶段，山东省继续加强以树立正确的理想信念为核心的思想教育，紧紧围绕党的基本理论、路线、纲领，围绕党的十四大提出的建立社会主义市场经济体制的改革目标、党的十四届六中全会作出的《中共中央关于加强社会主义精神文明建设若干重要问题的决议》、党的十五大对有中国特色社会主义的文化建设的部署和“三个代表”重要思想，进一步推进各领域的思想道德建设。

（一）思想教育得到加强

在社会主义文化建设中，山东省以马列主义、毛泽东思想、邓小平理论、“三个代表”重要思想教育干部群众，以坚定建设有中国特色社会主义的信念。1997年，党的十五大确立邓小平理论作为党的指导思想，并决定在全党兴起学习邓小平理论的新高潮。1998年，中央又发出了《中共中央关于在全党深入学习邓小平理论的通知》，召开了邓小平理论工作会议。山东省认真贯彻中央决议和精神，进一步抓好邓小平理论的深化教育和普及教育。全省各地把学习邓小平理论、党的十五大精神同“三讲”(讲学习、讲政治、讲正气)教育紧密结合起来，大力推进党员干部的理论学习，兴起了学习邓小平理论的热潮。进一步完善了各级干部学习教育制度，以中心组、读书会、报告会、知识讲座、培训班等为主要形式，形成党委重视、领导带头、上下联动的学习格局。

在党的十五大前后，山东省开展了解放思想的大讨论，进一步更新了广大干部群众的观念，统一了思想认识。1999年，围绕纪念五四运动80周年和反对以美国为首的北约袭击我驻南斯拉夫大使馆的野蛮暴行，山东省开展了生动的群众性爱国主义、社会主义教育。1999年7月，按照中央和省委的部署，全省上下深入开展了同“法轮功”非法组织的政治斗争，深入揭批李洪志的歪理邪说，广大干部群众接受了一次深刻的马克思主义唯物论和无神论教育。

2000年，江泽民同志明确提出“三个代表”重要思想，在党内外、国内外引起强烈反响，全党全国以极大的热情开展学习研究，山东省也迅速兴起了学习贯彻“三个代表”重要思想的高潮。21世纪初期，围绕反对“法轮功”的斗争，山东在全省干部群众中开展了科学精神、科学知识的普及教育活动。

（二）公民道德建设广泛开展

在道德建设上，山东省在此一阶段致力于加强社会公德、职业道德和家庭美德教育，各地各部门广泛开展了以“三德”教育为主的思想道德教育活动。以“窗口行业”为突破口，突出抓好全社会的职业道德建设。2001年11月，党中央印发了《公民道德建设实施纲要》，这是我国新时期思想道德建设的一件大事，也是社会主义精神文明建设的一件大事。山东省认真贯彻落实《纲要》精神，精心部署，采取各种形式组织大家学习《纲要》。各地、各部门遵循《纲要》的基本要求，按照统一部署，采取有效措施，扎实推进公民道德建设。

（三）发挥先进典型作用

为了克服新形势下出现的思想观念、价值取向等方面的消极现象，弘扬优秀民族精神及共产主义精神，早在1990年，山东省决定开展以学习雷锋、王进喜、焦裕禄、赖宁等同志为中心内容的“学先进、讲奉献、树新风”活动。以后，山东各地在大力宣传学习全国性先进人物的同时，十分注意培养自己的典型，总结推出了一大批具有鲜明时代特色和无私奉献精神的先进集体和先进个人。

作为省级树立的先进典型，不仅有艰苦创业、争创一流的“沂蒙精神”“胜利精神”“济钢精神”等群体精神，有优秀共产党员、雷锋式的好船员严力宾，乐于助人的好人王为民，勇攀科技高峰的农民育种家、全国十大杰出青年李登海，献身科研事业的优秀青年知识分子王成海、叶立勋，见义勇为的英雄战士徐洪刚，全国十大杰出民警鞠俊瑞，优秀志愿兵段志年，还有勇斗歹徒的烟台“5·23”英雄群体及献身海岛的九个老兵，等等。

1995年，按照省委统一部署，全省广泛开展了学习人民的好公仆孔繁森、无私奉献的好军嫂韩素云等先进典型的活动，推出了文明执勤的济南交警和热情服务的济南工行这两个职业道德建设的先进集体。省委宣传部和省教委在青少年中开展了读一百本好书、唱一百首好歌、讲一百个好故事、参观一百个先进企业、走访一百个先进村庄的“五个一百”爱国主义教育活动。全省在做好现有典型的深化和提高的基础上，继续树立和宣传学习新的典型。1996年，向全国推出了“当代保尔”朱彦夫，2000年，推出了山东小鸭集团的书记大姐李淑敏等典型；并确定文登、莱州、胶州、寿光四个县级市作为全省学习张家港经验的带头县，要求它们达到全国一流文明水平，为区域性精神文明建设创造经验、树立样板。

三、以树立和落实科学发展观为中心（2002—2011年）

回顾2002年至2011年，山东省思想道德建设着力围绕推动“文明山东”十大行动和“四德建设”工程展开，加强社会主义精神文明创建活动和社会主义核心价值体系建设，在各个领域取得了许多新进展、新成就。

（一）努力营造解放思想、干事创业、加快发展的浓厚氛围

一是广泛开展树立和落实科学发展观、构建社会主义和谐社会重要思想的宣传教育，全省大力宣传中央关于落实科学发展观、构建社会主义和谐社会、加强党的先进性建设等一系列重大战略思想和决策部署。

二是紧紧围绕全省不同时期的工作重点，不失时机地组织系列宣传报

道和思想教育活动，形成有利于改革开放和经济建设的舆论环境，使广大干部群众保持良好的精神状态。

三是认真组织解放思想宣传和讨论活动。以解放思想、更新观念为先导，开展了解放思想的大讨论和改革开放、社会主义市场经济等方面的系列宣传教育，加强"三个主义""三观"和"三德"教育，用党的基本路线统一全省广大干部群众的思想，使人们解除了思想束缚。从2003年初开始，在全省3万多个县级以上文明单位中开展了"解放思想、干事创业、加快发展"的大讨论活动。

(二)扎实推进社会主义核心价值体系建设

社会主义核心价值体系首先在2006年10月召开的党的十六届六中全会上被提出，2007年召开的十七大报告明确将其规定为四个组成部分，即马克思主义指导思想、中国特色社会主义共同理想、以爱国主义为核心的民族精神和以改革创新为核心的时代精神以及以"八荣八耻"为基本内容的社会主义荣辱观。2009年，中共中央宣传部颁发了《社会主义核心价值体系学习读本》。

2010年9月，山东省利用第七届中国公民道德论坛在济南举办的契机，着力加强公民道德建设与社会主义核心价值体系宣传教育活动，精心组织了"诵读经典、爱我中华"活动大赛，各地各单位把社会主义核心价值体系纳入党员干部教育、群众教育和学校教育之中。2011年，山东省重点围绕社会主义核心价值体系建设，积极探索用社会主义核心价值体系引领社会思潮的有效途径和方式，临沂市以沂蒙精神为载体探索社会主义核心价值观实现的各种路径。

（三）培育与弘扬民族精神和新时期山东精神

这一时期，山东省以弘扬和培育民族精神为核心内容，把弘扬和培育以爱国主义为核心的团结统一、爱好和平、勤劳勇敢、自强不息的民族精神与发扬新时期山东精神有机结合起来。从2004年起，全省各地各部门把弘扬民族精神和培育新时期山东精神贯穿于思想道德教育的全过程，广泛开展了“弘扬和培育山东精神、塑造新时期山东形象”主题教育活动，大力弘扬和培育“改革创新、开放包容、忠诚守信、务实拼搏、敢为人先”的新时期山东精神。同时，济南、青岛等地广泛开展大讨论，提炼和概括富有区域特色和时代特点的地方精神，进一步把新时期山东精神具体化。2011年，山东省把深入宣传沂蒙精神，进一步培育新时期山东精神同加强社会主义核心价值体系普及教育结合起来，大力加强爱国主义教育基地和马克思主义群众观教育基地建设。

（四）精心实施“四德工程”

改革开放以来，在精神文明建设两个决议和党代会政治报告中，先是提出了社会公德、职业道德和家庭美德建设，2001年颁布的《公民道德建设实施纲要》确立了20字的道德规范，十七大报告又增加了个人品德建设，从而形成了“四德”建设的完整体系。山东省委、省政府高度重视公民道德建设，2002年，制定了关于贯彻落实《公民道德建设实施纲要》的指导意见。2008年，为贯彻落实《公民道德建设实施纲要》和十七大精神，又制定了《关于实施四德工程　进一步推进公民道德建设的意见》。从2008年初开始，在全省实施社会公德、职业道德、家庭美德、个人品德“四德工程”，开展社会责任大讨论、道德模范评选表彰、文明礼仪教育等活动，推动公民道德规范的深入普及。

为深入推进“四德工程”建设，山东省委宣传部决定在全社会征集《山东省公民基本道德行为四十则》，并组织专家对方案进行反复比较、概括和提炼，最后于2010年8月10日正式发布了被称为“新三字经”的《山东省公民基本道德行为四十则》。同年11月10日，在济南召开了全省“四德工程”建设座谈会。

继2006年莱州开始组织实施以“孝德、诚德、爱德”为主要内容的“三德工程”之后，德州市武城县决定自2008年10月起大力开展以“爱德、诚德、孝德、仁德”为主要内容的“四德工程”建设活动，枣庄滕州市也精心筹划、组织开展了“实施四德工程，建设文明滕州”系列活动，“四德工程”在全省逐步推开。

（五）实施道德模范工程

从2007年开始，根据中宣部、中央文明办有关工作安排，山东省委宣传部、省文明办等5部门组织开展了全省道德模范评选表彰活动。2009年，在全省范围内评选出50名“助人为乐、见义勇为、诚实守信、敬业奉献、孝老爱亲”全省道德模范。在2009年9月举行的第二届全国道德模范评选表彰大会上，山东省有4人荣获“全国道德模范”称号，另有8人获得全国道德模范提名奖。

2011年9月28日上午，山东省道德模范座谈会在济南举行。截至2011年底，道德模范评选表彰活动已开展三届，全省分别有8人、151人被评为全国、全省道德模范，有22人、290人分别获全国、全省道德模范提名奖，255人荣登“中国好人榜”。2011年11月，济南市出台《济南市评选表彰奖励道德模范实施办法》。全省见义勇为工作走在全国前列，11个市成立了见义勇为专项基金会，112个县（市、区）设立了见义勇为专项基金，总额超过1亿元。

（六）顺利举办第七届中国公民道德论坛

2010年9月20日至21日，中共中央宣传部在山东济南举办了第七届中国公民道德论坛。论坛认真学习贯彻党的十七届四中全会精神，围绕公民道德与社会主义核心价值体系建设的主题，深入研讨新形势下加强改进公民道德建设的理论和实践问题。在论坛上，山东省莱州市、滕州市和武城县分别展览了“三德工程”或“四德工程”建设的成果，济南市介绍了近年来开展公民道德建设的做法和经验。来自全国各地的政府官员、专家学者、全国道德模范、传媒人士围绕“社会主义核心价值体系建设与公民道德建设的关系”“社会主义核心价值观的概括提炼”以及“当前社会道德领域存在的主要问题及其对策”等议题展开热烈讨论。论坛在大明湖畔举行了山东省暨济南市公民道德宣传日活动，发布了题为《汇聚社会主义核心价值体系建设的强大力量》的宣言。

（七）积极开展“诚信山东”建设

齐鲁大地诚实守信的优良传统源远流长。2003年，山东省委、省政府作出全面推动“诚信山东”建设的决定，力图将山东这个礼仪之邦的社会信用体系建设推向一个新的阶段。全省上下围绕“诚信山东”建设，以政府信用、企业信用和个人信用为重点，广泛开展了形式多样的诚信道德实践活动，强化全社会信用意识，推动社会信用体系建设，积极为经济社会发展创造良好环境。东营市实施文明信用工程，立足农村实际和农民群众需要，把诚信道德教育与经济发展紧密结合起来。2002年，东营市文明信用工程荣获山东省首届思想政治工作创新奖。

（八）着力构建家庭道德教育、学校道德教育和社会道德教育等相互配合的社会主义道德教育网络

这一时间段，山东省各地各部门努力使家庭教育、学校教育和社会教育协调一致，形成合力，形成一个相互衔接的教育网，从而营造出一个良好的社会道德环境。尤其注重全面加强未成年人思想道德建设，山东省委、省政府认真贯彻落实中央关于进一步加强和改进未成年人思想道德建设的精神，精心组织多种形式的道德实践活动，深入开展丰富多彩的宣传教育。淄博市桓台县通过建设“乡村少年宫”，有效地解决了农村未成年人的教育阵地问题，其经验被评为全国第三届未成年人思想道德建设创新案例一等奖第一名，中宣部召开现场会进行了推广。2009年，青岛市获全国未成年人思想道德建设工作先进城市，济南市教育局等9个单位入选全国未成年人思想道德建设工作先进单位，战秀云等4人获全国未成年人思想道德建设先进工作者称号。

四、以培育和践行社会主义核心价值观为鲜明特色（2012年至今）

从2012年至今，在党的十八大和十九大精神指引下，山东省的思想道德建设进入了新时代，呈现出许多新气象、新特点、新进展。

（一）强化中国特色社会主义思想学习教育

2011年11月召开的党的十七届六中全会再次强调要大力“加强社会

主义核心价值体系学习教育”，2012年10月召开的党的十八大在报告中对社会主义核心价值观进行了凝练，提出“积极培育和践行社会主义核心价值观”。2012年，山东省认真领会和贯彻落实党中央关于加强社会主义核心价值体系建设的精神，深入开展社会主义核心价值体系学习教育。8月，山东省编制出台了《“十二五”时期文化改革发展规划》，围绕社会主义核心价值体系建设这一思想道德建设主题，全面部署“文明山东”建设。山东各地广泛开展社会主义核心价值体系的宣传教育活动，举办了“沂蒙精神与社会主义核心价值体系建设研讨会”“树立和践行社会主义核心价值体系经验交流会”“以社会主义核心价值体系引领大学校园文化建设研讨会”等活动。

2013年，山东省组织了第一批党的群众路线教育实践活动，促进了广大干部群众树立科学的思想信念、健康的精神品格和崇高的荣辱观。7月30日，召开了全省社会主义核心价值体系建设“四德工程”工作会议，会上指出目前“四德工程”已成为山东省社会主义核心价值体系建设的有效载体和道德建设的品牌。12月22日，山东省委宣传部联合光明日报社在济南举办了学习习近平总书记在山东考察时关于弘扬中华优秀传统文化重要讲话精神座谈会。12月下旬，中共中央办公厅印发《关于培育和践行社会主义核心价值观的意见》，山东省迅速掀起了学习研究的热潮。

2014年，山东省委颁发了《关于培育和践行社会主义核心价值观的实施意见》，在日照市召开了培育和践行社会主义核心价值观工作经验交流会议。中宣部、山东省委在曲阜联合举办推广善行义举榜现场会，这是对山东培育和践行社会主义核心价值观工作的积极肯定，旨在形成德耀齐鲁、向上向善的社会文明风尚，使社会主义核心价值观有效融入群众生产生活。

2015年，山东省精心组织协调党报党刊、广播电视、出版单位、视听节目网站深入开展习近平总书记系列重要讲话精神宣传，开展“中国梦”和社会主义核心价值体系主题宣传；注重加强党的群众路线教育实践活动、“三严三实”专题教育、抗日战争胜利70周年等重点宣传；注重发挥公益广告的独特优势，开展“讲文明，树新风”和“中国梦”公益广告创作展播，开展公益广告扶持项目评比。

2016年，山东省注重运用新思路、新技术手段，尤其是积极探索利用互联网和移动互联网，打造培育和践行社会主义核心价值观的平台，积极推进核心价值观融入大众生活。济南3000多台公交车载电视、22个黄金地段户外大屏、500多个室内电视屏上，时刻在播放“身边好人”的故事。全省17个地市的商贸中心、公园广场、车站机场等场所都发布了“图说我们的价值观”公益宣传广告。为了推动“诚信山东”“道德山东”建设，山东省委宣传部开通了“厚道鲁商”官方网站，定期发布“厚道鲁商”企业诚信红黑榜，借用新的传播媒体和传播形式传播诚信价值观。

2017年10月十九大召开后，全省文化系统将学习宣传贯彻党的十九大精神和习近平新时代中国特色社会主义思想作为首要政治任务，组织开展了“党的十九大精神集中学习月”，十九大精神宣讲辅导，参观省党史陈列馆重温入党誓词，厅领导班子成员、支部书记讲党课等一系列学习活动。

（二）引导公民道德建设向纵深拓展

十八大之后，山东省公民道德建设不断向纵深拓展，主要表现在：

一是学雷锋活动日益常态化。党的十七届六中全会提出深入开展学雷锋活动，采取措施推动学习活动常态化。党的十八大报告再次强调指出，要“推动学雷锋活动、学习宣传道德模范常态化”。2012年3月，山东省“学雷锋，做山东好人”活动和全省青年文明号“学雷锋树新风、志愿青春耀齐鲁”集中行动相继启动，学习雷锋精神在山东蔚然成风，雷锋精神在广大干部群众中广为传扬。2016年，围绕“学雷锋，做山东好人”活动，为配合全国道德模范的评选，以形成常态化机制，产生崇德向善、见贤思齐的示范效应，山东省继续开展“四德工程”建设和“山东好人之星”评选活动，推出了“十大年度人物”和710名“山东好人”、52名“山东好人之星”。

二是开展了好人推荐评议活动。自2008年以来，中央文明办连续五年开展了“我推荐，我评议身边好人”活动，发动广大群众在熟悉的人群中推荐好人，在日常生活中发现好事。山东省高度重视推荐评议身边好人活动，广泛发动广大干部群众大力发掘身边好人好事，在全社会掀起了宣传好人、学做好人的热潮。截至2016年底，山东省有11人当选全国道德模范，468人荣登中国好人榜，连续第三年上榜人数居全国第一，入选数量居全国首位。

三是促进道德模范建设系列化、层次化和典型化。2013年，山东在全省范围内积极组织推荐全国道德模范，坚持优中选优，推荐的舍己救人的“最美女孩”刁娜、敬业奉献的“环保卫士”孟祥民和见义勇为的“英雄战士”沈星光荣当选。与此同时，山东省继续开展了2013年度省、市、县和乡镇各级各类先进典型、道德模范评选活动，有力地提高了人民群众的道德认同感、荣誉感和自豪感。

四是加强社会责任体系建设。十八大要求公民履行法定义务、家庭责任和社会责任，十九大强调要强化“社会责任意识、规则意识、奉献意识”。根据中央指示精神，山东一些地方在道德建设中积极开展“责任个人”“责任市民”的评选活动。为表彰对济南市怀有强烈的担当意识、深厚的关爱感情的优秀市民，以此提升大家对所居住城市的认同感，创新济南市公民道德建设机制，2013年，济南市启动了首届“责任市民”评选活动。

五是注重未成年人思想道德建设。以“诵读经典、传承美德、知行合一、学以致用”为主题，2015年，组织开展全省首届青少年经典诵读电视大赛观后感征文活动，通过各地推荐和个人自荐两个渠道共征集文章3000余篇，进一步扩大了经典诵读电视大赛活动的影响。同年，为检验和展示乡村学校少年宫建设使用成效，组织开展了全省首届乡村学校少年宫书法成果展示活动，推动乡村学校少年宫更好地服务农村未成年人思想道德建设。2016年，在推进“文化惠民、服务群众”实事工作过程中，山东省多渠道自筹资金，为全省乡镇中心学校建设77所乡村学校少年宫，实现了全覆盖。截至2016年底，全省共建设各级各类乡村学校少年宫4700余所。

（三）扎实推进“四德工程”建设

“四德工程”建设是山东省深化和拓展公民道德建设的重要创新之举，自2008年实施以来已经有十个年头，它在整体推进山东省公民道德建设具体化、制度化和大众化，规范公民道德行为，提高公民道德素质等方面起到了重大作用。

2012年，山东省继续将“四德工程”建设作为深化和拓展公民道德建设的重要举措扎实推进。6月29日，山东省社会主义核心价值体系建设“四德工程”现场观摩会在济南召开，会上提出以更大力度推进公民道德建设“四德工程”。2012年11月30日，在滕州市举行全省社会主义核心价值体系建设“四德工程”现场观摩会议。这次会议是学习贯彻落实党的十八大精神、深入推进“四德工程”建设的重要举措。

2013年7月召开的山东省社会主义核心价值体系建设“四德工程”工作会议确立了34个县市区作为全省“四德工程”建设示范县市区，全省将在10000个村居（社区）建立“四德工程”善行义举榜，重点抓好“四德”责任状签订、善行义举“四德”榜建立、道德先模典型树立、示范县（市、区）创建和宣传教育等活动。

2017年8月，山东省总工会开展了第十八届全省职工职业道德建设命名活动。12月，省文明办组织开展了第五届省级未成年人思想道德建设工作先进城市、先进县（市、区）和第四届先进单位、先进工作者的评选活动。“四德工程”建设扎实推进，全省各地广泛开展省、市、县、乡、村善行义举“四德”榜“榜上有名”先模人物评选活动。截至2017年底，全省善行义举“四德”榜共计11.7万余个，基本实现了行政村全覆盖。

（四）创新志愿服务模式

山东各地创新志愿服务模式，通过打造“青年志愿服务岗”有形化阵地，变原来的组织化动员为社会化动员与组织化动员相结合的模式，组建多元化的志愿者队伍，有效地促进了志愿服务持续化、常态化。紧紧围绕基层群众的实际需要，大力弘扬志愿服务文化，积极倡导“奉献他人、提升自己”的志愿服务理念，广泛开展“三关爱”（关爱他人、关爱社会、关爱自然）和关爱空巢老人、关爱留守儿童、关爱农民工、“学雷锋，树新风”、“学雷锋，献爱心”等志愿服务活动，开展创优质服务、优良秩序、优美环境志愿服务活动。2017年，在全国宣传推选学雷锋志愿服务“四个

100”先进典型活动评选中，山东省有3人入选最美志愿者、3个单位入选最佳志愿服务组织、3个社区入选最美志愿服务社区。

2012年8月，国内首个政府投资的“社会公益组织孵化园”在威海成立，为规范提高公益活动进行了有益探索。为有效地促进志愿服务持续化、常态化和专业化，2013年，山东省在志愿服务文化的引领下，依托“青年志愿服务岗”这一有形阵地，积极打造社会化动员与组织化动员相结合的二元模式，主要呈现三大特点：一是人员队伍不断壮大，结构逐步优化，素质不断提高，注册志愿者数量不断增加，截至2013年11月底，全省注册志愿者337万人，建立志愿者服务站（服务中心）6.7万个、服务基地5万个；二是青年志愿服务组织管理机制体制不断完善，建成了由省级协会、市级协会、县级协会及部分行业、学校协会组成的志愿服务组织管理网络，形成了“党政主导、共青团承办、多元参与”的青年志愿者工作格局；三是服务内容不断拓宽，注重大型活动志愿服务品牌，积极参与政府公共服务体系建设，建成500余个“青年志愿服务岗”，参与志愿服务9008万人次，志愿服务活动日益实现常态化。

第二节　思想道德建设的主要成就

山东省新时期的思想道德建设取得了如下显著成效。

一、思想素质显著提高

40年来，山东省始终把思想政治教育当作一项重要的工作来抓，注重用中国特色社会主义思想理论武装头脑，占领文化阵地，牢牢把握意识形态的主动权；大力推进社会主义核心价值体系建设，培育和践行社会主义核心价值观，极大地提高了广大干部群众的思想道德水平和文明素质，共产主义、社会主义的世界观、人生观和价值观广泛确立，爱国主义精神广泛弘扬。

通过在全省加强科学精神、科学知识的教育，在群众中逐步树立科学文明的生活方式，形成了相信科学、依靠科学、尊重科学、崇尚科学的社会意识和精神风貌。山东省积极推动思想解放运动与观念更新活动，扫除一切不适应现代化和经济社会发展的思想观念，人们的思想观念发生了积极变化。当前，全省人民的思想日益活跃、日益先进、日益多样化，社会主义理想信念更加坚定。人们的思想得到解放，观念得到更新，广大人民群众冲破了旧思想、旧观念的束缚，传统的耻言利、重农轻商、均平、小富即安、唯上唯权威、求稳怕变、封闭保守、死要面子等陈旧思想观念遭到摒弃，适应市场经济发展的责任意识、规则意识、奉献意识、竞争意识、平等意识、效率意识、民主意识、法治意识等普遍增强。

新时期以来，山东省十分注重弘扬和培育民族精神与时代精神，用新时期山东精神、沂蒙精神以及各种英雄精神去引导和塑造人们的精神世界，破除了死气沉沉、僵化懒惰、安贫乐道、自由散漫、个人至上、贪图享乐等不良倾向，有力地塑造了人民爱党爱国、求真务实、大胆进取、开拓创新、团结协作、艰苦奋斗等优秀精神品格。

二、社会主义道德得到弘扬，社会风气明显好转

改革开放以来，山东各地各部门广泛开展了以“四德”教育为主的思想道德教育，努力贴近实际、贴近生活、贴近群众，不断提升公民道德建

设的水平，有力地推动全省公民思想道德素质的提高。尤其注重全面加强未成年人思想道德建设，提高了广大青少年的思想道德水平，赋予公民道德建设以强大生命力和活力。

山东省积极贯彻实施《公民道德建设实施纲要》，发挥道德模范榜样作用，践行社会主义荣辱观，促进社会风气不断改善，努力塑造良好的道德环境和道德风尚，使道德生活境况得到了明显改善。职业道德建设取得较大突破，形成了全社会重视职业道德建设的良好氛围，涌现出一大批先进工作者、行业标兵、新长征突击手、劳动模范等。公共道德水平有了显著提高，越来越多的人加入到社会公益活动和志愿服务当中。广泛开展“四德工程”建设，逐渐形成了男女平等、尊老爱幼、互爱互助、见义勇为的社会风尚，社会主义新型人际关系得到发展和加强，社会文明程度显著提高。

三、形成了崇尚道德楷模的社会风尚

新时期以来，山东省把实践中行之有效的方式方法制度化、规范化，建立起评选表彰道德模范的长效机制，充分发挥道德模范的引领作用。20世纪90年代，山东省开展以学习雷锋、王进喜、焦裕禄、赖宁等同志为中心内容的“学先进、讲奉献、树新风”活动，推出了一大批具有鲜明时代特色和无私奉献精神的先进集体和先进个人，如严力宾、王为民、王成海、叶立勋、徐洪刚、鞠俊瑞、段志年、孔繁森、韩素云、朱彦夫以及烟台“5·23”英雄群体、济南交警、济南工行等先进集体。尤其是进入21世纪以来，山东省组织开展了全省、全国“助人为乐、见义勇为、诚实守信、敬业奉献、孝老爱亲”道德模范评选表彰活动，孟祥斌、李学海等人荣膺全国见义勇为模范，杨正权等大批人获全国、全省道德模范奖、荣登“中国好人榜”，激发了广大干部群众投身道德建设的积极性。

山东省以道德模范评选为契机，组织“道德模范”“身边好人”“爱心家庭”推荐评选活动，扎实推进“文明模范引领行动”，启动“道德模范基层巡讲”活动等。正是通过道德典型引路、道德模范工程，推动山东形成了知荣明耻、见贤思齐的良好社会风尚，在全社会兴起了见贤思齐，争当道德模范，明星闪耀、群星灿烂的典型引领效应，形成了重视道德建设、践行道德规范的良好氛围，形成了文明、和谐、向上的良好社会风尚。同时也为护佑良善提供了持久有力支撑，使热心公益、孝敬亲长、勤俭节约、崇善尚德等成为道德风向的主流，公民道德素质显著提高，促进了全社会道德水平的提高和文明新风的形成。

四、社会志愿服务活动迅速发展

志愿服务体现着公民的社会责任意识，志愿服务发展水平反映着社会文明程度。新世纪以来，山东各地各单位紧紧围绕基层群众的实际需要，大力弘扬志愿服务文化，积极倡导“奉献他人、提升自己”的志愿服务理念，广泛开展关爱空巢老人、留守儿童、农民工、残疾人志愿服务活动，开展创优质服务、优良秩序、优美环境志愿服务活动，推广青岛“笑姐”爱心助残团队、济南市“泉城义工”等志愿服务活动的先进经验。特别是在迎接和举办北京奥运会、残奥会，抗震救灾等重大活动和重大事件中，志愿服务发挥了突出作用，产生了广泛的社会影响。

五、未成年人思想道德建设强力推进

加强和改进未成年人思想道德建设，是党中央从推进党和国家事业发展、实现党和国家长治久安出发作出的一项重大战略决策。早在2008年，淄博市桓台县“乡村少年宫建设”获第三届全国未成年人思想道德建设工作创新奖一等奖，并在全国推广经验。2015年，中央文明委公布的未成年人思想道德建设工作测评结果中，山东省有8家单位被评为全国未成年人思想道德建设工作先进单位，位居全国前列。经过长期的努力，山东各地未成年人社会文化环境明显改善，面向未成年人的精神文化产品和文化服务更加丰富，学校、家庭、社会“三结合”的教育网络初步形成，全省未成年人思想道德建设工作整体水平得到显著提高。

第三节　思想道德建设的基本经验

改革开放以来，山东省根据形势发展的需要，紧密结合自身实际，大力加强社会主义思想道德建设，探索出了新形势下思想道德建设的有效途径，积累了丰富的经验。

一、围绕中心，务求实效

经济建设是全党工作的中心，一切工作都应服务和服从于这个中心。山东省的思想道德建设也把为改革开放和经济建设服务作为着眼点。

第一，始终不渝地把中国化的马克思主义理论和党的基本路线教育放在思想道德建设的主导地位，以解放思想、更新观念为先导，开展了解放

思想的大讨论和改革开放、社会主义市场经济等方面的系列宣传教育，加强“三个主义”“三观”和“四德”教育，用党的基本路线统一全省广大干部群众的思想，使人们解除了思想束缚。

第二，紧紧围绕全省不同时期的工作重点，不失时机地组织系列宣传报道和思想教育活动，形成有利于改革开放和经济建设的舆论环境，使广大干部群众保持良好的精神状态。

第三，注意避免形式主义以及空洞的说教。在教育内容上，注意区别不同层次的对象，提出不同的要求。在教育方法上，从小事、实事抓起，以老百姓最关心、最需要做的事情作为思想道德教育的切入点。例如，职业道德建设，从老百姓最关心的“窗口行业”抓起，济南工行从规范服务用语入手，济南交警从规范指挥、文明执勤抓起，内强素质，外塑形象，从具体的一点一滴做起而收到出乎意料的效果。

二、彰显多元，注重创新

从1978年到2018年，山东省思想道德建设不断拓宽领域，充实内容，以思想道德建设为重点的精神文明建设活动形成了多层次、多形式、多载体、全方位的立体格局。评选道德模范、文明家庭、文明个人等活动成为思想道德建设的“细胞工程”，创建文明单位活动成为基层思想道德建设的重要抓手，创先争优活动使思想道德建设成为地方党委、政府的经常性工作，多种“共建”活动进一步拓展了思想道德建设的领域和内容。经过40年的实践探索，山东省思想道德建设逐步向高标准、规范化发展，并在促进人民群众思想道德水平提高方面发挥着不可替代的重要作用。

文化需要创新，思想道德建设要提高有效性、体现时代性、具有针对性同样需要创新。改革开放的40年，是山东省思想道德建设创新的40年。正是注意尊重和吸收广大人民群众的首创精神，正是依靠不断的文化创新，山东省思想道德建设才获得不竭的源泉和动力。就“四德工程”而言，从“三德工程”到“4+1工程”，从《三德歌》被广为传诵到道德建设“4+1工程”先进经验叫响神州，莱州市紧密联系本地实际，2007年以后，逐渐形成“孝德、诚德、爱德、仁德”为主题的“四德工程”和未成年人思想道德“心灵工程”建设，在全市构建起了较为完善的思想道德建设工作体系，其道德建设“4+1工程”先进经验被中宣部列为全国重大典型。2008年以来，日照市在全市组织开展了以“爱心、诚心、孝心、责任心”教育为主题的“四德”教育建设工程，德州市武城县在“四德工程”建设中分别赋予“爱、诚、孝、仁”以不同的主题，这些都赋予了社会公德、职业道德、家庭美德、个人品德以崭新的时代内涵。

三、树立榜样，典型引路

总结推广先进典型，是山东省思想道德建设方面的一大特色和优势。榜样的力量是无穷的。先进典型是一面旗帜，对人们的行为和整个社会能够产生导向、凝聚、感染和鼓舞作用。山东省在思想道德建设中，始终注意选择、培养、宣传、推广和学习先进典型，形成了级级抓典型、行行出典型、层层有典型、人人学典型的良好局面。几十年来，山东省涌现出了一大批先进英模和先进单位。张海迪、徐洪刚、孔繁森、韩素云、朱彦夫等英模，济南交警、济南工行等先进典型及烟台市社会服务承诺制、济南市民政系统社会服务、文登市精神文明建设等经验在全国引起强烈反响。在推进“四德工程”建设过程中，淄博市淄川区注重发动群众推典型，推群众身边的典型，层层推、层层树、层层学；大力开展“孝老爱亲”“‘感动淄川’年度人物”“好婆婆”“好媳妇”等评选活动，引导各级层层设立“光荣榜”，让人们学有榜样，赶有目标，带动整个社会良好风气的形成。山东省对先进典型的宣传和学习，产生了巨大的带动作用，尤其是具有重大感染力、说服力和凝聚力的先进典型充分发挥了示范作用和导向作用，使崇高的时代精神得到弘扬，社会风气得到明显改善。

四、建章立制，力求规范

思想道德建设作为一项长期性的工作，要持之以恒开展下去，必须在规范化、制度化上下功夫。山东省在这方面进行了有益的探索：一方面，制定切合实际、可操作的规划，使思想道德建设既有长期目标又有阶段性计划；另一方面，制定规范、制度和准则。为了加强对邓小平理论和党的基本路线的学习和教育，各级各单位都建立了严格的学习制度。为促进文明习惯的养成，许多地方制定了文明家庭、文明市民、文明村民等方面的守则。

为加强职业道德建设，各行各业都制定了明确、规范、便于操作的行为准则，同时建立健全了奖惩制度，使之成为职业道德教育的有效保证手段。如全省公安系统的禁酒令、省立医院的“五不”“五无”，都规定得非常具体明确，同时还制定了严格的监督制度，做到奖惩分明。烟台市推行的社会服务承诺制，向社会公开服务内容、服务标准、服务程度和办事时限，明确经济赔偿标准，未履行承诺的责任单位和责任人必须按规定给予当事人赔偿。行之有效的制度建设，使得山东省思想道德建设形成了一套正常的工作机制，能够广泛、深入、持久地开展下去。

总之，山东省思想道德建设的成功实践表明，要想使之产生实效，一是要动员社会全员参与，实现道德主体养成的全覆盖；二是要通过具体化、规范化、程序化、可操作化手段，创造思想道德建设有效性实现的制度机制，真正使道德建设由软变硬、由虚变实；三是创造道德建设与政治建设、经济建设、社会建设和生态文明建设有机统一的模式，找到思想道德建设与经济社会发展结合式、渗透式、融合式的有效途径；四是把思想道德责任主体和示范主体统一起来，把道德环境建设与道德主体建设有机结合起来，形成有影响、有气势的示范群体。

第二章
广泛开展精神文明建设

1979年9月，党中央召开十一届四中全会，明确提出在建设高度的物质文明的同时建设高度的社会主义精神文明，并把建设社会主义精神文明确定为社会主义现代化的重要目标。40年来，根据党中央和国务院的部署，山东省以“讲文明，树新风”为主要内容，以创建文明城市、文明村镇、文明行业、文明单位为重点，一直走在全国前列，形成了许多自身独特的优势，开创了精神文明建设的新局面。当今中国正向“两个一百年”的战略目标迈进，整个社会也日益走向现代化、市场化、全球化、大众化，社会经济发展进入“新常态”，改革也进入“深水区”，这些向山东省社会主义精神文明创建活动提出了许多新要求、新挑战。如何在新的形势下使山东省社会主义精神文明创建活动继续保持优势、创新经验、提升效率、再上台阶，不仅需要实践工作者也需要理论工作者对40年改革开放历程进行回顾和展望。

第一节　精神文明建设的辉煌历程

改革开放以来，山东省社会主义精神文明建设总体上大致可以划分为以下四个阶段：文明创建活动迅速兴起（1978—1991年）、文明创建活动不断深入（1992—2001年）、文明创建活动呈现新气象（2002—2011年）和文明创建活动迈向新台阶（2012年至今）。

一、文明创建活动迅速兴起（1978—1991年）

从1978年到1991年，山东省广泛展开了群众性的精神文明建设活动，深入开展了“五讲”“四美”“三热爱”活动、“全民文明礼貌月”活动、创建文明单位活动及学习英模活动。

（一）广泛开展“五讲”“四美”“三热爱”活动

1981年2月，全国总工会、共青团中央、全国妇联等九个人民团体和单位联合发出《关于开展文明礼貌活动的倡议》，中宣部、教育部、文化部等也联合发出《关于开展文明礼貌活动的通知》。根据《通知》精神，山东省各级党委和政府领导全省人民轰轰烈烈地开展以“五讲”（讲文明、讲礼貌、讲卫生、讲秩序、讲道德）、“四美”（心灵美、语言美、行为美、环境美）和“三热爱”（热爱祖国、热爱社会主义、热爱中国共产党）为主要内容的文明礼貌活动。

山东省还结合实际开展了“三优一学”活动（优质服务、优良秩序、优美环境，学习雷锋和其他先模人物）及治理脏、乱、差活动，尤其注意发挥先进典型的作用。1990年，山东省决定开展以学习雷锋、王进喜、焦裕禄、赖宁等同志为中心内容的“学先进、讲奉献、树新风”活动，同时总结、表彰和推广了一大批在各项文明建设活动中涌现出来的先进个人和先进集体，并把学习张海迪、华山抢险英雄集体同学习各行各业包括本地区、本系统、本单位的先进人物结合起来，取得了良好的成效。

（二）文明创建活动形式不断拓展

这一时期，山东省广泛开展创建文明村庄、文明单位和军民共建精神文明的活动，发动群众制定各种文明规约、守则，建立党员联户制度，开展评选“五好家庭”活动。

该阶段，山东省文明创建活动中逐渐呈现两个不断深化的特点：第一，各地狠抓现有文明单位的巩固、整顿和提高工作，修改和完善了评比标准和评比方法，开展了“达标”“提档升级”等各种竞赛活动，并在抓好文明单位创建活动基础上，开展以提高地方综合文明素质、塑造地方整体文明形象为宗旨的活动，注重抓好区域性、系统性文明建设，如济南市的“友爱在泉城”、德州市的“文明一条街”活动。第二，各种共建领域不断拓宽，内容不断充实。在创建文明单位的基础上，山东省精神文明创建活动向更广大领域扩展，不少地方开展了创建文明区域、文明系统的活动，把条条和块块管理的优势注入精神文明建设的工作中。

从1990年开始，全省广泛开展了争创精神文明先进县市区的活动。从1991年起，全省省辖地级市之间开展了以加强思想道德建设，培育文明市民，创优质服务、优良秩序、优美环境为主题的文明城市竞赛活动。同时，各种共建活动不断普及，出现了军民共建、警民共建、工农共建、厂街共建、社区共建等相互结合、相互促进的新局面，全省形成了多层次、全方位开展精神文明创建活动的总体格局。

二、文明创建活动不断深入（1992—2001年）

1996年，党的十四届六中全会通过的《中共中央关于加强社会主义精神文明建设若干重要问题的决议》明确指出："要深入持久地开展文明家庭、文明单位和军民共建、警民共建等精神文明创建活动，开展群众性文化、卫生、体育和科学普及活动，倡导文明健康的生活方式，建设社区文化、村镇文化、企业文化、校园文化。"山东省认真贯彻《决议》精神，按照中央文明委的部署，进一步加大了这方面的工作力度，社会主义精神文明建设进入一个新的阶段。这一阶段，以"讲文明，树新风"为主要内容，以创建文明城市、文明村镇、文明行业为重点，年年都有新举措、新进展，从城市到农村，群众性精神文明创建活动高潮迭起。

（一）把文明创建活动引向深入

山东省群众性精神文明创建活动经过十几年的发展已经具有较好的基础和较大的规模，为了把创建活动引向深入，逐步向高标准、规范化发展，使创建活动真正成为两个文明有机结合并落实到基层的有效载体。十四大召开之后，山东省决定在全省重点抓文明城市竞赛和范围较大的区域性创建活动，在各地市重点抓小城镇和城市街道小区的文明建设，而在县市区则抓基层创建及各种"细胞工程"。

1999年，在全省开展创建文明城市活动，启动"文明村镇百强工程"、文明行业和文明校园创建活动。其中，在创建文明校园活动中把精神文明建设的要求量化为指标体系，详细规定了各项量化指标和具体要求，并通过政府行为加以推动实施，在山东尚属首次，这一举措得到各高校的普遍认可和重视。在文明创建活动中，鼓励群众进行各种形式的创造。例如，山东省军区积极组织发动全省700多万民兵预备役人员投身于精神文明建设的伟大实践，青岛民兵的“文明窗口”活动，烟台行业民兵的“创四优”活动，德州民兵的“十带头”活动，菏泽“十无民兵连”“十星级民兵家庭”活动，都在当地产生了很好的示范效应，对新时期精神文明建设工作进行了有益探索。

（二）创新多种文明创建活动形式

在第二阶段精神文明建设中，山东省把群众性创建活动不断推向前进，致力于活动形式的创新和多样化。

一是创建文明户活动色彩纷呈。各地结合实际，开展了创建“五好家庭”“文明家庭”“小康家庭”“双文明户”“十星级文明户”等多种形式的创建活动。

二是创建文明单位、文明村镇活动有新的突破。在1997年度省级文明单位评选中，引入竞争机制，确定了5%的最低淘汰率，打破了文明单位终身制，确保了文明单位质量，提高了文明单位创建水平。各地十分重视文明村镇创建活动，把创建文明村镇的目标和任务量化、分解到各乡镇、各村，签订责任状，使工作扎实有效推进。

三是创建全省精神文明建设先进县（市、区）工作获得大面积丰收。第四届精神文明建设先进县（市、区）的评选，改进了考查办法，由前三届的定点检查为主变为定向检查和随机抽查相结合，实行量化细化考核。

1999年在中央文明委首次开展的全国精神文明建设工作先进单位评选表彰中，山东省有86个单位受到表彰，无论是单项还是数量，都居全国第一。

三、文明创建活动呈现新气象（2002—2011年）

从2002年到2011年，山东省精神文明创建活动迎来了新的发展。全省以满足人民群众精神文化需求为核心，以提高全体公民的思想道德素质和科学文化素质为重点，以群众性精神文明创建活动为载体，适应新形势，探索新途径，创造新经验，使全省精神文明建设发展到一个新阶段，“文明山东十大行动”成为全国知名精神文明创建品牌。

（一）全方位加强社会主义精神文明建设

创造性地提出“文明山东”建设工程。2005年，山东省委宣传部和省文明办颁布了《关于“文明山东”建设的实施意见》。围绕“文明山东”建设，山东省积极探索“文明山东”建设的长效机制，构建科学完善的“文明山东”考评指标体系，自此，“文明山东”建设成为山东省精神文明建设的一条主线。

2010年，山东全省的精神文明建设工作可以用有亮点、有成效、有突破来概括：道德模范学习宣传活动不断深入，“我们的节日”“诵读经典”等活动形成常态，思想道德建设取得新进展；城乡文明牵手共建活动范围不断拓展，文明城市创建成果日益显现，群众性创建活动持续形成热潮；“乡村学校少年宫”进一步普及，“放飞梦想”绿色手机文化创作传播活动形成强大声势，未成年人健康成长环境进一步优化；志愿服务活动不断深入，公民文明素质和城乡文明程度显著提高。

（二）突出精神文明创建

在全省农村广泛开展“文明一条街”“文明生态村”创建活动，极大改善了村容村貌，许多村庄实现了“五化”，即硬化、亮化、净化、绿化、美化。在山东，见难伸手，助人为乐，奉献社会，诚实守信，已经蔚然成风，一大批文明建设品牌在全国叫响，青岛交通的“三让”活动、枣庄市的“代理妈妈”活动、济宁市的农村“文明一条街”建设、东营市的文明信用工程等品牌犹如朵朵奇葩，香满齐鲁。

2005年10月27日，在全国首批文明城市评选中，山东青岛、烟台占九席之中的两席，山东的入选数量与广东并列第一位；济南、威海、东营、淄博荣获全国创建文明城市工作先进城市，在文明街道、文明村镇、文明行业评选中，山东的获奖数量也居全国榜首。

从1998年到2008年，在全国的文明城市、文明村镇、文明行业、文明单位创建活动中，山东省受命名表彰的单位总数连续居全国首位，还相继在全国、全省推广了文登市为民服务的经验，威海市创建文明行业的经验，诸城市为民服务热线联动的经验，青岛市创建文明城市的经验，济宁市、临沂市创建农村“文明一条街”的经验，泰安市联片共建的经验和东营市“农村文明信用工程”的先进经验。

2002年1月，中央文明办等九部门下发通知，部署在全国开展科教、文体、法律、卫生“四进社区”活动。该活动开展以来，山东各地“四进社区”活动蓬勃开展，呈现扎实推进、持续发展的良好态势。2003年，“四进社区”活动分别以“讲科学生活、建文明社区”“传播先进文化，丰富居民生活，创建文明社区，全面建设小康社会”“提高居民法律素质，推进社区依法治理”以及“相约健康”等为主题深入开展。各地从实际出发，精心组织活动，广泛发动群众，使“四进社区”活动影响不断增强，参与面不断扩大，受到广大社区居民欢迎。

（三）注重提升公共文明水平

为强化文明城市创建工作，济南市、青岛市等地开展了“公共文明指数大提升活动”“公共文明指数达标推进行动”及“公共文明建设百日行动”等活动，成立了“公共文明建设督查团”“文明巡诊员”等群众性督查队伍，查找城市建设管理中的突出问题，检查劝阻各类不文明行为，公共文明建设实现常态化、规范化。2009年，山东在全国公共文明指数测评中取得好成绩，山东省8个市进入公布的前50名。2010年，在全国117个城市公共文明指数和未成年人思想道德建设工作两项测评中，山东省9个参评城市全部进入公布范围，整体成绩在全国名列前茅。2011年12月20日，中央文明委召开全国精神文明建设工作表彰大会，青岛市在省会、副省级城市测评中以总分第一名的成绩再获全国文明城市荣誉称号，烟台市连续三届荣获全国文明城市荣誉称号，临沂市、淄博市分别以地级市测评总分第一名、第五名的优异成绩当选第三批全国文明城市，71个村镇被评为全国文明村镇，124个单位被评为全国文明单位，整体成绩居全国前列。

（四）开展“向英模学习，树一代新风”活动

这一时期，山东涌现出了朱文奇、王德理、崂山抢险救人英雄集体等一大批英模人物。山东省委、省政府不失时机地开展了“向英模学习，树一代新风”的活动，使榜样的形象在全省广大人民群众中深深扎根，收到了良好的社会效果。

（五）启动“乡村文明行动”

2011年2月，中共中央办公厅、国务院办公厅印发了《关于进一步加强新形势下农村精神文明建设工作的意见》，这是自1995年中宣部、农业部下发《关于深入开展农村精神文明建设活动的若干意见》后，中央文件再次聚焦农村精神文明建设。2011年4月，为深入贯彻落实中央加强新形势下农村精神文明建设的部署要求，山东在全省范围内全面启动了为期五年的“乡村文明行动”，动员全社会力量积极参与，旨在努力开创农村精神文明建设新局面。6月19日，山东省委颁布了《山东省“十二五”期间社会主义精神文明建设规划》，对全省“十二五”期间农村精神文明建设工作作了部署。

四、文明创建活动迈向新台阶（2012年至今）

从2012年至今，山东省精神文明建设伴随着中国社会经济向纵深发展，思维方式和工作模式逐步趋向多元化，坚持以培育和践行社会主义核心价值观为主线，深入推进“美德山东”“文明山东”“诚信山东”建设，为加快建设经济文化强省、改善民生问题提供了有力的思想保证、精神动力和道德支撑。

（一）继续开展“乡村文明行动”

“乡村文明行动”对于改变城乡文明差距、实现城乡文化一体化发展，建设农村新风尚、新环境和新家园，都具有重要的战略意义。为此，2012年山东“乡村文明行动”进一步展开。1月14日，山东省委宣传部、省文明办发布了“乡村文明行动”标识和“谱齐鲁新韵　创文明乡村”的主题用语，以深入推进“乡村文明行动”，进一步调动社会各界和广大干部群众的参与积极性，提高活动的感召力和影响力。2012年5月3日，召开了全省实施“乡村文明行动”电视电话会议。9月10日，聚焦“乡村文明行动”——2012全国网络媒体山东行大型采访活动在山东省博物馆隆重启动。10月5日，省文明委制定了2012年“乡村文明行动”工作方案，要求2012年全省“乡村文明行动”重点抓好五个方面的工作：抓机制，夯实活动基础；抓载体，推进工作落实；抓典型，推动示范引导；抓共建，整合各方资源；抓宣传，形成社会热潮。“乡村文明行动”开展一年多以来，山东省村容村貌和农民生产生活条件显著改善，文明素质和乡风文明得到提升。2013年，“乡村文明行动”的最大特点是许多地方、许多单位制定了各自的“乡村文明行动”实施方案，如东营市的垦利县、黄河口镇。6月，在曲阜召开了全省乡村文明行动现场推进会。

2016年10月，山东省发布了《关于进一步深化乡村文明行动的实施意见》，在全省组织开展新一轮的“乡村文明行动”，提出到2020年，全省80%的村和乡镇达到县级及县级以上文明村镇的标准。2017年1月，山东省文明委隆重表彰了第一届全省文明家庭。2017年6月，山东省宣布“乡村文明行动”第一个五年工作目标全面完成，山东省城乡环卫一体化农村群众满意度电话调查的经验做法在全国推广，成为国家验收的必要程序。

（二）实现志愿服务制度化、常态化和专业化

2015年至2016年，山东省志愿服务工作迈出新的步伐。一是推进志愿服务规范化。围绕“乡村文明行动”六个建设，2015年4月13日，山东省文明办、团省委在菏泽召开全省“乡村文明——青年志愿者在行动”现场

推进会，组织各地青年志愿者深入农村开展志愿服务活动。二是不断完善志愿服务管理机制体制。2015年6月26日，召开了山东省志愿服务联合会成立大会暨志愿服务工作座谈会，标志着全省志愿服务工作在制度化、规范化方面迈出重要步伐。三是加强志愿服务专业化建设，积极筹建全省志愿服务网络管理系统，进一步加强对全省志愿者的联系、服务和管理。2016年8月30日，在东营市举办了以“齐鲁志愿行　共筑中国梦”为主题的第二届山东省青年志愿服务项目大赛。

（三）精神文明创建再创佳绩

2012年8月至9月，中央文明办委托国家统计局对127个全国文明城市和地级以上提名资格城市进行了城市文明程度指数和未成年人思想道德建设工作测评，山东省有10个城市参加了测评，测评结果显示山东省整体成绩名列前茅。其中，在全国城市文明程度指数测评中，济南市名列省会和副省级提名资格城市第一名，威海市名列地级提名资格城市第一名；在未成年人思想道德建设工作测评中，青岛市在全国省会和副省级城市中排名第一，临沂市在全国地级市中排名第一。2013年，山东省继续开展文明城市常态化创建活动，探索利用文明城市带动所属县级市共同创建的路子。在2013年全国城市文明程度指数测评中，青岛市位列省会、副省级文明城市第二名，临沂市位列地级文明城市第一名；济南市位列省会、副省级提名资格城市第二名，潍坊市、威海市位列地级提名资格城市前两名。①

① 中国文明网，2013年12月23日。

2015年，在第四届全国文明城市评选中山东省继续取得优异成绩，威海、潍坊、东营三市分别以地级市第一、二、五名的成绩入选第四届全国文明城市，青岛、烟台、临沂、淄博四市保留全国文明城市称号。2016年，省委宣传部、省文明办、省旅游局联合开展“好客山东　德润齐鲁”活动，下发了《关于进一步深化文明旅游工作的通知》。

第二节　精神文明建设的主要成就

经过40年的发展，山东省精神文明建设的机制更加完善、基础更加扎实、水平更加提高、效果更加明显，全省文明程度发展到一个新阶段。精神文明创建活动不断拓展延伸，城乡环境建设有了较大改善，人们的精神风貌和文明程度明显提高。“美德山东”“文明山东”“诚信山东”建设为山东全面建成小康社会、全面深化改革、全面推进依法治国、全面从严治党，加快建设文化强省提供了强有力的思想保证、精神动力和道德支撑。

一、人民群众的思想道德素质得到普遍提高

改革开放以来，山东省高度重视社会主义精神文明建设，作出了一系列重要部署。各地区、各部门不断深化群众性精神文明创建和志愿服务活动，广泛开展道德模范评选表彰和学雷锋活动，切实加强未成年人思想道德建设和大学生思想政治教育，有力促进了公民道德素质的提升。

二、整个社会风气得到有效改善

1978年以来，特别是新世纪以来，山东省以建设社会主义核心价值体

系为根本，以增强诚信意识、责任意识为重点，大力推进精神文明建设，广大干部群众积极参与道德建设，努力培育和践行社会主义核心价值观，坚持以实际行动倡树新风、弘扬美德。“四德工程”建设从道德规范、道德行为和道德约束三个层面完善道德体系，引导人们移风易俗、除旧布新，养成健康文明的生活方式，不断提高人民群众的思想、文化、道德水平，构建了崇尚文明、崇尚科学的社会风尚，形成了家庭和睦、民风淳朴、互助合作的良好社会氛围。

积极开展形式多样的文明养成活动，涌现出济南“泉城义工”、青岛“微尘”、淄博“善小”等爱心公益品牌，家庭和睦、尊老爱幼、邻里团结、乡风文明等文明新风吹拂着齐鲁大地，推出了王乐义、许振超、孟祥斌、刁娜等一批在全国有重大影响的先进典型，有力地弘扬了社会正气。文明养成活动是新形势下推进精神文明建设的创新之举，已成为引导人民群众大规模参与道德实践的成功探索，在提高全省公民道德素质、提升城乡文明水平、形成好人好报的价值导向、促进社会和谐和经济发展等方面起到了重要作用。

三、社会文明程度得到大力提升

随着时代的发展，山东省在精神文明创建活动中，以建设社会主义核心价值体系为根本，以公民道德建设为重点，结合文明城市创建活动，以创建文明社区、文明小区、文明行业为主要载体，以增强诚信意识、责任意识为重点，紧紧围绕创优质服务、优良秩序、优美环境、做文明市民来展开，在市民素质、社会秩序、社会服务、文化建设等方面全面推进，广泛开展形式多样的创建活动，城乡文明水平显著提高，诚信守法、文明健康已成为孔孟之乡、礼仪之邦的独特品牌。

在广大农村，山东省于2011年4月全面启动了为期五年的“乡村文明行动”，以村容村貌建设、村风民俗建设、乡村道德建设、生活方式建设、平安村庄建设、文化惠民建设为重点，以营造新环境、培育新农民、倡导新风尚、发展新文化、实现新发展为目标，全面提升乡村文明水平。各地在“乡村文明行动”中，倡树文明新风，积极推进文明养成行动，充分利用群众喜闻乐见的形式，教育和引导农民群众摒弃生活陋习，倡导文明健康的生活方式，培育新农民，塑造文明乡风。如今，山东各地乡容村貌日新月异，村风民俗健康向上、科学文明。

2017年底，在第五届全国文明城市评选中，济南市，日照市和莱芜市2个地级市，胶州市、寿光市、莱州市、荣成市、乳山市、龙口市6个县级市入选全国文明城市。其中，济南市在省会城市序列中排名第一，日照市在30个地级市序列中排名第二，胶州市在50个县级市和县序列中排名第一。青岛市、烟台市、淄博市、威海市、潍坊市、东营市等6市经复查确认继续保留全国文明城市荣誉称号。其中，烟台市第五次荣获全国文明城市，是全省唯一，全国仅有的两个“五连冠”地级城市之一。2017年，在第五届全国文明村镇评选中，济南市长清区万德街道马套村等82个村镇入选。在第五届全国文明单位评选中，济南市财政局等76个单位入选。2017年，刘长城等3人当选第六届全国道德模范，逄秋香等7人获第六届全国道德模范提名奖，威海市入选全国未成年人思想道德建设工作先进城市，山东省济南外国语学校等10个单位入选全国未成年人思想道德建设工作先进单位，张淑红等6人当选全国未成年人思想道德建设工作先进工作者。山东省共评出“山东好人”716名、“山东好人之星”52名，123人入选“中国好人榜”，41人入选“好人365”封面人物，全省“中国好人榜”入选数量、推荐好人线索数量连续四年保持全国第一。

四、社会经济发展得到有力促进

精神文明建设与发展能增强人们的归属感和认同感、凝聚力和向心力，激发创造力和发展力，使广大干部群众始终保持良好的精神状态，为经济社会的发展提供强大的精神动力。通过整体推进“文明山东”建设和“乡村文明行动”，动员全社会力量积极参与，努力开创山东精神文明建设新局面。40年来，借助于“乡村文明行动”“美德山东”“诚信山东”“厚道儒商”“四德工程”等一系列活动，山东省打造出诚实、守信、自律、互信的良好社会文化环境，有力地推动了全省经济社会实现全面协调健康发展。改革开放以来，山东省把社会主义精神文明建设与推进区域经济社会发展有机结合起来，为实现富民强省新跨越提供了强大精神动力和智力支持，极大地推动了各地区经济社会全面协调健康发展，从而实现了文化与经济的一体化融合。

五、社会管理得到明显改善

道德构筑幸福，道德促进和谐。山东省大力推进精神文明建设，为“和谐山东”构建提供了重要支撑。针对一些地方出现的诚信缺失、道德失范情况，山东各地通过大力加强精神文明建设活动，加强和改善了社会管理，推进了诚信建设，促进了社会和谐稳定。

社会管理作为一项以人为本的事业，蕴含着多方面的道德内容。以精神文明建设为突破口，提升社会管理者和人民群众的道德素质，塑造优良的社会道德风气，培育和谐的道德文化环境，必将有力地推动社会管理水平的显著提高。从精神文明建设的视角来探索社会管理的新途径、新办法，既是社会管理的创新之举，也是在道德建设中由人民群众创造出来的生动而多样的道德实践模式。如德州、淄博等地社区、乡镇采用的“道德评议会”就是人民群众参与道德建设的创新模式。“道德评议会”抓住涉及居民切身利益的公共事务，采取民主讨论、耐心疏导、平等交流等方法，解决邻里纠纷，化解社区矛盾，有效促进了辖区道德水平的提高和社会风气的好转。这一自我服务、自我教育、自我约束、自我管理的道德建设模式，在构建良好社区与乡村文明环境的同时，有效弥补了政府依法行政与群众自治双向互动机制的失衡，是促进社会和谐、创新社会管理的有效措施。

第三节　精神文明建设的基本经验

党的十一届三中全会以来，山东省坚定不移地贯彻“两手抓、两手都要硬”的方针，使精神文明建设事业伴随着社会经济的发展，内涵不断丰富，外延不断拓展，工作模式逐步趋向多元，取得以下值得总结的基本经验。

一、纳入文化建设的大视野，纳入山东文化大省和文化强省建设的总体框架，把精神文明建设摆到经济文化强省建设的全局来认识和把握

山东省社会主义精神文明建设能够取得创新性发展，固然取决于深刻

把握物质文明和精神文明的关系，坚持“两手抓、两手都要硬”的战略方针，但是更为直接的是根据不同时期文化建设的主题将其纳入山东文化大省、文化强省和经济文化强省建设的总体框架之中，加以谋篇布局，紧紧围绕各个阶段的重大战略布局推进精神文明建设，围绕全面建成小康社会凝心聚力，围绕全面推进依法治国深化教育、夯实根基，围绕全面从严治党倡树新风、弘扬正气。因此，山东省社会主义精神文明建设始终能走在全国前列，始终能与山东经济文化强省的定位相协调，始终能为山东经济文化强省贡献巨大力量。

二、以培育和践行社会主义核心价值观为主线，在融入贯穿结合上下功夫，在落细落小落实上见成效

对一个民族、一个国家来说，最持久、最深层的力量就是全社会共同认可的核心价值观。山东省在社会主义精神文明建设中，积极培育和践行社会主义核心价值观，使其密切融入社会大众生活，让人们在实践中感知它、领悟它，使其像空气一样无所不在、无时不有，使之内化于人们的思想认同，外化为人们的自觉行动，使之真正深入民心，深入社会。山东省把践行核心价值观融入省日常生活中，如济南3000多台公交车载电视、22个黄金地段户外大屏、500多个室内电视屏上，时刻播放“身边好人”的故事。山东省17市的商贸中心、公园广场、车站机场等场所都发布“图说我们的价值观”公益宣传广告。潍坊市被授予“全国未成年人思想道德建设工作先进城市”，其最有效的办法就是采取核心价值观进教材、进课堂、进头脑这样深入日常生活的做法。

三、着眼精神文明建设实践，融入具体工作实践

山东省积极推动“文明山东”“四德工程”“美德山东”活动，将抓典型与具体工作、行业相结合。创建文明城市是社会主义精神文明建设的重要工作。山东省在创建过程中，抓住文明城市创建这个龙头，使社会主义精神文明的思想内涵和道德要求融汇其中，使创城的过程成为提升文明素质、改善城市管理、为民办实事的过程，突出全民共建、全民共享。加大民生指标权重，把市民满意作为最高标准，在为群众办实事、解难题的同时，注重用文明的力量感染市民，共同把城市变得更美丽、更温暖。

四、与弘扬优秀传统文化相结合，充分发挥齐鲁文化底蕴深厚的优势

山东省深入实施齐鲁文化传承创新工程，积极推动传统文化创造性转化和创新性发展，努力在弘扬中华优秀传统文化中争当排头兵。自古以来，山东传统文化积淀深厚，是儒家文化、兵家文化、墨家文化的发祥地，人文资源历史悠久、博大精深。山东省充分利用自身的传统文化资源优势，在保护与开发的同时，推动传统文化的传承和弘扬，既为山东省精神文明建设发挥巨大作用，又大大促进了经济社会的发展。

五、注重运用新思路、新技术手段，尤其是积极探索利用互联网和移动互联网，打造精神文明建设新平台

为了推动“诚信山东”建设，山东省委宣传部开通“厚道鲁商”官方网站，定期发布“厚道鲁商”企业诚信红黑榜，借用新的传播媒体和传播

形式，让不诚信的人、不诚信的企业没有立足之地。这是对社会主义精神文明建设的积极创新尝试。

六、坚持城乡精神文明建设一体互动

山东省实施“城乡文明牵手共建”行动，各级、各部门站在统筹城乡发展、建设社会主义新农村的高度，切实加强对“城乡文明牵手共建”行动的组织领导。把开展共建活动的情况作为评选文明城市、文明单位、文明机关的重要依据，列入各地、各部门、各单位精神文明建设考核的重要内容，定期考核、严格把关，促进和提高各级各单位参与共建的积极性和主动性。探索建立领导责任、组织协调、协议履行、活动联络、考核奖惩等长效机制，及时总结、大力宣传共建典型经验，影响和带动更多部门、单位参与到城乡文明共建中来。采取有效方式吸引和动员全省城乡各方面力量积极支持和参与，为全省精神文明建设奠定了广泛而坚实的群众基础。

第三章
努力推进文化事业发展

40年来，山东省文化事业逐渐发展壮大，专业文化队伍更加精干，群众文化活动广泛开展，对外文化交流日益增多。

第一节 文化事业的历史发展

一、文化事业逐步恢复（1978—1991年）

“文化大革命”以后的全面拨乱反正，使山东省的文化事业凋零的局面迅速改观。山东省文化局及各地文化行政管理部门，山东省文联、省作家协会和其他艺术家协会得到了恢复、充实和健全。随着经济建设的飞速发展和改革开放政策的实施，政府对文化事业的投入逐年增加，并开始进行文化体制改革。到1991年底，山东省逐渐实行了国家、集体、个体一起办文化的新体制，改变了单纯依靠国家办文化的单一模式，增强了文化事业内部机制的活力。

（一）社会科学事业恢复发展

党的十一届三中全会以后，在党和政府的重视关怀下，山东省社会科学事业得到恢复发展。山东省社会科学机构相继恢复和成立。1978年2月，山东省社会科学研究所成立。1978年12月，全省社会科学发展规划会议召开，会议讨论修订了山东省社会科学发展规划，要求建立健全研究机构，扩大研究人员队伍，推动全省社会科学的发展。1979年，青岛、济南社会科学研究所成立。1980年，省社会科学研究所扩建为山东社会科学院。部分省直部门和高等院校也建立了研究机构，如大众日报新闻研究所、省文物考古研究所、中国人民银行山东省分行金融研究所、山东师范大学教育科学研究所、山东大学文史哲研究所等。“文化大革命”中停止活动的经济、历史、哲学学会也相继恢复。山东省还新建了科学社会主义、语言学等学会。1981年12月，山东省社会科学联合会正式成立，各市地社联也逐步建立起来。

1982年11月，省哲学社会科学规划领导小组成立。1987年7月，山东省社会科学规划管理办公室成立，全省社会科学研究的宏观规划和领导得到加强。适应决策科学化、民主化的需要，省及市地党委、政府分别建立了政策研究室和经济研究中心（调研室），省直各部门相继建立了新闻、价格、农村金融、商业经济、计划经济、审计、投资、犯罪、行政管理等专业研究所。高等学校的专业研究队伍也逐步发展，许多高校成立了专业研究所，如山东大学古籍整理研究所、山东经济学院经济研究所、山东师范大学成人教育研究所、曲阜师范大学语言文学研究所等。经过20世纪80年代的发展，截至1990年底，全省各级社会科学专业研究机构有120多个，社会科学研究人员超过8300人，社会科学事业呈现出欣欣向荣的可喜局面。

（二）文艺事业凋零的局面迅速改观

“文化大革命”以后的全面拨乱反正，使1978年到1991年的山东文化艺术事业凋零的局面迅速改观。

1.文学创作呈现一派繁荣景象

全省形成了一支包括老、中、青在内的，以中青年为骨干的文学创作队伍，出版和发表的小说数量非常可观，一些作品在认识和反映生活的深度与广度上，在艺术表现手法和艺术风格上，都达到了相当高的水平。《老人仓》《高山下的花环》《山中，那十九座坟茔》《鲁班的子孙》《秋天的愤怒》《古船》等中长篇小说，以较高的思想性、艺术性引起省内外文学界重视，得到广大读者的好评；《卖蟹》《内当家》《拜年》《声音》《老霜的苦闷》《一潭清水》《冰雪花》《夏天与冬天的区别》《洞天》等短篇小说相继在全国获奖。每届全国长、中、短篇小说奖和诗歌、散文、报告文学奖评选，均有山东作家得奖。特别可喜的是一大批中青年作家脱颖而出，涌现出若干全国知名作家，形成了全国文坛上具有独特风格的“鲁军”，引起全国文坛的关注。

2.艺术事业发展迅猛

戏剧创作继承了山东的优良传统，出现了前所未有的新局面。话剧《海边有个男儿国》《黄河入海流》《我爱我班》，儿童剧《小白龟》，吕剧《石龙湾》等5部戏剧分别获得中宣部第一、二、三和五、六届“五个一工程奖”。还有一批剧目在全国性的各类比赛评比中获奖，有几百部作品在省内各项比赛评比或汇演中获奖。

山东省创作的电影文学剧本《喜盈门》《咱们的牛百岁》《高山下的花环》拍摄成电影后，先后获“百花奖”最佳故事片奖。山东杂技艺术以崭新面貌出现在国内外舞台上，部分优秀节目在国内外杂技比赛中获奖。1984年，在摩纳哥第十届蒙特卡洛国际马戏节上，省杂技团演出的《蹬板凳》荣获最高奖“金小丑奖”。1986年12月，在英国举行的第十一届杂技锦标赛上，《蹬板凳》荣获最高奖“英航杯奖”，共获得7块金牌。1987年2月，在法国巴黎世界明日杂技节上，《蹬板凳》再获金奖。

（三）文博事业成果显著

山东省遵照国家制定的“重点保护，重点发掘，既对文物保护有利，又对基本建设有利”的方针，配合基本建设工程，进行了一系列田野调查、发掘和抢救清理工作。1981年，在沂源县骑子鞍山发现旧石器时代遗存，获得一批猿人化石及其他哺乳动物化石，证明早在四五十万年前的更新世，泰沂山区就已成为远古人类劳动、栖息、繁衍的地方。新石器时代考古发现遗址数千处，发掘清理百余处，基本确立了北辛文化、大汶口文化、龙山文化的发展序列，初步揭示了山东地区新石器时代文化的面貌。夏商周、秦汉、魏晋南北朝、隋唐、宋元明清等时期的考古发掘均有重要发现。各地文博单位普遍加强了文物的安全防护工作。1990年，山东省依据《中华人民共和国文物保护法》，制定通过了山东省第一部文物保护的地方法规《山东省文物保护管理条例》。

（四）群众文化事业日渐兴起

乡镇文化中心和农村文化专业户的出现和发展，是20世纪80年代山东文化事业发展中出现的新事物。

党的十一届三中全会以后，山东省坚持改革，探索多层次、多形式兴办群众文化事业的新路子。从1979年底起，山东省把依靠经济力量兴建乡镇文化中心提到农村群众文化工作的重要日程上，全省各地涌现出一批好的典型。他们因地制宜地兴办了一批文化设施，以文化中心为阵地，逐步形成了一支群众文化骨干队伍。1981年，山东省兴建农村集镇文化中心的工作全面铺开，建立了村一级文化活动场所——文化大院，山东农村文化大院获得较大发展，出现了泰山区、莒南县、莱州市等一批先进县、市、区。文化大院在活动方式和内容上，大都是农民自娱自乐，形式自由多样，具有当地特点，开放时间多在农民劳动之余，实用方便，对农民有很大的吸引力。

农村文化专业户是山东省多层次、多体制兴办农村群众文化事业中出现的新生事物。一些率先富裕起来又热心于文化事业的乡村才子和文化能人，受到经济专业户的启示，由业余文化爱好者转化成了以文化为主要经营内容的专业户。他们以专业经营、兼业经营和义务服务三种形式，从事多种文化活动。各种形式的群众文化组织和活动，拓宽了山东农村群众文化发展的路子，使农村群众的文化生活得到极大丰富。

顺应人民群众对文化生活的需要，文化市场迅速发展，形成了娱乐、文艺演出、音像、书刊、美术、电影发行放映、艺术培训等门类众多、内容丰富的文化市场体系。省及市地全部建立了文化市场管理机构，保证了文化市场的健康、有序发展。

（五）兴办博物馆、图书馆

1.博物馆的数量日渐增多，类型不断丰富

除文物（文化）系统外，其他部门也兴办了一批本行业的专题博物

馆。截至1990年底，全省群众艺术馆已发展到17个，县（市）文化馆142个，乡（镇）文化站2482个，各类文化俱乐部（室）26195个，业余演出团（队）6519个。

2. 图书馆事业稳步发展

1949年仅有省、青岛、潍坊3个公共图书馆维持业务活动，截至1990年底，全省已有各级公共图书馆115个，藏书达1485万册。其中，创建于1909年的山东省图书馆，成为全省藏书、文献信息、目录、业务研究及交流中心，拥有多类藏书346万册，被列为全国十大图书馆之一。全省基本形成了一个以省、市、县公共图书馆为骨干，与教育、科研、工会系统图书馆（室）协作协调的图书馆网络。1987年2月10日，山东省图书馆借书室实行对外开架借阅，提高了图书利用率，读者人数有很大增加，由开架前每天100多人次猛增至310人次。

1989年7月，文化部召开了创建文明图书馆经验交流会。会上，山东省的淄博市图书馆、济南市图书馆、莱州市图书馆、滕州市图书馆、青州市图书馆、平度市图书馆等6个单位被文化部授予文明图书馆称号。1990年12月，文化部对全国在为社会主义精神文明建设服务工作中作出成绩的165个图书馆进行了表彰，莱州市、淄博市、泰安市、日照市、牟平县、平度市、莱西市等7个图书馆受到表彰。

二、文化事业健康发展（1992—2001年）

（一）社会科学事业优化提高

从1992年到2001年，山东省社会科学事业在加快发展的同时，着重进行优化提高。在结构调整方面，为改革开放和现代化建设服务的应用研究得到迅速发展。山东社会科学院先后建立或与省直有关部门和市地联合建立了山东省对策研究中心、山东省海洋经济研究中心、山东省可持续发展研究中心、鲁西发展研究中心、日照桥头堡和鲁南发展研究中心，从事应用研究的人员占全院科研人员的68%。以文史哲学科基础理论研究见长的山东大学，在巩固提高传统学科研究的同时，大力加强了应用研究，先后成立了商业、金融、产权、消费和发展、比较管理、亚太经济、信息传播等应用研究所。

适应社会科学为改革服务、为现实服务的要求，山东省各研究单位加快了科研体制改革步伐，积极探索开门办院、办所的路子，通过咨询服务、人才培训、接受委托研究、开展合作研究、联合研究等多种形式，同企事业单位、党政决策部门和实际工作部门建立密切联系。研究人员不断提高面向实际、了解实际、研究实际的意识和能力，科研选题更加贴近现实、贴近领导决策；科研方式更加注重深入生活、深入实践；科研方法更加注重各种研究方法的有机结合；成果质量更加注重把握理论深度，注重应用性和可操作性。在“六五”“七五”“八五”社会科学研究项目规划的基础上，1996年，山东省开始实施包括学科发展、结构调整、队伍建设、研究重点、设施建设和经费投入在内的第一个社会科学全面发展规划，社会科学事业呈现出更加快速健康发展的势头。

（二）实施精神文明建设“精品工程”

这一时期，山东省实行了扶持艺术生产、鼓励精品创作的政策措施，实施了全省精神文明建设“精品工程”，举办了“山东文化艺术节”等活动，切实有效地组织和指导了优秀作品创作。1997年，省杂技团演出的

《车技》再次夺得“金小丑奖”。全省绘画、书法、篆刻、摄影等艺术有了很大的发展。全省有24人获文化部“文华奖”，2人获京剧“梅兰芳金奖”，6人获戏剧“梅花奖”，数人获国际声乐比赛奖，还有近百人在全国各项专业评比或演出中获奖。影视剧制作成果最为引人瞩目，被影视界著名专家学者称作耀眼的“鲁剧现象”，被誉为继20世纪80年代后“鲁剧的新崛起”。1998年，省吕剧院《苦菜花》获文化部“文华新剧目奖”，填补了山东省在此项目上的空白。2001年，少儿剧《天鹅之歌》、少儿剧《宝贝儿》、少儿京剧《生死峡谷》、五音戏《腊八姐》、吕剧《碧水长流》等5部作品获中宣部“五个一工程奖”，为山东获该奖最多的一次。

（三）首创“社会文化先进县”

通过全面总结基层文化建设的经验，山东省着眼于把农村分散的文化活动组织起来，形成规模，探索走出一条适合城乡基层文化事业发展的新路子，形成了在全省开展创建社会文化先进县活动的工作思路。1990年，山东省文化厅制定了《关于开展创建山东省“社会文化先进县”活动的意见》和《山东省“社会文化先进县”具体标准》，经山东省委、省政府批准执行，这在全国尚属首创。

此后几年，山东省委、省政府分批命名表彰了社会文化先进县，推动了全省“创建”活动广泛、深入、扎实地开展。山东省开展创建社会文化先进县活动的做法和经验，在全国产生了广泛影响。文化部对山东省的“创建”活动给予了充分肯定，认为这是社会文化工作的一项创举，并将创建社会文化先进县列为文化部抓的重点工程之一，部署在全国开展这项活动。1993年5月，文化部在山东召开了首次全国文化先进县经验交流会，会上表彰了第一批全国文化先进县。

（四）有效保护重点文物

山东省在第二阶段的文物工作中认真贯彻“保护为主，抢救第一”的方针和“有效保护、合理利用、加强管理”的原则，坚持依法管理，努力提高文物保护和管理水平，逐步形成了以文物（文化）部门为主，公安、司法、工商管理、海关、城乡建设、外事、旅游、宗教等部门密切配合的局面。保护管理的范围，除传统的古物古迹，又增加了近现代遗迹、遗物及古生物化石等，实现了文物的有效保护和文物事业的健康发展。文物重点市县均建立起文物局、文物管理委员会或文物管理所，未建立文物机构的县（市）也都在图书馆或文化馆内配备了专职文物干部。

截至2001年底，全省共有重点文物保护单位4107处，其中国家级36处，省级389处；已查明的不可移动文物1.6万余处，馆藏文物60余万件；历史文化名城14座，其中国家级6座。泰山和曲阜的孔庙、孔林、孔府被联合国教科文组织列入《世界遗产名录》。在保护文物的同时，也重视文物维修，中央和省财政不断拨出专款，对曲阜、泰安、济南、蓬莱等地的古建筑群，泰安、邹县、莱州、青州的石窟寺和摩崖刻石，孝堂山和武氏祠的汉画像石及石阙，本着“修旧如旧，保持原貌”的原则，进行重点维修。

（五）推动对外文化艺术交流

随着全省改革开放的不断发展，山东省此一时期对外文化艺术交流活动也日益增多，齐鲁文化开始更多地走出国门，国际影响力不断增强，出现了官民并举、双边往来和多边往来相结合，文化交流与经贸往来相结合的局面，文化交流的深度和广度有了显著增强。仅1996年和1997年两年，全省就实现文化交流160余起，其中，派出文化团组100余起、800多人次，接待来访文化团组近60起、1000多人次，交流范围涉及30多个国家和地区。

山东省十分注意通过实物展览和现场操作等形式，向国外介绍古老而优秀的齐鲁文化。“孔子文化大展”赴日本、西欧等地展出，产生了重要影响。风筝、剪纸、面塑、木版画、黑陶这些具有鲜明民族风格和地方特色的民间艺术先后走向世界。在山东艺术走向世界的同时，世界艺术也走向山东。山东接待的世界艺术团体既带来了精彩的艺术演出，也带来了其他艺术展览。这些活动，对弘扬和传播中华民族优秀文化，扩大山东对外影响，汲取国外艺术精华，增进我国人民同世界各国人民的友谊和了解，作出了积极贡献。

三、文化事业蓬勃发展（2002—2011年）

从党的十六大到十八大，山东各级党委政府高度重视文化发展，不仅制定了较为完备的文化体制改革方案，提出了实施《国家“十一五”时期文化发展规划纲要》的意见，推动了文化建设呈现蓬勃发展的良好态势，文化事业日益繁荣发展。

（一）哲学社会科学事业成就显著

随着我国对哲学社会科学事业投入的加大，山东省的社会科学事业也进入了一个蓬勃发展的时期。2003年，山东省社会科学界第五次代表大会提出了今后五年全省社会科学事业的发展目标。到2012年，山东省社会科学事业取得了显著的成就。

一方面，建成了具有相当规模、学科门类齐全和一定学科优势的研究体系，形成了一批具有一定特色、在国内外有一定影响的优长学科和某些方面的研究优势。古典文学、中国古代历史和哲学等传统优势学科继续保持优势，中日甲午战争、义和团运动史、近现代文学、美学、海洋经济学、生态经济学、人口学、史前考古学等学科领域的研究也都有长足的发展，有的在全国甚至在世界占有一定地位。中外哲学研究、《资本论》研究、毛泽东思想研究、邓小平理论研究、史学理论研究、法律史研究及伦理学、心理学、社会学、教育学、经济学、领导学等领域的研究，也正在形成新的研究优势。

另一方面，建立了一支规模较大、素质较高、结构日趋合理的社会科学研究队伍。随着社会科学研究机构体系的健全，社会科学研究不断加强，研究队伍不断壮大。社科研究队伍不仅数量增长快，结构也不断优化。从专业结构看，山东社会科学逐步改变了从事文史哲基础理论研究的人多，而从事经济、社会、政治法律等应用专业研究的人少的状况。从学历结构看，受过高等教育，具有博士、硕士学位的人逐年增加。从年龄结构看，研究队伍平均年龄逐步下降，在结构不断优化的基础上，政治、思想、业务素质也有了明显提高。

（二）群众文化工作扎实有效

一直以来，群众文化特别是基层群众文化工作成为山东省文化事业的一大亮点。这一时期，山东省继续坚持以创建社会文化先进县活动为总抓手，全面推动基层文化工作的“四基”建设，基层文化工作基本形成网络，文化活动的开展走向制度化、经常化。先后组织了“千里海疆文化长廊建设”“蒲公英计划”“科教电影千片进村”等多项基层文化建设重点工程，使全省群众文化工作呈现出蓬勃发展的可喜局面。

1.群众性文化活动在全省遍地开花

随着人民消费水平的提高，大众娱乐日益升温，各种明星演唱会、综艺演出、原创歌手大赛、舞会、选秀活动、时装展示活动等花样繁多，包括芭蕾舞、交响乐、话剧、京剧等各种形式在内的高雅艺术演出也逐步增多。基层文艺生活丰富多彩。2008年，山东省成功举办了第五届中国京剧艺术节、首届山东国际大众艺术节、首届山东省农民文化艺术节等重点活动。广场文化建设稳定发展，评选推出第八批全省“十佳文化广场”四类共35个。2010年，广泛开展了山东省军民联欢晚会、上海世博会山东周文艺演出、第三届山东国际大众艺术节、第二届全省农村文化艺术节等系列文化活动。

2.广场文化活动空前活跃

作为一种新兴的城市基础设施，广场作为群众文化活动的重要阵地的作用十分明显。这一时期，山东广场文化活动空前活跃，继在泉城广场举办了山东省暨济南市大型广场演出后，全省各大广场全面启动了广场文艺演出活动和消夏文化活动，“月月有主题，周周有活动”。

3.文化节庆活动得到蓬勃发展

几十年来，青岛市举办的“啤酒节”、临沂市举办的“书圣文化节”、聊城市举办的“江北水城文化节”、泰安市举办的“泰山国际登山节”、济宁市举办的“孔子文化节”等，都实现了经济效益和文化效益的有机统一。2009年，山东省成功举办了第十一届全国运动会，成为山东文化强省建设的“加速器”，带动山东省体育事业和体育产业的飞速发展以及体育场馆及配套设施建设，使得山东省体育事业更上一层楼。同一年，山东省还承办了第十九届全国图书交易博览会，极大地提升了山东的文化形象，增强了山东文化的吸引力和影响力。2012年，山东继续大力推进群众性文化活动，使活动的开展常态化、规范化、特色化、品牌化，努力做到主题品牌文化活动突出“导向性”和“示范性”，常规群众文化活动突出“互动性”和“参与性”，地方节庆文化活动突出“地域性”和“独特性”。如青岛市着力打造“音乐之岛”“影视之城”“欢乐青岛”三大城市文化品牌，并围绕品牌建设，举办国际性和全国性的小提琴比赛、青岛音乐节、电影艺术“金凤凰奖”颁奖典礼和国产电影交易会、全市群众文化艺术节、欢乐青岛大舞台、文化四季歌等众多文化艺术活动，极大地丰富了市民群众的精神文化生活。

4.开展“文化惠民、服务群众”活动

2012年3月8日，山东省委宣传部、省文明办、省财政厅、省文化厅、省广电局、省新闻出版局等部门在济南召开新闻发布会，决定把再建10000个农村文化大院等列为2012年山东“文化惠民、服务群众”12件实事之一。省文化厅按照省委、省政府的部署要求，积极发挥部门职能作用，充分调动市、县（市区）、乡镇（街）、村（居）四级的积极性，采取以县（市区）、乡镇（街）、村（居）投资为主，省、市级适当配套补贴的方式，年底对全省村文化大院建设、完善提升工作进行验收、评比、总结，确保文化大院建设好、作用发挥好。

（三）重视新农村文化建设

2002年至2011年，全省多次组织大型文化下乡及下乡文艺演出活动，举办文化艺术培训班，培训农村文艺骨干，引导各地农村发展庄户剧团，为农民送书，援建乡村图书室，赠送文化器材。2010年，在新农村文化建设中，山东省不断加大农村文化建设的投入力度，积极调整资源配置，创新文化服务内容和形式；加强农村文化设施建设，发展农村公共文化事业，通过丰富多样的文化下乡、文化建乡，进一步推进文化乐乡、文化惠农，提高农村公共文化服务能力，并总结提升了农家书屋“诸城经验”、乡村少年宫“淄博模式”等典型经验。积极培植农村文化产业，2010年，上海世博会上山东集中展示了以手工艺为代表的农村文化产业成果。2011年1月9日至18日，由山东文联主席、山东工艺美院院长潘鲁生主持完成的山东农村文化产业项目最终成果《手艺农村》进行了展览。2011年，山东省切实推进文化惠民工程，如广播电视村村通、乡镇综合文化站建设、文化信息资源共享、农村电影放映和农家书屋建设、乡村少年宫建设等工程，极大地改善和提升了山东农村文化基础条件和服务能力。

利用文化节庆带动农村文化发展。2010年，山东各地积极举办各种丰富多彩的文化节庆活动，活跃广大农民群众的业余文化生活，辐射带动整个农村文化的繁荣。2010年12月25日，在聊城市茌平县举办了第十二届乡村青年文化节，12月21日，山东省委宣传部、山东省文化厅主办，山东省艺术馆，各市党委宣传部、市文化广电新闻出版局等共同承办了第二届山东省农村文化艺术节。第二届山东省农村文化艺术节，坚持自下而上、层层发动，坚持集中举办与分散活动相结合，宣传文化部门主导与群众广泛参与相结合的原则。

（四）文化遗产保护体系建设取得新进展

2008年1月，山东省召开全省文化建设工作会议，会议强调兴起社会主义文化建设新高潮，加快实现文化资源大省向文化强省跨越。会上把中华文化标志城建设列入“八大工程”之一，作为建设文化强省的切入点和重要抓手。

1.重视物质文化遗产保护

2010年，大运河申报世界文化遗产工作和齐长城大遗址保护工程正式启动，大遗址保护曲阜片区、大运河山东段、齐长城、沿海明清海防设施及近现代建筑被国家文物局列入“十二五”重点项目，大汶口遗址等三处大遗址被列为国家考古遗址公园建设项目。

2.强化非物质文化遗产保护

这一时期，山东省具有标志性的大事件是2010年10月在济南举办了首届中国非物质文化遗产博览会。本届博览会由文化部、山东省人民政府主办，主要活动包括开幕式、博览展示、交易签约仪式、展演、高层论坛、博览园奠基仪式等，会上确定在济南市槐荫区建设国家非物质文化遗产博览园。同年，潍水文化生态保护实验区被评为“国家级文化生态保护实验区”，山东省古琴艺术和中国剪纸项目入选联合国教科文组织非物质文化遗产名录。2011年6月11日，由国家文物局、山东省人民政府主办，山东省文化厅、山东省文物局等单位承办的中国文化遗产日主场城市活动在济宁市举行。各地文化行政部门以宣传贯彻《非物质文化遗产法》为重点，围绕“依法保护，重在传承”的主题，举办大规模的非物质文化遗产展览、展演、论坛、讲座、咨询等活动，推进非物质文化遗产进社区、进乡村、进校园。9月6日，第二届中国非物质文化遗产博览会在枣庄市台儿庄古城开幕，来自全国各地的767个非物质文化遗产项目和1800多名非遗传承人参加了博览会。12月10日，在济南市召开了山东全省文物工作会议，会议总结了全省文物工作取得的成绩，分析了面临的新形势，安排部署推动文物事业发展的政策措施。

（五）文艺精品力作不断涌现

2002年至2011年，山东省高度重视优秀文艺作品的创作生产，坚持“二为”方向和“双百”方针，努力为广大人民群众奉献更多更优美的精神食粮。文化精品创作成果丰硕，文艺创作等各个方面都获得一大批优秀成果，多次荣获全国“五个一工程奖”评选组织工作奖和其他国家级奖项，鲁剧、鲁版图书成为知名文化品牌。

1.涌现出一大批弘扬主旋律、反映改革开放现实生活的精品力作

据不完全统计，这一时期山东省组织创作生产的上千件各门类文艺作品中，有百余件思想性、艺术性、观赏性统一的优秀作品在全国或国内区域性重大比赛和评奖中获奖。值得一提的是，2011年由张炜在二十多年的时间里创作完成的长篇小说《你在高原》以最高票数获第八届茅盾文学奖。在影视剧制作方面成果突出，形成“鲁剧现象”。鲁剧一向以思想深刻、制作精良、张扬真善美的艺术特征为业界和全国观众所瞩目，在中国影视剧制作界具有举足轻重的地位。《大法官》《誓言无声》《大染坊》《21天》等大量影视佳作的涌现，充分展示了山东影视剧创作的雄厚实力，把鲁剧创作推向了又一个新的高峰。《大染坊》《21天》《女子监狱》《好爹好娘》等连续剧在中央一套黄金时间播出，特别是《大染坊》收视率一度创央视一套收视率新高，大大提升了“山东电视剧”在全

国的影响力。《誓言无声》《大染坊》《上学路上》等多部电视剧分获“五个一工程奖”“飞天奖”“金鸡奖”等国家级大奖。

2.各专业艺术团体围绕繁荣艺术创作，实施精品战略，实现了新的突破

由山东省吕剧院创作的大型现代吕剧《补天》被评为2004—2005年度“国家舞台艺术精品工程”十大剧目，济南儿童艺术剧院和济南市文化局创作的少儿剧《宝贝儿》入选2005—2006年度“国家舞台艺术精品工程”十大精品剧目，实现了山东省在艺术创作上的历史性突破，这两个精品剧目在全国巡回演出多场。菏泽地方戏剧院创作的《山东汉子》、青岛市话剧院创演的大型革命历史儿童剧《二小放牛郎》进入了2005—2006年度“国家舞台艺术精品工程”30台预选剧目，《二小放牛郎》还荣获“文华新剧目奖”和“全国儿童剧目展演”金奖。大型民族交响乐《沂蒙山小调》在北京获得全国民族交响乐决赛铜奖，这是山东省在全国器乐作品大赛中取得的最高荣誉，填补了山东省交响乐作品30年来没有在全国获奖的空白。在全国第十届精神文明建设“五个一工程奖”评选中，山东省的电视剧《大染坊》《铁道游击队》、电影《上学路上》、戏剧《梨花雨》等10件作品分别获“优秀作品奖”和“入选作品奖”，获奖作品数量居全国各省（区、市）第三位，山东省委宣传部被授予“组织工作一等奖”。

（六）文化交流异彩纷呈

这一时期，山东省实施“请进来，走出去”战略，对外文化交流成效显著，一共派出、接待文艺团组五千多起，涉及欧美日韩等近百个国家和地区。

2002年，山东歌舞剧院民族乐团首次赴奥地利维也纳金色大厅演出，省杂技团赴欧美巡演，青州佛教造像艺术展先后赴德国、瑞士和英国展出，引起了强烈反响。2003年，在法国举办的“中国文化年”活动中，山东省文化厅主办的《孔子文化展》是最受欢迎、最成功的展览之一。同年，山东省书协组织30人的书法代表团到日本进行了书法交流展。

2006年，青岛市举办了以民俗文化、奥运文化为主题的对外交流活动，青岛市交响乐团部分演职人员以及青岛民俗民间艺人到英、法两国友好城市进行演出，青岛民族艺术剧院的《龙飞凤舞》民族舞蹈出访德国参加国际舞蹈节。山东省戏曲、美术、文物、民俗艺术等走出国门，同时邀请了许多优秀的国外团体来鲁进行交流，来自俄罗斯、朝鲜、美国、德国、瑞士、克罗地亚、加拿大、荷兰、西班牙等国的演出和访问活动为山东文化交流增添了亮点。

2010年，山东省致力于做好2010年香港山东周、鲁台经贸文化交流周、山东台湾名品博览会、青岛国际新能源论坛等重要活动的宣传，在美国、日本、韩国、俄罗斯、北欧等地举办山东风筝精品展、日照农民画展等活动。9月，由文化部、教育部、中国联合国教科文组织全委会、山东省人民政府共同举办的“孔子文化周”活动在法国巴黎联合国教科文组织总部举行，这是当年中国在联合国教科文组织总部举办的规模最大、参加人员最多、级别最高的大型文化活动。

四、文化事业更加繁荣（2012年至今）

（一）推进文化遗产保护传承体系建设

2013年，山东省进一步推进文化遗产保护传承体系建设，正式启动了民间文化“百乡千人”扶持计划，有力地促进了“民间文化艺术之乡”建设。2013年8月，出台了《山东省非物质文化遗产保护传承工作规划》，5月6日，省文化厅评审了首批山东省非物质文化遗产保护特色村（社区）以及2012年度山东省非遗保护十大亮点事项，并组织了十大模范传承人评审会，这在全国尚属首次。2014年，山东省确定了文物保护88项重点工程，开展可移动文物普查，实施“乡村记忆工程”，举办了第三届全国非物质文化遗产博览会。

2017年，全省共普查各类非遗线索110多万条，共有联合国教科文组织认定的“人类非遗代表作名录”项目8个，国家级名录173项，省级名录751项，市级名录2509项，县级名录7513项；有国家级传承人52名，省级传承人309名，市级传承人1617名，县级传承人4339名；全省有1个国家级文化生态保护实验区，即潍水文化生态保护实验区，有曹州文化生态保护实验区等9个省级文化生态保护实验区；大力推进传统工艺振兴计划，评选认定第三批省级非遗生产性保护示范基地37个，启动实施35名国家级非遗传承人的抢救性记录工作；组织开展2017年“非物质文化遗产月”及第三届山东省文化创新奖评选工作。

（二）继续加大力度推进文艺创新

2013年，在打造文艺精品、扶持文艺精品和传播文艺精品方面继续加大力度，推进艺术创新。影视领域，传媒、演艺、影视三大集团成立，使影视艺术的发展呈现出良好的态势。多部影视剧搬上了央视荧屏且好评如潮，获得全国性大奖。儿童文学延续了快速发展的良好势头，尤其是刘海栖的童话作品《无尾小鼠历险记·没尾巴的烦恼》成功摘得中国四大文学奖之一、中国唯一的纯文学性的儿童文学奖项——全国优秀儿童文学奖。

成功举办了“中国十艺节”，涌现出一大批在全国具有较大知名度和获得各级重要奖项的文艺力作和文艺人才。

文艺创作生产组织化水平明显提高。2014年，山东省制定了《山东省舞台艺术创作规划（2014—2016年）》，邀请名家把脉，面向全国征集剧本，提高了艺术创作生产组织化水平。深入实施舞台艺术“4+1工程”，为舞台艺术精品生产提供土壤，吕剧《回家》等一批深受观众好评的作品得以涌现。成功举办“欢乐新春”——“十艺节”文华奖山东获奖剧目观摩展演、第五届山东国际小剧场话剧展演、庆祝新中国成立65周年系列文艺展演。同时组织艺术创作学习班、学习贯彻习近平总书记文艺座谈会讲话精神培训班，培养了大批文艺人才。

艺术精品创作取得丰硕成果。全省3台剧目荣获首届山东省优秀保留剧目，12个剧目入选2014—2015年度山东省舞台艺术精品工程，10个剧目入选山东省地方戏振兴和京剧扶持保护工程。省吕剧院《回家》入选第四届全国地方戏（北方片）优秀剧目展演，青岛歌舞剧院《红高粱》荣获第十四届中宣部“五个一工程奖”，省京剧院《瑞蚨祥》、省话剧院《严复》、省杂技团《聊斋遗梦》获得省第十一届精神文明建设“文艺精品工程奖”，济宁市山东梆子剧院《圣水河的月亮》和聊城市豫剧院《陈三两》参加第三届中国豫剧节并获得佳绩。

2014年，在第十三届全国精神文明建设“五个一工程奖”评选中，山东省连续七届获得“组织工作奖”，在全部6个评奖门类中都有作品入选“优秀作品奖”。长篇报告文学《中国民办教育调查》荣获鲁迅文学奖，在全国第六届冰心散文奖的评选中山东共有10位作家的作品获奖。在第七届山东省“泰山文艺奖”评选中，共评出艺术突出贡献奖11名，艺术作品奖166

项。山东省杂技团参加第二十九届“四月之春国际友谊艺术节”，获得了一金二银的优异成绩。

2015年，山东省先后向中宣部、广电总局、科技部等推荐300多种出版物，多部出版物入选“2015年主题出版重点图书”“中国文艺原创精品出版工程项目”“国家出版基金项目”等。山东人民出版社的社科类图书《茶座》系列、明天出版社的“少年百科”系列和杨红樱少儿读物系列、山东画报出版社推出的《老照片》系列以及青岛出版社生活类图书成为著名品牌出版物。

2016年，山东省坚持以人民为中心的创作导向，推出一大批有筋骨、有道德、有温度，具有较高思想性、艺术性、观赏性的精品力作，全省新创作、加工修改剧目70余部；成功举办“庆祝中国共产党建立95周年暨纪念红军长征胜利80周年系列文艺活动”和第九届“山东国际大众艺术节”等重大文化活动；精心组织了第九届“山东省泰山文艺奖”评选，共评出艺术作品奖151项。

2017年，实施舞台艺术“4+1工程”和重点选题评选资助办法，对文艺创作进行“全链条”扶持引导，民族歌剧《马向阳下乡记》获得中宣部、文化部高度评价。着力深化院团内部管理机制改革，研究制定《关于深化院团内部管理机制改革的实施意见》。美术创作继续保持良好态势，成立山东省画院联盟、山东省美术馆联盟，创作推出长卷《孔子周游列国图》等一批优秀作品。加快打造齐鲁画派，《推动形成“齐鲁画派”文化工程研究》著作正式出版。

（三）强力推进传统文化保护发展

2012年，山东省文物工作以规划建设“七区两带”文化遗产保护片区为重点，着力构建保障有力的文物工作支撑体系、惠及民众的博物馆公共文化服务体系、较为完善的文物保护法规体系和监管到位的文物安全防范体系，努力把山东建设成为全国重要的文物保护利用示范区；实施文物重点项目带动战略，着力推进曲阜片区及全省文物保护88项重点工程，做好大运河保护申遗工作，实施齐长城保护工程；4月13日，山东京杭大运河七级码头、土桥闸与南旺分水枢纽遗址入选“2011年度全国十大考古新发现”。

2014年，山东省制定出台了《关于深入学习贯彻习近平总书记视察孔子研究院重要讲话精神的意见》，将弘扬优秀传统文化作为文化工作的重大主题，一系列创新举措随之推出：文化传承阐发展示工程顺利实施，启动实施了“四大文化传承展示工程”；开办“乡村儒学”“社区儒学”，利用乡镇综合文化站、农村文化大院，把乡村儒学建设纳入现代公共文化服务体系，在全省启动乡村儒学推进计划；创新推进“图书馆+书院”模式，成立尼山书院理事会，开通书院专题网站，举办国学公开课，培训书院管理骨干，推动社会力量参与书院兴办。

2016年，山东省进一步积极实施齐鲁优秀传统文化传承创新重点工程，加大曲阜优秀传统文化传承创新示范区推进力度，确立了一批新的齐鲁优秀传统文化传承创新重点工程项目。继续推行“图书馆+尼山书院”模式，开展乡村儒学和孔子学堂活动，建立政德教育基地。编制完成《曲阜优秀传统文化传承发展示范区规划》，尼山圣境、孔子博物馆、孔子学院总部体验基地等一批重点工程项目扎实推进。加快城乡儒学讲堂建设，全省公共图书馆全部建成尼山书院，乡村（社区）儒学讲堂超过9200个。组织开展了首个“山东省非物质文化遗产月”系列活动，制定实施了《山东省传统工艺振兴工程总体方案》，实施国家级传承人抢救性记录工程，对10名国家级传承人开展抢救性记录。成功举办了第四届中国非物质文化遗产博览会，是历届以来规模最大、参展人数最多、项目种类最全、活动内容最丰富的一届非遗博览会。保护和开发利用好红色文化资源，加强红色文化阵地的维修改造，加快红色旅游资源开发。

2017年，积极推进大运河文化带建设，制定《山东省大运河文化带建设工作方案》，启动大运河沿线资源普查工作。深入推进县及县以下历史文化展示工程，全省105个县（市、区）、807个乡（镇）、12808个村（社区）建成历史文化展示场所。

2018年1月9日，山东省人民政府发布了《曲阜优秀传统文化传承发展示范区建设规划》，提出到2020年将示范区基本建成引领风尚、服务社会、推动发展和促进文明交流互鉴的文化高地，到2030年建成具有国际影响力的首善之区和世界东方精神家园。

（四）提升群众性文化活动档次

2013年，山东省委、省政府部署在全省组织开展文化强省建设先进市县创建活动，制定出台了《山东省文化强省建设先进市县考评管理办法（试行）》，确定在全省同步开展文化强省建设先进市县考评，每两年开展一次，实行动态管理，每年复查一次；制定印发了山东省文化强省建设先进市县测评标准体系，进行定性定量考核，使文化强省建设的目标要求进一步量化、具化、实化。

2016年，山东省群众性文化惠民活动蓬勃开展，全省优秀剧目展演历时1个月，汇聚了28台剧目、12项主题文化活动共280余场次演出；一批全省性艺术展演活动成功举办，来自8个剧种的16部小戏、4台大型剧目参加“第二届全省小戏暨基层院团优秀剧目展演”。多项文化惠民活动持续推进，“齐鲁大舞台”城市惠民演出季先后完成三轮共340余场演出；首次开展“艺术（戏曲）进校园”活动，“文化惠民、服务群众”5件实事全面落实；扶持5403个贫困村建成了文化活动室，各级公共图书馆、文化馆站全部实现免费开放。2017年，召开全省群众艺术创作工作会议，出台《山东省群众艺术优秀作品创作及评奖办法》，组织开展宣传贯彻十九大精神、创作提升优秀群众文艺作品、“六进+”活动、培养农村本土人才、弘扬优秀传统文化、推进文化志愿服务、流动服务和数字服务、“结对子、种文化”等八个板块的活动。

（五）全方位推动农村文化建设

2013年，山东省不仅把农村文化大院作为基层文化设施建设来抓，还高度重视其他文化事业和文化产业的发展。为了改变农村文化相对落后的面貌，推动城乡文化一体化发展，山东省加大对农村文化建设的金融支持力度，拨付30624万元财政专项资金用于建立健全农村电影放映及乡镇文化站、文化大院、农家书屋等基层公共文化服务体系。同年，在全省范围内首次展开了山东省文化强省建设先进市县考评活动。这一活动是配合山东文化强省建设战略所作出的安排，一共评出42个文化强省建设先进县和8个山东省先进市（济南市、青岛市、淄博市、烟台市、潍坊市、泰安市、威海市和临沂市）。

（六）突出文化民生和文化精准扶贫

2016年，山东省民生保障力度加大，全年用于民生方面的支出达到

6883亿元，占全部财政支出78.9%，各项民生政策得到较好落实。这一年，山东省认真贯彻落实全省扶贫开发工作会议精神和省委、省政府《关于贯彻落实中央扶贫开发工作部署坚决打赢脱贫攻坚战的意见》，把精准扶贫、脱贫攻坚作为文化系统“十三五”时期的重要任务，坚持“文化扶贫即第一文化民生工程”的理念，精准对接文化需求，把文化送到群众心坎上，创新实施了“169”文化精准扶贫行动，编制文化精准扶贫数字地图，文化精准扶贫工作走在全国前列，形成了确保全省打赢扶贫开发攻坚战的特色和优势。

2018年4月28日，山东省下发了《2018年山东省“文化惠民、服务群众”9件实事工作方案》。6月21日，省政府办公厅发布《第二届山东文化惠民消费季实施方案》，主题是“荟文化，惠生活”。

（七）加强对外文化交流

2014年，山东省有效扩大“孔子品牌”影响，第三届尼山世界文明论坛成功举办，在俄罗斯莫斯科、波兰华沙、新西兰奥克兰、澳大利亚悉尼等新设立6家“尼山书屋”，与开罗中国文化中心合作举办“文明的对话——2014埃及·中国山东文化年”系列交流活动，成功举办第十届“艺海流金——感悟齐风鲁韵”内地与港澳文化联谊活动、海峡两岸孔庙文化研讨会等对港澳台文化交流活动。

2016年，山东省对外文化交流呈现高速增长态势。“2016韩国·中国山东文化周”“2016新加坡·中国山东文化年”等重大活动取得圆满成功。第22届鲁台经贸洽谈会于9月1日在潍坊开幕。第十二届海峡两岸图书交易会于8月11日至18日在台北举办，大哉孔子——圣像·圣迹图展、大空王佛——山东北朝佛教摩崖刻经拓片展、泰山石敢当文化展、山东艺术剪纸进台湾校园、汉魏遗韵——山东名碑拓片展、山东博物馆藏扬州画派精品展、威海市非物质文化遗产精品展等20余项文化交流活动在台湾成功举办。举办丙申年曲阜尼山春季祭孔大典、海峡两岸孙子文化论坛等30多项文化交流活动，增进了台湾同胞的文化认同。

对接融入“一带一路”倡议，2017年山东文化走出去取得了新成效。围绕全省性外事活动，全年组织3场文艺演出和7场展览展示等活动，彰显了齐鲁文化魅力。制定《山东省“融入‘一带一路’大战略，齐鲁文化丝路行”实施意见》，成功举办阿斯塔纳世博会山东周、第四届“跨越太平洋—中国艺术节”暨山东文化周、文化中国走进东盟等一系列重大对外文化交流活动，积极参加海外“欢乐春节”活动。成功举办第八届世界儒学大会，全国人大常委会副委员长王胜俊、文化部部长雒树刚、山东省委书记刘家义等领导出席活动。

第二节　文化事业发展的主要成就

在40年的辉煌历程中，山东省的文化事业取得了不俗的成就，文化遗产保护成效显著，非物质文化遗产资源普查全面推进，艺术创作和文艺演出日趋繁荣，群众文化事业日渐兴起，对外文化交流不断扩大。

一、构建起较为完善的文化遗产保护传承体系

40年来，山东省启动了民间文化“百乡千人”扶持计划，实施“乡村记忆工程”，举办全国非遗博览会，普查各类非遗线索，建立非物质文化

遗产四级名录体系，大力发展文博事业，建立省级、国家级文化生态保护实验区和非遗生产性保护示范基地，实施非遗传承人抢救性行动，规划建设“七区两带”文化遗产保护片区，组织开展“非物质文化遗产月”，提出中华文化标志城建设方案，推进大运河文化带建设，建设曲阜优秀传统文化传承发展示范区，开办“乡村儒学”“社区儒学”，创新推进“图书馆+书院”模式，实施“传承弘扬优秀传统文化十大行动”和“四大文化传承”展示工程。这些战略举措，不仅深入推进了对中华优秀传统文化和齐鲁文化的挖掘阐释、保护传承和弘扬创新，也使山东文化遗产保护传承体系愈加完善。

二、非遗保护工作机制不断健全

40年来，山东省非遗保护工作机制不断健全，逐步建立代表性项目、代表性传承人制度。截至2017年底，山东省拥有联合国教科文组织认定的“人类非遗代表作名录”项目8个，国家级名录173项，省级名录751项；有14个项目入选第一批中国传统工艺振兴目录，3家企业被文化部命名为国家级非遗生产性保护示范基地，共有68个省级非遗生产性保护示范基地；全省现有国家级传承人51名，省级传承人296名，相关从业人员约300万人，在非遗保护、传承、利用上取得显著成绩。在非遗保护过程中，山东省建立起了非遗项目、传承人、传习所、生产性保护基地、生态保护区“五位一体”的工作模式，对非遗代表性项目和非遗项目代表性传承人实施了抢救性保护、人本性保护、生产性保护、整体性保护，形成非遗保护的“山东模式”。

三、打造出一批文艺创新精品品牌

从1978年到2018年，山东努力提高文艺创作生产的组织化水平，实施舞台艺术工程、地方戏振兴和京剧扶持保护工程等“文艺精品工程”，开展“泰山文艺奖”评选，构建齐鲁画派，形成了许多文艺创新精品品牌，造就了影视鲁剧、山东戏曲、齐鲁画派、文学鲁军等一大批文艺品牌，形成了一支门类齐全、业务精湛、规模宏大的文艺队伍，推动一大批具有齐鲁特色、山东气派、深受群众喜爱的优秀艺术作品不断涌现，并在全国获奖，在新中国历史上曾经屡创辉煌的“文学鲁军”更是取得了喜人的成绩。

四、群众性文化活动水平明显提升

山东省群众性文化惠民活动蓬勃开展，积极兴办“文化惠民、服务群众”实事，举办山东文化惠民消费季，实施公共文化设施免费开放，突出文化民生和文化精准扶贫。40年来，山东省农村文化建设得到了巨大的发展，农村重点工程建设极大地改善和提升了农村文化基础条件和服务能力，农村基础文化设施成为丰富广大农民业余文化生活、陶冶情操、提高素质的主阵地。各地开展的农村节庆文化活动辐射带动了整个农村文化的繁荣，深入开展的文化、科技、卫生“三下乡”活动促进了城乡文化交流，让农民群众享受到更好的文化服务和文化成果。

五、有力扩大了齐鲁文化的对外影响力

山东始终坚持文化“走出去”和“请进来”战略，构建政府主导、多方参与的文化交流合作体系，扩大对外文化交流的规模、层次、效益，努力打

造“孔子故乡・中国山东”等对外文化交流品牌，着力塑造齐鲁文化良好形象，不断扩大齐鲁文化的影响面。在对外文化交流过程中，山东利用“孔子品牌”，在世界各地建立“尼山书屋”，举办“山东文化年”“山东文化周”“山东文化展”等活动，举办世界儒学大会。随着山东文化的快速发展和对外开放水平的提高，山东省以齐鲁地域文化资源为依托，加强品牌运作和经营，着力打造出富有齐鲁特色、体现山东气派、具有广泛影响力的知名对外交流文化品牌。通过大力开发齐鲁文化外交项目，加强与中国驻外文化中心、孔子学院等机构的合作，联合开展富有齐鲁文化特质的各种活动和项目，实施“山东一海外中国文化中心年度合作”工程，培育壮大世界儒学大会、尼山世界文明论坛、“孔子故乡・中国山东”活动、山东（国际）文化产业博览会、青岛国际啤酒节、曲阜国际孔子文化节、泰山国际登山节、潍坊国际风筝节、淄博国际陶瓷节等系列品牌，不仅扩大了山东省在世界上的影响，很好地传播了齐鲁文化，也不断增强了齐鲁文化在国际上的影响力和吸引力，让齐鲁文化在开放兼容中不断汲取创新发展活力。尤其是实施孔子文化带动战略，大打孔子文化对外交流品牌，使孔子文化的国际影响力逐步提升。

第三节　文化事业发展的基本经验

总结改革开放40年来山东省文化事业发展的基本经验，大致表现为以下几个方面。

一、把握正确的价值导向

40年来山东省文化事业的发展历程表明，任何文化事业的繁荣发展离不开“二为”方向和“双百”方针的指导，都必须牢固树立以人民为中心的价值导向。人民创造历史的活动是哲学社会科学发展、文艺创作、群众文化生活的丰厚土壤和源头活水，走到生活深处，走进人民中间，从社会生活的丰富土壤中汲取营养，用人民创造历史的奋发精神哺育自己，才能实现文化的创造与进步。就“鲁剧现象”而言，既有《琅琊榜》《伪装者》这类鞭挞邪恶、匡扶正义的“有筋骨”作品，也有《北平无战事》《大秧歌》这类讴歌忠诚与牺牲品格的“有道德”作品，还有《马向阳下乡记》《安居》这类梦想照亮现实的“有温度”作品。特别是在大力发展群众性文化活动过程中，山东坚持“以人民为中心”的发展理念，广泛开展群众性文化惠民活动，积极兴办“文化惠民、服务群众”实事，举办山东文化惠民消费季，实施公共文化设施免费开放，突出文化民生和文化精准扶贫，创新实施“169”文化精准扶贫行动，编制文化精准扶贫数字地图，极大地满足了广大人民群众对美好精神文化生活的新期待。

二、注重传统文化的保护传承

山东省把挖掘、继承、创新中华优秀文化尤其是齐鲁文化作为文化强省建设的重点来抓。改革开放40年来，山东省在发展文化事业过程中，积极普查各类非遗线索，确定各级各类非遗代表名录项目和传承人，推进传统工艺振兴计划，加强古籍普查和修复工作，举办中国非物质文化遗产博览会，组织开展“非物质文化遗产月”；建立国家级、省级文化生态保护实验区，构建曲阜优秀传统文化传承发展示范区和齐文化传承发展示范区，建立完善“图书馆+书院”模式，加快城乡儒学建设，实施中华优秀传统文化传承创新重点工程项目……这一系列举措不仅有力地推动了优秀传统文化的保护传承，为再造齐鲁文化的新辉煌打下了良好的基础，而且丰富了当代山东文化事业的内涵和群众的精神文化生活。

着力将齐鲁文化资源转化为要素、作品、产品和精品，转化成现实生产力，从而实现对齐鲁文化资源的深度转化。山东省利用历史上的民间文学、民间音乐、民间故事、民间舞蹈、传统戏剧和曲艺杂技等众多民族民间文化，进行文学艺术创造，并将之融入群众文化之中，丰富了群众精神文化生活。相继涌现出的山东省话剧院的话剧《孔子》，济南市的京剧《孔母》、动漫话剧《孔子》等一批反映孔子文化题材的作品，以多种艺术形式阐释孔孟儒家文化；舞剧《齐风·甫田》、大型乐舞《齐风韶韵》深入挖掘齐文化资源，具有浓郁齐文化特色；山东艺术学院创作排演的话剧《管子》《李清照》《东方朔》讲述了齐鲁历史文化名人、历史传说、文化名著等文化故事；山东省柳子剧团根据传统折子戏改编创作了新版柳子戏《张飞闯辕门》，济南市吕剧院根据传统剧目改编创排了吕剧《家有贤妻》，淄博市创作排演了改编自民间神话传奇的五音戏《还魂记》，这些都是通过将齐鲁文化转化为文学艺术精品达到保护目的的成功案例。同时，山东省把传统齐鲁文化元素融入各项体育运动（如全国运动会）之中，转化为各种运动会的主题、理念、会徽、会标、礼仪、服装、吉祥物等。山东社会科学界深入阐述齐鲁文化的思想底蕴、思想体系、话语体系，致力于把齐鲁文化转化为哲学社会科学公共产品，推出了更多的哲学社会科学精品力作，从而繁荣发展了山东哲学社会科学事业。

三、推动文化创新

文化是最需要创新的领域。进入新时期，山东广大文化工作者适应形势和环境的新变化，坚持与时俱进，坚持创新驱动，全方位地推进文化事业创新，为全省人民群众提供了优质高效的文化产品和文化服务。根据时代的需要结合现实生活带来的新变化和新感受大胆进行创新，进一步丰富和完善山东的思想、学术、道德、文艺等各种各样的文化内容，注重内容的原创性和独创性，使之具有更加鲜明的山东特色，不断创造出新的具有时代气息的文化内涵，以此来提升山东文化的感召力和竞争力。例如，在全国首创“社会文化先进县”和“乡村儒学”，一些山东学者立足于未来齐鲁文化发展对传统齐鲁文化进行改造，借鉴西方思想理论，提出了富有创见性的新儒学、新道学。40年来，全省广大文艺工作者全方位、多层次地开展文学艺术创作，推进艺术创新，文学艺术各个领域都有较大突破，小说、诗歌、散文、影视文学、网络文学、儿童文学、文学评论、艺术创作等方面硕果累累，一大批具有齐鲁特色、山东气派、深受群众喜爱的优秀文学艺术作品不断涌现，在新中国历史上曾经屡创辉煌的“文学鲁军”更是取得了骄人的成绩。

四、完善政策保障

积极实施文化事业发展工程。山东省确定了海疆历史文化廊道建设工程、齐长城人文自然风景带建设工程、大运河历史文化长廊建设工程、胶济铁路沿线近现代文化遗产保护工程、“乡村记忆”工程、考古遗址公园建设工程、齐鲁优秀传统文化保护展示工程、文物安全“天网”工程、博物馆建设和展陈提升工程、馆藏文物保护修复工程等十大工程。这些工程项目的实施有力地推动了齐鲁文化的保护传承，成为山东文化强省建设的重要依托。2014年制定《山东省舞台艺术创作规划（2014—2016年）》，

2016年制定实施《山东省传统工艺振兴工程总体方案》和《山东省文物事业“十三五”发展规划纲要》，2017年制定《山东省大运河文化带建设工作方案》，2018年发布《曲阜优秀传统文化传承发展示范区建设规划》，这些都有力地促进了山东由文化大省向文化强省的跨越。此外，山东省还实施了“4+1工程”等一系列鼓励支持艺术创作生产的工程，保障了艺术创作生产的持续繁荣。

五、注重品牌塑造

40年来，山东省一直高度重视文化品牌建设。2008年，山东省委工作会议明确提出要把发展齐鲁文化品牌作为经济文化强省建设的重点，同时把品牌战略纳入全省文化建设和文化产业发展规划中，作为推动文化大发展大繁荣的重要措施进行总体部署。随着文化的快速发展，山东省以齐鲁地域文化资源为依托，加强品牌运作和经营，着力打造出富有齐鲁特色、体现中国气派、具有广泛影响力的知名文化品牌，进一步培育壮大了鲁剧、齐鲁画派、鲁版图书、齐鲁大讲坛、孔子国际文化节、青岛啤酒节、泰山国际登山节、“孔子故乡·中国山东”、“贺年会”、“休闲汇”和“一山一水一圣人”等系列品牌，初步形成了具有较高知名度和美誉度的齐鲁文化品牌组群，形成了山东文化品牌新优势，提高了山东文化的对外影响力和社会美誉度。

第四章
构建完善的公共文化服务体系

改革开放40年来，山东全省上下深刻理解公共文化服务的价值内涵和现实意义，充分认识构建公共文化服务体系的重要性和紧迫性，始终坚持把为公众提供更多更好的公共文化产品与文化服务作为建设公共服务型政府和推进文化体制改革的重要目标：整合重组各种文化资源，努力构建覆盖全省城乡、惠及全体公民的公共文化服务体系，文化设施建设进展顺利，文化重点工程取得显著成效，公共文化活动日益丰富，人民群众享有较好的文化服务和文化产品供给。

第一节　公共文化服务体系建设的基本历程

一、公共文化服务设施恢复建设（1978—1991年）

（一）全省博物馆的数量日渐增多，类型不断丰富

除文物（文化）系统外，其他部门也兴办了一批本行业的专题博物馆。

1976年全省共有博物馆12处，1990年增至72处，其中文物系统54处。各地博物馆利用馆藏文物举办基本陈列、复原陈列、专题展览和临时展览，根据签订的对外文化交流项目，先后组织了赴日本、新加坡等国家的文物展览。截至1990年底，全省群众艺术馆已发展到17个，县（市）文化馆142个，乡（镇）文化站2482个，各类文化俱乐部（室）26195个，业余演出团（队）6519个。图书馆事业稳步发展，1949年仅有省、青岛、潍坊3个公共图书馆维持业务活动，截至1990年底，全省已有各级公共图书馆115个，藏书达1485万册。其中创建于1909年的山东省图书馆，已成为全省藏书、文献信息、目录、业务研究及交流中心，拥有多类藏书346万册，被列为全国十大图书馆之一。全省基本形成了一个以省、市、县公共图书馆为骨干，与教育、科研、工会系统图书馆（室）协作协调的图书馆网络。

（二）致力于文化服务创新

1987年2月10日，山东省图书馆阅览部借书室实行对外开架借阅。这次开架的图书共5万余册，内容是外借流通量较大的文学和语言文字类图书。此举是山东省图书馆改革读者服务工作的一项重要措施。为了做好这项工作，省图书馆组织力量对先行开架的图书进行了感磁等技术处理，并添置了图书监测仪等设备。实行开架以后，读者得以自由出入书库，随意浏览、选择，使许多“死”书变“活”，提高了图书利用率，读者人数有很大增加，由开架前每天100多人次，猛增至310人次。

（三）经验受到肯定

1989年7月，文化部召开了创建文明图书馆经验交流会。会上，山东省的淄博市图书馆、济南市图书馆、莱州市图书馆、滕州市图书馆、青州市图书馆、平度市图书馆等6个单位被文化部授予文明图书馆称号。1990年12月，文化部对全国在为社会主义精神文明建设服务工作中作出成绩的165个图书馆进行了表彰，莱州市、淄博市、泰安市、日照市、牟平县、平度市、莱西市等7个图书馆受到表彰。

二、公共文化服务网络建设取得长足进步（1992—2001年）

这十年期间，山东省各市和大部分县结合文化大市、文化名市、文化强县建设出台了公共文化服务体系建设的有关政策措施，公共文化服务网络建设取得长足进步。

（一）加大文化事业尤其是公共文化设施的投入

1986年至2005年，全省文化事业经费累计支出52.09亿元，占文体广播事业经费的18.09%。其中，艺术表演团体经费累计支出11.31亿元，占文化事业经费的21.72%；艺术表演场所经费累计支出0.38亿元，占0.73%；图书馆经费累计支出7.86亿元，占15.09%；群众文化经费累计支出10.42亿元，占20.01%。“十五”时期，省财政累计安排专项资金9000万元，完成山东剧院、历山剧院和百花剧院的改扩建；累计安排7000多万元用于经济欠发达县文化馆、图书馆、影剧院改建和图书、书架等设备购置。

1986年至2001年，省级财政分别设立基层图书馆文化馆（站）专款和基层影剧院专款，用于基层图书馆、文化馆（站）、影剧院等文化设施改造。1986年至2000年，基层图书馆文化馆（站）专款每年安排200万元，基层影剧院专款每年安排300万元。2001年，分别调整为160万元和240万元。

（二）加快文化设施改造扩建

文化设施建设以前所未有的规模和速度向前发展。1992年，山东省吕剧院、百花剧院、山东省杂技团落成。山东省投资近4000万元启动省博物馆新馆建设工程。各地党政领导都重视和加强文化设施建设，淄博市博物馆、寿光县文化中心、济南市历下区文化馆建成。1997年，山东省柳子剧团、山东省艺术研究所先后竣工。

1998年，烟台、济宁、泰安图书馆先后建成。1999年，枣庄、诸城、乳山等一批新馆建成开馆。2002年，新建的山东省图书馆正式投入使用，省图书馆总建筑面积63000平方米，位居全国第三，馆藏图书453万册（件），位居全国第四。截至2002年底，全省公共图书馆136个，群众艺术馆、文化馆159个，档案馆188个，其中国家综合档案馆157个，馆藏总量580万卷。同年，开展了《山东省文化设施保护管理条例》立法调研和《山东省文化市场管理条例》的修订工作。

（三）公共图书馆获得快速发展

2001年，全省县以上公共图书馆140个，其中省级图书馆1个，市（地）级图书馆15个，县级图书馆122个，县级少儿图书馆2个。全省共有89个图书馆达到三级以上图书馆标准，其中一级图书馆14个，二级图书馆44个，三级图书馆31个，全省图书馆馆舍总面积达到37.0695万平方米。

全省公共图书馆的自动化建设也有了突飞猛进的发展。1998年，省馆以及青岛、济南、潍坊、济宁、淄博、聊城、莱芜、烟台等8个地级馆，还有文登、平度、胶州、胶南、即墨、青岛市四方区、青岛市李沧区、青岛市市北区、蒙阴、临沂市兰山区、沂水、费县、诸城、青州、邹城、兖州、曲阜、垦利、利津、广饶、肥城、新泰、博山、张店、临淄、桓台、台儿庄、滕州、薛城、平原、莒县、五莲、济南市历下区、莱州等34个县级馆，初步实现计算机管理，济南、潍坊、烟台等馆还建立了多媒体电子阅览室，并接通了国际互联网。

创建社会文化先进县活动的开展和“知识工程”的实施也促进了全省城乡基层图书馆建设。全省各地农村乡镇图书馆和城区街道图书馆以及厂矿企业、中小学图书馆都在创建活动中作出了突出贡献。还有许多市、县图书馆在实施“知识工程”的活动中，积极争取各级领导和社会各界的支持，发动捐书捐款，组织送书下乡、下厂、下部队，帮助集体和个人举办图书馆（室），开展读书活动，促进了全民科学文化知识的普及，同时也使图书馆的职能和作用得到了充分发挥。

（四）加强基层群众公共文化设施建设

为进一步推动农村文化建设，1995年6月，省编委与文化厅共同发出了《关于乡、镇（街道）文化机构编制问题的通知》，明确规定了乡镇文化站的性质、任务和人员编制。1997年，边疆文化长廊建设也取得新成绩，青岛市李沧区被文化部授予“全国文化长廊先进地区”的称号。

以小城镇为依托，积极发展农村文化中心，活跃农村、工矿企业群众文化生活。文化部门与其他部门联合，举办多种形式的群众文化活动。全省坚持举办创建社会文化先进县、先进乡镇活动，先后举办农民艺术节、少儿音乐会、京剧票友大赛、“农家乐”省直剧团百场下乡、民间工艺品博览会、国际摄影大赛等全省性群众文化活动，一大批县（市、区）、乡镇受到全国和全省表彰。

三、公共文化服务和文化产品的供给能力大幅提升（2002—2011年）

2002年12月，省政府转发省文化厅、省发展计划委、省财政厅《关于加强基层文化建设的意见》，要求全省高度重视，改善城乡基础文化设施，丰富群众文化生活，促进社会主义物质文明、精神文明建设的协调发展。通过从2002年到2012年十年的发展，山东省的公共文化设施日益完善，省、市、县、乡、村五级公共文化服务网络初步形成，公共文化服务和文化产品的供给能力有了大幅提升；基本形成了省、市有图书馆、艺术馆、博物馆，县有图书馆、文化馆，乡镇有综合文化站，村和社区有文化活动室或文化大院的五级公共文化服务网络。

（一）公共文化服务网络不断建立健全

第一，城乡公共文化服务全面升级。其间，山东各地加大了对文化设施建设的投资力度，加快建设标志性文化设施，各地加大基层公共文化设施建设倾斜力度，全面升级城乡公共文化服务，努力使社区、乡镇都有自己的文化活动中心，提升了广大居民的文化生活水平。

第二，基层文化场馆建设进一步完善。山东省在坚持文化事业公益性本质属性不变的前提下，积极调整思路，转换职能范围和工作机制，努力使群众文化向公共文化扩展，全省以创建社会文化先进县和社会文化先进乡镇为抓手，促进基层文化建设全面发展，基本形成以县图书馆、文化馆为龙头，乡镇文化站为依托，村文化大院（室）为基础，各类文化专业户和民间文艺团队为骨干的群众文化工作网络。2011年，文化部、财政部联合开展了国家公共文化服务体系示范区创建工作，青岛市成为首批31个创建城市之一，同时也是我省唯一取得创建资格的城市。2011年，省政府与各市签订了乡镇文化站建设目标责任书，全省1388个乡镇全部完成了建设任务。烟台市在黄金地段投资10.7亿元建成了集博物馆、群艺馆、大剧院、青少年宫等于一体的市文化中心。山东省公共文化设施日益完善，省、市、县、乡、村五级公共文化服务网络初步形成。通过率先开展数字图书馆建设，实现了全省数字图书馆硬盘全覆盖。山东省图书馆建成了国家数字图书馆分馆，全省5个市、37个县（市、区）新建和改建了图书馆，4个市、29个县（市、区）新建和改建了文化馆。到2011年，全省50%的县文化馆和60%的县图书馆得以新建、改建和扩建，不少县、乡镇甚至村建起了多功能、标志性、现代化的文化中心。

（二）公共文化服务机制不断完善

大力实施文化信息资源“共享工程”。从2002年到2012年，山东省把开发整合优质数字文化、实现文化信息资源共享作为核心任务来抓，累计存储了全国文化信息资源共享工程管理中心发布的百亿字文献、二千多部电视制作等视频资源，开发、整合了地方戏曲、曲艺、艺术欣赏等教学、讲座、电子书刊以及地方历史文献资源，开发制作课件几千个，通过现代远程教育、数字电视工程、中小学校园网等方式实行资源共建共享。不断创新服务方式，努力保障广大群众尤其是弱势群体的基本文化权益。截至2011年底，山东省美术馆、全省所有公共图书馆及文化（艺术）馆实现全部免费开放，全省文化系统组织了“迎新春文化大拜年”等一系列群众文化活动，连续开展文化下乡活动，让基层群众享受到“文化大餐”。

（三）农村公共文化建设日益加强

从2002年到2012年，在贯彻落实中央关于推进新农村文化建设、加强农村文化建设精神的基础上，山东各地各级政府的财政支出越来越多地向农村文化建设倾斜，一系列文化上的支农惠农之举强势推出，农村文化建设得到了较大的发展。

一是积极推进农村重点工程建设。大力开展广播电视“村村通”工程、农村电影放映“2131工程”、流动文化服务工程等，改善和提升农村文化基础条件和服务能力，强化农村基础文化设施建设。加大投入力度，新建、改建各市县图书馆、文化馆、乡镇综合文化服务站、乡村文化大院、乡村文化活动中心等基础文化设施，使其成为丰富广大农民业余文化生活、陶冶情操、提高素质的主阵地。

二是积极引导各地开展农村节庆文化活动。通过举办农村文化艺术节、“庄户剧团”调演、农民文艺汇演、全民读书等大型活动，适时举办渔民节、民间艺术展等专项活动，组织十佳文化大院、百家文化户创建、十大藏书家评选、剪纸比赛、面塑表演等特色文化活动，极大地激发了农民的参与热情，辐射带动整个农村文化的繁荣。

三是不断采取措施完善农村文化服务。山东各地深入开展文化、科技、卫生“三下乡”活动，积极推进“三下乡”向常下乡、常在乡延伸；通过促进城乡文化交流，让农民群众得到更加多样、灵活和经常化的文化服务，加强农村文化骨干队伍建设，让农民享受更好的文化成果。

(四)文化惠民工程建设成效显著

截至2010年底，全省1388个乡镇全部建成综合文化站，全省实现广播电视“村村通”，大力推进“户户通”。农村电影放映工程成效显著，放映公益电影93万场、观众3.72亿人次，覆盖率超过95%，基本实现“一村一月放映一场电影”，跨入全国先进行列。文化信息资源共享工程成绩突出，建立起互联网和卫星双重覆盖到村的传输网络，成为全国唯一文化信息资源共享工程示范省，建设公共电子阅览室4200多个，被文化部列为“公共电子阅览室建设计划”试点省。全省累计投入资金5亿多元，建成农家书屋4.5万多家，覆盖率已达75%，建成数量在全国最多，基本实现全覆盖。全省农村文化大院总数达到5.3万余个，规模较大的文化广场有3400多个，每年举办各类文艺演出5万多场，举办各类社区文艺汇演4万多场，国有文艺院团送戏下乡演出1.3万余场。

四、公共文化服务体系更加完善(2012年至今)

十八大以来，山东省针对公共文化服务网络不够健全、利用率不高、设施标准低等问题，借2013年“中国十艺节”举办的契机，高度重视建立完善公共文化服务体系，注重加大财力、物力和人力投入，使公共文化设施结构更加合理，功能更加健全，覆盖率得到明显提高。

(一)构建更加完善的公共文化服务网络

在公共文化服务体系建设方面山东省具有一定的优势，不仅农家书屋数量居全国之首，二级以上的图书馆、文化馆数量也位居全国第一。围绕办好“中国十艺节”，山东省先后新建、在建和筹建了一批地标性重点公共文化设施，进一步建立完善了以图书馆、文化馆、博物馆、艺术馆等为骨干，以基层文化设施网络为基地，以文化广场、农家文化大院为补充的公共文化服务设施网络体系。作为“十艺节”的主场馆，由三馆（美术馆、图书馆和群众艺术馆）、一院（大剧院）所组成的省会艺术中心适时启用，为“十艺节”的成功举办提供了良好的基础保障。2013年，既为了迎接“十艺节”，又为了打造城乡“15—20分钟公共文化服务圈”，更好地满足广大人民群众日益增长的精神文化需求，山东省在公共文化设施建设方面实现了跨越式发展，新建、改建了县级文化馆和图书馆132个，新建标准剧场34个。

2014年，山东省注重放大“后十艺节”效应，大力推进基础文化设施建设，有效提升了公共文化设施的规模、档次和水平。截至2014年底，新建的省博物馆、省美术馆、省图书馆和省文化馆均为国家一级馆，17个市均有达到国家二级馆以上标准的艺术馆和图书馆，全省1380个乡镇和480个街道均建成综合文化站或文化服务中心，二级以上的公共图书馆和文化馆数量居全国第一，基本实现了省、市、县、乡、村五级公共文化服务设施全覆盖的目标。

2015年，山东省把公共文化服务体系建设纳入重要议事日程和目标考核责任制体系，公共文化设施不断完善，文化信息资源共享工程实现全覆盖，建成农家书屋7万多家，数量全国第一。在全国率先制定出台《关于加快构建现代公共文化服务体系的实施意见》和《实施标准》。

2016年，为扩大公共文化服务覆盖面，山东省整合资源，出台了《关于推进基层综合性文化服务中心建设的实施意见》，印发村级综合性文化服务中心建设和服务标准。2016年，全省乡镇（街道）综合性文化服务中心覆盖率达99.3%，行政村（社区）文化大院（文化活动室）覆盖率达95.6%，经改造提升符合综合性文化服务中心建设标准的达到60%。

2017年，山东省全面贯彻《公共文化服务保障法》，加快推进公共文化服务标准化、均等化；着力加强基层综合性文化服务中心建设，突出抓好文化精准扶贫，面向全省58个财政困难县和沂蒙革命老区县给予重点补助。

（二）完善体现新时代特点的公共文化服务机制

一是构建群众文化工作网络。山东省公共文化服务以创建社会文化先进县和社会文化先进乡镇为抓手，促进基层文化建设全面发展，基本形成以县图书馆、文化馆为龙头，乡镇文化站为依托，村文化大院（室）为基础，各类文化专业户和民间文艺团队为骨干的群众文化工作网络，连续三年把免费开放公益性文化机构作为文化惠民、服务群众的重点工作。2012年和2013年，全省图书馆、博物馆、文化馆、美术馆、纪念馆、文化站"五馆一站"新增服务项目和服务窗口分别为2970个和2180个。

二是强化培育公共文化服务队伍。2013年，制定出台了扶持激励文化志愿服务的政策措施，鼓励各级公共文化单位建立文化志愿服务队伍，制定出台文化志愿服务管理制度，增强全省文化志愿服务的规范化和标准化建设。2014年，山东省大力实施公共文化辅导工程，在山东省青年干部管理学院举办了5期"广场舞辅导员培训班"及"尼山书院和乡村儒学骨干培训班"；山东省文化厅于年底开展评选全省"十佳文化志愿者"和"优秀文化志愿者"活动。

三是建立完善“图书馆+书院”模式和乡村（社区）儒学计划。在基层综合性文化服务中心建设中，将儒学讲堂列为建设内容，进一步发挥优秀传统文化在推进文明乡村、文明社区建设中的积极作用。2014年5月，省文化管理部门将现代公共图书馆和传统书院有机结合，创新推出“图书馆+书院”的公共文化服务模式，要求全省153个县级以上公共图书馆建设“尼山书院”。2017年12月，在曲阜市召开全省尼山书院暨乡村（社区）儒学建设工作会议，设立了尼山书院三孔研学游基地，成立了全省尼山书院联盟。截至12月底，全省依托公共图书馆建成尼山书院150个，建成社区尼山书院34个，乡村（社区）儒学讲堂20100个，成为传承弘扬中华优秀传统文化的重要阵地。省宣传文化部门利用乡镇综合文化站、农村文化大院，把乡村儒学建设纳入现代公共文化服务体系，并投入扶持资金达1300万元，在全省启动乡村儒学推进计划，120多个乡镇综合文化站、1900多个村文化大院建成儒学讲堂，累计举办讲座1.6万次，80余万基层群众受益。

四是致力于打造“15—20分钟公共文化服务圈”。在文化强省建设过程中，山东省提出建成“15—20分钟公共文化服务圈”的理念，旨在为广大群众提供更加便利的公共文化服务。2013年，山东省一些经济较为发达地区按照“公共文化服务圈”规划公共文化服务体系建设。济南市努力打造城市“10分钟文化圈”和农村“10里文化圈”，以此促进城乡公共文化服务均等化。青岛市三区五市规划建设的8个市民文化中心项目，将图书馆、文化馆、博物馆等公益文化设施整合成一体，使市民从家中出来步行15分钟范围内就有文化场所可供休闲娱乐。

此外，值得一提的是，2018年4月，山东省文化厅发布了《关于提升全省公共文化机构服务效能的意见》，强调创新公共文化机构运行机制，深入推进法人治理结构改革。

（三）继续推进重点文化工程建设

2013年，山东省继续推进基层文化阵地工程、文化信息资源共享工程、广播电视“村村通”工程、农村电影放映工程和“农家书屋”工程。重视基层文化设施建设，把农村文化大院建设作为“文化惠民、服务群众”的实事、大事来抓。2013年，在前一年新建10000个农村文化大院的基础上，对10000个农村文化大院进行升级改造。截至2013年底，全省共建成农村文化大院70000多个，基本覆盖了所有行政村。2013年，在青岛市、烟台市成功入选第一、二批国家公共文化服务体系示范区创建城市基础上，山东省有5个市、17个县被评为省级公共文化服务体系示范区，带动了全省公共文化服务体系的区域性整体发展。

2016年，曲阜优秀传统文化传承发展示范区规划建设加快推进，县级历史文化展示工程全面完成。文化共享工程实现全覆盖，全省建有1个省级分中心、17个市级支中心、139个县级支中心、1388个乡镇基层服务点、503个街道基层服务点、5900多个社区基层服务点、76000多个村基层服务点。全省公共电子阅览室管理信息系统与国家实现顺利对接，可监测服务人次居全国第一位。探索边疆万里数字文化长廊“双线立体”建设服务新模式，建成示范点和数字文化驿站300多个，为沿海地区基层群众提供随时随地的数字文化服务。建立健全公共文化服务体系建设协调机制，推进以县级图书馆、文化馆为主体的总分馆制建设。抓好国家公共文化服务体系示范区（项目）创建工作，烟台市顺利通过第二批国家示范区验收，淄博市张店区文化协管员项目、济宁市“政府搭台，百姓听戏，激情广场大家唱”文化惠民工程，顺利通过示范项目验收。

第二节　公共文化服务体系建设的主要成就

从1978年到2018年，山东省把完善公共文化服务体系、实现文化民生、保障人民群众基本文化权益作为重要职责，全面贯彻落实《公共文化服务保障法》，加快推进公共文化服务标准化、均等化，大力推进基础文化设施建设、公共文化服务机制建设、重点文化工程建设，有效提升了公共文化服务的规模、档次和水平。尤其是党的十八大以来，山东省努力完善公共文化服务体系，实现文化民生，保障人民群众基本文化权益，通过完善设施网络、提高队伍素质、增加服务总量、创新服务方式、实施重点工程等举措，使全省公共文化服务体系建设取得长足发展，为构筑升级版公共文化服务体系奠定了有利基础。

一、公共文化服务体系建设的环境得到优化

山东省各级党委、政府把公共文化服务体系建设纳入重要议事日程，制定了支持基层公共文化服务体系建设的政策措施，取得了显著成效。

扶持公共文化服务体系建设的政策不断完善。山东省级层面制定下发了《关于加强公共文化服务体系建设的意见》《关于推进县级文化馆图书馆总分馆制建设的实施意见》《山东省文化厅关于鼓励社会资本参与公共文化设施建设运营暂行细则》《关于在全省公共文化服务机构建设老年大学艺术

分校的通知》《山东省群众艺术优秀作品评奖办法》《推进基层综合性文化服务中心建设的实施意见》等规范性文件，进一步充实全省现代公共文化服务体系建设制度体系。各地市、县也结合文化大市、文化名市、文化强县建设，出台了当地公共文化服务体系建设的有关政策措施。2014年初，山东省人民政府与各市人民政府签订了《山东省现代公共文化服务体系建设目标责任书》。2017年，山东省全面贯彻《公共文化服务保障法》，着力加强基层综合性文化服务中心建设，突出抓好文化精准扶贫。这些举措有力推进了山东省公共文化服务的标准化、均等化，强化了设施网络、重点工程、队伍建设、管理与服务创新建设，初步构建起政府主导、部门参与的公共文化服务建设工作机制。建立了公共文化服务体系建设的考核、督导和创建机制，把公共文化服务体系建设纳入对各地党政领导的重要考核之中，极大地调动了各地开展公共文化服务的积极性。建立健全公共文化服务体系建设创建机制，继2013年青岛市被评为国家公共文化服务体系示范区之后，2016年，烟台市也顺利列入了第二批创建公共文化服务体系示范区名单。

二、公共文化服务设施进一步完善

山东各地把公共文化服务设施建设，纳入地方经济社会发展规划，特别是把县（市、区）文化馆、图书馆，乡镇文化站等农村公共文化设施列为城乡基础设施建设中的重点项目，进行规划建设。目前全省基本实现了县有文化馆、图书馆，乡镇有综合文化站，村有文化大院的目标。近两年来，全省50%的县文化馆和60%的县图书馆得以新建、改建和扩建。加快建设标志性文化设施，加大基层公共文化设施建设倾斜力度，全面升级城乡公共文化服务，按照基层综合性文化服务中心建设规划，认真落实“文化惠民、服务群众”实事和月调度工作制度，支持和督促各地加快推进基层文化设施建设。2017年，全省基层综合性文化服务中心建成率超过87%，超额完成80%的年度任务目标。以评促建，推进公共图书馆完善提升。全省参加第六次评估定级公共图书馆150个，占全省公共图书馆总数的98%。评估定级工作启动以来，全省各级公共图书馆直接投入8900余万元，95%以上的图书馆进行了改建扩建、环境整治和设备更新，服务条件得到明显改善。

三、公共文化服务机制不断创新

山东省积极探索在市场经济条件下以更加方便有效的方式为基层群众提供文化服务的新方式、新途径，取得了显著成效。

（一）公共文化设施更加健全

在全省部署开展县级文化馆、图书馆总分馆制建设，以市级图书馆、文化馆为中心馆，县级图书馆、文化馆为总馆，乡镇（街道）综合文化站为分馆，村（社区）综合性文化服务中心（文化活动室）为服务点，盘活整合基层各级图书馆、文化馆（站、室）、农家书屋资源，推进基础设施标准化、文化资源共享化、服务系统网络化、管理运行一体化，实现资源统一调配、人员统一培训、服务统一规范、绩效统一考评。截至2017年底，各市组织开展县级两馆总分馆制建设，超过半数的县（区、市）基本形成覆盖县、乡及部分村（社区）的总分馆制运行框架。

（二）鼓励公共文化服务资源下移

山东省鼓励各级艺术馆和文化馆人员投身基层公共文化辅导工程，鼓励各级图书馆建设分馆、图书流通点，开展流动服务，援建基层图书室。创新文艺院团下乡演出补助机制，使送戏下乡活动常年开展，同时带动了民营剧团、业余剧团的演出活动，农村群众看戏难的状况有了很大的改观。建立了农村文化社区化服务机制，推广诸城等地“两公里文化圈”的农村文化社区化建设经验，在农村社区集中建设符合标准的文化设施，配套图书室、文化共享工程站点、文艺排练场所等功能设备。加大对庄户剧团的扶持力度，一大批庄户剧团和业余文艺骨干常年活跃在田间地头，活跃在基层群众当中，成为公共文化活动的热心组织者和参与者，成为基层公共文化服务体系建设的一支生力军。

（三）推进公共文化服务均等化

在全国首创了“一站、一库、一网”的建设服务模式（数字图书馆网站、视障人员数字资源库、数字文化服务网络），开通了面向视障人群的公益性数字文化服务应用系统——山东省“光明之家”盲人数字图书馆。山东省积极为残障人士提供文化服务的方式，使全省公共文化服务均等化又向前迈进了一步。

（四）推动公共文化服务大众化

新时期，山东省常规性的群众文化活动实现了经常化、制度化和规范化，群众喜闻乐见的广场文化活动、社区文化活动、农村文化活动等如火如荼展开。全省以创建社会文化先进县和社会文化先进乡镇为抓手，促进了基层文化建设全面发展。风筝节、秧歌节、戏剧曲艺节等独具地方特色的节庆文化活动日益活跃，大部分市、县和相当一部分乡镇注重挖掘当地文化资源，在很大程度上扩大了文化活动的覆盖面，进一步丰富了广大群众的精神文化生活。

四、重点文化工程建设取得新进展

（一）文化信息资源共享工程建设

山东省文化共享工程建设取得了实质性的突破，成为全国唯一的文化信息资源共享工程示范省，全省17市、140个县支中心全部达到国家要求，文化共享工程建设获得文化部第三届文化创新奖。文化部先后于2006年、2008年和2017年三次在山东召开现场经验交流会。由山东省在全国率先创新开发的“一站双网三平台”技术服务体系以及一卡通、互动式、分区域的新型服务模式，被文化部在全国推广。山东省文化信息资源共享工程建设，极大地方便了基层群众的上网学习和娱乐，让更多的人享受到优质的文化服务。

（二）乡镇综合文化站和乡村文化阵地建设工程

根据国家有关文件精神，山东省文化厅按照《山东省“十一五”乡镇综合文化站建设规划》，建设计划时间落实到月，单位落实到乡镇，并加强督导，指导各地普遍出台政策措施，目前全省1388个乡镇全部建成符合标准的文化站。在规范推进文化站管理和运转的基础上，开始推进“文化大院村村有”工程，制定详细规划，省里与各地签订了责任书，目前各地都已基本完成。

（三）公共文化数字化建设工程

大力提升公共图书馆建设服务水平，实施数字图书馆推广工程。2017

年，山东省向国家图书馆提交读者数据18.6万条，使读者享受到国家图书馆海量资源服务。组织开展网络书香过大年、网络书香阅读等数字化读者服务活动，丰富了基层馆服务手段和内容。推进公共文化云建设，在济南、临沂、青岛建设3个服务推广点。对17市图书馆开展文化共享工程“进村入户”专项设备应用培训，提升了服务能力。在电子阅览室建设方面，在全省全面铺开、分类试点、规范运行，相当一部分规范化基层点转变为公共电子阅览室。

第三节　公共文化服务体系建设的基本经验

总结山东省40年来公共文化服务体系建设的基本经验，大体有如下方面。

一、强化政策措施

山东各级党委、政府对公共文化服务体系建设都很重视，根据各自实际，出台了相关政策。根据国家有关文件精神，山东省出台了《山东省“十一五”乡镇综合文化站建设规划》《关于加强公共文化服务体系建设的意见》《关于强化基层公共文化辅导工作的意见》等文件，各市和大部分县也结合文化大市、文化名市、文化强县建设，出台了当地公共文化服务体系建设的有关政策措施。省里开展了社会文化先进县、城乡“15—20分钟公共文化服务圈”和山东文化强省先进县市区创建活动，成为全省各级党委、政府建设公共文化服务体系的好抓手。

二、加大资金投入

公共文化服务体系属于公益性的事业，需要政府加大投入。山东省对此给予了大量的财政支持。如前所述，山东省各级普遍加大了对公共文化设施建设的投入，1992年，投资近4000万元启动山东省博物馆新馆建设工程；“十五”时期，省财政累计安排专项资金9000万元，完成山东剧院、历山剧院和百花剧院的改扩建工作；累计安排7000多万元用于经济欠发达县文化馆、图书馆、影剧院改建和图书、书架等设备购置；2000年至2004年，省财政投入文化信息资源共享工程资金2000万元，结合山东省图书馆新馆建成后的网络设备配置支持建成文化信息资源共享工程省级分中心。2010年，全省累计投入资金5亿多元，建成农家书屋4.5万多家。2011年，烟台市在黄金地段投资10.7亿元建成了集博物馆、群艺馆、大剧院、青少年宫等于一体的市文化中心。在各级政府资金的支持下，山东省文化设施新建、改建和扩建的步伐加快，使得文化设施建设以前所未有的规模和速度向前发展。

三、注重考核督导

山东省把公共文化服务体系建设纳入对各地党政领导的重要考核之中，作为创建社会文化先进县、先进乡镇、精神文明先进县、文明城市考核的重要内容。在省政府对县域经济社会综合发展数据的40项考核指标中，公共文化服务覆盖率列第22位。从2005年开始，山东省每年都开展全省公共文化服务体系调研督导活动，对全省公共文化服务体系建设进行严格认真的督导。针对督导结果，一是在全省进行公开通报，二是上报省政府作为县域经济社会综合发展考核指标的公共文化服务覆盖率数据，极大地调动了各地开展公共文化服务的积极性。

四、优化机制体制

在公共文化服务体系建设的机制体制方面，山东省致力于改变单纯依靠政府投资的状况，广泛吸引社会资金资助公共文化服务事业。总结推广青岛市公益文化项目推介会的办法，全省十几个市地每年举办一次公益文化项目推介会，获得了巨大成功。全省公共文化服务活动相当一部分是靠吸收社会资金举办的，全省每年吸收2亿多元的社会资金用于各类公共文化服务活动。大力扶持基层民办文化，注重加大对民办文化的支持力度，先后举办了民营企业文艺展演、全省庄户剧汇演和评选表彰、全省曲艺汇演等活动，对民间艺人和民办文化项目给予帮助扶持，为基层民办文化的健康发展营造了良好的环境，成为国办公共文化服务的有效补充。

第五章
大力推动文化产业发展

文化产业既是新兴产业、朝阳产业和黄金产业，又是绿色产业、环保产业，其所蕴涵的生产要素成为新时期山东社会生产力的一个最为活跃的方面，成为山东国民经济体系中一个先导性、战略性的产业。伴随着中国的改革开放，山东省大力推进文化产业领域的内容创新、形式创新、传播手段创新、业态创新、科技创新，不断焕发其内在动力和生机活力，实现了文化创意产业的快速健康发展。

第一节　文化产业的发展过程

回望40年来山东省文化产业的发展历程，可以将它大体分为四个阶段：一是1978年至1991年，文化事业与文化产业融为一体；二是1992年至2001年：文化产业逐步起飞；三是2002年至2011年，文化产业向优质高效转变；四是2012年至今，文化产业发展稳中有进。

一、文化事业与文化产业融为一体（1978—1991年）

（一）新闻出版事业恢复发展

从1978年到1991年，山东省出版工作健康发展。1983年，党中央和国务院作出《关于加强出版工作的决定》，明确了未来的出版工作方针，推动了新闻出版事业的恢复发展，出版物逐年增加，内容逐渐丰富，质量也不断提高。根据改革开放、经济建设和新闻出版事业自身发展的需要，山东省的出版体制改革开始起步。1979年12月，山东省出版局成立，1983年，改为山东人民出版社，1984年，改为山东省出版总社，同时将各市地出版办公室改为出版分社（办事处）。从1978年到1984年，原山东人民出版社所属的专业编辑室先后改成山东科技出版社、齐鲁书社、山东教育出版社、山东文艺出版社、山东美术出版社、山东少年儿童出版社（后改为明天出版社）、山东人民出版社等7个专业出版社。省出版总社加快改革步伐，向所属二级单位下放部分人、财和业务管理权，推行各种形式的岗位责任制和承包责任制。新华书店实行对基层店层层让利的政策，总结推广龙口市“梅花布点”的网点建设经验，进行“一主、三多、一少”的发行体制改革。全省各报刊社也都开始推行各种形式的岗位责任制。新闻出版业开始向生产经营型转变，促进了事业的大发展。

这一时期，山东省新闻出版界认真贯彻党的新闻工作出版方针、政策，在宣传党的基本理论、基本路线，宣传改革开放和经济建设成就等方面作出了重要贡献。1979年，在长沙召开全国出版工作会议，会上经过热烈的讨论，改变了地方出版社的出书方针，扩大其出版范围。“文化大革命”前，地方出版社只能出版供应本地区的通俗性读物，即出版地方化、群众化、通俗化的读物，被称为“三化”。会议解放思想，确定地方出版社出书不受“三化”的限制，立足本省、面向全国，这样充分发挥了地方出版社的积极性。山东省新建了一些图书出版社，并出版了许多重要的有分量的读物。

为了加强新闻出版事业的宏观调控和依法管理，1987年初，中央决定对新闻管理体制进行重大改革，成立中华人民共和国新闻出版署，主管全国的新闻出版事业。按照中央的指示精神，根据政事、政企分开的原则，山东省于1987年成立了省新闻出版局，作为省政府的职能部门主管全省的新闻出版事业。各市地也陆续建立了新闻出版局（办公室），逐步建立了省、市地新闻出版管理机构，解决了政事、政企不分的问题，管理体制改革取得突破性进展。省新闻出版局成立之后，积极开展新闻出版工作的立法、普法和依法管理工作，逐步将新闻出版工作纳入法制化轨道。各级新闻出版管理部门不断加强对新闻出版事业的宏观调控和依法管理力度，认真履行对精神产品生产的组织、指导、监督职能，从严管理，从严执法，强化为新闻出版事业和新闻出版单位服务的功能。1989年，山东省新闻出版局对全省书报刊出版单位进行了全面、扎实的组织整顿、思想整顿和作风整顿，进一步提高了各新闻出版单位和广大新闻出版工作者坚持“为人民服务、为社会主义服务”出版方针的自觉性，增强了依法办报、办刊、办社的观念。广大新闻出版工作者的精神面貌和作风纪律发生了深刻变化，新闻出版事业健康发展。

（二）广播电视事业日新月异

党的十一届三中全会以后，山东省广播电视事业进入了迅速发展时期。特别是自1983年起广播电视开始全面改革，中央提出“四级办广播、四级办电视、四级混合覆盖”的方针之后，山东省广播电视事业得到了突飞猛进的发展，发生了日新月异的变化。

新中国成立以后，广播一直是新闻媒介中拥有受众量最多的大众传媒。“文革”结束后，特别是党的十一届三中全会以后，我国进入改革开放的新时期，广播事业也步入全面改革振兴的新阶段，山东省的广播事业迅速发展。1983年，第十一次全国广播电视工作会议调整了事业建设方针，提出了中央、省、市（地）、县“四级办广播，四级办电视，四级混合覆盖”的方针，极大地调动了全省上下办广播、办电视的积极性。同年，山东省广播电台载波机房正式建成，省广播电台开始试播立体声调频节目。1990年，全省各市地全部通达了微波信号。截至1990年底，全省有无线广播电台16座，中波发射台和转播台26座，总功率770.5千瓦；调频转播台和发射台74座，广播覆盖全省人口86%；县有线广播站的设备全部进行了更新改造，提高了传输质量；全省拥有收音机、收录机2700万部，农村有线广播喇叭1200.1万只。一个中央和地方、无线和有线相结合，城市和农村、对内和对外并重的全省广播宣传网的基本框架初步建成。

20世纪70年代末，山东省的电视事业开始了现代化进程，但还相当薄弱。到了20世纪80年代中后期，拥有电视机的人数越来越多，电视跃居三大传媒之首，广播、报纸退居其后，电视对社会生活的影响不断扩大，电视事业具有了相当大的规模。山东省的电视事业自20世纪60年代起步，经历了一个缓慢发展的过程后，于20世纪80年代有了长足的发展。截至1990年底，山东全省共投资10764.92万元，共有电视台34座，电视发射台和转播台377座，电视覆盖全省人口82%；建成微波站68座，卫星地面接收站1010座；电视机1422.51万台。

山东广播电视在第一阶段以宣传为工作中心，新闻在广播电视宣传中具有主导地位。改革之初，山东省就把新闻改革作为广播电视宣传改革的突破口，按照“真、短、快、活、强”的要求改革新闻节目，增加信息量，并在此基础上，重点抓了时间性。到1985年，每天播出新闻的次数已经由1978年的5次增加到12次，每天播出时间约160分钟。1985年之后，广播电视宣传改革迈出更大步伐，更明确地把增加信息量、提高社会效益作为改革的目标，由单一的新闻发展到带有思辨性的专题节目，增加了教育性和服务性节目，以小板块主持人的形式推出了专题性栏目。

山东广播电视的文艺节目从1978年到1992年初认真贯彻“百花齐放，百家争鸣”的方针，坚持为人民服务、为社会主义服务的方向，反映社会主义的时代精神，弘扬民族优秀文化，为广大人民群众制作、播出了丰富多彩的节目，极大地丰富了人民群众的精神文化生活。电视文艺节目形成了专栏化，广播文艺节目推出了板块式主持人节目，形成了相对固定的观众和听众群。电台和电视台通过举办各种文艺比赛和文艺晚会，丰富了群众生活，培养了文艺新人。1978年以后，全省各广播电视台、站录制了大批的文艺节目，经过认真挑选，使许多被禁锢的中外优秀文艺作品重新和听众、观众见面，节目内容更加丰富，形式风格更加多样，吸引了广大听众、观众。广播剧、电视剧的创作数量逐年增加，质量不断提高。山东电视台从1978年录制第一部电视剧《人民的委托》开始，不断总结经验，积极创新提高，在电视剧方面取得很大成绩。《武松》《高山下的花环》《今夜有暴风雪》等三部电视剧连续三年获得“飞天奖”和“金鹰奖”，在全国各省市第一个实现了“三连冠”。

二、文化产业逐步起飞(1992—2001年)

(一)新闻出版事业成就显著

通过深化改革，山东省新闻出版事业逐步由以规模数量增长为主要特征的阶段向以优质高效为主要特征的阶段转变，并在改革发展中取得了巨大的成就。

适应建立社会主义市场经济体制和精神文明建设的新要求，从1992年到2002年，山东省新闻出版事业加快了改革步伐。各出版社、报刊社普遍“断奶”，实行事业单位企业化管理，成为自主经营、独立核算、自收自支、照章纳税的社会法人，适应社会主义市场经济体制的新闻出版管理机制和运行机制逐步建立起来。部分新闻出版单位开始探索走集约化经营的路子。大众日报社建立了以“四报两刊”为龙头的广告、发行、印刷、信息四大支柱产业，增强了整体优势和竞争能力；青岛出版社实现了书报刊编印发一条龙；省出版总社与所属的二级企事业单位组建了山东省出版(集团)总社；省新华书店以省店及所属书店等经营单位为基础组建了省图书音像发行总公司。

山东省加快了印刷企业改革的步伐，按照发展社会主义市场经济的要求建立现代企业制度。在改革的过程中，国有企业起到了很好的带动作用。省出版总社所属5家印刷厂，有3家是国有大型二类企业，印刷设备处于全国领先水平，年彩印能力可达360万色令，实现了“激光照排、电子分色、胶印印刷、装订联动”。同时，全省印刷企业的经济成分也有了变化，一批设备先进、管理有序的民营企业、合资合作企业和股份制企业有了较大发展。

山东省在这十年期间新建了一些图书出版社，并出版了许多重要的有分量的读物。截至2001年底，全省共有图书出版社16家，其中，省出版总社所属专业出版社9家，大学出版社3家，地图出版社1家，省会城市出版社和计划单列市出版社各1家，省新闻出版局直属出版社1家，形成了门类齐全、专业分工合理、出版实力较强、质量效益较高的格局。各出版社认真贯彻“立足本省，面向全国，走向世界”的出书原则，正确处理为本省服务与为全国服务的关系、出版通俗读物与出版学术专著的关系、弘扬主旋律与提倡多样化的关系，不断开辟出书新领域，多学科、多层次、系列配套出书，出书的路子越走越宽，出书的能力越来越强。一大批具有时代特色和地方特色、思想品位和文化品位较高、学术价值和艺术价值较大、影响较大的优秀图书得到出版，有2500多种图书获中宣部“五个一工程奖”“一本好书奖”、国家图书奖等省级以上优秀图书奖。山东教育出版社、山东科技出版社等被评为全国优秀出版社，明天出版社、青岛出版社、山东美术出版社、济南出版社等被评为全国良好出版社。

各种报刊不断缩短刊期、扩大版面、增加页码、加大信息量，发行量逐年上升，较好地满足了广大读者多层次、多方面的精神文化生活需求和信息需求。全省书刊印刷厂的技术改造、设备更新速度大大加快，走上了激光照排、彩色制版、电子分色、电子雕刻的现代化之路。制版技术进入了电子化时代，装订工艺实现了机械化和联动化，印刷工艺基本实现了胶印化，形成了以胶印为主，凹印、柔印、网印和不干胶印刷为辅，互相促进、共同发展的新格局，印刷能力和印刷质量大幅度提高。在全国书刊印刷质量检测评比中，山东省连续6年荣获金奖。在全国中小学教材印刷质量评比中，山东省连续10年被评为第一名。

通过深化发行体制改革，山东省在文化建设的第二阶段基本建立起了以国营新华书店为主渠道，多种经济成分、多种流通渠道、多种购销形式的图书发行网络，并开始向大市场、大流通的格局迈进。

（二）广播影视事业发展迅猛

进入20世纪90年代，山东省广播电视事业更是以前所未有的速度发展。1992年，山东省开始筹建地球上星站，1993年底，地球上星站开始试运行。1993年5月1日，山东省电台经济台、山东省电视台同时开播。山东省电视台还建成了文艺台、教育台等系列台。1994年1月1日，省电台两套节目、省电视台一套节目上了卫星，电视在全国首家实行24小时播出。1995年元旦，省电视台经济台改建为齐鲁电视台，为山东地区的观众提供了又一套完整的无线电视节目。1995年7月1日，山东有线电视台建成，向群众推出了新闻、综艺、影视、体育四套有线电视节目。截至1998年底，全省共有市地级以上广播电台18座，电视台19座，有线电视台11座；县级广播电台18座，电视台83座；中短波广播发射台和转播台30座，一千瓦以上电视发射台和转播台93座。随着我国广播电视“村村通”工程的实施，山东省的一些贫困地区基本结束了过去不能收听、收看广播电视的历史。

山东省广播电视文艺节目进入第二阶段继续认真贯彻“百花齐放，百家争鸣”的方针，坚持为人民服务、为社会主义服务的方向，反映社会主义的时代精神，弘扬民族优秀文化，为广大人民群众制作、播出了丰富多彩的节目，出现了新气象、新特点。

全省网络干线建设有了新的进展。在1998年全部建成由省会济南连接各市地的一级干线的基础上，1999年，又全部建成了连接各县市区的二级干线，连接乡镇的广播电视分配网干线建成80%，比上年增加20%。县以下的广播电视分配网的光缆总长达到1.2万公里，省有线电视台4套节目、齐鲁台节目送达全省所有市、地、县（市、区）和大部分乡镇。传输网光纤干线的综合开发工作逐步展开。在数字数据广播业务方面，初步完成了数据库、调制器、机顶盒的设备选型，并在济南、淄博进行了传输、入网运行试验，其功能达到了预期的目标。在交互业务方面，建成了连接全省17个市地党委和政府的党政专网，并改建了全省电视电话会议光纤系统。开通了中国银行的全省信息数据网，通过广电总局干线，连通了京、津、冀、鲁、豫5省市光纤主干线，并与中国图书馆信息网连接起来，为各市地正在建设的IP或ATM网提供信息源。

这一时期，全省各级电影管理部门依靠并发挥国家、集体和个体多方面的积极性，使城乡电影事业迅猛发展。电影发行放映行业顺应市场经济的新形势，转变机制，由省、市电影公司联合成立了股份制的齐鲁影业有限公司。公司注重抓好国产重点影片的发行放映，积极开拓农村电影市场，取得了一定成效。全省各类放映单位特别是乡镇电影院和村办放映队大量增加，农民个体经营的放映单位也开始出现。全省城市电影院设施改造逐步展开，许多电影院更换了软椅，增添冷暖设备，采用新技术、新光源。在山东省一些城市，舒适型多功能电影娱乐中心已经出现。

山东音像电子出版业于20世纪80年代开始起步，20世纪90年代稳步发展。截至1997年底，全省音像电子出版单位发展到3家，音像电子出版物复录单位发展到6家，光盘生产线发展到3条，共出版音像电子出版物

500多种、280多万盒（盘），有20多种音像电子出版物获省级以上奖励。其中，电视连续剧《胜利女神》录像带在第二届国产优秀音像制品“双向奖”评选中获二等奖和优秀美术奖，录音带乐曲《拜花堂》、吕剧《井台会》以浓郁的地方特色和鲜明的民族风格获荣誉奖。

三、文化产业向优质高效转变（2002—2011年）

从十六大到2011年，是山东省文化产业加快改革、快速发展的黄金十年。在这期间，山东省把做大做强文化产业作为繁荣振兴服务业、培植发展新优势的重点来抓，加强组织领导，注重政策引导，制定和实施了一系列加快文化产业发展的政策措施，全省文化产业迅速兴起，连续保持两位数增长；国有文化产业集团实力不断增强，民营文化企业、新兴文化企业不断崛起，文化产业结构不断优化，文化市场日趋活跃；全省广大人民群众的文化产业意识极大地强化，文化产业集团化改革取得突破性进展。

（一）优先培植重点文化产业

通过整合资源，组建了大众报业集团、山东广电总台、山东出版集团等多家国有文化集团。随着其实力的不断壮大，成为带动山东省文化产业发展的龙头。报刊业、广播影视业、出版业、文化旅游业、演艺业、动漫产业、文博会展业等重点文化产业取得了不俗的业绩，报刊、新闻出版、影视创作、广播电视等传统文化产业的综合实力居于全国前列。

2010年，为鼓励文化企业跨地区、跨部门、跨行业联合，兼并，重组，推动文化资源向优势企业集聚，山东广电网络有限公司及各市分公司揭牌成立，实现了全省“一张网”。同年，大众报业集团与临沂日报报业集团以产权为纽带，合作经营《沂蒙晚报》，控股经营《鲁南商报》，同时收购临沂新闻大厦，意味着山东骨干文化企业兼并重组迈出新的步伐。

（二）推动区域文化产业迅速崛起

按照整合资源、形成合力、发挥优势、注重实效的原则，山东省打破地区界限和行政分割，加强重点文化产业带、文化园区建设。以青岛为龙头的东部文化产业集聚区、以济南为中心的中部文化产业集聚区、以济宁为枢纽的西部文化产业集聚区等三大文化区不断强化文化产业意识，加大文化产业投资力度，培植文化产业新的增长点和突破口，注重发挥自身优势，逐渐形成了具有鲜明区域特色、结构合理的文化产业发展格局。

作为全省文化产业发展的主干线之一，以济南为中心，由淄博、泰安、莱芜、滨州、德州、聊城等组成的中部文化集聚区快速崛起。各地发挥各自的文化资源优势，注重区域内协调与融合，形成一批具有鲜明山泉文化特色的文化产业品牌。其中，济南市以山泉文化为载体打造现代化城市，建设全省文化中心；淄博市突出齐文化、足球文化和聊斋文化；莱芜市着力展示冶铁文化、旅游文化、农业特色文化和民间文化四大特色；泰安市打驰名中外的“泰山”品牌，大力推进旅游休闲文化；德州市、滨州市加大名城保护、文化景观建设。以青岛为中心，包括青岛、烟台、威海、日照、潍坊、东营在内的东部集聚区依托丰富的海洋文化资源，充分发挥作为沿海开放城市和经济发达地区的优势，积极开展海洋文化产品的展示、研究与开发，重点发展文化旅游、文艺演出、休闲健身、大型节庆、文化娱乐、游戏动漫等产业项目，文化产业呈现出蓬勃发展的良好势头。以济宁为中心，包括临沂、菏泽、枣庄在内的西部文化集聚区注意从自身实际出发，积极发展各类文化产业，文化产业所占国民生产总值的比例不断增长。临沂、菏泽、枣庄文化产业投入逐步增加，逐渐形成了以文化娱乐、演出、旅游、图书音像、传媒广告等为主的门类较为齐全的综合文化市场体系。

（三）规范发展文化市场和文化产业

从2002年到2012年，山东省积极改造和完善文化市场，加强文化市场体系建设，重点培育书报刊、电子音像制品、演出娱乐、影视剧等文化产品市场、特色文化市场和新兴文化市场，大力发展资本、产权、信息、管理、技术、人才等生产要素市场，积极构建现代营销体系，有力地推动了全省文化产业的健康、强劲发展。加强和规范文化市场管理，营造文化市场良好的环境。先后颁布实施了《山东省文化市场管理条例》《山东省文化娱乐市场管理规定》《山东省歌舞娱乐场所营业性演出活动管理办法》《山东省营业性演出管理暂行办法》《山东省演出经纪机构管理暂行办法》《山东省互联网上网服务营业场所连锁经营管理暂行办法》等一系列管理条例和规定，使文化市场法规体系逐步完善。为促进文化市场规范、有序、健康、快速地发展，2005年，山东省文化厅颁布实施了《山东省2005—2015年文化市场发展纲要》，明确了文化市场的任务和目标，系统地对文化市场的网络文化、音像、演出、歌舞娱乐、文物、艺术品、电影市场等七个市场体系做了详细规划。

2011年，山东省在全国推出首个专门推动农村文化产业发展的省级政策意见——《关于大力发展农村文化产业的意见》，描绘了“两带”“两线”和“两大产业”的农村文化产业发展基本框架。为促进文化产业跨越式发展，9月4日，山东省同时印发了《关于鼓励和支持文化企业上市融资的意见》《关于促进文化与科技融合发展的意见》《关于大力发展农村文化产业的意见》《关于促进文化企业及文化产品和服务“走出去”的意见》以及《关于进一步促进文化和旅游融合发展的意见》等五个政策性文件。

（四）新闻事业出现新亮点

2002年至2012年，全省新闻出版工作在省委、省政府的领导下坚持以邓小平理论、“三个代表”重要思想和科学发展观为指导，以加强管理、促进发展为主线，各项工作取得了新的进展。

1.主线突出，头等大事抓得扎实有效

全省各级新闻出版管理部门和新闻出版单位紧紧围绕主线，思想认识到位，工作措施有力，切实加强管理，保持正确舆论导向，营造了一个安定团结、健康向上的良好氛围。全省各级新闻出版管理部门和新闻出版单位进一步加强了对报刊宣传和图书出版的政治把关工作，加大了对出版物市场的监管，保持了报刊宣传和图书出版的正确舆论导向，保持了全省出版物市场的良好秩序。各出版社以抓献礼出版物为契机，集中组织出版了一大批高质量的图书和音像电子出版物，认真抓好国家和省“十五”规划重点图书、音像电子出版物的出版工作。

2.扎实开展主题活动

山东省新闻出版单位深入扎实地开展各种主题活动，稳步推进各项事业的发展。2001年，组织开展“依法行政年”活动，依法管理水平有了新的提高。2002年，组织开展“规范管理年”活动，带动各项管理工作取得新进展。2003年，“管理创新年”活动也取得可喜成果。

3.新闻出版管理工作有了新提高

全省各级新闻出版管理部门切实加强管理，严格依法办事，保证了新闻出版业的健康发展。版权管理工作有了新进展，打击盗版侵权行为取得重大成果。成立山东省版权学会反盗版工作委员会，建立出版物市场监督体系，制定查处侵权盗版奖励办法，设立市场监督员，加强了对出版物市场上盗版活动的监控，协调查处6起教材教辅盗版案件。努力推进政府部门软件正版化，根据国务院办公厅《关于使用正版软件清理盗版软件的通知》要求，省新闻出版局会同省财政厅、省信息产业厅和省级机关事务管理局，联合对正在使用的软件进行了集中清理、检查。著作权登记工作有了较大进展，2002年，组织了全省著作权法知识竞赛活动，有6000多人参加了知识竞赛答卷，威海、济南、烟台、滨州、枣庄5个市局获得了组织奖。通过这次著作权法知识竞赛活动，宣传普及了著作权知识，进一步提高了全省各界的版权保护意识。

4.新闻出版产量化、集团化

全省报刊在把握正确导向、坚持“三贴近”原则的基础上，加强结构重组，注重市场开发，开辟了新的发展空间，报刊业格局出现新变化。继大众报业集团成立之后，济南日报报业集团和青岛日报报业集团相继组建，有力地带动了报刊业的改革发展。

5.出版业结构调整取得新进展

山东省出版总社紧紧围绕做强做大主业、建设现代出版集团这一主题，以创新体制、转换机制、面向市场、增强活力为重点，致力于打造有活力、有实力、有竞争力的文化企业。总社优化出书结构，提高质量，以出好书、印好书、发好书为中心，不断改革和完善出版发行体制与机制，探索保证和推动出好书、印好书、发好书的有效途径和办法。同时，加强经营管理，加大技术革新、改造和引进的力度，充分调动职工的积极性，解放和发展生产力，在出版、印刷、发行、印刷物资供应、经营管理等方面都取得了很大成绩，走出了一条内涵式发展的路子。总社的图书出版更加注重精品化、系列化和规模化，出书门类齐全、出版功能完备，出版的档次、品位和质量全面提高。各出版社注重优化选题结构，突出原创作品，在发挥地方特色、引进外版图书等方面进行积极探索，编辑出版了一批既有社会影响又有经济效益的双效品牌出版物。

6.印刷业档次得到提升

许多印刷企业根据市场需求，进一步扩大资金投入，引进先进设备，加强技术改造，强化内部管理，涌现出一批规模大、档次高、效益好的龙头印刷企业，带动了整体水平的提高。全省印刷业逐步普及应用彩色桌面制版系统，逐步提高直接制版和数字印刷所占的比重，印刷机械向高精度、高效率、多色化方向发展，向印刷数字网络化、多色高效化、印后精美自动化、器材高质系列化迈进。

7.发行业竞争呈现新态势

面对出版物发行市场全面放开的挑战，国有新华书店通过加快股份制改造、实行连锁经营，进一步壮大了竞争实力。大批民营发行单位蓬勃发展，在全省5700多家发行单位中，民营企业占了半壁江山，涌现了一批销售收入过亿元的民营发行单位。

（五）广播电视事业突飞猛进

进入21世纪以来，山东省广播电视部门进一步强化“竞争、联合、创新、效益”四种理念，深入实施品牌经营、抢占市场争取受众、发展第四媒体、造就高素质人才等四大发展战略，新闻宣传导向正确，质量提高，影视艺术生产重点突破，事业建设步伐加快，集团化改革积极推进。

1.新闻宣传基调鲜明，主旋律响亮

山东广播电视宣传紧紧围绕党的中心工作，正确把握舆论宣传导向，努力体现和建设先进文化。全省广播电视各台、各频道围绕全省中心工作，牢记服务工作大局，舆论引导正确有力，圆满完成了省“两会”，中国加入WTO，神舟五号、六号、七号飞船成功发射，北京奥运会等的宣传。同时紧紧围绕省委、省政府的中心工作，加大改革开放和经济建设的宣传力度，开辟多个专栏，派出记者深入全省，大力宣传全省各地解放思想、加快发展的实际行动以及取得的成就。整个宣传基调平稳，引导有力，为推动山东改革发展发挥了积极的作用。

2.广播电视对外宣传力度加大

山东电视台联合台湾TVBS、东森亚洲卫视台、东森美洲电视台、香港凤凰卫视资讯台和凤凰欧洲台等直播或录播了“青啤百年庆典”，齐鲁频道与东森电视台合办的“鹊桥”也扩大了山东的影响。《齐鲁风情》向凤凰欧洲台、美洲台供片1405分钟，向美国黄河台供片3240分钟，继续在全国省级台保持领先。

3.广电文艺节目精品战略取得新收获

山东广播影视局实施宣传创新和品牌战略，打造精品取得了新收获。在2002年度中国广播电视新闻奖评选中，省电台的《阿胶的战争》《老唐的心事》和省电视台的《我的家》《今日报道》《改革改出52个镇领导》《渔都毁船记》《吕日周“新政”》《留学记忆·巡访1973》获一等奖。在第12

届中国新闻奖评选中，省电视台的系列报道《海尔阔步走向世界》获得一等奖，电视直播《千古绝唱——洛庄汉墓出土乐器鉴定现场》获得二等奖。在第13届中国新闻奖评选中，全局共有5件作品获奖，其中，省电台的广播系列《党性军魂铸忠诚》获二等奖，省电视台的电视评论《绿色突围》、电视直播《渔都毁船记》获二等奖。《中华儿女》栏目推出的系列节目《开国共产党人的亲情家事》获2003年全国“五个一工程奖”。在第16届、17届全国电视文艺“星光奖”评选中，山东广播电视局共有10件作品获奖，其中，综艺晚会《携手春天》获“星光奖”一等奖，《乘着歌声的翅膀》获得优秀栏目奖。

2003年，大型纪录片《未被审判》在央视10套和凤凰卫视播出后，在海内外产生良好反响。为表彰影视中心在电影电视剧创作生产中取得的突出成绩，山东电影电视剧制作中心被省政府记集体一等功，这是迄今为止影视中心获得的最高荣誉。打造精品的突出亮点是影视中心的影视剧创作。电视剧艺术创作生产既有“群山”又有“高峰”。在第20届中国电视“金鹰奖”评选中，电视连续剧《大法官》获优秀长篇电视剧奖。在第8届中国电影“华表奖”评选中，电视电影《情归天尽头》获优秀电视电影奖。在第21届全国电视剧“飞天奖”评选中，影视中心制作的电视连续剧《水浒少年》获一等奖，《光荣之旅》《我的爸爸》获二等奖。在第22届、23届全国电视剧“飞天奖”评选中，电视连续剧《誓言无声》《大法官》分获一、二等奖，同时获得全国“五个一工程奖”优秀作品奖和入围作品奖。《大法官》的成功，标志着山东省影视剧生产继历史上的“三连冠”。2003年在央视一套播出的24集电视连续剧《大染坊》和20集电视连续剧《好爹好娘》轰动全国，反响强烈。特别是《大染坊》收视率创2003年央视一套收视率的新高，大大提升了鲁剧在全国的影响力，实现了社会效益与经济效益的双丰收。在第9届全国“五个一工程奖”评选中，电影《首席执行官》被授予优秀作品奖，在第9届中国电影“华表奖”评选中，电影《首席执行官》获二等奖。

4.频道资源进一步增加

2001年，国家广电总局正式批准山东局开设山东广播交通频道和山东电视农业科普频道，2002年7月1日，省级电视公共频道正式开播，从而形成了6套广播节目、8套电视节目的宣传新格局，进一步扩大了山东省广播电视资源和媒体阵地。全省各地不断加大投入，依靠科技创新和技术进步，使广播电视有效覆盖明显扩大，技术设施建设也得到了进一步改善。

四、文化产业发展稳中有进（2012年至今）

2012年之后，山东省坚持文化产业发展稳中有进的战略，继续将文化创意产业作为国民经济体系中的先导性、战略性产业加以重视，努力解决原创能力偏弱、创意不足、品牌缺失等瓶颈问题，加快自主创新进程，大力促进文化产业结构的调整和发展方式的转变，文化产业发展质量有了明显提升。

（一）大力推动重点文化产业发展

1.促进旅游业发展

2013年，山东省人民政府出台了《关于提升旅游业综合竞争力　加快建成旅游强省的意见》，围绕建设“旅游强省”战略目标，山东省继续打造旅游品牌，调整发展策略，推动旅游业实现健康有序快速发展。进入新时代，山东省旅游逐渐由高速增长转向高质量发展。

2016年，山东省旅游业发展迈上了新台阶，旅游改革取得重大突破，山东省和15市旅游局更名为旅游发展委员会，完成了山东滨海旅游发展引导基金、山东旅游发展引导基金设立工作，基金规模达到30亿元。乡村旅游和旅游扶贫成效明显，山东各地将发展乡村旅游作为农业产业结构调整和农民脱贫致富的重要抓手，形成了深厚的发展氛围。在旅游扶贫方面，确定了400个旅游扶贫村，其中200个为乡村旅游特色村，并动员组织省内外规划设计机构完成了47个国家旅游扶贫重点村的规划编制和对400个旅游扶贫村的调查摸底，按照“一村一策，一户一案”逐村制定发展对策、逐户明确扶贫方式。旅游市场主体不断壮大，旅行社组接指标跃居全国第二位，5家旅行社入围全国入境旅游30强，5家旅行社入围全国利税贡献30强，12家旅行社入围全国百强旅行社，数量均居全国前列。

2017年，山东省启动了旅游产业质量大提升行动计划，实施“旅游+”和乡村振兴战略，大力推进旅游新业态，打造旅游金牌产品体系。2月，山东省人民政府办公厅发布了《关于印发加快推进十大文化旅游目的地品牌建设实施方案的通知》，提出加快建设东方圣地、仙境海岸、平安泰山、泉城济南、齐国故都、鲁风运河、水浒故里、黄河入海、亲情沂蒙、鸢都龙城等十大文化旅游目的地品牌。

2018年6月26日和28日，由省旅游发展委主办的“好客山东群英汇”山东省十大文化旅游目的地品牌推介会分别在北京、上海举行。7月4日和6日，“2018中国临沂红色旅游推介会”分别在俄罗斯莫斯科和圣彼得堡举行。

2.推动广播影视业和新闻出版物发展

2014年，山东省广播影视业一批重大项目顺利推进，如“美丽人生影视欢乐城”“青岛东方影都”等重点影视园区建设。影视剧、新闻、动画片、纪录片等内容生产产量稳步增长，品质不断提升。其中，电影《世界屋脊的歌声》、电视剧《父母爱情》、广播剧《中国船长》3件作品获全国第十三届精神文明建设“五个一工程奖”。电视剧《马向阳下乡记》受到观众普遍好评，获得收视与口碑的双丰收，被国家新闻出版广电总局列入中国梦系列剧目。电视剧《红高粱》掀起了观剧热潮，刷新了电视剧网络播放纪录。山东省出台了《山东地方戏振兴与京剧保护扶持工程实施办法》，以剧种保护与扶持为依托，推动地方戏曲健康发展，“山东省舞台艺术精品工程”“山东地方戏和京剧保护扶持工程”“山东省优秀保留剧目工程”“山东省艺术英才培育工程”陆续启动。2015年，新闻出版物发行相对平稳，图书出版品种和效益实现双增长，大型传媒集团规模实力不断增强，传媒上市公司迅速成长，数字出版基地加快建设。新闻出版产业总体经济规模综合评价居全国第5位，资产总额居全国第6位，首次突破1400亿大关。由于受宏观经济形势的影响和新媒体、新技术的巨大冲击，报纸出版日渐萎缩，出版物印刷、音像电子出版和版权进出口贸易整体下滑。

3.强化动漫业发展

2014年，山东省动漫活动持续升温，电视动画片产量继续增长；举办了新年动漫娱乐会、第十六届齐鲁动漫展、嘉年华山东赛区预选赛暨世博动漫嘉年华、2014青岛动漫艺术节、烟台第七届动漫大赛暨第三届南山公园动漫嘉年华以及首届中国（济宁）动漫文化节等动漫展示比赛活动。

2015年10月，第十七届齐鲁动漫展在山东省科技馆举办；5月，山东省动漫行业协会成立。2016年8月，第六届山东文博会全方位地展现了山东动漫产业新成就，第三届中国（济宁）动漫文化节在济宁高新区科技中心展览馆举办；10月，第十八届齐鲁动漫展在山东省科技馆举办；12月，青岛市举办了青岛高校大学生动漫创意大赛。据不完全统计，2016年全省登记从事动漫创作和生产的企业近600家，存续经营的有360余家；动漫企业的固定资产总额、销售收入、利润基本呈上升趋势，同比增长均在30%以上；全省动漫服务外包企业100多家，实现离岸服务外包业务执行额1.5亿美元。2017年4月，由山东省扶持动漫产业发展联席会议办公室指导，山东省动漫行业协会主办，青岛市高新区管委会、青岛市动漫创意产业协会承办的“2017·山东动漫产业品牌成长峰会暨青岛动漫创意产业园揭牌仪式”在青岛高新区举行。

4.加强演艺业、会展业和艺术品业发展

2016年，山东省演艺业认真贯彻落实习近平总书记关于文艺工作座谈会讲话精神，贯彻落实省委《关于繁荣发展社会主义文艺的实施意见》精神，继续实施舞台艺术“4+1工程”和重点选题资助办法，不断健全完善艺术创作“全链条”扶持机制。2016年，全省专业文艺院团各类演出3088场，惠及城乡群众400余万人次。艺术创作长效机制更加完善，公开印发了《“十三五”艺术事业发展规划》和《关于贯彻国办发〔2015〕52号文件 做好戏曲传承发展的实施意见》。

2016年，会展业规模不断扩大、效益继续提升，场馆及配套设施日趋完善。山东建成各类会展场馆36个，数量在全国排名第一；可用展览面积106.7万平方米，全国排名第四。2017年，山东共举办展览会862个，共举办主要展览342场次，位列全国第四。2017年秋季艺术品拍卖会以“冬去春来，国画的再生”为主题，于12月8日在济南喜来登酒店圆满收槌。作为上合组织青岛峰会、上合组织国家电影节之后的又一盛事，2017年7月

20日，第28届“青岛国际啤酒节”在青岛西海岸新区金沙滩啤酒城开幕。

（二）推进重大文化产业项目建设

2012年，山东省文化产业发展投资力度进一步加大，重大文化产业项目建设扎实推进，发挥出越来越大的辐射力。枣庄市台儿庄古城重建项目、青岛华强文化科技产业基地建设项目、省会文化艺术中心一院三馆建设项目、省美术馆新馆项目等13个文化项目列入2012年山东省重点建设项目目录。省文化厅面向全省征集70个成长性好、规模较大的文化产业重点项目建立项目库，成功举办了山东省公益文化项目推介活动，征集文化项目395个，总投资额近692亿元，总融资额297多亿元。

（三）优化文化产业发展环境

2012年9月2日，由山东省人民政府主办、济南市政府承办的第四届山东文化创意产业博览交易会成功闭幕。本届文博会以“创意、融合、发展”为主题，倾力打造“创意山东　文化齐鲁”的品牌。为期四天的展会由招商招展、项目推介、文化活动和高层论坛四大板块组成，举办论坛12个、文化活动72项。

2017年，山东省继续深化文化市场综合执法改革，加强文化市场监管执法。省委、省政府两办印发了《关于进一步深化文化市场综合执法改革的实施意见》，举办专题培训班，多次召开工作推进会，赴各地开展联合督导，推动多项改革任务落地。加大文化市场执法监管力度，部署开展忠诚卫士·2017金秋行动、校园周边文化市场专项检查等净化文化市场环境专项行动。

2018年5月10日，第十四届中国（深圳）国际文化产业博览交易会在深圳会展中心开幕。山东展团聚焦山东文化产业领域新旧动能转换成果，重点围绕文化产业转型升级的新业态，全面生动展示新时代山东文化产业发展的综合成果。

（四）壮大文化产业市场

2012年，山东省致力于构建统一、开放、竞争、有序的文化市场体系，大力发展现代文化产品流通组织、流通基地和流通方式，构建文化产品生产和流通网络，创新文化商业模式，开发特色文化消费，引导形成高、中、低端分众化的文化消费增长点。特别是电视机、手机、计算机日益进入家庭，相关的文化服务项目和文化产业的开发与丰富，使更大范围的山东人民群众更充分地享受到文化权益，精神得到陶冶，素质得到提升，生活质量得到提高。建立起较为完备的现代文化市场体系，经营性文化市场体系更加完善，建立了多层次的文化产品市场和生产要素市场。2016年，山东省对文化生产要素进行整合，建成了第一家文化信息服务平台。随着《文化企业无形资产评估指导意见》的发布，山东省开始关注无形资产评估机制。山东文化产权交易所积极搭建立足山东、服务全国、面向国际的“文化产权交易平台”“文化金融平台”“文化艺术品流转平台”和“版权交易中心”。12月6日，山东影视制作股份有限公司增资6亿元的项目在山东文交所挂牌。

（五）促进对外文化交流，文化贸易稳步增长

2012年，山东积极实施文化“走出去”战略，扎实推动对外文化交流

活动，文化贸易稳步增长，文化“走出去”成为山东文化强省建设和文化软实力提升的重要引擎。7月11日，作为2012香港山东周的重点活动之一，鲁港文化产业合作洽谈会暨重点项目签约仪式在香港举行。7月，由商务部、中宣部、文化部、广电总局和新闻出版总署五部委联合评选的2011至2012年度国家文化出口重点企业目录揭晓，山东省20家企业名列其中。7月2日至9日，“情系齐鲁——两岸文化联谊行”活动在山东举行，11月6日至16日，山东省京剧院一行25人赴香港进行文化交流活动，同时组织举办了韩国丽水世博会“山东活动周”文艺演出，并赴澳门参加了第23届澳门艺术节。

（六）改善文化产业发展投资环境

2012年，山东省进一步加强文化产业政策支撑平台、公共服务平台、投融资服务平台、博览交易平台和人才队伍培训平台建设，推动文化与科技、文化与旅游融合，推动文化产业优化升级。大幅增加文化产业专项资金扶持力度，文化产业发展专项资金由2011年的3.32亿元增加到2012年的6.15亿元，增幅达85.2%。其中省级资金由7000万元增加到2亿元，增幅达185.7%，另外还争取到中央财政资金支持6549万元。创新支持方式，引入市场机制，吸收国有骨干文化企业、大型国有企业认购设立了山东省文化产业投资基金。山东大众文化投资控股有限公司经批准成立后，以股权转让方式引进战略投资者。山东省国有资产投资控股有限公司实施增资扩股，使净资产总额由8亿元最终达到22.95亿元，有效拓宽了文化企业筹融资渠道。

为推动文化创意产业快速健康发展，创造良好发展的政策环境，2015年，山东注重文化顶层设计，不断完善文化领域法规文件和政策体系，制定出台了《关于深化文化市场综合执法改革的实施意见》和《关于贯彻国发〔2015〕15号文件　促进会展业改革发展的意见》《关于加强旅游市场综合监管的通知》《关于转发省旅游发展委贯彻国办发〔2015〕62号文件　促进旅游产业转型升级实施方案的通知》《关于加快饭店业发展的意见》，省人大颁布修订了新的《山东省旅游条例》，组织编制了《山东省旅游产业发展总体规划》。2016年，出台了《山东省文化领域供给侧结构性改革实施方案》《关于加快发展服务贸易的实施意见》（鲁政发〔2016〕19号）和《山东省开拓海外文化市场行动计划（2016—2020年）》。

（七）放大文化品牌优势

在文化强省建设实践中，省委、省政府把品牌建设作为引导文化发展的抓手，文化品牌越擦越亮。2012年，鲁报、鲁剧、鲁书、鲁画、鲁戏、鲁歌等一大批文化品牌再放异彩。省委宣传部联合9家省直单位共同启动“文化齐鲁·创意山东·品牌100”推选宣传活动，推选出“山东十大国有（控股）文化企业”“山东最具影响力十大文化节会品牌”等10个类别100个品牌。山东出版传媒股份有限公司努力打造具有齐鲁特色、山东气魄的“鲁版图书”品牌，在全国出版市场上“鲁书”重新崛起。旅游实施品牌化战略，不仅构建了“山水圣人旅游线”“黄金海岸旅游线”“逍遥游旅游线”三大骨干旅游线路，还打造出了“贺年会”“休闲汇”等节会品牌。依托泰山文化品牌，泰安市创新发展，不仅打造出文化旅游品牌“泰山风景区”，推出了城市文化品牌“中华泰山·天下泰安”，还扶持发展文化节会品牌“泰山国际登山节”、文化产业项目“方特欢乐世界”、文化产品《中华泰山·封禅大典》实景演出，形成了文化品牌的集群效应。

第二节 文化产业发展的主要成就

一、文化产业规模得到进一步扩张

据不完全统计，2017年山东省文化产业增加值约3120亿元；文化产业施工项目3055个，同比增长8.4%；完成投资2521.8亿元，同比增长8%。2018年第一季度、全省规模以上文化企业总资产、实现营业收入同比分别增长10.4%、6%，亿元以上文化产业项目累计完成投资同比增长14.3%。文化服务业增长迅速，固定资产投资快速增长，文化产业市场日益壮大，骨干文化企业发展壮大，文化企业上市进程加快。多门类、多层次、多样化的文化产业生产和服务主体不断发展壮大，一批具有较强实力、竞争力、影响力和自主创新能力的文化产业骨干企业成长起来，涌现出了一批大型文化产业集团。

二、文化产业发展阵地建设加快推进

以项目带动企业，以企业带动产业园区（基地）建设，文化产业基地规模优势与集聚效应增强。山东省把园区和基地建设作为文化产业发展的重要载体和优势文化产业项目的“孵化器”，促进文化产业向集约化、规模化方向发展，发挥产业集聚和辐射带动作用。

先后规划建设了一批文化创意园区，截至2017年底，山东省有1家国家级文化产业示范园区——曲阜新区文化产业园，2008年被文化部命名为第二批国家级文化产业示范园区；1家试验园区——台儿庄古城文化产业园，2012年被命名为国家级文化产业试验园区，2017年进入第一批国家级文化产业示范园区创建资格名单；14家示范基地，其中集聚类基地4家，基本形成了以国家文化产业示范园区、基地为龙头，以省级文化产业示范基地为骨干，以专、精、特、新的中小文化企业为基础的文化产业发展格局。为进一步提高文化产业园区规模化、集约化、专业化水平，推动文化产业园区转型升级、提质增效，2018年1月3日，山东省文化厅印发了《山东省文化产业园区转型升级实施方案》。

三、重点文化产业发展迅速

从产业结构来看，山东出版发行、广播影视、演艺娱乐等传统文化产业继续发展，动漫游戏、数字多媒体、数字出版等新兴文化产业快速增长，文化产业核心层、外围层增加值比重呈上升趋势，产业结构不断优化。

2017年，山东省共举办展览会862个，展览面积1033.25万平方米，较上年分别增长19%和4%。根据中国贸促会发布的《中国展览经济发展报告2017》统计，山东省已经投入使用的会展中心数量为21个，数量在全国排名第一；可用展览面积114万平方米，全国排名第二；2017年共举办主要展览342场次，位列全国第四；展出面积1082万平方米，位列全国第三。

2016年以来，山东省新闻出版业继续保持强劲增长势头，各项指标总体向好，整体实力和竞争力有了较大提升，在全国同行业中的影响力不断扩大。截至2016年底，山东省共有新闻出版单位20179家，较2015年增长2.13%。2016年，山东省新闻出版产业实现主营业务收入1974.82亿元，较上年增加147.78亿元，增长8.09%。从全国各地区营业收入增长额对全国新闻出版产业增长的贡献来看，2016年山东省新闻出版全行业营业收入增长额169.05亿元，增长贡献率27.14%，在2016年全国新闻出版产业增长贡献地区排名中位居第一。2016年，山东省新闻出版业总体经济规模在全国新闻出版产业总体经济规模综合评价排名中，从2015年的第五位上升至第二位，实现了历史性突破。

从全国广播影视业发展的情况来看，山东省广播影视业发展压力较大。2016年，山东广播影视业总收入159.79亿元，居全国第八位，排名在山东省之前的分别是北京、上海、浙江、江苏、湖南、广东、四川；资产总额411.94亿元，居全国第八位。

截至2017年底，山东省演出业整体发展态势向好，整体经济规模稳步提升。2017年7月，山东省启动文化惠民消费季，成为全国开展范围最大、企业参与最多、消费者分布最广、平台模式最新的文化消费促进行动。消费季的举办，让群众享受到了实实在在的文化实惠，有力地拉动了内需，促进了经济增长，实现了社会效益和经济效益的双赢。

2017年，山东省旅游业逐渐由高速增长转向高质量发展，旅游消费总额9200亿元，比上年增长14.5%；接待国内外游客7.8亿人次，同比增长10%；旅游投资2231.8亿元，同比增长11.2%。山东省艺术品市场的规模和交易额均排在全国前列，尤其是当代书画市场，山东省占到了全国50%—60%的份额。

四、文化市场繁荣有序

山东省不断加大对文化市场的整治和监察力度，认真搞好“扫黄打非”工作，积极制定一系列促进文化市场有序发展的法律法规条例，努力培育各级各类文化市场，推动了文化市场健康繁荣发展。资本、产权、信息、管理、技术、人才等生产要素市场充满活力。通过营造环境，规范组织和集聚、发布市场信息，文化要素市场实现了合理流动、组合和重新配置，为文化产业进一步发展搭建了良好的平台。文化消费市场日益扩展，文化消费空间进一步扩大，度假消费模式出现转型。

五、文化产业品牌效应日渐显现

山东省努力走品牌化建设之路，以品牌建设提升文化创意产业，形成一批具有鲜明地方文化特色的文化创意产业品牌，涌现出了一批全国知名的“鲁”字号文化创意产业品牌。全省形成了《齐鲁晚报》《半岛都市报》等知名报纸品牌，涌现出济南的泉文化、青岛的啤酒文化、潍坊的风筝文化、泰安的泰山文化、淄博的黑陶文化、济宁的孔子文化、聊城的水文化等知名地域文化创意产业品牌；涌现出了《沂蒙六姐妹》《闯关东》《沂蒙》等鲁版影视剧品牌，《圆明园》《晶莹小子》等动漫品牌，以及孔子国际文化节、山东文化产业博览会、齐鲁动漫文化节、青岛国际啤酒节、潍坊国际风筝会、泰山国际登山节等文化节会品牌。各地适应文化创意产业发展大势，注重文化与旅游、文化与科技的融合发展，陆续推出了一批以内涵丰富的齐鲁文化为依托、以提升文化旅游产业层次为目标的大型演艺节目，大型实景演出成为山东省文化创意产业发展的一大亮点，如《中华泰山·封禅大典》《孔子》《蒙山沂水》《蓝色畅想》《神游华夏》等，丰富和壮大了山东省文化演艺产业的阵容和实力。品牌形象价值大于产品的本身价值，通过提升文化附加值，拥有自己的品牌形象，把打造品牌根植于心，使得山东省文化创意产业发展提升到了一个新的高度。

第三节　文化产业发展的基本经验

一、健全领导体制，优化政策环境

山东省把优化环境作为提升文化产业竞争力的重要基础，坚持规划先行、机制推动、政策扶持，着力打造文化产业集聚洼地。

（一）健全领导体制

由省委、省政府主要领导挂帅，成立文化建设工作领导小组、文化体制改革和文化产业发展领导小组、文化产业推进委员会、文化与旅游发展领导小组，多次进行专题研究。全省各级普遍成立了文化体制改革和文化产业发展工作领导小组，17市全部设立了文化体制改革和发展办公室，并从上到下建立了文化产业统计监测年报和定报制度。省委宣传部还实行了部领导分工督导机制，每位部领导联系1—2个改革试点市和省直试点单位，保证了文化改革发展任务的扎实推进。

（二）优化政策环境

山东省出台了一系列支持鼓励文化产业发展的文件，制定了促进文化产业发展的若干政策和规划。早在2007年12月就出台了《山东省文化产业发展专项规划（2007—2015）》，引领、推动文化产业向规模化、专业化、集团化发展。立足文化产业发展的现实需要，在财政、土地、人才、税费、投融资、工商管理等方面给予文化企业、文化经营者最大限度的政策支持，把完善政策作为推进改革的有力杠杆，先后制定了《关于深化文化体制改革、加快文化产业发展的若干政策》《山东省文化产业振兴规划》《关于促进文化产业发展的若干政策》《关于促进重点文化产业园区（基地）建设的实施方案》等政策文件，各级普遍完善了配套政策，形成了支持改革、鼓励发展的政策导向。全省各级普遍设立了文化产业发展专项资金，总规模超过7亿元，其中省级文化产业发展专项资金达到2亿元，同时设立了总规模为10个亿的山东文化产业投资基金。

二、深化改革，推进创新

40年来山东省文化产业之所以得到快速发展，首先是因为全面深化改革、扩大开放，打破制约文化生产力解放和发展的体制机制障碍，制定实施了深化文化体制改革的实施方案、“时间表”和“路线图”。其次是因为积极推进文化产业发展创新，在坚持图书报刊、广播影视、艺术演出等传统文化产业发展的前提下，注重以新理念、新技术催生文化新产品、新业态，推动文化产业发展的转型升级和新旧动能的转换。把发展网络动漫、数字电视、电子图书、手机报刊、移动电视、在线娱乐等新兴文化业态放在优先发展的位置，大力发展高端、高质、高效文化产业，努力在数字出版、原创动漫等方面培育发展新优势。深入实施“创意山东”计划，培育一批文化创意群体，建设了一批文化创意园区，扶持发展一批自主创新能力强的文化骨干企业，不断提高文化产品的科技含量和附加值。

三、坚持“抓两头、带中间”的总体思路

山东省文化产业发展注重抓“大”，即抓大企业、大项目、大平台，打造一批主业突出、核心竞争力强、市场占有率高的领军型文化企业、大

型文化产业要素平台，通过整合资源，组建起山东出版集团、山东影视集团、齐鲁传媒集团、山东演艺集团、山东省互联网传媒集团等一批龙头文化企业集团。鼓励文化企业跨地区、跨部门、跨行业联合，兼并，重组，推动文化资源向优势企业集聚。同时注意抓“小”，即培育一批专、精、特、新的中小微文化企业。

四、搭建服务平台，发展优势产业

文化产业发展离不开平台支撑。山东省注重从节会展交、资本运作、创意孵化入手，着力推动资源组合，打造支撑文化产业发展的“三驾马车”。

搭建节会平台。挖掘整合各类节会资源，集中打造了文博会、鲁台会、山东（国际）文化产业博览会、青岛国际啤酒节、曲阜国际孔子文化节、泰山国际登山节、潍坊国际风筝节、淄博国际陶瓷节、齐鲁动漫展、青岛动漫艺术节、中国（济宁）动漫文化节等重大文化节会品牌。

搭建融资平台。推动文化企业与金融机构合作，大力发展文化金融。大幅增加文化产业专项资金扶持力度，成立文化产业发展专项资金，吸收国有骨干文化企业、大型国有企业认购设立了山东省文化产业投资基金。

搭建孵化平台。重视文化产业园区建设，通过制定优惠政策，完善规范化服务流程，吸引一批有潜力的文化创意企业入驻，打造众多在全国具有一定影响力的文化产业示范园区。截至2017年底，全省在建或建成的文化产业园区（基地）约有150个。

第六章
不断深化文化体制改革

体制创新是推动文化创新的关键环节，是解放和发展文化生产力、促进文化繁荣发展的必由之路。改革开放40年来，山东省不断加大推动文化体制改革的力度，加快公益性文化事业单位内部改革，大力推进劳动人事、收入分配和社会保障制度改革，引入竞争和激励机制；积极稳妥地推进出版、发行、演艺、影视制作等国有经营性文化事业单位改企转制，推动国有文化企业公司制或股份制改造；努力创新文化宏观管理体制，转变政府职能，加快推进政企分开、政事分开、政资分开、政府与市场中介组织分开，建立新型国有文化资产管理体制，逐步实现由办文化向管文化转变，形成了党委领导、政府管理、行业自律、企事业单位依法经营、充满活力的文化运行管理体制。

第一节　文化体制改革的重要历程

一、文化体制改革的萌芽（1978—1991年）

党的十一届三中全会确定以经济建设为中心，实现了历史性的伟大转折，经济迅速发展。随着物质生活的逐步改善，人们对精神文化生活的需求日益增长。随着经济建设的发展和改革开放政策的实施，山东省文化体制改革开始起步。1979年，省文化局作出《关于把工作重点转移到社会主义现代化建设上来的意见》，要求各级文艺单位迅速跟上全党工作的重点，大力繁荣创作，活跃文艺演出，做好电影的发行放映，加强文博、图书工作，积极为四个现代化服务。省文化局还制定了《1980—1981年文化事业发展规划》，使全省文艺事业改革发展全面推进。

（一）艺术表演团体承包责任制推开

山东省文化体制改革首先从艺术表演团体开始。长期以来在计划经济体制下形成的艺术表演团体管理体制越来越不适应艺术生产的需要，束缚着文艺事业的发展。1980年2月召开的全国文化局长会议指出："艺术表演团体的体制和管理制度方面的问题很多，严重地影响了表演艺术的发展和提高，需要进行合理的改革。"会议明确提出："坚决地有步骤地改革文化事业体制，改革经营管理制度。"1983年，国务院《政府工作报告》指出，文艺体制需要有领导、有步骤地进行改革。改革是为了促进社会主义文艺的繁荣，提高作家、艺术家的思想艺术素质，提高作品的思想艺术质量。同年，艺术表演团体实行承包责任制的改革在全国推行开来，山东省各级艺术表演团体也较普遍地实行了承包经营责任制，这是文化体制改革的初步尝试。

1984年，党中央、国务院出台了《关于深化经济体制改革的决定》，在一定程度上推动了山东省的文化体制改革。这一年，潍坊市针对体制僵化、队伍臃肿、艺术生产不健全等问题，从调整布局、精减人员入手，对市京剧团、吕剧团进行了整顿改革。山东省歌舞团开始了改革试点工作，精减人员，民主选举团长，调整机构设置，这些改革使省歌舞团的面貌发生了巨大变化，也为全省的艺术表演团体改革摸索出了经验。

1985年4月，中共中央办公厅、国务院办公厅转发了文化部《关于艺术表演团体的改革意见》，对全国艺术表演团体改革的内容、范围、步骤等进行了全面部署。不久，山东省提出了艺术表演团体改革的具体意见，全省艺术表演团体改革全面展开。改革的重点首先是调整剧团的布局，对剧团的数量和富余人员进行必要的精简，山东省歌舞团、京剧团、吕剧团、话剧团先后改建为歌舞剧院、京剧院、吕剧院和话剧院。经过调整精简，全省艺术表演团体开始呈现出布局大体合理、人员比较精干的新局面。与此同时，山东省进行了艺术表演团体管理体制的改革。改革充分调动了广大艺术工作者的积极性，增强了艺术表演团体的活力，促进了艺术生产力的解放和艺术事业发展。

1988年，国务院批转文化部《关于加快和深化艺术表演团体体制改革的意见》。1989年，中共中央出台《关于进一步繁荣文艺的若干意见》，提出了实行“双轨制”的具体改革意见，即一轨为少数代表国家和民族艺术水平的或带有实验性的或具有特殊的历史保留价值的或少数民族地区需要国家扶持的艺术表演团体，实行全民所有制，由政府文化主管部门主办；另一轨为其他绝大多数的规模比较小、比较分散、演出的流动性比较强的艺术表演团体，实行多种所有制形式，由社会力量主办，自主经营，独立核算，自负盈亏。实行“双轨制”政策之后，大量民间职业剧团涌现出来并日益活跃，促进了文化市场的繁荣。

（二）出版、广电开始结构调整

1983年，党中央、国务院作出《关于加强出版工作的决定》，山东的出版体制改革开始起步。从1978年到1984年，原山东人民出版社所属的专业编辑室先后改成山东科技出版社、齐鲁书社、山东教育出版社、山东文艺出版社、山东美术出版社、山东少年儿童出版社（后改为明天出版社）、山东人民出版社等7个专业出版社。党的十一届三中全会以后，山东广播事业也步入全面改革振兴的新阶段，创建了省、市（地）、县“三级办广播，三级办电视，三级混合覆盖”的事业格局。

（三）逐步建立完善省、市地文化管理机构

1987年初，根据政事、政企分开的原则，山东省于1987年成立了省新闻出版局，各市地也陆续建立了新闻出版局（办公室），逐步解决政事、政企不分的问题。1989年，山东省新闻出版局对全省书报刊出版单位进行了整顿，省出版总社加快改革步伐，向所属二级单位下放部分人、财和业务管理权，推行各种形式的岗位责任制和承包责任制。新华书店实行对基层店层层让利的政策，总结推广龙口市“梅花布点”的网点建设经验，进行“一主、三多、一少”的发行体制改革，全省各报刊社也开始推行各种形式的岗位责任制。

（四）重视文化市场培育

1988年，文化部、国家工商行政管理局发布《关于加强文化市场管理工作的通知》，正式提出“文化市场”的概念，同时明确了文化市场的管理范围、任务、原则和方针。这标志着我国“文化市场”的地位正式得到

承认。1989年，国务院批准在文化部设置文化市场管理局，全国文化市场管理体系开始建立。山东省文化厅拟定了《山东省文化市场管理条例》，1990年8月，经山东省人民代表大会常务委员会审议通过，颁布施行；拟定了《山东省文化娱乐市场管理规定》，文化娱乐业开始走上正规化、法制化的轨道，山东省及市地全部建立了文化市场管理机构。

（五）逐渐改变单纯依靠国家办文化的单一模式

在1991年庆祝中国共产党成立70周年大会上的讲话中，江泽民对有中国特色社会主义的文化理论与建设作了全面的阐述，首次明确提出了有中国特色社会主义文化的概念，成为山东省文化体制改革的指导方针。截至1991年底，山东省逐渐形成了国家、集体、个体一起办文化的新体制，改变了单纯依靠国家办文化的单一模式，增强了文化事业内部机制的活力，使文艺事业蓬勃发展、成果丰硕。专业文化队伍更加精干，业余文化队伍更加壮大，文化设施更加完善，群众文化活动广泛开展，对外文化交流日益增多。

二、文化体制改革的探索（1992—2001年）

（一）山东省新闻出版事业改革步伐加快

从1992年到2001年，山东省新闻出版事业加快了改革步伐。各出版社、报刊社普遍“断奶”，实行事业单位企业化管理，成为自主经营、独立核算、自收自支、照章纳税的社会法人，适应社会主义市场经济体制的新闻出版管理机制和运行机制逐步建立起来。部分新闻出版单位开始探索走集约化经营的路子。大众日报社建立了以“四报两刊”为龙头的广告、发行、印刷、信息四大支柱产业，增强了整体优势和竞争能力；青岛出版社实现了书报刊编印发一条龙；省出版总社与所属的二级企事业单位组建了山东省出版（集团）总社；省新华书店以省店及所属书店等经营单位为基础组建了省图书音像发行总公司。通过深化发行体制改革，山东省在文化建设的第二阶段基本建立起了国营新华书店为主渠道，多种经济成分、多种流通渠道、多种购销形式的图书发行网络，并开始向大市场、大流通的格局迈进。

山东省音像电子出版业于20世纪80年代开始起步，20世纪90年代稳步发展，全省音像电子出版单位、音像电子出版物复录单位和光盘生产线不断增加。印刷企业改革的步伐加快，按照发展社会主义市场经济的要求建立现代企业制度。在改革的过程中，国有企业起到了很好的带动作用。全省印刷企业的经济结构也有了变化，一批设备先进、管理有序的民营企业、合资合作企业和股份制企业有了较大发展。

（二）依据社会主义精神文明建设的战略部署推进文化改革

1996年10月，党的十四届六中全会通过了《中共中央关于加强社会主义精神文明建设若干问题的决议》，提出改革文化体制是文化事业繁荣和发展的根本出路，成为山东省文化体制改革的跨世纪行动纲领。1996年，山东省委六届六次全会通过了《山东省“九五”期间社会主义精神文明建设规划》，提出积极发展社会主义文化事业的目标和任务。1997年，党的十五大召开，标志着党的第三代中央领导集体关于有中国特色社会主义的文化理论思想体系的形成。山东省在有中国特色社会主义的文化理论思想体系指导下探索文化体制改革。1998年，山东省第七次党代会进一步提出，把发展社会主义经济、政治、文化有机统一起来，全面推进山东社会主义现代化建设事业。

针对省直其他文化事业单位的分配制度改革，山东省文化厅提出了明确的指导性意见。截至1999年底，全省已有12个市地实行了领导干部聘任制和全员聘任制，13个市地的94个单位实行了活工资分配制度。在巩固省直文化系统分配制度改革成果的基础上，省文化厅与财政厅联合制定了《艺术表演团体演出补贴办法》，有力地调动了各艺术表演团体的积极性。省直文化系统部分单位实行了领导干部聘任制，特别是省歌舞剧院，1998年通过竞争上岗，择优聘任领导干部，在文化单位引起了较大震动。市地改革在巩固过去改革成果的基础上也有了新进展。

自20世纪90年代到21世纪初，缘于资金短缺，我国不少文艺团体陷入了举步维艰的困境。山东省积极探索文企联姻，为文化发展增添活力。文企联姻首先在文学创作领域展开，青岛、烟台、济南等市相继实行文艺演出团体与企业联姻，激活了演出市场。

文化市场法规建设有新的发展，颁布实行了《济南市文物保护管理规定》《青岛市文化娱乐市场管理条例》《省直剧场管理暂行办法》和《山东省歌舞娱乐场所演出活动管理办法》等规范性文件，完成修改《山东省文化市场管理条例》的征求意见稿。顺应人民群众对文化生活的需要，文化市场迅速发展，形成了娱乐、文艺演出、音像、书刊、美术、电影发行放映、艺术培训等门类众多、内容丰富的文化市场体系，省及各市地全部建立了文化市场管理机构。

全省各级电影管理部门依靠和发挥国家、集体和个体多方面的积极性，使城乡电影事业迅猛发展。电影发行放映行业顺应市场经济的新形势，转变机制，由省、市电影公司联合成立了股份制的齐鲁影业有限公司。公司注重抓好国产重点影片的发行放映，积极开拓农村电影市场，并开展了“影企联姻”活动。全省各类放映单位特别是乡镇电影院和村办放映队大量增加，农民个体经营的放映单位也开始出现，全省城市电影院设施改造逐步展开。

(三)提出建设“文化大省”的战略构想

2000年10月，在党的十五届五中全会通过的《中共中央关于制定国民经济和社会发展第十个五年计划的建议》中党和政府第一次提出“文化产业”的概念，“文化产业”在我党的文件中得到正视和认可。这是继承认“文化市场”的合法地位之后，党和政府关于文化认识的第二个重要转变，对深化文化体制改革产生了决定性影响。2001年，中共中央批转中宣部、广电总局、新闻出版署《关于深化新闻出版广播影视业改革的若干意见》，提出文化体制改革要以发展为主题，以结构调整为主线，以集团化建设为重点和突破口，着重在宏观管理体制、微观运行机制、政策法律体系、市场环境、开放格局五个方面积极进行探索创新。据此，山东省不仅根据“文化产业”发展方向致力于文化体制改革，还提出建设“文化大省”的战略构想。

这一阶段山东省文化体制改革在实践中主要围绕以下几个重点进行了探索：一是深化文化单位的内部改革，根据不同特点，建立健全激励竞争机制，努力增强生机和活力。在新闻单位，以提高新闻宣传质量为中心，调整了组织结构(改变过去编辑部内部分工参照政府工作部门对口设置办法），改革干部人事管理制度、工资奖金分配制度，改进宣传报道，建立新的激励机制、竞争机制和约束机制。这些改革措施使新闻报道的信息量增加，时效性增强，新闻内容的权威性、指导性和可读性大大提高，报刊的发行量逐年上升，广播电视节目的收听收视率逐步提高。艺术演出院团进行了演出补贴改革和考评聘任制改革。二是培育社会主义文化市场，规范市场行为，完善运行机制，促进文化市场繁荣健康、活跃有序地发展。这一时期初步建立起了包括文艺演出市场、电影电视市场、音像市场、文化娱乐市场、文化旅游市场在内的文化市场体系。三是文化管理部门加大自身改革的力度，转变职能，提高效率，加强和改进对文化事业的宏观管理。四是进一步完善文化经济政策，逐步建立了有利于文化单位把社会效益放在首位的保障机制。

山东省文化改革继续深入。文化投入逐年增加，“九五”期间，全省财政文化事业经费达到16.15亿元，年均增长12.7%；2001年达到4.6亿元。5年来全省新建、改建或扩建了约三分之二的大型文化设施。传媒业改革取得突破性进展。大众报业集团、山东出版集团、山东广电总台的改革走在了全国前列，初步建立起集团化发展的框架。大众报业集团2001年销售收入5亿元，利税1.4亿元，经营及发行主要指标均居全国省报前3位，广电总台营业收入6亿元，出版集团销售收入60.8亿元，利税7亿元。大型经贸文化活动各具特色。各地继十几年前开始的“文化搭台，经贸唱戏”，发展到融文化经贸活动于一体，形成了一个形式多样、各具特色的节会文化经济体系。特别是潍坊国际风筝节、曲阜孔子文化节、泰山国际登山节、青岛国际海洋文化节和啤酒节、菏泽牡丹花会、济南金秋经贸洽谈会、烟台葡萄酒节和APEC投资博览会、威海渔民节等，在国内外产生了广泛影响。文企联姻继续创新，缓解了文艺团体资金之困，为文化发展注入了新的活力，较好地实现了社会效益与经济效益的统一。

三、文化体制改革的自觉开拓（2002—2011年）

山东省真正意义上的文化体制改革始于十六大以后，经历了战略设想、试点探索、全面展开、深入推进等几个阶段，改革由点到面逐步深入，文化体制改革工作力度不断加大，在经营性文化单位转企改制、文化市场综合执法、文化行政管理体制改革和新闻媒体改革等重点领域取得突破性进展，得到中央领导和中宣部的充分肯定，被认为“改革进展较快，走在全国前列”，“文化体制改革有突破、有经验、有亮点”。

（一）战略设想阶段（十六大至2003年6月）

党的十六大第一次将文化分成文化事业和文化产业，明确了整个文化体制改革的方向和目标。改革的目标、任务和原则是把深化改革同调整结构和促进发展结合起来，理顺政府和文化企事业单位的关系，加强文化法制建设，加强宏观管理，深化文化企事业单位内部改革，逐步建立起有利于调动文化工作者积极性、推动文化创新、多出精品、多出人才的文化管理体制和运行机制。十六大还提出要抓紧制定文化体制改革的总体方案。2003年，党的十六届三中全会通过的《完善社会主义市场经济体制若干问题的决定》，明确提出了文化体制改革的总目标，要求逐步建立党委领导、政府管理、行业自律、企事业单位依法运营的文化管理体制。《决定》分别提出了文化事业和文化产业的改革方向和目标：公益性文化事业单位要深化劳动人事、收入分配和社会保障制度改革，加大国家投入，增强活力，改善服务；经营性文化单位要创新体制，转换机制，面向市场，壮大实力。《决定》还第一次明确提出文化体制改革要形成一批大型文化企业集团。

（二）试点探索阶段（2003年6月至2006年3月）

2003年6月，全国文化体制改革试点工作会议在北京召开，按照党的十六大关于深化文化体制改革的要求，专门研究部署文化体制改革试点工作。2005年12月，《中共中央、国务院关于深化文化体制改革的若干意见》提出文化体制改革的指导思想、原则要求和目标任务，要求推进和深化文化事业、文化企业单位改革，加快文化领域结构调整，培育现代文化市场体系，健全宏观管理体制。

按照中央和省委、省政府的部署，山东省文化体制改革于2003年6月开始启动，确定大众报业集团、山东广电总台两个全国试点单位和27个省级试点单位先行探索，后来取得了大众报业宣传经营“两分开”和青岛有线电视数字化整体转换的成功经验。2003年9月，成立了山东省文化体制改革领导小组，设立了文化体制改革和发展办公室，明确了积极稳妥、突出重点、分三个层次扎实推进的文化体制改革试点工作思路。2005年，颁布实施了《山东省2005—2015年文化市场发展纲要》，关于制定全省文化体制改革工作的方案也开始提上议事日程。

这一阶段，在国家各种政策的鼓励下，民营资本迅速进入山东文化产业领域，在市场竞争中不断壮大。全省6709家发行单位中，民营企业占了半壁江山，销售收入过亿元的民营发行企业达8家。山东世纪天鸿书业有限公司是国内首家拥有图书、报刊、电子出版物国内总发行权和全国连锁经营权的民营文化企业，2005年销售收入3.3亿元，成为全国最大的民营书业集团。山东爱书人音像图书有限公司是全国最大的音像连锁经营企业之一，2005年实现销售收入2亿元。截至2006年底，山东省初步形成了以公有制为主体、多种经济成分共同发展的产业新格局。

（三）全面展开阶段（2006年3月至2007年12月）

2006年3月，中央召开深化文化体制改革工作会议，提出以发展为主题，以改革为动力，以体制机制创新为重点，以创造更多更好适应人民群众需求的精神文化产品为目标，深入推进文化体制改革。以此为标志，文化体制改革全面展开，文化事业的改革与发展进入全面推进的新阶段。

2006年9月，山东省出台了《山东省深化文化体制改革工作方案》，对全省文化体制改革作了全面部署，确定了大众报业集团、山东广播电视总台、山东出版集团、省博物馆、省艺术馆及省直艺术院团为省直改革试点单位，济南、青岛、莱芜、临沂、滨州为改革综合试点市，主要任务是重点推进经营性文化事业单位转企改制、公益性文化事业单位内部机制改革，创新文化宏观管理体制，培育发展文化市场主体，健全现代文化市场体系，调整优化文化领域结构等，从而拉开了山东省文化体制改革的大幕。

2007年6月，山东省第九次党代会提出建设文化强省的战略目标，对文化改革发展作出总体部署，成为全国最早提出"文化强省"战略的省份之一。之后，山东省扩大文化体制改革试点范围，新增了烟台、潍坊、威海、泰安4个全国综合试点市。同年出台了《山东省关于实施〈国家"十一五"时期文化发展纲要〉的意见》，印发了《山东省文化产业发展专项规划（2007—2015）》，对山东省“十一五”时期文化改革发展的重点任务和总体目标作了系统的阐述。

随着国家文化体制改革思路的进一步明确，山东各地文化单位改革的主动性增强，积极改革体制、面向市场，转变机制、增强活力，涌现出许多体制改革的典型。烟台日报传媒集团实施全公司化运营，并且允许经营者持股。青岛人民印刷厂为筹集发展资金，在美国纽约上市。济南市广播电视局和济南电台、济南电视台实现了局台分离。

大众报业集团从以下几个方面进行了改革：一是进一步健全法人治理机构，健全董事会、监事会、经理层机构；二是建立现代企业制度，按照《公司法》的要求，逐步完善以产权为纽带的母子公司体制；三是深化人事分配制度改革，进一步健全招聘、试用、竞争上岗、考评、轮岗、诫勉、末位淘汰、待岗、辞聘、辞职等一套比较成型的制度。

山东出版集团从以下方面进行了有益的改革：一是推进体制创新，健全完善集团领导体制，进一步建立健全党委领导和法人治理结构相结合的领导体制，建立以出版、印刷、发行、物资供应等生产环节为子公司的集团公司管理体制和运行机制。二是积极稳妥做好出版社、期刊社等事业单位改制工作，除少数政治性、公益性强的出版单位保留事业单位编制外，其他出版社和期刊社由事业单位企业化管理逐步转制为企业。积极探索用人与分配制度上的“一社两制”，完善项目负责制，建立符合出版市场规律、适应规模化经营和集约化管理的出版运行机制。三是因企制宜，逐步进行集团所属印刷厂、新华书店、物资公司等的改制工作。

文化艺术事业内部机制改革也在探索中推进。省直文化系统有17个单位实行了聘任制，通过竞争上岗、择优聘用，优化了班子结构。在分配制度改革上，制定了《艺术表演团体岗位津贴发放办法》，使省直剧团工资的浮动部分接近总数的一半；与财政部门联合制定了《演出场次补贴办法》，超场奖励，完不成任务的给予处罚，使全省的演出场次稳步增长。在运用市场方式发展文化上，一是注重艺术生产的市场调查和成本核算，通过市场方式进行创作演出和其他文化活动。二是省直六院团与省直六大企业联姻取得新突破。山东歌舞剧院2005年与联通山东分公司合作，2007年与济南电力公司联手。三是大力提倡演出经纪人制、代理制、承包制，总结省话剧院“艺+1工作室”和青岛公益文化活动推介会、济南公益文化社会办洽谈会经验，并向全省推广。

重点抓文化企事业单位的独立法人地位的确立并支持民办文化发展，努力实现由“办文化”向“管文化”转变，形成多渠道、多元化的文化投入新格局。济南市图书馆、济南市吕剧院、济南市演出公司作为山东省文化体制改革试点单位，深入进行改革探索和实践。济南市图书馆在改善服务方式、深化内部改革、完善相关机制上下功夫，为公益性文化事业单位深化改革积累了经验。济南市吕剧院面向市场进行体制和机制创新，转变经营和管理方式，建立健全用人和评聘分开的激励机制。

山东广播电视总台文化体制改革从以下方面进行：一是进行资产评估，盘活资源，实行授权经营。二是加快制播体制改革，大力开发广播电视节目内容产业。三是搞活分配机制，进一步完善以岗位管理、项目管理、业绩管理为基础的分配方式，建立起有效的绩效考核机制和多劳多得的利益调控机制。

（四）深入推进阶段（2008年至2011年）

1.文化体制改革迈出新步伐

2008年1月13日，山东省召开了新中国成立以来第一个文化建设工作会议，具有里程碑意义。会议提出实现由文化资源大省向文化强省的跨越，把文化体制改革作为文化强省建设的“八大工程”之一重点推进，综合试点市和试点单位改革全面展开。2008年，山东省结合实际，制定了相应的配套措施，先后出台了《关于推动文化大发展大繁荣的意见》《关于深化文化体制改革　加快文化产业发展的若干政策》《关于加强公共文化服务体系建设的实施意见》等10个文件，为文化体制改革和文化产业发展提供了全面的政策支持，并在财政、土地、税收、工商、价格等方面对文化企业进行扶持。2008年12月31日，山东出版集团有限公司、山东新华传媒股份有限公司、山东影视集团有限公司、山东大众传媒股份有限公司等四家省直文化企业分别在济南揭牌，标志着山东省文化体制改革迈出了坚实步伐。

山东省委、省政府高度重视动漫产业发展，出台了一系列鼓励和扶持措施。2006年，山东省人民政府举办了首届文化产业博览会，将动漫游戏业列为文博会“十大文化产业”之一；2007年3月，出台了《关于推动我省动漫产业发展的若干意见》，提出了发展动漫产业的十大扶持政策；2007年6月，建立了“山东省扶持动漫产业发展联席会议制度”，由省文化厅牵头，省发改委等13个部门共同组成；2008年7月，又通过了《山东省动漫企业备案标准及管理办法》《山东省动漫产业基地认定标准及评估办法》《编制〈山东省动漫产业中长期发展规划〉的设想》《推动我省动漫产业发展若干意见的实施细则》等7个文件；省委、省政府出台《关于推动文化大发展大繁荣的意见》《关于加强公共文化山东省服务体系建设的实施意见》和《关于深化文化体制改革 加快文化产业发展的若干政策》等10余个文件中，都将动漫产业列为文化建设的重要内容。这一切，为山东省动漫产业的发展创造了良好的环境。

2.文化体制改革实现了较大突破

2009年是山东“文化改革年”。继2008年底组建了四大文化产业集团之后，文化体制改革继续向纵深推进，11家文艺院团挂牌完成转企改制，山东演艺集团有限公司、山东省杂技演艺有限公司、山东文化传媒有限公司挂牌成立。截至2009年底，全省累计有160多家经营性文化单位完成转企改制，8个市组建了新的文广新局。2009年8月，临沂、潍坊二市和山东出版集团有限公司分别被评为全国文化体制改革先进地区、先进企业，临沂市、潍坊市先后在全国经验交流大会上作典型发言。文化综合执法是体制改革的重中之重。2009年，临沂率先在全省探索出“三局合一、联合执法”的模式，并得以在全省推广。

新闻出版改革迈出新步伐。全省需转企改制的出版单位共23家（含3家高校出版社、1家地图出版社），已转企改制21家，占总数的91.3%。进入2009年，国家新闻出版总署颁布了《关于进一步推进新闻出版体制改革的指导意见》。为加快体制改革进度，山东省制定了《2009年全省文化体制改革路线图和时间表》。在这种背景和形势下，2009年，山东国有新闻出版单位的体制机制改革在两个方面不断迈进。一是国有出版单位改革整体快速推进。山东出版集团转企改制进入实质性推进阶段，核销了所属企事业单位的事业编制。2009年济南、青岛两家城市出版社成功转企。青岛出版社于3月18日挂牌成立青岛出版集团，进行整体转企改制，这是全国城市出版社成立的第一家出版集团。7月16日，济南出版有限责任公司揭牌。2009年6月29日，泰山出版社有限公司挂牌成立，泰山出版社实现转企改制。大学出版社确定转企改制方案。山东大学出版社、中国石油大学出版社、中国海洋大学出版社列入第二批高校出版社改制试点单位。二是报刊单位改革不断推向深入。在全省11家省属、市属党报党刊发行体制改革试点单位中，潍坊日报、烟台日报、滨州日报等10家已在2009年完成改革任务，占总数的90.1%。山东大众报业集团有限公司在体制改革和产业发展方面继续向前推进，集团在先期成立的股份制改革领导小组的基础上，又于2009年初成立了半岛传媒有限公司股份制改革项目办公室，负责具体实施相关改革工作。

省广电局成立了专门的改革小组，分别制定了局台分开、制播分离和网络整合等3个改革方案，形成了《山东省广播影视体制改革方案》。省广电局对广视网、山东电视网、齐鲁网等内部网站进行了整合，形成新的山东广电门户网站——“齐鲁网”。全省需转企改制的电影公司和电影院共73家，转企改制64家，占总数的87.67%。济南、青岛、潍坊、泰安、威海、莱芜、临沂、省广电局的电影公司和电影院全部改制为企业，烟台、滨州等市则积极推进。

省文化厅对全省119家文艺演出院团的隶属关系、单位性质、艺术品种、人员情况、经营现状、近期改革计划等进行了全面汇总与核实，形成了《全省国有文艺演出院团基本情况》。在此基础上，成立专门小组，制定了《山东省关于深化国有文艺演出院团体制改革的实施意见》。省杂技团转企改制方案基本完成并经过职工代表大会讨论通过；省歌舞剧院转企改制工作积极推进，与战略合作伙伴进行了多轮洽谈，进入制定改制方案阶段；济南市确定市杂技团作为转企改制试点；青岛市确定市歌舞剧院、市民族艺术剧院、市曲艺团实行整体转企改制。

文化市场综合执法改革进展加速，推动文化行政管理部门逐步实现由以办文化为主向以管文化为主转变，由管微观向管宏观转变，由主要面向直属单位转为面向全社会转变，更好地履行政策调节、市场监管、社会管理和公共服务的职能。全省9个试点市共有市级和县（市、区）级综合执法试点地区89个，其中80个为县市区级。除济南、青岛两市外，临沂、潍坊、滨州、威海、莱芜5个市均成立了市级文化市场综合执法局，34个县市区建立了综合执法机构。

3.文化体制改革步伐进一步加快

山东省委、省政府高度重视文化体制改革，2010年7月26日，在济南召开了文化体制改革和文化产业振兴大会。这次会上，不仅正式发布了《关于振兴山东文化产业的意见》，还出台了5个旨在促进文化体制改革和文化产业振兴的配套文件。8月31日，山东省文化体制改革工作会议在济南召开，再次对文化体制改革作出强力部署，推动全省文化体制改革轰轰烈烈展开，到年底取得了显著改革成果。

一是宏观文化管理体制改革。全省17市均实行了三局合一，组建了文广新局；同时全面推开文化综合执法改革，组建了文化市场综合执法机构，140个县（市、区）基本完成文化市场综合执法改革，全省宏观文化管理体制改革的任务基本完成。

二是经营性文化单位转企改制。全省有373家国有文化单位转企改制，出版发行、影视制作等领域文化单位的改革全面完成，包括23家出版社、129家图书发行单位、1家国有电影制片厂、22家电影公司、36家电影院和

1家影视剧制作单位提前完成中央部署的改制任务。

三是新闻单位改革。省级、省会城市、副省级城市的党报党刊全部完成发行业务剥离，组建了专门的发行公司。全省列入先行改革的非时政类报刊社有90家，完成改制45家。全省有17家新闻网站转企改制，大众报业集团与潍坊报业集团、临沂日报报业集团实行战略重组，并成立半岛传媒股份有限公司。

四是广播影视体制改革。全省广电系统实现“局台分开”和“两台合一”，广电网络整合基本完成。截至2010年底，全省有线用户达2000万户，山东广电网络有限公司及17市分公司正式成立，成为全国第20个完成整合任务的省份。

五是文艺院团改革。全省共有118家国有文艺演出院团，包括省直院团6家、市级院团43家、县级院团69家，除中央批准保留事业体制的省京剧院和青岛交响乐团两家外，其余全部实行转企改制。

4.文化体制改革向纵深发展

2011年，《中共中央关于深化文化体制改革　推动社会主义文化大发展大繁荣的决定》就我国文化体制改革作了全面系统部署，要求到2020年在重要领域和关键环节改革上取得决定性成果，形成系统完备、科学规范、运行有效的制度体系，使各方面制度更加成熟、更加定型。2011年3月，山东省对全省文化改革发展情况进行专项督查调研。6月14日，召开山东省文化体制改革工作会议，提出加快推进文化体制机制改革创新，集中突破重点领域的改革，组建一批大型文化企业集团，建立完善国有文化资产管理体制和运行机制，加快构建覆盖城乡的公共文化服务体系。文化企业国有资产监督管理得到加强，出台了《省属文化企业国有资产监督管理暂行办法》。在2011年4月底召开的全国文化体制改革工作会议上，山东省及9个市被评为全国文化体制改革工作先进地区。

为加快推进新闻出版领域体制改革进程，山东省两办出台了《关于深化非时政类报刊出版单位体制改革的实施意见》（鲁办发〔2011〕17号），明确了非时政类报刊出版单位体制改革的指导思想、原则要求、目标任务和实施办法，要求非时政类报刊出版单位分期分批转制，先行转制的于2011年底前完成改革任务，把市场在资源配置中的基础性作用与政府的引导作用结合起来，推动报刊出版单位走内涵式发展道路，实行严格的报刊出版市场准入制度。

山东新闻出版企业竞相通过资本运作加快发展步伐。山东出版集团股份制改造和上市融资工作加快推进，由山东出版集团经股份制改造后成立的山东出版传媒股份有限公司于2011年11月28日在济南揭牌，这标志着山东出版集团股改上市工作取得阶段性胜利，为山东出版业的进一步发展奠定了坚实的基础。大众报业集团半岛传媒公司引进战略投资1.75亿元，股份公司正式揭牌，成为山东首家完成整体股改的文化企业，进入上市辅导期。青岛出版集团、泰山出版社有限公司以及山东世纪天鸿、山东世纪金榜等大型民营书业公司制定了股改上市的规划和方案。

在省文化体制改革领导小组的领导下，落实中央和省委、省政府关于深化文化体制改革的决策部署，全省17市整合文化、广电、新闻出版行政管理机构和管理职能，组建了文化广电新闻出版局，同时整合文化市场执法职能和执法队伍，成立了文化市场综合执法机构。省委、省政府研究通过《山东省广播影视体制改革方案》，整合山东人民广播电台、山东电视台、山东有线电视中心，组建成立山东广播电视台，建立起“局管台、台控企”，更加有利于党委领导、行政管理，企事业单位依法运营的管理体制。2011年6月，山东广电网络有限公司召开了股东大会，按新的股东和出资情况办理了工商注册登记，公司正式投入运营。9月，省政府办公厅下发了关于加快县级广电网络整合工作的通知，山东省县级有线网络整合工作全面启动。2011年11月，山东网络广播电视台正式上线，其四大版块业务“视频网站、IPTV、互联网电视、山东手机台”同时上线，我国第一个社交电视实验室也正式启动。

四、文化体制改革向纵深拓展（2012年至今）

（一）文化体制改革不断深化

2012年，山东省制定了《山东省“十二五”时期文化改革发展规划》，提出推动已经实现转企改制的文化企业加快建立现代企业制度，实施规范的公司股份制改造；同时深化文化事业单位内部劳动人事、收入分配、社会保障制度改革，探索建立事业单位法人治理结构；在抓深化促提高上下功夫，在抓机制增活力上下功夫，在抓重点上水平上下功夫，在抓管理出效益上下功夫，着力培植一批骨干文化企业。在9月召开的全国文化体制改革工作表彰大会上，山东省荣获全国文化体制改革先进地区称号，全省11个单位和7人荣获全国文化体制改革工作先进单位、先进个人称号，受表彰数量居全国前列。至此，山东已连续三次被评为全国文化体制改革工作先进地区。

2012年9月20日，齐鲁传媒集团、山东演艺集团、山东影视传媒集团揭牌仪式一并举行，成为山东省文化产业发展中的又一大亮点。截至12月底，全省承担改革任务的116家国有文艺院团已全部完成阶段性改革任务，其中转企68家，撤销23家，划转25家，核销事业法人91个，核销事业编制4410个，3689人进入转制企业，签订劳动合同，缴纳社会保险，涉及资产4.9亿元（不含土地和房产），做到了真转真改，可核查、不可逆。转企院团占到全省院团总数的58%，杂技、话剧、歌舞等一般性国有院团全部实现转企改制，全省国有文艺院团体制发生了根本性变化。2012年10月26日，山东省委、省政府在济南隆重召开全省文化体制改革工作表彰大会。会议深入学习贯彻落实党的十七届六中全会和山东省第十次党代会精神，传达全国文化体制改革工作表彰大会和省委常委会议精神，总结党的十六大以来山东省文化体制改革工作经验，研究部署深化改革、加快发展、推进文化强省建设工作，并以省委、省政府名义对全省文化体制改革先进地区、先进单位和先进个人进行了表彰。

（二）文化体制借助于改革更加完善

十八届三中全会从更加注重改革的系统性、整体性和协同性的高度提出了深化文化体制改革的要求。2013年，山东省文化体制改革不断深化，特别是国有文艺院团的改革取得了新的突破。除中央明确保留事业体制的山东省京剧院和青岛市交响乐团2家院团外，全省承担改革任务的116家国有文艺院团全部完成阶段性改革任务，杂技、话剧、歌舞等一般性国有院团全部实现转企改制。威海市率先在全省完成院团改革任务，省直、青岛、济南、济宁等组建了演艺集团，山东演艺集团发起组建山东演艺联盟、剧场院线，艺术生产力得到明显解放。

新闻出版企业加快建立现代企业制度，市场运营能力进一步提升。2013

年3月，大众报业集团半岛传媒股份有限公司与青岛报业传媒集团有限公司正式签署战略合作协议，合作成立青岛新报传媒有限公司，管理运营《青岛早报》《青岛晚报》，双方各占50%的股权。山东出版集团积极进军国际市场，于2013年12月在莫斯科建立尼山书屋，开展国际出版合作，搭建图书销售平台，对引领山东新闻出版业“走出去”发挥了重要示范作用。

山东广播影视系统按照省级广播影视体制改革实施方案要求，加快理顺广播影视管理体制，完成了划转单位的清产核资、资产划转和档案移交工作，理顺了安全保卫职能和离退休干部管理体制。山东广电网络有限公司和山东影视传媒集团现代企业制度建设取得新进展，山东电影制片厂、洗印厂转企改制继续推进。山东省广播电视监测中心和产业中心获批组建，职能转变和简政放权力度加大。取消和下放行政审批事项4项，承接国家下放审批事项3项，加大了对重点自办节目的监管力度。

（三）进一步明确文化体制改革的目标方向和“路线图”“任务书”“时间表”

2014年，山东省委全面深化改革领导小组文化体制改革专项小组第一次会议召开。会议传达学习习近平总书记在中央全面深化改革领导小组第一次会议上的重要讲话精神和山东省委全面深化改革领导小组第一次会议精神，启动并研究部署深入推进文化体制改革和文化产业发展工作，推动各项文化改革工作取得积极进展。

一是制定《山东省深化文化体制改革实施方案》和《山东省文化体制改革和发展2014年工作要点》，提出当前和今后一个时期（至2020年）山东省文化体制改革的目标方向和“路线图”“任务书”“时间表”。健全全面深化改革领导小组文化体制改革专项小组机构和工作体制机制，审议通过了《文化体制改革专项小组工作规则》和《文化体制改革专项小组办公室工作细则》，进一步明确了专项小组职责定位和工作制度。

二是整合省新闻出版局和省广播电影电视局组建了省新闻出版广电局，完成部门机构和职责的整合工作，着力推动政府职能转变。理顺文化行政管理机构与文化市场综合执法机构的关系，在省委、省政府《关于市县政府职能转变和机构改革的意见》中明确“加强文化领域管理与执法统筹协调，文化市场综合执法机构统一由文化行政部门管理”。完善党委和政府监管国有文化资产的管理机构，省委宣传部单独成立国有文化企业综合管理处，推动实现管人、管事、管资产、管导向相统一。

三是推动国有经营性文化单位转企改制，推动已完成转企改制的文化单位加快公司制、股份制改造，完善法人治理结构。稳步推进齐鲁传媒集团、山东演艺集团、山东影视传媒集团的组建或改制重组工作，加快进行人员分流安置、资产评估、现代企业制度建立等工作。推动组建山东省互联网传媒集团。推动山东出版传媒、青岛城市传媒、半岛传媒、鲁视领航文化传媒和世纪金榜、世纪天鸿等文化企业股改上市。研究制定《山东省推动传统媒体和新兴媒体融合发展实施意见》，进一步提高山东主流媒体传播力、公信力、影响力和综合实力。

四是推动文化事业单位分类改革，明确公共图书馆、博物馆、文化馆等为公益一类事业单位，党报党刊、电台电视台、时政类报刊社、公益性出版社等为公益二类事业单位。同时根据事业发展要求和单位意愿，大众日报社、山东广播电视台暂时保持公益三类事业单位分类不变。在公共图书馆、博物馆、文化馆等单位积极开展组建理事会试点工作。

（四）国有文化资产管理体制取得新突破

2015年，山东省以国有文化资产管理体制改革为重点推动文化体制改革进一步深化，文化创新发展活力进一步释放。文化产业增加值年均增长17%，达到2370亿元。为加强国有文化资产管理，组建起山东省国有文化资产管理理事会，作为山东省国有文化资产管理的领导决策、综合协调机构。按照“统一管理、分工负责、依法依规、突出特色”的原则，为把国有文化资产纳入省国有资产统一监督管理体系，山东省出台了《山东省省属文化企业国有资产监督管理办法（试行）》（鲁文资发〔2015〕3号）和《山东省省属文化企业国有资产产权登记管理办法（修订）》（鲁财文资〔2015〕32号），明确把社会效益第一、社会价值优先的经营理念体现到企业章程和各项规章制度中，推动党委领导与法人治理结构相结合、内部激励和外部约束相结合，形成体现文化企业特点、符合现代企业制度要求的资产组织形式和经营管理模式。同时制定《落实〈关于推动国有文化企业把社会效益放在首位、实现社会效益和经济效益相统一的实施意见〉》，以建立有文化特色的现代企业制度为重点，以落实和完善文化经济政策、强化国有文化资产监管为保障，建立健全确保国有文化企业把社会效益放在首位、实现社会效益和经济效益相统一的体制机制。

文化发展的体制机制不断创新。2015年初，山东省新闻出版广电局出台《山东省深化新闻出版广播影视体制改革实施方案》，提出加快推进省新闻出版广电局职能转变，建立起职责明确、责权清晰、运行顺畅、科学高效的新的工作体制和运行机制。推动已转制的国有新华书店、图书音像电子出版社、非时政类报刊社、影视传媒集团、广电网络公司等新闻出版广播影视企业进行公司制、股份制改造，完善法人治理结构，建立现代企业制度。继续推进生活、科普等非时政类报刊出版单位转企改制，探索重点科技期刊和学术期刊编辑部组稿审稿、交由出版企业统一出版发行的运营模式。支持符合条件的新闻出版广播影视企业在主板、中小板、创业板、全国中小企业股份转让系统、齐鲁股权交易中心、蓝海股权交易中心上市或挂牌。国有经营性文化资源进一步整合，制定了《山东省互联网传媒集团组建方案》，以大众网为依托，整合齐鲁晚报网、半岛网、鲁中网等相关网站资源，组建成立了山东省互联网传媒集团，并积极推动上市。

公益性文化体制改革不断深化，公共文化服务体系进一步完善。继续推动文化事业单位内部改革，探索在公益性文化事业单位中建立法人治理结构，实行去行政化管理。济南市图书馆、群众艺术馆、美术馆等试点单位建立了理事会，省美术馆等单位起草了理事会设立方案，制定了章程。颁布了《关于进一步推动山东艺术创作繁荣发展的意见》，提出要加快发展山东演艺联盟和剧场院线，完善演艺网络建设，建立优秀作品推广传播绿色通道，实现剧团演出方便，百姓接受方便，传播渠道通畅；要提高各级文艺院团、戏剧创作机构、画院作为创作实体的能力，把艺术作品创作生产成果和演出、展出效果作为考核文艺院团、创作机构和画院工作业绩的主要依据，增强创作单位开展艺术创作生产的积极性。

第二节　文化体制改革的主要成就

自1978年以来，山东省经过试点探索、综合改革、重点攻坚等阶段，文化体制改革不断深入，取得了巨大的成就。

一、建立完善了宏观管理体制

文化行政管理部门职能进一步转变，逐步实现由以办文化为主向以管文化为主转变，由管微观向管宏观转变，由主要面向直属单位转为面向全社会。全省新闻出版系统和广电部门实现了局社分开、局台分开，各地区整合市县文化广电新闻出版机构，实行“三局合并”。文化市场综合执法改革继续推进，各地通过改革建立了科学的文化市场管理体制，在执法力量、执法保障、执法效率和市场监管等方面普遍得到加强，理顺了文化市场管理体制。

第一，在行政管理体制方面，整合省广播电影电视局、省新闻出版局成立山东省新闻出版广电局。整合所有市县两级单设的文化局、广电局、新闻出版局，成立文化广电新闻出版局。全省广电系统全面完成“局台分开、管办分离”和电台、电视台“两台合一”，省、市、县三级普遍组建了广播电视台。按照建立党委和政府监管国有文化资产的管理机构、完善工作机制、实现管人管事管资产管导向相统一的要求，成立国有文化企业综合管理处、资产处，分别设在省委宣传部、省财政厅。

第二，在文化综合执法管理方面，文化、广电、新闻出版等有关行政执法职能和执法队伍调整归并，全省17市138个县（市区）均成立了文化市场综合执法机构，从体制上解决了职责不清、多头多层执法等问题，实现了证件、标识、着装、车辆、文书“五统一”，文化市场综合执法人员由1100人增加至2319人。17市中有的设立了单独的文化市场综合执法局，有的成为文广新局管理的直属单位；执法类型上，或为省政府授权执法，或为委托执法。各级文化行政部门和文化市场综合执法机构探索建立了协商、协作制度，通过联合年审、出台综合执法办公系统操作规范等，加强部门之间的信息沟通和协调配合，确保文化市场规范有序、健康平稳发展。

第三，在政府职能转变方面，对法律、法规设定的行政审批进行检查清理，不符合要求的坚决取消，能合并的抓紧合并，能下放的逐步下放。按照国家有关要求，逐步取消或调整为内部审批事项，不再保留“非行政许可审批”这一审批类别。省文化厅取消了经营性互联网文化单位延续许可，将单体上网服务企业审批决定权下放至市级文化行政部门。印发了《关于开展网络文化经营单位上线运行管理工作的通知》和《文化市场技术监管与服务平台网络文化经营单位上线运行方案》，推进审批网络化、规范化、信息化、阳光化，优化了审批流程，简化了审批手续。

二、建立完善了微观运行机制

建立充满活力、富有效率的文化微观运行机制，是文化体制改革的关键所在。山东省在文化体制改革中，坚持把社会效益放在首位，坚持社会效益和经济效益有机统一，进一步深化公益性文化单位内部制度改革，加快经营性文化单位转企改制，创新文化生产经营机制。在改革中把深化国有文化单位改革作为重点，根据不同文化单位的功能定位，加强分类指导、全面推进，进一步增强文化微观主体的活力和竞争力。

第一，经营性文化单位转企改制基本完成。通过撤销、合并、划转、转企等方式，推动全省国有文艺院团、非时政类报刊出版单位、出版发行单位、电影公司电影院、重点新闻网站、党报发行机构等完成改革任务，共有772家文化事业单位转企改制，涉及干部职工总人数24092人。其中，事转企18697人，内退2021人。注销事业单位533个，核销事业编制20563个。

把改革与资源整合结合起来，组建了山东出版集团、山东广电网络集团、齐鲁传媒集团、山东演艺集团、山东影视传媒集团等一批大型文化企业。

第二，公益性文化事业单位内部改革不断深化。着眼于创新机制、强化管理、增强活力、改善服务，探索建立健全事业单位法人治理结构，深入推进内部人事、收入分配和社会保障三项制度改革，推行全员聘用、岗位管理、绩效工资制度，引入竞争和激励机制，进一步激发内在发展活力。

第三，完善国有文化企业体制机制。按照“三改一加强”的要求，支持完成转企改制的文化企业建立现代企业制度，完善法人治理结构，培育合格市场主体。推动山东广电网络集团、山东演艺集团、山东影视集团、齐鲁传媒集团等文化企业，按照省政府批复的改革方案，建立健全领导体制和工作机制，明确党委会、董事会、经营管理层的职能职责、工作机制和决策流程，建立集团董事会、党委会例会制度及党委会议事规则；按照建立现代企业制度的要求，强化顶层设计，编制发展战略规划，理顺财务、人员、资产关系。

第四，推进新闻媒体宣传与经营业务“两分开”。深入推进党报党刊发行体制改革，省级、省会城市、副省级城市的党报党刊全部完成发行业务剥离，组建了专门的发行公司。积极推进电台电视台制播分离改革，探索影视剧、娱乐、科技、体育等节目制作的剥离转制，组建面向市场的节目制作公司。

三、建立完善了国有文化资产管理体制和运行机制

国有文化资产不同于一般国有资产，具有意识形态属性，创新国有文化资产监管体制机制是深化文化体制改革的重要任务之一，也是做好宣传

思想文化工作、维护国家文化安全的迫切需要。山东省在总结各地经验的同时积极创新，实现了“四管”统一、统分结合，做到既管好资产又管好导向，形成了国有文化资产监管的“山东模式”。这种模式不仅没有增加新的机构和编制，还更加有效地整合了各文化部门分散的职能，构建和夯实了国有文化资产监管的坚实平台。

“山东模式”是通过整合原来分散于宣传、财政、人社、文广新、国资等众多部门中的职能，组建不增加编制和不增设新的机构的省文资管理理事会，作为国有文化资产管理的领导决策、综合协调机构，按照“统一管理、分工负责、依法依规、突出特色”的原则，对所属国有文化资产，包括国有独资文化企业、国有资本控股文化企业、国有资本参股文化企业中的国有资产以及省直部门和省属事业单位直接管理的国有文化企业资产等，统一纳入省文资管理理事会监管范围，并配套国有资产监管、重大事项管理、企业负责人“双效”考核及薪酬管理等系列管理制度，最终实现“管人管事管资产管导向”的有机统一。

首先，对国有文化资产监管进行了制度性优化，确保导向正确和文化资产安全。“山东模式”明确了省委宣传部作为党委监管国有文化资产的职能部门，发挥主导和综合协调作用，负责省文资管理理事会内部程序运转、综合协调、督促检查等日常工作，负责所监管文化企业重大事项与重大资产变动事项审查把关、内容导向把关、两个效益相统一的评价考核等，按照干部管理权限和规定程序做好领导班子和重要岗位干部管理，实现管人管事管资产管导向相统一；做好省管国有文化企业负责人经营业绩考核、年度考核、任期考核和薪酬管理。同时吸收省国资委、省社保基金理事会，进一步对原有管理体制机制的完善和制度性进行优化，提高对国有文化资产的监管水平，从根本上确保导向正确和国家文化安全。

其次，按照“统一管理、分工负责、依法依规、突出特色”的原则，把国有文化资产纳入省国有资产统一监督管理体系，基础管理实行统一的政策和制度规范，管理体制在省文资管理理事会层面实现管人管事管资产管导向相统一，运行机制由宣传部门牵头主导，基础管理、日常管理、行政管理分别由相关部门按照职责权限履行相应职能，形成党委政府有机结合、宣传部门有效主导，职责明确、流程简约、高效顺畅的国有文化资产监督管理体制和工作机制。这种模式，将该统的统起来，该分工负责的分口把关，在理事会层面实现“四管”统一，既统分结合、有序高效，又不打破现有格局，使管理体制得到完善，效率得到提高，既贯彻了中央要求，又体现出山东特色，兼顾了各方，取得了“最大公约数”。

最后，坚持管放结合，最大限度地为国有文化企业发展创造良好环境。一是分级负责，省文资管理理事会主要负责省属国有文化资产的监管，市属国有文化资产由市国有文化资产监督管理机构监管，同时省文资管理理事会负有宏观指导的责任。二是实行重大事项集体决策制度。理事会主要是管政策、管大事、把方向，进行宏观指导和监督。三是坚持管放结合，激发文化企业发展活力。“山东模式”通过科学有效的监管，激发文化企业的创造力和竞争力，引导它们依法依规有序竞争。对省属国有文化资产的管理，坚持管放结合，该管的要管好，确保内容导向正确，文化安全和国有资产保值增值，同时积极推进简政放权，坚持能备案的不核准、能核准的不审批，减少审批、优化制度、简化手续、提高效率，依法落实企业法人财产权和经营自主权，为国有文化企业营造良好的发展环境。

第三节　文化体制改革的基本经验

推动山东省文化体制改革，关键是思想认识要到位，各级党委政府要重视，有关部门要密切配合，改革单位自身更要积极主动。只有各有关方面齐心协力，改革才能顺利推进。

一、加强领导，健全考核，协同配合

（一）加强领导

山东省对文化体制改革坚持统筹规划、分类指导，强化顶层设计，建立强有力的领导。建立健全党委统一领导、政府大力支持、党委宣传部门协调指导、行政主管部门具体实施、有关部门密切配合的文化体制改革工作领导体制和工作机制。在山东省文化产业发展领导小组的基础上，成立山东省文化体制改革和文化产业发展工作领导小组，负责指导协调文化体制改革和文化产业发展工作。成员由省委、省政府有关部门、单位负责人组成。领导小组下设办公室，设在省委宣传部，具体负责日常工作。各试点市和试点单位也成立相应领导机构和工作机构。山东全省建立了党委领导、政府负责、分级实施、分系统推进、分主管部门落实的领导体制和工作推进机制，分级抓好改革任务的实施，以系统为单位整体推进改革。建立联席会议制度和定期调度、定期协商、定期报告制度。及时研究解决改革中遇到的突出问题，推动改革顺利进行。

（二）健全考核

文化体制改革涉及各个部门的方方面面，山东文化体制改革领导小组要求，各单位坚持问题导向，以问题倒逼改革，围绕重点领域、关键环节的突出问题，深入基层和一线调研，细化目标任务，明确责任主体和时间进度，抛开部门利益研究制定改革方案，提高改革举措精准度，确保改革方案可施工、能落实。把文化改革发展成效纳入科学发展考核评价体系，作为衡量领导班子和领导干部工作业绩的重要依据。各级各部门加强组织领导，把工作细化量化，稳步推进各项改革任务落到实处，年底完不成台账任务的，要作出说明并与考核评价挂钩。山东省文化体制改革注重顶层设计和制度安排，出台的很多方案和规划不仅契合中央改革思路，还突破创新建立了具有山东特色的督察检查制度。山东省委、省政府专门成立督察调研组，分赴山东各地进行专项督察。按照统一领导、分级实施、部门主管、分系统推进的总体要求，建立健全改革工作责任制，各司其职，各负其责。加强督查考核，对每项改革任务都明确责任人、排出时间表、落实进度安排和阶段目标，加大督促检查力度，定期调度、定期报告、定期通报，确保部署的工作件件有着落、事事有结果。

（三）协同配合

文化体制改革是一个系统工程，需要各方面的共同推动。为推动文化体制改革的顺利进行，山东各级政府普遍确立了文化强市、强县的目标，把文化改革发展摆上重要议事日程，纳入科学发展目标考核体系，明确了党政主要负责人作为第一责任人的职责。文化体制改革专项小组办公室加强组织协调，编制、财政、人力资源和社会保障、国土、文化、新闻出版广电、工商、税务等有关部门密切配合，及时研究解决改革发展过程中遇到的困难和问题，从上到下形成了推进改革发展的强大合力。在具体推进改革的过程中，兼顾改革与稳定，妥善处理全局利益与局部利益、根本利益与具体利益、长远利益与当前利益的关系。在改革政策的执行上，坚持广泛深入调研，多与职工沟通，多和群众商量，围绕财政投入、人员分流安置、医疗保险、养老保险、离退休待遇等关键环节，做好制度安排，确保各项政策足额执行到位，确保改革单位投入不减少、条件有改善、人才不流失、发展可持续。

二、分类对待，试点先行，稳步推进

（一）分类对待

文化体制改革是一个理论性和实践性都很强的问题，既要强调改革的整体性成效，又要兼顾各方的改革能力。山东省在文化体制改革中针对各地经济发展差异性及不同文化企业的发展基础和特点，因地制宜，有计划有步骤地推动。按照中央关于公益性文化事业单位和经营性文化事业单位的界定和划分，积极稳妥、科学规范地推进经营性文化事业单位转企改制。对政府兴办的图书馆、博物馆、文化馆（站）、科技馆、群众艺术馆、美术馆等公益性文化事业单位，以政府投入为主，以项目投入为手段，采用政府招标、集中采购等方法，提高资金使用效益。党报、党刊、电台、电视台、通讯社、重点新闻网站和时政类报刊，少数承担政治性、公益性任务的出版单位，重要社会科学研究机构，体现民族特色和国家水准的艺术院团，实行事业体制，由国家重点扶持。公益性文化事业单位改革的重点放在转换内部机制上，大力深化内部人事、收入分配和社会保障制度改革，全面推行全员聘用制度和岗位管理制度，健全岗位目标责任制。

（二）试点先行

由点到面、典型引路是推进改革的重要方法，在试点取得经验的基础上再广泛推开是保障改革顺利进行的有效方法。为了开展文化体制试点工作，山东省从理论和实践的结合上进行探索，为制定文化体制工作总体方案、推动文化体制改革做准备。2006年9月，下发了《山东省深化文化体制改革工作方案》，确定了大众报业集团、山东广播电视总台、山东出版集团、省博物馆、省艺术馆及省直艺术院团为省直改革试点单位，济南、青岛、莱芜、临沂、滨州为改革综合试点市，主要任务是重点推进经营性文化事业单位转企改制、公益性文化事业单位内部机制改革，创新文化宏观管理体制，培育发展文化市场主体，健全现代文化市场体系，调整优化文化领域结构等，从而拉开了山东省文化体制改革发展的大幕。

（三）稳步推进

面对社会矛盾多、发展任务重的新形势，山东省在文化体制改革之初就定下了要在平稳中推进改革的大基调。在总结试点经验的基础上，各级、各相关部门按照中央和山东省委、省政府的指示精神，统一思想，掌握政策，兼顾各方面的利益，把职工利益放在首位，坚持转制一批、保留一批、划转一批、整合一批、核销一批，文化体制改革稳步推进。大力推进经营性文化单位转企改制，国有文化单位的发展活力和市场竞争力显著增强；探索创新公共文化服务运行机制，公共文化服务质量和水平明显提高；培育骨干文化企业，文化产业结构不断优化，规模和效益不断提升；加快构建统一开放、竞争有序的现代文化市场体系，文化市场呈现持续健康发展的良好局面；稳步推进文化市场综合执法改革和政府职能转变，文化宏观管理进一步加强；努力创新文化“走出去”模式，齐鲁文化的影响力不断扩大。

三、双轮驱动，重点突破，协调发展

（一）双轮驱动

在文化体制改革中，山东省坚持公益性文化事业和经营性文化产业“两手抓”，双轮驱动。从内部看，把体现社会效益放在首位的基本要求明确列入文化企业公司章程，贯穿于企业经营管理的方方面面。出版、报刊、新闻网站等涉及内容生产的新闻出版企业设置独立的总编辑或编委会，编辑部门与经营部门相对分开，健全内容审核制度。从外部看，在制度设计、内容导向、资本准入、市场监管、政策调控上把好关，完善绩效考核体系，优化激励机制，强化监督制度，加大社会效益考核权重，强化对文化企业的引导和管理。研究制定支持和保障公益性文化事业发展的具体办法，建立健全政府投资持续稳定增长机制，确保政府对公益性文化事业投入的增长幅度不低于当地同期经常性财政收入增长幅度，逐步扩大公共财政覆盖范围，构建公共文化服务体系。设立农村文化专项补助资金，积极推动文化资源向农村倾斜。经营性文化事业单位转制为企业，在过渡期内，原有财政拨款保持不变，为培育市场，政府可给予一定补贴。引导社会力量以民建公管，冠名权出让，政府出地、企业出资，结对共建等多种方式投资兴办公益文化事业，形成政府和社会共建文化事业的格局。

（二）重点突破

文化体制改革涉及方方面面，山东省在改革中抓住重点领域和关键环节，进行重点突破，积极稳妥推进文化领域各项改革不断取得新进展、新成效。通过加快经营性文化单位转企改制，培育新型文化市场主体；抓好党报党刊发行体制和广播电视节目制播分离改革，探索传统文化经营的市场化运作和营销；深化文化事业单位内部人事、收入、分配及社会保障等机制改革，解决事业单位的定位不清、活力不足、效率不高的问题，更好地发挥公共文化服务职能；探索稳定有效的公共文化投入保障机制，通过设立专项基金、实行项目补贴、政府奖励等形式，增加财政对文化支持的力度；探索国有文化资产管理方式，实现“四管”统一、统分结合，做到既管好资产又管好导向，形成了国有文化资产监管的“山东模式”；推进政府职能转变，成立了文化市场综合执法机构，理顺管理部门、中介组织和文化主体的关系。

（三）协调发展

发展是文化体制改革的目的所在，文化改革必须把改革、建设和发展结合起来协调发展，充分利用发展来解决改革中遇到的问题。山东省在文化体制改革中坚持三个协调。首先，文化事业和文化产业协调发展。发挥现有文化事业的重要作用，加大对文化事业的投入，建设好各类文化基础设施，为发展文化产业创造良好的条件；同时抓好招商引资，做强做大文化产业，吸引更多的社会资本投入文化事业发展。其次，做好城市文化建设和农村文化建设的协调发展。在加强城市文化建设的同时，适应社会主义新农村的建设要求，规划建设一批有地域特色、民族风格的农村文化基础设施，搞好特色小城镇建设，创建农村文化建设机制，挖掘农村文化市场的潜力。再次，传统文化与新兴文化的协调发展。对有地方特色和传统特色的文化产业加大扶持的同时，加大对新兴文化产业的投入，贯彻“互联网+”的概念，利用互联网打通文化领域产业链，促进文化产业整体业态升级。

四、转变职能，政策先行，强化服务

（一）转变职能

创新党对文化的领导和管理方式，准确把握“大”与“小”的关系，学会“抓大放小”，积极转变政府职能，逐步实现小文化管理体制向大文化管理体制转变。政府对文化工作的领导要确保导向，其中包括政治导向，体现三个“有利于”，即有利于发展先进文化，有利于促进改革发展稳定，有利于全面建设小康社会；观念导向，即树立科学的、大众的、民主的、文明的现代文化观；产业导向，即顺应经济全球化的趋势，符合与国际接轨的方向，体现可持续发展的要求。“抓大放小”，指的是从大量繁杂、琐碎的具体文化事务中抽出身来，制定和调整文化发展的基本方针、政策，做好思想政治工作；带动广大文化工作者提高文化生产率；按德才兼备的标准选人、用人，加强领导班子建设。

（二）政策先行

政策是改革的生命线，必须充分发挥政策在文化体制改革中的引领、激励作用，完善政策保障体系。在用足用好国家有关政策的同时，山东省从实际出发，因地制宜研究制定出台了一系列更加具体、更有针对性和可操作性的政策措施，不仅充分体现中央文件中的优惠政策，还在不少方面有所突破、有所创新。逐渐建立起以投资、财税、金融、土地和价格政策为主要内容的文化产业发展政策扶持体系。提高文化支出占财政支出的比例，将主要公共文化产品和服务项目、公益性文化活动纳入公共财政经常性预算。积极拓宽公共文化建设投入渠道，引导和鼓励企业、社会组织及个人捐赠和兴办公益性文化事业。围绕改革人员分流安置、改革成本支付、退休养老、跨地区跨行业兼并重组等关键环节，研究制定配套政策，创造有利于改革的宽松政策环境。为重塑市场主体，构建现代文化市场体系，山东省出台了一系列政策，先后制定下发《山东省文化产业振兴规划》《关于促进文化产业发展的若干政策》等文件，鼓励文化企业跨地区、跨部门、跨行业联合、兼并、重组，推动文化资源向优势企业集聚。

（三）强化服务

山东省把加强服务和人才队伍建设放在体制改革的重要位置，选好配强文化改革的各级领导班子。引导各级自觉把文化改革发展摆在全局工作的重要位置，纳入重要议事日程，纳入经济社会发展总体规划。深入研究意识形态和宣传文化工作的新情况、新特点，把握文化发展规律，及时解决文化改革发展中的重大问题。把加强文化建设与经济、政治、社会各领域工作一同研究部署、一同组织实施、一同督促检查。围绕深化文化体制改革，发展文化事业和文化产业等问题，抓好干部教育培训，提高领导文化建设的能力和水平。牢固树立重视人才、强化服务的观念，深入实施人才强省战略，加快高层次人才的培养和集聚，依托"泰山学者""齐鲁文化英才""齐鲁文化名家""创新团队"等重点人才工程，面向国内外引进一批社科理论研究、文化艺术及产业经营管理的领军人物、名家大师和创新创业团队。

后　记

《波澜壮阔的历史篇章——山东改革开放40周年》系列丛书由中共山东省委宣传部组织编写。

《文化篇》由山东社会科学院文化研究所所长、研究员涂可国组织撰写。涂可国拟定写作大纲，组织开展资料搜集、实地调查、专家采访等工作，山东社会科学院科研处张凤莲负责具体的组织工作。课题组成员有：山东社会科学院文化研究所赵迎芳助理研究员、许延副研究员和国际儒学研究与交流中心李玉副研究员。

在本书的撰写过程中，我们参考了有关的文献、材料，山东省委宣传部、山东社会科学院等有关同志提出了宝贵的修改意见，在此一并表示感谢。

由于时间仓促、水平有限，本书定然存在这样那样的缺憾，敬请读者批评指正。

本书编写组

2018年11月

山东省重大理论与实践问题研究课题

波澜壮阔的历史篇章

——山东改革开放40周年

政治篇

谢桂山 主编

山东人民出版社 · 济南
国家一级出版社 全国百佳图书出版单位

图书在版编目（CIP）数据

波澜壮阔的历史篇章：山东改革开放40周年. 政治篇/谢桂山主编. --济南：山东人民出版社，2018.12
（波澜壮阔的历史篇章：山东改革开放40周年系列丛书）
ISBN 978-7-209-10598-9

Ⅰ. ①波… Ⅱ. ①谢… Ⅲ. ①改革开放－研究－山东 ②社会主义民主－民主政治－政治建设－研究－山东 Ⅳ. ①D619.52 ②D675.2

中国版本图书馆CIP数据核字(2018)第265898号

波澜壮阔的历史篇章
BOLANZHUANGKUO DE LISHI PIANZHANG
——山东改革开放40周年·政治篇
谢桂山 主编

主管部门 山东出版传媒股份有限公司
出版发行 山东人民出版社
出 版 人 胡长青
社　　址 济南市英雄山路165号
邮　　编 250002
电　　话 总编室（0531）82098914
　　　　 市场部（0531）82098027
网　　址 http://www.sd-book.com.cn
印　　装 山东新华印务有限责任公司
经　　销 新华书店

规　　格 16开（169mm×239mm）
印　　张 11
字　　数 170千字
版　　次 2018年12月第1版
印　　次 2018年12月第1次
ISBN 978-7-209-10598-9
定　　价 400.00元（全九册）

《波澜壮阔的历史篇章——山东改革开放40周年》系列丛书编委会

前　言

四十年的奋斗波澜壮阔，四十年的成就举世瞩目。改革开放以来，中国走过了极不平凡的光辉历程，创造了世人瞩目、彪炳史册的人间奇迹。山东作为经济大省、人口大省、文化大省，在改革开放的大潮中，始终与全国改革开放步伐一致、同频共振，始终敢闯敢试，领风气之先、立时代潮头。在党中央的坚强领导下，山东人民接续奋斗、砥砺前行，坚持以经济建设为中心，不断解放思想、改革创新，开拓进取、扎实工作，取得了经济社会发展的辉煌成就。

在纪念改革开放40周年之际，山东省委宣传部组织专家学者编写了《波澜壮阔的历史篇章——山东改革开放40周年》系列丛书，既是对山东40年改革开放历史的回顾与记录，也是对山东改革开放宝贵经验的提炼与总结。丛书具有较强的理论性、通俗性和实践性，对广大党员干部群众进一步深化对改革开放的认识，扩大开放的信心和决心，在新的历史起点上继续解放思想、坚持改革开放，进而在全面建成小康社会进程中走在前列，在社会主义现代化建设新征程中走在前列，全面开创新时代现代化强省建设新局面，具有重大的现实意义和深远的历史影响。

目　录

第一章
改革开放40周年
山东民主政治建设综述

党的十九大报告对“健全人民当家作主制度体系，发展社会主义民主政治”提出了新的规划部署与任务要求。本书以改革开放40周年以来山东民主政治建设为研究对象，梳理山东民主政治建设的历史与现状，总结经验与教训，分析成绩与不足，提出建议与对策，描绘蓝图与方向，充分展现山东民主政治建设的理论、制度和实践创新，以把握当下、启迪未来。

第一节　山东民主政治建设的改革开放背景

1978年12月党的十一届三中全会决定把全党的工作重点转移到社会主义现代化建设上来，实行改革开放，距今已经整整40年。改革开放的40年，是中国共产党领导中国人民披荆斩棘、奋发图强、缔造辉煌、迈向现代化的40年，是民族振兴、国力强盛、社会进步、人民富足的40年，是确立、践行并彰显中国道路和中国模式的40年。改革开放40年取得的丰功伟绩以及对中国乃至世界产生的深远影响，经得起历史的考验、实践的检验和人民的评价。习近平同志在博鳌亚洲论坛2018年年会开幕式上的主旨演讲中，向全世界宣告了改革开放40年的辉煌与意义："1978年，在邓小平先生倡导下，以中共十一届三中全会为标志，中国开启了改革开放历史征程。从农村到城市，从试点到推广，从经济体制改革到全面深化改革，40年众志成城，40年砥砺奋进，40年春风化雨，中国人民用双手书写了国家和民族发展的壮丽史诗。……今天，中国人民完全可以自豪地说，改革开放这场中国的第二次革命，不仅深刻改变了中国，也深刻影响了世界！"①

"改革开放是我们党领导人民进行的一场伟大社会革命。"②所谓"伟大社会革命"，是指对整个国家与社会发展的结构性塑造与体制性革新。从涉及领域来看，改革开放肇始于经济领域，逐渐扩展至政治、社会、生态等全方位领域，形成了全面深化改革与全面对外开放的新格局。从空间上来看，改革开放遵循了"地方试点——全国铺开"的基本路径，从安徽省凤阳县小岗村"包产到户"试验，到农村家庭联产承包责任制的确立，再到改革开放成为基本国策，地方不断向中央贡献改革动力与试点经验，中央则不断通过政策和立法来确认、巩固和推广地方改革成果。在改革开放诸领域中，民主政治建设是确保中国特色社会主义性质的政治保证，"发展社会主义民主政治，建设社会主义政治文明，是中国特色社会主义理论发展中的一个重大课题，是中国特色社会主义伟大事

① 习近平：《开放共创繁荣　创新引领未来——在博鳌亚洲论坛2018年年会开幕式上的主旨演讲》，载《人民日报》2018年4月11日。

② 马涛：《改革开放是一场伟大社会革命》，载《学习时报》2018年4月18日。

业的重要组成部分”[①]。

一个国家的民主政治制度反映了这个国家的主流意识形态与发展道路选择，是国家性质与政治定位的制度表达。习近平总书记在中国共产党第十九次全国代表大会上的报告中指出：“我国社会主义民主是维护人民根本利益的最广泛、最真实、最管用的民主。”“中国特色社会主义政治发展道路，是近代以来中国人民长期奋斗历史逻辑、理论逻辑、实践逻辑的必然结果，是坚持党的本质属性、践行党的根本宗旨的必然要求。”[②]我国的民主政治，是中国共产党领导下的中国特色社会主义民主政治，坚持党的领导是民主政治建设的前提、根本和保障。因此，必须要明确的是，本书梳理研究的山东民主政治建设，是中国特色社会主义民主政治在山东的具体实践，是党领导下的国家民主政治意识形态与制度实践的地方化与具体化，是严格遵循国家基本政治制度规定的地方民主政治实践。从本质上说，山东的民主政治建设与国家民主政治发展同构且同步进行，山东民主政治发展的每一步都是国家顶层设计在山东具体实践的结果。尽管地方实践对国家制度的塑造和完善也有强大的能动作用，这点已为改革开放40年的实践经验所证实，但民主政治建设不同于经济建设，可以充分发挥地方先行先试的改革优势，民主政治制度的建立和完善需要以党的统一领导为前提，充分尊重中央部署的统一性和权威性。因之，理解山东民主政治建设的历程必然要紧密结合改革开放

① 孙鸿斌：《改革开放三十年中国特色民主政治的发展》，载《天津市社会主义学院学报》2008年第4期。

② 习近平：《决胜全面建成小康社会　夺取新时代中国特色社会主义伟大胜利——在中国共产党第十九次全国代表大会上的报告》，人民出版社2017年版，第35—36页。

以来国家民主政治发展的背景，尤其是党中央的重要会议、重大决策、标志性事件等。需要强调的是，山东民主政治建设是山东改革开放的重要内容，依然有自己的特色，其成绩、经验与问题依然值得梳理和反思。因此，改革开放40来山东民主政治建设既是国家民主政治建设的缩影，也是山东改革开放实践和社会发展变迁的重要组成部分。本书以改革开放40年的山东为时空坐标，以民主政治建设为主题，梳理改革开放以来山东民主政治建设的发展历程、重要成绩与基本经验，发现存在的问题与困难，提出新时代民主政治建设的新任务新要求，遵循了“总结过去、把握当下、启迪未来”的研究规律。

第二节　改革开放40周年山东民主政治建设发展历程

根据国家改革开放的重要节点与标志性事件，以及山东民主政治建设的发展情况，将改革开放40年山东民主政治建设分为如下几个阶段。

一、恢复和起步阶段（1978—1992年）

1978年党的十一届三中全会召开，标志着改革开放的正式启动。党的十一届三中全会把发展社会主义民主和健全社会主义法制确定为党和国家的基本方针，“会议对民主和法制问题进行了认真的讨论。会议认为社会主义现代化建设需要集中统一的领导，需要严格执行各种规章制度和劳动纪律。……为了保障人民民主，必须加强社会主义法制，使民主制度化、法律化，使这种制度和法律具有稳定性、连续性和极大的权威，做到有法可依，有法必依，执法必严，违法必究”[①]。1982年宪法以及组织法的颁布，则标志着地方民主政治建设有了更加充分的宪法和法律依据。在此一阶段，山东民主政治各项制度、国家机关逐步恢复重建，有关机关职能履行步入正轨，民主政治建设各项工作开始起步，具体举措如下：

第一，恢复山东省人民代表大会。1979年12月，根据宪法修改决议与地方组织法规定，山东省第五届人民代表大会第二次会议选举产生山东省第五届人民代表大会常务委员会，标志着人民代表大会制度在山东的恢复和重建。1983年4月至1988年1月，省第六届人民代表大会及其常务委员会共制定和颁布22件地方性法规，作出具有法律效力的决议、决定31项，受理人民来信来访24665件；1987年上半年集中进行全省县乡换届选举工作，参选率达93.32%；1988年1月至1993年4月，省第七届人民代表大会根据《宪法》和《地方组织法》规定，设立法制、财政经济、农村经济、城乡建设环境保护、教育科学文化卫生、民族侨务外事6个专门委员会；先后制定地方性法规50件，审议批准济南和青岛地方性法规29件，作出法规性决议、决定24项，先后受理人民来信23443件，接待来访28970件。[②]

第二，基层民主制度广泛建立。作为人民当家作主的直接民主形式，1983年山东省在邹县（现为邹城市）、宁阳、巨野、昌邑、张店5个县（区）和各地的23处公社开始政社分开，建立乡镇政府和村民委员会。

第三，司法机关的恢复完善。1978年，山东省人民检察院重新建立。

---

① 《中国共产党第十一届中央委员会第三次全体会议公报》。

② 参见山东省地方志编纂委员会编：《山东省志·政权志（1983—2005）》上册，山东人民出版社2013年版，第4—6页。

1982年8月，原由司法行政机关主管的审批人民法院设置、变更、撤销和报批人民法院设置、办公机构、人员编制、任免助理审判员以及管理人民法院的物资装备、司法业务等司法行政工作，移交山东省高级人民法院。

第四，1985年普法依法治理活动在烟台、潍坊等地出现，同年山东省第六届人大常委会第十二次会议作出了《关于加强法制宣传，普及法律常识的决议》。

第五，政协积极履行政治协商和民主监督职能。政协第五届山东省委员会认真贯彻执行中共十一届三中全会制定的路线、方针、政策，遵照中共中央有关指示精神，为政协委员和各界人士落实各项政策。积极组织委员参与山东省"七五"规划制订、重点工程建设、经济和教育体制改革、法制建设、防止和克服官僚主义以及重要人事安排等重大问题的协商和讨论，共举行报告会、座谈会70多次，参观考察、专题调查40次，举办展览、培训讲学35次，开展咨询服务活动35项，形成调查报告40多份；受理委员提案2036件；政协第六届山东省委员会紧紧围绕省委、省政府的中心工作，积极履行政治协商和民主监督职能。组织委员视察18次，进行专题调查154项，形成调查报告112份，就《中华人民共和国集会游行示威法》《山东省计划生育条例》等全国和地方性法规的制定，提出重要的修改或补充意见；受理提案2816件；制定《政协山东省委员会关于加强政治协商、民主监督的暂行规定》《政协山东省委员会提案工作条例》等规章制度。1989年1月创办《联合周报》。[①]

---

① 参见山东省地方志编纂委员会编：《山东省志·政权志（1983—2005）》上册，山东人民出版社2013年版，第340—341页。

二、发展和定型阶段（1992—2002年）

1992年是改革开放的关键转折之年，以邓小平南方谈话和中国共产党第十四次全国代表大会为标志，改革开放和中国特色社会主义现代化建设事业进入新的发展阶段。党的十四大最突出的贡献是：确立了邓小平建设有中国特色社会主义理论在全党的指导地位，提出建立社会主义市场经济体制。邓小平理论为改革开放时期的民主政治建设奠定了理论基础，提供了思想指引；社会主义市场经济体制则明确了民主政治的发展目标和理解共识。

1997年中国共产党第十五次全国代表大会召开，明确了社会主义初级阶段的基本路线与纲领，提出"建设有中国特色社会主义的政治，就是在中国共产党领导下，在人民当家作主的基础上，依法治国，发展社会主义民主政治"[①]。十五大报告首次明确提出"继续推进政治体制改革，进一步扩大社会主义民主，健全社会主义法制，依法治国，建设社会主义法治国家"，实现了执政党从"法制"到"法治"的认知飞跃。1999年宪法修正案增加"中华人民共和国实行依法治国，建设社会主义法治国家"，依法治国正式入宪，成为基本国策。

2002年中国共产党第十六次全国代表大会提出"发展社会主义民主政治，建设社会主义政治文明，是全面建设小康社会的重要目标"，并从坚持和完善社会主义民主制度、加强社会主义法制建设、改革和完善党的领导方式和执政方式、改革和完善决策机制、深化行政管理体制改革、推进

① 江泽民：《高举邓小平理论伟大旗帜，把建设有中国特色社会主义事业全面推向二十一世纪——在中国共产党第十五次全国代表大会上的报告》，载《求是》1997年第18期。

司法体制改革、深化干部人事制度改革、加强对权力的制约和监督、维护社会稳定九个方面作出系统部署。[①]至此，山东紧紧围绕党和国家的顶层设计与战略布局，民主政治各项工作得到快速发展，开始向制度化、法治化定型，制度建设取得良好成绩，具体举措如下：

第一，确立依法治省战略。1995年6月，山东省第八届人大常委会第十五次会议审议并通过了《山东省依法治省五年规划》，7月，山东省委下发《关于认真组织实施〈山东省依法治省五年规划〉的通知》。山东省人民政府、山东省高级人民法院、山东省人民检察院分别制定了实施方案。山东是继辽宁和北京之后全国第三个全面实施依法治省规划的省份。

第二，省级与较大的市地方立法逐步推进。1993年4月至1998年4月，山东省第八届人民代表大会及其常务委员会共制定、修改和批准地方性法规209件，其中，省制定和修改87件，批准济南、青岛、淄博三个市122件；1998年4月至2003年3月，山东省第九届人民代表大会及其常务委员会根据《中华人民共和国立法法》规定，健全立法工作机构，建立法规案统一审议制度，共审议地方性法规草案92件，通过法规89件（包括修改15件）、废止47件，审查批准济南、青岛、淄博三个市共135件地方性法规。[②]

第三，强化制度建设，扩大基层民主。山东省第八届人民代表大会制定《山东省各级人民代表大会常务委员会信访工作条例》，对全省人大信访工作加以规范，认真受理人民群众的申述、控告和检举，共受理人民来信18213

---

① 江泽民：《全面建设小康社会，开创中国特色社会主义事业新局面——在中国共产党第十六次全国代表大会上的报告》，载《求是》2002年第22期。

② 参见山东省地方志编纂委员会编：《山东省志·政权志（1983—2005）》上册，山东人民出版社2013年版，第8—9页。

件，接待来访15652人次；对重点案件进行督办，采取听取司法机关和执法部门汇报、调阅案卷、组织案情调查和函电催办等方式，督促司法机关和执法部门查处和纠正一些违法案件。[①]2001年，省委先后下发了《关于加强和改进乡镇工作的意见》《关于按照"三个代表"要求加强和改进党的基层组织建设的意见》《关于做好乡村领导班子换届选举工作的意见》。2002年9月，下发了《省委办公厅、省政府办公厅关于转发〈省厂务公开民主管理领导小组关于贯彻中办发〔2002〕13号文件精神，深入实行厂务公开制度的实施意见〉的通知》。以落实民主选举、民主决策、民主管理、民主监督和村务公开、厂务公开、政务公开为重点，扎实推进基层民主政治建设。[②]

第四，政协发挥参政议政积极作用。政协第七届山东省委员会按照"服从大局、服务中心、改革创新、务实求实"的工作思路，围绕重要问题进行深入调研，提出大量有价值的意见和建议，共举行全体委员会议5次、常务委员会议28次、主席会议52次，举办情况通报会、形势报告会和专题座谈会100多次，开展调查、视察91项，形成报告80多份，办理提案2929件；畅通反映社情民意的渠道，创办《政协信息》。政协第八届山东省委员会认真履行政治协商、民主监督和参政议政职能，共召开专题性常委会议、研讨会30余次，向省委、省政府报送建议案、调查视察报告75份；办理提案3612件。[③]

① 参见山东省地方志编纂委员会编：《山东省志·政权志（1983—2005）》上册，山东人民出版社2013年版，第8页。

② 参见山东省地方志编纂委员会编：《山东省志·共产党志（1921—2005）》上册，山东人民出版社2011年版，第288页。

③ 参见山东省地方志编纂委员会编：《山东省志·政权志（1983—2005）》上册，山东人民出版社2013年版，第341页。

三、巩固与提升阶段（2002—2012年）

2004年宪法修正案确立了一些民主政治建设的内容，如“三个代表”重要思想进入宪法序言，首次提出“推动物质文明、政治文明和精神文明协调发展”，修改“爱国统一战线”范围，首次提出“国家尊重和保障人权”，对全国人民代表大会常务委员会职权以及乡镇人民代表大会每届任期作出修改。2008年适逢改革开放30周年，中国共产党第十七次全国代表大会高度评价了改革开放的伟大征程：“事实雄辩地证明，改革开放是决定当代中国命运的关键抉择，是发展中国特色社会主义、实现中华民族伟大复兴的必由之路；只有社会主义才能救中国，只有改革开放才能发展中国、发展社会主义、发展马克思主义。”[①]党的十七大报告提出“坚定不移发展社会主义民主政治”，从“扩大人民民主，保证人民当家作主”“发展基层民主，保障人民享有更多更切实的民主权利”“全面落实依法治国基本方略，加快建设社会主义法治国家”“壮大爱国统一战线，团结一切可以团结的力量”“加快行政管理体制改革，建设服务型政府”“完善制约和监督机制，保证人民赋予的权力始终用来为人民谋利益”六个方面作出部署。在全面建设小康社会的新世纪初，山东提出建设“大而强、富而美”的社会主义新山东的总体目标。此一阶段，山东各项制度不断完善发展，民主政治区域创新和山东品牌逐渐形成，各方面工作扎实开展不断提升，具体举措如下：

---

① 胡锦涛：《高举中国特色社会主义伟大旗帜　为夺取全面建设小康社会新胜利而奋斗——在中国共产党第十七次全国代表大会上的报告》，载《人民日报》2007年10月15日。

第一，大力推进社会主义政治文明建设。积极支持各级人大及其常委会依法履行职能。坚持和完善人民代表大会制度，充分发挥人大及其常委会在立法、监督、重大事项决定、人事任免等方面的职能作用，支持人大依法加强对“一府两院”的监督。扩大基层民主，加强基层民主政治建设。坚持把发展基层民主作为推进政治文明建设的基础性工作，进一步完善民主选举、民主决策、民主管理和民主监督的各项制度。不断扩大村务公开、厂务公开、政务公开的范围。努力保证广大人民群众依法直接行使民主权利。在农村、城市，逐步完善城市居民自治，努力建设管理有序、文明祥和的新型社区。坚持从严治政，加强政法队伍建设，努力做到公正司法，依法行政，依法办事，维护社会公正和群众利益。①

第二，提升科学立法、民主立法水平。2003年3月至2005年12月，山东省第十届人民代表大会及其常务委员会牢固树立以人为本原则，努力提高科学立法、民主立法水平。在编制五年立法规划工作中，第一次面向社会公开征集立法建议项目，人民群众积极参与，提出立法建议项目129件，50多个单位和部门报送168件。制定地方性法规和法规性决议意见和建议，审查批准济南、青岛、淄博三个市地方性法规57件。2004年，省人大常委会主任会议制定《关于加强和改进地方立法工作，进一步提高立法质量的意见》。实行立法听证，通过听证人的提问和陈述人的陈述与辩论，了解各方面对《山东省海洋环境保护条例（草案）》的意见。对公民普遍关注的《山东省实施〈中华人民共和国农村土地承包法〉

① 参见山东省地方志编纂委员会编：《山东省志·共产党志（1921—2005）》上册，山东人民出版社2011年版，第303—304页。

办法》《山东省商品房销售管理条例》等法规草案，在新闻媒体全文刊登，广泛征求社会各界和人民群众意见。与省政府有关部门联合起草法规草案，及时举行新闻发布会，通过新闻媒体介绍立法的指导思想、法规的主要内容和制定过程，阐明法规实施意义和需要注意的问题，增强立法透明度，扩大法规的社会影响。①

第三，打造基层民主建设的山东品牌。山东在基层民主建设方面一直走在全国前列，如莱西经验、章丘经验等产生全国性影响。“从‘简政放权’到乡镇机构改革、村级事务‘四民主一公开’，从村委会、‘小巷总理’直选、到试点公推直选乡镇长，从公开招考公务员、到选拔大学生到农村任职等，山东基层民主改革扎实有力地向前推进着。”②进入21世纪，山东村民自治向法制化、制度化和规范化迈进，在贯彻落实中央关于基层民主、村民自治、村务公开等法律政策的基础上，鼓励和总结基层民主创新实践经验，“在总结经验、推进工作的同时，山东进一步加大了法规制度建设的力度，制定了《山东省村务公开民主管理工作规范》，出台了《山东省村民会议议事规则》《山东省村务公开条例》。各市、县也结合实际制定出台了一批相关的制度、规定，为实现广大农民当家作主的民主权利提供了可靠保障。2007年10月，莱西市在第九届村委会换届选举中，首次出台了《莱西市第九届村民委员会换届选举规程》，规程突出了合法性、指导性、操作性和前瞻性，在促进换届选举工作更加系统和规范方面具有重要意义。”③

① 参见山东省地方志编纂委员会编：《山东省志·政权志（1983—2005）》上册，山东人民出版社2013年版，第10页。

② 卓成霞：《山东基层民主建设中存在的问题及对策》，载《学理论》2009年第22期。

③ 韩强：《山东村民自治30年：回顾与展望》，载《中国特色社会主义：理论·道路·事业——山东省社会科学界2008年学术年会文集（4）》，第2177页。

第四，推进依法行政，强化政府法制。依法行政是依法治省的核心内容。进入21世纪，山东在依法行政和政府法制方面不断创新：建立科学民主依法决策机制，2004年在全国率先成立了省政府法制咨询委员会，邀请国内外知名法学专家学者担任委员和顾问；加强对依法行政的监督，2005年建立健全了行政执法责任制和评议考核制、执法过错责任追究制，落实定期报告、案卷评查、投诉举报等制度；开展相对集中行政处罚权工作，到2007年初，全省17个省辖市和91个县（市）全部开展了城市管理领域相对集中行政处罚权工作。①

第五，人民政协作用得到进一步发挥。政协第九届山东省委员会按照“服务大局、突出重点、坚持创新、有所作为”的总体工作思路，围绕“平安山东”建设、做大做强民营经济、加快加工贸易发展、社会救助体系建设、加快非公有制经济发展、食品安全监管、文化产业发展、新型农村合作医疗建设等重要问题，共开展专题调研53次，形成调查报告40多份；办理提案2192件；上报各类信息193期。②

四、山东民主政治建设新时代（2012年至今）

中国共产党第十八次全国代表大会以来，中国特色社会主义进入新时代，以习近平同志为核心的党中央提出一系列治国理政的新判断、新举措、新部署：从“四个全面”战略布局到“五位一体”全面小康，从“五

---

①　参见赵泉、钟丽娟：《山东政府法制30年》，载《中国特色社会主义：理论·道路·事业——山东省社会科学界2008年学术年会文集（4）》，第2135—2136页。

②　参见山东省地方志编纂委员会编：《山东省志·政权志（1983—2005）》上册，山东人民出版社2013年版，第341页。

大发展理念”到“两个一百年”奋斗目标，从“一带一路”到“人类命运共同体”，无不凝结着中国共产党在新时代积极探索现代国家治理与全面深化改革的坚强决心与智慧结晶。中国共产党第十九次全国代表大会正式提出“习近平新时代中国特色社会主义思想”，“这一重要思想是马克思主义中国化最新成果，是全党全国人民为实现中华民族伟大复兴而奋斗的行动指南，必须长期坚持并不断发展”①。党的十九大报告总结了党的十八大以来我国民主法治建设的成绩：“民主法治建设迈出重大步伐。积极发展社会主义民主政治，推进全面依法治国，党的领导、人民当家作主、依法治国有机统一的制度建设全面加强，党的领导体制机制不断完善，社会主义民主不断发展，党内民主更加广泛，社会主义协商民主全面展开，爱国统一战线巩固发展，民族宗教工作创新推进。科学立法、严格执法、公正司法、全民守法深入推进，法治国家、法治政府、法治社会建设相互促进，中国特色社会主义法治体系日益完善，全社会法治观念明显增强。国家监察体制改革试点取得实效，行政体制改革、司法体制改革、权力运行制约和监督体系建设有效实施。”②党的十九大报告提出“健全人民当家作主制度体系，发展社会主义民主政治”，并从“坚持党的领导、人民当家作主、依法治国有机统一”“加强人民当家作主制度保障”“发挥社会主义协商民主重要作用”“深化依法治国实践”“深化机构和行政体制改革”“巩

① 人民论坛“特别策划”组：《新思想的精髓要义——习近平新时代中国特色社会主义思想的精神实质和丰富内涵》，载《人民论坛》2017年第34期。

② 习近平：《决胜全面建成小康社会　夺取新时代中国特色社会主义伟大胜利——在中国共产党第十九次全国代表大会上的报告》，人民出版社2017年版，第4页。

固和发展爱国统一战线”六个方面作出深刻部署。①

党的十八大以来，山东民主政治建设同步进入新时代。龚正省长在2018年山东省政府工作报告中指出：“民主法治建设有序推进，社会主义协商民主进一步加强，提请省人大常委会审议通过地方性法规41件、修改50件、废止25件，制定政府规章45件，行政复议体制改革全面完成，政府法律顾问制度全面建立。”②党的十八大以来，人大工作也取得新成绩，山东省人大常委会副主任柏继民在山东省人民代表大会常务委员会2018年工作报告中指出：第一，牢牢把握正确政治方向。省人大常委会坚决贯彻党中央重大决策，认真落实省委部署要求，不断深化思路、强化举措，突出重点、聚焦发力，科学谋划推进工作。第二，立法工作迈上新台阶。准确把握全面依法治国新部署新要求，坚持科学立法、民主立法、依法立法，以良法促进发展、保障善治，审议通过地方性法规和法规性决定68件。第三，监督工作呈现新亮点。不断深化对监督工作规律的认识和把握，紧贴省委中心工作和重大部署，聚焦推动经济持续健康发展、民生持续改善、保护生态环境和“三农”等工作，依法开展监督工作。五年来，听取审议专项工作报告71项，开展执法检查视察42次，专题询问6次，专题调研27次。第四，代表工作展现新气象。常委会突出代表主体地位，不断丰富代表活动方式，积极搭建代表履职平台，努力提升服务保障水平，代表工作取得明显成效。第五，地方人大工作释放新活力。常委会立足发

① 习近平：《决胜全面建成小康社会　夺取新时代中国特色社会主义伟大胜利——在中国共产党第十九次全国代表大会上的报告》，人民出版社2017年版，第36—39页。

② 《龚正省长在省十三届人大一次会议上的政府工作报告（摘登）》，载《大众日报》2018年1月26日。

挥整体效能，密切联系，强化指导，省、市、县三级联动，全省人大工作整体推进。[①]

第三节　改革开放40周年山东民主政治建设取得的成绩与经验

改革开放40年山东民主政治建设经历了恢复与重建、发展与定型、巩固与提升四个阶段，现在处于民主政治建设的新时代。通过梳理山东民主政治建设历程，总结如下几个方面的重要成绩与基本经验。

第一，坚持和完善党的领导，坚持民主政治建设的正确方向。党的十九大报告指出，要深刻领会新时代中国特色社会主义思想的精神实质和丰富内涵，在各项工作中全面准确贯彻落实，首要就是"坚持党对一切工作的领导"："党政军民学，东西南北中，党是领导一切的。"[②]"在我国的政治生活中，党是居于领导地位的，加强党的集中统一领导，支持人大、政府、政协和法院、检察院依法依章程履行职能、开展工作、发挥作用，这两个方面是统一的。"[③]改革开放以来从中央到地方各个领域的实践也证明了坚持和完善党的领导是中国特色社会主义现代化建设的根本保障。尤其是在民主政治领域，涉及各种政治思想的争鸣，以及不同层面的政治利益诉求，甚至还有意识形态的尖锐斗争，必须有一个统筹全局、正本清源

① 《省十三届人大一次会议举行第二次全体会议》，载《大众日报》2018年1月28日。

② 习近平：《决胜全面建成小康社会　夺取新时代中国特色社会主义伟大胜利——在中国共产党第十九次全国代表大会上的报告》，人民出版社2017年版，第20页。

③ 习近平：《决胜全面建成小康社会　夺取新时代中国特色社会主义伟大胜利——在中国共产党第十九次全国代表大会上的报告》，人民出版社2017年版，第36—37页。

的强大力量，能保证将民主政治的理论基础、制度建设定于一尊，实现主流意识形态的根植固化，则坚持和完善党的领导是中国特色社会主义民主政治建设的必然选择。改革开放以来，山东在依法治省、人大制度建设、科学民主立法、扩大基层民主、爱国统一战线等民主政治建设领域取得了重要成就，其根本在于山东在各个领域都牢牢坚持党的领导，充分发挥各级党委领导作用，确保了民主政治建设的正确方向，这是改革开放40年山东民主政治建设的最重要经验。

第二，全面推进依法治省，强化民主政治建设的法治保障。“奉法者强则国强、奉法者弱则国弱。”改革开放40年来取得的建设成就和经验教训证明，中国特色社会主义建设必须坚持依法治国。法治作为治国理政的基本方式已成为现代国家治理的必然选择，对民主政治建设更是发挥着基础保障作用。党的十九大报告指出：“全面依法治国是中国特色社会主义的本质要求和重要保障。”[①]山东自改革开放恢复和完善法治建设，于20世纪90年代中期提出依法治省战略规划，法治山东建设取得重要成就，尤其是党的十八大以来，中共山东省委、山东省人民政府在依法治省领域有许多创新举措，如形成以《法治山东建设纲要》为统领、以《全面依法治省的意见》为指导依据，以《山东省全面推进依法治省重要举措实施规划（2015—2020）》为具体内容的法治山东建设蓝图。[②]这些成就为强化民主政治建设提供了强大的法治保障。

① 习近平：《决胜全面建成小康社会　夺取新时代中国特色社会主义伟大胜利——在中国共产党第十九次全国代表大会上的报告》，人民出版社2017年版，第22页。

② 张述存主编：《山东省“十三五”规划重大问题研究》，山东人民出版社2016年版，第320页。

第三，提升地方立法质量，明确民主政治建设的制度依据。改革开放以来，“山东省地方立法工作在探索中起步，在实践中发展，在提高中完善，立法步伐不断加快，立法质量逐步提高。省人大常委会牢固树立以人为本、立法为民的理念，坚持科学立法、民主立法，坚持立法工作同改革发展稳定的重大决策紧密结合，努力为经济社会又好又快发展提供法制保障。”[①]一方面，地方立法是民主政治建设的重要组成内容和成效体现，民主政治必然要包括地方立法，地方立法质量也体现了民主政治建设的水平和程度；另一方面，地方立法也为民主政治建设提供了制度依据，尤其是2015年《立法法》修改后，除之前就有立法权的济南、青岛、淄博这三个“较大的市”外，山东省分两批赋予14个地级市地方立法权，各地级市分别就本市基本情况，在《立法法》规定的权限范围内积极行使立法权，并进一步探索创新民主立法、科学立法形式与工作机制，不断推进山东民主政治建设的完善。

第四，创新基层民主模式，打造民主政治建设的山东品牌。改革开放以来，山东基层民主建设取得重要成绩：“在城乡，基层政权机关和基层群众性自治组织逐步健全，民主选举、民主决策、民主管理、民主监督的机制逐步完善，农村村民和城市居民逐步走向自治，群众积极参与讨论和决定基层公共事务和公益事业等自己管理自己的制度逐步形成。”[②]更为重要的成就是，山东创新基层民主政治建设、打造自身品牌，走在全国前列，在国内外产生较大影响，典型如“章丘经验”和“莱西经验”。这些创新做法与优秀经验“改善了农村的治理状况，加强了农村基层组织建

① 张华主编：《山东改革开放30年》，山东人民出版社2008年版，第64页。

② 张华主编：《山东改革开放30年》，山东人民出版社2008年版，第64页。

设，促进了山东农村社会的和谐稳定发展……提高了广大农民的公民意识和民主参与能力，对更大范围、更高层次的民主政治建设产生了积极而现实的影响”[①]。

① 韩强：《改革开放以来山东村民自治考察与反思》，载《山东行政学院山东省经济管理干部学院学报》2009年第6期。

第二章
坚持党的领导、人民当家作主、依法治国有机统一

历史不会忘记，改革开放于1978年发轫，党的十一届三中全会确立的路线方针政策，历经40个春秋的砥砺前行，书写了一个古老东方大国腾飞的伟大传奇。历史将永远铭记，为创造中国奇迹保驾护航的民主政治建设承前启后、继往开来，彰显出中国特色和中国智慧，缔造了令世界惊羡的中国模式。40年弹指一挥间，拥有丰厚优秀文化底蕴的齐鲁大地，时刻与党中央保持高度一致，不断探索民主政治建设实践的山东模式，成为中国民主政治建设的重要拼图。在改革开放40周年之际，回顾山东民主政治建设的光辉历程，总结40年山东民主政治建设的成就和经验，对于深入贯彻党的十九大对我国民主政治建设作出的战略部署，在新时代不断推进山东的民主政治建设，牢牢把握走在前列的目标定位，加快推进由大到强战略性转变，奋力开创经济文化强省建设新局面，有重要的现实意义。

第一节　党的领导、人民当家作主、依法治国的辩证关系

1978年党的十一届三中全会指出：必须有充分的民主，才能做到正确的集中，提出要健全社会主义民主、加强社会主义法制。全会强调健全党的民主集中制，健全党规党法，严肃党纪；党中央和各级党委要加强集体领导，宪法规定的公民权利，必须坚决保障，任何人不得侵犯。为了保障人民民主，必须加强社会主义法制，使民主制度化、法律化，使这种制度和法律具有稳定性、连续性和极大的权威，做到有法可依，有法必依，执法必严，违法必究。1997年党的十五大提出，在坚持四项基本原则的前提下，继续推进政治体制改革，扩大社会主义民主，健全社会主义法制，依法治国，建设社会主义法治国家。2002年党的十六大指出，发展社会主义民主政治，最根本的是要把坚持党的领导、人民当家作主和依法治国有机统一起来。党的领导是人民当家作主和依法治国的根本保证，人民当家作主是社会主义民主政治的本质特征，依法治国是党领导人民治理国家的基本方略。2007年党的十七大再次强调，要坚持中国特色社会主义政治道路，坚持党的领导、人民当家作主和依法治国有机统一。2012年党的十八大强调："政治体制改革是全面改革的重要组成部分。必须继续积极稳妥地推进政治体制改革，发展更加广泛、更加充分、更加健全的人民民主。必须坚持党的领导、人民当家作主、依法治国有机统一，以保证人民当家作主为根本，以增强党和国家活力、调动人民积极性为目标，扩大社会主义民主，加快建设社会主义法治国家，发展社会主义政治文明。要更加注

重改进党的领导方式和执政方式，保证党领导人民有效治理国家；更加注重健全民主制度、丰富民主形式，保证人民依法实行民主选举、民主决策、民主管理、民主监督；更加注重发挥法治在国家治理和社会管理中的重要作用，维护国家法制统一、尊严、权威，保证人民依法享有广泛权利和自由。”[①]2017年党的十九大报告指出：“党的领导是人民当家作主和依法治国的根本保证，人民当家作主是社会主义民主政治的本质特征，依法治国是党领导人民治理国家的基本方式，三者统一于我国社会主义民主政治伟大实践。”[②]党的领导、人民当家作主、依法治国有机统一，是中国特色社会主义民主政治的集中体现，三者统一于我国社会主义民主政治伟大实践，是中国共产党人的伟大创造。

一、党的领导是人民当家作主和依法治国根本保证

习近平总书记指出，中国特色社会主义最本质的特征是中国共产党的领导，中国特色社会主义制度的最大优势是中国共产党的领导，党是最高政治领导力量，党政军民学，东西南北中，党是领导一切的。中国共产党的领导地位是历史的选择，也是中国人民的重托，归根到底是近代以来中国的历史逻辑、政治逻辑、实践逻辑所决定。党的领导是中国特色社会主义的本质特征，也是社会主义民主政治最根本的保证。我们党是执政党，应该担负起领导全国人民推进民主政治建设的历史使命和

① 胡锦涛：《坚定不移沿着有中国特色社会主义道路前进　为全面建成小康社会而奋斗——在中国共产党第十八次全国代表大会上的报告》，人民出版社2012年版，第25页。

② 习近平：《决胜全面建成小康社会　夺取新时代中国特色社会主义伟大胜利——在中国共产党第十九次全国代表大会上的报告》，人民出版社2017年版，第36页。

时代重任。没有中国共产党的领导，就没有新中国和40年改革开放的巨大成就。党的执政地位是通过自身的先进性、纯洁性和支持人民当家作主体现的。没有中国共产党的坚强领导，就不可能将广大人民群众的积极性、主动性和创造性充分调动起来，不可能形成统一的意志，发扬社会主义民主也无从谈起。没有中国共产党的坚强领导，依法治国就会失去根本的政治保证。因之，管理国家和社会各项事务，发展社会主义民主政治，建设社会主义法治国家，实现国家治理体系和治理能力现代化，都必须毫不动摇地坚持中国共产党的领导。只有如此，才能保证社会主义民主政治的正确发展方向，全面推进依法治国，实现国家治理的法治化才能有可靠的保障。

二、人民当家作主是社会主义民主政治的本质特征

首先，我们党除了代表人民根本利益，没有自己特殊利益，全心全意为人民服务是我们党的宗旨。我们强调加强党的领导，其目的是要在党的领导下，不断地实现好、维护好、发展好人民的根本利益，实现和保障人民当家作主的民主权利。其次，我国宪法规定，国家的一切权力属于人民，人民依照法律规定，通过各种途径和形式，管理国家事务、经济事务、文化事务和社会事务。人民是国家的主人，坚持人民的主体地位，是我国国体和政体的本质要求，是全面依法治国、实现中华民族伟大复兴中国梦的根本途径。再次，人民当家作主是社会主义政治的本质和核心，是我们党的性质和宗旨的必然要求。人民当家作主，坚持人民的主体地位，是依法治国的力量源泉。人民是国家和社会的主人，人民当家作主是依法治国的前提和目标。最后，法治建设必须坚持为了人民、依靠人民、造福

人民、保护人民，充分发挥人民的主体作用。依法治国的全过程，就是在党的领导下，体现人民利益、反映人民意愿、维护人民权益、增进人民福祉的过程。改革开放40年经验证明，人民当家作主已经体现在国家和社会生活的各个层面，在我国的人民代表大会制度、中国共产党领导的多党合作和政治协商制度、民族区域自治制度、基层群众自治制度等各项制度安排中，得到了充分贯彻实施。这既是我国社会主义民主政治的本质特征，也是与资本主义民主的本质区别。因之，发展社会主义民主政治，要始终坚持马克思主义群众观点，坚持以人民为中心的发展思想，一切相信群众、一切依靠群众、一切为了群众，健全和完善各种制度体系，以保证人民当家作主。

三、依法治国是党领导人民治国理政的基本方式

党的领导方式和执政方式在我国是通过党的领导体制来实现的，集中反映在党、国家和人民的定位及其相互关系中。在实践中必须坚持党的领导，又必须改进党的领导方式和执政方式，大力推进国家治理体系和治理能力现代化。依法治国是我们党领导人民治国理政的基本方式。法律是治国之重器，法治是实现国家治理现代化的重要依托。法治与政治紧密联系，有什么样的政治制度就有什么样的法制体系。因为依法治国的实质是要依照宪法和法律来治理国家、管理社会事务，人民在党的领导下通过最高国家权力机关——全国人民代表大会及其常务委员会制定宪法和法律，运用宪法和法律来治理国家、管理社会事务，实现当家作主的民主权利。同时，党领导人民制定宪法和法律，党的各级组织和全体党员干部又必须模范地遵守宪法和法律，特别是各级领导干部要自觉增强民主政治观念，

提高民主政治意识，培养民主政治修养，自觉接受人民监督。

四、党的领导、人民当家作主、依法治国三者统一于我国社会主义民主政治的伟大实践

坚持党的领导、人民当家作主和依法治国的有机统一，是中国特色社会主义民主政治的集中体现，将三者统一于中国特色社会主义民主政治伟大实践，是中国共产党人的伟大创造和伟大智慧。从中国实际出发，不断探索我国民主政治的新形式和新路径，将我国社会主义民主政治的优势和特点充分发挥出来，为人类政治文明进步作出充满中国智慧的贡献，是我们党改革开放40年的价值追求之一。因此，要不断改进和加强党的领导方式和执政方式，保证党领导人民有效地治理国家；要不断地扩大人民有序政治参与，保证人民依法实行民主选举、民主协商、民主决策、民主管理和民主监督；要坚持维护国家法制统一，维护宪法的尊严和权威，加强人权法治保障，依法保证人民享有广泛的权利和自由。总之，在社会主义民主政治的伟大实践中，正确处理三者的关系，才能充分发挥社会主义民主政治的优势，才能在物质文明、精神文明、社会文明、生态文明中彰显出强大的力量和智慧。

第二节　山东坚持党的领导、人民当家作主、依法治国有机统一的实践探索

回顾山东民主政治建设40年的发展历程，我们认为山东的民主政治建设特色鲜明、经验丰富、成就巨大，值得认真总结研究。

一、依法治省扎实推进，法治山东建设成效显著

党的十五大报告明确提出了“依法治国，建设社会主义法治国家”的方针政策，这是党执政方式和国家治理方式的重大变革和创新。山东始终将依法治省作为民主政治建设的重要内容，加强领导，科学规划，协调各方，综合治理，为法治山东建设打下了坚实的基础。一是1995年6月山东省人大常委会颁布实施《山东省依法治省五年规划》，这是山东省第一个依法治省五年规划，标志着山东省依法治理工作进入整体推进的新阶段，这是法治山东建设的里程碑；二是2001年4月山东第二个依法治省规划——《山东省2001—2005年依法治省规划》颁布实施，地方立法步伐明显加快，司法和行政执法改革继续深入，法制宣传教育全面深化，依法治理整体推进，法律服务水平不断提高，法律监督工作进一步加强，各项事业管理逐步纳入法治化轨道，这是法治山东建设的提升阶段；三是2006年5月山东省开始实施的第三个依法治省规划——《山东省2006—2010年依法治省规划》指出，2006年至2010年，是建设平安山东，构建社会主义和谐社会，加快山东省经济社会全面发展的关键时期。继续深入开展依法治省工作，对于构建平安和谐山东，维护全省改革发展稳定大局，促进社会主义物质文明、政治文明和精神文明协调发展，保证国民经济和社会发展“十一五”规划和建设“大而强、富而美”的社会主义新山东目标的实现，具有十分重要的意义。要求在同级党委的统一领导下，各部门、各单位齐抓共管，强化措施，加大力度，深入开展多层次、多领域的依法治理活动，努力提高公民的法律素质，全面推进依法治省，这是法治山东全面推进的深化阶段。《山东省2006—2010年依法治省规划》的实施，对全面

推进法治山东建设进程，实现建设经济文化强省目标发挥了重要作用；四是2011年5月27日山东省第十一届人民代表大会常务委员会第二十四次会议经过审议，决定通过《山东省2011—2015年依法治省规划》，由山东省人民政府、山东省高级人民法院、山东省人民检察院组织实施。2011年至2015年，是全面建设小康社会、实现富民强省新跨越的关键时期，是深化改革开放、加快转变经济发展方式的攻坚时期。深入开展依法治省工作，对于全面落实依法治国基本方略，建设法治山东，具有十分重要的意义。

二、法治政府建设加快，依法行政水平提升

改革开放以来，山东认真贯彻落实中央关于建设法治政府的决策部署，着力解决工作中存在的突出问题和体制机制弊端，多项工作走在全国前列，形成了具有山东特色的法治政府建设新格局。一是坚持依法行政。各级政府自觉接受人大监督，严格执行法律法规和人大决议决定，在重大问题决策前、决策中主动向人大报告，把合法性审查作为重大行政决策的必经程序，所有规范性文件全部纳入审查范围，确保依法决策、科学决策。运用法治思维和法治方式妥善解决了一批历史遗留问题；二是大力推进简政放权、放管结合、优化服务。根据国家部署做好落实市场准入负面清单有关准备工作，编制公布行政审批事项目录清单、权力清单、责任清单，打造全省统一规范的政务服务平台，形成“四张清单、一个平台”政府权力运行体系。加强行政审批事中事后监督，对部门承担的监管任务、属地管理以及取消、转移、下放后仍需监管的事项，逐项建立监管措施。政府省级行政审批事项累计削减641项，兑现削减1/2的承诺，首批公布3.6万项“零跑腿”和“只跑一次”事项；三是在全国率先建立政府法

律顾问制度。2014年5月，省政府印发《关于建立政府法律顾问制度的意见》和《省政府法律顾问工作规则》，成为全国第一个建立法律顾问制度的省份。在全国首创“法律顾问+专家库”模式，从行政法、民商法、经济法等领域遴选出102名法学专家，组成“山东省法律专家库”，从全国著名法学专家和省法律专家库中，择优推荐15名法律专家担任省政府法律顾问，为研究论证经济社会发展各方面的法律事务做好人才储备。2015年先后制定出台省政府法律顾问工作细则、考核办法及工作费用支付办法，建立服务台账和工作档案，确保政府法律顾问制度的规范化运行。几年来，围绕产业结构调整、国有企业改革、社会事业、民生保障等重点工作，新型特色智库作用得到有效发挥；四是深化综合执法体制改革。2014年以来，制定了《山东省行政执法监督条例》，出台了《关于加强行政执法监督工作的意见》和《关于改进和加强行政执法工作的意见》，组织研发“山东省行政执法监督管理平台”，实现了对全省9620个行政执法主体和25万名行政执法人员的动态管理。严格落实行政执法人员培训制度、行政执法人员持证上岗和资格管理制度。省政府印发《关于开展行政执法监督体制机制改革试点工作的意见》，在3个省直部门和6个设区市开展试点工作，设立行政执法监督局，进一步理顺执法监督体制机制，提升执法监督效能；五是率先在省以下开展行政复议体制机制改革。2014年9月正式成立省政府行政复议委员会，17个设区市、137个县（市、区）全部完成集中行政复议职权工作，省、市、县三级全部成立行政复议委员会。2015年7月制定出台《山东省行政复议委员会工作规则》，为行政复议委员会的正常运行提供了制度保障。通过改革行政复议体制，复议案件数量明显增加，复议机关化解行政争议的能力水平得到增强，复议的权威性和公信力也不断提高，行政相对人的合法权益得到切实保障，大量行政争议在行政程序内部得到实质性化解；六是精准发力深化供给侧结构性改革。制定关于深入推进供给侧结构性改革的实施意见，明确27项重点任务，提出40条含金量高、操作性强的政策措施。

三、基层人民代表大会制度完善，依法履行职权能力增强

人民民主是社会主义的生命，人民当家作主是社会主义民主政治的本质和核心。人民代表大会制度作为我国的根本政治制度，体现了社会主义制度的优越性和社会主义民主的广泛性，是坚持党的领导、人民当家作主、依法治国有机统一的根本制度安排。自1979年开始，山东省各级人民代表大会相继恢复重建，并在县以上地方各级人民代表大会普遍设立了常务委员会，地方人大常委会设立以来的40年，是山东省经济和社会繁荣发展的重要历史时期。40年来，山东省各级人大及其常委会在各级党委的领导下始终坚定地把握人大工作的正确方向，坚持党的领导、人民当家作主和依法治国有机统一，坚持走中国特色社会主义政治发展道路不动摇，坚持维护大局、服务中心不动摇，坚持依法履行职权、推进民主法制建设不动摇，认真贯彻党的基本路线，紧紧围绕经济建设这个中心，认真履行宪法和法律赋予的职权，积极开展工作，为发展社会主义民主，健全社会主义法制，赢得了人民群众的信赖和拥护，这是山东民主政治建设的成功经验。

四、基层民主建设扎实有效，民主建设实践典型频出

40年来山东的基层民主建设成效显著，在基层民主法治建设中，探索

和积累了一系列成功的经验和做法，初步形成农村基层民主法治实践的山东模式。一是20世纪90年代初，山东继莱西基层政权组织建设经验之后，推出章丘“依法建制、以制治村、民主管理”的经验，农村基层民主政治建设找到了切入点和突破口。20世纪90年代中后期，山东省相继创出了潍坊市潍城区“两化管理”、寒亭区“依法减负”、菏泽市东明县“148”法律服务专线、临沂市“领导干部法律学历教育”、德州市陵县“调解中心建设”等经验；二是近年来山东省探索出莱芜市“法德结合、修身理家”、龙口市以村“两委”班子履行职责承诺书和村民权利与义务约定书为内容的“两书”制等经验。这些经验全都贯穿着“系统工程”观念、“以人为本”原则和“关键在党”的思想，山东农村基层民主法制建设逐步走上制度化、规范化轨道；三是山东将农村社会稳定作为基层民主政治建设的首要任务和重要目标。以经济建设为中心，加快农村产业结构调整，搞好农村税费改革，减轻农民负担，不断增加农民收入；用发展和改革的办法解决农村出现的新问题；依法、及时、妥善地处理农村人民内部矛盾，及时发现、解决影响农村稳定的各种纠纷，防止矛盾激化；深入贯彻严打方针，严厉打击严重危害农村治安秩序的刑事犯罪活动，特别是各类霸头和黑恶势力团伙，要坚决打掉。对于治安混乱的村庄，党委、政府要坚持统一领导，有关部门共同参与，对“乱、瘫、穷、愚”综合整治；四是坚持依法建制、以制治村，健全完善村民自治章程和村规民约，将农村事务管理作为基层民主法制建设的核心内容。把农村财务、土地承包、村办企业、计划生育、社会治安、宅基地划分等农村经济和社会各项事务全部纳入依法管理的轨道。农村建章立制要注意双向制约，不仅要“约民”，更要“约官”。尊重群众的民主权利，建立健全村民和村民代表议事制度，规范村级重大事务的民主决策程序，凡是与村民根本利益密切相关的重大事项，都要进入民主决策程序，由村民会议或村民代表会议讨论决定，保障群众当家作主；五是山东将农村基层组织建设作为基层民主法制建设的重要内容和重要保障。农村基层民主政治建设能不能搞好，农村基层组织和干部队伍至关重要。要重点把村党支部和村民委员会这“两委”班子建好，“两委”班子的关键在两个“一把手”，同时要选准、配好治保会和调委会主任——只要他们“两个人”真正负起责任来，许多治安问题不出村就能解决。

五、协商民主制度建立健全，协商民主体系日趋完善

协商民主是社会主义民主政治的特有形式和独特优势，是党的群众路线在政治领域的重要体现。改革开放以来，山东大力推进协商民主广泛多层制度化发展，构建形式多样、内容广泛、程序合理、环节完整的协商民主体系，扩宽政党、人大、政府、政协、人民团体、基层组织、社会组织协商等渠道。分层分类就山东经济社会发展中的重大问题和涉及人民群众切身利益的实际问题，开展广泛协商，坚持协商在决策之前和实施之中，保证基层群众的知情权、参与权、表达权、监督权，推进科学决策、民主决策、依法决策，最大限度凝聚社会共识，最大限度聚集社会正能量。

第三节　山东实践创新经验总结

一、必须坚持党的领导、人民当家作主和依法治国的有机统一

改革开放40年，山东的民主政治建设始终坚持党的领导、人民当家作主、依法治国的有机统一，不断探索和发展三者有机统一的新形式、新

途径和新方法。坚持党的领导，发挥党总揽全局、协调各方的领导核心作用，把握工作方向和进程，研究决定重大问题，及时部署总结工作，确保依法治省规划顺利实施，支持人大、政府、政协和法院、检察院依法依章程履行职能、开展工作、发挥作用。扩大人民有序政治参与，依法实行民主选举、民主协商、民主决策、民主管理、民主监督；维护国家法制统一、尊严、权威，加强人权法治保障，保证人民依法享有广泛权利和自由。巩固基层政权，完善基层民主制度，保障人民知情权、参与权、表达权、监督权。各级领导干部不断增强民主意识，发扬民主作风，接受人民监督，当好人民公仆，山东的民主政治建设展现出勃勃生机。

二、必须坚持和完善地方人民代表大会制度

人民代表大会制度是符合中国国情，能够保证人民当家作主的根本政治制度，是人民当家作主的重要途径和最高实现形式。只有坚持和不断完善人民代表大会制度，不断推进社会主义民主法制建设的制度化、规范化和程序化，才能调动全省人民的积极性，不断为构建社会主义和谐社会贡献力量。地方人民代表大会制度是我国人民代表大会制度的重要组成部分。坚持和完善人民代表大会制度，支持各级人民代表大会及其常务委员会依法履行各项职能，维护人民当家作主的权利。坚持和完善共产党领导的多党合作和政治协商制度，充分发挥人民政协政治协商、民主监督、参政议政的作用。努力做好民族、宗教、侨务和对台工作。加强对工会、共青团、妇联等各人民团体的领导，发挥好联系群众的桥梁纽带作用。大力推进基层民主政治建设，进一步完善基层民主选举、民主决策、民主管理和民主监督的各项制度，全面推行政务公开、厂务

公开、村务公开，扩大人民群众对社会事务的知情权、参与权、监督权。建立健全对权力行使的制约和监督机制，加强党内监督、法律监督、群众监督和舆论监督。

三、必须发挥社会主义协商民主的重要作用

有事好商量，众人的事情由众人商量，是人民民主的真谛。协商民主是实现党的领导的重要方式，是我国社会主义民主政治的特有形式和独特优势。要推进协商民主广泛多层制度化发展，统筹推进政党协商、人大协商、政府协商、政协协商、人民团体协商、基层协商以及社会组织协商。加强协商民主制度建设，形成完整的制度程序和参与实践，保证人民在日常政治生活中有广泛持续深入参与的权利。人民政协是具有中国特色的制度安排，是社会主义协商民主的重要渠道和专门协商机构。人民政协工作要聚焦党和国家中心任务，围绕团结和民主两大主题，把协商民主贯穿政治协商、民主监督、参政议政全过程，完善协商议政内容和形式，着力增进共识、促进团结。加强人民政协民主监督，重点监督党和国家重大方针政策和重要决策部署的贯彻落实。增强人民政协界别的代表性，加强委员队伍建设。

四、必须深化依法治省实践

全面依法治国是国家治理的一场深刻革命。改革开放的40年，是山东依法治省实践成效显著的40年。首先，山东积极推进科学立法、民主立法、依法立法，以良法促进发展、保障善治。建设法治政府，推进依法行政，严格规范公正文明执法，法治政府的制度体系基本完成，政府职能进

一步转变，行政体制改革不断完善，行政权力的运行得到有效规范，对行政权力的监督和行政问责明显增强，政府工作更加公开透明，各级领导干部依法行政的意识和能力有了很大提升。其次，通过几轮司法体制综合配套改革，司法机关职权配置得到优化，司法制度不断完善，司法责任制全面落实，司法水平极大提高，努力让人民群众在每一个司法案件中感受到公平正义的目标定位更加清晰。再次，加大全民普法力度，建设社会主义法治文化，树立宪法法律至上、法律面前人人平等的法治理念，形成了学法尊法守法用法的社会氛围，形成了不愿违法、不能违法、不敢违法、办事找法、解决问题用法、化解矛盾靠法的良好法治环境。改革开放40年，法治不仅深刻改变了中国社会，也改变了中国人的观念，民主、法治、自由、平等、公平、正义、人权等理念深刻影响着国人的观念，融入人们的生活方式。最后，各级党组织和全体党员要带头学法尊法守法用法，任何组织和个人都不得有超越宪法和法律的特权，绝不允许以言代法、以权压法、逐利违法、徇私枉法。

五、必须适应改革和经济社会发展需要，科学筹划和推进地方立法工作

地方性法规是中国特色社会主义法律体系的重要组成部分。改革开放以来，特别是党的十八大以来，山东根据经济社会发展和法治建设的需要，积极推进重点领域立法，提高地方立法质量，着力发挥立法的引领、推动和保障作用。首先，坚持问题导向，加强重点领域立法。在地方立法工作中，坚持中央决策部署与山东实际相结合，围绕发展全局和重点工作，着力加强保障和改善民生、改善宏观调控和市场监管、建设生态文

明、弘扬优秀传统文化等方面的立法。其次，坚持立法和改革决策相衔接，努力使立法工作与经济社会发展协调一致。坚持创新、协调、绿色、开放、共享的发展理念，将全省经济社会发展急需的法规项目列入立法规划。如，2016年7月通过的《山东省大气污染防治条例》，全面贯彻新发展理念，建立了大气污染联防联控机制，首次以立法形式推行错峰生产制度，明确了约谈和挂牌督办制度，被称为省内“史上最严”环保法规。省政府提请省人大常委会先后通过了修改《山东省农村可再生能源条例》等12件法规的决定和修改《山东省海洋环境保护条例》等9件地方性法规的决定，取消和下放行政审批项目43项，不断深化行政审批制度改革、转变政府职能。再次，根据改革发展需要，及时修改和废止有关法规。如，对法律援助条例作出修改，降低了经济困难群众申请援助的门槛，使更多困难群众能够享受到优质高效的法律援助服务。及时废止《山东省安置帮教刑满释放和解除劳动教养人员的若干规定》和《山东省文化市场管理条例》，维护了法制的统一。2015年11月对县乡人大选举实施细则、实施代表法办法和乡镇人大工作若干规定作了修改，健全完善选举和代表制度、县乡人大组织制度和运行机制，为做好县乡人大换届工作提供了法制保障。认真落实“全面两孩”政策，2016年初及时修改人口与计划生育条例，顺应群众期盼，社会反响热烈。

六、必须维护宪法的尊严和权威，维护国家法制的统一

宪法是国家的根本法，是治国安邦的总章程，是党和人民意志的集中体现。只有全社会宪法意识更加牢固、宪法自信更加坚定、宪法自觉更加彰显，“依宪治国”才能从观念力量转化为推动社会发展进步的现实动力，

助推实现法治中国建设的伟大目标。宪法的根基在于人民发自内心的拥护，宪法的伟力在于人民出自真诚的信仰。学习法律法规，首先要学习宪法；贯彻法律法规，首先要贯彻宪法；遵守法律法规，首先要遵守宪法；维护法律法规，首先要维护宪法。2015年新修改的《立法法》依法赋予设区的市人大及其常委会地方立法权，开启了地方立法新航程。赋予设区的市地方立法权是推进全面依法治国的重要举措，有利于完善人民代表大会制度，解决设区市发展的实际问题；有利于在全社会更好地树立法治思维，运用法治方式推进工作；有利于在中央的统一领导下发挥地方的主动性和积极性，结合地方实际，推动改革，促进发展，维护社会和谐稳定。这是法治中国的一个创举，是建设中国特色社会主义法治体系的创新和突破，也是设区的市人大及其常委会的一项全新的工作。改革开放以来，山东地方立法坚持遵循宪法的基本原则，依照法定的权限和程序，从国家整体利益出发，维护社会主义法制的统一和尊严，从实际出发，适应经济社会发展和全面深化改革的要求，科学合理地规定公民、法人和其他组织的权利与义务、国家机关的权力与责任，确保宪法和法律的正确实施。

七、必须加强基层民主政治建设

加强基层民主政治建设，不断扩大公民有序政治参与，拓宽基层民主范围和途径，丰富基层民主内容和形式，加强议事协商制度建设，开展形式多样的基层民主协商，保障人民的知情权、参与权、表达权、监督权。一是健全基层党组织领导的充满活力的基层群众自治机制，提高基层群众自我管理、自我服务、自我教育、自我监督水平。二是健全基层民主管理制度，依法完善村（居）民自治章程，积极推进基层政务公开、厂务公开、村（居）务公开和公共企事业单位办事公开，全面深化民主治村（社区）等基层法治创建工作。三是健全以职工代表大会为基本形式的企事业单位民主管理制度，加强社会组织民主机制建设，依法保障职工参与管理和监督的民主权利。四是发挥基层各类组织在扩大群众参与、反映群众诉求、维护群众合法权益等方面的作用，增强社会自治功能。五是加强民族民主政治建设，保障少数民族合法权益，促进民族团结进步。加强宗教法治建设，落实宗教信仰自由政策，依法保护正常的宗教活动，维护宗教团体、宗教活动场所和信教公民的合法权益。40年来山东的基层民主建设成效显著，山东省各级各部门在基层民主法制建设中从实际出发，创造性地开展工作，探索和积累了一系列成功的经验和做法，初步形成了具有山东特色的农村基层民主法制建设的模式和路子，使山东农村基层民主法制建设逐步走上制度化、规范化轨道。农村事务管理是基层民主法制建设的核心内容，要坚持依法建制、以制治村，健全完善村民自治章程和村规民约，把农村财务、土地承包、村办企业、计划生育、社会治安、宅基地划分等农村经济和社会各项事务全部纳入依法管理的轨道。农村建章立制要注意双向制约，不仅要“约民”，更要“约官”。各级各部门都要尊重群众的民主权利，要建立健全村民和村民代表议事制度，规范村级重大事务的民主决策程序，凡是与村民根本利益密切相关的重大事项，都要进入民主决策程序，由村民会议或村民代表会议讨论决定，保障群众当家作主。农村基层组织建设是基层民主法制建设的重要内容和重要保障，农村基层民主法制建设能不能搞好，农村基层组织和干部队伍至关重要。

八、必须坚持民主政治建设与国情、省情相适应

依法治省必须以中国特色社会主义道路、理论、制度为根本遵循，必须服务和服从于党和国家工作大局，必须同山东的改革开放和经济文化强省建设相适应。改革、发展、稳定离不开民主政治的引领和保障。一是民主政治建设能不能适应全面深化改革的要求，能不能适应不断扩大开放的要求，能不能适应经济建设、政治建设、文化建设、社会建设、生态文明建设的要求，能不能适应经济文化强省建设的要求，是衡量民主政治建设成效的客观标准。二是民主政治制度建设一定要立足国情、立足实际、立足实践，不断发展人民民主，正确处理民主与集中、民主与法治、民主与专政的关系，坚持程序民主与实体民主、形式民主与实质民主的统一。三是党和国家的方针政策、法律法规、规划设计等各方面的工作要做到充分反映人民意愿、实现人民权利、保障人民权益，实现全体人民依法管理国家和社会事务、管理经济和文化事业，人民群众能够通畅地表达利益诉求，社会各方面能够有效地参与国家政治生活，国家决策实现科学化、民主化，各方面人才能够通过平等竞争进入国家领导和管理体系。

九、必须积极发展党内民主

要以党章为根本，以民主集中制为核心，坚持和完善党的领导制度，健全党内民主制度体系，以党内民主带动人民民主，推进党的建设科学化、制度化、规范化。要充分发挥党员在党内生活中的主体作用，健全党员民主权利保障制度，保障党员的知情权、参与权、选举权和监督权。要不断扩大党内基层民主，完善党员定期评议基层党组织领导班子等制度，推行党员旁听

基层党委会议、党代会代表列席同级党委有关会议等做法，增强党内生活原则性和透明度。要不断全面推进党务公开，健全党内情况通报、情况反映制度和党委新闻发言人、听证咨询、考核评议等制度，拓宽党员意见表达渠道，扩大党内基层民主，引导党员正确行使权利，自觉履行义务。

十、必须加强民主政治理论研究

民主政治理论研究是民主政治实践的前提。改革开放40年来，山东的民主政治取得的重大成就，一条基本的经验就是坚持马克思主义民主政治理论研究。山东省委、省政府高度重视民主政治理论建设，改革开放以来，山东高校法学教学机构及科研机构不断壮大，广大的科研工作者根据依法治省和法治山东建设的要求，基于国家大局，从山东的省情出发，同山东的不断深化改革开放相适应，认真研究和总结山东依法治省和民主政治建设的经验教训，围绕民主政治建设的理论问题和实践问题，不断进行法治理论的创新研究，发展符合中国实际，适应山东省情，体现社会发展规律的民主政治理论，为依法治国和实现国家治理体系和治理能力现代化提供学理支撑和理论指导。山东的依法治省规划、法治政府建设、法治建设纲要、设区的市地方立法，等等，都以民主政治理论研究为前提。今后山东的民主政治理论研究，要以习近平新时代中国特色社会主义民主政治思想为指导，研究党的领导、人民当家作主和依法治国有机结合内在关系，研究山东基层民主建设相关理论，研究山东地方立法、执法、司法和普法的重大理论问题，研究深化改革扩大开放、供给侧改革、新旧动能转换、乡村振兴战略中重大法治问题，为山东经济社会走在前列、打造齐鲁样板提供学理支持。

第三章
加强人民当家作主的制度保障

中国共产党自成立之日，即把为人民谋解放、谋幸福作为自己的历史使命和初心，将实现人类解放和幸福作为自身最高目标。在中国共产党的领导下，人民军队战胜敌人的围追堵截，抗日救国取得伟大胜利，推翻了国民党反动统治，完成了反帝反封建的新民主主义革命。新中国成立以来，为了保障人民群众的根本利益，宪法和法律赋予了人民广泛的权利。人民可依法通过各种途径和形式，“管理国家事务，管理经济和文化事业，管理社会事务”，我国社会主义民主政治建设水平不断提高。

强调人民是国家的主人，确保人民当家作主，是我国国体和政体的本质要求，也是实现中华民族伟大复兴中国梦的根本途径。改革开放以来，正是在有效保证人民广泛参与国家治理和社会治理前提下，不断调整完善制度安排，中国社会实现了腾飞发展，综合国力和人民生活水平不断跨上新台阶，社会大局保持和谐稳定。实践充分证明，中国社会主义民主政治具有强大生命力和显著优越性。新时代，党和国家对人民当家作主的制度安排提出了新的要求，并科学设计和谋划了中国特色社会主义民主政治建设的宏伟蓝图，彰显着我国社会主义民主是维护人民根本利益的最广泛、最真实、最管用的民主，增强了我们的道路自信、理论自信、制度自信、文化自信，这在我国民主政治建设征程上具有十分重要的里程碑意义。

第一节　人民当家作主的内涵解读

人民当家作主，是一份沉甸甸的社会使命，也可视为一种站位和立场。毋庸置疑，历史由人民所创造，人民是历史发展的主体，是创造世界历史的根本动力。1956年，邓小平同志在《关于修改党的章程的报告》中指出，工人阶级的政党不是“把人民群众当作自己的工具”，明确了人民群众在某一历史阶段的重要地位，“自觉地认定自己是人民群众在特定历史时期为完成特定的历史任务的一种工具”[①]。中国共产党一经成立，就把为中国人民谋幸福、为中华民族谋复兴作为初心和使命，是“中国人民和中华民族的先锋队”，把共产主义坚定信仰同全心全意为人民服务紧紧联系在一起。在党的领导下，我国积极稳妥地推进政治体制改革，健全人民当家作主制度体系，确保了国家的一切权力属于人民，使国家政治生活充满活力又安定有序。

在社会主义民主政治中，人民当家作主内含实体民主、程序民主两个方面的内容。实体民主，即民主目标，指的是国家所出台的一系列重大方针政策都是为了实现、维护和发展人民的根本利益，人民群众在国家中处于中心地位，是政治生活的最终价值取向。在我国，人民当家作主的制度

① 《党的十九大报告学习辅导百问》，党建读物出版社、学习出版社2017年版，第45页。

保障是全面依法治国下社会主义民主政治的发展趋向。程序民主，即民主运转，强调体制机制的运用，指的是建立能够保证人民行使国家权力的基本政治制度和使这些制度顺利运作的各种机制。程序民主确保了人民可以真实而充分地行使宪法和法律赋予的各项民主权利，依法广泛参与政治生活，表达自身利益诉求，影响公共事务的决策和执行。加之人民当家作主制度在国家治理和社会治理体系中通过在基层社区的实施，最终汇聚成统合经济和社会各个领域的“民主结构网”，人民获得感、满意感显著增强。新的时代人民对美好生活有了新的向往、期许，人民当家作主更具深刻内涵，具体体现为：

一、人民当家作主，是社会主义民主政治的本质和核心

实现人民当家作主，是社会主义的生命，是中国民主政治同西方政治制度的根本区别。毋庸置疑，国家的一切权力属于人民，人民当家作主是社会主义民主政治的本质特征，是中国共产党始终高举的一面伟大旗帜。人民当家作主是对社会主义民主政治的框定，没有民主就没有社会主义，就没有我们今天取得的成就。在政治领域，我国社会主义制度的建立，开创了人民当家作主的新纪元，建立了劳动人民当家作主的政治制度，充分调动了广大人民群众的积极性、主动性、创造性。在文化领域，大力弘扬社会主义核心价值体系，发展中国特色社会主义文化，创造独具特色的政治文明。在经济领域，以公有制经济为主体、多种所有制经济共同发展的经济制度，尊重社会主义市场基础地位，在新旧动能转换大环境下人民群众可以作为平等的市场主体进行经济活动，满足日益提高的经济生活需要。在社会领域，坚持保障和改善民生，确保幼有所育、学有所教、劳有

所得、病有所医、老有所养、住有所居、弱有所扶。

二、人民当家作主，是人民主体地位的高度肯定

就民主发展层面而言，我国社会主义民主以维护人民根本利益为最大宗旨，最大限度地体现人民意志、保障人民权益、激发人民创造活力。就政治发展层面而言，遵循中国特色社会主义政治发展道路的宝贵经验，在长期坚持不断发展我国社会主义民主政治过程中，充分尊重人民当家作主在我国社会主义民主政治伟大实践中的重要地位，推进社会主义民主政治“制度化、规范化、程序化”，保证了人民能够依法参与到具体事务中，形成生动活泼、安定团结的政治局面。由此可见，在中国特色社会主义进入新时代这一新的历史条件下，坚持人民当家作主，能够更好地推动人民群众的全面发展、社会的全面进步，是一个关系根本、关系全局的重大问题，尤其在决胜全面建成小康社会、夺取新时代中国特色社会主义伟大胜利至关重要的历史时期，完善人民当家作主的制度保障能更好地统筹社会力量、平衡社会利益、调节社会关系、规范社会行为，实现经济发展、政治清明、文化昌盛、社会公正、生态良好。

三、人民当家作主，是我们党的性质和宗旨的必然要求

中国共产党是社会主义事业的领导核心，权力来自人民，植根于人民。作为中国各族人民利益的代表者，党的性质和宗旨要求中国共产党必须以人民为中心，任何时候都要把人民利益放在第一位，坚持权为民所用、情为民所系、利为民所谋。我国建立健全权责明确、行为规范、监督有效、保障有力的行政执法体制，改进政府管理方式和服务手段，为实现

社会公平正义和促进社会和谐进步创造了更加有利的制度环境。针对涉及人民群众切身利益的重大决策事项，务必多方面征求意见，依法慎重作出决策。党的十九大报告指出：“全党同志一定要永远与人民同呼吸、共命运、心连心，永远把人民对美好生活的向往作为奋斗目标，以永不懈怠的精神状态和一往无前的奋斗姿态，继续朝着实现中华民族伟大复兴的宏伟目标奋勇前进。”①因之，社会主义民主政治的发展始终坚持以人民为中心的发展思想，立足人民关注热点，通过提高依法处理行政事务的能力和水平，实现社会公平正义。

第二节　山东加强人民当家作主制度保障的实践探索

山东省人大及其常委会始终坚持党的领导、人民当家作主、依法治国有机统一，紧紧围绕全省工作大局，依法履行各项职责，较好地发挥了地方国家权力机关的作用。伴随着经济社会的持续发展和齐鲁大地日新月异的巨大变化，各级人大及其常委会制度建设不断健全，人大工作机制不断完善，在地方立法、监督、决定重大事项、人事任免、代表工作等方面的积极探索和生动实践，提升了社会主义民主政治建设和山东民生保障水平，充分彰显了中国特色社会主义民主政治的鲜明特色和巨大优越性。改革开放以来，人民当家作主的制度保障在山东的建设和发展，大致可以划分为五个阶段。

① 《党的十九大报告学习辅导百问》，党建读物出版社、学习出版社2017年版，第47页。

一、人民当家作主制度的恢复重建阶段（1978—1992年）

人民代表大会制度是中国的根本政治制度，是具有中国特色、适合中国国情、具有巨大优越性的政权组织形式，是以人民代表大会为基础和核心建立起来的政权体系。山东省人民代表大会是山东省国家权力机关。1977年12月9日，省第五届人民代表大会第一次会议召开。1979年7月，第五届全国人民代表大会第二次会议通过了《关于修正〈中华人民共和国宪法〉若干规定的决议》和《中华人民共和国地方各级人民代表大会和地方各级人民政府组织法》（简称《地方组织法》），改变了过去县级以上地方各级人民代表大会不设常务委员会，由人民委员会履行权力机关的常设机关和执行机关的双重职能的做法，规定县级以上地方各级人民代表大会设立常务委员会，省人民代表大会及其常务委员会可以指定和颁布地方性法规。同时，决定乡镇一级设立人民代表大会。这是中国政治体制、政权建设中的一项重大改革，是人民代表大会制度的重要发展和完善。据此，1979年12月，山东省第五届人民代表大会第二次会议选举产生山东省第五届人民代表大会常务委员会，标志着山东省人民代表大会组织体系进一步健全，人大工作和社会主义民主法制建设进入新的历史发展阶段。

1983年4月至1988年1月，省第六届人民代表大会及其常务委员会围绕继续搞好全省经济调整，加快了改革步伐。为进一步推动农村改革的健康发展，省人大常委会就如何保护农村农业户的合法权益，及建立村民委员会、乡镇企业的发展、城乡食品卫生管理等问题进行跟踪调研。多次听取省政府、省高级人民法院、省人民检察院关于全省城市经济体制改革、对外开放、机构改革、教育体制改革、劳动制度改革、三年严打斗争等情况的汇报。加强对普法工作领导，作出普法决议，制订山东省普法规划并组织实施，开展以宪法为基础的全民普法教育。作出学习贯彻《全国人民代表大会常务委员会关于加强法制教育维护安定团结的决定》的决议。通过受理人民来信实施法律监督，共受理人民来信来访24665件（次）。进一步加强同人大代表的联系，省第六届人民代表大会常务委员会制定了《山东省人大常委会关于联系省人民代表大会代表的暂行规定》，作出《山东省第六届人民代表大会常务委员会关于省人大代表持证视察的决定》。代表们所提出的建议、批评和意见数量为2844件，都及时转交省政府及有关部门办理并答复代表。代表在省第六届人大各次会议上提出议案45件，经会议主席团审议决定的16件议案办理完结，其他转为建议办理。省六届人大五次会议期间，有关国家机关与代表直接对话，答复询问。1983年，省人大常委会办公厅向1013名省人大代表发函征求对山东普通教育工作的意见，收到意见和建议183件。省人大常委会依法行使人事任免权，制定《山东省人民代表大会常务委员会人事任免暂行办法》，明确规定人事任免的原则、范围、程序、方法。依法决定人事任免事项，共批准和决定任命国家机关工作人员806名，乡级人大代表166984名。1988年1月，省人大常委会通过《山东省人民代表大会常务委员会关于调整加强省人大常委会办事机构的决定》，进一步健全机构，加强地方国家机关的建设。

1988年至1992年，省第七届人民代表大会根据《宪法》《地方组织法》规定和立法需要，设立法制、财政经济、农村经济、城乡建设环境保护、教育科学文化卫生、民族侨务外事6个专门委员会，加强地方人大建设，推进人大工作创新发展。省第七届人民代表大会及其常务委员会认真贯彻落实中共中央精神，先后制定地方性法规50件，审议批准济南和青岛两个市制定的地方性法规29件，作出法规性决议、决定24项。坚持以经济立法为重点，在制定和批准的79件地方性法规中，经济类法规41件。为巩固和发展农村改革成果，省人大常委会制定了《山东省农村集体经济承包合同管理条例》《山东省农民负担管理条例》《山东省农业技术推广条例》等法规；为维护企业合法权益，制定了《山东省乡（镇）村集体工业企业管理条例》，以规范乡镇企业及小微企业经营活动，促进企业发展。

二、人民当家作主制度的发展探索阶段（1992—2002年）

在此阶段，省人民代表大会及其常务委员会在中共山东省委的领导下，肩负人民的重托，紧紧围绕党和国家工作大局，以社会主义民主法制建设为根本任务，认真履行宪法和法律赋予的职责。在人大工作中，牢固树立党的观念、大局观念、法制观念和群众观念，坚定不移地坚持和依靠党的领导；坚持“一个中心，两个基本点”（以经济建设为中心；坚持四项基本原则，坚持改革开放）的基本路线，以经济建设为中心开展工作；坚持人民利益高于一切的原则，充分相信和依靠人民群众，切实维护人民群众的合法权益；坚持依法履行职责，按照民主集中的组织原则，集体行使职权，积极探索，勇于实践，各方面工作取得历史性进展和重大成就。这一阶段的突出特点是，用法律手段巩固和发展农村的改革成果，省人大常委会制定了农村集体经济承包合同管理、农民负担管理、农业技术推广方面的法规。1993年7月，省经济委员会对于贯彻《全民所有制工业企业转换经营机制条例》以来全省转换企业经营机制进行了专题汇报，对于取得的成效和之后贯彻的重点方向进行了部署。1994年5月，省人大常委会组成9个视察组，对济南、青岛、淄博等市的环保执法情况进行视察，就视察中发现的问题及时提出整改方案，促进了环保执法力度。同年9月中旬，受常委会委托，省人大城乡建设环境保护委员会组织开展对小清河流域环保执法情况的检查，重申了水流域环境保护的紧迫性。在听取审议省国家机关工作报告方面，针对财政、经济计划、农业、监察、环保、治安等重点领域进行监督，督促惠民、助民、安民等方针政策的有效贯彻落实。

三、人民当家作主制度的提升完善阶段（2002—2012年）

省第十届人民代表大会及其常务委员会牢固树立以人为本、立法为民的理念，坚持“不抵触、有特色、可操作”的原则，努力提高科学立法、民主立法水平。在编制五年立法规划工作中，第一次面向社会公开征集立法建议项目，人民群众积极参与，提出立法建议项目129件，50多个单位和部门报送168件。制定地方性法规和法规性决议30件，修改、废止法规40件，对26件国家法律及法律性决定草案提出修改意见和建议。审查批准济南、青岛、淄博三个市地方性法规57件。2004年，省人大常委会主任会议制定《关于加强和改进地方立法工作，进一步提高立法质量的意见》。实行立法听证，通过听证人的提问和陈述人的陈述与辩论，了解各方面对《山东省海洋环境保护条例（草案）》的意见。对公民普遍关注的《山东省实施〈中华人民共和国农村土地承包法〉办法》《山东省商品房销售管理条例》等法规草案，在新闻媒体全文刊登，广泛征求社会各界和人民群众意见。与省政府有关部门联合起草法规草案，及时举行新闻发布会，通过新闻媒体介绍立法的指导思想、法规的主要内容和制定过程，阐明法规实施意义和需要注意的问题，增强立法透明度，扩大法规的社会影响。这些做法，进一步拓宽了民主立法渠道，提高了地方立法质量。省人大常委会努力增强监督实效，促进依法行政和公正司法。听取审议省政府、省高级人民法院、省人民检察院工作汇报42次，开展3次视察、3次执法检查；各专门委员会听取专项工作汇报153次，开展执法检查和执法调研32次。2003年针对非典疫情，强化对关系人民群众生命健康和切身利益重大问题的监督，认真组织对固体废物污染环境防治法实施情况的检查，提出进一步加大对医疗废水和医疗垃圾的监管力度，加快医疗废物集中处理设施建设，以及提高山东公共卫生整体水平的意见。认真受理人民群众来信来访，2003年对群众申述的163件重要案件进行督查。9月，省第十届人大常委会第四次会议通过《山东省人民代表大会常务委员会会议公民旁听办法》，省人大常委会办公厅制定具体工作规程，11月，首次邀请15名公民旁听了省第十届人大常委会第五次会议，此后，公民旁听常委会会议作为制度得到坚持。省人大常委会认真做好人事任免工作，共任命国家机关工作人员116名，免职37名，接受辞职8名。2004年，省人大常委会以全国人民代表大会成立50周年为契机，组织了一系列纪念活动。省新闻媒体对人大制度、人大工作和人大代表进行集中宣传。2005年5月，省委下发《中共山东省委关于进一步加强人大工作的意见》。省人大常委会进一步做好代表工作，加强与人民群众的联系，组建18个全国人大代表小组和125个省人大代表小组；举办2期代表培训班，驻鲁全国人大代表和省人大代表中的260名新代表参加了培训；召开全省人大代表述职工作座谈会、全国和省人大代表小组召集人学习交流会；为保障代表知情知政，及时向代表通报常委会会议、常委会重要工作和重大活动的情况，寄送信息资料。受全国人大常委会委托，组织驻鲁的97名全国人大代表围绕农村医疗卫生体制建设、非公有制经济发展、科研成果产业化、建立农产品运输“绿色通道”等16个专题开展调研活动，并形成20份专题调研报告，为领导机关决策提供依据。省人大常委会主任会议通过《关于加强和规范省人大代表活动的若干意见》《山东省人民代表大会代表议案处理办法》，对代表在闭会期间活动的内容、组织形式和议案提出、处理的程序进行规范。对省十届人大三次会议主席团交付审议的《关于进一步搞好农民职业技能培训的议案》和《关于制定山东省征用集体所有土地房产拆迁管理办法的议案》，有关专门委员会通过调研，提出处理意见，省政府研究落实了具体措施。对代表提出的1294件建议、批评和意见，加强跟踪督办。

2005年8月中旬至10月中旬，全国人大常委会办公厅委托各省级人大常委会组织了中央9号文件[①]下发以来的也是人大历史上的第一次正式的代表专题调研活动。山东按照要求，主要针对执法检查、代表议案和建议、人民群众来信来访反映比较集中的问题进行了调研，听取民意，用于指导工作。同时，要求人大常委会的立法、执法检查、宣传等重要活动经费和人大代表的活动经费、培训经费都要列入财政预算，以便对他们更好地履行自己的职责提供必要的资金保证。把人大代表的活动经费、培训经费列入本级财政预算，切实保证代表履职活动。代表依法参加职务活动，其所

① 2005年5月，中共中央转发《中共全国人大常委会党组关于进一步发挥全国人大代表作用，加强全国人大常委会制度建设的若干意见》（即中发〔2005〕9号文件），这是我国人民代表大会制度建设进程中一个重要的指导性文件。

在单位要给予时间、工资、奖金和其他福利待遇等保障。

为了维护企业职工的权益，《山东省企业职工代表大会条例》已于2005年11月25日经山东省第十届人民代表大会常务委员会第十七次会议通过。职工代表大会是企业实行民主管理的基本形式，是职工行使民主管理权力的机构，主要是对经营管理情况、职工社会保险费缴纳情况、企业制定规章制度情况以及履行集体合同提出意见和建议。2007年，山东省人大常委会把关系改革发展、稳定大局和事关群众切身利益、社会普遍关注的重大问题作为平安山东建设重点，周密计划，精心组织，对事关经济顺利发展、社会稳定和人民群众的切身利益的各个方面谋划建议。2011年，全省认真贯彻落实党的会议精神，以牢固树立并积极践行发展理念，按照工作要求，坚持稳中求进工作总基调，完成了26件民生承诺，向人民交上了一份满意的答卷。

四、人民当家作主制度保障建设新时代（2012年至今）

继2011年民生成绩之后，2012年山东拉长民生承诺大单，省政府承诺办好覆盖城乡、惠及全民的教育、卫生、文化、住房等35项民生实事，于是相继出台了各项民生政策，民生保障体系日趋健全。2015年3月15日，十二届全国人大三次会议表决通过了关于修改《中华人民共和国立法法》（以下简称《立法法》）的决定。新《立法法》最为重要的修改之一，赋予了所有设区的市以地方立法权。地方立法权主体的大规模扩容是我国立法史上具有里程碑意义的一件大事，有利于提高地方立法的民主性和科学性。2016年以供给侧结构性改革为主线，以提高发展质量和效益为中心，突出创新驱动，加快新旧动能转换，统筹推进稳增长、调结构、促改革、惠民生、防风险各项工作，全年经济运行总体平稳、稳中有进、进中向好，实现了“十三五”良好开局。为了拓宽贫困农户的增收渠道，增加收入，进而推动贫困地区经济转型，产业升级有着重要意义。党的十八大以来，山东根据《山东省电商脱贫攻坚实施方案》将电商发展与返乡创业、精准扶贫结合，确定了菏泽、临沂两个市全部17个县以及济南、淄博、济宁、泰安、德州、滨州、聊城7个市中贫困村超过100个以上的15个县（区），共计32个县（区）、3505个贫困村作为重点帮扶对象，汇集各方面资源共同推进，扶贫工作取得阶段性成果。

进入新时代，全省各级人大及其常委会要进一步增强政治意识、大局意识、法治意识和责任意识，着力推进人民代表大会制度理论和实践创新，为加快新旧动能转换和民主法治建设作出更大的努力。省十三届人大一次会议收到代表提出的建议、批评和意见，代表所提议案的内容主要涉及加快推动新旧动能转换、统筹区域协调发展、实施乡村振兴战略、加强污染防治、强化预算审查监督等经济社会发展的重大问题，以及构建药品质量安全体系、加强基础设施建设、促进教育体制改革、防御和减轻灾害等事关民生的热点问题。对照着这些意见，相关部门及时采取举措，民生建设更加完善。需要重申的是立法工作作为人大工作的重要组成部分，坚持党对立法工作的领导，按照“四标准”要求，以“党性标准、法治标准、人民标准、实践标准”指导立法工作，认真落实立法规划和立法计划，不断提高地方立法质量，加强和改进规范性文件备案审查工作，维护国家法制统一，为加快推进山东由大到强战略性转变，实现创新发展、持续发展、领先发展。同时，对于贯彻实施预防未成年人犯罪、安全生产方面的“一法一条例”及法治宣传教育情况进行检查，利于保障亿万家庭的幸福安宁、社会和谐稳定。

第三节　加强人民当家作主制度保障的经验启示

追溯改革开放以来山东人民当家作主的实践轨迹，总结现实中的做法和具体表现，我们可以得到一些有益的经验。

一、创新机制，积极推进人大组织和工作制度建设

实践证明，人民代表大会制度保障人民当家作主，组织动员人民群众参加社会主义建设，保证了国家机关合理高效运行。山东省人大在实践中形成了保障人民当家作主的长效机制，体现为：一是建立系统化制度体系，规范人大工作，为更好行使“三权”和发挥代表作用提供基本遵循；二是积极向全社会公开征集议题建议，把监督、立法等工作计划向社会征询意见常态化、制度化；三是完善基层民主选举、民主决策及管理等制度，通过“三公开”——政务公开、厂务公开、村务公开等形式，充分发挥民众对社会事务的知情权、参与权、监督权；四是密切代表联系，畅通代表建议途径，对代表质询的问题寻找最佳解决办法，并发挥“打分制”方式提升政府及相关部门工作绩效。

二、科学立法，为民主政治建设的推进提供法治保障

山东省坚持党的领导、人民当家作主和依法治国的有机统一，坚持和完善人民代表大会制度，认真履行宪法和法律赋予的职责，完善工作机制，开拓进取，为加强社会主义民主法治建设，保障全省改革开放和社会

主义现代化建设，发挥了重要作用，作出了积极贡献。

在此方面形成的经验为：一是坚持党的领导，紧密结合山东实际，统筹经济社会立法，采取多种形式不断提高立法质量，增强立法工作科学化、民主化；二是人大主导立法注重拓展公众参与立法的渠道，充分保障人民群众参与立法的权利，保障立法的民主性和科学性，使立法更加贴近民意，顺应民心，解决人民群众最关心的社会问题。社会主义民主政治制度建设领域，通过座谈、听证、评估、公布法律草案等扩大公民有序参与立法途径，充分开展立法协商，促导政协委员、专家学者、社会组织和人民团体参与表达意见，使社会公众以更加积极的姿态参与政治生活；三是《立法法》对地方立法权进行大规模扩容，各设区的市充分调研社会发展实况，认真征求和采纳广大群众的立法建议和意见，积极回应民众诉求；四是充分发挥党组织的统筹作用，坚持党的领导，既要保障人大主导立法，排除部门利益、地方保护主义等干扰因素，还要建立健全人大与政府、法院等的沟通协调机制，统筹各类立法资源与平衡各方利益诉求，最终实现立法工作各个环节与各个部门的有效衔接。

三、多元共治，提升地方经济社会治理的民主化水平

以平等、自主、参与为基本内容的共治是民主政治发展的重要推进路径。新时代民主政治建设对公民的参与能力和参与意识都提出了更高的要求。山东省从以下几个方面入手，提高多元共治的参与度，强化公民政治意识：一是通过加强社会责任、法律意识和法律思维、政治观念方面内容的教育培训，提高公民的政治认知能力，为公民参与社会治理打下必要的基础；二是扩大公民政治参与实践，使公民通过参与，表达利益诉求，认

同参与协商民主价值，同时熟悉参与规则和流程，不断提升参与能力，为基层民主的推广打下坚实基础；三是大数据下的政务公开架起“网民问政”和“政府施政”间的桥梁，民众可以广泛参与以影响公共决策和公共管理；四是民主政治必然要服务于经济社会发展，为之提供政治引导、制度支持和法治保障。新旧动能转换是回应科技进步、制度变迁、经济转型等社会发展需求的时代命题，是一场广泛而深刻的现代治理改革。民主政治工作应围绕新旧动能转换重大工程要求，依托“政府+市场+社会”的“大治理”理念，推进简政放权等“放管服”改革，改变僵化落后的体制机制环境，创设适于孵育和发展新动能的体制机制，提升民主政治建设服务当地经济社会发展的能力。

第四章
发挥社会主义协商民主重要作用

在中国共产党第十八次全国代表大会中，习近平同志首次提出了“社会主义协商民主”这一概念，并在此基础上，党的十八届三中、四中全会进一步提出了“加强社会主义协商民主建设”“推进协商民主广泛多层制度化发展”“构建程序合理、环节完整的协商民主体系”等一系列重大决定。“社会主义协商民主”概念是对新中国成立以来人民政协民主实践和社会协商民主实践的经验总结，也是为中国特色社会主义民主政治的进一步发展提出了新的努力方向。中国社会主义协商民主是社会主义民主的重要组成部分，是中国历史上的优秀传统文化与科学的马克思主义民主理论相结合、中国共产党统一战线思想与当代社会现实需要相结合而逐步产生和发展起来的一种社会主义民主实现形式。当前，一个横向覆盖范围广泛、纵向布局多层级的中国特色社会主义协商民主制度体系初具规模、逐步健全、前景广阔。

第一节　社会主义协商民主的内涵与价值

协商民主是民主实现的一种形式，它区别于其他民主形式的关键在于“协商”。“协商，或公共协商是协商民主的核心概念，是理解协商民主的起点。”[①]20世纪80年代以来，协商民主理论在西方开始出现并迅速发展。当代协商民主承认社会多元的现实状态，强调参与主体的最大包容性，不仅限于政治体制内的协商，也更加关注公共领域的协商对话，强调公共协商和国家制度内协商的良性互动，以公共协商影响立法和政策。

一、社会主义协商民主的概念和内涵

中国的社会主义协商民主有别于西方的协商民主，具有鲜明的中国社会主义特色。因此，准确理解中国的社会主义协商民主的内涵是分析和研究中国社会主义协商民主其他问题的逻辑起点。目前对中国社会主义协商民主内涵的理解有广义和狭义两种。狭义的社会主义协商民主指中国共产党领导的多党合作和政治协商制度，广义的社会主义协商民主则不仅包括前述的多党合作和政治协商制度，还泛指社会层面的具有协商性质的政治实践。“中国的协商民主，就是在中国的基本制度框架下，所有受到决策影响的行为主体，围绕政治社会生活中的议题，通过咨询、商议、讨论的

① 陈家刚：《协商民主中的协商、共识与合法性》，《清华法治论衡》，清华大学出版社2009年版，第110页。

方式，达成共识的一种民主形式。”[①]因此，“社会主义协商民主”就是指我国人民群众通过国家政权机关、政协组织、党派团体、自治组织等渠道，就经济社会发展重大问题和涉及群众切身利益的实际问题，通过协商方式实现人民当家作主的一种民主实现形式。它包括中国共产党领导的多党合作和政治协商制度、社会协商对话制度和多种形式的基层协商民主制度。中国社会主义协商民主的内涵包括三个方面：

首先，社会主义协商民主是具有社会主义性质的一种民主价值模式。它倡导人民通过协商实现当家作主的权利，强调协商的多种参与者平等的政治地位和自由的表达权利。具体来说，就是在中国共产党的领导下，广大人民群众通过多种渠道，就多方面问题进行广泛协商，以此促进党和国家决策的科学化、民主化和合法性，切实实现人民当家作主的社会主义民主根本要求。协商民主应当体现在各级党委和政府的政治活动中，贯穿于广大人民群众日常政治、经济和文化生活中。

其次，我国的社会主义协商民主是一种民主制度，是社会主义民主的现实载体。一方面，中国共产党领导的多党合作与政治协商制度以及党和政府与社会各界之间的社会协商对话制度和基层协商民主制度是社会主义协商民主最直接的表现形式；另一方面，人民代表大会制度、民族区域自治制度和基层民主制度等中国特色社会主义政治制度都隐含着协商民主的精神和制度要素。因此，“社会主义协商民主是包含诸多内容、层次和领域的制度群……改革开放以来，我国逐渐形成了多领域、多层次、多形式

① 齐卫平、陈朋：《中国协商民主60年：国家与社会的共同实践》，载《中国延安干部学院学报》2009年第5期。

的协商民主制度体系”[①]。

再次，我国的社会主义协商民主还意味着一些具体的民主实现形式。宏观的民主制度，需要依靠具体的民主实现形式来展开。比如说，各级党委和政府组织的民主听证会、立法听证会、公民接待日、电话问政等等诸多形式，都是社会协商对话制度的具体实现形式。

二、社会主义协商民主的特征

从协商民主的内涵和目的来看，协商民主，不论是西方的协商民主还是社会主义协商民主，通常具备合法性、包容性、平等性和公开性等一般性特征。而我国的社会主义协商民主除上述特征外，还兼具与中国社会、经济、政治、历史和现实等因素相适应的独有特征。

首先，我国的社会主义协商民主是中国共产党领导下的协商民主，这是由中国共产党的执政党地位决定的，也是历史和人民的选择。中国社会主义协商民主从诞生至今，始终强调中国共产党的领导。作为执政党，中国共产党是中国特色社会主义事业的领导核心，也是社会主义民主政治发展的领导核心。中国共产党在社会主义协商民主中的主导地位体现在“提出和确定协商的议题，选择协商时间和组织形式，规范协商程序，集中协商意见，以及反馈协商结果等”[②]。在协商过程中，作为协商主体之一，中国共产党要带领和引导其他协商主体进行协商，参与协商的各主体在地位

① 肖立辉：《社会主义协商民主的内涵、制度体系及价值》，载《中国党政干部论坛》2013年第7期。

② 张献生、吴茜：《坚持、完善和发展我国社会主义协商民主》，载《中国人民政治协商理论研究会会刊》2007年第3期。

上是平等的。

第二，我国的社会主义协商民主是从实践中发展起来的。社会主义协商民主的实践开始于中国共产党诞生之初，并伴随中国革命和建设的实践不断发展和完善。“协商民主制度是与中国共产党所领导的民主实践共同成长的，不仅成就了中华人民共和国，而且也成就了中国人民当家作主的权利和实践。”①伴随着时代的发展，我国的社会主义协商民主也从政治协商向社会协商、基层协商、网络协商等多种制度和形式发展，这充分表现出了我国协商民主的实践性特征。

第三，我国的社会主义协商民主还表现出多元化和多样性的特征，这是由我国当今社会利益多元化、矛盾复杂化所决定的。这首先体现在多层次的宏观制度安排上。我国的社会主义协商民主至少包含了国家层面的政治协商制度、国家和社会之间层面的社会协商对话制度和社会自治层面的基层协商民主。其次，多样性还表现在每一种协商制度下的协商形式的多样化，比如协商会、座谈会、听证会、网络和电话问政、政府信息公开等等。

第四，我国社会主义协商民主的本质特征是具有决策性。所谓的决策性，就是“把政治协商纳入决策程序，坚持协商于决策之前和决策之中，增强民主实效性”②。社会主义协商民主的决策性代表着人民群众决策权的实现程度，也决定了人民民主的实现程度。

第五，我国社会主义协商民主还具有和谐性的特征，这是我国传统的

---

① 林尚立:《协商民主制度：中国民主发展的新境界》，载《人民政协报》2012年12月26日。

② 《中国共产党第十八次全国代表大会文件汇编》，人民出版社2012年版，第25页。

和谐文化的体现。在这种文化的长期影响下，人民群众倾向于用和平的协商方式解决争议，通过沟通和交流，把不同意见消弭于无形。[①]

三、社会主义协商民主的价值

我国的社会主义协商民主在当代中国政治生活中扮演着重要的角色，原因不仅在于它具有深厚的传统文化根基和扎实的理论基础，更在于协商民主坚实的现实基础，在于协商民主对中国社会发展的重要价值。《中共中央关于加强社会主义协商民主建设的意见》中就指出："加强协商民主建设，有利于扩大公民有序政治参与、更好实现人民当家作主的权利，有利于促进科学民主决策、推进国家治理体系和治理能力现代化，有利于化解矛盾冲突、促进社会和谐稳定，有利于保持党同人民群众的血肉联系、巩固和扩大党的执政基础，有利于发挥我国政治制度优越性，增强中国特色社会主义道路自信、理论自信、制度自信。"[②]

首先，社会主义协商民主是人民当家作主的实现形式，体现了社会主义民主的广泛性和真实性。社会主义协商民主是人民代表大会制度的补充，是人民进一步实现当家作主的重要形式。"协商民主以社会主义制度为政治基础，集中反映了广大人民群众的根本利益。协商民主的主体涵盖社会各界、各方面人士，既反映多数人的普遍愿望，又吸纳少数人的合理主张，可以最大程度地实现最广大人民的民主权利。"[③]此外，通过政治协

① 张明澍：《中国人想要什么样的民主》，社会科学文献出版社2013年版，第62—64页。

② 《中共中央关于加强社会主义协商民主建设的意见》，载《人民日报》2015年2月10日。

③ 贾庆林：《健全社会主义协商民主制度，为全面建成小康社会广泛凝聚智慧和力量》，载《求是》2012年第23期。

商、社会协商、基层协商等多种渠道，针对国家和社会诸多重大问题开展广泛协商，能够给广大人民群众提供直接政治参与的条件和机会，这也是社会主义民主真实性的表现。

第二，社会主义协商民主为公民有序政治参与提供了更为广阔的渠道。协商民主支持公民参与立法和公共决策的过程，在政治参与的深度和广度方面与选举民主形成互补，为我国公民在不同层次上的有序政治参与提供了广阔空间和现实途径。

第三，社会主义协商民主有助于提高党和国家决策的科学化和民主化水平。首先，协商民主自身所具有的公开性和广泛参与性等特征可以促进科学民主决策的形成；其次，协商民主能够通过集思广益，在一定程度上克服有限理性对决策的不良影响；再次，社会主义协商民主是为党和国家决策收集民意、汇聚民智的有效手段；最后，社会主义协商民主有助于保护不同群体的利益。

第四，社会主义协商民主有助于维护社会和谐稳定。社会主义协商民主具有和谐的价值诉求，当今社会产生的多种利益冲突亟须协调处理，社会主义协商民主能通过多种渠道，在多个层面上实现利益充分表达和调和，在维护社会稳定和促进社会和谐方面发挥重要作用。

第五，社会主义协商民主有助于现代公民意识的形成。中国的社会主义现代化是经济、政治、文化和社会等多方面互动的综合状态，因此需要与现代市场经济和民主政治相适应的现代公民意识。我国的社会主义协商民主有利于形成现代公民意识：首先，公民通过直接参与关系自身利益的政策制定的协商，充分实现自己当家作主的权利，增强权利意识；其次，社会主义协商民主要求协商主体之间进行平等对话，有助于培养公民理性和美德；最后，社会主义协商民主通过丰富的协商形式鼓励人民广泛参与，有利于提高公民政治参与的能力。

社会主义协商民主的功能和价值在不同的历史时期会有不同的表现形式和侧重点，而随着党和国家对协商民主更深刻的认识，协商民主扩充到国家和社会政治生活的各个方面，它的价值将会随着实践发展而日益丰富。

第二节　山东发挥社会主义协商民主重要作用的实践探索

2018年的山东省政府工作报告中提到，山东“民主法治建设有序推进，社会主义协商民主进一步加强”。自党的十八大提出“健全社会主义协商民主制度”的要求以来，山东结合本省实际，创新协商渠道和方式，探索出了协商民主的“山东路径”。

一、完善政协协商民主平台，大力推进协商民主规范提升

党的十八大以来，以习近平同志为核心的中共中央就协商民主制度建设作出重大战略部署，强调人民政协是社会主义协商民主的重要渠道和专门协商机构。山东省政协的协商民主建设实践由此拉开帷幕。率先制订年度协商工作计划、协商工作规程，率先启动向全会提交协商工作报告程序，率先对协商活动开展第三方评估……随着一系列的工作探索，协商议政格局不断完善。从启动协商时各方的矜持，到现在协商中的浓厚讨论氛围，从一开始“摸着石头过河”，到现在形成系统协商体系，山东省政协打造的“计划—

实施一评估”的协商链条，进一步完善了政协协商民主平台。

首先，山东通过制度建设，对政协协商民主进行了规范化提升，确保以政协为平台的协商民主有章可循。年度协商制度2014年在山东首次建立。2015年，中共山东省委办公厅印发了《关于加强人民政协协商民主建设的实施意见》，明确了加强人民政协协商民主的指导思想和基本原则，规范了协商民主的内容和形式，进一步推动政协协商民主的制度化、规范化和程序化建设。[①]2016年，通过对近两年来的协商工作阶段式总结，山东省政协“摸着石头过河”，修订了用以规范政协协商工作的《协商工作规程（试行）》，确立了协商工作的具体程序。在此前后，山东省委办公厅、山东省人民政府办公厅、山东省政协办公厅三家就已经联合制定下发了《制定政协年度协商工作计划办法（试行）》，省政协审议通过了《政协山东省委员会提案征集暂行办法（草案）》《关于做好人大代表建议和政协提案办理结果公开工作的通知》等文件，建立了省委、省政府、省政协领导同志阅批督办、省政协副主席领办督办重点提案制度，有效保证了协商工作依规依法展开。[②]

第二，“不协商不决策、先协商后决策”。山东各市党委对政协工作的高度重视，大大推动了政协参政议政工作的扎实推进。山东政协工作形成了全面创新、上下联动、集体发力的壮观态势。比如在聊城，依托市政协成立了聊城市重大决策咨询委员会，重大问题不咨询不决策成为该市一项重大决定；潍坊市研究制定了《关于重大事项事前听取政协意

① 韩景慧：《山东出台〈意见〉加强政协协商民主建设》，载《团结报》2015年10月20日。

② 蔡军、胡洪林：《协商民主“山东路径”的突破》，人民网—山东频道2017年2月8日，http://sd.people.com.cn/n2/2017/0208/c166188-29688495.html。

见的实施办法》，确保把政协协商纳入决策程序；多个市的市委、市政府、市政协联合下文实施政协年度协商工作计划，大大增强了协商民主的权威性和执行力。[①]

第三，细化协商会议规程，健全完善互动机制和成果转化机制，探索建立评估促效制度，及时跟进和督促有关建议意见的落实。一是制订协商计划，改变以往协商内容的随意性，增强协商的制度刚性。山东省委办公厅、山东省人民政府办公厅出台的《政协年度协商工作计划制定办法（试行）》对加强政协协商与党委、政府工作的有效衔接、年度协商计划的制订作出明确规定，形成了山东省政协围绕年度协商工作计划开展协商活动的机制。二是重视协商的组织实施，强化协商氛围和效果。山东省政协组织协商会议始终坚持“调研不深入不协商，准备不充分不协商”，要求前来协商的各方都做好充分准备，提高协商质量。通过一场场协商会议，山东省政协的许多协商成果被纳入党政决策。[②]三是建立协商评估制度，以切实可行的指标考核来评价协商民主的成效。山东省委办公厅印发的《关于加强人民政协协商民主建设的实施意见》中明确提出，要探索建立政协协商工作评价指标体系，探索对年度协商活动开展情况进行委员评估、专家评估和协商会议现场评估，并将评估情况在一定范围内进行通报。为了有效指导评估活动，2017年山东省政协通过了《山东省政协民主协商活动评估实施办法》，明确了评估的目的、内涵、

① 蔡军、胡洪林：《协商民主“山东路径”的突破》，人民网—山东频道2017年2月8日，http://sd.people.com.cn/n2/2017/0208/c166188-29688495.html。

② 山东政协：《协商民主的魅力在山东日益显现》，齐鲁网2018年1月17日，http://news.iqilu.com/shandong/yaowen/2018/0117/3812745.shtml。

方式、程序以及评估结果的运用等，用制度的形式把协商活动评估工作固定下来、规范起来，为开展评估提供了操作指南。[①]

二、依托社区，普及基层协商民主

推进基层协商民主，是加强和创新社会治理的重要手段，也是适应新形势解决新矛盾新问题的客观需要。2015年，山东省委办公厅、山东省人民政府办公厅印发了《关于加强城乡社区协商的实施意见》，积极适应产业转型、城市转型、社会转型带来的新问题新变化，积极探索协商民主的实现形式，促进群众依法实现民事民议民决，提高政府治理能力和治理体系现代化水平。

首先，采取制度先行的模式，通过《关于加强城乡社区协商的实施意见》这一文件，要求全省分层次建立城乡社区协商制度，完善村（居）民自治制度体系和社区治理机制，同时提出了规范协商程序和丰富协商形式的要求在对社区基层协商程序进行一般性规定的同时，鼓励城乡社区采取多种形式开展协商，并提出加快城乡社区信息化建设，为基层协商民主搭建网络协商平台，畅通社情民意沟通协商渠道。

第二，基层社区积极与高校和科研单位合作，由学术界提供理论指导和智力支持，走出理论与实践紧密结合的特色路径。济南大学作为山东省重点建设大学和首批应用型人才培养特色名校，在长期办学实践中对基层协商民主与社区治理研究领域积淀形成了很多好的经验与做法，

① 政协山东省委员会：《以第三方评估为抓手切实提升协商质量和成效》，载《中国政协》2017年第22期。

这对协商民主实践大有裨益。自2015年8月起，济南市历下区甸柳街道就与济南大学形成了合作关系，在此基础上，甸柳街道在辖区各个社区内积极推行协商民主议事方式，利用区域化党建、社区发展论坛、居民议事会等平台，不断拓宽居民“发声”渠道，并从流程、规则、参与人员和决策落地等方面探索出一条基层协商民主建设“标准化”之路。街道在协商民主的实施过程中，先后创建了“四议三评两公开”“六联共建”“四建四提”“2+5+X”等工作方法。在全市范围内被选定为历下区唯一基层协商民主试点工作街道。街道通过不断完善基层民主管理和监督机制，基本实现了社区治理多元高效、行政服务便民利民、居民自治广泛参与的社会管理效果，打造出了“精街道、强社区、促服务”的品牌工作模式。①

第三，强化基层党组织建设，发挥党员在基层协商民主中的重要作用。济南市天桥区致力于加强基层党组织建设，全面实行区域化党建，建设街道“大工委”、社区“大党委”，既统筹街道、社区和驻地单位资源实现共驻共建共享，又强化基层党组织在协商民主中的领导核心作用，把握方向、控制局面。同时，天桥区分门别类搭建议事平台，让不同层面、不同群体都参与到协商中来，规范议事、有序协商。主要探索了四种不同方式。一是在封闭式社区推行“五位一体”。由社区党组织、社区居委会、社区服务站、业主委员会、物业公司共同参与，以召开联席会议的形式，让社区的相关利益方坐下来平等交换意见，协商解决问题。二是在开放式社区推行“四+五”工作机制。街道、社区、网片、网格“四级互动”，

① 朱文龙：《协商民主咋办，高校社区共建》，载《齐鲁晚报》2016年1月5日。

意见征集、协商议事、党委审核、落实反馈、结果评估“五步协商”。在村改居和农村推行“一报四议两公开”。凡是村(居)重大事务以及与群众利益相关的事项，在决策实施前必须向镇(街道)党(工)委报告，按照党组织会议提议、“两委”会议商议、党员大会审议、村民代表会议或村民大会决议的程序进行集体研究，决议结果和实施结果向群众公开。三是导入社会组织推行“四会制”。把壮大社会组织作为增强协商民主广泛性、组织性的重要途径，成立区社会组织孵化中心，加强对社会组织的培育、规范、引导，用社会组织把各类群体组织起来，建立联席会议制度，形成党组织领导下的居委会主导、议事会支撑、共建会和社会组织联合会协同的协商格局。①

三、加大“开门协商”力度，扩大协商民主的社会参与

中共中央提出加强社会主义协商民主建设，支持和鼓励包括网络协商方式在内的协商民主建设探索创新，山东结合本省实际，采取了加大“开门协商”力度，加大媒体参与深度，探索网络议政、网络协商、远程协商、书面协商等多种实现形式，扩大协商民主的社会影响。诸多的创新协商模式在山东各地出现，比如“会议协商+网络议政”“实地调研+现场协商”“网络议政+远程协商”以及“政协协商+智库论证”等等②。山东省创新协商民主渠道主要表现在以下几个方面。

---

① 毕筱奇:《深化基层协商民主，推进民事民议民决》，载《济南日报》2016年10月31日。

② 蔡军、胡洪林:《协商民主“山东路径”的突破》，人民网—山东频道2017年2月8日，http://sd.people.com.cn/n2/2017/0208/c166188-29688495.html。

一是机制创新，建立起网络渠道舆情汇集回应机制。比如济南市12345热线逐步建立起“一号对外、集中受理、分类处置、统一协调、部门联动、限时办结”的工作机制，潍坊“寿光民声”通过“首接负责制”“二次回帖法”和“部门联席会议”等制度，建立起留言受理、问题处置、结果反馈、监督考评的运行机制。政府运用互联网平台，拓宽了网络协商渠道，获得了人民群众积极的回应。①

二是协商民主的形式创新，构建了网上与线下互通的协商渠道。政府建立起的互联网沟通平台不仅用于舆情信息的收集、分析和反馈，同时利用这一便捷高效的渠道，通过网上即时交流互动，最终将协商民主的成果转化为实际的决策。

三是体系创新，打造多媒体联动体系。山东省依托多媒体融合，网上网下联动，形成网络、电台、电视台、报纸、杂志以及手机新媒体等多位一体的参与新渠道。比如寿光民生网与电台、网站、报纸、手机共同构筑了“五位一体”的参与新渠道；青岛民生在线依托青岛日报报业集团，与青岛日报、青岛晚报、青岛早报、青岛新闻网形成报网联动等，都是当前形势下探索多媒体融合，形成推动网络协商民主渠道建设发展的创新之举。②

四、发挥人民团体在协商民主中的组织作用

为了更好地在基层实现协商民主，山东省总工会打造了“推行协商

① 毕宏音:《地方政府的网络协商民主创新实践及启示——以山东、辽宁为例》，载《社科纵横》2015年第7期。

② 毕宏音:《地方政府的网络协商民主创新实践及启示——以山东、辽宁为例》，载《社科纵横》2015年第7期。

民主、强化社会责任”的品牌，充分发挥工会组织的作用，保障职工权益，助推企业发展。以职代会为基础的民主协商和厂务公开已经成为企业发展的重要动力。山东省总工会副主席王星海说：“这两项制度应该说在国有企业，它的建制率达到了95%以上，基本是实现了全覆盖，在非公企业中，全省有85%左右的企业施行了这项制度。”①目前，山东已经出台了关于推进协商民主、强化社会责任的工作意见，把职代会、厂务公开和社会责任的标准细化为56个具体条款，来推动员工权益与企业发展的和谐统一。

第三节　山东实践创新经验总结

2014年以来，山东积极响应中共中央的要求，加强省内协商民主建设，“摸着石头过河”，从边实践边总结边改进，到形成一套规范化的制度体系和实施章程，走出了协商民主建设的“山东路径”。山东的协商民主建设经验可以总结为以下几个方面。

一、坚持中国共产党的领导，保障参与协商的各方主体地位平等

作为社会主义民主的一种实现形式，社会主义协商民主必须坚持中国共产党的领导，这是中国社会主义协商民主正确政治方向的根本保证，是

① 刘仁超、李振利等：《山东推进协商民主，构建和谐劳资关系》，山东广播电视台2015年7月26日《山东新闻联播》报道，http://sd.dzwww.com/sdnews/201507/t20150727_12765784.htm。

社会主义协商民主的基本原则。协商民主需要中国共产党作为坚强的领导核心来主导和推动，党的领导是社会主义协商民主快速发展的政治基础和组织保障。在坚持中国共产党领导的基本原则之下，还需要保障协商各方主体之间的平等地位。协调好党的领导和协商平等二者之间的关系是确保社会主义协商民主健康发展的关键因素。一方面，在协商中要明确党的主导地位，同时要认识到党在协商中扮演筹划、组织、协调的角色，要营造宽松、和谐的民主氛围，鼓励参与者畅所欲言，建言献策；另一方面，参与者也应当时刻认识到，协商民主必须遵循党和国家的路线、方针、政策，要为党领导下的社会主义现代化服务。山东在打造协商民主模式的过程中，始终强调党的领导，并保证协商主体地位平等，这在协商议题确定和协商流程设置等多个方面都有体现。

二、山东始终坚持依法协商，制度先行，做到协商活动有规可依，在探索中建立起山东模式的协商民主制度

坚持依法协商是依法治国方略在协商民主运行和发展中的体现。山东采用制度先行的模式，总结实践经验，以规范化和制度化的方式将人民政协协商民主的优秀经验固定下来并予以推广，基本实现协商民主规范化运作和程序化管理，有助于协商民主制度在山东长期稳定可持续发展。针对基层协商民主的发展，山东采取出台指导性文件的方式，鼓励基层城镇社区充分发挥创造力，涌现了大量的结合本地、本社区实际情况的优秀经验做法，使得基层协商民主发展充满活力，让协商民主走进普通群众的生活。

三、始终坚持人民民主的本质要求

社会主义协商民主是人民民主本质要求的制度体现，协商民主的发展必须围绕人民民主进行。社会主义协商民主的根本出发点是尊重人的主体性、参与性和创造性，从人民民主的逻辑出发，社会主义协商民主围绕基于群众自治形成的公民协商、基于党的群众路线和政府民主决策所形成的社会协商以及基于党派合作与人民政协形成的政治协商展开。正是人民民主自身实现的内在要求，推动“我国协商实践从政党之间、政府与社会之间逐步扩展到社会团体、公民之间，形成了国家层面的政治协商、国家与社会层面的社会协商和社会层面公民协商的中国特色的协商民主体系”[①]。山东对多种协商民主形式和平台发展的鼓励措施拓展了协商民主的规模，扩大了协商民主的参与范围，体现出对人民民主这一本质要求的坚持和重视。人民民主的要求是社会主义协商民主发展的不竭动力。

四、培育公民文化，筑牢协商民主的发展基础

成熟的公民社会是社会主义协商民主发展的重要社会基础，以平等、自主、参与、理性和宽容为基本内容的公民文化是协商民主发展的重要文化基础。作为协商民主的参与主体，协商民主的参与性和直接民主性对公民的参与能力和参与意识都提出了更高的要求。山东从以下几个方面入手，提高公民的协商参与能力，强化公民政治意识：一是通过社区和学校等渠道加强社会责任、法律意识和政治观念方面内容的教育培训，提高公

① 林尚立：《协商民主是中国发展的动力》，载《联合时报》2013年5月28日。

民的政治认知能力，为公民参与民主协商打下必要的基础；二是重视大众传媒对公民文化的传播，以正确的舆论引导、宣传和培育平等、自主、理性等公民意识和精神；三是扩大公民政治参与实践，使公民通过参与，表达利益诉求，认识参与协商民主的价值，同时熟悉参与规则和程序，通过这样的过程提高参与能力，为基层协商民主的推广打下坚实基础。

第五章
深化依法治国实践

“法治山东”建设是全面推进依法治国在山东的具体实践，是中国特色社会主义民主法治建设的重要组成部分。在改革开放40周年之际，梳理山东依法治国建设的历程，总结40年来山东在依法治省建设中取得的重要成就和优秀经验，是深入贯彻党的十八大和十八届三中、四中、五中全会以及十九大精神的重要体现，对于在新的历史起点上建设法治山东，开创经济文化强省建设新局面具有重要的理论意义和实践价值。

第一节　深化依法治国实践的重要意义

一、深化依法治国实践标志着党执政方式的转变

中国特色社会主义法治是我们党和人民在长期的历史经验和实践经验中总结出来的，符合我国社会政治条件和历史文化传统的法治模式。改革开放以来，我国法制建设事业逐渐恢复。1978年，党的十一届三中全会提出“有法可依、执法必严、违法必究”的法制建设方针，大规模的立法活动如

火如荼地展开。1997年，党的十五大明确提出，到2010年形成有中国特色社会主义法律体系。经过多年不懈奋斗，在2011年第十一届全国人民代表大会第四次会议第二次全体会议上，时任全国人大常委会委员长的吴邦国同志郑重宣布：中国特色社会主义法律体系已经形成。以此为标志，我国的法制建设事业基本实现了有法可依的目标，依法治国建设取得阶段性胜利。

党的十八大以来，以习近平同志为核心的党中央高度重视法治在治国理政中的重要作用，针对“全面依法治国”提出了一系列新要求新任务，不断推动我国法治建设理论和实践向纵深发展，取得了前所未有的辉煌成就。“科学立法、严格执法、公正司法、全民守法”成为新时代法治建设的基本方针，全面指导我国法治建设实践。法治在国家治理和社会管理领域的重要意义被充分发掘，运用法治思维和法治方式深化改革、化解社会矛盾成为国家治理的重要手段。

2013年，党的十八届三中全会通过的《中共中央关于全面深化改革若干重大问题的决定》明确指出：“全面深化改革的目标是完善和发展中国特色社会主义制度，推进国家治理体系和治理能力现代化。”作为改革全面深化的重要制度保障，“法治中国”建设与国家治理现代化的关系成为理论与实践共同关注的热点问题，依法治国的重要作用得到高度重视。《决定》进一步明确了“法治中国”的基本内涵，即“建设法治中国，必须坚持依法治国、依法执政、依法行政共同推进，坚持法治国家、法治政府、法治社会一体建设”，为进一步发挥法治对改革的引领和保障作用提供了宏观指引。

2014年，党的十八届四中全会专门以全面推进依法治国为主题召开，会议通过的《中共中央关于全面推进依法治国若干重大问题的决定》明确提出，“依法治国，是坚持和发展中国特色社会主义的本质要求和重要保障，是实现国家治理体系和治理能力现代化的必然要求，事关我们党执政兴国，事关人民幸福安康，事关党和国家长治久安”。党的十八届四中全会站在新的、更高的历史起点上，进一步明确了全面推进依法治国实践的总目标和基本原则，指出“全面推进依法治国，总目标是建设中国特色社会主义法治体系，建设社会主义法治国家”，并从法律体系、法治政府、司法、守法以及党的领导各个方面，对全面推进依法治国的路线图进行了系统规划。依法治国被提升到前所未有的高度，充分体现了我们党对法治认识的深刻变化，彰显了我们党厉行法治的坚定决心。

2016年，党的十八届六中全会对全面从严治党重大问题进行专题研究，专门出台了《关于新形势下党内政治生活的若干准则》和《中国共产党党内监督条例》。在进一步落实全面从严治党的同时，明确了依法治国在全面从严治党中的重要作用。党的领导是全面推进依法治国的根本保证，思想建党和制度治党要同向发力。作为制度治党的重要内容，党内法规制度体系建设与依法治国的关系得以厘清，依规治党与依法治国的有机统一，治国必先治党、治党务必从严，进一步深化了法治中国建设的理论维度和实践逻辑。

党的十九大以来，党中央专门成立中央全面依法治国领导小组，加强对法治中国建设的统一领导。明确提出“以良法促进发展、保障善治”，将科学立法、民主立法、依法立法作为完善中国特色社会主义法律体系的重要方针；在严格执法基础上，进一步提出“严格规范公正文明执法”，为法治政府建设树立标准；同时，提出司法体制综合配套改革、建设社会主义法治文化、培育社会主义法治理念，营造良好的法治氛围；继续要求各级党组织和全体党员发挥模范带头作用，维护宪法和法律权威。这一系列举措，进一步展现了我们党厉行法治的决心和信心，深刻标志着党执政方式的转变，意味着依法治国成为党领导人民治国理政的基本方式。

二、依法治国是新时代治国理政的基本方式

党的十九大郑重宣布，“中国特色社会主义进入新时代，我国社会主要矛盾已经转化为人民日益增长的美好生活需要和不平衡不充分的发展之间的矛盾”。新时代背景下，要从国家治理的高度理解法治、认识法治，深化依法治国实践，充分发挥好依法治国作为国家治理方式的重要作用。

依法治国与国家治理之间既有相通之处，又相辅相成、互相促进。党的领导是实现依法治国和国家治理现代化的根本保障。依法治国的总目标是建设社会主义法治国家，而党的领导是确保法治中国建设走在正确的社会主义道路上的根本保证。党的十九大报告明确指出，党的领导是依法治国的根本保障，为全面推进依法治国提供坚强的组织保障。另一方面，国家治理是指，“党领导人民，依照法律规定，通过各种途径和形式，管理国家事务，管理经济和文化事业，管理社会事务”①。国家治理任务繁重，涉及经济社会生活的各个领域，只有坚持党的领导才能实现国家治理的现代化。中国革命、改革和建设的历史经验充分证明，只有中国共产党才能够把人民群众动员起来、组织起来、团结起来，只有坚持党的领导才能实现全面依法治国、实现国家治理现代化。

---

① 秋石：《国家治理现代化将摆脱人治走向法治》，载《求是》2014年第1期。

人民当家作主是依法治国和国家治理的本质特征。中国特色社会主义是维护人民群众根本利益的政治制度。党的十九大报告明确指出，“发展社会主义民主政治就是要体现人民意志、保障人民权益、激发人民创造活力，用制度体系保证人民当家作主”。作为社会主义民主政治的重要内容，依法治国也是人民意志的体现，必然以保障人民的权益为宗旨。无论是通过人民代表大会制度制定国家法律，还是严格依据法律按照法定程序执法，还是以法律为准绳化解社会矛盾，都充分体现了人民当家作主在全面推进依法治国进程中的根本地位。与此同时，国家治理强调的是区别于统治和被统治、管理和被管理的现代化手段，国家治理所内含的“治理”属性是以人民当家作主为前提，体现的是人民作为治理主体，共同治理国家、管理经济社会文化事务，而不是将人民当作被统治的对象或者是被管理的客体。只有坚持人民当家作主才能实现全面推进依法治国和国家治理现代化。

实现社会主义现代化是依法治国和国家治理的共同目标。按照党的十九大设定的基本目标，到2035年，要基本实现社会主义现代化，“人民平等参与、平等发展权利得到充分保障，法治国家、法治政府、法治社会基本建成，各方面制度更加完善，国家治理体系和治理能力现代化基本实现”。法治化是社会主义现代化的应有之义，依法治国是建设社会主义现代化国家、实现国家长治久安的根本要求。只有坚持依法治国，用良法来规范、指引和约束各个主体的行为，确保国家、社会和公民的各项事务在法律范围内进行，才能维护好社会主义市场经济秩序，才能实现人民群众的根本利益，才能促进经济社会全面、协调、可持续的发展。国家治理涉及经济建设、政治建设、文化建设、社会建设以及生态文明建设方方面面，国家治理现代化意味着针对各项事业的体制机制和法律法规基本形成，并且能够有效地运用这些制度实现对相关事务的有序治理。因此，国家治理现代化是社会主义现代化的重要维度。

三、法治山东建设是全面推进依法治国的具体实践

法治山东是“法治中国”伟大部署在山东的具体实践，是以全面推进依法治省工作为主要内容的法治建设系统工程，既与“法治中国”同步，又高度结合省情、体现山东发展实际。新时代法治山东建设是全面推进依法治国的必要组成部分，为经济、政治、文化、社会、生态等领域的发展提供规范依据，是山东经济社会发展的重要保障。

新时代法治山东建设为山东新旧动能转换重大工程提供优良的制度环境。建设山东新旧动能转换综合试验区，加快山东省新旧动能转换与社会发展转型升级，是统领山东经济发展的重大工程，这不仅是经济社会发展问题，还涉及大量重要的法律问题。这些问题的解决和工程的具体操作都需要法治支持。必须妥善处理改革与法治的关系，新旧动能转换要依法启动、依法实施，试验区建设面临的各种问题要依靠法治方式化解，体制创新成果也要以法治方式巩固。

法治山东建设适应新时代全面从严治党需要。山东已经展开党内法规和规范性文件集中清理工作，党内法规制度体系建设取得重大成效。党的十九大报告重申，“增强依法执政本领，加快形成覆盖党的领导和党的建设各方面的党内法规制度体系”。为了加快推进党的建设伟大工程，建立新时代党内法治，山东应当有计划、按步骤地推进法治山东建设，实现依规治党与依法治省的有机统一。

新时代法治山东建设是提高社会治理水平的需要。党的十九大指出，中国特色社会主义进入新时代，我国社会主要矛盾已经转化为人民日益增长的美好生活需要和不平衡不充分的发展之间的矛盾。这是对现阶段我国社会主要矛盾作出的重大历史判断。解决新时代社会主要矛盾，无疑是国家治理现代化核心的议题之一。面对社会矛盾和问题交织叠加的局面，法治山东建设可通过精细化立法，优化地方治理，最大限度地防止、减少和弱化社会矛盾和社会冲突的产生。

第二节 “法治山东”建设的实践探索

山东历来重视法治工作，经过40年不懈努力，已经实现了从依法治省到法治山东的历史转变，法治山东建设不仅为山东经济、政治、文化、社会、生态各领域的发展提供了制度保障，而且，作为“法治中国”伟大部署的具体实践，法治山东既与国家法治建设同步，又高度结合省情、体现山东发展实际。

一、发挥地方立法的引领和保障作用

1979年12月22日，依据第五届全国人民代表大会第二次会议通过的关于修正宪法若干规定的决议和地方组织法的有关规定，山东省召开第五届人大第二次会议选举产生常委会。自此，全省县级以上地方各级人大常委会相继成立。作为地方各级权力机关，人大常委会的设立为山东法治事业，尤其是为山东地方立法事业建设提供了坚实的制度保障。改革开放40年来，山东省各级人大以推进山东民主法治建设为中心，依法积极履行

职责，充分发挥地方国家权力机关的职能，在许多工作中都取得了重大成绩。尤其是党的十八大以来，山东地方人大积极适应新时代需要，落实科学立法和民主立法的基本要求，为完善中国特色社会主义法律体系作出了重要贡献。

一是依法认真行使地方立法权。改革开放以来，山东地方立法工作在坚持党的领导、人民当家作主和依法治国有机统一原则指导下，紧密围绕中央和山东地方工作大局，针对生态环境保护、资源利用、污染防治、促进科技成果转化、科学技术普及和高新技术发展等社会发展的重点领域，制定了一系列的地方性法规和地方政府规章，为山东经济社会发展奠定了强有力的法制保障。尤其2013年以来，山东根据经济社会发展和法治建设的新时代需要，积极推进重点领域立法，以提高地方立法质量为重点，着力发挥立法的引领、推动和保障作用。按照省委批复的立法规划和年度计划，省人大常委会近年来制定和修改地方性法规46件，制定法规性决议3件，批准设区的市报批法规76件。截至2017年1月，省人大及其常委会共制定和修改地方性法规402件，制定法规性决议23件，其中现行有效法规216件，批准设区的市人大常委会报批法规513件，其中现行有效275件，为服务经济文化强省战略提供了坚强的制度支持。

二是坚持立法与改革决策相适应。改革开放以来，根据党中央和省委决策，地方立法工作围绕山东改革重点任务展开。针对山东农业大省这一基本省情，积极保障农民合法权益，制定有关农业环境保护、农业机械化促进、农村可再生能源以及农村公路等方面的地方性法规和政府规章；在贯彻落实中央立法方面，先后制定了实施土地管理法、野生动物保护法、固体废物污染防治法、产品质量法、教育法、渔业法、残疾人保障法以及道路交通安全法等一系列办法。尤其是党的十八大以来，围绕调整优化经济结构，先后制定或修订了循环经济条例、企业技术改造条例等十件法规。山东2016年制定的《山东省地方金融条例》和《山东省多元化解纠纷促进条例》，都是当时全国范围内制定和颁布最早的省级地方性法规，在全国地方立法工作中处于领先地位。2017年12月颁布的《山东省青岛西海岸新区条例》为青岛西海岸新区的发展提供法律制度保障，较好地发挥了为地方经济社会发展服务的作用。为避免立法的部门利益倾向，山东尝试委托第三方参与立法的模式，完善了法规起草、审议的协调协商机制，探索建立了立法后评估机制，通过立法调研、听证会、网站征集意见等多种方式，不断增强地方立法的科学性和民主性。

三是地方立法引领社会治理创新。改革开放以来，山东地方立法工作始终坚持以人为本、立法为民的基本理念，切实发挥立法的引领和保障作用，制定了一批针对地方问题、突出地方特色的法规，为服务山东社会治理事业作出了重要贡献。例如，先后制定了有关就业促进、农村初级卫生保健、商品房销售等事项的地方性法律法规；出台了泰山风景名胜区保护管理、刘公岛甲午战争纪念地保护管理、山东省南水北调工程沿线区域水污染防治等独具地方特色的地方性法规。尤其是党的十八大以来，针对社会治理领域突出存在的重点问题，山东积极运用立法方式提高地方事务的法治化治理水平。围绕创新社会治理，制定或修改了多元化解纠纷促进条例、人力资源市场条例、信访条例等13件法规；围绕保障改善民生，制定或修改了供热条例、老年人权益保障条例等11件法规；围绕加强生态环境保护，制定或修改了水资源条例、大气污染防治条例等11件法规。2016年7月通过的《山东省大气污染防治条例》，全面贯彻新发展理念，建立了大气污染联防联控机制，首次以立法形式推行错峰生产制度，明确了约谈和挂牌督办制度，被称为省内“史上最严”环保法规。与此同时，坚持立改废释并举，为促进政府“放管服”改革，推动简政放权和职能转变，先后“打包”修改法规47件，取消下放行政审批事项69项。

二、法治政府建设日渐成效

改革开放以来，一系列有关法治政府建设规划措施的出台，为山东法治政府建设提供了基本指引。

第一个依法行政五年规划阶段。1990年，全省开展“依法行政年”活动，颁布实施依法行政五年规划。

第二个五年规划阶段。1995年6月，山东省人大常委会颁布《山东省依法治省五年规划》，提出进一步强化依法行政，政府各项工作依法展开。“各级政府及其部门要全面加强法制建设，依照并运用宪法和法律、法规，全方位地规范行政工作，把管理经济和各项社会事务活动逐步纳入法制轨道。”《规划》尤其对依法治理进行详细规定，要求各级乡镇、街道、工厂、商店、学校等单位制定本单位依法治理规划，对于形成多层次、全方位的依法治理格局起到良好的指引作用。

第三个五年规划阶段。按照《山东省2001—2005年依法治省规划》的基本要求，于2002年出台《山东省依法行政第三个五年规划（2001—2005年）》，从学习宣传法律知识、提高政府立法质量、推进行政管理体制改革和创新、规范行政执法行为、强化行政执法监督以及加强依法行政的组织领导七个方面，对深化山东依法行政事业提出了新要求。第三个五年规划实施以后，山东各级政府高度重视，领导干部带头学法尊法，社会法治环境显著改善，在山东经济社会发展中发挥了重要的制度保障作用。

第四个五年规划阶段。在第三个五年规划基础上，山东进一步总结经验，针对仍然存在的突出问题，以实现“大而强、富而美”的社会主义新山东为目标，于2006年制定了《山东省依法行政第四个五年规划（2006—2010年）》，同年6月，颁布《全省政府法制工作深沪杭座谈会共识》。《规划》重点从提高依法决策水平、推进政府职能转变、提高政府立法质量、提高行政执法水平、强化行政行为监督、健全防范化解社会矛盾机制以及加强组织领导七个方面，对山东未来五年的依法行政工作提出了系统要求。其中，行政决策追究制度、行政赔偿和补偿制度以及行政考核和奖惩制度的建立成为亮点。在《规划》指引下，山东依法行政工作深入推进，依法行政能力显著提高，行政决策程序日臻完善，文明执法成为常态，为山东经济文化强省建设作出重要贡献。

第五个五年规划阶段。2011年，为深入落实《全面推进依法行政实施纲要》和《关于加强法治政府建设意见》，山东制定了《山东省2011—2015年依法治省规划》。其中，对依法行政工作作出更加细致的规定，指出要“加快推进政府职能转变，依法界定和规范政府经济调节、市场监管、社会管理和公共服务职能”。《规划》要求政府各项职能的履行应当以法律为依据；重大行政决策要实行听证制度，建立行政决策的风险评估制度，进一步对行政决策程序进行规范。同时，对行政审批制度改革作出具体安排，要求推行相对集中行政处罚权工作；通过规范行政执法行为，强化行政执法监督，严格落实行政执法责任制；要求执法人员持证上岗，进一步加强了山东行政执法队伍建设。

2012年，山东以实施《山东省行政程序规定》为契机，进一步推进依法行政工作落到实处。按照《规定》要求，山东着力构建依法决策制度，健全科学民主决策机制，坚持重大事项集体决策，完善专家咨询论证、合法性审查、风险评估、社会公示与听证等制度，实行对重大决策的跟踪问责。针对“红头文件”过多的情况，建立规范性文件的登记、编号、公布制度，加强规范性文件管理。为贯彻落实《行政强制法》，依法规范实施主体，加强行政强制的程序监督。山东积极完善行政复议机制，开展行政复议委员会试点工作。深入推进行政审批制度改革，严格依法设定和实施审批事项，没有法律法规依据，任何行政机关不得设定或变相设定行政审批事项。突出投资、社会事业、非行政许可审批三个重点领域，进一步清理和精简行政审批事项，减少政府对微观经济活动的直接干预。一系列举措为提高山东依法行政水平、建设法治政府提供了坚强的制度保障。

党的十八大以来，山东深入实施依法行政“五五”规划。2014年提请省人大审议通过地方性法规9件，制定政府规章14件。2015年省、市、县普遍建立政府法律顾问制度。2016年，为贯彻落实全面推进依法治国的重大战略部署，在坚持法治国家、法治政府、法治社会一体建设原则指导下，深入推进依法行政，加快建设法治政府，实现法治政府基本建成的目标，根据中共中央、国务院印发的《法治政府建设实施纲要（2015—2020年）》和《山东省国民经济和社会发展第十三个五年规划纲要》，制定了《山东省法治政府建设实施纲要（2016—2020年）》。同年，为深入推进依法行政，加快建设法治民政，根据省委、省政府印发的《山东省法治政府建设实施纲要（2016—2020年）》和民政部有关部署要求，制定《山东省法治民政建设实施方案（2016—2020年）》。为进一步加快法治财政建设，用法治引领财税体制改革，全面推进依法行政和依法理财，充分发挥财政在国家治理中的基础和重要支柱作用，制定了《山东省法治财政建设实施方案》。2016年行政审批事项大幅削减，非行政许可审批全部取消，全面公布行政权力清单、行政审批事项目录清单、政府部门责任清单，省级政务服务平台上线运行。2017年审议通过了包括乡村建设工程质量监督管理办法、农村住房抗震设防管理办法在内的9件省政府规章。各级各部门认真贯彻落实《山东省规范行政处罚裁量权办法》《山东省行政执法监督条例》，严格行政执法程序，各级政府依法行政水平不断提升。县级以上人民政府依法确认并公布了行政处罚、行政许可以及行政强制的执法主体资格，有效避免了执法主体混乱和滥用权力的情况。

为山东新旧动能转换提供法治保障是法治山东建设的新成就。作为重点立法项目，《新旧动能转换促进条例》已经纳入2018年省人大立法规划。同时，山东提出了二十条保障新旧动能转换的法治意见。依法促进“十强”产业发展；实施涉重点项目执行积案集中治理；畅通企业破产重组司法通道；建立专门法律服务团队；推进知识产权案件专项治理；完善知识产权审判机制；建立知识产权侵权案件认定机制；落实高端人才引进保护政策；优化审批管理模式；提升“一带一路”建设司法服务水平；加快发展涉外法律服务；服务经略海洋战略；实施道路交通安全畅通集中治理；推动园区软实力建设；强化环境资源司法保护。运用法治方式和法治思维，为山东新旧动能转换提供了坚强的制度支持。

纵观改革开放40年历程，山东的法治政府建设取得了显著成绩，从最初的普及依法行政法律知识阶段，到依法行政、转变政府职能，法治政府建设逐渐深入。尤其是党的十八大以来，山东法治政府建设进入新时代，取得了前所未有的重大成绩。

三、以人民为中心，坚持公正司法

司法行政工作是山东法治建设事业的重要组成部分。改革开放40年来，山东司法行政工作取得了许多重要成绩。特别是党的十八大以来，全省各级审判机关、检察机关严格按照“让人民群众在每一个司法案件中感受到公平正义”的基本目标，积极推进司法体制改革，以人民为中心，维护人民的根本利益，不断提高司法公信力、维护司法权威，在司法行政工作中取得了显著成绩。

一是司法改革稳妥推进。结合中央统一部署，山东员额制改革全面推开。2016年9月初，山东省司法体制改革工作推进领导小组第五次会议审议通过了《山东省全面推开司法责任制改革实施意见》。9月7日，全省全面推开司法责任制改革动员会明确了改革的时间表、路线图和任务单，要求以遴选出员额法官、检察官作为全面推开司法责任制改革的基本标志，自2016年8月至2017年5月底分三批在全省各级法院、检察院全面推开司法责任制改革：第一批淄博、聊城除首批试点院外的其他基层院10月底前完成员额法官、检察官遴选工作：第二批省院，铁检分院及其基层院，淄博、聊城之外的15个市院及其基层院在2017年1月底前完成员额法官、检察官遴选工作；第三批，因换届等原因延后的县（市、区）院在2017年5月底前完成员额法官、检察官遴选工作。

二是依法裁判工作顺利展开。2013年至2016年，全省法院共办理各类案件467.2万件，诉讼标的额13390.8亿元，2016年结案数量比2012年净增38.5万件。2015年5月1日，全省法院实施立案登记制，当年实现立案率97.78%，高于全国2.78个百分点。2015年6月，在全国率先推行律师代理信访申诉工作，一年内接待群众申诉咨询7738件，化解申诉3008件。2015年12月，德州市庆云县检察院对当地环保部门不依法履行职责的行为提起公益诉讼，成为全国首例行政公益诉讼案。

三是司法公开取得重大进展。截至2017年4月底，上网公开裁判文书261万份，居全国第二位。同时，创新建立检察宣告制度，对不立案、不批捕、不起诉等13类检察决定，邀请人大代表、政协委员和有关人员参加，在统一、规范的场所进行公开宣告。截至2016年10月，全省已建成检察宣告庭665个，公开宣告各类案件5400余件。2017年5月1日起，省法院所有公开开庭审理的民商事、行政案件，均实现了互联网直播，全省各级法院全部建成审判流程、裁判文书、执行信息、庭审公开四大公开平台。

四是司法为民取得成效。党的十八大以来，山东法院深入开展党的群众路线教育实践活动、“三严三实”专题教育、“两学一做”学习教育，坚持全面从严、持续从严，队伍素质不断提高。充分发挥司法保障作用，有效化解基层社会矛盾。践行“以当事人为本”的司法理念，恢复或新建32处人民法庭，367个法官服务站；通过实施《山东省法律援助条例》，五年来办理法律援助案件75539件，受援群众达92567人。将基层矛盾化解作为司法工作主线，推行宽严相济的司法政策，缓解社会矛盾，维系社会和谐。五年来，开展培训活动286期（次），培训干警3.4万人次；全省法院528个单位和1143名个人受到省级以上表彰，涌现出钱继红、王永涛、王丽等先进典型；基层法院及人民法庭办案537.5万件，占全省法院结案总数的87.3%；查处干警违反工作纪律、审判纪律等371件445人。

四、加强法治宣传，营造全民守法环境

山东历来重视法治宣传工作，始终坚持将普法工作作为法治建设的基础性工作，不断创新法治宣传教育方式，为全面依法治省、建设法治山东提供良好的社会氛围。

改革开放以来，随着我国民主法制的大力加强、推进和司法行政机关的重建，山东的法制宣传教育工作很快在全省范围内全面展开。1985年山东省第六届人大常委会第十二次会议通过了《关于加强法制宣传，普及法律常识的决议》。尤其是1986年以来，山东有计划、有组织、有步骤地实施了七个五年法制宣传教育规划，以领导干部为龙头，以农村基层为大头，以执法人员、企业经营管理人员和青少年为重点，深入开展了以“学法律、讲权利、讲义务、讲责任”为主要内容的公民法制宣传教育。大力推进法制宣传教育进机关、进乡村、进社区、进学校、进企业活动，进一步提高了社会公众的法律素养，提高了社会法治化管理水平。1992年8月，中央组织部、中央政策研究室、司法部、民政部在章丘市联合召开“依法治村，民主管理”经验交流会，向全国推广了章丘市“依法建制、以制治村、民主管理”的经验。以依法治村为重点的基层依法治理活动在全省迅速推开，并很快向下延伸到家庭“细胞工程”建设，向上升级到依法治乡镇、治县（市、区），向外扩展到依法治校、治厂、治店和各行业的依法治理。之后，山东又相继培育推广了临沂市党政干部法律大专学历教育、东明县“148”法律服务专线、平阴县“讲案学法”、青岛市社区依法治

理、莱芜市“法德结合、文明理家”、枣庄市“两个工程”、济南市天桥区民族村。

党的十八大以来，山东在实施普法规划过程中，创新形式、丰富载体，综合运用“举办讲座、业务培训、调研指导”等方式，充分利用新媒体平台，共开设法治栏目448个，建立普法网站（页）554个，开设普法政务微博21个，构建省、市、县（市、区）三级网络普法体系，成立普法讲师团600多个，普法志愿者队伍8500多支，增强了全社会的法治意识和法治观念。2017年山东制定《山东省法治宣传教育条例》，规定每年12月是法治宣传教育月。《条例》强调，县级以上人民政府司法行政部门应当在法治宣传教育月，集中组织开展法律咨询、法治讲座、法律知识竞赛等多种形式的法治宣传教育活动。机关、团体、企事业单位和其他社会组织应当结合工作特点，在法治宣传教育月集中开展法治宣传教育活动。

第三节 “法治山东”建设的未来展望

新时代法治山东建设应当提升品牌意识，着力将法治山东打造为全国知名品牌。以法治标准为指向、制度建设为依托，减少领导意志、政策调整、不当利益考量等因素对依法治省工作的影响。将法治建设要素细化为各领域具体工作考核标准，保证改革于法有据、制度建设符合省情。整合山东法治资源优势，充分利用山东传统文化与红色文化资源，以传承弘扬齐鲁文化与红色文化为根基，建设社会主义法治文化，倡导法治与德治相结合、传统文化与现代文明共生的法治文化。

一、统筹推进依规治党与依法治省建设

党的领导是实现法治山东的根本保障。近年来，山东突出制度治党，党内法规制度体系建设已取得阶段性进展，但也存在一些突出问题。针对当前情势，建议运用现代法治的一般原理与方法，提升党内法规的法治化水平。应当着力推动党内法规融入中国特色社会主义法治体系。首先，进一步落实党规与国法的衔接和协调。严格恪守党内立法权的立法权限，划清党规与国法的调整对象，确保在宪法和法律范围内制定党规，为依法执政确立前提。其次，党领导立法与人大主导立法相结合，建立党内立法机关与国家立法部门的沟通协调机制，规范党政联合发文制度，落实党规合法性审查机制和备案审查衔接联动机制。第三，研究建立党内法规与国家法律的衔接转换制度，通过法定程序将涉及重大事项且经过实践检验、比较成熟的党内法规提交人大或政府，及时上升为国家法律。第四，完善并推广党内执纪机关与国家司法执法机关的联席会议制度，促进执纪与执法衔接转换，确保党规与国法的协调实施。

二、发挥地方立法优势，引领社会治理创新

新时代法治山东建设应当创新立法理念、完善立法体制、提高立法质量，充分发挥地方立法优势，为地方治理提供更加全面的法治保障。

一是科学把握法治与改革关系，创新地方立法的治理理念。首先，深入学习贯彻党的十九大精神，明确依法治国对中国特色社会主义事业的保障作用，把握新时代地方治理机制创新和体系完善的基本方向，统筹推进依法治国和社会治理，充分发挥法治对地方治理的引领、规范和保障作

用。其次，坚持以法治方式引领和保障改革。在法治范围内改革，构建科学合理的法律制度和程序机制，运用法治方式凝聚改革共识、保障改革成果，构建制度化、规范化、程序化和常态化的法治与改革关系处理机制。再次，注重将地方立法优势转化为治理优势。落实“重大改革于法有据”原则，将地方治理纳入地方立法整体目标，充分发挥地方立法在构建地方治理模式中的规范作用，形成地方立法与地方治理相互依存、彼此支撑的互动格局。

二是完善人大主导立法体制，提高人大地方治理能力。首先，厘清人大与其他治理主体权责界限。妥善处理党委领导与人大主导关系，细化“重大问题向党委请示”制度，科学定义“重大事项”的含义范围和标准，合理规划请示程序和意见反馈机制；明确人大主导立法与政府立法的差异化，确定地方性法规与地方政府规章的事项范围。其次，健全人大主导立法工作机制。以工作效率为目标，理顺人大、常委会、专门委员会、常委会法制工作机构的关系；以解决问题为中心，梳理各个主体在立项、起草、参与、审议、表决、监督、宣传以及立法后评估机制中的定位和作用；以立法需求为导向，合理划分职权与分配立法任务。第三，提升地方人大治理能力。加强立法人才引进与培养，建立人才交流互动机制，不断提升人大立法技术和立法能力；建设立法智库，严格细化立法智库的组成人员、组织形式、运作程序等制度安排，发挥智库在地方治理中的科学保障作用。

三是拓展公众参与治理的途径，提高治理体系的民主水平。首先，扩大参与主体。畅通人大代表与基层群众沟通机制，建立民意传达制度；发挥政协委员作用，建立地方治理专家库；利用基层联络点和相关社会组织，构建民意汇聚机制，提高公众参与效率。其次，拓宽参与渠道。完善媒体、网络、社区等多样参与途径；建立常态化、强制性的意见建议反馈机制，对有针对性和实质内容的地方治理建议要及时反馈答复，切实提高公众参与积极性。第三，培养参与意识。通过宣传教育，普及地方治理知识，增强公众的法律意识和责任感，将公众参与作为表达利益诉求的途径和责任，提高公众参与治理的质量和效果。

三、完善山东新旧动能转换重大工程的法治保障

新旧动能转换是引领山东经济社会发展的重大工程，法治山东建设应当为山东新旧动能转换重大工程提供法治保障。

第一，完善地方立法，奠定综合试验区的制度基础。建设山东新旧动能转换综合试验区，要充分发挥地方立法的立、改、废、释作用，对不适应新动能发展的立法要修改或废止；对现行地方性法规或规章中可以为新旧动能转换服务的部分，要及时解释并充分利用，为改革提供法治依据。发挥政府立法的试验性优势，配合具体政策的调试，迅速搭建制度基础与法治框架，确保改革有法可依。改革决策要符合法律规定，遵循法治要求，对经实践检验行之有效的规章或政策，要及时上升为地方性法规，以地方立法巩固改革成果。山东新旧动能转换综合试验区的法律地位要进一步明确，通过立法授权赋予其合法地位，同时要制定相关地方性法规或规章，保证其合法行使权力。

第二，深化法治改革，助推新旧动能转换的治理转型。继续推进地方行政体制改革，优化新旧动能转换的制度环境，尤其要针对山东行政权力强势的传统，进一步简政放权、促进政府职能转变、规范行政权力，保障政府充分履行行政职能和提升行政效率。深化市场经济体制改革，激发企

业创新活力，通过反不正当竞争与反垄断、把控产品质量检验、预防市场犯罪等改革，为新旧动能转换提供公平、公正、高效的制度环境与体制保障。落实社会治理改革，促进公共服务领域法治转型，通过推进民生法治建设、依法赋予社会组织承担公共服务职能等改革措施，激发社会创新活力，打造万众创业的群众基础。

第三，明晰治理权责，提升新旧动能转换的实施效率。准确定位政府、市场和社会在新旧动能转换中的地位与作用，合理分配治理权责。首先，政府要扮演公共服务角色，履行监督职能，继续坚持建设法治政府与服务型政府，努力为企业新旧动能转换提供良好的制度环境与优惠的发展政策，打造适宜新旧动能转换的营商环境。其次，企业作为新旧动能转换主体，要努力适应新旧动能转换需求，服务经济社会发展大局，承担相应的发展义务，积极参与新旧动能转换工程的决策意见并充分表达行业诉求。第三，社会组织要强化自身建设，不断提升公共服务能力，沟通好与政府主管部门、公共服务对象之间的关系；公民个人要树立新旧动能转换的正确认识，利益诉求、权利保障、纠纷解决要通过法律渠道，以法治方式妥善解决。

第四，构建法律机制，保障新旧动能转换工程的法治运行。制定新旧动能转换工程的系统法律制度，保证规划布局、改革决策、具体实施、推进程序、成效评估、责任承担、权利救济各个环节统一纳入法律机制当中，确保每个环节都能启动合法性审查，落实主体责任。尽快出台关于新旧动能转换工程的整体规划意见，适时上升为地方立法，为工程全面布局奠定法治前提。以政府权力清单为基准，规范政府行政权力，落实权力清单与责任清单制度，不断下放权力、减少行政审批项目，激活企业发展活力。公正处理涉及新旧动能转换的利益纠纷，及时救济，服务工程大局，充分发挥司法的保障作用。

四、运用法治方式促进政府职能转变

法治政府是法治山东建设的重要内容，应当运用法治方式推进政府职能转变。首先，以公共利益保障和公共服务提供的效率与公正为基本标准，厘清政府、市场和社会之间的关系，设置政府与市场、社会之间权限划分的基本规则，确定哪些领域可以由市场和社会介入，哪些领域需要政府治理，针对政府与市场都可以介入的领域如何划分彼此权限内容等等，以市场为导向促进政府职能转变，推进社会治理的权责明晰、规范有序。其次，积极推进社会组织参与法治建设和承担公共服务职能，完善政府购买公共服务的决策、价格制定、服务监督以及运行程序，推行政府权力清单制度与责任清单制度的结合，清单范围、内容需要社会公众与专家参与论证和制定。第三，以法治方式深化行政体制改革，理顺、规范各级政府职能划分与事权配置，实现省级以下政府权力的差异化配置，满足层级治理的多样化需求。

五、探索多元社会矛盾法治化解机制

新时代法治山东建设应当以社会转型升级为着眼点，发挥司法主导作用，积极构建多元社会矛盾化解机制。首先，依据司法体制改革的基本精神，结合山东司法实践，制定与法治山东建设和依法治省工作相配套的司法改革方案，逐步减少和杜绝其他组织干预司法的情况。其次，加强司法机关自身的法治建设，重新定位审判委员会职能与地位，提升法官、检察官的法治思维水平，创造保障司法独立的制度条件。司法体制改革试点应着力于法律基础上的制度创新，做到顶层设计与地方实践相结合，处理好现行法律与改革试验的关系，总结试点经验并科学评估，为适时推广做制度预备。第三，坚持以法治方式化解社会矛盾，既要维护公民合法权益，又不能迁就、容忍违法诉求和助长法外利益获取，将社会问题纳入法治框架解决。

第六章
深化机构和行政体制改革

改革开放40年来，党和国家机构改革不断深化。党的十九大报告再次明确提出“深化机构和行政体制改革”。在党和国家统一部署下，山东结合自身省情不断深化行政体制改革，为山东经济、政治、文化、社会、生态各领域事业的不断发展提供了坚强保障，取得了历史性成就。

第一节　深化机构和行政体制改革的必要性与紧迫性

一、深化党和国家机构改革是加强党的长期执政能力建设的必然要求

加强党的长期执政能力建设是新时代党的建设的基本主线。党的十九大报告明确指出：“坚持和加强党的全面领导，坚持党要管党、全面从严治党，以加强党的长期执政能力建设、先进性和纯洁性建设为主线，以党的政治建设为统领，以坚定理想信念宗旨为根基，以调动全党积极性、主

动性、创造性为着力点，全面推进党的政治建设、思想建设、组织建设、作风建设、纪律建设，把制度建设贯穿其中，深入推进反腐败斗争，不断提高党的建设质量，把党建设成为始终走在时代前列、人民衷心拥护、勇于自我革命、经得起各种风浪考验、朝气蓬勃的马克思主义执政党。”党的长期执政能力建设与先进性建设、纯洁性建设共同引领党的建设，是坚持全面从严治党的重要内容，是确保我国社会主义现代化事业成功的关键。党的执政地位源于党自身的先进性，是历史发展和人民选择的必然结果，加强党的长期执政能力建设既是新时代实现中国共产党历史使命的根本保障，也是中国共产党本质属性的集中体现。

党和国家机构是党执政、施政的基本载体。加强党的执政能力建设需要通过科学设置机构、合理配置职能、统筹使用编制，提高制度体系的运行效率，提高科学决策水平，使党和国家的方针政策能够更加有效地得到贯彻落实。通过党和国家机构改革的方式，使党的制度优势最大限度地发挥出来。当前，党和国家机构设置和职能配置不能充分满足和适应党的长期执政需求。一些领域党的机构设置和职能配置还不够健全有力，保障党的全面领导、推进全面从严治党的体制机制有待完善；一些领域党政机构重叠、职责交叉、权责脱节问题比较突出；一些领域权力运行制约和监督机制不够完善，滥用职权、以权谋私等问题仍然存在。这些因素极大限制了党的长期执政能力建设。中国特色社会主义进入新时代，社会主要矛盾的变化要求党和国家机构应当更加积极主动地适应新形势、新变化，在新的历史起点上，更好地承担起解决社会主要矛盾的历史使命。深化机构和行政体制改革是实现这一历史使命的重要手段。

二、深化党和国家机构改革是实现国家治理能力和治理体系现代化的必然选择

治理能力和治理体系是衡量一个国家治理水平的基本标准。改革开放以来所确立的党和国家机构制度体系为我国社会主义建设和市场经济体制的建立和完善起到了重要的制度支撑作用。当前，中国特色社会主义事业进入新时代，社会主要矛盾已经转化为人民日益增长的美好生活需要和不平衡不充分的发展之间的矛盾。社会主要矛盾的转化意味着传统的管理理念和管理方式已经难以适应新的时代需求，应当在“四个全面”战略布局的统筹指引下实现由管理向治理的转型，应对新时代社会发展需要，满足人民对美好生活的向往。党的十八届三中全会提出，全面深化改革的总目标是完善和发展中国特色社会主义制度，推进国家治理体系和治理能力现代化；党的十八届四中全会强调，促进国家治理体系和治理能力现代化；党的十九大再次强调，要推进国家治理体系和治理能力现代化。党的一系列重大决策充分说明，实现国家治理体系和治理能力现代化是解决新时代社会主要矛盾的主要手段。

为实现国家治理体系和治理能力的现代化必然应当深化党和国家机构改革。习近平总书记指出：“国家治理体系和治理能力是一个国家制度和制度执行能力的集中体现。国家治理体系是在党领导下管理国家的制度体系，包括经济、政治、文化、社会、生态文明和党的建设等各领域体制机制、法律法规安排，也就是一整套紧密相连、相互协调的国家制度；国家治理能力则是运用国家制度管理社会各方面事务的能力，包括

改革发展稳定、内政外交国防、治党治国治军等各个方面。”[①]这一重要论述不仅深刻揭示了国家治理体系和治理能力的基本内涵，同时也说明国家治理需要通过党和国家的制度体系来实现。完善党和国家的各项制度体系，实现制度化、规范化、程序化和法治化，是国家治理现代化的应有之义。

党的十九届三中全会通过的《中共中央关于深化党和国家机构改革的决定》明确指出，深化党和国家机构改革是推进国家治理体系和治理能力现代化的一场深刻革命。作为国家治理体系的重要组成部分，党和国家机构承担着不可替代的任务。一是要深化党中央机构改革，以加强党的全面领导为根本原则，建立健全党对重大工作的领导体制机制，推进党政机关合署办公，确保更好地发挥党的领导的制度优势。二是要深化人大机构改革，在坚持党的领导、人民当家作主、依法治国有机统一基础上，完善全国人大专门委员会职责设置，更好发挥人民代表大会在完善中国特色社会主义法治体系中的重要作用。三是继续深化国务院机构改革，以转变政府职能为主线，围绕建设现代化经济体系，进一步加强和完善政府在经济调节、市场监管、社会管理、公共服务以及生态环境保护领域的职责定位，打造法治政府，加快建设人民满意的服务型政府。四是深化全国政协改革，在加强人民政协民主监督基础上，优化政协专门委员会的部门设置，为社会主义协商民主提供坚强的制度保障。五是深化行政执法体制改革。合理配置政府事权，整合执法队伍，完善执法程序，实现严格规范文明执法。六是深化跨军地改革。合理调整机构编

① 习近平：《习近平谈治国理政》，外文出版社2014年版，第91页。

制，落实党对人民解放军和其他武装力量的绝对领导。七是深化群团组织改革。进一步加强党对群团工作的领导，建设更有活力、更加坚强有力的群团组织。八是深化地方机构改革。着眼于加强党的全面领导，合理调整和配置机构，实现地方机构的职责明确、关系清晰，确保法制统一、政令统一、市场统一。

第二节　山东深化机构和行政体制改革的实践探索

自20世纪80年代以来，党的中央部门先后于1982年、1988年、1993年、1999年进行了四次改革，国务院机构先后于1982年、1988年、1993年、1998年、2003年、2008年、2013年进行了七次改革。山东省委、省政府历来重视行政管理体制改革。改革开放40年来，按照建立和完善社会主义市场经济体制的需要，结合山东基本情况，不断推进机构和行政体制改革，以政府职能转变为重点，提升政府自身能力建设，在建设服务型政府的过程中，取得了明显成效。按照中央统一部署，先后在1982年、1993年、2000年、2004年、2009年以及2014年组织实施了六次行政体制改革，逐渐形成了以行政体制改革、“放管服”改革和事业单位改革为总体框架的改革模式。

一、改革开放以来山东行政体制改革回顾

第一，山东行政体制改革的起步阶段（1978—1992年）。改革开放后，山东第一次行政体制改革自1982年开始，于1984年8月基本完成。为适应

党和国家工作中心向经济建设转移的需要，扩大地方自主权和积极性，国家实施行政管理体制改革，下放经济权限、财政收支权限和人事管理权限。按照中央统一部署，山东以精兵简政为改革重点，打破领导干部终身制，建立干部离退休制度，推荐选拔了一批符合“四化”标准的年轻干部，改善了干部队伍的年龄结构。

第二，山东行政体制改革的发展阶段（1992—2002年）。此一阶段山东共进行两次行政体制改革。第一次改革自1993年5月开始，1996年底基本完成。这次改革主要也是在国家政治体制改革背景下进行的，为了适应社会主义市场经济体制的需要，此次机构改革的基本原则是“理顺关系、调整职能、精兵简政、提高效率”，重点是理顺党政关系，理顺政府与企事业单位和人民团体的关系，提高行政效率。通过此次改革，山东初步建立起与市场经济体制相适应的行政管理体制。第二次改革自2000年3月开始，2002年9月基本完成。1998年，我国进行了第四次中央机构改革，主要思想是“建立办事高效、运转协调、行为规范的政府行政管理体系”，重点是继续促进政府职能转变，实现政企分开，将经营权真正交给企业，把政府职能限定到宏观调控、社会管理和公共服务等领域。为适应此次改革需要，山东对政府经济管理机构设置进行了重大调整，取消了专业经济管理部门，减少了行政审批层级和事项，机构编制大幅精简，通过实行领导干部竞争上岗制和岗位轮换制，干部队伍的年龄结构、知识结构和专业水平进一步得到优化，整体素质明显提高。

第三，山东行政体制改革的巩固阶段（2002—2012年）。这一阶段山东共进行两次行政体制改革。第一次改革自2004年3月开始，于2005年底基本完成。此次改革是在2003年我国加入世界贸易组织背景下进行的，按照中央统一部署，这次改革的主要目标是促进政府管理体制与世界贸易组织的规则相适应，提高政府机构的国际化水平，提出“实现行为规范、运转协调、公正透明、廉洁高效”的改革目标。为适应当时需要，2004年山东开展以“行为规范、运转协调、公正透明、廉洁高效”为原则的行政管理体制改革，通过深化国有资产管理体制、进一步明确各部门职责，强化了政府的社会管理职能，政府职能转变取得实质性进展。第二次改革开始于2009年5月，2009年底基本完成。为贯彻落实2008年8月中央印发的《关于地方政府机构改革的意见》，山东于2009年5月31日出台了《山东省人民政府机构改革方案》。按照该方案要求，此次改革的核心内容是“转变政府职能和理顺部门职责关系，探索实行职能有机统一的大部门制”。为实现这一目标，省政府机构设置42个工作部门和6个部门管理机构，重点从加强社会管理和公共服务职能、强化执法监管责任等方面进行改革。按照国家机构改革要求，“大部制”成为此次改革的亮点。山东为加强对经济运行的统筹协调，推进信息化和工业化融合，加快走新型工业化道路，组建了省经济和信息化委员会；为整合人才市场和劳动力市场，促进人力资源统一管理、合理流动和有效配置，组建了省人力资源和社会保障厅。按照一件事情由一个部门管理的原则，山东此次对有关部门职责进行了调整。将内外贸职责管理统一整合，组建了省商务厅；整合医疗管理和药品管理职能，强化食品安全监管，落实食品安全综合监督责任，将省食品药品监督管理局改由省卫生厅管理；将省建设厅指导城市客运的职责，整合划入省交通运输厅，加快形成城乡一体的综合交通运输管理体系；将省文化厅电影发行放映管理、市场准入、市场监管等职责，划入省广播电影电视局。

第四，山东行政体制改革进入新时代（2012年至今）。山东第六次行政体制改革开始于2014年。2013年国务院办公厅出台《国务院机构改革和职能转变方案》，按照“以职能转变为核心，重点围绕转变职能和理顺关系，稳步推进大部制改革”的改革思路，要求加快建设职能科学、结构优化、廉洁高效、人民满意的服务型政府。为贯彻落实中央精神，2013年山东出台了《山东省人民政府关于推进政府职能转变简政放权减少行政许可的意见》，减少和下放行政审批事项；减少和规范行政管理事项；通过优化职能配置、完善社会组织体制、加强宏观管理、落实依法行政，切实推进山东政府职能转变。2014年3月19日，在济南召开了全省政府职能转变机构改革暨事业单位改革工作电视会议。根据此次会议的部署，山东将在3月底前完成省政府机构改革，10月底前完成市、县政府机构改革，5月底前基本完成事业单位分类，2015年底基本完成行政类事业单位改革；严控机构编制，财政供养人员只减不增。按照中央统一部署，结合《意见》的具体要求，山东出台了《山东省人民政府职能转变和机构改革方案》。此次改革方案主要分为省政府职能转变和机构改革两大内容，以转变政府职能为核心，大力简政放权、优化机构设置、完善制度机制、严控人员编制、提高行政效能，为经济文化强省建设提供体制机制保障。按照《方案》要求，凡属市场机制可以调节的领域，一律取消行政审批；凡直接面向基层、量大面广、由下级政府管理更方便有效的经济社会事项，一律下放；凡企业投资项目，除涉及国家安全和生态安全、重大生产力布局、战略性资源开发和重大公共利益项目外，一律由企业依法依规自主决策。同时对工商登记制度实行便利化改革，更加注重事中和事后监管。随着山东《2016年推进简政放权放管结合优化服务转变政府职能工作方案》的出台，山东“放管服”工作进一步推向深入。通过大力实施简政放权，有效地提高了行政效率，极大增强了市场活力。

在改革开放40年到来之际，党的十九大对深化机构和行政体制改革作出重要部署，要求统筹考虑各类机构设置，科学配置党政部门及内设机构权力、明确职责。党的十九届三中全会通过了《中共中央关于深化党和国家机构改革的决定》和《深化党和国家机构改革方案》。这次深化党和国家机构改革的总体要求是，全面贯彻党的十九大精神，坚持以马克思列宁主义、毛泽东思想、邓小平理论、“三个代表”重要思想、科学发展观、习近平新时代中国特色社会主义思想为指导，适应新时代中国特色社会主义发展要求，坚持稳中求进工作总基调，坚持正确改革方向，坚持以人民为中心，坚持全面依法治国，以加强党的全面领导为统领，以国家治理体系和治理能力现代化为导向，以推进党和国家机构职能优化协同高效为着力点，改革机构设置，优化职能配置，深化转职能、转方式、转作风，提高效率效能，为决胜全面建成小康社会、开启全面建设社会主义现代化国家新征程、实现中华民族伟大复兴的中国梦提供有力制度保障。这为山东即将进行的新一轮改革提供了基本依据。

二、山东机构和行政体制改革取得的主要成就

回顾山东历次行政体制改革，从最初单纯的精简机构、充实年轻干部，到后来以政府职能转变、强化社会治理和公共服务为重点，充分体现了山东行政机构改革不断向深层次推进的特征，在这一过程中，各级党委、政府按照党中央的统一部署，既听从指挥，又大胆探索，在诸多重要领域都取得了重要成绩。

一是政府职能充分转变。改革开放以来山东的历次改革，都把转变政府职能作为关键来抓，在明确职能定位、理顺职责关系、推进政企分开、改进职能实现方式等方面取得了明显成效，初步形成了与社会主义市场经济体制基本相适应的政府职能框架。政府职能的重心转到经济建设和发展上来。政府履行职能的方式从单一的行政手段转到综合运用经济、法律和行政手段；由微观管理、直接管理为主转向宏观管理、间接管理为主。职责关系初步得到理顺，部门职责交叉重叠，政企不分、政事不分、政社不分的问题得到明显改善。从以转变政府经济职能为主转向全面推进政府职能转变，在继续完善经济调节职能、加强市场监管的同时，加强了社会管理和公共服务职能，更加注重全面履行政府职能。尤其是党的十八大以来，山东将转变政府职能作为深化改革的核心，“简政放权、放管结合、优化服务”三管齐下，改革不断向纵深推进。一系列重大改革措施纷纷落地，有效释放了市场活力，激发了社会创造力，取得了积极成效。

二是政府机构改革稳步推进。通过历次改革，解除了政府机关与所办经济实体和直属企业的隶属关系，将原9个政府专业经济管理部门撤销或改为行业协会，国有企业监管方式得到改进。机构设置更加精干，人员编制大幅精减，临时人员得到清理。仅在2000年机构改革时，省、市、县三级党政机构分别精简37%、18%、6%，机关行政编制分别精简48%、20%、21%。原来计划经济体制下建立的工业经济等部门基本被撤销，进一步调整优化政府机构设置，实行“大行业”“大产业”管理模式，加强社会管理和公共服务部门建设，初步建立了与市场经济体制要求基本适应的政府机构框架。行政审批制度改革逐步推进，各级精简和压缩的行政审批事项均在一半以上，审批方式进一步完善，行政效率进一步提高。尤其是党的十八大以来，山东围绕贯彻落实党的十八届三中、四中、五中全会精神，提出省级行政审批事项削减1/2左右，办结时限比法定时限缩短50%的目标任务；提出了建立行政审批事项目录清单、行政权力清单、政府部门责任清单、市场准入负面清单和政务服务网上平台的“四张清单、一个平台”政府权力运行体系的总体思路，全面打造政府权力清单制度的“山东版”。省政府连续4年印发文件，对全省简政放权工作进行专门部署，累计推出具体改革举措122项。政府机构配置基本实现科学合理。

三是服务型政府初步建立。改革开放以来，施政理念和管理方式发生了根本变化，计划经济体制下形成的一些与社会主义市场经济体制不相适应的施政理念从根本上得到了转变，有限政府、责任政府、法治政府、服务政府等新型行政理念得到普遍认同。山东注重以人为本，及时回应社会诉求，将维护最广大人民群众的根本利益作为政府职能转变的出发点和落脚点。在管理方式上，大幅减少和规范了行政审批，不少地方建立了政务大厅，实行“一站式”办公，进行更加简单便捷的管理；大力推进依法行政，有效规范了行政行为；实行政务公开，提高了行政行为的透明度；推行电子政务，重塑工作流程，改进了工作方式和工作程序，政府机关的工作作风有了明显改进。尤其是党的十八大以来，山东以理念转变为先导，以为人民服务为宗旨，着眼于解决与人民群众生活息息相关的难题，服务型政府建设取得显著成效。

四是公务员队伍结构得到优化。结合贯彻落实《中华人民共和国公务员法》，山东不断深化干部人事制度改革，建立和完善了公务员制度，确立了“凡进必考”的公务员选录机制。逐步完善了领导干部选拔任用考核机制，形成了民主测评、差额考察、公开选拔、竞争上岗、任前公示、离任审计等一系列科学的干部选拔任用制度。加大了对公务员的培训，公务员队伍的知识结构、学历结构、年龄结构等得到优化，公务员队伍素质和能力明显提高。

五是行政执法体制基本建立。改革开放以来，山东各市（地）按照方案部署，积极制定实施意见，稳步推进山东政府职能转变和机构改革。济南市注重“两个同步”。市和县（市、区）两级改革同步推进，一并研究制定改革方案，一并指导开展“三定”工作，一并汇报改革意见，为在规定时限内完成改革任务争取了时间。行政机构改革和事业单位调整同步推进。在研究市级政府工作部门机构编制事项的同时，对改革涉及部门所属的事业单位相应一并调整规范。青岛市在转变政府职能上率先突破，大力简政放权。制定了青岛市行政审批目录管理办法和行政审批后监督管理办法。向西海岸新区下放了77项市级审批权限，激发了新区发展活力。在全省率先清理完成了工商登记前置审批项目目录。淄博市积极推行大部门制改革。按“建管分离”的原则，将市政、园林等单位的建设和管理职责分离，将畜牧兽医、农机管理等部门调整为农业部门领导，同时整合农业、畜牧兽医、农机管理领域执法队伍，实行农业综合执法；明确文化市场执法机构由文化主管部门统一管理。东营市实行了大城管、大文化体制，重点把大农业体制改革做好、做到位。潍坊市调整理顺市区环保管理体制，创新生态环保基层监管模式，探索建立综合执法体制。泰安市制定《关于泰安市人民政府职能转变和机构改革的实施意见》，强化城市建设、管理、执法、服务“四位一体”管理体制，进一步明确市、区两级责任，优化工作机制，提高城市管理水平。威海市在省内率先研究出台了国家级开发区市场监督管理局“三定”规定，优化完善监管运行机制。通过全省上下努力，已经逐步建立起依法行政的制度体系。

六是服务经济社会发展能力显著提升。改革开放以来，山东政府公共服务和社会管理水平不断提高。公共服务体系逐步建立，公共财政支出的比例明显加大，社会保障体系建设进一步加强。社会管理职能不断强化，组建了省、市、县三级食品药品监督管理机构和安全生产监督管理机构；完善了各级应急管理和信访体系；加强了农村卫生、农村合作医疗、城乡最低生活保障、兽医管理机构建设；健全了环境保护、节能减排、国土资源、劳动保障、粮食安全等重点领域执法监察机构。尤其是党的十八大以来，山东提出加快体制机制再变革，服务新旧动能转换重大工程，提出继续深入推进“放管服”改革，要求对现行地方性法规、行政规章、部门规定进行全面清理，加快推进立改废释工作，通过制度创新落实权力下放，服务企业、服务群众，充分激发地方发展活力。加强政府运行机制改革，破除机制障碍，畅通工作流程，提高工作效率和质量。针对山东非公有制经济发展活力不足的情况，提出加大民营经济改革发展力度，从体制机制上营造公平竞争的营商环境，引导建立现代企业制度，用改革破解发展难题，维护民营企业合法权益，积极构建亲清新型政商关系。一系列举措为新时代山东经济社会发展注入了新的制度活力。

第三节　山东深化党和国家机构改革的未来展望

一、将党的全面领导贯穿党和国家机构改革全过程

党的领导是近代以来中国人民所得出的最重要的历史经验和政治结论。在庆祝中国共产党成立95周年大会上，习近平总书记回顾了中国共产

党领导中国人民艰苦奋斗、不懈探索的历史和对中华民族伟大复兴作出的伟大历史贡献，充满自信地说：历史告诉我们，“历史和人民选择中国共产党领导中华民族伟大复兴的事业是正确的，必须长期坚持、永不动摇”。正如党的十九大报告指出的，“党政军民学、东西南北中，党是领导一切的”。在中国特色社会主义建设的历史进程中，中国共产党始终是领导者，“中国特色社会主义最本质的特征是中国共产党领导，中国特色社会主义制度的最大优势是中国共产党领导”。党的政治领导是人民意愿和根本利益的集中体现，党的思想领导是我们走在时代前列的鲜明特征，党的组织领导是凝聚全中国人民力量共同建设社会主义现代化强国的根本保障。这是中国特色社会主义区别于资本主义的最本质特征和优势所在。

改革开放以来历次行政体制改革经验表明，将党的领导贯彻改革全过程是深化党和国家机构改革的最重要经验和智慧。党和国家机构改革是国家治理体系的深刻革命，涉及社会生活方方面面，作为一项系统工程，需要党的强力领导作为保障。发挥党的政治优势、思想优势、组织优势和群众优势，凝聚全社会共同力量，共同实现改革预定目标。党的领导是确保党和国家机构改革与中国特色社会主义事业总体推进的根本保证。“深化党和国家机构改革，首先就要坚持好党的全面领导这个原则，在改革各方面和全过程中贯穿党对一切工作的领导，改进党的领导方式和执政方式，提高党把方向、谋大局、定政策、促改革的能力和定力。”[①]只有继续坚持党的领导才能确保党和国家机构改革走在正确的政治道路上；只有坚

① 《加强党对机构改革的统一领导——四论学习贯彻党的十九届三中全会精神》，载《人民日报》2018年3月4日。

持党的领导才能从全面建成小康社会、全面深化改革开放、全面推进依法治国、全面从严治党的高度，把握大局，实现党和国家机构改革与我国社会主义事业建设的总体推进。坚持党对机构改革的统一领导，是确保改革任务得到贯彻落实的根本保证。党和国家机构改革是一项系统工程，是国家治理体系和治理能力的深刻革命，涉及方方面面。要想实现改革既定目标，就必须把思想和行动统一到党中央的决策上来，不折不扣地贯彻党对改革的总体部署。只有坚持党的领导才能实现各项改革的协同推进、相得益彰，实现改革的总体效应最大化。

二、以人民为中心深化机构和行政体制改革

全心全意为人民服务是党的宗旨。习近平总书记在党的十九大报告中指出："人民是历史的创造者，是决定党和国家前途命运的根本力量。"无论是革命时期、建设时期、还是改革开放时期，人民群众始终是创造历史的主体，始终是社会主义建设的力量源泉。党取得的所有成就都是依靠人民共同奋斗的结果。

坚持以人民为中心，就是要体现人民的主体地位，必须坚持立党为公、执政为民。新时代我国社会主要矛盾已经转化为人民日益增长的美好生活需要和不平衡不充分的发展之间的矛盾。为适应社会主要矛盾的变化，就必须通过党和国家机构改革的方式，深化转职能、转方式、转作风，提高效率效能，积极构建系统完备、科学规范、运行高效的党和国家机构职能体系，切实提高为人民服务的能力。不断推进政府职能转变，赋予政府在社会管理和公共服务方面更多的责任，加快建设人民满意的服务型政府。坚持以人民为中心，必须体现在经济社会发展各个环节。通过思

想观念的再改革，提高党和国家机构为人民服务的意识，坚持在发展中保障和改善民生，在发展中补齐民生短板、促进社会公平正义，在幼有所育、学有所教、劳有所得、病有所医、老有所养、住有所居、弱有所扶上不断取得新进展，保证全体人民在共建共享发展中有更多获得感，不断促进人的全面发展、全体人民共同富裕。

为实现走在前列目标，山东应当坚持以人民为中心的发展思想，在党和国家机构改革事业中，坚持以保证人民当家作主为根本。加强和改善党对人大、政协工作的领导，牢牢把握人大工作、政协工作正确政治方向。贯彻国家一切权力属于人民的宪法理念，坚持和完善人民代表大会制度，从各层次各领域扩大公民有序政治参与。加强和改进人大在立法、监督、重大事项决定和代表服务工作中的主导地位。健全完善社会主义协商民主制度，支持人民政协履行政治协商、民主监督、参政议政职能，积极发挥人民政协作为协商民主重要渠道和专门协商机构的作用。发展基层民主，完善基层党组织领导的基层群众自治制度，发挥基层各类组织协同作用。坚持党对群团工作的统一领导，深化工会、共青团、妇联等群团组织改革，保持和增强党的群团工作和群团组织的政治性、先进性、群众性。

三、以优化协同高效为原则深化党和国家机构改革

改革开放以来，我国历次机构改革的重点是转变职能。经过40年不懈奋斗，党和国家机构已经基本完成了职能转变的任务。进入新时代，为适应社会主要矛盾的变化，促进国家治理体系和治理能力现代化，党和国家机构改革的重点应当向提高质量转变，应当以建立优化协同高效的机构体制为目标，构建起系统完备、科学规范、运行高效的党和国家

机构职能体系。

针对党和国家机构仍然存在的主要问题，党的十九届三中全会提出，要优化党的组织和部门职责，着力推进重点领域、关键环节的机构职能优化和调整，优化政协专门委员会设置，统筹配置行政处罚职能和执法资源，优化群团组织管理模式，优化基层管理体制，坚持一类事项原则上由一个部门统筹、一件事情原则上由一个部门负责，避免政出多门、责任不明、推诿扯皮，实现党和国家机构设置更加科学、职能更加优化；同时要加强相关部门配合联动，使权责更加协同，监督监管更加有力；也要靠简化中间层次、减少管理层级、加强流程公开透明等，使各领域各层级机构各就其位、各司其职、各尽其职、有序协同，保障中央和地方各级政令统一、运行顺畅、执行高效、充满活力；要通过改革和完善党的领导体系、政府治理体系、武装力量体系、群团工作体系等，推动各类机构、各种职能相互衔接、相互融合，推动党和国家各项工作协调行动、高效运行。

按照中央统一部署，山东应当在改革全面深化的基础上，加快推进基础性重大改革。按照统筹兼顾、重点突破的要求，全面推进改革攻坚，更好发挥改革牵引作用。推进“放管服”改革，加快转变政府职能。深化国企国资改革，稳妥推进混合所有制改革，大力提高资产证券化水平和国有资本配置效率，优化国有资本投资运营机制。加快非公有制经济发展，进一步放宽市场准入，鼓励民营企业参与国有企业改革，支持民营企业加快建立现代企业制度，进一步激发民营经济发展活力。完善省以下财政事权和支出责任划分、收入划分相关制度，健全现代财政体系。深化投融资体制改革，创新政府与社会资本合作机制，提高产业投资基金运营水平，促进和扩大民间投资。扎实推进济南区域性产业金融中心、青岛财富管理中心等建设，健全多层次资本市场，大力发展普惠金融，更好地服务实体经济发展。优化金融生态，提高防范金融风险能力，促进金融业健康发展。在简政放权、财税金融、农村农业、司法体制等领域取得实质性突破；坚定不移推进改革开放，不断破除制约发展的体制机制障碍，为经济社会发展注入新动力、增添新活力。

第七章
巩固和发展爱国统一战线

统一战线是党的事业取得胜利的重要法宝，长期的革命、建设和改革历程都彰显了统一战线的重要作用。中国共产党创立初期，民主联合战线使我党迅速成为中国政治舞台上的重要力量。抗日战争时期，我党坚持抗日民族统一战线，团结人民奋起抵抗外来侵略，取得了抗日战争的伟大胜利。解放战争时期，我党坚持人民民主统一战线，不仅使敌我力量发生了根本性改变，为解放战争取得胜利奠定了坚实基础；还团结组织各民主党派、人民团体、社会贤达等参加政治协商，共商建国大业，为建立和巩固新生政权发挥了独特作用。新中国成立后，我党坚持统一战线政策，在巩固政权、进行社会主义改造和建设、实行改革开放等各个阶段都发挥了重要作用。

第一节 巩固和发展爱国统一战线的战略布局解读

党的十八大以来，统一战线进入新的全面发展阶段。以习近平同志为核心的党中央站在党和国家全局工作的战略高度，把统一战线理论融入治国理政的新理念新思想新战略中，先后召开了中央统战工作会议、中央民族工作会议、全国宗教工作会议、中央第二次新疆工作座谈会、中央第六次西藏工作座谈会和全国新的社会阶层人士统战工作会议等重要会议，颁布了中共中央关于统一战线的第一部党内法规《中国共产党统一战线工作条例(试行)》，出台了《关于加强政党协商的实施意见》等重要的规范性文件，修订了《宗教事务条例》，并作出一系列的决策部署。2018年宪法修正案进一步充实和完善了爱国统一战线的内容。统一战线形成了团结、奋进、开拓、活跃的良好局面，在凝心聚力、服务大局上取得了重要的历史性成就，为党和国家事业的历史性变革作出了重要贡献。[①]习近平总书记还在一系列重要讲话中，深刻阐述了新形势下需要不需要统一战线、需要什么样的统一战线、怎样巩固和发展统一战线等重大问题，丰富和完善了中国特色社会主义统一战线理论。

中国特色社会主义进入新时代，这是中国发展新的历史方位。新的时代需要我们重新认识统一战线的地位作用，认真把握统一战线的发展规律，以新的理念指导统战工作的实践，以新的要求做好统战工作。党的十九大报告指出："统一战线是党的事业取得胜利的重要法宝，必须长期坚持。要高举爱国主义、社会主义旗帜，牢牢把握大团结大联合的主题，坚持一致性和多样性统一，找到最大公约数，画出最大同心圆。"[②]这是开

① 参见中共中央政治局常委、国务院副总理汪洋在全国统战部长会议上的讲话，中国政府网2018年1月16日，http://www.gov.cn/guowuyuan/2018-01/16/content_5257221.htm。

② 习近平：《决胜全面建成小康社会　夺取新时代中国特色社会主义伟大胜利——在中国共产党第十九次全国代表大会上的报告》，人民出版社2017年版，第39—40页。

展新时期统一战线工作的科学指导和行动指南，也是发展社会主义民主政治的重要任务和战略部署。

一、新时代统一战线的战略地位与作用

毛泽东同志曾经指出，所谓政治，就是把我们的人搞得多多的，把敌人搞得少少的。习近平总书记也提出："人心向背、力量对比是决定党和人民事业成败的关键，是最大的政治。统战工作的本质要求是大团结大联合，解决的就是人心和力量问题。这是我们党治国理政必须花大心思、下大气力解决好的重大战略问题。"[①]党的十九大报告重申和强调了统一战线的重要性，把巩固和发展爱国统一战线纳入新时代坚持和发展中国特色社会主义基本方略，从而在根本上确立了统一战线不可替代的战略地位。

中国特色社会主义进入新时代，我国社会的主要矛盾已经转化为人民日益增长的美好生活需要和不平衡不充分的发展之间的矛盾，我国的社会结构和利益格局发生了深刻变化，新的社会阶层不断涌现，思想观念日益复杂多样，改革发展稳定任务依然艰巨繁重。在这个新的历史方位，统一战线应当发挥更加重要的作用。统一战线的实质，是用共同的奋斗目标聚精会神，用共同的思想政治基础凝心聚魂，用新时代中国特色社会主义伟大实践汇智聚力，用党的集中统一领导强基固本。[②]巩固和发展爱国统一战线，可以最大限度地凝聚共识、凝聚人心、凝聚智慧、凝聚力量，最大限度地调动积极因素、激发创造活力，最大程度实现各民族、各党派、各阶

---

① 习近平：《深刻认识做好新形势下统战工作的重大意义》，《十八大以来重要文献选编》（中），中央文献出版社2016年版，第556页。

② 参见舒启明：《巩固和发展爱国统一战线》，载《光明日报》2017年11月13日。

层、各方面人民最广泛的团结，在共同目标下统一思想、统一意志、统一步调，在中国共产党的领导下，为实现“两个一百年”奋斗目标、实现中华民族伟大复兴的中国梦努力奋斗。

为深刻把握新时代统一战线的新发展，巩固和发展最广泛的爱国统一战线，新修改的《中国共产党章程》明确提出，要“进一步发展和壮大由全体社会主义劳动者、社会主义事业的建设者、拥护社会主义的爱国者、拥护祖国统一和致力于中华民族伟大复兴的爱国者组成的最广泛的爱国统一战线”[①]。2018年宪法修正案将“包括全体社会主义劳动者、社会主义事业的建设者、拥护社会主义的爱国者和拥护祖国统一的爱国者的广泛的爱国统一战线”，修改为包括“全体社会主义劳动者、社会主义事业的建设者、拥护社会主义的爱国者、拥护祖国统一和致力于中华民族伟大复兴的爱国者的广泛的爱国统一战线”[②]，从法律上对爱国统一战线的性质加以重要完善，对其工作范围作出了重要拓展，其内涵更加广泛，更有利于新时代团结中华儿女，共同推动党和国家事业发展，共同实现中华民族伟大复兴的中国梦。

二、新时代统一战线的政策方针

统一战线建立在共同思想政治基础之上，在一致性基础上又具有多样性特征。习近平总书记提出：“做好新形势下统战工作，必须正确处理一致性和多样性关系。”“要正确处理一致性和多样性的关系，关键是坚

① 《中国共产党章程》，人民出版社2017年版，第15页。

② 《中华人民共和国宪法》，法律出版社2018年版，第59页。

持求同存异。一方面，要不断巩固共同思想政治基础，包括巩固已有共识、推动形成新的共识，这是基础和前提。另一方面，要充分发扬民主、尊重包容差异。对危害中国共产党领导、危害我国社会主义政权、危害国家制度和法治、损害最广大人民根本利益的问题，必须旗帜鲜明反对，不能让其以多样性的名义大行其道。这是政治底线，不能动摇。除此之外，对其他各种多样性，要尽可能通过耐心细致的工作找到最大公约数。只要我们把政治底线这个圆心固守住，包容的多样性半径越长，画出的同心圆就越大。"[①]

做好统战工作的关键是把握好度。一致性和多样性不是一成不变的，而是历史的、具体的、发展的。我国仍处于并将长期处于社会主义初级阶段的基本国情没有变，我国是世界最大发展中国家的国际地位没有变，这是当代中国的最大国情、最大实际。要把一致性与多样性的关系放在时代背景下去考量，放在国情大局中去权衡，在尊重多样性中寻求一致性，增进一致而不强求一律，尊重差异而不扩大分歧，包容多样而不弱化主导，才能实现最广泛的团结，画出最大同心圆。

三、新时代统一战线的目标任务和着力重点

统一战线范围广泛，涉及民主党派、党外知识分子、非公有制经济人士、新的社会阶层人士、民族、宗教、港澳台侨等工作。随着形势的不断变化，统一战线工作的目标任务和着力重点也在发生变化，必须创新思

---

① 习近平:《深刻认识做好新形势下统战工作的重大意义》,《十八大以来重要文献选编》（中），中央文献出版社2016年版，第561—562页。

维，与时俱进。

习近平总书记在2015年中央统战工作会议上强调，新形势下统战工作的主要任务是：积极促进政党关系、民族关系、宗教关系、阶层关系、海内外同胞关系和谐，巩固和发展最广泛的爱国统一战线，为实现“两个一百年”奋斗目标、实现中华民族伟大复兴的中国梦服务，为维护社会和谐稳定、维护国家主权安全发展利益服务，为保持香港澳门长期繁荣稳定、实现祖国完全统一服务。[①]“五大关系”“三个服务”明确了在统筹推进“五位一体”总体布局、协调推进“四个全面”战略布局中，统一战线工作的任务要求和着力重点。党的十九大报告也对新时代爱国统一战线工作作出了全面部署。

（一）巩固和发展中国共产党领导的多党合作和政治协商制度

中国共产党领导的多党合作和政治协商制度是我国的基本政治制度，是具有鲜明中国特色的新型政党制度。它把各个政党和无党派人士紧密团结起来，为共同目标而奋斗；它通过制度化、程序化、规范化的安排汇集意见和建议，推动决策的科学化民主化。政治协商、参政议政、民主监督是这种民主最基本的体现。党的十九大报告指出，要“坚持长期共存、互相监督、肝胆相照、荣辱与共，支持民主党派按照中国特色社会主义参政党要求更好履行职能”[②]。新时代多党合作的舞台极为广阔，要完善政治协商的制度和机制，丰富政治协商的内容和形式，充分发挥统一战线人才智

---

① 习近平：《巩固发展最广泛的爱国统一战线》，在中央统战工作会议上的讲话（2015年5月18日）。

② 习近平：《决胜全面建成小康社会　夺取新时代中国特色社会主义伟大胜利——在中国共产党第十九次全国代表大会上的报告》，人民出版社2017年版，第40页。

力优势，通过协商凝聚共识、凝聚智慧、凝聚力量。

（二）进一步做好党外知识分子和新的社会阶层人士工作

党外知识分子工作是统一战线的基础性、战略性工作，新的社会阶层人士是建设中国特色社会主义的重要力量。党的十九大报告指出，要"加强党外知识分子工作，做好新的社会阶层人士工作，发挥他们在中国特色社会主义事业中的重要作用"①。习近平总书记多次强调要做好党外知识分子和新的社会阶层人士工作。他提出："中华民族历来具有尚贤爱才的优良传统。现在，我们比历史上任何时期都更需要广开进贤之路、广纳天下英才。"②"党外知识分子工作，是统一战线的基础性、战略性工作。知识分子是生产力的开拓者、文化的创造者、知识的传播者，必须把他们紧紧团结在党的周围，发挥他们的智慧和才能。"③我们在统一战线工作中，要坚持尊重知识、尊重人才，努力为广大知识分子工作学习生活创造更好条件。要把新的社会阶层人士组织起来，建立经常性联系渠道，引导其政治观点，增进其政治认同。要坚持以教育引导为主线，以培养使用为重点，以组织起来为依托，以健全机制为支撑，把党外知识分子和新的社会阶层人士紧紧团结在党的周围，发挥他们的智慧和才能，为中国特色社会主义事业凝聚新力量。

---

① 习近平：《决胜全面建成小康社会　夺取新时代中国特色社会主义伟大胜利——在中国共产党第十九次全国代表大会上的报告》，人民出版社2017年版，第40页。

② 习近平在同外国专家座谈时的讲话，载《人民日报》2014年5月24日。

③ 习近平：《巩固发展最广泛的爱国统一战线》，在中央统战工作会议上的讲话（2015年5月18日）。

（三）进一步做好非公有制经济领域工作

促进非公有制经济健康发展和非公有制经济人士健康成长是重大经济问题，也是重大政治问题。十九大报告提出，要“构建亲清新型政商关系，促进非公有制经济健康发展和非公有制经济人士健康成长”[①]。习近平总书记明确指出，对领导干部而言，所谓“亲”，就是要坦荡真诚同民营企业接触交往，特别是在民营企业遇到困难和问题情况下更要积极作为、靠前服务，对非公有制经济人士多关注、多谈心、多引导，帮助解决实际困难，真心实意支持民营经济发展。所谓“清”，就是同民营企业家的关系要清白、纯洁，不能有贪心私心，不能以权谋私，不能搞权钱交易。对民营企业家而言，所谓“亲”，就是积极主动同各级党委和政府及部门多沟通多交流，讲真话，说实情，建诤言，满腔热情支持地方发展。所谓“清”，就是要洁身自好走正道，做到遵纪守法办企业、光明正大搞经营。[②]在统一战线工作中要坚持团结、服务、引导、教育的方针，既要鼓励支持非公有制经济发展，更要担负起团结引导非公有制经济人士的责任。

（四）进一步做好民族宗教工作和海外统战工作

根据党的十九大的战略部署，要全面贯彻党的民族政策，坚持中国特色解决民族问题的正确道路，坚持和完善民族区域自治制度，坚持统

① 习近平：《决胜全面建成小康社会　夺取新时代中国特色社会主义伟大胜利——在中国共产党第十九次全国代表大会上的报告》，人民出版社2017年版，第40页。

② 习近平：《毫不动摇坚持我国基本经济制度，推动各种所有制经济健康发展》，载《人民日报》2016年3月9日。

一和自治相结合、民族因素和区域因素相结合，深化民族团结进步教育，铸牢中华民族共同体意识，加强各民族交往交流交融，促进各民族共同团结奋斗、共同繁荣发展。要全面贯彻党的宗教工作基本方针，坚持我国宗教的中国化方向，积极引导宗教与社会主义社会相适应，破解民族宗教领域重点难点问题，促进社会和谐稳定。要积极引导各族群众增强对伟大祖国的认同、对中华民族的认同、对中华文化的认同、对中国共产党的认同、对中国特色社会主义道路的认同，充分发挥宗教界人士和信教群众在推动经济社会发展中的积极作用，促进民族团结、宗教和睦。要重点抓好少数民族流动人口管理、依法处置非法宗教活动、抵御境外利用宗教渗透等影响民族和谐、宗教和顺的关键问题，以统战领域的和谐稳定促进全社会的和谐稳定。要坚定不移贯彻"一国两制""港人治港""澳人治澳"、高度自治的方针，推动内地同香港、澳门的交流合作，维护香港、澳门长期繁荣稳定。要拓展同台湾岛内有关党派团体、社会组织、各界人士的联系和沟通，推动两岸关系和平发展。要加强同海外侨胞、归侨侨眷的联系，维护他们的合法权益，支持他们积极参与和支持祖国现代化建设与和平统一大业，促进中国同世界各国的文化交流。①

四、新时代统一战线的基本规律和工作方式

要做好新时代统战工作，必须构建党委统一领导，统战部牵头协调，

① 习近平：《在庆祝中国人民政治协商会议成立六十五周年大会上的讲话》，《十八大以来重要文献选编》（中），中央文献出版社2016年版，第70—71页。

有关方面各负其责的大统战格局，形成统战工作合力。统一战线历来是党的总路线、总政策的重要组成部分，需要全党重视，共同努力。各级党委要把统战工作摆在重要位置，把统战工作纳入重要议事日程，纳入总体工作部署，坚持重点工作和统战工作相统筹、党的建设和统战工作相协调，一起谋划、一起部署、一起落实。

做好新时代统战工作，要努力拓展统战工作视野，照顾同盟者利益，关注同盟者的思想和精神需求，在共同政治基础上，求同存异，增进包容，团结各方面力量，实现最广泛的大团结大联合，这是统战工作的真谛所在。

做好新时代统战工作，要熟悉和掌握新时代中国特色社会主义基本方略，深刻理解和把握统一战线政策，以政策为指导，坚持问题导向，加强调查研究，创新工作思路，认真解决重点难点问题。

做好新时代统战工作，要讲究方式方法和工作艺术。习近平总书记强调，统战工作具有很强的政治性，是党的特殊群众工作，要有特殊的方式方法。他提出，做好新形势下统战工作，必须善于联谊交友。联谊交友是统战工作的重要内容，也是统战工作的重要方式。[①]要重视同盟者利益，尽心竭力帮助他们解决实际问题。同时，统战工作要增强法治观念，提升法治思维。只有掌握正确的方式方法和工作艺术，才能密切党与党外人士联系，深化党与党外人士团结合作，提升统战工作效能。

---

① 习近平：《深刻认识做好新形势下统战工作的重大意义》，《十八大以来重要文献选编》（中），中央文献出版社2016年版，第562—563页。

第二节　山东巩固和发展爱国统一战线的实践探索

改革开放40年来，山东的统一战线工作跟随我国政治经济发展大势而不断调整和发展，在山东改革与建设中发挥了重要的作用，其地位和作用也在各个发展阶段中逐步得到重视和强化，体制机制建设不断完善，理论与实践连续取得创新成果，工作成效显著。在此，将山东巩固和发展爱国统一战线的实践探索进行一下梳理和总结。

一、山东巩固和发展爱国统一战线概况

（一）恢复和起步阶段（1978—1992年）

山东统一战线工作在十年动乱中处于停滞状态，省委统战部一度被取消，1974年恢复工作。1979年3月，中央为统战、民族、宗教工作部门摘掉了“执行投降主义、修正主义路线”帽子，民委、侨办等机构陆续恢复。[①]根据中央部署，改革初期山东统战工作的主要任务之一是解决历史遗留问题，包括平反冤假错案，帮助解决全省统战工作对象落实有关统战政策，清退“文化大革命”中被挤占的私房、宗教房产和民主党派、工商联的办公用房等。据不完全统计，至1986年，全省统战工作对象落实政策16.3万多人（件），清退被挤占的私房、宗教房产和民主党派、工商联的

① 参见山东省地方志编纂委员会编：《山东省志·共产党志（1921—2005）》下册，山东人民出版社2013年版，第764页。

办公用房79.2万多平方米，清退被查抄的财物10万多件。[①]通过落实政策，调动了各界人士投身改革的积极性，在国内外产生了很好的政治影响。

党的十一届三中全会宣告改革开放的正式启动。山东统战工作也在清理历史遗留问题的同时，将工作重心转向以经济建设为中心。1979年8月，第十四次全国统战工作会议在北京召开，这是自1963年后相隔16年召开的全国规模统战会议。会议提出，新时期统一战线是“革命的爱国的统一战线”，担负着为四个现代化和统一祖国服务的双重任务。省委召开全省统战工作会议部署贯彻落实。各级党委进一步提高了做好统战工作的自觉性，出现了全党做统战工作的新局面。

随着改革的深入发展，统战工作面临许多新的问题。1981年第十五次全国统战工作会议明确了新时期统战工作的范围和对象，将统战工作对象归纳为十类；1986年第十六次全国统战工作会议积极推进“一国两制”的实施。根据全国会议精神，山东积极开展相关统战工作，围绕经济建设中心，在落实各项统战政策、知识分子政策、侨务政策、民族政策和宗教政策等方面都取得了显著成绩。

1990年第十七次全国统战工作会议认真总结了统战工作的历史经验，全面阐明新时期统一战线的重要性、必要性和长期性，确立了新时期统战工作的目标、范围和任务。这是山东统一战线进一步得到重视和加强的重要时期。全省各级统战部门在党委领导下，以学习贯彻中央统战工作精神为主线，多方开展工作，并在1991年对全省贯彻落实中央精神的情况进行

① 除特别说明外，本章节内山东省的各项统计数据均引自山东省年鉴库，山东省情网，http://lib.sdsqw.cn/bin/mse.exe? seachword=&K=d00&A=0&run=12。

调查，全面摸清了统战工作的基本情况和存在的问题，提出了今后加强统战工作的意见和措施，对全省统战工作起到了较好的指导和推动作用。

（二）发展和定型阶段（1992—2002年）

1992年以邓小平南方谈话和党的十四大为标志，改革开放进入新的发展阶段，统一战线面临许多新问题需要探讨，统战工作的新经验需要认真总结。在这一背景下，1993年第十八次全国统战工作会议提出要进一步提高对统战工作重要性和必要性的认识，进一步重视民族宗教工作，坚持和完善中国共产党领导的多党合作和政治协商制度，加强对非公有制经济人士的思想政治工作，大力加强党外知识分子工作。2000年第十九次全国统战工作会议在统一战线理论观点和政策思想方面又有许多创新发展，统一战线的工作范围扩大为12个方面。这一时期，全省统一战线各方面工作都取得了新的成绩，不少工作走在全国前列。一是认真组织学习贯彻中央统战工作精神，在政治上、思想上与党中央保持高度一致；二是利用改革开放20周年、香港回归1周年等时机，开展形势政策教育、改革开放教育和爱国爱党教育；三是研究制定配套文件，规范统战工作，其中关于《加强山东伊斯兰教工作的意见》由中央统战部、国家宗教局以正式文件转发全国，山东的做法多次受到中央统战部的表扬和肯定。

（三）巩固和提升阶段（2002—2012年）

2006年7月召开的第二十次全国统战工作会议是全面建设小康社会进入关键时期召开的一次重要会议，在统一战线历史上具有承前启后、继往开来的意义。会议首次提出“三个重要法宝”和“五大关系”的论断，并对新世纪新阶段统一战线工作进行了全面规划。为深入学习贯彻全国统战工作会议精神，山东多次邀请中央统战部有关领导作专题辅导报告，并编写《新世纪新阶段统一战线知识简明读本》和《统一战线在山东》；组织开展全省统一战线知识竞赛，45万余人参加活动；制定下发了贯彻落实《中共中央关于巩固和壮大新世纪新阶段统一战线的意见》的实施意见。2008年，山东提出了“围绕一个总目标、实现六个新提高”的全省统战工作基本思路，推动了山东统一战线的科学发展。

（四）山东爱国统一战线发展新阶段（2012年至今）

党的十八大以来，以习近平同志为核心的党中央高度重视统战工作，形成了重视和发展统一战线的良好局面。2015年5月，中央统战工作会议在北京召开。从“全国”到“中央”，两字之差，将会议的规格由部委层面提升到中央层面，体现了中央对统战工作的高度重视。山东统一战线工作也进入迅猛发展的新阶段。2012年以来，山东通过理论学习会、通报会、座谈会、培训班、研讨会、国情研修班等形式，组织引导广大统战成员和统战干部深入学习贯彻党的十八大精神；并对党的十八大以来习近平总书记重要讲话进行跟踪学习研究，及时收集编印并每两个月补充修订一次习总书记《重要讲话目录》《重要讲话选编》《统一战线论述汇编》，组织广大统战干部、统战成员学习领会，凝聚共识，牢牢把握统战工作的正确方向。[1]山东还精心创办了“统一战线同心讲坛”，围绕深入学习贯彻党

① 山东省委统战部：《党的十八大以来山东省统战工作情况》，中共山东省委统战部官网，http://www.sdtzb.org.cn/tzb/tzbztbd/sbdxl/20150505/14050.html。

的十八大精神、提高参政议政质量和水平、服务经济文化强省建设等主题深入学习研讨交流，成为全省统一战线各界人士共同学习、共同提高的重要平台。2015年，山东成功举办“统一战线展”，有效扩大了统一战线的社会影响。2016年，山东派出8个调研检查组，对17个市、43个县（市、区）和21个高校、科研院所、国有企业进行实地调研检查，解决了一批制约统一战线发展的重点难点问题。

二、多党合作和政治协商制度

改革开放以来，山东省开展了多层次多渠道多形式的多党合作、参政议政、民主监督活动。山东省政协、各民主党派工作取得显著成绩，自身建设有了很大发展。截至2016年底，全省7个民主党派有成员44773人，其中大专以上学历占92.48%；高中级职称占71.77%；平均年龄49.6岁。各民主党派成员中有5489人当选各级人大代表和政协委员。

加强制度建设。1988年制定《中共山东省委关于进一步发挥民主党派、无党派人士政治协商、民主监督职能的意见》，为山东政治协商、民主监督向多层次、多渠道、经常化、制度化方向发展奠定了良好的基础；1989年出台《关于加强政治协商、民主监督的暂行规定》《关于邀请省政协和民主党派参加政府重要活动的通知》和《山东省办理人民代表建议和政协委员提案暂行办法》，使民主党派、无党派人士参政议政和协商监督制度进一步健全；1996年《关于山东民主党派换届工作的意见》下发各市地执行，积极稳妥地帮助民主党派做好换届准备工作；1998年下发《关于在政府工作中加强同民主党派、工商联联系的通知》，各市（地）相继完善对口联系的各项制度和措施；2016年出台《关于加强政党协商的实施意见》，多党合作效能有了新提升。

完善机制，促进参政议政、民主监督、参加中国共产党领导的政治协商。改革开放以来，各民主党派围绕山东经济社会发展重大问题、人民群众关心的热点问题，深入开展调查研究，积极参政议政。一是参政议政形式多样。从改革开放之初建立并长期坚持的双月座谈会、情况通报会、意见听取会等形式，到近年来增加的协商议政会、知情问政会、网上建言议政、咨询服务、检查评议活动等，山东参政议政、民主监督机制日益健全。2009年建立的“党委出题、党派调研、政府采纳、部门落实”调研机制，经过9年运作日臻成熟，形成了卓有成效的模式。仅2009年至2016年的8年间，就提交调研课题79篇600余万字，为加快经济文化强省建设作出了贡献。二是参政议政内容和形式有了根本性的转变。由微观咨询服务向宏观建议发展，由分散、零星地提意见向在专题调研的基础上提出全面综合性意见发展，由无准备的即席发言向有准备的提出较成熟意见发展。2012年，山东组织委员积极参与重大课题调研、重大项目论证，探索形成了“全体会议整体协商、常委会议重点协商、主席会议专题协商、专委会会议对口协商”的协商格局和运行机制。2013年，山东创办《重要信息周知》和《议政建言集萃》，进一步畅通党外人士参政议政的渠道。2017年更是山东民主党派民主监督工作的破题之年，各民主党派围绕山东重点改革任务，积极为破除改革重点难点和政策落实献计献策。三是协商民主推进卓有成效。党的十八大以来，山东制订并落实年度政治协商计划，将政治协商情况纳入各市科学发展综合考核内容，着力健全制度机制、拓展载体形式，规范有序开展各项协商活动。修订《协商工作规程》，制定《提案办理协商办法》，进一步明确和规范开展协商的工作要求。各种协商形式联动配合，建立网络图文直播，扩大开放度和参与度，提高协商实效。

健全提案工作管理。2003年出台《山东省政协办公厅关于办理政协提案的意见》，促进了提案办理工作的制度化、规范化和程序化；2005年又制定《省政协重点提案确定和办理办法》，形成省委、省政府和省政协领导阅批、督办重点提案制度；2012年省政协与山东电视台、齐鲁电视台、山东人民广播电台联合开办《提案追踪》《使命》《新闻焦点》等提案宣传专栏节目，进一步促进民主监督与舆论监督的有效结合；2016年山东制定《提案征集暂行办法》和《审查工作指引》，建立了党委、政府、政协主要领导阅批、领办督办重点提案制度和三家办公厅联合交办机制，提高了提案质量和办理质量。

反映社情民意，促进社会和谐。为密切联系各界群众，山东利用提案、调查报告、大会发言、通报、来信、信息、报刊、电子信箱等形式，保持了下情上达民主渠道的畅通。2006年制定出台《反映社情民意信息工作条例》；2008年召开建立特邀信息员制度，在网上开通“民生连线”，逐步建立起信息传报网络；2010年以改善民生、促进社会和谐稳定为重要内容，组织开展一系列调研视察和评议监督活动，推动了重点难点问题的解决；2011年通过建立基层政协联系点，办好“直通民意”和“民声连线”栏目，鼓励引导委员主动了解群众意愿和诉求；2012年推动政协工作向基层延伸，通过调整扩大特邀信息员队伍、征集“百姓提案”等方式，深入了解群众意愿，积极反映群众诉求。党的十八大以来，截至2015年底，各民主党派省委、省工商联和无党派人士完成重点调研课题41项，其中2项得到李克强总理批示，1项得到张高丽副总理批示。

三、党外知识分子工作

落实知识分子政策。党的十一届三中全会后，全省根据中央和省委的指示精神，认真落实知识分子政策，清理历史遗留问题。截至1986年底，全省纠正51248起知识分子的冤假错案，7004人在“文化大革命”中被错停、减发的工资全部补发或立据分期补发；5146人在“文化大革命”中被查抄的财物全部按规定做了清退或适当补偿，对515人在“文化大革命”中被挤占的私房作出妥善处理。

重视智力人才引进交流。1988年，山东开始对建立人才市场进行探索和尝试。济南市人才市场是山东第一家人才市场，也是我国首批开办试点单位之一。1993年，山东人才市场正式建成开业，标志着山东人事制度与市场经济体制的紧密衔接。同时，配合山东总体发展思路，积极而有针对性地加大引进国外智力。以1993年为例，全年引进国外各类技术、管理专家3500人次，增加经济效益1.7亿元人民币，创外汇2000多万美元，极大促进了山东经济的发展。

党外知识分子工作逐步制度化、规范化。为更好地开展党外知识分子统战工作，1989年山东建立了党外知识分子联络员制度。通过联络员及时收集、整理党外知识分子的思想动态，有针对性地做好思想政治工作。截至1998年山东有15个市（地）和109个县（市、区）及部分高校、企业建立了联络员制度，联络员达2000多名，形成了自下而上的全省性工作网络。1999年，山东总结党外知识分子联络员制度10年来的工作经验，由中央统战部上报中央领导同志参阅。2000年和2002年两次调整充实联络员队伍，实现动态管理。2005年，省委统战部《关于加强与党外知识分子代表人士联系的意见》被中央统战部刊用。2010年，联络员队伍进一步调整充实，在党外知识分子统战工作中发挥了重要作用。

加强企业、高校等党外知识分子统战工作机制建设。1994年，山东确立了党外知识分子工作以高校和科研、医疗单位为重点，开拓渠道、逐步推进的方针。下发《关于加强新时期高校统战工作的意见》，并推荐党外知识分子作为无党派人士参加省委召集的民主协商活动，使党外知识分子参政议政的形式向高层次发展。1998年建立了全省高校党外知识分子人才库。2009年，山东党外知识分子载体建设实现新突破，14个市、41所高校和部分大企业、科研院所相继成立党外知识分子联谊组织，部分高校成立了留学人员联谊组织。2010年，山东建立了覆盖各市、大企业、高校、科研院所、省直单位和有关行业协会等117个单位、786人的无党派代表人物库。2012年，建立由省委组织部等24个省直部门、单位组成的全省党外代表人士队伍建设工作联席会议制度，进一步完善了党委统一领导、统战部门牵头负责、各有关部门和社会团体密切配合的工作机制。

努力拓宽党外知识分子工作新领域。1999年，山东与中央统战部一起对非公有制企业党外知识分子情况进行详细调研。2002年，按照中央统战部的要求，两次对中介组织中的党外知识分子情况进行摸底调查，对自由择业知识分子中代表人物的培养、选拔问题进行专题调研。2003年，开展全省社会中介组织及其党外知识分子情况调研，并举办社会中介组织无党派知识分子理论研讨班。2004年，山东在全国率先成立新社会阶层党外知识分子联谊会，受到中央统战部表扬，至2005年，全省有7个市成立社会新阶层党外知识分子联谊会。2006年，在中央统战部召开的为全面建设小康社会服务经验交流暨表彰大会上，山东新的社会阶层党外知识分子联谊会获“先进集体”荣誉称号。2016年山东探索开展留学人员统战工作，成立了山东省欧美同学会（省留学人员联谊会）。

四、非公有制经济领域统战工作

加强思想政治工作，正确引导非公有制经济人士。近年来，山东采取多项措施，不断深化理想信念教育，通过集中培训、自我教育、国情考察、实践锻炼等方式，引导他们增强对中国特色社会主义的信念、对党和政府的信任、对企业发展的信心、对社会的信誉，并在工作中积极探索从集中性教育转向经常性教育的有效途径和长效机制。

创新思维，探索非公有制经济统战工作的方式和途径。自1991开始，山东组织力量深入基层进行调查研究，掌握全省非公有制经济的基本情况。在不同类型县级单位进行试点，初步摸索出为非公有制经济服务、做好非公有制经济人士思想政治工作的方式和途径。1994年成立山东省民营企业家公会，在组织联络工作方面进行新的尝试。2011年探索建立非公有制经济组织党组织和党员发挥作用机制，非公有制经济组织党建工作进一步加强。

引导非公有制人士服务经济社会发展。由全国工商联、山东省人民政府主办的“海内外知名民营企业家齐鲁行”活动，在山东成功举办多年，为山东引进了大量投资。山东还开展“民企帮村”“民企助学”“零就业工程”等活动，引导非公有制人士参与助学、扶贫等社会公益事业。

优化营商环境，构建新型政商关系。2016年，山东出台《关于加强各级领导干部联系服务非公有制企业构建新型政商关系的意见》，省委将构建新型政商关系、改善民营经济发展环境两项指标纳入对17个市科学发展综合考核。2017年召开全省支持非公有制经济健康发展工作会议，研究出台了《关于支持非公有制经济健康发展的十条意见》。

引领非公有制经济人士特别是年轻一代健康成长。21世纪以来，非公有制经济人士队伍年轻化、知识化趋势日趋明显。2016年，省工商联开展了年轻一代非公有制经济人士思想状况和教育培养工作、构建亲清新型政商关系、民营企业知识产权保护状况、商会理想信念教育实践活动等调研工作，形成系列高质量调研报告，其中《山东省年轻一代民营企业家的思想动态研究报告》获省委统战部理论调研宣传“四新工程”一等奖。

五、新的社会阶层人士统战工作

山东在新的社会阶层人士统战工作中，创新思维，勇于探索，统战工作呈现蓬勃发展的良好局面。2014年，山东着眼新的社会阶层和传统领域党外知识分子的不同群体特征，在全国率先成立省社会新阶层党外知识分子联谊会，并推进社会组织统战工作试点，形成了省、市、县（市、区）三级试点全面协调推进的工作格局，试点工作得到了中央和中央统战部领导同志的批示肯定，获得2014年度“全国统战工作实践创新成果奖”。山东还积极举办社会组织发展论坛，促进了社会组织的健康发展和作用发挥。2015年，山东制定加强高校、国有企业、律师行业、新媒体从业人员统战工作的政策文件，有效推动了社会新阶层党外知识分子工作开展；成立了全国首家由统战部门主管的省级社会组织联合会，全面推开社会组织统战工作，得到中央领导充分肯定；充分发挥行业协会在统战工作中的平台作用，建立省直新的社会阶层行业协会统战工作联席会议制度，联合举办专业人士参政议政培训班等，形成工作合力。2016年，山东深入开展全省新的社会阶层人士调研，举办全省新的社会阶层代表人士培训班，开通

“山东新阶层”“山东社组联”微信公众号，还成立了省社会新阶层党外知识分子联谊会网络人士分会。2017年，山东在全国率先召开全省新的社会阶层人士统战工作会议并出台相关文件，新阶层统战工作机构建设全面展开；载体建设也有新突破，省、市两级成立32个联谊组织，基本实现全覆盖，137个县（市、区）建立联谊组织142个，覆盖率达75%，全省新的社会阶层人士统战工作呈现蓬勃发展的良好局面。

六、民族宗教工作

（一）民族事务概况

山东省有55个少数民族。根据第六次人口普查数据显示，山东省少数民族常住人口72.17万人，占全省总人口的0.75%。总人口过万人的少数民族为4个，分别是回族、朝鲜族、满族、蒙古族。少数民族过5万人的市7个，过万人的县（市、区）24个，民族乡镇4个，少数民族过千人的重点乡镇125个，民族村（居）365个。

在改革开放初期，根据山东少数民族杂、散居和经济基础薄弱、文化素质差的特点，山东重点抓少数民族群众脱贫致富工作。采取政策性措施，鼓励兴办各种企业，并在周转资金、信贷、税收等方面给予优惠照顾。经过多年努力，山东民族事务取得了长足的发展。

随着改革的不断深入，民族工作的环境和条件发生了根本性变化，山东民族工作也不断探索新路子。1996年，省民委在大量调查研究基础上，提出了“一年打基础，两年上水平，三年创一流”的总体工作目标，要求全省民族工作在加快经济发展、巩固民族团结、政策法规建设、培养选拔少数民族干部、加强民族工作干部队伍建设等6个方面有所突破，工作思路受到国家民委肯定并向全国推广。1996年开始在全省实施“鲁羊扶贫工程”；1997年设立“国家民委扶贫开发试验区”；2004年下发《关于进一步加强全省民族村（居）民主法制建设的意见》，全省民族村（居）建设不断加强；2006年制定“一个战略、四项工程”（即把全省120个少数民族过千人的乡镇作为民族工作重点乡镇的战略，实行重点帮扶工程、龙头带动工程、智力支持工程和信息服务工程）的少数民族经济工作思路；2010年全省各地相继成立少数民族经济专业合作社，积极探索新形势下散居地区少数民族经济发展的新路子；2011年，国家民委对山东在落实优惠政策、规范运作程序、加强企业管理、引导企业为大局服务等方面工作予以肯定，称为“山东模式”，并向全国推广。党的十八大以来，山东深入贯彻落实中央民族工作会议精神，扎实开展民族团结进步创建活动，3个单位先后被命名为全国民族团结进步教育基地，13个模范集体和15名模范个人受到国务院表彰。

完善制度建设，健全组织机制。1990年制定《山东省民族工作条例》，认真执行党的民族政策，促进民族团结和社会稳定；1996年经省长办公会议决定，组建省民族事务工作协调委员会，为做好民族工作提供组织保障；2006年制定《关于进一步加强民族工作促进民族团结进步事业发展的意见》；2005年制定《关于建立长效工作机制维护民族团结和社会稳定的意见》，健全了稳定长效的工作机制；2007年下发《关于贯彻国办发〔2007〕14号文件精神进一步做好民族工作的实施意见》，明确“十一五”期间山东民族工作的指导思想、总体目标、主要任务以及工作措施；2014—2015年，在对17个市民族工作开展全方位专题调研的基础上，出台《关于加强和改进新形势下民族工作的实施意见》。

创新工作方式，采取多种形式做好各项民族工作。2009年建立和创新信息网络、社区工作、民族联谊和公共服务4个平台，加强对城市少数民族特别是外来少数民族的服务和管理。在全省建立五级组织网络体系，开通民族宗教工作网站和少数民族服务热线电话，搭建政府与少数民族群众之间的信息互动平台。2011年印发《关于建设城市民族工作示范窗口的通知》，做好城市民族工作示范社区、示范学校、示范企业窗口建设。中央联合督导组对山东民族团结创建工作取得的成绩给予充分肯定，认为山东的经验在散居省份具有典型性。2012年开展少数民族特色村寨建设，省财政拿出专项资金予以支持。2013年建立民族关系分析研判制度，全省有效化解涉及少数民族方面的矛盾纠纷141起。2015年推动建立山东少数民族流动人口服务管理协调机制，与青海、甘肃两个省建立少数民族流动人口服务管理协作共管机制。

（二）宗教事务概况

山东有佛教、道教、伊斯兰教、天主教、基督教5种宗教，根据2015年的统计数据，全省依法登记的宗教活动场所4965处，宗教社团332个，经省宗教局认定备案的宗教教职人员3751人，信教群众230多万人。全面贯彻执行宗教信仰自由政策，引导宗教与社会主义社会相适应，一直是山东统战工作的重点工作。党的十一届三中全会后，山东陆续开放寺观教堂或宗教活动点，大量冤假错案得到平反，宗教事务活动得到恢复和发展。据统计，1978—1986年间，全省恢复建立爱国宗教团体86个，开放寺观教堂和宗教活动场所1707处，宗教活动逐步纳入正常轨道。

随着对内改革和对外开放的发展，山东不断加强对宗教团体和教职人员的管理教育，推动宗教团体自身建设，指导各宗教团体举办培训班，培训中青年宗教界代表人士，促进了宗教与社会主义社会相适应。2003年，山东建立了省各爱国宗教团体负责人季度例会制度和广交、深交宗教界朋友制度，得到中央统战部肯定和推广。山东积极开展查禁取缔邪教组织专项斗争，及时妥善处理了多起由民族、宗教引发的突发事件和热点问题。完善对宗教场所的管理，1997年在全省范围内对乱建庙宇和露天佛像进行了专项治理。加强调查研究。1994年对7个市（地）的宗教现状及问题进行全面调查；1996年对打击邪教斗争的情况及存在的问题进行专题调查；1998年对境外势力的宗教渗透问题开展调查研究；2004年对枣庄等3个市和江苏徐州建立宗教工作区域协作机制的做法进行调研，专题调研报告被中央统战部全文转发各省、自治区、直辖市。积极协助各爱国宗教团体工作。2001年，山东研究制定《关于加强伊斯兰教工作的意见》，中央统战部、国家宗教局给予充分肯定并转发全国。全省民族、宗教政务信息网络建设取得突破性进展，被国家民委评为全国信息工作先进单位。山东还积极创新天主教管理举措，指导省天主教两会开展烟台教区、菏泽教区主教兼管工作，有关经验做法得到中央有关领导同志的充分肯定，荣获2012年度“全国统战工作实践创新成果奖”。

依法管理宗教事务是全面正确贯彻宗教信仰自由政策的要求和体现。山东结合实际情况，加强宗教工作法制建设。1993年制定《山东省宗教场所管理办法》；1997年制定《山东省宗教教职人员管理办法》《山东省宗教团体管理办法》；2000年颁布实施《山东省宗教事务管理条例》；2011年制定《山东省宗教事务条例》，于2012年1月1日正式施行。

七、海外统战工作

山东是全国重点侨乡之一，属于山东籍（祖籍）的华侨、外籍华人有

40万人，港澳同胞15万人；另有归国华侨近2万人，华侨、华人、港澳同胞眷属60万人，共计110余万人，居全国第五位。山东也是全国对台工作任务较重的省份之一，全省有去台人员15万多人，加上他们的后代，据1990年统计，在岛内的山东籍台胞约80多万人。全省有台属近20万户76.2万人，居住在省内的台湾籍同胞有197户383人。

山东对海外统战工作历来十分重视。1981年1月成立了省委对台工作小组，下设专门的办事机构。1982年6月成立山东省台湾同胞联谊会，作为党和政府联系广大台胞的桥梁和纽带。1988年设立中共山东省委对台工作办公室，对外使用“山东人民政府台湾事务办公室”名义。1993年成立山东省海外联谊会。适应新世纪新阶段的统战要求，2016年山东省成立了欧美同学会·中国留学人员联谊会。

改革开放初期，山东的海外统战工作着重在以下几个方面：一是结合对外经济贸易和文化科技交流等活动，宣传政策，结交朋友。二是接待回大陆探亲、旅游、洽谈业务的港澳同胞、台湾同胞、海外侨胞和外籍华人，安排台属、台胞去境外探亲。据统计，自1987年11月台湾当局开放民众赴大陆探亲到1990年底，山东接待台湾同胞10万多人次，有940名台胞台属赴台。三是各民主党派、工商联和无党派人士利用各自的有利条件，加强同在台湾、港澳和国外亲朋故旧的联系，增进了解。四是在沿海城市开展对台湾民间的小型贸易。五是正确处理中外合作企业、合资企业和外商独资企业的劳资关系。六是在对外开放中，鼓励和支持台胞、台属、归侨、侨眷、港澳同胞眷属兴办企业。据统计，截至1990年底，全省累计批准台资企业167家，项目总投资2.53亿美元，合同台资额9950.8万美元。

20世纪90年代，山东开展了全省性侨情普查调研，重点了解山东籍旅外侨胞的数量分布、职业特点、社团成分，特别是经济、科技等方面的情况，搜集整理了大量资料。根据调查结果，山东调整工作重点并加大海外统战工作力度。1990年在香港成立了由8个国家和地区的19个侨团联合组成的“山东省旅外侨团联谊会”。为更好开展对外宣传，山东开办了《华声报》，于1990年底向国内外侨界试刊发行。

在改革开放40年间，山东港澳台和海外统战工作扎实推进。每年通过接待来访、组织考察访问、举办台联台胞夏令营活动、召开全省经验交流会、承办文化旅游节等活动，深化了与港澳台及海外的交流交往。2010年，省委统战部增设港澳台联络处，初步形成全省统战系统港澳台海外统战工作协调机制。2012年，山东开始每年举办“情系海联·同心同行”港澳台海外企业家参观考察活动，积极牵线搭桥，促进港澳台海外企业投资项目。2017年，山东以“读万卷书行万里路”为主题，开展了“中华同根文化齐鲁行”“鲁台中华教育论坛”等文化交流活动。山东坚持“请进来、走出去”，与遍布世界五大洲25个国家和地区的80个港澳台海外社团建立了密切关系，先后接待冀鲁旅港同乡会、台湾退役将军访问团等港澳台海外来访团组210多个，组团出访110多次，增进了港澳台同胞和海外侨胞对山东人民的乡情、亲情和友情。[①]同时，还积极推进济南与香港航线复航工作。2018年1月26日起，山东航空恢复直飞香港的航班，3月25日起，香港国泰航空也恢复航线。

① 山东省委统战部：《党的十八大以来山东省统战工作情况》，中共山东省委统战部官网，http://www.sdtzb.org.cn/tzb/tzbztbd/sbdxl/20150505/14050.html。

八、党外代表人士队伍建设

党外代表人士是深化改革、推进经济文化强省建设的宝贵财富。改革开放40年来，山东坚持正确导向，不拘一格广纳群贤，为党外代表人士发挥作用搭建了广阔的平台。

党外代表人士的选拔任用一直都是统战工作中比较重要的内容。山东各级统战部门认真贯彻中央和省委的要求，积极开展对党外代表人士的考察和推荐，使党外代表人士队伍建设逐步完善。至2000年，全省17个市、139个县（市、区）政府领导班子全部配备了党外副职。中央统战部对山东省党外人士实职安排工作的经验给予了充分肯定，《人民日报》《人民政协报》及省内有关报刊都集中作了大篇幅的宣传报道。2008年，山东建立了全省党外人士安排情况数据库，根据统计，全省安排党外各级人大代表1.08万人，各级党外政协委员2.32万人；安排党外厅级干部139人、处级干部1800余人（不含省各民主党派、工商联机关）。党的十八大以来，山东深入贯彻落实中央精神，把党外代表人士队伍建设纳入全省干部队伍建设和人才培养总体规划，建立了24个成员单位组成的联席会议制度，党外代表人士队伍建设呈现全面推进、蓬勃发展的良好局面。2014年实现省政府组成部门、高校、企业、群团组织党外正职全覆盖；2017年底，省政府组成部门党外正职达到3名，省属普通本科高校党外正职达到5名，省管国有重要骨干企业党外正职达到2名，省法院、省检察院领导班子分别配备党外副院长、副检察长各1名，全省17个市全部配备党外副市长，山东成为全国配备党外干部数量较多的省份之一。山东还成立党外代表人士教育培训工作领导小组，将党外领导干部培训列入全省领导干部年度专题培训计划，投资5.67亿元建设省社会主义学院新校区。2012—2015年，省委统战部举办各类党外代表人士培训班34期，累计培训2211人次。山东制定出台《党外代表人士实践锻炼基地管理办法》，建立党外代表人士实践锻炼基地，选派党外干部到基地挂职锻炼。至2015年，全省共建立各类党外代表人士实践锻炼基地419个，每年选派2000多人进行挂职或任职锻炼。[①]2016年，山东正式启用省社会主义学院新校区，增加机构和人员编制，更好地发挥了教育培训主阵地作用。2017年被作为“学习培训年”，采取了一系列措施，切实提高教育培训水平。

经过多年的持续努力，一支规模较大、素质较高的党外代表人士队伍逐步形成，涌现出一批政治坚定、专业突出、群众认同的旗帜性人物，在经济文化强省建设和平安山东建设中发挥了重要作用。

第三节 山东爱国统一战线实践创新经验总结回顾

改革开放以来，在省委、省政府的坚强领导下，在统战工作者的共同努力下，广大统战成员凝心聚力共创佳绩，山东的统战工作一直走在全国前列。统一战线工作积累了丰富经验，也带给我们深刻启示。

一、坚持党的领导是做好统一战线工作的根本保证

中国共产党的领导，是中国特色社会主义的核心内容和本质特征，是

① 山东省委统战部：《党的十八大以来山东省统战工作情况》，中共山东省委统战部官网，http://www.sdtzb.org.cn/tzb/tzbztbd/sbdxl/20150505/14050.html。

中国特色社会主义制度的最大优势，也是统一战线事业健康发展的第一原则和根本保证。在2015年中央统战工作会议上，习近平总书记指出，做好新形势下统战工作，最根本的是要坚持党的领导，实行的政策、采取的措施都要有利于坚持和巩固党的领导地位和执政地位。[1]做好新形势下统战工作，必须始终坚持党对统一战线的领导，这是必须始终牢记的总根本和总遵循，也是做好统战工作的总要求。

改革开放40年来，在中国共产党领导下，中国走出了一条与西方国家完全不同的社会主义现代化道路。中国特色社会主义道路、理论、制度、文化的创新发展，为世界探索更好的政治制度、社会制度提供了中国方案，而其中最重要最根本的内容就是坚持党的领导。中国共产党的领导，是包括各民主党派、各团体、各民族、各阶层、各界人士在内的全体中国人民的共同选择。山东改革开放40年的历史经验告诉我们，党的领导是各项工作的前提和基础，脱离党的领导，我们的工作就容易偏离正确方向，成为无源之水、无本之木。我们应当对此有清醒的认识，自觉在思想上、政治上、行动上同以习近平同志为核心的党中央保持高度一致，使山东统一战线工作沿着正确的方向不断前进。

党对统一战线的领导主要是政治领导，即政治原则、政治方向和重大方针政策的领导。要实现党对统一战线的领导，我们既要坚持正确的政治方向，又要深入研究统一战线的规律，严格按规律办事，不断提升统战工作的科学化水平。

---

① 习近平：《巩固发展最广泛的爱国统一战线》，在中央统战工作会议上的讲话（2015年5月18日）。

二、坚持围绕中心服务大局是做好统战工作的基本要求

改革开放40年，山东的统一战线工作在各个发展阶段都始终围绕山东省改革发展大局服务，始终为贯彻党在不同时期的总路线、完成党在不同时期的总任务服务。这是做好统战工作的基本要求。

新世纪新阶段，山东统一战线既面临重要的发展机遇，也面临许多新情况、新问题、新挑战。党的十九大把发展最广泛的爱国统一战线纳入新时代坚持和发展中国特色社会主义基本方略。2018年召开的全国统战部长会议提出今年统战工作的总体要求是坚持以习近平新时代中国特色社会主义思想为指导，紧扣深入学习贯彻党的十九大精神这个首要任务和工作主线，把握新时代统一战线工作的新机遇，坚决贯彻落实党中央关于统一战线工作的各项决策部署，努力开创统一战线各领域工作新局面，为决胜全面建成小康社会、夺取新时代中国特色社会主义伟大胜利作出新贡献。要把深入学习贯彻党的十九大精神作为首要政治任务，贯穿于统战工作各个方面；要始终坚持围绕中心服务大局，在工作中形成统一意志和步调，把思想和行动凝聚到中央决策部署上来，广泛团结一切可以团结的力量，开创山东统一战线的新局面。

三、坚持改革创新才能推进统一战线事业不断发展

改革开放40年的历程是中国特色社会主义理论、道路、制度不断创新发展的历程。改革开放带来了社会经济结构、政治结构与文化格局的巨大变迁，时代的发展和实践的变化使爱国统一战线也发生了深刻变革，这种变革要求统战工作必须勇于创新，大胆探索统战工作的新思路、新举措、

新方法。山东40年统一战线的发展历程也是贯彻中央精神不断在实践中创新发展的过程。这个创新发展的过程包含了工作理念的创新，工作方式方法的创新，工作载体和平台的创新，更有体制机制的创新，推动山东统一战线工作在创新中实现了新发展，开创了新局面。

在全面深化改革的新时代，党的统一战线的性质、对象、范围和工作内容呈现前所未有的包容性、广泛性和多元性。习近平总书记关于中国特色社会主义统一战线的新思想新理论，折射出当今中国民主政治的发展道路正在由传统政治统治向现代政治治理转型。我们要认真学习领会习近平总书记中国特色社会主义统一战线理论，把握统一战线新规律，把党中央关于统一战线的大政方针同山东统战工作的具体实际相结合，不断研究新情况、解决新问题、提炼新经验，在工作中创新体制机制，改进工作举措，不墨守成规，不因循守旧，推动统战工作创新发展。

四、构筑大统战格局是统一战线发展的组织保障

改革开放40年来，山东统一战线从组织机构的恢复发展开始，制定政策，健全制度，完善体制机制，逐步构建起山东爱国统一战线工作格局，为统一战线广大成员提升自身素质、施展聪明才智创造了良好的政策环境和制度平台，有效推动了山东统一战线的发展，充分发挥了统一战线的功能作用。同时，山东适应统一战线和统战工作由大中城市向基层延伸的趋势，从破解制约基层统战工作发展的重点难点问题入手，全面加强基层统战工作。省委在全国率先出台《关于加强全省县（市、区）统一战线工作的意见》，将统战工作纳入党政领导班子科学发展综合考核指标体系，并引导各地采取新建、改造、整合联用等形式，建立了纵向到底、横向到边

的基层统战工作网络，有力地激发了基层统战工作的活力。

党的十八大以来，以“党政主导+社会参与”为基本模式的新型治理体制框架逐步形成，统战工作格局相应地不断扩大，我国呈现统战对象空前广泛性、统战工作前所未有的复杂性的统战新形势。[①]习近平总书记在中央统战工作会议上的重要讲话中指出，统战工作是全党的工作，必须全党重视，大家共同来做。必须坚持党委统一领导，统战部牵头协调，有关方面各负其责的大统战格局，形成工作合力。[②]构筑大统战格局体现了中国特色社会主义统一战线继承传统与时代特色相结合的新特点。

要认真研究大统战工作格局的目标机制、制度保障机制和实施机制，将统战制度、理念和实践机制协调一致，构建符合山东地方实际的大统战格局。要将统一战线工作纳入全省的全局性工作，将统战理念、统战战略贯彻到所有工作之中，优化结构，整合力量，改变单靠统战部门单一应对的局面。要坚持党委统一领导，统战部牵头协调，各成员单位和相关部门按照各自任务分工，各司其职、各负其责，相互协作、密切配合，推动统战工作的开展，形成全党重视、全社会参与的良好局面。

---

① 董朝霞：《十八大以来中国特色社会主义统一战线理论的创新向度与内在逻辑》，载《中国政治》2017年第5期。

② 习近平：《巩固发展最广泛的爱国统一战线》，在中央统战工作会议上的讲话（2015年5月18日）。

第八章
新时代山东民主政治建设的新里程与新任务

习近平总书记在中国共产党第十九次全国代表大会上庄严宣布："经过长期努力，中国特色社会主义进入了新时代，这是我国发展新的历史方位。"[①]这是以习近平同志为核心的党中央对我国国情发展的重大政治判断，昭示了中国共产党领导中国人民承前启后、继往开来坚持中国特色社会主义道路、建设中国特色社会主义事业的伟大信心与坚强决心。"作出这样一个重大政治判断，是改革开放以来我国经济社会发展进步的必然结果，是我国社会矛盾运行的必然结果，是世情国情党情变化的必然结果，是党团结带领人民开创光明未来的必然要求。"[②]中国特色社会主义进入新时代，在奋发前进过程中更加应该保持清醒头脑和理性认识：既要清醒地认识到我国仍处于社会主义初级阶段，未来有更多的风险和挑战，需要不忘初心、牢记使命、砥砺前行，最终夺取新时代中国特色社会主义伟大胜

① 习近平：《决胜全面建成小康社会 夺取新时代中国特色社会主义伟大胜利——在中国共产党第十九次全国代表大会上的报告》，人民出版社2017年版，第10页。

② 《党的十九大报告学习辅导百问》，党建读物出版社、学习出版社2017年版，第16页。

利；同时，还应该历史地、辩证地面对新时代，即新时代的到来并非一蹴而就，而是凝聚了改革开放以来中国共产党领导全国人民建设中国特色社会主义的艰苦奋斗与伟大成就，是改革开放40年探索和践行中国特色社会主义道路的成功经验，是历代共产党人指导思想和理论所结出的实践果实。因此，深刻把握新时代的科学内涵，离不开对改革开放40年奋斗历程的回顾总结。欲对改革开放40年形成全方位的立体认知，党的十八大以来的新举措，尤其是党的十九大确立的新时代新任务新目标则是重要的标志性节点。党的十九大报告对改革开放40年国家治理与社会发展取得的成就、积累的经验、坚持的道路和探索的方向进行了全方位的深刻总结与系统展望，是党和国家一切工作的理论指引和行为指南。

第一节　党的十九大报告关于民主政治建设的新判断和新要求

新时代的民主政治建设面临新的问题和新的任务，应作出新部署和新要求，这些关于民主政治建设的顶层设计与具体要求集中体现在党的十九大报告中。党的十九大报告在第六部分“健全人民当家作主制度体系，发展社会主义民主政治”系统规划了新时代民主政治建设的总体部署、基本目标和具体要求。需要明确的是，新时代对民主政治建设的新判断和新要求，不仅体现在党的十九大报告的第六部分，而是贯穿于党的十九大报告整体之中，即报告中涉及民主政治建设的新提法、新判断，以及过去工作的成绩总结和当前存在的不足，都是理解和指导民主政治建设未来发展的重要方略依据。

一、党的十九大报告总结民主政治建设的成绩与不足

党的十九大报告在第一部分梳理了“过去五年的工作和历史性变革”，其中民主政治建设的成就包括：“民主法治建设迈出重大步伐。积极发展社会主义民主政治，推进全面依法治国，党的领导、人民当家作主、依法治国有机统一的制度建设全面加强，党的领导体制机制不断完善，社会主义民主不断发展，党内民主更加广泛，社会主义协商民主全面展开，爱国统一战线巩固发展，民族宗教工作创新推进。科学立法、严格执法、公正司法、全民守法深入推进，法治国家、法治政府、法治社会建设相互促进，中国特色社会主义法治体系日益完善，全社会法治观念明显增强。国家监察体制改革试点取得实效，行政体制改革、司法体制改革、权力运行制约和监督体系建设有效实施。”①党的十九大报告对过去五年民主政治以及民主法治建设的成就梳理，不仅是客观的工作总结和事实陈述，而且是对未来工作的鼓励和鞭策：未来的民主政治建设应在取得这些成就的基础上更上一层楼，不断超越过去。如过去五年来“国家监察体制改革试点取得实效”，则未来应继续深化国家监察体制改革，由试点向全面铺开方向努力。

同时，党的十九大报告清醒指出了当前工作的不足、困难和挑战，包括“发展不平衡不充分的一些突出问题尚未解决，发展质量和效益还不高，创新能力不够强，实体经济水平有待提高，生态环境保护任重道远；

① 习近平：《决胜全面建成小康社会　夺取新时代中国特色社会主义伟大胜利——在中国共产党第十九次全国代表大会上的报告》，人民出版社2017年版，第4页。

民生领域还有不少短板，脱贫攻坚任务艰巨，城乡区域发展和收入分配差距依然较大，群众在就业、教育、医疗、居住、养老等方面面临不少难题；社会文明水平尚需提高；社会矛盾和问题交织叠加，全面依法治国任务依然繁重，国家治理体系和治理能力有待加强；意识形态领域斗争依然复杂，国家安全面临新情况；一些改革部署和重大政策措施需要进一步落实；党的建设方面还存在不少薄弱环节。”[①]这些不足、困难和挑战存在于经济、政治、文化、生态、社会、安全、党建等方方面面，深刻影响着民主政治的发展：其他领域存在的问题和困难可能会加剧民主政治建设的问题，如发展不平衡、不充分会导致经济欠发达地区民主政治建设的相对滞后；许多领域的问题也有可能是民主政治建设不足而导致，如生态环境保护和民生领域的问题与法治建设水平息息相关，同时，这些问题的化解也需要民主政治建设的进一步完善。

二、党的十九大报告对民主政治建设的新判断

党的十九大是国内外形势正在发生深刻复杂变化、我国发展处于重要战略机遇期的背景下召开的。“党的十九大将习近平新时代中国特色社会主义思想确立为党的指导思想，在党章中明确习近平总书记的核心领导地位，对决胜全面建成小康社会作出战略部署，描绘全面建设社会主义现代化国家的宏伟蓝图，必将极大增强中华民族的凝聚力向心力，成为党史国

① 习近平：《决胜全面建成小康社会　夺取新时代中国特色社会主义伟大胜利——在中国共产党第十九次全国代表大会上的报告》，人民出版社2017年版，第9页。

史上的重要里程碑。”[①]党的十九大报告凝聚了以习近平同志为核心的党中央的最新政治智慧，是马克思主义普遍原理和中国实践相结合的最新理论飞跃与实践创新，其中很多新提法、新判断是指导下一步各项工作开展的重要依据，也是民主政治建设的根本指南。

第一，“习近平新时代中国特色社会主义思想”是民主政治建设的最新指导思想。党的十九大最重要的决定之一是确立习近平新时代中国特色社会主义思想为党的指导思想，并赋予其全党全国人民为实现中华民族伟大复兴而奋斗的行动指南之根本地位。“习近平新时代中国特色社会主义思想，博大精深、高瞻远瞩，从理论和实践结合上系统回答新时代坚持和发展什么样的中国特色社会主义、怎样坚持和发展中国特色社会主义，包括新时代坚持和发展中国特色社会主义的总目标、总任务、总体布局、战略布局和发展方向、发展方式、发展动力、战略步骤、外部条件、政治保证等基本问题。”[②]习近平新时代中国特色社会主义思想是一切工作的指南，当然也是民主政治建设的指导思想。由于涉及意识形态、根本制度、政治自由与民主权利诉求等问题，民主政治建设对指导思想的确立需要更加急迫，也更加呼唤指导思想的全局性、科学化、体系化的品质。习近平新时代中国特色社会主义思想符合当前以及未来指导民主政治建设的需要，其在民主政治领域形成了民主政治建设的新思想，并“可以凝练概括为中国特色社会主义政治发展道路思想、中华民族伟大复兴中国梦思想、推进国家治理体系和治理能力现代化思想、社会主义民主政治思想、全面依法治

① 王岐山：《开启新时代 踏上新征程》，载《党的十九大报告学习辅导百问》，党建读物出版社、学习出版社2017年版，第76页。

②《党的十九大报告学习辅导百问》，党建读物出版社、学习出版社2017年版，第35页。

国思想、深化政治体制改革思想、构建合作共赢新型国际关系思想”[①]，这些思想将为新时代中国特色社会主义民主政治建设提供强大的思想指引、理论指导和方法论，是必须长期坚持、有效贯彻落实的民主政治建设指导思想。

第二，“中国特色社会主义新时代”是民主政治建设的最新时空坐标与历史方位。“党的十八大以来党和国家事业发生了历史性变革，我国发展站到了新的历史起点上，中国特色社会主义进入了新时代。这个阶段既同改革开放近40年来的发展一脉相承，又有很大的不同，党的执政方式和方略有重大创新，发展理念和发展方式有重大转变，发展环境和发展条件发生深刻变化，发展水平和要求更高。”[②]新时代也为中国特色社会主义民主政治建设提供了最新的时空坐标与历史方位：新时代民主政治建设一方面继承和发扬改革开放40年来的成就经验，是改革开放的延续；另一方面立足于新时代中华民族从站起来、富起来到强起来的国家发展现实，并服务新时代对民主政治建设的新要求。

第三，“社会主要矛盾变化”是民主政治建设工作开展的实践依据。习近平总书记在党的十九大报告中指出：“中国特色社会主义进入新时代，我国社会主要矛盾已经转化为人民日益增长的美好生活需要和不平衡不充分的发展之间的矛盾。……人民美好生活需要日益广泛，不仅对物质文化生活提出了更高要求，而且在民主、法治、公平、正义、安全、环境等方

① 陈静、陈晓辉、高洪贵：《习近平政治建设思想的科学体系及其基本内涵》，载《学习与探索》2018年第2期。

② 《党的十九大报告学习辅导百问》，党建读物出版社、学习出版社2017年版，第16页。

面的要求日益增长。”[①]由之前的“物质文化需要”到涵盖更广泛的“美好生活需要”，由“落后的社会生产”到“不平衡不充分的发展”，不仅是表述方式的变化，更为重要的是切实反映了改革开放40年至今我国经济实力、科技实力、国防实力、综合国力进入世界前列的客观成就，而党的十九大报告对社会主要矛盾变化的基本判断，意味着下一步各项工作重心和工作方式作出相应调整，围绕社会主要矛盾变化展开各项工作实践，故党的十九大报告提出：“我们要在继续推动发展的基础上，着力解决好发展不平衡不充分问题，大力提升发展质量和效益，更好满足人民在经济、政治、文化、社会、生态等方面日益增长的需要，更好推动人的全面发展、社会全面进步。”[②]新时代民主政治建设工作应当从社会主要矛盾的变化出发，着力通过民主政治制度化、规范化、程序化建设解决发展不平衡、不充分的问题，保障人民群众民主权利和政治自由的全面实现。

三、党的十九大报告关于民主政治建设的新要求

党的十九大报告在第六部分“健全人民当家作主制度体系，发展社会主义民主政治”从六个方面作出新要求，包括坚持党的领导、人民当家作主、依法治国的有机统一，加强人民当家作主制度保障，发挥社会主义协商民主重要作用，深化依法治国实践，深化机构和行政体制改革，巩固和发展爱国统一战线。这六个方面涵盖了中国特色社会主义民主政治建设的全部内容，

① 习近平：《决胜全面建成小康社会　夺取新时代中国特色社会主义伟大胜利——在中国共产党第十九次全国代表大会上的报告》，人民出版社2017年版，第11页。

② 习近平：《决胜全面建成小康社会　夺取新时代中国特色社会主义伟大胜利——在中国共产党第十九次全国代表大会上的报告》，人民出版社2017年版，第11—12页。

每一个方面都有具体的任务、要求和目标。本部分在总结和梳理的基础上，并未具体罗列党的十九大报告关于民主政治建设六大部分的具体内容，而只重点论述民主政治建设新要求的一般原则，包括如下三个方面：

第一，强化党对中国特色社会主义民主政治的领导。党的领导贯穿于民主政治建设的各个领域、层面和环节，是民主政治建设首要坚持的基本原则。党的十九大报告将“坚持党的领导、人民当家作主、依法治国有机统一”置于中国特色社会主义民主政治建设的首位，提出“党的领导是人民当家作主和依法治国的根本保障”，明确“在我国政治生活中，党是居于领导地位的”，而且要求“要改进党的领导方式和执政方式，保证党领导人民有效治理国家”。在民主政治建设的其他五个方面，依然贯穿着党的领导，如“成立中央全面依法治国领导小组，加强对法治中国的统一领导”；再如确认“协商民主是实现党的领导的重要方式”等。应当说，在民主政治建设的任何一个环节，都必须坚持和强化党的领导，这样才能确保民主政治建设的社会主义方向，才能真正维护广大人民群众的根本利益。

第二，坚持中国特色社会主义政治发展道路。党的十九大报告指出：“中国特色社会主义政治发展道路，是近代以来中国人民长期奋斗历史逻辑、理论逻辑、实践逻辑的必然结果，是坚持党的本质属性、践行党的根本宗旨的必然要求。”[①]因此，要保证民主政治的正确发展方向，确保民主政治建设符合我国社会主义国家性质，真正实现人民当家作主，必须坚持

① 习近平：《决胜全面建成小康社会　夺取新时代中国特色社会主义伟大胜利——在中国共产党第十九次全国代表大会上的报告》，人民出版社2017年版，第36页。

中国特色社会主义政治发展道路。在民主政治建设领域，必须与西方国家政治制度、三权分立体制、民主宪政理念等划清界限，不能按照西方法治标准要求和衡量法治中国实践，也不能根据西方社会发展历程要求中国民主政治建设水平。因此，要树立道路自信和制度自信，坚持民主政治建设的中国特色社会主义方向。

第三，推进中国特色社会主义政治体制改革。党的十九大报告指出："要长期坚持、不断发展我国社会主义民主政治，积极稳妥推进政治体制改革，推进社会主义民主政治制度化、规范化、程序化，保证人民依法通过各种途径和形式管理国家事务，管理经济文化事业，管理社会事务，巩固和发展生动活泼、安定团结的政治局面。"[①]民主政治建设真正落地生根有赖于具体政治制度建构与政治体制机制完善，因此，政治体制改革既是民主政治建设不断完善的动力，同时也是主要组成部分。制度化、规范化、程序化既是民主政治建设的完善目标，也是保障公民民主政治权利的基本方式。党的十九大报告关于民主政治建设六大部分的布局要求，就是实现民主政治建设制度化、规范化、程序化的战略规划。

第二节　新时代山东民主政治建设的新挑战和新问题

党的十八大以来，山东民主政治建设取得重要成绩和丰硕成果。中国

① 习近平：《决胜全面建成小康社会　夺取新时代中国特色社会主义伟大胜利——在中国共产党第十九次全国代表大会上的报告》，人民出版社2017年版，第36页。

共产党山东省第十一次代表大会提出："民主政治建设有序推进。人民代表大会制度日益完善，社会主义协商民主进一步加强，爱国统一战线不断巩固壮大，群团组织作用得到更好发挥。双拥工作持续深化，军民融合深度发展。法治山东建设加快推进，平安山东建设成效明显，社会大局保持和谐稳定。"2018年山东省政府工作报告提出："民主法治建设有序推进，社会主义协商民主进一步加强，提请省人大常委会审议通过地方性法规41件、修改50件、废止25件，制定政府规章45件，行政复议体制改革全面完成，政府法律顾问制度全面建立。"①山东民主政治建设取得的成就与党的十八大以来党中央的正确领导，以及省委、省政府的关切重视密不可分。尽管取得了这些成绩，山东民主政治建设依然存在薄弱环节和具体问题，为了适应新时代发展要求和社会主要矛盾变化，山东民主政治建设也面临新的挑战。

一、发展不平衡不充分是山东民主政治建设的制约条件

党的十九大报告作出了新时代社会主要矛盾变化的判断，即"我国社会主要矛盾已经转化为人民日益增长的美好生活需要和不平衡不充分的发展之间的矛盾"。这个判断也恰好揭示了山东经济社会发展状况。发展的不平衡方面，正如李克强总理2015年在山东代表团审议《政府工作报告》时所指出的山东发展现实："中国是一个发展中国家，而山东正是这一特征的典型写照：胶东半岛的沿海城市繁花似锦，而鲁西、鲁西南

① 龚正：《2018年山东省政府工作报告》，载《大众日报》2018年1月26日。

的黄河滩区，民众生活还相对艰难。”[①]经济社会发展的不平衡必然会影响民主政治建设的不平衡，尤其体现在法治政府与服务型政府建设方面，经济欠发达地区的政府办事效率、依法行政水平、服务意识等都有所欠缺，对利用新技术提升行政效率的改革创新投入与主动意识也不足；而沿海地区经济发达除了地缘优势之外，政府的行政效率与公共服务能力也是重要的方面。发展的不充分方面，正如刘家义书记所指出，“山东发展还存在一些差距和不足，大而不够强仍是山东亟须解决的重大课题。面对经济发展新常态，山东的发展方式还不适应，自主创新能力和产业核心竞争力不够强，经济发展质量效益不够高”[②]。“大而不强”既是山东经济社会发展水平与情况的客观评价，也是山东民主政治建设的制约条件，因为按照“经济基础决定上层建筑”的基本原理，经济社会的粗放式发展往往对应的是制度的非规范性和治理的非精细化，体现为立法、执法、基层民主建设等等的粗放治理，这是山东民主政治建设必然要面对的制约条件。

二、民主政治建设理念与法治思维尚待全面树立与转型升级

山东是儒家文化发祥之地，是享誉国际的礼仪之邦。儒家文明铸就了山东人民吃苦耐劳、善良坚忍、踏实质朴的优秀品质，山东革命老区的红色文化也使得山东一直与中央保持高度一致，并为全国经济社会发展作出重要贡献。这些中国传统文化和红色文化的精髓，在新时代应予以继承和

① 《李克强：紧紧咬住“双中高”目标不动摇》，载《新京报》2015年3月6日。

② 刘家义：《紧密团结在以习近平同志为核心的党中央周围　奋力开创经济文化强省建设新局面——在中国共产党山东省第十一次代表大会上的报告》，载《大众日报》2017年6月14日。

弘扬。然而，深受传统文化影响的山东在全面深化改革的当下遭遇到转型发展的困惑：一方面，传统文化塑造的踏实肯干的山东形象同时被贴上了僵化保守落后的标签，在呼唤锐意改革进取精神的当下显得不合时宜；另一方面，绝对服从的高度一致性从另一个方面被理解为崇尚权力、揽权卸责、不担当，尤其是官本位传统浓厚的社会风气下，这种文化导向更加明显地体现为决策的民主性程度不高，“一把手”“一言堂”现象突出，“政府工作人员的法治思维、专业素养、开放意识需要进一步提升”[①]。因此，山东民主政治建设需要冲破负面文化形成的僵化理念，树立法治思维，寻求文化的转型升级，建构现代政治文明。

三、民主政治建设法治方式与体制机制亟待深化改革和完善

尽管山东民主政治建设在全国来看已经处于相对成熟和完善的水平，但距离新时代的基本要求仍存在差距，突出表现为建设方式的法治化程度不足和体制机制改革亟待完善，主要表现为：一是全面贯彻依法治国方略和全面深化依法治省措施在一些地区、一些部门和一些领域还存在着贯彻不充分、推进不平衡的问题，一些关于依法治省和法治山东建设的重大举措尚未得到有效落实；二是一些领导干部的法治思维和法治方式跟不上依法治国的步伐和要求，部分干部依法执政和依法行政的意愿滞后，传导推进动力不足；三是一些重大政治建设、改革举措、开放战略在实施中遇到较大阻力，民主法治建设与改革的系统性、整体性、协同性存在不足；四是法治专门队伍的正规化、专业化、职业化建设需要加快推进，普法教育

① 龚正：《2018年山东省政府工作报告》，载《大众日报》2018年1月26日。

和法律服务体系建设的体制机制需要进一步健全；五是基层法律服务体系和基层民主建设需要进一步加强。另外，如何扩大基层民主、激活社会力量参与治理，也是摆在我们面前的重要问题。

四、民主政治建设对接和服务经济社会发展实践的能力尚需提升

民主政治建设并非完全独立的领域，其既以经济社会发展为基础，深受经济社会发展水平的制约，也要为经济社会发展提供保障和服务，因此，衡量民主政治建设的重要标准，除了自身的体制机制建设之外，还有对接和服务经济社会发展实践的能力。就山东来说，当前经济社会发展的重大工程是新旧动能转换，其落地生根必然需要制度建设的推进和维系，以及相关法律制度的保障。之所以提出新旧动能转换战略，其中一个重要的原因在于法律体制和治理模式已经滞后于当前经济社会发展，如行政权力不当干预企业发展、协商民主不发达导致民营企业利益诉求得不到充分表达等。因此，山东民主政治建设对接和服务经济社会发展实践的能力仍有待提升。

第三节　新时代山东民主政治建设的新任务与新方向

党的十八届三中全会指出："改革开放最主要的成果是开创和发展了中国特色社会主义，为社会主义现代化建设提供了强大动力和有力保障。事实证明，改革开放是决定当代中国命运的关键抉择，是党和人民事业

大踏步赶上时代的重要法宝。”[①]改革开放40年，党领导中国人民披荆斩棘、开拓创新，终于在党的十九大宣布，改革开放所开创和发展的中国特色社会主义进入新时代。中国特色社会主义新时代凝聚了改革开放40年的艰辛奋斗，彰显了中国共产党和中国人民40年取得的伟大成就，深刻总结了改革开放40年的理论与实践创新，更高瞻远瞩地规划了未来的发展方向与奋斗目标。因此，各项工作应当立足于新时代的历史方位与现实需求，努力完成新时代赋予的新任务，瞄准新时代所指引的新方向，努力完成新时代制定的新目标。山东民主政治建设在新时代面临新挑战和新问题，新时代也为山东民主政治建设提出了新任务和新要求，应当牢记习近平总书记对山东的期望嘱托，发挥自身优势，奋力走在前列，在新时代把握新方向、确定新目标、开启新征程，以坚持和完善党的领导为根本，以新发展理念为指引，以体制机制改革为动力，以民主法治建设为保障，以维护人民合法权益为目标，不断完善和创新民主政治建设，服务山东经济社会发展实践，为我国全面建成小康社会、实现“两个一百年”奋斗目标和中华民族伟大复兴总结山东经验、提供山东智慧和贡献山东力量。新时代山东民主政治建设应着重把握如下几个方面的新任务与新方向。

一、立足山东发展实际，贯彻落实党的十九大对民主政治建设的新要求

一个国家的民主政治制度是本国国家性质、指导思想和主流意识形

① 《中共中央关于全面深化改革若干重大问题的决定》，人民出版社2013年版，第4页。

态的制度表达，是贯彻执政党意志和基本治理方式的制度选择。因此，不同于经济制度的灵活调试性与地方自主性，民主政治制度强调国家统一性和地方服从性，尤其单一制国家，只能有一套民主政治制度贯穿全国，地方的民主政治建设只是执行中央意志。然而，对中央的服从并不意味着地方民主政治建设自主空间的稀薄，相反，很多具体制度和工作机制的改革创新来源于地方实践，这一点已为我国改革开放40年的实践经验证实。山东的民主政治建设也颇具特色，如基层民主的“章丘经验”“莱西经验”等，为全国乃至国际所认可。因此，新时代的山东民主政治建设要立足山东发展实际，贯彻落实党的十九大基本精神和具体要求。立足山东实际，意味着要关注山东经济社会发展中的重大问题和重点领域，民主政治建设和具体制度设计要切实可行，符合山东发展要求，解决山东实际问题。贯彻落实党的十九大新要求，意味着山东民主政治建设要以习近平新时代中国特色社会主义思想为指导，围绕社会主要矛盾变化产生的新问题、新挑战，落实党的十九大关于“健全人民当家作主制度体系，发展社会主义民主政治”的要求。要将立足山东发展实际与贯彻落实党的十九大新要求结合起来，要将山东民主政治建设具体问题和工作创新与国家民主政治建设的任务要求结合起来，在协调坚持中央统一领导和发挥地方能动作用的平衡关系中实现新时代山东民主政治建设的完善创新。

二、助力新旧动能转换，提升山东民主政治服务经济社会发展的能力

实施新旧动能转换重大工程，规划建设山东新旧动能转换综合试验

区，是统领山东经济社会发展的首要战略部署，是推进山东现代治理转型的必然战略选择。新旧动能转换是回应科技进步、制度变迁、经济转型等社会发展需求的时代命题，既是一场广泛而深刻的现代治理改革，也是一项事关经济社会发展与国计民生的重大工程。“从新旧动能转换作为工程实践的推进过程来看，遵循了‘中央决策——地方实验’的改革逻辑……一方面，由中央提出的新旧动能转换落实到地方，被山东作为重大工程推进，甚至被喻为是‘腾笼换鸟、凤凰涅槃、浴火重生’的经济社会转型重大机遇，体现了改革的中央主导性；另一方面，山东新旧动能转换重大工程实践也将反馈给中央以具体充分的改革经验，为全国新旧动能转换的深入推进提供决策与规划依据。”[①]民主政治必然要服务于经济社会发展，为之提供政治引导、制度支持和法治保障。因此，山东民主政治建设工作应围绕山东新旧动能转换重大工程和山东新旧动能转换综合实验区建设的要求，推进简政放权等“放管服”改革，建设法治政府，改革僵化落后的体制机制环境，创设适于孵育和发展新动能的体制机制，提升民主政治建设服务山东经济社会发展的能力。

三、践行社会主义核心价值观，实现山东民主政治建设的规范化与制度化

在继承和发扬传统儒家文化与红色革命文化优秀精华的基础上，应致力于建构现代政治文明理念。一方面，要摒弃传统的“官本位”思想和“权力崇拜”思维，摆脱片面“求稳定”而实际不作为的作风，打破僵化保

① 白利寅：《新旧动能转换的法政策学分析》，载《法学论坛》2018年第3期。

守、不思进取的治理意识，扭转走后门、托关系、找熟人的社会风气，为打造风清气正的良好政治生态和重塑山东政治形象扫清障碍、奠定基础。另一方面，要积极践行社会主义核心价值观。社会主义核心价值观是社会主义核心价值体系的内核，体现社会主义核心价值体系的根本性质和基本特征，反映社会主义核心价值体系的丰富内涵和实践要求，是社会主义核心价值体系的高度凝练和集中表达。要在民主政治建设中贯彻践行“富强、民主、文明、和谐，自由、平等、公正、法治，爱国、敬业、诚信、友善”的核心价值，建构现代政治文明理念。

在社会主义核心价值观的指引之下，应着力推进山东民主政治建设各项工作的规范化、制度化和程序化，在实践中较为成功的工作经验、工作方式和治理模式，应当适时固化为一般性制度或普遍适用的政策，在条件成熟时可以上升为地方性法规或地方政府规章，增强其规范性和制度性，强化民主政治建设的制度依据。另外，民主政治建设的治理方式要向程序化、法治化方向转型，尤其是基层民主建设，要改变过去单纯依靠领导意志、出台红头文件的建设形式，杜绝贿选、拉票等违法情形，在民主政治建设决策、执行和监督各个环节强化制度建设和规范操作，真正确保人民当家作主地位的实现和政治权利自由的保障。

四、继续推进“法治山东”建设，提升依法治省水平与法治治理能力

“法治山东”建设是“法治中国”伟大部署在山东的具体实施，是以全面推进依法治省工作为主要内容的法治建设系统工程，其既与“法治中国”建设同步，又高度结合山东省情并充分体现山东发展实际。当前，在山东

省委、省政府领导下，根据全面推进依法治国的顶层设计，形成了以《法治山东建设纲要》为统领，以《全面推进依法治省的意见》为指导依据，以《山东省全面推进依法治省重要举措实施规划（2015—2020）》为具体内容的“法治山东”建设蓝图，法治山东建设取得了重要成绩。在中国特色社会主义新时代，全面依法治国将发挥越来越重要的保障作用，地方法治建设对地方治理的影响作用也将越来越重大。要继续推进“法治山东”建设，持续提升山东依法治省水平，提升法治治理能力：应完善地方立法体制和工作机制，提升科学立法、民主立法质量，发挥设区的市地方立法作用，加快基层治理的法治化转型；应继续建设法治政府，提升依法行政水平，深化行政执法体制和“放管服”改革，推进政府职能转变，实现政府、市场和社会的有效治理；应优化社会法治环境，弘扬法治精神，树立法治意识，培育法治思维，提升人民群众的法治素养，形成尊法、学法、守法、用法的良好氛围。

五、维护公民民主政治权益，协调社会自治力量和形成多元共治格局

习近平总书记在视察山东时强调“民之所盼，政之所向”。民主政治建设的目的在于维护和实现人民群众的民主权利和政治自由。因此，无论何种制度建设和体制改革，都必须落脚到“人”的根本地位。要维护宪法和法律规定的公民各项民主权利和政治自由，必须强化以人为本的服务意识，重视群众呼声，倾听群众诉求，解决群众关心的问题，畅通人民群众表达意见和批评建议的各种渠道，明确权利救济途径与救济机制。要重视社会自治力量，提升社会组织提供公共服务、参与社会治理的能力和水平，探索通过地方立法赋予社会组织行政管理职能，因为“以地方立法形

式赋权其他组织行政管理与公共服务职能，是从源头上解决政府与社会的分权问题，使其他组织参与地方社会治理有具体法规可以遵循，能够真正落实社会自治的基本要求，推进现代治理格局的建构”[①]，为社会组织发展营造良好环境，形成多元共治的格局。

① 白利寅：《地方立法赋予其他组织行政职能的问题与对策》，载《政治法学研究》2016年第2卷。

后　记

《波澜壮阔的历史篇章——山东改革开放40周年》系列丛书由中共山东省委宣传部组织编写。

《政治篇》由山东社会科学院承担，山东社会科学院法学研究所谢桂山具体组织撰写。谢桂山对全书的提纲、内容做了详细的修改，白利寅博士对课题的设计做了大量的工作。具体写作分工如下：第一部分、第八部分由白利寅撰写，第二部分由谢桂山撰写，第三部分由郑文丽撰写，第四部分由张卉林撰写，第五部分、第六部分由李亚东撰写，第七部分由辛艺撰写。

本书写作过程得到中共山东省委宣传部领导和山东社会科学院领导的认真指导和大力支持，山东省人大工作理论研究会提供了大量写作资料，在此一并致谢。

由于时间仓促、水平有限，本书难免有不当之处，敬请读者批评指正。

本书编写组

2018年11月

山东省重大理论与实践问题研究课题

波澜壮阔的历史篇章

——山东改革开放40周年

经济篇

刘　冰　主编

山东人民出版社·济南
国家一级出版社　全国百佳图书出版单位

图书在版编目（CIP）数据

波澜壮阔的历史篇章：山东改革开放40周年·经济篇/刘冰主编．--济南：山东人民出版社，2018.12
（波澜壮阔的历史篇章：山东改革开放40周年系列丛书）
ISBN 978-7-209-10598-9

Ⅰ．①波…　Ⅱ．①刘…　Ⅲ．①改革开放－研究－山东②区域经济发展－研究－山东　Ⅳ．①D619.52　②F127.52

中国版本图书馆CIP数据核字(2018)第265905号

波澜壮阔的历史篇章
BOLANZHUANGKUO DE LISHI PIANZHANG
——山东改革开放40周年·经济篇
刘冰　主编

主管部门　山东出版传媒股份有限公司
出版发行　山东人民出版社
出 版 人　胡长青
社　　址　济南市英雄山路165号
邮　　编　250002
电　　话　总编室（0531）82098914
　　　　　市场部（0531）82098027
网　　址　http://www.sd-book.com.cn
印　　装　山东新华印务有限责任公司
经　　销　新华书店

规　　格　16开（169mm×239mm）
印　　张　19.5
字　　数　260千字
版　　次　2018年12月第1版
印　　次　2018年12月第1次
ISBN 978-7-209-10598-9
定　　价　400.00元（全九册）

《波澜壮阔的历史篇章——山东改革开放40周年》
系列丛书编委会

前　言

四十年的奋斗波澜壮阔，四十年的成就举世瞩目。改革开放以来，中国走过了极不平凡的光辉历程，创造了世人瞩目、彪炳史册的人间奇迹。山东作为经济大省、人口大省、文化大省，在改革开放的大潮中，始终与全国改革开放步伐一致、同频共振，始终敢闯敢试，领风气之先、立时代潮头。在党中央的坚强领导下，山东人民接续奋斗、砥砺前行，坚持以经济建设为中心，不断解放思想、改革创新，开拓进取、扎实工作，取得了经济社会发展的辉煌成就。

在纪念改革开放40周年之际，山东省委宣传部组织专家学者编写了《波澜壮阔的历史篇章——山东改革开放40周年》系列丛书，既是对山东40年改革开放历史的回顾与记录，也是对山东改革开放宝贵经验的提炼与总结。丛书具有较强的理论性、通俗性和实践性，对广大党员干部群众进一步深化对改革开放的认识，扩大开放的信心和决心，在新的历史起点上继续解放思想、坚持改革开放，进而在全面建成小康社会进程中走在前列，在社会主义现代化建设新征程中走在前列，全面开创新时代现代化强省建设新局面，具有重大的现实意义和深远的历史影响。

目 录

第一章
改革开放40周年 山东经济发展历程及经验

光阴荏苒、岁月如梭，2018年，我们迎来了改革开放40周年。40年来，在党中央、国务院的正确领导下，山东省委、省政府团结带领全省人民，高举中国特色社会主义伟大旗帜，坚持以马克思列宁主义、毛泽东思想、邓小平理论、“三个代表”重要思想、科学发展观、习近平新时代中国特色社会主义思想为指导，坚持以经济建设为中心，坚持解放思想、与时俱进、开拓进取、锐意创新，不断深化改革，积极扩大开放，改革开放事业持续走向深入，经济社会发展取得了令人瞩目的伟大成就，为开启新时代现代化强省建设新征程筑牢了根基。

第一节　山东改革开放的主要发展历程

一、改革起始阶段：改革开放开始启动

1978年，我们党召开了具有划时代意义的十一届三中全会，做出了对

内进行经济体制改革、对外实施开放战略的决策部署，标志着我国正式开启了改革开放的征程，实现了新中国成立以来具有深远意义的伟大转折，进入了以改革开放和社会主义现代化建设为主要任务的历史新时期。以十一届三中全会为起点，以十二届、十三届三中全会为主要标志，我国拉开了第一次思想大解放的序幕，农村土地改革逐步推进，乡镇个体经济探索发展，对外开放稳步迈进，市场的力量开始觉醒，各项经济改革初步展开，为长期封闭的经济注入了生机和活力。

按照中央统一部署，山东也开启了改革开放之路。围绕如何贯彻十一届三中全会精神，如何推进现代化建设，如何落实国民经济“调整、改革、整顿、提高”八字方针，如何搞活经济体制等方面，山东省委、省政府陆续召开了几次重要会议进行安排部署，制定出台了系列文件进行落实。在农村体制改革、企业改革、对外开放等方面，山东也进行了积极探索，取得了一定成效。农村体制改革方面，山东相继出台了《关于落实农村经济政策若干问题的决定》《山东省农业生产责任制试行办法》等文件，从推行农业生产责任制到实行各种形式生产责任制，由点到面推行家庭联产承包责任制改革，农民生产积极性不断提高，农村经济活力不断释放，短短几年时间就初步解决了温饱问题。企业改革方面，山东制定出台了《关于集体企业和国营小企业进一步放开搞活的若干规定》《关于大力发展乡镇企业的决定》等系列文件，提出大力发展乡镇企业，允许企业可以根据自己的利益灵活安排生产经营活动，集体企业可以搞承包责任制，可以发动职工自愿集资入股，地方和企业自主权逐步扩大。市场体制改革方面，山东提出了推动由单一的高度集中的计划经济体制向有计划的商品经济体制转变的思路，鼓励发展多种所有制形式和经营方式，市场机制在经济运行中的作用日益突出。对外开放方面，山东充分发挥沿海区位优势，积极争取青岛和烟台列入全国14个沿海对外开放城市，争取山东半岛列入沿海经济开放区，自20世纪80年代中后期开始，山东省抓住亚洲“四小龙”向外转移劳动密集型产业的机遇，加工贸易开始快速兴起。

二、整体展开阶段：各重点领域改革逐步展开

20世纪90年代前后，国内外政治、经济格局发生了巨大的变化，我国的改革开放也进入了新的阶段。面对新形势的变化，1992年，邓小平同志到南方视察并发表了系列讲话，在全国掀起了新一轮的思想大解放。当年10月，中共十四大召开，明确了社会主义经济是公有制基础上的市场经济，结束了长达多年的“姓资姓社”争论。次年，中共十四届三中全会召开，对建立社会主义市场经济体制进行了总体规划，确立了我国推进经济体制改革的行动纲领，社会主义市场经济体制建设进程开始加快。此后，我国在金融、财税、房地产等领域进行了全面改革，相继出台了国有企业、财税、金融、外经外贸、流通体制、社会保障、住房等一系列重大改革举措，改革开放进入整体推进阶段。

按照社会主义市场经济体制改革目标，山东也进行了全面战略部署。1992年，山东省委确定了“全面开放、重点突破、梯次推进、东西结合、加快发展”的战略方针，大力推进国有企业、财税金融、农业农村等领域的改革，开始由旧经济体制向新经济体制过渡。国有企业改革方面。山东围绕建立现代企业制度的要求，通过试点示范、完善国资监管机构等方式，按照“抓大放小”的原则，通过兼并、联合、参股、破产等措施，一方面推进中小型国有企业改革，另一方面推进一批大中型国有企业改制，

国有企业市场主体地位不断强化。财税体制改革方面。山东按照分税制改革的要求，分设了国税、地税部门，并对全省地税系统实行了垂直管理，将税种划分为中央税、地方税和共享税三类，进行了针对资源、环境等方面的一系列税制改革。金融体制改革方面。山东于20世纪80年代末期先后出台了深化金融体制改革的20条意见和搞活金融的19条具体措施。1990年，中国工商银行山东信托投资公司参与了上海证交所的发起、筹建和设立，并于1992年开办了上海交易所上市股票的异地委托买卖业务。1991年正式兴办了外汇调剂公开市场和交易会。1993年组建了中国人民银行济南分行。1993年和1994年，青岛证券交易中心和山东证券交易中心，相继成立，证券市场开始进入稳定发展阶段。农业农村改革方面。山东按照《中共中央关于农业和农村工作若干重大问题的决定》的要求，围绕建设有中国特色社会主义新农村的奋斗目标，不断完善农村基本经营制度，深化农产品流通体制改革，调整农村产业结构，基本构建了以家庭承包经营为基础、统分结合的经营制度，农业农村改革不断深化。对外开放方面。山东提出了“进一步解放思想，敞开省门，走出国门，参与国际分工、合作和竞争，全面组织和实施经济国际化战略”的思路，制定出台了《关于进一步扩大对外开放加快发展外向型经济的决定》等若干政策文件，召开了改革开放以来规模最大的“全省对外开放工作会议”，大力推进对外经济贸易大改革、大发展，积极实施加快外贸企业的股份制试点，建立健全出口激励机制，全方位、多层次引进外资，稳妥推进境外投资，积极促进外派劳务的发展，外向型经济带动战略得到全面实施，实现了对外开放由“多层次开放”向“全方位开放”转变。

三、深入推进阶段：重点领域改革纵深推进

进入新世纪，我国面临的外部环境有所缓和，内部矛盾也比较平缓，经济增长的势头良好，经济社会充满着一种乐观向上的氛围，中共中央的执政重心开始由效率优先向兼顾社会公平与正义转变。在此背景下，中央相继召开了党的十六大和十七大，确定了科学发展观为党的指导思想，并重点围绕完善社会主义市场经济体制和推进农村改革发展等推进改革。随着我国加入世界贸易组织，对外开放也迎来新的历史机遇期。

在此阶段，山东以党的十六大、十七大精神为指导，全面落实科学发展观，按照山东省第八、九次党代会要求，以建设“大而强、富而美”的社会主义新山东和在新起点上实现富民强省新跨越为目标，深入推进农村综合改革、国有企业改革、科技体制改革等，推动实施经济国际化战略，努力营造出健康向上、奋发进取、干事创业、加快发展的良好氛围，经济发展呈现出稳中求进、好中求快、又好又快的发展态势。农村综合改革方面，山东按照《中共中央关于推进农村改革发展若干重大问题的决定》的要求，遵循工业反哺农业、城市支持农村和多予少取放活的方针，加快推进社会主义新农村，进一步完善农村土地制度，允许流转土地承包经营权，划定永久基本农田，建立保护补偿机制，改革征地制度，推进粮棉流通体制改革，推进乡镇机构、农村义务教育、县乡财政管理体制和农村金融体制等各项改革，完成农村税费改革任务，于2006年全面取消了农业税，切实减轻了农民负担，调动和保护了农民的生产积极性。

科技体制改革方面，山东提出并实施了科教兴鲁战略，努力建设创新型山东，不断深化科技体制改革。例如，加强科研院所改革，积极构建高等教

育与科学技术紧密结合的创新体系，逐步完善促进科技创新的政策体系，实施重大科技专项和重点高技术产业化专项，加强产学研结合，强化企业在技术创新中的主体地位，加强知识产权管理与保护。另外，实施人才强省战略，制定完善发现、培养、引进人才和充分发挥人才作用的政策措施，实施“泰山学者”“新世纪人才工程”等系列工程，开展“首席技师”活动和创新团队建设，积极引进海内外人才智力，努力造就高素质人才队伍。

国有企业改革方面，围绕建立规范的现代企业制度，山东按照“三改一加强”的方针，加快推进公司制改造，促进投资主体多元化，完善法人治理结构和激励约束机制，加快转变经营机制，增强企业发展活力和竞争力，不断完善国有资产管理、监督和运营体系，确保国有资产保值增值，建立国有资产经营预算制度，加强国有资产监管。

对外开放方面，山东紧紧把握加入WTO带来的历史机遇，积极适应国内外发展的新变化，确定了将外经贸工作作为全省经济发展的三大亮点之一，制定实施了《山东省应对加入世贸组织全面实施经济国际化战略行动纲要》《关于进一步加快实施“走出去”开放战略大力发展国外经济合作的实施意见》《关于突出重点全方位高水平扩大对外开放的意见》《关于加快实施“走出去”战略的意见》《关于加快服务外包产业发展的意见》等系列措施，对实施经济国际化战略进行了系统部署，充分利用两个市场、两种资源，更大规模、更深层次地参与国际分工合作，对外贸易实现了持续、快速、健康发展。

四、全面深化阶段：以供给侧结构性改革为主线推动各项改革全面深化

全球次贷危机的大爆发宣告了世界经济步入“大调整”与“大过渡”

的时期，我国经济也进入增速阶段性回落的“新常态”时期。在此背景下，党的十八大、十九大胜利召开，确定了以习近平同志为核心的新一届中央领导集体，提出了习近平新时代中国特色社会主义思想，做出了全面深化改革，形成全面开放新格局的战略部署，开启了新时代社会主义现代化建设的新征程。

在此阶段，山东以党的十八大、十九大精神为引领，深入贯彻落实习近平总书记视察山东重要讲话、重要指示批示精神，积极应对金融危机后的各类挑战，牢牢把握走在前列目标定位，以新发展理念为指引，以推进供给侧结构性改革为主线，全面深化重点领域和关键环节改革，实施新一轮高水平对外开放。特别是党的十九大和山东第十一次党代会为新时代山东经济新发展指明了方向，提出了实施新旧动能转换重大工程的战略，并制定了相应的规划和实施方案、意见等，明确了推进新旧动能转换的思路和路径。

供给侧结构性改革深入推进。山东按照党中央、国务院的统一部署，制定实施了《中共山东省委　山东省人民政府关于深入推进供给侧结构性改革的实施意见》，积极打好供给侧结构性改革攻坚战，全面落实“去降补”任务。去产能方面，积极压减淘汰粗钢、生铁、煤炭等过剩落后产能，积极实施化工安全生产转型升级专项行动，拆除地炼企业落后生产设施，关停违法违规电解铝和清理整顿“地条钢”，有效拓展先进产能发展空间。去库存方面，准确把握“房子是用来住的，不是用来炒的”的科学定位，一手抓热点城市控房价、防风险，一手抓三四线城市去库存、稳增长，基本完成国家下达的调控任务目标。去杠杆方面，制定实施去杠杆实施意见，积极培育多层次资本市场，全面构建省、市、县三级政府性债务风险防控体系，有效管控政府债务杠杆率，加大金融风险防控力度，有序开展“破圈断链”工作，防止风险跨市场传染。降成本方面，全面落实营改增政策，出台降低实体经济企业成本实施意见，进一步降低企业水电煤气和物流成本。补短板方面，不断深化科技体制改革，健全普惠性创新扶持政策，增强创新驱动能力；深入推动农业产业转型发展，落实中国制造2025山东省行动纲要，加快工业行业转型升级，一业一策推进服务业转型升级，不断提升产业发展水平；加快推进能源、交通、水利、信息等基础设施建设，不断完善重大基础设施网络；不断提升城市公用设施服务水平，显著提升农村便利化程度和环境宜居水平，不断改善城乡基础设施条件；推进“山东标准”建设，实施质量品牌提升工程，创新服务业态和商业模式，积极培育新的消费热点；深入实施大气、水、土壤污染防治行动计划，深入推进资源性产品价格改革，健全排污权、碳排放权、用能权等交易制度，加强生态环境保护；深化教育综合改革，全面推进医疗体系综合改革，积极构建多层次养老服务体系，全面落实精准扶贫措施，大力推进社会事业发展。

重点领域改革全面推进。“放管服”改革方面，围绕营造稳定、公平、透明、可预期的营商环境，持续开展削权减证、流程再造、精准监管、体制创新、规范用权等五大行动，全面推进“最多跑一次”改革，积极推进“减证便民”，全面实施“31证合一”，不断扩大“证照分离”改革试点范围，切实降低制度性交易成本；财政体制改革方面，围绕建立现代财政制度，制定实施《深化财税体制改革总体方案》，重点推进预算、税制、事权与支出责任划分等改革，在37个县（市、区）开展县级现代预算管理改革试点；税收制度改革方面，全面实施营改增试点和资源税改革，开展水资源税、税式支出管理等改革试点，推进国税、地税征管体制改革，推进国税地税机构合并；国企改革方面，加快国企股权多元化改革步伐，不断完善国有资产管理体制，逐步建立以管资本为主的模式，完善公司治理结构，完善市场化经营机制，建立国资监管新机制，基本形成国企改革制度框架，实现人员、资金、薪酬全方位改革；农村改革方面，积极开展农村用地确权方式和土地制度改革，全面推进农村集体土地所有权、宅基地使用权、集体建设用地使用权等确权方式改革。

全面实施新旧动能转换重大工程。2018年1月10日，国务院审批通过《山东新旧动能转换综合试验区建设总体方案》，同意设立山东新旧动能转换综合试验区。2月13日，省委、省政府印发实施了《关于推进新旧动能转换重大工程的实施意见》和《山东省新旧动能转换重大工程实施规划》。2月22日，我省召开山东省全面展开新旧动能转换工程动员大会，实现了推动动能转换全面起势的认识统一、步调一致，全省范围内营造了加快实施新旧动能转换的浓厚氛围，呈现出时不我待、大干一场的生动局面。我省新旧动能转换项目是党的十九大后获批的首个区域性国家发展战略，也是我国第一个以新旧动能转换为主题的区域发展战略。综合试验区以济南、青岛、烟台为核心，以其他14个设区市国家和省级经济技术开发区、高新技术开发区、海关特殊监管区域等特定区域为补充，从而形成“三核引领、多点突破、融合互动”的新旧动能转换总体布局。

深入实施更加积极主动的开放战略。全省上下大力实施更加积极主动的开放战略，坚持以开放促改革、促创新、促发展，出台实施了推进新一轮高水平对外开放20条意见，成功举办了上合组织青岛峰会，获批创建了青岛中国—上合组织地方经贸合作示范区，谋划和推动了对外开放新高地建设；主动融入国家“一带一路”建设，积极对接京津冀协同发展，中韩自贸区地方经济合作示范区、国家跨境电子商务综合试验区、国家服务外包示范城市、国家级特色服务出口基地等一批高层次开放平台率先建设，鲁港、鲁台交流合作成果丰硕，全面对外开放新格局逐步建立，开放型经济规模不断扩大。

第二节　改革开放以来山东经济发展的主要成就

改革开放以来，省委、省政府团结带领全省人民，认真贯彻落实党中央、国务院重大决策部署，不断创新发展理念，蹄疾步稳深化改革，积极主动扩大开放，在经济发展、结构调整、科技创新、对外合作、区域协调、海洋强省、基础设施等领域取得了举世瞩目的成就，经济社会发生了翻天覆地的变化，基本实现了由温饱向实现全面小康的历史性跨越。

一、经济综合实力不断迈上新台阶

改革开放以来，从GDP总量、人均GDP、财政与税收、城乡居民可支配收入等指标来看，山东省经济一步一个台阶，比改革开放初期有了极大的提升和进步，经济综合实力不断增强，同全国同时期水平相比，也一直居全国前列，高于全国平均发展速度。

经济总量不断迈上新台阶。1978年，山东省GDP仅225.5亿元，到2002年首次突破1万亿，达到10275.5亿元，之后分别于2006年、2008年、2011年、2012年、2015年、2017年迈上2万亿、3万亿、4万亿、5万亿、6万亿、7万亿台阶，到2017年达到72678.18亿元，比改革开放初期增长了321.4倍，1978年以来年均增长11.5%，高于全国平均水平2个百分点，

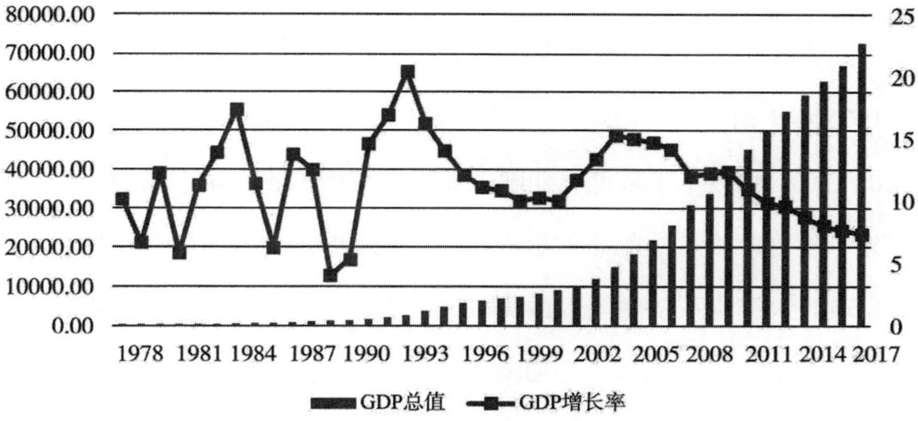

图1-1　1978—2017年山东省GDP水平（亿元、%）

经济总量一直稳居全国前3位。十八大以来保持年均8.2%的增长水平，比全国平均水平高1.1个百分点。

1978年山东省人均GDP仅316元，低于全国人均GDP水平385元，自1983年首次超过全国人均GDP水平以来，山东省人均GDP快速增长，到

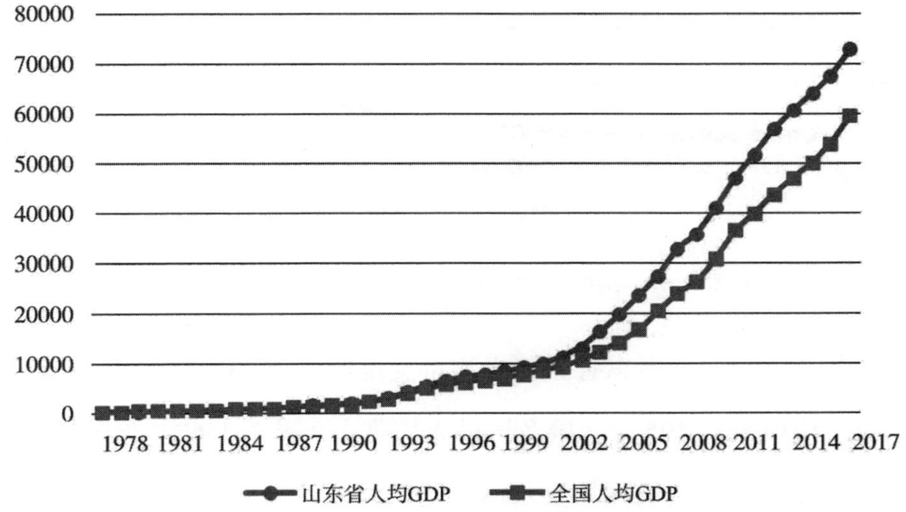

图1-2　1978—2017年山东省人均GDP同全国水平差额（元）

2017年山东省人均GDP达到72851元，按年均汇率计算达到10790美元，达到中高收入水平，高出全国人均GDP水平13191元。

1978年，山东省一般财政收入仅64亿元，税收收入33亿元，占财政收入的51%，税收水平较低，伴随工业发展和居民收入水平增加，税收在山东省一般财政收入中的比例越来越高，到1988年将近100%，后逐步下降，财政收入结构不断优化。到2017年，山东省一般公共财政预算收入达到6099亿元，改革开放以来年均增长12.4%，税收收入完成4419亿元，改革开放以来年均增长13.4%，2017年税收收入占财政收入比重达到72%，比改革开放初期提高了20多个百分点。

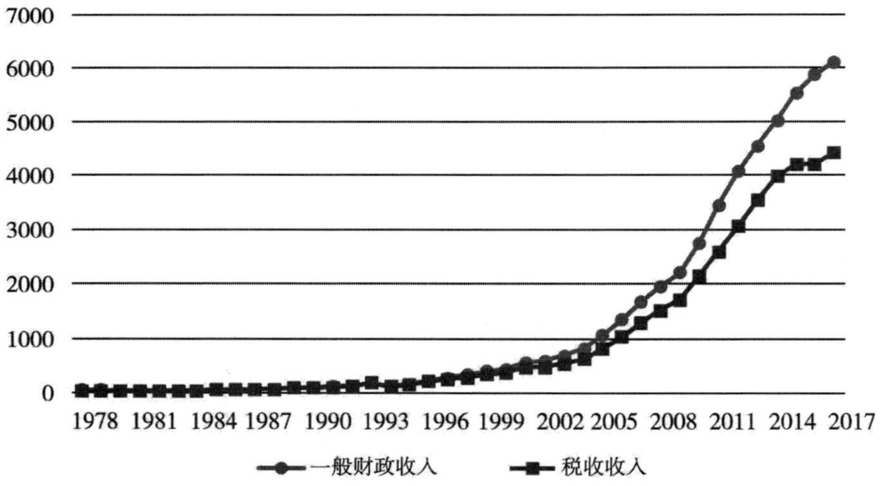

图1-3　1978—2017年山东省一般性财政收入与税收收入（亿元）

改革开放初期，山东省城镇人均可支配收入仅638元，同时期农村人均可支配收入仅395元，城乡居民人均收入倍差为1.62。伴随城镇经济快速发展，城乡居民人均收入倍差越来越大，最高值出现在2009年，为2.91，此后不断调整居民收入水平，实施收入分配改革，城乡居民人均收入倍差逐步缩小。2017年，城镇居民人均可支配收入36789元，改革开放以来年均增长11.0%，农村居民人均可支配收入15118元，改革开放以来年均增长9.8%，城乡居民人均收入倍差2.43，比2009年降低了0.48。

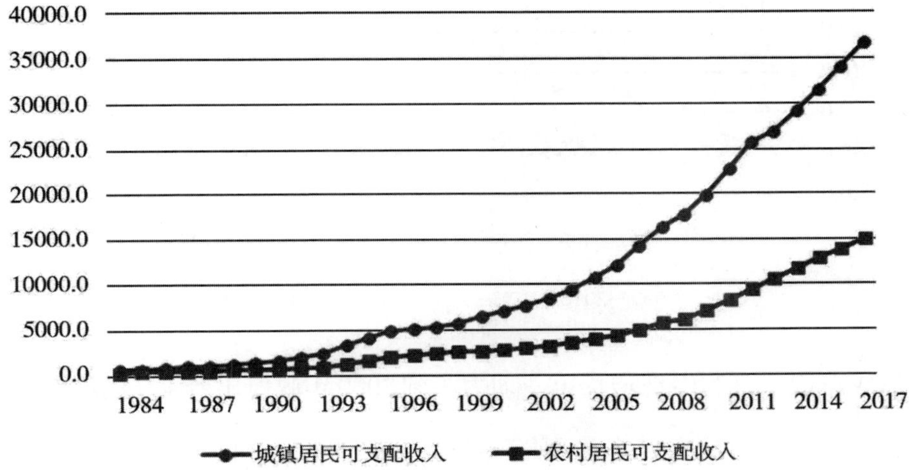

图1-4　1984—2017年山东城乡可支配收入（元）

二、经济结构优化不断取得新成效

需求结构日趋合理。从三大需求对经济增长的贡献率和拉动能力来看，1993年资本形成总额是经济增长的最主要动力，贡献了67.7个百分点，消费贡献了剩余34.3个百分点，贸易上处于逆差状态，进口多于出口，对经济增长贡献率为-2%。1994年到2003年期间，资本形成总额与消费对经济增长的贡献交替增长，其中1996—1998年资本形成总额对经济增长拉动作用高于消费，其余年份消费对经济增长拉动作用高于资本形成总额，总体来说，二者依然是拉动经济增长的主要动力，在此期间，贸易对经济增长贡献率逐步提高，2003年达到最高点，贡献了12.9%。2003年以后，资

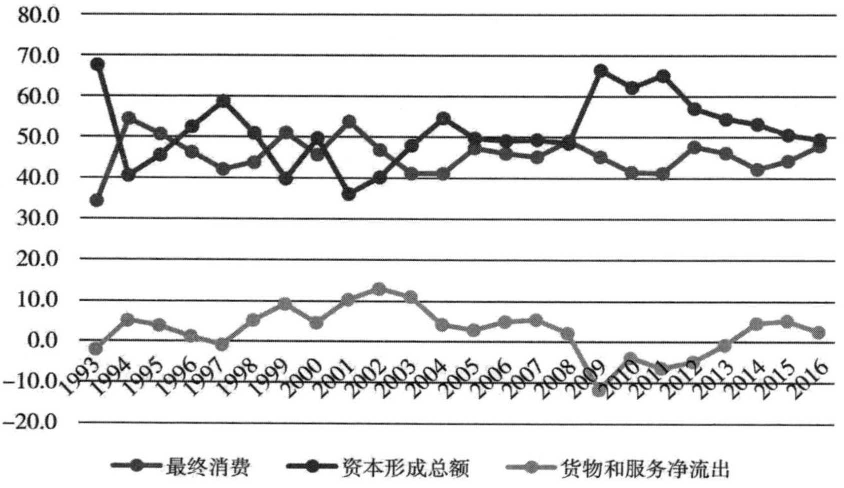

图1-5　1993—2016年山东三大需求对经济增长的贡献率和拉动百分点

本形成总额一直为经济增长第一动力。到2009年政府出台4万亿救市计划时，资本形成总额贡献率达到最高点，为66.5%。2009年到2013年受世界经济危机影响，贸易出口受阻，对经济拉动作用减少为负数。2014年以来，需求结构趋向于合理，消费与投资同时对经济作出贡献，贸易贡献率逐步上升。

产业结构不断优化。改革开放以来，第二产业一直是山东省的支柱产业，1978年三大产业结构比例为33.3：52.9：13.8，处于工业化早期阶段，第一产业比例高于30%，是仅次于第二产业的重点产业，第三产业发展处于刚起步阶段。1978年到1983年，山东省农业生产力飞速增加，是国民经济的重要支柱，第一产业在GDP中的比重不断增加，到1983年达到最高值，为40.3%，超过第二产业，三大产业结构为40.3：38.9：20.8，这一阶段经济结构不合理，第二产业处于调整阶段，第三产业处于平稳增长阶段。1984年至2017年，第一产业结构不断下降，第二产业与第三产业不断

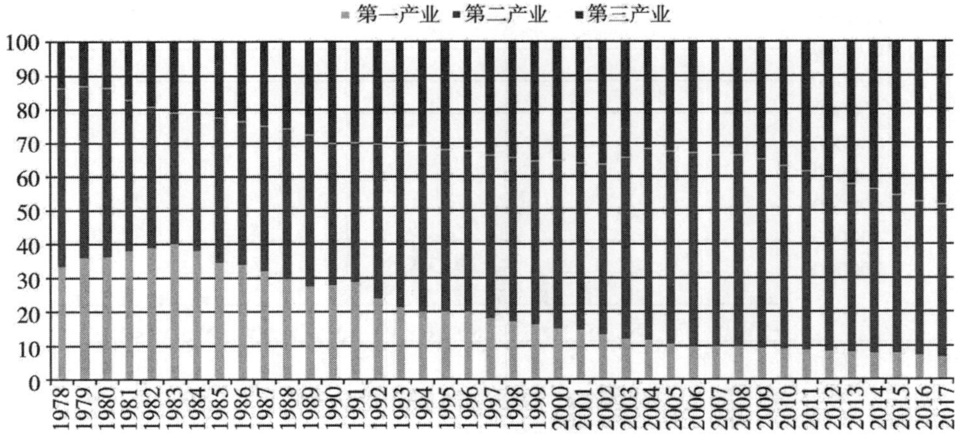

图1-6 1978—2017年山东省地区生产总值构成（%）

上升，到2006年第一产业低于10%，山东省步入工业化阶段，第二产业为支柱产业，第三产业不断上升。2016年，第三产业首次超过第二产业，实现了由“二三一”向“三二一”的历史性转变。到2017年，三大产业结构调整为6.7：45.3：48，山东省已经步入后工业化阶段。

三、科技创新能力不断赢得新优势

研发投入连年增长，结构不断优化。2017年山东省R&D经费支出总额达到1753.01亿元，比最早有统计年份的2000年增长了12.3倍，占GDP的比重达到2.36%，比2000年提高了0.66个百分点。从经费支出比例来看，2010年应用研究支出、试验发展支出和基础研究支出的比例是94.23：3.75：2.02。2016年内部经费支出结构中，应用研究支出排名第一，占全部内部经费的91.9%，其次是试验发展支出占6.8%，最后是基础研究支出占2.3%，最新数据显示，相比2010年，基础研究比例上升，应用研究与试验发展比例下降，经费使用更加合理。从R&D经费支出的来源结构来看，2010年政府资金、企业资金、境外资金和其他资金的支

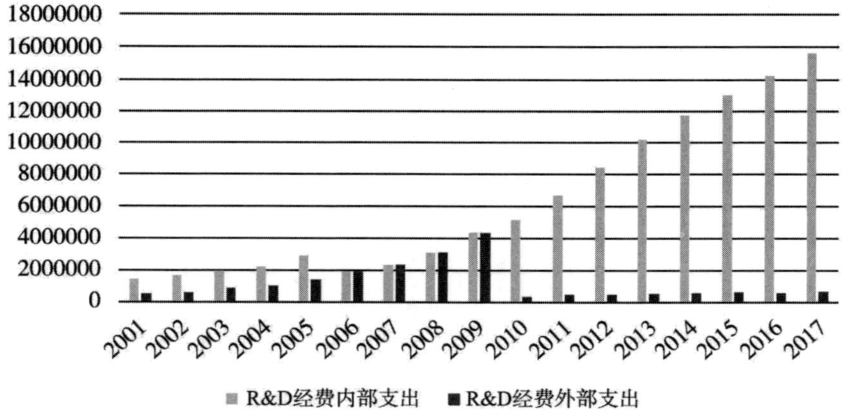

图1-7 重要年份山东省R&D经费支出情况

出比例为8.64：89.09：0.41：1.86，2016年企业资金占R&D资金内部总支出比例上升为91.01%，其次是政府支出有所下降，为6.87%，境外资金和其他资金比例各自有所下降，企业资金是R&D内部经费支出的最主要来源。

科技平台数量增多，种类更加丰富。山东创新平台建设居于全国前列，承接了山东半岛国家自主创新示范区、黄河三角洲农业高新技术产业示范区两个国家级示范区建设，打造了国家超级计算济南中心、海洋科学与技术国家实验室（试点）等一批重大科技基础设施，高层次创新创业平台载体能力不断增强。截至2017年，全省国家级众创空间和科技企业孵化器分别达到203家和85家，分别居全国第二和第三位，国家企业技术中心、企业重点实验室、工业设计中心等创新平台数量均列全国第一。拥有试点国家实验室1个，国家重点实验室20个，省部共建国家重点实验室培育基地5个，国家工程实验室16个，国家工程技术研究中心36个，国家认定企业技术中心180个，省重点实验室143个，省级示范工程技术研究中心371个，省级企业技术中心1800个。

表1-1　　山东拥有国家级创新平台一览表

序号	类别	目前总数量（个）
1	国家工程实验室	16
2	国家认定企业技术中心	180
3	国家火炬计划特色产业基地	69
4	国家立项建设一流大学	2
5	国家立项建设一流学科	6

科技成果稳定增长。1978年，山东省年科技成果仅652个，其中工业成果443个，农业科技成果116个，工业成果数量是农业成果数量的3.8倍，1979年整个山东省处于调整阶段，科技成果数量有所下降。1980年到2000年是山东省科技成果大爆发时期，科技成果总量快速、持续上升，到2000年达到顶点，年成果数量为3728个，其中工业成果1289个，农业成果557个。2000年以后，山东省科技成果呈现波动上升状态，主要原因在于工业科技成果数量年度变化较大，说明工业科技成果研发的年度不稳定性，不过农业科技成果不断增加。2013年至今，整体科技成果数量、工业

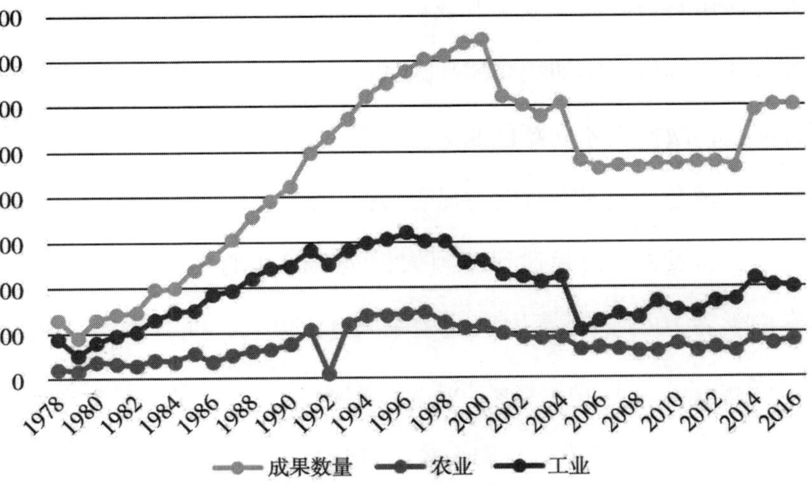

图1-8　1978—2016年山东重要科技成果数量

科技成果数量和农业科技成果数量都呈现上升状态。

从专利情况看，2017年，全省专利申请量达到2.1万件，专利授权量达到9.8万件，1985年以来年均分别增长21.5%和34.2%。其中，国内发明专利申请量67773件，发明专利授权量19090件，分别是2009年的4.8倍和6.7倍，有效发明专利达到74590件，每万人口发明专利拥有量达到7.57件，PCT国际专利申请量达到1700件。

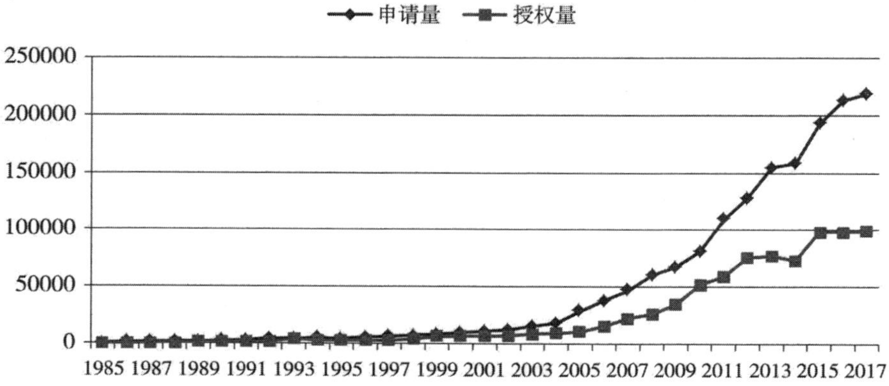

图1-9　1985—2017年山东专利申请量和授权量情况（件）

人才队伍日益壮大。改革开放以来，山东大力推进人才强省战略，以实施重大人才工程为载体加快高层次人才队伍建设，以深化人才发展体制机制改革为突破，激发人才创新创业活力，以人才支撑新旧动能转换为引领，深入推进产才融合，人才支撑能力显著增强。2017年，山东人才资源总量突破1500万人，研发人才总量达到50万人，是2009年的约2.1倍。截至目前，共遴选泰山学者1062人，泰山产业领军人才530人，拥有住鲁“两院”院士48人，国家“千人计划”专家230人，国家“万人计划”专家208人，国家百千万人才工程人选176人，国家杰出青年科学基金获得者74人，长江学者87人。

表1-2　　山东拥有国家级高层次人才一览表

序号	高层次人才	数量（人）
1	两院院士	48
2	中央联系专家	50
3	千人计划	230
4	万人计划	208
5	全国杰出专技人才	74
6	全国专技人才先进集体	3
7	百千万人才工程	176
8	国务院特殊津贴	3260
9	博士服务团人员	101
10	国家杰青	74
11	长江特聘学者	49
12	长江讲座教授	31
13	长江青年学者	7
14	新世纪优秀人才培养计划	333
15	国家教学名师	30
16	国家卫生计生委（卫生部）有突出贡献中青年专家	30
17	中华技能大奖	17
18	全国技术能手	405
19	全国优秀农村人才	7
20	中华农业英才	5

四、对外开放合作不断开创新局面

对外贸易快速增长。1984年山东省对外贸易进出口总值为144226万美元，2017年达到26379372万美元，是1984年的约75倍，其中出口总值

14748792万美元，同1984年相比增长了约70倍，而进口总值11630580万美元，同1984年相比增长了约80倍。从进出口差值来看，改革开放以来，山东省一直处于顺差地位，顺差额度不断增加，最高值出现在2015年，为4637271万美元。从出口贸易构成来看，一般贸易的增长状态为不断上升，进料加工贸易的状态为2011年达到最高点，然后呈现下降趋势，来料加工装配与其他贸易在30年间增长趋势不明显。

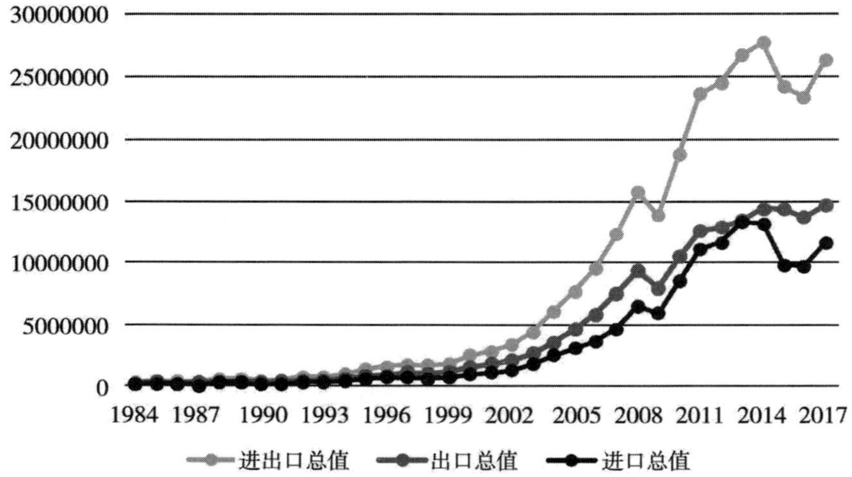

图1-10　1984—2017年海关进出口情况（万美元）

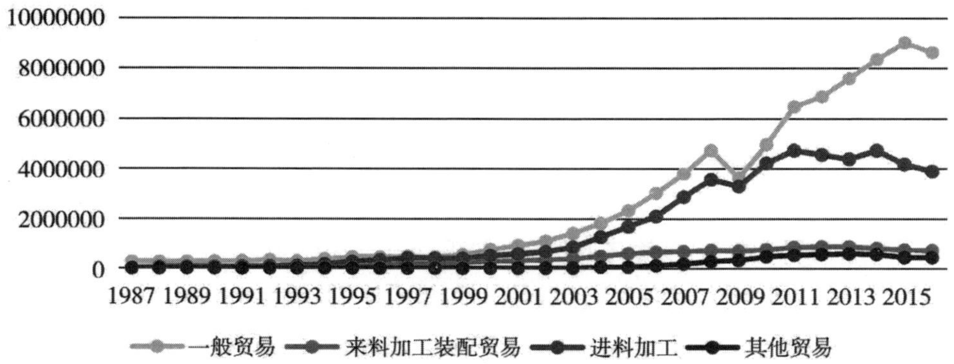

图1-11　1987—2016年山东省出口结构

利用外资增势平稳。1979年山东省合同外资金额1278万美元，到2017年达到2753984万美元，同1979年相比，增长了2154倍，实际使用外资金额1979年为1276万美元，到2017年达到1791540万美元，增长了约1404倍，整体来看利用外资增势明显。但从外资到位率角度来看，利用外资实际到位率逐步下降，1979年外资到位率99%，后逐步下降，最低点出现在2005年，后又逐步提升，到2017年外资到位率65%。2017年外资使用结构中，制造业实际使用外资645.8亿元，增长9.7%，服务业实际使用外资466.7亿元，增长9.0%，新批及增资总投资过亿美元项目102个，世界500强企业投资项目54个，合同外资14.9亿美元，6家世界500强企业在山东首次投资，创历史新高。

"走出去"战略稳步推进。1979—2000年，山东省签订合同项目26799个，直接签订合同金额合计4831017万美元，直接利用金额3021302万美元，对外承包工程数量由0增加到1250份，合同金额由0增加到61601万美元，营业额由无增加到45229万美元，劳务人员到2010年底有35028人。2010年直接签订对外承包和劳务合作合同1551份，比上年增长24.1%，直接签订合同额10.5亿美元，比上年增长69.8%，完成营业额5.6亿美元，增长23.6%，外派各类劳务人员2.1万人次，增长6.9%，平均单个项目合同额由上年的49.3万美元上升为67.5万美元，全年新批到境外投资企业（机构）71家，比上年增长31.5%，总投资额1.4亿美元，增长63.4%，其中加工贸易投资1.1亿美元，平均项目投资规模达到190.5万美元。2017年实际对外投资377.5亿元，其中跨国并购实际投资117.8亿元，对外承包工程新签合同额874.7亿元，完成营业额793.7亿元，分别比上年增长4.0%和9.3%，派出各类劳务人员7.2万人，增长4.2%。

“一带一路”合作成效明显。根据统计，2016年山东省对“一带一路”沿线国家和地区出口增长11.0%，2017年与“一带一路”沿线国家商品进出口4816.3亿元，同比增长16.4%，其中，出口2672.5亿元，增长6.7%，对“一带一路”沿线国家实际投资100.6亿元，增长81.7%，实际使用“一带一路”沿线国家资金99.8亿元，增长19.2%，在“一带一路”沿线国家承包工程完成营业额473.4亿元，增长11.2%。

五、区域协调发展不断取得新进展

区域经济融合协调发展。2003年山东半岛城市群迅速崛起，半岛城市群8市（济南、青岛、淄博、东营、烟台、潍坊、威海、日照）共实现生产总值8336.1亿元，占全省生产总值的64.5%，按可比价格计算增长16.2%，比全省平均水平高2.5个百分点，以青岛、烟台、威海三市为主体的胶东半岛制造业基地建设正式启动。2004年制定了山东半岛城市群发展规划和基础设施建设专项规划，半岛城市群带动作用明显，生产总量占全省的64.0%，对全省经济增长的贡献率为64.8%，拉动经济增长10.9个百分点。8市各项主要经济指标位居全省前列，规模以上工业增加值、利税、固定资产投资依次占全省的69.1%、67.8%和67.6%，进出口总额、实际利用外资占全省的85.9%和84.2%，中西部地区工业销售收入、利税、进出口大幅增长，增速依次较半岛城市群高8.1、6.4和14.5个百分点。2006年，省会城市群经济圈和黄河三角洲高效生态经济区规划编制完成。2007年，“一体两翼”发展战略启动实施，黄河三角洲高效生态经济区（北翼）、鲁南经济带（南翼）区域经济建设相继展开。2009年，国务院正式批复黄河三角洲高效生态经济区发展规划，将其上升为国家战略，省委、省政府出台了打造山东半岛蓝色经济区的指导意见。2011年，国务院正式批复山东半岛蓝色经济区，是“十二五”开局之年第一个获批的国家发展战略，也是中国第一个以海洋经济为主题的区域发展战略。2014年，青岛西海岸新区成为第九个国家级新区。2017年，山东半岛蓝色经济区、黄河三角洲高效生态经济区生产总值分别为33972.1亿元、9686.6亿元，分别比上年增长7.2%和6.0%。县域经济实力不断壮大，地方一般公共预算收入过30亿元、50亿元、70亿元、100亿元的县（市、区）分别达到55个、29个、20个和8个。

城镇化水平继续提升。1978年山东省城镇化水平仅为8.75%，到2017年达到60.58%，同期全国城镇化水平为58%，山东省高于全国平均水平2个百分点，280万农业转移人口获得市民待遇。

县域经济实力不断壮大。2004年山东省实施的“双30”工程取得积极成果，30个经济强县发展势头强劲，工业利税、固定资产投资、实际利用外资、财政收入等主要经济指标增幅均超过全省平均水平。30个经济欠发达县紧紧抓住扶持经济发展的战略机遇加速发展，除地方财政收入外，各项主要经济指标增速均超过经济强县。全省有10个市进入全国百强市行列，有16个县进入全国百强县。2005年县域经济呈现强者更强、“弱者”快速发展的良好局面，30个欠发达县进一步激发内部活力，加快追赶速度，各项经济指标均达到历史最好水平。截至2017年县域经济实力不断壮大，地方一般公共预算收入过30亿元、50亿元、70亿元、100亿元的县（市、区）分别达到55个、29个、20个和8个。

农业供给侧结构性改革深入推进。稳定粮食播种面积，主动调整种植结构，发展各类休闲农业，经营主体超过1.9万家，年营业额突破630亿元，建立国家级休闲农业和乡村旅游示范县、示范点分别达到20个、30个，农村集体产权制度改革试点县（市、区）达到42个。

六、海洋强省建设不断实现新超越

海洋经济总体实力显著提升。“九五”期间，山东省提出“海上山东”建设，要充分发挥我省海洋资源丰富和海洋科技力量雄厚的优势，重点建设渤海沿岸资源综合开发带和黄海沿岸经济技术开发带。2005年，全省海洋产业总产值达到2490.3亿元，与“九五”末相比，年均增长18.5%，海洋产业增加值达到1145亿元，年均增长19%，占全省生产总值的比重由1995年的4.5%提高到了6.2%。海洋经济的发展有力地促进了沿海经济带的快速崛起，已成为新的增长点。2009年，山东省海洋生产总值达到6040亿元，占全国海洋生产总值的18.9%，海洋渔业、海洋盐业、海洋工程建筑业、海洋电力业增加值均居全国首位，海洋生物医药、海洋新能源等新兴产业和滨海旅游等服务业发展迅速，形成了较为完备的海洋产业体系。“十二五”以来，我省大力推进山东半岛蓝色经济区建设，加快实施海洋强省战略，全省海洋生产总值保持了较高的增长速度，2017年达到1.4万亿元，稳居全国第二位，2010年以来年均增长10.8%，占全国海洋生产总值的比重达到18.9%，占全省地区生产总值的比重达到20%，比2010年提高了近2个百分点。

现代海洋产业体系初步建立。“十一五”期间，山东省海洋三次产业比例由2000年的32：29：39，调整为2005年的20：37：43。第一产业中，水产品总产量、产值、出口创汇等指标均居全国首位；第二产业中，船舶、水产品加工、海洋石油、海洋生物工程技术等产业实力不断壮大，原盐、纯碱、烧碱、溴素等产量均具全国第一；第三产业中，滨海旅游、海洋运输、海洋环境保护和信息服务等产业发展迅速。“十二五”以来，海洋三次产业结构持续优化，2016年调整为5.8：43.2：51.0，海洋第一产业优势地位进一步巩固，海洋高端装备制造和战略性新兴产业发展迅速，第三产业比重逐步提高并超过海洋第二产业。

“科技兴海”成效显著。“十一五”期间，山东省组建了山东海洋工程研究院，建立了5个国家级海洋高技术产业化基地、5个国家级科技兴海基地、20多个重大项目实验示范基地、6个省以上海洋工程技术研究中心，实施了海洋生物、海产品深加工、海洋精细化工、海水淡化等领域的产业化示范工程20多项，取得海洋重大科技成果1200多项，其中有280多项获省部级以上科技奖励，海洋科技进步的贡献率不断提高。“十二五”以来新增了一大批海洋科技创新平台，青岛海洋科学与技术国家实验室正式获批运行，实施了蓝色产业领军人才支持计划，海洋科技研发力量得到进一步加强，青岛、烟台、威海三市成为国家首批海洋高技术产业试点城市，数量居全国之首，科技对海洋经济的贡献率大幅提高。

海洋生态文明建设取得新进展。“十一五”期间，山东省实行了海洋、海岸工程环境影响评价制度和海洋环境质量公报制度，初步建立了海洋环境监测和海洋防灾减灾网络。“十二五”期间，海洋生态文明建设示范区创建加快推进，海洋自然保护区、海洋特别保护区和国家级海洋公园建设步伐加快，海洋保护区面积稳步扩大，集中集约用海片区建设有序推进，“五湾”整治和“五岛群”开发保护成效显著，省、市、县三级海洋环境监测网络更加完善，海洋生态补偿和损害赔偿制度不断健全。

七、基础设施建设不断达到新水平

基础设施贡献水平不断提升。改革开放以来，随着综合交通基础网络的日趋完善、服务规模的不断扩大，基础设施对国民经济发展提供了有力支撑。2016年，全省交通运输仓储邮政业增加值达到2725.4亿元，是1978年的329.6倍，占GDP的比重达到4.0%，对经济增长作出了重要贡献。2017年，全省铁路公路水路客运量达到6.5亿人，旅客周转量1247亿人公

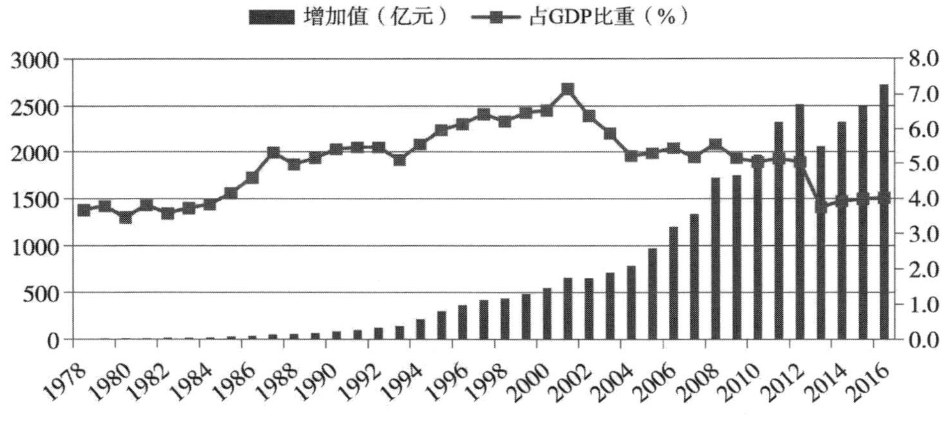

图1-12　1978—2017年山东省交通运输仓储邮政业增加值情况

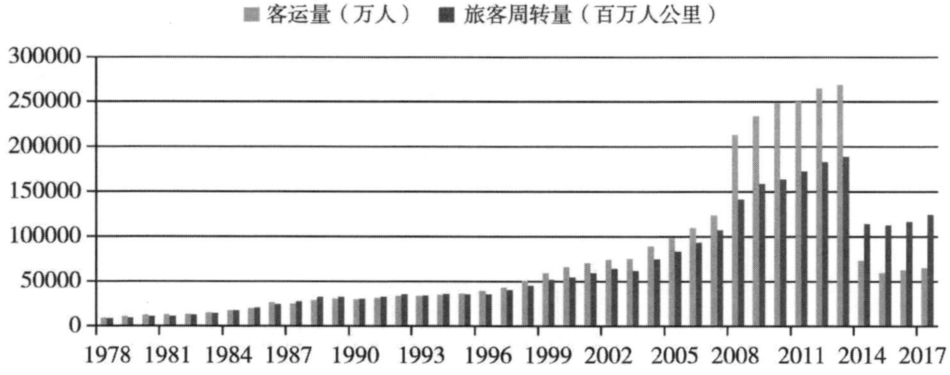

图1-13　1978—2017年山东省铁路公路水路客运情况

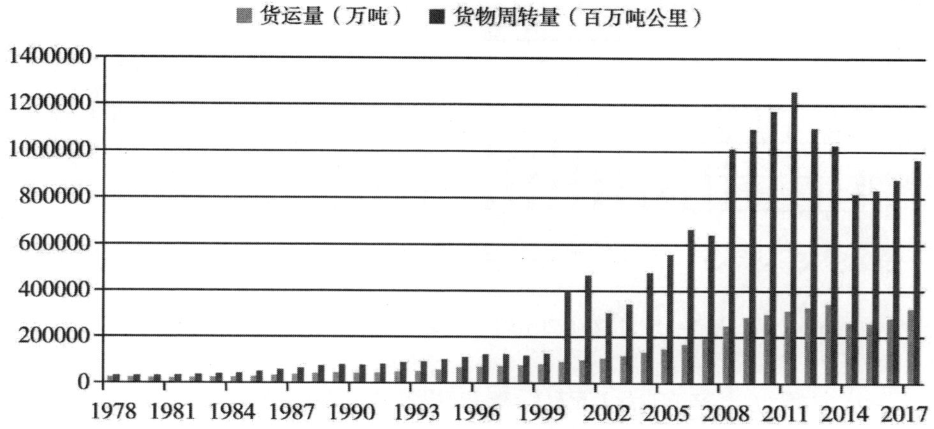

图1–14　1978—2017年山东省铁路公路水路货运情况

里，分别是1978年的6.9倍和14.8倍，客运舒适性、快捷性明显提升；铁路公路水路货运量28.2亿吨，货物周转量9663.5亿吨公里，分别是1978年的14.1倍和31.2倍，货运转型升级步伐加快，多式联运、甩挂运输、城乡物流配送集约化等取得显著成效。

铁路建设力度不断加大。改革开放以来，山东不断加大铁路投资建设力度，逐步构建了以货为主，客货兼顾的“四纵四横”铁路网络，快速铁路网规划建设全面启动实施。德大铁路、临沂至临沭铁路建成通车，实现了17市铁路全贯通，济青高铁、济南城市轨道交通R1、R2线全线开工建设，青荣城际铁路引入青岛枢纽相关工程和辛泰磁莱电气化改造工程建成通车，石济客专山东段和龙烟铁路等重大项目建成使用。截至2016年，全省铁路通车里程达到4882公里，是1978年的3.5倍，其中高速铁路通车里程达到1240公里。2017年，全省铁路运输货运量、货运周转量分别达到1.8亿吨和1254.9亿吨公里，分别是1978年的3倍和4.9倍；铁路运输客运量、旅客周转量分别达到1.3亿人和754.6亿人公里，分别是1978年的3.7倍和13.6倍。

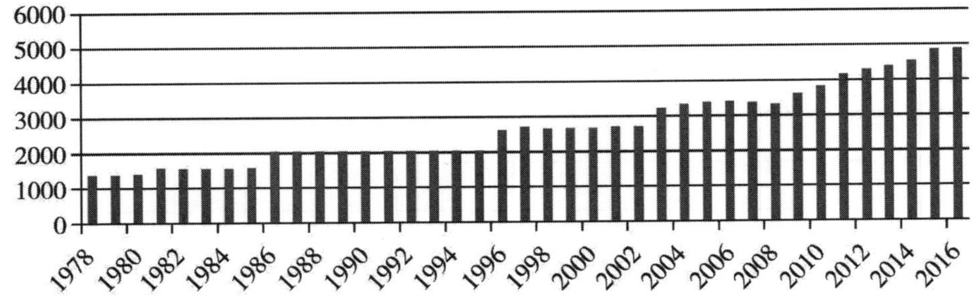

图1-15　1978—2016年山东省铁路通车里程（公里）

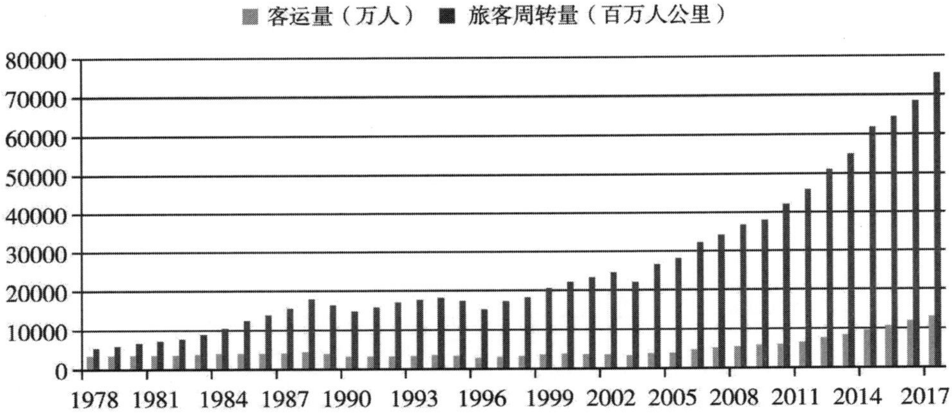

图1-16　1978—2017年山东省铁路客运情况

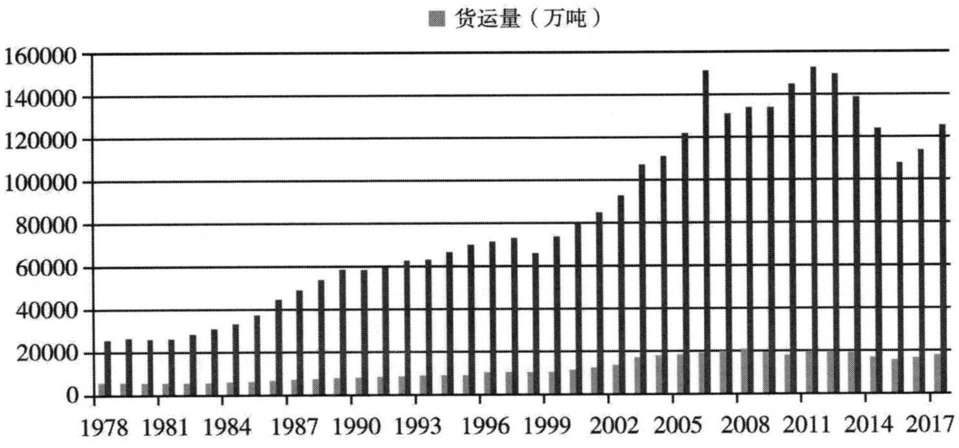

图1-17　1978—2017年山东省铁路货运情况

公路建设成效日益凸显。改革开放以来，山东不断加强公路特别是高速公路建设，基本形成了“五纵四横一环八连”的高等级公路网络，全面实施了公路安全生命防护工程，推进了穿城路段改造及安全整治提升、瓶颈路段改造及安全设施提升等工程，切实提高了普通路网服务水平。截至2017年，全省公路通车里程达到27.1万公里，公路密度达到每百平方公里173公里，均为1978年的7.9倍；公路客运量、旅客周转量分别达到4.9亿人和481亿人公里，分别是1978年的8.3倍和16.6倍；公路货运量、货物周转量分别达到28.8亿吨和6650.2亿吨公里，分别是1978年的17.9倍和163.8倍。

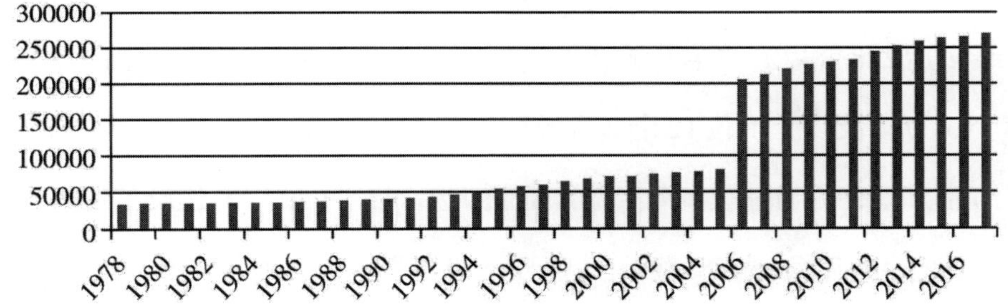

图1-18　1978—2017年山东省公路通车里程（万公里）

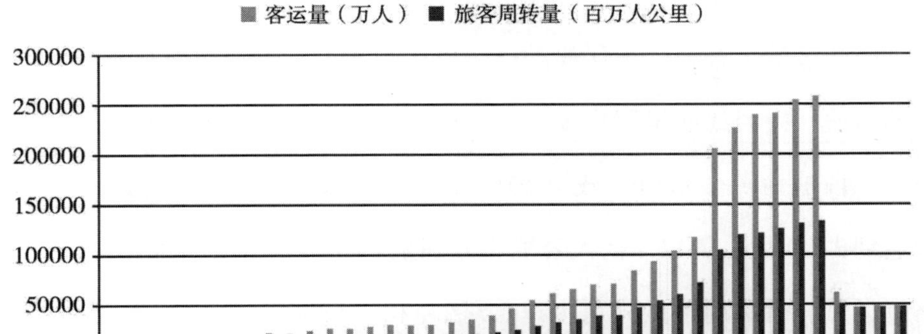

图1-19　1978—2017年山东省公路客运情况

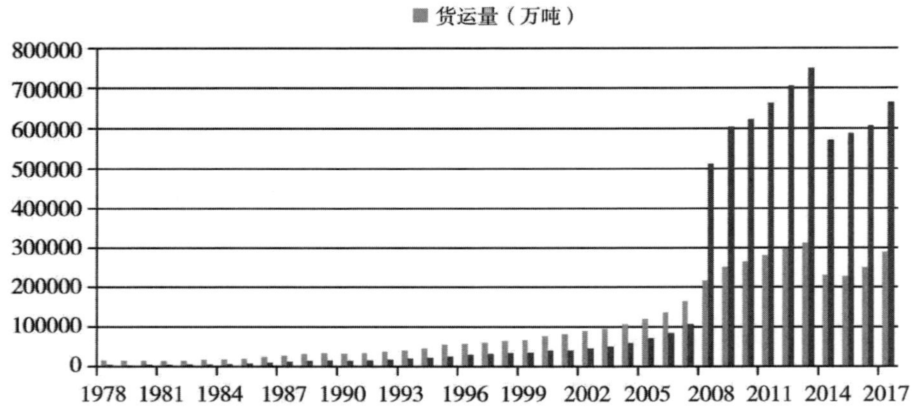

图1–20　1978—2017年山东省公路货运情况

港航事业快速发展。山东大陆海岸线长3100多公里，位居全国第二位。其中2/3岸线属基岩湾海岸，岬湾相间，具有优越的建港条件，深水岸线多达228公里。改革开放初期，山东沿海只有港口15个、生产性泊位88个、万吨级以上泊位12个，吞吐能力只有3000多万吨，设施设备简陋、靠泊能力差、货物过驳倒载、装卸肩挑人抬。经过40年的建设与发展，全省已拥有生产性泊位581个，其中万吨级以上深水泊位达297个，沿海港口综合通过能力达到7.2亿吨，是1978年的23倍，初步形成了以青岛、日照、烟台港为国家主要港口，以威海港为地区性重要港口，以潍坊、东营、滨州等港为补充的现代化港口群布局，成了中国唯一拥有三个亿吨海港的省份。内河通航里程稳步增长，港口综合通过能力不断增强，京杭运河山东段成为黄金水道。截至2017年，全省水路客运量、客运周转量分别达到2100万人和12.1亿人公里，分别是1978年的31.3倍和67.2倍；水路货运量、货物周转量分别达到1.7亿吨和1758.4亿吨公里，分别是1978年的18.6倍和146.7倍；沿海港口货物吞吐量达到15.2亿吨，是1990年的27.9倍，稳居全国第2位。

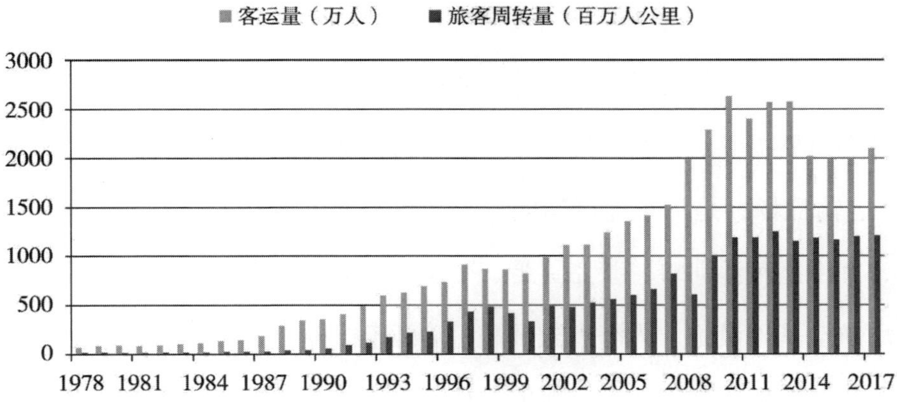

图1-21 1978—2017年山东省水路客运情况

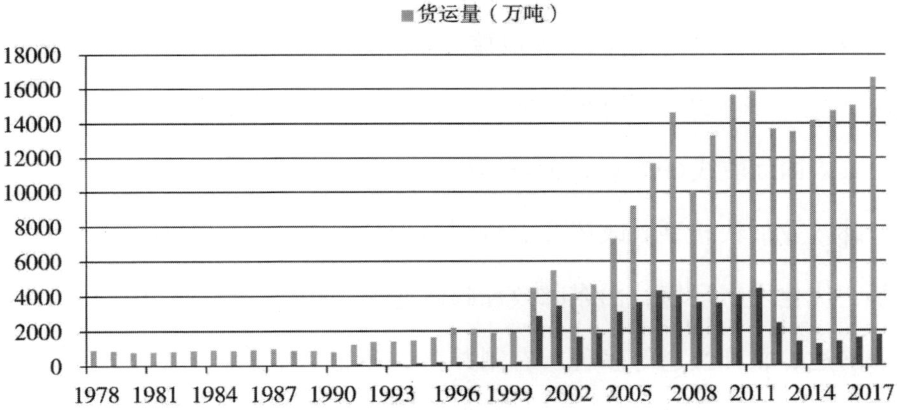

图1-22 1978—2017年山东省水路货运情况

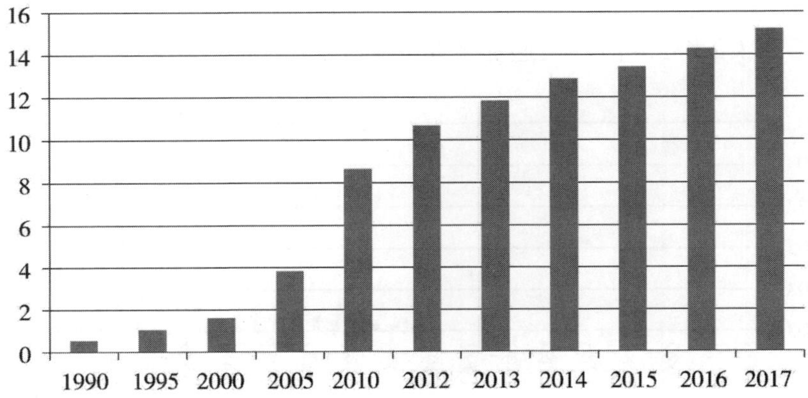

图1-23 1990—2017年山东省主要港口货物吞吐量（亿吨）

机场建设稳步推进。改革开放以来，山东不断优化机场布局、完善空运网络，基本构建了干支线分工协调、层次分明的航空运输体系，为经济社会发展提供了重要支撑。全省现有济南遥墙、青岛流亭、烟台蓬莱等9个运输机场，是华东地区运输机场数量最多的省份；有6个颁证通用机场，其中蓬莱沙河口、莱芜雪野、平阴农用等机场是华东地区建设较早的通用航空基础设施，为海事救援、短途运输、航空运动、农林航空作业提供了较好保障；全省洲际直航航线从无到有，开通了青岛至法兰克福、青岛至墨尔本、青岛至旧金山、济南至洛杉矶、青岛至温哥华5条洲际航线。2017年，山东民用运输机场完成旅客吞吐量5016万人次，货邮吞吐量42万吨，位居华东地区第3位、第5位，全省民用运输机场开通航线500余条，其中国际航线60余条，覆盖国内外重点联系城市。

邮政业加快转型。改革开放特别是十八大以来，山东不断深化邮政业改革，优化发展环境，山东邮政和邮政速递、顺丰、圆通、中通、百世快递、韵达、联邦快递等多种所有制并存、多元主体竞合、多层次服务共生市场主导的“大邮政”发展格局基本形成，服务能力和服务水平不断提高。2016年，全省邮政行业业务总量301.6亿元，业务收入230.3亿元，分别为2012年的3.2和2.4倍；快递业务量达到12.1亿件，业务收入139.0亿元，

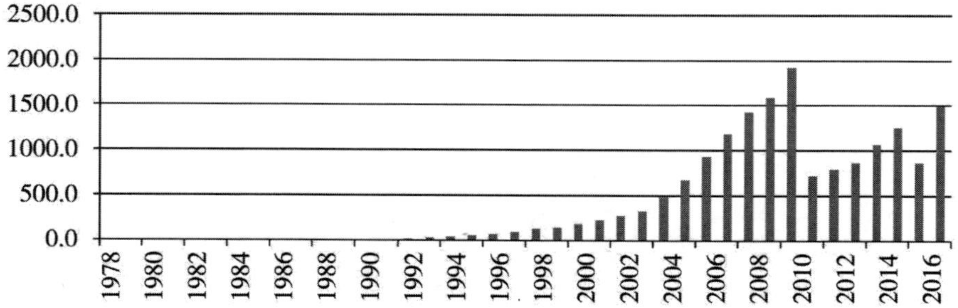

图1-24　1978—2017年山东省电信业务量（亿元）

分别为2012年的4.9倍和3.3倍。

通信基础设施不断完善。改革开放以来，山东不断加快通信基础设施建设，加大移动通信、“互联网+”等推广力度，不断丰富光缆路由网络，建设并开通了青岛至北京、上海互联网国际通信业务出入口的专用通信通道，在全国率先全面建成“全光网络省”，所有城区、行政村实现100%光纤覆盖，完成17个省辖市城区、县城区域、乡镇及97.0%行政村4G网络的连续覆盖，电信增值服务能力持续提升，成为驱动经济持续增长的新动能。2017年，全省电信业务总量达到1498.4亿元，是1978年的1489.8倍。

第三节　改革开放以来山东经济发展的重要经验

改革开放能够取得巨大的成绩，主要得益于省委、省政府时刻与党中央保持高度一致，按照中央的决策部署，团结带领全省人民统一思想、明确责任，解放思想、锐意进取，担当作为、干事创业，敢于创新、大胆探索，推动经济建设、科技创新、产业转型、改革开放、实体经济、陆海统筹、区域协调等各项工作深入开展，凝聚推动创新发展、持续发展、领先发展的强大正能量，不断为经济持续稳定发展注入新动力。

一、坚持以经济建设为中心，坚定不移把发展作为第一要务

从1979年邓小平同志提出小康社会（小康之家）建设构想，到党的十九大做出“决胜全面建成小康社会”战略判断，小康社会建设任务始终贯穿于改革开放40年。40年来，山东省委、省政府团结带领全省人民，勇

挑沿海大省的重大责任担当，紧紧围绕小康社会建设，把走在前列作为长期坚持的目标定位和根本要求，贯穿经济社会发展全过程、各方面，把中央的路线、方针、政策同山东的实际情况结合起来，在不同阶段制订不同的奋斗目标和发展战略，高点站位谋布局，聚焦聚力促发展，凝聚人心、共同奋斗，从一个胜利走向又一个胜利，取得一项又一项重大成就。特别是党的十八大以来，山东以习近平新时代中国特色社会主义思想为指导，全面贯彻党的十八大和十九大精神，深入落实习近平总书记系列讲话、系列指示精神，统筹推进“五位一体”总体布局和“四个全面”战略布局，坚持稳中求进工作总基调，牢固树立和贯彻落实新发展理念，牢牢把握“全面建成小康社会”这一奋斗目标，坚持以推进供给侧结构性改革为主线，以有利于增添经济发展动力、有利于促进社会公平正义、有利于增强人民群众获得感、有利于调动广大干部群众积极性的改革为重点，持续深化经济体制改革，加快现代化经济体系建设，实现了经济的持续健康发展。

二、坚持以创新型省份建设为引领，持续提高自主创新能力

从“科教兴鲁”战略到创新型省份建设，改革开放以来，山东认真落实中央关于深化科技体制改革的工作部署，始终把科技创新作为推动经济发展的核心动力，全省上下严密组织、积极动员、全民参与、共同行动，把科技教育纳入全省经济社会发展总体规划，制定出台了一系列政策法规，实施了一系列重大工程和专项计划（规划），攻破了一大批重大关键技术，科技创新能力不断增强，为经济社会发展提供了强有力的科技支撑。从1987年把“科教兴鲁”战略纳入法制轨道，到新世纪聚焦转方式调

结构需求，科技体制改革的重点转向改革科技计划管理体系，理清政府和市场边界，加强由研发管理向创新服务转变，提高科技资源配置效率，规范科技项目管理方式，提高财政科技资金使用效益，加强创新平台建设，强化企业主体地位等方面。

三、坚持大胆探索勇于创新，不断全面深化经济体制改革

改革开放以来，山东广大干部群众按照党中央的统一安排部署，结合山东实际，以解放思想、敢于创新、勇当排头的精气神，在国企改革、农业农村改革、城乡改革、金融改革、财税体制改革等方面，大胆探索、先行先试，深入推进经济体制改革，解决了思想羁绊、找准了改革方向、明确了发展路径，为经济稳定持续健康发展提供了内生动力。市场体系是发展市场经济的重要载体，培育和建立市场体系是建立社会主义市场经济体制的重要内容。改革开放以来，我省坚持以完善产权制度和要素市场化配置为重点，积极推进商品市场、金融市场、人力资源市场、技术交易市场、土地和矿产资源市场等方面的建设，市场经济体系逐步完善。

四、坚持发挥沿海区位优势，不断扩大对外开放水平

对外开放是一个地区繁荣发展的必由之路，也是我国我省加快发展步伐、融入世界经济的必然要求。山东拥有全国范围最大的沿海开放区域，是全国首批对外开放省份之一。改革开放以来，山东充分发挥这一优势，秉持合作共赢理念，坚持引进来和走出去并重，融入世界经济的程度不断加深，全方位、多领域和多层次的对外开放格局基本形成。

五、坚持产业转型升级，持续推进新旧动能转换

改革开放以来，山东始终将产业转型升级作为推进经济健康发展的重要支撑，特别是十八大以来，根据不同产业的不同特点，敲开核桃、一业一策，出台了一系列促进产业转型升级的规划和政策文件，指出了各阶段产业转型升级的方向和重点，精准推进产业转型升级，对山东产业转型升级起到了积极的促进作用，产业结构调整取得了显著的成效。

六、坚持扩大内需战略，增强经济内生增长动力

改革开放以来，山东始终将扩大内需作为推动经济稳定增长的基础，积极实施扩大内需战略，投资、消费总量始终居于全国前列，为保持经济大省地位提供了有力支撑。山东固定资产投资管理从下放审批权限、简化审批程序开始，逐步引入市场机制，实施了法人投资责任制、建立资本金制度、健全投资服务体系等一系列改革。投资资金来源由主要靠国家财政拨款，转变为投资单位自筹资金、银行贷款、财政拨款和利用外资等多种渠道，投资主体由中央政府转变为中央与地方、政府与企业、企业与企业之间的联合投资及中外合资、合作、PPP等多种形式。省委、省政府高度重视消费对经济增长的拉动作用，在扩内需、促消费方面相继出台了《中共山东省委山东省人民政府关于贯彻落实中央进一步扩大内需促进经济增长十项措施的实施意见》《山东省人民政府关于下达全省扩大内需急需建设项目名单的通知》《山东省人民政府关于运用综合政策措施支持扩大消费的意见》等一系列政策措施，并通过推进新型城镇化建设、深化供给侧结构性改革等举措深挖消费潜力，消

费对山东经济增长的支撑作用稳定有力。

七、坚持国有企业支柱作用，毫不动摇发展民营经济

企业是市场经济的主体，要发展社会主义市场经济就必须首先有一个符合市场经济发展要求的企业群体。改革开放以来，我省不断调整所有制结构，推进了以国企改革为重点的企业改革，积极发展民营经济，经济活力逐步释放。一是国有企业持续做大做强。国有企业在山东经济中占有举足轻重的地位，是山东经济发展的重要支柱，山东的国有企业改革与总的改革进程基本同步，大致经过了从“放权让利”到“制度创新”，再到“现代企业制度和国有企业监管完善阶段逐步完善”三个阶段，在建立现代企业制度、推行股份制改革、推动中小企业改制、“抓大放小”和实施集团化战略等方面取得了积极成效，山东国企实力持续增强，为经济发展提供了强有力的支撑。二是民营经济不断加快发展。改革开放之前，国有和集体经济约占全省经济的95%以上，个体私营经济相当薄弱。改革开放以来，根据中央指示精神，山东大力推进非公有制经济持续健康发展。十一届三中全会后，城乡集体经济快速发展，个体私营经济也得到长足发展。进入新世纪，特别是2003年以后，省委、省政府把发展民营经济作为与外经外贸和高新技术并列的经济工作“三大亮点”之一，非公有制经济作为促进社会生产力发展重要力量的社会地位进一步明确。省委、省政府围绕贯彻落实党中央国务院各项方针政策，出台了《加快民营经济发展的意见》《关于支持非公有制经济健康发展的十条意见》等一系列政策措施，充分释放民间资本潜力，加大简政放权力度，努力优化营商环境，有力地促进了民营经济的发展。

八、坚持陆海统筹发展，逐步释放发展潜力

山东是海洋大省，发展的最大优势和潜力在海洋。改革开放以来，山东高度重视海洋资源的开发利用和海洋经济的培育发展，坚持海陆一体、协调发展，通过沿海地区的开发建设，以陆域产业集聚带动海洋技术研发，扩大海洋经济规模，实现了海陆产业联动，海洋经济实力持续增强，为全省经济发展拓展了新的空间，为其他沿海省份建设海洋强省提供了有力的经验借鉴，为海洋强国建设作出了重大贡献。自1991年始，省委、省政府先后提出“海上山东”“山东半岛蓝色经济区”和“海洋强省”三大战略，相继出台了《加快“海上山东”建设的决定》《“海上山东”建设规划》《山东海洋强省建设行动方案》等一系列政策文件，构建了完善的海洋法制体系，为海洋经济发展指明了方向、提供了有力的法律政策保障。

九、与时俱进调整区域战略，不断优化发展格局

改革开放以来，山东省委、省政府根据不同阶段的发展要求，在区域调整、新型城镇化建设、县域经济发展等方面采取了系列措施，取得了良好的效果，全省区域经济发展格局不断优化。围绕实现东、中、西协调发展，先后实施了东部带动的非均衡发展、“东部开放，西部开发，东西结合，共同发展”、东中西梯次推进、“一群一圈一带”竞相发展、“一体两翼”统筹把握、“两区一圈一带”全域覆盖，最终形成了“三核引领、多点突破、融合互动”的横跨东西、统筹陆海、纵贯南北、覆盖全省的新旧动能转换重大战略布局，实现了从板块小区域错位发展到大区域整体推进的飞跃，为全国区域协调发展探索出了一条特色鲜明的科学发展之路。

第二章
根本性变化，产业转型突破

第一节　改革开放以来山东省三大产业结构演变历程

山东省产业结构调整具有阶段性特点，根据梁军和张哲等研究人员的成果及三大产业结构阶段性特征，将山东省三大产业结构变动历程分为以下五个阶段：

一、1978—1983年，改革初期阶段，国民经济进入调整时期，产业结构整体变动明显

1978年，党的十一届三中全会做出了实行改革开放的重大决策，开始在国内试行家庭联产承包责任制，不断调整国民经济结构。该阶段，农村全面实行承包经营责任制，广大农民的创造性和积极性得以充分调动，农业经济也由此得以快速增长。此后，党的十二届三中全会在北京召开，全会针对经济体制改革，中国社会主义经济的社会主义属性得以

确认。该阶段第二产业结构占比不断降低，至1983年达到38.87%，第一产业结构占比不断提高，至1983年达到40.36%。第三产业结构占比呈上升趋势，至1983年达到20.77%。该阶段出现了短暂的“一二三”产业结构。

二、1984—1989年，改革探索阶段，第二产业占据主导地位

该阶段非农产业迅速发展。随着对外开放脚步的进一步加快，山东省第二产业生产总值占比回升，第一产业结构比例呈不断下降趋势。该阶段，省内相关政策战略针对动荡的国际形势进行了一定程度的调整，至1989年，山东省第一产业结构占比达到27.76%，第三产业结构占比继续呈现不断上涨趋势，并在该阶段末期达到27.45%，与第一产业基本持平。该阶段表现为“二一三”的产业结构，第二产业确立了主导地位。

三、1990—2006年，改革攻坚阶段，三大产业形成稳定的“二三一”结构

该阶段横跨国家“八五”“九五”和“十五”三段五年计划，改革开放进入攻坚阶段。1992年，邓小平同志视察南方并发表重要讲话，山东省关于改革开放的思想进一步解放，运行机制和经济体制也发生深刻变化。此后，第二产业总产值表现出了强劲的上升势头，第三产业总产值首次超越第一产业，此后产值差距不断增大。随着改革开放步伐的加快，确立了深圳、珠海、厦门、汕头经济特区，陆续开辟了烟台、青岛等多个经济技术开发区，开放并开发上海浦东新区，我国对外开放程度不断增强，资本投入增加，这对于山东省产业结构的升级具有明显的正向拉

动作用。在该阶段，经济结构调整步伐加快，随着市场需求的变化和国家产业政策的变动，山东省加大了经济结构调整力度。“八五”期间，第二产业经济产量快速增长，增加值年均增长20.9%，该产业以建筑业、化工、纺织、机械、能源、建材、电子和食品为支柱，轻重工业比例趋于协调。至1995年底，“八五”计划确定的任务全面完成，各项事业蓬勃发展。

“九五”期间，全省一二三产业比例从1995年的20.2：47.7：32.1调整为15.2：49.9：34.9，山东省国内生产总值达到8337亿元，五年来年均增长13.7%。第一产业不断发展，林、牧、渔业和经济作物产值快速增长，粮食生产保持稳定，产业化步伐逐步加快。截至2002年，山东省农业逐渐开始形成产业化，其产值达到1390亿元，相比1978年增加了约17.5倍，此后随着惠农政策的不断加强，山东省内农业国际化发展趋势不断增强。第二产业快速发展，通信、电力、交通等发展的制约因素基本消除，高新技术产业化进程加快。第三产业占国内生产总值的比重提高，房地产业、旅游业及非公有制经济等开始成为新的经济增长点，出口、消费、投资数额持续增长，经济发展的推动力不断提高。新世纪以来，山东省以第十个五年计划为起点，开始实施第一个中长期计划。至2005年，山东省一二三产业比例从2000年的15.2：49.9：34.9调整为10.7：57.1：32.3，第一产业结构发生了巨大变化，农业和农村经济结构加速调整，各项支农惠农相关政策得到全面落实，该阶段，国内大部分地区工业化的主要动力，从产业结构调整转变为工业结构升级。鲁西地区三产业结构层面上出现了具有高度的产业结构趋同倾向，但在制造业层面上趋同效应不明显。在这一背景下，山东省随着新型工业化的发展，积极推进胶东半岛制造业基地建设，逐步推进制造业强省建设。至2002年，第二产业上升速度再次大幅增加，该阶段产值年均增加率达到了41.9%，至2005年底，全省规模以上工业总产值中高新技术产业产值达到24%，相比2000年提高了10.2%。随着对外开放战略格局不断确立，山东省第三产业产值也因此不断飞跃，2004年达到4764.7亿元，相对于1989年产值增加了12.4倍。劳动力逐步向第三产业转移，人口素质得到大幅提升，服务业也随之迎来结构红利，其产值近乎呈指数增加。该阶段，山东省将繁荣发展服务业放在突出位置，大力发展物流、旅游、金融等现代服务业，产业趋于多样化，对城市群发展起到了积极的正向推动作用，五年间第三产业产值年均增量达11%，其中旅游业总收入破千亿大关。

综上所述，这一阶段第一产业结构占比持续降低，第二产业结构占比增长趋势减缓，第三产业结构占比依旧稳步上升，至2006年三大产业占比分别为9.77%、57.42%和32.82%，形成稳定的“二三一”结构。

四、2007—2016年，社会主义市场经济体制逐渐完善，第三产业增速发展明显

在这十年间，山东省产业结构调整的重点是在经济高速发展的同时提高资源利用率，并缓解和降低经济发展对于生态环境的压力，伴随国内现代企业制度的建立、改革和发展，国有工业改革效果明显，为第二产业的发展注入了新的活力。

“十一五”期间，山东省生产总值接连突破2万亿和3万亿，全省区域生产总值平均增长率为13.1%，到2010年，全省一二三产业结构比例调整

为9.2：54.2：36.6。山东省深入实施千亿斤粮食生产能力规划，增加“三农”财政投入，五年来累计投入4718亿元，年均增长36.1%。山东省粮食产量实现连续八年增产，2010年再创新高，达到4335万吨，农产品出口达到127.1亿美元，年均增长13%。山东省加速传统产业改造升级，推进企业兼并重组和技术改造，五年累计完成技改投资2.6万亿元，技改项目3.7万个，规模以上工业利润、利税年均分别增长24%和24.2%。大力提高自主创新能力，着力培植战略性新兴产业。山东省着力推进第三产业跨越发展，至2010年底，服务业增加值达到14429亿元，年均增长13.4%，其中旅游业总收入突破3000亿元。

“十二五”期间，全省一二三产业结构比例从2010年的9.2：54.2：36.6调整为7.9：46.8：45.3，山东省区域生产总值达到6.3万亿元，年均增长9.4%。山东省农业现代化水平稳步提升，粮食产量由43355万吨增加到47125万吨，2015年以后，随着农业供给侧结构性改革的进行，农业结构、布局得到了有效调整，有效促进了省内经济结构转型。农业供给体系的质量及效率得到有效提升，第一产业迎来新的转型期，第二产业中规模以上工业增加值年均增长率为10.8%，装备制造业和高新技术产业比重持续提高。至2016年，山东省服务业产值达到31669.03亿元，超越第二产业，成为省内主导产业，其产值是改革开放之初1978年省内产值的1020倍，服务业成为创造税收、吸纳就业、吸引投资的主体。

总之，该阶段随着我国经济发展进入新常态，山东省第三产业结构占比不断提高，至2016年达到47.26%。第二产业结构占比呈下降趋势，至2016年其占比为45.28%。山东省第一产业结构占比总体呈略微下降趋势，至2016年其占比为7.46%。该阶段产业结构逐步向以服务业为主导的“三二一”结构发展过渡，第三产业还将继续呈现持续发展的增长态势。

五、2017年至今，供给侧结构性改革取得重大突破，逐步向“三二一”的产业结构转变

2017年，山东省地区生产总值达到7.27万亿元，三大产业结构已经实现了由“二三一”到“三二一”的历史性转变，一二三产业结构比例为6.4∶45.4∶47.3，产业结构趋向合理化。经济发展动力明显增强，主要领域改革主体框架基本确立，供给侧结构性改革将在取得重大突破的基础上持续推进，产业结构发展将迈入新时代。

1978年至2016年山东省三大产业生产总值变化趋势情况如图2-1所示，山东省三大产业结构占比情况，如图2-2所示。

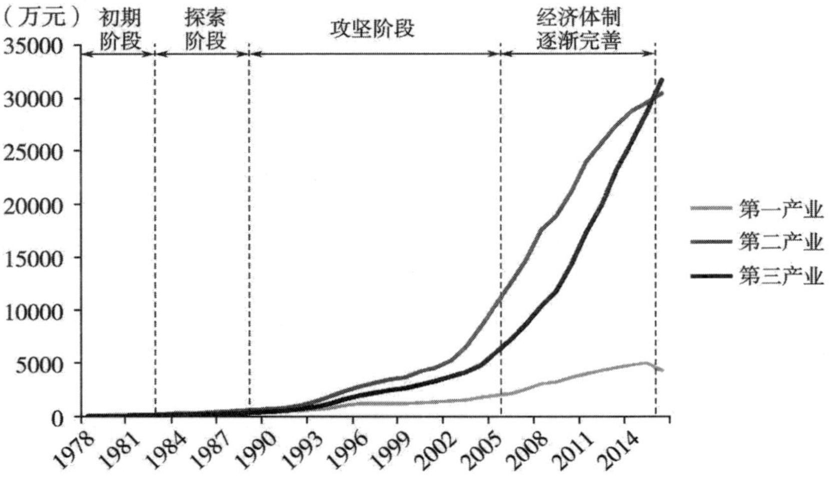

图2-1　山东省主要年份三大产业生产总值变化趋势图

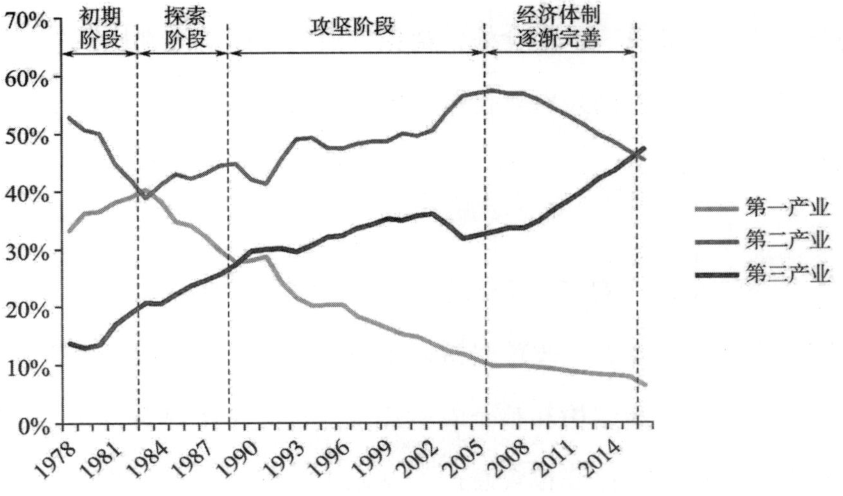

图2-2　山东省主要年份三大产业生产总值占比折线图

第二节　改革开放以来山东农业发展及结构演变

一、山东省农业发展历程

纵观改革开放40年，山东农业发展历程大致可以分为以下五个阶段：

（一）第一阶段：农业突破化发展阶段（1978—1984年）

该阶段，国家全面推行家庭联产承包责任制，极大调动了农民的生产积极性，农业生产实现了迅猛发展。至1984年，山东省农林牧渔业总产值达到310.11亿元，比1978年增长3.0倍，粮食产量大幅增长，人均占有粮食由1978年的319.56公斤提高到1984年的398.1公斤，从根本上解决了山东省长期以来粮食短缺的局面，彻底解决了广大人民的“温饱”问题。此外，农业生产突破了“以粮为纲”的单一结构，实现了粮食作物与经济作物并重。除粮食外，棉花、油料总产量分别比1978年增长10.2倍和0.89倍，农民人均纯收入达到395元，比1978年增长3.4倍，年均递增22.9%。

（二）第二阶段：农业商品化发展阶段（1985—1991年）

该阶段，山东省农村改革坚持以市场为导向，不断向纵深发展，种植业结构、农林牧渔结构和整个农村经济结构发生了显著变化。在种植业结构调整方面，在保证粮食总产的基础上，保持了经济作物的稳定增长。粮食、棉花、油料、蔬菜播种面积占农作物总播种面积的比重，分别由1985年的73.5%、10.8%、9.0%、2.8%调整为1991年的73.5%、14.2%、6.4%、3.6%。在农林牧渔业结构调整方面，以市场为导向，以畜牧、渔业为突破口，大力发展林牧渔业，初步实现了以农促多种经营，以多种经营促农的良性循环。农民人均纯收入达到764.0元，比1984年增长93.4%。在农村经济结构上，乡镇企业异军突起，撑起了农村经济的半边江山。

（三）第三阶段：农业产业化发展阶段（1992—2000年）

该阶段，山东省以提高农业效益和增加农民收入为中心，切实转变增长方式，使农村经济增长质量和效益有了很大提高。山东各地涌现出了许多农村经济发展的好典型，像诸城市的“贸工农一体化”、寿光市的“产加销一体化”、潍坊市的“发展规模经营”等。此外，为加快农业产业化的发展，山东省出台了多个文件。比较典型的有1994年制定的《贯彻落实中共中央、国务院关于加大改革创新力度加快农业产业化发展的若干意见》（山东省1号文件），标志着山东省农业产业化进入实施阶段。2002年的《关于深入推进农业产业化经营的决定》《山东省人民政府关于大力推行农业标准化全面提高农产品质量的意见》，进一步促进了山东省农业产业化和标准化程度的提高。2002年底，山东省符合农业部统计标准的各类农业产业化组织11678个，其中龙头企业5035个，中介组织4092个，专业市场1320个。

（四）第四阶段：农业惠民化发展阶段（2001—2011年）

进入新世纪，党中央提出了建设全面小康社会的奋斗目标，山东各级政府牢固树立科学发展观，不断加大各项惠农政策力度，坚定不移地推进农村产业化、标准化、国际化发展。实施了税费改革、免除农业税、粮食直补、良种补贴、农资综合补贴等惠民政策，给农村注入了新的生机和活力，对农民增收起到积极的推动作用。2011年山东省农林牧渔业总产值达到7409.8亿元，比2003年增长2.6倍，粮食总产量比2003年增长1.3倍，蔬菜总产量比2003年增长1.1倍，粮食、蔬菜生产实现了多年稳产，保障了城乡居民的“米袋子”“菜篮子”。2011年山东省农产品出口创汇达到了153.8亿美元，占全国四分之一，农民人均纯收入8342.1元，比2003年增长2.6倍，年均递增12.9%。

（五）第五阶段：农业现代化发展阶段（2012至今）

该阶段，省委、省政府积极推进农业供给侧结构性改革。新常态下我国经济增长速度从高速转向中高速，发展方式从规模速度型转向质量效益型，对农业的基础地位提出了更高的要求。一方面，需要迎接挑战，在市场需求乏力的形势下，通过农业供给侧结构性改革，生产出更多适应市场需求的农产品，创新农产品供给，增加农民收入。另一方面，需要抓抢机遇，在更加注重经济发展质量效益的良好社会氛围中，抓住“一带一路”“京津冀协同发展”等国家战略实施的良好契机，加快转变发展方式、优化产业结构，在稳定农业发展速度的同时，实现新一轮转型升级。2016年山东省农林牧渔总产值达到9325.89亿元，比2012年增长1.17倍，农民人均纯收入达到13868.6元，比2012年增长46.8%。

二、山东省农业内部结构性特征

（一）山东省农业总体结构特征

改革开放以来，随着山东省农业的快速发展和产出的大幅提高，农业产业结构发生了显著变化，农、林、牧、渔业产值占农业总产值比重由1978年的83：2：12：3演变为2016年的50：2：27：16。种植业在农业总产值中的占比呈持续下降趋势，由1978的83%下降至2016年的50%，下降了33个百分点，平均每年下降0.87个百分点，但依然在农业产业结构中占有最大比重，其重要地位不容忽视。畜牧业发展波动较大，但总体上升趋势显著，其由1978年的12.19亿元增加至2016年的2540.82亿元，在农业总值中的占比由11.93%增加至27.24%。渔业产值处于平稳上升的态势，从1978年的3.45亿元增加至2016年1485.58亿元，在农业总产值中的占比也由1978年的3.4%增加至15.9%。林业产值也呈现出不断上升的趋势，但增长幅度低于其他部门，从1978年的1.81亿元增加到2016年的147.48亿元。农业产业部门关系日渐协调，部门内部产业空间不断拓展。农业产业

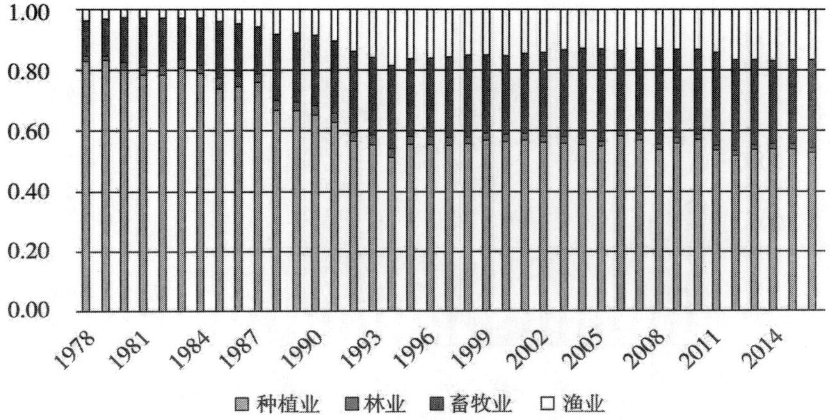

图2-3　1978—2016年山东农业产业结构变化

结构彻底打破了改革开放初期以种植业为主的单一结构，逐步向农、林、牧、渔全面发展转变，具体如图2-3所示。

（二）种植业内部结构性特征

建国初期，山东省受粮食生产水平低的影响，长期实行“以粮为纲”的单一生产结构。改革开放后，省委、省政府结合山东发展实际情况，不断调整优化种植业内部产业结构，在保证粮食产量的基础上，因地制宜，逐步建立起鲁西和鲁南粮棉、鲁中和鲁南蔬菜、沿黄畜牧和胶东半岛果品与水产品等优势产业带，种植业内部结构逐步趋于完善。粮食作物产量由1978年的870.0万吨增加至2016年的4700.7万吨，增长约5.4倍；棉花产量由1978年的8.1万吨增加至2016年的54.8万吨，增长约6.8倍；油料产量由1978年的55.6万吨增加至2016年的326.8万吨，增长约5.9倍；蔬菜产量由1978年的713.7万吨增加至2016年的10327.0万吨，增长约14.5倍；水果产量由1978年的151.6万吨增加至2016年的1728.5万吨，增长约11.4倍。

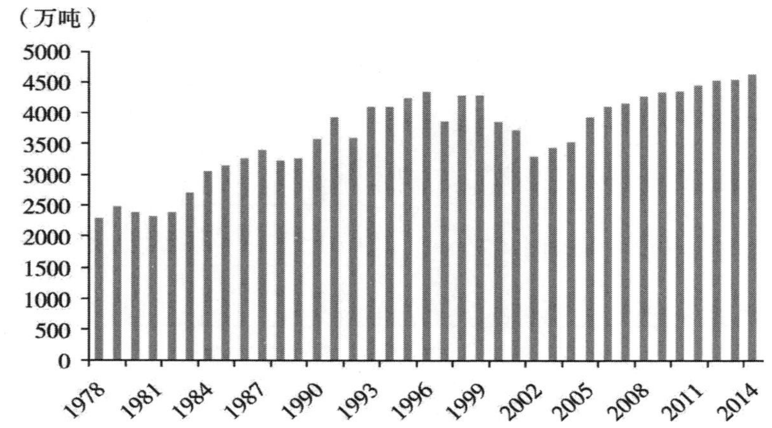

图2-4 改革开放以来山东省历年粮食总产量

（三）林业内部结构性特征

改革开放以来，山东省林业产业保持快速增长势头，产业规模不断扩大，产值不断增加。全省林业总产值从1978年的1.81亿元增长到2016年的147.48亿元，增长81.7倍。产业结构逐步优化，林业内部的一二三产业结构由2010年的45：53：2调整为2016年的36：57：7。木材加工稳定发展，年均人造板产量6460万立方米，木地板产量6226万平方米。特色经济

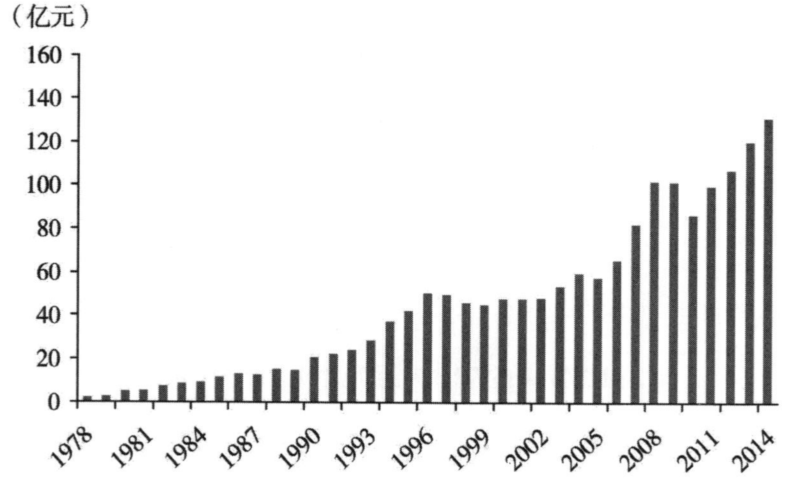

图2-5 改革开放以来山东省历年林业总产值

林快速发展，年均提供干鲜果品、木本粮油等特色经济林产品2000亿吨，年产值突破1500亿元，发展油用牡丹56万亩。林木种苗花卉方兴未艾，生产面积达到400余万亩，年产值600亿元，每年为社会提供良种壮苗30亿株。林业生态旅游蓬勃发展，已建立各级森林公园245处、湿地公园146个，面积915万亩，年均接待旅游休闲1.03亿人次，实现旅游收入230亿元。山东省历年林业总产值如图2-5所示。

（四）畜牧业内部结构性特征

改革开放以来，山东畜牧业由住户散养为主发展到现在规模化、标准化养殖为主，一直呈稳定增长的发展趋势。自2001年起山东实行畜牧标准化生产，历经近几年的开关封关和突发疫情的考验，畜牧规模化标准化生产得到长足发展。改革开放40年间，牧业产值增长208.3倍，牧业生产及产品产量发生了巨大变化，与早期的匮乏形成鲜明的对比。2016年山东省肉类总产量达到777.5万吨，比1978年增长12.8倍，年均递增6.9%；禽蛋

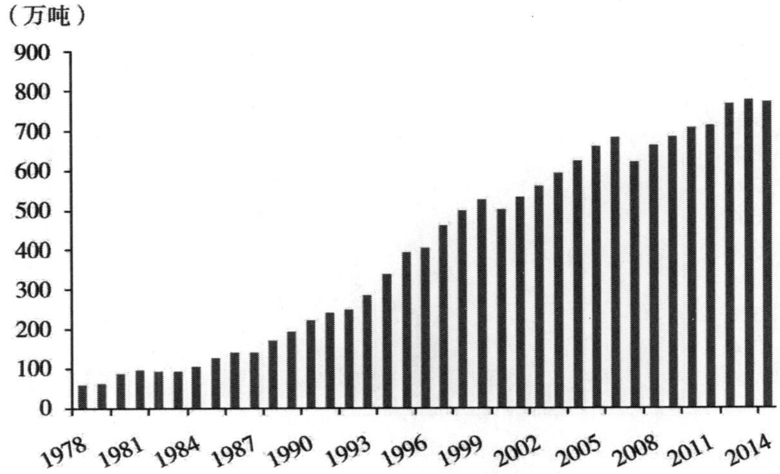

图2-6 改革开放以来山东省历年肉类总产量

总产量441.1万吨，比1978年增长19.6倍，年均递增8.1%；奶产品总产量276.8万吨，比1978年增长40.7倍，年均递增10.2%。畜牧业的快速发展，极大地丰富了畜产品市场，改善了山东省人民的膳食结构，拓宽了农民增收的途径，对促进农业产业化和外向型经济的发展起到了积极作用。山东省历年肉类总产量如图2-6所示。

（五）渔业内部结构性特征

山东海岸绵长、海域辽阔，内陆水域众多，拥有得天独厚的水产资源。党的十一届三中全会以后，省委、省政府把发展渔业生产作为调整农村产业结构、振兴农村经济的战略重点和突破口，提出要像重视耕地一样重视水面的开发利用。

改革开放40年间，渔业产值由3.45亿元增加至1485.58亿元，增长430.6倍。近年来，省委、省政府把渔业作为农村经济基础产业、蓝色经济区主导产业和海洋战略性产业来培育，以实现渔业现代化为目标，推进落实“海上粮仓”建设，大力推进渔业转型升级，取得了显著成效。至2016年，山东省

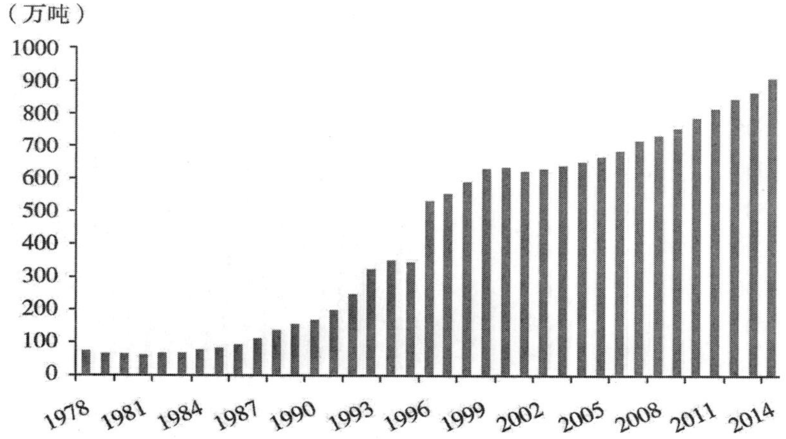

图2-7 改革开放以来山东省历年水产品总量

水产品总产量达950.2万吨，比1978年增长12.8倍。其中，海水产品795.0万吨，淡水产品155.2万吨。渔业经济总产值1485.6亿元，渔民人均纯收入1.93万元。山东水产业的快速发展，不仅满足了山东省的需要，也为繁荣全国水产品市场作出了巨大的贡献。山东省历年水产品总量如图2-7所示。

三、山东省农业发展政策支撑体系解析

改革开放40年间，随着山东省农业不断向前发展，省委、省政府积极贯彻党中央、国务院的各项精神，结合山东省农业发展实际情况，不断深化改革，相继出台了一系列配套的政策法规和部门规章，为山东实现“农业大省”到“农业强省”的转变提供了重要支撑。如，实行家庭联产承包责任制，确立了农户经营和利益分配主体地位，改变了劳动者和生产资料以集体为单位的结合方式以及“平均主义”利益分配关系；推行农业产业化，拓宽了农民参与利益分配的环节与领域，强化了农民作为社会利益分享主体的应有权益；农村税制制度改革以及各级政府对农业投入的不断增加，赋予了农民作为国民收入分配主体的应有地位。通过这一系列政策法规，理顺了农业生产关系，解放了农业生产力，改善了农民生活质量。改革开放以来山东省重点实施的农业发展政策见表2-1。

表2-1　　改革开放以来山东省实施的若干农业发展政策

标题	颁布时间	核心内容
山东省关于进一步深化农业科技体制改革的若干规定	1989.04.15	鼓励广大农业科技人员进入农业生产主战场，促进科技与生产的紧密结合。鼓励农业科研、技术推广，为农业改革逐步完善配套。
山东省关于稳定和完善农村集体土地经营制度的若干规定	1994.12.21	进一步稳定以家庭联产承包为主的生产责任制，延长土地承包期，完善农村集体土地经营制度，加强农业承包合同管理。

（续表）

标题	颁布时间	核心内容
关于深入推进农业产业化经营的决定	2002.06.11	深入推进农业产业化经营，有效解决制约农业和农村经济发展的市场约束、质量瓶颈、结构和体制性矛盾等问题，是形势发展的迫切需要。以促进农业增效、农民增收为根本出发点，以市场为导向，以农业结构战略性调整为主线，以体制创新和科技进步为动力。
山东省人民政府关于对种粮农民实行直接补贴的通知	2004.03.19	以党的十六届三中全会为指导，进一步深化粮食流通体制改革，推进粮食购销市场化进程，把粮食流通环节的间接补贴改为对种粮农民的直接补贴，保护种粮农民利益，增加种粮农民收入，调动农民种粮的积极性。
山东省农业现代规划（2016—2020年）	2017.03.20	总结“十二五”期间山东省农业主要成效，提出“十三五”期间山东省农业发展目标及任务：推进农业供给侧结构性改革，加快农业现代化进程。
山东省人民政府办公厅关于实施造林绿化十大工程的通知	2018.05.22	为深入学习贯彻习近平新时代中国特色社会主义思想和党的十九大精神，积极打造乡村振兴齐鲁样板，省政府决定，自2018年起在全省实施造林绿化“十大工程”，确保实现到2020年全省森林覆盖率达到20%的目标。
山东省市级政府耕地保护责任目标考核办法	2018.07.31	坚持最严格的耕地保护制度和最严格的节约用地制度，守住耕地保护红线，严格保护永久基本农田，建立健全市级政府耕地保护责任目标考核制度。
山东省新旧动能转换现代高效农业专项规划（2018—2022年）	2018.07.20	发展现代高效农业，依靠先进科学技术、优良物质装备、集约组织方式、新型从业人才，通过拉长产业链条，推进绿色生产，提高产品质量，提升经济效益，加快实现农业由传统产业到高质高效产业转变。

第三节　改革开放以来山东工业发展及结构演变

一、山东省工业发展概括

改革开放40年来，山东省紧紧抓住各个发展机遇，制定并实施了一系列政策措施，全省工业经济保持了持续、快速、平稳发展，总体规模和实力水平得到了迅速提高和增强，在国民经济发展中的主导地位不断巩固和加强。根据秦传滨的研究，可将山东省工业的发展历程分为四个阶段：

（一）山东省工业奠基发展阶段（1978—1990年）

改革开放初期，1978年山东省工业总产值仅有296.82亿元。进入80年代，乡镇工业的发展壮大以及工业企业内部放权让利、承包经营等各项改革的顺利进行，强力促进了山东省工业快速发展，至1990年，山东省工业总产值达到了2200.85亿元，是1978年的7.4倍。这一阶段，山东省的工业得到了长足的发展，为山东省日后工业的高速发展奠定了坚实的基础。

（二）山东省工业高速发展阶段（1991—2000年）

伴随20世纪90年代社会主义市场经济体制的建立，尤其是邓小平同志南行之后，多种所有制形式百花齐放，尤其是非公有制经济得到了长足的发展。同时伴随着现代企业制度的改革和发展，国有工业改革、改造、改组取得明显成效，工业经济发展有了新的动力。这一阶段山东省工业总产值的增长速度屡创新高，到2000年，全省工业总产值达到了12509.53亿元，是1990年的5.7倍。

（三）山东省工业又好又快发展阶段（2001—2010年）

2001年到2010年，山东省工业在国际产业转移浪潮以及国内城市化、工业化进程加快的发展机遇下，重点推动高新技术产业成长及改造和提升传统工业产业。到2010年，山东省工业总产值达到了83851.4亿元，是2000年的6.7倍。这一阶段，山东省实现了工业的高质量、高速度发展。

（四）山东省工业转型升级阶段（2011至今）

2010—2016年，是山东省工业转型升级、减排降耗的关键时期。全省以提高发展质量和效益为中心，坚定不移地贯彻改革开放和创新驱动战略，坚持腾笼换鸟、凤凰涅槃，走新型工业化道路，建设现代产业体系，着力打造山东工业升级版。到2016年，全省工业总产值达到了150705.13亿元，是2010年的1.8倍。

表2-2　　1978—2016年山东省工业总产值表

年份	工业产值（亿元）					占全部工业总产值的比重（%）			
	总产值	国有经济	集体经济	轻工业	重工业	国有经济	集体经济	轻工业	重工业
1978	296.82	200.74	78.6	144.28	152.54	67.63	26.48	48.61	51.39
1979	314.34	217.62	78.52	157.52	156.82	69.23	24.98	50.11	49.89
1980	340.32	229.89	90.46	183.81	156.51	67.55	26.58	54.01	45.99
1981	358.37	238.57	96.69	212.33	146.04	66.57	26.98	59.25	40.75
1982	393.21	261.91	100.28	233.57	159.64	66.61	25.5	59.4	40.6
1983	441.85	292.55	110.46	261.04	180.81	66.21	25	59.08	40.92

（续表）

年份	工业产值（亿元）					占全部工业总产值的比重（%）			
	总产值	国有经济	集体经济	轻工业	重工业	国有经济	集体经济	轻工业	重工业
1984	534.91	318.3	164.8	317.58	217.33	59.51	30.81	59.37	40.63
1985	682.78	397.07	205.53	370.41	312.37	58.15	30.1	54.25	45.75
1986	784.33	415.12	234.86	419.38	364.95	52.93	29.94	53.47	46.53
1987	1032.88	521.66	302.57	533.38	499.5	50.51	29.29	51.64	48.36
1988	1455.24	662.48	441.05	751.7	703.54	45.52	30.31	51.65	48.35
1989	1920.94	833.86	575.95	982.99	937.95	43.41	29.98	51.17	48.83
1990	2200.85	911.88	650.38	1118.76	1082.09	41.43	29.55	50.83	49.17
1991	2599.17	1038.69	764.67	1326.78	1272.39	39.96	29.42	51.05	48.95
1992	3115.45	1301.39	993.81	1536.64	1578.81	41.77	31.9	49.32	50.68
1993	4713.48	1678.89	1285.42	2125.93	2587.55	35.62	27.27	45.1	54.9
1994	7023.23	2012.72	1812.72	3367.58	3655.65	28.66	25.81	47.95	52.05
1995	8906.6	2600.54	1840.75	4403.84	4502.76	29.2	20.67	49.44	50.56
1996	9126.63	2423.77	2380.09	4540.14	4586.49	26.56	26.08	49.75	50.25
1997	9984.12	2513.03	2512.01	4926.5	5057.61	25.17	25.16	49.34	50.66
1998	10579.17	2177.73	2206.64	5110.02	5469.15	20.59	20.86	48.3	51.7
1999	11195.46	2058.49	2218.99	5373.71	5821.75	18.39	19.82	48	52
2000	12509.53	2474.49	2393.99	5964.7	6544.83	19.78	19.14	47.68	52.32
2001	13277.37	1223.49	2078.33	6437.42	6839.96	9.21	15.65	48.48	51.52
2002	15588.53	1377.03	2348.82	7630.45	7958.08	8.83	15.07	48.95	51.05
2003	19891.54	1484.04	2526.39	9049.49	10842.05	7.46	12.7	45.49	54.51
2004	26295.24	2087.28	2819.3	11382.95	14912.29	7.94	10.72	43.29	56.71
2005	35387.43	1982.94	2264.87	13124.13	22263.3	5.6	6.4	37.09	62.91
2006	43900.21	2307.84	2469.67	15638.85	28261.36	5.26	5.63	35.62	64.38
2007	54428.27	2988.11	2922.8	19011.79	35416.48	5.49	5.37	34.93	65.07
2008	62958.53	4577.21	2464.08	21315.28	41643.25	7.27	3.91	33.86	66.14
2009	71209.42	4074.7	2775.66	24195.79	47013.62	5.72	3.9	33.98	66.02
2010	83851.4	5486.12	2632.65	27161.78	56689.62	6.54	3.14	32.39	67.61

（续表）

年份	工业产值（亿元）					占全部工业总产值的比重（%）			
	总产值	国有经济	集体经济	轻工业	重工业	国有经济	集体经济	轻工业	重工业
2011	99504.98	6200.76	2983.41	31019.15	68485.83	6.23	3	31.17	68.83
2012	114707.29	5022.12	3129.06	36682.83	78024.46	4.38	2.73	31.98	68.02
2013	129906.01	4250.08	1750.38	40763.79	89142.21	3.27	1.35	31.38	68.62
2014	141415.02	4262.15	1672.3	43837.12	97577.9	3.01	1.18	31	69
2015	145964.2	4547.07	1686.34	46775.9	99188.3	3.12	1.16	32.05	67.95
2016	150705.13	3895.7	1715.98	48228.01	102477.12	2.58	1.14	32	68

综合以上分析，在确保工业总产值快速增长的同时，山东省认真总结并吸取历史经验，不断改革完善各方面的宏观调控政策，使工业增长整体态势在幅度越来越小的同时保证稳定性发展。20世纪80年代末和90年代初，山东省工业增长出现了“过热”现象，省委、省政府及时进行宏观调控，制定并实施了适度从紧的货币、财政政策，对工业经济发展进行了有效的调控和引导，使工业经济发展成功软着陆。

20世纪初，全国出现了煤电油运紧张、部分行业和部分地区经济增长过快等“局部过热”的征兆，针对这一问题，山东省严把信贷和土地这两个“闸门”，对产能过剩行业以及高污染、高能耗企业的发展进行严格控制，防止了工业经济增长由偏快转为过热，实现了工业经济既好又快地发展。

2010年以来，环境生态问题日益突出，以资源消耗为驱动的产业弊端日益凸显，针对这些问题，山东省及时制定并落实了推进工业转型升级的政策，提升企业创新主体地位，推动工业发展动力向创新驱动转变。坚持生态优先，推动绿色发展。大力发展循环经济和清洁生产，打造能源梯度利用、资源接续利用、废弃物循环利用的新型工业产业链条，实现有限资源能源价值放大倍增，增强可持续发展能力。尊重市场规律，落实企业转型升级主体地位，使市场在资源配置中起决定性作用，通过市场竞争促进产业转型升级。2010年以来，全省工业增加值比上年增长的百分比由15%到2016年的6.82%。全省工业经济走上了持续、快速、平稳增长的良性发展轨道。

改革开放四十年来，全省工业经济保持了高质量、高速度发展，总体规模和实力水平不断提高，山东省工业总产值变化趋势如图2-8所示。

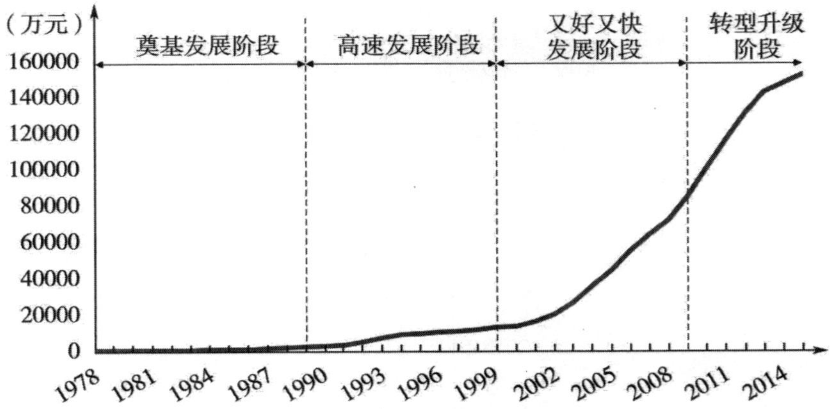

图2-8　1978—2016年山东省工业总产值变化趋势图

二、山东省工业内部结构特征解析

改革开放40年来，山东省不断加大工业结构调整力度，全省工业在轻重工业结构、所有制结构、行业内部结构等方面都发生了显著的变化。根据秦传滨的研究，可将山东省轻、重工业结构发展历程分为三个阶段：

（一）轻、重工业结构特征

改革开放以来，山东省轻重工业延续了市场经济的演变模式，结构调整主要经历了三个阶段，如图2-9所示。

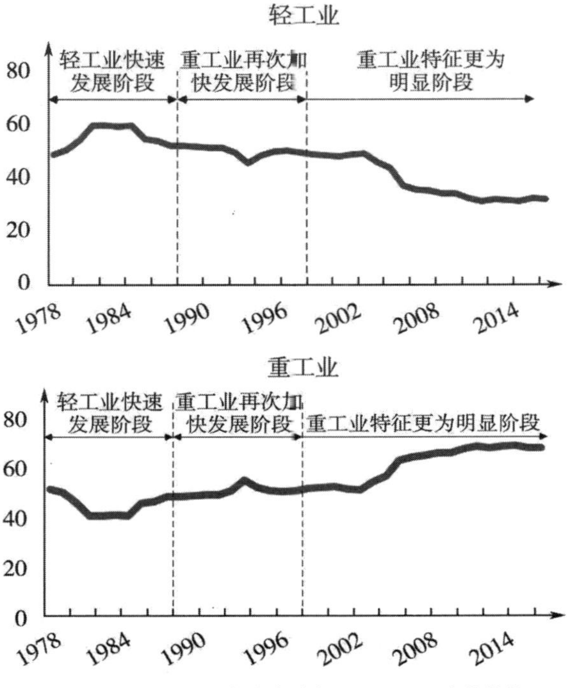

图2-9　1978—2016年山东省轻重工业比重变化趋势图

1. 轻工业快速发展阶段（1978—1990年）

从建国初期到改革开放初期，工业经济发展过于片面地强调重工业的重要性，过度地推行重工业优先发展战略。长期的“重重、轻轻”虽然加快了山东省的工业化进程，但同时也出现了轻重工业比例过于失衡和消费品严重不足等不平衡问题。至1978年，工业总产值中轻重工业的比重是48.6：51.4。改革开放后，为了解决过分强调重工业、抑制消费所带来的问题，补充消费品的不足，山东省采取了压缩基本建设、扶持轻工业发展的方针，轻工业得到长足的发展，全省工业结构也由严重重型化转为轻重工业平衡发展。至1990年，全省轻重工业比例已调整为50.8∶49.2，满足了人民群众的生活消费需求，提高了人民生活品质。

2. 重工业再次加快发展阶段（1991—2000年）

“六五”“七五”时期的消费“补课”与优先发展轻工业战略，使得生活资料的供求关系状况发生了显著的改变，众多消费品由供不应求变为供求基本平衡，个别商品甚至供过于求。为使基础产业和加工工业之间的关系更加平衡，使产业结构更加合理，1989年至1991年三年治理整顿工作完成以后，全省又着重发展了以基础工业为主的重工业。逐步淘汰落后的长线轻工产品，原材料、能源工业和电子、仪器仪表及电器等产业快速发展，全省工业结构明显由劳动密集型的轻纺工业向技术水平较高的资本密集型重工业转变，重工业的比重逐步上升。到2000年，轻重工业比例由1991年的51.1∶48.9变为47.7∶52.3。这次重工业经济的快速增长以及占比增加与改革开放前的不平衡发展相比区别较大，改革开放前是轻视客观条件的偏盲目性“跨越”，而此次调整则充分考虑到了客观条件并坚持以市场为主体。通过这一阶段的发展，全省人民生产生活的工业化水平大大提高，进一步解放了生产力，提高了人民生活水平。

3. 重工化特征更为明显阶段（2001年至今）

进入新世纪以来，居民消费结构更明显地由衣、食向住、行转变和升级。受市场在资源配置中的决定性作用影响，房地产业、汽车制造业等产业成为新的高增长产业。由于房地产、汽车制造等行业产业链条长、配套多，所以对相关产业的带动作用更加明显，尤其是对钢铁、机械、化工等重工化工业有很大的拉动力。市场需求导向的转变，加快了生产资料向重工业倾斜，促进了重化工业的快速发展，轻重工业比例由2001年的48.5∶51.5变为

2016年的32：68。人民的刚需得到了满足，生活质量进一步提高。

（二）所有制组成结构特征

改革开放前，在“左”倾的错误思想影响下，山东省在工业经济所有制结构和关系方面过分片面地追求公有制经济尤其是国有制经济的绝对完全占比，使得个体私营经济的发展受到抑制，工业经济中公有制基本成为唯一的所有制形式。至1978年，全省国有企业占67.6%，集体企业占26.5%，其他经济仅占5.9%。

改革开放后，尤其是邓小平同志南行以后，非公有经济得以快速发展。1997年党的十五大明确指出了“非公有制经济是我国社会主义市场经济的重要组成部分”，更为全省非公有制工业经济发展提供了更广阔的发展空间和更充足的发展动力，使得私营企业、“三资企业”等非公有工业迅速发展，非公有制工业经济规模不断扩大，公有制工业在全省工业经济中的比例下降，所有制结构呈现出多种经济成分共同发展的多元经济结构。到2007年，全省国有经济占全部工业总产值的5.49%，集体经济占全部工业总产值的5.37%。到2016年，全省国有经济占全部工业总产值的2.58%，集体经济占全部工业总产值的1.14%，非公有工业已成为山东省工业经济非常重要的组成部分。

三、山东省工业转型升级发展概括

（一）优势产业转型升级发展概括

改革开放初期到21世纪初，山东省随着改革开放的深化，社会发展利益格局不断调整，经济和社会生活中的深层次矛盾日益显现，国内宏观经济环境经历了由抑制通货膨胀到出现通货紧缩趋势的重大变化。山东省依据国家产业政策，着眼于国际国内产业分工的大格局，发挥比较优势，强化存量优化和结构升级。到21世纪初形成了一批特色分明的优势产业，包含家电制造业、汽车工业、装备制造业、化学工业、纺织工业、造纸工业、医药工业、冶金工业、建材工业和食品工业。很大程度地满足了人们日益增长的物质需要以及越来越强劲的城市化、工业化需求。

21世纪初到2010年，山东省坚持走新型工业化道路，产业布局进一步优化，规模效益和产业集中度明显提高。坚持有进有退、有保有压、有所为有所不为的原则，按照改造一批、壮大一批、培植一批、转移淘汰一批的总体思路，从传统工业中选优势行业，从优势行业中选龙头企业，从龙头企业中选名牌产品，集中投入，长期推进，使其迅速发展壮大，改造升级了造纸、塑料、新型包装材料、化肥、轮胎、水泥、平板玻璃、建筑卫生陶瓷、新型墙体材料、耐火材料等10个优势行业。

2010年至今，山东省以实现工业由大变强为核心，全省各优势产业体系发育良好。按照国民经济行业分类，山东省工业在采矿业、制造业、电力燃气和水的供应业3大门类、41个大类和197个中类中均有分布。国家统计的工业产品中，山东省有100余种产品产量居全国前列。工业自我配套能力较强，汽车、农业机械、工程机械、电工电器、纺织服装等优势产业形成了较为完善的产业链条。

（二）支柱产业转型升级发展概括

改革开放初期到21世纪初，山东省明确目标，解放思想，排除各种干扰，开拓进取，工业产值迅速增长，成为支撑经济增长的重要力量。到21世纪初，山东省的支柱产业分别是设备制造业、化学工业、食品制造业、金属产品制造业，其总产出占全省工业总产出的60%以上。

表2–3　　　　2002年工业各部门总产出结构表

工业部门	总产出	
	绝对数（亿元）	构成（%）
设备制造业	4765.66	25.28
化学工业	1204.99	15.68
食品制造业	304.68	12.10
金属产品制造业	77.04	9.83

21世纪初到2010年，以高新技术产业为先导，以提高自主创新能力为支撑，以建立现代制造业体系为目标，在突出“三个一批”、完善拉长七个产业链的基础上，包括电子信息及家电产业、机械设备产业、化工产业、纺织服装业和材料产业在内的支柱产业得到了长足的发展，尤其是装备产业、传统产业得到了改造提升，制造业国际竞争力显著提高。山东省以增强技术创新、产品开发和精深加工能力为方向，加快运用高新技术和先进适用技术，使得产业的设计、制造、装备和管理水平得到了进一步提升，产品质量和档次进一步提高，实现了传统产品结构的优化升级。

2010年至今，山东省以增强自主创新能力、提高产业集中度和节能减排水平为重点，深入推进产业调整振兴，推动传统产业改造升级、战略性新兴产业加快发展、产业集聚集约发展，逐渐构建起高端产业、高端产品、高端技术为主体的现代制造业体系。包括轻工、化工、机械、冶金、纺织、电子信息在内的主导产业得到了高质量和高速度的发展。2014年，这六个支柱产业主营业务收入均超过万亿元，占全省规模以上工业总量的82%，为山东省由工业大省向工业强省跨越奠定了坚实的基础。

（三）先导产业转型升级发展概括

改革开放初期到21世纪初，立足全省优势领域，突出重点，以人才为根本，以重点项目为依托，包括电子信息、生物工程、新材料、海洋新兴产业、先进制造技术和新能源在内的先导产业得到了长足的发展。

21世纪初到2010年，山东省以市场为导向，以提高国际竞争力为核心，引进、消化、吸收和自主创新相结合，强化政策支持，推进关键技术创新和系统集成，不断提高产业整体素质和装备国民经济的能力，实现了先导产业的跨越式发展。新能源、新材料、新信息、新医药、海洋开发等五大先导产业进一步发展。

2010年至今，山东省着眼于在更高层次、更广视角参与国内外竞争，推动全省工业由大到强、凤凰涅槃，实现了转型升级新跨越，全省更大力度、更深层次地推进了包括新一代信息技术、生物、高端装备、新材料、现代海洋、绿色低碳、数字创意在内的先导产业的发展。到2015年，战略性先导产业增加值占工业生产总值的比重已超过10%。

至2017年，山东省工业生产平稳增长，工业增加值达28705.7亿元，比上年增长6.6%，规模以上工业增加值增长6.9%。其中，装备制造业增长11.0%，高技术产业增长10.9%，六大高耗能行业增长3.6%。工业产销率为98.9%。主要工业产品情况见表2-4。

表2-4　　　　2017年规模以上工业主要产品产量及增长速度表

指标	单位	产量	比上年增长（%）
啤酒	万千升	608.8	2.2
纱	万吨	876.8	1.4
布	亿米	121.1	3.0

（续表）

指标	单位	产量	比上年增长（%）
机制纸及纸板	万吨	2177.5	2.6
化学农药原药	万吨	33.1	−50.2
水泥	万吨	15300	−2.6
平板玻璃	万重量箱	7232.2	6.5
粗钢	万吨	7147.9	1.7
钢材	万吨	9209.8	−2.5
原铝（电解铝）	万吨	725.3	−14.8
发动机	万千瓦	21744.9	39.0
汽车	万辆	140.3	11.4
动车组	列	1512	−24.6
家用电冰箱	万台	821.4	−7.0
家用洗衣机	万台	627.2	−6.5
电子计算机整机	万台	79.4	4.6
手机	万台	5041.5	−15.0

四、山东省工业发展政策支撑体系解析

改革开放40年以来，随着工业化进程的不断加快以及社会主义市场经济体制改革的不断完善，山东省积极贯彻党中央的各项精神，认真落实国家的相关政策和法律，并结合全省工业发展实际情况，不断深化改革，出台了一系列适合全省发展的政策法规和政府规章，成为全省“工业兴省”的重要支撑和坚实基础。山东省工业发展的政策支撑体系如表2–5所示。

表2–5　　改革开放以来一些关于山东省工业发展的政策法规

标题	颁布时间	核心内容
《关于深化企业改革增强企业活力若干问题的规定》鲁政发〔1987〕25号	1987.03.19	全面落实企业的自主权。实行“两权”分开，发展和完善企业经营承包责任制；全面推行厂长（经理）负责制；改进、完善企业分配制度；保护企业的合法权益不受侵犯；抓紧清理行政性公司；鼓励发展各种形式的联合体。
《山东省关于发展散装水泥的若干规定》鲁政发〔1991〕147号	1991.12.31	规定了山东省内水泥产业的行业规范和管理办法。
《山东省工业生产建设项目安全设施监督管理办法》山东省人民政府令第213号	2009.06.17	规定了建设项目设立安全审查的办法。规定了建设项目安全设施设计审查的办法。规定了建设项目安全设施施工和竣工验收的办法。明确规定了相关的法律责任。
《山东省人民政府办公厅关于加快推进工业创新发展转型升级提质增效的实施意见》鲁政办发〔2017〕1号	2017.01.01	深入贯彻“敲开核桃、一业一策”思路，突出“三链融合”，加快“四个转变”，以“十件实事”为重点，打好一套“组合拳”，提出了加快推动工业创新发展、转型升级、提质增效，大力振兴实体经济实施意见。
《山东省“十三五”战略性新兴产业发展规划》鲁政发〔2017〕7号	2017.03.09	为推进供给侧结构性改革，构筑经济增长新动能，加快经济文化强省建设，努力实现全面建成小康社会目标，推动战略性新兴产业发展壮大为先导性、支柱性产业提出了规划和建议。
《山东省企业技术改造条例》2017年12月1日山东省第十二届人民代表大会常务委员会第三十三次会议通过	2017.12.01	明确了技术改造推进的方向。规定了技术改造实施的办法。规定了鼓励措施和法律责任。
《山东省人民政府办公厅关于推进工业企业“零增地”技术改造项目审批方式改革的通知》鲁政办字〔2018〕20号	2018.02.11	规定了“零增地”技术改造项目实行审批目录清单管理，清单以外项目实行承诺制度。规范了“零增地”技术改造项目承诺制的内容和程序。督促各市县政府切实做好“零增地”技术改造项目审批方式改革落实工作。

（续表）

标题	颁布时间	核心内容
《中共山东省委山东省人民政府关于推进新旧动能转换重大工程的实施意见》	2018.02.13	为突出转换重点，建设现代产业体系，实施创新驱动战略，增强新旧动能转换动力，深化重点领域改革，激发新旧动能转换活力，构建全面开放新格局，拓展新旧动能转换空间，强化支撑保障，夯实新旧动能转换基础提出了实施意见。

第四节　改革开放以来山东服务业发展及结构演变

一、山东服务业发展概况

近年来，山东省产业结构已趋近“三二一”产业格局，服务业逐渐成为山东省的主导产业，纵观山东省改革开放以来的产业发展进程，服务业发展大致分为以下四个阶段：

（一）山东省服务业起步发展阶段（1978—1987年）

1978年，党的十一届三中全会提出把党和国家工作中心转移到经济建设上来，实行改革开放，山东省服务业紧随国家发展步伐开始初步发展。在该发展阶段，工业处于绝对主导地位，而服务业正处于萌芽时期，服务业呈现产业规模小、种类少的特征。1978年山东省服务业生产总值仅为31亿元，至1987年山东省服务业生产总值增长至220亿元，较1978年增长了约8倍。

服务业在三大产业中的占比由1978年的13.8%扩大至24.7%，对山东省

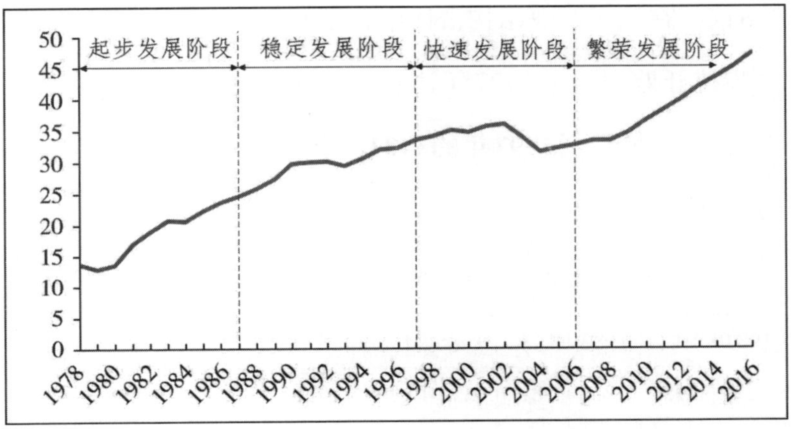

图2-10　1978—2016年山东省服务业产业占比情况变化趋势图

国民经济贡献率达到了27.1%。就业人数由1978年的252.3万人增长至1987年的494.9万人，就业人数增加了一倍，山东省服务业得到了初步的发展。

表2-6　　1978—2016年山东省服务业年生产总值汇总表　　单位：亿元

年份	1978	1979	1980	1981	1982	1983	1984	1985	1986	1987	1988	1989	1990
生产总值	31	33	40	59	75	96	120	151	176	220	289	355	450
年份	1991	1992	1993	1994	1995	1996	1997	1998	1999	2000	2001	2002	2003
生产总值	543	663	818	1178	1587	1900	2195	2397	2629	2904	3280	3701	4112
年份	2004	2005	2006	2007	2008	2009	2010	2011	2012	2013	2014	2015	2016
生产总值	4765	5925	7187	8620	10359	11768	14343	17371	19996	23222	25840	28537	31669

（二）山东省服务业稳定发展阶段（1988—1997年）

在国家鼓励加快第三产业发展的政策激励下，山东省服务业稳定发展，规模逐渐扩大，产业结构分类发生改变，经济效益得到很大提升。在该阶段，山东省服务业始终保持发展壮大势头，增长速度稳定，服务业生产总值由1988年的289亿元，上升至1997年的2195亿元，生产总值扩大了近7.6倍。在三大产业结构占比中，至1990年服务业开始超越第一产业，并逐步拉开差距，至1997年达到了33.6%。服务业就业人数由1988年的507.5万人，增长至1997年的1131.6万人，就业人数翻倍，创造了超过千万的就业岗位。

表2-7　　1981—2016年服务业对经济增长的贡献率及拉动百分点

年份	1981	1982	1983	1984	1985	1986	1987	1988	1989	1990	1991	1992
贡献率	32.8	41.4	33.4	18.7	27.3	30	27.1	17.4	15.3	2.7	32.6	29
拉动百分比	1.9	4.7	4.7	3.3	3.1	1.9	3.8	2.2	0.6	0.2	4.7	4.9
年份	1993	1994	1995	1996	1997	1998	1999	2000	2001	2002	2003	2004
贡献率	29.4	38	37.7	33	41.6	34.3	30.7	33.4	38.9	32.7	29.6	29.2
拉动百分比	6	6.2	5.3	4	4.6	3.7	3.1	3.4	3.9	3.8	4	4.5
年份	2005	2006	2007	2008	2009	2010	2011	2012	2013	2014	2015	2016
贡献率	32.1	31.9	33	37.5	30.2	35.8	38.2	37.1	37.2	38.3	45	55.6
拉动百分比	4.8	4.7	4.7	4.5	3.7	4.4	4.2	3.6	3.6	3.3	3.6	4.2

（三）山东省服务业快速发展阶段（1998—2007年）

该阶段，国家出台的有关三大产业发展政策中出现了几个明显变化：一是正式将“第三产业”更改为“服务业”，与国际接轨；二是在“十五”计划中明确提出“要发展现代服务业，改组和改造传统服务业”的意见。2002年，党的十六大提出“加快发展服务业，提高服务业在国民经济中的比重”。在此宏观背景下，山东省服务业呈现良好的发展态势。山东省服务业生产总值由1998年2397亿元快速增长至2007年的8620亿元，增长近4倍，在山东省国民经济中比重增长了近5%，基本稳定在35%左右。服务业发展对山东省经济增长贡献率自1998年34.3%

快速增长至2001年的38.9%，尽管在2002—2004年有所波动下滑，但至2007年又恢复增长至33%。服务业就业人数增长迅速，由1998年507.5万人增长至2007年1826.3万人，增长达3.6倍，就业人数逼近第二产业，并保持加速发展势头。

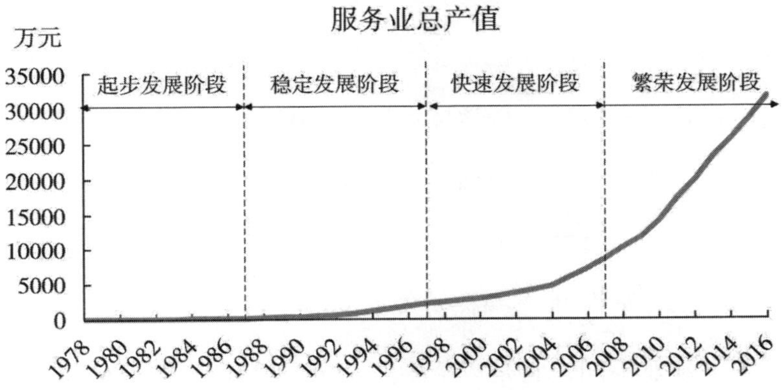

图2-11　1978—2016年山东省服务业年生产总值变化趋势图

（四）山东省服务业繁荣发展阶段（2008年至今）

经过改革开放40年来的产业快速发展，三大产业结构由传统的“二三一”逐步向“三二一”合理结构进行演变，服务业开始处于山东省国民经济的主导地位，已经步入繁荣发展阶段，各行业蓬勃发展。2008年，山东省服务业生产总值突破万亿新高，达到10359亿元，至2016年增长为31669亿元，增长了3倍之多，并在2016年首次超过第二产业生产总值，在三大产业中占比达到47.3%。对经济增长的贡献率由2008年的37.5%，快速增长至2016年的55.6%，成为经济增长的主要动力。服务业就业人数至2016年已达到2354万人，在三大产业就业人数占比中达到了35.5%，首次超过第二产业就业人数。服务业经过40年的发展，至今已经成为山东省经济发展的领跑者，其规模仍会继续繁荣扩大。

二、现代服务业发展变化

现代服务业的提法最早出现在1997年9月党的十五大报告中，2000年中央经济工作会议提出："既要改造和提高传统服务业，又要发展旅游、信息、会计、咨询、法律服务等新兴服务业"。现代服务业具有资源消耗少、环境污染少的优点，是地区综合竞争力和现代化水平的重要标志。

现代服务业是指以现代科学技术特别是网络信息技术为主要支撑，以新的商业规模、服务方法和管理方式为基础而发展的服务产业。它既包括以技术的快速发展而带动产生的新兴服务业，也包括运用现代科技对一些传统服务业的转型和促进。现代服务业和仓储、交通运输、商贸、住宿、餐饮等传统服务业不同，它是以金融业、信息传输和计算机软件业、租赁和商务服务业、科研技术服务和地质勘查业、教育、房地产业等为代表的服务业新业态。

改革开放以来，综合山东省经济发展实际情况分析，山东省现代服务业在2000年以后取得了长足发展。由表2-8分析，现代服务业生产总值从2003年的1462.2亿元升至2016年的12381.4亿元，增长了近8.5倍。在山东省三大产业生产总值占比中，现代服务业由2003年的12.1%增长至2016年的18.5%。在现代服务业各行业中，增长速度最快的为租赁和商务服务业，产业生产总值由2003年82.8亿元增长至2016年的1977亿元，增长23.9倍。其次为科学研究和技术服务业，产业生产总值由2003年42.9亿元增长至2016年的1000.4亿元，增长23.3倍。截至2016年，金融业、房地产业、教育业已经成为现代服务业发展的重要支撑力量，其生产总值占比分别为27.2%、22.4%、17.6%。

表2-8　　主要年份山东省服务业各行业产业增加值　　单位：亿元

行业＼年份	2003	2004	2005	2006	2007	2008	2009
批发和零售业	948	1171.9	1387.2	1611.7	2119.7	2523.9	3106.2
交通运输、仓储和邮政业	724.6	782.6	968.6	1212.3	1334.6	1721.2	1742.3
住宿和餐饮业	213.6	304.1	441.3	530.4	467.8	540.1	594.5
信息传输、软件和信息技术服务业	—	208.5	256.4	329.4	336.2	422.7	447
金融业	514.5	343.4	467.6	576.7	734.9	880.3	1044.9
房地产业	490.9	473.3	653.7	779.7	953.7	1105	1329.6
租赁和商务服务业	82.8	112.6	146.3	222.6	255	304	348.3
科学研究和技术服务业	42.9	63.5	82.6	99.9	151.4	195.5	224.1
水利、环境和公共设施管理业	28.2	43	66	95.5	88.4	105.8	119.2
居民服务、修理和其他服务业	364.1	221.3	263.2	310.5	281.2	305.1	342.2
教育	331.1	285.9	339.9	424.9	544.8	654.5	706
卫生和社会工作	121.2	211.2	231.8	269.1	325.4	416.8	463.6
文化、体育和娱乐业	32.6	49	60.3	72.5	93.8	91.9	108.6
公共管理、社会保障和社会组织	375.6	462.3	559.9	652.2	933.4	1092	1191.8

（续表）

行业＼年份	2010	2011	2012	2013	2014	2015	2016
批发和零售业	4257.4	5400.2	6507.4	6897.8	7826.5	8416.1	9044.9
交通运输、仓储和邮政业	1971	2328.4	2516.2	2065.2	2326.3	2503.6	2724.3
住宿和餐饮业	671	881.6	1059.5	986	1112.2	1301.4	1440.2
信息传输、软件和信息技术服务业	474.6	541.8	556.1	931.7	1009.6	1062	1088.2
金融业	1361.5	1640.4	1936.1	2383.4	2709.7	2994.7	3364.4
房地产业	1622.2	1838.1	1984.5	2363.3	2526.2	2592.7	2773.3

（续表）

行业＼年份	2010	2011	2012	2013	2014	2015	2016
租赁和商务服务业	443.4	556	661.9	1114	1267.8	1478.4	1977
科学研究和技术服务业	262.5	318	367.8	670.4	860.5	974.9	1000.4
水利、环境和公共设施管理业	143.4	163.5	198.6	303.8	353.3	413.9	420.6
居民服务、修理和其他服务业	392	497.6	600	741.6	809.7	965.8	1117.1
教育	761.2	951.6	1076.1	1410	1476.8	1734.1	2178.1
卫生和社会工作	587.8	691.2	778.2	950	947.3	1014.2	1105.5
文化、体育和娱乐业	124.3	144.8	165.6	242.8	236.8	315	357.5
公共管理、社会保障和社会组织	1270.9	1417.7	1587.9	1901.3	2095.9	2477.1	2785.9

三、服务业的内部结构性

服务业内部结构是指服务业内部各行业的构成及其相互比例关系。服务业内部结构属于产业结构理论范畴。不同经济发展阶段，服务业侧重发展的产业部门不同，各产业部门对服务业的作用和贡献也不同，但在每个阶段总有主导产业部门带动服务业发展。服务业在前工业社会阶段、工业化阶段和后工业社会阶段的表现不尽相同。通常认为，在前工业社会阶段，个人服务和家庭服务是服务业的主要内容；在工业社会阶段，与商品生产有关的生产性服务业如交通运输、仓储、邮政业和金融业等迅速发展；在后工业社会阶段，知识型服务和公共服务将成为主要力量。

（一）服务业内部产业增加值结构分析

服务业的大发展，是改革开放40年来我国产业结构调整最鲜明的特征。由表2-8可知，改革开放以来山东省服务业的发展较快，经济总量不断扩大，但其内部整体结构没有发生根本性变化，如交通运输、仓储、邮政业、批发和零售业等传统性行业经过长期稳定增长，得到了长足的发展，为增加就业、方便群众生活发挥了重要作用。尽管其在服务业中所占比重已呈现逐渐下降的趋势，但仍旧是主要支撑行业。批发和零售业由1999年的622.2亿元增长至2016年的9044.9亿元，占比从22.9%增长至28.8%。交通运输、仓储、邮政业由1999年的490.9亿元增长至2016年的2724.3亿元，占比由18.0%下滑至8.7%。以金融业、房地产业、科学研究和技术服务业和信息传输、软件和信息技术服务业为代表的标志性现代服务业在服务业中经济增加值贡献量逐年增长，已成为山东经济发展的另一重要支撑点，为拉动山东省经济增长提供了重要动力。相比1999年的436亿元，金融业的产业增加值到2016年已经达到了3364.4亿元。房地产业产业增加值由1999年的283.3亿元增长到2773.3亿元，分别占2016年经济增长值的10.7%和8.8%。在物质供给服务和精神满足服务方面，生活性服务行业如批发零售业、公共管理、社会保障和社会组织业、房地产业、住宿和餐饮业等发展迅速，所占比重越来越大，但文化、体育业等满足人民精神需求的服务行业发展较慢，所占服务业整体比重较低。此外，以高新技术为依靠的软件信息服务业等现代服务业还处于较低发展水平。

（二）服务业内部产业就业结构分析

研究服务业内部结构的演变特征，除了对服务业内部行业增加值的变动进行分析以外，还需对服务业内部就业的变动进行考察。

1. 服务业内部各行业就业比重

自改革开放以来，山东省服务业各行业就业人数不断增加，服务业的发展繁荣极大地促进了社会就业岗位增加，至2016年服务业就业人数达到了2360.6万人。在服务业内部各行业就业结构中，就业比重最大的行业是批发和零售业、贸易和交通运输、仓储和邮政业，就业比重分别保持在35%和15%左右；其次是住宿和餐饮业，就业比重基本保持在10%左右；再次是为提高居民素质和科学文化水平的服务部门，教育业和负责社会服务的社会保障公共管理业，就业比重都基本保持在6%左右；而金融保险业、房地产业、信息软件和信息技术服务业、商务服务业、科学研究和技术服务业等现代服务业所占比重较小。

表2-9　　主要年份山东省服务业各行业就业人数　　单位：万人

行业＼年份	2003	2004	2005	2006	2007	2008	2009
批发和零售业	408.6	431.9	460.2	478.7	508.6	537.1	573
交通运输、仓储和邮政业	173.3	204.5	213.2	218.3	226.7	231.9	245.1
住宿和餐饮业	9.2	129.5	146.6	148.6	163	166.6	178.5
信息传输、软件和信息技术服务业	5.9	30.4	37.4	39.8	40.6	46.8	51.7
金融业	25.4	29.2	28	28.6	30.5	34.7	38.9
房地产业	5.2	14.3	18.1	18.1	21.1	23.2	26.5
租赁和商务服务业	7.9	25.2	29.8	32.9	37.6	43.7	49.7
科学研究和技术服务业	7.5	8.6	9.3	9.3	10.1	16.3	18.7
水利、环境和公共设施管理业	10.5	12.6	12.8	12.5	12.9	14.6	14.4
居民服务、修理和其他服务业	43.7	28.1	31	33.9	34.7	35.5	39.7
教育	104.6	122.6	119.2	121.4	123.7	122.7	122.5

（续表）

行业 \ 年份	2003	2004	2005	2006	2007	2008	2009
卫生和社会工作	34.9	41.2	41.5	42.3	44.6	46.1	47.8
文化、体育和娱乐业	5.5	8.6	8.2	8.5	8.6	8.9	9.7
公共管理、社会保障和社会组织	85.4	102	112.7	115.3	114.2	116.2	118.8

（续表）

行业 \ 年份	2010	2011	2012	2013	2014	2015	2016
批发和零售业	613.8	664.3	686.8	841.7	843.5	840.8	841.3
交通运输、仓储和邮政业	254.4	254.3	256.4	323.9	341.7	351.2	358.3
住宿和餐饮业	186.2	195.5	200.4	246.1	249.7	247.7	248.1
信息传输、软件和信息技术服务业	58.2	63.5	67.4	92.9	97.1	99.5	104.5
金融业	39.4	40.4	38.4	47.8	53.8	61.8	63.9
房地产业	31.9	36.6	38.9	59.7	67.4	72.9	75.3
租赁和商务服务业	58.4	61.8	67.4	85.7	85.5	84.5	84.9
科学研究和技术服务业	21.3	22.5	25.4	33.9	40.7	45.1	48.2
水利、环境和公共设施管理业	15.1	15.4	16	22.2	28.5	34	37.2
居民服务、修理和其他服务业	42.9	48.9	51.9	66.6	67.7	70.1	72.6
教育	124.1	120.3	121.6	158.7	156.5	160.2	160.3
卫生和社会工作	50.8	53.2	56.4	79.3	84.6	89.5	91.2
文化、体育和娱乐业	10.2	10.3	11.1	14.2	15.9	17.1	18.1
公共管理、社会保障和社会组织	119.1	117.6	121.3	150.5	156.5	156.9	156.7

2. 服务业内部各行业就业结构变化

服务业内部各行业就业结构变化明显。改革开放至2000年，仅传统服务业，例如批发与零售业、交通运输、仓储和邮政业就业比重逐年增加，就业人数逐年增多。自2000年以后，除了传统服务业如批发与零售业和住宿餐饮业增加较快外，以信息传输、计算机服务和软件业、房地产业、租赁和商务服务业为代表的现代服务业也增长迅速。其中，随着现代科学技术的发展以及服务业本身的繁荣，信息传输、计算机服务和软件业由2003年的5.9万就业人员扩张至2016年的104.5万人，增长了17倍之多，占比也由2003年的0.64%增长至4.43%，为服务业近年来增长最快的行业。房地产业、租赁和商务服务业也分别由2003年的0.56%和0.85%增长至2016年的3.19%和3.6%。金融业、住宿餐饮业、卫生和社会工作文化、体育和娱乐业等虽然就业人数逐年增长，但就业比重基本保持不变，分别维持在2.5%、10%、3.5%、0.7%左右。交通运输、仓储和邮政业、教育业、公共管理、社会保障和社会组织就业人数增长较慢，但仍保持就业人数逐年增长。

表2-10　主要年份山东省服务业各行业就业人数百分比　单位：%

行业＼年份	2003	2004	2005	2006	2007	2008	2009
批发和零售业	44.05	36.33	36.29	36.59	36.94	37.19	37.33
交通运输、仓储和邮政业	18.68	17.2	16.81	16.69	16.46	16.06	15.97
住宿和餐饮业	0.99	10.89	11.56	11.36	11.84	11.53	11.63
信息传输、软件和信息技术服务业	0.64	2.56	2.95	3.04	2.95	3.24	3.37
金融业	2.74	2.46	2.21	2.19	2.22	2.4	2.53
房地产业	0.56	1.2	1.43	1.38	1.53	1.61	1.73
租赁和商务服务业	0.85	2.12	2.35	2.51	2.73	3.03	3.24
科学研究和技术服务业	0.81	0.72	0.73	0.71	0.73	1.13	1.22
水利、环境和公共设施管理业	1.13	1.06	1.01	0.96	0.94	1.01	0.94

（续表）

行业＼年份	2003	2004	2005	2006	2007	2008	2009
居民服务、修理和其他服务业	4.71	2.36	2.44	2.59	2.52	2.46	2.59
教育	11.28	10.31	9.4	9.28	8.98	8.5	7.98
卫生和社会工作	3.76	3.47	3.27	3.23	3.24	3.19	3.11
文化、体育和娱乐业	0.59	0.72	0.65	0.65	0.62	0.62	0.63
公共管理、社会保障和社会组织	9.21	8.58	8.89	8.81	8.29	8.05	7.74

（续表）

行业＼年份	2010	2011	2012	2013	2014	2015	2016
批发和零售业	37.75	38.97	39.04	37.86	36.85	36.07	35.64
交通运输、仓储和邮政业	15.65	14.92	14.57	14.57	14.93	15.06	15.18
住宿和餐饮业	11.45	11.47	11.39	11.07	10.91	10.62	10.51
信息传输、软件和信息技术服务业	3.58	3.73	3.83	4.18	4.24	4.27	4.43
金融业	2.42	2.37	2.18	2.15	2.35	2.65	2.71
房地产业	1.96	2.15	2.21	2.69	2.94	3.13	3.19
租赁和商务服务业	3.59	3.63	3.83	3.85	3.74	3.62	3.6
科学研究和技术服务业	1.31	1.32	1.44	1.52	1.78	1.93	2.04
水利、环境和公共设施管理业	0.93	0.9	0.91	1	1.25	1.46	1.58
居民服务、修理和其他服务业	2.64	2.87	2.95	3	2.96	3.01	3.08
教育	7.63	7.06	6.91	7.14	6.84	6.87	6.79
卫生和社会工作	3.12	3.12	3.21	3.57	3.7	3.84	3.86
文化、体育和娱乐业	0.63	0.6	0.63	0.64	0.69	0.73	0.77
公共管理、社会保障和社会组织	7.33	6.9	6.89	6.77	6.84	6.73	6.64

改革开放至2010年，传统的服务业如交通运输、仓储、邮政业和零售业等，在山东的发展水平一直都比较高。但是2010年后，随着新兴生产性服务业的快速发展，其比重相对下降。而以研发和综合技术服务业、信息服务等行业为代表的知识密集型和技术密集型服务业，发展仍然较为缓慢，从整个服务行业的结构看，附加价值低的传统服务业仍然占主导地位。

在山东省未来的服务业发展中，传统服务业会逐渐由重要支撑变为中坚力量，而新兴的现代服务业会是重要发展节点，成为拉动经济增长的领头羊。在“十三五”规划的引导下，促进服务业内部结构性改革，结构层次向以先进技术为支撑的现代服务业转化是趋势所向。提高现代服务业占比也是国民经济快速稳定发展的必然要求，也是未来服务业向先进服务业转化发展的主要方向和策略。

四、山东服务业发展的政策体系

服务业发展日新月异，山东省非常重视服务业的长期发展问题，在鼓励发展的同时，颁布了许多政策来扶持服务业发展，或给出适合服务业的发展路线。山东省政府和相关部门都颁布了若干促进服务业发展的政策，如表2-11所示。

表2-11　　改革开放以来山东省颁布的有关服务业发展的若干政策

标题	颁布时间	核心内容
《山东省人民政府关于振兴服务业的意见》鲁政发〔2004〕33号	2004.04.22	山东省政府提高了对服务业发展的认识，更新观念。鼓励服务业快速发展，提出了力争到2007年，服务业增加值占国内生产总值的比重提高到40%左右的发展目标；提出深化服务体制改革和所有制结构调整，拓宽服务业投融资渠道的政策。建立省政府服务业联席会议制度，建立和完善服务业发展情况统计通报制度。

（续表）

标题	颁布时间	核心内容
《山东省人民政府关于加快山东保险业发展的意见》鲁政发〔2004〕83号	2004.11.19	山东省政府提高对加快发展保险业重要性的认识，鼓励省内金融保险业加快发展。提出“做大做强山东保险业，服务经济社会发展大局”的目标。依法开放保险市场，进一步深化保险企业改革。
《山东省人民政府关于加快现代流通业强省建设的意见》鲁政发〔2005〕165号	2005.12.10	支持传统流通业向现代流通业转变，省政府提出把山东省建设成为现代流通业强省的口号。提出目标：到2010年，全省流通业实现增加值占生产总值（GDP）的比重达到23%以上；年营业收入过100亿元的现代流通企业集团达到10个，过300亿元的达到4个；在全国有影响的流通知名品牌企业达到10户；社会物流成本占生产总值（GDP）的比重降至12%左右。
《山东省人民政府办公厅关于印发山东省服务业发展指标体系及考核办法（试行）的通知》鲁政办发〔2006〕93号	2006.11.03	为了促进客观反映和评价各地服务业发展情况，加强全省服务业绩效考核工作，设立了服务业指标体系。围绕规模与发展、质量与效益、结构与协调、组织与领导设置4个评价领域，具体设置20项评价指标。其中，核心指标4项，配套指标16项。
《山东省人民政府关于贯彻国发〔2007〕7号文件进一步加快发展服务业的意见》鲁政发〔2007〕66号	2007.09.30	把繁荣发展服务业放在事关全局的战略位置，鼓励服务业快速发展。提出“十一五”的发展目标：到2010年，服务业增加值占生产总值的比重达到37%以上；就业人数占全社会就业人员的比重达到35%以上；到2020年，实现经济结构向以服务经济为主转变，服务业增加值占全省生产总值的比重超过50%。
《山东省人民政府办公厅关于加快培育服务业三大载体的意见》鲁政办发〔2007〕98号	2007.12.24	省政府加大对服务经济总量规模大、发展速度快的市（县、区）的培育力度。提出集中力量培育服务业发展三大载体，即重点培育50个重点服务业城区、50个重点服务业园区和100个重点服务企业的目标。
《山东省人民政府办公厅印发关于建立山东省服务业重点产业和重点工作协调推进制度的意见的通知》鲁政办发〔2008〕49号	2008.09.11	山东省大力加快服务业重点产业和重点工作协调推进制度建设；建立金融保险业、现代物流业、科技和信息服务业、文化旅游产业、房地产业协调推进制度。确定服务业投资协调推进制度，服务业统计协调推进制度，服务业标准化协调推进制度。

（续表）

标题	颁布时间	核心内容
《山东省人民政府关于加快服务业发展的若干意见》鲁政发〔2013〕25号	2013.11.01	提出加快发展服务业的政策，突出打造“山东经济升级版”中的重点在发展服务业，体现了集聚资源向服务业倾斜的理念，在改革开放、政策扶持、鼓励创业创新等方面都有许多创新和突破。
《山东省人民政府办公厅关于印发山东省养老服务业转型升级实施方案的通知》鲁政办字〔2016〕22号	2016.02.26	推动全省养老服务业转型升级，目标为到2017年，民办养老机构占比突破50%，每千名老年人拥有养老床位35张以上；提供就业岗位50万个以上；到2020年，全面建成养老服务体系，民办和公建民营养老机构占比达到85%以上，每千名老年人拥有养老床位40张以上；提供就业岗位100万个以上。
《山东省人民政府关于印发山东省国民经济和社会发展第十三个五年规划纲要的通知》鲁政发〔2016〕5号	2016.03.02	总结了“十二五”时期服务业发展的工作及取得的成果，全面阐述了“十三五”时期服务业的发展战略，提出了支持服务业全面发展的意见，提出了在2020年，服务业增加值占比达到55%的目标。提出建设服务业为主导的现代产业新体系，承认服务业未来的主导地位。
《山东省人民政府办公厅关于转发省邮政管理局山东省邮政和快递服务业转型升级实施方案的通知》鲁政办字〔2016〕132号	2016.08.18	政府提出支持传统服务业转型升级方案，提出到2020年全省邮政行业业务总量完成500亿元，年均增长20%；业务收入完成400亿元，年均增长18%。快递业务量达到27亿件，年均增长30%；快递业务收入完成300亿元，年均增长25%的目标。支持传统邮政业的转型升级，壮大邮政、快递企业。
《山东省人民政府关于加快推进品牌建设的意见》鲁政发〔2016〕24号	2016.09.18	政府提出壮大服务业品牌，实施服务业标准体系建设工程，重点围绕金融、现代物流、商贸、科技、互联网和信息服务等生产性服务业，培育品牌影响力大、质量竞争力强的大型服务企业；在旅游、养老、健康、家政、文化、体育、大众餐饮等生活性服务业，培育形成一批精品服务项目和服务品牌。
《山东省人民政府办公厅关于印发山东省服务贸易创新发展试点方案的通知》鲁政办字〔2017〕14号	2017.01.18	提出优化服务贸易结构，巩固提升传统服务贸易，培育新兴服务贸易，注重服务贸易与服务业、货物贸易、国际投资合作协调发展，对服务贸易业提供政策支持，选择济南、青岛、烟台、潍坊市作为山东省服务贸易创新发展试点市。

（续表）

标题	颁布时间	核心内容
《山东省人民政府关于促进邮政和快递服务业发展的实施意见》鲁政发〔2017〕1号	2017.01.19	落实了《国务院关于促进快递业发展的若干意见》，鼓励加快培育山东现代服务业新增长点。提出支持邮政服务农村电商，加大邮政普遍服务创新和保障力度，扶持快递企业加快发展，鼓励引进快递总部企业，支持邮政和快递服务"三农"等一系列举措。
《山东省人民政府关于印发山东省"十三五"卫生与健康规划的通知》鲁政发〔2017〕12号	2017.04.20	山东省政府为推进健康山东建设，支持卫生服务业发展，提出了关于"十三五"卫生与健康行业的发展规划和目标，到2020年，建立覆盖城乡居民、比较完善的符合山东经济社会发展要求的基本医疗卫生制度，实现人人享有基本医疗卫生服务，全省居民人均预期寿命达到79岁左右，孕产妇死亡率、婴儿死亡率和5岁以下儿童死亡率分别控制在10/10万、4‰和5‰以下，对卫生服务业提供政策保障。
《山东省人民政府办公厅关于加快推进工业旅游发展的意见》鲁政办字〔2017〕205号	2017.12.18	政府为加快旅游强省建设，充分发挥工业旅游在新旧动能转换中的重要作用，推进现代旅游业发展，提出以旅游+工业结合，落实各级支持服务业、旅游业、文化产业、工业相结合的需要，在政策补贴、保障措施上给予支持。
《山东省人民政府关于印发山东省新旧动能转换重大工程实施规划的通知》鲁政发〔2018〕7号	2018.02.13	提出以新技术、新产业、新业态、新模式为核心，推进山东省新旧动能转换重大工程的实施。设立了现代服务业增加值占GDP比重由2017年23%左右提高至2022年的27%左右的新旧动能转换指标。大力支持文化创意产业、精品旅游产业、现代金融服务等服务业发展。

第五节　发展经验总结及建议

一、山东省第一产业发展经验总结及建议

改革开放40年间，作为农业大省的山东省充分重视农业发展，不断调整农业产业结构，积极强化品牌引领作用，坚持推动农业智慧化，坚定引导农业产业化发展，为山东省实现农业现代化打下了坚实的基础。

（一）调优调新产业产品结构，做大做强优势特色产业，增强传统产业发展活力

统筹调整粮经饲种植结构，按照稳粮、优经、扩饲的要求，加快构建粮经饲协调发展的三元种植结构。稳定粮食生产，重点扩大优质强筋小麦种植面积，适度调减籽粒玉米，增加优质食用大豆、薯类、杂粮杂豆等。优化经济作物品种和区域布局，巩固主产区蔬菜、果品、油料生产，促进经济作物增值增效。扩大饲料作物种植面积，在草食畜禽优势区，大力发展青贮玉米、苜蓿等优质饲草，鼓励建立优质饲草料种植生产示范基地，培育现代饲草料产业体系。

做大做强高效特色产业，立足各地资源禀赋，大力培育“名优特稀新”经济作物，促进杂粮杂豆、蔬菜瓜果、茶叶蚕桑、花卉苗木、食用菌、中药材和特色养殖等产业提档升级，打造一批特色农业产业带和示范基地，把地方土特产和小品种做成带动农民增收的大产业。大力发展特色经济林等绿色产业，推广林菌、林药等林下经济模式，推进农林复合经营。推进优势特色农业标准化生产、产业化经营、专业化服务，建设一批地理标志农产品和原产地保护基地。

（二）品牌化是建设农业强省的重要驱动力，强化品牌引领新动能

积极培育壮大区域公用品牌，以创建农产品质量安全省为契机，以提高绿色优质农产品供给水平为目标，坚持“产出来、管出来”两手抓，着力打造“齐鲁灵秀地 品牌农产品”山东省农产品整体品牌形象。坚持全球视野、国际标准、农业特色、本土优势，打造一批具有国际影响力的知名品牌，推动“品牌高端化”。支持各地以特色优势农产品为依托打造区域

公用品牌，加强区域品牌建设管理服务，集聚和延伸品牌核心竞争优势，提升品牌影响力。健全农产品品牌发展政策扶持、产权保护和监督管理等制度。加强品牌农产品宣传推介，提高品牌知名度和市场占有率。

提升企业产品品牌影响力，增强企业品牌化发展意识，提升企业品牌农产品的市场竞争力。引导企业主动适应市场和消费升级需求，严格实行标准化生产和质量安全认证，健全农产品质量检测和追溯体系。支持企业申请注册商标，培育发展自主品牌。鼓励企业制定或参与制定国家、国际标准，成为行业领先企业。引导各类生产经营主体开展“三品一标”、良好农业规范（GAP）、食品安全管理体系（ISO22000）等质量认证。支持行业协会、科研教育机构、中介组织参与企业农产品品牌开发。

（三）强化科学技术的支撑性，坚持创新驱动，推进产业智慧化、智慧产业化

推进农业科技创新，按照“自主创新、加速转化、提升产业、率先跨越”的思路，以科技创新为动力，以技术推广为载体，实施农业科技展翅行动，加强前瞻性现代高效农业科技研发，引领产业提质增效转型升级。充分利用各种农业科技资源，搭建农科教创新平台。建立成果转化激励机制，加快农业科技成果转化。加强现代农业产业技术体系创新团队建设，探索建立“创新团队+基层农技推广体系+新型职业农民培育”的新型农业科技服务模式。

加快发展智慧农业，大力实施“互联网+”现代农业战略，应用物联网、云计算、大数据、移动互联等现代信息技术，推动农业全产业链改造升级。加大智慧农业科技创新平台建设力度，推动农业技术创新，以人机

物一体化、装备设施网络化、生产经营智能化为方向，开展关键技术攻关，研发一批推动智慧农业发展的关键技术。加快智慧农业公共服务平台建设，建立完善农业大数据采集、共享、分析、使用机制。以农业物联网技术为核心，依托“三区、三园、一体”等，实施智慧农业应用示范工程。鼓励农产品生产基地、农产品加工企业依托网络平台开发定制农产品，为消费者提供个性化定制服务。

（四）坚持集约发展，通过机制创新，探索小农户与现代农业发展有机衔接的新途径

做大做强龙头企业，发挥引领带动作用；做优做活农民合作社，发挥桥梁纽带作用；做专做精家庭农场和种养大户，发挥基础支撑作用。加快家庭农场示范场、农民合作社示范社、农业示范服务组织、农业产业化示范基地建设，示范引领各类主体规范发展，提升发展规模和质量。鼓励各类主体间开展多种形式的合作与联合，建立家庭农场联盟、农民合作社联合社、产业协会联盟及产业化联合体。进一步完善流转、托管、订单带动、利润返还、股份合作等新型农业经营主体与农户的利益联结机制，推动实现小农户和现代农业发展的有机衔接。

围绕实现小农户与现代农业发展有机衔接，健全农业社会化服务体系。不断满足普通农户和新型经营主体的生产经营需要，建立完善公益性服务和经营性服务相结合、专项服务和综合服务相协调，贯穿农业产前、产中、产后全过程的综合配套服务体系。稳定和加强基层农技推广队伍，充分发挥其在农技推广、动植物防疫、农产品质量安全监管等方面的主渠道作用。充分发挥供销社、邮政、农机、烟草等行业组织的优势，建立

农技指导、信用评价、保险推广、产品营销于一体的公益性、综合性农业公共服务组织和平台，不断提高服务质量。大力培育经营性农业社会化服务组织，鼓励生产主体和服务主体依托产业链、供应链、关键环节、优势区域等广泛开展联合与合作，形成分工协调、互利合作的发展格局。推行“约定有合同、内容有标准、过程有记录、人员有培训、质量有保证、产品有监管”的服务模式，不断提高专业化、标准化服务水平。

二、山东省第二产业发展经验总结及建议

改革开放40年，山东省工业经济发展取得了令人瞩目的成就，实现了工业大省的目标，并在向工业强省的道路上踏实前进，同时也积累了独特的经验。

(一)重点突出发展壮大装备制造业，为全省工业健康快速发展奠定基础

改革开放以来，作为经济发展基础的装备制造业一直是全省重点发展的产业，全省装备制造业已具相当规模。轨道交通、高档数控机床、核电风电装备、海洋工程装备、大功率发动机等高端装备制造产业竞争优势明显。高端装备不断增加，产业结构持续优化，轨道交通装备、海工装备、智能制造装备、医疗设备、环保设备等新兴高端装备成为新的增长点。创新能力显著提高，新生动能快速形成，产业集聚不断加强，辐射带动效应明显，对外合作不断深化，国际知名度明显提升。装备制造业的长足发展，为全省工业经济的可持续发展奠定了坚实的基础。

（二）对产能过剩行业和高耗能、高污染行业持续调控，循环经济长足发展，工业经济的可持续发展能力不断提高

针对部分传统产品出现结构性过剩的矛盾，全省在“九五”时期对纺织、煤炭、冶金、建材、石化、烟草、电力等7个行业采取了控制总量、限产压库政策，关闭了一批技术落后、费资源、质量低劣、污染环境、不符合安全生产条件的落后企业。“十五”和“十一五”期间，又进一步加大了对部分产能过剩行业和高耗能、高污染行业的调控力度，成效明显。产能过剩行业、高耗能、高污染行业生产增速趋缓。2010年以来，山东省按照“十二五”规划继续加强对产能过剩及高耗能、高污染行业的宏观调控，严格控制新上项目，依法关闭一批破坏资源、污染环境和不具备安全生产条件的小企业，分期分批淘汰落后生产能力，对淘汰的生产设备进行废毁处理。并大力发展循环经济，建立了一批生态产业园。

（三）重视知名品牌的培育，构建以品牌为主体的产品体系，牵好工业发展的领头羊

自20世纪90年代末国家实施新产品计划以来，山东通过政策性引导和扶持，大力促进新产品开发，一批技术水平和产品性能较高，具有显著社会效益、经济效益和市场发展前景的新产品应运而生，促进了山东工业新产品产值的迅速增加。21世纪以来，工业企业开始由生产型向生产服务型转变，服务业加快与制造业双向融合。工业总集成总承包、合同能源管理、工业研发设计等一大批新兴业态不断涌现。高端装备制造、现代医药、新一代信息技术、新材料、绿色低碳、数字创意和现代海洋等新兴产业开始出现并不断发展。这些新产业对山东工业经济产生了重要的示范、

引导和推动作用，带动了全省产业结构优化升级和产品结构调整，增强了山东工业产品的竞争力，为全省工业持续增长提供了有力保障。

（四）要抓住新旧动能转换这一重大历史机遇，以创新驱动战略开路，壮大工业发展新动能

加快新旧动能转换，既是重大机遇，也是重大责任，更是重大挑战。山东省应坚持梯次扩散与节点辐射相结合，全面推进与集中集约相协调，加快形成“三核引领、多点突破、融合互动”的新旧动能转换总体布局。把去产能作为加快产业结构调整、优化存量资源配置的首要任务，探索建立市场自动出清的长效机制，实现企业优胜劣汰、产业转型升级。密切跟踪国际科技、产业发展趋势，加快互联网、大数据、人工智能和实体经济深度融合，推动新兴产业加速崛起、扩容倍增、重点突破，打造先进制造业集群和新兴产业发展策源地，培育形成新动能主体力量。加快引用新技术新管理新模式，瞄准国际标准，推动传统产业腾笼换鸟、凤凰涅槃、浴火重生，焕发生机活力，促进全产业链整体跃升，打造世界级制造业集群，培育形成新动能基础力量。坚持把深化改革、推动创新、扩大开放作为新旧动能转换的根本动力，加强制度设计、系统谋划和协同推动，持续激发全社会活力和创造力，不断增强经济发展的内生动力。

三、山东省第三产业发展经验总结及建议

自改革开放以来，山东省的服务业整体经济总量在增加，技术也不断提升，政策扶持力度不断加强，“三二一”产业结构层次正在转化过程中，

在积累了丰富发展经验的同时也存在一些现实问题，因此总结了以下经验和建议：

（一）应坚持产业转换序列的多元化模式，优化服务业的结构

山东省传统服务业在服务业的占比中仍占主导，现代服务业的发展相比之下略显滞后，下一步应继续加快发展金融保险、现代物流、信息服务、文化旅游、房地产业和商务服务等新兴现代服务业，整体提升服务业发展水平，坚持走传统和现代服务业联合发展之道。遵循产业结构演变的一般规律，努力实现三大产业转移的依次推进，使第三产业比重随着经济发展和产业结构的调整而“水涨船高”。

在以山东省二、三产业同步起飞为契机之时，缩短三大产业依次推进的过程，加速产业重心的变迁，可继续实现山东省服务业的规模总量扩大和占比提高。跨越产业更替和转换的梯度序列，应继续以服务业率先起飞的态势（尤其是以商品市场为起点的服务业产业发展），携带整个经济的发展，从而把服务产业的发展定位在较高的起点上。

（二）坚持科技进步为依靠，发挥山东省科技型服务业的优势

当今世界，电子计算机在服务业的渗透最为广泛，服务业已成为拥有计算机最多的部门，由此产生的影响十分巨大：拓展了服务业的服务领域，导致了经营方式和管理方式的革命性变革；提高了企业管理的现代化水平，带来了高效率和高效益；为社会生产和生活消费创造了全新的服务方式。服务业中的一些新兴产业如网络信息软件服务业，本身就是科技发展的主要产物。依靠现代科学技术革命，能够在根本上改变服务业的全面

体验和促进服务业的振兴。当前山东省现代服务业的主要努力重点，除了继续努力实现山东省城市交通通信的现代化外，还应加快网络计算机在商业外贸服务、金融保险、旅游住宿、商业管理等服务领域的应用，以促进山东省服务业发展规模不断壮大、服务效用和经济效益显著提升。

（三）应坚持依靠山东省城市区域平台，继续发挥城市群经济圈的带动功能

在今后山东省服务业的发展中还要扬长避短，发挥优势，做到工农商结合的综合服务业。针对山东省的城市规模不够大、较大规模城市不够多这一现状，应通过加强城市间的交流与合作，促进经济一体化进程加快，为服务业繁荣发展打造合作平台、拓宽提升空间、增强自身活力。改革开放以来，山东省沿海城市服务业发展较快，但是内陆城市依然处于落后状态，而城市化水平的提高与服务业的发展能够有相互促进的作用，因此提高城市化水平是目前的重要任务。

城市通常是一个区域的商业金融、交通通信、文化教育、科技信息等方面的中心，服务业相对集中化。从山东省的实际出发，当前应继续重视通过城市化来推进服务业的发展。在促进产业结构升级转型方面，总的趋势应坚持“三二一”的产业发展方针，促进产业结构向技术化和现代化方向发展。要加强中心市区的金融贸易、信息技术服务、中介服务以及生活服务等功能优势，有条件的还可以建设CBD。

（四）加强与国际服务业衔接，整合国内外资源

整合国内外不同的资源，降低成本的递增，以有效促进服务业发展。山

东产业结构现状是我们整合国际、国内市场两种资源的结果。未来山东省服务业的发展，一是继续坚持按比较优势配置资源。利用外资，吸收世界上先进技术，为学习和借鉴国际先进的服务经营理念和经营方式提供理论支持，提高山东省服务业整体水平。二是依托山东地处沿海地区的优势，把承接国际服务业资本的转移作为吸引外资发展全省服务业的重点，以股权引进、人才吸引为切入点，逐步对以制造业为对象的传统服务业进行转型，大力发展具有现代经济特征的金融保险、现代物流、软件信息等相关的服务性产业，构筑全方位、多层次的现代服务业体系。三是整合优势。随着山东省经济的发展，生产要素和产品供求关系正在发生变化。资金虽不紧缺，但技术需求演变为核心技术要求，劳动力供应转为结构性紧缺，土地供应逐步紧张。生产要素的变化必须统筹兼顾各方面的需求，整合新的优势资源。因此，山东省服务业应打破区域限制，制定对内对外统一政策，既要从自身的发展需要出发，又要与其他部门、地区广泛深入地沟通与合作。

第三章
历史性变革，经济体制改革取得新进展

改革开放40年来，在党中央的正确领导下，历届省委、省政府带领全省人民，高举中国特色社会主义伟大旗帜，以邓小平理论、“三个代表”重要思想和科学发展观为指导，不断解放思想，锐意探索创新，改革发展取得了辉煌成就，基本实现了由计划经济体制向社会主义市场经济体制的转变，由内向型经济向开放的外向型经济的转变，由粗放型发展向集约型发展转变，极大地解放和发展了社会生产力，城乡面貌发生了巨大变化，人民生活水平得到了极大提高。在纪念改革开放40周年之际，对改革开放的历程进行科学总结，对于认识过去、揭示未来具有特别重要的意义。

第一节　改革历程

一、农村改革向城市及整个经济领域全面推进

（一）以农村改革为先导、各项经济改革初步展开、对外开放开始起步阶段

1979年1月，省委召开重要会议，明确提出各级党委的工作着力点要放在抓现代化建设上，这标志着山东开始实现党的工作重点转移。1978—1983年，全省农村改革由点到面推行家庭联产承包责任制，理顺农民与集体的分配关系，极大地调动了农民生产积极性，农村经济迅速活跃起来，短短几年时间就初步解决了温饱问题。城市改革以扩大地方和企业自主权为重点，开始展开探索试验，重点指向解决体制问题，初步展现出发展生机和活力。

（二）改革由农村向城市以及整个经济领域全面推进并逐步深化，发展步伐不断加快

1984—1992年，以企业为代表的城市领域改革全面展开，大力发展乡镇企业，发展多种所有制形式和经营方式，企业发展活力增强，推动城市经济加快活跃。这一时期，全省多年来单一的高度集中的计划经济体制逐步转变为有计划的商品经济体制，市场机制在经济运行中的作用越来越大。

二、建立完善社会主义市场经济体制

（一）各项改革全面展开并取得重大突破，建立完善社会主义市场经济体制迈出重要步伐

1992年初，省委确立“全面开放、重点突破、梯次推进、东西结合、加快发展”的战略方针，大力深化国有企业、市场体系、社会保障、分配制度、政府职能等领域的改革，充分发挥市场配置资源的基础性作用，不断增强经济发展活力。1992—2001年，全省经济顺利实现了由旧经济体制向新经济体制的过渡，人民生活达到小康水平的第二步战略目标。

（二）各项改革向全面纵深推进，社会主义市场经济体制不断完善

2002—2008年，适应经济全球化深入发展和入世新形势，全省围绕建设“大而强、富而美”的社会主义新山东的目标，解放思想、干事创业、加快发展，深化市场取向改革，统筹经济体制、政治体制、文化体制、社会体制改革，重点调整优化国有经济布局和结构，深化企业产权制度改革，推进农村经营管理体制改革，改善民营经济发展环境，促进经济增长方式转变。这一时期的改革推动了社会主义市场经济体制的完善，注入了经济发展活力，高新技术、外经外贸、民营经济成为全省发展的“三个亮点”。

（三）建立与科学发展观相适应的体制机制，深化重点领域和关键环节改革

以2008年7月省委工作会议“解放思想、改革创新，进一步加快推进

经济文化强省建设”为标志，改革开始由经济领域向文化、社会、民生、生态等领域全面展开。

三、全面深化经济体制改革

（一）牢固树立和贯彻落实新发展理念

党的十八大召开以来，山东省在以习近平同志为核心的党中央领导下，全面贯彻党的十八大和十八届三中、四中、五中、六中全会精神，以邓小平理论、“三个代表”重要思想、科学发展观为指导，深入贯彻习近平总书记系列重要讲话精神和治国理政新理念、新思想、新战略，统筹推进“五位一体”总体布局和协调推进“四个全面”战略布局，坚持稳中求进工作总基调，牢固树立和贯彻落实新发展理念，适应把握引领经济发展新常态，坚持以提高发展质量和效益为中心，坚持宏观政策要稳、产业政策要准、微观政策要活、改革政策要实、社会政策要托底的政策思路，坚持以推进供给侧结构性改革为主线，以有利于增添经济发展动力、有利于促进社会公平正义、有利于增强人民群众获得感、有利于调动广大干部群众积极性的改革为重点，持续深化经济体制改革。

（二）以供给侧结构性改革为主线持续深化经济体制改革

2017年是供给侧结构性改革的深化之年，用改革的办法深入推进“三去一降一补”。推动去产能、去库存、去杠杆、降成本、补短板五大任务取得实质性进展。持续转变政府职能，围绕重点领域关键环节持续加大简政放权力度，增强市场主体活力，着力振兴实体经济，坚持使市场在资源配置中起决定性作用和更好发挥政府作用。深化“放管服”改革，以清单管理推动减权放权，完善事中事后监管制度。持续深化投融资体制改革，深化价格改革。深入推进国企国资改革，全面推进国企改革“1+N”文件落地见效，深化国有企业混合所有制改革，加大重点行业改革力度。加强产权保护制度建设，推动产权保护举措落地，激发和保护企业家精神。深化财税体制改革，加快推进财政事权和支出责任划分改革，深化预算管理制度改革，改革完善税收制度。推进金融体制改革，深入推进利率汇率市场化改革，深化金融机构和金融监管体制改革，深化多层次资本市场改革，完善现代保险制度。完善城乡发展一体化体制机制，健全新型城镇化体制机制，深入推进农业供给侧结构性改革，稳步推进农村集体产权制度改革。健全创新驱动发展体制机制，建立健全科技创新激励机制，完善创新创业支撑政策体系。加快构建开放型经济新体制，创新外商投资管理体制，引导对外投资健康有序发展，构建外贸可持续发展新机制。大力推进社会体制改革，推动养老保险制度改革，深入推进教育体制改革，深化医疗、医保、医药联动改革，加快构建现代公共文化服务体系，深化事业单位和社会组织改革。深化生态文明体制改革，完善主体功能区制度，深化生态文明建设试点示范，完善生态环境保护制度，深入推进国有林场和国有林区改革，健全自然资源资产产权制度。

（三）改革处在大有作为的历史机遇期

当前我国正处于一个大有可为的历史机遇期，未来我省必须深入学习党的十九大精神，运用习近平新时代中国特色社会主义思想，不断深化对改革规律的认识和运用，紧紧抓住新时代的改革机遇期。坚定不移唱响改革开放的主旋律。要贯彻党的十九大精神，尊崇党章赋予改革开放的历史地位，坚持用发展眼光、实践标准和人民立场为改革开放保驾护航。始终保持改革的思想活力。要坚持解放思想、实事求是、求真务实，保持对改革创新的包容性、开放性，不断冲破思想禁锢、消除精神懈怠，这是改革的生命力所在。以法治方式推进改革。全面深化改革与全面依法治国是“鸟之双翼”“车之双轮”，应将法治作为凝聚改革思想共识、维护改革实践成果、支持和保护改革者的最可靠方式，这样改革才能行稳致远。为改革者“松绑”。改革既需要顶层设计，也需要基层创新。发挥政府的主体作用，必须把各级党政干部的积极性调动起来并有效加以引导和保护。发挥企业的主体作用，必须完善法制体系，形成协调的政商关系，让企业家精神得到真正尊重和充分发挥。发挥社会的主体作用，实现共治，激发社会各界共商共建共享的主动性和责任感，促进各方面对改革的活跃参与和有效反馈，使全社会都保持勃勃生机。更加注意正确处理改革、发展、稳定三者的关系。针对新时代我国社会主要矛盾和当前面临的突出问题，改革的当务之急是要对症施治，把加快调整结构与持续稳步扩大需求更好地结合起来，降低宏观成本，稳定增长速度，提高经济质量，保持发展势头。站在新的历史方位上，我省要清醒认识当前的困难与挑战，运用习近平新时代中国特色社会主义思想，不断深化对改革规律的认识，脚踏实地解决现实问题，紧紧抓住新时代的改革机遇期。

第二节　农业农村经济体制改革

一、农业农村经历了从探索到改革的历史进程

（一）探索突破阶段

农村改革发端于1978年。1979年1月，山东省委召开重要会议，全省农村改革由点到面推行家庭联产承包责任制。1982年，改革开放后第

一个关于“三农”工作的中央一号文件《全国农村工作会议纪要》正式出台。1978—1984年，山东省从农村基本经营制度入手，实行家庭联产承包责任制，废除人民公社体制，实行政社分开，建立乡镇人民政府，发展乡镇企业，初步形成和基本确立了家庭承包经营制度，农村改革取得突破性进展。

（二）乡城互动阶段

1984年，随着家庭承包经营制度的确立，开始启动城市经济体制改革，以搞活农村商品流通、促进农村劳动力转移、实现村民自治为重点，促进城乡要素流动，农村改革继续稳步推进。

（三）全面推进阶段

1992年，邓小平同志发表南方谈话。同年底，党的十四大明确了建立和完善社会主义市场经济体制的改革方向，农村改革的重点开始转向建立社会主义市场经济体制。1992—2002年，山东省按照建立社会主义市场经济体制的要求，稳定与完善农村基本经营制度，深化农产品流通体制改革，调整农村产业结构，推进乡镇企业体制创新，促进农村劳动力转移，农村改革得到进一步深化。

（四）城乡统筹阶段

2002年，农村改革向纵深推进，农业政策以保护农业生产、促进农业发展、支持农民增收、减轻农民负担为主要特征。2002—2012年，山东省健全农村土地管理制度，深化粮棉流通体制改革，建立农业支持保护制度，扩大农业对外开放，改革农村税费制度，创新农村金融制度，健全农村民主管理制度，建立城乡发展一体化制度，农村改革进入了城乡统筹的新阶段。

（五）全面深化阶段

2012年以来，山东省以全面建成小康社会为目标，围绕抓关键补短板，全面推进农村综合改革和其他领域各项改革，注重改革的全局性、系统性、协同性，着力深化农村体制机制创新。党的十八大以来，习近平总书记在“三农”工作的一系列重要论述中，提出了新理念新思想新战略，为做好新时代“三农”提供了根本遵循，农村改革全面深化，呈现出鲜明的时代特征。党的十九大以来，山东省高质量推进乡村振兴战略、坚持农业农村优先发展、建立健全城乡融合发展体制机制和政策体系、加快推进农业农村现代化等农村改革重大任务。

二、农业农村改革取得了重要进展

40年的农村改革建立了十项重要制度，初步构建了农村改革的制度框架体系。

（一）建立与完善农村基本经营制度

确立了以家庭承包为基础、统分结合的双层经营体制，培育了家庭经营、集体经营、合作经营、企业经营等经营主体，初步构建了集约化、组织化、专业化和社会化相结合的新型农业经营体系。

（二）建立与完善乡村治理机制

建立乡镇人民政府，实行村民自治，培育农村社会组织，强化农村社会管理。

（三）建立健全农村土地管理制度

建立与完善农村土地承包制度，引导和规范集体建设用地进入市场，完善农村宅基地管理制度，推进征地制度改革，探索建立了以股份合作制为主要特征的农村集体产权制度。

（四）建立和完善农村市场制度

逐步放开农产品流通与价格，建设与完善农村市场体系，培育与发展多元市场主体，建立与完善农产品储备及进出口调节制度。

（五）建立农村工作领导管理体制

确立农村工作领导体制，建立农业行政管理体制，完善工作责任体系，实行“四个责任制”，建立干部绩效考核评价体系。

（六）建立与完善农业支持保护制度

完善农业投入保障制度，建立农业补贴制度，健全农产品价格保护制度，以及建立农业生态环境补偿制度。

（七）创新农村财税制度

建立公共财政支持农村制度，加强农村基础设施建设，发展农村社会事业，全面取消农业税费，切实减轻农民的负担。

（八）创新农村金融制度

建立健全农村金融组织体系，创新农村金融产品及服务方式，扩大农村有效担保物范围，进一步发展农业保险与农村保险。

（九）扩大农业对外开放

发展农产品进出口贸易，实施“引进来”和“走出去”战略，拓展农业对外交流与合作。

（十）加强并完善农村法制建设

完善涉农法律法规，强化涉农执法体系建设，增强依法行政能力，加强执法监督及司法保护。

三、着力推进了关键环节和重点领域的农村改革

党的十八大以来山东省认真贯彻落实党的十八大和十八届三中、四中、五中全会精神，认真贯彻落实中央关于全面深化农村改革的一系列重大决策部署，以健全城乡发展一体化体制机制为目标，以明晰农村产权关系为核心，以农村各类产权确权颁证为切入点，以落实权能为重点，全面推进农村关键环节和重点领域的农村改革。

（一）关键环节改革

一是全面开展农村集体产权确权颁证工作。2011年，全省林权确权

颁证工作完成，农村集体土地所有权、宅基地使用权、集体建设用地使用权发证率分别达到99.35%、96.13%和98.09%，水域滩涂养殖使用权确权占应确权面积的95.9%。2015年，农村土地承包经营权完成了确权颁证任务，农村小型水利设施产权确权颁证形成了“两证、一书、一账户、一台账”管护机制。二是稳步推进农村产权抵押贷款。省政府2014年出台了《关于贯彻落实国办发〔2014〕17号文件加强金融服务促进“三农”发展的实施意见》，对扩大农村产权抵押贷款范围作出规定。国务院《关于开展农村承包土地的经营权和农民住房财产权抵押贷款试点的指导意见》印发后，我省研究制定了《实施意见》，“两权”抵押贷款工作得到了稳步推进。三是加快推进县域农村综合产权流转交易市场建设。认真落实《国务院办公厅关于引导农村产权流转交易市场健康发展的意见》，制定了我省的《实施意见》，突出强调完善市场服务功能，除提供基本服务外，还提供资产评估、法律服务、项目推介、抵押融资等配套服务，引入银行、保险、担保公司等机构，设立服务窗口，为农村产权流转交易提供专业化、一站式服务，形成集各项功能为一体的为农服务综合平台。四是扩大农村集体资产股份合作制改革试点。山东省昌乐县是国家确定的“积极发展农民股份合作赋予农民对集体资产股份权能改革”试点单位，研究出台了昌乐县农村集体经济组织成员资格认定、农村集体资产清产核资、资产股份量化、资产股份收益分配等制度性文件，正在加紧研究农村集体资产股份继承、退出、质押担保的指导性意见，中央改革办实地督查后给予了充分肯定。五是创新农业经营体制。以解决“谁来种地”为导向，大力培育新型农业经营主体和社会化服务主体，积极构建新型农业经营体系。认真贯彻落实中办、国办《关于引导农村土地经营权有序流转发展农业适度规模经营的意见》，省委、省政府印发了《实施意见》，一手抓规模经营主体，一手抓规模服务主体，总结推广了依法有序流转土地经营权、大力发展土地托管服务、鼓励农民发展土地股份合作经营、支持村集体经济组织统一服务、鼓励龙头企业建立原料生产基地、鼓励各类经营主体形式的混合所有制经济，引导发展多种形式的适度规模经营。六是积极推进农业供给侧结构性改革，突出抓好四大结构调整。产品结构调整方面，大力发展名优特新产品。种植业结构调整方面，省政府出台《推进“粮改饲”试点促进草牧业发展实施方案》，加快构建粮经饲三元种植结构。农林牧渔结构调整方面，树立大食物理念，全方位、多途径开发食物资源，大力发展畜牧业，加快建设“海上粮仓”。农村经济结构调整方面，引导各类新型农业经营主体拓展农业功能，发展生态保护、休闲养生、旅游度假、文化创意、农村电商等新产业、新业态，促进一二三产业融合发展。今年在每个市选择一个县开展一二三产业融合发展试点工作。七是深化供销社综合改革。山东省是国务院确定的供销社综合改革4个试点省份之一。《中共中央国务院关于深化供销合作社综合改革的决定》下发后，山东省制定了贯彻实施意见，主要是构建5个体系、1个机制，即供销合作社组织体系、农业全程社会化服务体系、农产品现代流通服务体系、社有企业经营服务体系、城乡社区服务体系和供销合作联合社治理机制。供销社系统在引领农村合作经济发展、建立社会化服务组织等方面取得较大突破，“农民外出打工，供销社为农民打工”成为我省供销社改革的突出亮点。汪洋副总理在今年中央农村工作会议等多个场合，对供销社土地托管给予了充分肯定。

（二）重点领域改革

为贯彻落实习近平总书记在安徽小岗村农村改革座谈会重要讲话精神，聚焦农村改革的关键领域，明确农村改革大的方向，构筑农村改革的“四梁八柱”，形成完整的农村改革体系，山东省委办公厅、省政府办公厅印发了《深化农村改革综合性实施方案》，重点抓五大领域改革：一是稳妥推进农村集体产权制度改革。主要是“确权、赋能、搞活”：“确权”方面，力争2018年底前实现农村集体各类产权应确尽确、全部颁证；“赋能”方面，主要是开展“两权”抵押贷款试点，稳妥推进农村集体资产股份合作制改革，落实农民对集体资产股份占有、收益、退出及抵押、担保、继承权，探索“确权赋能、还权于民”的好路子；“搞活”方面，着眼于激活农村沉睡资源，积极推进县域农村综合产权流转交易市场建设，逐步实现涉农县流转交易市场建设全覆盖。同时，按照中央部署要求，继续深化林业和水利改革，稳妥推进土地征收改革试点，扎实做好耕地保护工作，确保守住底线、保住红线。二是加快构建农村新型经营体系。主要是发展多种形式的适度规模经营，推动家庭经营、集体经营、合作经营、企业经营共同发展。到2020年，全省50%以上的耕地实现适度规模经营，农民组织化程度达到80%。重点是在积极培育专业大户（新型职业农民）、家庭农场、农民合作社、农业企业等新型农业经营主体的同时，大力发展专业化、规模化、社会化的新型农业服务主体，不断扩大土地托管面积，提高农业经营集约化、规模化、组织化、社会化、产业化水平。三是健全农业支持保护体系。建立健全农业农村投入稳定增长机制，强化政府支出责任，确保农业农村投入只增不减。调整完善农业“三项补贴”政策，健全农产品市场体系和价格形成机制，加大农业保险支持力度，努力让农民获得更多收益。推动金融资源更多向农村倾斜，发展农村普惠金融，降低融资成本，全面激活农村金融服务链条，加快构建多层次、广覆盖、可持续的农村金融服务体系。扎实推进新型农村合作金融试点，形成可复制、可推广的经验，2017年在全省面上推开。四是健全城乡发展一体化体制机制。主要把城市和乡村、工业和农业作为一个整体来统筹谋划，促进城乡在规划布局、要素配置、产业发展、公共服务、生态保护等方面相互融合和共同发展，加快形成城镇化与新农村建设“城乡互动、双轮驱动”的发展新格局。城镇化方面，重点是完善“人、地、钱”挂钩政策，出台更有吸引力、切合实际、可操作性强的政策措施，做好农民工就业、落户、社会保障等工作，努力完成省委、省政府确定的今后5年1000万农业转移人口市民化任务。新农村建设方面，重点是以美丽乡村建设为抓手，进一步加大公共财政对农村基础设施的投入力度，推动城乡公共资源均衡配置和基本公共服务均等化，全面改善农村生产生活条件，为农民建设幸福家园和美丽宜居乡村。五是加强和创新农村社会治理。加强农村基层党组织建设，推进在农民合作社、龙头企业、农民工聚集地建立党组织，切实发挥好基层党组织的领导核心作用。在进行农村集体产权制度改革、组建农村股份合作经济组织的地区，探索剥离村“两委”对集体资产经营管理的职能，开展“政经分开”试点，完善农村基层党组织领导的村民自治组织和集体经济运行机制。创新农村行政执法和社会治安综合治理机制，维护农村和谐稳定，为农村改革发展营造良好环境。

四、新时代全面深化农村改革，实施乡村振兴战略

在改革开放以来我国农村改革取得一系列重大成就的基础上，以习

近平同志为核心的党中央着眼党和国家事业发展全局、顺应亿万农民对美好生活的向往，提出实施乡村振兴战略。这是在新时代全面深化农村改革的总抓手，是决胜全面建成小康社会、全面建设社会主义现代化国家的重大历史任务。2018年1月，山东省委书记刘家义人民日报撰文《全力推动乡村振兴》，提出加快产业转型升级，夯实乡村振兴经济基础，改善农村环境条件，让农民生活幸福安康，加强思想道德建设，促进乡村文化繁荣兴盛，坚持党管农村，把“重中之重”落到实处。2018年5月，山东省委、省政府印发《山东省乡村振兴战略规划（2018—2022年）》和《山东省推动乡村产业振兴工作方案》《山东省推动乡村人才振兴工作方案》《山东省推动乡村文化振兴工作方案》《山东省推动乡村生态振兴工作方案》《山东省推动乡村组织振兴工作方案》，全省各地各部门结合实际贯彻执行。我省在以习近平同志为核心的党中央领导下，协调推进“五位一体”总体布局和“四个全面”战略布局，让新时代农业农村的改革基础更加牢固。

第三节　国有企业改革

我省40年来的国有企业改革，从“放权让利”到“制度创新”，再到构建以管资本为主的体制机制并逐步完善，大致经历了四个阶段：一是1978—1992年放权让利阶段。推行承包经营责任制、利改税等举措，将部分生产经营权和利益下放给企业，企业生产经营积极性和主动性大幅提高。二是1992—2002年制度创新阶段。着力推进现代企业制度建设，探索国有资产管理，建立监督机构。三是2002—2012年不断完善现代企业制度和国企监管阶段。健全公司法人治理结构，实行产权多元化，推行公有制的多种有效实现形式；积极推进国有经济向基础性、关键性、战略性产业和领域集中；成立了专门的国有资产监督管理机构，构建监管方式和业绩考核、责任追究、经营预算等制度。四是2012年至今国企产权制度深化的全面改革阶段。构建以管资本为主的监管框架，明确功能定位，持续完善公司治理，加强党对国有企业的领导，进一步完善国资监管体制机制。40年来，通过持续推进国企改革，我省国企管理体制基本实现了政企分开、政资分开、所有权和经营权分开的改革目标，控制力、影响力、抗风险能力和运行质量巩固提升，为全省经济社会稳定发展打下了坚实基础，为全国经济发展和国家治理能力现代化作出了重大贡献。其重大改革举措和取得的突出成就体现在以下四个方面：

一、转换企业经营机制

改革开放初期，我省围绕“放权让利”，分阶段开展了经营责任制和“承包制”为主要内容的企业经营层面改革。1978—1986年，以自负盈亏、自主经营、自我约束、自我发展为目标的经营责任制改革，首先在58户国营工业企业进行经营管理自主权试点，省里成立了试点工作领导小组，企业实行党委领导下的厂长负责制，按计划自主招工和奖惩等，同时在青岛试点劳动合同等配套制度改革，并逐步扩大试点范围，到1987年，全民所有制单位合同制工人比1985年增加一倍。1987—1992年，依照“两权分离”改革方向，国有企业从经营权改革向所有权改革过渡。1987年2月，省政府发布了《关于深化企业改革，增强企业活力若干问题的规定》，全面落实企业自主权，实行企业所有权和经营权分开，推行厂长负责制，改进和完善企业的分配制度，保护企业的合法利益，清理行政性公司，鼓励发展各种形式的联合体，国有企业活力增强，市场经济主体地位初步确立。

二、建立现代企业制度

1993年，党的十四届三中全会明确了国有企业改革方向是建立现代企业制度。1994年，我省在51户国有大中型企业进行建立现代企业制度试点，实行干部聘任制、职工合同制管理。1995年开始，全省实施“抓大放小”，积极推进现代企业制度建设，一批国有大中型企业改制为国有独资公司、有限责任公司或股份有限公司，中小型国有企业则通过兼并、联合、参股、破产等举措进行了改革，县域企业改制也积极展开。到21世纪初期，全省国有大中型企业改制目标基本实现，县域国有中小企业改制基本完成，股份制改革进展顺利，国有企业市场主体地位显著提升，投资主体呈现多元化，国有企业建立起现代企业制度并不断完善。

三、推进企业集团化建设

1979年，我省开始进行工业改组、企业联合的试点，1988年10月山东省企业集团联合会成立，企业集团发展与管理进入了新阶段。1995年，省里通过实施“抓大放小”，实施企业集团化战略和国民经济布局结构调整，重点培植了八大企业集团和135户重点企业集团，成为经济骨干。进入新世纪，我省推动大型企业间强强联合、主辅分离及辅业改制、资本退出、困难企业改制退出，相继组建了山东钢铁、能源、交通等大型企业集团，首批由国资委履行出资人职责的67户省属国有企业调整为23户，打造功能定位明确、治理结构规范、综合实力较高、行业特色鲜明的企业集团，企业数量减少，资产总额和年缴税费增长，国有资本向关系经济发展的重要行业和关键领域集中，企业综合经济实力和竞争能力显著提升，成为助推全省新旧动能转换重大工程建设的新引擎。

四、构建“政企分开”的国资监管体制

2004年，山东省国有资产监督管理委员会成立，为省政府特设机构，对国有资产实施统一监管。国资委成立前，国有企业主要分布在省直部门并负责监管；成立后，国资委代行出资人职责，权利、义务和责任相统一，管资产与管人管事相结合，国企监管走上了“政企分开、经营权和所有权分开”的轨道。2005年，股权分置改革启动。2008—2012年，我省持续深化国有独资企业董事会制度试点、公司制股份制改革、企业法人治理结构完善、企业监事会制度健全、企业人事和分配制度改革，实现了决策层和执行层初步分开，以产权为纽带的集团公司管控体系进一步完善，省管大企业全部试行国有资本经营预算制度，面向社会公开征聘省管企业外部董事，修订了企业负责人薪酬管理办法，国企监管框架与机制确立。

五、健全“以管资本为主”的国企监管体制机制

十八大以来，我省根据中央全面深化国有企业改革的战略部署，结合供给侧结构性改革和新旧动能转换等重大战略实施，围绕完善产权制度，全面推进国有企业基础制度建设。密集出台了《关于深化省属国有企业改革完善国有资产管理体制的意见》《实施意见》及5个配套文件、《山东省省属国有企业功能界定与分类方案》和《关于加快推动国有企业

改革的十条意见》等重大改革文件，搭建起国资监管的体制框架和制度框架，明确了改革攻坚的主要路径和措施，为完善现代企业制度、发展混合所有制经济、改组建国有资本投资运营公司、健全监管体系等重要改革举措的完善和落地提供了制度保障。在全国率先建立和明确了国资管理三层架构、功能定位及三者关系，修订了省管一级、二级企业章程，完善“双向进入、交叉任职”的领导体制，加强和改进了党对国有企业的领导，省属企业现任党组织班子成员中80%以上在董事会、经理层交叉任职；持续完善公司治理结构，省属企业董事会成员基本配齐，监事会、财务总监实现全覆盖；26户一级企业全面推行高管人员契约化管理，外部董事、监事和职业经理人人才库建成运行；稳妥推进混合所有制改革，设立国惠改革发展母基金，省属首批58户混改试点，首批选择10户企业开展员工持股试点，深化省属企业责人薪酬制度改革、劳动用工和收入分配改革，规范契约化高管人员薪酬管理，完善中长期激励机制，出台《省管企业试行企业年金制度的指导意见》，推动符合条件的国有上市公司实施股权激励；改建和新建13户国有资本投资运营公司，规范化运作，完善以管资本为主的监管模式，以产权为纽带，理顺集团公司与权属企业之间的出资关系；通过新组建省管一级企业、合并“同类项”等方式，对44个省直部门所属的616户国有企业进行了分类处置，部分地市启动实施了经营性国有资产统一监管，国资“大监管”格局逐步形成，省直部门经营性国有资产全部剥离，市级82%以上的经营性国有资产由国资监管机构统一监管。全省国有企业公司制改革任务基本完成，产权结构多元化，治理结构进一步改善，省级层面经营性国有资产监管实现了全覆盖，国企监管体制机制进一步完善。

第四节　开放型经济体制机制改革

山东对外开放起步较早，20世纪80年代后期至90年代初期加快了步伐，“十五”至“十三五”期间经历了从跨越式发展到深化改革扩大开放的历史变革。

一、山东省放开对外贸易经营权，全面对外开放发展

（一）放权阶段

1979—1987年改革了高度集中的经营体制，下放外贸经营权，改革单一的指令性计划管理体制，重新实行进出口许可证制度，建立外贸经营权审批制，对出口商品实行退税等。

（二）制定和完善对外开放战略

1988年3月18日，国务院确立的山东半岛经济开放区范围，包括青岛、烟台、威海、潍坊、淄博、日照6个市44个县市区，1992年扩大到济南等7市53个县市区，人口、面积均占全省的40%，主要经济指标占70%左右。1993年又增加了东营市。据此，省委提出，发展外向型经济分三个层次由东向西全面展开。第一个层次，对青岛、烟台、威海、潍坊4个沿海城市实施较为优惠的政策，让其先行一步参与国际经济大循环。第二个层次，对山东半岛经济开放区，扩大利用外资等方面的自主权。第三个层次，鲁西北、鲁西南地区，因地制宜发展外向型经济。改革对外经贸体制，实行经贸合一，统管全省外经外贸工作。

（三）扩大对内开放，实行外引内联

把东部地区开放和西部地区开发作为“一盘棋”。1988年4月下旬至6月中旬，省委、省政府派人西进、北上、南下到外省市学习考察，推进沿海地区对外开放的联合协作和沿黄7省区经济协作带的“黄河大合唱”。

（四）制定优惠政策

在1988年2月召开的全省利用外资和“三来一补”座谈会上，发布了10项优惠政策。5月16日在北京人民大会堂举行的新闻发布会上又宣布了一系列政策措施，包括：最大限度地扩大和下放审批权限；实行减免税政策；保障外商合法权益，在经营上提供优厚待遇；改善投资环境等。5月17日在北京饭店举行了山东省经济技术合作联谊会，宣布建立外商同政府官员的联系制度。

（五）对外招商引资

1988年7月，山东在香港成功举办了为期7天的对外经济合作洽谈会和名优产品展销会。省地（市）、各有关部门和大中型企业负责人参加了这次招商引资活动。其间共签订利用外资合同、协议470项，外资金额50.48亿美元，进出口贸易成交额1.2亿多美元。开创了我省大规模招商引资的先河，扩大了山东在国内外的影响。

（六）与韩国经贸界接触

1988年4月，韩国派特使来山东洽谈民间贸易，双方达成了发展民间贸易的共识。1988年下半年，山东省派省贸促会会长李瑜到韩国访问，双

方就发展民间贸易有关事项达成协议。不久，双边民间贸易由小到大逐步发展起来。1992年，我国同韩国建立外交关系。

（七）加快开发区建设

1992年，全省设立各类开发区44个，其中国家级10个、省级34个，还在青岛设立了保税区。这些开发区成为山东经济发展的重要支柱。

二、山东省对外经贸不断改革创新，实现了跨越式发展

（一）快速发展阶段

1991—1995年，山东省对外开放力度加大、经济格局大幅调整、经济运行从相对封闭转向大规模对外开放。省委、省政府出台一系列措施，全省上下推出一系列对外开放举措，对外向型经济发展起到了强力推动作用。1992年5月，省委、省政府印发《关于进一步扩大对外开放加快发展外向型经济的决定（试行）》，提出尽快实现全省经济由内向型向外向型的战略转变，推动山东经济的全面振兴，在扩大对外开放、发展外向型经济上有一个大的突破，尽快形成对外开放新格局。1994年，省对外经济贸易委员会提出建立全方位的市场营销体系。1995年，利用外资取得新进展，对外经济技术合作实现新突破，开发区建设实现跨越式发展。省政府对外经济工作协调小组印发《关于做好发展外向型经济“划区布点”工作的规范意见》，提出有计划、有重点地发展一批新的外向型工业加工区，建立黄河三角洲外向型经济区。加上此前设立的青岛、烟台、威海3个国家级经济技术开发区，山东省级以上开发区数量超过50个。

（二）转型调整阶段

1996—2000年，山东省对外经贸在困难中前进、在调整中提高、在改革中发展，发生了深刻变化。1997年爆发的亚洲金融危机对山东省开放型经济发展造成巨大冲击，我省以结构调整为着力点，推动对外经贸各项业务转型升级，化解现实危机和潜在压力。1997年11月，省对外经济贸易委员会印发《关于实施经济国际化战略提高对外开放水平的意见》，提出进一步完善对外开放格局，积极合理有效地利用外资，深化对外经贸体制改革，巩固和发展大经贸格局，优化对外贸易结构，培植对外贸易新的增长点，坚持政策驱动、部门配合，依靠整体合力营造对外开放的宽松环境。1998年，省对外经济贸易委员会针对全省对外经贸发展中的薄弱环节，提出一系列发展战略。在对外贸易方面，实施小成套设备出口战略，在对外经济技术合作方面，推出了境外带料加工和“以大揽大”战略，在利用外资方面，实施“大高新”战略。同时，在企业改革、市场开拓、改善运营环境等方面出台一系列政策措施。2000年全省大经贸格局初步形成，运营结构进一步优化，市场多元化战略成效显著，利用外资领域不断扩大，规模和质量不断提高，外商投资方式多元化步伐加快，股权投资成为新的投资亮点，企业产权结构多元化，省属外贸企业基本完成二级法人企业的改制工作。

（三）跨越式发展阶段

2001—2005年，把利用外资作为外经贸工作的重中之重，把外经贸工作的重点由主要抓外贸转向重点抓外资。2002年初，省委、省政府提出全省经济发展的三个亮点（外经外贸、民营经济、高新技术）和三个突破

（东部突破烟台、中部突破济南、西部突破菏泽），把外经外贸作为经济发展的第一亮点来抓，并且注重平衡发展。省委书记张高丽、省长韩寓群就对外经贸发展多次作出重要指示，确保在破解土地、出口退税、大项目落地、产业配套、人才引进等重大难点问题上取得进展。2003年，我省提出“全力以赴抓开放，万众一心大合唱，千军万马奔外向”的口号，狠抓招商引资。2004年，提出“承接国际产业转移，加强区域经济合作，打造制造业强省”的口号，狠抓加工贸易。2005年，在“突出重点全方位高水平扩大对外开放”的总要求下，提出“突出日韩台，面向全世界，转型升级上水平”的口号，狠抓制造业利用外资，针对日韩、欧美等国家和中国香港、中国台湾等地区开展了一系列招商活动，山东成为国内最大的韩资聚集地。全省对外开放大会出台《关于突出重点全方位高水平扩大对外开放的意见》，在招商引资、大项目推进、扩大出口、加工贸易、“走出去”、园区、大通关、服务环境等方面进行一系列机制体制创新，为加快全省对外经贸发展奠定更加坚实的基础。省政府建立外资联席会议制度和省领导联系重点外资项目制度，与国家质量监督检验检疫总局建立促进农产品出口联席会议制度，在日本、韩国和中国香港等国家和地区新设了招商促进机构。2005年，全省实际使用外资89.7亿美元，居全国第三位。5年间累计引进外商直接投资339.7亿美元，是“九五”时期的2.7倍。利用外资方式多元化，跨国并购由2003年的不到10个增至2005年的124个，合同外资4.6亿美元。服务业成为利用外资新的增长点，5年间共引进外资41亿美元，占同期外商投资总额的12%。对外贸易水平快速提升，山东与221个国家和地区建立了贸易关系，美国取代日本成为山东省第一大出口市场。加工贸易档次明显提高，产业链条不断延伸，配套能力不断增强。对外经济合作成效显著，各类经济园区已经成为开放性经济要素和外商投资大项目的重要集聚区。

三、“十一五”期间坚定不移地深化改革扩大开放，增强经济社会发展活力

推进国有企业改革发展，先后组建了山东钢铁集团、山东重工集团、山东海洋投资公司、山东海运公司、泰山财产保险公司，国有企业的规模、质量、效益显著提升。推动民营经济加快发展，非公有制经济占生产总值比重达到54%。农村综合改革试点、综合配套改革试点、财税体制改革、集体林权制度改革、资源环境价格改革取得新的进展。银行、证券、保险业支撑保障作用进一步增强，贷款余额、直接融资、保费收入均创历史最高水平。实施“深化日韩、提升东盟、突破欧美、拓展非洲”的全面开放战略，加强与台港澳地区的经贸合作，形成了多层次、宽领域的对外开放格局。有效应对国际金融危机冲击，引导企业大力开拓国际市场，着力优化出口产品结构，外贸进出口实现快速恢复性增长。围绕转方式调结构，加大招商引资力度，着力提高利用外资水平。加快实施“走出去”战略，拓展我省对外合作空间。

四、“十二五”期间对外开放取得重要进展

主动对接“一带一路”战略，加强了与欧洲、美国、日本、韩国、东南亚和澳大利亚经济界的合作，与世界500强及行业领军企业的经贸联系进一步密切。新增友城38对、友好合作关系城市40对，来鲁工作的外国专家达13万人次。正式启动中韩自贸区地方经济合作示范区建设。鲁港、

鲁台交流合作成果丰硕。2015年，全省外贸进出口2417.5亿美元，比2010年增长27.8%，实际利用外资163亿美元，增长77.8%，对外实际投资57.8亿美元，增长205.6%。5年累计实际利用外资691亿美元。成功举办国际历史科学大会、国际教育信息化大会等一批重大国际活动。国际海事司法研究基地和国家法官学院青岛海事分院落户青岛。中小企业到境外对标交流，乡村旅游带头人赴海外学习培训，都取得了持续明显的成效。全国工商联知名民企洽谈会签约项目落地率超过80%，到位资金7842.5亿元。

五、“十三五”期间围绕“三去一降一补”、加快新旧动能转换，改革开放事业开创新局面

2016年对外开放进一步扩大，货物进出口总额15466.5亿元，增长3.5%，比全国高4.4个百分点，增幅在全国外贸前十省市中位居第一。实际开展出口业务企业新增7833家，创造出口544.3亿元，拉动全省出口增长6.1个百分点。一般贸易出口比重提高到63.1%，加工贸易“委托设计+自主品牌”出口比重达到20.2%，实际利用外资1110.7亿元，增长9.8%，世界500强企业投资项目新增63个。实际对外投资862.3亿元，增长1.4倍，其中境外并购中方投资额增长2.8倍。构建开放型经济新体制等试点工作有序推进。洲际直航实现零的突破，一年开通5条航线。2017年，制定出台推进新一轮高水平对外开放20条意见。全省进出口总额17823.9亿元，增长15.2%，实际利用外资1210.5亿元，增长9%，对“一带一路”沿线实际投资100.6亿元，增长81.7%。

第五节　科技体制改革

改革开放40年来，我省科技体制改革大致经历了三个阶段：一是1978—1985年恢复加强科技管理机构阶段。加快落实科技和知识分子政策，编制实施《1978—1985年山东省科学技术发展规划》，科技规划与计划管理步入科学轨道。二是1985—2006年以“双放”为中心的体制改革和实施“科教兴鲁”战略阶段，有效促进了科技与经济、高等教育与科技创新的紧密结合。三是2006年至今的创新驱动发展阶段，着力健全以创新驱动为核心内容的科技体制，技术创新体系基本建立健全。40年来科技体制改革期间，我省根据中央关于科技体制改革的有关精神，结合本省实际，大力实施“科教兴鲁”和创新驱动发展战略，在科技计划管理、科研机构改革、激发创新创业活力等领域，出台了一系列改革举措，推动全省科技体制不断顺应社会经济发展的时代要求，政府职能从研发管理向创新服务转变，四梁八柱性质的科技体制框架基本确立，科技资源配置方式更加优化，极大地提高了全省科技创新水平，有效促进了科技与经济深度融合，为全省经济社会发展提供了有力的科技支撑，推动经济社会持续健康发展。

一、建立以“双放”为核心内容的科技体制

改革开放初期，中央针对当时科研与生产脱节的弊端，为适应社会主义市场经济发展要求，建立充满生机与活力的科技新体制，发布了《关于科学技术体制改革的决定》，明确了“科学技术工作必须面向经济建设，经济建设必须依靠科学技术”的战略方针。我省按照中央部署要求，1985

年10月印发了《山东省科学技术体制改革的实施方案》，以放活科研机构和放活科研人员（即“双放”改革）为突破口，对原有科技体制进行了一系列重大改革。一是改革科研拨款制度。将技术开发类科研项目改为“技术合同制”，逐步实行经费自立；将社会公益服务、技术基础和农业类科研项目改为“经费包干制”，打破了科研领域的大锅饭。二是实行技术成果商品化。通过发展技术市场，疏通了科研成果流向企业的渠道。三是简政放权，放活科研机构。鼓励科研机构直接同生产企业“联姻”，推动科研生产一体化；实行所长负责制和经营承包责任制，扩大科研机构的自主权。四是放活科技人员。改革科技人员管理制度，促进人才合理流动；大力提倡企业特别是大中型企业积极开展科技活动，塑造企业在科技进步中的主体地位；突破所有制限制，鼓励多种所有制形式办科技。这些改革措施，特别是1987年12月省委四届十次全委会正式提出科教兴鲁战略和《山东省科技进步条例》等政策法规的颁布，把“科教兴鲁”战略纳入法制轨道，极大地促进了科技事业的发展。新世纪初期，改革重点突出了推进科技创新体系，着力建立促进科技资源高效配置和综合集成的体制与机制，继续推动科技与经济社会发展和高等教育与科技创新的紧密结合，确立了企业技术创新和科技投入的主体地位，建立现代科研院所制度，推动面向市场的应用技术研究开发机构转企改制。

二、建立健全以创新驱动为核心内容的科技体制

2006年2月，山东省人民政府印发了《山东省中长期科学和技术发展规划纲要（2006—2020年）》，突出科技自主创新能力建设，依靠科技创新建设创新型省份。近10年来，我省深入实施创新驱动发展战略，优化整合省

级科技计划体系，强化以企业为主体、市场为导向、产学研相结合的技术创新体系建设，加快创新型省份建设。一是优化整合省级科技计划体系。进一步明确各类科技计划的目标和定位，充分发挥企业、科研机构、高校专家等各方面专家作用，科学、精准凝练科技计划指南和重点任务。二是推进科研院所改革。支持科研院所建立法人治理结构，减少对科研事业单位的微观管理，从编制人事管理自主权、收入分配自主权等7个方面赋予科研院所更大的自主权，建成国内首家以知识产权为特色的“一站式”综合服务平台；鼓励支持高等院校、科研院所与企业深度开展产学研合作。三是提升企业技术创新能力。强化企业创新主体地位，实施企业科技创新普惠制支持政策，建立完善项目形成和实施机制，推动企业主导的产学研协同创新，并强化对科技型小微企业的扶持，进一步提高“创新券”资助标准。四是着力创新驱动、支撑引领区域发展战略。加强源头创新平台建设，统筹资源推动青岛海洋国家实验室建设。全国唯一一家国家技术创新中心——高速列车国家技术创新中心建设进展顺利，区域科技创新中心建设加快推进，山东半岛国家自主创新示范区建设加快。创新型城市建设成效突出，济南、青岛、烟台、济宁四市国家创新型城市试点工作通过国家验收。建设我国第二个国家级农高区黄河三角洲农业高新技术产业示范区，国家级农业科技园区总数位居全国第一。与此同时，加快现代科技服务体系建设，在更大范围、更高层次、更深程度上推进大众创业、万众创新，打造新引擎，壮大新经济。推进科技资源和金融资源有效对接，加快构建多元化、多层次、多渠道的科技投融资体系。进一步创新人才工作机制，健全科技人才体系，推动人才、项目、平台一体化发展，有效构建起以战略科技人才、科技领军人才、青年科技人才和基层科技人才为主体的科技人才体系，形成了强大的战略科技力量。

第六节 财税金融体制改革

一、财政体制改革

改革开放40年来，我省财政体制改革经历了1978年开始实施的包干制财政体制、1994年实施的分税制财政体制、2000年建立的公共财政体制、2014年建立的现代财政制度，力争到2020年在全国率先建立统一完整、法制规范、公开透明、运行高效，并且有利于优化资源配置、维护市场统一、促进公平公正、实现社会稳定的现代财政制度。

1978年以前，我国实行的是高度集中的统收统支财政管理体制，地方增收节支的积极性较弱。1978—1992年，我省实行了一系列财政体制改革，放权让利调动地方积极性，主要是包干制财政体制。1980年实行了“划分收支，分级包干”，1981年实行了“划分收支，总额分成”，1985年实行了“核定收支，分级包干”，1987年实行“收入全留，定额上交”的大包干体制。从全国来看，市场化程度的加深“分灶吃饭”和财政包干制弊端显现：一是各种“放权”“让利”举措的实施使得诸侯经济和地方保护主义盛行；二是“两个比重”降低，稀释了中央对地方的宏观调控能力。进入新世纪后，财政体制改革重点转向建立健全公共财政体制，完善转移支付制度。我省在财政资金管理上，推行了部门预算、国库集中收付、政府采购和收支两条线管理改革，进一步健全了预算编制、执行、审计等制衡、监督与管理机制，财政管理体制逐步走向完善。2013年国家发布《中共中央关于全面深化改革若干重大问题的决定》，提出建立“现代财政制度”的目标。2014年出台《深化财税体制改革总体方案》，对现代财政制度作出具体描述，并且提出预算、税制、事权与支出责任划分领域的三大改革任务。

十八届三中全会以来，我省形成了“1+39”的改革制度框架体系：一是深化财政事权和支出责任划分改革，省级专项转移支付由2013年的243项压减到61项；二是全面推进预算管理改革，在全国率先建立财政信息公开“五张清单”，财政透明度居全国首位。建立跨年度预算平衡机制，有序推进中期财政规划管理、政府综合财务报告编报。在37个县（市、区）扎实开展县级现代预算管理改革试点。

二、税收制度改革

我省的税收制度改革是在中央税征收制度改革大框架下进行的，主要经历了1994年的分税制改革、2002年的企业所得税变更为共享税改革、2016年的营改增改革和2018年的国税地税合并改革。

十一届三中全会以来，我省主要从税收制度、税收征管、税务机构设置等方面进行了改革。在工商税制改革方面，自1986年开始，重点从四个方面进行了改革和完善：一是对原征收产品税的产品逐步改征增值税；二是调整了部分产品的产品税税率；三是对资源税由原来按销售利润率累进计算改按实际产量（销售）定额征收；四是依据国家有关法律法规，开征了城乡个体工商业户所得税、房产税和车船使用税。在税收征管改革方面，重点推行了综合治税，并采取多种形式，提高全民纳税意识。在税务机构改革方面，从1994年开始，推行了税务机构分设，设立国税地税部门，将税种也分为中央税、地方税和共享税三类；自1998年开始，对全省地税系统实行了垂直管理体制。进入新世纪以来，重点进行了针对资源、环境等方面的一系列税制改革，并先后取消了农业特产税和农业税。2002年实施企业所得税分享改革，此前，企业所得税收入属于地方，由地税局征收，为了支持西部大开发战略，中央把原来属于地方的企业所得税变更为共享税，中央占50%，到2003年又占到60%，税种的征收由地税局转移到国税局。

十八届三中全会以来，我省进一步推进税收制度改革。全面实施营改增试点和资源税改革；开展水资源税改革试点，实施环境保护税法，地方税体系建设步伐加快；出台国税、地税征管体制改革实施方案，全面深化国地税合作；开展税式支出管理改革试点，实现了管理区域、级次、纳税对象“三个全覆盖”。2016年实施营改增改革后，原来由地税局征收的第一大税种营业税取消，变成由国税局征收的增值税，国地税业务范围此消彼长。2018年，中央明确省级和省以下国税地税机构合并，国地税合并迈出了第一步，这也宣告分设了24年的国地税将成为历史。

三、金融体制改革

按照国家金融体制改革的大政方针，我省根据构建社会主义市场经济体制的需要，不断推进金融体制机制改革，尤其是十八届三中全会以来，我省相继出台了《关于加快全省金融改革发展的若干意见》(“金改22条”)等一系列有力度、有突破的改革措施，在全国产生了广泛影响，推动金融产业化，服务实体经济，设立综合性和专项性金融改革实验区，全省多层次金融组织体系健全完善，农村信用社银行化改革任务全面完成，村镇银行数量居全国首位。

（一）银行体制改革

1980—1984年，我省先后恢复和建立了省农业银行、省建设银行、省投资银行、省工商银行以及国家外汇管理局山东分局、信托投资公司和城市信用社等，到1986年我省初步形成了以人民银行为中心、专业银行为主体、多种金融机构并存的金融体系。1988年，又先后出台了全省深化金融体制改革的20条意见和搞活金融的19条具体措施，金融改革逐步深化。1993年组建了中国人民银行济南分行。2003年，山东银监局和15家分局先后挂牌成立，形成了新的银行监管体制。2017年，我省首家民营银行威海蓝海银行正式开业运营，融资担保机构发展到416家，注册资本总额达735.56亿元；推动新型农村合作金融改革试点提质扩面，试点县（市、区）达到128个，试点合作社347家，累计发生互助业务1.2亿元；推进济南区域性产业金融中心和青岛财富管理金融综合改革试验区建设，青岛市成为全国唯一的以财富管理为特色的国家级金融改革试验区，先后两批60项创新试点政策获得国家批准；出台推进普惠金融发展的实施意见，全面推广“税融通”信用贷款模式，持续提升普惠金融服务水平。我省积极拓宽县域多元化融资渠道，大力发展服务于农业产业化、农村经济合作组织、专业市场、小微企业和产业集群的金融服务供给。2008年底，我省开设首家村镇银行，经过10年的发展，村镇银行数量占全国总量的比重呈上升趋势，村镇银行新设数量高于全国平均水平。

（二）外汇体制改革

20世纪80年代主要改革为：一是加速外汇留成，完成外汇挂账；二是健全了外汇调剂市场网络和有关规章；三是加强了机构建设，下放管理权限，基础工作素质有较大提高；四是建立健全了外债统计监测网络。到1991年8月，正式兴办了外汇调剂公开市场和交易会。2001年，外汇管理局山东省分局进一步简化了外汇业务审批手续，同时完善了外汇账户管理，加大了收汇核销力度，加强了B股市场的外汇监管。2004年，外汇管理方式进一步创新，手续进一步简化，在全国率先实行货到汇款项下进口付汇同步核报制度和限时分阶段清理逾期未核销制度。

（三）保险业体制改革

1980年，省、地（市）、县（区）各级都相继恢复和建立了保险机构。1982年，省政府下发了《关于认真开展我省保险业务的通知》，我省保险事业开始进入全面恢复和发展时期。1987年，开始在全省保险系统试行省、地两级核算，成数分保，各计盈亏的核算体制，保险行业的“大锅饭”开始被破除。1988年，进一步完善并改进了省与市地公司三七分保、市地级公司独立核算、自主经营、各计盈亏的核算体制，试行了领导体制和人事管理制度的改革。1991年，又对农业保险实行了以县为单位独立核算的制度，调动了基层公司积极性。2000年，中国保险监督管理委员会济南办公室成立，专门行使全省保险行业监管职责，最终形成了针对我省的保险、银行、证券分业监管体制。2003年，新《保险法》的发布与实施，进一步推动了保险产品费率的市场化改革，保险企业在产品开发与应用上拥有了更大的自主权。

（四）证券市场建设

从1981年发行国库券开始起步，初步形成了国库券、企业债券、金融债券、基金证券和股票等多品种的证券市场体系。证券交易市场于1988年国库券柜台交易业务开始，中国工商银行山东信托投资公司于1990年参与了上海证交所的发起、筹建和设立，并于1992年在全省率先开办了上海交易所上市股票的异地委托买卖业务。1993年和1994年，相继成立了青岛证券交易中心和山东证券交易中心，基本形成了全省性证券交易网络。从1995年开始，证券市场进入规范发展时期，省里出台了一系列的政策和规章，1996年山东证券管理办公室成立，1998年省证券管理办公室移交给了中国证监会，由中国证监会实行垂直管理。进入新世纪，特别是十八大以来，我省证券交易平台迎来快速发展期，山东产权交易中心、齐鲁股权交易中心、蓝海股权交易中心、山东金融资产交易中心等权益类和大宗类交易市场陆续建立，齐鲁股权交易中心体制改革顺利完成。许多全国性证券公司在我省设立交易中心，内外联动、梯次推进、规范运作的证券交易市场体系基本建立健全。在全国率先发力多层次资本市场资源联合培育。2017年12月29日，多层次资本市场资源联合培育基地启动，港交所、上交所、深交所、新三板、山东证监局、山东省金融办、齐鲁股交七方参与建设，聚集各类金融要素资源，为省内中小企业提供培育孵化、融资支持、挂牌上市等综合金融服务。

第七节　生态文明体制改革

我省40年的生态文明体制改革大致经历了三个阶段：一是1978—1992年强化环境监督管理阶段。随着我国将环境保护确定为基本国策，我省以贯彻落实环境管理“八项制度”为总抓手，加强环境的监督管理，对在国民经济调整、改革、整顿、提高期间环境保护的机构建设及工作重点提出了明确要求，推行五项生态文明新制度，连同继续施行环境影响评价、“三同时”和排污收费制度，推动改革开放初期的环境保护工作取得了较大进展。二是1992—2006年全面启动和推进生态省建设阶段。这一时期，我省提出实施可持续发展战略，环境战略的重点从污染防治转向生态保护和污染防治并重，全面启动和推进生态省建设，推动环境体制改革，环境法制建设进一步加强。三是2007年至今积极推进建立生态文明制度体系阶段。为构建“两型社会”、建设秀美山川，我省根据党的十七大、十八大提出的建设生态文明的理念、指导思想、目标和原则，先后出台《关于建设生态山东的决定》和《关于加快生态文明建设的实施方案》，不断增强生态文明体制改革的系统性、整体性、协同性，率先建立了基于空气质量改善的生态补偿制度，强化生态红线区域保护，以“多规合一”模式探索国土空间“一张图”管控制度，实现一个区域、一本规划、一张蓝图，生态文明体制走上科学化、制度化的轨道。40年来，我省从加强对自然资源的管理，到强调生态环境质量保护与防治，再到生态文明体制建设，始终把生态保护和生态文明建设放在突出的战略位置，推进相关体制机制改革不断适应经济社会发展需求。特别是十八大以来，按照创新、协调、绿色、开放、共享发展理念的要求，通过出台一系列政策措施，深化重点领域和关键环节的体制改革，基本构建起满足经济社会可持续发展需要的生态文明体制，全面增强了经济社会的可持续发展能力。

一、建立健全监管机构和问责机制

（一）建立健全监管机构

1979年11月，我省环境保护领导办公室升格为山东省环保局，各市地、县市区也都逐步成立了环境保护管理机构，并配套建立了环境监测站，为环境保护管理工作的开展提供了组织保证。为保护农业生态环境，1980年省农业厅成立了省农业环境保护监测站，各地（市）、县也逐步建立了农业环保机构或配备农业环保专职人员。为控制水土流失、保护水土资源，1982年我省恢复了省水土保持委员会及其办事机构，地（市）、县水土保持办事机构也很快得以恢复。这一时期，我省以水污染、城市大气污染防治为重点，通过环境影响评价、“三同时”、限期治理、排污收费、依法监督管理等措施，推动环境保护取得了较大进展。随着生态保护与环境质量要求的逐步上升和生态省建设，2009年我省组建省环境保护厅，由省政府直属机构调整为省政府组成部门，全省环保系统进一步健全“三级五个方面”环境自动监控体系。2013年，成立了省委书记、省长为组长的生态山东建设工作领导小组（办公室设在省环保厅），生态与环境上升为经济社会发展重大战略，为推进生态文明建设提供了组织保障。

（二）构建生态文明绩效评价考核和责任追究制度

我省是全国率先实行环境保护行政领导负责制的省份，1988年就开始以签订环保责任书、环保目标考核为主要内容的环境保护行政领导负责制尝试。2003年，省政府与17市政府签订了生态省建设市长目标责任书，层层落实责任。2008年7月，对全省17市的生态省建设市长目标责任书完成情况进行考核，并签订了下一阶段生态省建设市长目标责任书。2014年，建立了环境空气质量逐年改善约束性机制，将PM2.5浓度现状及改善率纳入科学发展综合考核体系。2015年，省委办公厅、省政府办公厅规范了省级考核事项，生态山东建设目标责任制年度综合考核予以保留。2016年，出台了《山东省党政领导干部生态环境损害责任追究实施细则（试行）》，对违反环保法律法规的行为，追究领导责任。问责机制进一步推动了各地生态与环保工作。

二、建立资源节约型制度体系

在经历了多年粗放型发展方式后，伴随着经济增长方式的逐步转变，我省不断改革自然资源管理制度，形成可持续发展的保障促进机制，推动资源高效配置、节约利用、综合利用和循环利用。

（一）不断深化天然气、成品油、电力、土地、矿山等自然资源类产品价格改革

自2010年开始，我省通过价格生成机制改革，强化不可再生资源管理，适当提高了水利工程供水价格，实行了超计划用水累进加价和季节性浮动价格政策，制定和调整了居民生活用电试行阶梯电价方案，同时出台了针对风力发电、农林生物质发电、地面光伏发电等新能源发电项目的一系列价格倾斜政策，取消了对高耗能企业的优惠电价，资源环境市场化定价机制在土地、矿产等多个领域逐步形成。2014年10月，《山东省深化价格改革实施方案》颁布，深化电价、天然气、水价及供热价格等重点领域改革，推动建立反映市场供求、资源稀缺程度、生态损害成本和修复效益的资源性产品价格形成机制。

（二）健全自然资源资产产权制度

2010年，在大汶河流域和小清河流域上下游之间开展生态补偿试点，2011年，启动建设“让江河湖泊休养生息的示范省、探索中国环境保护

新道路的先行区”，大力推进流域污染防治，大汶河流域生态环境持续改善，上下游生态补偿成效显著。出台了《山东省海洋生态损害赔偿费和损失补偿费管理暂行办法》，是我国第一个海洋生态方面的补偿和赔偿办法。在潍坊市开展排污权交易试点，探索建立排污权有偿使用和交易机制。组建了山东省矿业权储备交易中心，对矿产资源交易统筹管理。2014年，出台了《山东省环境空气质量生态补偿暂行办法》，在全国率先建立了基于环境空气质量改善的生态补偿制度。进一步建立完善矿产资源有偿使用制度，组建了山东省土地和矿业权交易中心，出台《山东省矿业权交易管理办法（试行）》，加强矿山地质环境治理保证金收缴和返还管理工作。设立了山东省能源环境交易中心，推动首批18家企业开展节能量交易试点，探索推行节能量交易制度，开展了节能量交易制度研究。2015年，省市县三级全部完成不动产统一登记职责机构整合，组织开展全省生态红线划定工作，建立了大气主要污染物阶梯式差别收费机制，征收标准趋近企业治理成本。修改山东省环境空气质量生态补偿暂行办法，大幅度提高补偿资金额度系数。开展项目节能量交易试点，建立了重大企事业单位温室气体排放报告制度。2016年，试点编制自然资源资产负债表，在淄博和潍坊两市开展试点。出台省级及以上自然保护区生态补偿办法和生态环境损害赔偿制度改革试点工作实施方案，探索建立相关政策体系。

三、构建规范化法制化生态文明治理体系

（一）构建治理制度体系

1979年9月，《中华人民共和国环境保护法（试行）》颁布实施，我省制定与之相配套的实施细则，加强生态文明地方立法，制定环境保护和资

源利用方面的地方标准，环境保护开始走上法制化轨道。自20世纪八九十年代，我省相继颁布了有害污水收费、排污收费、城市交通噪声管制、建设项目环境保护、农业环境保护条例等一批地方性法规、行政规章和规范性文件，完善了生态环境制度体系。2003年，全面启动生态省建设，陆续发布了十余个严于国家标准的行业污染物排放地方标准。十八大以来，围绕秀美山川和生态省建设，制定了节能环保、新能源、生态建设的税收优惠政策，全面实施资源税改革，开展水资源税改革试点，实施环境保护税法，实施以“城市双修”为内容的城市生态环境质量治理，出台全面推进河长制湖长制方案，建立完善省市县乡村五级河湖组织体系和治理机制，构建信息管理系统，将市县乡村四级河长和河管员纳入平台管理和考核，解决河湖管护“最后一公里”问题。

（二）构建执法联动机制

多年来，我省和全国一样，面对生态和环境污染，由于监管职能交叉、权责不一致等问题，环保部门查处能力较弱，违法成本过低。为解决这一问题，全面推进生态省建设，推进生态文明，自2003年开始，我省针对生态省建设着手建立相应的领导工作机构，逐步加强资源、环境监督管理执法队伍建设，开展资源、环境保护行政执法检查活动，查处有法不依、执法不严、违法不究等行为。十八大以来，根据生态文明建设的要求，我省从构建大气污染防治治理机制着手，围绕强化生态治理和环境保护，逐步构建起以改善环境质量为导向，监管统一、执法严明、多方参与的环境治理联动机制，构建起全覆盖的信息系统，实施动态化协同化管理。2013年，编制实施了大气污染防治规划及一致行动计划，实行空气质量监测预警信息定期发布，积极构建大气污染联防联控机制。2015年，建立了省会城市群大气污染联防联控机制，成立了山东省环境空气质量预报预警中心。2016年，在全省开展环境与健康调查，加强典型区域环境与健康监测，防范环境污染风险及各类重大事故发生，建立健全协同执法体系，从大城市开始，逐步向下通透，协同办理，有效修复自然生态和生活环境，使生态功能得到不断恢复和提升，满足人民对美好生活的向往。

第八节　行政管理体制改革

改革开放以来，随着计划经济体制向有中国特色的市场经济体制逐步转变，我省行政管理体制改革围绕政府职能转变这一主线不断推进，宏观调控模式逐步转向间接调控为主。十八大以来，我省着力推进“放管服”改革，按照加快建设审批事项最少、办事效率最高、发展服务最优的要求，不断健全行政管理体制，继续推动政府职能转变，政府行政行为逐步走向规范化和法制化轨道。

一、简政放权

计划经济体制改革首先从计划体制的改革中得到最充分的体现。计划职能转变从大幅度缩减生产与流通领域指令性计划的种类、范围和比重开始，围绕加强和改进计划的宏观调控职能这个中心展开。随着改革的不断深入，传统的指令性计划逐步转向了指导性计划。计划管理的方式由主要运用行政手段对经济运行全过程的控制，转向了综合协调宏观经济政策和经济杠杆的运用，更加突出计划的宏观性、战略性和政策性，最终实现了由计划经济管理手段向社会主义市场经济管理手段的转变。

为顺应经济社会发展需要，我省按照政企政事分开、政会分开、政府与中介机构分开的原则和精简、统一、效能的要求，先后五次对政府机构设置进行了较大调整，除20世纪80年代初的第一次调整基本上属恢复性调整外，其余几次都是围绕建立与发展社会主义市场经济相适应的行政体制进行的，政府管理方式逐步由直接调控转向间接调控为主。进入新世纪以后，按照建设服务政府、责任政府、法治政府、廉洁政府的要求，大力推动政府职能转变，进一步清理、减少和规范行政审批事项，逐步建立和完善领导科学决策、阳光政务和依法行政的体制与机制，加强了法制建设，有效促进了政府行政行为的规范化、法制化，提高了行政效率。2009年，省级政府机构改革工作已经完成，市县政府机构改革已全面展开。2010年，政府机构改革稳步推进，市县政府机构改革基本完成，农业、文化、人力资源等领域的职能和机构整合优化，全面推进乡镇机构改革，依法界定县乡两级政府职责、推进乡镇事业站所分类改革和探索公益服务实现形式，建立起精干高效的乡镇行政管理体制和运行机制。固定资产投资管理从下放审批权限、简化审批程序开始，逐步引入市场机制，宏观管理和微观运行都进行了一系列改革。主要是划分投资事权，明确投资主体，实行法人投资责任制，建立资本金制度，健全投资服务体系，投资主体由过去主要是中央政府，转变为中央与地方、政府与企业、企业与企业之间的联合投资及中外合资、合作、BOT、TOT等多种形式。

党的十八大以来，省委、省政府按照中央决策部署，不断深化“放管服”改革，打造“审批事项少、办事效率高、服务质量优”的政务环境，出台深化“放管服”改革总体框架和思路，围绕走在全国前列这一目标定位，统筹推进削权减证、流程再造、精准监管、体制创新、规范用权“五大行动”，取得显著成效。大力简政放权，至2017年底省政府已分12批削减省级行政审批事项641项，超额完成省级行政审批事项削减二分之一的目标；省级权力事项由7371项精简到3445项，压减53.3%；省级企业投资核准、备案事项减少50%，省定涉企行政事业性收费全部取消，全省每年可减轻企业和社会负担200多亿元；231项工商登记前置审批改为后置，全部取消地方设置的各类职业资格，切实降低市场准入门槛。完善清单管理制度，编制公布省市县乡权力清单、责任清单、收费清单、定价清单、服务清单等，形成完整的清单体系，切实规范权力运行。加强清单标准化建设，发布地方标准《政务服务工作规范：行政许可》，严格限制自由裁量权；2017年，与放管服改革相衔接，及时修订、废止有关地方性法规和省政府规章81部，清理规范性文件4333件，切实强化法制保障。全面推开行业协会商会与行政机关脱钩，完成省市县乡四级党政机关公车改革任务。2017年，完成省市县政府机构改革，基本完成省属从事生产经营活动事业单位转企改制工作。

二、推进商事制度改革，加强事中事后监管

2014年，我省改革工商登记制度，推进工商注册制度便利化改革，实行“宽进严管”，将“先证后照”改为“先照后证”，并将注册资本实缴登记制改为认缴登记制。清理工商登记前置审批项目，省内自行规定的市场主体设立和经营项目许可审批事项一律取消，按照法定程序修订相关地方性法规和政府规章。在监管市场主体准入的同时，进一步强化市场主体责任和政府部门监管职责，完善配套监管制度，加强对市场主体的监督管

理，创新宽松准入、公平竞争的市场环境。2015年，持续深化商事制度改革，积极推进企业登记全程电子化，全面实施“三证合一、一照一码”登记制度。2016年，深入推进工商注册便利化，全面推行住所登记申报制，积极探索住所登记“集群注册”等制度，实施企业“五证合一”、个体工商户“两证整合”，试点推行电子营业执照，推进企业登记全程电子化，加强事中事后监管。为认真贯彻落实《国务院办公厅关于加快推进“多证合一”改革的指导意见》，进一步优化政务环境和营商环境，激发创新活力，助推新旧动能转换，省政府决定自2017年9月1日起，全省实施“多证合一”改革，在全面实施企业及农民专业合作社工商营业执照、组织机构代码证、税务登记证、社会保险登记证、统计登记证“五证合一、一照一码”登记制度改革和个体工商户工商营业执照、税务登记证“两证整合”的基础上，将信息采集、记载公示、管理备查类的一般经营项目涉企证照事项，以及企业登记信息能够满足政府部门管理需要的涉企证照事项整合到营业执照上，实现“多证合一、一照一码”。到2018年3月，实现“三十一证合一”和企业简易注销登记，推进全程电子化登记和电子营业执照，全面建成企业信用信息公示系统（山东），企业信用约束力明显增强。

与此同时，我省加强事中事后监管，全面推行“双随机、一公开”监管，编制公开省市县三级随机抽查事项清单，实现行政执法事项随机抽查全覆盖，行政机关工作重心由规范市场主体活动资格为主向规范市场主体行为为主转变，由事前审批为主向事中事后监管为主转变，加快构建政府监管、行业自律、公众参与的综合监管体系。推行信用监管、审慎监管、智能监管，在充分发挥协同监管优势的同时，不断完善部门联合惩戒机制，提高经济运行效率，降低市场交易风险。

政府部门不断转变管理理念，改进工作方式，正确行使职权，加强事中事后监管。加强对投资活动中土地使用、能源消耗、污染排放等的管理，健全以中长期发展战略和规划为导向，以财政、金融、投资、产业、价格等政策为支撑的宏观管理体系，强化规划计划的宏观引导和统筹协调功能。加强宏观调控法制建设，加快省发展规划条例立法工作。市场监管原则上实行属地管理，省政府主要负责维护市场统一和公平竞争，加强对市县政府在市场监管方面的规范管理和监督指导，组织查处跨区域案件或大案要案，省政府部门不再新设行政执法队伍。

三、推进互联网+政务，全面优化服务

加快推进互联网+政务服务，实现省市县三级政务服务平台互联互通。推进公共资源交易平台整合建设，初步构建统一规范的公共资源交易平台体系。推进优化服务，不断优化公共服务。2017年编制公布了全省第一批“零跑腿”和“只跑一次”事项清单3.6万项，方便企业群众办事创业。针对奇葩证明、重复证明、红顶中介等问题，在全国率先按系统全面清理规范证明材料和中介服务项目，分别压减69.4%、79.8%，需村居开具的证明材料仅保留12项。省司法厅大力推进实体、热线、网络“三大平台”建设，形成了“全省一网、一线、四级平台上下贯通”的工作格局，具有山东特色的公共法律服务体系初步建成。省人力资源社会保障厅制定《全省社会保险公共服务标准》，编制《全省公共就业和劳动关系服务标准》，不断拓展网上办理服务事项范围，实现就业与社保数据的共享互通，形成事项名称、申报材料、办理模式全省统一的网上服务标准体系。省国土资源厅在全国范围率先开通征地信息公开查询系统，实现了全省征地信息的

“统一发布、自助查询、实时监管”。

为贯彻落实《国务院关于加快推进“互联网+政务服务”工作的指导意见》，加快构建我省“互联网+政务服务”体系，把简政放权、放管结合、优化服务改革推向深入，切实提高政府服务效率和透明度，降低制度性交易成本，便利群众办事创业，进一步激发市场活力和社会创造力。2017年5月，我省发布加快推进“互联网+政务服务”工作方案，运用互联网思维，进一步简化服务流程，创新服务方式，拓展服务渠道，开放服务资源，推进资源整合和数据共享，优化服务供给形式，最大程度利企便民，让企业和群众少跑腿、好办事、不添堵，共享“互联网+政务服务”发展成果。规范政务服务事项：加强政务服务事项目录清单管理，梳理编制政务服务事项实施清单，全面公开政务服务信息。优化再造政务服务：推进服务事项网上办理，简化优化网上办事流程，创新网上服务模式。融合升级政务服务平台：整合形成统一政务服务门户，提升网上政务服务平台支撑能力，提高线上线下融合发展水平，推动政务服务向基层延伸。

为贯彻落实《中共中央办公厅、国务院办公厅印发〈关于深入推进审批服务便民化的指导意见〉的通知》的部署要求，加大转变政府职能和简政放权力度，更好保障服务新旧动能转换重大工程，切实增强企业和群众获得感，2018年6月我省发布《关于深化“一次办好”改革深入推进审批服务便民化实施方案》。要求以政府为企业和群众办事“一次办好”为改革理念和目标，以权责清单为基础，以流程再造为关键，以“互联网+”为支撑，以企业和群众办事便利度、快捷度、满意度为衡量标准，持续推进削权减证、流程再造、精准监管、体制创新、规范用权“五大行动”，推动政务服务理念、制度、作风全方位深层次变革，全力建设人民满意的服务型政府。公布“一次办好”事项清单，健全“一次办好”服务网络，创新“一次办好”服务模式，推行“一次办好”集中审批，完善“一次办好”服务标准，强化“一次办好”信息支撑。

改革开放40年的光辉历程，我们之所以取得了如此辉煌的成就，从根本上说，一是我们坚持了中国特色社会主义道路，认清了我们仍处于并将长期处于社会主义的初级阶段，并在实践中不断探索完善中国特色社会主义道路。二是坚持了中国共产党对改革开放全局的领导，依靠党的领导，依靠全体人民的智慧和创造力，不断实现既定目标。三是坚持了解放思想、与时俱进，敢于清除落后思想和教条主义的束缚，用创新的思维，探索和解决承包责任制、发展多种所有制经济、构建开放型经济体制机制、“放管服”等重大体制改革问题，保持解放思想的勇气和改革创新的锐气。四是坚持了改革、发展、稳定相统一，以改革是动力、稳定为前提，正确处理改革、发展、稳定三者之间的关系，稳中求进，稳步前行。五是坚持了中央精神与山东实际相结合，做好落实中央精神和与山东实际相结合的文章，走具有山东特色的改革开放之路，这是我省改革开放和经济社会发展能够走在全国前列的一个重要原因。六是坚持了习近平新时代中国特色社会主义思想，统筹推进“五位一体”总体布局和协调推进“四个全面”战略布局，不走封闭僵化的老路，保持政治定力，坚持实干兴邦，大力提升发展质量和效益，更好地满足人民在经济、政治、文化、社会、生态等方面日益增长的需要。这是我们的基本经验，也是我们长期坚持的基本方针。放眼未来，我们将高举习近平新时代中国特色社会主义思想伟大旗帜，自觉增强“四个自信”，坚定不移地推进经济文化强省建设，为全面建成小康社会、实现“两个一百年”的目标而奋斗。

第四章
飞跃式发展，对外开放形成新优势

1978年党中央召开具有重大历史意义的十一届三中全会，开启了改革开放历史新时期，山东省是中国首批对外开放的沿海省份之一。40年来，山东省作为东部沿海大省，积极参与国际竞争与合作，与国外建立友好城市关系、友好合作关系437对，在政治、经济、文化、教育、科技、体育、民间等各领域的友好交往与合作不断拓展，开放型经济的质量不断提高，全省经济的国际竞争力明显增强。40年来，我省认真贯彻对外开放的基本国策，结合我省实际，发挥比较优势，探索出了很多扩大开放、提高国际竞争力的宝贵经验，对外贸易结构持续优化，双向开放的广度深度不断拓展，形成了全方位、宽领域、多层次的对外开放格局。40年来，山东省对外贸易逐年增长，2017年实现货物进出口17823.9亿元，为1978年的1215倍，年均增长20%，增速居东部沿海省份前列，其中出口9965.4亿元，进口7858.5亿元，分别为1978年的714倍和11137倍，年均分别增长18.3%和27%。截至目前，全省累计吸引212家世界500强企业投资项目713个。山东企业对外投资合作十分活跃，2017年全省实际对外投资、对外承包工程营业额、派出劳务人员3项指标分别居全国第五位、第二位、第一位。近年来，山东积极融入“一带一路”建设，2017年全省对“一带一路”沿线国家实际投资100.6亿元，增长81.7%，有9个市开通了“欧亚班列”，累计开行班次500列，形成了东连日韩、西接中亚及欧洲的国际海陆大通道。

第一节　发展阶段

一、入世前山东对外经济发展情况（1978—2001年）

（一）对外开放起步阶段（1979—1991年）

1984年，青岛和烟台列入全国开放的14个沿海港口城市，并成立青岛、烟台国家级经济技术开发区，进而实施了“东部开放、东西结合、共同发展”的发展战略，这标志着山东省对外开放正式起步。80年代中后期，加工贸易快速起步。1988年，国务院将山东半岛列入沿海经济开放区，山东省抓住亚洲“四小龙”向外转移劳动密集型产业的机遇，大力发展“三来一补”加工贸易，充分利用沿海省份的区位优势，以市场换资金、换技术、换管理，当年新批外商投资企业数超过100家，合同外资达到2亿美元。1989年实际外资超过1亿美元。这一时期，山东境外投资处于零星的自发状态，境外投资主要为设立贸易性公司，投资主体以国有外贸公司为主，对外承包劳务主要以承揽国家对外经济援助工程项目和包清工项目为主。

（二）实施外向带动战略阶段（1992—2001年）

1992年邓小平南方谈话后，山东省召开了改革开放以来规模最大的

“全省对外开放工作会议”，充分认识到了山东在对外开放的深度和广度方面与先进地区的差距，提出了“全面开放、重点突破、梯次推进、东西结合、加快发展”的开放战略。1994年，山东以改革和发展为中心，推动对外经济贸易大改革、大发展，全面实施外向带动战略。外贸体制改革着力于加快外贸企业的股份制试点，加速外贸企业的实业化、集团化、国际化，建立有效的出口激励机制，扩大海外投资，壮大境外企业实力。坚持持续、高效、有效地利用外资，在坚持全方位、多层次重点引进港澳台投资的同时，突出吸引韩国、新加坡和欧美日等发达国家和地区的投资。1995年以后，在发展和管理并举思想的指导下，境外投资在规范中得到健康发展，对外承包劳务发展迅速并稳步增长。省政府制定了《关于加快发展对外承包工程和劳务合作的意见》，极大地促进了外派劳务的发展。1997年十五大后，山东省提出“进一步解放思想，敞开省门，走出国门，参与国际分工、合作和竞争，全面组织和实施经济国际化战略。”1998年，省七次党代会把经济国际化战略确立为指导全省经济社会发展的重大战略之一。山东的对外开放由“多层次开放”向“全方位开放”转变，全省经济发展的重点，由内向型为主迅速转向内外兼顾、以外向型为主的发展轨道，同时积极进行综合配套改革以应对亚洲金融危机对山东对外开放的影响。

二、入世后山东对外经济发展情况（2002—2011年）

2001年12月11日，中国加入WTO，我省积极适应国内外发展的新形势，结合本省实际，下发了《山东省应对加入世贸组织全面实施经济国际化战略行动纲要》，对各项入世工作进行了全面系统的部署和安排。2002年，制定了《关于进一步加快实施“走出去”开放战略大力发展国外经济合作的实施意见》。2003年，省委、省政府把外经贸工作作为全省经济发展的三大亮点之一。2004年，省委、省政府做出了建设胶东半岛制造业基地的战略部署，以青岛、烟台、威海三市为主体，加快承接以日韩为主的国际产业转移，以开放促改革、促发展、促结构调整。2005年，省委、省政府又提出了《关于突出重点全方位高水平扩大对外开放的意见》，提出在全球范围内布局对外开放，加大利用外资、半岛制造业基地建设、服务业开放、转变外经贸增长方式力度，并制定了《关于加快实施“走出去”战略的意见》，在财政、金融、审批、服务、促进等方面制定了22条扶持政策，全省坚持高标准、高起点招商引资，促进资本、技术和管理等要素集聚，带动产业集群和配套产业链的形成。2007年，针对发达国家将研发中心、地区总部等产业链高端部分向我国转移的新趋势，山东省积极营造产业技术创新的制度环境，鼓励和引导外资将其研发能力和核心技术、现代服务业向山东转移，出台了《关于加快服务外包产业发展的意见》。2008年，全省对外开放工作会议召开，提出了深化开放、全面推进、内外联动、提升水平，把对内开放与对外开放结合起来，经济领域开放与其他领域开放结合起来，加快实现利用外资向推动产业升级转变、对外贸易向提高质量效率转变、“走出去”向提高国际化经营水平转变、各类园区向集约建设科学发展转变。此阶段，山东紧抓入世新机遇，积极解放思想、更新观念、开拓创新，成立了省实施“走出去”战略协调领导小组，建立“走出去”工作目标责任制，将“走出去”各项指标纳入各级外经贸指标考核体系，积极应对外部挑战，充分利用两个市场、两种资源，更大规模、更深层次地参与国际分工合作，我省对外贸易实现了持续、快速、健康发展。

加入世界贸易组织十年，山东省的对外开放在以往的基础上取得了令人瞩目的成就。十年间，实际使用外资785亿美元，是入世前20年的3.5倍。2011年，全省进出口总额2360亿美元，居全国第六位，占全国的6.5%，进出口越过2000亿台阶，完成2360亿美元，是2001年的8.1倍；外派劳务4.9万人次，是2001年的3.4倍；境外投资27亿美元，是2001年的20倍；对外承包工程营业额75亿美元，是2001年的12倍；外派劳务、境外投资和对外承包工程分别居全国第一位、第二位和第二位。从主要商品看，2011年出口前四位的商品分别是纺织服装、农产品、机电产品和高新技术产品。全省农产品出口153.8亿美元，增长21%，检验检疫合格率始终保持在99.95%以上，农产品出口占全国的1/4强，连续12年居全国首位。从主要市场看，美国、欧盟、韩国、东盟、日本是山东省前五大贸易伙伴。从贸易主体看，山东省有进出口业绩企业达30116家，进出口过亿美元的企业259家，比2001年增长8倍，过10亿美元以上的骨干企业达到32家，国际知名品牌企业上升到147家，自主品牌产品出口比重由2001年的5%提高到10%左右。从贸易方式看，2011年，山东省一般贸易进出口额1303亿美元，加工贸易进出口额835亿美元，其他贸易额222亿美元，分别占全省的55%、35%、10%。截至2011年年底，山东共有外商投资企业1.8万家，累计实际使用外资1028亿美元。累计批准设立制造业项目48707万个，合同外资1416.2亿美元，实际使用外资843.8亿美元。中国香港、韩国、美国、日本、中国台湾为前五个主要的外资来源地，实际使用外资总额占全省的76.8%。2011年，山东省外派劳务48836人，列全国第一位；对外承包工程营业额74.7亿美元，列全国第二位；境外投资27.1亿美元，列全国第二位。

三、十八大以来山东对外经济新成就（2012—2018年）

十八大召开以后，全省上下大力实施更加积极主动的开放战略，坚持以开放促改革、促创新、促发展，全省开放型经济规模不断扩大，结构更趋优化，效益持续显现。充分发挥毗邻日韩优势，山东不断深化对日韩的经贸合作，特别是对韩合作率先取得重大突破，确立了山东省在中日韩自由贸易区建设中的战略先行地位。积极争取国际双边合作项目，引入国外先进经验发展国际园区，示范带动作用显著。山东省积极推进外贸转型升级示范基地、科技兴贸创新基地和机电产品出口基地建设。大力发展跨境电子商务、外贸综合服务及市场采购贸易等新型贸易方式，加快形成新的外贸增长点。省政府出台跨境电商发展行动计划，新时代山东积极融入“一带一路”建设，有序推进新旧动能转换重大工程，成功举办上合组织青岛峰会，对外贸易不断呈现新特点，对外开放在促进全省经济社会持续健康发展中发挥了重要引领和支撑作用。

2017年，山东省外贸进出口32739.48亿美元（1.78万亿元人民币），创历史新高，同比增长15.2%，领先全国进出口平均增速1个百分点。其中，出口1531.62亿美元（9965.4亿元），增长10.1%，进口1207.88亿美元（7858.5亿元），增长22.2%。同期，全国进出口、出口、进口分别增长14.2%、10.8%和18.7%。青岛、烟台、潍坊、威海、东营五市进出口占比近7成，五市进出口均超千亿元。一般贸易方式进出口大幅增长、占比提升，海关特殊监管方式进口增长显著，对传统主要市场进出口稳定增长，对“一带一路”沿线国家进出口规模继续扩大。美国、东盟、欧盟、韩国和日本继续保持山东前5大贸易伙伴地位。大宗商品进口大幅增长，外贸新业态进出口快速增长。2017年，跨境电子商务进出口19.8亿元，增长4倍，其中，出口12.3亿元，增长2.1倍，进口7.5亿元，市场采购出口62.8亿元，激增162.3倍。38家本土培育的省级外贸综合服务企业进出口231.5亿元，增长18.3%。

四、对外经济发展的整体评价

我省作为东部沿海经济大省，对外贸易经济体量大，要素资源丰富，外贸产业体系完备，在我国对外贸易区域格局中占有重要地位。纵观40年我省对外开放发展历程，全省人民积极响应党中央和国务院关于对外开放工作的各项决策和部署，秉承厚重的儒家文化理念，锐意进取，开拓创新，埋头苦干，不断克服发展过程中的各种障碍，对外开放发展成绩斐然。40年来，从沿海到内陆，我省对外开放梯次展开，不断深化，“全方位、宽领域、多层次”的对外开放格局不断走向深入。对外贸易的迅速发展对我省经济社会发展的拉动作用也十分显著。总体来看，一是我省对外开放的战略地位不断强化。我省紧抓对外开放机遇，对外开放的程度和水平不断提高，对外开放在我省经济社会发展中的战略地位和作用越来越强。二是全面开放的整体格局基本形成。我省对外开放从沿海到内地，梯次展开，不断深化。东部沿海依托一批重大项目，半岛制造业基地的框架基本形成，省会城市圈建设成效明显，园区作为对外开放的主阵地，开放型经济的活力明显增强。三是开放型经济的拉动作用显著增强。我省积极参与国际经济合作与竞争，进出口总额和利用外资总额不断提升，随着“一带一路”战略的深入推进，境外投资不断增加。外经贸发展速度高于国民经济增速，对全省经济社会的拉动作用进一步增强。四是对外开放的综合环境日趋优化。我省对外经济发展软硬环境不断改善，基础设施、交通、通信、能源、物流以及市场等方面明显改善，为对外开放提供了良好的基础条件。改革行政管理体制，简化审批流程，提高行政效率，强化了政府的服务功能。特别是近五年来，我省突破对外开放发展新模式、新业态，强力推动贸易便利化，呈现“稳中有进、结构向好、质量效益提升、动能转换加快”的发展态势。据统计，我省2017年外贸依存度接近25%，较2016年提高近1.6个百分点，对全国外贸增长贡献率也达到6.8%。对外开放的战略地位不断强化，全面开放的整体格局基本形成，开放型经济的拉动作用显著增强，对外开放领域不断向纵深拓展，对外开放的综合环境日趋优化。

第二节　对外贸易发展成就

十一届三中全会以来，我省积极贯彻“对内搞活，对外开放”的总体思路，经过40年的艰苦奋斗，对外经济贸易取得了巨大成就，在全国对外贸易中的地位和影响不断提升，在外贸强省的发展道路上继续走在全国前列。

一、对外贸易发展概况

（一）对外贸易总量变化

总体而言，改革开放40年来，山东省进出口贸易规模伴随我国外贸体制改革和经济国际化进程的不断深入而迅速攀升。特别是近年来，全省外贸呈现稳中有进、结构向好、质量效益提升、动能转换加快的发展态势。

2017年，全省外贸进出口总额达2739.5亿美元（17823.9亿元人民币），同比增长15.2%，高于全国1个百分点，进出口规模和增速创5年来新高，较1978年（8.7亿美元）增长了近314倍，年均增长15.9%。其中，出口额为1531.7亿美元，较1978年增长近184倍，年均增长14.3%；进口额为1207.8亿美元，较1978年增长近2881倍，年均增长22.7%。

同时，我省对外贸易规模的增长又呈现出显著的阶段性特征（见图4–1）。[①]改革开放之初，我国仍然受制于计划经济的束缚，我省开展对外贸易很大程度上也只是为了“互通有无，调剂余缺”，因而对外贸易发展十分缓慢。随着外贸承包经营责任制和汇率并轨等改革的推进，我省对外贸易开始发力，但受国际贸易壁垒的重重束缚，发展仍较为缓慢。2001年加入世界贸易组织（WTO）之后，我国外贸体制逐步与国际接轨，外贸环境得到不断优化，我省作为全国对外贸易的前沿阵地，对外贸易获得了迅猛发展。但进入新世纪以后，由于受国内外复杂经济形势的影响，我省对外贸易在2008年[②]和2015年[③]后都出现了波动，但都在短暂下降之后又迅速回升，这也从一个侧面反映出我省对外贸易在抵御国内外经济风险方面具有较强的灵活应变和自我调节能力。

---

① 具体而言，我国外贸体制改革大致可划分为四个阶段：第一，1979—1987年外贸经营权下放阶段；第二，1988—1993年实施和完善外贸承包经营责任制阶段；第四，1994—2001年以汇率并轨为主要特征的外贸体制深化改革阶段；第四，2002—2017年外贸体制国际化阶段。

② 2008年下半年后，国际金融危机使世界经济下滑，外部需求显著萎缩，对山东对外开放影响较大，其中对外贸易受到的冲击和影响最早、最大、最明显。（详见：范振洪，顾春太. 后国际金融危机时期提高山东对外开放水平的重大思路研究［J］. 经济研究参考. 2011(21) : 2–20.）

③ 这一阶段，我省外贸进出口额下滑的主要原因在于：一是全球经济复苏缓慢，全球贸易持续低迷；二是外贸企业的综合成本居高不下，传统竞争优势明显削弱；三是国际大宗商品价格持续下跌，拉低了山东外贸进口总额和增速。（详见网址：http://www.huaxia.com/sd-tw/jrsd/qlsk/2015/10/4584186.html）

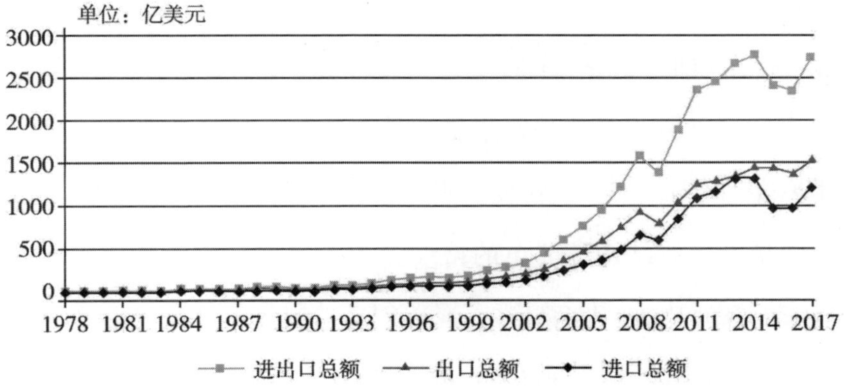

图4-1　山东省对外贸易进出口规模变化趋势

资料来源：根据《山东统计年鉴》(2001—2017年)和山东省商务厅网站数据绘制

(二)对外贸易商品结构变化

总体而言，机电产品、纺织产品和农产品始终在我省对外贸易格局中占据主导地位(见图4-2)。其中，自2004年起，机电产品一直是我省对外贸易的第一大出口商品。

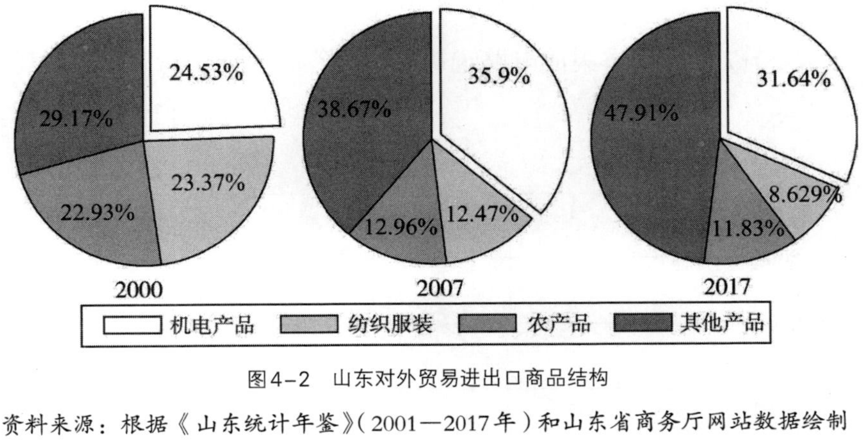

图4-2　山东对外贸易进出口商品结构

资料来源：根据《山东统计年鉴》(2001—2017年)和山东省商务厅网站数据绘制

随着改革开放的持续深入以及工业化水平和科技水平的不断提高，特别是近年来，伴随经济高质量发展战略的推进，我省对外贸易的商品结构得到不断优化。

第一，出口商品结构逐步实现了由初级产品为主向以工业制成品为主的转变，从以轻纺等劳动密集型产品为主到以机电和高新技术等资本和技术密集性产品为主的转变。此外，伴随着我省产业结构升级的推进，特别是供给侧结构性改革的持续深入，我省高技术产业的出口也呈现出不断上升的趋势（见图4-3）。特别是近五年以来，机电产品出口作为我省对外贸易主力军的地位更加巩固，高技术产业的发展更是成为我省对外贸易发展的新动能。2017年，我省机电产品出口增长11.9%，占全省的38.9%，比2000年提高19个百分点，对全省出口增长贡献率达到45.6%。2016年，高技术产业的出口总额达到1934.7亿美元，是2000年的24.6倍。

第二，改革开放40年来，特别是近五年以来，为满足我省高质量经济发展的要求，以及人民日益增长的对环境保护和高质量生活的需求，我省的外贸商品进口结构发生了重大变化，关键零部件和民生消费品进口快速增长。2017年，我省集成电路进口394.5亿元，增长14.8%；自动数据

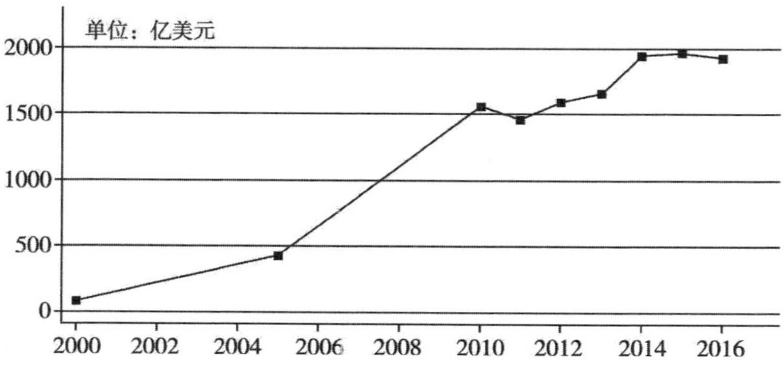

图4-3　山东省高技术产业出口规模变化趋势

资料来源：根据《中国高技术产业统计年鉴》（2014—2017年）数据绘制

处理设备进口增长1.6倍；高新技术产品[①]进口976.65亿元；消费品进口424.6亿元，较去年增长6.6%。这一外贸商品进口结构的优化，不仅弥补了我省经济高质量发展对高新技术产品的急切需求，有效促进了我省产业结构的优化和转型升级，而且对营造良好的生态环境和提高人民的生活质量和生活品位起到了积极作用。

第三，作为农业大省，农产品出口贸易是我省的一大特色。2017年的农产品出口总值突破1000亿元（人民币）大关，达到1152.5亿元（170.1亿美元），是2000年的5倍，占全国农产品出口总额的22.7%，连续19年位居全国首位。其中，从农产品种类看，水海产品和蔬菜为主要出口商品。2017年，山东省出口水海产品324亿元，同比增长7.1%，出口蔬菜304.6亿元，增长2.2%，两者合计占出口总值的54.5%。从出口市场看，日本（291.6亿元）、欧盟（183.1亿元）和东盟（169.0亿元）三者合计占同期山东省农产品出口总值的半壁江山。

综上来看，我省进出口贸易的商品结构正逐步由追求规模和速度转向关注质量和效益，从“大进大出”到“优进优出”的山东外贸新格局正在形成。

（三）对外贸易主体变化

改革开放之初，全国共设有国营外贸专业总公司11个，其他外贸专业公司仅130多家，对外贸易主要由外贸部门独家垄断，缺乏竞争，活力不

① 高技术产业与高新技术产业是两个不同的概念，二者既有联系又有区别。其中，高技术产业（制造业）包括医药制造，航空、航天器及设备制造，电子及通信设备制造，计算机及办公设备制造，医疗仪器设备及仪器仪表制造，信息化学品制造等6大类，而高新技术产业则主要包括信息技术、生物技术、新材料技术等三大领域。

足。随着改革开放的不断推进和深入，外贸经营权逐步放开，进出口经营权由审批制转变为备案制，民营企业和外商投资企业也被允许经营外贸业务，我省外贸队伍急速扩张，从而使对外贸易获得迅速发展。据统计，截至2017年，我省经营外贸业务的备案企业已达到35688家。

经过改革开放40年的发展，我省对外贸易逐渐形成了以国有企业、民营企业和外商投资企业等三大类型企业为主体，以青岛为龙头，以半岛城市群和济南省会城市圈为支撑，以经济园区为载体，以产业开放为主要内容的全方位对外贸易新格局。总体而言，改革开放以来，国有企业在进出口贸易中的份额呈不断下降趋势，2017年的份额比重为9.0%，比2015年下降0.6个百分点，但总体上，近几年以来其进出口总额仍保持较高增长速度。2017年，我省国有企业进出口1614.9亿元，增长14.5%。在民营企业方面，我省民营企业的外贸进出口份额始终呈现出快速扩张的势头，并已成长为国民经济中最具活力的部分。据海关统计，2016年，山东省民营企业进出口总值高达1235亿美元（8561.8亿元人民币），比2015年增长超过10%，对同期山东省整体外贸增速贡献率达154.3%，增速高居各类型企业之首。2017年，我省民营企业进出口份额比重接近60%，对带动我省外贸经济的整体发展发挥着越来越重要的作用。外商投资企业的进出口份额不断攀升，2017年比重为31.9%。从1987年汉高乐泰（中国）有限公司在烟台设立首家跨国公司开始，众多国际知名公司前来投资兴业，成为世界500强生长的“沃土”。截至2017年，已有意大利倍耐力（Pirelli）、法国电力（EDF）、美国通用汽车（GM）、雅培（Abbott）、谷歌（Google）和苹果（Apple）等213家世界500强企业在山东投资设立了723家企业，其投资已覆盖全省17市，推动形成了电力、化工、汽车、工程机械、造船、信息技术等产业的集聚发展。

（四）对外贸易市场变化

改革开放40年来，我省的对外贸易市场日趋多元化，且新兴市场和“一带一路”沿线国家和地区的份额比重不断提升，对外贸易的市场格局进一步优化，也更具灵活性，且抵御国际贸易风险的能力进一步增强，为我省持续扩大对外贸易的互补性发展、妥善应对贸易摩擦、舒缓贸易结构不平衡造成的经济压力创造了良好的条件。1978年，世界上仅有50多个国家和地区与我省建立了外贸联系，且贸易额主要集中在港澳地区。经过40年的发展，我省的对外贸易市场格局发生了巨大变化，2007年与我省建立外贸往来关系的国家和地区已发展到200余个，而到2017年，我省几乎与世界上所有的国家和地区都建立了对外贸易联系。就市场分布而言，我省在巩固欧盟、美国、日本和韩国等传统市场的基础上，不断开拓东盟、俄罗斯、印度和中亚各国等“一带一路”沿线的新兴市场（见图4–4）。

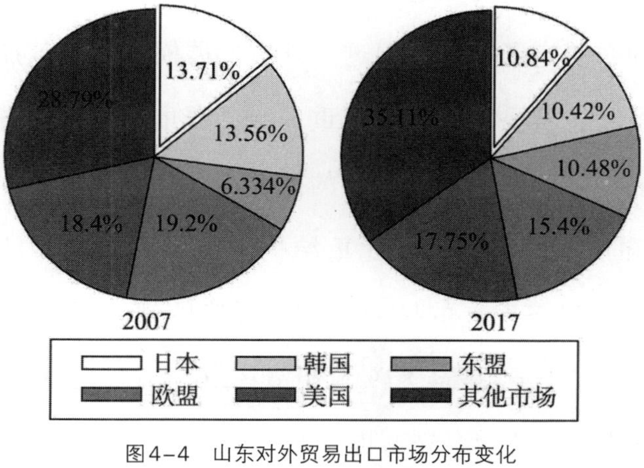

图4–4　山东对外贸易出口市场分布变化

资料来源：根据《山东统计年鉴》（2000—2017年）和山东省商务厅网站数据绘制

山东作为沿海经济大省，海运发达，与“21世纪海上丝绸之路”沿线国家贸易频繁。同时，山东也积极开拓陆运贸易，伴随中欧、中亚班列的运行，构建起了陆海内外联动、横贯亚欧大陆的国际物流大通道，对塑造开放型多元化经济发展新优势具有重要意义。2017年，我省对“一带一路”沿线国家和地区的进出口贸易份额已占到全省外贸总额的27%，出口比重占26.8%，进口比重占27.3%。其中，对“一带一路”沿线国家中的俄罗斯、泰国和马来西亚进出口分别较2016年增长37.9%、55.9%和83%，远高于全省平均增幅。同时，我省与“一带一路”沿线国家的贸易进出口贸易互补性强，贸易发展具有极强的可持续性。从发展趋势来看，我省对外贸易市场呈现出日趋多元化的格局，抵御国际贸易风险和短期经济波动的能力也得到极大增强。

（五）对外贸易方式变化

改革开放初期，我省主要依靠廉价的劳动力优势以赚取劳务费用，因此，来料加工装配贸易和进料加工贸易获得迅速发展，为我省外贸发展打开了局面，奠定了基础。但这一外贸发展模式也导致加工贸易比重远大于一般贸易，贸易方式结构严重失衡，严重制约了我省对外贸易的持续健康发展。随着我国改革开放的持续深入和工业化进程的推进，我省一般贸易和加工贸易的份额比重结构也在不断调整，日趋合理，且一般贸易对我省经济发展的拉动作用也更趋显著。与1997年相比，我省加工贸易出口占比已由54.87%降低到32.67%，而反映外贸自主发展能力的一般贸易出口从44.56%提升至64.12%，高于全国9.8个百分点（见图4-5）。此外，加工贸易和服务贸易的质量也得到不断提升。其

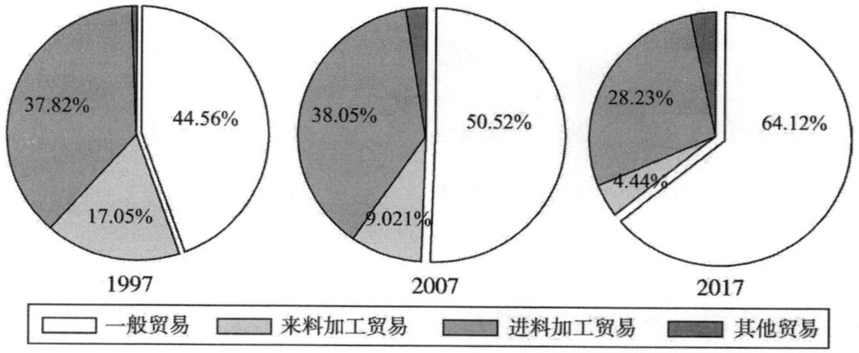

图4-5　山东省出口贸易方式结构演进变化

资料来源：根据《山东统计年鉴》（2000—2017年）和山东省商务厅网站数据绘制

中，2017年“委托设计+自主品牌”的加工贸易出口占比由不足20%提升到35.3%，而服务贸易进出口、出口、进口分别增长15.2%、12.1%、18.2%。一般贸易、加工贸易和服务贸易比例更趋合理，协同互促发展趋势显著，贸易方式结构更加优化。

二、对外贸易发展新特点

改革开放40年来，我省对外贸易在贸易总量、贸易结构、贸易市场和贸易主体等方面的变化，反映出我省对外贸易总量不断扩大、进出口商品结构逐渐优化、贸易市场和贸易主体日趋多元化的特点。特别是近五年以来，全省上下认真落实中央、省委、省政府关于推进新一轮高水平对外开放的决策部署，不断塑造开放型经济发展新优势，全省外贸呈现稳中有进、结构向好、质量效益提升、动能转换加快的发展态势。同时，随着改革开放的持续深入、工业4.0的推进、“互联网+”和大数据产业的蓬勃兴起，尤其是党的十八大以来，我省对外贸易发展的新动能、新业态、新亮点不断涌现，我省对外贸易呈现出许多新特点和新趋势。

（一）体制机制改革不断深化，外贸发展新动能加快积聚

我省积极推进“放管服”和对外贸易供给侧结构性改革，延伸服务链条，增强服务功能。第一，积极营造“重商、亲商、安商”的浓厚氛围，有效提升对外贸易企业获得感和满意度。例如，积极支持外商投资企业在我省建设研发中心、企业技术中心，申报设立博士后工作站，参与承担国家和省级科技计划项目；推行“互联网+政府服务”模式，推行负面清单管理模式，优化外商投资核准和备案管理流程，外贸发展新动能加快积聚。第二，大力推进简政放权和行政审批制度改革，降低制度性交易成本。改革开放以来，我省不断提高贸易便利化水平，清理规范进出口环节收费，简化企业办理因公出访手续，优化外贸企业发展环境，使得我省对外贸易体制机制改革不断深化，对外贸易发展环境不断优化。第三，创新我省对外贸易合作体制机制，积极参与“一带一路”战略。我省作为海上战略支点和新亚欧大陆桥经济走廊沿线重点地区，不断拓展对外开放的广度和深度，推动企业与沿线国家和地区开展各种形式的经贸合作。近年来，我省积极打造针对“一带一路”市场的自主展会和重点展会平台，大力推进境外经贸合作区建设。在商务部、财政部已考核确认的全国20家境外经贸合作区中，山东有4家，数量居全国首位，分别是巴基斯坦海尔—鲁巴经济区、中俄托木斯克木材工贸合作区、匈牙利中欧商贸物流园、烟台万华中匈宝思德经贸合作区，全部位于“一带一路”沿线国家。第四，重点培育以技术、品牌等为核心的对外贸易新优势，拓展对外开放发展空间，重塑对外贸易新格局。2017年全省重点培育的国际自主品牌企业达到312家，自主品牌出口比重提高到14.1%。

（二）外贸区域格局持续优化，东中西互动发展更加协调

改革开放以来，我省东部沿海地区依托区位和政策优势，大力发展外向型产业、开展对外贸易，进出口快速增长，且多数外贸企业都倾向于“向东不向西”“选海不选陆”，导致我省东部沿海地区的外贸规模远远领先于中西部地区，外贸发展的地域分布不均衡，地区差异显著。

经过多年的调整，特别是进入新世纪以来，一系列重要区域协调发展政策的落实，使得我省对外贸易区域结构的协调性有了很大程度的提升。

从地域分布来看，我省对外贸易的发展呈现出由点到面、由沿海到内陆不断扩张演进的趋势（见图4-6）。其中，青岛、烟台和济南的辐射带

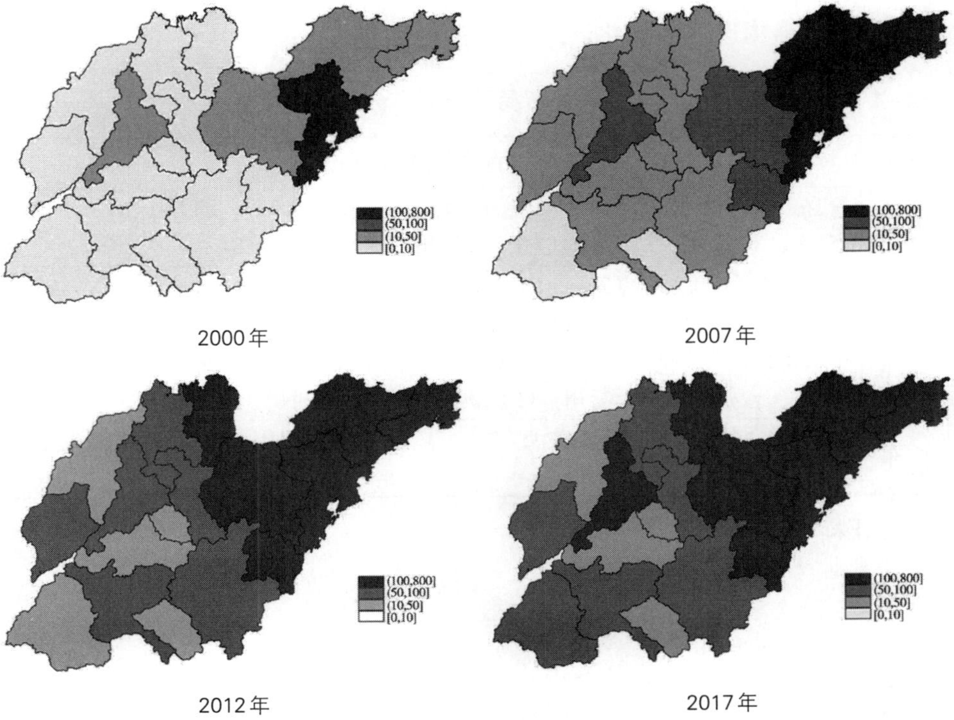

图4-6　山东省各地市进出口贸易额分布

资料来源：根据《山东统计年鉴》（2001—2016年）和山东省商务厅网站数据绘制

动作用尤为显著，“三核引领，多点突破”的贸易格局十分明显。青岛和烟台作为我省沿海对外开放的重要窗口，2017年，青岛外贸进出口总额突破5000亿元关口，达到5033.5亿元，增长15.7%；烟台外贸进出口总值为3073.7亿元人民币，增长6.2%。二者进出口总额合计占全省的比重超过45%。而济南作为我省内陆地区重要的贸易口岸，其对内陆地区对外贸易的发展同样具有举足轻重的辐射作用。2017年，济南货物进出口总额708.1亿元，比上年增长10.5%。在2017年中国外贸百强城市排行榜中，鲁中西地区城市表现突出。其中，济南排名43，潍坊排名50，聊城排名84，而淄博则由84升至60位（表4–1）[①]。此外，淄博、聊城、滨州、德州等中西部城市在济南的带动之下，其外贸进出口增速均高于全省，我省外贸发展区域结构进一步优化。

表4–1　　　　中国对外贸易百强城市分布（2017）

省份	外贸百强城市及其排名
山东	青岛（15）、烟台（27）、威海（42）、济南（43）、潍坊（50）、日照（55）、东营（56）、淄博（60）、滨州（78）、聊城（84）
江苏	苏州（4）、无锡（12）、南京（10）、常州（25）、南通（31）、镇江（53）、泰州（58）、盐城（74）、扬州（85）、淮安（87）
浙江	宁波（8）、杭州（16）、舟山（29）、金华（24）、嘉兴（30）、绍兴（65）、台州（71）、衢州（82）、温州（90）、湖州（91）
广东	深圳（1）、东莞（3）、珠海（7）、广州（6）、中山（17）、佛山（22）、惠州（23）、江门（40）

资料来源：中国海关总署

① 国家海关总署统计部门编制的“中国外贸百强城市”排行榜，不仅将全国各个城市当年的外贸总额作为评选标准，还包括外贸竞争力、结构竞争力、效益竞争力、发展竞争力和潜力竞争力等5大类共25个指标，以此综合计算城市外贸竞争力分值，具有较强的专业性和权威性。其中，山东省2016年和2017年均有10个城市上榜，上榜城市数在全国居首位。

（三）民营企业活力持续释放，外贸内生动力更加强劲

民营企业是我省进出口的重要支撑力量，转型升级步伐不断加快，形成了以技术、品牌、质量、服务为核心的外贸竞争新优势。相关部门多措并举促进对外贸易稳定发展，加快外贸新业态发展，深入开展服务贸易创新发展试点，我省外贸发展的政策环境进一步优化，进出口企业的信心不断增强，外贸发展的内生动力不断积聚，外贸企业自主开拓国际市场能力进一步强化。2017年我省民营企业数量较上年增加2987家，达到37837家，进出口10532.2亿元，增长22.2%。外商投资企业进出口5700.9亿元，增长4.7%。

（四）新业态助力对外贸易新发展，新格局激发外贸升级新活力

新世纪以来，随着互联网产业的迅速发展，跨境电商、市场采购贸易、外贸综合服务等一系列互联网新业态不断涌现。相比传统外贸业态，大量新兴外贸业态大大缩短了对外贸易流程链条，有效地降低了贸易成本，进而带动外贸产业的升级转型，推动了外贸企业的创新转型发展。同时，我省各地积极推进跨境电商等对外贸易新业态的跨越式发展，推动济南、烟台、潍坊、威海和日照5市探索具有本地特色的跨境电商发展路径，打造跨境电商的产业链和生态圈，连续3年认定培育省级外贸新业态主体135个。新业态为我省对外贸易增长注入了新活力，我省2017年比2016年净增出口企业2111家，占全部出口企业的5.5%。同年，我省跨境电商出口突破百亿美元，市场采购贸易也出现爆炸性增长。其中，跨境电商出口678.4亿元（人民币），较去年增长42%，连续3年增长30%以上。同时，40家省级外贸综合服务企业服务中小微企业2.5万家，出口220亿元，市场

采购出口62.8亿元，增长162.3倍。外贸新亮点的不断涌现，有效促进了我省对外贸易升级步伐，对外贸增长的拉动作用日渐显著。

第三节　利用外资发展成就

2017年，面对利用外资持续下滑严峻形势，山东省及时打响外资“稳规模，促增长”攻坚战，成功实现止跌、企稳、转增“三级跳”。全年实际使用外资1210.5亿元，增长9%，按照商务部通报的资本项下（FDI）统计口径为787亿元，增长8.5%，增幅列全国利用外资前六强省市第二位，上升到全国第五位。主要亮点表现为“四个提升”：一是外资对实体经济的促进作用显著提升。山东省正在实施的新旧动能转换重大工程为境外投资者提供重大发展机遇，吸引更多外商投资“四新”项目。2017年，山东省医药、航空航天器及设备、计算机及办公设备、医疗仪器仪表设备等高技术制造业实际使用外资分别增长33.6%、2.9倍、73.5%和42.7%；高技术服务业实际使用外资120亿元，增长40.2%。二是山东对世界500强的吸引力显著提升。2017年，27家世界500强企业在山东省投资项目53个，合同外资14.4亿美元。美国谷歌、江森自控、苹果，英国石油公司，荷兰路易达孚等6家世界500强企业首次来山东省投资。三是来自发达经济体的投资份额显著提升。2017年欧美在山东省实际投资163.5亿元，增长45.7%，占全省的13.5%，高于全国近4个百分点。其中，欧盟实际投资99.7亿元，增长21.3%；美国实际投资48.6亿元人民币，增长1倍；日本实际投资42.2亿元，增长11.3%。四是外商投资便利化程度显著提升。国家外商投资负面清单进一步缩短，准入门槛不断降低，山东省将外商投资备案管理下放至县（市、区）。采用政府购买服务的方式，聘请专业机构开发外商投资网上服务系统，推行“互联网+审批”模式，审批材料网上传送、网上反馈，企业少跑腿、数据多跑路。创新实施外商投资企业“服务大使”制度，建立重点外资企业点对点直通包办服务。

一、利用外资概况

根据投资规模、增长率和所占比重变动情况，山东省利用外商直接投资的发展过程分为以下五个阶段：

（一）起步探索阶段（1981—1991年）

在改革开放的初期探索阶段，山东省利用外资非常有限。1981年山东省首次签订合同，直到1984年设立青岛、烟台经济技术开发区，并在1988年建立山东半岛经济开放区，山东省利用外资才逐渐兴起。10年间，山东省共签订外商直接投资合同1749个，共涉外商直接投资金额达157861万美元，其中，实际利用外商直接投资金额仅为55003万美元，占全国的比重仅为2.2%。

（二）波动调整阶段（1992—1998年）

1992年以后，山东对外开放步伐明显加快，利用外资的规模也迅速扩大。当年山东省签订外商直接投资合同项目4109个，实际利用外资金额高达97335万美元，是过去10年来实际利用外商直接投资金额的近2倍，FDI（外商直接投资）年增长率高达442%，占全国的比重为8.84%。随后增长速度逐步放缓，尤其是受到亚洲金融危机的影响，一度呈现负增长。

（三）持续增长阶段（1999—2007年）

进入新世纪后，随着对外开放环境的优化，山东省利用外资的规模和范围不断扩大。2006年，山东省实际利用外商直接投资首次突破“百亿美元”大关，是1999年的4.05倍，总投资过亿美元的项目高达7个，保持了近10年的稳步增长，除2005年山东省利用FDI增长率为3.10%之外，其余每年年增长率均大于10%，全省对外开放水平迈上一个新的台阶。

（四）回落徘徊阶段（2008—2009年）

2008年金融危机对我国利用FDI也产生了极大的消极影响，山东省利用外资降势明显减弱。2008年，山东省实际利用外商直接投资额为820246万美元，比上一年少280913万美元，跌出“百亿美元”大关，占山东GDP比重仅为1.84%。2009年，受到危机的持续消极影响，在全球经济低迷的背景下，外商对鲁投资规模也出现回落，山东省利用FDI受全球经济影响显著。

（五）恢复扩张阶段（2010年至今）

金融危机的逐渐好转，为山东省积极利用外商直接投资带来了机遇。2010年，山东省新批FDI合同项目共1632个，同比增长11.2%，实际到账外资实现916833万美元，增长14.5%。随后在2011年，山东省利用外资呈现平稳发展的态势，再次突破“百亿美元”，实际到账外资达到1116022万美元，增长21.73%，新批世界500强企业投资合同项目共72个，增长1.0倍。尤其在2012年，全年实际利用到账外资1235267万美元，增长10.68%，占当年中国实际利用FDI的11.1%，利用外资势头迅猛。

表4–2　山东实际利用外商直接投资额　单位：万美元

年度	总额
1981	10.00
1984	40.00
1985	559.00
1986	1939.00
1987	2381.00
1988	3908.00
1989	13132.00
1990	15084.00
1991	17950.00
1992	97335.00
1993	184319.00
1994	253566.00
1995	260719.00
1996	259041.00
1997	250044.00
1998	222262.00
1999	246878.00
2000	297119.00
2001	362093.00
2002	558603.00
2003	709371.00
2004	870064.00
2005	897072.00
2006	1000069.00
2007	1101159.00
2008	820246.00

（续表）

年度	总额
2009	801007.00
2010	916833.00
2011	1116022.00
2012	1235267.00
2013	1405315.00
2014	1520000.00
2015	1630000.00

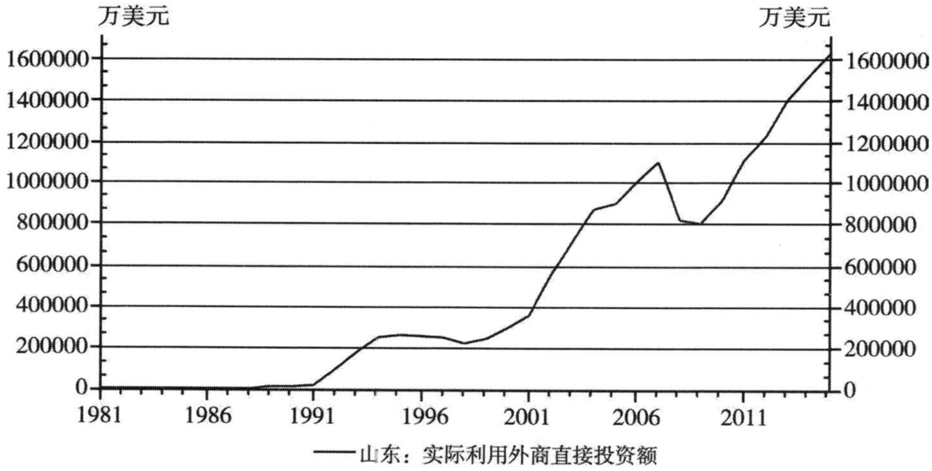

图4–7　山东实际利用外商直接投资额

二、利用外资的新特点

（一）世界500强投资显著增多

2017年，山东与51家世界500强签约外资项目115个，合同外资71.2亿美元。美国谷歌、江森自控、苹果、英国石油公司、荷兰路易达孚、德国赢创等首次来我省投资，全省累计吸引212家世界500强投资项目713个。

（二）发达经济体投资显著增多

2017年，欧盟实际投资99.7亿元，增长21.3%；美国实际投资48.6亿元，增长1倍；日本实际投资42.2亿元，增长11.3%；三者合计占全省的15.7%，同比提升3个百分点。

（三）先进制造业投资显著增多

当前，我省新批制造业企业448个，实际使用外资645.8亿元，增长9.7%，占全省的53.4%。其中，通用设备制造业、专用设备制造业实际使用外资分别增长52.6%和28%。

（四）“四新”项目显著增多

目前，高技术服务业实际使用外资120亿元，增长40.2%。新设融资租赁企业99家，新批及增资外商投资养老企业8家，外资研发中心新增6家，达到37家。

（五）利用外资新方式显著增多

2017年，外资投资性公司新设企业64家，实际投资96.6亿元，分别增长45.5%和60.6%。跨国公司通过设立投资性公司开展“桥梁式”投资的现象逐渐增多。

（六）在“引进来”的同时，我省企业积极“走出去”

2017年，跨国并购实际投资117.8亿元，占比31.2%，较上年提高5个百分点。国际产能和装备制造实际对外投资117.9亿元，占全省的31.2%。

境外资源开发合作实际对外投资93.6亿元，占24.8%。兖矿集团55亿元并购澳大利亚联合煤炭等一批重大项目的实施，提高了我省国际能源及原材料的供应稳定性和价格话语权。

（七）“一带一路”建设成效显著

截至目前，我省对“一带一路”沿线实际投资100.6亿元，增长81.7%，占比26.7%，较上年提高20.3个百分点；完成对外承包工程营业额447亿元，增长5%，占全省的56.3%；派出各类劳务人员增长24.7%。纳入商务部统计的13家境外经贸合作园区（全国共99家），累计完成投资361.9亿元，居全国首位，其中9家布局在“一带一路”，初步形成纺织服装、精细化工、木材加工、家电等海外产业集群。

第四节　境外投资与服务贸易发展成就

随着我省经济实力的不断增强和参与经济全球化程度的日益加深，我省企业的对外直接投资得到较大发展，特别是入市之后，我省对外直接投资的资本总额快速增长，而且目标地区分布也越来越多，涉及的行业和领域也日益广泛。

一、境外投资规模爆发式增长

新世纪以来，由于国内市场竞争压力加大、劳动力成本攀升，自然资源过度开采、环境状况加速恶化等因素影响，山东企业传统优势渐渐消失，需要通过境外直接投资的方式，利用境外的区位优势和市场份额来提升企业的竞争力和效益，以吸引外资为导向的对外开放导向逐步向境外投资转变。2016年山东非金融类对外直接投资流量为130.2亿美元，是2004年的173倍，位列全国第五位；非金融类对外直接投资存量达到411.9亿美元，是2004年的84倍，位列全国第四位。

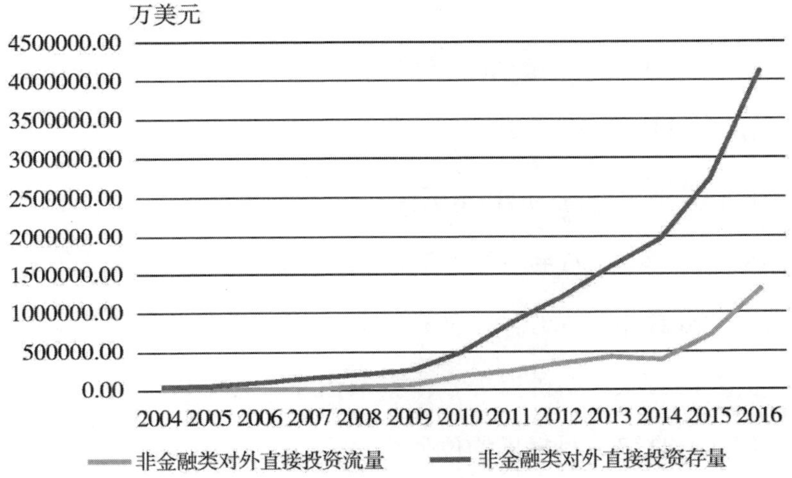

图4-8　山东省境外投资增长趋势

数据来源：WIND数据库

二、境外投资区域不断拓展

从山东上市公司境外投资项目分布来看，投资领域主要涉及资源开发、加工贸易等，遍布澳大利亚、印尼、俄罗斯、蒙古等十多个国家。近年来，山东境外投资分布主要向亚洲、非洲发生转移，与亚洲、非洲一些发展中国家的企业相比，山东上市公司的生产效率和产品质量处于优势地位，而这些国家和地区也需要中国企业的成熟技术。从山东各地市境外投资分布看，对外投资规模较高的城市为潍坊、济南、青岛、临沂，而鲁西南地区的境外投资数量少、额度较低。山东省各地市境外投资情况存在较大差异，这与当地企业发展状况和政府政策导向有密切关系。

三、对外承包工程和劳务合作快速拓展

以十八届三中全会和习总书记来山东考察为契机，我省进入更大范围、更广领域和更高层次上参与国际竞争与合作的全面深化开放新阶段。对外承包工程稳步增长，截至2015年，山东对外承包工程合同数量352份，较2005年增长87.2%，位列全国第四位。对外承包工程合同金额、对外承包工程和营业额分别为119.8亿美元、101.7亿美元，分别是2005年的14.6倍和9.1倍，均位列全国第二位，仅次于广东省，对外承包工程规模越来越大。劳务合作深入开展，从在外人员数量看，山东对外承包工程年末在外人员3.15万人，对外劳务合作年末在外人员6.46万人，分别为2005年的2.73倍和1.41倍，且规模均位列全国第二位。

第五节　国际旅游蓬勃发展

山东旅游资源丰富，主要体现为温带海滨资源和济南、泰安、曲阜到邹城、滕州一线的历史文化资源，尤其是孔子及其他历史文化名人形成的历史文化遗产旅游资源，具有极高的世界影响力。山东已经成为全国第二大旅游到客人数大省。

一、旅游设施不断优化完善

自《山东省旅游发展总体规划（2001—2010）》编制以来，省委、省政府高度重视全省旅游资源整合和建设，旅游业投资活跃，大型旅游

投资项目众多，尤其是在沿海地区分布较多，2017年全省完成旅游投资2231亿元。目前，山东已拥有泰山（世界文化与自然双重遗产）、曲阜三孔（孔府、孔庙、孔林）、齐长城、枣庄台儿庄古城4处世界遗产经典，11个国家5A级旅游景区，215个4A级旅游景区，A级旅游景区达到1173个。其中，11个国家5A级景区包括：烟台蓬莱阁—三仙山·八仙过海旅游景区、曲阜明故城（三孔）景区、泰山风景名胜区、青岛崂山风景区、威海刘公岛风景名胜区、烟台南山旅游区、枣庄市台儿庄古城景区、济南市天下第一泉景区、沂蒙山旅游区、青州古城旅游区、威海华夏城景区。

二、旅游产品日益丰富

2008年“好客山东”品牌推出以来，山东省旅游业发展势头良好，山东成为全国认可度最高的旅游目的地之一。目前，山东已形成东方圣地、仙境海岸、平安泰山、泉城济南、齐国故都、鲁风运河、水浒故里、黄河入海、亲情沂蒙、鸢都龙城等十大文化旅游目的地品牌。为完善旅游产业链条，山东各级旅游部门联合旅游企业围绕十大文化旅游目的地品牌开展了一系列宣传展示、产品特卖、艺术演出、传统手工艺表演、惠民旅游政策等活动，形成了具有地方特色的旅游产品体系。例如，威海市重点推出温泉康养、登山康体、海上休闲、精品酒店等旅游产品；济南市推出了曲艺演出、美食品鉴、手工艺制作、艺术品绘制、花卉小品等特色产品；青岛市推出了精品海上休闲度假、邮轮度假、帆船之旅、冒险鸭之旅、亲子海上夏令营等全域旅游资源产品。

三、境外游客人数和旅游外汇收入屡创新高

1999年山东省共接待国内游客6400万人次和入境游客62.2万人次，到2016年山东入境过夜游客总人数328.82万人次，其中外国人入境过夜游客人数237.66万人次，分别是2000年的4.57倍和4.95倍，年均增速分别为10.1%和10.5%。国际旅游外汇收入达到30.63亿美元，是2000年的9.72倍，年均增速达到15.3%。2007—2017年，山东省入境旅游人数和入境游客消费年均增长率分别为7.4%和9.4%，入境旅游人数达到494.4万人次，居全国第八位，入境游客消费31.74亿美元。但近五年来，入境游客数量和消费增速有所放缓，入境旅游人数年均增长率仅为1.1%，入境游客消费年均增长率仅为1.8%，山东国际旅游市场需要进一步开放升级。

表4-3　　山东省国际旅游主要数据指标

年份	国际旅游外汇收入（亿美元）	外国人入境过夜游客人数（万人次）	入境过夜游客总人数（万人次）
2000	3.15	48	72
2001	3.82	59	83
2002	4.72	74	98
2003	3.7	62	78
2004	5.67	96	119
2005	7.8	125	155
2006	10.14	156	193
2007	13.52	202	250
2008	13.91	206	254
2009	17.65	241	310

（续表）

年份	国际旅游外汇收入（亿美元）	外国人入境过夜游客人数（万人次）	入境过夜游客总人数（万人次）
2010	21.55	278	367
2011	25.51	312	424
2012	29.24	342	470
2013	27.31	206	286
2014	23.3	218	300
2015	28.96	226.44	312.22
2016	30.63	237.66	328.82

数据来源：WIND数据库

第六节　“一带一路”建设新成就

十八大以来，山东不断依托海上丝绸之路促进沿海城市互联互通，打造海上合作战略支点，充分发挥中日韩自贸区合作优势，加快国际产能合作，推进“一带一路”战略向纵深方向发展。

一、对外贸易加快培育竞争新优势

（一）出台服务贸易发展三年行动计划

省政府出台《关于加快发展服务贸易的实施意见》（鲁政发〔2016〕19号），以深化改革、扩大开放、鼓励创新为动力，着力构建公平竞争市场环境，促进服务领域相互投资，完善服务贸易政策支持体系，增强服务出口能力，带动全省产业结构优化升级。进一步提高服务业开放水平，逐步扩大服务业利用外资和对外投资范围，提升质量和水平。到

2020年，全省服务贸易进出口额达到600亿美元，年均增长15%；服务贸易占全省对外贸易总额的比重稳步提高，进出口平衡发展；贸易结构逐步优化，传统服务贸易总量稳步增长，新兴高附加值服务贸易占比进一步提升，特色服务贸易快速发展。重点扩大服务贸易规模、培育领军企业和知名品牌、规划建设一批服务贸易功能区、创新服务贸易发展模式，加快发展服务外包和文化贸易，积极开拓国际市场和建设境外营销网络。

（二）率先创建农产品质量安全示范省

近年来，我省大力推进出口农产品质量安全示范区建设，全省已建成78个示范区，烟台、潍坊、威海等六市实现市区全覆盖，出口农产品检验检疫合格率一直保持99.95%以上，为扩大农产品出口发挥了巨大作用。从2014年起，山东省在示范区建设取得瞩目成绩的基础上，全力创建全国首个出口食品农产品质量安全示范省，进一步巩固领先优势，打造更科学完备的质量安全管理体系。按照“一个标准、两个市场、以外促内、统筹发展”的总要求，以市场为导向，以标准为基础，以品牌为引领，以可追溯为保障，健全质量安全体系，夯实示范区建设基础，全面推行国际标准，开展农产品国家地理标志认证，建立健全与国际接轨的全产业链农产品标准化体系；统筹整合区域资源，提升示范市建设水平，加强全程监控，建立主要品种农产品冷链物流体系；推行农产品原产地追溯和市场准入制度，健全农业投入品控制体系；加快建设公共平台，建立山东优质农产品数据库，引入第三方评估机制，完善全产业链农产品标准化体系。通过连续三年的创建活动，在全国率先建成出口农产品质量安全示范省，为全面提升农产品质量安全水平发挥引领作用，实现农产品生产、流通、贸易走在全国前列，培育出口农产品国际竞争新优势。在示范省创建过程中，山东省通过健全实施农产品标准体系、农业投入品控制体系、可追溯体系、品牌引领体系、监测预警体系、科技服务体系，打造了由政府部门严格履行监管责任和生产企业安全生产相结合的出口食品农产品质量安全管理体系，隆泰食品等出口食品农产品企业的质量安全水平稳步提高，国际市场竞争力显著增强。

（三）培育国际自主品牌

省政府今年出台了《关于加快培育国际自主品牌的实施意见》，计划用3至5年的时间，全省出口企业国际商标注册率由目前的不足20%提高到40%以上；重点培育500个山东省国际自主品牌，打造50个产业聚集度高、带动作用强的具有较高知名度和国际竞争力的地域品牌；加工贸易自主品牌产品出口占比由目前的不足20%提高到30%，国际品牌产品出口占全省比重力争达到20%以上。

（四）鼓励企业境外资源合作开发与产能合作

2016年1月至11月，山东新批机械制造、纺织服装、橡胶轮胎等产能和装备制造国际产能合作项目92个，实际投资320.8亿元人民币；境外资源合作开发企业15家，实际投资176.6亿元人民币；境外服务业投资企业198家，实际投资263.2亿元人民币；境外并购企业82家，中方投资224.6亿元人民币。山东已在“一带一路”沿线建设了4个国家级经贸合作园区，并在沿线国家新签对外承包工程合同额503.4亿元人民币。

二、国际双边合作园区项目取得积极成效

（一）积极争取国际双边合作项目

引入国外先进经验大力发展国际园区。青岛中德生态园是中德两国政府间合作的首个国家级生态产业示范项目，引入德国标准和先进技术推进项目建设，打造“国家绿色生态示范城区”。海尔—巴基斯坦鲁巴工业园是商务部首批批准建立的8个境外经贸合作区之一，以家电产品为主，包括相关配套产业和营销网络，打造品牌家电产业集群。匈牙利中欧商贸物流合作园区、中俄托木斯克木材工贸合作区以及烟台万华中欧宝思德经贸合作区等4家省级境外经贸合作区均取得良好成效。

（二）积极建设国家级基地、省级基地

积极建设外贸转型升级示范基地、科技兴贸创新基地和机电产品出口基地，搭建境外百展计划等多元化国际市场开拓平台，大力培育优势出口集群和出口基地，取得丰硕成果。十二五末，我省培育认定国家级外贸转型升级示范基地、科技兴贸创新基地和机电产品出口基地22个、省级出口基地149个，推动机电、科技、纺织、轻工、化工、建材、五金等优势产业聚集发展，形成了一批产业关联度高、示范带动力强的出口产业聚集区。首批认定5个省级加工贸易梯度转移重点承接地，推动东西部地区加工贸易项目对接。提出境外百展市场开拓计划，大阪山东出口商品展、中东欧山东品牌产品展、东京山东品牌农产品展等境外自办展会初显成效，广交会、华交会、东盟博览会等国内重点展会企业参与积极。探索搭建货物出口与文化产品出口、公共海外仓建设、境外投资等多位一体展览平台，在中东欧地区设立山

东品牌产品常年展示中心，为山东产品出口搭建平台。

（三）培育本土化跨国公司迈出新步伐

近年来，潍柴集团坚持产品经营、资本运营双轮驱动的运营策略，谋求转型升级，持续提升自主创新能力和国际化发展水平，整体实力和抗风险能力不断提高。其海外营业收入占比连续多年保持在4成以上，最多时达到49%。目前，潍柴集团已经有5家欧美企业、5家中外上市公司、8个高端工业品牌。曾经的烟台万华坐拥烟台总部，进驻一线城市，进军发达国家，三地三大项目次第布局。在国内，烟台、宁波、北京、珠海、成都、上海等地的研发、生产基地和商务中心已逐渐成形。在国外，美国、荷兰、日本、印度等10余个国家和地区均设有法人公司和办事处。2011年，万华化学托管匈牙利BC公司，标志着万华化学的国际化进程又迈出了里程碑式的一步。万华化学是全球最具竞争力的MDI制造商之一、欧洲最大的TDI供应商、中国创新型百强企业前三强。

三、外贸新业态新模式实现突破

抓住重点领域和关键环节，着力打造对外贸易发展新模式，重新构建外贸供应链，加快形成新的外贸增长点，2017年山东全省净增有出口实绩企业2111家，拉动出口增长5.5个百分点。

（一）大力发展跨境电子商务

2015年，山东省政府出台《山东省跨境电子商务发展行动计划》，启动跨境电商“635工程”，连续3年培育认定135个外贸新业态主体。其中，跨境电商综合服务平台30个，跨境电商产业聚集区25个，跨境电商公共海外仓21个，跨境电商实训基地13个。目前，青岛国家级跨境电商综合试验区和济南、烟台、潍坊、威海、日照等5个省级跨境电商综合试验区都在加紧建设中。此外，山东还在沿海各口岸实现“单一窗口”，使跨境电子商务发展提质提速，到2017年底，山东国际贸易“单一窗口”标准版报关单、舱单申报量分别达到17.4万票和227.4万票，日报关覆盖率最高为48.8%，舱单覆盖率100%，日综合申报量居全国首位。2017年山东跨境电商出口达到678.4亿元，连续3年增长30%以上，其中“9610”模式下出口增长2.1倍。

（二）大力发展外贸综合服务

山东省在全国率先出台支持外贸综合服务企业的意见，推广威海服务贸易创新发展直报平台等经验做法行，在济南、青岛、烟台、潍坊进行省级服务贸易创新发展试点，青岛海尔海贸云商、新华锦集团、济南秦工国贸等一批本土化外贸综合服务企业得到快速发展。2017年，有40家省级外贸综合服务企业服务中小微企业2.5万家，出口达到220亿元。济南、青岛两市在中国服务外包示范城市综合评价中位列前十。

（三）大力发展市场采购贸易

临沂商城国际贸易综合改革试点初见成效，临沂跨国采购中心作为全国仅有的四个跨采中心之一，实现了为中外客商提供贸易代理、报关报检、保税仓储、物流运输、产品认证等全方位服务。在青岛关区实行的“采购地申报、口岸验放”一体化通关监管模式取得巨大成功。随着临沂商城外贸服务便利化体系、营商环境等各方因素逐步优化完善，政策红利得到更大程度的释放，越来越多的外贸企业入驻临沂。目前，市场采购贸易平台备案经营主体达到1423家，其中商户504家、代理商355家、采购商564家。2017年，市场采购贸易方式出口12613票，实现62.8亿元，增长了162.3倍，成为拉动全省外贸增长的重要因素。

四、积极引进布局重大外资项目

近年来，山东省不断改善投资和市场环境，继续加强对世界500强的精准招商，项目签约、资金引进都取得积极成果。

（一）大项目支撑作用明显

山东省与跨国公司企业的合作一直比较稳健，近年来更是坚持引资、引智、引技并重，通过不断完善重点行业、重点项目数据库，引进一批具有战略性、引领性、支撑性的大项目和好项目。2017年山东省新批及增资总投资过亿美元项目102个，同比增长24.4%，合同外资158.1亿美元，增长61.7%，占全省合同外资的57.7%。上汽通用东岳动力总成有限公司增资6.8亿美元新设CVT自动变速箱项目和发动机技改项目，为最大增资项目。

（二）世界500强投资显著增多

山东省深入实施与世界500强合作行动方案，加强对世界500强及行业领军企业的跟踪研究，建立起目标客户库、项目数据库、合作载体库，制定了全球招商地图，充分利用高层推动机制，定期走访京沪跨国公司总部，与中国美国商会、欧盟商会、财富杂志、中国发展研究基金会等合作，举办数期跨国公司走进山东系列活动，不断推进与跨国公司对接交流，开展一对一精准招商。截至2017年，全省累计吸引212家世界500强投资项目713个。仅2017年就有63家世界500强公司的149个项目落户山东，总投资280.2亿美元，合同（协议、意向）外资额111.4亿美元。这些企业分别来自美国、日本、德国、韩国等14个国家（地区），其中美国谷歌、江森自控、苹果、英国石油、荷兰路易达孚、德国赢创等公司是首次来鲁投资。投资领域涵盖了现代服务业、高端制造、新兴产业、环境治理等27个行业。目前签约项目中，已有54个项目落地，合同外资14.9亿美元，为全省新旧动能转换重大工程注入了开放动力。

（三）产业发展的新特点

把握国际资本向产业中高端流动的新趋势，聚焦新旧动能转换十大重点产业，以“补链、建链、强链”为目标，开展产业链招商。创新举办香港山东周、欧美商务周、日韩山东周和“选择山东”全球路演活动，强化与欧美日韩等发达经济体的高端对接，拓展金融、医养、文教、旅游、海洋经济等利用外资领域，使外资产业结构进一步优化。2017年，全省新设外商投资企业1479家，其中制造业占比过半，达到448家，合同外资755.1亿元人民币，实际使用外资645.8亿元人民币，占全省比重达到53.4%，高于全国27个百分点；服务业利用外资引领增长，新设企业939家，合同外资967.7亿元人民币，实际使用外资466.7亿元人民币，其中，高技术服务业实际使用外资120亿元人民币，占服务业比重达到25.7%。

第五章
战略性调整，区域建设达到新水平

历届山东省委、省政府高度重视区域发展，持续大力实施区域协调发展战略。特别是党的十八大以来，伴随着新的发展理念，区域发展实践不断创新，区域布局不断完善，新型城镇化建设纵深推进，县域经济发展水平不断提升，区域综合实力迅速增加，竞争力大幅提高，区域建设达到新的水平。

第一节　区域协调发展水平显著提升

山东的区域格局同全国一样，呈明显东、中、西地域特征，由东向西梯次分布。山东区域发展战略的制定，围绕实现东、中、西协调发展，依据自身不同阶段经济社会发展特征，结合国家不同时期区域发展重大战略，区域发展格局不断调整完善。先后实施了东西结合共同发展、东中西梯次推进、“一群一圈一带”竞相发展、“一体两翼”统筹把握、“两区一圈一带”全域覆盖，最终形成了“三核引领、多点突破、融合互动”的横跨东西、统筹陆海、纵贯南北、覆盖全省的新旧动能转换重大战略布局，实现了从板块小区域错位发展到大区域整体推进的飞跃。为全国区域协调发展探索出了一条特色鲜明的科学发展之路，为经济文化强省建设奠定了坚实基础。按照不同时期的工作思路和发展特点，大体分为七个阶段：

一、探索实验阶段（1978—1984年）

党的十一届三中全会拉开了社会主义现代化建设大幕，改革开放进入新时期。这一阶段，山东的改革初步展开，以农村改革为切入点，率先突破，带动城市改革，为长期封闭的山东经济注入了生机和活力。区域发展开启了探索实验新阶段，发展思路酝酿形成中。

实施背景。山东大地农村改革由西向东全面推开，菏泽、德州、聊城等地率先放宽经济政策，实行多种形式的家庭联产承包责任制，同时，带动城市以扩大地方和企业自主权为重点的改革初步展开，为长期封闭的山东经济注入了生机和活力。这一阶段，山东的发展处于工业化初、中期，不同地区资源禀赋、发展基础差距较大。国家实施的是区域经济非均衡发展战略，战略重点放在东部地区开发开放，山东政策也更多倾向“差别发展”，加剧了区域间的发展不平衡，进一步拉大了区域间的差距。1984年，全省人均GDP的绝对差距和相对差距（极值比率）分别达到3409元和8.13。

主要做法。省委、省政府高度关注区域间差距迅速扩大的趋势，采取措施积极应对。1983年，山东党的第四次代表大会确定了“实现提前翻番、富民兴鲁”奋斗目标，扩大对外开放是其重要举措。1984年2月，部署开展区域发展战略研究，决定以贫困老区为切入点，帮助山区特别是沂蒙山区尽快改变面貌，11月召开沂蒙山区开发建设座谈会，研究确定了沂蒙山区开发建设目标和方案。

工作成效。经过努力，山东的区域发展进入了现代化建设新时期。1979—1984年，全省生产总值年均增长11.1%，为1978年的1.9倍；进出口总额年均增长26.2%，为1978年的4.0倍，外商直接投资开始涌入。农民收入迅速提高，农民人均纯收入增长2.4倍，农民与城镇居民人均收入之比由1978年的1∶3.4缩小到1∶1.6，全省农村基本解决了温饱问题。

二、“东部开放，西部开发，东西结合，共同发展”阶段（1984—1991年）

面对区域间差距迅速扩大，推进平衡发展被摆上重要议程，推进东部发展的同时，开发西部，形成“东西”两大板块区域格局。

实施背景。“差别发展”战略的实施，导致了区域间差距日益显著，也成为省委、省政府高度关注的重大问题。1985年7月，全省首次东西部地区经济技术协作洽谈会在德州召开，达成协作项目93个。1986年10月，在东平县召开的现场办公会上首次提出“东西结合，共同发展”的区域发展战略，同时继续推进东部开放。1988年3月召开全省对外开放工作会议，以青岛、烟台全国首批对外开放城市为龙头，部署加快山东半岛开放步伐，确立了以“东部开放”促“西部开发”，实现全省经济共同发展的战略。1988年7月，出台《关于进一步加强东西部地区横向经济联合促进全省经济协调发展的意见》，提出“优势互补，平等互利，相互促进，共同发展”的工作思路。“东部开放，西部开发，东西结合，共同发展”区域发展战略随之确立。

主要做法。明确的区域发展战略，引导区域建设有序推开。一是调整区域布局。实施沿海滩涂、海岛、渤海湾岸线、东平湖、南四湖、黄淮海平原等点片开发。1988年，作出开发建设黄河三角洲的决定，提出“油洲加绿洲，生态加发展”的建设目标。1991年，制定建设“海上山东”战略，致力于发展“蓝色产业聚集带”。二是实行横向联合。济南、淄博、潍坊、青岛、烟台等5市成立经济研究联谊会，以青岛、烟台为海上门户，济南为辐射基地，淄博、潍坊为发展腹地，依托胶济、蓝烟铁路和济青公路纽带作用，建设带动山东经济起飞的经济发达带。三是加强省际合作。提出“四门大开”，“南联、北靠、西进”全方位联合，积极推动沿海地区“对外开放大合唱”，努力实现沿黄7省市经济协作带“黄河大合唱”。对内陆邻省实行“双向服务”，积极主动地为内陆省发展对外贸易做“窗口”、做“通道”。四是实施全方位开放。采取东西结合、城乡结合、贸工结合等方式，在全省建立农副产品、纺织产品、石油化工产品、机电产品等出口生产体系。具体分为三个层次由东向西全面展开，青岛、烟台、威海、潍坊、日照等7市，实行更加优惠和灵活的政策，设立出口加工区，发展“两头在外”出口加工产业，同时大力吸引外资加速企业技术改造。扩大济南、东营等地利用外资、引进技术和进出口贸易等的自主权，改善投资环境，增强外商投资的吸引力。鲁西北、鲁西南地区因地制宜积极发展外向型经济。

工作成效。全省逐渐形成了东西两大片区，胶济、新石、德烟三条产业聚集带，鲁中、胶东、鲁东南、鲁西南、鲁西北、鲁北六个经济区的区域发展总体框架。8年间，全省生产总值增长2.11倍，年均增长10.7%，东部开放带动青岛、烟台、威海等东部地区增长快于西部地区，威海GDP增长最快达3.04倍；人均GDP由765元增加到2122元，增长1.77倍，年均增长9%，其中济南、烟台、潍坊、威海4市人均GDP增长超过2倍以上，1991年人均GDP极值比率为4.51%，比1984年下降了3.62%；进出口总额增长超过1倍，年均增长10%以上，特别是利用外资突飞猛进，外商直接投资由1984年的40万美元，迅速扩大到1991年的17950万美元，增长448倍，年均增长超过150%。特别是，产业结构由1984年的38.2：41.1：20.7调整为1991年的28.8：41.2：30.0，实现“二一三”向“二三一”的重大转变。

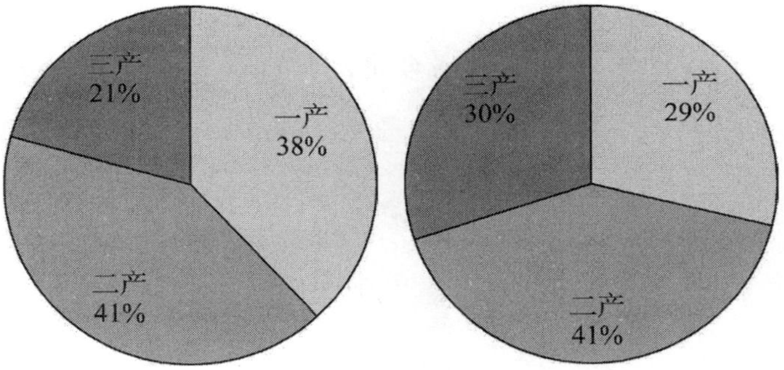

图5-1　产业结构变动情况（左图1984年，右图1991年）

三、“全面开放，重点突破，梯次推进，东西结合，加快发展”阶段（1992—2002年）

这一阶段，国家区域战略由非均衡发展转向非均衡协调发展，全面实施区域协调发展战略。山东区域发展由东部开放转为全面开放，继续推动东西结合联动发展，形成“四四三二”区域布局。

实施背景。这一时期，区域间的差距不断扩大，从各市人均GDP水平来看，不论是绝对差距还是相对差距，都在急速扩大。1992年，人均GDP最高的东营与最低的菏泽绝对差距为4352元，极值比率为5.04，到2002

年，二者间绝对差距迅速扩大至27849元，极值比率则增长到9.93，推动区域平衡发展成为主旋律。1992年，以邓小平南方重要讲话为标志，掀起了经济体制改革和对外开放新高潮。邓小平提出重点突破、梯次推进、整体发展战略，开放由沿海到沿边、沿江，进而向内地梯次推进，山东掀起了又一轮思想大解放、经济大发展的热潮。1992年4月，召开全省对外开放工作会议，决定实施“全面开放，重点突破，梯次推进，东西结合，加快发展”区域发展战略，努力推动形成以青岛为龙头，烟台、威海、日照为前沿，两翼展开，向西纵深扩展的对外开放新格局。

主要做法。1992年提出强县强乡带动战略，努力形成全省东中西互促互动的整体格局。一是形成“四四三二”发展布局。建设大、中、小城市和重点建制镇四个层次的现代化城镇体系，形成胶济、新石、德东、京九四条产业聚集带，发展胶东沿海、鲁中南山区、鲁西北平原三个各具特色的现代化农业区，推进“海上山东”建设和开发黄河三角洲两个跨世纪工程。二是实行分类指导。以青岛为龙头，以半岛为依托，沿青、烟、威环海公路和胶济线，自东向西梯次推进。东部地区充分发挥沿海地理、交通、经济、技术优势，集中力量高端提升、率先突破，建成带动全省发展的外向型经济区；中西部地区走重工强农之路，发挥资源优势，加快能源、交通建设，发展原材料加工工业，逐步建成全省粮棉生产基地、能源及原材料基地、农副产品加工基地；借力京九铁路及新亚欧大陆桥的建成，制定了借路、借桥振兴鲁西鲁南经济的区域发展规划，加快“京九”和鲁南“大陆桥”产业带发展。三是全面实施重大工程。加快“海上山东”建设，实施海洋强省战略，由单一陆地开发转向陆海统筹，依靠“科技创新和科技兴海”，逐步形成“陆上一个山东，海上一个山东”的经济发展新格局；加快黄河三角洲开发，立足发挥资源优势，建设水、电、路、港、讯等基础设施，发展现代农业、盐化工、石油化工和石油替代工业，建成全国重要的农牧渔业基地和石油化工基地。

工作成效。这一时期，山东创造了诸多改革开放国家样本，如潍坊农业产业化、诸城国有中小企业股份合作制改革、强县强乡带动战略等。11年间，经济增速始终保持两位数以上，总量增长3.68倍，年均增长13%，首次突破一万亿元，成为全国三个率先过万亿的省份之一；全方位、多领域的对外开放格局已经形成，进出口总额增长3.36倍，年均增长12.9%，实际利用外商直接投资增长5.74倍，年均增长16.8%。城乡居民收入进入快速增长期，城镇居民人均可支配收入年均增长14.5%，达到7615元；农民人均纯收入连上一千元和两千元台阶，2002年接近3000元，增长2.7倍，1999年全省农村小康实现程度达到96%，比1990年的60.4%提高了35.6个百分点，总体达到小康水平。

四、“龙头带动，重点突破，促强扶弱，协调发展”阶段（2003—2005年）

在科学发展观、“三个代表”重要思想指引下，进一步深化区域战略，支持东部地区继续领跑，强调东部对中西部的协助，促进中部快速崛起和西部跨越式赶超，站上区域统筹发展的新起点。同时，全面启动山东半岛城市群建设，编制了城市群发展总体规划。

实施背景。长期以来，山东区域发展不平衡的矛盾较为突出，且差距呈不断拉大趋势。东部沿海地区凭借区位及开放优势，率先发展，经济规模快速壮大；西部地区受基础、区位、资源禀赋及改革开放进度等诸多因素影响，发展相对落后。2003年底，人均GDP最低的菏泽市比东部的一些城市差距高达10多倍。进入新世纪，党的十六大确立了全面建设小康社会的奋斗目标，加强东、中、西部经济交流和合作，促进区域经济协调发展。随后，2003年6月省委召开工作会议，确立了“一二三四五六”的发展目标和工作思路，明确了“一个龙头，三个突破，东西联动，城乡统筹，促强扶弱，协调发展”的区域发展战略，发展理念实现了从加快发展到又快又好再到又好又快的重大创新和突破。2003年底，又进一步作出发展县域经济的决定，把培育壮大县域经济作为增强全省综合实力、增加农民收入、统筹城乡发展的战略举措。2004年初，“突破菏泽”的“3311”战略正式确定并实施。

主要做法。围绕一个龙头、三个突破、三个战略，新的区域发展工作全面推开。一是发挥青岛龙头作用。发挥青岛在全省改革开放和现代化建设中的示范、辐射、带动作用，出台了《关于突出发挥青岛龙头带动作用的意见》，鼓励青岛建设我国区域性经济中心、对外开放的重要基地、世界知名特色城市。2002年开始实施山东半岛城市群建设，2005年出台了《山东半岛城市群发展规划》，青岛被列为半岛城市群8座城市的龙头。二是点上推动“三个突破”。东部突破烟台、中部突破济南、西部突破菏泽，加强跨地区协作，促进东中西联动。明确各自定位，支持烟台加快改革开放步伐，进一步发挥优势，形成新的增长点；发挥济南省会中心城市优势，大力发展省会经济和总部经济，全面提升省会形象；突出加快菏泽发展，加大对口帮扶力度，实施“百个项目进菏泽”“农村劳动力西输东接”，由省直8个部门、8个强市、8个强县和9个大企业集团对口帮扶菏泽9个县区。三是“面”上启动“双30”工程。实施“促强扶弱带中间”，对140个县（市、区）中的前30个经济强县和后30个欠发达县组织对口帮扶，推动县域经济全面发展。对经济强县下放权限，创造环境，实现率先发展；对欠发达县加大转移支付力度，培育自身“造血”能力，促其跨越式发展。

工作成效。经过努力，东中西各具特色、优势互补、良性互动、共同繁荣的区域发展格局正在形成，经济社会实现跃升式发展，进入一个崭新阶段。地区生产总值2004年跃居全国第2位。山东半岛城市群辐射带动能力增强，GDP增长快于全省平均水平。烟台市经济保持良好势头，一批优势产业和企业迅速崛起；济南市城市综合服务功能明显提高，第三产业占比居全省前列；突破菏泽成效显著，生产总值、固定资产投资、地方财政收入和农民人均收入增幅均高于全省平均水平；县域经济快速发展，综合实力和竞争力不断增强，全国百强县中，山东增加到22个，是近几年新增数量最多的省份，百强县总量稳居全国第二位。

这一时期，区域差距不断扩大的趋势得到了一定的缓解。从2004年开始，济宁、莱芜、德州、聊城、滨州、菏泽等内陆地区经济增速普遍加快。2005年、2006年及2007年，莱芜、聊城、菏泽GDP增速分别位列全省第一。尽管人均GDP最高与最低城市间的绝对差距依旧不断扩大，但二者的比值在2005年达到12.72的峰值后开始回落，地区收入差距也开始不断缩小。

表5-1　　十七地市人均GDP差异演变

年份	均值	最大值	最小值	极差	极值比率	平均变异系数	加权平均变异系数	泰尔指数
2003	16234	39528	3337	36191	11.85	0.59	0.51	1.33
2004	20007	50193	4160	46033	12.07	0.58	0.51	1.33
2005	23899	64907	5104	59803	12.72	0.60	0.50	1.34

五、“一群一圈一带”及“一体两翼”战略（2006—2007年）

山东积极践行科学发展观，立足全省区域经济协调发展，不断深化完善区域发展格局，思维再创新、思路再飞跃，由“东中西”横向考量转向“北中南”纵横双向发力，实现了区域战略的一次重大转变。区域格局从“一群一圈一带”到“五大板块”，进一步深化为“一体两翼”。

表5–2

一群一圈一带	
一群	山东半岛城市群：包括济南、青岛、烟台、威海、潍坊、淄博、日照、东营8市
一圈	省会城市群经济圈：包括济南、淄博、泰安、莱芜、德州、聊城、滨州7市
一带	鲁南经济带：包括日照、济宁、临沂、枣庄、菏泽5市
五大板块	
山东半岛城市群、省会城市群经济圈、鲁南经济带、黄河三角洲高效生态经济区、海洋经济强省	
一体两翼	
一体	指以胶济铁路为轴线形成的横贯东西的中脊隆起带，主要由山东半岛城市群和省会城市群经济圈两大板块构成。其中，济南、青岛、淄博、潍坊、烟台、威海6市构成“一体”的紧密层，泰安、莱芜、德州、聊城4市构成“一体”的外围层。
两翼	分别是北临渤海湾的黄河三角洲和南接苏豫皖的鲁南经济带。北翼包括东营、滨州两市及潍坊市寒亭区、寿光市、昌邑市、乐陵市、庆云县、高青县、莱州市；南翼包括日照、临沂、枣庄、济宁、菏泽5市43个县（市、区）。

实施背景。近30年的改革开放，我国区域格局发生了深刻变化，国家“十一五”规划对我国区域发展总体战略布局进行了完整阐述，即“继续推进西部大开发、振兴东北老工业基地、促进中部地区崛起、鼓励东部地区率先发展”，同时创新性地提出了突出区域主体功能、统筹发展的空间均衡战略思想。打破行政区划的更大范围区域融合催生了一个又一个新

的经济增长极，南部的长三角一体化上升为国家战略，北部的环渤海经济圈特别是天津滨海新区开发不断加速，西部的中原城市群正在崛起，对山东形成南北夹击，南北两翼面临被“抽离”和边缘化的危险。

山东正处在城市化进程加快时期。2006年，“十一五”规划提出加快形成半岛城市群都市连绵带，重点构建济南都市圈，加快建设鲁南城市带，形成“一群一圈一带”发展格局。2007年5月，省八届十五次全委会提出打造山东半岛城市群、省会城市群经济圈、鲁南经济带、黄河三角洲高效生态经济区和海洋经济强省“五大板块”的形象概括；6月，省第九次党代会进一步明确了“五大板块”的目标任务，部署编制实施山东主体功能区规划；8月，进一步深化“五大板块”之间的内在联系，把“五大板块”作为有机整体，结合国家建设主体功能区的要求，最终提出构建“一体两翼”和海洋经济的战略构想，标志着我省区域发展进入了一个新阶段。

主要做法。一是规划建设“一群一圈一带”。东部打造“半岛城市群”，编制半岛城市群区域发展规划，以打造现代化城市群和制造业基地为目标，依托大型港口和陆路交通枢纽，积极打造环黄海经济圈重要的现代化都市群和面向日韩的国际化制造业基地两大品牌，努力形成全国开放程度最高、发展活力最强、最具核心竞争能力的经济增长极之一；中部崛起“省会都市圈”，发挥连东接西转移互动作用，建设和完善一体化交通网络，壮大优势产业集群，放大产业集聚效应，扩大经济总体规模，促进中部地区加速崛起，成为全省区域经济发展新的增长点；南部建设“鲁南城市带”，大力推进改革开放，增强东方桥头堡和中心城市功能，依托新亚欧大陆桥，发挥资源、区位和开发潜力大的优势，加快资源开发、壮大优势产业，使之成为山东重要的能源和煤化工基地、优质农产品加工基地和商贸物流基地，努力建设成为南承沪宁、北连京津、东接半岛、西启黄河中下游的城市群。

二是优化开发“一体”。“一体”是对山东半岛城市群、济南省会城市群经济圈乃至海洋经济的整合。充分发挥青岛的龙头作用和济南中心城市的作用，进一步把“一体”做大做强，加快工业化、信息化、城镇化、市场化、国际化进程，高水平建设胶东半岛制造业基地，加快推动胶济铁路两侧产业聚集带建设。推动紧密层和外围层良性互动，促进生产要素跨层流动，实现产业协作、优势互补，提高一体化水平。

三是重点突破“北翼”。北翼是山东参与环渤海经济发展的前沿阵地，是对接天津滨海新区的首要窗口。准确把握“高效生态经济区”定位，坚持开发与保护并重，按照产业集聚、城市辐射、园区带动、突出重点、率先突破的发展理念，展开“四点、四区、一带”布局，即加快东营、滨州、潍坊、莱州四个港口建设，重点规划建设四大临港产业区。加快共同市场建设，促进生产要素合理配置，在规划布局、招商引资、项目建设上协调动作、统一行动，营造区域经济发展的整体优势和竞争力，形成北部沿海经济带，建成全省的生态产业基地、新能源基地和全国的循环经济示范基地。

四是加快发展“南翼”。“南翼”处于泛太平洋经济圈、中日韩经济圈与新亚欧大陆桥经济带的交汇点，是华东与华北、山东半岛与中原地区、长江流域与黄河及淮河流域的结合部，在全省经济发展中具有承南接北的作用。坚持合作共赢，以港航路和输油管道等基础设施建设为先导，大力完善基础设施，有效整合各类资源，强化分工协作关系，发挥区域集成优

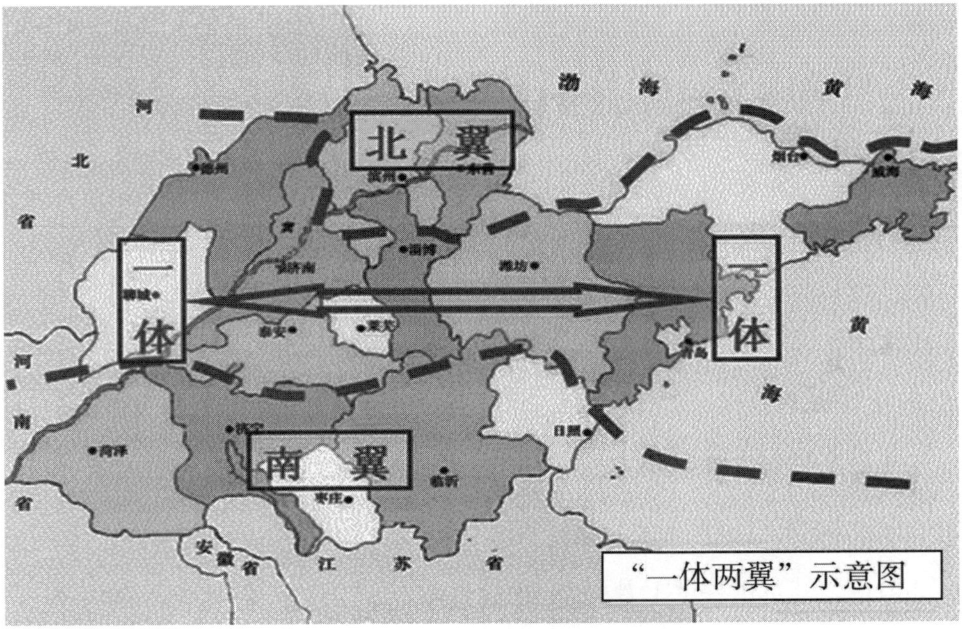

图5-2　“一体两翼”区域发展格局

势，增强东方桥头堡和中心城市功能，打造“一带、三区、六大产业基地”，加快构建现代产业体系，大力发展循环经济，增强区域可持续发展能力，实现跨越式发展，努力把鲁南建设成为鲁苏豫皖边界区域新的经济隆起带、山东经济发展的重要增长极。

五是大力发展海洋经济。充分发挥海洋资源优势，以港口为龙头，以海洋产业、临港工业和临港物流业为重点，与半岛城市群建设和半岛制造业基地建设相衔接，把发展海洋经济与全省经济发展紧密结合起来，构筑“一洲二带三湾四港五岛群”的特色海洋经济区，形成具有较强竞争力的海洋经济体系，把山东建设成为产业布局合理、比较优势突出、生态环境良好的海洋经济强省。

工作成效。“一体两翼”和海洋经济发展战略的实施，既是对我省区域发展认识的深化和创新，又是优化国土开发格局、形成主体功能区的战略举措，突破了传统的“雁形成长理论”。“一体”带动“两翼”，“两翼”支撑“一体”，合力撬动全省区域协调发展，有力地推动了我省区域经济的一体化，增强了我省在全国区域发展中的竞争力。“一体两翼”区域发展格局，也为山东未来的发展埋下了伏笔：北接、南联、东拓、西进，即北翼对接京津冀与环渤海经济圈，南翼积极承接长三角地区产业转移，东拓则是依托日韩承接国际产业与资本转移，西进是向内陆省份挺进，拓宽山东发展腹地和资源配置空间。2006年，全省地区生产总值突破两亿元大关，2007年达到25887.7亿元，占全国的比重达到10.4%。开放型经济取得了巨大成绩，2007年全省进出口总额迈上千亿美元台阶，比1978年增长了140倍，外贸依存度上升到36.0%。

由半岛城市群和省会城市群经济圈构成的“一体”实现生产总值18601.4亿元，占全省的71.9%，增长16.0%；黄河三角洲高效生态经济区实现生产总值3826.4亿元，增长16.6%；鲁南经济带实现生产总值5612.9亿元，增长16.4%。县级地方财政收入平均增幅达到28.2%，37个县（市、区）地方财政收入超过10亿元。

这一时期，区域差距进一步缩小，济宁、莱芜、临沂、聊城等中西部地区依旧是增长较快的城市，人均GDP极值比率由2006年的11.13，下降到2007年的9.98。

表5-3　十七地市人均GDP差异演变（2006—2008年）

年份	均值	最大值	最小值	极差	极值比率	平均变异系数	加权平均变异系数	泰尔指数
2006	27825	74048	6652	67396	11.13	0.58	0.49	1.35
2007	32683	84081	8424	75657	9.98	0.56	0.47	1.33
2008	38107	101520	10299	91221	9.86	0.54	0.46	1.32

六、"两区一圈一带"阶段（2008—2016年）

2008年是重大转折的一年，国际金融危机全面爆发，我国改革开放30周年。国家实施自下而上的空间均衡发展战略，山东区域发展更趋科学完善，"两区"建设上升国家战略，"一圈一带"规划紧凑发布，形成"两区一圈一带"格局，完成"经济区"促行政区跨域协同的重大跨越，彰显山东区域发展战略的全面完善和成熟，标志着全省区域发展迈入了一个新的历史时期。为全国区域协调发展趟出了一条特色鲜明的路径。

表5-4

两区一圈一带		
山东半岛蓝色经济区	范围	包括山东全部海域和青岛、东营、烟台、潍坊、威海、日照6市及滨州市的无棣、沾化2个沿海县所属陆域。
	任务	发挥青岛龙头带动作用，加快青岛西海岸新区建设，推进"四区三园"建设取得重大进展，打造具有国际竞争力的高端产业、海洋经济聚集区，在创新发展上实现率先突破。
黄河三角洲高效生态经济区	范围	包括东营、滨州、潍坊寒亭区、寿光、昌邑，德州乐陵市、庆云县，淄博高青县和烟台莱州市。
	任务	推进临港产业区和各类园区建设，加快未利用地开发步伐，做强高效生态经济品牌，抢占生态文明建设制高点。
省会城市群经济圈	范围	包括济南及淄博、泰安、莱芜、德州、聊城、滨州，共7市、52个县（市、区）。
	任务	支持济南建设全国的区域性经济、金融、物流中心和科技创新中心，强化省会辐射引领，加快区内各市基础设施互联互通和污染治理联防联控，推动区内各市协同发展、一体发展。
西部经济隆起带发展规划	范围	包括枣庄、济宁、临沂、德州、聊城、菏泽6市和泰安市的宁阳县、东平县，共60个县（市、区）。
	任务	发展特色经济，加快区域中心城市建设，形成邻边经济新高地和全省重要的增长极。

实施背景。国际上，经济全球化和区域经济一体化更加深入，全球金融危机倒逼各国纷纷进行结构调整。从国内看，党的十八大召开，区域经济一体化步伐加快，2014年底召开的中央经济工作会议明确提出重点实施“一带一路”、京津冀协同发展、长江经济带三大战略。从周边看，京津冀、长三角、中原经济区加速转型升级，西邻的河南是中原经济区的主战场，北邻的河北则发力“环首都经济圈、沿海经济隆起带、冀中南经济区”，南临的江苏已经“南北挂钩共建苏北开发区”，安徽的皖江、皖北、大别山片区和皖南四大区域都已跻身国家发展战略。山东经济总量大而不强、区域发展快而不均，加快与京津冀、长三角、中原经济区等区域的融合互动，成为提升山东发展质量、推动区域经济协调发展的必然选择。

早在20世纪90年代初，山东就在全国率先提出建设“海上山东”的发展战略。2009年4月，胡锦涛总书记视察山东时指出：“要大力发展海洋经济，科学开发海洋资源，培育海洋优势产业，打造山东半岛蓝色经济区”。10月，胡锦涛总书记再次视察时强调，要建设好山东半岛蓝色经济区。2011年1月4日，国务院批复《山东半岛蓝色经济区发展规划》，成为我国第一个以海洋经济为主题的区域发展战略。党的十八大明确提出建设海洋强国，标志着山东蓝色经济成为国家海洋发展战略的重要组成部分。

黄河三角洲是我国最后一个待开发的大河三角洲。1992年，设立国家级黄河三角洲自然保护区；1993年，省第六次代表大会将黄河三角洲开发列为两大跨世纪工程之一；1994年，两大跨世纪工程写入政府工作报告；2001和2006年，发展黄河三角洲高效生态经济分别被列入国家“十五”“十一五”规划；2007年，山东作出“加强黄河三角洲高效生态经济区规划建设”的战略部署；2008年，山东出台《黄河三角洲高效生态经济区发展规划》。2009年先后有12个区域规划密集上升国家战略，数量之多前所未有，山东《黄河三角洲高效生态经济区发展规划》就在其中，成为我国第一个以高效生态为主题的国家区域战略。

早在2004年，山东就开始研究策划济南都市圈规划。2005年，政府工作报告提出济南要发挥省会优势，建设区域中心城市；2006年政府工作报告，首次使用“济南城市圈”；2007年“两会”出现“省会城市群经济圈”的提法，并出台了《济南都市圈规划》；2012年，省第十次党代会作出做大做强省会城市群经济圈的决策部署；2013年8月，《省会城市群经济圈发展规划》正式发布。

山东西部发展相对滞后。2003年，省委、省政府作出“突破菏泽、带

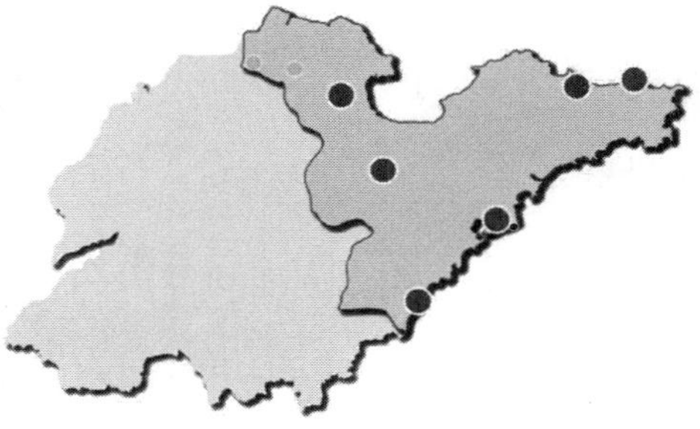

图5-3　山东半岛蓝色经济区示意图

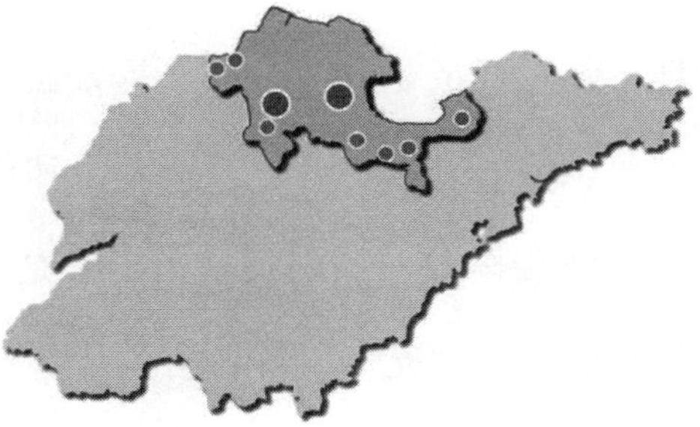

图5-4　黄河三角洲高效生态经济区示意图

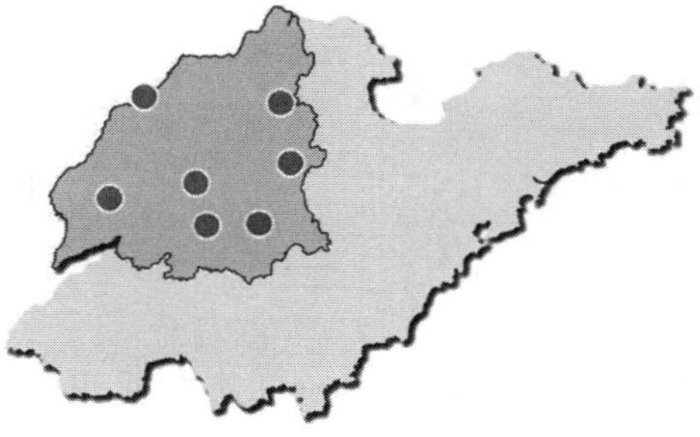

图5-5　省会城市群经济圈示意图

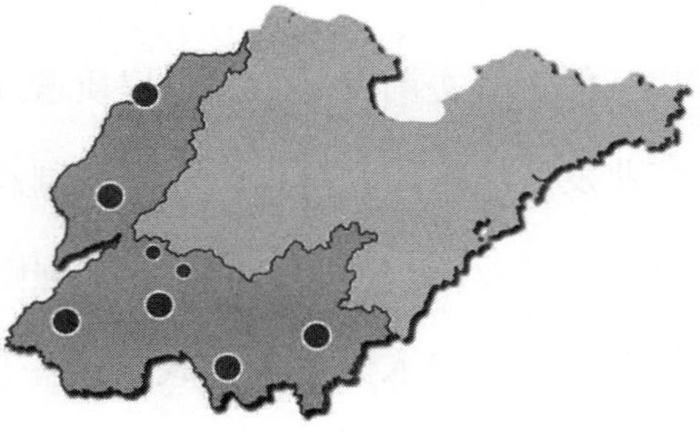

图5-6　西部经济隆起带示意图

动西部、促进全省经济发展”的重大决策。2008年，推出《鲁南经济带发展规划》。2013年初，山东省委常委会决定把建设西部隆起带作为重大调研课题，历经数月调研形成《关于建设西部经济隆起带的调研报告》，在此基础上于8月底出台了《西部经济隆起带发展规划》。

主要做法。按照“面上推开、点上突破、融合互动”的工作思路，围绕形成跨区域联动协同效应开展工作。一是加强领导健全机制。逐步健全了领导、规划、政策协调、考核等“五大工作推进体系”。成立了高规格的领导小组，制定出台了“两区一圈一带”规划，编制实施了体系完备的专项规划；制定出台了一系列支持区域发展战略实施的政策意见，设立了省级专项资金；建立了体现各地特色的统计指标体系，开展了规划中期评估和年度绩效评价考核。二是改革创新大胆探索。加快重点领域和关键环节改革，在行政区划、经济新区金融财税、科技支撑、市场体系、土地管理、县域经济、开放型经济等方面先行先试，推出了未利用地开发利用规划及试验区方案、产业投资基金和创业投资基金、产权交易中心、中韩地方经济合作等一系列新举措。三是突出特色统筹发展。既加强分类指导，鼓励引导各地充分发挥各自的优势和鲜明特色，明确各自的功能、定位和发展方向；又坚持统筹协调，统筹衔接规划政策、建设基础设施、布局重大项目、配置要素资源、保护生态环境等，形成不同区域板块功能互补、相互促进、协调发展。四是提质增效转型发展。把深入实施高端高质高效产业发展战略作为抢占产业发展制高点、构建现代产业体系的总抓手，围绕拉长产业链、提升价值链、加强财税链，通过加强规划引领，完善政策体系，加大投入力度等方式，进一步明确产业发展重点，优化产业布局，调整产业结构，引导优势资源加速向各类园区聚集，着力培育壮大优势产业集群。五是面上推开点上突破。“面上推开”就是促进东部蓝黄“两区”率先发展、中部省会城市群经济圈融合对接、西部经济带加快隆起，全面优化生产力发展布局。“点上突破”就是各区域选择有重大引领和带动作用的关键领域，集中力量打造区域发展新亮点。蓝区突出青岛对全省海洋经济发展和产业转型升级的示范引领作用；黄区抓好未利用地开发试点和绿色工业、循环经济创新示范；省会城市群经济圈加快做大做强龙头济南，推动圈内密切合作一体化发展；西部经济隆起带形成高地引领、主轴贯通、园区壮大的发展新态势。

工作成效。随着“两区一圈一带”规划的相继出台，科学完善的区域发展格局正式形成，实现全省区域全覆盖，翻开区域协调发展重大战略新篇章。总体上，东部以蓝色经济和生态高效为特征，使其成为全省经济转方式调结构、科学发展的强大引擎；中部以经济紧密型和一体化发展为特征，发挥承东启西的重要作用；西部以条形布局、邻边经济为特征，建设新的西部经济隆起带。“蓝区”现代海洋经济蓬勃发展，2016年山东省海洋生产总值1.3万亿元，增长8.3%，总量和增速均位居全国前列；海洋装备制造业、海洋化工业、海洋生物产业、现代海洋渔业及水产品精深加工业、海洋运输物流及文化旅游业发展持续保持领先地位。“黄区”高效生态经济迅速壮大，高效生态农业、石油装备制造业等五大优势产业加速发展，高效生态产业体系基本建立。“一圈”一体化进展顺利，济莱协作区一体化取得突破性进展。“一带”各项政策落实取得积极进展，安排支持西部隆起带区域转型基金，加大了对财政困难县一般性转移支付力度，对财政体制改革集中的困难县收入予以全额返还，出台了《关于加强西部经济隆起带和省扶贫开发重点区域人才支持的意见》。

七、“三核引领、多点突破、融合互动”阶段（2017年至今）

面向新时代，贯彻新理念，把握新特征，引领新常态，山东适时提出建设新旧动能转换综合试验区的战略构想，坚持梯次扩散与节点辐射相结合，形成“三核引领、多点突破、融合互动”的新旧动能转换总体布局，构建更高层次的区域均衡，推动更高水平的区域协调，实现更高质量的共同发展。

实施背景。从国际上看，新一轮科技革命和产业变革呈多领域、跨学科突破新态势。从国内来看，党的十九大胜利召开，我国经济已由高速增长阶段转向高质量发展阶段，各省纷纷调整发展战略，抢占发展制高点。从山东来看，正处在转变发展方式、优化经济结构、转换增长动力的攻关期，我国由南向北扩大开放、由东向西梯度发展的战略节点，既具备领先发展的基础优势，也面临转型发展的风险和困惑。习近平总书记对山东工作十分关心，希望山东做好“新特优”三篇文章，坚持腾笼换鸟、凤凰涅槃、浴火重生，加快转变生产方式，努力在全面建成小康社会进程中走在前列。2017年全国两会上，李克强总理对山东作出重要指示，4月视察山东，对山东把新旧动能转换作为统领经济发展的重大工程和“牛鼻子”的思路给予了充分肯定，并表示将全力支持。山东省十二届人大七次会议，提出新旧动能转换的战略构想；省十一次党代会正式确定实施新旧动能转换重大工程。2018年1月，国务院以国函〔2018〕1号文正式批复了《山东新旧动能转换综合试验区建设总体方案》，这是我国第一个以新旧动能转换为主题的试验区，也是十九大之后获批的首个区域性国家战略。2月，发布实施《山东新旧动能转换重大工程实施规划》。

主要做法。2018年春节假后第一天，召开全省全面展开新旧动能转换重大工程动员大会，省委书记刘家义做了重要讲话，全省迅速展开了新旧动能转换重大工程建设。一是科学编制规划。成立了省新旧动能转换重大工程推进办公室，编制完成《山东新旧动能转换综合试验区建设总体方案》《山东新旧动能转换重大工程实施规划》和《关于推进新旧动能转换重大工程实施意见》，三者相辅相成构成设计图、施工图、责任书，形成顶层设计和规划政策主框架。各市及省有关部门也加快规划编制、搞好衔接配套，17市编制完成了实施规划和“十强产业”规划，构建了覆盖全省、相互衔接、配套联动的规划体系。整合提出了财税、金融、土地、考核、放管服等5大类政策，制定了符合实际的细化方案，加快推进各重大政策落地。二是构建新旧动能转换协调推进体系。省重大办会同有关部门，聚焦“十强”产业和“放管服”、高层次人才、重大基础设施三大支撑，建立了“10+3”协调推进体系。4月25日，省委、省政府印发了《关于建立新旧动能转换重大工程协调推进体系的工作方案》，省重大办通过多种方式与专班牵头部门联系协调，各专班牵头部门迅速展开工作。同时，各市设立常设办事机构，落实专门工作力量，参照省级模式构建了协调推进体系，纵横联动的协调服务机制基本建立。三是加快推进重大项目建设。聚焦“十强产业”，建立“四新四化”重大项目库，先期储备项目900个，平均单体投资超过40亿元。900个项目中，已先期开工项目407个，2018年底前新开工项目397个，储备谋划项目96个，形成了开工一批、建设一批、储备一批的有序格局。从重大项目库精心筛选110个项目，作为2018年全省重点建设项目，倒排工期全力推进，各专班也积极筹建子项目库，进一步强化产业支撑。四是创新设立新旧动能转换基金。基金采取引导基金、母基金、子基金三级架构，省、市政府出资400亿元发起设立引导基金，吸引撬动国内外金融机构、企业和其他社会资本共同发起设立不少于2000亿元规模的母基金群，母基金再通过出资发起设立或增资若干只子基金，最终形成不少于6000亿元的基金规模。广泛开展基金对接工作，截至目前，已与80多家机构进行初步对接，与京东集团、海尔金控等30多家机构深入对接沟通。五是强化重大创新服务平台建设。深入实施创新驱动发展战略，着力优化创新体制机制，集聚政策要素资源，强化创新能力支撑。青岛海洋国家实验室服务国家海洋战略作用进一步突出，5大海外研究中心加快布局，海参基因组图谱等一批重大创新成果实现突破。山东工业技术研究院创新中心和产业化基地建成启用，新增一批国家企业技术中心、国家工程实验室，全省国家级重大创新平台数量达到300家左右；围绕新技术、新产业、新业态、新模式发展方向，培育认定了90家省级工程实验室和工程研究中心。六是实施新一轮高质量“双招双引”。7月11日，召开了全省招商引资招才引智工作会议，提出了通过高质量“双招双引”，推动高质量发展的方向任务。充分发挥综合试验区“招牌”优势，面向世界500强和行业领军企业开展新一轮高质量招商引资、招才引智，主动参与核电、大飞机、高铁、深海钻井平台等“大国重器”研发制造，大力吸引单项冠军、隐形冠军，积极融入全球产业链整合，切实引进一批技术水平高、产业关联性强、发展空间大的优质重点项目。成功组织全国省级山东商会会长座谈会，并成功召开首届鲁商大会和外交部蓝厅山东新旧动能转换专题推介会。

工作成效。目前，新旧动能转换的成果逐步显现，新型化、智能化、自动化装备和高端信息电子产品成为新增长点，云计算、物联网、大数据等信息技术与各行业各领域深度融合，新业态新模式蓬勃发展，经济稳定向好发展的新动能正在加速积聚。2018年上半年，全省装备制造业、高技术制造业增加值分别增长7.8%和8.1%，高于规模以上工业2.5个和2.8个百分点；十强产业中的工业产业增长迅速，高端装备、高端化工、新一代信息技术、新能源新材料等四大工业产业增加值同比增长7.5%，高于规模以上工业2.2个百分点，其中新一代信息技术产业（制造业部分）、新能源新材料产业、高端装备产业增加值同比分别增长7.6%、10.5%和8.2%，分别高于规模以上工业2.3、5.2和2.9个百分点。持续推进新旧动能转换重大项目库建设。发布推介第一批优选项目450个，总投资1.8万亿元。完成海创千峰、中科财金等八只新旧动能转换母基金设立方案，召开新旧动能转换基金推介会，推介项目150个，总投资6100亿元。同时，编制完成了《山东省乡村振兴战略规划（2018—2022年）》和5个工作方案、《山东海洋强省建设行动方案》及《鲁北高端石化产业基地规划》，通过“四个健全”打造乡村振兴齐鲁样板、“十大行动”实施海洋强省建设及“三推三抓”促进石化产业转型升级。

第二节　城乡融合发展加快推进

城镇化是社会文明的标志，也是现代化的重要内容，积极稳妥推进城镇化是全面建成小康社会和实现社会主义现代化的一项重大战略任务。改革开放以来，山东经济一直保持快速健康发展，在工业化速度加快的同时，人口城镇化也呈加速态势，劳动人口中从事第二、三产业的比重不断增加，人口向经济发达地区和城镇不断集中，城镇化速度和质量不断提升，2011年城镇人口占比突破50%，2017年城镇化率达到60.58%，我省城镇化进程已进入中后期提升、内涵健康发展的新阶段。

一、山东省城镇化发展历程

新中国成立以后的前30年里，山东城镇化总体上发展缓慢且波动性较强，既有超常规的快速发展时期，也有徘徊不前的停滞阶段，个别时期还出现了逆城镇化现象。改革开放以来，山东城镇化逐渐进入正常发展轨道。特别是进入新世纪以来，省委、省政府把城镇化作为全省经济社会发展的四大战略之一，出台了一系列推进城镇化的政策措施，城镇数量快速增加，城镇规模大幅膨胀，城镇人口加速集聚，与经济社会发展形成了巨大的相互促进作用。

从山东城镇化进程来看，可以分为以下四个阶段：

（一）恢复发展阶段（1978—1990年）

农村两步改革的成功，使农村工业化、非农化得到长足发展，加之城镇建制标准的降低和实行市管县制度，城镇个数和城镇人口数量迅速增加。到1990年，全省城镇化人口为2307.3万人，人口城镇化率达到27.3%，城镇人口年增长率达到6.9%，是总人口增长率的5倍。这一时期的城镇人口发展属于经济发展推动和城镇建制政策推动并举的结果。

（二）加速发展阶段（1990—2000年）

党的十四大明确了建立社会主义市场经济体制的总目标，城市作为区域经济社会发展的中心，其地位和作用得到前所未有的认识和重视。

随着社会主义市场经济体制的建立和不断完善，国民经济快速稳定发展，对城镇化的带动作用明显加强，使这一时期城镇人口保持了高速增长的态势，城镇化率由1990年的27.3%上升至2000年的38.2%，年均提高1.1个百分点。

（三）快速发展阶段（2000—2012年）

2000年，省委、省政府出台了《关于加快城镇化进程的意见》，把城镇化作为全省经济社会发展的四大战略之一，自此我省城镇化发展开始驶入快车道，城镇化率年均提高幅度达到1.2个百分点。党的十七大和省第九次党代会后，山东省委、省政府认真落实中央部署，把提高城镇化质量作为城镇化发展的重中之重，坚持新型城镇化道路，统筹"四化"同步，把实施城镇化战略放到经济社会发展全局重要位置，积极稳妥推进全省城镇化发展。2012年，全省常住人口城镇化率达到52.43%，正式进入城镇化发展中期加速阶段。特别是山东省分别于2011年和2012年实现了城镇人口超过50%和工业从业人数超过第一产业，成为新中国成立60多年来，山东城镇化取得的极为重要的发展成就，为在"十二五"时期积极稳妥推进城镇化和实现更长时期持续健康发展开创了良好局面和奠定了坚实基础。

（四）内涵发展阶段（2012年至今）

党的十八大以来，省委、省政府贯彻落实中央推进以人为核心的新型城镇化的重大战略部署，先后出台了《中共山东省委山东省人民政府关于推进新型城镇化发展的意见》和《山东省新型城镇化规划（2014—2020

年）》，全面推进户籍制度改革和居住证制度，农业转移人口市民化进程加快，基本公共服务均等化和社会保障水平明显提高。省委、省政府成立了城镇化工作领导小组，召开四次全体会议，全省大力推进“三个市民化”，率先实现省、设区市和试点县市民化规划全覆盖，800多万农业转移人口成为城镇居民，2017年常住和户籍人口城镇化率分别达到60.58%、50.2%以上。积极构建以山东半岛城市群为主体，8个大城市、10个中等城市、81个小城市、1094个建制镇协调发展的城镇格局，形成了就地就近城镇化的山东模式。我省城镇化进程处在一个新的历史起点上，步入了内涵健康发展的新阶段。

二、山东城镇化发展显著特征

（一）速度加快，差距缩小

改革开放以来，山东省的城镇化水平有了大幅提升，从改革开放初期到20世纪末，城镇化率年均提高1.13个百分点，从2000年到2010年，年均提高1.15个百分点，从2011年到2017年，年均提高1.56个百分点，城镇化发展速度明显加快。在城镇化保持快速发展的同时，东西发展不平衡状况有所改善，全省城镇化发展总体表现出由东向西逐步加快的态势，西部地区城镇发展后发优势日益显现，人口集聚能力不断增强。2017年，西部（德州、滨州、聊城、菏泽4市）人口城镇化率达到53.4%，较上年提高1.9个百分点，幅度高于全省平均水平；虽然与城镇化水平较高的东部（青岛、烟台、威海、潍坊、日照5市）相比明显落后，但差距正进一步缩小（已从2011年15.1个百分点减少为10.9个百分点）。

（二）发展格局优化，集群优势凸显

山东省委、省政府始终坚持规划先行、优化格局、统筹联动，以城市群为主体构建大中小城市和小城镇协调发展的城镇格局，推动跨区域城市间产业分工、基础设施、生态保护、环境整治等协调联动。经过改革开放40年的努力，初步形成了以济南和青岛为中心、大中城市为中坚、小城市和小城镇为基础的城镇层级结构，山东半岛城市群、济南都市圈、黄河三角洲城镇发展区、鲁南城镇带“一群一圈一区一带”四个城镇化地域单元互动发展的格局初步形成。近年来，山东省委、省政府不断完善新型城镇化工作推进机制，开展14个国家试点和20个省级试点建设，形成了青岛绿色城镇化、威海全域城镇化、德州“两区同建”、郓城投融资机制创新等一批成熟模式，得到国家层面认可推广。2017年，省政府批复了《山东半岛城市群发展规划（2016—2030年）》，作出全力打造“两圈四区”空间格局的总部署，紧紧把握国家新旧动能转换综合试验区建设重大机遇，优化行政区划和功能布局，率先实现济南、青岛、烟台突破，增强城市综合承载能力和创新要素聚集能力，协同济南都市圈、青岛都市圈和烟威都市区一体发展，提升在国家乃至全球城镇网络中的服务能级。2017年，全省14个设区城市综合实力位列全国前100名，16个县（市）进入全国百强，地方一般公共预算收入过30亿元、50亿元、70亿元、100亿元的县（市、区）分别达到55个、29个、20个和8个。

（三）城镇功能不断强化，基础设施不断完善

山东注重提升城镇综合承载能力，不断加大基础设施建设力度。2017年，全省市政公用设施、村镇建设总投资达到3046亿元，比十年前翻了两

番多。公路通车总里程达到26.6万公里，密度达到每百平方公里156公里，居全国前列。全省城市人均道路面积23.8平方米，在全国排名第一；人均公园绿地面积16平方米，列全国第三位；城市污水集中处理率、生活垃圾无害化处理率分别达到96.5%、99.0%，均居全国前列；城乡环卫一体化稳步提升，农村垃圾及时清运率、存量垃圾清理率、群众满意度分别达到96.0%、91.5%和95.5%；改造农村无害化卫生厕所449.1万户，86%的建制镇和全部建成入住的农村新型社区建有污水处理设施；17个试点县（镇）公共场所和农村新型社区实现冬季清洁供暖。数字化城市管理模式全面铺开，17个设区城市全部开通了“12319服务热线”。目前，全省拥有威海、烟台、日照3个联合国人居奖获奖城市、国家节水型城市14个、国家园林城市和县33个，均居全国第一位；拥有济南等中国人居环境奖获奖城市8个、国家历史文化名城8个，居全国第二位。

（四）民生保障水平显著提高，公共服务体系逐步健全

我省坚持以人为核心的城镇化发展方向，围绕基层最急需、群众最期盼、保障最薄弱的领域，千方百计加大民生保障投入力度，城乡居民同步享受到越来越多的城镇化发展成果，居民生活明显改善，幸福感越来越强。2017年城镇、农村居民人均可支配收入分别为36789元和15118元，比2012年分别增长50.1%和58.9%，城乡居民收入比由2.58缩小为2.43；城镇、农村居民人均现住房建筑面积分别为37.6平方米和42.5平方米。实施就业优先战略，新增城镇就业每年超过115万人，城镇登记失业率稳定在3.4%左右。社会保障体系日益完善，建立了“全省统一、城乡一体”的居民基本养老制度、基本医疗保险制度和居民大病保险制度，居民基础养老金、企业退休人

员基本养老金、失业保险金、居民医保和基本公共卫生服务补助标准得到明显提高。2017年末职工基本养老、职工基本医疗、失业、工伤、生育保险参保人数分别达2660.9万人、2013.1万人、1268.3万人、1569.1万人、1186.6万人；居民基本养老保险和医疗保险参保人数分别达到4530.6万人、7282.6万人；城镇最低生活保障人数23.8万人，年人均保障标准6192元。积极推进医疗卫生资源城乡优化配置，2017年末医疗卫生机构达7.9万所，社区卫生服务中心及乡镇卫生院中医药综合服务区（国医堂、中医馆）设置率分别达到74.6%和86.5%，人均基本公共卫生服务经费补助标准由45元提高至50元。教育事业蓬勃发展，全面推进“县管校聘”管理改革，农村义务教育2007年就开始实行按在校生人数核拨经费，城市义务教育2010年开始实行。2017年，全省小学教育、初中教育、高中教育专任教师分别达到42.2万人、27.6万人、13.4万人。公共文化服务体系进一步完善，2017年末广播人口、电视人口综合覆盖率分别为99.11%、98.97%，全省拥有艺术表演场馆92个、博物馆497家、公共图书馆154个、群众艺术馆和文化馆157个、美术馆49个、文化站1815个。全民体育健身更加普及，全民健身中心县级覆盖率超过90%，行政村覆盖率92.6%。

（五）中小城镇发展提速，形成就地就近城镇化模式

山东在数十年的实践探索中，走出了一条具有地域特色的就地就近城镇化道路。据统计，全省1370万（含983万农民工）流动人口，85%在省内流动，50%在本县内转移；全省5078万城镇人口，53.5%分布在县（市）、镇。本地城镇化、县域城镇化，是山东新型城镇化的鲜明特色。县域、小城镇和农村新型社区是推进城镇化和统筹城乡发展的基础环节，山东省

委、省政府先后出台了《关于推动县域科学发展整体提升综合实力的意见》《关于开展“百镇建设示范行动”加快推进小城镇建设和发展的意见》《关于加强农村新型社区建设推进城镇化进程的意见》等政策文件。山东通过实施“双30”战略和扩权强县改革，大力开展“百镇建设示范行动”，有序推进农村新型社区建设，一批经济强县、强市加快崛起，一批特色小城镇加快发展，一批农村新型社区加快建设，县城和小城镇聚集产业、吸纳人口的作用日益显现。

三、山东城镇化健康发展的基本经验

山东城镇化所取得的巨大成就，是全省人民艰苦奋斗、顽强拼搏的结果，也是各级各部门团结努力、扎实工作的结果，更是山东省委、省政府统筹发展大局、精心谋划城镇化方略，凝心聚力、全面推进的结果。近年来，省委、省政府高度重视城镇化发展，始终坚持将推进城镇化作为稳增长、扩内需、转方式、调结构、惠民生的重要依托，在城镇化的实践中收获了丰富的经验。

一是坚持规划引领，明确城镇化发展方向。把规划作为调控空间资源、引领城乡发展、维护公共利益的基本手段，突出发挥规划的科学引导和宏观调控作用，注重从战略层面研究城市定位和空间布局，大手笔谋划，高起点定位，组织编制了一批既具长远战略性、又有现实操作性的高水平规划。其中，“一群一圈一区一带”规划全部完成，108个市县到2020年的新一轮城市总体规划全面修编，所有市县城市规划建成区已实现控制性规划全覆盖；在全国较早编制完成县域村镇体系规划、新一轮乡镇总体规划，基本完成中心村建设修编。城市和县城规划建成区详细规划覆盖率达到100%，规划的指导性和可实施性显著增强。综合交通、绿地系统、住房建设等专项规划和控制性、修建性详细规划日臻完善，村镇规划水平大幅提升，城乡规划全覆盖基本实现，布局合理、疏密得当、环境友好、宜居宜业城乡形态已经显现。“阳光规划”和规划委员会制度全面实施，科学民主公开的规划决策机制基本形成。

二是强化产城融合，夯实发展基础。坚持把二、三产业发展作为推进城镇化的根本动力，把各类开发区和工业园区作为发展现代制造业和战略性新兴产业、培育产业集群的重要基地，把旧城改造作为繁荣发展服务业、推进城市产业结构升级的重要途径，把小城镇作为推进农业产业化、发展县域经济的重要载体，推动产业集聚，带动人口集聚，促进了城镇发展。近年来，山东各地以产业园区为载体，以重大产业项目为抓手，不断加快产业园区与城市新区融合发展，实现了城市扩张、产业升级和人口集聚的良性互动。二、三产业的快速发展吸纳了大量农村劳动力。产业与城镇融合、劳动力就地就近转移，成为山东城镇化的一大特色。

三是注重基础设施和生态环境建设，提升城镇综合承载能力。山东坚持把基础设施、公共服务设施和生态环境建设作为提高城镇化质量的基础，围绕提升城乡居民生活品质，不断加大交通、能源、通信、市政、医疗、养老等基础设施和公共服务设施投入，高速公路、港口、电网等重大基础设施保持较高水平，增强了城市承载能力和服务功能，改善了城乡面貌和人居环境。山东在全国较早实现污水和垃圾处理“一县一厂（场）”，污水处理综合考评连续多年居全国各省区第一。

四是统筹城乡发展，加快一体化进程。把县域和小城镇建设作为推进城镇化和统筹城乡发展的基础环节，加大政策支持和产业培植，加快基础设施和公共服务设施建设，强县、强市加快崛起，特色小城镇加快发展，县城和小城镇聚集产业、吸纳人口的作用日益显现。近年来，山东省委、省政府先后颁布实施了“双30”战略和扩权强县等一系列改革措施，出台《关于推动县城科学发展整体提升综合实力的意见》，开展“百镇建设示范行动”，有序推进农村新型社区建设，城乡统筹水平全面提升。

五是重视体制机制创新，加快形成推进合力。通过深化户籍制度改革，降低外来务工人员进城门槛。实行城建投融资、市政公用事业改革和城市土地“招拍挂”，有效解决城建资金短缺问题。创新城市管理模式，提高城市管理效率和水平。建立健全住房保障制度，逐步满足城镇困难群众的基本住房需求。推进乡镇行政区划调整，扩大小城镇发展腹地和空间。加快推进农村住房建设与危房改造，改善农民住房条件，推动农民就地就近城镇化。建立实施失地农民生活保障和农村社保制度，解决人员流动的后顾之忧。各地也在土地运作、建设管理、资产运营、资金筹措、投融资体制等方面加强创新，出台了一些针对性、实用性、操作性很强的政策措施，形成了加快推进城镇化的合力。当前，山东已进入城镇化中后期提质加速发展阶段，今后仍将保持快速发展态势。未来，山东将坚持本地主导、均衡共享，以人的城镇化为核心，以提高城镇化质量为目标，以体制机制改革为动力，以空间城镇化为基础，以经济城镇化为保障，走集约、智能、生态、低碳的新型城镇化道路，力争打造全国新型城镇发展的先行区、城镇化与经济转型协同推进的试验区、全民共享城镇化发展成果的示范区。

第三节　县域经济支撑能力显著增强

古语云："郡县治，天下安。"县域涵盖城镇与乡村，上承省市、下领乡镇，既是推进国家治理的基本依托，也是发展经济、改善民生的基础单元。改革开放以来，省委、省政府高度重视县域经济社会发展，特别是进入新世纪以来，将县域经济发展作为经济文化强省建设的重要战略，采取多种有效措施，县域经济综合实力明显增强，人民生活水平显著提高。从历届百强县评选来看，无论从数量还是位次上，山东省都居于前列。

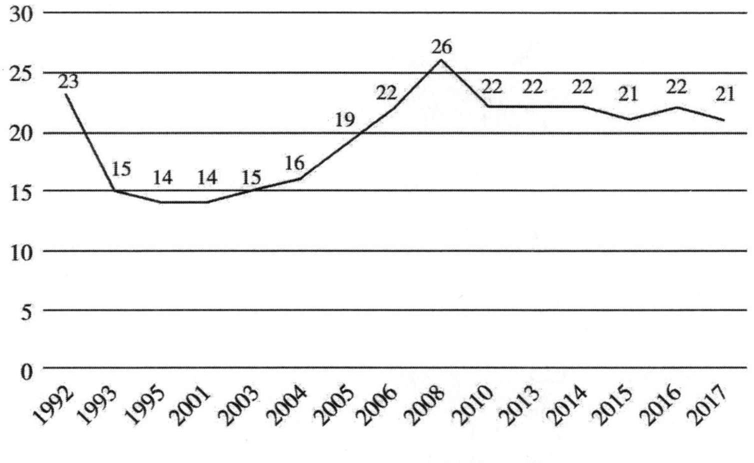

图5-7　历届百强县评选山东省入选数量

注：期间经历了市县机构的调整，如，1992年11月，莱芜市由县级市升为地级市；1994年，撤销临沂地区和县级临沂市，设立地级临沂市。

一、县域经济发展回顾

回顾改革开放以来我省县域经济的发展情况，大致可以分为以下阶段：

(一)1984—1992年

以“扩大县级管理权限”为重点的改革试点阶段。在中央方针政策的指引下，自1984年开始，我省着力推进县域经济改革试点，开展县域经济发展战略的研究和制定工作。为把县域经济搞活，省委突出抓好两点：第一是扩大县级管理权限，使县在县域经济范围内，对经济发展和改革有更多的自主权、决策权。省委于1987年下发《关于扩大县级管理权限的八条规定》，扩大县级权限，强化县级管理。第二是以点带面，指导工作。采用召开现场会或研究会的办法，总结研究县域改革和发展的典型，以点带面，逐步展开。1987年，成立县域经济管理研究会(后更名为山东县域经济研究会)，着力开展县域改革发展经验研究。此后，省委、省政府每年召开1—2次现场会，推广县域经济发展的经验和做法。

这期间，我省各地涌现出诸多县域经济发展的成功经验。如昌邑的“小机构、大服务”、诸城的“贸工农一体化”、周村的“股份促动、明星带动”、金乡的“农贸带动”、阳信的“综合配套改革”等等，并逐渐引起了国务院领导和国家有关部门的关注。1985年，我省已出现了一批社会总产值超10亿元的县。1988年，根据对114个县(市)的统计，我省社会总产值超过20亿的县已达20个，其中临淄区已超过40亿，有的县与1978年相比增幅近8—10倍。1991年11月，李鹏总理在山东考察期间对县级改革问题发表了重要讲话，指出：“从山东和各地的试点经验来看，县乡两级政府的有关经济技术部门从政府系列逐步分离出来，以多种多样的形式为农村提供多种多样的社会化服务，从行政机构逐步改变为经济体制，逐步做到自给自足，减少财政负担，最后向企业化转变，做到‘小政府，大服务’，这可能是县级机构改革的方向。”

（二）1992—2003年

“县级经济管理体制改革”全面推进阶段。1992年1月，邓小平同志发表南行讲话，国务院在北京召开全国经济体制改革工作会议，并将开展县级综合改革，尤其是县级经济管理体制改革，列为当年经济体制改革的主要任务之一。在会议的传达贯彻意见中强调指出：“推广昌邑等县改革政府经济管理体制，实行‘小政府，大服务’的经验，使县级综合改革有所突破。”同年5月，国家在江苏省常熟市召开“全国县级综合改革经验交流会”。至此，县域改革进入全面提速阶段。至1992年底，我省进行县级改革的县已占全省县（市、区）总数的59.4%。到1993年上半年，以县级机构改革为重点的县级改革在全省普遍展开。同年年底，全省县级机构改革基本完成。

1991年，全国首次开展综合实力百强县（市）评选，我省以23个的数量位居榜首。我省工农业总产值中，县域经济占67%左右，在国民收入中县域占70%左右，全省轻工业70%的原料来自县域，60%以上的工业品市场也在县域。至1993年，全省社会总产值过百亿的县（市）已有12个，占全省农村社会总产值的28.5%，财政收入过亿元的县（市）增加到38个，占全省县（市、区）总数的28.2%；绝大多数县的财力有明显增强，原48个吃财政补贴的县已有10多个县可以基本实现财政自给。期间，县域有一批企业快速膨胀崛起。

（三）2003—2007年

“促强扶弱带中间”发展战略阶段。我省真正把县域经济发展作为全省性战略来抓，是从2003年开始的。2003年11月，省委、省政府召开第一次全省县域经济工作会议，对加快县域经济发展工作进行动员部署。这次会议确定了实施“双30”工程的发展战略，突出东中西联动发展。“双30”工程，就是突出抓好30个经济强县和30个欠发达县，抓两头带中间，以实现经济强县率先发展、中等县加速崛起、欠发达县跨越式赶上的目标。同年，省委、省政府制定出台“促强扶弱带中间”的《关于加快县域经济发展的意见》（鲁发〔2003〕25号），对30个经济强县赋予了增强发展自主权等7条支持政策，对30个欠发达县给予了人才、资金等方面的14条帮扶政策措施。2004年，省政府成立县域经济发展领导小组，组织指导全省县域经济发展工作；实行省级领导与欠发达县对口联系制度，组成了7个省领导联系组，分别联系30个欠发达县；安排30个省直部门、30个经济强县分别与30个欠发达县结成对子，实行结对帮扶。2005年，制定了县域经济社会发展年度综合评价及考核办法。2006年，省政府在龙口市召开了全省县域经济现场工作会议，对进一步加快县域经济发展作出了新的部署。同时，省委、省政府印发《关于在新的起点上推进县域经济又快又好发展的意见》（鲁发〔2006〕13号），在扩大和落实县级经济管理权限、财政支持、金融服务、基础设施建设、社会事业发展和人才等方面制定了新的政策和措施，为进一步加快县域经济发展创造了良好的政策和体制环境。

通过一系列战略举措的实施，全省县域经济发展加速，综合实力显著增强，强、弱县经济发展都取得了明显成效，表现出强县更强、弱县增势强劲的发展势头。30个经济强县一直保持快速持续发展，实力不断增强。2007年实现地区生产总值占全省县域的46.7%，比2005年下降0.7个百分点，但地方财政收入占50%，提高1.4个百分点。其中地方财政收入10亿元以上22个县，占73.3%，比2005年增加11个，15亿元以上的12个，20亿以上的3个。

农民人均纯收入达6886元，与2005年相比，年均增长13.4%，高出全省平均水平0.8个百分点。30个经济弱县经济发展速度明显加快。2005年起，主要经济指标的增长均超过全省平均水平，到2007年依然保持了高速增长。2007年实现地区生产总值2696.7亿元，与2005年相比，年均增长18.7%，地方财政收入80.75亿元，年均增长26.3%，农民人均纯收入4489.9元，年均增长14.1%。与“十五”时期后三年平均增速相比，地区生产总值、地方财政收入、农民人均纯收入增速分别超出1.1个、4个和2.4个百分点。地方财政收入和农村居民人均纯收入增幅分别超过经济强县2.4个和0.7个百分点。

县域经济对全省经济发展贡献逐步提高，成为全省社会经济发展的重要支柱。2007年，列入年度综合评价考核范围的122个县（市）完成生产总值21882.5亿元，占全省生产总值的84.3%，比2003年提高2.6个百分点。工业化水平进一步提高，县域规模以上工业完成增加值11052.8亿元，占全省的83.7%；利税4213.4亿元、利润2614.2亿元，分别占全省的77.2%和77.1%，提高12.7和12.5个百分点。县域财政实力不断壮大，地方财政收入达到818.3亿元，占全省的48.8%，提高2个百分点。五年间，按照财政供养人员计算人均财力年均增长23.1%，地方财政收入5亿元以上县由18个增加到59个，1亿元以下县由6个减至2个。

表5–5　　县域经济主要指标占全省的比重

指标	2007年		县域占全省比重（%）	
	全省	县域	2007年	2005年
年末总人口（万人）	9367	8409	89.8	89
地区生产总值（亿元）	25888	21146	81.7	79.3
地方财政收入（亿元）	1675	823	49.1	46.8

（续表）

指标	2007年		县域占全省比重（%）	
	全省	县域	2007年	2005年
城镇固定资产投资（亿元）	10153	8119	80	84.7
社会消费品零售总额（亿元）	8439	6133	72.6	71.9
金融机构存款余额（亿元）	22072	12325	55.8	52.6
金融机构贷款余额（亿元）	17545	9481	54	48.1

（四）2007—2012年

以“富民强县、科学发展”为核心的发展阶段。为加强组织领导，2007年5月，我省在省发展改革委设立县域经济发展办公室，承担加快县域经济发展领导小组部署的相关工作，重点负责推进全省县域经济发展和实施省委、省政府“突破菏泽”战略等工作任务。2008年8月，省政府在章丘召开全省县域经济发展工作会议，会议提出富民强县目标，强调坚持好字优先、好中求快，转变发展方式，提升发展质量，统筹城乡发展，努力改善民生，加快形成城乡发展一体化新格局，号召全省各级各部门围绕一个目标，努力推进四个转变。全省上下深入贯彻落实省委、省政府关于促进县域经济发展的决策部署，紧紧围绕科学发展主题，牢牢把握加快转变发展方式主线，以富民强县为目标，坚持发展理念，拓宽改革思路，积极作为，科学务实，努力提高经济发展的质量和效益。

截至2012年，我省县域经济实力继续增强，地区生产总值同比增长11.8%，高于全省平均增幅2个百分点；生产总值超过600亿元的县（市、区）数量由上年的11个增至17个，其中龙口、滕州、荣成三市首次超过800亿元。公共财政预算收入同比增长25.2%，增幅高于全省平均水平6.7个百分点；龙口、寿光、滕州、邹平、胶南、即墨6个市公共财政预算收入均首次超过50亿元；29个县（市、区）公共财政预算收入增幅超过30%，其中莒南、定陶、金乡等8县（市、区）增速在35%以上；莱芜市莱城区、临朐、莱阳、栖霞等10个县（市、区）税收占财政收入比重超过90%。

（五）2012年至今

“以市为单位整体提升县域经济”发展阶段。2012年，在深入调研的基础上，省委、省政府做出了以市为单位整体提升县域经济发展水平的战略部署，出台《关于推动县域科学发展整体提升综合实力的意见》（鲁发〔2012〕9号），在市域范围内调整各县（市、区）发展定位，探索建立市域内经济利益分享和补偿机制，实行资源要素统筹配置，优势产业统筹培育，促进优势互补、错位发展、合作共赢，提高资源配置效率，塑造竞争新优势。随后召开的全省推动县域科学发展整体提升综合实力工作会议，进一步确定了县域经济发展的目标、思路和措施，勾勒出了未来山东县域经济提升、提速、提质的“线路图”。我省县域经济发展全面进入转型升级、整体提升、科学发展的新阶段。

县域经济的蓬勃发展，带动县域经济在国民经济中的战略地位进一步提升。截至2013年底，全省137个县（市、区）实现公共财政预算收入3467.1亿元，同比增长14.7%，高于全省平均增幅2.4个百分点。公共财政预算收入超过10亿元的县（市、区）达到110个，过50亿元的18个，过30亿元的41个，2个县域单位公共财政预算收入首次突破100亿元。但必须看到，我省县域产业结构不够优化、资源环境压力较大、质量效益不高等深层次矛盾和问题仍未得到较好的解决。与江苏、浙江等县域经济先进省市相比，山东强县不多、带动力亟待增强的问题较为突出，缺少像江苏昆山、浙江萧山、广东顺德、福建晋江等在全国叫得响的标兵县。

针对以上问题，为进一步激发和释放县域经济发展潜力、实力和活力，鼓励和支持有条件的县在加快体制机制创新和转变发展方式等方面率先突破、先行先试、争创一流，为破解县域经济发展难题提供可复制、可推广的经验，引领带动全省县域经济科学发展、创新发展和转型发展，我省在全国首次试水县域经济科学发展试点工作。2014年6月，省政府办公厅印发《山东省县域经济科学发展试点方案》（鲁政办字〔2014〕80号），确定在21个县（市、区）开展试点，分别就城乡统筹、转型升级、生态文明、园区经济、镇域经济、民营经济等6个领域进行探索。目的就是通过试点树立样板标杆、创造典型经验。

表5–6　　县域经济科学发展试点领域

试点类型	试点地区	试点目标
城乡统筹	即墨市、寿光市、荣成市、邹平县	在推进新型城镇化和新农村建设、保障改善民生等方面走到全省前列
转型升级	临淄区、龙口市、新泰市、东港区、茌平县	在转方式、调结构、培植优势主导产业、提高发展质量效益上创出新经验、走出新路子
生态文明	泗水县、蒙阴县	贯彻主体功能区理念，大力发展生态经济、绿色经济，创新生态文明建设的先进经验
园区经济	章丘市、诸城市、沂水县、齐河县	着力壮大园区经济，促进集约集聚发展
镇域经济	莱州市、广饶县	以县城和重点镇建设为突破口，发挥优势，突出特色，做大做强镇域经济
民营经济	滕州市、邹城市、莱城区、牡丹区	做强载体，优化环境，激发活力，在培育民营经济发展上走到全省前列

在科学发展试点的带领下，我省县域经济发展得到进一步提升。2017年，县域经济实现生产总值67116亿元，同比增长7.6%，高于全省平均水平0.2个百分点；实现一般公共预算收入4882亿元，同比增长7.9%，高于

全省平均水平1.3个百分点；实现税收收入3715亿元，同比增长9.9%，高于全省平均水平0.8个百分点；完成固定资产投资48657亿元，同比增长7.5%，高于全省平均水平0.2个百分点。2017年国务院大督查中，我省5县市上榜，沂源县、龙口市、诸城市、肥城市、五莲县列入土地节约集约利用、土地利用秩序、土地利用计划执行好的市（盟）和县（市、区），并获得1000亩用地计划指标奖励。

二、我省县域经济发展的典型经验

（一）以特色发展作为县域经济发展的首要原则

在发展过程中，注重发掘利用县域经济的地方特色，各县域优选确定1—2个特色主导产业，开展县域特色产业集群转型升级行动，打造特色经济产业集群。纵观经济较为发达的县域经济，都有适合本地发展的规模化特色产业集群。一方面，基于县域历史积淀的产业基础、特殊的人力资本等资源禀赋条件，以自身县域特色和优势为依托，大力发展特色经济和优势经济；另一方面，以经济区域范畴对县域经济进行产业布局，通过积极参与区域内的产业分工，形成产业配套和关联集成效应，推动高端生产要素向县域流动，从而带动县域特色产业集群的形成与壮大。

（二）以产业转型作为县域经济发展的核心动力

我国县域经济发展普遍存在产业结构相对单一且层次较低、技术含量和经济竞争力相对不足等问题。在发展过程中，我省坚持将产业的转型升级作为县域经济发展的核心动力，提升县域经济发展质量。通过探索建立市场自动出清长效机制，化解过剩产能，拓展动能转换空间；通过支持县域企业加强技术改造和模式创新，突破产业核心关键技术，促进传统产能与现代工业设计、互联网技术等深度融合；把科技创新、成果转化作为转型升级突破口，推动县域经济提质增效。

（三）以园区经济作为县域经济发展的重要引擎

始终坚持以园区发展为龙头，通过发展园区经济，形成地域经济发展的增长极，推动实现产业结构调整，带动县域经济社会快速发展。目前，我省有国家级经济技术开发区15家，省级经济开发区151家，基本形成了以国家级经济园区为龙头，以省级经济开发区为主体，布局合理、形式多元、各具特色的发展格局。根据山东省商务厅统计，2017年山东省级以上开发区公共财政预算收入增长10.7%，固定资产投资增长9.6%，规模以上工业增加值增长7.6%，进出口增长16%，实际利用外资增长9.4%，均高于山东省平均水平。青岛、烟台经济技术开发区位列全国国家级开发区前六强。

（四）以生态建设提升县域经济可持续发展能力

牢固树立绿水青山就是金山银山的发展理念，实行最严格的生态环境保护制度，加强污染源头控制，大力发展低碳经济、循环经济，构筑节约资源和保护环境的空间格局、产业结构、生产方式、生活方式。积极推动制度创新，建立生态补偿与环境质量改善挂钩机制，促进县域绿色协调发展。2017年，济宁的曲阜市和威海的荣成市入选第一批国家生态文明建设示范市县。

第六章
跨越式发展，海洋强省开创新局面

第一节　山东海洋经济发展思想演变历程

习总书记深刻指出：“纵观世界经济发展的历史，一个明显的轨迹，就是由内陆走向海洋，由海洋走向世界，走向强盛。”这一重要论断，既揭示了人类社会发展的规律，又阐明了当今世界发展的趋势。山东是我国东部沿海省份，陆地海岸线约占全国的1/6，毗邻海域15.95万平方公里，有海岛589个、海湾200余处。“浮云连海岱，平野入青徐”，山东自古就与海洋经济有不解之缘，海洋经济发展源远流长。春秋时期，齐国“兴渔盐之利、行舟楫之便”，被称为“海王之国”。新中国成立后，特别是改革开放以来，山东积极开发建设海洋，促进了全省经济发展。20世纪90年代，我省提出“海上山东”建设跨世纪工程。进入新世纪，山东半岛蓝色经济区、黄河三角洲高效生态经济区、青岛西海岸新区等陆续成为国家战略，山东海洋经济不断发展。2017年，全省海洋生产总值1.4万亿元，占全国海洋生产总值的19.1%、全省生产总值的20%，海洋经济已经成为全省经济的重要组成部分。历史和现实告诉我们，山东的发展，既要立足15.79万平方公里的陆域面积，更要开发利用好与陆地面积相当的海域面积。我们必须从单一的陆域空间思维中解放出来，从单向以陆看海、以陆定海的传统观念中解放出来，更多面向海洋、倚重海洋，科学开发海洋、利用海洋，走依海富民、以海强省、陆海统筹的宽阔大道。

山东省历届省委、省政府均高度重视海洋经济的发展，本部分将全面介绍山东省海洋经济发展思想的演变历程，重点分析改革开放以来山东海洋经济发展思路，包括从“海上山东”战略到“山东半岛蓝色经济区”战略，再到“海洋强省”战略的演变历程，并总结各个阶段海洋经济发展的重点。

一、扬帆起航——“海上山东”战略的提出和实施

1991年4月，时任山东省省长赵志浩同志在山东省七届人大四次会议上做的政府工作报告中指出：“我省海岸线长达3000多公里，占全国的六分之一，近海面积17万平方公里，比陆地面积还大；我省又是全国海洋科研机构、科研人员最集中的地方。大力开发海洋资源是振兴山东经济的重要内容。要提高海洋国土和海洋资源意识，贯彻陆海并举的方针，保护近海生物资源，加强海水增养殖、海洋捕捞、海洋化工、海洋能源、海洋矿产、海洋交通的研究开发。近期重点开发利用1980万亩浅海滩涂。经过长期不懈的努力，逐步实现陆上一个山东、海上一个山东的战略设想”。从此，“海上山东”建设拉开了序幕。

（一）“海上山东”战略的实施背景

1. “海上山东”战略提出的国际海洋经济发展背景

建设“海上山东”战略决策的提出是顺乎世界海洋开发大潮的明智之举。海洋占地球表面积的71%，它不仅是生命的摇篮，而且源源不断地为人类的生存提供适宜的环境、必不可少的蛋白质和能源。据有关专家测算，海洋的生物量高达400亿吨，它可向人类提供的蛋白质总量比陆地全部耕地提供的食物多得多。

自20世纪70年代以来，世界面临的环境、资源、人口三大危机日渐突出，仅仅在陆地上已找不到根本解决的良策和出路。于是，人们开始把目光投向海洋，以向海洋索取生物产品为标志的“蓝色革命”开始兴起并正席卷全球。用高新技术开发海洋资源、发展海洋经济已成为濒海发达国家的重要国策。

据有关资料显示，20世纪80年代初，世界海洋经济总值2500亿美元，比10年前增长了10倍；1990年又增长到5000亿美元，10年又翻了一番。当时有关专家就预测，到20世纪末，世界海洋经济总值可达3万亿美元，约占当时世界总产值的1/6。1988年，联合国已把大约40%的大洋海底确定给有关国家开发；六大国际财团正在投资，拟开采三大洋锰结核；已有100多个国家以不同规模投资，建立大规模“海洋牧场”“海洋农场”，从海洋中生产蛋白质食物。有关专家预言，21世纪将是海洋开发世纪。

2. “海上山东”战略提出的国内海洋经济发展背景

建设“海上山东”战略符合当时中国沿海经济发展战略的总要求。中国沿海省份之所以经济比内地发达，其中一个重要因素是得益于海。正是海洋使沿海地区有了连接五洲四海的港口和“黄金通道”，有了取之不尽的渔盐之利，成了对外开放的“前沿”。濒海这一优势，使沿海诸省经济率先腾飞，形成中国东西部的巨大差异。正是从这一实际出发，中国才实施扩大沿海对外开放、以沿海带内陆的经济发展战略。如何在“海”上做文章，是沿海诸省都在运筹的一个大课题。在此情况下，山东省着眼于3100公里的海岸线、17万平方公里的海域和3800万亩浅海滩涂这一广阔的海洋资源，提出建设“海上山东”战略，无疑是一个富有远见卓识的新构想。

（二）“海上山东”战略的实施过程

早在1990年8月，原中共中央政治局常委宋平同志来山东沿海视察期间，多次强调海洋开发的问题。他指出，“海洋开发，潜力很大，很有前途。要把海洋这篇大文章做好，做好了就会从海里捞金捞银”。他要求山东省政府“把海洋开发这件事提到议事日程上，放到重要位置上来抓，把可以利用的海面都利用起来”。山东省政府对宋平同志的重要指示做了认真研究，并敦促省计委和省水产局共同制定了《山东半岛浅海滩涂渔业综合开发规划》，并向国家有关部门作了汇报。1990年底，新中国成立以来第一次大规模的海洋工作会议在北京召开。在会上，山东作了《开发保护海洋，建设海上山东》为题的汇报。这是“海上山东”的概念首次在官方文件中提出。

1991年2月，时任山东省委书记姜春云同志在全省科技工作会议上，提出要向海洋进军，搞好海洋资源的保护和开发，把丰富的海洋资源变成巨大的商品优势。从此，山东省政府把海洋开发摆上了重要议事日程，这标志着一个重大的战略决策在筹划酝酿之中。同年3月，当时任副省长、后来担任省长的李春亭在全省水产工作会议上提出，要把建设“海上山东”作为一个战略问题来对待，把山东半岛建设成全国最大的海产品生产和出口基地。这是山东省领导人第一次明确提出建设“海上山东”这个概念。

1992年3月，赵志浩同志在沿海市地调查研究期间说，要用10年、20年或更长一点时间，再造一个“海上山东”。就是说，海产这一块产值要赶上1990年陆地15.6万平方公里这一块农业的产值。这是对“海上山东”第一次提出明确的量化指标。

1992年4月，省计委、省水产局与省社科院等省直有关机构联合召开了有100多人参加的建设“海上山东”研讨会，就建设“海上山东”内涵的界定、标准及战略措施进行了认真研讨。

1998年，山东省委、省政府作出加快建设“海上山东”的决定，并确定海洋农牧化、海上大通道、涉海工业、滨海旅游为“海上山东”建设的四大工程，标志着山东的海洋开发进入了一个更高的层次和新的阶段。

（三）“海上山东”战略的主要内容

1992年11月，中共山东省委五届九次全会，将建设“海上山东”和黄河三角洲开发列为两个最重要的跨世纪工程，确定了建设“海上山东”的指导思想和战略目标，即：把山东17万平方公里的海洋资源及空间资源开发利用起来，把海洋开发与海岸带、沿海城市建设结合起来，把山东省的资源优势、潜在优势充分发挥出来，振兴山东经济。到2000年，与实施建设“海上山东”战略有关的产业产值达到全省国民生产总值的30%，其中海洋产业产值占10%；到2010年，上述指标分别达到50%和20%，达到承载3000万人口的需要，从而实现“陆上一个山东，海上一个山东”的战略构想。这次会议将建设“海上山东”的战略构想确定为跨世纪工程，而且明确了总的指导思想和发展目标，这无疑在认识和表述上又有了新的飞跃。

二、乘风破浪——“山东半岛蓝色经济区”战略的提出和实施

（一）“山东半岛蓝色经济区”战略的实施背景

2009年4月，时任中共中央总书记胡锦涛同志在山东视察时指出：“要大力发展海洋经济，科学开发海洋资源，培育海洋优势产业，打造山东半岛蓝色经济区。”2009年10月中旬，胡锦涛总书记再次考察山东时强调：“山东海域面积辽阔，海洋资源丰富，发展海洋经济大有可为……使海洋经济真正成为山东经济的重要增长极。”

经过近20年“海上山东”的建设实践，也让山东人从根本上认识到，只有把海洋、陆地各自的资源优势与发展空间有机地结合起来，优化海陆资源配置和海洋产业结构，由“海上山东”到陆海统筹协调发展，才能真正实现“海上山东”的发展目标。2007年5月，山东省委、省政府在“海上山东”建设的基础上，提出了构建海陆一体化的经济发展模式，将以往提出的“海上山东”“山东半岛城市群”“胶东半岛制造业基地”“胶东半岛高端产业聚居区”“一体两翼”等区域经济发展战略整合，“山东半岛蓝色经济区”战略顺势而生。

（二）“山东半岛蓝色经济区”战略的实施过程

2009年4月，山东省制定出台了《实施集中集约用海打造山东半岛蓝色经济区草案》，要在半岛打造九大核心区。2011年1月，国务院正式批复《山东半岛蓝色经济区发展规划》，“十二五”期间“山东半岛蓝色经济区”战略得到深入落实。

（三）“山东半岛蓝色经济区”战略的主要内容

1.“山东半岛蓝色经济区”战略的目标定位

“山东半岛蓝色经济区”围绕建设具有较强国际竞争力的现代海洋产业集聚区、具有世界先进水平的海洋科技教育核心区、国家海洋经济改革开放先行区、全国重要的海洋生态文明示范区，力争到2020年，建成海洋经济发达、产业结构优化、人与自然和谐的蓝色经济区，率先基本实现现代化。

2.“山东半岛蓝色经济区”战略的建设重点

一是优化海陆空间布局。提升胶东半岛高端海洋产业集聚区核心地位，壮大黄河三角洲高效生态海洋产业集聚区和鲁南临港产业集聚区两个增长极；优化海岸与海洋开发保护格局，构筑海岸、近海和远海三条开发保护带；优化沿海城镇布局，培育青岛—潍坊—日照、烟台—威海、东营—滨州三个城镇组团，形成“一核、两极、三带、三组团”的总体开发框架。

二是构建现代海洋产业体系。构建现代海洋产业体系是打造和建设好山东半岛蓝色经济区的核心任务。以培育战略性新兴产业为方向，以发展海洋优势产业集群为重点，强化园区、基地和企业的载体作用，加快发展海洋第一产业，优化发展海洋第二产业，大力发展海洋第三产业，促进三大产业在更高水平上协同发展。

三是深入实施科教兴海战略。科教兴海是蓝色经济区发展的核心战略。加强海洋科技创新综合性平台、专业性平台和科技成果转化推广平台建设，完善现代海洋教育体系，加强重点学科建设和海洋职业技术教育，加快海洋创新型人才队伍建设，努力建设具有国际先进水平的海洋科技、教育、人才中心。

四是统筹海陆基础设施建设。统筹海陆重大基础设施建设，着力构建快捷畅通的交通网络体系、配套完善的水利设施体系、安全清洁的能源保障体系和资源共享的信息网络体系，提高蓝色经济区发展的支撑保障能力。

五是加强海洋生态文明建设。按照建设生态文明的要求，把资源节约型、环境友好型社会建设放在首要位置，集约高效利用海洋资源，积极推进重要海洋生态功能区建设，实行海陆环境同治，大力发展循环经济，完善海洋监测预测和防灾减灾体系，增强海洋经济可持续发展能力。

六是深化改革开放。依靠深化改革解决深层次问题，加快转变对外经济发展方式，率先构建充满活力、富有效率、更加开放、更有利于科学发展的体制机制，不断增强海洋经济发展的动力和活力。

三、继往开来——"海洋强省"战略的提出和实施

（一）"海洋强省"战略的实施背景

2003年5月，《全国海洋经济发展规划纲要》提出了"建设海洋强国"的战略目标。《2010中国海洋发展报告》提出以"建设海洋强国"为目标的海洋战略原则。2012年，党的十八大报告中明确提出要"提高海洋资源开发能力，发展海洋经济，保护海洋生态环境，坚决维护国家海洋权益，建设海洋强国"，"海洋强国"战略上升到国家战略高度。我国建设海洋强国要分区域性海洋大国或强国和世界性海洋大国或强国两步走，将建设海洋强国的战略目标内容置于"五位一体"的布局中，从海洋资源开发、海洋经济发展、海洋科技创新、海洋生态文明建设、海洋

权益维护等方面全面推动。

在海洋强国战略发展背景下，我国多个沿海省市提出了海洋强省发展战略。广东省、浙江省、海南省、河北省、辽宁省、福建省和山东省先后提出建设海洋经济强省的政策规划。如：《河北省海洋经济发展规划（2004）》《浙江省海洋经济强省建设规划纲要（2005）》《江苏省“十一五”海洋经济发展专项规划（2007）》和《广西北部湾经济区发展规划（2008）》等。2011年，随着山东省建设“山东半岛蓝色经济区”战略的提出，沿海各市开始建立具有不同特点的海洋经济示范区或试验区，海洋经济发展开始和区域发展战略结合，海洋发展战略进入了新的发展阶段。

（二）“海洋强省”战略的演进过程

2007年，《山东省海洋经济“十一五”发展规划》出台，山东省委、省政府印发《关于大力发展海洋经济，建设海洋强省的决定》，明确提出建设海洋经济强省的战略目标。

2009年，胡锦涛总书记视察山东时指出，要大力发展海洋经济，科学开发海洋资源，培育海洋优势产业，打造山东半岛蓝色经济区。

2011年1月，国务院正式批复《山东半岛蓝色经济区发展规划》，这是“十二五”开局之年第一个获批的国家发展战略，也是全国第一个以海洋经济为主题的区域发展战略，预示着山东新海洋时代的到来。之后，省委、省政府发布《关于打造山东半岛蓝色经济区的指导意见》，确定将山东半岛蓝色经济区建设成为我国海洋科技教育中心、海洋优势产业聚集区、滨海国际旅游目的地、宜居城市群和海洋生态文明示范区，形成连接长三角和环渤海地区、沟通黄河流域广大腹地、面向东北亚全方位参与国际竞争的重要增长极。

2017年，山东省出台《关于大力发展海洋经济建设海洋强省的决定》。习近平总书记在党的十九大报告中明确要求“坚持陆海统筹，加快建设海洋强国”，为建设海洋强国再一次吹响了号角，山东顺势而为，做出了加快推进海洋强省建设的战略部署。2018年5月，山东省委、省政府印发了《山东海洋强省建设行动方案》。

（三）“海洋强省”战略的主要内容

党中央和习近平总书记一直非常关心山东海洋发展。2013年11月，习近平总书记在山东视察工作时指出，充分利用沿海的独特地理位置，努力塑造开放型经济发展新优势，在东部要以发展蓝色经济、高效生态经济为主导，建设重要经济增长极。2018年3月8日，习近平总书记在参加十三届全国人大一次会议山东代表团审议时强调，要更加注重经略海洋；海洋蕴藏着人类可持续发展的宝贵财富，是高质量发展的战略要地；山东有条件把海洋开发这篇大文章做深做大；希望山东充分发挥自身优势，努力在发展海洋经济上走在前列，加快建设世界一流的海洋港口、完善的现代海洋产业体系、绿色可持续的海洋生态环境，为海洋强国建设作出山东贡献。

1.“海洋强省”战略的发展目标

综合考虑现实基础、发展潜力，蹄疾步稳、健康有序推进海洋强省建设，力争尽快取得突破性进展。到2022年，海洋科技创新能力明显提升，海洋研究与试验发展经费占海洋生产总值比重提高到3.1%以上；海洋经济新旧动能实现接续转换，海洋战略性新兴产业增加值年均增长20%以上，海洋生产总值年均增长9%以上，占地区生产总值的比重达到23%左右；海洋生态文明建设取得显著成效，近岸海域水质优良面积比例达到90%左右，海洋强省建设取得重大突破。到2028年，全省海洋生产总值突破3.87万亿，占地区生产总值的比重达到26%左右，海洋创新动力强劲，市场主体活力充沛，海洋生态良好，核心竞争力全面提升，实现海洋大省向海洋强省的战略性转变，在海洋强国建设中发挥示范引领作用。到2035年，基本建成与海洋强国战略相适应，海洋经济发达、海洋科技领先、海洋生态优良、海洋文化先进、海洋治理高效的海洋强省。

2.“海洋强省”战略的发展重点

坚持世界眼光、国际标准、山东优势，进一步明确主攻方向和重点任务，集聚优势资源，创新政策举措，深入实施海洋强省建设“十大行动”。

一是海洋科技创新行动。把创新驱动发展作为核心战略，以山东半岛国家自主创新示范区为载体，加快建立开放、协同、高效的海洋科技创新体系，推动海洋科技优势转化为发展优势，打造具有重要国际影响力的山东半岛海洋科技创新中心，提升我省海洋经济创新力。

二是海洋生态环境保护行动。始终把海洋生态文明建设摆在突出位置，加快完善海洋生态文明制度体系，严格落实海洋主体功能区规划，统筹推进海洋生态环境保护重大工程，科学利用海洋资源，打造“水清、滩净、岸绿、湾美、岛丽”的美丽海洋。到2022年，重要海洋功能区水质达标率超过90%，全省自然岸线保有率不低于40%。

三是世界一流港口建设行动。以打造世界一流的海洋港口为目标，全面建设山东国际航运中心。把港口作为陆海统筹、走向世界的重要支点，整合优化沿海港口资源，提升港口建设现代化水平，推动陆海联动、港产城融合，着眼于设施一流、技术一流、管理一流、服务一流，努力打造高效协同、智慧高端、绿色环保、疏运通达、港产联动的国际化强港。

四是海洋新兴产业壮大行动。把握科技革命和产业变革趋势，以园区为载体，重点发展海洋高端装备制造、海洋生物医药、海水淡化及综合利用、海洋新能源新材料、涉海高端服务、海洋环保等海洋新兴产业，推动新兴产业加速崛起、扩容倍增，打造具有国际先进水平的海洋新兴产业发展基地。

五是海洋传统产业升级行动。以滨海旅游、海洋渔业、海洋食品、船舶制造、海洋化工等传统产业为重点，运用新技术、新管理、新模式，推动传统产业数字化、网络化、智能化，全面提高产品技术、工艺装备、能效标准，促进跨界融合、“有中出新”，实现传统产业提质增效。根据市场形势变化，适时调整去产能行业、领域和力度，使产能利用率保持在合理区间。

六是智慧海洋突破行动。全面参与国家“智慧海洋”工程建设，以我省近岸海域为重点，以海洋大数据平台为支撑，将新一代信息技术与海洋环境、装备和活动深度结合，逐步实现海洋信息透彻感知、通信泛在随行、超算互联互通、数据充分共享、应用服务智能，提高海洋事务决策的科学化、智慧化水平。

七是军民深度融合行动。坚定实施军民融合发展战略，把军民融合发展作为海洋强省建设的重要战略支撑，统筹海洋经济发展和国防建设需求，加快海洋产业融合发展、海洋科技协同创新、基础设施共建共享，推动海洋领域军民融合率先突破，带动形成全要素、多领域、高效益的军民融合深度发展格局。

八是海洋文化振兴行动。发挥山东海洋文化历史悠久、海韵深厚和资源富集优势，强化海洋意识、彰显文化自信、打造文化高地，推动优秀海洋文化创造性转化、创新性发展，全面增强海洋文化软实力。到2022年，全社会“亲海、爱海、知海”局面基本形成，海洋文化产业成为海洋经济重要支柱产业和海洋强省建设的有力支撑。

九是海洋开放合作行动。积极融入“一带一路”建设，发挥青岛、烟台海上合作战略支点以及青岛、日照新亚欧大陆桥主要节点城市作用，深入推进开放方式创新、布局优化和质量提升，拓展海洋科技、产业、经贸、投资、人文、资源等领域务实合作，加快形成陆海内外联动、南北对接融合、东西双向互济的全面开放新格局。

十是海洋治理能力提升行动。适应全球海洋治理趋势，牢固树立法治理念，综合运用现代信息技术，增强海洋监测管控、生态保护、公共服务能力，全面提升海洋治理法治化、信息化、规范化水平，加快构建现代海洋治理体系。

第二节　山东海洋强省建设取得的重大成就

改革开放以来，山东发挥沿海大省优势，在国家海洋战略指导下，充分发挥区位优势、资源优势、产业优势，不断优化海洋经济发展战略，不断加大政策支持力度，海洋经济发展迅速、海洋经济竞争力不断增强、海洋产业实力明显提升、海洋科技支撑作用愈发显著、陆海统筹发展水平持续提高、海洋生态文明建设扎实推进，成为全国海洋经济最发达、最先进、最繁荣的地区之一，海洋经济对区域发展的带动能力、辐射效应、优势集聚作用愈发凸显，海洋强省建设取得了显著的成效。

一、海洋经济竞争力不断增强

1996—1999年，山东省主要海洋产业总产值仅从513.7亿元上升到734.9亿元，海洋经济对山东省整体经济的影响效果不明显。从2003年起，山东省海洋经济总产值一直保持较为稳定的增长趋势，海洋经济规模持续扩大，增长率不断提高。“十一五”期间，山东省海洋经济总产值翻了两番多，海洋经济发展迅速，2010年山东海洋经济生产总值突破7000亿元，增长率达15.9%。

“十二五”期间，山东积极落实《山东半岛蓝色经济区发展规划》，海洋经济继续保持较高的增长速度，海洋生产总值年均增长11%。2013年突破1万亿元，达到10266.2亿元；2015年达到12422亿元，居全国第二位，占全国海洋生产总值的18.9%，占全省地区生产总值的19.4%，对全省经济增长的贡献度不断提高，基本形成较完备的海洋经济体系；2015年，山东半岛蓝色经济区实现生产总值18724.9亿元，比上年提高了13.3个百分点，占全省生产总值的47.5%，成为带动全省经济增长的主要引擎。

“十三五”以来，山东以深入落实习近平总书记系列重要讲话和视察山东重要讲话、重要批示精神为指引，以建设具有较强国际竞争力的海洋强省为目标，海洋经济综合实力再次迈上新台阶。2017年，全省海洋生产总值达到1.4万亿元，同比增长8%，占全省GDP的比重接近20%，为深入实施海洋强省建设提供了有力支撑。

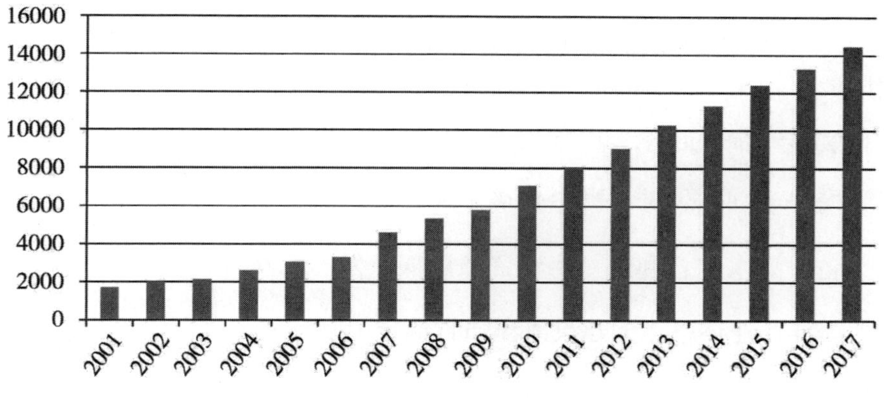

图6-1　2001—2017年山东海洋生产总值增长情况（亿元）

在海洋经济总量大幅提升的同时，山东以构建现代海洋产业体系为主要任务，不断加大海洋产业结构调整力度，加快发展海洋第一产业，优化发展海洋第二产业，大力发展海洋第三产业，促进三大产业在更高水平上协同发展。三大产业比重由2006年的8.3∶48.6∶43.1变为2016年的5.8∶43.2∶51.0，产业结构明显优化，第一产业、第二产业比重呈现回落，第三产业比重不断提高，成为拉动海洋经济发展的主要动力，产业结构实现了由“二三一”向“三二一”模式的转变。

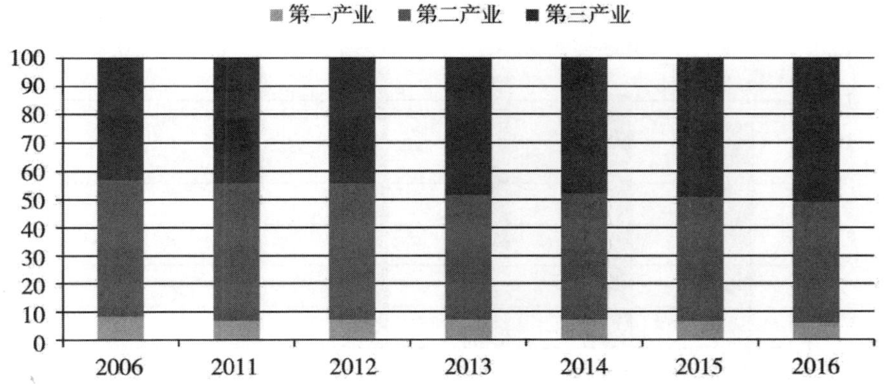

图6-2　2006—2016年山东海洋三大产业结构变动情况（%）

二、海洋产业实力明显提升

自实施“海上山东”战略以来，山东依托丰富的海洋资源，不断加大海洋资源开发利用力度，初步形成了现代海洋渔业、海洋生物医药、海洋高端装备、海水综合利用、海洋资源勘探开发、海洋现代服务业全面发展的现代海洋产业体系，为建设海洋强省奠定了坚实的基础。

（一）现代海洋渔业

现代海洋渔业以实现渔业现代化为目标，以“海上粮仓”建设为引领，着力抓好“科技引领、创新驱动、质量提升、服务保障”等重点工作，大力推进渔业转型升级，取得了显著成效，为推动“蓝黄”两区建设、保障粮食安全、改善生态环境、维护海洋权益作出了积极贡献。截至2016年底，全省海洋渔业增加值达到1546.3亿元，海水养殖经济总产值达861.3亿元，海洋捕捞经济总产值达393.5亿元；2011年以来，年均分别增长7.0%、15.5%和8.7%，海洋渔业已成为海洋经济发展的主导产

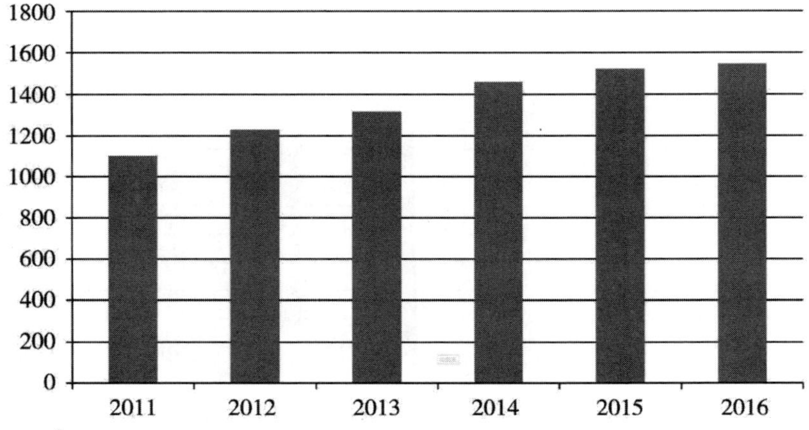

图6-3　2011—2016年山东海洋渔业增加值变动情况（亿元）

业、特色产业、优势产业和民生产业。

（二）海洋生物医药产业

海洋生物医药产业，在海洋生物育种、健康养殖、海洋医药及生物制品等领域形成了独特的优势。在海洋生物育种与健康养殖产业方面，山东省利用转基因技术、多倍体诱导技术、克隆技术等，成功培育出各种转基因、多倍体海水养殖新品种和优良品系，健康养殖业和海产品精深加工业发展迅速，形成了海洋生物育种、健康养殖产业和海产品精深加工良性互动、共同发展的格局，是全国规模最大的海洋生物育种、健康养殖和水产品精深加工基地。在海洋医药与生物制品产业方面，山东在海洋特征寡糖、动物用生物制品、生物酶制剂、海洋生物医用材料等方面呈现出良好的发展态势，是全国重要的生物海洋产业基地，拥有全球最大的海藻生物制品企业、全国最大的微生态药物产业化基地、国内唯一的国家级海洋药物中试基地，是亚洲最大的海洋胶原蛋白生物制品及生物医药生产基地。

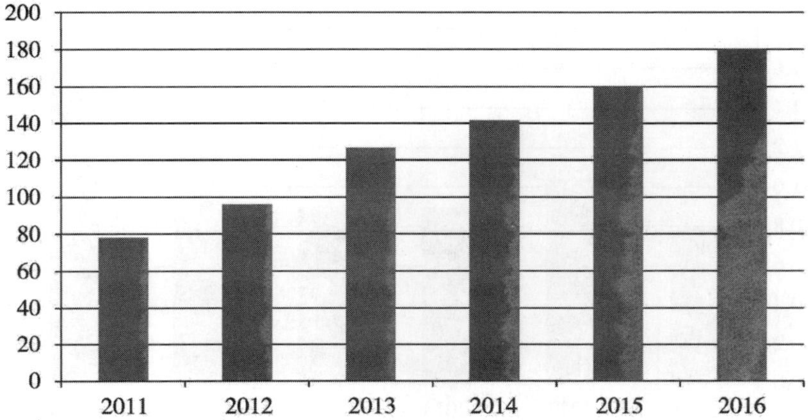

图6-4　2011—2016年山东海洋生物医药业增加值变动情况（亿元）

（三）海洋高端装备产业

海洋高端装备产业，形成了涵盖船舶与海洋工程装备两个领域的产业体系，建设了一批错位发展的海洋高端装备制造业集聚区，聚集了中船重工五厂五所、中海油海洋工程公司、中石油海洋工程公司、中集来福士、杰瑞石油、胜利油田高原石油装备有限责任公司和哈工程产学研基地等一批知名企业和研发基地。2016年，山东海洋船舶工业增加值达到92.0亿元，造船完工量达到746艘，接近2010年10倍，占全国的比重为22.5%，数量仅次于福建和浙江，居全国沿海省市第三位。

（四）海水综合利用产业

海水综合利用产业，从简单的制盐、提溴发展到高端的溴素深加工、医药中间体、氯精细化工等较为完整的产业链条，主要产品产量位居全国前列；滨海电力海水循环利用、滨海核电海水循环利用、临港工业企业规模利用海水等发展迅速；海水淡化新材料、海水淡化深度处理装置和供水装置，产能和技术水平在国内位居前列，集聚了一批海水淡化装备制造企业；招

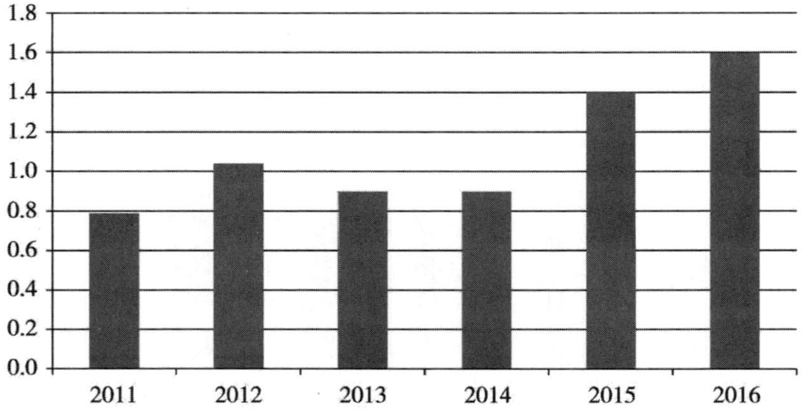

图6-5 2011—2016年山东海水利用产业增加值变动情况（亿元）

金膜天公司是国内最大的超滤膜生产基地，具备年产超滤、微滤膜500万平方米的生产能力，主要产品国内市场占有率达10%，居国内同行业第二位。2016年，全省海水利用业增加值达到1.6亿元，2010年以来年均增长15.2%。

（五）海洋资源勘探开发产业

海洋资源勘探开发产业，依托海洋资源丰富，海上风电容量较大，潮汐能、潮流能、波浪能等可再生能源蕴藏量丰富，大陆架海盐、矿产、石油和天然气等能源资源探明储量位居全国前列等基础和优势，海洋资源勘探开发产业呈现出良好的发展势头。在海洋可再生能源产业方面，实施了一批海洋能利用建设项目，海水源热泵应用的规模位居全国前列，海阳核电建设顺利，已完成投资300多亿元，山东核电设备制造有限公司、台海玛努尔等企业发展态势良好。2016年，海洋电力增加值达到55.8亿元，2010年以来年均增长16.5%；沿海风能发电量达到600多万千瓦，是2005年的171.8倍，约占全国的40%，居全国沿海省市第一位。海洋矿产资源勘探开发产业方面，山东依托丰富的地下卤水资源以及重组的宜盐滩涂，成为全国海盐的主要产地，海盐产量占全国产量的75.1%，居全国沿海省市第一位；发挥近海地区矿产资源比较丰富、种类较为齐全、成矿地质条件较好的优势，加大资源勘探开发力度，矿业产量持续增长，占全国的31.9%，仅次于浙江，居全国第二位；立足丰富的海洋油气资源，海洋油气产量保持稳定的增长态势，海洋天然气、海洋原油产量占全国的1.0%和6.5%，分别居沿海各省市第五位和第三位。2016年，海洋油气业、海洋矿业、海洋盐业、海洋化工等产业增加值分别达到30.2亿元、23.0亿元、22.4亿元、129.8亿元。

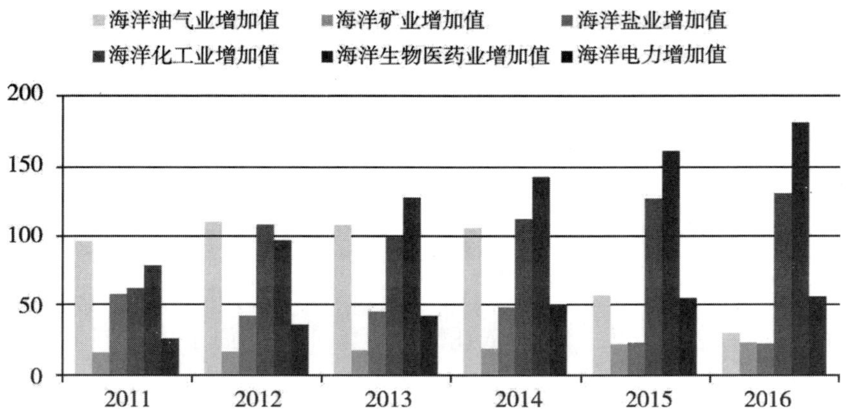

图6-6 2011—2016年山东部分海洋资源利用产业增加值变动情况(亿元)

(六)海洋现代服务业

海洋现代服务业，山东形成了以滨海旅游、港口物流、海洋文化为主的产业体系。滨海旅游业快速发展，成为带动海洋现代服务业发展的龙头产业。2016年，全省滨海旅游业增加值达到1579.0亿元，2010年以来年均增长16.0%，滨海地区接待国内游客26475.5万人次，占全省的44.4%，是2005年的3.7倍、2010年的1.6倍，实现国内旅游收入2854.4亿元，占全省的49.9%；滨海地区接待入境旅游人数308.3万人次，占全省的66.9%，是2005年的2.7倍、2010年的1.3倍，实现国际旅游收入20.9亿美元，占全省的72.2%，是2005年的3.2倍、2010年的1.4倍。港口物流业基本形成以青岛港、烟台港、日照港为主要港口，威海港、潍坊港、东营港、滨州港为地区性重要港口的分层次港口布局。截至2016年底，全省沿海港口共有567个泊位，其中深水泊位285个，综合通过能力7.2亿吨，与180多个国家和地区的700多个港口实现通航，综合实力居沿海省份前列。2016年，山东沿海港口完成吞吐量14.2亿吨，较2015年增长6.0%。其中，煤炭1.47亿吨、增长59%，原油1.38亿吨、增长20%，金属矿石3.6亿吨、增长22%，集装箱2509万标箱、增长4.5%，四大货类合计8.95亿吨，占比63%，增长20%。海洋文化产业初步形成了门类齐全、功能完善、布局合理的产业体系，文化旅游、演艺娱乐、出版发行、影视制作、艺术品交易、海洋节庆与会展业等传统产业持续发展，文化创意、数字出版、动漫游戏等新兴产业迅速崛起。独具海洋特色演艺业（如《蔚蓝青岛》《蓝色畅想》《梦海情韵》《日出先照》等）、节庆会展业（如青岛国际啤酒节、青岛国际海洋节、东营黄河口文化艺术节、烟台国际葡萄酒节、潍坊国际风筝节、中国寿光国际蔬菜科技博览会等）、休闲体育业（如日照世界帆船锦

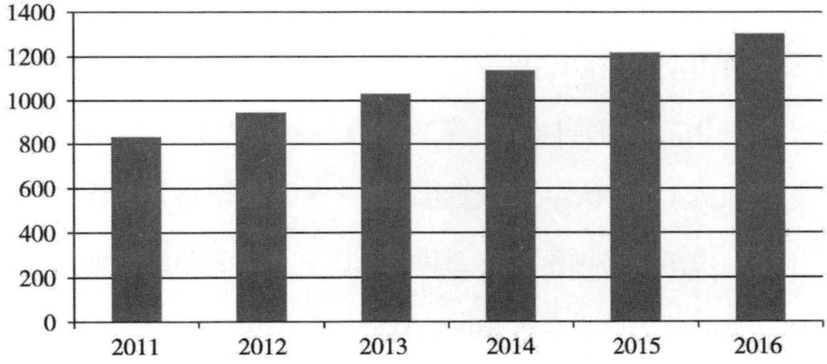

图6-7 2011—2016年山东海洋交通运输业增加值变动情况（亿元）

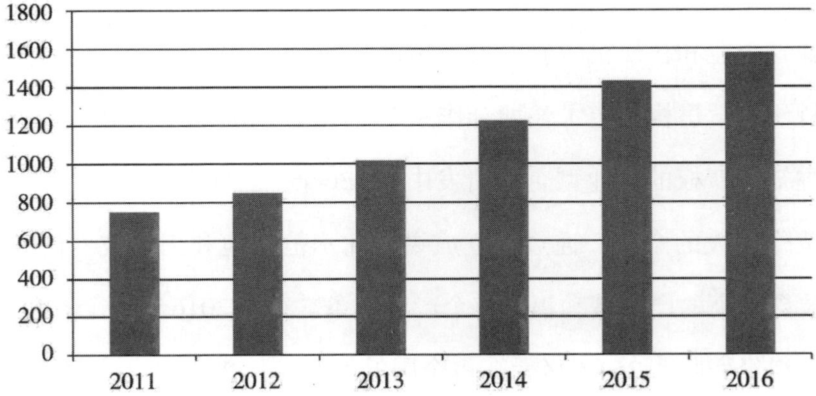

图6-8 2011—2016年山东滨海旅游业增加值变动情况（亿元）

标赛、中国水上运动会、青岛国际帆船周等）、滨海文化旅游业、海洋工艺品业等，均具有广泛的市场影响力。

三、海洋科技支撑作用愈发显著

山东海洋科研实力得天独厚，在全国沿海省市中首屈一指，科技进步对海洋经济的贡献率超过60%。科研基地建设成果显著。建立了青岛海洋科学与技术国家实验室、海洋科学综合考察船、国家深海基地等一批“国”字号的大型科技项目和重要科研基地，海洋科技平台建设进入发展快车道。目前，驻山东的国家涉海科研机构22家，两院院士23人，中高级海洋科研人员占全国的60%以上。创新体系不断完善。成立了海洋监测设备、卤水精细化工、海洋防腐蚀等29个海洋领域产业技术创新战略联盟，其中国家级联盟4家。认定了海洋生物、海洋装备等44家海洋工程技术协同创新中心。山东半岛国家自主创新示范区、黄河三角洲农业高新技术产业示范区、青岛蓝色硅谷获批建设，日照设立了国内首个“中国蓝色经济引智实验区”，首个海洋设备质检中心落户青岛，为打造具有全球影响力的海洋科技创新中心奠定了基础。企业创新主体地位更加突出。截至2015年，我省企业和科研机构研发投入超过77亿元，100余家企业与省内外30余家科研教学机构确定了长期合作关系，组建了协同合作团队，建立了具有自主知识产权的创业型企业研发中心126个。一批集成创新能力强、科技示范作用大的企业，通过建立成果转化示范基地和工程技术研究中心，以科技含量高的产品带动辐射整个产业链条。截至2016年，全省海洋科研机构取得经费收入254.6亿元，占全国的11%，比2006年增加246.8亿元；海洋科研机构共完成海洋科技课题2835项，占全国的10.4%，比2006年增加670项，取得了一系列具有国内外先进水平的科研成果，其中成果应用数57项，占全国的3.9%；海洋科研机构拥有发明专利数达到432件，占全国的5.4%，比2006年增加193件。

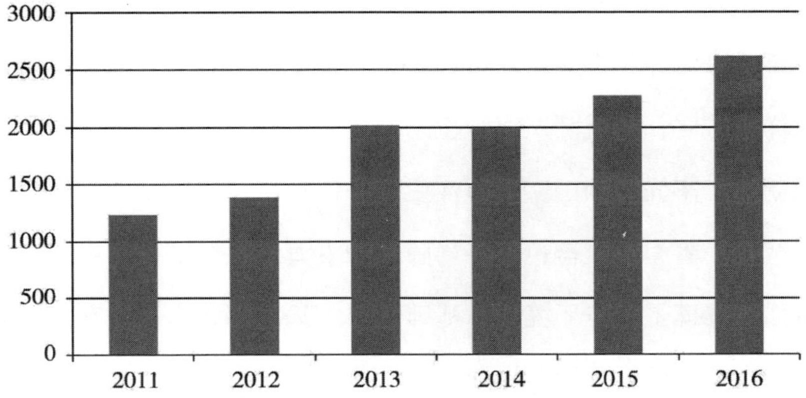

图6-9　2011—2016年山东海洋科研教育管理服务业增加值变动情况（亿元）

四、陆海统筹发展水平持续提高

山东作为全国率先探索海陆统筹发展的省份之一，从“海上山东”建设到蓝色经济区建设，海陆统筹发展逐步深入，以海洋产业和沿海城市为龙头，有力支撑了全省经济的稳定发展。2013年，山东半岛蓝色经济区实现生产总值25728.8亿元，同比增长10.4%，占全省的47%；实现固定资产投资17734.1亿元，同比增长19.5%，占全省的49.4%；实现社会消费品零售总额9263.8亿元，同比增长13.4%，占全省的42.6%；实现进出口总额2069.7亿美元，同比增长8.4%，占全省的77.5%，其中实现出口1034.6亿美元，同比增长3.8%，占全省的76.9%；实现公共财政预算收入2115.2亿元，同比增长14.6%，占全省的46.4%。

五、海洋生态文明建设扎实推进

海洋生态文明建设，事关海洋经济可持续发展和建设美丽山东大局。改革开放以来，山东省委、省政府认真贯彻落实党中央、国务院的决策部署，围绕推进海洋生态文明建设，不断完善海洋生态环境保护体系，大力建设海洋保护区，广泛开展海洋生态修复与治理，率先在全国建立海洋生态红线制度，率先在全国实施海洋生态补偿制度，积极创建国家海洋生态文明示范区，着力构筑蓝色生态屏障，为沿海地区经济社会发展和建设海洋经济强省发挥了生态环境保障基础作用。2005年，山东就在全国率先实施了海洋渔业资源修复行动计划。2010年，率先在全国出台海洋生态赔偿补偿办法，提出凡是在山东省管辖海域内，发生海洋污染事故、违法开发利用海洋资源等行为导致海洋生态损害的，以及实施海洋工程、海岸工程建设和海洋倾废等导致海洋生态环境改变的，应当缴纳海洋生态损害赔偿费和海洋生态损失补偿费，有效地遏制了海洋过度开发，整治和恢复了海洋生态自然环境。2013年，率先在全国建立实施渤海海洋生态红线制度。2015年，完成黄海海洋生态红线划定工作，经省政府同意建立实施全省海洋生态红线制度。全省海域共划定海洋生态红线区224个，其中禁止开发区59个，限制开发区165个，生态红线区总面积9669.26平方公里，占全省管辖海域总面积的20.44%，自然岸线保有率超过40%。海洋生态文明示范区创建和保护区建设走在了全国前列，拥有15个国家级和省级海洋生态文明建设示范区，1个全国生态保护建设示范区。全省省级以上各类海洋保护区和海洋公园68处，总面积达到80余万公顷，优化了生态空间结构，构建起功能完善、效益明显的生态板块。大力推进海洋生态修复整治，通过实施海洋生态修复工程，有力地提升了山东海域、海岛和海岸带的环境和生态价值。

“十二五”期间，山东省海水环境质量状况基本稳定，符合第一类海水水质标准的海域面积整体上占全省海域面积的85%以上；严重污染海域主要集中在莱州湾、丁字湾等水体交换较差的区域，主要污染要素为无机氮。2015年，全省开展了冬季、春季、夏季和秋季四个航季的海水质量检测，通过海水中无机氮、活性磷酸盐、石油类和化学需氧量等指标的综合评价显示，全省海水环境质量状况总体良好，近岸局部海域海水环境污染严重。冬季、春季、夏季和秋季全省符合第一类海水水质标准的海域面积分别为139892平方公里、140981平方公里、139973平方公里和146444平方公里，约占全省海域面积的87.7%、88.4%、87.8%和91.8%；劣于第四类水质标准的海域面积分别为2965平方公里、1741平方公里、3328平方公里和2200平方公里，主要分布在莱州湾、渤海湾南部和丁字湾等近岸区域。2015年冬季、春季、夏季和秋季，全省呈富营养化状态的海域面积分别为5353平方公里、3661平方公里、3724平方公里和4419平方公里。夏季和秋季呈重度富营养化的海域面积较高，分别为447平方公里和368平方公里，重度富营养化海域主要集中在渤海湾南部、莱州湾等近岸海域。

第三节　山东海洋强省建设的成功经验

改革开放以来，山东充分利用沿海的独特地理位置，牢牢把握走在前列的目标定位，坚持新发展理念，坚持陆海统筹，坚持高质量发展，以改革、创新、开放为动力，做深做大海洋开发这篇文章，海洋经济对全省的贡献不断提高，为其他沿海省份建设海洋强省提供了有力的经验借鉴。

一、强化组织领导，增强内生动力

1991年，山东省委、省政府审时度势，提出了开发半壁江山，建设“海上山东”的跨世纪战略举措。省政府先后召开了有关海岛、浅海、滩涂开发工作会议和全省渔业工作会议，在全省掀起了向海洋进军、开发蓝色国土的热潮。在1995年和2000年的两次政府机构改革中，省委、省政府高度重视海洋开发、保护与管理，与国际惯例接轨，设立海洋与渔业合一的海洋综合管理机构，并进入省政府序列。1998年，省委、省政府召开了“海上山东”建设工作会议，省政府成立了“海上山东”建设领导小组，省委、省政府出台了《加快“海上山东”建设的决定》《“海上山东”建设规划》，确定了“海上山东”建设四大工程，明确提出了海洋农牧化、临海工业、海上大通道、滨海旅游四大建设工程，组建了海洋工程研究院。根据全省海洋经济发展总体战略要求，青岛的海洋科技产业城、威海“海洋经济现代化”、烟台“以海兴市”、潍坊“耕海牧贝”、日照“亚欧大陆桥头堡”以及东营、滨州“上粮下渔”综合开发等工程在沿海地区相继实施。2007年5月，中共山东省委、省政府召开了山东省历史上规模最大、规格最高的全省海洋经济工作会议。会议强调，发展海洋经济，必须坚持好字当头，好中求快，又好又快发展，努力建设海洋经济强省。要加强规划，发挥优势，大力发展海洋主导产业，着力提高海洋经济的质量和效益，构建海陆一体化的经济发展模式，实现陆域经济和海洋经济的联动发展。会后，出台了《关于大力发展海洋经济，建设海洋经济强省的决定》，提出了加强海域使用管理、促进海洋经济发展的一系列政策措施。2011年1月4日，国务院正式批复《山东半岛蓝色经济区发展规划》，要求省市县均成立由党委主要负责领导任组长的推进工作领导机构，定期研究重大事项，衔接解决海洋经济发展面临的重大问题。此外，山东还倡导了全国沿海11个省市科技管理联席工作会议，分管海洋的主要领导出席了会议，并对海洋科技管理工作的诸多问题达成了共识。同时，省内建立了全省沿海市科技局长联席会议制度，定期交流科技兴海工作经验。

二、强化科技创新，增强核心动能

山东省高度重视科技引领支撑作用，充分发挥自身科教实力优势，不断增强创新发展能力。

（一）引领海洋高新技术的源头创新

改革开放以来，山东瞄准国家目标和科技前沿，把组织承担国家重大科技计划作为科技兴海工作的重要内容。“十五”期间共承担国家“863”计划海洋项目325项。“十一五”期间，启动和在研课题有120多个，2011—2014年我省共获得科技部国拨经费16亿元，其中有22项“973计划”项目和7项国家重大科学研究计划项目获得立项，立项数量占全国的一半；承担国家自然科学基金海洋项目1000多项。国家重大项目在山东的实施，促进了海洋高新技术的源头创新，催生了一批对海洋产业有重大拉动作用的科研成果，攻克了一批新兴产业发展亟须的关键技术，有力地推动了海洋生物工程育种、微藻能源、海藻纤维等一大批海洋高新技术和海洋新兴产业的快速发展。如中国海洋大学管华诗院士领衔的“海洋特征寡糖制备技术与应用开发”项目荣获国家技术发明奖一等奖，标志着我国海洋药物领域的科技创新水平已跨入行业前沿。

（二）突破了一批关键技术，支撑培植海洋新兴产业发展

通过科技创新，攻克了一批新兴产业发展亟须的关键技术。譬如：鲜海带直接加工、海洋微藻能源、海藻纤维产业化技术和海洋新药开发等关键技术，有望推出一批高附加值的终端产品。用基因转移、细胞克隆、多倍体诱导、人工性别控制等现代分子生物技术支撑海水养殖苗种工程，已推出“黄海一号”对虾、“蓬莱红”扇贝、“东方二号”海带、“中科红”鲍鱼等新品种；用信息技术和自动化技术提升海洋装备和海洋工程产业，已推出水下潜标等一系列自主知识产权的仪器装备；用新型有用元素提取技术推动海洋水产品精深加工和卤水资源开发，展现出广阔的应用前景。许多海洋高新技术企业，如好当家集团、山东海化、鲁北化工、寻山集团、青岛明月集团等，都以拥有自主知识产权的核心技术作为立企之本，创造了不凡的业绩。丰富的海洋科技成果，推动生物工程育种、微藻能源、海藻纤维、海洋活性物质提取、海洋仪器仪表与装备、海水淡化与综合利用、海洋特种船舶与海洋工程设计制造、深水设备设计与制造等一大批海洋高新技术浮出水面，催动着海洋高技术产业和海洋新兴产业的快速发展。

（三）完善科技示范体系，形成带动效应

搞好区域示范，加快国家级科技兴海示范基地和省、市科技兴海示范基地建设，以点带面，逐步推开。2018年，我省认定烟台经济技术开发区科技兴海产业示范基地、潍坊滨海经济技术开发区科技兴海产业示

范基地、威海南海新区科技兴海产业示范基地等6家为第一批山东省科技兴海产业示范基地，进一步培育我省海洋经济发展新动能，深入实施科技兴海战略，推动海洋高技术产业集聚集群发展。充分发挥财政政策的导向作用，全方位集成政策资金，支持海洋经济创新发展示范区建设。如省财政设立10亿元自主创新专项资金，每年安排约1亿元重点支持海洋新兴产业；与国家自然科学基金委员会共同设立了海洋联合基金，每年投入1亿元用于提升海洋自主创新、基础研究和原始创新能力。经过各方努力，山东海洋经济创新发展区域示范工作在国家中期考核中取得了优秀成绩，其中威海正式入选了国家海洋经济创新发展示范市。

（四）构建了完善的海洋科技创新平台

当前，我省海洋科技条件平台体系框架已经初步建立。在科研基地建设方面，“十一五”期间，国家有关部委和山东省委、省政府的一系列高瞻远瞩的决策，瞄准国家目标，以中央驻鲁涉海科研院所为依托，建立了青岛海洋科学与技术国家实验室、海洋科学综合考察船、国家深海基地等一批“国”字号的大型科技项目和重要科研基地，海洋科技平台建设进入发展快车道。在区域化、行业化创新体系建设方面，突出地方特色，发展以企业为主体、市场为导向、产学研结合为载体的创新联合体，在现代海洋渔业、海洋药物及生物制品、海洋仪器装备、海洋精细化工、海洋水产品精深加工、海洋防腐蚀等产业，建立了20家海洋领域产业技术创新战略联盟，其中有3家国家级试点联盟，9家省级示范联盟。在支持企业创新方面，选择一批集成创新能力强、科技示范作用大的机构，建立成果转化示范基地和工程技术研究中心，以科技含量高的产品带动辐射整个产业链条，如山东海化集团有限公司、青岛明月海藻集团有限公司、好当家集团分别成立了3个国家级企业技术中心，海洋化工研究院“海洋涂层与功能材料实验室”申报第二批企业国家重点实验室已获科技部批准建设。在成果转化推广方面，组织召开了“国家863海洋技术成果转化推广暨产品推介对接洽谈会”“山东（淄博）海洋药物及生物制品产学研合作洽谈会”和形式多样的技术专题交流研讨会、产业化论坛等，同时围绕海洋渔业、水产品深加工、海洋药物、现代船舶制造、海洋精细化工、海洋植物能源等领域，组织专家行等各种主题明确的高层次专家与企业的对接活动等，为海洋技术交流、技术交易与成果转化推广搭建桥梁。

三、注重统筹融合，释放发展潜力

（一）推进陆海统筹

改革开放以来，我省树立了陆海一体的国土空间思想，坚持空间布局与发展功能相统一、资源开发与环境保护相协调，强化陆海统筹，重视以海定陆，打造“龙头引领、湾区带动、海岛协同、半岛崛起、全球拓展”的海洋强省建设总体格局。在空间上推进内陆和沿海城市协同发展，青烟威荣城际铁路、青岛胶州湾跨海大桥、胶东调水工程等一批重大基础设施建设运营，顺利开展青岛港董家口港区、日照港岚山港区、烟台港西港区、东营港东营港区、潍坊港中西两港区等新港区重点建设项目和青岛港、威海港等港口老港区搬迁改造，整合提升后的港口正在成为内陆海洋新连接点。全面开展了陆海产业规划衔接，推动建立跨领域、跨行业、跨地区的海洋信息联动机制，建设全省海洋大数据中心，打造了一体化的智慧海洋全域旅游服务等平台。

（二）推进产业融合

近年来，山东着力把陆地区域产业优势和海上区域产业优势有力地结合起来，促进海陆产业融合互动，在沿海地区的经济实力有了很大增强的同时，内陆的十个市也获得了长足的发展。青烟威充分发挥对全省海洋经济发展和产业转型升级的龙头带动作用，区域内重点培育海洋生物、海洋装备制造、现代海洋化工等优势产业集群，并力求率先突破；省内其他地区加快“四大临港产业区”建设，重点培育高效生态农业、石油装备、现代物流、生态旅游等特色产业集群。通过建立“飞地”，促进全省产业有序转移、共赢发展。另一方面，海洋领域的产业融合，还催生了分享经济、跨境电商、海洋金融等新业态，带动形成了生产效率更高、交易成本更低的经济体系和生产模式。据不完全统计，2014年以来，我省的海洋牧场、海上旅游、钓具、游艇、体育等产业有机融合，形成了新业态，综合收入年均递增200%以上。

（三）推进军民融合

改革开放初期，我省国防科技工业规模实力和贡献率偏小，为解决这个问题，我省以“军转民”和“民参军”为两大抓手，大力推进军民资源共享和协同创新，在航空航天、核电装备、现代船舶与海洋工程等领域初步形成军民融合、军地互动、协调发展的产业格局。以济南、青岛、烟台、潍坊等区域城市为中心，分别建设航空配套设备与维修、海洋工程与核电装备制造、海上钻采设备与游艇制造及配套、船用动力设备与特种电子设备制造等10个军民结合产业区，形成高端引领、优势突出、特色鲜明的军民融合发展模式。尤其是古镇口军民融合创新示范区以青岛市全域资源为依托，主动承担国家“一带一路”战略、海洋强国战略、军民融合发展战略和创新驱动战略，创造性地规划建设“军民融合产业发展、装备技术保障、军地人才培养和军队社会化保障”四大中心，产业发展向“蓝高新”全方位提升，装备技术保障向“海陆空”全要素拓展，人才保障向“军地校”高层次迈进，军队社会化保障向“军政企”多领域覆盖，已经成为全国深度融合发展样板区、靠前综合保障示范区、陆海统筹特色海军城，创造了军民融合深度发展的“古镇口模式”。

四、加强对外合作，拓展发展空间

随着山东半岛蓝色经济区建设上升为国家战略，开放环境进一步优化。园区经济是经济发展的火车头，山东非常重视示范园区建设，改革开放以来尤其是近几年，陆续合作建设了青岛中德生态园、潍坊滨海产业园、威海中韩地方经济合作示范区、中韩（烟台）产业园等中外合作园区，潍坊滨海、威海南海、烟台东部等海洋经济新区建设初具规模，一大批海洋经济特色园区不断壮大，海洋经济开放合作展现出强劲态势。搭建了东亚海洋合作平台，建设以青岛为核心平台、其他沿海市为支撑的多点综合体系。先后举办了新加坡上市及债券融资研讨会、柬埔寨境外企业座谈会；积极开展境外产业投资，已在泰国、印尼、马来西亚等东南亚国家建立天然橡胶生产基地；在印尼、澳大利亚建立了铜、铝土、煤炭资源供应基地；在东南亚、南太平洋有关国家建立了远洋渔业基地；在东盟、南亚地区开展了服装、棉花加工、日用轻工、建筑材料等劳动密集型产业合作。先后举办了海洋新兴产业和蓝色硅谷建设论坛、青岛建设新亚欧大陆桥桥头堡参与国家丝绸之路经济带和21世纪海上丝绸之路战略研讨会、2014年中国航海日论坛、中国·青岛海洋国际高峰论坛等活动。

五、构建了完善的海洋法制体系

随着“海上山东”到海洋强省战略的实施，我省的海洋法制体系不断完善，海洋综合管理进一步强化。陆续制定了《山东省海域使用管理条例》《山东省海洋环境保护条例》《山东省实施渔业法办法》等具有约束力的政策法规，加强了海监、渔政、海事、边防的海上联合执法能力；颁布了《山东省海洋功能区划》《山东省近岸海域环境功能区划》《山东省碧海行动计划》《山东省海域使用金征收使用管理暂行办法》和《山东半岛蓝色经济区集中集约用海规划》，积极推行海洋功能区划、海域确权审批和海域有偿使用三项基本制度，实行了海洋、海岸工程环境影响评价制度和海洋环境质量公报制度，初步建立了海洋环境监测和海洋防灾减灾网络；印发了《加快山东半岛高端产业集聚区建设的指导意见》《关于打造山东半岛蓝色经济区的指导意见》和《关于创建省级现代渔业园区的实施意见》等，提出重构现代产业体系，形成“一区三带”发展新格局。

六、坚持海洋资源开发与保护并重

2005年，山东在全国率先实施海洋渔业资源修复行动计划，开展人工增殖放流、人工鱼礁建设和渔业资源保护区建设。同时，还加大渔业产卵场、索饵场、洄游通道和重要水产增养殖区保护力度，构建了完善的海洋与渔业保护区体系。建立珍稀濒危物种监测救护网络和海洋生物基因库，开展典型海域水生生物和珍稀濒危物种的繁育与养护。2010年，山东省率先在全国出台海洋生态赔偿补偿办法。凡是在山东省管辖海域内，发生海洋污染事故、违法开发利用海洋资源等行为导致海洋生态损害的，以及实施海洋工程、海岸工程建设和海洋倾废等导致海洋生态环境改变的，应当缴纳海洋生态损害赔偿费和海洋生态损失补偿费。该办法的出台，有效地遏制了海洋过度开发，整治和恢复了海洋生态自然环境。加强海岛水土流失防治，开展海岛珍稀野生动物和海洋生物物种救护行动、海岛生态保护示范区建设等，海洋经济可持续发展能力显著增强。

第七章
全力实现走在前列，迈向全面求强新时代

第一节　习近平总书记对山东经济发展的新要求

党的十八大以来，面对全球经济复苏持续乏力，国内经济“三期叠加”、结构性矛盾突出的复杂形势，以习近平同志为核心的党中央，深刻把握经济规律，坚持改革开放，创新体制机制，从“两个一百年”奋斗目标、“中国梦”引领，到“五位一体”总体布局、“四个全面”战略布局、五大新发展理念，坚持稳中求进工作总基调，以推进供给侧结构性改革为主线，把握引领经济发展新常态，治国理政新理念新思想不断完善，新战略新举措落地生根，在实践中形成了以新发展理念为主要内容的习近平新时代中国特色社会主义经济思想，在错综复杂的国内外经济形势下成功驾驭了我国经济发展的大局。

习近平总书记高度重视山东工作，亲切关怀山东人民，在2008年、

2013年两次到山东视察，2014年、2015年先后两次作出重要批示，充分肯定了十八大以来山东工作的成绩与亮点。2018年6月，在出席上海合作组织青岛峰会后，总书记第三次考察山东，深入科研院所、社区、党性教育基地、企业、农村，了解和考察党的十九大精神在当地的贯彻落实和经济社会发展情况，进一步强调，要“切实把新发展理念落到实处，不断取得高质量发展新成就，不断增强经济社会发展创新力，更好满足人民日益增长的美好生活需要”。总书记的指示为山东发展把航定向，提出了新时代对山东经济发展的新要求：

实现凤凰涅槃、腾笼换鸟，发挥“领头雁”“火车头”作用。中国特色社会主义进入了新时代，我国经济发展也进入了以发展方式转变、经济结构优化、增长动力转换为特征的高质量发展的新时代新阶段。习近平总书记一直对山东实现凤凰涅槃、腾笼换鸟，发挥“领头雁”“火车头”的作用寄予厚望。2008年总书记视察山东时，要求山东重点做好“新、特、优”三篇文章；2013年9月，总书记参加河北省委常委班子专题民主生活会时提出山东等三个东部大省，主要是看“怎么凤凰涅槃、腾笼换鸟，看怎么优化产业结构，怎么继续起到领头雁、火车头的作用”；2013年11月总书记视察山东时，再次强调山东要“锐意改革，敢闯新路，坚决打好转方式调结构这场攻坚战”。在党中央、总书记的亲切关怀下，2018年1月，《山东省新旧动能转换综合试验区建设总体方案》正式批复，时值改革开放40周年，建设新旧动能转换综合试验区是党中央交给山东的重大政治责任和必须完成的重大政治任务，正如总书记所说：“创新发展、新旧动能转换，是我们能否过坎的关键。”

在全面建成小康社会进程中，在社会主义现代化建设新征程中走在前列。党的十八届三中全会闭幕不久，习近平总书记来山东省视察指导工作时提出，“希望山东认真学习贯彻党的十八大和十八届三中全会精神，以邓小平理论、‘三个代表’重要思想、科学发展观为指导，牢牢把握主题主线和稳中求进的工作总基调，锐意改革，敢闯新路，坚决打好转方式调结构这场攻坚战，切实做好保障和改善民生、创新社会治理这篇大文章，努力在推动科学发展、全面建成小康社会历史进程中走到前列”；在参加第十三届全国人民代表大会第一次会议山东省代表团审议时，习近平总书记再次提出，“希望山东的同志再接再厉，在全面建成小康社会进程中、在社会主义现代化建设新征程中走在前列，全面开创新时代现代化强省建设新局面”。两个“走在前列”，是习近平总书记对山东工作提出的明确要求，是山东必须切实贯彻落实好的重大政治使命和历史使命。

扎实推动高质量发展，扎实实施乡村振兴战略，为海洋强国建设作出贡献。2018年6月，习近平总书记考察山东，高度重视科技创新和高质量发展，他强调，“要坚持走自主创新之路，要有这么一股劲，要有这样的坚定信念和追求，不断在关键核心技术研发上取得新突破”。对国有企业，特别是中央所属国有企业提出要求，“一定要加强自主创新能力，研发和掌握更多的国之重器”“要深化改革创新，努力建成现代企业”；在听取山东省委和省政府工作汇报时，指出“推动高质量发展，关键是要按照新发展理念的要求，以供给侧结构性改革为主线，推动经济发展质量变革、效率变革、动力变革。要坚持腾笼换鸟、凤凰涅槃的思路，推动产业优化升级，推动创新驱动发展，推动基础设施提升，推动海洋强省建设，推动深化改革开放，推动高质量发展取得有效进展”，高质量发展是党中央、习近平同志对“腾笼换鸟、凤凰涅槃的思路”的一次总结和升华。

2018年3月，习近平总书记在山东代表团发表讲话时强调了乡村振兴和海洋强国战略。他指出，“实施乡村振兴战略，是党的十九大作出的重大决策部署，是决胜全面建成小康社会、全面建设社会主义现代化国家的重大历史任务，是新时代做好‘三农’工作的总抓手。农业强不强、农村美不美、农民富不富，决定着全面小康社会的成色和社会主义现代化的质量。要深刻认识实施乡村振兴战略的重要性和必要性，扎扎实实把乡村振兴战略实施好”。山东作为传统农业大省，肩负着维护国家粮食安全的责任，肩负着山东近4000万农业人口（2017年数据）的福祉。6月，总书记视察山东时再一次就乡村振兴作出重要指示，要求山东“要把粮食生产抓紧抓好，把农业结构调活调优，把农民增收夯实夯牢，把脱贫攻坚战打好打赢，扎实实施乡村振兴战略，打造乡村振兴的齐鲁样板”。其中，“增加农民收入是关键”“人才是关键”“要加快构建促进农民持续较快增收的长效政策机制，让广大农民都尽快富裕起来。要把党的政策用生动通俗的形式宣传好，让广大群众听得懂、能理解。要加强村规民约建设，移风易俗，为农民减轻负担”“要积极培养本土人才，鼓励外出能人返乡创业，鼓励大学生村官扎根基层，为乡村振兴提供人才保障”。

总书记在讲话的最后部分强调了“海洋是高质量发展战略要地”，要求山东“加快建设世界一流的海洋港口、完善的现代海洋产业体系、绿色可持续的海洋生态环境，为海洋强国建设作出贡献”。6月，总书记进一步阐释了他对山东海洋经济发展寄予的厚望。他指出，“我们要建设海洋强国，我一直有这样一个信念，发展海洋经济、海洋科研，一定要抓好。我们对海洋的认识在逐步地加强中，你们要关心海洋、认识海洋、经略海洋，下一步这方面要发力，推动它的发展，关键的技术要靠我们自己研发，海洋经济的发展前途无量。祝你们再接再厉、创造辉煌，为祖国为民族立新功”。这是总书记对山东的祝福，也是对山东的要求和期望。

第二节　新时代山东经济发展的新使命

党的十九大的胜利召开开启了中国进入新时代的序幕，“两个一百年”奋斗目标历史交汇，新时代、新思想、新经济赋予山东经济新机遇、新挑战、新使命。我们要紧扣时代脉搏，抓住社会主要矛盾变化，按照“五位一体”总体布局、“四个全面”战略布局，以扛起“走在前列”光荣任务为总目标、高质量发展为导向、供给侧结构性改革为主线，加快新旧动能转换，推进现代化经济体系建设，为开创经济文化强省建设新局面而努力奋斗。

一、全力实现两个“走在前列”，开创经济文化强省新局面

两个“走在前列”（在全面建成小康社会进程中走在前列、在社会主义现代化建设新征程中走在前列）是习近平总书记对山东工作提出的明确要求，既是对改革开放40年来山东工作取得成绩的肯定，也是对山东未来发展的殷切期望。“走在前列”不仅是经济总量排名前列，更是政治、经济、文化、社会、生态环境等各方面都要走在前列。站在全面小康的决胜阶段和由大到强转变的关键时期，我们必须不忘初心，矢志不渝，进一步解放思想、锐意创新，把走在前列作为长期坚持的目标定位和根本要求，在圆满完成2020年高水平全面建成小康社会目标任务的基础上，加快新旧动能转换，推进现代化经济体系建设，由大到强、全面求强，把我省建设成为“发展质量效益高、生态环境优、人民群众富、社会文明和谐”的经济文化强省。

（一）在全面建成小康社会进程中走在前列

到2020年，山东提前建成全面小康社会已成必然，我们要建成的全面小康是高质高效、补齐短板、厚植优势的全面小康：

1.“建成高质高效的全面小康，有效解决发展不平衡不充分的一些突出问题，产业迈向中高端水平，发展质量效益明显提高”

与国内其他发达省份相比，山东重化工业突出，经济结构偏重，虽已实现了产业结构从“二三一”向“三二一”的转变，但质量效益水平横向比较仍不够高，未来的工作必须以提高发展质量和效益为中心，继续推进供给侧结构性改革，以“四新”促“四化”、加快新旧动能转换，按照省第十一次党代会的要求，“强化改革、开放、创新三大动力，突出转型、生态、民生三个重点，搞好区域、城乡、陆海三个统筹”。

2.“建成补齐短板的全面小康，空间发展格局更加优化，农村贫困人口全部脱贫，实施乡村振兴战略成效显著，区域城乡差距进一步缩小”

习近平总书记在参加山东代表团审议时指出，“农业强不强、农村美不美、农民富不富，决定着全面小康社会的成色和社会主义现代化的质量”。山东作为传统农业大省，能够在“农业变强、农村变美、农民致富”上为全国提供经验和样板。加快建设现代农业，构建一二三产业融合发展的现代产业体系，推动“三链重构”（产业链相加、价值链相乘、供应链）相通，培育农业“新六产”，促进农业提质增效。纵深推进“两区一圈一带”战略，提高山东半岛城市群综合竞争力，建设黄河三角洲农业高新技术产业示范区，发展现代生态产业体系，强化省会辐射引领带动中部发展，把西部经济隆起带建设成邻边经济新高地，实现东部提升、中部崛起、西部跨越，协调发展；有序推进三个“市民化”（外来务工人员市民化、城中村和城边村原有居民市民化、其他农村地区就地转移就业人口市民化），实现教育、医疗、社保、就业、住房保障等城镇基本公共服务常住人口全覆盖，提升县域经济，推动公共服务向农村延伸，不断缩小城乡收入和公共服务差距。

3.“建成厚植优势的全面小康，创新驱动发展动力更加强劲，创新型省份率先建成，生态环境明显好转，绿色低碳循环发展水平大幅提升”

创新是持续发展、领先发展第一动力，要继续深入实施创新驱动发展战略，深化知识产权创造、使用和保护，破除人才发展瓶颈，完善各类人才创新和人才吸引激励机制，让理论创新、制度创新、科技创新、文化创新在全社会蔚然成风。要持续推进农业现代化，积极培育农业“新六产”；坚持工业强基，重点发展“5+5”十强产业（即提升发展高端化工、现代高效农业、文化创意、精品旅游、现代金融服务等五大优势产业，壮大发展新一代信息技术、高端装备、新能源新材料、现代海洋、医养健康等五大新兴产业）；建成以服务经济为主导的现代产业体系，鼓励互联网创新。加大自然、人文遗产保护力度，保持齐鲁大地独特的自然和人文魅力，治理大气污染，加强重点水域监护，开展村容村貌整治，建设美丽乡村，强化农业面源污染防治，发展生态循环农业，践行“既要绿水青山，也要金山银山，宁要绿水青山，不要金山银山”，最终实现“绿水青山就是金山银山”。

4.“建成群众满意的全面小康，实现更高质量、更加充分的就业，中等收入人口比重上升，多层次社会保障体系基本建成，人口素质不断提高，人民群众获得感幸福感安全感显著增强”

全面小康的检验标准归根结底在于“人民高兴不高兴、满意不满意”，未来必须持续加强民生保障，推进精准扶贫、精准脱贫，实施更加积极的就业政策，鼓励大众创业、万众创新，进一步提高教育、就业、医疗、社保、养老、住房、文化体育、环境等保障和公共服务水平，不断满足人民日益增长的美好生活需要。

（二）在社会主义现代化新征程中走在前列

党的十九大报告将2020年全面建成小康社会到本世纪中叶的30年划分为两个阶段：“从2020年到2035年，在全面建成小康社会的基础上，再奋斗15年，基本实现社会主义现代化”“从2035年到本世纪中叶，在基本实现现代化的基础上，再奋斗15年，把我国建成富强民主文明和谐美丽的社会主义现代化强国”。这一目标较20世纪80年代确立的“三步走”战略到21世纪中叶、建国100年时基本实现现代化，提前了15年。山东作为改革开放40年来一直走在全国前列的经济文化大省，也要与时俱进，紧追国家步伐，通过不懈努力，继续发挥“领头雁”“火车头”作用。到2035年，“经济实力、科技实力大幅跃升，法治政府基本建成，美丽山东目标基本实现，文化软实力显著增强，共同富裕迈出坚实步伐，在基本实现社会主义现代化进程中走在前列”，到本世纪中叶，“物质文明、政治文明、精神文明、社会文明、生态文明水平全面提升，实现治理体系和治理能力现代化，全省人民共同富裕基本实现，享有更加幸福安康的生活，在建成富强民主文明和谐美丽社会主义现代化强国奋斗中走在前列”。

二、全力推进新旧动能转换

推进新旧动能转换是实现山东高质量发展的战略支点，是推动山东“腾笼换鸟”“凤凰涅槃”的关键之举，站在改革开放40周年的关键节点，必须坚持习近平新时代中国特色社会主义经济思想，坚持质量第一、效益优先，以供给侧结构性改革为主线，聚焦新动能，聚力高质量，抓住国家批复《山东新旧动能转换综合试验区建设总体方案》的重大机遇，力争一年全面起势、三年初见成效、五年取得突破、十年塑成优势，到2022年基本形成新动能主导经济发展的新格局，到2028年基本完成这一轮新旧动能转换，作为党的十九大后获批的首个区域性国家发展战略，也是我国第一个以新旧动能转换为主题的区域发展战略，为全国转型升级、高质量发展和现代化经济体系建设作出有益探索与积极贡献。

（一）集中培育“5+5”十强产业

发展五大新兴产业。坚持世界眼光、国际标准、山东优势，前瞻布局新一代信息技术、高端装备、新能源新材料、现代海洋、医养健康等五大新兴产业，突破产业核心关键技术，培育一批创新能力强、带动作用大的行业龙头企业，把山东打造成新兴产业发展的策源地、集聚区。提升五大传统产业。强化新技术、新模式对传统产业的融合改造，启动新一轮高水平企业技术改造行动计划，加强标准和品牌建设，加快发展高端化工、现代高效农业、文化创意、精品旅游、现代金融服务等五大优势产业，实现“老树发新芽”和质量效益双提升。

1. 新一代信息技术产业

重点发展北斗导航、虚拟现实、人工智能、云计算、智慧健康等新兴领域，打造一批新型特色产业集群。超前谋划布局人工智能、人机交互、量子通信、软件定义等信息技术领域基础前沿性技术、共性关键技术。实施工业互联网创新发展战略和智能制造工程，支持企业加快数字化、网络化、智能化改造，探索创新网络化协同、个性化定制、在线增值服务、分享制造等“互联网+先进制造业”新模式，打造网络、平台、安全3大体系。

2. 高端装备产业

重点改造提升汽车及零部件、机床与基础制造装备、电力装备、农业机械、工程机械、石化装备、节能环保装备等7大传统装备；培育壮大新一代电子信息装备、轨道交通装备、新能源汽车、海洋工程装备和高技术船舶、智能制造装备、高档仪器设备、高端医疗设备、航空航天装备等8大新兴装备；围绕重大装备和高端装备配套需求，重点发展高端装备所需的核心基础零部件、关键基础材料、先进基础工艺和产业技术基础；打造新一代电子信息装备产业集群、节能与新能源汽车产业集群、新型绿色动力装备产业集群、高端智能装备产业集群、高端石化装备产业集群、高端输变电及智能电网装备产业集群、高端工程机械产业集群、高端农机装备产业集群、海洋工程装备和高技术船舶产业集群、高档仪器设备产业集群、航空及核电装备产业集群等12个高端装备集聚区。

3. 新能源新材料产业

大力发展清洁能源，重点突破风能光能互补、先进燃料电池、高效储能与海洋能发电等新能源电力技术瓶颈，加快发展生物质供气供热、生物质与燃煤耦合发电、地热能供热、空气能供热、生物液体燃料、海洋能供热制冷等，推进新能源多产品联产联供技术产业化、规模化发展。做优做强新能源装备，发展大功率风机、海上风电机组、中高温高效太阳能集热、光伏系统集成等装备产品及关键模块，智能输变电设备、高压超高压成套设备、高速铁路变压器等智能电网及配套设备，发展百万千瓦级及以上第三、第四代核电装备研发制造。超前布局前沿新材料，发展智能材料、胶体材料、仿生材料、纳米材料、新型超导材料和生物基材料等，突破石墨烯、钛合金、高强度合金钢、高温合金、耐高温高强度工程塑料等增材制造专用材料。加快发展先进钢铁材料、先进有色金属材料、先进化工材料、先进建筑材料、特种玻璃材料等先进基础材料；加快发展先进半导体材料、高端装备用特种合金、稀土功能材料、高性能纤维及复合材料、新能源材料、生物医用材料、先进功能陶瓷、先进润滑材料等关键战略材料。

4. 现代海洋产业

壮大海洋新兴产业，重点发展海洋高端装备制造、海洋生物医药、海水淡化及综合利用、海洋新能源新材料、涉海高端服务、海洋环保等海洋新兴产业，推动新兴产业加速崛起、扩容倍增，打造具有国际先进水平的海洋新兴产业发展策源地。推动海洋传统产业升级，以海洋渔业、海洋食品、船舶制造、海洋化工、滨海旅游等传统产业为重点，运用新技术、新管理、新模式，推动传统产业数字化、网络化、智能化，全面提高产品技术、工艺装备、能效标准，实现传统产业提质增效。参与国家“智慧海洋”工程建设，建设海洋超算和大数据平台、推进海洋信息技术装备国产化、构建海洋综合立体观测网，实现海洋信息透彻感知、通信泛在随行、超算互联互通、数据充分共享、应用服务智能，提高海洋事务决策的科学化、智慧化水平。

5. 医养健康产业

重点发展医疗服务、健康管理、健康养老、生物医药、医疗器械与装备、中药中医、健康旅游、体育健身、健康食品等九大领域。发展基于互联网和人工智能的健康服务产业，支持商业应用程序开发，推进远程医疗、移动医疗和医药物流等第三方服务规范发展。建设全省科学健身指导体系，倡导“运动处方”模式，开展慢性病运动干预。鼓励有条件的医疗机构向养老、康复、养生服务延伸，支持社会力量开办医养结合机构。开发以原料药、化学创新药、化学仿制药和高端制剂为主的化学药，以疫苗与诊断试剂、海洋药物等为主的生物药。发展数字化诊疗设备、健康监测装备、可穿戴医疗装备、医用机器人等新型医疗器械设备。加强中药材种质资源保护利用，推动疗效确切、临床价值高的中药创新药的研发和产业化。推动健康医疗与教育、旅游、休闲、养生融合发展。推进全民健身与全民健康深度融合、开发具有消费引领性的健康运动项目，推广覆盖全生命周期的运动健康服务。支持医药企业向功能性食品、特殊医学用途配方食品、化妆品以及保健、预防等领域延伸。

6. 高端化工产业

延伸拓宽产业链条，在特种橡胶、特种纤维、特种工程塑料、前沿新材料、高性能复合材料等领域，打造一批特色产业链。提升为电子信息及新能源产业配套的电子化学品工艺技术水平。发展用于水处理、传统工艺改造以及新能源用功能性膜材料。开发新型生物基增塑剂和可降解高分子材料。提升集约集聚发展水平，在东营、烟台、滨州、潍坊布局建设芳烃、乙烯等一批重大项目，建成国内领先、世界一流的高端石化产业基地；培育淄博、菏泽两大千亿级精深加工产业集群；打造鲁南国家级煤化工产业示范基地；适度发展食品级、电子级盐化工，打造高端盐化工产业基地。

7. 现代高效农业

加快发展农业“新六产”，促进农林牧渔业与加工、流通、旅游、文化、康养等产业深度融合，推动产业链相加、价值链相乘、供应链相通“三链重构”；发展智慧农业、农村电商等新产业新业态；培育终端型、体验型、循环型农业；推进农业“新六产”示范县建设。大力发展特色高效农业，推进农业标准化生产、全程化监管；加强现代种业、畜牧良种培育；加快发展设施农业；高水平建设黄河三角洲农业高新技术产业示范区、潍坊国家农业开放发展综合试验区、枣庄国家农业可持续发展试验示范区。提升农业经营服务水平，培育家庭农场、合作社、龙头企业等新型经营主体，推进土地入股、土地流转、土地托管、联耕联种等多种经营方式，提升农业适度规模经营水平。

8. 文化创意产业

巩固提升影视与演艺娱乐、文化用品及装备制造、传媒与新闻出版、艺术品生产及交易、广告会展与贸易等五大传统优势产业。大力发展文化内容版权经济、传统文化衍生经济、文化互联网平台经济、文化大数据服务经济等四大新兴文化业态。深化文化+农业+农村、文化+高端制造、文化+旅游+商业、文化+体育+教育、文化+城乡建设等五大“文化+融合模式”。

9. 精品旅游产业

打造知名旅游品牌，提升好客山东品牌影响力，做大东方圣地、仙境海岸、平安泰安、泉城济南、齐国故都、鲁风运河、水浒故里、黄河入海、亲情沂蒙、鸢都龙城等十大文化旅游目的地品牌。提升旅游产品品质，推进海洋旅游跨越式发展，乡村旅游提档升级，打造城市旅游精品、再现红色旅游经典，发展游轮旅游、自驾车房车营地、低空飞行、帆船体育、潜水冲浪、水上飞行器、游艇体验等“海陆空”旅游新业态和潜水狩猎、海盗探险、中医药养生、休闲海钓、国学研学、旅游小镇、商务会展等融合旅游新业态。推进“旅游+”“+旅游”融合发展模式，推进文化与旅游深度融合发展、农业与旅游融合发展、工业与旅游深度融合发展、医养健康与旅游深度融合发展等。加强海外市场精准营销，实施旅游联合营销，推进国际化营销推广。推进快旅慢游交通体系建设，完善细微化品质化旅游服务，实施旅游“厕所革命”新三年计划，全面优化旅游公共服务。

10. 现代金融服务

把发展直接融资放在更加重要的位置，深入推进多层次资本市场体系建设；重点发展资本市场，支持符合条件的企业到沪深交易所、全国股转系统及境外资本市场上市挂牌；鼓励建设农村产权、海洋产权、能源环境、文化产权等交易场所；推动市场化、法治化债转股。支持企业赴境外发行人民币和外币债券，探索互联网私募股权融资平台建设路径。推动银行业加快转变发展方式，招引一批内外资银行机构区域总部及业务总部，鼓励农商行、城商行、民营银行发展特色信贷业务；积极开拓农业保险、信用保证保险、商业健康养老保险等险种，推进知识产权保险等险种试点。推动金融业务创新，鼓励利用互联网、大数据、人工智能等，进行金融业务流程改造和产品创新；积极发展养老金融、教育金融、文化金融、旅游金融、农村金融等新型金融服务；规范发展互联网金融、区块链、人工智能等领域的新型金融业态；支持小额贷款公司、典当、融资租赁、商业保理等金融组织创新、可持续发展；统筹发展介于现货与期货之间的大宗商品交易业务。防范化解金融风险，筑牢市场准入、早期干预和处置退出防线，积极稳妥推进去杠杆；坚决打击非法集资、金融诈骗等金融违法犯罪活动；完善金融监管机构与地方政府沟通协调机制，健全事中事后监管制度。

（二）改革创新护航新旧动能转换

1. 深化“放管服”改革

继续精简省级行政权力事项，重点下放民生、投资建设、企业生产经营、促进创新和人才引进等领域权力事项。全面推进一窗受理、一链办理、一网通办、一线连通、一次办结“五个一”集成服务改革。推动全省统一的政务云建设。加快省政务信息资源共享交换网站建设，整合部门自建数据交换通道，实现政务信息资源目录、共享交换接口的统一发布。对现行地方性法规、行政规章、部门规定进行全面清理，加快推进改废释。

2. 鼓励开发区体制机制创新

制定开发区管理体制改革的意见，深化开发区体制机制改革。突出开发区经济管理和投资服务主责职能，将能够下放开发区的审批、土地、环保、执法等管理权限下放到位。精简整合和科学设置开发区管委会内设机构，实行大部门制，全面实行集中行政许可和综合行政执法，组建行政审批局和综合执法局。依法实施市场准入负面清单和外商投资负面清单制度，开展“证照分离”改革试点。创新人员编制管理，建立“人才特区”政策机制。对开发区进行空间整合、资源整合和产业调整，优化产业结构和布局。

3. 创新投融资机制

设立新旧动能转换基金，加大对重点产业、关键领域支持和引导力度。发挥政府股权投资引导基金的引导作用，健全从实验研究、中试到生产全过程的科技创新融资模式。整合省内各类股权投资基金，建立与国家新兴产业创投引导基金、科技成果转化基金等的合作机制。推进地方融资平台市场化转型，开展投融资平台存量资产证券化试点。充分利用山东省企业融资服务网络系统，发挥山东产权交易中心、齐鲁股权交易中心、蓝海股权交易中心、烟台海洋产权交易中心等权益类交易市场在新旧动能转换中的重要作用，打造专业化投融资服务平台。

4. 推进重大项目建设

进一步完善项目库，提升档次水平，构建起环环相扣、有序衔接、动态管理、追责问效的管理推进体系，保证推进速度、质量和最终效果。聚焦“5+5”十强产业，健全完善重大项目库，对接用好6000亿元新旧动能转换基金，加强跟踪服务，成熟一批推进一批。突出国家级高端石化基地、黄河滩区脱贫迁建、高铁高速机场等重大在建项目，确保如期建成投运、早日发挥效益。

5. 加快重大政策落地

对于已经明确的政策，协调有关部门加快制定推进政策落实的路线图和时间表，尽快实现全面落地。对于相对原则的政策，加强与国家部委沟通、衔接和争取，力争尽快做实。抓住国家改革开放40周年的机遇，协调有关部门再研究谋划、争取落实一批政策举措。

三、全力建设现代化经济体系

迈入新时代，我国社会主要矛盾已经转化为人民日益增长的美好生活需要和不平衡不充分的发展之间的矛盾，建设现代化经济体系是解决新的社会主要矛盾的重要战略举措，是实现高质量发展的必然途径。十九大报告用“坚持质量第一、效益优先”“以供给侧结构性改革为主线”“推动经济发展质量变革、效率变革、动力变革”和“着力加快建设实体经济、科技创新、现代金融、人力资源协同发展的产业体系”“着力构建市场机制有效、微观主体有活力、宏观调控有度的经济体制”，两个“坚持”、一条“主线”、三项“变革”、两个“着力”对建设现代化经济体系进行了系统阐释，并提出了建设现代化经济体系的六大任务：深化供给侧结构性改革，加快建设创新型国家，实施乡村振兴战略，实施区域协调发展战略，加快完善社会主义市场经济体制，推动形成全面开放新格局。山东作为“走在前列”的大省，到2020年，将基本形成新动能主导经济发展的新格局，经济质量优势显著增强，现代化经济体系建设取得积极进展，为促进全面建设现代化经济体系作出积极贡献。

（一）持续深化供给侧结构性改革，实现经济高质量发展

山东是传统的工业制造大省，供给侧结构性改革之初，产业结构呈现“两个70%”的特点，即重工业占全部工业的比重达到70%，重化工业占传统行业的比重达到70%，且部分行业产能过剩严重。供给侧结构性改革是党中央、国务院适应和引领经济发展新常态的重大创新，是山东实现“腾笼换鸟”“凤凰涅槃”的必经之路，也是建设现代化经济体系的战略举措，与“高质量发展”理念一脉相通，必须加快发展先进制造业，推动互联网、大数据、人工智能和实体经济深度融合，才能在中高端消费、创新引领、绿色低碳、共享经济、现代供应链、人力资本服务等领域培育新增长点、形成新动能。

2018年是供给侧结构性改革三年行动计划的最后一年，要继续着力抓好“三去一降一补”：一是以去产能带动行业转型升级，全面完成国家下达的钢铁、煤炭年度化解过剩产能任务，推进企业兼并重组、债务重组或破产清算，加快“僵尸企业”出清。二是以去库存促进行业健康发展，坚持因城

施策、一城一策，满足居民住房刚性需求和改善性需求，重点解决部分三四线城市房地产库存，加快公租房分配入住和棚户区改造；创新市场营销方式，提升产销衔接水平，加大工业品去库存力度。三是以去杠杆支持实体经济发展，有序推进规范化改制、股权融资等，稳妥开展市场化、法治化债转股和投贷联动，积极拓宽直接融资渠道，加快省直投基金和其他股权投资引导基金落地步伐。四是以降成本提升企业竞争力，落实好国家降低实体经济成本工作方案和我省实施意见，实施劳动生产率提升计划和产品产销率提升计划；进一步清理规范行政事业性收费和政府性基金，认真执行涉企收费减免规定；督促金融机构取消融资服务中的不合理收费；扩大直接交易电量规模和用户范围。五是以补短板增强经济发展后劲，重点关注创新能力提升、基础设施完善、品牌培育、生态环境改善、脱贫攻坚等重点难点问题，提高补短板的综合效应。在完成山东省《关于深入推进供给侧结构性改革的实施意见》2016—2018年主要目标的基础上，要继续把推进供给侧结构性改革作为改革发展的主线，在产能过剩行业严格控制新上产能，给新动能留足发展空间；持续关注库存供需矛盾，将去化周期保持在合理范围；继续落实相关政策，拓宽企业融资渠道，降低金融风险；纵深推进“放管服”改革，优化营商环境，鼓励企业以技术管理创新提高劳动生产率，降低生产经营成本；将全社会创新氛围、基础设施建设、生态环境改善打造成为经济发展的优势，助力经济发展质量效益的提升。

（二）加快建设创新型省份和科技强省，实现经济由大到强

创新是引领发展的第一动力，加快建设创新型省份是贯彻习近平总书记建设创新型国家指示精神的重要举措，是建设现代化经济体系的战略支

撑，是推动山东新旧动能转换重大工程、实现全省经济由大到强的重要抓手。山东正处在由大到强战略性转变的关键时期，必须聚焦聚力以“四新”促“四化”，通过发展新技术、新产业、新业态、新模式，实现产业智慧化、智慧产业化、跨界融合化、品牌高端化，培育壮大新动能，改造提升传统动能，推动经济保持中高速增长、产业迈向中高端水平；要按照省第十一次党代会提出的“创新型省份建设达到更高水平”的部署要求，以建设山东新旧动能转换综合试验区为突破，以山东半岛国家自主创新示范区为依托，全面推进科技创新、产业创新、企业创新、产品创新、市场创新，着力突破制约产业发展的共性关键技术，激发潜在创新能力和创新活力，全面提升区域创新综合实力，推动“山东制造”向“山东创造”“山东智造”跃升，率先把山东建成创新型省份，为在全面建成小康社会进程中走在前列、在社会主义现代化新征程中走在前列和加快建设经济文化强省提供强有力的支撑。到2020年，力争实现“创新型省份建设达到更高水平”的目标要求：“科技体制改革成效更为显著，区域创新体系更为健全，区域协调发展格局更加优化，自主创新能力显著提升，技术对外依存度进一步降低，主要创新指标位居全国前列”。

（三）实施乡村振兴战略、区域战略，统筹推进协调发展

党的十九大报告中明确提出实施乡村振兴战略，实施乡村振兴战略是建设现代化经济体系的重要基础。山东省深入贯彻党的十九大精神，把实施乡村振兴战略作为新时代“三农”工作的新旗帜和总抓手，于2018年5月出台了《山东省乡村振兴战略规划（2018—2022年）》（以下简称《规划》）和《山东省推动乡村产业振兴工作方案》《山东省推动乡村人才振

兴工作方案》《山东省推动乡村文化振兴工作方案》《山东省推动乡村生态振兴工作方案》《山东省推动乡村组织振兴工作方案》等5个工作方案，与省委2018年一号文件配套形成了山东乡村振兴“1+1+5”政策规划体系，对实施乡村振兴战略作出了总体设计和阶段谋划。其中，《规划》提出了“13613”的框架体系。即，“1”：打造一个样板引领。“3”：实施“三步走”战略，到2022年，生态宜居美丽乡村取得重要突破，30%的村庄基本实现农业农村现代化；到2030年，山东特色美丽乡村整体塑形，60%的村庄基本实现农业农村现代化；到2035年，广大乡村“齐鲁风情画”全面展现，全部村庄基本实现农业农村现代化。“6”和“13”：实施6大工程、13项行动计划。加快产业转型升级是实施乡村振兴战略的经济基础，要推动三产深度融合，积极培育农业“新六产”；落实总书记“给农业插上科技的翅膀”的要求，鼓励农业科技创新与成果转化，以新技术为支撑，发展终端型、体验型、循环型、智慧型新产业新业态；推广“互联网+农业”模式，做强农业电子商务；健全农产品标准体系，推进“食安山东”建设，以质兴农；融入“一带一路”，推动农业“走出去”“引进来”，提升山东农业的国际竞争力。

区域发展的均衡协调是建设现代化经济体系的内在要求。要按照省第十一次党代会报告提出的要求，“坚持区域协同、城乡一体、陆海并重，在协调发展中拓宽发展空间，在加强薄弱领域中增强发展后劲”，把深入实施“两区一圈一带”战略与扎实推进新型城镇化、实施乡村振兴战略、加快海洋强省建设有机结合，形成区域与板块之间的“合纵连横”“融合提升”“互动加速”。

（四）加快完善社会主义市场经济体制，激发市场经济活力

改革激发市场活力，创新要素市场配置机制，塑造政策、环境和服务集成新优势，这是建设现代化经济体系的重要保障。当前应以改革开放40周年为契机，将加快完善市场经济体制工作与新旧动能转换工作相结合，以新旧动能转换综合实验区建设、重大工程推进为抓手，总结经验，全面推广，促进机制体制改革与创新。

要继续精简省级行政权力事项，重点下放民生、投资建设、企业生产经营、促进创新和人才引进等领域权力事项。依法将部分省级行政权力事项下放或委托济南、青岛、烟台实施。全面推进一窗受理、一链办理、一网通办、一线连通、一次办结“五个一”集成服务改革。再推出一批“零跑腿”和“只跑一次”事项，基本实现社会保障和公共服务领域全覆盖。加强事中事后监管模式创新，完善“双随机、一公开”监管制度。全面清理规范政府性基金、涉企经营服务性收费及协会商会收费，继续加大行政审批中介服务收费项目清理规范力度。深化投融资体制改革，全面推行“容缺受理”制度，探索建立审批首问负责制，对省预算内投资的规模以上项目全部实行代建。开展“证照分离”改革试点，把更多符合条件的涉企证照事项纳入“多证合一”改革。抓紧推动全省统一的政务云建设，按照“应上尽上”原则，有序组织部门各类业务系统分别向公共服务云或行政服务云迁移，年底前基本完成上云任务。加快省政务信息资源共享交换网站建设，整合部门自建数据交换通道，实现政务信息资源目录、共享交换接口的统一发布，破解“信息孤岛”“数字烟囱”。对现行地方性法规、行政规章、部门规定进行全面清理，加快推进改废释。加快社会信用体系建设，加大公共信用信息归集力度，扩大失信联合惩戒的领域和范围。

推动开发区体制机制创新，以点带面为全省经济体制机制创新提供可推广的样板。制定开发区管理体制改革的意见，深化开发区体制机制改革。突出开发区经济管理和投资服务主责职能，将能够下放开发区的审批、土地、环保、执法等管理权限下放到位。精简整合和科学设置开发区管委会内设机构，实行大部门制，全面实行集中行政许可和综合行政执法，组建行政审批局和综合执法局。依法实施市场准入负面清单和外商投资负面清单制度，开展“证照分离”改革试点。创新人员编制管理，统筹使用各类编制资源，完善员额制、全员聘任制等制度，打破行政事业人员身份界限，建立“人才特区”政策机制，积极探索灵活的用人机制和分配机制。对开发区进行空间整合、资源整合和产业调整，优化产业结构和布局。建设功能完善、运行高效、市场化的科技成果转移转化体系。推动开发区集约利用土地。提升海关特殊监管区域开放水平。支持济南、青岛、烟台加快构建开放型经济新体制。支持青岛探索建设自由贸易港。

（五）融入“一带一路”倡议，推动形成全面开放新格局

塑造开放型经济发展新优势，推进形成全面开放新格局是建设现代化经济体系的必要条件。山东应以参与“一带一路”建设为契机和依托，加快实施新一轮高水平对外开放。抓好境外经贸合作园区建设，带动优势装备、技术、产能、产品、标准、服务走出去，提高利用和配置全球资源能力。依托中欧班列，巩固日韩、突破欧美、争创与港澳台合作优势，布局陆海联运重要枢纽，开展多式联运示范、国际中转集拼业务和大宗商品国际中转创新等试点，打造陆海内外联动、东西双向互济的全面开放新格

局。加快对外贸易转型升级，推进市场采购贸易方式试点、跨境电商综合试验区建设，加快发展跨境电商、综合服务、市场采购等新业态新模式。放宽服务业领域外资准入限制，扩大金融、医疗服务、教育培训等领域的开放，有序放开养老、商贸流通等领域。实施跨国公司培育行动计划。加快培育省级外贸综合服务平台。推进济南、青岛服务外包示范城市和特色服务出口基地建设。加大自贸区试点成果的复制推广力度，推进省级开发区体制机制试点。完善对外贸易和投资的便利化政策，深化通关一体化改革。提升海关特殊监管区的功能优势，推动出口加工区、保税港区向综合保税区转型。深化政府、银行、出口信用担保机构“3+1”工作模式，创新企业走出去投融资机制。

第三节　新时代山东经济发展的新战略

山东正处在全面建成小康社会决胜阶段和由大到强战略性转变的关键时期。未来时期，全省发展的主题是紧密团结在以习近平同志为核心的党中央周围，深入学习贯彻习近平总书记系列重要讲话精神和治国理政新理念新思想新战略，牢牢把握走在前列的目标定位，加快推进由大到强战略性转变，奋力开创经济文化强省建设新局面，步入新时代、肩负新使命、呼唤新战略。全省上下应坚持以习近平新时代中国特色社会主义思想为指导，聚焦聚力高质量发展，深入实施新旧动能转换重大工程，加快实施乡村振兴战略，加快实施海洋强省战略，坚决打好三大攻坚战，着力深化关键改革，着力推动全面开放，着力推进军民融合，着力传承红色基因，努力推动实现经济转型升级提质增效。

一、牢牢把握新旧动能转换综合试验区建设总抓手

面对经济高质量发展内在要求和产业发展最新趋势变化，山东省委、省政府深入贯彻落实习近平总书记系列重要讲话和视察山东重要讲话、重要指示批示精神，在全国率先提出新旧动能转换综合试验区建设。2018年1月10日，国务院以国函〔2018〕1号文正式批复山东新旧动能转换综合试验区建设总体方案。山东省以该总体方案为依据，编制了统领全省动能转换的《山东省新旧动能转换重大工程实施规划》和《山东省人民政府关于推进新旧动能转换重大工程的实施意见》，对国家批复的总体方案进行细化落实，明确了全省新旧动能转换的行动纲领，并按照以“四新”促“四化”的要求，优选建立“四新四化”重大项目库。全省新旧动能转换综合试验区建设拉开帷幕并迅速推进。

建设背景：

从需求供给关系变化看，推动新旧动能转换势在必行。近年来，山东经济与全国情况总体保持一致，同步进入经济发展新常态，面临速度换挡、结构调整、动能转换的内在要求。2017年，山东省GDP增速保持7.4%，处于1990年以来的较低水平。从结构上分析原因，一是需求侧“三驾马车”动力明显不足，传统发展动能逐步减弱。2017年全省固定资产投资（不含农户）较上年增长7.3%，仅相当于2007—2012年平均增速的1/3左右；社会消费品零售总额基本保持10%左右的平均水平，消费更多承担了增长稳定器而非发动机作用；货物出口总额增长10.1%，全球化进程波折使得出口对经济增长拉动能力持续减弱；需求侧动能出现明显减弱迹象，需求不足问题更加突出。二是供给侧支撑要素发生结构性变化，

新动能未形成有效接续。要素供给、资源环境等刚性约束不断强化，人口抚养比上升，人口红利逐步消失，产业结构的深入调整进一步导致劳动生产率有所降低，这些因素决定了单纯依靠投入量增加已无法实现高质量发展，必须从劳动、资本、技术、制度等要素的优化配置出发，实现要素驱动向创新驱动的转变。

从山东发展的大环境变化看，推动新旧动能转换势在必行。无论从国际、国内环境还是山东发展实际出发，以动能转换带动提升科技发展水平、抢占产业发展有力格局、实现经济健康持续发展成为关键途径。全球发展趋势方面，经济发展正面临科技革命、能源革命、产业革命群体迸发带来的重大红利，重塑世界和地区分工格局机遇与挑战并存，必须把准时代脉搏、顺应时代潮流，通过新旧动能转换提前布局创新资源、市场资源、产能资源，留足发展空间、抢占发展先机。全国发展格局方面，中国经济发展地区性差异呈现出由“东西差距”向“黄河南北差距”转化的态势，以往北方地区资源依赖型、投资带动型、工业拉动型的发展路径面临巨大调整，部分省份出现“断崖式”滑坡。山东地处黄河两岸，是“南北格局”的分界点和北方最重要的经济大省，开展新旧动能转换综合试验、探索新时代改革开放新路径，对于全国具有重大意义，对南北经济格局变化起关键性作用。山东发展实际方面，近年来经济增速持续放缓，2012年首次回落到个位数9.8%，2017年降到7.4%；战略性新兴产业相对薄弱，占GDP比重低于全国平均水平2个百分点，缺少滴滴、摩拜、支付宝等具有明显先入优势和竞争排他性的产业新模式。由此，省委书记刘家义同志提出，新旧动能转换，不转绝对不行，转得慢了、转得偏了、转得不到位也不行。

形势在变化，时代在变革。加快新旧动能转换是形势所迫，也是时代所需。时势要求我们凤凰涅槃、浴火重生，就必须坚持动能转换、腾笼换鸟。只有如此，山东才能在“保持中国经济持续中高速增长上继续挑大梁、在推进新旧动能接续转换上继续勇攻坚、在解决重点民生问题上始终作表率”，才能真正“走在前列”。

建设远景：

2018年2月13日，山东省人民政府正式印发《山东省新旧动能转换重大工程实施规划》。规划内容包括实施新旧动能转换重大工程的形势环境、总体要求、发展布局、实现路径、推进动力、保障因素和政策体系。规划明确了山东新旧动能转换重大工程实施的指导思想，即：以习近平新时代中国特色社会主义思想为指导，全面贯彻党的十九大精神，坚持新发展理念，坚持质量第一、效益优先，以供给侧结构性改革为主线，以新技术、新产业、新业态、新模式为核心，以知识、技术、信息、数据等新生产要素为支撑，促进产业智慧化、智慧产业化、跨界融合化、品牌高端化，实现传统产业提质效、新兴产业提规模、跨界融合提潜能、品牌高端提价值，着力加快建设实体经济、科技创新、现代金融、人力资源协同发展的产业体系，统筹区域协调、城乡一体、陆海联动和减排节能绿色发展，在风清气正的政治生态基础上，打造精简高效的政务生态、富有活力的创新创业生态、彰显魅力的自然生态、诚信法治的社会生态，建设践行新发展理念的高地、推进供给侧结构性改革的高地、对接国家发展战略的高地、承接南北转型发展的高地，推动经济发展质量变革、效率变革、动力变革，提高全要素生产率，实现创新发展、持续发展、领先发展，推进山东由大到强、走在前列，建成全国重要的新经济发展聚集地和东北亚地区极

具活力的增长极，为促进全国新旧动能转换、建设现代化经济体系作出积极贡献。（来源《山东省新旧动能转换重大工程实施规划》）

主攻方向：

以“四新”促“四化”。通过推动新技术异军突起、新产业培育壮大、新业态层出迭现、新模式蓬勃涌现，实现以传统产业数字化、网络化、智能化建设为重点的“产业智慧化”，以加速知识、技术、创意向现实生产力转化为重点的“智慧产业化”，以“互联网+”、农业“新六产”等为重点的“跨界融合化”，以“山东质造”“好品山东”“好客山东”“诚信山东”“食安山东”等为重点的“品牌高端化”。

主要目标：

全面提高山东发展的质量和效益。规划明确工程实施目标，到2022年，基本形成新动能主导经济发展的新格局，经济质量优势显著增强，现代化经济体系建设取得重要阶段性成果。“四新”经济增加值占比年均提高约1.5个百分点，力争达到30%（来源《山东省新旧动能转换重大工程实施规划》）。质量效益方面，新兴产业加快培育，传统产业加快改造；创新能力方面，自主创新在提高社会生产力和综合实力中的战略支撑作用更加凸显；生态环境方面，人与自然和谐发展新格局日益完善；体制机制方面，重点领域关键环节改革取得重大突破；开放型经济方面，国内国际要素有序流动、资源高效配置、市场深度融合。展望2028年，基本完成这一轮新旧动能转换；展望2035年，在基本实现社会主义现代化进程中走在前列。

发展布局：

以国务院批复的山东新旧动能转换综合试验区为重点，覆盖全省陆域和近海海域。以济南、青岛、烟台市“三核引领”，打造新旧动能转换主引擎；以淄博等14市国家和省级经济技术开发区、高新技术产业开发区以及海关特殊监管区等“多点突破”，打造区域经济增长点；以全省整体产业布局间“融合互动”，实现深度融合、互利共赢。

重点产业：

新一代信息技术、高端装备、新能源新材料、现代海洋、医养健康、高端化工、现代高效农业、文化创意、精品旅游、现代金融服务等十强产业增加值占比达到60%左右。具体来讲，到2022年，以量子通信、集成电路、新型显示、高端软件、大数据与云计算等为代表的新一代信息技术产业增加值占GDP比重达到6.5%；以机器人、轨道交通、通用航空、新能源汽车及装备、石油工程装备等为代表的高端装备产业占GDP比重达到5.3%；以清洁能源、智能电网及储能、核电装备、先进高分子

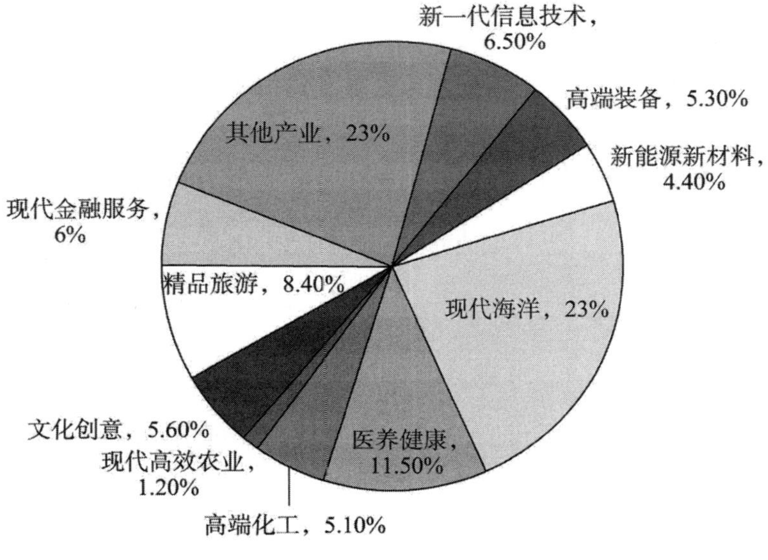

图7-1　新旧动能转换“十强”产业规划图

数据来源：《山东省新旧动能转换重大工程实施规划》

材料、无机非金属材料、高端金属材料、高性能复合材料等为代表的新能源新材料占GDP比重达到4.4%；以海洋示范工程、重大科研平台、国际交流平台、海洋交易平台建设为重点载体的现代海洋产业占GDP比重达到23%；以发展医药工业、创新医养健康服务为重点的医养健康产业占GDP比重达到11.5%；以高端石化产业基地、新型煤化工产业基地、新型盐化工产业基地建设为重点的高端化工产业占GDP比重达到5.1%；以特色产业基地建设、现代种业发展、交易平台打造为重点的现代高效农业占GDP比重达到1.2%；以文化传承创新发展、产业结构布局优化、创意设计服务发展为重点的文化创意产业占GDP比重达到5.6%；以构建全域旅游发展体系、丰富旅游新产品新业态为重点的精品旅游产业占GDP比重达到8.4%；以构建现代化、普惠化、便利化金融服务体系为目标的现代金融服务占GDP比重达到6%。

二、奋力实现两大战略性突破

习近平总书记在参加十三届全国人大一次会议山东代表团审议时就山东新时代实现高质量发展、勇担使命奋发有为走在前列作出重要讲话，特别强调实施乡村振兴战略是决胜全面建成小康社会、全面建设社会主义现代化国家的重大历史任务，是新时代做好“三农”工作的总抓手；海洋是高质量发展战略要地，要加快建设世界一流的海洋港口、完善的现代海洋产业体系、绿色可持续的海洋生态环境，为海洋强国建设作出贡献。山东围绕两大战略尽快突破迅速启动部署，于5月12日同步颁布实施《山东省乡村振兴战略规划（2018—2020）》和《山东海洋强省建设行动方案》，力求抢抓机遇、强化动力，开创高质量发展新局面，跨越高质量发展新关口。

（一）在打造乡村振兴齐鲁样板上取得突破

党的十九大报告指出，要按照产业兴旺、生态宜居、乡风文明、治理有效、生活富裕的要求和标准，大力推进实施乡村振兴战略，重点推动产业振兴、人才振兴、文化振兴、生态振兴、组织振兴。山东是农业大省，也是改革开放以来众多农业生产、农村发展、农民致富经验模式的发源地，率先打造乡村振兴齐鲁样板，对做好全国范围“三农”工作具有重大借鉴意义。为此，山东编制出台乡村振兴战略规划，为2018—2022年乡村振兴战略实施谋篇布局，并对21世纪中叶发展远景进行规划展望。

实施背景：

乡村振兴战略是世界农业农村和经济社会发展的必然规律，也是新时代中国农业农村发展的全新课题。从发达国家情况看，在20世纪中后叶，世界主要发达国家在完成工业化后，不同程度地面临着农业发展相对滞后、农村基础条件相对薄弱、农民生活状况相对窘迫的现实，甚至部分国家出现了大规模的农村消失、土地荒废、农民涌入城市贫民窟的经济社会问题。各国通过实施各具特色的乡村振兴战略，加大农业政策扶持，更新改造基础设施，逐步扭转城乡发展失调、产业结构扭曲状况，在较大改善农业农村农民基础条件的前提下，培育形成了高端高质高效现代农业综合竞争力。从落后国家情况看，由于种种原因，农村问题没有得到有效解决，农业生产能力不能有效提升，往往难以依靠自给自足解决温饱问题，大量失业农民对社会稳定造成巨大压力，进一步拖累城镇化和工业化进程，形成恶性循环。由此，乡村振兴战略是我国农业农村发展到新阶段的必然要求，是农业农村现代化进程中不可逾越的必经之路。

乡村振兴战略是巩固强化山东农业优势、破解农业农村发展瓶颈的

“一剂良方”。山东是传统的农业大省，农产品产量、质量、出口量均居于全国前列，农业人口仍有4000—5000万规模，无论从产业提质增效、需求转型升级，还是人民安居乐业、环境生态文明的角度，发展好农村农业意义重大，且空间广阔。同时，经过多年粗放式发展，我省农村农业内部积累了不同程度的矛盾问题，比如：农业有效供给不足与低端农产品供大于求并存，一二三产融合互动不足，农业面源污染和农村环境破坏严重，农村劳动力缺失与老龄化问题突出，农村集体经济由盛转衰迹象明显，农村农业基础设施更新压力较大，基层组织整体素质继续提高，脱贫攻坚任务繁重等。这些问题随着经济社会快速发展将更加凸显，如不及时得到有效解决，将成为建成全面小康社会的重要短板，加快实现乡村全面振兴势在必行。

建设远景：

《山东省乡村振兴战略规划（2018—2020）》提出，全省推动实施乡村振兴战略规划的愿景目标是“实施乡村振兴战略，打造乡村振兴齐鲁样板，必须统筹生产、生态、生活一体布局，实现生产美产业强、生态美环境优、生活美家园好‘三生三美’融合发展”。提出到2020年，乡村振兴取得重要进展，建成一整套齐鲁样板政策体系、制度体系、标准体系和考核体系；到2022年，乡村振兴取得重大突破，全省30%的村基本实现农业农村现代化；到2035年，乡村振兴取得决定性进展，基本实现农业农村现代化，齐鲁样板全面形成；到2050年，乡村全面振兴，农业强、农村美、农民富全面实现。

根据未来发展构想，山东省乡村振兴战略重点主要包括通过农村农业发展体制机制创新、保障改善农村民生等系列举措，持续推动乡村产业振兴、人才振兴、文化振兴、生态振兴、组织振兴。比如在优化乡村空间布局方面，未来一定时期山东省约占全省村庄总数20%的村庄实施示范引领，20%的村庄实施特色发展，40%的村庄实施改造提升，20%的村庄实施搬迁撤并。在产业振兴“重头戏”上，将围绕农业新旧动能转换，大力推进高标准农田建设、粮食绿色高质高效创建工程、高效生态畜牧业、现代林业经济、“海上粮仓”建设工程、现代农业产业园建设工程、“两全两高”农业机械化工程、特色农产品优势区创建工程，提高农业综合生产能力；大力实施农业全产业链开发创新示范工程、农产品加工提升工程、农商互联工程、乡村旅游提升工程、农村产业融合发展示范园创建工程、农产品及加工副产品综合利用试点示范工程、产城融合发展工程，加快发展农业“新六产”；大力实施现代种业提升工程、“智慧农业”工程、农业科技创新工程，深化农业科技“展翅”行动；大力实施新型农业经营主体培育工程、供销社为农服务平台建设工程、优质粮食工程，健全现代农业经营体系；大力实施农产品质量安全工程、农业品牌提升工程、动植物保护能力提升工程，加强质量品牌建设；大力实施农业对外合作“两区”建设工程、优势农产品出口促进工程、潍坊国家农业开放发展综合试验区、农业“走出去”基础设施建设，构建农业开放发展新格局。

（二）在海洋强省建设上取得突破

山东省海洋资源、海洋科技、海洋产业、海洋港口等均居全国前列，自“海上山东”战略实施以来，山东海洋经济得到长足发展，具备了带动海陆统筹、建设海洋强省的坚实基础。习近平总书记在2013年视察山东时要求山东充分利用沿海的独特地理位置，努力打造开放型经济发展新优势。2018年3月8日，参加十三届全国人大一次会议山东代表团审议时又强调，要更加注重经略海洋，把海洋开发这篇大文章做深做大。2018年5月，省委、省政府正式印发《山东海洋强省建设行动方案》，提出打造活力海洋、和谐海洋、美丽海洋、开放海洋、幸福海洋，加快建设海洋强省，努力打造国际一流的海洋科技教育引领区、国家海洋生态文明示范区、国家海洋经济竞争力核心区、国家海洋开放合作先导区、国家军民深度融合先行区，为海洋强国建设作出山东贡献。

建设远景：

根据方案设计，到2022年，海洋研究与试验发展经费占海洋生产总值比重提高到3.1%以上，海洋经济新旧动能实现接续转换，海洋战略性新兴产业增加值年均增长20%以上，海洋生产总值年均增长9%以上，占地区生产总值的比重达到23%左右，海洋强省建设取得重大突破。到2028年，全省海洋生产总值占地区生产总值的比重达到26%左右，实现海洋大省向海洋强省的战略性转变，在海洋强国建设中发挥示范引领作用。到2035年，基本建成与海洋强国战略相适应，海洋经济发达、海洋科技领先、海洋生态优良、海洋文化先进、海洋治理高效的海洋强省。（来源《山东海洋强省建设行动方案》）

在空间布局上，发挥青岛"龙头带动"作用，打造全省海洋强省建设的主引擎；构筑泛胶州湾黄海经济带和泛莱州湾渤海经济带，形成"湾区带动"；重点推进长岛及烟台岛群、威海岛群、青岛岛群、日照岛群、滨州岛群间的"海岛协同"；以覆盖全省陆域、海域的协调联动，推动"半岛崛起"；以海洋产业、海洋科技、海洋资源、海洋港口为载体，形成"全球拓展"。

在行动重点上，大力实施海洋科技创新行动，加快建立开放、协同、高效的海洋科技创新体系；大力实施海洋生态环境保护行动，打造“水清、滩净、岸绿、湾美、岛丽”的美丽海洋；大力实施一流港口建设行动，力争2022年沿海港口货物吞吐量突破16.5亿吨；大力实施海洋新兴产业壮大行动，培育海洋高端装备制造、海洋生物医药、海水淡化及综合利用、海洋新能源新材料、涉海高端服务、海洋环保等新兴产业；大力实施海洋传统产业升级行动，推动滨海旅游、海洋渔业、海洋食品、船舶制造、海洋化工等转型升级；大力实施智慧海洋突破行动，打造海洋大数据平台和智慧海洋体系；大力实施军民深度融合行动，建设国家军民融合创新示范区；大力实施海洋文化振兴行动，打造海洋文化产业发展高地；大力实施海洋开放合作行动，加快构建海陆联动全面开放新格局；大力实施海洋治理能力提升行动，提升海洋治理综合能力。

三、坚决打好三大攻坚战

推动实现高质量发展，必须坚持问题导向，妥善解决发展中既存和新增的矛盾风险。在经济发展进入“新常态”、决胜全面建成小康社会的关键期，应以精准之策、有效之举，全面打好防范化解重大风险、精准脱贫、污染防治三大攻坚战。

（一）打好防范化解重大风险攻坚战

金融存在的风险反映的是实体企业面临的难题。去年以来，山东有序推进“去杠杆”和化解企业风险工作，区域金融生态得到有效稳定，但仍面临诸多挑战。从“黑天鹅”“灰犀牛”“明斯基时刻”等突发事件，到全球性金融市场风险，再到国内资产泡沫、不良资产、影子银行等金融乱象，守住监管底线、防范系统风险成为整个金融业的首要前提和国民经济体系健康稳定的“压舱石”。从中期看，任务重点是推动金融发展与实体产业的深度融合与良性互动，通过新旧动能转换、产业腾笼换鸟、十强产业发展等举措，从实体经济端提高发展的质量效益，降低企业资产负债率，自然有序化解金融风险。从短期看，任务重点是加强金融风险监测预警，开展好风险隐患排查，做好重点企业风险的有序释放；发挥地方金融资产管理公司功能作用，推动风险防控任务较重的市设立分公司或合作设立基金；建立逃废金融债务综合防控机制，加大对失信黑名单企业和人员的惩戒等。

（二）打好精准脱贫攻坚战

习近平总书记强调，“小康不小康，关键看老乡”。全面建成小康社会，首要的就是消除贫困，解决好农村贫困人口的小康生活问题。山东省历来高度重视农村扶贫开发工作，经过多年努力，全省农村贫困人口规模到2015年减少至242.4万人，以年均减少100万的速度稳妥推进。目前面临的主要挑战包括区域分布不均衡、因病因灾返贫现象较多、产业扶贫持续性不强、扶贫需求精准对接不足等，对全面完成脱贫攻坚任务形成巨大挑战。从中期看，重点任务是丰富发展好乡村旅游扶贫、电商扶贫、光伏扶贫、资产收益扶贫等特色扶贫产业体系，加强职业技能培训、转移就业渠道建设、贫困人口创业就业等引导支持，实施好异地搬迁脱贫、库区滩区湖区搬迁、农村危房改造等重大工程，完善基础教育、职业教育、健康医疗、环境治理等长效脱贫机制。从短期看，重点任务是解决好“黄河滩”“沂蒙山”“老病残”等重点问题，基本完成全省异地扶贫搬迁任务，加快扶贫项目建设进度，尽快完成现行标准下贫困人口脱贫任务，为实现更高水平、更高层次的贫困人口小康争取有利形势、奠定坚实基础。

（三）打好污染防治攻坚战

近期，山东以中央环保大督查为契机，加强“散乱污”企业治理和燃煤机组淘汰，系统开展环境综合治理，大气质量进一步改善，煤炭消费减量替代、水污染防治等工作得到中央高度认可，生态环境继续改善，为全面打好污染防治攻坚战开了好头。特别是2017年全省整顿清理8.75万家散乱污企业，但导致经济滑出“下限”、风险突破“底线”，经受住了考验，为全面推动污染物总量控制和环保倒逼行业转型升级奠定了信心。从中期看，重点任务是打赢蓝天保卫战、水环境突出问题攻坚战、自然保护区突出问题攻坚战、环境执法监管突出问题攻坚战等几个关键性“战役”，推动形成绿色发展方式和生活方式，加大生态保护修复与监管力度。从短期看，重点任务是落实年度净压减煤炭消费量指标，做好通道城市清洁能源供热，实现燃煤小锅炉“清零”，抓好秸秆综合利用和禁烧工作，严控建筑工地、露山煤矿等重点场所扬尘，安排好冬季错峰生产，全面完成“散乱污”企业清理取缔工作等。

四、着力打造四大新亮点

（一）着力深化关键改革

2013年11月，习近平总书记在山东考察时强调，改革开放只有进行时、没有完成时。解决我国发展面临的难题，不深化改革不行，深化改革力度小了也不行。2017年11月，习近平总书记主持召开十九届中央全面深化改革领导小组第一次会议时强调，过去几年来改革已经大有作为，新征程上改革仍大有可为。“逢山开路，遇水架桥，将改革进行到底。”习近平主席发表的2018年新年贺词中，对改革有这样的铿锵宣示。

山东地处沿海，得改革开放之先。40年的改革开放，发展了山东、改变了山东、成就了山东。省第十一次党代会以来，新一届省委坚决贯彻中央决策，准确把握十九大提出的改革部署、改革要求，坚决破除一切顽瘴痼疾，打破利益藩篱，激发了走在前列的动力活力。山东明确坚持把深化改革作为新旧动能转换的根本动力之一，加强制度设计、系统谋划和协同推动，持续激发全社会活力和创造力，不断增强经济发展的内生动力。

我省深入学习贯彻总书记关于全面深化改革的重要思想、科学方法，系统总结40年来积累的宝贵经验，深化改革激发动能转换活力，推进塑造政策、环境和服务集成新优势。围绕破难题、增活力、创优势、促发展，加快改革攻坚步伐，加大结构性改革力度，增强改革系统性、整体性、协调性，形成有利于创新发展的体制机制和政策环境。以改革开放40周年为契机，树立改革强省的鲜明导向，保持将改革进行到底的坚定执着，不断解放和发展社会生产力。全省改革呈现全面发力、多点突破、纵深推进的良好态势，重要领域和关键环节取得突破性进展，为全省经济社会发展注入了强大动力和活力。

全省重点领域和关键环节改革持续深化，取得了重大进展和明显成效。经济体制改革方面。深化供给侧结构性改革，落实“三去一降一补”五大任务取得阶段性成果，改革资源更多向新旧动能转换聚焦，提供有力的体制机制保障。通过深化国有企业、“放管服”管理、财税体制、金融体制、科技体制、城乡体制、现代市场体系、开放型经济体制等改革，不断完善我省经济体制。民主法制领域改革方面。调整省人大常委会2013年至2017年地方立法规划，出台关于加强社会主义协商民主建设的实施意见，推进协商民主广泛多层制度化发展。加快法治政府建设，制定加强与人大代表联系的意见和加强人民协商民主监督的实施意见等。文化体制改革方面。在全国率先制定推动文化领域供给侧结构性改革实施方案，加快构建现代公共服务体系，大力实施齐鲁优秀文化传承发展工程。司法体制和社会治理体制改革方面。全面推开司法责任制改革，建立法官检察官遴选常态化工作机制，深入推进“互联网+公安政务服务”建设等。社会事业体制改革方面。推进“3+1”教育综合改革，在全国率先建立统筹城乡的居民基本养老保险制度和大病保险工作。生态文明体制改革方面，开展全省环境保护突出问题综合整治攻坚行动，启动省级以上自然保护区生态补偿，出台生态环境损害赔偿制度改革试点工作实施方案。党的建设制度改革方面，实施《中国共产党党组工作条例（试行）细则》。纪律检查体制改革方面，制定我省贯彻巡视条例的实施办法，建立市县党委巡察制度。

2018年是改革开放40周年，全省深化改革将坚持以习近平新时代中国特色社会主义思想为指导，全面贯彻落实党的十九大精神，把握“三个不能变”的重大原则，按照接力探索、接续奋斗的要求，驰而不息地将改革推向前进。在下一步深化改革中：

一是必须提高政治站位，坚持正确的改革方向。牢固树立“四个意识”，深入学习贯彻习近平新时代中国特色社会主义思想和十九大精神，坚定维护以习近平同志为核心的党中央权威和集中统一领导。准确把握党的十九大改革蕴含的改革精神、改革部署、改革要求，统筹推进党的十九大确定的改革任务和十八大以来尚未完成的改革任务，保持改革力度和持续性。

二是统筹规划改革举措，精准谋划改革重点。按照走在前列的目标定位，谋篇布局，精准聚焦，集中发力，努力破除体制机制制约。

三是加大机构和行政体制、国企国资、财税体制、金融体制、外经贸体制、商事制度、司法体制、纪检监察等关键性改革推进力度，为高质量发展提供体制机制保障。

四是狠抓改革落地，打通“最后一公里”。强化担当意识，压实改革责任，加强改革督察，实施“改革落实行动计划”，打通改革“最后一公里”，做到踏石留印、抓铁有痕。

（二）着力推动全面开放

以开放促改革、促发展，是我国现代化建设不断取得新成就的重要法宝。习近平总书记强调，要主动参与和推动经济全球化进程，发展更高层次的开放型经济，推动形成全面开放新格局。作为“一带一路”的重要交会点，山东具有得天独厚的区位优势。2017年，我省与“一带一路”沿线国家实现外贸进出口4816.3亿元，增长16.4%，占全省的27%；沿线国家在山东新设企业116家，实际使用外资99.8亿元，增长19.2%；我省对沿线国家实际投资100.6亿元，增长81.7%，占全省的26.7%。2017年，1—11月份我省外贸出口增长10.7%，增幅列全国六大出口省市第二位；实际使用外资增长5.9%，总量首次超过浙江，上升到全国第五。肯定成绩的同时，不能否认“开放”仍是我们的短板。与广东、江苏相比，我省开放度仅为23.1%，远远落后于广东的79.3%和江苏的44.2%，低于全国32.7%

的平均水平。

着力方向：

发挥区位战略节点优势，开拓开放强省新途径。实施更加积极主动的开放战略，突出“一带一路”建设，放大山东由南向北扩大开放、由东向西梯度发展战略节点作用，在构建陆海内外联动、东西双向互济的全面开放新格局上走在前列。坚持在国家发展全局中谋划推进工作，全面融入“一带一路”建设，积极对接京津冀协同发展、长江经济带等国家战略，深度融入环渤海经济合作区、中原城市群、淮河生态经济带等区域战略，拓展对内对外发展空间。

依托海上丝绸之路促进沿海城市互联互通，支持青岛、烟台、威海、日照打造海上合作战略支点，依托东亚交通物流枢纽中心区位优势，大力发展跨境转口贸易，探索中欧班列新模式。加快推进中韩（烟台）产业园、济南中德产业园、威海中韩地方经济合作示范区和东亚海洋合作平台建设，支持济南打造“内陆港”、设立空港保税物流中心。组织实施“选择山东”全球路演，加快引进一批世界500强和行业领军企业项目。加强国际产能、创新能力的开放合作，有效引导支持对外投资。着力转变外贸发展方式，推动从大进大出向优质优价、优进优出转变，加快打造外贸强省。（2018年山东省政府工作报告）

全省经济暨金融工作会议提出的“深度融入‘一带一路’建设，着力塑造开放型经济新优势”，提出“高质量利用外资”“创新对外投资合作方式”“培育外贸新业态新模式”三项举措，是我省塑造开放型经济新优势的重要措施，也是山东进一步提升对外开放层次和水平的重要手段。

深度参与“一带一路”建设，践行丝路精神。积极参与国家对外开放陆海大通道建设，加强与“一带一路”沿线国家经贸合作与人文交流。依托海上丝绸之路促进沿海城市互联互通，支持青岛、烟台、威海、日照打造海上合作战略支点，依托东亚交通物流枢纽中心区位优势，大力发展跨境转口贸易，探索中欧班列新模式。拓展国际合作的广度和深度，不断提升山东与港澳台合作交流水平。

推动国际合作园区建设，深化境外地方经济合作，促进产业集聚、壮大产业规模。加快中韩地方经济合作示范区和产业园建设，支持在贸易、投资、服务、产业合作等领域积极探索、先行先试，为中日韩地方经济合作示范区和山东自由贸易试验区申建积累经验、奠定基础。建设东亚海洋合作平台，打造东北亚及环太平洋合作重要平台。以先进制造业为重点，积极争取建设中德经济技术协作基地。支持济南打造“内陆港”、设立空港保税物流中心。组织实施“选择山东”全球路演，加快引进一批世界500强和行业领军企业项目。

发挥山东传统产能优势，深化国际产能合作，有效引导支持对外投资。扎实推进境外经贸合作区建设，培育壮大山东本土跨国公司。实行国家走出去政策，把握国际市场需求，按照产业链国际延伸、供应链全球整合、价值链高端提升的原则，重点推动化工、有色、建材、轻工纺织等优势产能对外投资合作，加强全球产业布局，把产能压力转化为合作优势。

围绕新旧动能转化，着力提高引资引智水平。十九大报告指出，支持传统产业优化升级，加快发展现代服务业，瞄准国际标准提高水平。促进我国产业迈向全球价值链中高端，培育若干世界级先进制造业集群。山东要围绕新旧动能转换十大重点产业，以“补链、建链、强链”为目标，开展产业链式、专业化的招商工作，引进绿色环保、高附加值的外资项目，延伸产业链条、补齐产业短板，培养一批具有较强国际竞争能力的产业集群。根据《山东省新旧动能转换重大工程实施规划》，我省还将创新人才引进模式，建立符合国际规则和惯例的引才机制和服务模式，研究制定加快推进人才国际化的意见。同时加大柔性引才力度，支持外籍高层次人才和急需紧缺人才来鲁工作、创新创业，提供高效便捷的人才签证、工作许可审批服务。

（三）着力推进军民融合

军民融合发展，是党和国家“四个全面”战略布局的重要组成部分，是实现富国强军相统一的必由之路。在国际上一些传统的军工强国，许多战略新兴产业的诞生得益于军民融合，随着越来越多的技术军民共用，国家综合科技实力大幅提升，有力带动了经济发展。经过多年的探索实践，我国在军民融合发展上迈出了坚实步伐，取得了丰硕成果，基于军用需要的“北斗”系统一经民用，产生了数千亿元的产业带动效应，促进了经济实力和国防实力的同步增长。党和国家领导人高度重视军民融合，习近平总书记于2015年首次提出要“把军民融合发展上升为国家战略”。“十三五”规划也明确提出“实施军民融合发展战略，形成全要素、多领域、高效益的军民深度融合发展格局”。2018年，习近平出席十三届全国人大一次会议解放军和武警部队代表团全体会议并发表重要讲话时强调，推动军民融合深度发展是我国统筹国防建设和经济建设发展的重大战略决策。要努力开创新时代军民融合深度发展新局面，为实现中国梦强军梦提供强大动力和战略支撑。

作为沿海经济大省、人口大省、驻军大省、兵员和优抚安置大省、加快发展军民融合产业，既可凝聚我省工业优势资源支撑保障国防建设，更可释放国防科技工业优势资源带动我省新旧动能转换。为促进军民融合发展，破解阻碍军民融合发展的共性难题，我省重点作了以下方面的工作：

整合资源，创新军民融合。近几年，围绕做大做优军民融合，我省以“军转民”和“民参军”为两大抓手，大力推进军民资源共享和协同创新，一方面与中央军工集团积极开展合作，一方面认真贯彻落实国家鼓励“民参军”的系列优惠政策，推动民企更加顺畅地进入国防军工领域。2017年，山东军民融合产业实现销售收入3112亿元，实现较大幅度增长。船舶工业等一批典型军民融合重点项目加快推进，青岛古镇口国家军民融合创新示范区等产业基地初步形成示范效应。青岛西海岸新区作为第九个国家级新区，在获批时被国家赋予五大战略定位，其中之一就是建设军民融合创新示范区。新区的古镇口是中国首个战略母港所在地，青岛将其规划建设为军民融合创新示范区，采取“军地联合论证、共同投资、多方式参与、收益共享”合作模式，军工产业发展为当地经济建设的最大亮点，尤其在涉军涉海科技创新方面展现出独特优势。

破立并举，清除融合障碍。我省开展了军民融合“十三五”专项规划编制工作，组织了两批5个军民融合项目，争取国家军民融合专项建设基金近4亿元。青岛（古镇口）国家级示范区报批工作进展顺利。我省在全国率先开展了省级军民融合深度发展示范工作，设立了烟台、威海和临沂3个示范市，烟台市经济技术开发区、蓬莱市、海阳市和威海市环翠区、荣成市5个示范区，依托威海农友信息技术有限公司建立军民融合深度发展培训基地。省发改委及青岛、淄博、烟台、威海、临沂、莱芜6市分别与中国航天系统科学与工程研究院签署了战略合作协议，以智慧城市为切入点，共同推进示范省建设。

但从全国来看，山东的国防科技工业规模实力和贡献率依旧偏小，与习近平总书记提出的“全要素、多领域、高效益的军民融合深度发展格局”仍有不小差距。中央军工集团在山东布局的军工企业和科研院所较少，我省缺乏整机制造和系统集成单位，军工经济和军民融合产业规模不够大，对工业的贡献率还不够等问题突出。

下一步，我省要坚定落实习近平总书记重要指示要求，以改革创新精神推进军民融合深度发展。立足我省实际，着力破解影响和制约军民融合发展的体制性障碍、结构性矛盾、政策性问题，努力探索新路径新模式。

继续实施军民科技融合创新专项计划，争创国家军民科技协同创新平台，创建国家军民融合深度发展示范省。以军民融合发展战略为引领，重点做好保军强军、军工开放、资源共享、协同创新等工作，助推全省经济高质量发展。

健全完善军民融合发展组织管理、工作运行等机制。加快成立省、市两级军民融合办事机构，有机整合，理顺关系，明确工作职责，建立长效机制，统一负责全省军民融合发展工作的综合协调和督导落实。

加强军地需求对接，统筹军地创新资源，加快军民两用技术研发转化，不断拓展军民经济动员新领域，注重发挥高新技术的引领功能，运用云计算、物联网、大数据等前沿信息技术，助力解决相关难题。注重发挥新兴产业的带动功能，依托省内船舶、航天、新材料等行业优势，加大高科技装备、信息技术装备储备力度，提高科技信息领域动员保障能力。注重发挥产业集聚区的辐射功能，划片分区建立动员保障体系，形成点面结合、优势互补、特色鲜明的动员保障格局。

随着军工开放程度提升，为更好满足发展需求，国内一些大型军工企业、科研院所等在进行新一轮布局调整。山东必须把握好这一布局调整关键时机，吸引中央军工单位将更多业务增量放在山东。具体合作中，要注重示范效应的发挥，立足我省已具备产业基础和若干优势的领域，尽快梳理一批军民融合重大项目，以军民融合带动实现重大技术突破。

依托各地重点经济技术开发区或高新技术产业开发区，培育形成一批战略规划导向清晰、自主创新能力较强、服务体系健全完善的省级军民融合示范基地。同时，发挥重点企业在带动产业合作、引领技术创新、创立品牌效应等方面的示范作用，重点培育扶持一批军品销售收入过亿元、产业链条长、区域经济带动力强的规模型企业，以及一批拥有军民融合关键核心技术和成果的“专精特新”小企业。

完善国防动员体系，大力加强国防后备力量建设，积极支持国防和军队深化改革，扎实做好双拥工作，巩固军政军民团结。全面落实退役军人安置政策，维护军人军属合法权益。加强军事设施保护，支持和服务保障军队备战练兵。深化全民国防教育，营造全社会关心国防、热爱国防、支持国防和尊崇军人的浓厚氛围。

（四）着力推动双招双引

当前我国正处于一个大有可为的历史机遇期。各个国家和地区都在努力地主动融入世界经济，国内各省招商引资吸纳人才更是如火如荼。2018年6月11日，习近平总书记在主持上合组织青岛峰会后，对山东发展提出了“四个扎实”的要求，指示我们主动融入国家开放大局，提高开发水平，扩大高质量招商引资，深度融入“一带一路”建设，把山东打造成为对外开放新高地。7月5日至8日，山东省委书记刘家义和省长龚正带领各市和省直有关部门主要负责同志，到广东、浙江、江苏等三个省实地学习，并于7月11日召开山东省招商引资招才引智工作会议，充分体现了山东深入落实学习习近平总书记对山东系列重要指示精神，进一步解放思想、深化改革，用高质量招商引资、招才引智推动山东高质量发展的信心和决心。山东是经济大省、文化大省、人口大省，在招商引资、招才引智上独具优势，但也同时存在缺乏高层次人才、高端技术、新的管理理念、新的产业模式等优质生产要素的问题。通过招商引资、招才引智，让引进来的资本、技术、人才、市场、观念、管理等要素，与我省现有的产业优势、区位优势、教育优势、需求优势、海洋优势、人文优势资源重新优化组合，将传统优势变成现代优势、将小优势变成大优势，将潜在优势变成现实优势，再将现实优势做大做强，对推动经济高质量发展具有十分重大的现实意义。

招商引资、招才引智，要聚焦聚力高质量精准化，围绕产业基础、比较优势做整体的产业方向设计。

聚焦“十强”产业集群。在省市层面统筹规划产业集群分布的前提下，各县根据主导产业集群化发展的产业链条，精准做好招商引资、招才引智工作；搞好专业化的产业链条设计，强化产业入群企业上下游的内在关联强度和横向配套紧密度；按照高质量招商引资、招才引智的要求，推进园区体制机制创新，突出特色化、个性化发展，明确园区主导产业，努力引进一批跨国公司、行业龙头企业和单项冠军企业，走集群化发展的路子；产业布局要和主体功能区规划相衔接，东部沿海地区应着重发展临港经济、海洋经济，中部地区应以发展高端化工、高端装备制造业为主，西部地区应重点发展现代农业、环保产业、文化旅游业等绿色产业。

聚焦重大基础设施建设。在严格依法依规、防范政府债务风险的前提下，舍得拿出一些优质项目和资源来招商引资，用好各类合作方式。

聚焦科技教育。调动政府、企业、社会各方面的积极性，形成对科技人才的巨大激励、对科技创新的巨大激发；学习其他省份招揽人才的先进经验，在人才公寓、孩子入学、医疗保障和创业融资、科研配套、团队支持等方面，形成完备周全的服务体系，“聚天下英才而用之”。

聚焦品牌经济。以开放的心态去寻找战略合作者，引进资本，引进人才，不断推动技术创新，实现品牌价值提升。

创新招商引资、招才引智的方式。一是产业链招。按照产业链设计招进龙头企业，以龙头企业为依托，以企招企，吸引更多的关联企业入群。二是专业化招。通过专业化的招商队伍，分工研究相关行业发展的现状、国际国内的布局、未来的产业走势以及重点企业、技术、产品、人才。三是社会化招。要社会化、多元化，充分依靠市场力量。四是委托代理招。发挥国际、国内有影响的行业组织机构代理招商的独特作用。五是乡情亲情招。注重用好亲情纽带、乡土观念，广泛动员亲朋好友、父老乡亲、校友同窗穿针引线、牵线搭桥。主动摸排对接在外的家乡客商，为他们报效乡土搭建平台、创造契机。

认识招商引资、招才引智是经济增长问题、结构优化问题、自主创新问题、财政收入问题、民生问题，紧紧抓住经济工作主动权。各级领导干部必须提高素质能力，筑巢引凤，种好梧桐树，引来本乡本土、外乡异地、异国他乡的金凤凰。要加大对党政主要领导同志高质量、精准化招商引资、招才引智的业绩考核，对有关省直部门也要建立相应考核机制，注重在招商引资、招才引智中锤炼干部、发现干部、选拔干部。要把“放管服”改革作为优化营商环境的重大改革举措，深入推进“一次办好”改革，加快流程再造，营造亲清新型政商关系，为企业发展提供“保姆式”服务，当好企业发展的“店小二”。

后 记

《波澜壮阔的历史篇章——山东改革开放40周年》系列丛书由中共山东省委宣传部组织编写。

《经济篇》由山东省宏观经济研究院承担，在编写过程中，刘冰负责把握本书的框架和整体思路，姜东杰、卢华负责课题分工协调、具体组织研究的展开。具体章节分工如下：第一章由张磊、刘佳、刘宁、穆秀珍撰写，第二章由刘德军、孙华臣、许月恒、王芸、张靖会、尚蔚、王淑娟撰写，第三章由吴军、马彪、孔峻岩、王志勇、姜晶、崔雁冰、倪艳亭、李梦洁撰写，第四章由张辉、刘文涛、吕蕾、傅增清、栾咏梅、张青、任栋、冀刚撰写，第五章由李莉、张鹏、王安撰写，第六章由张磊、郑艳娜、李继伟撰写，第七章由刘文涛、张靖会、姜晶撰写。

在本书的写作过程中，我们吸收了省内外的诸多领导和专家学者提出的许多有价值的指导性意见和建议，并借鉴了学术界有关成果，在此特致谢忱。

由于时间和水平所限，本书还存在许多不足之处，恳请大家提出宝贵意见，并不吝赐教。

本书编写组

2018年11月

山东省重大理论与实践问题研究课题

波澜壮阔的历史篇章
——山东改革开放40周年

总论篇

袁红英 主编

山东人民出版社·济南
国家一级出版社 全国百佳图书出版单位

图书在版编目（CIP）数据

波澜壮阔的历史篇章：山东改革开放40周年 · 总论篇/袁红英主编. --济南：山东人民出版社，2018.12
（波澜壮阔的历史篇章：山东改革开放40周年系列丛书）
ISBN 978-7-209-10598-9

Ⅰ. ①波… Ⅱ. ①袁… Ⅲ. ①改革开放－研究－山东
Ⅳ. ①D619.52

中国版本图书馆CIP数据核字(2018)第265900号

波澜壮阔的历史篇章
BOLANZHUANGKUO DE LISHI PIANZHANG
——山东改革开放40周年 · 总论篇
袁红英 主编

主管部门 山东出版传媒股份有限公司
出版发行 山东人民出版社
出 版 人 胡长青
社　　址 济南市英雄山路165号
邮　　编 250002
电　　话 总编室（0531）82098914
　　　　 市场部（0531）82098027
网　　址 http://www.sd-book.com.cn
印　　装 山东新华印务有限责任公司
经　　销 新华书店

规　　格 16开（169mm×239mm）
印　　张 11.25
字　　数 170千字
版　　次 2018年12月第1版
印　　次 2018年12月第1次
ISBN 978-7-209-10598-9
定　　价 400.00元（全九册）
如有印装质量问题，请与出版社总编室联系调换。

《波澜壮阔的历史篇章——山东改革开放40周年》系列丛书编委会

前　言

四十年的奋斗波澜壮阔，四十年的成就举世瞩目。改革开放以来，中国走过了极不平凡的光辉历程，创造了世人瞩目、彪炳史册的人间奇迹。山东作为经济大省、人口大省、文化大省，在改革开放的大潮中，始终与全国改革开放步伐一致、同频共振，始终敢闯敢试，领风气之先、立时代潮头。在党中央的坚强领导下，山东人民接续奋斗、砥砺前行，坚持以经济建设为中心，不断解放思想、改革创新，开拓进取、扎实工作，取得了经济社会发展的辉煌成就。

在纪念改革开放40周年之际，山东省委宣传部组织专家学者编写了《波澜壮阔的历史篇章——山东改革开放40周年》系列丛书，既是对山东40年改革开放历史的回顾与记录，也是对山东改革开放宝贵经验的提炼与总结。丛书具有较强的理论性、通俗性和实践性，对广大党员干部群众进一步深化对改革开放的认识，扩大开放的信心和决心，在新的历史起点上继续解放思想、坚持改革开放，进而在全面建成小康社会进程中走在前列，在社会主义现代化建设新征程中走在前列，全面开创新时代现代化强省建设新局面，具有重大的现实意义和深远的历史影响。

目 录

总 论

2018年是中国改革开放40周年。40年栉风沐雨，40年春华秋实。40年来，春风化雨，万象更新，中国在经济、政治、文化、社会、民生、军事等领域都发生了深刻变化，取得了令世界为之惊叹的巨大成就。山东作为全国的经济大省、人口大省、文化大省，在改革开放的大潮中，与全国步伐一致，同频共振，走过了极不平凡的发展历程。站在新时代的起点上，回望过去，山东改革成效显著，给时代和人民交出了满意答卷；展望未来，山东改革将再度扬帆启航，在习近平新时代中国特色社会主义思想指引下，奋力推进新时代现代化强省建设。

一、春华秋实，满庭芬芳，山东改革开放的基础更加稳固

改革开放40年来，山东在省委、省政府的正确带领下，始终认真贯彻落实党中央的决策部署，坚持以经济建设为中心，不断解放思想、改革创新，开拓进取、扎实工作，不断把经济文化强省建设向前推进。

综合经济实力大幅提升。40年来，山东的经济建设不断迈上新台阶，经济总量扩张、经济结构优化、区域协调发展、科技创新能力等均取得了

令人瞩目的巨大突破，综合经济实力实现了大幅跃升。地区生产总值从1978年的225.4亿元，增长到2017年的72678.2亿元，增长了300多倍；人均生产总值从1978年的316元，增长到2017年的72851元，突破了1万美元大关，增长了200多倍；财政收入从1978年的64.1亿元，增长到2017年的6098.5亿元，增长了近100倍。正是借助改革开放的春风，山东经济总量在1979年就挤进全国“前三”，此后一直稳居“三甲”。

文化强省建设成效显著。40年来，山东紧紧围绕打造全国重要区域性文化中心，大力实施精品带动、人才振兴、创新驱动“三大战略”，着力实施社会主义核心价值体系建设工程、“文明山东”建设工程、文化改革创新工程、文化惠民工程、文化产业跨越发展工程、文化精品打造工程、齐鲁文化传承工程、齐鲁文化“走出去”工程、文化人才兴鲁战略、文化建设保障工程十大工程，公共文化服务体系不断完善，文艺创作更加繁荣，文化领域开放度进一步扩大，人民群众精神文化生活更加丰富，开创了文化强省建设新局面。

社会民生事业持续进步。40年来，山东在全力推动经济跨越发展的同时，努力提升民生事业整体发展水平，真正实现了发展为了人民，发展依靠人民，发展惠及人民。特别是近年来，各项惠民政策进一步落实，民生得到持续改善，人民获得感、幸福感显著提高。2017年，全省居民人均可支配收入26930元，是1978年的约69倍。其中，城镇居民人均可支配收入36789元，农村居民人均可支配收入15118元，农村居民人均可支配收入实际增速连续8年高于城镇居民，城乡居民收入倍差持续缩小。

生态山东建设成绩斐然。山东历来高度重视生态保护与建设，先后推动实施了“海上山东”“绿色山东”“生态山东”等重大战略，努力打造

“碧海蓝天”，取得了显著成效。同时，山东坚持“节约、清洁、安全”发展方针，积极推动能源生产利用方式变革，发展动力由传统能源增长向新能源增长转变，能源、资源利用效率持续提高。2017年，山东细颗粒物平均浓度改善幅度在京津冀及周边省份中位列第一，全省“蓝天白云、繁星闪烁”天数达到275.4天，比2016年增加26.5天，全省PM2.5、PM10、二氧化硫、二氧化氮平均浓度同比分别改善13.6%、11.7%、31.4%和2.6%。

全面从严治党成果卓越。40年来，随着山东经济社会的快速发展，全省党建工作也取得了丰硕成果。各级党组织管党治党的政治责任不断强化，党员干部理想信念更加坚定，干部人才队伍和基层党组织建设取得积极成效，反腐败斗争形成压倒性态势，党风政风明显改善，党内政治生活呈现新的气象。全省广大党员干部牢固树立了正确的权力观、地位观、利益观，坚持全心全意为人民服务的根本宗旨，切实把解决民生问题放在各项工作的首位，顺应民意、化解民忧、为民谋利，切实保持了为民、务实、清廉的良好形象。

二、整装待发，砥砺前行，山东改革开放的方向更加明确

历史的车轮滚滚向前，时代的潮流浩浩荡荡，40年的辉煌成就已经载入史册，新时代的画卷正在徐徐展开。与全国一样，山东发展正处于大有可为的历史机遇期，山东全面深化改革进入攻坚期。

习近平总书记对山东工作的重要讲话、重要指示和批示为山东未来发展提供了基本遵循。党的十八大以来，以习近平同志为核心的党中央对山东发展高度重视、寄予厚望。2013年11月，习近平总书记视察山东并发表重要讲话，后来又多次对山东工作作出重要指示和批示，提出明确要求。

2018年3月，习近平总书记在参加十三届全国人大一次会议山东代表团审议时，就推进全面从严治党、树立正确政绩观、加强企业自主创新、传承红色基因、经略海洋，特别是实施乡村振兴战略等发表重要讲话，这是新时代引领山东长远发展、科学发展、根本发展的重要指导方针。2018年6月，习近平总书记再度亲临山东视察，进一步明确山东发展的目标定位，对山东在新时代新征程上需要把握好、解决好的一系列重大问题作出科学有力指导，为山东做好各项工作注入强大动能。

党的十九大为山东未来发展指明了前进方向。党的十九大精神集中反映了全党智慧、基层实践、人民期盼，是在齐鲁大地续写新时代中国特色社会主义伟大胜利山东篇章的行动指南。党的十九大提出的基本方略，对化解山东发展质量和效益不够高、创新能力不够强等问题，补齐发展的短板，化挑战为机遇具有重要的指导作用。在新时代，我们国家的目标是要全面建设富强民主文明和谐美丽的现代化强国，而作为中国经济社会发展经典缩影的山东，我们的目标则是要建设与此相匹配的经济文化强省。为此，山东必须真抓实干，做到讲实情、出实招、办实事、求实效，真正把党的十九大精神落实到各项工作中去，紧紧抓住山东经济社会发展的历史机遇期。

牢记使命担当，进一步明确“两个走在前列，一个全面开创新局面”的战略定位。习近平总书记要求山东在全面建成小康社会进程中走在前列，在社会主义现代化建设新征程中走在前列，全面开创新时代现代化强省建设新局面。这既体现了总书记对山东改革开放40年来取得成绩的充分肯定，也体现了总书记对山东发展的高度重视和殷切期望，为未来一个时期山东改革发展指明了道路和方向。落实总书记的要求，要扎实推动高质量发展，按照新发展理念的要求，以供给侧结构性改革为主线，坚持腾笼换鸟、凤凰涅槃的思路，推动产业优化升级，推动创新驱动发展，推动基础设施提升，推动海洋强省建设，推动深化改革开放，不断培育发展新动能，赢得竞争新优势。

三、久久为功，善作善成，山东改革开放的道路更加坚定

总结山东40年的发展经验，最重要的就是不断深化改革和持续扩大开放。实践充分证明，是改革开放发展了山东、改变了山东、成就了山东。进入新时代，山东还要切实用好改革开放这一关键之招，勇于探索，大胆实践，将改革进行到底，将开放全面推进，确保在全国改革开放大潮中走在前列。

实施新旧动能转换重大工程，推动经济高质量发展。习近平总书记要求山东要坚持腾笼换鸟、凤凰涅槃的思路，坚决打好转方式调结构攻坚战，推进产业结构优化升级，增强产业发展后劲。山东第十一次党代会提出，“山东要实现腾笼换鸟、凤凰涅槃、浴火重生，必须牢牢抓住供给侧结构性改革这条主线，把加快新旧动能转换作为统领经济发展的重大工程，积极创建国家新旧动能转换综合试验区”。2018年1月，国务院正式批复《山东新旧动能转换综合试验区建设总体方案》，同年2月，山东省人民政府印发《山东新旧动能转换重大工程实施规划》，这标志着山东正式开启实施新旧动能转换重大工程的新篇章，山东正以新旧动能转换为抓手，全面推进经济实现高质量发展。

实施乡村振兴战略，打造乡村振兴齐鲁样板。实施乡村振兴战略是党的十九大作出的重大决策部署，是决胜全面建成小康社会、全面建设社会

主义现代化国家的重大历史任务，是新时代“三农”工作的新旗帜和重要抓手。要以习近平总书记关于打造乡村振兴齐鲁样板的重要指示精神为根本遵循，牢固树立新发展理念，按照产业兴旺、生态宜居、乡风文明、治理有效、生活富裕的总要求，建立健全城乡融合发展体制机制和政策体系，全力推动乡村产业振兴、人才振兴、文化振兴、生态振兴、组织振兴，推动乡村振兴健康有序进行，加快推进乡村治理体系和治理能力现代化，加快推进农业农村现代化，打造生产美产业强、生态美环境优、生活美家园好“三生三美”融合发展的乡村振兴齐鲁样板。

做好经略海洋大文章，建设海洋强省。加快发展海洋经济、建设海洋强省，是贯彻落实习近平总书记经略海洋、建设海洋强国重要指示的客观要求。海洋作为高质量发展的战略要地，为新时代山东发展提供了最大潜力、最大空间和最大动能，山东要加快建设世界一流的海洋港口、完善的现代海洋产业体系、绿色可持续的海洋生态环境。要着力破解制约海洋经济发展的体制机制障碍，更好发挥市场机制的作用，充分释放海洋经济发展活力。要通过深化改革，不断提高开放质量，提升海洋产业合作水平，构建开放型海洋产业体系。力争到2035年基本建成与海洋强国战略相适应，海洋经济发达、海洋科技领先、海洋生态优良、海洋文化先进、海洋治理高效的海洋强省，为海洋强国建设贡献山东力量。

持续提高对外开放水平，全力打造对外开放新高地。2018年6月，习近平总书记视察山东时作出重要指示，要求山东打造成对外开放新高地。山东要以打造对外开放新高地为契机，把对外开放新高地作为招商引资、招才引智的大平台，利用好山东新旧动能转换综合试验区的金字招牌，进一步优化营商环境，聚焦新旧动能转换的“十强”产业，努力把山东打造成为我国长江以北地区扩大开放的重要战略支点，打造成对外开放的体制机制高地、制度创新高地、法治保障高地、营商环境高地、人才高地、产业创新高地、文化涵养高地，产业链、资本链、人才链、创新链集聚优化、强化的高地。

弘扬齐鲁优秀传统文化，推进文化强省建设。2013年习近平总书记考察曲阜时指出："孔子及儒家思想，是中华民族传统文化的重要组成部分，在中国历史上发挥了极为重要的作用。"山东文化底蕴深厚，要大力弘扬中华优秀传统文化，积极实施中华优秀传统文化传承发展工程，推动优秀传统文化创造性转化、创新性发展，在中华文化繁荣兴盛进程中当好排头兵。山东是红色根据地，拥有红色基因的丰厚资源。进入新时代，红色基因依然焕发无穷生命力，要充分发掘红色基因的时代价值，弘扬沂蒙精神的丰富内涵，探索传承红色基因的"山东模式"，用心用力把红色基因传承好，为实现"两个走在前列，一个全面开创新局面"的战略目标凝聚磅礴精神力量。

牢固树立正确政绩观，营造干事创业良好氛围。习近平总书记要求广大干部要牢固树立正确政绩观，既要做让老百姓看得见、摸得着、得实惠的实事，也要做为后人作铺垫、打基础、利长远的好事，既要做显功，也要做潜功，不计较个人功名，追求人民群众的好口碑、历史沉淀之后真正的评价。纵观改革开放40年来，山东之所以能够走在全国前列，靠的就是历届省委、省政府的正确领导，靠的就是有一支素质高、执行能力强、"忠诚、干净、担当"的干部队伍。站在新的历史起点，推进新时代现代化强省建设，肩负的使命更加光荣、任务更加艰巨，迫切需要打造一支改革进取、锐意创新、担当作为的干部队伍。要按照"三个一切"的要求来选拔干部、任用干部、考核干部，使"忠诚、干净、担当"成为各级领导干部的自觉行动。为担当者担当，为负责者负责，进一步营造干事创业的良好氛围。

加强党的建设，为新时代山东改革开放提供强有力的政治保障。贯彻落实党的十九大精神，在建设社会主义现代化强国的新征程中努力走在前列，不断开创经济文化强省建设新局面，关键在党，关键在党要管党、从严治党。新时代山东要切实加强党的领导和推进党的建设，用习近平新时代中国特色社会主义思想武装头脑，努力营造政治上的绿水青山，加强党内政治文化建设，不断培厚良好政治生态的土壤，涵养风清气正的政治生态，确保党始终成为经济文化强省建设的坚强领导核心，始终成为新时代全面深化改革与开放的坚强政治保证。

总之，改革开放是决定当代中国命运的关键一招，也是决定实现“两个一百年”奋斗目标、实现中华民族伟大复兴的关键一招。改革开放只有进行时，没有完成时，我们要用改革开放的办法解决发展中的一切矛盾与问题。进入新时代，肩负新使命，踏上新征程，山东要牢记习近平总书记的嘱托，坚决贯彻落实党中央的决策部署，在省委、省政府的正确领导下，始终坚持改革开放的正确方向，更加注重改革的系统性、整体性、协同性，以更大的使命担当、更强的理想信念、更足的拼搏干劲，开启改革开放的新篇章。

第一章
山东改革开放40年发展历程

改革开放40年来，在山东省委、省政府的正确领导下，全省各级党组织团结带领广大干部群众，始终秉持党的解放思想、实事求是、与时俱进、求真务实的思想路线，始终听从党中央指挥，坚决贯彻落实党的路线、方针和政策，勇于投身改革开放大潮，冲破重重阻力，战胜各种困难，推进全省城乡面貌发生巨大变化，人民生活水平不断提高，经济文化强省建设不断迈上新台阶。回顾山东改革开放的发展历程，大体可以分为四个阶段。

第一节　贯彻落实党中央相关精神，改革春风吹绿齐鲁大地（1978—1992年）

随着“文化大革命”的结束和党的十一届三中全会的召开，党中央在拨乱反正中深刻总结历史经验，实现了指导思想的根本转变，作出党的工作重心转移的重大决策，开启了我国改革开放的新征程。山东各级党组织坚决贯彻落实党中央的重大决策部署，实现了指导思想和工作重点的根本转变，全省改革开放不断开创新局面。

一、贯彻落实党的十一届三中全会精神，明确以推进改革开放为工作方向

1978年12月，中国共产党第十一届中央委员会第三次全体会议在北京举行。这次会议，开始全面认真纠正"文化大革命"中及其以前的"左"倾错误，坚决批判了"两个凡是"错误方针，充分肯定了必须完整、准确地掌握毛泽东思想的科学体系，高度评价了关于真理标准问题的讨论，确定了解放思想、开动脑筋、实事求是、团结一致向前看的指导方针，果断停止使用"以阶级斗争为纲"的口号，重新确立了马克思主义的思想路线、政治路线、组织路线，实现了党的指导思想从"以阶级斗争为纲"到"以经济建设为中心"的根本转变。这次会议是新中国成立以来党的一次具有深远意义的重要会议，实现了新中国成立以来我们党历史上具有深远意义的伟大转折，成为我国进入社会主义现代化建设和改革开放新时期的重要标志。

党的十一届三中全会召开以后，山东省委及各地（市）迅速行动起来，通过召开工作会议，认真传达学习和精心部署对会议精神的宣传、贯彻等各项工作。1978年12月24日至30日，山东省委常委会召开专门会议，认真学习了党的十一届三中全会精神。1979年1月4日至24日，山东省委召开工作会议，研究贯彻党的十一届三中全会精神、落实工作重点转移的各项措施。会议学习了党的十一届三中全会和中央工作会议文件，围绕全党工作着重点的转移，就历史遗留问题和省委工作中的缺点错误，敞开思想谈意见，开展

了批评与自我批评。会议特别提出，各级党委主要精力要由主要抓阶级斗争改变为主要抓经济建设，标志着山东全省上下工作重心的转变。历时20天的山东省委工作会议，对党的十一届三中全会精神在全省的学习贯彻作出迅速有力的安排，为实现全省工作重点的转移起到了重要作用。

为了迅速掀起学习党的十一届三中全会精神的高潮，1979年1月下旬至2月上旬，山东省委召开了全省理论工作务虚会。会议围绕理论工作如何为社会主义四个现代化服务这个总题目，针对社会主义社会的基本矛盾、主要矛盾、发展动力以及“左”倾错误的危害等问题，联系实际，开展讨论。与此同时，山东省革命委员会、山东省政协等省级机关也纷纷召开专门会议，研究讨论如何贯彻落实党的十一届三中全会和省委工作会议精神。2月12日至20日，省委宣传部召开了全省地（市）委宣传部长会议，对宣传工作如何适应全党工作重点转移，积极主动地为社会主义现代化建设服务，进行了认真研究和部署。与此同时，《大众日报》等报刊和山东人民广播电台、山东电视台都加大了对党的十一届三中全会精神的宣传力度。山东对党的十一届三中全会精神的传达、贯彻工作抓得比较紧，措施也比较得力，全省上下很快形成了统一的认识。

二、开展真理标准问题讨论“补课”和推进社会主义精神文明建设，奠定改革开放的思想政治文化基础

“文化大革命”结束以后，由于长期受极左思潮的影响，“两个凡是”的迷雾在山东还没有完全散开，关于真理标准问题的讨论也进行得不够彻底。1979年7月底8月初，邓小平来山东视察工作时明确提出，山东要开展真理标准讨论补课，以确定正确的思想路线。邓小平讲话后，山东省委

于8月2日至5日召开省委常委会和地（市）委书记会议，传达邓小平讲话精神，研究和部署在全省范围内开展真理标准问题的讨论补课。这次会议标志着全省大规模的真理标准讨论开始。

1979年9月，山东省委召开地（市）委书记会议。会议第一次把开展真理标准讨论、端正思想路线问题提到首位。会议指出，开展真理标准讨论，是思想解放的重要途径，是搞好重心转移、实现四个现代化必须解决的重大课题，是思想理论的根本建设，必须彻底搞好。会议要求，对前段开展情况进行认真检查，凡没有搞好的单位要尽快搞起来，讨论的开展都要深入搞下去，上上下下都要补好这一课。地（市）委书记会议召开后不久，山东省委又召开了全省宣传工作会议。会上，省委宣传部对前一时期在真理标准讨论问题上认识不够、抓得不力的问题作了自我批评。会议通报了各地（市）大讨论情况，根据省委常委会议和地（市）委书记会议精神，对深入开展真理标准的学习讨论作出了安排和部署。强调要继续办好各种形式的学习班、培训班，培训理论骨干；要把实践是检验真理的唯一标准问题作为各级党校、干校和干部在职学习的主要内容；要加强试点工作，把真理标准讨论全面推广到基层群众中去。以这次地（市）委书记会议和全省宣传工作会议为起点，真理标准大讨论在山东广泛深入地开展起来。

山东关于真理标准问题的大讨论，是用党的科学理论武装广大干部群众的一次生动实践，是全省广大党员、干部和群众的一次思想上的彻底解放。通过这场大讨论，很多思想理论上的“禁区”开始有所突破，许多大是大非问题也得以重新认识和解决，顺利实现了党的思想路线的根本转变，山东社会主义现代化建设和改革开放的思想基础、政治基础得以进一步确立。

进入改革开放新时期后，随着人们物质生活水平的不断提高和改善，人民群众日益增长的文化需要逐渐突出，高度的社会主义精神文明和高度的社会主义民主建设被提到了议事日程。党的十二大提出了在建设高度物质文明的同时建设高度的社会主义精神文明。党的十二届六中全会又进一步规定了社会主义精神文明建设的指导方针和根本任务，以理想、道德、民主法制观念、文化、理论和党自身建设为主要内容的社会主义精神文明建设就此展开。山东对此作出了“七五”和“八五”规划。建设高度的社会主义精神文明活动由1985年3月的“五讲四美三热爱”为起始，通过“三优一学”“学雷锋，树新风”“树优评先”“四老三讲”、全民普法教育和城乡社会主义思想教育活动，在着重抓好思想建设、道德风尚建设、法制建设的同时，全面抓好文化建设、公益事业建设、环境建设，把创造优美环境、建立优良秩序、提供优质服务提高到新的水平，为进一步深化改革奠定了基础。

伴随着经济领域的发展变化，不仅在文化教育和法律制度上出现了上述变化，而且政治形态也发生了变化。不仅是工人、农民和干部才能够当选人大代表，个体户、私营企业主等新的社会阶层也开始参政议政，走上了政治舞台；人们的意识形态、道德观念也发生了变化。人们不再是谈“私”色变，认为搞个体经济已经成为正大光明的事情；实现自我的价值、维护个人的合法权益已经是理所应当的要求；封闭的思维已经被开放意识取代，人们由求稳怕变走向进取求变；流动给人们创造了更多的发展机会，不再是一次分配定终身；阶级斗争已经成为历史，打小报告整人、斗人被视为不屑，法制观念、竞争与合作意识开始强化。

三、实行包干到户和扩大企业经营权，推进各项体制改革

1979年1月，党中央发布的《中共中央关于加快农业发展若干问题的

决定（草案）》明确规定，家庭副业和集市贸易是社会主义经济的必要补充部分，不得当作“资本主义尾巴”加以取缔。这是改革开放以来中央首次明确肯定自留地、家庭副业和集市贸易。此后，山东与全国各地陆续实行了各种形式的农业生产责任制。1982年，全省农业生产责任制形式已经确定下来，主要形式就是大包干。全省424864个基本核算单位，实行联产计酬责任制的占99.7%，其中实行包干到户的占96.8%。至此，山东全省基本普及了以大包干为主的家庭联产承包责任制，农村商品流通体制改革初步开展。

1979年9月，山东省委决定，在全省58个国营工业企业中进行扩大经营管理自主权的试点工作。1980年，山东省委、省政府颁发《关于发展城镇集体所有制工业企业若干政策问题的规定（试行草案）》，这一规定的实施取得明显的效果，全省二轻系统总产值比上年增长18%，二轻产品长期紧张的状况有所缓和。1984年山东省人民政府颁发《山东城镇合同制工人试行办法》，并在青岛市试行。1985年山东逐步扩大试点范围，到年底全省实行劳动合同制的工人达31万人。1986年10月1日，全省开始实施国务院颁发的《国营企业实行劳动合同制暂行规定》等4个新规定，到1987年，全民所有制单位合同制工人已达到60.3万人。

1984年党的十二届三中全会举行，通过了《中共中央关于经济体制改革的决定》，其中阐明了以城市为重点的整个经济体制改革的必要性、紧迫性，规定了改革的任务、性质和各项基本方针政策，提出了社会主义经济是以公有制为基础的有计划的商品经济。同年初，山东省委在济南召开全省农村工作会议，贯彻中央精神。省委领导作《促进三个转变，做到三个适应，实现三个突破》的报告。由人民公社“一大二公”的旧模式向新型经营管理体制转变；农村经济从单一经营向农工商综合经营转变；由自给半自给经济向商品经济转变。实现农村多种经营发展的新突破，乡村工业和集镇经济发展的新突破，流通领域改革的新突破。并出台规定，集体荒山、荒滩、荒地，可以划给农民做自留山滩，并长期归农民经营，可以继承，允许转让。

1985年，《中共中央、国务院关于进一步活跃农村经济的十项政策》发出，决定改革农产品统购派购制度，从1985年起实行合同定购和市场收购，水产品、猪肉等消费品价格一律放开，不派购，可就地生产，就地销售，也可长途运输，价格随行就市。计划外工业生产资料销售价格完全放开。《山东1985年经济体制改革试行方案》颁布实施，主要内容为简政放权，鼓励企业的技术进步，扩大企业的定价权，完善以承包为主的经济责任制，实行厂长（经理）负责制，允许企业“一业为主，多种经营”，推行工贸结合、税收、金融等方面的综合配套改革措施。同时决定，自此从社会上招收的新工人均实行劳动合同制。

1986年7月，国务院发布了《国营企业实行劳动合同制暂行规定》《国营企业招用工人暂行规定》《国营企业辞退违纪职工暂行规定》和《国营企业职工待业保险暂行规定》。这4项暂行规定是对新中国成立以来劳动制度的重大改革。1987年2月，山东省人民政府发布《关于深化企业改革，增强企业活力若干问题的规定》，要求全面落实企业自主权，实行企业所有权和经营权分开，全面推行厂长负责制，改进和完善企业的分配制度，保护企业的合法利益不受侵犯，抓紧清理行政性公司，鼓励发展各种形式的联合体。到1987年，山东已经有1213个工业企业实行了承包经营责任制。

四、实行对外开放，实施“海上山东”战略

1982年召开的全省对外经贸工作会议确定的指导思想是：进一步发挥山东优势，大搞来料加工，提高对国际市场的适应性和竞争能力，积极稳妥地改革外贸管理体制，搞好工贸结合，逐步发展经营出口的经济实体。1984年3月，山东首届国际经济技术合作和出口商品洽谈会在青岛举行，此后山东每年都在青岛举行对外经济贸易洽谈会。5月4日，中央批转沿海部分城市座谈会会议纪要，决定进一步开放14个沿海港口城市。国务院批准了青岛、烟台两个市兴建经济技术开发区，开放威海、龙口两个港口。同月，山东经济开发区领导小组在青岛召开第一次会议，研究加快青岛、烟台两个开发区的建设。1985年3月，青岛、烟台经济开发区相继举行了开工典礼。同年4月，威海、龙口两个港口正式对外开放。

1988年3月，经国务院批准，威海市列为沿海对外开放城市。3月18日，国务院发出《关于进一步扩大沿海经济开放区范围的通知》，决定新划入沿海开放区140个市、县，山东有威海、潍坊、淄博、青岛、烟台等下属44个县（市）被新划入沿海经济开放区，享受中央规定的有关政策。山东省人民政府发出《关于扩大对外开放区的通知》。决定将济南、青岛、烟台、威海、淄博、潍坊、枣庄、济宁、泰安、东营所辖县（市）列为对外开放区。1990年2月，国务院批准将济南市划入沿海经济开放区，至此，山东半岛经济开放区已达到7个市53个县，面积6万多平方公里，成为全国最大的开放区。1991年1月，经国务院批准，山东又有44个县（市）对外开放，至此除长岛外，山东各县（市）全部对外开放。1992年，国家批准成立威海经济技术开发区和淄博、青岛、潍坊等国家级高新技术开发区。

1990年底，新中国成立以来第一次大规模的海洋工作会议在北京召开。会上，山东作了《开发保护海洋，建设海上山东》为题的汇报，首次提出了“海上山东”的概念。1991年，山东省委、省政府发出《关于加快水产业发展的通知》，要求各级党委、政府从建设“海上山东”的战略高度认识发展水产业的重要性，采取有效措施使全省水产业再上一个台阶。9月，水产业实施“海上山东”战略研讨会在青岛召开，与会代表通过深入探讨，理清了水产业实施“海上山东”战略的基本思路、目标，并提出了相应措施。1992年，明确提出了“海上山东”建设的量化指标，提出今后要用10年、20年或者更长一点时间，再造一个“海上山东”。

五、开启党的建设新的伟大工程，为改革开放提供根本组织保障

“文化大革命”结束以后，党中央在拨乱反正中深刻总结历史经验，实现了指导思想的根本转变，党的十一届三中全会开启了我国改革开放的新征程，同时也开启了党的建设伟大工程新征程。山东各级党组织坚决贯彻落实党中央的重大决策部署，通过加强党的各方面建设，实现了指导思想和工作重点的根本转变。

党的十一届三中全会召开以后，以解放思想为先导，从中央到地方开始了加强和改进党的建设、坚持和改善党的领导的理论创新和实践创新。1980年2月召开的党的十一届五中全会，通过了《关于党内政治生活的若干准则》，充分表明了党中央一定要把党整顿好和建设好的决心和信心。1980年3月，山东省委召开全委会，对全省深入学习贯彻落实党的十一届五中全会精神，进行了系统部署。从省委到地（市）、县委都安排一定时

间，认真进行了学习讨论，并围绕贯彻执行党的路线、方针和政策，加强党的各方面建设，制定了切实有效的措施。

1981年6月召开的党的十一届六中全会，通过了《关于建国以来党的若干历史问题的决议》，完成了党在指导思想上拨乱反正的任务。山东省委发出专门通知，要求全省各地认真组织广大干部、党员和群众学习《决议》，深刻领会其精神实质。全省各级党组织积极向基层党员群众宣讲《决议》，不仅把广大党员和群众的思想认识统一到了党的《决议》上，还使各级党组织的党风得到了进一步的改进，党群、干群关系也更加融洽。

党的十一届三中全会以来，全省各级党组织在开展增强党性教育方面做了大量工作，广大党员党性观念有了进一步增强，党风有了进一步好转。但是，在党风党纪方面还存在一些问题。1985年8月，山东省委发出了《关于在全省党员中深入进行党性教育的通知》，要求各级党组织对全体党员特别是担负各级领导职务的党员干部，集中进行一次增强党性的教育。

按照《通知》要求，各级党组织切实加强领导，强调理论联系实际，通过层层负责，一级抓一级，一级带一级，直至抓到基层党组织和每个党员。一方面，注重解决思想认识，提高抓党性教育的自觉性。另一方面，又注重紧密联系实际，有针对性进行教育。这次党性教育活动，提高了山东广大党员干部在思想上、政治上同党中央保持高度一致的自觉性，检查、解决了党风方面存在的一些突出问题，提高了党员的党性觉悟，整顿、纯洁了党的组织，完成了统一思想、整顿作风、加强纪律、纯洁组织的任务，为在新时期推进山东改革开放奠定了坚实的思想基础。

1987年召开的党的第十三次全国代表大会，确立了“一个中心、两个基本点”总路线。1989年6月，党的十三届四中全会召开，强调要继续坚决执行党的十一届三中全会以来的路线、方针和政策，继续坚决执行“一个中心、两个基本点”的基本路线。党的十三届四中全会结束后，山东省委专门召开了常委扩大会议，对学习贯彻党的十三大、十三届四中全会精神提出了具体要求，强调要按照省委要求，认真传达、学习、贯彻好党的十三届四中全会文件精神，特别是要切实加强党的思想政治工作，狠抓党的建设工作，解决“一手硬，一手软”的问题。

第二节　初步建立市场经济体制，满怀信心跨入新世纪（1992—2002年）

1992年邓小平南方谈话以后，党的十四大明确提出了建立社会主义市场经济体制的改革目标，改革开放和现代化建设进入新的阶段。山东省委、省政府积极贯彻中央的路线、方针、政策，注重借鉴国内外经济发展的成功经验，立足本省实际，通过不断加快和深化改革，转变经济增长方式，注重协调各方利益共同发展，维护社会稳定，促进了经济和各项社会事业的全面发展，推动山东社会主义现代化建设与改革开放不断迈上新台阶和取得新成就。

一、学习邓小平南方谈话精神，推动改革开放新的思想解放

1992年1月18日至2月21日，邓小平先后视察武昌、深圳、珠海、上海等地，并就一系列重大问题发表了谈话。邓小平的南方谈话，深刻总结了党的十一届三中全会以来的基本经验，明确回答了长期困扰和束缚人们思想的许多重大认识问题。谈话内容主要集中在以下几个方面：坚定不

移地贯彻执行党的“一个中心、两个基本点”的基本路线，基本路线要管一百年，动摇不得；要解放思想、勇于探索，以“三个有利于”为标准，大胆地试验；计划多一点还是市场多一点，不是社会主义与资本主义的本质区别，计划和市场都是经济手段；中国要警惕右，但主要是防止“左”；社会主义的本质，是解放生产力，发展生产力，消灭剥削，消除两极分化，最终达到共同富裕；要抓住机会发展自己，关键是发展经济，发展才是硬道理；经济发展快一点，必须坚持两手抓，两手都要硬；正确的政治路线，要靠正确的组织路线来保证，在整个改革开放过程中都要反对腐败，廉政建设要作为大事来抓，中国的事情能不能办好，关键是我们共产党内部要搞好。

为深入学习贯彻邓小平南方谈话精神，1992年5月，山东省委办公厅出台了《关于在全省开展解放思想大讨论的意见》，决定从5月开始，全省城乡集中半年多时间，结合山东实际，就改革与发展的若干关键性问题，在全省上下、党内党外开展一次解放思想大讨论活动。随后，各市（地）、大企业及相当一部分县（市、区）都专门下发了文件，成立了大讨论办公室，有的建立了领导小组，大讨论活动在全省开展起来。全省参加大讨论的群众达到95%以上，党员干部达到98%以上。大讨论突出“抓住机遇，加快发展”主题，着力清除“左”、旧等思想障碍，确立以“三个有利于”为标准认识和处理问题的观念，树立适应深化改革扩大开放的“敢闯、敢试、敢冒”的精神和气魄，澄清在姓“资”姓“社”、计划与市场、速度与效益、警惕右但主要是防“左”等重大问题上的模糊认识，有力促进了党内外思想的解放和认识的飞跃，增强了改革开放的信心，为山东深化改革、扩大开放、加快发展奠定了良好的思想基础。

为进一步解放思想、学习先进经验，山东省委、省政府领导率团南下北上外出考察，并相继召开了全省深化企业改革扩大对外开放经验交流会、全省对外开放工作会议等，以邓小平南方谈话精神为指导，确立了扩大对外开放，加快发展外向型经济的战略和措施。通过学习贯彻邓小平南方谈话精神，全省党内外思想获得大解放，改革开放迈出了更大步伐，经济社会发展驶上了快车道。

二、适应社会主义市场经济要求，推动经济社会可持续性发展

1993年，党的十四届三中全会举行，全会通过了《中共中央关于建立社会主义市场经济体制若干问题的决定》，要使市场在国家宏观调控下对资源配置起基础性作用，建立适应市场经济要求，产权清晰、权责明确、政企分开、管理科学的现代企业制度。党的十四届三中全会，为山东推进各项体制机制改革指明了正确方向，工业、农业等各方面改革得以顺利展开。

工业方面，1994年，为了给全面推行现代企业制度探路，山东决定推出50家国有大中型企业进行转机建制试点。同年，在全省深化企业改革、安置富余职工现场经验交流会上，省委领导指出，要安置好富余职工，确保社会稳定。这一年，中信实业银行济南分行在济南举行开业典礼。这是济南第一家国有综合性商业银行，实行自主经营、自负盈亏、自担风险、自求平衡、自我约束、自我发展的经营机制。与此同时，县域企业产权改革也在积极开展，重点解决政企不分、管理科学和社会保障问题。

1995年，党的十四届五中全会举行，提出两个根本性转变，即经济体制从传统的计划经济体制向社会主义市场经济体制转变，经济增长方式从

粗放型向集约型转变。本年度，以烟台合成革厂为核心组建的烟台万华合成革集团有限公司成立。该公司被授权成为国有独资投资主体，进行资产经营和生产经营，享有资产收益权、决策权和选择经营者的权利。这标志着山东现代企业制度试点进入实施阶段。同年，全省县域企业改革工作会议在诸城召开。1996年，全省县域企业改革工作会议在济宁召开，研究山东县域企业和国有大中型企业改制方案。

1999年，党的十五届四中全会通过了《中共中央关于国有企业改革和发展若干重大问题的决定》。该《决定》指出，要推进国有企业战略性改组，建立和完善现代企业制度，加强和改善企业管理，提高国有经济的控制力，使国有经济在关系国民经济命脉的重要行业和关键领域占支配地位。1999年山东国企改革取得了显著的成效，通过兼并、联合、参股、破产等一系列措施，国有企业的战略性改组进一步加快，债转股和资本结构优化等措施有条不紊地进行。到2000年，全省国有大中型企业改革和三年脱困目标基本实现。

农业方面，立足于外向型经济的战略全局，山东提出了实现农村经济发展新飞跃的总体构想，即按照发展市场经济的要求，大力推进农业的产业化、商品化和现代化，实现农业大省向农业强省的跨越，在此基础上，再经过10年努力，基本实现农业现代化。党的十四大和十四届三中全会后，省委、省政府把发展农业和农村经济产业化，作为发展社会主义市场经济的有效形式。1998年党的十五届三中全会进一步肯定了农村产业化经营是我国农业逐步走向现代化的现实途径之一。山东决定大力推进农业市场化、科技化、企业化，鼓励大中型工商企业投资农业，农村产业结构也开始逐步从第一产业为主向第二、第三产业为主转变。山东农村经济逐渐进入以调整结构、提高效益为主要特征的新阶段。

20世纪90年代中后期开始，在农村经济获得发展的同时，农民负担也逐年加大，农村社会稳定和农民增收受到威胁。中央三令五申要求把农民不合理的负担真正减下来。如何切实减轻农民负担也一直是全省农村工作的热点、难点。1997年，全省共清理涉及农民负担的文件、项目2389件、废止1240件，取消涉及农民负担的项目36项，降低收费标准2项，共减轻农民负担20多亿元。党的十五届三中全会后，省委、省政府进行了农民负担税费改革试点，逐步把农民负担监管纳入法制化轨道，保障了农民增收，维护了农民群众的利益，促进了社会稳定。通过坚决的农民减负工作和农业结构不断调整，山东农村生产力取得新的发展。农产品从根本上改变了过去那种严重短缺和供不应求的局面，农民收入持续增长，生活消费水平明显改善。2000年，山东农民人均纯收入2659.2元，农村小康实现程度达到96%，农民生活开始从温饱向小康迈进。

为了推动经济社会可持续发展，从1998年起，山东将工业企业的技改重点转移到发展高新技术产业上来，组织实施高新技术产业跨世纪工程。山东高新技术及产业发展计划开始启动，首批启动的项目分布在电子信息、新材料、生物技术、海洋工程、机电一体化、农业高新技术等领域。1998年1月1日，在淮河流域工业污染源达标排放倒计时治理“零点行动”中，山东辖淮河流域303家日排废水100吨以上的企业，有115家验收达标，102家正在调试，41家已关、停、并、转或破产，45家正在施工。

针对农业生态建设形势也较为严峻这一情况，省委、省政府作出《关于加强水土综合治理建设生态农业的决定》，要求各地充分认识全省生态农业面临的严峻形势，增强紧迫感，采取有效措施，再用20年实现生态环境的良性循环。1998年，全省纺织棉纺压锭工作启动，3年内全省将压缩淘汰落后棉纺能力100万锭，其中1998年内压缩64万锭。当年9月，集约用地现场会议在威海召开，会议总结经验，研究土地管理如何适应党中央提出的“两个根本性转变”的要求，促进全省经济社会可持续发展。

1997年爆发的亚洲金融危机对山东外向型经济产生了不小的影响。为了降低这种负面影响，山东开始采取综合性的宏观调控手段，实施积极的财政政策，充分发挥货币政策的作用，在重视向基础设施投资的同时，重视技术改造投资，提高经济长期增长的内在动力。在扩大国内需求的同时，努力扩大出口需求，在增加有效需求的同时，注重调整优化供给结构。投资、消费、出口三大需求在一系列宏观经济政策的作用下，正向拉动作用明显增强。到2001年，山东通过加强基础设施建设，加快结构调整步伐，整顿和规范市场经济秩序，积极扩大内需，对外实施多元化战略，努力开拓出口市场，吸引国际资本，使得全省经济持续、健康、稳定发展，产业结构不断优化，宏观经济景气保持高位运行。

三、把文化建设作为现代化建设重要内容，推进文化建设向纵深不断扩展

邓小平南方谈话和党的十四大召开之后，随着我国社会主义市场经济的逐渐发展和各项改革事业的顺利推进，社会主义文化建设也在新形势下取得了长足发展。1996年党的十四届六中全会通过了《中共中央关于加强社会主义精神文明建设若干重要问题的决议》，以文化事业的提高

和发展为主题，对各项文化事业主要是文学艺术、新闻出版、哲学社会科学提出了明确的要求，并系统阐述了社会主义文化建设的指导思想、目标任务、基本方针和重要措施，成为建设社会主义精神文明的跨世纪行动纲领。1997年，党的十五大对中国特色的社会主义文化作出了全面阐述，指出建设有中国特色社会主义的文化，就是以马克思主义为指导，以培育有理想、有道德、有文化、有纪律的公民为目标，发展面向现代化、面向世界、面向未来的，民族的科学的大众的社会主义文化，形成了中国特色社会主义文化建设的基本理论。2000年，江泽民在广东视察工作时，首次提出了“三个代表”的思想，其中，“我们党要始终代表先进文化的前进方向”突出了我们党对文化建设的重视。2002年，党的十六大报告明确提出在当代中国，发展先进文化，就是发展面向现代化、面向世界、面向未来的，民族的科学的大众的社会主义文化，以不断丰富人们的精神世界，增强人们的精神力量，并全面阐述了文化建设和文化体制改革的重要性和主要任务。

山东认真贯彻党中央的一系列方针政策，努力与山东实际相结合，把社会主义文化建设作为社会主义现代化建设的重要内容，坚持两个文明一起抓，把繁荣社会主义文化事业摆到重要战略地位。1996年，山东省委六届六次全会通过了《山东“九五”期间社会主义精神文明建设规划》，提出了积极发展社会主义文化事业的目标和任务。1998年山东第七次党代会进一步提出，把发展社会主义经济、政治、文化有机统一起来，全面推进山东社会主义现代化建设事业。

思想建设方面，山东把以马克思列宁主义、毛泽东思想，特别是以用邓小平理论、“三个代表”重要思想教育干部群众坚定建设中国特色社会主义的信念作为主要任务进行思想道德教育。党的十五大确立邓小平理论作为党的指导思想之后，迅速在全省兴起学习邓小平理论的高潮。1999年，按照中央和省委的部署，全省上下深入开展了同“法轮功”非法组织的政治斗争，深入揭批李洪志的歪理邪说，广大干部群众接受了一次深刻的马克思主义唯物论和无神论教育。2000年中央提出“三个代表”要求之后，在党内外、国内外引起强烈反响，全党全国以极大的热情开展学习研究，山东也迅速兴起学习贯彻“三个代表”重要思想的高潮。

文化事业方面，山东也全面贯彻中央要求，推动全省文化事业不断向纵深发展。1990年，山东省委提出文化工作要抓方向、抓规划、抓创作、抓基础、抓人才、抓班子，提出要树立精品意识，实施精品战略的要求，这极大地促进了山东文化事业的蓬勃发展。1990年，山东省文化厅制定了《关于开展创建山东“社会文化先进县”活动的意见》和《山东“社会文化先进县”具体标准》，经山东省委、省政府批准执行，这在全国尚属首创。此后几年，山东省委、省政府分批命名表彰了“社会文化先进县”，推动了全省“创建”活动广泛、深入、扎实开展。

其他在社会科学和自然科学以及新闻出版、文化产业等方面，山东全省各级政府及文化主管部门也坚持改革，大胆创新，使城乡社会文化的各项事业发展都取得了显著成绩。除此之外，山东这一时期对外文化艺术交流活动也日益增多，齐鲁文化开始更多地走出国门，国际影响力不断增强，出现了官民并举、双边往来和多边往来相结合，文化交流与经贸往来相结合的良好局面，文化交流的深度和广度有了显著增强。仅1996年和1997年两年，全省就实现文化交流160余起。其中，派出文化团组100余起、800多人次，接待来访文化团组近60起、1000多人次。

四、不断强化党建工作，推动山东改革开放迈上新台阶、取得新成就

1992年2月，中共中央将邓小平南方谈话作为中央文件下发，要求尽快逐级传达到全体党员干部。3月，山东省委发出通知，要求各地各部门尽快将邓小平的谈话要点逐级传达到全体党员、干部，领会其精神实质，并以谈话精神为动力，把经济建设、改革开放和各项工作搞得更有成效。通过学习贯彻邓小平南方谈话精神，全省党内外思想获得大解放，改革开放迈出了更大步伐，经济发展驶上了快车道。

邓小平南方谈话之后，中央开始用邓小平建设有中国特色社会主义理论（党的十五大以后正式命名为邓小平理论）武装全党、指导实践，为全党团结带领全国人民建设中国特色社会主义奠定了坚实的思想基础和理论基础。山东各级党组织采取丰富多样的形式，积极开展理论教育、理论研究和理论宣传，坚持用邓小平建设有中国特色社会主义理论武装头脑、指导实践。

1997年召开的党的十五大，把邓小平理论同马克思列宁主义、毛泽东思想一起确立为党的指导思想。1998年6月，中共中央发出《关于在全党深入学习邓小平理论的通知》，就学习、研究、宣传邓小平理论，改进学风，掀起学习邓小平理论新高潮，提出了新的要求和部署。1998年7月，山东省委发出关于贯彻落实《中共中央关于在全党深入学习邓小平理论的通知》的意见，并及时召开了全省学习邓小平理论工作会议。按照省委统一部署要求，各级党校、干校、讲师团积极发挥作用，采取学习日、培训班、报告会等形式，组织广大党员干部开展邓小平理论学习，并广泛进行

理论宣讲活动，取得了良好效果。

按照中央部署，山东从1998年12月开始到2001年3月，在全省县级以上党政领导班子、领导干部中积极开展了以“讲学习、讲政治、讲正气”为主要内容的党性党风教育活动。期间，全省参加“三讲”教育的各级领导干部共5万余人。在“三讲”教育中，全省严格按照中央确定的指导思想、方法步骤和目标要求，自始至终着眼于教育提高干部，努力解决党性党风方面存在的突出问题；自始至终密切结合改革开放和现代化建设实践，结合一系列重大政治斗争，使“三讲”教育与工作相互促进；自始至终认真贯彻中央部署，根据实际情况探索创新，不断总结经验，使这次教育层层深入、扎实推进。

第三节　深度融入世界经济，富民强省开启新跨越（2002—2012年）

进入21世纪，面对世情、国情、党情、省情的深刻变化，山东继续推进改革开放事业，坚持用党的创新理论武装头脑、指导实践、推动工作，在深入总结本省改革开放实践经验的基础上，提出了富民强省的宏伟目标。

一、全面推进各领域体制改革，不断提高山东竞争力

党中央提出科学发展观以后，山东不断以科学发展观统领经济社会发展全局，按照全面建设小康社会和构建社会主义和谐社会的总体要求，以经济建设为中心，坚持科学发展，推动协调发展，促进高效发展，推动人

民生活水平提高，使经济发展站在了富民强省的新起点上。

一是继续深化国有企业改革。2002年，山东国有大中型企业改革取得明显成效，占91%的企业逐步成为自主经营、自负盈亏的市场主体和经营实体。国有中小企业改革取得很大成绩，95%的中小企业进行了各种形式的改革，其中60%进行了产权制度改革。股份制改革工作进展顺利，截至2002年末，全省已批准成立股份公司808家，总股本621.8亿股。2004年1月底，《国务院关于推进资本市场改革开放和稳定发展的若干意见》发布。2004年，山东建立了省、市国有资产监督管理机构，国有企业改革向纵深发展，省属企业改革改制步伐加快。2006年8月，十届全国人大常委会审议通过了《中华人民共和国企业破产法》，确立了企业有序退出的法律制度，规范了企业破产程序。2007年，山东国有企业改革继续深化，省管企业中60%的辅业单位完成了分离改制，74家上市公司全部完成或进入股权分置改革程序。

二是稳步推进农村税费改革。2003年，《国务院关于全面推进农村税费改革试点工作的意见》正式发布。2003年，山东努力克服非典疫情和旱涝灾害等不利因素的影响，将农村税费改革稳步推进，全面停征乡村公益金，部分县（市、区）取消了农业特产税，直接减轻农民负担约10亿元。2004年，农村税费改革深入推进，全省农民减负40多亿元。同时，山东积极推进粮食流通体制改革，全面放开了粮食收购市场，对种粮农民进行直接补贴，兑现资金7.4亿元。2004年5月，《国务院关于进一步深化粮食流通体制改革的意见》发布，要求全面放开粮食购销市场，直接补贴粮农，转换企业机制，维护市场秩序，加强宏观调控。这是推进国有粮食购销企业改革和粮食流通体制改革的重要举措。在此期间，山东一直坚决贯彻落实中央有关精神，截至2006年，全省农村全部取消了农业税。

三是深入推进投融资体制改革。围绕扩内需、保增长，山东积极推进投融资体制改革。先后修订或出台了《山东省管企业投资管理暂行办法》《关于鼓励和支持文化企业上市融资的意见》《山东省人民政府关于加大金融财税支持力度促进小型微型企业持续健康发展的意见》等政策文件。2011年，山东固定资产投资额达到26769.73亿元，较2008年增长了73.4%，其中，90%以上的资金投向了社会民生、高新技术产业、现代服务业、技术改造、农林水、交通、能源、房地产等领域；同年，服务业投资占比首次超过第二产业，投资结构逐渐优化。2008—2011年，山东金融机构贯彻实施适度宽松的货币政策，扎实推进金融改革，着力优化信贷结构，不断加大对黄河三角洲高效生态经济区、山东半岛蓝色经济区和经济社会发展薄弱环节的支持力度。

二、统筹城乡和区域发展，积极发展对外经济贸易

2009年10月，《山东省委山东省人民政府关于大力推进新型城镇化的意见》正式印发，提出了发展目标：到2012年全省城镇化水平达到50%以上，山东半岛城市群达到60%以上；到2020年，全省城镇化水平达到60%以上，山东半岛城市群达到70%以上；11月，《中共山东省委山东省人民政府关于统筹城乡发展加快城乡一体化进程的意见》颁布实施，主要内容包括：统筹城乡规划布局，提高村镇功能与建设水平；统筹城乡产业发展，推进城乡经济融合；统筹城乡基础设施建设，协调推动城乡现代化进程；统筹城乡环境管理，建设城乡一体的生态文明；统筹社会发展和社会保障，推进城乡基本公共服务均等化；统筹城乡社会

管理，促进社会和谐稳定。

进入21世纪以来，经济全球化与区域化趋势并存，在这种时代背景下，山东区域经济获得了长足发展。半岛城市群迅速崛起。2003年，半岛城市群8个市（济南、青岛、淄博、东营、烟台、潍坊、威海、日照）共实现生产总值8336.1亿元，占全省生产总值的64.5%，按可比价格计算增长16.2%，比全省平均水平高2.5个百分点。以青岛、烟台、威海3个市为主体的胶东半岛制造业基地建设正式启动。2004年，山东区域经济继续协调发展。省委、省政府制订了山东半岛城市群发展规划和基础设施建设专项规划。半岛城市群带动作用明显，通过实施“龙头带动”“三个突破”和“双30”发展战略，全省区域经济呈现东中西优势互补、协调联动、相互促进、竞相发展的良好态势，已成为全国最密集的城市和产业集聚区之一。2006年，省会城市群经济圈和黄河三角洲高效生态经济区规划编制完成。2007年，“一体两翼”发展战略启动实施。黄河三角洲高效生态经济区（北翼）、鲁南经济带（南翼）区域经济建设相继展开。2007年，由半岛城市群和省会城市群经济圈构成的“一体”实现生产总值18601.4亿元，占全省的71.9%，比上年增长16.0%；黄河三角洲高效生态经济区实现生产总值3826.4亿元，增长16.6%；鲁南经济带实现生产总值5612.9亿元，增长16.4%。

2008年，由美国次贷危机引发的金融危机席卷全球，使得世界经济遭受重创，全球面临经济增速放缓、国际贸易萎缩、金融风险突出等问题。为应对金融危机对国内经济的冲击，中央将“保增长、扩内需、调结构”作为经济工作的重点，出台了一系列政策措施。山东深入贯彻中央精神，大力推动经贸领域的改革与开放，全面应对金融危机。2009年3月，《山东省人民政府办公厅关于促进机电产品进出口稳定增长的意见》出台，针对山东第一大出口产品机电产品，要求抓住国家提高退税率、实施增值税转型、加大基础设施建设和工业投入带来的机遇，围绕转变出口增长方式，进一步推动机电企业强化技术进步，优化进出口结构，增强核心竞争力，加大国际市场开拓，实现机电产品进出口平稳较快发展。2008—2011年间，山东对外直接投资流量连年增长，增速位居全国前三，对外直接投资存量由2008年的20.8亿美元上升到2011年的86.26亿美元，位列全国第二。

2006年10月，党的十六届六中全会举行。全会审议通过《中共中央关于构建社会主义和谐社会若干重大问题的决定》。山东按照构建社会主义和谐社会的总体要求，以科学发展观统领全局，坚决贯彻执行中央政策，全面落实省委“一二三四五六”的发展目标和工作思路，坚持统筹发展，全省城镇基本养老、医疗和失业、工伤、生育保险参保人数分别达到1106.3万人、996.1万人、789.7万人、647.3万人、488.8万人。全省养老、医疗、失业、工伤、生育5项社会保险基金总收入573亿元，增长19.6%；支出468亿元，增长21.2%。新型农村养老保险与合作医疗制度建设初见成效，全省参保农民达到1067万人，领取养老金的农民68万人。被征地农民社会保障政策进一步完善，被征地农民参保59万人，增长59%。再就业培训、创业培训和农村劳动力转移培训扎实推进，共培训失业人员26.9万人，组织创业培训4.4万人，培训农村劳动力47.5万人。

三、实现文化事业和文化产业“双轮驱动”，积极发展社会主义先进文化

党的十六大召开以后，山东各级党委、政府重视文化建设，全社会

积极参与精神文明创建活动，全省广大干部群众的思想道德素质和科学文化素质不断提高，人们的精神面貌和城乡文明程度明显改善，有力地推动了经济社会的全面进步。但是，面对发展变化的经济社会形势，面对人民群众日益增长的精神文化需求，面对社会转型期各种思想文化的相互激荡，文化建设的任务十分繁重。2007年召开的党的十七大，向全国发出了兴起社会主义文化建设新高潮的号召。为深入贯彻党中央的一系列指示精神，山东提出在全省范围内开展“文明山东”建设活动，以弘扬社会主义先进文化，提升山东的良好形象，实现物质文明、政治文明、精神文明、社会文明协调发展，推进“大而强、富而美”的社会主义新山东建设。

2006年，山东举办了首届文化产业博览会，出台了《山东关于实施〈国家“十一五”时期文化发展纲要〉的意见》，对山东“十一五”时期文化发展的重点任务和总体目标作了系统的阐述。2007年6月，山东第九次党代会上提出了山东“由文化资源大省向文化强省跨越”的奋斗目标。2008年1月，山东文化建设工作会议指出，为推动文化大发展大繁荣，实现由文化资源大省向文化强省的跨越，完成文化建设的繁重任务，山东要立足实际，突出重点，整体推进，扎实工作，在重大措施上务求突破，取得实实在在的进展，重点抓好“八大工程”，即思想道德建设工程、文化体制改革工程、文化载体建设工程、文化产业发展工程、文化精品打造工程、文化发展环境工程、人才队伍培育工程、中华文化标志城规划建设工程。2008年7月，山东省委工作会议作出建设经济文化强省的决策部署，明确提出实现由经济大省向经济强省跨越、由文化资源大省向文化强省跨越的两大目标任务。建设经济文化强省的决策部署，把经济与文化融为一体，为经济建设注入文化内涵，开辟了新的发展路径，凸显了文化建设的地位和作用，为推动山东文化大发展大繁荣指明了努力方向，注入了强大动力。

在推进全省文化大发展大繁荣的过程中，山东特别重视文化产业和文化事业的协调发展。文化事业方面，山东各级党委、政府高度重视文化发展，文化建设呈现蓬勃发展的良好态势，不仅制定了较为完备的文化体制改革方案，提出了实施《国家“十一五”时期文化发展规划纲要》的意见，还成功地举办了首届山东（国际）文化产业博览会，启动了省城重点文化设施建设工程，推动文化事业日益繁荣发展。群众文化特别是基层群众文化工作成为山东文化事业的一大亮点；文艺精品力作也不断涌现，为广大人民群众奉献了更多更优美的精神食粮；文化精品创作成果丰硕，社会科学研究、新闻出版、广播电视、文艺创作等各个方面都获得一大批优秀成果。文化产业方面，山东省委、省政府以邓小平理论和“三个代表”重要思想为指导，从贯彻落实科学发展观、构建社会主义和谐社会的战略高度出发，把做大做强文化产业作为繁荣振兴服务业、培植发展新优势的重头戏来抓，加强组织领导，注重政策引导，制定和实施了一系列加快文化产业发展的政策措施，全省文化产业迅速兴起，文化产业发展势头良好，连续几年保持两位数增长。大众报业集团、山东出版集团、山东广电总台的改革走在了全国前列，初步建立起集团化发展的框架，国有文化产业集团实力不断增强，民营文化企业、新兴文化企业不断崛起，文化产业结构进一步优化，文化市场日趋活跃，全省广大人民群众的文化产业意识得到了极大的深化。

四、积极建设生态文明，推进实现人与自然和谐发展

改革开放的进程中，山东经历了多年以资源耗竭为代价的粗放式增长。在生态系统和环境不断恶化的现实面前，山东深刻反思了惟GDP发展观，积极探索人与自然和谐发展的生态文明发展道路。

2002年12月，时任山东省委主要领导在全省经济工作会议上提出，要积极实施可持续发展战略，着力规划和建设生态省。为使山东走上低能耗、低污染、高技术、高产出的新型工业化道路，实现人与自然、资源与环境的协调发展，省委、省政府立足省情，审时度势，全面启动生态省建设，2003年3月，山东十届一次人代会通过的政府工作报告中明确提出，全面启动生态省建设，努力实现经济社会与人口、资源、环境的协调发展。2003年8月，山东省人民政府召开常务会议，研究山东全面启动生态省的问题。同月，国家环保总局正式复函批复，将山东列为第六个全国生态省建设试点。2003年9月，《山东生态省建设规划纲要》通过专家论证，省第十届人大常委会第四次会议作出了《关于建设生态省的决议》。2003年12月，省政府印发了《山东生态省建设规划纲要》，山东生态省建设工作全面启动。山东生态省建设的总体目标是：到2020年，在全省初步形成以循环经济理念为指导的生态经济体系、可持续利用的资源保障体系、山川秀美的生态环境体系、与自然和谐的人居环境体系、支撑可持续发展的安全体系和体现现代文明的生态文化体系，全面增强经济社会的可持续发展能力，把山东基本建设成为经济繁荣、人民富裕、环境优美、社会文明的生态省。

党的十六大确定我国走新型工业化道路，把可持续发展能力不断增强作为全面建设小康社会的奋斗目标，推动整个社会走上生产发展、生活富

裕、生态良好的文明发展道路。党中央指出，要加快转变经济增长方式，将循环经济的发展理念贯穿到区域经济发展、城乡建设和产品生产中，使资源得到最有效的利用。最大限度地减少废弃物排放，逐步使生态步入良性循环，努力建设环境保护模范城市、生态示范区、生态省。2003年以来，山东认真贯彻党的十六大精神，深入落实科学发展观，全面启动和推进生态省建设，可持续发展战略的实施向更高层次迈进。

围绕这个目标，山东打响了节能降耗的攻坚战，一方面，大力淘汰落后的产能，关停小火电以及落后的炼钢产能；另一方面，严控钢铁、有色金属、建材、化工等高能耗产业工业发展，双管齐下，阶段性节能降耗成效显著。全省土地、矿山等自然资源管理制度建设也逐步进入良性轨道，矿山生态环境治理和矿产等资源管理制度进一步完善，土地节约集约利用水平明显提高，土地资源市场化配置水平不断提高，全面实行了经营性用地和工业用地招拍挂出让制度。到2007年，山东盘活存量建设用地15.8万亩，比上年增长44.3%。开展了5个国家级和12个省级基本农田保护示范区建设，总规模140万亩。整理、复垦和开发土地面积154.0万亩，其中，新增耕地面积38.5万亩，实现了耕地“占补平衡”。

2007年10月，党的十七大召开。生态文明被首次写入党的十七大报告中，建设资源节约型、环境友好型社会被写入党章，建设生态文明作为一项战略任务被首次明确下来。2008年，受亚洲金融危机影响，山东经济发展进入减速增质时期，此后，山东省人民政府下大力气进行“转方式调结构”，力图改变山东第二产业比重过大、第二产业中的重工业比重过大的不利局面，取得了显著成效。产业结构调整稳步推进，三次产业比例由2008年的9.6：57.0：33.4调整为2011年的8.8：52.9：38.3。

五、切实搞好党建教育主题活动，为富民强省提供根本保障

“三个代表”重要思想是进入21世纪后党的指导理论的一次重大创新，也是党的立党之本、执政之基、力量之源。2003年6月，山东省委召开常委会议，学习《中共中央关于印发“三个代表”重要思想学习纲要的通知》。会议强调要按照中央《通知》的要求，深入学习党的十六大报告和党章，迅速在全省兴起学习贯彻“三个代表”重要思想的新高潮。在整个学习教育活动中，全省各地主要采取了以下措施：一是各级领导带头，通过举办理论学习中心组读书会，集中进行学习研讨。二是要求各级党校、干校把“三个代表”重要思想纳入干部培训的专项内容。三是重视对重大理论与实践问题的研究，组织理论工作者和实际工作者，联合攻关。四是成立学习贯彻“三个代表”重要思想宣讲团，省委常委分赴全省各地带头宣讲。五是针对基层的实际情况，着力抓好基层党员干部群众对“三个代表”重要思想的学习教育。六是充分运用报道、访谈、讲座等形式，广泛深入地宣传全省各地学习贯彻“三个代表”重要思想的好经验、好做法。

根据党的十六大和十六届四中全会精神，为进一步加强党的执政能力建设，全面推进党的建设新的伟大工程，2004年11月，中央发布《关于在全党开展以实践“三个代表”重要思想为主要内容的保持共产党员先进性教育活动的意见》，决定在全党开展保持共产党员先进性教育活动。按照中央统一部署，山东自2005年1月起，先后分三批在22.5万个基层党组织、520万名党员中开展了保持共产党员先进性教育活动。保持共产党员先进性教育活动开展以后，全省广大党员干部踊跃参加，认真学习理论，

深入查找不足，努力改进工作，真诚服务群众，取得了明显成效，达到了“提高党员素质、加强基层组织、服务人民群众、促进各项工作”的目标要求，取得了比较丰硕的实践成果、制度成果、理论成果。2006年5月，全省以抽样问卷调查为主体，综合运用民主测评、召开座谈会、走访党员群众等形式，对省市县三级、三个批次先进性教育活动进行群众满意度测评，全省175万名党员群众参加测评，群众满意度达到99.85%。

党的十六大以来，党中央提出了科学发展观这一重大战略思想。2008年9月，中央发出了《关于在全党开展深入学习实践科学发展观活动的意见》，决定在全党分批开展深入学习实践科学发展观活动。山东省委召开常委会议，研究制定了全省开展学习实践活动的实施意见。10月，省委举行了全省深入学习实践科学发展观活动动员大会暨市（厅）级主要领导干部专题研讨班，对全省开展学习实践活动进行了广泛动员和精心部署。

根据山东开展学习实践活动的实施意见，全省自上而下分三批展开了此项学习实践活动，参加范围既包括了省、市、县、乡等各级党政机关事业企业单位，又涵盖了协助中央部门管理单位、高等院校、中等专业学校、中小学校以及村、社区、社会团体、其他企业等各类组织单位。全省27.1万个党组织、580万名党员参加活动。活动紧紧围绕“党员干部受教育、科学发展上水平、人民群众得实惠”的总要求，以“科学发展、富民强省”为主题，以“解放思想、改革创新，加快推进经济文化强省建设”为实践载体。整个学习实践活动主题突出、特色鲜明、富有成效，达到了“提高思想认识、解决突出问题、创新体制机制、推进科学发展、加强基层组织”的目标。

第四节　全面深化改革，经济文化强省建设呈现新局面（2012年至今）

党的十八大以来，山东全面贯彻落实党中央指示精神，全面贯彻落实深入学习贯彻习近平总书记系列重要讲话和视察山东重要讲话、重要批示精神，统筹推进“五位一体”总体布局，协调推进“四个全面”战略布局，坚持改革开放，坚持新发展理念，加快建设经济文化强省，各项事业发展取得新成就。

一、适应经济发展新常态要求，全面推进经济领域各项改革

2012年以来，中国经济发展进入新常态，从高速增长转为中高速增长，经济结构优化升级，从要素驱动、投资驱动转向创新驱动。面对新常态中的机遇与挑战，山东积极响应中央号召，积极深化经济领域的各项改革，主动适应经济发展新常态。

一是加快全省金融改革。2013年8月，山东出台《关于加快全省金融改革发展的若干意见》，明确提出，争取用5年左右的时间，初步建成与全省实体经济和企业创新相适应、市场化水平较高的现代金融体系。从支持和推动金融市场创新发展、发展和规范各类地方金融组织、做好经济结构调整和转型升级的金融服务、加快金融业对外开放、营造金融业发展的良好环境5个方面，提出22条具体任务和工作措施。2013年以来，全省金融改革成效显著。截至2016年底，山东全面完成农村信用社银行化改革，110家农商行挂牌开业，成为全国第4个完成农信社银行化改革的省份；全

省首家民营银行——蓝海银行获批筹建，村镇银行新增两家；山东交易市场清算所顺利开业；新型农村合作金融试点范围持续扩大；济南区域性产业金融中心建设取得新进展；青岛财富管理中心建设成效明显；地方金融组织监管制度不断创新和完善。

二是推进农村产权制度改革。2015年，先后出台了《山东省委办公厅 山东省人民政府办公厅关于引导农村土地经营权有序流转发展农业适度规模经营的实施意见》《山东省人民政府办公厅关于引导农村产权流转交易市场健康发展的实施意见》《关于引导和规范工商资本进入农业的意见》等有关农村产权改革的一系列重要文件。2016年8月，《山东省人民政府关于山东整体推进新型农业经营主体发展实施方案（2016—2020年）》正式颁布。2017年12月，山东省委、省政府印发《关于稳步推进农村集体产权制度改革的实施意见》。2018年2月，山东省财政厅、山东省农业厅出台《山东农村集体产权制度改革资金管理办法》；4月，山东省委办公厅、山东省人民政府办公厅印发《关于完善农村土地所有权承包权经营权分置办法的实施意见》。2016年，山东在全国率先基本完成农村土地承包经营权确权登记颁证工作。在这一系列政策措施推动下，截至2018年4月，山东全省土地流转率接近34%，各类新型农业主体（包括经营主体和各类社会化服务组织）达到40多万家。

三是推进供给侧结构性改革。2012年以来，山东认真落实中央关于供给侧结构性改革的决策部署，统筹做好“三去一降一补”各项工作，取得了积极成效。特别是2016年5月出台的《关于深入推进供给侧结构性改革的实施意见》（以下简称意见），围绕去产能、去库存、去杠杆、降成本、补短板“三去一降一补”五大任务，出台了40条政策措施，明确了27项重点任务，提出了40条含金量高、操作性强的政策措施，使得全省供给侧结构性改革有了清晰的路线图和时间表。去产能方面，通过准确把握市场调节和政府作用的契合点，通过安全、环保、质量、标准等手段，倒逼落后产能退出，推动产业转型升级。去库存方面，坚持供给与需求双向调节、近期与远期统筹兼顾，因地制宜、分类施策，有序推进去库存工作。去杠杆方面，切实做好对企业和金融机构的服务，推动建立起政府、银行、企业的互信关系，切实缓解企业特别是中小企业融资难、融资贵问题。降成本激发创新活力。降成本方面，通过大力推进简政放权、放管结合、优化服务，努力建设国内一流营商环境，有效激发了全社会创业创新活力。补短板方面，把推动服务业跨越发展作为产业结构升级的主攻方向，持续加大工作推进力度。

四是推动实施新旧动能转换重大工程。2018年1月，国务院1号文件批复《山东新旧动能转换综合试验区建设总体方案》；2018年2月，山东省人民政府印发《山东新旧动能转换重大工程实施规划》，提出了到2022年，基本形成新动能主导经济发展的新格局，经济质量优势显著增强，现代化经济体系建设取得重要阶段性成果；“四新”经济增加值占比年均提高1.5个百分点左右，力争达到30%的目标任务；明确了发展五大新兴产业（新一代信息技术产业、高端装备产业、新能源新材料产业、现代海洋产业、医养健康产业）培育形成新动能和提升五大传统产业（高端化工产业、现代高效农业、文化创意产业、精品旅游产业、现代金融服务）改造形成新动能的产业发展方向。2月14日，《中共山东省委山东省人民政府关于推进新旧动能转换重大工程的实施意见》出台，进一步统一了思想认识，明确了新旧动能转换的重要意义和总体要求。2月22日，山东省委、省政府召开山东全面展开新旧动能转换重大工程动员大会，全省新旧动能转换正式开启新征程。

二、大力弘扬齐鲁优秀文化，全面推进文化强省建设

党的十八大以来，以习近平同志为核心的党中央，高度重视文化改革发展，坚持把中国特色社会主义文化作为中华民族伟大复兴的强大精神力量，坚定不移地把文化建设作为社会主义现代化建设“五位一体”总体布局的重要内容推进，铸造了中华文化的新辉煌。山东是中华文明的重要发祥地，儒家文化是中华传统文化的主体，齐鲁大地文化资源丰富多彩，具备推进社会主义文化建设的优越条件。习近平总书记多次视察山东，要求继承和弘扬中华优秀传统文化，加快推进经济文化强省建设。山东省委、省政府全面贯彻落实中央有关精神，推动文化建设不断迈上新台阶。

一是推动社会主义核心价值观深入人心。2014年山东省委颁布了《关于培育和践行社会主义核心价值观的实施意见》，明确了山东培育和践行社会主义核心价值观的的方针思路、载体路径和任务举措，为培育和践行社会主义核心价值观活动的扎实高效开展提供了有力指导。中宣部、山东省委在曲阜联合举办推广善行义举榜现场会，把山东积极培育和践行社会主义核心价值观的经验向全国推广。济南3000多辆公交车载电视、22个黄金地段户外大屏、500多个室内电视屏上，时刻在播放“身边好人”的故事。全省17个市的商贸中心、公园广场、车站机场等场所都发布“图说我们的价值观”。各行各业都注重运用新思路、新的技术手段，尤其是积极探索利用互联网和移动互联网，打造培育和践行社会主义核心价值观的平台。

二是继承和弘扬沂蒙精神。沂蒙精神秉承齐鲁优秀思想文化和革命传统，历经战争年代的洗礼，建设时期的陶冶，改革时期的考验，是山东现

代化强省建设精神支撑和精神动力的重要来源。为了深入研究阐发、宣传普及、弘扬践行沂蒙精神，山东省委制定印发了《关于大力弘扬沂蒙精神的意见》，全省党员群众认真学习践行。在山东社科规划项目中设立“沂蒙精神研究”专项，每年列出20个至30个重点选题；挖掘整理史料，抢救性搜集老党员、老战士、老模范等革命前辈的口述历史、回忆录，深入挖掘其中的生动故事、感人事迹、崇高精神，全力做好沂蒙精神的研究挖掘工作。开展“沂蒙精神百校行”活动，赴全国108所高校宣讲180多场。重点打造了沂蒙根据地群众工作馆等18个现场教学点，累计承接国家各部委、省内外3500多个班次，培训干部21万多人。

三是推进文明山东谱写出新篇章。党的十八大以来，全省坚持以美德山东、文明山东、诚信山东建设为重点，全力抓好推进思想道德工作，推动全社会文明程度显著提高。2015年，在第四届全国文明城市评选中山东取得优异成绩，威海、潍坊、东营3个市分别以地级市第一、第二、第五名的成绩，入选第四届全国文明城市，青岛、烟台、临沂、淄博4个市保留全国文明城市称号。2016年，山东省委宣传部、山东省文明办、山东省旅游局联合开展“好客山东·德润齐鲁”活动，决定从2016年开始每年组织文明使者、美德游客、最美领队（导游）、文明旅游先进单位系列评选活动，实现文明旅游工作载体化。2017年在济南举行了第一届山东文明家庭表彰大会，对300个家庭进行表彰，带动形成良好家风家教。“学雷锋，做山东好人”活动带来良好效应。

四是促进齐鲁优秀传统文化创造性转化、创新性发展。几千年来，山东人民创造了辉煌灿烂的历史文化，以中国史前文明最发达的东夷文化为根基，后李文化、北辛文化、大汶口文化、龙山文化、岳石文化一脉相承，齐鲁文化传承延续发展，特别是海洋文化、黄河文化、运河文化、泰山文化、泉水文化、红色文化、民俗文化丰富多彩，历史遗迹、文化名人、神话传说、民间艺术的种类繁多，使山东成为名副其实的文化资源大省。山东以习近平总书记视察孔子研究院重要讲话精神为指引，制定出台了《关于深入学习贯彻习近平总书记视察孔子研究院重要讲话精神的意见》，将传承弘扬优秀传统文化作为文化工作的重大主题，一系列创新举措随之推出，取得显著成效。

五是通过深化文化体制改革不断增强文化活力。党的十八大以来，山东文化体制改革工作在中央和省委、省政府的坚强领导下，努力冲破体制机制障碍，不断攻克文化发展难题，经过了试点探索、综合改革、重点攻坚等阶段，全省文化发展活力显著增强。文化体制改革积极推进公益性文化事业单位劳动、人事、收入分配等内部机制更加科学更加合理，初步实现了政府投入由养人向养事业、养项目的转变。文化体制改革还极大解放了文化生产力，推动山东文化产业总量规模快速膨胀，文化产业规模化、集约化、专业化程度也大大提高。2016年山东文化产业实现增加值2837亿元，比上年增长14.3%，占GDP的4.1%；2017年山东文化产业增加值达到3120亿元，比上年增长10%，占GDP的4.3%，文化产业向成为国民经济支柱产业的目标快速接近。

三、加强和创新社会治理，不断增强人民群众获得感

加强和创新社会治理是推进国家治理体系和治理能力现代化的重要内容。十八大以来，党和各级政府加大了社会治理理论研究和实践创新的步伐，尤其党的十九大深刻总结了近年来社会治理的成就和经验，在现有的

社会治理体系的基础上又提出了一些新的理念和新的要求，明确指出要在现有基础上构建共建共治共享的社会治理新格局。为了贯彻落实中央相关精神，山东近年来先后出台了一系列政策措施鼓励基层探索和创新，很多地方都在实践中形成了一套有地方特色的社会治理模式。

一是积极推进城乡居民收入稳步增长。山东近年来一直把加快城乡居民收入作为保民生、促发展的首要任务。截至2018年8月，山东已经连续9年上调最低工资标准，连续13年上调企业职工退休工资，以确保城镇居民收入稳步增长。同时，还不断加大对农村的扶持力度，努力构建新型农业经营体系，鼓励农民拓展收入渠道，促进农民增产增收。自2010年以来，山东城乡居民收入已经连续7年保持与经济增长同步态势，人民群众已经越来越多地享受到改革发展的成果。

二是多管齐下扩大就业。就业是最大的民生，充分地就业是社会稳定的重要保障。在经济去产能、调结构的大背景下，山东坚持就业优先战略和积极就业政策，实现更高质量和更充分就业。在就业领域不断加大政策扶持力度，通过“1+8”就业创业政策体系，积极鼓励和培育小微企业发展，深入推进商事制度改革和“放管服”改革，促进以创业带就业，积极提升劳动者就业创业能力。围绕小城镇建设积极创造就业机会，党的十八大以来围绕“蓝黄两区”“一圈一带”重点区域发展战略和小城镇、县域经济发展，山东城镇新增就业连年过百万人，确保多年来城镇登记失业率一直维持在4%以下。

三是统筹城乡公共服务一体化建设。不断加大财政资金投入，促进城乡、区域协调发展，统筹城乡公共服务一体化，是近年来山东倾力推进的重点工作。全省围绕以城带乡、城乡互动、优化配置、均衡发展的思路，着力统筹城乡基础设施建设，加快城乡教育、文化、卫生等方面的一体化建设。2013年以来，山东连续出台了3个有关农村新型社区建设的文件，规定了农村新型社区的设施配套，确保农民能够更多地享受到城市的便利服务。进一步统筹城乡社会管理和服务，缩小农村和城市之间的差距，不断提高农民生活质量。

四是加强社会保障制度全覆盖。山东多年来不断提高社会保障覆盖面，以增强公平性、适应流动性、保障可持续性为重点，扩大社保基金规模，持续提升社会保障待遇，在确保社会保障的普惠性与公平性的前提下，一方面配合促进创新创业发展，解决灵活就业人员的社会保障问题；另一方面响应去产能要求，不断完善失业保险和就业保障制度，推进了社会保障由制度全覆盖向人员全覆盖的转型。力争尽快建立起基本保障人人享有、保障项目基本完备、待遇水平逐步提高、转移衔接顺畅有序、管理服务精准便捷的社会保障制度体系。

五是推进扶贫精准化。党中央把贫困人口脱贫作为全面建成小康社会的底线任务和标志性指标，在消除贫困，共享发展成果方面，山东聚焦就业扶贫、技能扶贫、社会保障扶贫、人才扶贫四大任务，近两年先后出台了23个工作意见和25个专项实施方案，大幅增加专项扶贫资金，由2011年的8000万元增加到2016年的17亿元，动员全社会力量，特色产业发展基金、小额贷款扶贫担保基金和公益事业扶持基金三项基金，建立扶贫综合开发平台，确保贫困人口精准对接，全省通过转移就业实现贫困人口脱贫约62万人。

四、推进生态文明建设，生态山东建设日见成效

党的十八大把生态文明建设和经济、政治、文化、社会建设一起纳

入中国特色社会主义事业“五位一体”总体布局，凸显了党中央搞好生态文明建设的信心和决心。为了深入贯彻党中央建设生态文明指示精神，山东在经济社会发展中突出生态高效特色，重点抓好节能减排、治污工程建设、生态修复与水土保持、国土绿化、水资源优化配置、生态系列创建等工作，取得了丰硕成果。

“十二五”和“十三五”期间，山东一直致力于发展低碳经济、节能经济、循环经济，全面推进能源革命，推动传统产业绿色升级，在全省重点工业行业节能减排、流域污染治理、省级主体功能区建设等方面亮点多多，并于2014年在全国率先实现了基于空气质量的生态补偿制度，生态文明建设取得了辉煌战绩。但山东是个工业大省、人口大省，产业结构偏重、人口密度大，客观上增加了生态环境治理的难度，这一阶段，虽然节能减排成效显著，但是全省自然生态环境质量依旧呈现下降趋势。生态环境修复、生态环境保护是这一时期山东生态文明建设的紧迫任务，山东以壮士断腕的决心，打响了生态文明建设的攻坚战。

2012年，省委、省政府召开了规格高、规模大的生态山东建设大会，印发了《关于建设生态山东的决定》。2013年，成立了省委书记、省长为组长，常务副省长、分管副省长为副组长的生态山东建设工作领导小组（办公室设在省环保厅），并在济南召开了领导小组第一次会议，专题研究部署全省大气污染防治工作。山东省委办公厅、山东省人民政府办公厅规范了省级考核事项，生态山东建设目标责任制年度综合考核予以保留。2016年6月，山东省委办公厅、山东省人民政府办公厅印发《山东各级党委、政府及有关部门环境保护工作职责（试行）》，首次明确了各级党委、政府及其有关部门的环境保护工作职责，实行“党政同责”“一岗双责”“终身追责”制度。建立绿色发展指标体系并据此开展目标责任评价，是推进生态文明建设的重要举措，2016年，山东省统计局依据《山东绿色发展指标体系》，按照国家统一规定的测算标准，完成了17个市2016年度绿色发展指数测算和生态文明建设目标年度评价工作。

党的十九大对我国当前社会主要矛盾作出了新的界定，习近平总书记在党的十九大报告中指出，我国社会主要矛盾已经转化为人民日益增长的美好生活需要和不平衡不充分的发展之间的矛盾。山东省委、省政府和全省人民一道，为了实现习近平同志所提出的“蓝天白云、群星闪烁”“青水绿岸、鱼翔浅底”“鸟语花香、田园风光”等美好图景，正逐步构建全新的城市化、农业发展、生态安全和自然岸线格局，以此带动产业发展，并通过全面推动绿色低碳循环产业体系的建立，逐步消灭弥漫在齐鲁大地上的雾霾、烟尘、污水、垃圾，带来更洁净的空气和更优美文明的城市乡村。

五、不断深化对外开放，推动形成全面开放新格局阶段

党的十八大以来，以习近平同志为核心的党中央指出，开放是国家繁荣发展的必由之路，必须推动对内对外开放互相促进，以开放促改革，推动形成全面开放新格局。在党中央有关精神指引下，山东对外开放进入全面开放、深度开放、科学开放的新阶段，适时制定了一系列重大开放战略，有效推动山东形成全面开放新格局。

2017年7月，《山东省人民政府关于新时期积极利用外资若干措施的通知》印发，对推动山东新一轮高水平对外开放进行了部署。《通知》要求，进一步扩大利用外资领域，推行负面清单管理模式，对市场准入负面清单和外商投资准入特别管理措施以外的行业、领域、业务，外商投资企业可

依法平等进入；完善重大外资项目协调推进工作机制，坚持高层推动，对投资规模大、技术含量高、社会效益好的外商投资项目实行一业一策、一企一策。

2017年9月，全省开放型经济发展大会召开，会议指出，要深刻领会习近平总书记关于对外开放的重要思想，深刻认识推进新一轮高水平对外开放是山东实现走在前列目标定位、适应形势发展变化、加快新旧动能转换的必然要求，不断增强以开放促改革、促发展、促创新的思想自觉和行动自觉。站在新的历史起点，山东切实深化对推进新一轮高水平对外开放重要性和紧迫性的认识，充分利用区位条件占先、产业体系齐全、人文底蕴丰厚等优势，找准对接点，架起连通线，织密合作网，加快高端开放平台建设，把外部先进技术、创新人才与山东强大的制造能力、综合低成本优势相结合，增强全产业链竞争力，助推新动能加速形成。

近年来，山东把服务贸易列入全省经济社会发展综合考核内容，启动了5个省级创新发展试点城市和19个省级服务外包示范基地创建工作，促进服务贸易快速发展。2017年，山东服务贸易进出口、出口、进口分别增长15.2%、12.1%和18.2%，出口增幅高于货物出口增幅2个百分点，其中保险服务和电信、计算机及信息服务进出口分别增长1.2倍和45.3%。山东与外资的合作方面也取得了长足进展，特别是对世界500强吸引力进一步提高。2017年，28家世界500强企业在山东投资项目54个，合同外资14.9亿美元，美国谷歌、江森自控、苹果，英国石油公司（BP），荷兰路易达孚等6家世界500强企业首次来山东投资，全省累计吸引212家世界500强投资项目713个。

当前，山东企业正乘着“一带一路”建设东风，积极参与国际产能和基础设施等领域合作。迄今山东纳入商务部统计的13家境外经贸合作园区，已累计完成投资361.9亿元，居全国前列。山东4家通过国家确认考核的境外经贸合作区，均位于俄罗斯、匈牙利等“一带一路”建设参与国家。走出去的山东企业，还充分利用先进技术和营销渠道，努力提升企业竞争实力和品牌知名度。由烟台万华集团收购匈牙利最大的化工企业BorsodChem在匈牙利建设的中匈宝思德经贸合作区，成为中国化工行业唯一的国家级境外经贸合作区，有效带动了我国化工行业产能向欧盟输出。截至2017年底，仅青岛对上合组织有关国家投资项目就达74个，投资额32亿元。

六、不断加强和改善党的领导，新时代山东党建工作呈现新局面

党的十八大以来，以习近平同志为核心的党中央，坚持全面从严治党，全面加强党的领导，全面推进党的各方面建设，党风政风呈现新气象，党心民心空前团结，赢得了全国各族人民群众的衷心爱戴。山东省委在以习近平同志为核心的党中央坚强领导下，不断加强和改善党的领导，坚持思想建党和制度治党紧密结合，党的各方面建设展现出新气象，赢得了党心民心，为经济文化强省建设提供了坚强思想保证和组织保证。

一是学习贯彻落实党的十八大和十八大以来历届全会精神。十八大召开后，为了贯彻落实党的十八大精神，山东省委印发了专门通知，要求全省各级党组织和广大党员干部都要以高度的政治责任感和历史使命感，迅速兴起学习宣传贯彻党的十八大精神的热潮。2013年12月，山东省委出台了《山东省委关于深入学习贯彻党的十八届三中全会精神的意见》，要求全省要以强烈的责任感和使命感，深刻领会全会精神，以坚定的信念、高

度的共识、统一的行动，努力完成全会确定的各项任务。2014年11月，山东省委通过了《山东省委关于贯彻落实党的十八届四中全会精神全面推进依法治省的意见》，对深入贯彻党的十八届四中全会精神，全面推进依法治省，作出了明确部署要求。2015年10月，山东省委召开干部会议传达学习了党的十八届五中全会精神，并对研究贯彻落实党的十八届五中全会精神作出重要部署。2016年10月，山东省委召开省级党员领导干部会议，传达学习党的十八届六中全会精神，研究贯彻落实意见。

二是深入学习贯彻习近平总书记视察山东重要讲话、重要批示精神。2013年11月，习近平总书记在山东考察期间发表了重要讲话。讲话深刻阐述了在贯彻党的十八届三中全会精神过程中必须把握好、解决好、落实好的一系列重大问题，肯定了山东近年来的工作，对山东发展定位、发展方式、发展途径、发展重点提出了明确要求，为山东发展指明了发展方向，注入了强大思想动力。为了更好地贯彻落实习近平总书记的重要讲话精神，2013年12月，山东省委召开十届七次全会，对学习贯彻习近平总书记视察山东时的重要讲话精神作出明确部署。全会要求，全省上下要认真理解习近平总书记重要讲话中蕴涵的科学方法，增强辩证思维能力，不断提高做好各项工作的水平；深刻理解习近平总书记加强和改进党的建设的要求，弘扬优良传统，为推进改革发展提供坚强保证。全会号召，全省广大党员、干部和广大人民群众要更加紧密地团结在以习近平同志为总书记的党中央周围，深入学习贯彻党的十八大和十八届三中全会精神、习近平总书记系列重要讲话和视察山东重要讲话精神，汇聚起全面深化改革的强大正能量，积极作为、科学务实、锐意改革，努力开创山东各项工作新局面。

三是深入开展专题教育实践活动。十八大以来，党中央作出了全面从严治党的战略部署。按照党中央要求，山东先后开展了党的群众路线教育实践活动、“三严三实”专题教育和“两学一做”学习教育活动，对于自觉践行党的群众路线，落实中央八项规定精神，坚决纠正“四风”顽疾，加强党内监督，营造良好的政治生态，推进全面从严治党，在思想上政治上行动上同以习近平同志为核心的党中央保持高度一致，都起到了极其重要的作用。山东党的群众路线教育实践活动从2013年6月开始，全省共有30多万个基层党组织、620多万名党员参加了这次教育实践活动，达到了预期目的，取得了重大成果。2015年4月，山东启动“三严三实”专题教育以后，各地各部门各单位认真贯彻落实有关部署要求，结合实际精心谋划安排，特别是把专题学习研讨作为重中之重，突出“三严三实”主题，突出个人自学、集中学习与讨论交流相结合，增强了专题教育活动的针对性、实效性。2016年4月以来，山东在开展“两学一做”学习教育活动中，为突出地方特色，强化党建工作的针对性和实效性，按照省委要求，全省各地各级各部门都把习近平总书记视察山东重要讲话和重要批示精神纳入“两学一做”重要内容，取得了学习教育和业务工作协调推进、相得益彰的良好效果。

四是深入贯彻落实党的十九大精神。2017年10月26日，山东省委召开全省干部会议，要求全省党员干部都要以习近平新时代中国特色社会主义思想武装头脑、统一思想、指导实践，在全省迅速兴起学习宣传贯彻党的十九大精神的热潮。为了学习贯彻落实党的十九大精神，山东省委组织了宣讲团，赴各市和企业、高校开展了集中宣讲。宣讲团成员坚持整体把握、全面系统，聚焦重点、抓住关键，在各地作报告24场，深入农村、企业、社区、校园开展各种形式的互动交流活动30余场，通过电视、网络、手机移动端直播和转播，覆盖听众超过百万人次。2017年12月，省委组织部在全省党员干部范围内部署开展了为期7个月的“灯塔—党建在线”党的十九大精神学习竞赛活动，全省广大党员干部普遍进行了一次系统、深入学习，普遍增强了对党的十九大精神和习近平新时代中国特色社会主义思想的深刻认识。为深入学习贯彻习近平总书记视察山东重要讲话精神，2018年6月召开的山东省委全会，就山东如何学习贯彻习近平总书记视察山东重要讲话，更加自觉地把习近平总书记重要讲话精神转化为齐鲁大地的生动实践，作出了富有针对性、符合山东特色的战略部署，进一步明确了加快建设经济文化强省的方向。

第二章
山东改革开放40年主要成就

改革开放40年来，山东经济社会发展取得了令人瞩目的成就。特别是党的十八大以来，山东牢固树立和贯彻落实新发展理念，统筹推进“五位一体”总体布局、协调推进“四个全面”战略布局，牢牢把握“走在前列”的目标定位，抢抓新机遇，应对新挑战，推动经济文化强省建设迈出坚实步伐，为在全面建成小康社会进程中走在前列奠定了坚实基础，全省发展站在了新的历史起点上。

第一节　全面改革取得重大突破

作为沿海经济大省，山东始终将改革作为发展的关键动力，不断推动各项改革向纵深迈进。其中，“放管服”改革、财税体制改革、金融改革、国企改革和农村改革等重点领域改革均取得重大突破。

一、“放管服”改革不断深化，营商环境明显改善

山东始终坚持将推进“放管服”改革作为全面深化改革的“先手棋”和转变政府职能的“当头炮”，不断提升“放”的含金量、“管”的有效性和“服”的满意度，改革取得明显成效。一是不断深化削权减证，切实降低了市场准入门槛。积极构建“清单式管理”制度框架，大力减少行政审批事项，省、市、县行政审批事项目录清单、行政权力清单、政府部门责任清单已全部面向社会公布，比中央要求提前一年完成任务。相关改革措施全面体现法治理念，对没有法律法规依据的行政审批前置服务项目一律取消。同时，在全省逐步推开行政审批标准化建设，全面梳理行政审批及相关服务事项的名称、申报材料、办理程序、办理时限等审批信息，大幅减少行政部门自由裁量权。二是深入开展流程再造，有效提升了政务服务效能。扎实推进行政审批“两集中、两到位”，全省市、县普遍建立政务服务大厅，且部门行政审批事项均集中到政务服务大厅。企业登记流程显著简化，“多证合一”改革全面实施，在全面实施“五证合一、一照一码”登记制度改革和“两证整合”的基础上，将交通、公安、文化等11个部门的26项涉企证照事项整合到营业执照上，实现“三十一证合一”，极大节约了市场主体的制度性交易成本。三是加强事中事后监管，营造出规范有序的市场环境。顺利推行“双随机、一公开”监管工作，督促各级各有关部门制定随机抽查事项清单。信用体系建设扎实推进，企业法人公共信用数据库基本建成，省公共信用信息平台实现多部门联合共享失信“黑名单”；全国首批12个社会信用体系建设示范城市名单中，山东威海、潍坊、荣成3个市在列，数量居全国第一位。四是持续开展体制创新，极大

激发了创业创新活力。截至2017年底，山东实有市场主体达到806.8万户，其中实有企业突破225.9万户，成为继广东、江苏之后，第三个企业突破200万户的省份。

二、财税改革体系逐步形成，多项改革走在全国前列

山东始终把财税改革作为全面深化改革的“重头戏”，2014年在全国率先制发了《关于深化财税体制改革的意见》，之后又相继出台了36个专项配套改革办法，初步形成“1+36”的财税改革制度体系，多项改革走在了全国前列。一是省以下财政体制改革率先突破，科学发展导向更加鲜明。通过“下划收入、财力分成、激励约束、明确责权”，果断加大改革力度，初步形成利益共享、风险共担、激励相容的省以下财政体制。改进政府间税收分享机制，省级通过体制结算，对各类税收的增量统一分享15%。二是财政专项资金改革成效明显，政府与市场关系进一步理顺。围绕使市场在资源配置中起决定性作用和更好发挥政府作用，加快推进专项资金管理改革，在压减竞争性领域专项、建立一般性转移支付稳定增长机制等方面均取得重要突破。三是预算管理制度改革不断深化，政府“花钱”更加透明规范。积极编制预算信息公开清单，将财政预决算、政府债务、政府采购、专项资金等信息全面公开，进一步提高了财政管理和资金运行透明度。“全口径”完善政府预算体系，2017年将政府性基金转列一般公共预算的范围扩大到14项，国有资本经营预算调入一般公共预算的比例提高到15%。四是税费制度改革扎实推进，市场主体活力得到充分释放。稳妥推进税制改革，全面推开营改增试点，累计减轻企业税负479亿元，顺利实现所有试点行业税负只减不增的改革目标。大力清理收费项目，提

前一年实现省定涉企行政事业性收费“零收费”的目标。五是支出管理改革积极有力，财政资源配置效率明显提高。强化财政资金分配的公共财政导向，着力加大对基本公共服务、民生、改革、创业创新等领域的保障力度。大力清理规范财政支出范围，压减不必要及不符合改革发展方向的支出项目。积极推进政府引导基金投资运作，目前全省已设立政府引导基金100多只，参股设立基金200多只，基金总规模达到3000亿元。

三、综合性金融改革加快推进，现代化金融体系初见轮廓

金融改革是经济体制改革的重点，近年来山东针对金融发展的短板，相继出台了《关于加快全省金融改革发展的若干意见》（“金改22条”）等一系列有力度、有突破的改革措施，为山东经济文化强省建设提供了有力支持。一是积极发展多层次资本市场，构建起“金字塔”形股权融资框架。大力推进企业在境内外交易所上市，2017年全省上市公司总数达196家，实现了境内上市公司17个市全覆盖。积极培育和引导中小微企业通过“新三板”进行股权融资，挂牌企业达到了636家。重点推动区域性股权市场发展，着力改造齐鲁股权交易中心，设立蓝海股权交易中心。通过充分利用多层次资本市场功能，全面拓宽了直接融资渠道，2017年全省直接融资规模达到5366.9亿元。二是创新金融组织和产品服务，大力塑造普惠金融生态。农村信用社银行化改革全面完成，成为全国第四个完成农信社银行化改革的省份；2017年全省村镇银行总数达到127家，居全国前列；民间融资进一步规范，各类民间融资机构和融资担保机构分别达到512家和405家。作为全国首个新型农村合作金融改革试点的省份，自2014年以来共成立284家新型农村合作金融试点合作社。探索中小企业债权融资方式创新，

在全国率先成功发行首单区域集优集合票据。三是打造“两主一辅”金融集聚区，充分发挥辐射带动力。目前，济南、青岛、烟台已形成金融资源的初步集聚，辐射带动力业已显现。济南采取积极引用外力与努力培育内力相结合的方式，借助中央商务区的载体，正在形成具有强大辐射带动作用的金融机构聚集区。2014年青岛获批全国唯一的以财富管理为特色的国家级金融改革试验区，随着多项全国“第一单”落地实施，青岛市财富管理中心城市建设的带动力已逐步呈现，于2016年首次被纳入全球金融中心排名。烟台则以基金集聚为特色，正式启动烟台基金管理中心建设，逐步成为山东金融集聚的“第三极”。

四、国企国资改革初见成效，重点领域取得阶段性成果

经过多年的努力，山东国有企业改革取得了初步成效，一系列创新性改革举措得以实施，一大批深层次体制机制问题得以解决，国有企业市场化程度不断加强，经营绩效明显提升，深化改革取得重要阶段性成果。一是完善公司治理结构取得重大突破。省管企业董事会成员基本配齐，监事会实现全覆盖，制约现代企业制度建设的体制性难题得以根本解决，公司治理正加快由“稻草人”向“实体人”转变。董事管理制度体系基本健全，多数企业启动了董事会内设机构建设。高管人员契约化管理全面深入推进，职业经理人制度建设迈出关键一步。各企业积极探索符合自身实际的契约化管理模式，并逐级向权属企业延伸。山东高速、齐鲁交通、交运集团、上海齐鲁等企业均在权属企业开展了市场化选聘高管人员试点。二是市场化经营机制进一步完善。混合所有制改革稳妥推进，全省58家混改试点企业中，20家已全面完成混改，10家基本完成。推进具备条件的企业实

施整体上市，山东高速、黄金集团等6户企业近100亿元主业资产注入上市公司。三是结构性改革攻坚战成效显著。大力推动钢铁煤炭企业解危脱困，济钢产能调整和山钢集团转型发展、山东能源肥矿集团改革重组两大任务取得重要进展。深入开展“僵尸企业”处置和亏损企业治理，国有划拨土地作价注资等政策逐步落地。四是以“管资本”为主的监管模式基本建立。国有资本投资运营公司组建加快推进，省属企业中国有资本投资运营公司已达13户。国资监管方式加快转变，通过两轮简政放权，把该由企业自主决策的事项全部下放企业董事会，有效激发了企业活力。五是国有资产监督体系更加健全。搭建了立体式财务监督体系，推动内部审计与外部审计相结合，企业审计、国家审计与社会审计共同参与的大审计格局基本构建并实现协调运转。山东创新实施的建立回避制度、加强关联交易和招投标监管、推行职工民主评价等一系列举措，使利益输送这一国企顽症痼疾得到有效遏制，构筑了全方位的利益冲突“防火墙”。

五、农村综合改革不断提速，新型农业经营主体发展壮大

同全国一样，20世纪80年代，山东确立了家庭联产承包责任制，实现了集体所有权、农户承包经营权的分离；20世纪90年代开始，随着农村经济的快速发展和城镇化进程的加快，越来越多的农民将土地流转出去，产生了农户承包经营权分离为承包权、经营权的现象。为此，山东先后制定出台了多个办法和意见，内容涵盖承包权的落实与保护、经营权流转的合同签订、市场建设、风险防控及主体培育等多个方面，有利促进了承包地“三权”分置的实施。近年来，山东围绕深化农村改革，稳定农村基本经营制度等重点，率先完成了土地确权颁证，开展农村集体产权制度改革试点，改革

成效初步显现。一是土地确权登记成果显著。目前，全省有73910个村（社区）完成了承包土地确权登记颁证工作，占有耕地村（社区）总数的95.9%；确权承包耕地面积8815.6万亩，占家庭承包耕地面积总数的98.1%。全省土地流转面积达3014.5万亩，占家庭承包耕地面积的32.3%，土地经营规模化率达到40%以上。二是农村集体产权制度改革试点初见成效。研究拟订了农村集体产权制度改革、土地“三权”分置的实施意见，印发了《全省农村集体产权制度改革省级试点方案》，将农村集体产权制度改革纳入全省经济社会发展综合考核体系。全省有8172个村（居）启动了产权制度改革，3916个村完成任务并发放了组织证明书。三是农村“两权”抵押贷款试点深入开展。建立了“两权”抵押贷款试点工作推进机制，鼓励农民用农村承包土地的经营权和住房财产权抵押贷款，并在13个试点县建立县域农村产权交易中心，在乡镇和行政村分别设立分中心和服务点，形成了县、乡、村三级联动运作模式，为挖掘农民财产性收入潜力奠定了坚实基础。通过综合改革，农村集体所有权进一步落实、农户承包权更加稳定、土地经营权进一步放活。截至2017年底，全省规模以上龙头企业达到9600家，农民合作社19.2万家，家庭农场5.5万家，农业社会化服务组织超过25万个。

六、“去降补”力度持续加大，供给侧改革取得突破

从2015年开始，以去产能、去库存、去杠杆、降成本、补短板为重点的供给侧结构性改革拉开帷幕，成为此后一段时间宏观经济政策的基本走向和着力点。2016年5月，山东出台《关于深入推进供给侧结构性改革的实施意见》，明确了供给侧结构性改革的路线图和时间表，目前已取得显著成效。一是低端无效产能逐步出清，产能利用有所好转。在钢铁、煤炭

方面，以“僵尸企业”处置为抓手，加快出清低端落后产能。在地炼领域，引导地炼企业淘汰落后装置和产能，地炼行业集约化、规模化发展水平得到提升；在船舶行业，实施船舶行业“白名单”制度，全省船舶产能控制在600万载重吨以内。2017年底，山东煤炭、轮胎、平板玻璃产能利用率分别升至81%、80%和81%，处于79%—82%的产能利用合理水平。二是因城施策去库存，各类库存稳步消化。推动工业品去库存，注重产销模式创新，全面推广钢结构建筑，扩大钢铁、水泥等行业工业品消费；推动农产品去库存，发展个性化定制和农村电商，支持“网货下乡”和“农产品进城”双向流通；推动房地产去库存，进一步深化住房制度改革，推广农民进城买房优惠政策，公积金使用实现低门槛、广覆盖。三是积极稳妥去杠杆，企业杠杆率稳中趋降。支持企业通过拓宽融资渠道、提高资本金等途径降低杠杆率；采取扩大政府投资引导基金、发展股权融资等方式提高企业资本金比重，支持企业通过主板上市、“新三板”挂牌交易等实现股权结构多元化。四是综合施策降成本，切实减轻了企业成本负担。重点围绕税费、用电、社保等方面为企业减负；推进电力体制和电价改革，实现农业生产用电、一般工商业用电、大工业用电全省同网同价；主动调降社保费率，将全省养老保险费率统一降至18%。

第二节　综合经济实力大幅跃升

改革开放40年来，山东的经济建设不断迈上新台阶，经济总量扩张、经济结构优化、区域协调发展、科技创新能力等均取得了令人瞩目的巨大突破，综合经济实力实现了大幅跃升。

一、经济总量实现跨越式发展，经济综合实力显著提升

40年来，山东经济总量攀升速度逐步加快，2017年实现生产总值（GDP）72678.18亿元，居全国第三位，是1978年（225亿元）的323倍，年均增长15.9%，经济总量占全国的比重由1978年的6.2%提高到2017年的8.8%。2017年，山东人均生产总值达到72851元，按年均汇率折算为10790美元，由全国第十七位跃居第九位，是1978年（316元）的231倍，年均增长14.9%。农业方面，综合生产能力显著增强，全省农、林、牧、渔总产值接近万亿元大关；2017年粮食总产量达到4723.2万吨，是历史第一高产年，连续6年稳定在900亿斤以上，主要农产品产量均居全国前列；在全国率先推出“齐鲁灵秀地、品牌农产品”省级农产品整体品牌形象并启动农产品“双证制”管理，农产品出口连续19年领跑全国；无公害农产品、绿色食品、有机农产品和农产品地理标志获证企业3561家，产品7508个，产地总面积达到375.1万公顷。工业方面，规模和效益不断跃上新台阶，2017年实现工业增加值28705.7亿元，能源集团、魏桥集团、海尔集团和兖矿集团进入世界500强；重大技术装备和装备制造业实现新突破，轨道交通、高档数控机床、核电风电装备、海洋工程装备、大功率发动机等产业已具备较强市场竞争力，11个企业品牌列入中国工业企业品牌竞争力百强，居全国第二位；绿色高效发展成效显著，在全国率先实行了合同能源管理、能效标识和节能产品认证等制度，启动了“工业绿动力”计划，开展了千家企业节能低碳行动。服务业方面，现代服务业加快发展，“互联网+”成为服务业发展新引擎；商务服务业向中高端拓展，法律服务、广告服务、人力资源服务等营业收入持续大幅增长；生活性服务业向精细化迈进，供给能力和服务水平显著提升。

二、经济结构持续优化升级，新旧动能转换全面启动

山东在保持经济平稳较快增长的基础上，大力推进转方式调结构，推进新旧动能接续转换，大力实施重点行业转型升级方案，经济结构不断优化，新技术、新产业、新业态、新模式“四新”经济快速发展，经济运行质量明显提升，加快向高质量发展迈进。2018年1月，国务院正式批复《山东新旧动能转换综合试验区建设总体方案》，综试区建设全面启动，为山东经济发展注入了新的动力。一是产业结构调整持续推进。2016年山东三次产业结构实现由“二三一”向“三二一”的历史性转变，2017年三二一结构进一步得到巩固，三次产业结构进一步调整为6.7：45.3：48.0，服务业对经济增长的贡献率达到56.4%，拉动经济增长4.2个百分点。二是固定资产投资结构不断优化。服务业投资增势较快，比重不断提升，其中互联网和相关服务业、金融业等现代服务业投资快速增长；技术改造投资和基础设施投资支撑作用明显，2017年完成工业技改投资16728.6亿元，同比增长14.1%，基础设施投资同比增长29.2%。三是消费结构明显升级。传统消费向新型升级类消费转型，智能信息通信、文化健康养生、绿色环保家居等升级类商品消费不断增长；服务消费不断拓展空间，医疗保健、交通通信和教育文化娱乐三类支出持续较快增长；消费品市场线上线下加速融合。四是财政税收结构持续优化。得益于企业盈利能力明显增强，居民收入平稳较快增长，山东财税结构不断改善。2017年全省实现一般公共预算收入6098.5亿元，同口径增长6.6%。五是新经济规模发展壮大。2017年高新技术产业产值占规模以上工业的比重达到35.0%，工业机器人、城市轨道车辆、服务器、新能源汽车等高技术产品产量均

实现持续较快增长。2017年新登记市场主体149.6万户，其中新登记“四新”经济企业增长37.2%。

三、创新驱动能力显著提升，质量品牌建设取得明显成效

山东深入贯彻落实创新驱动和质量强省战略，大力推进“山东质量”“山东品牌”“山东标准”建设，推动“山东制造”向“山东创造”“山东设计”“山东标准”转变，实现由经济大省向经济强省的转变。一是创新成果数量不断攀升。截至2017年底，山东有效发明专利数量达到74590件，每万人口发明专利拥有量达到7.57件；2017年获得国家级科技成果奖励19项，其中国家技术发明奖3项，国家科学技术进步奖16项；第十九届中国专利奖金奖4项，专利奖优秀奖64项；PCT国际专利申请量1700件，发明专利申请量6.8万件，发明专利授权量1.9万件。二是创新平台作用显著增强。中国（烟台）知识产权保护中心正式挂牌运营，青岛、东营、烟台、潍坊4个市入围国家知识产权强市创建市，国家知识产权强县工程示范县（区）18个，国家级高新技术产业开发区13个，国家知识产权试点示范园区11个，国家创新型产业集群试点7个，国家火炬计划特色产业基地69个，国家级工程技术研究中心36个，企业国家重点实验室17个，院士工作站334个。海尔国家“双创”示范基地建设进展顺利，青岛高新技术产业开发区、山东大学、浪潮集团等6个单位成功创建国家第二批“双创”示范基地。三是质量品牌建设持续推进。2017年山东制造业质量竞争力指数达到83.99，年末有效注册商标72.3万件，其中驰名商标711件，地理标志商标542件；马德里国际注册商标申请量增长2.1倍。目前，山东共有全国质量强市示范城市10个，全国知名品牌创建示范区11个，国家地

理标志保护产品66个，有效期内山东名牌产品、山东服务名牌、山东优质产品基地分别达到1536个、543个、37个；推出了海尔、海信、潍柴、浪潮、东阿阿胶等一大批品牌价值高、市场竞争力强的企业和产品；树立了阳光大姐家政服务、青岛港装卸服务等一批服务业品牌，培育了山东圣丰种业、银香伟业等一批农业龙头骨干品牌企业。

四、城乡发展协调性持续增强，区域发展战略向纵深推进

近年来，山东大力推进以人为核心的新型城镇化，着力提高区域政策精准性，积极培育新的增长极，城乡发展更趋协调，区域协调发展成效显著。一是城乡统筹发展成效显著。户籍制度改革和居住证制度全面推进，农业转移人口市民化进程加快，基本公共服务均等化和社会保障水平明显提高，2017年常住人口城镇化率达到60.58%；深入推进行政区划调整，城乡布局进一步优化；深入支持产城融合发展，潍坊滨海经济技术开发区、威海经济技术开发区、临沂经济技术开发区获批国家产城融合示范区，获批数量与广东省并列全国第一位。二是区域发展战略纵深推进。初步形成了山东半岛蓝色经济区、黄河三角洲高效生态经济区、省会城市群经济圈、西部经济隆起带的“两区一圈一带”区域发展格局，其中蓝黄两区为国家战略。除此以外，山东还积极对接其他区域发展战略，枣庄、济宁、菏泽、临沂4个市纳入国家淮河生态经济带规划范围，聊城、菏泽纳入中原城市群发展规划，德州、聊城、东营、滨州4个市加快融入京津冀协同发展，沂蒙革命老区获批参照执行中部地区有关政策。另外，山东半岛正式纳入国家自主创新示范区，青岛西海岸新区成为全国第九个国家级新区。三是县域综合实力不断增强。新生中小城市试点

培育和特色小镇创建进展顺利，住房建设、环境保护、安全生产、交通管理等政府服务和监督延伸到乡镇。推动美丽乡村建设标准化，新农村建设提档升级。2017年全国县域经济百强名单中，山东22个县入选，数量仅次于浙江省，位居全国第二位。

第三节　民主政治建设有序推进

社会主义民主政治是中国特色社会主义政治文明的集中体现。40年来，山东民主政治建设在探索实践中不断完善和发展，在基层民主、法治建设、统一战线等方面取得了具有鲜明特色和丰硕成果的巨大成就。

一、民主制度不断完善，基层民主权利有了根本保障

人民当家作主是社会主义民主政治的本质和核心，人民代表大会制度作为我国的根本政治制度，体现了社会主义制度的优越性和社会主义民主的广泛性。40年来，山东各级人大及其常委会在各级党委的领导下始终坚定地把握人大工作的正确方向，坚持党的领导、人民当家作主和依法治国有机统一，坚持走中国特色社会主义政治发展道路不动摇，为发展社会主义民主，健全社会主义法治，赢得了人民群众的信赖和拥护。40年来，各级、各部门在基层民主法治建设中从实际出发，创造性地开展工作，取得了显著成效。一是基层民主建设积累了一系列成功经验和做法。20世纪90年代初，继莱西基层政权组织建设经验之后，山东推出章丘“依法建制、以制治村、民主管理”的经验。20世纪90年代中后期，山东相继创出了潍坊市潍城区“两化管理”、潍坊市寒亭区“依法减负”、菏泽市东明

县“148”法律服务专线、临沂市“领导干部法律学历教育”、德州市陵县“调解中心建设”等经验，为农村基层民主法治建设找到了切入点和突破口。二是基层民主建设的目标任务更加清晰。山东将农村社会稳定作为基层民主建设的首要任务和目标，以经济建设为中心，加快农村产业结构调整，不断增加农民收入；用发展和改革的办法解决农村出现的新问题；依法、及时、妥善地处理农村人民内部矛盾，及时发现、解决影响农村稳定的各种纠纷，防止矛盾激化。三是基层组织和干部队伍建设成效显著。大力推进过硬党支部建设，在实行村党组织评星定级、党员量化积分管理、党建网格化管理、建立主题党日制度等方面进行了积极探索，农村基层党建工作取得了明显成效。全面推行村级重大事项民主决策、民主管理、民主监督，抓好“四议两公开”“三务”公开、村干部“小微权力清单”等制度落实，有效保障了村民参与村庄管理的权利。

二、法治政府建设持续深入推进，依法行政水平显著提升

改革开放以来特别是党的十八大以来，“法治是治国理政的基本方式”逐渐成为全社会的共识，全面依法治国纳入“四个全面”战略布局，成为新时期深化改革开放和推进现代化建设的重大战略举措。山东各级认真贯彻落实中央关于建设法治政府的决策部署，着力解决工作中存在的突出问题和体制机制弊端，多项工作走在全国前列，形成了具有山东特色的法治政府建设新格局。一是坚持依法行政。各级政府自觉接受人大监督，严格执行法律法规和人大决议决定，在重大问题决策前、决策中主动向人大报告，把合法性审查作为重大行政决策的必经程序，所有规范性文件全部纳入审查范围，确保依法决策、科学决策，运用法治思维和法治方式妥善解

决了一批历史遗留问题。二是在全国率先建立政府法律顾问制度。在全国首创“法律顾问+专家库”模式，从行政法、民商法、经济法等领域遴选法学专家组成“山东法律专家库”，进一步择优推荐法律专家担任省政府法律顾问。几年来，围绕产业结构调整、国有企业改革、社会事业、民生保障等重点工作，省政府法律顾问参与了100多件重大决策事项的法律论证，市、县两级政府法律顾问参与了1.6万件重大决策事项的法律论证。三是深化综合执法体制改革。2015年6月，省政府正式批复胶州市开展相对集中行政处罚权工作，在台儿庄古城、黄三角保护区、青岛西海岸新区等地开展综合执法试点，有效解决权责交叉、多头执法、执法力量不足等问题，提高了基层政府的执行力和公信力。四是率先在省以下开展行政复议体制机制改革。通过改革行政复议体制，复议案件数量明显增加，复议机关化解行政争议的能力水平得到增强，复议的权威性和公信力也不断提高。近年来，全省每年通过行政复议化解的案件逾万件，约占全国案件总数的1/10，综合纠错比例超过1/3，行政相对人的合法权益得到切实保障，大量行政争议在行政程序内部得到实质性化解。

三、适应改革和经济社会发展需要，科学筹划和推进地方立法

地方性法规是中国特色社会主义法律体系的重要组成部分。山东根据经济社会发展和法治建设的需要，积极推进重点领域立法，提高地方立法质量，着力发挥立法的引领、推动和保障作用。截至2017年1月，省人大及其常委会共制定和修改地方性法规402件，制定法规性决议23件，其中现行有效法规216件；批准设区的市人大常委会报批法规513件，其中现行有效法规275件。一是坚持问题导向，加强重点领域立法。坚持中央决

策部署与本省实际相结合，围绕发展全局和重点工作，着力加强保障和改善民生、改善宏观调控和市场监管、建设生态文明、弘扬优秀传统文化等方面的立法。例如，2016年3月制定的《山东省地方金融条例》，针对补齐山东金融业短板的现实需要，就金融服务、信用环境建设、金融监管等作出规范，对于促进金融业健康发展、更好地服务实体经济和深化供给侧结构性改革将起到重要作用。2016年7月制定的《山东省多元化解纠纷促进条例》，是我国第一个关于整合调解资源、促进纠纷化解工作的地方性法规。这项法规通过依法整合多种化解纠纷资源，有利于群众自主选择更为便捷高效的权益诉求渠道，具有开创性意义。二是坚持立法和改革决策相衔接，努力使立法工作与经济社会发展协调一致。例如，2016年7月通过的《山东省大气污染防治条例》，全面贯彻新发展理念，建立了大气污染联防联控机制，首次以立法形式推行错峰生产制度，明确了约谈和挂牌督办制度，被称为省内“史上最严”环保法规。三是根据改革发展需要，及时修改和废止有关法规。例如，贯彻落实党的十八届四中全会精神，2015年4月对法律援助条例作出修改，降低了经济困难群众申请援助的门槛，使更多困难群众能够享受到优质高效的法律援助服务。及时废止《山东省安置帮教刑满释放和解除劳动教养人员的若干规定》和《山东省文化市场管理条例》，维护了法制的统一。认真落实“全面两孩”政策，2016年初及时修改人口与计划生育条例，顺应群众期盼，社会反响热烈。

四、持续加强和改进监督工作，充分反映人民群众意愿诉求

“治国者必先受制于法”，党和国家的性质决定了任何人都必须自觉接受法律和人民的监督。近年来，山东不断增强监督工作的针对性和实效

性，确保国家机关及其工作人员在法治的轨道上正确用权，确保人民群众的意愿诉求得到充分反映。一是更加注重推动法律法规的贯彻实施。省人大常委会深入贯彻监督法等法律规定，委托有关专门委员会对义务教育法、环境保护法、消费者权益保护法、妇女权益保障法、农村土地承包经营纠纷调解仲裁法、地方税收保障条例、行政复议条例等法律法规实施情况开展执法检查，推动了相关工作的开展。省人大常委会还制定了新出台法规实施情况报告制度，以制度保障将法律落实到行动中。二是更加注重反映人民群众意愿诉求和发挥人大代表作用。党的群众路线教育实践活动以来，全省各级人大及其常委会在制订监督计划、确定监督项目过程中，更加注重广泛听取人大代表、人民群众及社会各界的意见建议，在会议结束后及时通过新闻媒体和门户网站公布监督议题的审议情况，努力在监督工作中更好地贯彻群众路线。三是更加注重增强监督的针对性实效性。探索建立了司法监督上下联动机制，围绕同一议题省、市、县人大三级联动监督，合力推动问题整改。许多市、县人大常委会在开展工作评议时，探索实施了满意度测评，通过开展量化分级评议，督促“一府两院”及有关部门认真查找不足、积极改进工作，监督实效明显增强。四是更加注重依法监督与推动工作的有机统一。全省各级人大始终把监督和支持“一府两院”依法开展工作、共同推进党和人民事业的发展，作为开展监督工作的出发点和落脚点。2013年以来听取审议省政府关于“十三五”规划编制、“六五”普法和科技、住房城乡建设、交通运输、畜牧业发展等专项工作报告59项，组织开展了道路交通安全、保障性安居工程建设等视察，依法作出了有关决议决定，提出了一系列改进工作的意见建议，促进了全省经济社会的持续健康发展。

第四节 文化强省建设成效显著

改革开放以来，特别是党的十八大以来，山东紧紧围绕打造全国重要区域性文化中心的目标，大力实施精品带动、人才振兴、创新驱动“三大战略”，公共文化服务体系不断完善，文艺创作更加繁荣，文化领域开放度进一步扩大，人民群众精神文化生活更加丰富，开创了文化强省建设新局面。

一、公共文化服务体系日趋完善，重点文化建设工程亮点频现

山东全面推进公共文化服务体系建设，大力加强政府投入，提升公共文化服务标准化、均等化水平。一是公共文化服务硬件水平显著提升。目前，全省共有公共图书馆157个〔总藏书4727万册（件）〕、文化馆159个、博物馆（纪念馆）194个、艺术表演场馆93个，乡镇（街道）综合性文化服务中心覆盖率达99.3%，行政村（社区）文化大院覆盖率达95.6%，经改造提升符合综合性文化服务中心建设新标准的达72.6%，形成了健全完善的五级公共文化服务体系。特别是济南市的省会文化艺术中心大剧院、山东美术馆新馆等一批场馆建成使用，标志着山东演出展览场馆硬件水平进入国内一流行列。二是文化精准扶贫持续深入推进。组织开展“一村一年一场戏”等送文化下乡活动，持续推进广播电视村村通、农家书屋等重点文化惠民工程，省定贫困村综合性文化活动室覆盖率达到80%以上；连续5年实施“文化惠民、服务群众”实事，省级财政投入20多亿元，撬动各地投入资金100多亿元，文化民生显著改善；发展了20万人的群众文化辅导团队、5600家庄户剧团、30余万支业余文体队伍、45万名业余文体工作者。三是重点文化建设

工程亮点纷呈。实施数字图书馆推广工程，向国家图书馆提交读者数据18.6万条，使读者享受到国家图书馆海量资源服务；组织开展网络书香过大年、网络书香阅读等数字化读者服务活动，丰富了基层馆服务手段和内容；推进公共文化云建设，在济南、临沂、青岛建设3个公共文化云服务推广点；推进公共文化场馆总分馆制建设，在城乡基层设立分馆，打通了公共文化服务“最后一公里”，公共文化服务效能显著提升。

二、艺术创作生产繁花似锦，优秀文化作品蓬勃涌现

山东创新实施舞台艺术“4+1工程”，制定出台《关于进一步推动山东艺术创作繁荣发展的意见》《重点选题评选资助办法》《鼓励文艺工作者深入基层采风创作的意见》等，在选题立项、剧目加工、演出奖励、文艺评价、艺术人才培养各个环节，进行“全链条”扶持引导，形成了艺术创作“山东模式”，一大批新作品、新人才涌现出来。2017年，全省艺术创作投入资金1.32亿元，新创作大型剧目50余部、小型作品109部，艺术创作呈现持续繁荣态势，演艺产品交易会在参展规模、质量、签约金额等方面取得重大突破。成功推出吕剧《百姓书记》、京剧《瑞蚨祥》、舞剧《红高粱》、话剧《家事》、柳琴戏《沂蒙魂》等一批精品剧目，省话剧院《兵道》、菏泽市山东梆子《南国之春》等一批优秀剧目先后立上舞台，民族歌剧《马向阳下乡记》获得中宣部、文化部高度评价，认为这是一部向民族歌剧经典致敬的优秀现实题材作品。多个剧目获中宣部“五个一工程”奖、文华大奖或文华特别奖，一批优秀演员和剧目获得梅花奖、红梅奖、兰花奖、全国戏剧奖、中国歌剧奖及国际杂技金奖。美术创作同样呈现良好态势，成立山东画院联盟、山东美术馆联盟，创作推出长卷《孔

子周游列国图》等一批优秀作品。齐鲁画派加快打造，组织实施了“大哉孔子·中国画创作工程”、重大历史题材等系列美术创作工程。另外，山东开展了省内院团内部管理机制改革，重点构建了绩效考核评价、人事管理、收入分配、艺术创作生产决策、市场竞争参与“五大机制”，有效激发了艺术工作者的创作热情。

三、推动创造性转化创新性发展，优秀传统文化实现传承

山东着力挖掘和阐发齐鲁优秀传统文化，承载起薪火相传、文化传承、以文化人的历史重任。一是文化传承行动成效显著。实施“传承弘扬优秀传统文化十大行动”，聚力打造出一批文化品牌，全省上下形成了官方与民间、城市与乡村、对内与对外、顶层设计与基层探索有机结合、整体推进的工作格局。曲阜优秀传统文化传承发展示范区列入国家“十三五”经济社会发展规划，规划建设工作顺利推进；尼山圣境、孔子博物馆、孔子学院总部体验基地等一批重点工程项目扎实推进。二是尼山书院和乡村儒学工程深入推进。创新推广“图书馆+书院”模式，依托各级公共图书馆建设“尼山书院”，在乡镇综合文化站、农村文化大院、社区文化中心建设儒学讲堂。目前，全省公共图书馆全部建成尼山书院，举办各类活动4000余场次；建成乡村（社区）儒学讲堂1万多个，开展活动4万余场次。三是文化展示工程进展顺利。启动实施县及县以下历史文化展示工程，全省105个县（市、区）、432个乡镇、1509个村（社区）建成历史文化展示场所，成为传承历史文化的重要阵地。四是非物质文化遗产整体性保护取得新突破。《山东省非物质文化遗产条例》颁布实施，开展“非物质文化遗产月”特色活动，成功举办了4届中国非物质文化遗产博览会；

在全省实施“百乡千人”扶持计划，依托民间文化艺术之乡，对非遗传承人、民间艺人进行扶持；初步构建形成了项目、传承人、传习所、生产性保护基地、生态保护区“五位一体”的非遗保护传承体系。目前，拥有国家级非遗项目173个，数量居全国第二，建成1个国家级文化生态保护实验区、9个省级文化生态保护实验区。

四、文化产业转型升级加快发展，现代文化市场体系初具雏形

山东通过实施“两区一圈一带”区域文化产业发展专项规划，文化产业规模和效益不断提升。2017年全省文化产业增加值达到3100亿元，文化产业施工项目3055个。一是文化企业培育初见成效。制定《山东省“互联网+文化产业”行动方案》，培育和建设了一批融合度高、发展潜力大、比较优势明显的“互联网+”文化企业和项目，涌现出黑晶科技、歌尔声学、卓创资讯等一批优秀文化科技企业。小微文化企业蓬勃发展，实施文化产业“金种子”计划，在全省范围内规划建设了两批共11家文化产业孵化器，注入6700万元“种子”扶持资金，带动引导社会资金多元化投入，探索建立了小微文化企业孵化培育体系，辐射带动效应初步显现。二是文化消费增长势头强劲。启动首届山东文化惠民消费季，29个省直部门、单位协同推进，征集系列文化消费活动460项、2950场次，签约文化企业316家，涉及各类商户1698家，形成了促进文化消费的浓厚氛围。2017年电影票房收入达到22.9亿元，观影人次达7189万。三是文化市场日趋规范发展。深入推进文化市场技术监管与服务平台应用，建成全国文化市场技术监管与服务平台北方分中心（服务覆盖12个省份），成为全国第一个所有市、县全面实现平台上网运行的省份。互联网上网服务行业转型升级加快

推进，涌现出德州市“社区综合性文化上网服务站”、淄博市“文化惠民进社区工程”试点等一批典型。建立发布省文化厅行政审批清单、行政权力清单、政府责任清单，文化企业发展环境进一步优化。

五、对外文化交流合作日趋活跃，齐鲁文化软实力显著增强

山东坚持走出去与引进来相结合，对外文化交流与优秀文化宣传推介相结合，有效扩大了齐鲁文化的影响。一是齐鲁优秀文化走出去取得显著突破。积极对接“一带一路”建设，按照“政府主导、企业主体、市场运作、社会参与”的思路，与“一带一路”沿线国家和地区开展多种形式的对外文化交流活动。制定《山东省“融入‘一带一路’大战略，齐鲁文化丝路行”实施意见》，成功举办阿斯塔纳世博会山东周、第四届“跨越太平洋——中国艺术节”暨山东文化周、文化中国走进东盟等一系列重大对外文化交流活动。文化部与山东省人民政府合作共建贝尔格莱德中国文化中心项目稳步推进。二是成功打造了多个对外文化交流品牌。在世界多个国家和地区举办“中国山东文化年”“中国山东文化周”等主题活动，培育形成“孔子文化世界行”等品牌活动。积极响应中央“参与世界文明对话”的号召，成功举办4届尼山论坛、7届世界儒学大会，颁发6届“孔子文化奖”，齐鲁文化国际影响力和知名度不断提高。三是对外文化贸易规模居全国前列。山东与180多个国家和地区开展了文化产品进出口业务，2016年全省文化产品进出口总额达到411.5亿元，居全国第四位，贸易增幅高出全国平均水平33.3个百分点，开展文化产品进出口的企业达到3183家。着力打造了“孔子家乡·山东文化贸易展”品牌，扩大了山东重点文化企业、优势文创产品和优秀文化服务的影响力。

第五节　社会民生事业持续进步

改革开放40年来，山东在全力推动经济跨越发展的同时，努力提升民生事业整体发展水平，真正实现了发展为了人民，发展依靠人民，发展惠及人民。特别是近年来，各项惠民政策进一步落实，民生得到持续改善，人民获得感、幸福感显著提高。

一、居民收入持续稳定增长，人民生活水平大幅提升

40年来，山东居民收入持续增长，就业形势稳中向好，民生保障不断加强，人民生活水平大幅提升。一是居民收入大幅攀升。城乡居民可支配收入不断提高，居民财产性收入实现多渠道增加，城乡、区域、行业收入分配差距得到改善，社会建设与经济发展逐渐同步。2017年，全省居民人均可支配收入26930元，是1978年的69倍。其中，城镇居民人均可支配收入36789元，农村居民人均可支配收入15118元，农村居民人均可支配收入实际增速连续8年高于城镇居民，城乡居民收入倍差持续缩小。二是就业形势稳定向好。就业是民生之本，山东坚持把就业创业摆在突出位置，把就业工作作为经济持续健康发展的优先目标，抓政策、抓重点、抓创业、抓服务，完善具有山东特色的就业创业政策体系；完善创业大学培训模式，实现创业大学市级全覆盖；加强创业载体建设，建成31家省级创业示范平台；组建省公共就业和人才服务中心；搭建“山东半小时公共就业服务圈”，创建“四型就业社区”和“一站式”农民工综合服务平台。2013—2016年，全省累计城镇新增就业476.3万人次，帮助失业人员

再就业216.6万人次，困难群体再就业44.0万人次。三是民生保障不断加强。财政民生支出持续加大，2017年山东用于民生方面的支出达7319亿元，占全部财政支出的比重达到79%。其中，社会保障和就业支出、节能环保支出、城乡社区支出、住房保障支出连年保持10%以上的增速。四是居民生活质量不断提高。居民消费支出增长平稳，2017年全省居民人均消费支出达到17281元。从构成看，八大类消费支出全部增长，食品烟酒、居住、生活用品及服务、交通通信、教育文化娱乐、医疗保健等支出全部实现5%以上的增长。

二、脱贫攻坚力度不断加大，减贫事业取得明显成效

山东历来高度重视扶贫开发工作，大力实施精准扶贫、精准脱贫。2010年以来，全省年均减贫100万人以上，贫困发生率从11.4%下降到1.3%。一是扶贫政策体系日趋完善。在制定整体扶贫方案基础上，出台了25个专项实施方案和23个专项实施意见，涵盖产业、旅游、电商、光伏、金融、住房、异地搬迁、医疗卫生、社会保障、教育就业等领域，形成“1+25+23”脱贫攻坚政策体系。二是扶贫资金投入不断加大。全省各级投入财政专项扶贫资金48.94亿元，省级资金连续3年实现翻番，市、县两级资金比上年增长3.13倍，全省统筹用于扶贫脱贫的资金总规模达102.11亿元；省财政分3年筹措资金70亿元，设立特色产业发展扶贫基金、小额贷款扶贫担保基金、公益事业扶贫基金三支扶贫发展基金，到位资金30亿元。三是易地扶贫搬迁稳步推进。逐步改善贫困人口生产生活条件，全省4个市6个县开工31个项目，完成投资7.8亿元，搬迁入住6438人，其中贫困人口1596人，安置就业2056人，产业扶持3145人。出台《山东省黄河

滩区脱贫迁建总体规划》，60万名黄河滩区居民脱贫迁建全面启动。四是确定扶贫重点区域。根据建档立卡精准识别情况，确定2个市、20个脱贫任务比较重的县、200个重点扶持乡镇、2000个扶贫工作重点村“4个2”为全省攻坚重点区域。五是社会扶贫力量不断壮大。积极搭建社会扶贫参与平台，开展“扶贫日”“扶贫攻坚齐鲁行”等活动，全省8600家企业开展结对帮扶。实施“第一书记”派驻工作，全省各级共选派4万多名“第一书记”驻村抓党建促脱贫攻坚。

三、城乡建设水平大幅提升，各项安居工程成效卓著

近年来，山东城乡基础设施建设不断完善，城乡面貌明显改善；各项安居工程有序推进，群众居住条件不断改善。一是基础设施保障水平持续提高。各地不断加大基础设施规划建设力度，补齐基础设施短板，交通网络不断完善，运输能力大幅提升。2017年末，公路通车里程达到27.1万公里，其中高速公路通车里程5710公里；高速铁路通车里程达到1240公里；沿海港口生产型泊位581个，其中万吨级以上深水泊位297个，青岛港、烟台港、日照港吞吐量均超过4亿吨，成为全国唯一拥有3个超4亿吨大港的省份；通信设施建设快速发展，通信水平明显提高，互联网宽带接入用户、网民数分别达到2366.5万户和5207万人。二是城乡建设水平大幅提升。2017年市政公用设施投资达到1273亿元；开工老旧小区改造项目1906个，惠及66.9万户群众；城市污水集中处理率、生活垃圾无害化处理率分别达到96.5%、99.0%；城市地下综合管廊、海绵城市建设稳步推进。2017年村镇建设投资达到1773亿元；改造农村无害化卫生厕所449.1万户，86%的建制镇和全部建成入住的农村新型社区均建有污水处理设施；17个

试点县、镇公共场所和农村新型社区实现冬季清洁供暖；大力推进农村危房改造，2012年以来累计改造危房39.5万户，80多万名农村困难群众住上放心房，2017年建档立卡贫困户危房改造任务全面完成。三是各项安居工程效果显著。2017年，全省棚户区改造开工80.4万套，基本建成64.7万套，年度任务完成率分别为105.2%和197.4%。公共租赁住房基本建成3.2万套，年度任务完成率为138.8%。居住条件不断改善，2017年全省居民人均现住房建筑面积达到39.9平方米。

四、社会保障体系日益完善，兜底作用更加突出

宏观政策稳住，微观政策放活，社会政策托底。山东始终致力于促进社会保障公平可持续，在养老、医疗等社会保障领域，大力推进制度创新，统筹城乡区域变革，基本实现由制度全覆盖向人员全覆盖转变，城乡人民群众在共建共享中有更多获得感。一是社会保险保民生功能不断强化。全民医保基本实现，城乡基本养老保险制度全面建立。在全国率先建立全省统一、城乡一体的居民基本医疗保险制度，并率先开展城乡一体、全省统筹的居民大病保险制度。深入推进机关事业单位养老保险制度改革，全面启动参保缴费和养老金发放工作，纳入新制度337万人，改革进度走在全国前列。率先启动省内异地住院直接结算，2013年全省17个市全部实现互联互通。2017年，全面启动实施跨省异地就医住院医疗费用直接结算工作，全省17个市及省本级已全部接入国家异地就医结算系统，进入可跨省异地就医直接结算的医疗机构432家。基本养老保险、基本医疗保险做到应保尽保，2017年末参保人员分别达到4530.6万人、7282.6万人。二是社会服务托底作用充分发挥。山东不断推动服务创新和水平提升，社

会救助、养老和残疾人补贴、社会事务、福彩管理、信息化建设等工作的评估成绩居全国前列，全省137个县（市、区）农村低保标准全部达到国家扶贫线（2855元）以上。社会服务功能日益提升，救助体系不断完善。2013—2016年，城乡医疗救助资金累计支出40.1亿元，累计救助近1100余万人次；各级慈善总会用于朝阳助学等五大工程累计支出善款49.8亿元；累计安置残疾人就业13.6万人。2017年，全省拥有各类养老服务机构和设施10590个，各类养老床位64.9万张。

五、各项社会事业全面进步，呈现良好发展新局面

改革开放以来，山东教育、卫生、体育等社会事业蓬勃发展。特别是近年来，各项社会民生事业建设呈现良好发展新局面。一是大力实施科教兴鲁战略，教育事业全面发展。高等教育规模扩大，推进高等教育综合改革，制度体系基本形成，在全国率先免除高校建档立卡贫困家庭学生学费，实现了从学前教育到高等教育资助全覆盖，实施高校招收农村学生专项计划，高等教育普及程度稳步提高。基础教育质优量增，全面启动中小学教师“县管校聘”改革，推进中小学校长职级制和去行政化改革；薄弱学校改造工程和特殊教育提升计划全面启动，城镇中小学“大班额”问题得到缓解，县域义务教育均衡发展基本全覆盖；学前教育资源持续增加，义务教育、高中阶段教育普及水平持续提升，教师队伍素质和办学水平全面提高。职业教育质量提升，不断完善现代职业教育体系，试行职业教育与本科教育对口贯通分段培养，在全国率先启动职业院校混合所有制改革试点。二是全面推进健康山东建设，卫生事业成就突出。深化医改取得突破，进一步深化医药卫生体制改革，重点领域和关键环节取得新突破，286

家城市公立医院综合改革全面推开，实现区域、机构、政策3个全覆盖；分级诊疗制度成效显现，17个市累计组建各种医联体790余家，县域内就诊率近90%。医疗体系趋向完善，医疗机构服务能力和管理水平进一步提升；社会办医环境优化，医疗服务质量和能力不断增强。三是加快体育强省发展，体育事业蒸蒸日上。全民健身广泛开展，全省建成各类体育场地1.59万个，全民健身中心县级覆盖率超过90%，行政村覆盖率92.6%；体育社会组织建设和健身指导服务进一步加强。竞技体育连创佳绩，2013年十二届全运会山东蝉联金牌、奖牌榜冠军，2015年成功举办山东第五届全民健身运动会。

第六节　生态山东建设成绩斐然

山东历来高度重视生态保护与建设，先后推动实施了“海上山东”“绿色山东”“生态山东”等重大战略，努力打造“碧海蓝天”，取得了显著成效。同时，山东坚持“节约、清洁、安全”发展方针，积极推动能源生产利用方式变革，发展动力由传统能源增长向新能源增长转变，能源、资源利用效率持续提高。

一、自然生态系统保护持续加强，系统自我修复能力不断提升

山东牢固树立绿水青山就是金山银山的理念，先后出台了一系列保护自然生态系统的政策文件，推动自然生态系统保护工作取得重大进展和积极成效。一是森林生态系统保护与建设成效显著。森林是陆地生态系统的主体。近年来，山东把森林资源培育放在重要位置，大力实施水

系生态绿化、重点防护林建设、荒山绿化、退耕还林还果、农田林网建设等重点工程，坚持造管并举，通过将造林生产情况纳入科学发展观考核，创建“国家森林城市”“全国绿化模范城市”，严格森林采伐限额和征占用林地审批，加强森林资源管护和执法查处等措施，全省林木绿化率得到了大幅提升，实现了森林面积和蓄积量双增长的良好局面。到2016年底，全省林木绿化率达到25.0%，比2013年提高2.2个百分点。二是沙化、荒漠化生态系统治理取得积极进展。通过采取各种生物和工程措施，积极开展沙化、荒漠化治理工作，有效改善了黄河故道、沿海风沙区等重点区域的生态环境。全省沙化、荒漠化地区累计营造乔木林、灌木林188万公顷，建设高标准农田林网30万公顷，种草4.6万公顷。三是湿地生态保护和修复成效明显。先后实施了黄河三角洲、南四湖、东平湖、马踏湖、单县黄河故道、黄河口湿地生态补水、微山湖湿地修复等一批湿地保护恢复工程，初步构建了以自然保护区、湿地公园为主体，各类湿地保护小区、湿地多用途区为补充的湿地保护体系，全省重要自然湿地得到抢救性保护，部分受损和遭破坏的湿地生态系统得到有效改善和恢复。四是海洋生态建设水平不断提升。立足于海洋大省的实际，率先在全国开展了海洋生态文明示范区建设，威海市、日照市、长岛县入选首批国家级海洋生态文明建设示范区。在全国率先建立实施渤海海洋生态保护红线制度，共划定红线区73个，其中禁止开发区23个，限制开发区50个，总面积6534.4平方公里，占管辖海域面积比例和自然岸线保有率均超过40%。海洋保护区网络体系建设初显成效，全省获批省级以上海洋自然保护区、海洋特别保护区、海洋类水产种质资源保护区共67处，总面积约27万公顷。

二、人居生态环境保护力度不断加大，生态环境质量显著改善

长期以来，山东始终将人居生态环境质量改善作为区域发展的约束性要求，空气质量、水环境、城市环境等均得到显著改善。一是空气质量明显优化。省政府先后出台实施了《山东省2013—2020年大气污染防治规划》和一期二期行动计划，与17个市政府和省直有关部门签订《大气污染防治目标责任书》，将目标责任层层分解落实；建立了空气质量第三方监测、定期公布、责任追究和财政补偿制度，建立济南、淄博、泰安、莱芜、德州、聊城、滨州7个市联防联控制度；加强“压煤、抑尘、控车、治气、增绿”等重点领域整治，推进“工业绿动力”工程。2017年，山东细颗粒物平均浓度改善幅度在京津冀及周边省份中位列第一，全省“蓝天白云、繁星闪烁”天数达到275.4天，比2016年增加26.5天，全省PM2.5、PM10、二氧化硫、二氧化氮平均浓度同比分别改善13.6%、11.7%、31.4%和2.6%。二是水环境质量持续改善。不断深化和完善“治用保”流域治污体系，实施全过程污染防治，在重要排污口下游、支流入干流处、河流入湖口因地制宜建设人工湿地和生态河道，构建沿河环湖大生态带，水环境质量连续15年持续改善。有效解决南四湖、小清河、马踏湖等治污难题，省控重点河流于2015年底基本消除劣五类水体，成功保障南水北调东线工程顺利通水和调水任务。2016年省控重点河流COD和氨氮平均浓度比2012年分别下降8.7%和27.7%。2017年国控地表水达到或优于Ⅲ类水质比例为55.4%；劣V类水质比例为2.4%，比上年下降6.0个百分点。三是城市环境质量逐步好转。统筹抓好城市水系统、环境卫生、扬尘治理、风景名胜区保护等重点工作，以绿色、生态、低碳、宜居、宜业理念为目标的生态城

区建设成效显著。近年来全省每年新增各类绿地5000公顷以上，其中公园绿地3000公顷以上，2016年城市建成区绿地率为36.8%，比2012年提高0.5个百分点。2017年，全省国家级、省级森林公园分别达到52处、67处，国家级、省级湿地公园分别达到68处、134处。

三、节能降耗工作成效明显，能源综合利用效率不断提高

山东坚持绿色低碳发展理念，积极推进“工业绿动力”计划和循环经济发展，同时大力推进节能减排，能源资源综合利用效率明显提升。一是节能降耗工作成效明显。认真落实党中央、国务院节能减排工作部署，切实推进工业、建筑、交通等重点领域节能减排。2012—2016年，万元GDP能耗累计下降17.1%，年均下降4.6%；万元GDP电耗累计下降14.4%，年均下降3.8%；规模以上工业万元增加值能耗累计下降24.2%，年均下降6.7%。2017年，山东规模以上工业能耗同比下降3.2%，规模以上工业煤炭消费量同比下降6.6%，规模以上工业万元增加值能耗同比下降9.4%。二是能源转换循环利用成效显著。一次能源转换为二次能源效率、规模以上工业火力发电效率均实现显著提高。重点行业领域余热、余压等能源回收利用水平进一步提高，规模以上工业能源回收利用企业达到近百家。钢铁行业淘汰落后产能，不断改造、集聚、升级，能源回收利用成效明显，回收利用率达到10.7%。三是单位产品能耗明显降低。山东企业不断改进工艺技术，淘汰落后产能，更新改造生产设备，能源利用效率稳步提高。2017年，山东六大高耗能行业能耗同比下降4.4%，占规模以上工业能耗的72.8%，比重降低0.9个百分点。四是工业节水成效明显。山东持续推进最严格水资源管理制度，加快实施节水型城市建

设，在控制用水总量的同时，加大废水排放整治力度，规模以上工业企业用水效率不断提升，工业节水成效明显，水资源消费结构不断优化，企业重复用水率稳步提高。

四、能源生产、消费结构不断优化，绿色能源发展逐渐加速

山东以推进能源供给侧结构性改革为主线，以提高供给质量和效益为中心，着力化解和防范过剩产能，着力推进清洁能源开发利用，能源生产、消费结构不断优化。一是传统能源生产持续下降。2016年，山东一次能源生产总量1.3亿吨标准煤，比2012年下降25.9%，年均下降7.2%。原煤、原油等传统能源产量明显下降，原油、天然气产量分别为2295.3万吨、4.0亿立方米，比2012年分别下降17.3%、29.8%；原煤产量在2012年达到1.8亿吨高峰值后连续4年下降，年均下降7.8%。二是新能源生产初具规模。2017年，山东新能源发电装机容量达到2329.4万千瓦，同比增长58.2%。其中，风力发电、太阳能发电、生物质发电和垃圾焚烧发电装机容量分别增长26.5%、131.4%、20.7%和43.8%。新能源发电345.6亿千瓦时，同比增长29.7%，高于规模以上工业发电增速34.2个百分点。三是能源生产、消费结构不断优化。从能源生产构成看，2016年煤炭占67.7%，比2012年下降5.6个百分点；原油占23.4%，提高0.2个百分点；天然气占0.4%，与2012年持平；一次电力及其他能源占8.5%，提高5.4个百分点。从能源消费构成看，2016年煤炭占76.8%，比2012年下降1.0个百分点；油品占16.3%，下降2.7个百分点；天然气占3.4%，提高1.1个百分点；一次电力及其他能源占3.5%，提高2.6个百分点。清洁能源消费比重达到6.9%，比2012年提高3.7个百分点。

第七节　全新开放格局基本形成

作为沿海经济大省，山东一直走在对外开放的前列。特别是党的十八大以来，山东实施更加积极主动的开放战略，坚持以开放促改革、促创新、促发展，开放型经济规模不断扩大，结构更趋优化，效益持续显现，为打造对外开放新高地奠定了坚实基础。

一、对外贸易实现跨越发展，贸易结构调整积极推进

改革开放以来，山东对外贸易从无到有，实现了持续稳定的发展。特别是2001年中国加入WTO以后，山东将外经贸作为经济发展的亮点之一，极大促进了对外贸易的加速跨越发展。入世10年间，山东进出口额由2001年的289亿美元猛增到2011年的2300多亿美元，翻了三番。党的十八大以来，面对经济发展新常态，山东积极转变发展思路，以新理念引领外贸发展新常态，在稳增长的基础上，着力推进结构调整，积极引导对外贸易由规模扩张向质量提升转变。一是贸易总量实现稳定扩张。2017年，山东实现进出口总额17823.9亿元，同比增长15.2%，高于全国1.0个百分点，比上年增速提高11.7个百分点，进出口规模和增速均创5年以来新高。二是货物贸易结构不断优化。2017年，全省机电产品出口同比增长11.9%，比上年提高15.1个百分点，占全省货物出口总额的38.9%，对全省出口增长贡献率达到45.6%；高新技术产品出口同比增长1.6%，比上年提高12.8个百分点，占全省货物出口总额的9.9%。加工贸易中，委托设计+自主品牌出口比重达到20.2%。三是服务贸易发

展提速。2017年，全省服务进出口3528.1亿元，居全国第六位，同比增长15.2%，服务进出口占外贸进出口总额的比重达到16.5%。离岸服务外包整体发展势头向好，2017年登记承接服务外包离岸合同26017份，同比增长57.5%；离岸合同额626.8亿元，执行额563.8亿元，同比分别增长25.2%和33.8%。四是出口市场结构更加多元化。在巩固和发展欧盟、美国、日本、韩国等传统市场的同时，进一步开拓东盟、非洲、俄罗斯、南美、印度、澳大利亚等新兴市场。2017年，山东与“一带一路”沿线地区货物进出口额达到4816.3亿元，同比增长16.4%，占全省比重达到27%；同时，对传统的美国、欧盟、日本和韩国市场货物出口分别增长12.6%、12.7%、17.9%和9.9%。五是贸易新业态新模式凸显活力。2017年山东跨境电子商务出口678.4亿元，同比增长42%，连续3年增长30%以上。其中，“9610”模式下出口增长2.1倍；40家省级外贸综合服务企业服务中小微企业2.5万家，出口220亿元；市场采购出口12613票，出口62.8亿元，增长162.3倍。

二、利用外资持续稳定增长，外资质量效益不断提升

改革开放以来，山东抓住全球产业转移的机遇，积极吸引外商投资，有效促进了本省经济的发展。近年来，山东积极适应利用外资的新形势和新要求，不断拓展利用外资领域，外资质量效益不断提升。一是利用外资规模持续扩大。2013—2016年，山东累计批准设立外商投资企业5743家、新批合同外资748.6亿美元、实际利用外资623.7亿美元，年均分别增长2.6%、6.3%和8.0%。2017年，山东共引进外资项目1479个，合同利用外资1860.83亿元，同比增长32.5%，实际利用外资1210.55亿

元，同比增长9.0%。二是利用外资产业结构不断优化。2017年，山东设立制造业外资企业448家，合同利用外资755.1亿元，同比增长23.3%，实际利用外资645.8亿元，同比增长9.7%，占全省比重达到53.4%，高于全国27个百分点；设立服务业外资企业939家，合同利用外资967.7亿元，同比增长43.4%，实际利用外资466.7亿元，同比增长9%，其中，高技术服务业实际利用外资120亿元，同比增长40.2%，占服务业比重达到25.7%。三是与跨国公司战略合作不断深化。从1987年德国汉高作为第一家世界500强进入山东以来，共有213家世界500强企业在山东投资设立了723家企业，覆盖全部17个市，推动形成了重型卡车、轿车、工程机械、造船、信息技术等产业的聚集，对产业升级和区域协调发展发挥了重要作用。美国通用、德国曼和大众、韩国现代的进入，提升了山东汽车产业的发展水平；日本小松、美国卡特皮勒、瑞典沃尔沃、韩国斗山的进入，使山东成为全国举足轻重的工程机械大省；惠普、思科、慧与、甲骨文、微软等IT巨头的进入，使山东信息服务业形成集聚式发展效应。近年来，山东先后出台两个深化与世界500强合作行动方案，举办了中国发展高层论坛“山东之夜”、跨国公司山东行、香港山东周、山东美国商务周等活动，取得了显著成效。2017年，28家世界500强企业在山东投资项目54个，投资总额41.9亿美元，美国谷歌、江森自控、苹果，英国石油公司，荷兰路易达孚，赢创等6家世界500强企业首次在鲁投资，500强外资企业数量创历史新高。

三、“走出去”战略成绩斐然，对外投资方式日趋多元

自2000年我国正式提出“走出去”战略以来，山东立足自身产业优

势，积极推动企业开展对外投资合作，推动产能和资源的全球化布局，实现了经济结构的优化升级和对外开放水平的持续提升。一是国际产能合作成效显著。橡胶轮胎行业，赛轮、玲珑、森麒麟、新远大等轮胎企业先后在越南、泰国建立生产基地；纺织服装行业，鲁泰、桑莎、岱银、华纺集团等一批骨干企业布局东南亚；铝产品加工行业，魏桥集团、南山铝业、信发铝业等都在印度尼西亚从事铝土矿开采及加工；化工行业，烟台万华并购匈牙利宝思德公司，是目前我国在中东欧地区最大的投资项目；电子家电行业，海尔集团在巴基斯坦投资设立家电生产企业，潍坊歌尔声学在越南投资设立声学与多媒体电子产品生产企业，烟台冰轮在马来西亚投资设立商用空调设备生产企业。二是大力培育源自山东的跨国公司。截至2017年底，全省“走出去”企业共计1385家，2017年度实现境外所得112.9亿元，一批企业已成长为全球知名的跨国公司。其中，海尔集团作为山东最早进入国际市场的公司之一，目前已在全球拥有5大研发中心、24个工业园、66个贸易公司；浪潮集团已在海外的硅谷、西雅图等地建成多个研发中心，服务器销量中国第一、全球第四；潍柴集团已在印度、缅甸、埃塞俄比亚和白俄罗斯等国家设立了发动机生产基地，在20多个国家设立了贸易公司和运营中心。三是对外承包工程质量不断提升。山东实施“借船出海”战略，在全国率先建立地方工程企业与中央企业合作机制，与央企联手开拓国际工程市场，深化工程项目专业分包合作。2017年，山东对外承包工程完成营业额793.7亿元，居全国第二位。青建集团、山东外经集团、烟建集团、山东德建集团、烟台国际、山东淄建集团6家企业入选全球ENR最大250家国际承包商名单，地方企业入选数量居全国各省、市首位。

四、“一带一路”建设成效显著，全方位开放取得突破

“一带一路”倡议提出以来，山东围绕“五通”“五路”的总要求，制定出台了《山东参与建设丝绸之路经济带和21世纪海上丝绸之路实施方案》，提出“五大中心”的战略定位，以及构建“一线串联、六廊展开，双核带动、多点支撑”的空间布局，推进“一带一路”建设取得积极进展。一是与沿线国家互联互通得到加强。目前全省共有10条中欧班列开行，涉及济南、青岛、淄博、潍坊、威海、滨州、日照、临沂8个市，2017年纳入中国铁路总公司欧亚班列运输方案的共204列，运输货物20939标准箱。积极推动与“一带一路”沿线港口开展战略合作，其中青岛港与沿线15个港口增加航线密度，2016年以来新开直达中东、东南亚等地航线12条，友好港扩大到21个；与阿联酋迪拜港等国内外10个港口共同发起成立东亚港口联盟，与阿布扎比哈里发港签署战略合作协议。二是经贸领域务实合作有序推进。举办了第三届中国—中亚合作论坛、中国（山东）品牌产品中东欧展览会、“一带一路”战略高层对接洽谈会、中国（临沂）国际商贸物流博览会、德州百企下南洋等一系列“一带一路”经贸促进活动。实施了首批总投资4500亿元的190个境外优先推进项目，推动总投资2300亿元的120个项目纳入国家“一带一路”重大项目储备库，为“一带一路”建设提供了有力支撑。三是境外经贸合作区建设成效初显。目前，在境外初具规模纳入商务部统计的合作区共有13家（全国99家），其中有9家布局在“一带一路”沿线国家；被商务部、财政部考核确认为国家境外经贸合作区的有4家（全国20家），数量居全国第一位，全部位于“一带一路”沿线国家和地区，初步形成纺织服装、精细化工、木材加工、电子家电等

海外产业集群，成为山东参与“一带一路”的亮点。四是人文交流合作领域不断拓宽。目前，山东与沿线23个国家建立友城49对，与沿线15个国家建立友好合作关系城市33对，山东大中小学及教育机构与沿线国家共建立友好合作关系424对。

五、对外开放新体制初步形成，贸易投资便利化深入推进

近年来，山东在对外开放体制机制方面不断进行探索创新，取得了显著成效。一是开发区体制机制创新发展。目前，山东国家级经济技术开发区数量达到15家，省级经济开发区136家，海关特殊监管区9家，形成了以国家级经济开发区为龙头，省级经济开发区为主体，布局合理，形式多元，各具特色的发展格局。山东开发区在开展体制机制创新方面也一直走在全国前列，全省范围内选择了12家经济开发区，按照“1+N”模式，对创新行政管理体制、项目审批机制、开发运营机制、用人分配机制和市场监管机制进行了探索试验，取得了许多可复制可推广的经验做法。二是推动涉外投资管理体制创新。外商投资管理体制方面，山东不断深化外商投资行政审批改革，在全国率先取消外商投资广告企业项目审批，全面推行简易注销登记改革；实施外汇资本金意愿结汇，赋予了外商投资企业办理外汇资本金结汇的自主权和选择权。对外投资管理体制方面，山东不断放宽对外投资的各种限制，逐步确立了境外投资“备案为主、核准为辅”的管理模式，并最大限度地简化了办理手续。三是贸易便利化水平大幅提升。构建国际贸易“单一窗口”，按照“一个平台、一次提交、结果反馈、数据共享”的模式，实施了信息化和智能化为核心的贸易便利化改革，建立了信息化监管为主、现场监管为辅的监管方式。通过复制推广各项通关

便利化改革举措，大大简化了通关程序，降低了企业通关成本。四是推进国家开放试点平台建设。济南市被确定为全国12个构建开放型经济新体制综合试点试验城市（区域）之一，且是我国东部沿海地区唯一的省会城市，启动实施的125项综合试点举措已开花结果；威海市被确定为全国17个深化服务贸易创新发展试点省、市（区域）之一，确定的160项重点任务目前已完成146项；青岛市被确定为全国12个设立跨境电子商务综合试验区的城市之一，形成了多项可推广的经验。

第八节　全面从严治党成果卓越

40年来，随着山东经济社会的快速发展，全省党建工作也取得了丰硕成果。各级党组织管党治党的政治责任不断强化，党员干部理想信念更加坚定，干部人才队伍和基层党组织建设取得积极成效，反腐败斗争形成压倒性态势，党风政风明显改善，党内政治生活呈现新的气象。

一、中国特色社会主义理论深入人心，党员干部思想基础更加牢固

改革开放40年，是中国特色社会主义理论体系不断发展和与时俱进的40年。经过多年来理论武装工作的开展，结合新的实践，全省广大党员干部不断深化了对中国特色社会主义理论体系的理解和把握，不断深化了对共产党执政规律、社会主义建设规律、人类社会发展规律的理解和把握。全省党员干部通过加强理论学习，进一步解放了思想，转变了观念，开拓了思路，提高了能力。广大党员干部运用马克思主义的立场、观点和方法

研究问题和分析问题的水平，运用科学理论分析和解决人民群众普遍关心的热点和难点问题的水平，也都有了显著提高。关于党的建设，广大党员干部通过参加“三讲”教育、保持先进性教育、学习贯彻科学发展观活动以及党的十八大以来群众路线教育实践、“三严三实”专题教育和“两学一做”教育等活动，进一步深化了对新的历史条件下如何加强党的建设、巩固党的执政地位、始终保持党的先进性和纯洁性等一系列问题的认识，确保了在思想上、政治上、行动上与党中央保持高度一致，极大地推动了山东改革开放和各项事业的发展。

二、党建优秀成果持续蓬勃涌现，积极向上的舆论氛围逐渐形成

改革开放40年来，山东全体党员干部以高度的政治责任感和强烈的事业心，深入学习贯彻党的历次重要会议精神，深入学习贯彻党的历任主要领导人的重要讲话精神，深入宣传党的十一届三中全会以来党和国家各项事业取得的新进展、新成就，深入宣传我国各地区各部门贯彻全会精神的举措进展和积极成效，挖掘宣传我国各地区各部门在全面深化改革过程中涌现出来的新典型，宣传基层干部群众贯彻落实全会精神奋发有为投身改革的精神风貌，全省积极向上的良好舆论氛围日渐形成，广大党员干部和人民群众投身建设经济文化强省的信心和决心不断增强。为了营造良好舆论氛围，思想理论界有关专家学者纷纷结合山东实际，不断深入研究中国共产党党建理论、马克思主义基本理论，深入研究阐释马克思列宁主义、毛泽东思想和中国特色社会主义理论体系，在《人民日报》《光明日报》《经济日报》《求是》等报刊发表了一大批理论文章，

出版了《中国共产党道路创新史》《中国共产党制度创新史》《中国共产党理论创新史》《学习型党组织建设解读》《新时期沂蒙精神研究》《科学发展观重大战略思想述要》《科学发展观与强省战略研究》《马克思主义中国化的最新成果》《马克思主义大众化研究》等一大批有理论深度和实际价值的党建优秀成果，为山东建设经济文化强省提供了智力支持和有力保障。

三、党员干部理想信念更加坚定，党的作风建设取得明显成效

40年来的党建工作，使山东广大党员干部澄清了一些重大理论问题上的模糊认识，使其从思想和理论上弄清了为什么要坚持马克思主义的指导地位而不能搞指导思想多元化，为什么要坚持以公有制为主体、多种所有制经济共同发展的基本经济制度而不能搞私有化，为什么要坚持人民代表大会制度而不能搞“三权分立”，为什么要坚持中国共产党领导的多党合作和政治协商制度而不能搞西方的多党制，为什么要坚定不移地走中国特色社会主义道路而不能走别的道路，等等，进一步坚定了共产主义信念和中国特色社会主义共同理想。通过40年来的党建工作，全省广大党员干部牢固树立了正确的权力观、地位观、利益观，坚持全心全意为人民服务的根本宗旨，切实把解决民生问题放在各项工作的首位，顺应民意、化解民忧、为民谋利。在党建工作的推动下，各级领导干部通过积极参加政治理论学习和反腐倡廉教育，自觉坚持讲党性、重品行、作表率，坚决抵制拜金主义、享乐主义和极端个人主义等消极思想的侵蚀，警惕权力、金钱、美色的诱惑，切实保持了为民、务实、清廉的良好形象。

四、党建科学化水平不断提高，全面从严治党取得重大突破

中央提出“提高党的建设科学化水平”的重大任务之后，山东不断加强党的各方面建设，从省委班子、各级组织到基层党员层层细化办法，落实措施，使党的建设在各个层次得到了全面推进，党的建设的科学化水平得到明显提升。政治建设方面，始终保持与党中央保持高度一致，坚决贯彻落实党中央的有关决策部署，始终坚持政治意识、大局意识、核心意识、看齐意识。思想建设方面，组织广大党员干部深入学习中国特色社会主义理论体系，党员干部的思想理论水平得到明显提高。组织建设方面，认真落实干部队伍“四化”方针，选拔了一大批德才兼备、实绩突出和群众公认的优秀干部进入各级领导班子。作风建设方面，按照中央提出的全面从严治党要求，以反对形式主义、官僚主义、享乐主义和奢靡之风为突破口，狠抓作风建设，改进不良风气，同时在重大决策、经济发展、民生问题等方面广泛听取群众意见，进一步密切了党群干群关系。纪律建设和反腐败斗争方面，教育干部切实筑牢拒腐防变的思想防线，并坚决同各种腐败现象作斗争，查处了一些大案要案，尤其是在党的十八大后集中查处“小官巨贪”问题，做到了既打“老虎”又拍“苍蝇”，收到了良好效果。制度建设方面，无论是对党建的整体规划还是具体工作体制、机制的构建，都形成了一批制度成果，为党建工作开展起到了良好保障作用。

第三章
山东改革开放40年基本经验

习近平总书记强调指出："改革开放是决定当代中国命运的关键一招，也是决定实现'两个一百年'奋斗目标、实现中华民族伟大复兴的关键一招。"山东在改革开放40年历程中，始终坚持党的领导，牢牢把握中国特色社会主义这一主题，坚持走中国特色社会主义道路，坚持中国特色社会主义制度，坚持解放思想，实事求是，坚持以人为本，不断改革探索，坚持以开放促改革，坚持统筹协调，发挥优势，有序推进各项事业发展，在中国特色社会主义道路探索中取得了若干成就，为改革开放事业作出了山东贡献，并总结出一些经验。

第一节　坚持科学理论，走具有中国特色社会主义道路

党的十九大报告指出，中国特色社会主义是改革开放以来党的全部理论和实践的主题。全国和山东40年改革开放所取得的成就证明：中国特色

社会主义理论体系是指导党和人民实现中华民族伟大复兴的正确理论，中国特色社会主义道路是实现社会主义现代化、创造人民美好生活的必由之路，中国特色社会主义制度是当代中国发展进步的根本制度保障。

中国特色社会主义理论体系是指导党和人民实现中华民族伟大复兴的正确理论。以邓小平同志为核心的党的第二代中央领导集体，带领党和人民，成功开创了中国特色社会主义，创立了邓小平理论。以江泽民同志为核心的党的第三代中央领导集体，带领党和人民，形成了“三个代表”重要思想。以胡锦涛同志为总书记的党中央，带领党和人民，成功在新的历史起点上坚持和发展了中国特色社会主义，形成了科学发展观。党的十八大以来，以习近平同志为核心的党中央团结带领全国各族人民，创立形成了新时代中国特色社会主义思想，这是对马克思列宁主义、毛泽东思想、邓小平理论、“三个代表”重要思想、科学发展观的继承和发展，是马克思主义中国化最新成果，是党和人民实践经验和集体智慧的结晶，是中国特色社会主义理论体系的重要组成部分，是全党全国人民为实现中华民族伟大复兴而奋斗的行动指南。山东历届省委、省政府始终以中国特色社会主义理论体系为指导，坚持解放思想、实事求是、与时俱进、求真务实，认真贯彻党中央对建设中国特色社会主义的各项部署，结合山东实际不断推进各个阶段改革任务的落实，通过坚持以科学的理论指导实践，为山东经济社会持续健康发展提供了源源不断的动力。

中国特色社会主义道路是实现社会主义现代化、创造人民美好生活的必由之路。改革开放以来，我们党坚持把马克思主义基本原理同我国具体实际和时代特征相结合，成功开辟了中国特色社会主义道路。中国特色社会主义道路既坚持了科学社会主义的基本原则，又结合了我国实际和时代特征，正在不断引领着中国发展进步。这一道路既坚持以经济建设为中心，又统筹推进经济建设、政治建设、文化建设、社会建设、生态文明建设以及其他各方面建设；既坚持四项基本原则，又坚持改革开放；既不断解放和发展生产力，又逐步实现全体人民共同富裕、促进人的全面发展。中国特色社会主义道路是实现"两个一百年"奋斗目标和中华民族伟大复兴的必由之路，是实现我国社会主义现代化和创造人民美好生活的必由之路。山东在改革开放40年的历程中，紧密团结在党中央周围，高举中国特色社会主义伟大旗帜，坚持走中国特色社会主义道路，坚持以人为本，注重改善民生，大力发展社会事业，让改革的成果惠及人民群众，不断推进了各项事业向正确的方向前进。

中国特色社会主义制度是当代中国发展进步的根本制度保障。中国特色社会主义制度是中国共产党领导中国人民在马克思主义的指导下，遵循人类社会发展规律，从中国具体国情出发，经过90多年艰难曲折的持续探索形成和发展起来的。人民民主专政的国体，人民代表大会的根本政治制度，公有制为主体、多种所有制经济共同发展的基本经济制度，包括共产党领导的多党合作与政治协商制度、民族区域自治制度、基层群众自治制度在内的基本政治制度，都是基于中国特定历史现实而形成的。这一制度以实现好维护好发展好最广大人民的根本利益为目标，遵循生产关系一定要适应生产力发展要求这一人类社会发展规律，很好地处理了各种复杂关系，实现了高度的社会和谐，并顺应时代发展潮流得到了自我完善。改革开放是社会主义制度的自我完善和发展。山东在改革开放过程中，自觉坚持党的领导和我国社会主义制度，加大力度推进党中央部署的各项改革措施的落实，坚决破除一切不合时宜的思想观念和体制机制弊端，推进经济体制改革，营造良好的发展环境，不断为构建系统完备、科学规范、运行有效的制度体系贡献了力量。

改革开放40年来，山东全面深化改革取得的重大突破，以及在经济、政治、文化、社会、生态文明等各个领域取得的成绩，均是坚持中国特色社会主义理论的指导，坚持走中国特色社会主义道路，坚持中国特色社会主义制度的必然结果。随着社会主义事业的发展和改革开放的深入实施，党对中国特色主义理论的更加深化，中国特色社会主义制度体系更加完善。山东历届省委、省政府始终把全面贯彻落实党的路线、方针、政策与山东实际紧密结合起来，不断探索出适合山东实际的发展路子。全省人民认真贯彻党中央的最新指示精神，及时用最新的中国特色社会主义理论作为精神武装，承担了中央部署的多项改革试点任务。1991年章丘县埠西村村民代表会议通过了中国第一部村民自治章程，2002年出台了全国首部省级教育督导条例，2004年青岛市成立国内首家社区公共服务委员会，2015年在全国率先打破城乡居民身份限制实行统一的居民基本医疗保险制度，近年来在农村、教育、医疗、财税金融等领域的改革均走在了全国前列，为中国特色社会主义理论完善和中国特色社会主义道路探索作出了应有贡献。

第二节　坚持党的领导，把握改革合理进程和正确方向

党的领导是中国特色社会主义最本质的特征。改革开放之初，中国共产党发出了走自己的路、建设中国特色社会主义的伟大号召。从那时起，

党领导人民不懈奋斗，经过艰辛的实践探索，成功开辟了中国特色社会主义道路，解放和发展了社会生产力，广大人民群众的创造性和积极性不断得到激发，社会发展活力不断得到增强，取得了令世界瞩目的发展成就。党的十八大以来，党领导人民高举中国特色社会主义伟大旗帜，统揽伟大斗争、伟大工程、伟大事业、伟大梦想，统筹推进“五位一体”总体布局，协调推进“四个全面”战略布局，推动党和国家事业取得历史性成就、发生历史性变革，推进中国特色社会主义进入新时代。中国特色社会主义新时代是承前启后、继往开来、在新的历史条件下继续夺取中国特色社会主义伟大胜利的时代。改革开放伟大实践告诉我们：党的领导是国家的根本所在、命脉所在，是全体人民的利益所系、幸福所系。没有党的领导，就没有社会主义在中国的实践，就没有中国特色社会主义的开创和发展。山东历届省委、省政府在改革开放的实践探索中，始终把坚持党的领导放在首位，坚决维护党中央权威，坚决服从党中央集中统一领导，坚定不移地贯彻党中央的各项决策部署，做到令行禁止，时刻以党中央最新指示精神科学指引改革开放各项事业，切实把握了改革开放的合理进程和正确方向，实现了改革、发展、稳定的协调推进。

党的领导是中国特色社会主义制度的最大优势。中国共产党领导和团结各族人民，遵循人类社会发展规律，立足中国具体国情，紧扣发展的时代背景和历史阶段，不断探索和发展中国特色社会主义制度。随着改革开放进程的深入，历届党的全国代表大会和中央全会都在适时指明我国发展所处的历史阶段，为全国上下如何进一步推进改革开放指明方向，中国特色社会主义制度亦得到不断发展和完善。社会主义市场经济制度在不同的历史时期经历了多次发展。党的十一届三中全会提出全党的工作重点转移到社会主义现代化建设上来；党的十二届三中全会通过了《中共中央关于经济体制改革的决定》，提出进一步贯彻执行对内搞活经济、对外实行开放的方针，加快以城市为重点的整个经济体制改革的步伐；党的十四大明确了建立社会主义市场经济体制的改革目标；党的十四届三中全会通过了《中共中央关于建立社会主义市场经济体制若干问题的决定》，将党的十四大确定的经济体制改革的目标和基本原则加以系统化、具体化，是我国建立社会主义市场经济体制的总体规划；党的十四届五中全会提出，实行两个具有全局意义的根本性转变，一是经济体制从传统的计划经济体制向社会主义市场经济体制转变，二是经济增长方式从粗放型向集约型转变；党的十五大把坚持公有制为主体、多种所有制经济共同发展，坚持按劳分配为主体、多种分配方式并存确定为我国在社会主义初级阶段的基本经济制度和分配制度；党的十六届三中全会通过了《中共中央关于完善社会主义市场经济体制若干问题的决定》，要求坚持统筹兼顾，坚持以人为本，树立全面、协调、可持续的科学发展观，促进经济社会和人的全面发展；党的十七大按照科学发展观的要求和中国特色社会主义事业总体布局，对社会主义经济建设、政治建设、文化建设、社会建设作出全面部署；党的十八大作出了坚定不移沿着中国特色社会主义道路前进，为全面建成小康社会而奋斗，全面深化改革的战略部署；党的十八届三中全会作出了《中共中央关于全面深化改革若干重大问题的决定》，提出全面深化改革的总目标是完善和发展中国特色社会主义制度，推进国家治理体系和治理能力现代化；党的十九大作出了贯彻新发展理念，建设现代化经济体系的战略安排。山东始终认真贯彻落实党中央的决策部署，把坚持正确的改革方向贯穿40年改革开放全进程，围绕全国大局，结合山东实际情况，及时把握改革进程，适时出台了一系列配套政策措施，为全省在不同时期经济体制建设夯实了基础，保障了经济社会的持续健康发展。

坚持党的领导是把握改革合理进程和正确方向的必然要求。改革开放以来，中国共产党在历次关键点和转折点作了科学的判断，多次把握方向、谋划大局、制定政策，不断促进改革开放沿着正确的道路进行。例如在我国所处阶段的把握方面，党的十三大指出我国目前正处在社会主义的初级阶段，把依法治国确定为治国的基本方略，确立了社会主义初级阶段的基本纲领和总体部署；党的十九大作出了中国特色社会主义进入新时代的重大判断，作出了决胜全面建成小康社会，开启全面建设社会主义现代化国家新征程的战略安排，具有划时代的里程碑意义。在我国社会主要矛盾的判断方面，党的十一届六中全会指出，我国所要解决的主要矛盾是人民日益增长的物质文化需要同落后的社会生产之间的矛盾；党的十九大明确指出，我国社会主要矛盾已经转化为人民日益增长的美好生活需要和不平衡不充分的发展之间的矛盾。在党中央的历次总体布局和发展方向判断中，山东均积极响应，认真学习领会，深入贯彻落实，切实将党中央的最新精神落实到工作实践中，确保了改革开放的有序推进。

改革开放40年来，山东始终坚持党的领导，把维护党中央权威和集中统一领导作为最高政治原则和根本政治规矩来执行，培养各级党员、干部牢固树立政治意识、大局意识、核心意识、看齐意识，自觉在思想上政治上行动上同党中央保持高度一致，在各项工作中毫不动摇、百折不挠贯彻落实党中央决策部署，确保了党中央令行禁止。在党的坚强领导下，山东很好地把握了改革合理进程和正确方向，各项事业均取得了长足发展。例如山东第九次党代会创造性地贯彻落实科学发展观，作出了“在工作指导上进一步从加快发展转到科学发展、又好又快发展上来”的决定，从加强资源节约和环境保护、促进社会发展和解决民生问题、推进自主创新等多个方面将中央决定落到实处，提出要努力做到科学发展、和谐发展、率先发展，在新起点上实现富民强省的新跨越。山东第十一次党代会提出，全省上下要牢记习近平总书记的嘱托，把走在前列作为长期坚持的目标定位和根本要求，贯穿党的建设和经济社会发展全过程、各方面，从促进经济转型升级提质增效、推动文化繁荣发展、建设和谐美丽的幸福家园、推动全面从严治党向纵深发展等方面贯彻落实党中央要求和习总书记嘱托。坚持党的领导，落实好党中央对建设中国特色社会主义的各项决策部署，是推进山东经济、政治、文化、社会、生态文明全面发展的核心动力，亦是山东改革开放40年成就取得的根本经验。

第三节　坚持解放思想，将实践作为检验真理唯一标准

解放思想是改革开放的动力源泉。回顾改革开放的40年历程，每一次重大改革的推进都伴随着一轮新的思想解放。解放思想开启了改革开放的历史征程。20世纪70年代末，我们党作出了实行改革开放的历史性决策，这是在对“文化大革命”进行深刻反思、对中国发展落后现状进行深刻剖析、对国际形势进行深刻判断的基础上作出的。解放思想不断带动改革开放进一步突破。经过“真理标准大讨论”，突破了“两个凡是”的思想桎梏，确立了“实践是检验真理的唯一标准”；经过“姓资姓

社”的争论，突破了“社会主义不能搞市场经济”的思想局限，开始逐步建立多种所有制共同发展的社会主义市场经济体系；在回答“建设什么样的执政党，怎样建设执政党”的问题过程中，形成了“三个代表”重要思想，集中解决了党的先进性和执政能力建设问题；在新世纪解答“实现什么样的发展，怎样发展”的问题过程中，形成了科学发展观，为新阶段推进各项事业的改革和发展提供了方法论指导；围绕从理论和实践结合上系统回答新时代坚持和发展什么样的中国特色社会主义、怎样坚持和发展中国特色社会主义这一重大时代命题，我们党形成了习近平新时代中国特色社会主义思想，成为全党全国人民为实现中华民族伟大复兴而奋斗的行动指南。山东历届省委、省政府坚持解放思想，在改革开放的每个关键节点都能在思想上、政治上与党中央保持高度一致，通过思想大解放大力破除改革开放进程中思想桎梏和体制性障碍的束缚，不断开创改革开放各项事业新局面。

解放思想是解放和发展社会生产力的总开关。解放和发展社会生产力，是社会主义的本质要求。随着改革开放的不断深入，经济发展阶段梯次转换，对经济社会运行的体制机制提出越来越高的要求。如何为社会生产力的发展提供充分的制度保障，持续激发全社会创造力和发展活力，成为制约改革开放事业不断创新发展的关键问题。解放思想是前提，是解放和发展社会生产力、解放和增强社会活力的总开关。生产力发展的不同阶段，需要相应的生产方式与之适应。经过改革开放40年的艰苦奋斗，我国改革开放取得了举世瞩目的成就，经济、科技、国防实力和综合国力进入世界前列，社会生产力不断得到解放和发展，这与我们党坚持解放思想，实事求是，与时俱进，不断进行理论创新、思想创新和体制创新密不可分。在改革开放的实践探索中，社会主义市场经济理论及其政策体系得以建立。例如党的十一届三中全会提出改革开放，党的十四大和十四届三中全会明确了社会主义市场经济体制，党的十五大、十六大在国有经济战略性调整、国有资产管理体制改革、非公有制经济的地位界定和理顺收入分配关系等一系列重大问题上，进一步作出了创造性的理论贡献。党的十八届三中全会进一步明确了市场在资源配置中的决定性作用，并作出了全面深化改革的决定。党的十九大提出了贯彻新发展理念，建设现代化经济体系的战略部署。山东在40年改革开放实践中，坚持解放思想，坚持将实践作为检验真理的唯一标准，坚持理论与实践相统一的原则，贯彻落实中央各项部署，不断以思想解放推动生产力大发展。

解放思想是不断解决前进道路上的矛盾和问题的根本前提。改革开放40年间，党领导全国人民艰苦奋斗，砥砺前行，探索出一条中国特色社会主义道路。解放思想，实事求是作为我们党一以贯之的思想路线，是创造性地解决前进道路上诸多矛盾和问题的根本前提。就外部条件而言，冷战结束后的全球政治经济版图重组、全球经济一体化浪潮、第四次科技革命发轫兴起等多项历史性变革为我国发展带来了前所未有的机遇和挑战，需要不断解放思想及时应对。就国内而言，改革开放是一项广泛而深刻的社会变革，各类纷繁涌现的新形势新问题需要与时俱进的理论创新、思想创新和体制创新予以解决。改革开放40年历程中，我们党始终以思想解放作为行动的先导，以理论创新作为实践的指南，通过不断解放思想，深刻认识世情、国情和时代特征，科学把握中国特色社会主义建设的客观规律，不断解决前进道路上遇到的新矛盾和新问题，在问题和挑战中奋勇前行，走出了一条不断解放思想，不断开拓创新的中国特色社会主义道路。在这一历程中，山东强化问题意识、树立问题导向，聚焦改革开放探索和社会主义现代化建设中面临的重大现实问题、人民群众关心关注的热点、难点问题和各类体制机制问题，以解放思想作为核心驱动力，努力提高解决问题的能力，开拓创新、攻坚克难、化解矛盾，推进全省改革开放事业不断迈上新台阶进入新阶段。

改革开放40年来，山东始终与党中央保持高度一致，坚持解放思想，切实以思想解放作为山东改革开放实践的动力，在改革开放的历次关键时期进行了思想大解放，认清方向，找准路径，稳步推进了不同阶段改革开放事业的大发展。经过真理标准大讨论走上了社会主义建设道路；认真领会社会主义初级阶段理论，建立健全社会主义市场经济体制；经历“姓资姓社”讨论明确了外向型经济战略；通过“姓公姓私”讨论更加深刻认识了社会主义初级阶段经济制度。思想大解放不断为山东改革开放的各项事业提供着思想动力。通过解放思想，深入认识“发展方式”的科学内涵，加大力度调整产业结构；通过解放思想，深刻认识“以人为本”的重要性，坚定推进社会保障体系建设；通过解放思想，理性判断自身发展现状，加快新旧动能转换步伐。山东在40年改革开放探索过程中，多次承担全国先行试点任务，以实践检验体制创新成效，不断贡献山东智慧。例如，1979年山东服装业在全国率先改革旧的经营管理体制，1981年开工建设了全国第一家中央与地方集资建设的坑口电厂龙口电厂，1987年烟台市在全国率先进行了住房制度改革试点，2006年成立了全国首家知识产权保护投诉服务中心。黄河三角洲高效生态经济区、山东半岛蓝色经济区、新旧动能转换综合试验区等多项规划上升为国家战略，成为山东经济社会发展的重要驱动。

第四节　坚持渐进改革，妥善处理改革发展稳定的关系

从实际出发渐进改革是我国改革开放的典型特征。自改革开放之始，中国改革选择了与苏联和东欧“休克式改革”不同的路径即从实际出发渐进改革之路。改革根植中国实际，循序渐进，遵循的是先易后难的务实路线，谋取的是由点及面的稳步扩展。渐进改革的具体推进方式是“先行试点+总结推广”，首先选择一定地区或者领域进行试点，在对试点经验教训进行总结的基础上，提炼出可供借鉴推广的创新机制，然后对具有推广价值的成功经验做法进行推广。这一推进方式既能够控制风险，又能够实现成功经验的迅速推广普及；既能够解决当前面临的实际问题，又能够不断促进中国特色社会主义理论创新，是改革开放进程中探索新发展模式和体制机制创新的重要途径。安徽小岗村土地承包经营模式探索、经济特区建设的大试验、上海浦东等国家级新区的特区扩大改革、设立河北雄安新区的战略选择，均是对经济发展方式选择和社会主义市场经济体制完善的由点及面的先行探索。改革初期“摸着石头过河”的策略、现代化“三步走”的宏观战略目标、以党内民主带动人民民主的实践、逐步实行城乡按相同人口比例选举人大代表的要求，均是遵循了立足中国实际、稳步推进改革的务实路线。历届山东省委、省政府坚持渐进改革，紧跟中央改革部署，立足山东实际，统筹兼顾，坚持整体推进和重点突破相结合，在统筹规划的基础上注重协调配合，不失时机地推动改革的重点突破，实现了改革发展稳定的统筹推进。

改革、发展、稳定是我国社会主义现代化建设的三个重要支点。改革开放以来，我们党始终高度重视正确处理改革发展稳定关系。改革开放是一项系统工程，必须做到从实际出发，统筹兼顾，总体协调。改革是经济社会发展的强大动力，通过改革不断破除制约发展的深层次体制机制障碍，建立健全适应社会生产力发展需要的新体制新机制，从而为经济社会长期健康稳定发展提供持续动力。发展仍是解决一切经济社会问题的关键，只有推动经济持续健康发展，才能为国家繁荣富强、人民幸福安康和社会和谐稳定提供坚实的物质基础。稳定是改革推进和加快发展的前提，改革和发展的不断推进能够为社会稳定提供更加坚实的基础，发展和稳定也为深化改革提供良好环境和基本条件。改革开放40年来，我国在经济社会发生了深刻变化的同时又很好地保持了社会稳定，是与坚持渐进改革战略，将改革力度、发展速度和社会承受程度有机统一，实现了保持社会稳定中推进改革发展，通过改革发展促进社会稳定。这一成就的取得，亦与我们党始终把人民利益摆在至高无上的地位，让改革发展成果更多更公平惠及全体人民的发展理念密不可分。改革开放40年间，山东始终坚持正确处理改革发展稳定的关系，稳步推进各项改革，不断为经济社会发展增添动力；树立正确发展理念，持续推进了改革开放各项事业蓬勃发展；切实维护社会和谐稳定，为改革发展提供了良好环境。

通过渐进式改革逐步建立完善社会主义市场经济体制。习近平总书记指出，改革开放是当代中国发展进步的活力之源，是党和人民事业大踏步赶上时代的重要法宝。改革开放是坚持社会主义市场经济改革方向的历史性工程，推动了我国从计划经济到社会主义市场经济的转变，为全面建成小康社会、开启全面建设社会主义现代化国家新征程奠定了坚实的物质基础。改革开放首先从农村开始，家庭联产承包责任制、统分结合的双层经营改革试验取得了成功，农村生产力得到迅速解放。党的十二届三中全会确定社会主义经济是“公有制基础上的有计划的商品经济”，随后改革重点逐渐转向城市，开展了多种形式的国有企业扩大自主权试点，集体经济和个体经济得到恢复和发展。党的十四大确立了社会主义市场经济体制的改革目标，党的十四届三中全会通过了《中共中央关于建立社会主义市场经济体制若干问题的决定》，我国正式确立社会主义市场经济的改革方向和基本内容。党的十五大确立了公有制为主体、多种所有制经济共同发展的基本经济制度。党的十六大提出了到2020年建成完善的社会主义市场经济体制的改革目标，党的十六届三中全会对建设完善的社会主义市场经济体制作出全面部署。山东在改革开放40年历程中，坚持社会主义市场经济改革方向，按照党中央部署，分阶段稳步推进了各项经济体制改革，不断解放和发展社会生产力，促进了一系列经济发展成就的取得。

全面深化改革为中国渐进改革注入新的推力。党的十八大作出了坚定不移沿着中国特色社会主义道路前进，为全面建成小康社会而奋斗，全面深化改革的战略部署。至此，改革不再拘泥于经济体制领域，而是扩展为涵盖政治、文化、社会以及生态文明的“五位一体”的全面改革。全面深化改革是渐进改革的必然结果和对渐进改革逻辑的丰富，是解决中国现实问题的根本途径。渐进式改革的特点是从实际出发，循序渐进，这一战略的显著优势在于能够降低改革阻力，加快改革步伐。随着我国发展进入新阶段，改革已进入攻坚期和深水区，各方面深层次的体制机制矛盾更加凸显。这一新情况更加需要增加改革的系统性、整体性和协同性，通过全面发力、多点突破、纵深推进的全面深化改革，加快确立主要领域改革的主体框架，并在重点领域和关键环节取得突破性进展。习近平新时代中国特色社会主义思想明确了全面深化改革总目标是完善和发展中国特色社会主义制度、推进国家治理体系和治理能力现代化。党的十九大指出，坚持全面深化改革必须坚决破除一切不合时宜的思想观念和体制机制弊端，突破利益固化的藩篱，吸收人类文明有益成果，构建系统完备、科学规范、运行有效的制度体系。山东正在以强烈的历史使命感，发挥“敢于啃硬骨头，敢于涉险滩”的精神，不断冲破不合时宜思想观念的束缚，加快突破各层面利益固化的藩篱，不断推进治理体系和治理能力现代化。

改革开放40年来，山东始终坚持渐进改革战略，妥善处理改革发展稳定的关系，着力把经济发展与民生改善相统一，在党中央的统一部署下有序推进各项改革政策实施，因地制宜开展了不同领域的改革试点探索，多项试点取得了良好效果并被推广至全国。先于小岗村的农村生产责任制改革、起源于“商品经济大合唱”的诸城贸工农一体化发展、打破地方中小企业产权改革僵局的诸城国企改革，都是在渐进改革的大原则下，先易后难，先试点后推广，以点带面，稳步推进的结果。各项改革的推进立足山东实际，充分考虑各方面的承受能力，在改革过程中重视兼顾各方面利益，充分调动社会发展活力和创新活力，确保了改革开放由全民共同参与，发展成果为群众共同享有。随着改革开放进入新阶段，山东积极应对复杂多变的国际环境和艰巨繁重的国内改革发展稳定任务，认真落实中央关于全面深化改革的战略部署，统筹推进了经济体制改革、转变政府职能、法治社会建设、生态环境保护、民生保障和改善、深化党的制度建设、形成反腐败压倒性态势等一系列深度改革，破解了一批“老大难”问题，人民群众的获得感满足感不断提升，经济社会发展的发展活力和创新活力持续增强。

第五节 坚持以人为本，把经济发展与民生改善相统一

山东是人口大省、经济大省，改革开放以来，山东牢牢坚持以经济建设为中心，坚持以人为本，始终做到把经济发展与民生改善相统一。百姓事情无小事，多谋民生之利、多解民生之忧、多办民生实事，着力保障和改善民生，是经济社会发展的首要目标，是坚持以人为本，实现发展成果由人民共享的必然要求，是促进经济结构转型升级，推动经济社会协调发展的必经之路，是山东一切工作的出发点与落脚点，更是山东改革开放40年来取得的宝贵经验。

一、办好人民满意的教育

教育是民生之首，山东是教育大省，教育关乎着山东亿万人民群众的切身利益、根本利益、长远利益，是民生工作的重中之重。

一方面，办好人民满意的教育是教育改革发展的内在动力。人民有所呼，改革有所应，改革要从群众最期盼的领域改起，从制约经济社会发展最突出的问题改起，让全社会感受到改革带来的实实在在的成果，最大限度凝聚改革正能量。改革开放40年来，山东一直在朝着办好人民满意的教育这一目标努力前行，尤其是党的十八大以后，山东教育发展迅速，超出经济发展水平，教育发展总体水平走在全国前列。但与世界发达国家和一线城市相比仍存在一定差距，区域间、城乡间、校际间发展还不平衡，随着人口结构变化和技术变革不断加速，教育改革需求也愈加迫切。山东通

过加快教育现代化进程，推动城乡义务教育一体化，改变村空乡弱城挤现象，重点发展普惠性学前教育，努力解决“入园难、入园贵”问题，振兴山东经济欠发达地区教育，优化课程体系改进教学模式，培养推动创新创造能力，确保每个学生人生出彩，成为有用之才。

另一方面，办好人民满意的教育是增强人民安全感、获得感、幸福感的过程。增强安全感，是要把学校建成最安全、学生最快乐、家长最放心的公共场所，落实安全第一。增强获得感，是办好学前教育、特殊教育、网络教育、继续教育，直击教育体系的短板与弱项，使绝大多数城乡新增劳动力接受高中阶段教育，更多人接受高等教育，是送给全省人民的“大红包”。增强幸福感，是在教育过程中全面贯彻党的教育方针，发展素质教育，推进教育公平，促进学生德、智、体、美全面发展。这“三感”是判断教育改革成功与否的根本标准，衡量教育工作成效的根本标准，也是检验教育工作作风的根本标准。

二、大力促进就业创业

就业是民生之本，创业是发展之源。改革开放40年来，山东省委、省政府一直高度重视就业创业工作，始终坚持以人民为中心的发展思想，坚定不移提升经济发展质量和效益，精准施策守住底线、强化服务补齐短板。

一是针对劳动者就业创业过程中遇到的难点与痛点，积极拓宽创业投融资渠道，通过发展创业担保贷款，加大减税降费力度等措施妥善解决就业创业难题。同时，积极适应新产业、新模式、新业态发展特点，本着鼓励创新、包容审慎的原则，完善相关扶持政策，加大对灵活就业、新就业形态的支持力度，在培育经济增长新动能的同时，打造就业创业新增长极。

二是实施公共就业创业服务能力提升行动，增强服务机构的创业服务功能，完善创业服务体系和方式，提高创业服务的专业化、标准化和信息化水平，建立面向人人的创业服务平台。充分发挥专业化众创空间和孵化机构优势，用好购买服务和奖补政策，为创业创新者搭建更多专业化平台。此外，围绕解决创业者及创业企业用人难题，加强用工指导和服务力度，加大技能人才、专业人才和管理人才培养引进力度，及时提供社会保障、人事代理、教育培训和职称评定等便利。

三是持之以恒地推进“放管服”改革，深化商事制度和行政审批制度改革，扫清影响创业创新的“拦路虎”。通过双创活动周等创业推进活动，组织开展创业型城市、返乡创业示范县创建，支持地方打造富有特色的品牌活动。同时营造良好的舆论宣传环境，推广一批创业典型，在全省厚植创业文化，营造鼓励创业、宽容失败的良好氛围，使大众创业、万众创新蔚然成风。

三、建立更加公平更可持续的社会保障体系

社会保障是人民群众的“安全网”、社会运行的“稳定器”和收入分配的“调节器”。改革开放40年来，山东已经形成了社会保险、社会救助、社会福利和慈善事业相衔接的多层级社会保障体系。

一方面持续深化社会保障制度改革，通过实施全民参保计划，不断完善养老、医疗等保险制度，提高保障标准和统筹层次，基本实现法定人员全覆盖。不断完善职工养老保险个人账户制度，建立透明易懂的收付制度

和城乡居民养老保险参保缴费激励约束机制。健全医疗保险筹资机制和报销比例调整机制，建立居民医保和新农合筹资水平与医疗费用增长速度以及其他相关因素合理挂钩的科学调整机制，合理强化医保个人缴费责任，增强居民医保和新农合制度的社会保险属性。

另一方面，统筹社会救助体系建设。加强社会救助政策衔接，专项救助不再锁定低保对象，减少福利捆绑，针对救助对象医疗、住房、就业、教育等方面的特殊情况提供差别化救助。制定和完善救助申请对象财产信息核查办法，建立跨部门、多层次的救助申请家庭经济状况核对机制。积极发展社会福利和慈善事业，使困难群众心里有温暖、生活有奔头。

四、深入推进健康山东建设

健康是促进人的全面发展的必然要求，是经济社会发展的基础条件，是国家富强、民族振兴的重要标志，也是人民群众的共同追求。改革开放40年来，山东一直将人民健康工作作为保障和改善民生的重中之重，纳入全面深化改革的重要内容，统筹谋划、整体推进。

一是把增进人民健康作为经济社会发展的基本出发点，将促进健康的理念融入公共政策制定实施的全过程，致力于形成健康的生活方式、生态环境和经济社会发展模式，实现健康与经济社会良性协调发展。

二是坚持基本医疗卫生制度的公益性，以基层为重点，推动健康领域基本公共服务均等化，逐步缩小城乡、地方、人群间基本健康服务和健康水平的差异，重点关注贫困人口、流动人口、残疾人等特殊人群的健康需求，实现全民健康，促进社会公平。

三是坚持政府主导，实现全民共建共享，强化政府在健康领域的保障、管理和监督责任，从供给侧和需求侧两端同时发力，整合全社会资源，强化个人的健康意识和责任，广泛宣传动员、凝聚社会共识、激发市场活力，致力于构建人人参与、人人建设、人人共享的健康新生态。

五、深入推进基本公共服务均等化

从强化市级统筹责任入手，对全省推进县域基本公共服务均等化工作作出全面部署，要求以市为单位逐步实现“五个基本统一”。印发了《山东省推进基本公共服务均等化“十三五”规划》。《规划》的主要目标是，到2020年，在全省基本建成覆盖城乡、人人享有、水平适度、公平持续的基本公共服务体系。《规划》全面阐述了公共教育、劳动就业创业、社会保险、医疗卫生、社会服务、住房保障、公共文化体育、公共安全、公共法律服务、残疾人服务10个主要领域37个方面的重点任务。深化省以下收入划分改革，提高基层财政自我保障能力。山东省以下财政体制改革一直坚持“财力下沉”的原则，在收入划分上着力向基层倾斜。早在2013年，山东就主动推进省以下收入划分改革，将省级251亿元税收下划到市、县，同时实施了财政困难县上解省级税收增量返还政策，较好地增强了市、县财政自我保障能力。2017年，结合中央改革部署，又出台了全面推开营改增试点后增值税收入划分过渡方案，将中央下划的增值税收入全部下沉到市、县，引导基层壮大财源、做大“蛋糕”。加快推进新旧动能转换，增强自身“造血”能力，提高财政收入质量，初步形成了有利于做大做强县、乡财政的体制新格局。完善民生支出分级保障机制，减轻基层民生保障压力。目前，山东已建立重大民生政策分担机制，明确各级民生支出分担比例，省级在安排义务教育、居民养老和医疗保险、公共卫生等重大基本公共服务补助资金时，对东、中、西部地区补助比例分别达40%、60%、80%，极大减轻了基层基本公共服务支出压力。2017年，山东还率先推动了教育、医疗卫生、交通等民生领域财政事权和支出责任划分改革，探索理顺各级政府在重大民生支出事项上的关系，适当增加上级政府事权，明确和压实责任，减轻基层负担。加大对下转移支付力度，重点向经济欠发达地区倾斜。为切实增强财政困难县基本公共服务保障能力，山东自2010年起在全国率先建立起县级基本财力保障机制，2016年安排194.57亿元，对52个自有财力不能满足基本支出需要的财政困难县给予补助，有效提高了其“保工资、保运转、保民生”的能力。同时，2017年，山东还在全国率先出台农业转移人口市民化财政政策，按照“公共服务随人走”的理念，让新“进城”市民共享基本公共服务，促进城乡一体化发展。推进财政资金统筹使用提高基层财政统筹保障能力。深入推进预算管理改革，完善政府预算体系，加大预算统筹力度，将新增建设用地土地有偿使用费等14项政府性基金转列一般公共预算统筹使用，将国有资本经营预算调入一般公共预算的比例提高到15%，2018年将提高到20%，确保2020年达到30%，更多用于保障和改善民生。大力推进专项资金压减整合，省级专项转移支付由2013年的243项减少到2018年的61项，压减七成以上。同时，先后在15个、56个和20个县（市、区）开展涉农资金整合试点、涉水涉地资金整合试点以及扶贫资金统筹整合试点，通过化“零钱”为“整钱”，增强了基层统筹安排资金的能力。在此基础上，不断加大对下一般性转移支付力度。

第六节　以开放促改革，将对内改革与对外开放相结合

山东是我国沿海经济大省，也是改革开放的排头兵，过去40年，坚持对内改革和对外开放一直是山东抵御外部环境风险挑战，为发展内部经济营造持续、平稳、健康环境的重要方略。对内改革行业资源配置方式，旨在将资源从产能过剩行业向新兴和高附加值行业转移，从一些低效的国有企业、“僵尸企业”向活力更高、盈利能力更强的中小企业转移，进而提高企业的生产率和产品质量水平，促进产业转型升级和经济提质增效。对外开放则是进一步增加对外贸易和对外投资，加强同新兴经济体国家的产业融合程度，促进山东对外直接投资，将一些不具备成本优势的劳动密集型产业向非洲和东南亚等地区转移，帮助山东逐步从劳动密集型产品工厂向中高技术、资本密集型制造基地转移。改革开放40年来，山东积极融入国家对外开放大局，紧密结合全球经济发展趋势，通过在调整产业结构、提升企业生产效率和产品质量水平、参与区域性自由贸易区建设、扩大对外直接投资4个方面不断深化“对内改革”和“对外开放”的深度和广度，推动经济持续健康增长。

一、调整产业结构，优化产业布局

在产业结构调整方面，一是客观认识山东东、中、西部差距，在协调发展中逐步解决问题。按照重点区域带动战略，突出抓好县域经济发展，因地制宜发展都市辐射型、外向经济型、资源加工型、龙头企业带动型等

特色经济。二是坚持创新导向，加大对战略性新兴产业的扶持力度，山东整合财政资金加强省级创业投资引导基金、科技型中小企业创新发展基金、企业自主创新及技术进步专项引导资金的支持力度。同时采取贴息、参股、风险补偿等手段引导社会投资，支持新兴产业技术研发、生产和推广，支付创新成果转化和创新平台建设。三是加快实施新旧动能转换，以新技术、新产业、新业态、新模式为核心，以知识、技术、信息、数据等新生产要素为支撑，积极探索新旧动能转换模式，推动经济发展质量变革、效率变革、动力变革。

在产业空间布局方面，山东深入实施重点区域带动战略，通过打造山东半岛蓝色经济区、建设黄河三角洲高效生态经济区、省会城市群经济圈以及鲁南经济带，实现产业布局合理、区域协调发展。2018年伊始，正值改革开放40周年之际，国务院正式批复《山东新旧动能转换综合试验区建设总体方案》，这是党的十九大后获批的首个区域性国家发展战略，也是我国第一个以新旧动能转换为主题的区域发展战略，标志着山东新旧动能转换综合试验区建设正式成为国家战略。确立了济南、青岛、烟台3个市的核心地位，并将其余14个市的特定区域纳入其中，形成三核引领、区域融合互动的动能转换总体格局，有利于增强资产、资本、资源配置的精准性和系统性；有利于推进基础设施统筹建设，坚持全域规划全域共享，健全完善智能化、现代化、一体化综合交通网；有利于推进生态环境统筹治理，完善区域协调联防联控机制。

二、提升企业生产效率和产品质量水平

改革开放40年来，山东在着力提高企业的生产效率和产品质量水平方

面积累了一定经验：

首先，企业生产率的提高是山东经济提质增效的关键。随着国际贸易壁垒的减少和国际分工的加快，生产效率已经成为关系一个企业能否屹立于国际市场的核心因素。山东企业不仅面临本国的竞争对手，还要面临国外企业的激烈竞争，山东通过不断扩大开放规模，引入国际市场竞争逐步实现企业生产效率的提高。同时，进一步强化企业创新主体地位，大力推动产学研协同创新，着力增强自主创新能力，提升产业技术水平和装备水平，广泛运用先进适用技术、先进管理模式、先进经营业态提升生产效率，推动企业创新发展、转型升级、提质增效。

其次，山东坚持因地制宜、因企制宜，注重产业链培植提升。通过引导各地根据区域产业基础和资源禀赋，有选择地确定若干主导产业，发展壮大骨干龙头企业，完善产业链协同配套体系，集中力量予以培植壮大并形成优势。对轮胎、地炼、纺织等具备一定规模的产业加大扶优扶强力度，支持有潜力的骨干企业成长为龙头企业。对家电、电子信息、汽车、船舶等零部件外购比例高的产业，以专业园区集聚上游企业，增强产业配套能力。按照新型工业化的要求，推动产业集聚向产业集群转型升级，建设一批特色和优势突出、产业链协同高效、核心竞争力强、公共服务体系健全的新型工业化产业示范基地。积极打造产业集聚平台，完善产业集群研发孵化、检测检验、公用设施等公共服务平台建设，吸引企业进园入区、集聚发展。

再次，大力推动品牌建设工程。通过深入实施品牌强省战略，打造“好品山东”区域品牌，形成了更多代表山东制造业新形象的名牌产品、名牌企业和集群品牌。同时，强化品牌引领作用，开展企业品牌培育试点示范，推动企业从产品竞争、价格竞争转向质量竞争、品牌竞争。

三、积极参与区域性自由贸易区建设

改革开放以来，山东的对外贸易开放主要集中在融入世界贸易组织，并通过与发达国家构建良好贸易往来，融入全球分工和促进经济发展方面。而近年来新兴经济体在全球经济增长中的贡献越来越突出，山东抢抓先机，积极参与区域性自贸区建设，依托中韩自由贸易协定开放经贸新平台。山东作为中韩两国经贸合作的桥头堡，是中韩经贸合作基础最好、交往最密切、最具代表性的地区。2015年6月1日中韩自贸协定正式签署，中韩自贸区是我国涉及国别贸易额最大、范围最全面的自贸协定，创造性地将山东威海市和韩国仁川自由经济区作为地方经济合作示范区，给山东构建外向型经济新优势提供重大机遇。2018年的上合组织青岛峰会使山东的对外开放水平迈上新台阶，特别是青岛与上合国家的经贸往来持续升温，在上合组织青岛峰会上，我国提出支持在青岛建设中国—上海合作组织地方经贸合作示范区，重点聚焦国际物流通道、跨境贸易通道和双向投资通道三大通道建设，打造面向上合国家开放新高地。

四、扩大对外直接投资

改革开放以来山东大力实施“走出去”战略，目前全省“走出去”的企业分布在全球140多个国家和地区，对外直接投资交易额屡创新高。在“走出去”过程中，山东坚持服从和服务于外交大局，紧紧围绕国家战略，有策略、有重点地优化全球布局，明确重点合作领域，制定务实灵活的政策，强化战略项目支撑。通过“走出去”，向境外转移一批优势产能，为经济的转型升级腾出空间。通过“走出去”，绕开贸易壁垒，获取相对稳定的市场份额。通过“走出去”，开展跨国并购，获取先进技术和产品，进而推动山东产业的转型升级。改革开放以来山东依托“走出去”战略，积极参与全球价值链的竞争，通过集群式、战略式投资，在全球范围内有效配置和利用资源，进而提高在全球价值链中的竞争优势。

第七节　坚持统筹协调，有序推进改革开放中各项事业

改革开放40年来，山东始终立足全局，坚持统筹兼顾，整体协调，推动经济、政治、文化、社会各项事业有序发展。通过全面深化审批、财税、金融、科技、文化体制改革，深入实施创新驱动发展战略，大力推进制度创新、科技创新和文化创新，有力地推动了经济社会文化各项事业的健康发展。总体来看，山东通过立足顶层设计，做好中层设计，落实基层设计，在推动统筹发展方面持续发力，不断出新招、出实招，各项事业取得显著成效。具体来看，择其要之而言：

一、统筹推进科技事业发展

山东重科技、重人才、重机制创新，通过认真落实创新创业的各项政策措施，大力落实实施“国家千人计划”“千百万人才工程”“泰山学者工程”等各类引才引智政策，打造各类鼓励创新创业的孵化器、加速器和产业园区，加大对科技创新的引导和扶持力度，有效促进了山东科技事业的发展。通过突出配套政策完善，落实好各项科技创新政策，充分发挥科技

界和智库对创新决策的支撑作用，适时研究制定具体的实施方案和配套措施。突出企业的创新主体作用，大力实施“创新百强工程”，推动形成一批创新旗舰企业；启动运营省级新兴产业创业投资引导基金。支持成立以企业为主导、政产学研用合作的产业技术创新联盟，加快建立产权、技术交易市场，推进科技咨询、品牌创意、技术转移、第三方检验检测认证等机构的专业化、市场化改革。突出推动加快科技成果转化步伐，强化科技同经济的对接，创新成果同产业的对接，创新项目同现实生产力的对接，研发人员创新劳动同其利益收入的对接。突出创新要素保障，坚持引资引才引智并举，深入实施好泰山学者工程、蓝色产业领军人才等工程，建立健全对科技人才的股权、期权、分红等激励机制，探索实施能够充分体现智力成果报偿的财务制度。突出搭建公共创新平台，建设具有较强国际国内影响的各类研发中心、工程中心、创新中心等科技创新载体，鼓励大型骨干企业建设省级以上技术研发中心、重点实验室等创新平台，加快构建面向全球的开放协同创新平台和网络，吸纳集成利用全球创新资源。突出推动山东半岛国家自主创新示范区建设，努力建成东北亚地区具有较强影响力的创新中心和成果转化基地。突出建立完善的知识产权创造、应用和保护体系，形成有利于激励创新和成果运用的生态环境。

二、统筹推进教育事业发展

山东作为全国教育大省，各级政府始终把优先发展教育作为一项长期坚持的重大方针，在制订经济社会发展年度计划和长期规划、安排年度财政预算、规划城乡建设、改善和保障民生等工作时，优先保证教育发展的需要，做到教育项目优先安排，教育投入优先保证，各项政策优先向教育倾斜。按照建立公共财政的要求，不断优化调整财政支出结构，完善教育经费投入机制，保障学校办学经费的稳定来源和增长。切实保证公共资源优先满足教育和人力资源开发需要，科技、人口、文化、税收、社保、建设等公共政策制定，优先服务于教育发展和人力资源开发。各类公立图书馆、博物馆、纪念馆、科技馆向青少年免费开放，新建住宅小区配套建设切实做到向教育倾斜。把加强教师队伍建设作为教育事业发展最重要的基础工作来抓，不断提升教师队伍的整体素质，努力造就一支师德高尚、业务精湛、结构合理、充满活力的高素质专业化教师队伍。加强领导形成尊师重教的良好氛围。

三、统筹推进文化事业发展

山东作为文化大省，具有丰富的传统历史文化资源和红色文化资源。改革开放以来，山东通过大力弘扬传统文化，强化历史文化资源挖掘和保护，促进传统文化创新和集成，大力发展文化产业，促进了山东文化事业的快速发展。山东通过促进优秀传统文化的创造性转化、创新性发展，完善现代公共文化服务体系，大力发展文化产业，推动社会主义文化大发展大繁荣，以社会主义先进文化引领风尚，加快了建设经济文化强省的进程。下大力培育社会主义核心价值观。积极开展爱国主义、集体主义、社会主义教育，大力弘扬民族精神、时代精神和新时期山东精神，深入开展培育和践行社会主义核心价值观主题实践活动。加强社会公德、职业道德、家庭美德和个人品德教育，大力开展群众性精神文明创建活动。下大力挖掘阐发优秀传统文化。实施齐鲁文化经典研究和大众化推广等系列工程，加强优秀传统文化研究阐发，推动传统文化的创造性转化和发展。大力实施乡村儒学、社区儒学、孔子学堂推进计划，推进非物质文化遗产生态保护区、生产性保护基地、研究传承基地建设，培育、储备齐鲁文化领军人才。建设曲阜优秀传统文化传承发展示范区。建立革命历史文化传承体系，建设一批党性教育基地。下大力完善现代公共文化服务体系。通过增加文化基础设施投入，提升公共图书馆、博物馆、文化馆、科技馆运行水平，促进公共文化服务设施向全社会免费开放。实施山东公共文化服务云项目，搭建网络公共文化服务平台。推进基层综合性文化中心全覆盖，打通公共文化服务的“最后一公里”。下大力推动文化产业繁荣发展。加快形成鼓励创新创造、适应多层次需求的文化发展环境，增强文化发展活力。促进文化与科技、信息、旅游、农业、制造业的融合，大力发展影视、动漫、数字、新媒体等新型文化业态，培育一批文化优势产业集群，建设一批文化创意产业基地。下大力强化互联网与文化产业融合，大力实施以“加快发展一批重点领域、加快建设一批公共平台、加快培育一批领军企业、加快实施一批重点项目”为主要内容的“四个一”工程，率先突破，抢占文化互联网产业发展的制高点。

四、统筹推进法治等各项事业发展

山东通过加快转变政府职能，深化推进简政放权改革、财政改革、金融改革、国有企业改革、投资体制改革、户籍制度等重点领域和关键环节的改革，极大地改善了营商环境，激发了市场活力，提高了政府效能。在全国率先建立“四清单一平台”制度，完成省、市、县政府机构改革，大力压减“三公经费”支出，推进事业单位分类改革，启动公务用车制度改革。大力推进工商登记制度便利化改革，全面实施“三证合一、一照一码”

登记制度。制定“深化省属企业改革、完善国有资产管理体制”的意见，出台“1+5”配套政策，30%省属企业国有资产充实到省社保基金。加快省级预算管理改革，深入推进“营改增”试点，大力清费正税，完善一般性转移支付增长机制，压减、整合专项转移支付。盘活财政存量资金，建立全省财政“资金池”。创新财政支出方式，完善一般性转移支付增长机制，逐步取消竞争性领域专项和资金配套，率先建立科学、高效、透明、可持续的现代财政制度。深化金融改革，制定实施省级股权投资引导基金管理暂行办法，制定金融改革22条意见。通过积极发展民营银行，培育壮大一批地方金融龙头企业，做优做强小额贷款公司、融资性担保机构、典当行、融资租赁公司、民间融资机构、互联网金融等普惠金融组织，深化区域性股权交易市场交易制度改革，强化地方金融监管和风险防范体制机制建设，提升金融服务中小企业和实体经济发展的能力。通过实施分类改革监管，对一般性竞争领域的国有企业，按照市场化要求，依托资本市场，鼓励战略投资者参与国有企业改组改造。完善国有资产管理体制，大力推进国有资产资本化。

第八节　注重发挥优势，结合山东省情实现特色化发展

自古以来，作为中国东部沿海省域，山东历来是全国重要的文化、经济和人才产出地。作为东部沿海经济大省，山东是全国重要的粮食、能源、资源和税收贡献地，具有良好的实体经济基础，是驱动中国经济可持续发展极为重要的区域引擎。改革开放以来，山东通过依托自身优势，结合省情实际实现了特色化、高速发展。主要体现为：

一、依托产业优势，大力推动中国北方海陆粮仓建设

以粮食主产市、县为重点，抓好农业生产能力建设，完善农业基础设施，推动土地深松整理，提高土壤有机质含量，同时积极研究、推广、应用先进适用的粮食丰产科技。加快培植新型农业经营主体，山东在全国率先摒弃了对家庭农场经营者必须具有农村户籍的限定，更好地推动农民职业化进程，培植更加多样化、更有活力的新型农业经营主体。通过研究制定科学合理的准入条件，加强对有意于进入农业生产领域人员和组织的筛选和管理；加强对新型农业经营主体在农业生产经营能力方面的培训，强化对其在生产经营过程中的指导，提高农业发展效益。坚持海陆统筹发展，打造山东特色、全国一流的“虾贝虫”经济集聚区。通过推进沿海沿黄“两带”开发，鼓励涉海企业发展海洋牧场综合体，打造黄河三角洲百万亩国家生态渔业基地，培育了一批规模化、标准化、育繁推一体化的龙头企业。通过创新公益性农技推广服务方式，支持各类社会力量广泛参与农业科技推广。通过提升农业科技园区建设水平，建设农业科技成果转化中心、科技人员创业平台、高新技术产业孵化基地，打造现代农业创新高地。通过开发农村人力资源，优化农业从业者结构，广泛轮训现代青年农场主、林场主和新型农业经营主体带头人，培育农业职业经理人，培养适应现代农业发展需要的新农民。

二、依托沿海优势，大力发展蓝色海洋经济

山东半岛是我国最大的半岛，濒临渤海与黄海，东与朝鲜半岛、日本列岛隔海相望，西连黄河中下游地区，南接长三角地区，北临京津冀都市

圈，区位条件优越。山东半岛陆地海岸线总长3345公里，约占全国的1/6，沿岸分布200多个海湾，以半封闭型居多，可建万吨级以上泊位的港址50多处，优质沙滩资源居全国前列。拥有500平方米以上海岛320个，多数处于未开发状态。海洋生物、能源矿产等多种海洋资源富集，全省海洋渔业产量长期居全国首位。“十二五”期末，山东海洋生产总值12193亿元，居全国第二位，与2011年相比增长32.5%。“十二五”期间，山东海洋经济占全省GDP比重由初期的17.7%增至19.4%，年均增速10%，高于全省平均水平2个百分点。其中主要海洋产业如海洋渔业、海洋交通运输业、海洋生物医药、海洋电力和海洋盐业产业增加值均居全国首位。海洋经济对山东经济的引领带动作用日益凸显。海洋服务业增长势头显著，增速明显超过海洋传统产业，海洋经济发展正从规模速度型向质量效益型转变。通过实施海洋经济创新发展区域示范政策，海洋工程装备制造、海上风电、海水利用业等海洋战略性新兴产业集聚发展，增速明显，迅速成为海洋经济新动力。目前，山东现代海洋产业体系基本建立，海洋装备制造、海洋生物、海洋化工、海水养殖及深水产品加工、海洋交通运输五大主导产业全国领先。其中，海洋装备制造业集聚了包括中船重工等大型骨干企业的规模以上企业24家，建设青岛海西湾、烟台蓬莱等一批海洋高端装备制造业基地，形成了研发、总装、配套服务于一体的产业联盟，实现了产业链条化发展。具体来看，一方面，山东海洋科技人才队伍庞大，海洋科研实力雄厚，居全国首位，科技进步对海洋经济的贡献率超过60%。海洋专业人才优势突出，拥有中国海洋大学、中科院海洋研究所，国家海洋局第一研究所等一批国家级海洋科研机构，中高级海洋科研人员占全国的60%以上，其中，涉海两院院士占全国70%以上。作为国家海洋科技力量的聚集区，山东拥有海洋科技源头创新的国家级研究机构和团队，其中在海洋基础研究和应用技术研究方面优势明显。另一方面，山东海洋科技平台体系初步建立。海洋科技是服务于海洋科技进步与创新的基础条件支撑体系，是海洋经济区域创新能力的集中体现。多年来，山东积极组织协调国家驻鲁和省属海洋院所，主要构建重大海洋科学工程、研究类和应用类三大类型的科技平台，海洋科技平台体系框架初步建立。

三、依托文化优势，大力推进文化强省建设

山东是孔孟之乡，文化大省。改革开放以来，山东通过大力传承弘扬传统文化，做大做强文化产业，不断满足全省人民群众日益增长的精神文化需求，通过提供多样性、多层次的文化产品，全面培育和践行社会主义核心价值观，推动齐鲁优秀传统文化的创造性转化和创新性、开放性发展。围绕社会主义核心价值体系建设，通过加强宣传教育，着力弘扬民族精神、时代精神和新时期山东精神，山东思想道德建设取得显著成效。社会主义核心价值体系建设扎实推进，广泛开展重大理论与实践问题研究和普及，党的理论创新成果更加深入人心。主流舆论健康向上，科学发展、共建和谐成为时代主旋律。文明和谐的社会风尚普遍形成，文明山东建设富有成效，公民道德素质和城乡文明程度显著提高，青少年思想道德建设改进加强。公共文化服务建设取得长足进步，公共文化设施日益完善，公共文化服务机制不断完善，重点文化工程取得有效进展，文化遗产保护体系建设取得新进展。总体来看，山东各级政府部门高度注重履行公共文化管理和公共文化服务职能，使文化公共资源配置向农村、社区、欠发达地区倾斜，为基层群众提供优质高效的公共

文化服务，力求改变农村文化相对落后的畸形局面。通过落实好各项文化经济政策，吸引和鼓励社会力量参与公益性文化事业、经营性文化产业建设。通过充分发挥人力资本在文化强省建设中的作用，坚持统筹兼顾，把人才工程作为系统工程分类指导、整体推进，通过深化人事、分配、养老、医疗等各项制度改革，全面激发文化工作者的积极性和主动性，形成全民共建共享的良好文化氛围。

第四章
新时代山东改革开放展望

党的十九大报告指出中国特色社会主义进入新时代，这意味着我国经济社会发展站在了新的历史起点上。山东作为东部沿海的经济大省和人口大省，改革开放40年来，在经济社会发展方面取得了突出成就，探索出了一系列的成功经验，走出了一条极具山东特色的改革开放发展之路。进入新时代，山东将以更大的使命担当、更强的理想信念、更足的拼搏干劲，开启改革开放的新篇章。

第一节　以习近平新时代中国特色社会主义思想为指导，深入推进山东改革开放

习近平总书记对山东的发展寄予厚望。党的十八大以来，习近平总书记亲临山东视察并发表重要讲话，多次对山东工作作出重要指示和批示，明确要求山东在全面建成小康社会进程中走在前列、在社会主义现代化建设新征程中走在前列，全面开创新时代现代化强省建设新局面。在新时代，要深

入推进改革开放，必须坚定不移地贯彻习近平新时代中国特色社会主义思想，坚定不移地践行习近平总书记的讲话、指示和批示精神。与全国的情况一致，经过40年发展实践，山东的改革已经进入攻坚期和深水区，山东的开放也进入重要的调整期和瓶颈期，各种利益相互交织、各种矛盾相互叠加、各种力量相互制约，在这样的形势下，谋划和推进改革必须要坚定践行习近平总书记关于改革的重要思想，强调改革的顶层设计，尊重群众的首创精神，坚持改革的问题导向、目标导向，注重改革的系统性、整体性和协同性。在这样的背景下，扩大开放要树立开放也是改革的理念，将改革与开放一起抓，以扩大开放倒逼深化改革，以全面开放引领全面发展。

一、山东深入推进改革开放必须要以解放思想为先导

思想是行动的先导，思想决定行动，是行动的先导和动力。人们无论做任何事情，都是先有思想、后有行动。有正确的思想才有正确的行动，有积极的思想才有积极的行动。山东人文荟萃，是儒家思想的发源地，时至今日，儒家思想对我国乃至世界仍发挥着重要的影响力。山东从来不缺少改革精神，改革开放以来，山东农村改革创造出了贸工农一体化、农业产业化经营等模式，形成了“诸城模式”“潍坊模式”“寿光模式”等，得到了习近平总书记高度评价。但是，近年来，与广东、浙江、江苏等发达省份相比，山东的改革步伐相对较慢，对外开放的水平相对不高，究其原因，其中最重要的一点就是思想解放不够。进入新时代，山东深入推进改革开放必须要以解放思想为先导，要深入学习贯彻习近平新时代中国特色社会主义思想的新理念新思路新要求，用习近平新时代中国特色社会主义思想武装头脑，将习近平总书记对山东改革发展作出的一系列指示要求落在实处。

二、山东深入推进改革开放必须要以实事求是为准则

实事求是是党的思想路线的核心，也是马克思主义的精髓。正如习近平同志所指出："什么时候坚持实事求是，党就能够形成符合客观实际、体现发展规律、顺应人民意愿的正确路线方针政策，党和人民事业就能够不断取得胜利；反之，离开了实事求是，党和人民事业就会受到损失甚至严重挫折。"党的历史反复证明，中国共产党所取得的一切辉煌和所经历的一切曲折，从根本上都取决于是否以实事求是的态度和方法对待理论与实践。实事求是不仅是中国共产党思想武库中的根本利器，而且是中国共产党战无不胜、经久不衰的传家宝，是中国革命、建设、改革事业取得成功的根本原因和根本经验。进入新时代，山东深入推进改革开放必须要以实事求是为准则，要立足产业结构不优、新动能成长不快、发展活力不足、经济效益不高的发展现状，要直面"短板"，找出差距，实事求是，以习近平新时代中国特色社会主义思想为指导，奋起直追，奋力开创经济文化强省建设的新局面。

三、山东深入推进改革开放必须要以服务人民为中心

以人民为中心的发展理念是习近平新时代中国特色社会主义思想的精髓。党十九大报告明确指出："坚持以人民为中心。人民是历史的创造者，是决定党和国家前途命运的根本力量。必须坚持人民主体地位，坚持立党为公、执政为民，践行全心全意为人民服务的根本宗旨，把党的群众路线贯彻到治国理政全部活动之中，把人民对美好生活的向往作为奋斗目标，依靠人民创造历史伟业。"坚持以人民为中心，也是深藏在中华文明

优良传统中的政治传统。“民惟邦本，本固邦宁”“民为贵，社稷次之，君为轻”“水能载舟，亦能覆舟”等深入人心的古语，正是其深层次写照。进入新时代，山东深入推进改革开放必须要坚持以人民为中心的发展理念，要扎实做好保障和改善民生工作，抓住人民群众最关心的就业、教育、收入、社保、医疗、养老、居住、环境、食药安全、社会治安等问题，加大民生投入，不断增强人民群众的幸福感获得感安全感。

第二节　牢记使命担当，进一步明确走在前列的目标定位

习近平总书记在参加十三届全国人大一次会议山东代表团审议时发表重要讲话，要求山东在全面建成小康社会进程中走在前列，在社会主义现代化建设新征程中走在前列，全面开创新时代现代化强省建设新局面。在中国特色社会主义进入新时代的重要历史阶段，习近平总书记关于山东“两个走在前列”的要求，体现了对山东发展的高度重视和殷切期望，也明确了新时代山东发展的目标定位，为未来一个时期内山东经济社会发展指明了道路和方向。

一、山东要在全面建成小康社会进程中走在前列

“小康社会”是由邓小平同志20世纪70年代末80年代初在规划中国经济社会发展蓝图时提出的战略构想。随着中国特色社会主义建设事业的深入，其内涵和意义不断地得到丰富和发展。在20世纪末基本实现“小康”的情况下，党的十八大报告明确提出了“全面建成小康社会”。

全面建成小康社会具有十分丰富的内涵，包括经济建设、政治建设、文化建设、社会建设、生态文明建设等方面的内容，其核心要义是“全面建成”，其关键环节是“贫困人口”。山东作为东部沿海经济大省，理应在全面建成小康社会中走在前列。这就要求山东在全面发展上下功夫，既要保持一定的经济发展速度，还要不断提升经济发展质量，既要注重经济建设，还要加强社会建设，既要让人民富起来，还要让生态环境美起来。山东在全面建成小康社会中走在前列，还要尽快打赢打好脱贫攻坚战，要把提高脱贫质量放在首位，聚焦重点区域和特殊贫困群体，采取更加有力的举措、更加集中的支持、更加精细的工作，深入推进精准扶贫精准脱贫，坚决打好精准脱贫这场对全面建成小康社会最具决定性意义的攻坚战。

二、山东要在社会主义现代化建设新征程中走在前列

党的十九大提出在全面建成小康社会的基础上分两步走全面建设社会主义现代化国家的新目标，描绘了从现在到本世纪中叶我国现代化建设的宏伟蓝图，指出从十九大到二十大，是“两个一百年”奋斗目标的历史交汇期，我们既要全面建成小康社会、实现第一个百年奋斗目标，又要乘势而上开启全面建设社会主义现代化国家新征程，向第二个百年奋斗目标进军。习近平总书记要求山东在社会主义现代化建设新征程中走在前列，既是对山东当前工作的肯定，更是对山东未来工作的期待。回顾山东40年来的历史变迁和巨大成就，就是因为在改革开放进程中不断解放思想，敢领风气之先，敢于创造，善于创新。实践充分证明，是改革开放发展了山东、改变了山东、成就了山东。落实习近平总书记的要求，在社会主义现

代化建设新征程中走在前列，山东还要切实用好改革开放这一关键之招，勇于先行先试，大胆实践探索，克服路径依赖，将改革进行到底，将开放全面推进，确保在深化改革开放中走在前列。

第三节　实施新旧动能转换重大工程，推动经济高质量发展

习近平总书记要求山东要坚持腾笼换鸟、凤凰涅槃的思路，坚决打好转方式调结构攻坚战，推进产业结构优化升级，增强产业发展后劲。山东第十一次党代会提出，“山东要实现腾笼换鸟、凤凰涅槃、浴火重生，必须牢牢抓住供给侧结构性改革这条主线，把加快新旧动能转换作为统领经济发展的重大工程，积极创建国家新旧动能转换综合试验区”。2018年1月，国务院正式批复《山东新旧动能转换综合试验区建设总体方案》，2月，山东省人民政府印发《山东新旧动能转换重大工程实施规划》，这标志着山东正式开启实施新旧动能转换重大工程的新篇章，山东正以新旧动能转换为抓手，全面推进经济高质量发展。

一、山东实施新旧动能转换重大工程要明确战略定位

山东实施新旧动能转换重大工程，要坚持世界眼光、国际标准、山东优势，主动对接国家战略，先行先试，在新一轮全国加快新旧动能转换中抢抓机遇，加强挑大梁勇攻坚作表率的责任担当。以提高发展质量和效益为核心，以推动供给侧改革为主线，强化改革、开放、创新三大动力，以新技术、新业态、新产业、新模式，促进产业智慧化、智慧产业化、跨界

融合化、品牌高端化，突出转型、生态、民生3个重点，搞好区域、城乡、陆海3个统筹，着力打造精简高效的政务生态、富有活力的创新创业生态、彰显魅力的自然生态、法治诚信的社会生态，推动新旧动能加快转换、发展质量效应显著提升，将山东打造成为创新发展的高地、体制改革的高地、开放合作的高地和共享发展的高地，加快推进山东实现由大到强的战略性转变。

二、山东实施新旧动能转换重大工程要立足“四新”促“四化”

山东实施新旧动能转换重大工程要深刻把握科技发展的方向，聚焦战略性新兴产业。以“四新”促“四化”。一是产业智慧化，强化新一代信息技术替代和渗透效应，推动生产活动和产品形态重构再造、代际升级，加快装备智能化、设计数字化、生产自动化、管理现代化、服务网络化，实现传统产业升级，促进“老树发新芽”；二是智慧产业化，突出新兴产业培育壮大，腾笼换鸟、换俊鸟靓鸟，促进“无中生有”“有中出新”。聚焦大数据、云计算、物联网、移动互联网、虚拟现实、人工智能等领域，推进智慧、技术、创意加速向现实生产力转化，培育一批百亿千亿级智慧产业；三是跨界融合化，强调适应三次产业之间、产业内部、行业之间的融合，培育挖掘新增长点，包括农业“新六产”、制造业和互联网融合、服务业与先进制造业融合、旅游业上下游产业融合、产城融合、军民融合、共享经济等行业领域交叉渗透、跨界发展；四是品牌高端化，实现品牌提升战略，持续壮大以技术、标准、品牌、质量、服务为核心的发展新优势，把山东建成国内领先、国际知名的名牌产品、名牌企业和区域品牌聚集地。

三、山东实施新旧动能转换重大工程要优化空间布局

山东建设新旧动能转换综合试验区，要构建“三核引领、区域融合互动”的动能转换总体格局。加快提升济南、青岛、烟台核心地位，形成三核引领、区域融合互动的动能转换总体格局。济南、青岛、烟台3个市的发展主题、特色和方向各有侧重，同时以全省其他14个设区市的国家和省级经济技术开发区、高新技术产业开发区以及海关特殊监管区域等为补充，形成区域新旧动能转换合力。在突出三核引领作用，强化济南、青岛和烟台对周边地区的辐射带动能力的基础上，健全产业合作利益分享机制，实现产业有序转移和优化布局，统筹全省协调联动发展，实现区域融合互动。三核引领、区域融合互动的空间布局与山东经济发展基础密不可分，亦是对我国区域统筹发展和城市布局优化的积极探索。济南、青岛、烟台作为区域核心城市，在经济实力和创新资源等方面具有综合优势，先行先试，率先突破，从而辐射带动全省新旧动能转换；其他市通过创新园区管理运营机制，发挥比较优势，培育壮大特色经济和优势产业集群，打造区域经济增长点；通过创新区域协同发展机制，在产业升级协作、要素资源配置、基础设施互通、生态环保共建等重点领域深化改革探索，促进区域经济特色发展、错位发展和互动发展，最终形成区域融合互动发展新格局。

四、山东实施新旧动能转换重大工程要找准着力点

新旧动能如何实现转换，主要取决于三个方面：一是要提高区域创新能力。创新能力是培育经济发展新动能的根本动力。无论是一个国家还是

一个地区，若要实现新旧动能转换，必须要在提高创新能力上狠下功夫，而创新能力的提高主要取决于科技、人才、信息等要素的投入，以及创新环境的营造；二是要找准着力点和发力点。在当前，新旧动能转换不能泛化，要立足于经济发展，培育新的经济增长点，形成引领经济发展的新动力，不能把新旧动能转换当作一个筐，什么都往里装，要选准着力点和发力点。同时，新旧动能转换还要注重实效，不能新瓶装老酒，换汤不换药，要有凤凰涅槃、浴火重生的气魄，要有舍我其谁、只争朝夕的担当，要用新理念新战略新思路，推动新旧动能转换落到实处，见到成效；三是要处理好政府与市场的关系。新旧动能转换在一定程度上是生产力发展的结果，是时代进步的表现，在这个过程中政府和市场都发挥了十分重要的作用。从一定意义上讲，新旧动能转换的过程就是资源要素重新配置的过程，这既离不开市场也离不开政府，总的来看，要发挥市场的主体作用，让市场在资源配置中起决定性作用，让各种要素得到充分利用，发挥最大效益。同时，还要发挥政府的主导作用，充分发挥政府在制订规划、落实政策、加强监管等方面的监督作用，在市场机制失灵或作用不能完全发挥的时候，进行有效引导和必要调节，让新旧动能转换在正确的轨道上走得更好更快。

五、山东实施新旧动能转换重大工程要聚焦重点任务

山东实施新旧动能转换重大工程，需要坚定不移推进供给侧结构性改革，契合自身发展特点合理施策，应势而谋，抢抓战略机遇，形成适合自身新旧动能转换的发展路径。突出制度创新安排的顶层设计，突破发展瓶颈，在新旧动能转换过程中彰显自身发展优势，不断激发社会创

造力，提高市场主体活力，加快创新要素的集聚，最终确保新旧动能转换顺利实现。

一是聚焦高端产业发展，强化实体经济带动。产业发展是引领区域发展的根本动力，实体经济是区域发展重要基石。山东实施新旧动能转换，要结合自身发展特点，坚持“增量崛起”与“存量变革”，做好培育壮大新兴产业和改造提升传统产业两篇大文章，以国内外巨大需求为导向，实现更高水平上供需结构的匹配和优化，重点在高端装备制造业、高端化工产业、信息产业、能源原材料产业、海洋经济产业、现代农业、文化产业、医养健康产业、旅游产业和现代金融产业十大产业领域发力，加快建构顺应新兴工业革命浪潮的现代产业体系。

二是聚焦人才支撑，汇聚高端发展要素。人才是确保新旧动能转换顺利实现的第一要素，要把集聚和激励人才摆在突出位置，建立更加完善的创新创业人才培育、引进和激励机制，加快培养创新型人才。面对激烈的人才竞争，山东必须加大人才引进力度，创新引才聚才方式，实施更加开放的创新人才引进政策，吸引一批海内外科学家、领军人物、高水平创新团队和高技能人才，尤其是京津地区高层次领军人才和团队到山东创新创业。另外，需要进一步完善人才、项目、产业链、基地一体化发展模式，培养更多愿意扎根山东的创新创业人才队伍，做大高水平人才基数，让“人才红利”成为推动新旧动能转换的根本动力。

三是聚焦载体建设，搭建高端发展平台。山东实施新旧动能转换，必须秉承高端定位，高端规划的原则，“宁可荒不可慌”，杜绝散乱、低端的产业发展载体的出现。要以济南、青岛、烟台现有的国家级新区、园区和综合配套改革试验区为核心，以其他地级市的国家级新区、园区为支撑，规划建设定位高端、水平领先、布局合理、层级分明的园区载体和平台载体，重点围绕高端装备制造、生物医药、信息技术、海洋产业等，形成各具特色、优势互补、结构合理的战略性新兴产业集聚区，为新旧动能转换搭建空间载体，助力新旧动能转换顺利实现。

四是聚焦对内、对外开放，增强区域经济竞争力。最大限度地发挥“京沪经济走廊高端产业资源最佳承接地”的优势，承接两大经济圈产业和创新资源辐射。加强与京津冀、长江经济带协同发展，深化环渤海地区合作。尤其是要借助京津地区的技术优势、市场优势、人才优势和信息优势，找准新旧动能转换的产业升级耦合点，突破发展瓶颈，优化产业结构与链条，最终高标准推进新旧动能转换顺利实现。要以新旧动能转换的制度创新为引领，构建对接国际投资贸易通行规则的高水平制度框架，建设合作共赢的开放环境。全面融入“一带一路”战略，促进境外园区与山东境内产业转型升级良性互动。

五是聚焦营商环境建设，深化重点领域改革。着力营造市场化、法治化、国际化营商环境，对标自贸区建设省份，对标先进省、市，促进投资贸易和生活服务便利化。要加快转变政府职能，深化行政审批制度改革，推行政府权责清单管理，提高行政审批效率，建设法治高效的政务环境。放宽公共领域市场准入，完善市场监管体系，建设竞争有序的市场环境。全面清理规范涉企行政事业性收费、政府性基金、涉企经营服务性收费。保留行政许可事项，必须依据法律法规设定，彻底终结非行政许可审批类别。通过继续深化有关领域改革，破除制约经济发展的体制机制障碍，为新旧动能转换注入强大动力。

第四节　实施乡村振兴战略，打造乡村振兴齐鲁样板

实施乡村振兴战略是党的十九大作出的重大决策部署，是决胜全面建成小康社会、全面建设社会主义现代化国家的重大历史任务，是新时代“三农”工作的新旗帜和重要抓手。习近平总书记参加十三届全国人大一次会议山东代表团审议时，要求山东充分发挥农业大省优势，打造乡村振兴的齐鲁样板。山东省委、省政府历来重视农业农村工作，牢记习近平总书记的嘱托，以实际行动打造齐鲁样板，奋力谱写新时代乡村全面振兴的山东篇章。

一、山东打造乡村振兴齐鲁样板的目标愿景

实施乡村振兴战略，打造乡村振兴齐鲁样板，必须统筹生产、生态、生活一体布局，实现生产美产业强、生态美环境优、生活美家园好“三生三美”融合发展。生产美、产业强是基础。坚持质量兴农、绿色兴农，以绿色低碳、高质高效为主攻方向，深化农业供给侧结构性改革，积极培育农业“新六产”，健全完善利益联结机制，让农民合理分享全产业链增值收益，加快构建现代农业产业体系、生产体系、经营体系，不断提高农业创新力、竞争力、全要素生产率，提高农业质量、效益、整体素质，实现由农业大省向农业强省转变。生态美、环境优是标志。坚定践行绿水青山就是金山银山的理念，以乡村绿色发展、环境靓丽为主攻方向，统筹山水林田湖草系统治理，大力发展美丽经济，聚焦聚力农村“七改”，全面提

升美丽乡村建设水平，强化农业农村生态产品供给，推动经济生态化、生态经济化，把生态优势转化为产业优势、可持续发展优势，实现百姓富与生态美的统一，为建设美丽中国增绿添彩。生活美、家园好是目的。坚持以人民为中心的发展思想，坚持物质文明与精神文明一起抓，以文化兴盛、乡村善治、共同富裕为主攻方向，把提高脱贫质量放在首位，千方百计增加农民收入、壮大集体经济，培育文明乡风、良好家风、淳朴民风，健全自治、法治、德治相结合的乡村治理体系，实现物质富裕、精神富有、和谐美丽的统一，让农民过上美好生活，让农村成为安居乐业的美好家园。

二、山东实施乡村振兴战略必须优化空间布局

空间结构优化是乡村振兴的内在要求，在一定程度上决定着经济发展方式及资源配置效率。必须树立全面统筹的系统观，促进城乡融合，增强城乡协调联动发展能力。通过优化城乡空间，分类推进乡村发展，促进资源有效配置，在推进乡村振兴战略中精准施策，加快构建乡村振兴发展新格局。

一是优化城乡发展空间。促进城市群、中小城市、小城镇、农村新型社区协调发展，强化以集镇为中心的农民生活圈。在最大程度尊重原有村落空间布局结构的同时，优化新建设居民点的空间格局。优先考虑布局利于配套完善基础设施和公共服务设施的条件适宜地区。按照有利生产、方便生活、适度集中的要求，合理确定农村新型社区和乡村建设模式、数量、布局和建设用地规模，引导农民适度集中居住，有效配置资源。在建立以小城镇为中心的农民生活圈建设机制，综合考虑农民生产生活的整体

需求，统筹安排镇村配套基础设施，补齐公共服务短板，推动城镇公共服务向农村延伸，整体带动提升群众生活质量。

二是统筹利用乡村生产空间。将乡村生产逐步融入区域性产业链和生产网络。引导乡村产业集聚发展，集约高效，第二产业重点向县城、重点乡镇及产业园区集中。适应我国乡村生产空间正经历以家庭为单元的土地细碎化经营向多种形式的适度规模化经营转变的大趋势，扶持种粮家庭农场、合作社、龙头企业等新型农业经营主体，发展农业生产性服务业，鼓励开展代耕代种代收、大田托管、统防统治、烘干储藏等市场化和专业化服务。建设标准化和规模化的原料生产基地，带动农户和农民合作社发展适度规模经营，融入区域产业发展体系。创建农业产业化示范基地和现代农业示范区，完善配套服务体系，形成农产品集散中心、物流配送中心和展销中心。

三是合理布局乡村生活空间。科学确定村庄布局和规模，改造提升“生活圈”，完善“服务圈”和繁荣“商业圈”。合理规划村民活动中心、村委会、公园、停车场等村落公共生活空间，充分满足农民休闲、娱乐等各方面的需求。加快建设乡村电子商务综合服务平台，建立集乡村菜市场、便利店、快餐店、配送站、再生资源回收点，以及健康、养老、看护等大众化服务网点于一体的电子商务综合服务体，开展快件代收自取、电子缴费、乡村养老等便民服务。在建筑特色方面，大到标识建筑、总体风格，小到亭台楼阁、路桥岸廊等，都要能与乡村整体发展思路和谐统一。通过对建筑色彩、屋顶形式、标示性构件等引导，形成一些典型性元素在空间上的重现。

四是严格保护乡村生态空间。保护乡村自然生态系统与富有特色的整体格局与风貌，建设天蓝、地绿、水净的自然环境。坚持人与自然和谐共生，依据自然形态，建设美丽乡村。要遵循乡村发展规律，依据资源禀赋，体现区域差异，丰富文化内涵，彰显地方特色，分类推进各类村庄建设，形成一村一韵、一村一景，坚决避免千村一面、千篇一律。重视山体形貌维护、植被修复养护、水系岸线防护，做到不推山、不砍树、不填塘，不人为取直道路，不盲目改变河道流向，充分体现具有山区、平原、水乡、海滨等不同地域特色的自然风貌。水系发达的乡村应体现水乡韵味，平原乡村应展示田园风光，多山乡村应体现山村风貌，沿海地区应表现海洋风情。全面开展特色建筑的修复与置换、特色风貌的保持与延续、优秀传统文化的发掘与传承，把历史文化村落培育成为与现代文明有机结合的美丽乡村。

三、山东实现乡村振兴战略要重点推进“五大振兴”

乡村振兴是一项复杂的系统工程，要按照产业兴旺、生态宜居、乡风文明、治理有效、生活富裕的总要求，建立健全城乡融合发展体制机制和政策体系，全力推动乡村产业振兴、人才振兴、文化振兴、生态振兴、组织振兴，走出一条具有山东特色的乡村全面振兴之路。

一是促进农业新旧动能转换，推动乡村产业振兴。加快农业结构战略性调整，推进农、林、牧、渔循环发展。优化种植业结构，大力发展名优特新经济作物，稳步扩大“粮改饲”面积，形成粮经饲协调发展的三元种植结构。巩固蔬菜产业优势，大力发展设施蔬菜和智慧农业大棚。完善农业基础设施建设，以高标准农田和水利建设为重点，提高农业信息化基础设施水平，为农业生产提供坚实的物质保障。按照集中连片、旱涝保收、稳产高产、生态友好的要求，加快高标准农田建设。提升农业科技装备水平，认真落实“为农业插上科技的翅膀”的要求，实施农业科技展翅行动，强化科技创新应用，推动设施装备升级。大力发展农业“新六产”，培育新产业新业态，推进产业链、价值链、供应链“三链重构”。加快发展农产品电子商务，完善公共服务体系，引导新型经营主体对接各类电子商务平台，拓展农产品电商渠道。支持发展农业会展经济，推进农业展会市场化、专业化、国际化、品牌化、信息化。

二是培育乡村多层次人才，推动乡村人才振兴。培育新型职业农民，以解决好“谁来种地、怎样种地”为重点，适应现代农业规模化、集约化发展的一般规律，提升农民生产经营素质，积极培育爱农业、懂技术、善经营的新型职业农民。探索制定新型职业农民培育管理机构、培训单位、实训基地、田间学校的准入标准，加快建立农业行政主管部门负责，各类市场主体多方参与、适度竞争的多元化培育机制。加强农村实用人才培养，推进“齐鲁乡村之星”工程，加大选拔优秀农村实用人才力度。实施乡村技能培训计划，通过田间课堂、网络教室等方式，对农村劳动力进行普遍培训。加强专业人才队伍建设，发挥科技人才支撑作用，调整泰山学者、泰山产业领军人才工程支持范围，做好泰山产业领军人才工程高效生态农业创新类人才申报遴选工作。调整和规范泰山产业领军人才工程人才专项资金管理使用办法。支持各类人才返乡，以乡情乡愁为纽带，以大学生、进城务工人员、退伍军人等群体为重点，吸引更多人才投身现代农业，培养造就心怀农业、情系农村、视野宽阔、理念先进的“新农人”。吸引支持企业家、党政干部、专家学者、医生教师、规划师、建筑师、律师、技能人才等，通过下乡担任志愿者、投资兴业、包村包项目、行医办学、捐资捐物、法律服务等方式，关心支持参与乡村振兴。

三是传承齐鲁优秀传统文化，推动乡村文化振兴。加强乡村公共文化载体建设，加强乡村综合性公共文化服务中心建设，加强文化礼堂、乡风家风馆、农家书屋、文化广场等文化阵地建设，部分中心村适度超前规划建设农民文化乐园。对已有、在建、将建的村文化活动室、文化信息资源共享工程、文化惠民工程等进行整合提升，构建满足学教礼仪、文体活动、乡风展示、议事聚会等多种需求的综合性文化活动中心。加大文化产品服务供给，深化文化下乡和文化惠民活动，把更多优秀的电影、戏曲、图书、科普活动、文艺演出、全民健身活动送到农民中间。加强乡村文化队伍培养。组织实施农村公共文化辅导工程，加强乡村文化站组织管理人员教育培训，大力扶持民间文艺社团和业余文化队伍，积极发展农村广场舞队、庄户剧团等乡村文化队伍，发现培养农村基层文体骨干，发挥乡土文化能人、非物质文化遗产传承人的作用，增强农村基层文化的自我发展能力。深入开展移风易俗行动，倡导婚事新办，引导广大农村青年树立新型婚恋观，消除盲目攀比、大操大办等不良现象。倡导厚养薄葬、丧事简办，简化流程，控制规模，减少花费，文明办丧。

四是建设山东特色美丽乡村，推动乡村生态振兴。积极推进美丽乡村建设，坚持用标准化的理念推进美丽乡村建设，全面提高美丽乡村建设的科学化水平。村内道路布局合理，对于保留性乡村主次街道硬化率达到100%，实现由“村村通”向“户户通”延伸，同时加强村庄主要道路及公共场所路灯、排水等附属设施建设；推进农村生活垃圾分类，制定完善农村环卫作业评价标准、垃圾收集管理、卫生检查评比等有关制度，逐步形成村民自我管理机制，实现农村环境卫生的长效管理；把农村厕所改造作为民生大事，实现无害化卫生厕所全覆盖，探索建立厕所后期管护、粪液处理长效机制，大力推进厕所污水资源化利用，将厕所污水收集进行堆肥等无害化处置后作为农业肥料返回田间。建立健全农村环境保障目标责任制，进一步厘清部门相关职责，把农村环境保障的具体责任落到实处。健全监督考核和激励约束机制，按照乡村振兴战略的总体目标要求，确定农村生态环保各个方面的目标、任务、措施和完成时限。建立完善资金投入机制，以县级为主加强涉农资金整合，做到渠道不乱、用途不变、统筹安排，建立农村环保资金硬性来源渠道。开展多层次、多形式的农村环保宣传教育，调动广大农村群众的积极性，提高“保护环境就是保护家园”的意识，使农村环保工作真正深入人心。

五是构建新型乡村治理体系，推动乡村组织振兴。加强农村基层党组织建设，强化“带头人”的领导作用，全面加强党员干部日常教育管理和培训，全面提高农村“带头人”的政治觉悟和履职能力。加强党员干部队伍的教育管理，认真落实处置不合格党员要求，持续强化基层党员干部作风建设。深化村民自治实践，发挥村民自治章程、村规民约的积极作用，指导村民对村规民约进行修订完善，推进民主管理。建设平安法治乡村，深入开展扫黑除恶专项斗争，严厉打击农村黑恶势力和宗族恶势力，开展村级干部违法违纪专项行动，铲除“黄赌毒”土壤，拔除黑恶势力的“保护伞”和经济基础。推进农村“雪亮工程”建设，深化驻村警务室建设，不断提升乡村治安防控水平。提升乡村善治水平，加强乡村德治建设，深入推进爱诚孝仁“四德工程”，引导农村群众爱党爱国、向上向善、孝老爱亲、重义守信、勤俭持家，注重家庭建设、家教传承、家风培育，深入开展文明家庭创建，把传统孝善文化运用到乡村治理中。培养村民健康社会心态，加强社会心理服务体系建设，建立健全社会心理服务组织体系和统筹协调机制，深入开展社会心理服务疏导和危机干预工作。

第五节 做好经略海洋大文章，建设海洋强省

习近平总书记在参加十三届全国人大一次会议山东代表团审议时强调，海洋是高质量发展战略要地。山东要加快建设世界一流的海洋港口、完善的现代海洋产业体系、绿色可持续的海洋生态环境，为海洋强国建设作出贡献。习近平总书记对海洋经济发展作出的重要指示，为山东做好经略海洋这篇大文章指明了方向。

一、强化创新引领，打造国际海洋科技高地

山东提出到2035年基本建成与海洋强国战略相适应，海洋经济发达的海洋强省。而建设海洋强省，科技是核心关键，也是重要保障。山东海洋科技人员占全国40%，承担了近50%的海洋领域“973”“963”计划项目，但海洋高新技术企业仅有300多家，不到全省高新技术企业数量的10%，海洋战略性新兴产业仅占全省海洋经济总量的18%左右，强大的海洋科研优势远未发挥出来。因此，山东要不断完善海洋科技创新体系，全力推进智慧海洋建设，打造国家海洋科技创新中心。一是强化重大创新平台支撑，突出青岛海洋国家实验室的龙头引领作用，整合涉海高校、科研机构和科考平台等创新资源，积极参与国际大科学计划，争取国家

重大科技基础设施落户山东。二是突出企业创新主体地位，实施省级以上企业海洋创新平台倍增计划，支持有条件的涉海企业在深海技术与装备、生命健康等领域布局尖端产业（技术）创新中心，建设一批重点实验室和工程研究中心等研发平台。三是畅通科技成果转化渠道，落实以增加知识价值为导向的分配政策，调动科研人员科技成果转化积极性。四是激发海洋人才活力，建设一支数量与质量并重、结构与功能优化的海洋科技人才队伍。

二、突出科学发展，加快海洋产业转型升级

山东海洋产业结构虽然已经呈现“三二一”型，但是海洋产业结构仍然偏重，海洋产业亟待转型发展。一是利用海洋科技培育发展现代海洋生物高新产业，未来海洋生物科学研究和技术开发主要围绕海洋特有的群体资源、遗传资源、产物资源三类生物资源，在海洋生物科学认知、关键海洋生物技术突破、重大核心海洋生物产业应用示范三个研发层面，一体化布局山东海洋生物资源开发利用重点任务创新链，培育壮大海洋生物战略性新兴产业，全面提升山东海洋生物资源可持续开发自主创新能力，全面开拓海洋生物科技国际合作。二是利用海洋科技培育发展海洋新能源产业，加强深水能源和矿产资源勘探基础理论体系研究、工程技术体系开发和商业开发模式探索，构建深水工程技术创新平台，实施深水能源、矿产资源精细勘探与开采工程技术系统性开发，实现核心技术和装备国产化，全面提升深海资源自主开发能力。三是利用海洋科技培育发展海水淡化产业，加强海水淡化技术开发利用和装备设备的设计开发建造，在山东沿海城市和海岛建立应用示范区，为山东海洋产业未来发展抢占制高点。四是

利用国际国内两个市场大力发展海洋服务业，进一步提高海洋信息服务业、海洋环境监测预报服务、海洋保险与社会保障业、海洋科学研究、海洋技术服务业、海洋地质勘查业、海洋环境保护业等海洋科研教育管理服务业的比重，加强建设海域数字化展示、动态监视监测、使用项目管理等系统，完善全省海域核心数据库。

三、坚持生态优先，推进海洋生态文明建设

一个区域海洋资源无论如何丰富，忽视海洋生态文明建设，其海洋经济发展势必受阻。山东做好经略海洋的大文章，必须要在海洋生态文明建设上下功夫。一是构建海洋绿色发展格局，以推动海洋开发方式向循环利用型转变、加快形成节约资源和保护环境的空间格局、产业结构和生产生活方式为目标，科学制订实施海洋空间规划，推进海洋产业绿色化发展，提高涉海产业环境准入门槛，促进沿海地区加快建立健全绿色低碳循环发展的现代化经济体系。二是加强海洋生态保护，突出“保护优先、从严从紧”的导向，推进重点区域、重要生态系统从现有的分散分片保护转向集中成片的面上整体保护，严守海洋生态保护红线，健全完善海洋保护区网络，保护海洋生物多样性，保护自然岸线、重要岛礁等，全面维护海洋生态系统稳定性，筑牢海洋生态安全屏障。三是推进海洋环境治理修复，着力做好重点区域系统修复和综合治理，以“蓝色海湾”“南红北柳”“生态岛礁”等重大生态修复工程为抓手，加强海湾综合治理、推进滨海湿地修复、加快岸线整治修复、持续建设“生态岛礁”，有效遏制海洋生态环境恶化趋势。四是全面推进海洋生态文明示范区建设，以提升海洋对经济社会可持续发展的保障能力为主要目标，以提高海洋资源开发利用水平、改

善海洋环境质量为主攻方向，坚持突出特色、因地制宜，通过示范区的创新示范效应，推动全省海洋生态文明建设水平整体提升，逐步形成环境友好、资源节约、开发有度、排放有序、管理有据、全社会参与的海洋生态文明建设良好局面。

四、统筹陆海规划，提升海洋综合治理水平

陆海统筹是我国加快建设海洋强国的重要方针，也是山东建设海洋强省的重要举措。陆海统筹就是基于全局和战略需要角度，一体化配置陆海资源和生产要素的一种发展方式。山东陆域经济发展历史悠久、基础雄厚，拥有资源、技术、资金、管理经验等方面的优势，但近年来陆域经济发展可持续性受到挑战。海洋是巨大的资源宝库，但资源宏大却利用不足，丰富的空间资源更是陆域经济发展缺少并急需的。因此，陆域经济要实现科学转型和可持续发展，必须与海洋经济紧密结合；同样，海洋经济的发展，也离不开陆域经济的提高和优化。海洋经济具有后发优势，新兴产业比较集中，技术含量较高，但是，海洋经济的发展后劲不足，海洋经济的发展需要有良好的外部条件。实行陆海统筹，便可双双做强陆域经济和海洋经济。因此，推动山东经济的转型和提升，关键就在于陆海统筹，打破陆海分割，统筹配置陆海生产要素。要制订全省高起点、高水平的海洋强省和陆海统筹发展规划，各市落实好各自的专项、单项规划和具体的项目建设。要注重海岛开发与保护规划，逐岛定位，分类开发。要推进和参与山东半岛与辽东半岛之间的跨海大桥建设，突破山东相对独立的经济板块限制，扩大山东的辐射带动能力。

第六节 塑造开放型经济发展新优势，打造对外开放新高地

2018年6月，习近平总书记视察山东时作出重要指示，要求山东打造成对外开放新高地。落实习近平总书记的重要指示，就要把山东的开放放在全国开放大格局中来谋划。随着“一带一路”倡议的深入实施，山东打造对外开放新高地正是在国家开放战略中有所担当，要发挥独特的区位优势，努力打造成为我国长江以北地区扩大开放的重要战略支点，成为体制机制改革和制度创新的高地。

一、加快转变外贸发展方式，塑造和培育外贸发展新优势

在国际竞争日趋激烈、国内生产要素成本不断上升、资源环境约束日益强化的背景下，传统的规模扩张型外贸发展模式已经不可持续。山东应切实加快外贸发展方式转变，坚持科技兴贸、以质取胜战略，积极推进开放导向的产业结构调整、推动加工贸易转型升级、加快发展服务贸易，大力发展贸易新业态、新模式，加强自主品牌培育、加强具有自主知识产权的产品开发、外贸转型基地建设、国际营销网络建设，尽快形成以技术、品牌、质量、服务为核心的外贸竞争新优势。一是以实施新旧动能转换重大工程为契机，加快开放导向的产业结构调整，提升山东产业在全球价值链分工中的地位，促进山东出口商品结构优化。二是加大政策支持和扶持力度，促进跨境电商、外贸综合服务企业、市场采购贸易、旅游购物等新兴贸易业态加快发展。三是加强国际自主品牌培

育，大力推广国际标准和国际认证，支持和引导企业对标和接轨国际一流标准，开展马德里商标、欧共体协调局、比荷卢联盟等境外商标注册和专利申请，开展国际通行的质量管理体系、环境管理体系和行业认证，尽快形成一批具有较高知名度和国际竞争力的出口品牌。四是进一步加快服务贸易发展，提升服务贸易占对外贸易总额的比重。五是应积极优化国际市场结构，在巩固传统市场的同时，要抓住来自新兴经济体和发展中国家的机遇，加快拓展外贸增长空间。

二、加大招商引资力度，提升利用外资质量和水平

利用外资对促进经济发展、经济转型升级的作用重大。在当前利用外资面临严峻形势的情况下，山东应高度重视利用外资问题，切实加大招商引资力度。贯彻落实国务院《关于扩大对外开放积极利用外资若干措施的通知》《关于促进外资增长若干措施的通知》，坚持系统施策，通过扩大外资准入、完善政策措施、优化服务水平、营造公平环境，促进高端制造业和现代服务业领域利用外资“量增质升”，实现外商投资的稳定持续增长。服务业大规模跨国转移已成为经济全球化的新特征，国际直接投资向服务业转移的趋势越来越明显。从投资流量看，目前服务业跨国投资占全球跨国投资总量的比重已超过2/3。山东应积极抢抓服务全球化、服务贸易自由化的机遇，在继续提升制造业利用外资水平的同时，把扩大服务业开放作为新阶段山东深化对外开放的战略重点，放宽服务业领域外资准入限制，扩大开放金融、教育、文化、医疗、旅游等服务业领域，有序放开养老、商贸流通、电子商务等服务业领域，提升服务业利用外资规模，促进服务业加快发展。

三、深化国际产能合作，提高对外投资质量和效益

扩大对外投资是提升开放型经济水平、深度融入世界经济体系的必由之路。山东应积极推动企业到境外开展投资合作、国际产能与装备制造合作，促进优势企业全球布局产业链条，带动山东技术、标准、服务走出去，增强企业国际化经营能力，做大做强参与经济全球化的市场主体。以融入“一带一路”建设为契机，引导省内纺织、化工、建材等传统优势产业向境外转移优势产能，在境外设立生产加工基地；支持有实力的大型企业建设境外经贸合作园区、境外产业集聚区，为山东更多企业“走出去”提供平台和载体。在金融、财税等方面加大对山东优势企业在全球布局产业链条的支持力度。

四、以推进投资贸易便利化为核心，加快构建开放型经济新体制

一是加快外商投资管理体制创新，积极推进外商投资管理体制创新，加快实施外商投资准入前国民待遇加负面清单管理制度，进一步简化外商投资审批、备案程序，最大限度地减少和规范行政审批，为外资进入山东营造更好的环境、提供更好的服务。二是创新对外投资管理体制，贯彻落实国家《关于进一步引导和规范境外投资方向的指导意见》，在对外投资领域建立“鼓励发展+负面清单”分类管理模式，为赴海外投资的企业营造更加清晰透明的政策环境；在引导和规范企业境外投资方向、加强企业境外投资真实性审查的同时，对鼓励开展的境外投资，在外汇管理、金融服务、货物进出口、人员出入境等方面最大限度地放宽限制，提高境外投

资便利化水平。同时，加强境外投资风险防范体系建设，推动境外投资健康持续发展，维护山东对外投资企业的合法权益。三是提高贸易便利化水平，加快国际贸易“单一窗口”建设，构建跨部门综合管理服务平台，提升政府部门监管效能，降低贸易企业营运成本。深化通关改革，进一步提高通关效率。完善出口退税政策，简化出口退税手续，提高外贸企业扩大出口积极性。四是积极争取设立自由贸易试验区，以青岛、烟台、威海、济南的海关特殊监管区域为依托继续做好自由贸易试验区申建工作，在外商投资管理体制与模式创新、推进贸易投资便利化等方面先行先试，辐射带动更大地域范围的对外开放。

五、加快开发区转型升级，提升对外开放载体功能

经济开发区和各类园区是对外开放的重要载体，在促进山东外贸发展、提高利用外资水平方面作用突出。目前，全省经济开发区实际利用外资、外贸进出口均分别占到全省的56%以上，实现固定资产投资、规模以上工业利税也分别占全省的50%和60%以上。针对目前经济开发区面临的比较优势弱化、体制机制回归、创新能力相对不足、产业集群效应不强等问题，应加快开发区体制机制创新，推进开发区与出口加工区、综合保税区和保税港区资源共享和优势互补，促进开发区转型升级，提升山东开发区集约发展、特色发展、创新发展水平。推动国家级开发区整合周边园区，向经济新区转变，打造一批对外开放高地和创新“龙头”，促进和支持省级开发区围绕主导产业打造产业集群，实现错位发展，形成各类园区分工明确、特色鲜明、优势互补、联动发展的良好格局，使园区成为聚集高端要素的主要载体、开放创新的重要阵地、富有竞争活力的经济增长极。

六、完善对外开放区域布局，提升全方位开放水平

进一步优化全省对外开放的区域布局，以各区域对外开放的提质增效促进全省开放型经济整体水平提升。山东东部沿海地区应发挥海关特殊监管区域多、对外开放基础条件好等优势，加快开放型经济转型升级；中西部地区应着力优化发展环境，加强对外开放载体建设，加大承接国际产业转移力度，积极发展特色外向型产业，挖掘和释放对外开放潜力。同时，发挥“蓝黄”两区两大国家战略政策叠加、先行先试优势，推进“蓝黄”两区与省会城市群经济圈、西部经济隆起带之间在产业发展、招商引资、海关特殊监管区域功能延伸、开发区跨区域整合等方面的合作，形成省内东部与中西部良性互动的对外开放格局。

七、与国际规则、国际惯例接轨，打造法治化国际化便利化的营商环境

营商环境是经济软实力的重要体现，是一个国家或地区参与国际经济合作与竞争的重要依托。培育山东开放型经济发展新优势，需要在深化行政体制改革、完善现代市场体系、完善法律法规体系、加强社会信用体系建设等方面下功夫，积极对接国际先进理念和通行规则，营造竞争有序的市场环境、透明高效的政务环境、公平正义的法制环境。同时，加强社会中介组织建设，培育和发展行业协会、商会等社会中介组织，更好发挥中介组织在规范行业秩序、开拓国际市场、应对贸易摩擦、为企业提供服务等方面的作用。

第七节　弘扬齐鲁优秀传统文化，推进文化强省建设

2013年习近平总书记考察曲阜时指出，中华优秀传统文化是中华民族的突出优势，中华民族伟大复兴需要以中华文化发展繁荣为条件，必须大力弘扬中华优秀传统文化。习近平总书记强调，“孔子及儒家思想，是中华民族传统文化的重要组成部分，在中国历史上发挥了极为重要的作用”。山东作为孔子的诞生地和儒家文化的发源地，文化底蕴深厚，文化资源丰富。进入新时代，山东要继续立足齐鲁文化资源优势，大力弘扬中华优秀传统文化，全面推进文化强省建设。

一、着力构建孔子及儒家思想研究传播体系

贯彻习近平总书记曲阜重要讲话精神，着力构建研究阐发、普及推广、对外传播等“三大体系”。一是构建孔子及儒家思想研究阐发体系，实施“大师引进工程”，充分发挥山东省图书馆、山东博物馆、山东省文化馆、山东美术馆“大师引进工程”作用，并积极推进“大师引进工程”向山东省艺术研究院、山东画院延伸，深入挖掘整理儒家文化和齐鲁文化，大力提升“四馆”学术研究、文化交流、人才培养和社会教育水平，使“四馆”“两院”成为继承优秀传统文化、弘扬时代精神的文化重镇。二是构建孔子及儒家思想普及推广体系，积极推进优秀传统文化传承创新融入现代公共文化服务体系，坚持因地制宜、试点先行、政府引导、社会参与的原则，推进完善“图书馆+书院”模式，逐步实施乡村儒学、社区儒

学推进计划。推进公共图书馆“尼山书院”建设，巩固提升平台设施，规范授课活动内容，适时建立全省尼山书院联盟，初步形成覆盖全省、运转规范、服务有效、惠民利民的服务网络体系。三是构建孔子及儒家思想对外传播体系，研究制订《山东省对外文化交流整体规划》，利用多种形式、搭建多个平台对外传播文明成果，着力推动以孔子及儒家思想为代表的中华文化在核心价值层面走出去，成为世界文明对话的重要力量。

二、大力提升文化产品供给质量

利用山东文化资源优势，增强文化供给有效性，提高文化产品质量效益，创造和满足文化消费需求。一是优化文化产业品牌结构，研究把握文化品牌价值规律、建设规律和运行规律，深入分析文化资源和品牌资源，科学规划、合理布局山东文化产业品牌建设，培育一批文化产品品牌、企业品牌、地域品牌和地理标志品牌，形成覆盖全面、层次清晰、重点突出、特色鲜明的齐鲁文化品牌体系。二是推动文化生产的全面创新，把创新精神贯穿文化创作生产全过程，把传统元素与时尚元素、民族特色与世界潮流结合起来，增强文化产品时代感和吸引力，创作生产更多更优秀的原创文化产品。鼓励文化产业示范基地不断推动文化内容形式、传播手段创新，提高产品研发和原创能力。三是建立文化生产引导激励机制，坚持把遵循社会主义先进文化前进方向、人民群众满意作为评价产品的最高标准，建立健全科学评价机制。四是抓好文化品牌营销推广，着重发挥各类新媒体和互联网的信息传播功能，不断拓宽文化品牌传播渠道。综合运用好广告、公关、销售、推介活动等传播方式，加快品牌推广，塑造品牌形象，提升齐鲁文化品牌的美誉度、吸引度和忠诚度。

三、不断完善文化产业发展环境

一是深化文化体制改革，在坚持出版权、播出权特许经营前提下，允许制作和出版、制作和播出分开。推广政府和社会资本合作（PPP）模式，允许社会资本参与图书馆、文化馆、博物馆、剧院等公共文化设施建设和运营。二是建设文化产业公共平台，根据基础性、开放性和公益性的原则，整合集成各类资源，策划建设一批包括公共技术支撑、投融资服务、信息发布、资源共享、统计分析等功能在内的文化产业公共综合服务平台，为文化企业提供非营利性的第三方公共服务，降低文化企业的创业和运营成本，形成产业集聚和规模效应。三是注重宣传交流，借助数字技术，加强外宣媒体对外传播能力建设，扩大外宣媒体在宣传对象国的影响。推动政府层面和民间力量共同举办经常性、民众参与广、关注度高的文化交流活动。四是加快培养文化创意人才，充分发挥高等院校和科研院所的作用，培养文化创意人才，创新文化创意理论，多出文化创意科研成果，建立起以企业为主体、市场为导向、产学研相结合的文化科技创新体系，带动企业走自主创新之路。

四、推动文化和旅游深度融合发展

文化与旅游有着天然内在的联系，文化是旅游的根和魂，旅游是文化的形和体。推动山东文化产业与旅游产业融合发展，能够丰富山东旅游业的文化内涵，促进相关文化产业的快速发展。一是大力发展新型文化旅游业态，深入挖掘名人文化、历史文化、民俗文化、养生文化、海洋文化、红色文化等文化内涵，创新载体和表现形式，打造新的旅游热点和旅游形态。二是改造提升传统文化旅游业态，重点运用现代科技的表现力、感染力和震撼力，进一步凝练各类主题公园、旅游景区、旅游演艺和节庆活动的文化特色，丰富文化要素，增强游客的参与性和体验性，提高旅游产品吸引力、生命力和竞争力。三是牢固树立全域旅游观念，全面提高城区人文、历史、自然以及商业、康体、娱乐等各类资源的开放利用水平。特别是要在保护好的前提下，着力提高文物资源的旅游开发水平，“让收藏在禁宫里的文物、陈列在广阔大地上的遗产、书写在古籍里的文字都活起来”，更好地传播和弘扬中华民族优秀传统文化。

第八节　全面增进民生福祉，实现共富共享

山东第十一次党代会提出，要不断增进民生福祉，建设经济文化强省，民生改善是最真切、最生动、最温暖的诠释。要按照人人参与、人人尽力、人人享有的要求，织密扎牢民生保障网，提升公共服务水平，使改革发展成果更多更公平惠及全省人民。

一、优先发展教育事业

山东要发挥教育科技大省优势，全面贯彻党的教育方针，努力办好人民满意的教育。一是提高城乡义务教育经费保障水平，统一城乡义务教育“两免一补”政策，城乡家庭经济困难寄宿生生活费补助范围由在校寄宿生的15%扩大到30%。加大省级财政投入力度，支持各市“全面改薄”任务，解决城镇普通中小学大班额建设工程进展，实现城乡义务教育学校办学条件标准化，资金分配向农村和贫困地区倾斜，对贫困家庭学生从学前教育

到高等教育全程资助。二是统筹城乡师资配置，全面实施中小学教师“县管校聘”管理改革，统筹城乡教师资源配置。根据农村中小学教师需求，逐步建立义务教育学段教师农村学校服务期制度，使城乡之间、学校之间教师交流轮岗制度化。建立免费师范生招生、培养长效机制，持续为农村学校培养高素质的全科教师。加强师德师风建设，将师德融入教师准入、培训和管理全过程，大力培养“四有”好教师。三是完善职业教育和培训体系，加快建立现代大学制度，持续推进“双一流”建设和高水平应用型大学建设，支持和规范社会力量兴办教育。

二、大力促进就业创业

深入实施就业优先战略和更加积极的就业政策，促进就业与发展良性互动，努力实现更加充分、更高质量的就业。一是积极营造良好的创业创新政策环境。贯彻落实国家扶持创业创新的各项政策，加强与有关部门配合，强化督查落实，打通政策落实“最后一公里”，确保各项优惠政策落地生根。探索建立创业创新基金，鼓励有条件的地方和各类协会、中介组织等根据国家有关规定，吸引相关的投资机构、金融机构、企业和其他社会资金探索建立创业创新基金，为创业创新人员提供金融服务。二是努力搭建创业创新平台，按照政府搭建平台、平台聚集资源、资源服务创业的要求，依托现有各类开发区和农业产业园区，支持一批基础设施完善、服务功能齐全、社会公信力高、示范带动作用强的园区成为农民创业创新园区。创建一批创业创新见习基地。积极搭建网上创业平台，支持就业人员依托平台网络发展电子商务。鼓励龙头企业、电信运营商、金融服务商、平台电商、信息服务商结合乡村特点建立电子商务交易服务平台、商品集散平台和物流中心，为就业人员创业创新开辟新途径。三是以“双创”为引领，解决好重点人群的就业问题，以完善就业创业服务体系、优化就业创业环境为重点，解决好大学毕业生的就业问题。以加快农民工市民化进程为重点，解决好农业转移人口和进城务工人员的就业问题。以政府帮扶和社会救助为重点，解决好企业下岗职工和社会就业困难群体的就业问题。

三、持续提升社会保障水平

按照党的十九大提出的兜底线、织密网、建机制要求，全面建成覆盖全民、城乡统筹、权责清晰、保障适度、可持续的多层次社会保障体系。一是继续深化医药卫生体制改革，着力推进分级诊疗制度建设，完善基层医疗卫生服务体系，加快推进基层医疗卫生机构标准化建设，全面推行基层卫生人才“县管乡用”“乡管村用”管理机制。积极拓展社会办医发展空间，进一步放宽社会办医准入，及时制定新型医疗机构标准，加快推进社会办医服务创新、业态升级。健全公共卫生服务体系，加快医疗联合体建设，促进优质医疗资源上下贯通，破解群众看病之“痛”。二是逐步提高养老保障水平，坚持全覆盖、保基本、有弹性、可持续的方针，统筹推进城乡一体的养老保障体系建设，建成制度名称、政策标准、管理服务、信息系统“四统一”的居民养老保险制度。大力推行政府购买居家养老服务，推动社区居家养老服务组织发展，夯实社区居家养老基础。三是推动医疗与养老服务融合发展，养老机构通过内设医疗机构、建立协作机制、设置医疗分点等方式提高医疗服务能力。建立养老机构内设医疗机构与合作医院间双向转诊、急诊急救等绿色通道，确保老年人能够得到及时有效的救治。鼓励各级医疗卫生机构开展养老服务，推动医疗卫生服务向社区、家庭延伸。四是加快推进健康山东建设，树立大卫生、大健康观念，把以治病为中心转变为以人民健康为中心，将健康教育纳入国民教育体系，着力提高人民健康意识，努力实现与全面小康相匹配的全民健康，让人民群众有更多的获得感、幸福感。

四、坚决打赢打好脱贫攻坚战

以打赢脱贫攻坚战为底线任务，坚持先难后易实施贫困村提升工程，聚焦重点区域，向“4个2”重点区域集中发力（即菏泽和临沂2个市，20个脱贫任务比较重的县、200个重点扶持乡镇、2000个扶贫工作重点镇和黄河滩区）。持续加大扶贫综合投入力度，通过产业扶持、转移就业、易地搬迁、教育支持、健康扶贫、社保兜底等措施，因地制宜，分类指导，精准施策，确保如期实现脱贫攻坚目标。将民生项目、惠民政策最大限度地向贫困地区倾斜，广泛动员社会各方面力量积极参与扶贫开发。实施贫困村一村一品产业推进行动，在实现脱贫基础上5年内把2000个省扶贫重点村建成美丽乡村，解决好发展最不平衡、最不充分的问题。加大以工代赈投入力度，支持农村中小型公益性基础设施建设，增加贫困人口劳务报酬收入。强化贫困地区农民合作社、龙头企业与建档立卡贫困户的利益联结机制。深入实施乡村旅游、林业特色产业、光伏、小水电、电商扶贫工程。加大对贫困地区农产品品牌推介营销支持力度。完善农村社会救助体系，构建农村“三留守人员”和残疾人关爱服务体系，建立形成农村低保标准与扶贫标准有效衔接工作机制，充分发挥农村低保、居民基本医疗保险、大病保险等社会保障制度在稳定脱贫中的保障作用，对无法依靠产业扶持和就业帮助实现脱贫的贫困人口，实行政策性兜底脱贫。

第九节　树立和践行“两山”理念，开创生态文明新时代

习近平总书记提出了“绿水青山就是金山银山”的科学论断。要树立和践行“两山”理念，把生态文明建设摆在更加重要的位置，积极开展生态环境保护建设，让良好生态环境成为人民生活的增长点，成为经济社会持续健康发展的支撑点，成为展现良好形象的发力点，努力开创山东生态文明新时代。

一、大力改善空气质量

一是转变经济发展方式，减少工业废气排放。把经济发展真正建立在节约资源和保护生态环境的基础之上，同时要加快推进科技发展和实施人才强省战略，做好产学研相结合的工作，把经济发展真正转移到依靠技术进步和创新驱动上来。二是优化调整产业结构，提升经济发展的层次和水平，坚持改造提升传统产业和发展战略性新兴产业“双轮驱动”，要用“壮士断腕”的毅力和魄力，加快淘汰落后产能，加快推进传统产业升级改造。三是大力推进能源结构改革，积极使用新能源。山东是传统的能源消耗大省，尤其是煤炭资源的消费，约占全国煤炭消费量的1/10、世界煤炭消费量的1/20。山东的经济发展要立足于能源结构改革，积极推广太阳能、风能、潮汐能、核能等新能源的普及和使用。四是倡导低碳生活。加大宣传力度，倡导“少开一天车”“绿色出行”“碳抵消”等低碳出行，向公众提供低碳车辆和燃料专业信息，为公众低碳出行提供便利。大力发展

节能建筑，既要加大已有建筑的节能改造，又要积极推广绿色建筑和可再生能源建筑，加快构建以低碳为特征的建筑体系。五是开展扬尘专项治理，减少扬尘对空气质量的影响。

二、有效防范水体污染

一是抓好重点排污企业的管控工作，从源头上减少污水排放。突出抓好造纸、钢铁、石化、纺织等传统产业的升级改造工作，加大研发投入力度，引进新工艺、新技术，提高生产过程中水资源的循环利用效率，从源头上减少工业废水的产生量。二是建立全省统一的排污监测系统，对重点排污企业实施全天候监控，严防企业偷排行为的发生。加大对违法排污企业的处罚力度，对于不达标的排污企业，限令停产整改，提高违法排污成本，让排污企业高度重视污水治理工作建立违法排污有偿举报制度，引导公众参与排污监督，形成全社会共同监督污水治理的良好氛围。三是加强小流域综合治理，大力改善河流和湖泊的水质。做好重点河流的清淤疏浚工作，确保河道畅通。严控入河污染物的含量，实行污染物源头追溯制度，对于不达标的污水，严禁流入河道。做好湿地保护工作，增强湿地的水质净化功能。做好生活垃圾和生活污水的处理工作，减轻居民生活对河流的污染。

三、加强农村人居环境综合整治

改善农村人居环境，建设生态宜居乡村，是实施乡村振兴战略的重要任务，是全面建成小康社会的必要基础，是广大农民群众的热切期盼。一是提高农村生活垃圾收运处置能力，完善农村生活垃圾“户集、村收、镇运、县处理”模式，提升县级垃圾处理能力，实现生活垃圾无害化处理。二是推进农业生产废弃物资源综合利用，实施农牧循环工程，以畜禽养殖和农业种植有机废弃物资源化利用为重点，推进农业生产废弃物收集、转化、应用三级网络建设。三是加快推进农村"厕所革命"，合理选择改厕模式，坚持建管并重，把"管"放到更加突出的位置，统筹抓好建设时序和长效管护，推广市场化运作模式。四是积极推进农村生活污水治理，推动城镇污水管网向周边村庄延伸覆盖，城市、镇区和园区周边的村庄接入城镇污水管网，积极推广低成本、低能耗、易操作、易维护、高效率的污水处理技术，建设经济实用的污水处理设施。五是实施农村道路"户户通"工程，大力推进"四好农村路"建设，加快推进农村道路硬化建设，实现穿村公路和村内主干道路硬化全覆盖，基本解决村内道路泥泞、村民出行不便等问题。六是推进村庄绿化亮化，合理推进"乡村林场"、环村林建设，组织开展植树造林、湿地恢复等活动，加强街道、庭院、公共场所及"四旁"绿化，建设绿色生态村庄。

四、加快构建生态安全屏障

一是优化国土空间开发格局，加快实施主体功能区战略，严格按照优化开发、重点开发、限制开发、禁止开发的主体功能定位，划定并严守生态红线，构建科学合理的城镇化推进格局、农业发展格局、生态安全格局，保障国家和区域生态安全，提高生态服务功能。二是深入开展"绿满齐鲁·美丽山东"国土绿化行动，全面实施森林生态修复与保护、退耕还果还林、农田防护林和森林生态廊道等六大林业生态建设工程，加快构筑全省森林生态安全屏障体系。三是合理控制海洋开发强度，大力推行集中集约用海，合理布局生产、生活、生态用海，落实区域限批制度和资源使用价值评估制度，管控海域资源开发强度和规模，促进海域资源的合理开发与可持续利用。四是划定生态保护红线，编制实施全省生态红线保护规划，系统保护重点生态功能区、生态敏感区和脆弱区，确保生态功能不降低、面积不减少、性质不改变。加强生态保护红线区管治，实行生态重要性、敏感性和脆弱性评价，坚持生态优先，依法管理、强制保护禁止开发区域，在保护中开发重点生态功能区。五是全面推行河长制，构建责任明确、协调有序、监督严格、保护有力的河流管理保护机制，依法治水管水，建立健全河流管理保护监督考核和责任追究制度。

第十节　加强党的建设，为新时代山东改革开放提供强有力的政治保障

贯彻落实党的十九大精神，在建设社会主义现代化强国的新征程中努力走在前列，不断开创经济文化强省建设新局面，关键在党，关键在党要管党、从严治党。新时代山东要切实加强党的领导和推进党的建设，为加快建设经济文化强省提供坚强领导核心和根本组织保障，必须坚持党领导一切的工作方针，坚持思想建党、组织建党和制度治党紧密结合，不断提升全省广大党员干部素质和能力，不断把全省各级党组织建设得更加团结有力。

一、坚持用科学思想武装头脑

推进党建工作，必须不断汲取马克思主义的真理力量，特别是要坚持用习近平新时代中国特色社会主义思想武装头脑，要求广大党员干部要在学透弄懂、融会贯通、贯彻落实三方面下足功夫。坚持用习近平新时代中国特色社会主义思想指导党建工作，必须深入贯彻落实习近平总书记关于山东发

展的重要讲话和指示、批示精神。习近平总书记对山东发展一直十分关心和寄予厚望。他曾经于2013年11月和2018年6月两次亲临山东视察工作发表重要讲话，曾经在2018年3月全国“两会”上接见山东代表团并作出重要指示，并且还就山东工作作出过多次指示和批示。这一系列重要讲话和指示、批示精神，构成了习近平新时代中国特色社会主义思想的“山东篇章”，成为山东推进各项工作的根本遵循和指路明灯。新时代山东要按照党的十九大精神切实加强党的领导，推进党的建设各项工作，也必须在各级党组织中深入开展学习贯彻习近平总书记视察山东重要讲话、重要指示批示精神活动，不断深化广大党员干部的思想认识和提高其政治站位，切实把习近平总书记对山东的殷切期望和党中央的各项决策部署落到工作实处，团结带领全省人民在全面建成小康社会进程中、在社会主义现代化建设新征程中走在前列，共同谱写出新时代加快建设经济文化强省的新篇章。

二、有序推进党的各方面建设

推进新时代山东党的建设工作，除了要以党的政治建设为统领，还要全面推进思想、组织、作风、纪律、制度建设，深入推进反腐败斗争，这样才能全面提高党的建设质量。一是用习近平新时代中国特色社会主义思想夯实思想建设基础，不断用其加强理论武装，教育引导广大党员干部牢记党的性质，加强宗旨意识，真正成为富有担当精神的新时代共产党人。二是以提升组织力为重点，突出政治功能，强化基层基础工作，把各领域基层党组织建设成为宣传党的主张、贯彻党的决定、领导基层治理、团结动员群众、推动改革发展的坚强战斗堡垒。三是紧紧围绕保持党同人民群众的血肉联系，严肃认真对待群众反映强烈的问题，坚决纠正损害群众利益的行为，不断厚植党执政的群众基础，持之以恒正风肃纪。四是坚持无禁区、全覆盖、零容忍，坚持重遏制、强高压、长震慑，坚持受贿行贿一起查，以坚如磐石的决心惩治腐败，巩固压倒性态势，夺取反腐败斗争压倒性胜利。五是把制度建设作为提升党建质量的重要抓手，针对党内政治、思想、作风、组织、纪律等各方面建设存在的主要问题和薄弱环节，建立体系完备、结构合理、配置科学、程序严密的制度体系。

三、努力打造高素质党员队伍

坚持党管干部原则，认真落实好干部标准，不断完善干部选拔任用机制。这其中，最为关键的还是要着重解决好“总开关”问题。要把习近平新时代中国特色社会主义思想作为重要的思想武器，不断用其加强理论武装，教育引导广大党员干部牢记党的性质，加强宗旨意识，真正成为富有担当精神的新时代共产党人。这就要求，全省在扎实推进“两学一做”学习教育常态化制度化的进程中，特别是要按照中央统一部署，在即将开始的以县处级以上领导干部为重点，开展好“不忘初心、牢记使命”主题教育的过程中，大力加强学习和深入贯彻落实习近平新时代中国特色社会主义思想。全省各级党组织都要完善党委（党组）理论学习中心组制度，进一步发挥各级党校、行政学院、干部学院等培训主渠道作用，用好沂蒙党性教育基地、济宁干部政德教育基地、胶东党性教育基地等山东特色资源，加强理想信念教育、党性教育、道德教育，引导党员干部进一步树立“四个意识”，坚定“四个自信”，使山东广大党员干部更加坚定走在前列、建设现代化强省的意志和决心，真正成为习近平新时代中国特色社会主义思想的坚定信仰者、积极实践者和忠诚捍卫者。

后记

《波澜壮阔的历史篇章——山东改革开放40周年》系列丛书由中共山东省委宣传部组织编写。

《总论篇》由山东社会科学院副院长袁红英组织撰写。袁红英负责本书的总体设计与书稿的审稿、定稿工作，徐光平负责组织协调和书稿的修改、复审工作，刘晓宁负责编辑工作。具体分工如下：总论由袁红英撰写，第一部分由冯锋撰写，第二部分由刘晓宁撰写，第三部分由高阳、王韧、张念明撰写，第四部分由徐光平撰写。

本书编写过程中，山东省政协副主席、山东社会科学院党委书记唐洲雁同志对本书的写作提出了宝贵意见，山东社会科学院张凤莲、李广杰等多位专家学者提供了诸多支持和帮助，山东人民出版社编辑为本书的出版付出了辛勤劳动，在此一并表示感谢。

由于时间仓促、水平所限，书中难免有不当之处，敬请广大读者及专家学者批评指正。

本书编写组

2018年11月

山东省重大理论与实践问题研究课题

波澜壮阔的历史篇章
——山东改革开放40周年
青岛篇

孙立杰 主编

山东人民出版社·济南
国家一级出版社 全国百佳图书出版单位

图书在版编目（CIP）数据

波澜壮阔的历史篇章：山东改革开放40周年·青岛篇/孙立杰主编.--济南：山东人民出版社，2018.12
（波澜壮阔的历史篇章：山东改革开放40周年系列丛书）
ISBN 978-7-209-10598-9

Ⅰ.①波… Ⅱ.①孙… Ⅲ.①改革开放－研究－青岛 Ⅳ.①D619.52

中国版本图书馆CIP数据核字(2018)第265907号

波澜壮阔的历史篇章
BOLANZHUANGKUO DE LISHI PIANZHANG
——山东改革开放40周年·青岛篇
孙立杰　主编

主管部门　山东出版传媒股份有限公司
出版发行　山东人民出版社
出 版 人　胡长青
社　　址　济南市英雄山路165号
邮　　编　250002
电　　话　总编室（0531）82098914
　　　　　市场部（0531）82098027
网　　址　http://www.sd-book.com.cn
印　　装　山东新华印务有限责任公司
经　　销　新华书店

规　　格　16开（169mm×239mm）
印　　张　13.5
字　　数　190千字
版　　次　2018年12月第1版
印　　次　2018年12月第1次
ISBN 978-7-209-10598-9
定　　价　400.00元（全九册）

《波澜壮阔的历史篇章——山东改革开放40周年》系列丛书编委会

前言

四十年的奋斗波澜壮阔，四十年的成就举世瞩目。改革开放以来，中国走过了极不平凡的光辉历程，创造了世人瞩目、彪炳史册的人间奇迹。山东作为经济大省、人口大省、文化大省，在改革开放的大潮中，始终与全国改革开放步伐一致、同频共振，始终敢闯敢试，领风气之先、立时代潮头。在党中央的坚强领导下，山东人民接续奋斗、砥砺前行，坚持以经济建设为中心，不断解放思想、改革创新，开拓进取、扎实工作，取得了经济社会发展的辉煌成就。

在纪念改革开放40周年之际，山东省委宣传部组织专家学者编写了《波澜壮阔的历史篇章——山东改革开放40周年》系列丛书，既是对山东40年改革开放历史的回顾与记录，也是对山东改革开放宝贵经验的提炼与总结。丛书具有较强的理论性、通俗性和实践性，对广大党员干部群众进一步深化对改革开放的认识，扩大开放的信心和决心，在新的历史起点上继续解放思想、坚持改革开放，进而在全面建成小康社会进程中走在前列，在社会主义现代化建设新征程中走在前列，全面开创新时代现代化强省建设新局面，具有重大的现实意义和深远的历史影响。

目　录

总 论

从1978年到2018年，改革开放整整40周年。40年来，特别是党的十八大以来，青岛市紧跟党中央和山东省委省政府的战略部署，围绕中心，服务大局，锐意进取，奋力改革，大力推进经济、政治、文化、社会和生态文明建设的统筹并进和协调发展，城市综合实力、现代化水平和国际化程度持续跃升，人民群众的获得感和幸福感大幅提高，宜居幸福创新型国际城市风采日益凸显。深入总结青岛市改革开放和现代化建设的辉煌成就和历史经验，对于深入贯彻习近平新时代中国特色社会主义思想，不断增强中国特色社会主义的道路自信、理论自信、制度自信、文化自信；对于统筹推进"五位一体"总体布局和协调推进"四个全面"战略布局，认真践行以人民为中心的发展思想，坚持稳中求进的工作总基调，贯彻落实新发展理念，具有十分重要的政治意义、历史意义和理论意义。同时，对于青岛市如何严格落实山东省委"一个定位、三个提升"要求，以推进供给侧结构性改革为主线，以建设"三中心一基地"为主攻方向，不断提高发展质量和效益，提升城市品质和能级，增强集聚效应和辐射能力，争取进入国家中心城市行列，加快建设宜居幸福创新型国际城市，具有重要的实践意义和决策参考价值。

党的十九大以后，中国特色社会主义进入了新时代。习近平总书记对上合组织青岛峰会成功举办作出的重要指示中指出，举办上合峰会，为青岛、为山东的发展带来了新的机遇，希望认真总结“办好一次会，搞活一座城”的有益经验，推广好的做法，弘扬好的作风，开拓创新、苦干实干，推动各项工作再上新台阶。2018年6月，习近平总书记在山东考察期间还明确提出了建设海洋强国的要求，指出：“发展海洋经济、海洋科研，一定要抓好。我们对海洋的认识在逐步的加强中，你们要关心海洋、认识海洋、经略海洋，下一步这方面要发力，推动它的发展，关键的技术要靠我们自己研发，海洋经济的发展前途无量。”未来军民融合示范区、上合组织地方经贸合作示范区都将获得极大发展。当前，国际国内形势发生了许多新的变化，青岛改革开放和现代化建设既充满机遇，也面临着许多严峻的挑战。中共山东省委常委、青岛市委书记张江汀在青岛市项目现场观摩总结会上指出，在当前和今后一个时期，青岛市的工作目标，就是深入学习贯彻党的十九大精神，以习近平新时代中国特色社会主义思想为指引，立足青岛市经济社会发展实际，统筹推进“五位一体”总体布局、协调推进“四个全面”战略布局，坚定不移贯彻新发展理念，找准“三个坐标”（在全省坐标中，要当好经济发展的龙头；在全国坐标中，要争创国家中心城市；在全球坐标中，要努力建设国际海洋名城），提升思想境界，提升工作标准，提升责任担当，突出党的全面领导，突出全面深化改革，突出扩大对外开放，突出新旧动能转换，突出以人民为中心。“把创新作为引领发展的第一动力，紧紧抓住创新这个‘牛鼻子’，奋力把青岛建设得更加富有活力、更加时尚美丽、更加独具魅力，在实现社会主义现代化新征程中率先走在前列，为实现‘两个一百年’奋斗目标和中华民族伟大复兴的中国梦作出新的更大贡献！”

《青岛篇》遵循“立足现在、回顾历史、展望未来”的基本思路，立足青岛实际，以改革开放40年为纵向线索，紧紧围绕青岛市从1978年到2018年改革开放和现代化建设的丰富实践，综合运用文献分析法、实证分析法、表格法、图片法、图像法、定性分析法等研究和展示手段，从各个角度力求深入总结青岛市40年来经济建设、改革开放、民主法治、文化建设、民生福祉、生态文明建设和党的建设等七个方面的辉煌成就，探讨其中的历史经验并挖掘出规律性认识，从而不断增强对中国特色社会主义的“四个自信”，推动青岛市改革开放和现代化建设迈上新的台阶，不断展示新的活力和魅力，把青岛建设成为宜居幸福创新型国际城市。

第一章
经济建设取得重大成就

从1978年到2018年，是青岛综合经济实力飞速提升的40年，也是青岛经济发展翻天覆地的40年。按照改革开放之初的统计口径，青岛市1983年工业总产值仅为77.63亿元，其中轻工业48.8亿元，重工业28.8亿元，地方财政预算内收入12.6亿元。到1985年，全市社会总产值171.2亿元，其中工农业总产值132.3亿元，轻工业62.3亿元（不包括村及村以下工业），重工业36.9亿元（不包括村及村以下工业），国民收入为68.8亿元，财政收支平衡。十年之后，1994年GDP突破500亿元，2000年突破1000亿元，2002年突破1500亿元；二十年之后，到2003年达到1780亿元，比1983年增长了11.1倍，年均增长13.4%。财政收入方面，1983年12.6亿元，1998年财政收入突破50亿元，2002年突破100亿元，2003年达到120.14亿元。可以说，城市空间的扩大，带来了经济与社会发展空间的扩大。

党的十八大以来，青岛市经济更加迅猛发展，在GDP总量、固定资产投资、社会消费品零售、利用外资等方面均取得辉煌成就。初步核算，2012年全市实现生产总值（GDP）7302.11亿元，按可比价格计算，增长10.6%。到2016年全市生产总值10011.29亿元，GDP总量突破万亿元，成为全国第12个GDP总量超过万亿元的城市。2017年，青岛市全市生产总值11037.28亿元，按可比价格计算，增长7.5%。其中，第一产业增加值380.97亿元，增长3.2%，第二产业增加值4546.21亿元，增长6.8%，第三产业增加值6110.10亿元，增长8.4%，三次产业结构比例约为3.4∶41.2∶55.4。人均GDP达到119357元。全市人均可支配收入38763元，城镇人口人均可支配收入47176元，农民人均纯收入19364元。从2012年利用外资46亿美元到2016年70亿美元，五年时间，岛城实际利用外资额连上数个十亿级台阶，跃居副省级城市前列。从2012年的49%到2016年的54.7%，五年时间，岛城第三产业占GDP比重逐年提升，产业结构优化升级不断深入。2012年青岛市实现一般公共财政预算收入总量670亿元，2015年首次突破千亿元，达到1006亿元，2016年再上新台阶，增至1100亿元，2017年达到1157.1亿元。

第一节　实施名牌战略　振兴青岛经济

一、实施名牌战略的主要历程和成就

长期以来，青岛一直是一个以轻纺工业为主要特色的城市，在计划经济体制下，拥有较好的传统工业基础和一批享有盛誉的优质产品。改革开放以来，面对愈来愈多的国外名牌产品的冲击和国内市场环境的变化，青岛抢先跨出了第一步，于20世纪80年代中期开始实施名牌战略，明确提出“名牌就是资产，名牌就是效益”的口号，在全市开展了以“培育名牌、发展名牌、宣传名牌、保护名牌”为主要内容的争创“青岛名牌”产品的

活动。到20世纪80年代中后期，一些名牌企业，如被誉为“五朵金花”的“青岛啤酒、海尔、海信、澳柯玛、双星”等企业获得了跳跃式发展。

1994年，青岛市政府于1994年又开始实施新一轮名牌战略，在全市范围内广泛开展争创“青岛名牌”产品的活动，提出了“培育名牌、发展名牌、宣传名牌、保护名牌”的工作思路，制定了一系列的配套措施，为名牌战略注入了新的内涵。

“九五”（1996—2000年）间，青岛市本着“择优扶强、重点扶持”的原则，重点抓了“四个一批”，力求把实施名牌战略同全市产业结构调整结合起来，同“三改一加强”结合起来。一是通过改造提高一批。自“八五”（1991—1995年）末，全市每年都排出30个重点名牌产品技改项目，从立项、实施到设产达产实施责任制和一条龙管理，优先支持，重点扶持。二是通过改组拉长一批。借助名牌优势走集约经营的路子，推动企业重组、培育大型企业集团，是发展名牌、壮大名牌，构筑名牌群体优势的一条有效途径。为充分发挥已有名牌企业的名牌效应，青岛市通过联合、兼并等形式，先后组建了海尔、双星、海信等大型企业集团，为壮大其发展规模，争创国家及世界名牌奠定了基础。三是通过嫁接拓展一批。利用外资嫁接改造老企业，是发展名牌产品的有效途径之一。但这一工作如果引导不好，往往出现引进名牌越多、民族名牌越少的问题。对此，青岛市要求全市各企业要正确处理引进与保护自身名牌的关系，既要借助国外大公司、大企业的技术和牌子，拓展经营，谋求发展，又要树立保护民族名牌的意识，尽量避免在引进外资中丧失自己原有的名牌。四是通过加强管理巩固一批。青岛市始终坚持推行全面质量管理，把全市生产名牌拳头产品的企业作为深化全面质量管理的重点，并根据省委、省政府关于开展“管理效益年”活动的总体要求和部署，结合青岛的实际，具体组织开展了“学邯钢、学海尔、学青岛港务局，争创三好企业”的活动，并有针对性地分阶段开展了“质量管理月”等活动，增强了企业“质量第一”“效益第一”“内在因素第一”的观念，形成了一批产品和管理双优的标杆企业，对于保持名牌产品的旺盛生命力起到了积极作用。

20世纪90年代中后期，青岛市开始了优质品牌的评选活动，进一步助推了青岛品牌的发展。此后，名牌企业和名牌产品不断涌现，形成名牌企业的梯队结构，同时也引发了广泛的名牌效应和胶东半岛都市圈的产业集群效应。至今，青岛已累计培育出805个名牌，包括709个产品品牌、96个服务品牌，而且大部分保持良好发展态势，为提升青岛“品牌之都”的城市形象作出重要贡献。

品牌经济的发展，铸就了一批以质量为生命线的企业，从而进一步推动了青岛市的质量强市战略，在2017年山东省政府工作报告中，青啤、海尔、海信、红领等青岛品牌屡屡被重点提及，成为领衔全省质量提升计划名单中的明星企业。据统计，全市目前已有4家企业和个人获中国质量奖及提名，11家企业和个人获省长质量奖，34家企业和个人获市长质量奖。作为首批“国家商标战略实施示范城市”，商标战略也让青岛品牌之都建设进程如虎添翼。作为首批设立商标注册申请受理窗口的13个城市之一，全市目前有效注册商标迅速达到11.29万件，全市行政认定中国驰名商标135件，位列副省级城市第二；省著名商标463件，居全省第一；2016年全市马德里国际商标注册申请量567件，成为马德里体系申请量排名第一的中国城市，有效推动企业实施“走出去”战略。

二、实施名牌战略的未来展望

目前，名牌战略仍然是西方发达国家致力实施的一项重要的国家战略，国际跨国公司也将名牌战略作为至上的企业战略，将品牌经营列为关系企业发展的开发和掌握核心技术、资本运营、品牌经营三大战略之一。实践证明，青岛推行的名牌战略是符合经济发展规律的，是振兴青岛经济的有效举措，青岛在未来的发展中，还应进一步推进名牌战略。为此，应以习近平新时代中国特色社会主义思想为指导，立足于充分发挥青岛市在品牌、产业、开放和培育发展大企业集团成功经验等方面的比较优势，坚持市场机制、产业链接、政府引导三位一体和改革、调整、开放、创新的协调推进。在总体战略上，应牢牢把握以企业争创名牌为中心，始终围绕推进企业发展，实现从优秀到卓越保持企业长青。未来几年内，青岛市多领域品牌建设将持续发力，“青岛制造”的规模、品质和地位要明显提升，努力打造全国服务经济先行区和示范区。统筹推进标准、质量、品牌建设，开展“增品种、提品质、创品牌”专项行动，倡导“工匠精神”，建设“中国制造2025”试点示范城市，打造一批安全优质农产品和食品品牌以及检验检测认证知名品牌。新品牌培育瞄准“蓝高新”，2020年建成“品牌集群”。作为品牌之都的青岛，将坚定不移地致力于品牌战略的提升和拓展。借力品牌的升级和壮大，青岛的新旧动能转换也必将增添强劲的动力。

三、实施名牌战略的基本经验

40年改革开放的实践证明，发展名牌经济离不开党委、政府的引导和推动。实施名牌战略既是一个庞大的系统工程，也是一项长期、艰苦的工作，需要在意识、理论、法制、战略和实际运作等几个方面同时推进，这不仅是企业的任务，还是党委和政府经济工作的一项重要任务。特别是在计划经济向社会主义市场经济转轨的进程中，要创造名牌产品并在此基础上形成名牌产品群体，绝对离不开党委和政府的引导和推动。总括起来，有以下几点经验和启示：

（一）地方党委和政府必须为名牌造势，强化舆论宣传

改革开放，特别是20世纪80年代中后期以来，青岛市委市政府始终把宣传和保护名牌作为一项重要工作来抓，不仅宣传名牌产品和企业，还大力宣传名牌意识和推广创名牌工作的成功经验和做法，进行理论研讨，探索创名牌的新思路。对于每年新创出的青岛名牌产品，市委市政府都要召开大会，进行命名和表彰，并向社会各界郑重推荐，在全国性的报纸、杂志等新闻媒体上进行大力宣传，不断提高青岛名牌产品的知名度和影响力。

（二）党委和政府必须为名牌产品的市场开拓创造条件

青岛市每年都要举办一次规模较大的名牌产品展示、展评和展销会，所有名牌产品和争创名牌的产品都可以在会上进行集中展示和展销，这就为名牌产品进一步开拓市场、扩大其知名度和影响力创造了有利条件。与此同时，青岛市还积极引导其发展国内外市场，为开拓更广阔的市场鸣锣开道。

（三）党委和政府必须对名牌产品实施动态管理

青岛市已逐步建立起一个以产品质量跟踪、用户评价和专家评审为主要内容的名牌评价体系，探索并开展了对名牌无形资产的评估。研究制定

了“青岛名牌”产品动态管理办法，并以青岛市质量工作领导小组的名义正式下文公布并组织实施，对名牌产品的生产、销售、质量、管理、售后服务等各个环节进行监控，对出现问题后整改无效的名牌坚决予以撤销，不搞“终身制”。

（四）党委和政府有关部门必须严厉打击生产、经销假冒名牌产品的行为

青岛市充分发挥相关职能部门的作用，排除地方保护主义，运用法律保护名牌产品，维护名牌企业的合法权益。同时，加大了在打假制劣、保护注册商标专用权、查处虚假广告方面的执法力度，严厉打击不正当竞争行为，为名牌产品和企业的发展创造一个公平合理的竞争环境。

此外，青岛对名牌企业试行了单列管理，先后将青岛啤酒集团、海尔集团等从原隶属的管理部门中划出，列为市直单位。这样既减少了管理层次，也有利于政府的指导和企业发展。

第二节　发展临港经济　促进经济发展

港口是一个城市或地区的门户，是对外贸易和友好往来的重要口岸。许多事实表明，一个港口城市的兴旺发达史几乎就是一部城市建港史。青岛作为中国北方重要的港口城市，港口与青岛就像一对孪生兄弟，港兴则城兴，港衰则城衰；城荣则港昌，城弱则港微。伴随着中国对外开放程度的深入和开发步伐的加快，青岛的决策者们已经认识到港口对所在城市经济发展的巨大推动作用以及港口与城市之间相互促进、相互依存的密切关系。自20世纪90年代起，青岛市委、市政府就把发展港口贸易作为青岛

的战略重点，党的十九大以后，新一届青岛市委市政府在习近平新时代中国特色社会主义思想指引下，全面实施港口带动战略，大力发展临港经济，有力地促进了青岛经济的全方位发展。

一、发展临港经济的主要历程和成就

（一）从改革开放之初到20世纪80年代中后期，临港经济起步阶段

青岛港的发展史（127年）几乎等同于青岛市的建城史。但青岛临港经济的真正起步却是在改革开放之后。自“七五”（1986—1990年）开始，国家在前湾相继投资建成了煤、油、矿一系列港口重大项目。但由于各种因素的影响，相关指标还不是太高。据青岛市统计年鉴的数据，1985年，青岛水运货物周转量为14.7亿吨公里，比上年增长49.6%；空运货物周转量26万吨公里，比上年下降10.3%。全市港口货物吞吐量2679万吨，比上年增长8.2%。

（二）从“八五”到“十二五”期间，港口经济发展战略中心的“西移”阶段（快速发展阶段）

特别是1990年，前湾二期工程成为国家“九五”期间唯一获准开工的国家重点港口建设项目。按照规划，前湾二、三期码头建成后，将形成年接卸集装箱逾千万标准箱的能力，成为世界一流的集装箱大港。可以说，从前湾进入国家规划建设重点项目那一天起，这里就注定要成为青岛港发展的命脉所在。纵观青岛港的发展，其快速发展时期始自20世纪90年代中期，其跨越式发展时期始自世纪之交。到制定“十五”（2001—2005年）规划时，青岛市已经明确提出了实施“以港兴市”战略，以建设北方

国际航运中心和区域性贸易中心为目标，以临港经济为支撑，努力扩大港口的辐射能力，积极调整港区布局，构建起临港经济多元化发展的产业体系。从1997年的6916万吨到2015年突破货物吞吐量4亿吨大关，实现了巨大的跨越。2015年青岛港国际股份有限公司实现营业收入73.69亿元，归属于母公司净利润19.12亿元，其中集装箱处理及配套服务的业绩金额6.27亿元；物流及港口增值服务由上年29.5%的占比增至38.0%，进一步奠定了该港口此部分业务的主导地位。此外，金属矿石、煤炭和其他货物处理以及配套服务、液体散货处理及配套服务占比份额均有所回落；而港口配套服务及金融服务业务占比小幅增长。也就是说，2015年平分秋色的两大业务——集装箱处理及配套服务（占比份额27.2%）、物流及港口增值服务（占比份额29.5%）逐步转变成以物流及港口增值服务（2016年份额为38.0%）为主的单一主导模式，并由集装箱、散货、液体货物处理及配套服务等传统业务向增值服务、配套服务、金融服务转型。

（三）“十三五”至今，大力发展海洋经济阶段

根据青岛市“十三五”（2016—2020年）规划，在这期间，青岛市将打造经济转型发展主引擎，完善国际海洋人才港、信息港、产权交易中心等十大创新平台。全力推进新区重点功能区开发建设，加快发展航运物流、船舶海工、新一代信息技术、海洋生物、影视文化、军民结合等产业。推进海洋高新区突破发展，建设海洋生物医药、海洋可再生能源、海洋新材料等产业高地。建设董家口循环经济示范区，优化港口、物流、制造业布局，促进企业、园区、行业间链接共生、原料互供、资源共享，打造绿色低碳发展增长极。推进黄岛石化片区转型发展，逐步建成以港航贸

易为特色的高端服务业集聚区。提升发展灵山湾影视文化区，建成以文化、商务、旅游产业为引领的文化产业示范园区。截至2017年，青岛市港口吞吐量5.1亿吨，下降0.3%；外贸吞吐量3.7亿吨，增长7.9%；集装箱吞吐量1831万标准箱，增长1.4%。年末拥有国内航线157条，国际航线27条，港澳台地区航线2条，全年航空旅客吞吐量达到2321.1万人次，增长13.2%；航空货邮吞吐量23.2万吨，增长0.6%。全年完成邮电业务总量327.5亿元，增长58.3%；其中，邮政业务总量72.5亿元，增长23.7%；电信业务总量255亿元，增长72%。快递业务量3.11亿件，增长24.7%。固定宽带互联网用户369.3万户，增长25.4%。

二、发展临港经济的基本经验

（一）地方党委和政府一定要制定明确的战略目标

青岛市委市政府早在改革开放之初，就立足青岛港口优势，开始谋划港口经济发展，“九五”期间获准实施国家唯一重点港口建设项目，“十五”期间，提出实施“以港兴市”战略，到“十三五”规划时则进一步提出以海洋经济为主题，以“四区一基地”为目标，坚持改革不停顿，开放不止步，发展上能级，探索全国海洋经济创新发展的新路径。加快发展航运物流、船舶海工、新一代信息技术、海洋生物、影视文化、军民结合等产业。推进海洋高新区突破发展，建设海洋生物医药、海洋可再生能源、海洋新材料等产业高地。建设董家口循环经济示范区，优化港口、物流、制造业布局，促进企业、园区、行业间链接共生、原料互供、资源共享，打造绿色低碳发展增长极。推进黄岛石化片区转型发展，逐步建成以港航贸易为特色的高端服务业集聚区。提升发展灵山湾影视文化区，建成以文化、商务、旅游产业为引领的文化产业示范园区。2020年，新区生产总值计划突破5000亿元。可见，一个宏伟准确的发展目标定位，对一个城市的战略发展是何等重要。

（二）地方党委和政府必须不断拓展临港经济发展的战略空间

经济发展重心西移，是青岛市委市政府做出的促进青岛经济实现跨越式发展的重大举措。在此之前，青岛市最响亮的口号是“东进”。自20世纪90年代初青岛市委市政府卖掉老办公大楼，东迁至现“五四广场”对面新址开始，就拉开了青岛市东部开发的序幕。但是东部新区的拓展因崂山风景区的阻挡，发展空间受到限制；向北进行大规模开发，条件尚不成熟，亦会淡化沿海城市的特色和优势；因此，青岛经济重心必须向胶州湾西岸的黄岛转移。在国务院批准的《青岛市城市总体规划（1995—2010年）》中，青岛总体布局结构为：以胶州湾东岸为主城，西岸为辅城，环胶州湾沿线为发展组团，形成以胶州湾为中心的青岛、黄岛、红岛的“品”字形城市布局结构。到2017年青岛市第十二次党代会进一步确定了“三带一轴”“三湾三城”“组团式”的城市发展规划。

（三）结合地方特色，走以港兴市之路，辐射带动其他产业

改革开放以来，青岛市始终坚持走“质量兴港、科技兴港、实干兴港”之路，既实现了港口经济的发展，也进一步加快了西海岸新经济圈的形成。目前，港口经济的“放大”功能已经日益凸显，港口服务业、港口运输业、港口贸易业、港口制造业正方兴未艾，有力带动了青岛经济的发展和腾飞。城以港兴，港以城荣。据大众网青岛9月15日报道，自青岛西海岸新区获批

为国家级新区以来，发展速度之快令人称奇。在集中签约、集中开工、集中投产的“三集中”策略下，一批又一批高级别、大投入的项目落户西海岸，使该区发展充满活力。而作为青西新区发展主力之一的董家口经济区，“三集中”项目也颇具亮点。2017年6月29日，36个总投资近701亿元的重点项目在董家口经济区集中投产、开工、签约。这批项目涵盖高端装备制造、新材料、仓储物流、木材交易、海洋生物等领域，投资规模大、产品质量高、发展前景广，符合临港产业发展规划和循环经济发展理念，将对优化青西新区产业结构，促进新旧动能转换，提升园区产业层次和能级提供极大助力。值得一提的还有邮轮母港。2017年6月8日，青岛邮轮母港码头，在船方、港方、海关与检验检疫部门的共同见证下，来自西班牙、意大利的邮轮船供物资顺利装载上船，标志着青岛邮轮母港成为全国首家成功开展进口物资邮轮船供的邮轮港口。由此，青岛邮轮母港将全力打造东北亚邮轮物资配送基地，朝着“东北亚国际邮轮物资采购中心”目标迈进。作为距离日韩最近的邮轮港口，青岛邮轮母港秉承“全牌照、全过程、全物流产业链”经营理念，打造以青岛国际邮轮公司为主导的邮轮船供产业平台，抢先开展全球采购邮轮物资供应业务，打造东北亚邮轮物资配送基地，将在未来大大提高青岛邮轮母港靠泊数量，还将极大提升其在全球邮轮界的地位和影响力。

第三节　加大引资力度　拉动经济发展

一、青岛市引进外资的主要阶段

（一）从“八五”到“十一五”期间，引进外资的起步与成长阶段

1986年青岛市引进第一个境外投资企业。此后，外资开始慢慢进入青岛，

但速度不快，到1996年“九五”第一年，青岛市实际吸收的外资只有9.4亿美元，到2002年“十五”的第二年，也才增加到23.8亿美元。到2002年底，全市累计引进千万美元以上大项目已达650个，其中2002年批准千万美元以上的大项目173个，合同外资27.3亿美元，分别同比增长64.7%和49.7%，比1996年增加了88%。

（二）“十二五”至今，引进外资高速发展阶段

据统计，“十二五”时期，青岛市利用外资额连续跨上30亿美元、40亿美元、50亿美元、60亿美元四个十亿台阶。2012年，青岛市利用外资从全国15个副省级城市第六位提升至第二位，2014年起跃居首位。五年实际利用外资累计达到265亿美元，年均增幅18.7%，超额115亿美元完成规划目标，其中仅2015年实际利用外资就达到66.9亿美元。2011—2015年，制造业和服务业实际外资占当年实际外资的比重分别为38.7%：53.5%、48.5%：47.5%、43.6%：51.4%、50.3%：44.5%、60.7%：36.9%，制造业引进外资保持稳定增长，服务业利用外资保持稳定规模，而世界各地来青岛投资的国家和地区达到81个，国别构成进一步优化。这种势头还在继续，到2017年，青岛市实现合同外资90.96亿美元，实际使用外资77.35亿美元，比上年增长13.95%，增幅高于全省4.96个百分点，总量占全省比重达到43%。大项目的引进数量不断增加。2017年，全市新批及增资千万美元以上项目263个，实际利用外资378.6亿人民币，增长7.3%；在全国31个省市和5个计划单列市综合排序中列第8位，进入全国前十强；实际利用外资位居15个副省级城市第二位。

二、青岛市引进外资的主要特点

（一）利用外资质量不断提高

1996年，来青岛投资的项目多以中小型为主，2017年，青岛市深化与世界500强企业战略合作，分别与美国高盛、德国空客、德国大陆、法国圣戈班、瑞士ABB、日本住友等世界500强企业签约设立了30个外资项目，外资额14.1亿美元，位列全省第一。

（二）吸收外资结构不断优化

投资领域包括新能源、直升机、汽车及零部件制造、商业综合体开发等。新技术、新产业、新业态、新模式“四新”项目显著增多。通过吸收外资，改造、培育和壮大了一批支柱、优势产业与企业，大大提高了青岛市的出口能力和国际竞争力。三次产业利用外资保持协调增长。全市制造业实际使用外资41.18亿美元，占全市的53.24%，服务业实际使用外资32.77亿美元，占全市的42.37%。

（三）外资企业对青岛市经济社会发展作出积极贡献

根据对2017年外商投资企业年度经营信息联合报告统计数据，占比不到全市企业总数2%的外商投资企业，贡献了全市1/3的进出口、1/5的税收，吸纳40多万人就业。

三、引进外资的主要经验

（一）引进外资离不开政府的引导支持

改革开放40年来，为规范利用外资建立起高效精准的招商政策体系，青岛市先后出台了《青岛市外资企业管理暂行办法》《加快实施现代产业精准招商行动计划》等多项地方性法规和政策。同时，青岛市全面开展“千企招商大走访”活动，设立现代产业精准招商重点项目库和千企招商大走访活动项目督导平台，推动全市招商引资及利用外资工作保持规模增长。据统计，仅2017年青岛市相关部门共9688次走访8280家企业，促成新增签约项目642个，总投资4458亿元，促成新增在谈、待建、在建项目1641个。此外，青岛市还创新建立现代投资促进考核及激励体系，推行市直部门考核招商合同签约金额、区市考核项目落户到账资金的考核工作机制，形成招商合力。

（二）搞好引进外资必须加快政府职能转变

引进外资离不开健全的外经贸促进和服务体系。这个服务体系必须具备三个职能：一是信息发布职能，能为青岛企业进出口外经贸活动搭建信息交流平台；二是维权职能，能够运用外经贸争端解决机制维护青岛市外经贸企业的合法权益；三是研究咨询职能，能够及时发布预警信息，为企业提供信息咨询服务。而要建立健全这一体系就必须切实转变政府职能，尽快解决政府职能越位、缺位和空位问题，把工作重点转移到发展预测、制定规划、调查研究、政策协调和环境整治，精简机构和人员，强化服务意识，建立起高效、务实的外经贸调控体系和廉洁、精干的公务员队伍。

（三）引进外资必须强化重点开放区域的功能作用，形成新的经济增长极

经济园区在引进外资、推进经济国际化进程中的功能和作用日益凸显，对区域经济发展的贡献率也会日益加大。实践证明，发展较快的园区已经成为人才聚集、高新技术聚集、发展活力巨大的示范区和功能辐射区。面对日益剧烈的国际竞争，要重新审视和调整重点园区的发展规划，重视生态环境、生活环境和综合配套发展，以一流的园区环境引一流的项目，获得一流的发展速度。可以肯定，青岛经济技术开发区、青岛保税区、高科技工业园、出口加工区将逐步成为青岛市对外开放的重点区域。

（四）引进外资必须建设有国际竞争力的环境

一是营造一流的行政环境。以党政机构改革为契机，建立高效廉洁的党政体系。进一步简化外商投资的审批程序，疏理减少现行政府审批事项，加大放管服力度，建立健全涉外政务公开制度，公开政策法规、办事内容、服务程序和办事人员职责，实行窗口式办文制度，建立经常性的监督机构，健全各级外商服务网络，完善高效和法制化的外商投诉受理与处理机制。二是建设公正、透明的法制环境。清理各部门、各地方不适应市场经济要求的规定和文件，创造公平竞争的投资环境。加大对行政主体行政执法的监督力度，规范执法行为，杜绝“四乱”，切实落实加强投资环境建设责任制。三是建立开放、竞争、有序的市场环境。消除市场壁垒，清理封锁和垄断市场的有关规定，鼓励竞争。四是建设一流的生态环境。加大对环保的投入，搞好城市大气、汽车尾气、噪音、河流海域等主要污染源的治理，抓紧实施污染企业的转产和迁移，搞好城市的绿化、美化、亮化以及主要道路的改造整治，抓好城市广场和园林建设，建设花园式城市。

五是培育优良的人才环境。加快培养一批懂国际经济、法律，熟悉国际贸易规则，精通外语的复合型人才和人才群体，培养一批能够与跨国公司进行交流的高层次专业外经贸人员。

第四节　优化产业结构　推动产业升级

一、产业结构调整的阶段划分

（一）大力发展第二产业阶段

根据产业结构的演进规律，产业结构升级与城市化、现代化应该同步发展，产业结构要依次经过“一二三”“二一三”“二三一”和“三二一”阶段。改革开放之初的1985年，青岛市工业总产值99.2亿元，农业总产值33.1亿元，国内商业32.1亿元，仍然处于产业结构的“二一三”阶段。因此，进一步加快发展第二、第三产业，成为优化产业结构调整的当务之急。从改革开放直至21世纪之初，青岛根据自身条件和市场变化，优先发展传统工业消费品为主的轻工业，加强轻工业产品对外贸易，隆重推出了海尔、海信、青啤、双星、澳柯玛“五朵金花”品牌企业，成为青岛工业经济的代名词。到1990年三次产业结构比例已经成为22.4：49.1：28.5，标志着青岛市产业结构已经进入“二三一”阶段，即第三阶段。

（二）大力发展现代工业阶段

“十五”和“十一五”期间，青岛市开始重视经济发展方式转变，2010年青岛及时出台《关于加快经济发展方式转变若干重要问题的意见》，明确提出了对传统产业进行重组改造升级，对主导产业抓集群配套，对战略性新兴产业抓特色规模的工业优化升级的要求，形成了家电电子、石化化工、汽车机车、船舶海洋工程、纺织服装、食品饮料、机械钢铁等七大产业。2010年三次产业的结构比例为4.9∶48.7∶46.4，已经进入“二三一”阶段，即第三阶段的高级阶段。

（三）推动发展新兴产业阶段

“十二五”以来，产业结构调整步伐继续加快，新能源、新材料、生物医药、节能环保、信息产业等5个新兴产业成为发展重点。2012年出台《青岛市工业转型升级行动方案》和《加快发展工业十条千亿级产业链的实施意见》，着力构建特色鲜明、产业集聚、链式发展的现代产业体系，把工业10条千亿级产业链建设作为青岛加快工业转型升级的重要突破口，全力推进青岛工业发展由“要素投入，规模扩张”的外延式战略向“集约发展，创新驱动”的内涵式战略进行转型升级。2011年三次产业的结构比例调整为4.6∶47.6∶47.8，第三产业首次超过第二产业0.2个百分点，标志着青岛市已经率先进入现代化发展的初级阶段。2013年，第三产业比重首次过半，达50.1%；2017年，三次产业结构比例为3.4∶41.2∶55.4，“三二一”产业结构逐步巩固夯实，青岛经济由工业主导逐步转向服务业主导。

二、主要经验与启示

（一）优化产业结构地方党委和政府必须瞄准战略定位，扎实推动第三产业快速发展

改革开放以来，青岛市遵循产业结构的演进规律，立足青岛实际，稳步推动第三产业的不断发展。特别是青岛市第十一次党代会以来，面对经

济下行压力持续加大的新形势和新局面，青岛市坚持稳中求进的发展总基调，锁定转型升级这条主线，统筹推进稳增长、调结构、促改革、防风险、惠民生，经济始终保持中高速发展，在经济总量不断扩大的同时，充分发挥稳增长政策合力，抓好运行调度服务，加快“转调创”步伐，深入开展“调稳抓”活动，大力发展现代服务业，稳步推进高端服务业“十个千万平方米工程”建设，加快金融、总部商务、科技、商贸、物流、软件及服务外包、文化创意、旅游休闲度假及会展设施、人才公寓、社会事业公共设施等十大高端服务业产业的发展，推动全市经济转型和产业结构的持续优化升级。

（二）要大力发展“蓝高新”，助推产业迈向高端化

青岛市第十二次党代会以来，市委市政府立足本土优势，顺应产业发展趋势，强化规划和政策引导，突出蓝色、高端、新兴特色，发布建设国家东部沿海重要的创新中心、国内重要的区域性服务中心、国际先进的海洋发展中心和具有国际竞争力的先进制造业基地“三个中心一个基地”行动计划，深入实施工业十条千亿级产业链、高端服务业十个千万平工程、现代农业十大工程、十大新兴产业“四个十”工程，有力推动产业结构优化升级，培育形成新的增长点。一是突出蓝色引领。实施“海洋+”发展规划，全力打造国家海洋强国战略重要支点，加快发展海工装备制造、海洋生物医药、海洋新材料等领域，推进海洋经济产业结构不断优化调整，对全市产业结构转型升级贡献明显。海洋设备领域，亚洲最大的深海油气平台“荔湾3-1”天然气综合处理平台、国内首艘深水铺管起重船“海洋石油201”、首艘300米饱和潜水母船“深潜号”等已交付使用。二是突出

高端带动。立足“青岛制造”这一优势，厚植高端装备制造产业，优先发展轨道交通、新能源汽车等高附加值产业，带动产业结构优化升级，推动制造业向价值链高端攀升。三是突出新兴培育。发布新兴产业发展规划，软件信息、智能制造等潜力产业加速发展。惠普全球大数据中心等一批信息产业大项目相继落地。

（三）创新驱动，新旧动能有序转换

青岛市委市政府始终把创新摆在发展全局的核心位置，实施创新驱动发展战略，着力打造创新之城、创业之都、创客之岛，大力建设国家创新中心。一是突出抓好创新载体建设，重点引进“中科系、高校系、企业系、国际系”高端研发机构，高等教育机构增至29家，高端研发机构增至48家，人才总量已逾160万人。蓝色硅谷成功争取科技部支持开展国家海洋科技自主创新先行先试，成为全国第五个科技兴海产业示范基地；山东大学青岛校区建成招生；国家家用电器技术标准创新基地（青岛）启动，国家质检中心、国家海洋设备质检中心投入使用，国家基因检测技术应用示范中心获批，中德生态园获批为唯一的全国综合标准化示范区。二是研发（R&D）经费投入总量和产出双增长。近年来，青岛市深入推进科技计划管理改革，坚持以科技成果转化为主线，不断突出企业创新主体地位，强化创新创业服务，重点围绕打造大众创业生态体系、发展壮大科技创业企业群体规模，鼓励企业自主决策、先行投入，开展重大产业技术研发攻关等2016年，青岛市全社会研发总投入（R&D投入）286.4亿元，是第二名烟台市的1.6倍，占全省总量的18.29%，处于全省领先地位。研发投入强度为2.86%，高于全省0.52个百分点，居全省首位。三是知识产权保护和创新成果转化力度不断加大。

截至2016年底，全市发明专利申请34953件，是2012年的2.9倍；发明专利授权6561件，是2012年的4.3倍；技术合同交易额破百亿元，达104亿元，比2012年翻两番。全市发明专利授权量、有效发明专利、PCT国际专利申请量三个指标的增幅均居副省级城市第一名。

第五节　突出青岛优势　做强海洋经济

一、发展海洋经济的主要历程

改革开放以来，山东省、青岛市两级党委和政府一直十分重视海洋建设。早在1991年，山东省委、省政府就审时度势，提出了“开发半壁江山、建设海上山东”的战略构想，开始实施“海上山东”开发战略。1998年又出台了《进一步加快“海上山东”建设的决定》和《“海上山东”开发建设规划》，重点推动了海洋农牧化、临海工业、海上大通道和滨海旅游四大建设工程，并成立了建设“海上山东”领导小组，山东海洋经济开始步入快速发展阶段。青岛市作为山东海洋经济发展的龙头，在“海上山东”建设中的作用举足轻重。可以说，青岛市的海洋产业已成为其国民经济发展的主力军，也是“海上山东”建设战略成功的关键。

2011年，国务院正式批复《山东半岛蓝色经济区发展规划》，这是中国第一个以海洋经济为主题的区域发展战略。作为山东半岛蓝色经济核心区的龙头——青岛，近年来一直推行蓝色跨越战略，在沿海一带规划建设了蓝谷、西海岸新区、红岛经济区这“一谷两区”三大平台，以便更好地承载海洋经济发展。

2012年，通过分析研究青岛蓝色经济建设的区位与发展优势、资源与支撑条件，市规划局完成了《青岛市城市空间发展战略研究》，借鉴世界知名海湾城市发展经验，紧紧围绕蓝色经济区国家发展战略，制定了“全域统筹、三城联动、轴带展开、生态间隔、组团发展”的空间发展战略。

2014年6月，国务院正式批复同意设立青岛西海岸新区，这是全国第9个国家级新区，被定位为海洋技术自主创新领航区、深远海开发战略保障基地、军民融合创新示范区、海洋经济国际合作先导区、陆海统筹发展试验区。同年12月，《青岛蓝色硅谷发展规划》获国家正式批复，一个以海洋为主要特色的高科技研发及高科技产业集聚区跃然而出。加之2012年就设立的红岛经济区，“一谷两区”的布局成为蓝色经济发展的重要区域支撑。2015年底，《青岛市“海洋+”发展规划（2015—2020年）》出台。借鉴和运用“互联网+”理念，青岛市提出产业融合、创新发展、集聚发展、开放合作四大发展目标和“海洋+新模式”“海洋+新业态”“海洋+新产业”“海洋+新技术”“海洋+新空间”“海洋+新载体”六大重点任务。

2017年，青岛“一谷两区”加快转变发展方式、优化经济结构、转换增长动力，重点载体建设稳步推进，支撑引领作用进一步凸显。以海洋教育科技为特色、以海洋高端产业为支撑的“中国蓝谷”2017年坚持新发展理念，全力推动新旧动能转换重大工程，实力不断增强，成为支撑青岛海洋经济未来可持续发展的重要一级。高新区则围绕“以蓝色经济引领转型升级的自主创新示范区”这一定位，充分挖掘胶州湾畔海洋资源，依托六大主导产业，重点培育海洋生物医药、海洋新能源、海洋工程装备、海洋文化旅游等面向海洋科技创新的领域，开创蓝色高端新兴产业区域发展新局面。累计引进建设“国字号”创新平台16个，中科院声学所青岛分所、长光青岛应急技术装备研发及产业化基地正式启用，中国海洋大学生物创新园、青岛大学全科医学院培训基地等高校合作项目落户建设，中国航天系统科学与工程研究院青岛分院、青岛钱学森创新研究院揭牌成立。红岛经济区也逐渐成为山东半岛国家自创区领头雁，该区聚焦山东半岛国家自主创新示范区建设，全面落实“海洋+”发展规划，大力发展海洋生物医药、海洋装备制造、水下机器人、石墨烯新材料等蓝高新产业，成为海洋战略性新兴产业的基地。

二、青岛海洋经济发展的优势与巨大成就

青岛市有862.64公里海岸线，近海海域1.38万平方公里，海区港湾众多，底质多样，水质肥沃，是多种海洋物种繁衍生息的场所，具有较高的经济价值和开发利用潜力，为青岛市海洋渔业发展提供了广阔的空间。胶州湾水深浪平、不淤不冻、锚地广阔，是不可多得的天然良港，具备建设和发展亿吨大港的基础；青岛近海海域，特别是胶州湾、崂山湾等沿海水域营养盐含量高，水流交换充足，海洋生产力高，是发展贝藻类养殖的优良海区；沿海众多的海湾岬角、沙滩礁盘、山岳森林以及特有的历史文化积淀构成了青岛市滨海旅游的基础。青岛市位于东北亚经济圈的中心，依托山东半岛，东临日本、韩国；南连东南亚、美洲大陆；北望俄罗斯；西接欧亚大陆，是“一带一路”欧亚大陆东部桥头堡地区的重要经济中心城市，也是海上丝绸之路的起点之一，同时又是以海洋国家实验室、黄海水产研究所、中科院海洋研究所为核心的全国三大海洋科创中心，这里聚集了全国30%以上的海洋教学和科研机构、50%的涉海科研人员、70%的涉海高级专家和院士，为将海洋科研优势充分转化为海洋经济优势提供了前提条件。据初步核算，2017年全市实现海洋生产总值2909亿元，同比增

长15.7%，占GDP比重达到26.4%。海洋经济总量占全省比重20.8%，比2016年同期提升1.5个百分点。海洋经济拉动GDP增长3.9个百分点，比2016年提升0.4个百分点。其中，海洋第一产业增加值106亿元，同比增长1.1%；海洋第二产业增加值1513亿元，同比增长17.6%；海洋第三产业增加值1290亿元，同比增长14.8%。海洋三次产业结构比例3.6∶52∶44.4。

三、青岛海洋经济发展的未来展望

习近平总书记在参加第十三届全国人大一次会议山东代表团审议时强调，海洋是高质量发展战略要地。要加快建设世界一流的海洋港口、完善的现代海洋产业体系、绿色可持续的海洋生态环境，为海洋强国建设作出贡献。这既是总书记对山东海洋经济发展的要求，也是殷切的期望。为此，山东省在2018年年初刚刚发布的《山东省新旧动能转换重大工程实施规划》中明确要求，要进一步增强经略海洋意识，加快建设海洋强省，打造具有国际先进水平的海洋经济改革发展示范区，到2022年，全省现代海洋产业增加值力争达到23000亿元，占地区生产总值的23%。作为海洋特色城市，海洋产业是青岛经济发展独具特色的优势领域，其创新能力、领先水平及发展质量也彰显着中国海洋经济发展的综合实力。因此，在新旧动能转换中，青岛承担着开拓发展的重任，在海洋医药、海洋新能源、海洋科考、深潜、海洋牧场、海工装备等方面具有极强的创新动能和发展潜力，能够为开启山东省海洋强省建设新征程、加快新旧动能转换工作提供强有力的支撑，实施国家海洋战略，努力建设国际海洋名城。青岛近年来引进了山东大学、中央美院、天津大学、哈尔滨工业大学等16所高校在此设立校区、研究院或创新园；海洋科学与技术国家实验室、国家深海基地、国家海洋设备质检中心等15个“国字号”重大科研平台相继落户；国家“千人计划”学者黄锷领衔的青岛国际动态脑科学中心项目落户于此；累计引进两院院士、国家千人计划等各类人才3500余人；累计引进重大科研、产业及创新创业项目250余个……未来几年，青岛三大海洋科创中心将再次向全国乃至世界展示海洋科技的“青岛力量”。其中，海洋国家实验室科技与体制机制创新“双轮驱动”，在研项目经费达45.8亿元。全球第三条大洋科考船“梦想号”将于2021年下水，计划借由“梦想号”打穿大洋壳，实现人类探索地幔的梦想，并与山东省科学院、浪潮集团合作建成全球海洋科研领域最快2600万亿次/秒的高性能科学计算与系统仿真平台。黄海水产研究所面向“深蓝”发出中国声音，国家级工程研究中心“海水养殖装备与生物育种技术国家地方联合工程研究中心”获批，实现了青岛市海水养殖领域国家级科研创新平台的历史性突破。同时，科研人员突破海水鱼类基因组育种技术，培育牙鲆抗病新品种“鲆优2号”；发现马里亚纳海沟微生物新种及新酶；在大洋性经济鱼类黄条鰤人工繁育技术研究方面取得重要突破。中国科学院已获准筹建海洋大科学研究中心，该中心将依托海洋所，由中科院13家研究所共同组建，以建设美丽健康海洋、开拓交叉前沿领域、保障国家海洋安全、支撑服务“一带一路”等为重要使命，打造具有重要国际影响力的科学研究中心。

第六节　深化农村改革　推进实现乡村振兴

农业发展对于城市经济的增长具有十分重要的作用。农业的发展不仅是自身的发展，更是城市发展的强大助力器。改革开放尤其是党的十八大、十九大以来，以习近平同志为核心的党中央非常重视农业和农村经济的发展，可以说，乡村振兴战略是习近平关于“三农”重要思想的核心内容，是习近平新时代中国特色社会主义思想的重要组成部分。习近平在参加十三届全国人大一次会议山东代表团审议时指出，希望山东的同志再接再厉，在全面建成小康社会进程中、在社会主义现代化建设新征程中走在前列，全面开创新时代现代化强省建设新局面；要深刻认识实施乡村振兴战略的重要性和必要性，扎扎实实把乡村振兴战略实施好。把乡村振兴战略实施好，这是以习近平同志为核心的党中央赋予山东的光荣使命。我们要牢固树立“四个意识”，以强烈的责任感和使命担当，深入谋划推进乡村振兴的思路举措，坚定不移地把习近平同志的重要指示要求落到实处。为此，青岛市各级党委、政府认真贯彻落实党在农村的各项方针政策，不断适应畜牧和农机部门归口管理后工作职责加重的新形势，将工作思路由抓生产向抓产业、由抓农业向抓农村、由抓数量向抓效益转变，实现了农业农村新发展，2017年青岛都市现代农业发展综合水平跃居全国第七。

一、青岛市农业农村经济发展历程

改革开放以后，根据中央一系列有关农村工作的方针、政策和经济体制改革的指示，1984年青岛取消人民公社建制，进行农村经济的调整和改革，开始实行“小段包工、定额计酬”，专业承包、联产计酬，联产到组、包产到户，大包干等形式的责任制，体现了按劳分配原则，有效地发挥了集体经济的优越性和个人的积极性，促进了农业生产力的进一步解放，1983年粮食产量达到240.39万吨，棉花3.02万吨，花生24.72万吨，分别比1978年增长26.46%、247.13%、116.08%，均创历史最高水平。

随着农村改革的深化和双层经营体制的进一步完善，土地向种田能手集中，劳动力向第二、第三产业转移，专业户和新的经济联合体相继出现和发展。1985年，农村有各种专业户34134户，其中，种植业5352户，林业997户，畜牧业3318户，渔业2297户，工业4727户，建筑业2175户，运输业5583户，商业、饮食业、服务业6819户，其他行业2866户，从事专业劳力56483人。新经济联合体发展到9152个。

“九五”时期，在整个国民经济出现低通胀、高增长的情况下，青岛市农村经济保持了健康、稳定的良好发展态势，经济实力显著增强。据统计，到1999年全市农村社会总产值达1386.8亿元，比“八五”时期的1995年增长了1.1倍，平均每年递增20.4%。“九五”时期，随着社会主义市场经济的逐步建立，青岛市农村经济发展进入了快车道，农民收入不断增加，生活水平进一步改善。1999年农民人均纯收入由1995年的2225元，增加到3416元，增长了1191元，平均每年递增11.3%。随着农民家庭收入整体水平的提高，农民消费水平和生活质量也明显提高。1999年，青岛市农民人均生活消费支出2150元，较1995年的1723元，增加了427元，年均递增5.7%。

“十五”期间，青岛市各级党委、政府围绕建设社会主义新农村的总体部署，认真贯彻落实“三农”政策，不断加大农村投入，促进了农业稳定发展。仅2006年，我全市全面落实支农惠农政策，农民生活条件进一步改善，农民人均纯收入6546元，增长12.7%；人均生活消费支出4203元，增长12.5%；农村恩格尔系数36.6%，下降0.9个百分点。农民人均住房使用面积30.82平方米，增长4.3%。

“十一五”期间，青岛市按照十六届五中全会提出的建设社会主义新农村的战略任务，在“生产发展、生活宽裕、乡风文明、村容整洁、管理民主”的总体目标中，生产发展被放在首位。围绕这一目标，青岛市提出了“五有、五通、五保、五化”的目标，制定了切实可行的发展规划，积极推进农业结构调整的“四百工程”，培育发展“一镇一业、一村一品”，扶持农民创业，助推农民增收。到2010年，青岛市农民人均纯收入10550元，增长14.1%；人均生活消费支出6662元，增长14.2%；农村居民家庭食品消费支出占家庭消费总支出的35.5%。从2006年的6546元到2009年的9249元，再到2010年突破万元大关。整个“十一五”期间，青岛市农民人均年收入五年五大步，成为新农村建设巨大成就的最直接的写照。

“十二五”期间，青岛市积极贯彻落实党和国家各项强农、惠农政策，持续加大“三农”扶持力度，农民收入呈持续增长态势。2014年，农村居民人均纯收入17461元，比2010年增长65.5%，年均增长13.4%。2015年，农村居民人均可支配收入16730元，比2014年增长8.4%；农村居民人均消费支出11127元，比2014年增长8.3%。

“十三五”以来，全市深入贯彻中共中央、国务院《关于深入推进农业供给侧结构性改革加快培育农业农村发展新动能的若干意见》(一号文件)，提出通过建设“三区”“三园”加“一体”，全面提高农民收入。所谓“三园”，即现代农业产业园、科技园、创业园；“一体”则是指田园综合体。截至2017年底，青岛市共新建现代农业产业园、科技园、创业园96个，合计913个园区带动9万多农民就近创业、户均增收25%以上。同时投资392亿元，大力发展农业“新六产”，实施“一业一策”，直接推动签约和在建过千万元农业项目72个，培育农副食品加工业千亿级产业链和种植业、畜牧业两条百亿级产业链，市级以上重点龙头企业达到280家，农产品加工产值达到1300多亿元，农产品出口300亿元以上，居全国城市首位。2017年青岛市农村居民人均可支配收入也达到19364元，同比增长7.8%。

“十三五”以来，青岛市不断加快推进农业绿色发展，保护好绿水青山和清新清净的田园风光，努力增加绿色优质农产品供给，让市民吃上放心农产品。一是突出生态循环，确保“产”的干净。开展水肥一体化、化肥农药减量增效、有机肥替代化肥、深耕深松整地、农业废弃物资源化利用等五大行动，推广测土配方施肥600万亩、深松整地140万亩、水肥一体化30万亩。从源头上保障舌尖上的安全。二是突出全程监管，确保“管”的严格。实行严格的产地准出制度，累计制定农业地方标准166项，887个“三品一标”农产品全部建立生产记录，标准化生产占优势农产品种植面积的73.2%。建成农产品质量安全监管平台，国家级农产品质量安全风险评估实验室试运行，616家农业生产单位、3000多个产品、4.5万个种植户纳入追溯系统，完成农产品质量安全检测46万多批次，产地检疫牲畜126万头、家禽3.5亿只次，检测检疫能力实现了全域覆盖。三是突出品牌引领，确保优质安全。实施农业品牌战略，发布“青岛农品”整体形象标识，评选出岛城最喜爱区域公用品牌11个、农产品品牌30个，全市涉农产品注册商标1.9万多个，著名农产品品牌166个，农产品地理标志51个，居副省级城市首位。

“十三五”以来，青岛市加快推进美丽乡村标准化建设，让农村人居环境好起来。全市按照“产业生态高效、环境优美宜居、生活文明健康”要求，打造生产美、生活美、生态美、人文美、服务美的“五美”乡村。2017年100个示范村全部完工，省级达标村覆盖率提高到57.7%；创建全国美丽乡村5个、中国最美休闲乡村3个，崂山青山渔村、即墨雄崖所村和凤凰村列入国家传统村落保护名录；新建改建扩建社区服务中心172个，全市农村社区化服务覆盖率达到95%。同时，围绕“建设宜居幸福的农村家园”等建议，将美丽乡村标准化“十百千”创建工程，作为全市“三农”工作重点强力推进，新上污水处理设施30套，硬化村内道路178万平方米，发展特色产业园区94个，栽植苗木310万株，修建文化长廊90处，使农村发生了实实在在的变化。

二、青岛市农村经济发展的基本经验

（一）地方党委和政府必须多渠道促进农民增收，才能让农民的钱袋子鼓起来

加快推进都市现代农业发展，必须紧紧抓住产能建设、产业发展、科技支撑三个关键，调整优化农业生产力布局，培育发展新产业新业态，推动农业从单一产业向全链条、多功能、新业态发展转换，多渠道促进农民增收。近年来，青岛市坚持“三园同建”，大力发展农业“新六产”，使农民收入不断增加。同时，不断增强农村科技服务，通过实施农作物耕种收综合机械化使该比率达到87%，高出全国21个百分点，成为全国主要农作物全程机械化整体推进示范市。通过深入实施“互联网+现代农业”行动计划，开展农村电商示范创建，培育首批示范镇15个，新建益农信息服务站300处、累计达到816处，农村电商平台达560家，交易额达58亿元。

（二）发展绿色农业必须坚持标准化建设

近年来，青岛市委市政府各有关部门为全面提高农产品质量、确保城

乡居民食品安全、增强农产品国际市场竞争力、扩大农产品出口、增加农民收入，着力健全农业质量标准体系、质量检测体系和技术推广体系，加强生产基地和产地市场建设，强化产品认证管理。一是注重农业质量标准体系建设，为推行农业标准化、发展无公害农产品提供了重要的技术基础和依据。二是建成了以市级质监中心为龙头、市区级质检站为骨干、基层速测点为基础、其他检测机构为补充，设施先进、布局合理、功能完善、运转高效的农业质量监督检测体系。三是注重农产品质量安全技术推广体系建设，大力推广普及农业标准化知识和优质安全农产品生产技术。四是加强无公害农产品生产基地和农产品质量认证管理工作，从源头上把住了农产品质量安全的关口。六是建立农产品市场准入制度，禁止有毒有害物质超标的农产品入市销售。

（三）发展农村经济必须重视和加强信息网络服务体系的建设

近年来，为提高农产品知名度和农业综合效益，青岛市各级党委、政府十分重视和加强信息网络服务体系的建设，构建了先进的“青岛农经网”信息网络平台，建成了国内农业首条“政府为农服务热线”，开发了多功能的系统软件，组织了丰富的信息资源，创设了畅通、快捷的网络传输通道，形成了覆盖青岛农村及涉农部门的分布式应用和集中式管理的农村信息服务系统，为搞好农村信息服务，实现农业系统的办公自动化、管理信息化和决策科学化奠定了基础。同时，为今后开展公共数据查询、视频点播、网上教学、网上办公、网上交易、国际网络互联和多媒体服务等项目提供了良好的网络平台条件。

（四）必须稳步推进农村改革

改革开放之初，农村实行家庭联产承包责任制，将土地所有权和承包经营权分设，所有权归集体，承包经营权归农户，极大地调动了农民生产积极性，有效解决了温饱问题，农村改革取得重大成果。现阶段深化农村土地制度改革，顺应农民保留土地承包权、流转土地经营权的意愿，将土地承包经营权分为承包权和经营权，实行所有权、承包权、经营权分置并行，着力推进农业现代化，是继家庭联产承包责任制后农村改革的又一重大制度创新。

农民的收入一般分为四个方面：一是家庭的经营性收入；二是打工的工资性收入；三是财产性收入；四是各种转移性收入。改革集体产权制度把集体的经营性资产确权到户，实现农民对集体资产的占有使用和收益分配的权利，有利于拓宽农民的增收新渠道。2017年，青岛市出台推进农村集体产权制度改革的意见，把全域村庄和全部资产纳入改制范围，落实集体经济组织成员收益分配权，全市4891个村（社区）启动农村集体产权制度改革，占村庄总数的81%，成立经济合作社、股份经济合作社等集体经济组织3941个，323万农民落实了集体资产股份占有权和收益权，累计分红10.8亿元，让农村“沉睡的资产”活起来。强化集体资产监管，全市5978个村完成了审计任务，占应审村庄的99.4%，共审计资金767.2亿元，把“大伙的资产”管起来。截至2017年底，全市已经有3926个村完成改革任务，占村庄总数的65.3%，界定集体经济组织成员309万人，量化集体资产270亿元，农民股东累计分红10.8亿元。全市共为9.6万亩流转土地颁发了经营权证，全市农村土地流转面积达到275万亩，农业适度规模经营比重超过60%，培育百亩以上家庭农场、种植大户6400多家，发展农民合作社11000多家，入社社员69万户，农户入社率达到49%。农产品加工企业达到2700多家，80%以上的农户纳入产业化经营体系，为进一步完善“三权分置”改革奠定了坚实的基础。预计到2021年，基本形成层次分明、结构合理、平等保护的“三权分置”格局，初步构建起以农户家庭经营为基础、合作与联合为纽带、社会化服务为支撑的立体式、复合型现代农业经营体系，农业适度规模经营比重超过75%，建立起覆盖全市的农村土地流转交易服务体系。

第二章
改革开放取得重大突破

改革开放是永恒的发展动力，党的十一届三中全会以后，经历40年改革开放，青岛市围绕改革开放、创新引领，推动体制机制变革，优化城市空间布局，实施重大战略举措，青岛市经济和社会发展日新月异。特别是党的十八大、十九大以来，以习近平同志为核心的党中央进一步加大了改革开放力度，使青岛市的城市面貌、经济实力、综合实力、科技实力发展了翻天覆地的变化。

第一节　全面推进改革　完善市场经济体制

党的十一届三中全会以后，按照党中央、国务院关于改革、开放、搞活的方针政策，青岛市对原有的经济体制进行了一系列改革试验。

一、青岛农村实行“大包干”

1984年以前，改革的重点在农村。通过实行家庭联产承包责任制，提高农副产品价格，调整农村产业结构，政社分开、恢复乡村政权组织等措施，农村经济逐步进入了计划商品经济的轨道。20世纪80年代初，青岛市农村改革实行了家庭联产承包责任制（也叫“大包干”），农户直接承担起每份承包土地应向国家交纳的税收和收购任务，并向集体组织交纳土地的承包费。“大包干”破除了在农业生产中滋生平均主义“大锅饭”的集体劳动、统一核算和统一分配的体制，使农户的经营自主权得到了充分的保障，调动了广大农民的生产积极性。

二、城市经济体制改革

围绕扩大企业自主权，青岛市城区进行了一些局部的探索试验。1984年10月党的十二届三中全会召开以后，青岛市改革的重点从农村转到城市。青岛市积极贯彻《中共中央关于经济体制改革的决定》，以城市为重点的经济体制改革全面展开。青岛市委、市政府先后制定了简政放权，搞活企业，促进横向经济联合，鼓励出口创汇等一系列政策规定，对财政、税收、金融、物价、劳动人事等方面的管理体制进行了配套改革，并取得了重要进展。1984年、1985年，青岛市委、市政府根据国务院和山东省扩大企业自主权的有关规定，采取了简政放权的措施，先后制定了搞活国营企业、城镇集体企业和乡镇企业的具体政策。1987年，全市国营企业全面推行了厂长（经理）负责制。1992年，围绕搞好国有大中型企业，把企业推向市场这一要求，青岛市采取了一系列措施。一是认真组织“双自”（自主经营、自负盈亏）、“三旷”（劳动、工资和社会保险三项制度改革）、“四放开”（经营、价格、用工、分配放开）试点。二是以发展企业集团、实施企业兼并为主要形式，优化企业组织结构。

三是贯彻实施《全民所有制工业企业转换经营机制条例》。按照中共十五大提出的“三年两个目标”（力争在1998—2000年，实现大多数国有大中型骨干企业建立现代企业制度、大多数国有企业走出困境）的要求，1999年初，青岛市有关部门制定了《关于我市50户国有大中型骨干企业进行公司制改造和规范的实施意见》。截至2000年末，基本完成了改制任务。

三、青岛被列入14个沿海开放城市

1984年5月4日，中共中央国务院批转《沿海部分城市座谈会纪要》，正式决定进一步开放包括青岛在内的14个沿海港口城市。作为中国对外开放的重要城市，14个沿海开放城市与4个经济特区在中国沿海从北到南形成了对外开放的前沿地带。

四、青岛建立经济技术开发区和保税区

青岛市被列入14个沿海开放城市之后，市委制定了《青岛经济技术开发区建设总体规划方案》，决定兴办青岛经济技术开发区。1984年10月20日，国务院批准青岛市兴办经济技术开发区的规划方案。该区设在黄岛区薛家岛镇，规划面积15平方公里，位于薛家岛镇以西，灵山卫镇以东，北临黄岛前湾，南望唐岛湾。1992年4月，青岛经济技术开发区扩大到黄岛全区，两区体制合一，区域范围为152平方公里。1992年11月19日，国务院批准建立青岛保税区。该区在黄岛区（青岛经济技术开发区）内，紧靠前湾港，是一个封闭式的综合性对外开放区，是豁免关税区。规划面积2.5平方公里，主要设有贸易、金融、仓储和加工等4大功能区。

五、青岛被列为国家计划单列市

1986年10月23日，国务院决定在国家计划中对青岛市实行单列，赋予相当于省一级的经济管理权限，并同意在青岛市进行经济体制综合改革试点。计划单列内容主要是工农业生产、交通运输、邮电、固定资产投资、主要商品购销和分配调拨，能源及主要物资分配调拨、外贸进出口、地方定额外汇、劳动工资、财政信贷、科学技术以及各项社会发展计划指标等。这对增强青岛作为沿海开放中心城市的地位，促进经济发展和综合改革的进行，产生了重要影响。

六、青岛行政区划的调整

通过青岛市行政区划调整，区域面积从不足1000平方公里到现在的超过10000平方公里，从狭窄的南北带状发展，到“全域统筹、三城联动”，再到“三湾三城”，改革开放40年，历经四轮大的区划调整，大青岛格局跃然而出，青岛的城市功能和辐射能力得到逐步完善和强化。1949年，青岛全市面积仅有210.65平方公里，和现在青岛市南、市北、李沧三个区加起来的面积相当。之后经过几次调整，面积有所扩大，至1961年达950平方公里后，至1978年一直保持稳定。1978年11月，烟台地区的即墨县、昌潍地区的胶南县及胶县的大部分划归青岛市管辖，青岛全市总面积约为6000平方公里。1983年10月1日，潍坊地区所属的平度县和烟台地区所属的莱西县划归青岛市管辖。至此，我们现在所熟悉的大青岛格局初步形成，全市区划由此分为：市南、市北、四方、沧口、黄岛五区及崂山、即墨、胶县、胶南、莱西、平度六县，全市总面积达到10654.1平方公里。1987—1990年，青岛开始撤县划区。1987年2月撤销胶县设立胶州市；1988年11月撤销崂山县设立崂山区；1989年7月撤销平度县设立平度市、撤销即墨县设立即墨市；1990年12月撤销胶南县设立胶南市、撤销莱西县设立莱西市。至此，青岛市所辖六个县全部撤县设市（县级），成为全国第一个二级城市群。1994年重点调整城区区划，青岛市区级建制为：市南区、市北区、四方区、李沧区、崂山区、城阳区、黄岛区，市区总面积达到1316.27平方公里，总人口为2121021人。调整后的区划为七区五市。2012年12月1日，青岛市再次经历区划大调整：撤销市北区、四方区，设立新的市北区，以原市北区、四方区的行政区域为新的市北区的行政区域；撤销黄岛区、胶南市，设立新的黄岛区，以原黄岛区、胶南市的行政区域为新的黄岛区的行政区域。黄岛区和胶南市合并后的新黄岛区，在2014年6月3日，成为第九个获批的国家级新区。2017年10月30日，即墨区正式挂牌。撤市设区，自此即墨进入一个崭新的时代。即墨撤市设区后，青岛市行政区划由六区四市变为七区三市，青岛市区面积达到5214平方公里，青岛城区常住人口增加至611万，从此跻身“特大城市”行列。

七、青岛全面推行公务员制度

青岛是推行公务员制度起步较早的城市之一，一部分县乡1993年底就开始实施，1995年9月在全市铺开。在此之前，青岛市、区机关实有人数1.19万人，在新的职能配置中，撤销了43个处室，400多人分流出机关；上自市政府组成人员以外的局以上领导，下至普通机关工作人员，全部参加考试。同时，加强公务员队伍的后续管理工作，实施了公务员职位轮换制度。

八、全面深化改革深入推进

党的十八届三中全会之后，中共青岛市委出台了《关于贯彻落实党的十八届三中全会精神的意见》，成立市委全面深化改革领导小组，绘就了青岛市全面深化改革的宏伟蓝图，奠定了坚实的领导和组织基础。2014年，青岛市出台了104项改革方案或举措。2015年，青岛市确定改革举措255项，落实中央和省委改革要点129项。2016年，各领域改革再提速，确定改革举措345项，一大批改革方案陆续出台，配套推进。

第二节　坚持创新引领　保持发展持续动力

“十二五”期间，青岛市深入贯彻落实创新驱动发展战略，以加快科技成果转化为主线，以深化科技改革为动力，不断集聚各类创新要素，推动以科技创新为核心的全面创新，破除一切制约创新的思想障碍和制度藩篱，激发了全社会的创新活力和创造潜能，加快汇聚起经济社会发展的强大新动能。

一、实施创新驱动发展战略，打造东部沿海重要的创新中心

2015年6月，市委市政府出台了《关于大力实施创新驱动发展战略的意见》，制定36条举措全力打造“创新之城、创业之都、创客之岛”。同时，改革科技创新管理体制机制，成立全市科技创新委员会和办公室，加强科技创新的统筹协调。2016年，青岛市科技创新委员会发布《青岛市十大科技创新中心建设总体方案》，标志着青岛市十大科技创新中心建设正

式启动。十大科技创新中心具体包括：海洋科技创新中心、国家高速列车技术创新中心、橡胶材料与装备科技创新中心、智能制造科技创新中心、虚拟现实科技创新中心、科学仪器设备科技创新中心、新材料科技创新中心、生命健康科技创新中心、新一代信息技术科技创新中心、新能源汽车科技创新中心。

青岛积聚了“中科系”“高校系”“企业系”“国际系”等创新要素，搭建了“深海基地”“深海钻探基地”“海洋设备质检中心”等5家国字号创新平台，海洋国家实验室和国家高速列车技术创新中心成为具有全球影响力的重要创新平台，建成国家级创业孵化载体96个，通过“国际院士港”“院士智谷”“海洋人才港”等高端平台引进两院院士55人、“千人计划”专家153人和诺贝尔奖获得者1人。目前拥有各级企业重点实验室25家，其中国家级企业重点实验室7家，数量居计划单列市首位。2013年5月，青岛被科技部批准为12个“国家创新型试点城市”之一。加上之前获得的“国家技术创新工程试点城市”，青岛成为全国唯一的“双试点”城市。2017年，青岛市获批成为国家科技成果转移转化示范区、国家知识产权强市创建市。

二、实施科技型中小企业培育“千帆计划”

2015年青岛市人民政府公布关于实施“千帆计划”加快推进科技型中小企业发展的意见，之后迅速完成了千帆计划“1+8”配套政策体系建设，连续出台了《关于加快众创空间建设支持创客发展的实施意见》《关于深入推进科技创新发展的意见》等系列政策措施。2011年初，青岛市孵化器不足百万平方米，2012年，搭建创新创业的载体，启动千万平方米孵化器建设。截至2016年底，全市孵化器累计竣工面积1274万平方米，投入使用面积882万平方米，累计入驻企业7200家，在孵企业5000余家，毕业企业689家，入驻企业成功上市51家，300余家企业获高企认定。全市国家级创业孵化载体达到96家，总量居副省级城市首位。为推进创新创业资源聚集，2016年青岛市又启动了创新创业街区建设工程，截至目前已建成并投入运营的创业街区有12个。截至2017年底，青岛市累计入库“千帆”企业2461家，初步形成千帆竞发态势。截至2017年，青岛市累计认定各级孵化器、众创空间320家，国家级创业孵化载体达到129家，居副省级城市首位。其中，国家备案众创空间80家，国家级星创天地30家，国家级孵化器19家。孵化器累计入驻企业1.3万家，毕业740家，培育高企230家，上市（挂牌）116家，带动就业7.7万人。

三、打造国际先进的海洋发展中心

2011年1月4日，国务院批复《山东半岛蓝色经济区发展规划》，标志着全国海洋经济发展试点工作进入实施阶段，也标志着山东半岛蓝色经济区建设正式上升为国家战略，成为国家层面海洋发展战略和区域协调发展战略的重要组成部分。青岛作为山东半岛蓝色经济区的核心区，建设中国海洋经济科学发展先行区、山东半岛蓝色经济核心区、海洋自主研发和高端产业集聚区、海洋生态环境保护示范区。2014年6月，国务院批复在青岛西海岸设立第一个以海洋经济发展为主题的国家级新区——青岛西海岸新区，着力打造海洋科技自主创新领航区、深远海开发保障基地、军民融合创新示范区、海洋经济国际合作先导区、陆海统筹发展试验区。2012年3月，青岛市政府发布《青岛蓝色硅谷发展规划》。2014年10月，国家海洋技术转移中心在青岛高新区揭牌成立；12月，青岛市获得国家五部委联合批复，将建设国际海洋科技教育中心、国家海洋科技示范区、青岛滨海科技新城。至此，青岛成为国家海洋科技发展中心。

四、青岛市科技研发总体取得较大进展

一是科技研发投入不断增加。2012年，青岛全社会研发经费（R&D）投入190.45亿元。2015年，青岛研发经费投入达到263.7亿元，约增长38%。2016年，青岛研发经费预计占生产总值比重2.9%左右，超290亿元，比2012年上涨约100亿元。二是引进科技研发机构大幅度增加。2012年，青岛引进的国内外研发机构只有一家，而截至2016年底，青岛“十二五”以来累计引进的国内外科研院所已达35家。三是专利申请和授权显著增加。2012年，青岛发明专利申请12092件，发明专利授权1510件。截至2016年底，青岛发明专利申请34953件，发明专利授权6561件，发明专利授权量、有效发明专利、PCT国际专利申请量三个指标的增幅均居副省级城市第一名。2017年，青岛市有效发明专利21802件，增长19.2%。每万人有效发明专利拥有量23.75件，PCT国际专利申请761件。四是技术交易显著增加。2013年，建立青岛技术交易市场，以“市场配置科技资源、利益驱动创新产业”的理念为成果转化打通渠道，构建“政府、行业、中介机构、技术经纪人”四位一体的服务体系，形成“一厅一网一校一基金”的基本构架。青岛市技术合同交易额由2000年的4.06亿元增加到2017年的126.66亿元，年均增长22.43%。2017年涉海技术合同成交额14.99亿元，增长21.8%。五是技术创新型企业不断增加。2017年，国家知识产权示范企业7家，国家知识产权优势企业52家，国家技术创新示范企业13家，高新技术企业总数达到2039家。

第三节　推动发展战略　保持经济发展活力

任何一个城市的发展，尤其是城市巨变，都离不开重大战略举措。在青岛改革开放40年中，一系列重大战略举措成为青岛城市巨变和经济发展的重大动力引擎。概括起来，对青岛产生巨大推动力的重大战略举措主要有：

一、设立国家级经济技术开发区

1981年，经国务院批准在沿海开放城市建立经济技术开发区。伴随着中华大地改革开放的春风，1984年5月，中国正式决定开放青岛等14个沿海港口城市，并在这些城市先后建立了15个经济技术开发区。1984年10月，青岛经济技术开发区经国务院批准作为首批国家级开发区，选址在黄海之滨的胶州湾西岸，当时，在青岛开发区总规划控制面积276平方公里的土地上，拉开了青岛市改革发展的宏大序幕。20世纪末，开发区成为集国家级开发区、保税区和新技术产业开发试验区以及省级薛家岛旅游度假区于一体，国内投资环境最好、区位优势最强、经济社会发展最具活力的地区之一。

二、实施市区东部开发战略

1992年邓小平南方谈话后，青岛市委、市政府迅速作出反应。1992年4月，市委、市政府在《关于加快市区东部开发建设的决定》中提出：近期，确定用5年左右的时间，在市区东部西起山东路，东至燕儿岛路，北自闽江路，南到海岸，面积约1.5平方公里的范围内，建成一座现代化的新城区，建成一个新的市级政治、经贸、文化中心，并以此带动整个城市的建设和发展；远期，用十年的时间，把青岛建设成为以港口贸易为主要特色的国际城市。在城市发展布局上，坚持以老市区为依托，东部新城区和黄岛新经济区为两翼，五个县级市为卫星城市，整个沿黄流域经济区为腹地，建设“大青岛”城市群的建设思路。青岛市出让市委、市人大、市政协地处黄金地带的办公楼，实施行政中心战略东移，以东部开发为龙头，掀起了改革开放的第二次浪潮。1994年7月18日，青岛市市级机关办公楼正式启用，标志着市委、市政府东部开发战略取得阶段性成果。1992—1995年，青岛经济腾飞的最大引擎来青岛市区东部大开发战略，带动了青岛市区的迅速扩大和青岛经济的发展。

三、青岛市品牌战略的实践

1996—1999年，青岛经济腾飞的最大引擎有两个：一个是名牌战略，一个是集团战略。借此，青岛市形成了以“五朵金花”为代表的名牌企业，一批名牌企业集团也在此基础上崛起。青岛的品牌经济始于1984年，在经历1984年年开始的57个重点产品培育计划；1989年全国率先提出并实施了名牌战略，在全市范围内广泛开展了争创“青岛金花”产品的活动，明确提出“名牌就是资产”“名牌就是效益”的口号；1994年青岛市政府决定实施新一轮名牌战略，在全市工业系统开展了“培育名牌、发展名牌、宣传名牌、保护名牌”活动，制定了一系列配套措施，开始实施第二轮名牌产品培育发展滚动计划。1999年，青岛市政府决定实施新一轮名牌战略。在青岛市一系列名牌战略引导下，青岛市涌现出“五朵金花”等一批全国知名品牌。1996年以后，围绕名牌战略，青岛市重点推进了青岛啤酒、家电电子名牌产品和相关企业及产业的扩张，带动了青岛经济较快地发展。截至2017年末，青岛市拥有世界名牌2个，山东省服务名牌198个；中国名牌产品68种，山东名牌产品644种，青岛名牌产品773种。

四、青岛市企业集团发展战略

早在1993年，伴随着“五朵金花”等一批全国知名名牌的出现，青岛市开始实施以名牌企业为依托的集团战略，推动了一批知名工业企业的大规模扩张。主要措施有：一是大胆实施资本经营，保证名牌的规模优势；二是加大对名牌企业的技术改造；三是借助品牌优势，实施强强联合。青岛市政府通过资产划拨、联合、兼并等多种形式，先后组建了海尔、青岛啤酒、海信、双星、澳柯玛等名牌大型企业集团。“九五”以来，海尔、青岛啤酒、海信、双星、澳柯玛等企业，充分依靠名牌、技术和管理优势，实施资产重组和资本经营，实现了品牌和经济规模的联动。

五、青岛市工业园区发展战略

1999年12月，青岛市提出了工业园区发展战略，通过“以企业为主体、项目为载体”的工业园规划思路，坚持以“现代生态工业园指标体系”为标准，走“新产品、新机制、新形象、高效益”的“三新一高”发展道路，不仅改善了全市的工业布局，还推动了工业产业结构调整。2000年正式实施，优先发展海尔信息、海信信息、国风药业、青岛啤酒等十大工业园区，规划发展一批新的工业园，以园区建设带动企业生产组织、信息化管理等工作再上新台阶。引导品牌企业向“七个一”的要求努力，即具备“一个国家级质量管理奖、一个全国驰名商标、一个上市公司、一个国家级技术创新中心、一个现代化工业园区、一个规范的法人治理结构、一个与之合作的国际大公司”，实现产品名牌到名牌园区的跨越，带动了青岛工业经济的飞速发展。

六、青岛市经济重心西移战略

2001年，青岛市委、市政府实施“挺进西海岸，构建青岛经济发展重心”的战略决策（简称“青岛经济重心西移战略”）。其后五年，西海岸各项主要指标均保持年均30%以上的增长速度。对于青岛而言，西海岸的开发和利用就像当年上海开发浦东一样意义重大，为城市经济的腾飞提供了广阔的发展空间和强大的发展后劲。2002年，青岛港配合市政府的“西移”，实施了集装箱运输业务向开发区内的前湾港转移的战略。按照计划，当年青岛港集装箱运输50余条外贸线全部转移至前湾港区。“西移”使开发区的地缘优势更加突出。实施“西移”战略以来，前湾港成为著名的“万国码头”。

七、青岛市招商引资发展战略

1999年以后，亚洲金融危机的影响逐渐消失，青岛市抓住机遇，实行大项目战略，加强对世界500强企业的招商，开创了利用外资的新局面。2000年青岛市实际利用外资突破10亿美元大关，达到12.82亿美元；2002年突破20亿美元大关，达到23.78亿美元；2004年突破30亿美元大关，达到38亿美元，位居全国第三。在青岛投资排位前五位的国家和地区分别是：韩国、中国香港特别行政区、日本、美国、中国台湾地区。青岛利用外资出现爆发式增长的年份是2000—2004年，1995—1999年实际利用外资在7—9亿美元徘徊。截至2004年，青岛市利用外资38亿美元，而同年大连利用外资22亿美元。这几年，青岛大规模引进外资，为经济发展提供了强有力的支撑。

八、大项目发展战略

2005—2008年，青岛经济发展的新动力、新引擎是：大项目战略和产业集群战略。青岛市的基本思路是：一个大项目可以带动一个产业，连起一条产业链，形成一片产业群，打造一个产业基地。青岛提出了“大项目—产业链—产业集群—产业基地”的发展之路。青岛市以积极推进大项目建设为手段，致力于产业结构的调整升级，陆续上马了一批符合国家产业主导方向的大项目，推动青岛经济持续增长。

九、产业集群发展战略

2003年，青岛市委、市政府因势利导制定了《鼓励大企业集群发展的政策》，出台了22条扶持政策和措施，鼓励大企业加大投入力度，积极开发核心技术，向产业价值链的高端迈进，向上下游产业延伸。石化、汽车、造船、电子、家电、港口六大产业集群基本形成规模。

十、老城区企业搬迁战略

2008年10月，青岛市启动老城区110家老企业搬迁计划。在搬迁的同时，青岛设立工业聚集区，使老企业向聚集区集中，推动产业升级。目前，青岛归并了55个工业聚集区，聚集区内的企业的工业产值占青岛市工业总产值的60%。青岛启动搬迁的百户企业，全部投产后将拉动县域工业总产值增加1000亿元以上。搬迁完成后，预计可使县域工业产值的比重在全市上升了13个百分点，新增就业人员4.8万。2007年以后，青岛市陆续推出了“环湾保护、拥湾发展”战略、“蓝色经济区”战略、全域统筹发展战略、创新驱动发展战略等，这些战略的实施推动了青岛经济持续健康地发展。

十一、实施军民融合发展战略

实施军民融合发展战略，创建国家级军民融合创新示范区，这是青岛发展的重大动力引擎。2014年，青岛西海岸新区获得批准，创新军民融合体制机制，建设军民融合创新示范区，是国务院批复的青岛西海岸新区五大定位（海洋科技自主创新领航区、深远海开发战略保障基地、军民融合创新示范区、海洋经济国际合作先导区、陆海统筹发展试验区）之一，新区承接着军民融合创新示范区建设的重任。

自2013年市委、市政府决策启动古镇口军民融合创新示范区开发建设以来，示范区全力推进20平方公里启动区开发建设，在示范区报批、规划编制、项目引进、基础设施建设、军港后勤保障社会化等方面均取得较大成效。示范区总体空间布局围绕“一山一湾”展开，规划“一城三镇两园区”。示范区深入贯彻中共中央总书记、国家主席习近平关于军民融合深度发展系列重要讲话精神，着力推进思想融合、科技融合、产业融合、人才融合“四个融合”，建设了自热、生态与人工景观相结合，独具军事文化特色的国内首个海军公园，加快形成全要素、多领域、高效益的军民融合深度发展格局。国内首个军民融合发展创新高地、军队社会化保障示范区、海陆统筹的特色海军城，正在西海岸新区集聚成型。示范区启动建设以来，以军民融合国家战略为指导，以军港保障需求为牵引，配合军队改革，大力推进部队保障社会化，全面提升舰船装备、协同研发和产业发展水平，加快形成全要素、多领域、高效益的军民深度融合发展格局，打造担负国家使命任务、适应战区海上方向军事斗争准备要求的军民深度融合发展样板。示范区以青岛市全域资源为依托，主动承担国家一带一路战略、海洋强国战略、军民融合发展战略和创新驱动战略，创造性地规划建设军民融合产业发展、装备技术保障、军地人才培养和军队社会化保障四大中心，产业发展向“蓝高新”全方位提升，装备技术保障向“海陆空”全要素拓展，人才保障向“军地校”高层次迈进，军队社会化保障向“军政企”多领域覆盖，示范区面貌日新月异。

2018年7月26日，全市重点工作会议提出，要积极探索可复制可推广的经验模式，以制度创新为重点，强化示范引领，打造好军民融合深度发展的试验田，努力趟出一条具有山东和青岛特色、能为全国军民融合发展提供示范借鉴的路子，加快推进军民融合创新示范区建设。

2018年9月，青岛市委、市政府为深入学习贯彻习近平新时代中国特色社会主义思想和党的十九大精神，全面落实国务院批复的《山东新旧动能转换综合试验区建设总体方案》和《中共山东省委、山东省人民政府关于推进新旧动能转换重大工程的实施意见》《山东省新旧动能转换重大工程实施规划》，组织实施好《青岛市新旧动能转换重大工程实施规划》，充分发挥各级各部门各单位的积极性、主动性、创造性，当好全省新旧动能转换重大工程的排头兵、驱动器，率先全面实现高质量发展，印发了《关于推进新旧动能转换重大工程的实施意见》(简称《意见》)。《意见》指出，深入实施军民融合发展战略，突出“一核引领、多区联动、全省协同”功能布局，以制度创新为重点任务，以破解影响和制约军民融合发展的体制性障碍、结构性矛盾、政策性问题为主攻方向，着力在体制机制创新、政策制度创新、发展模式创新等方面树立标杆，打造军民融合深度发展的“试验田”。完善军地联系制度，打造常态化沟通平台，建立高效顺畅的军地沟通协调机制。统筹军地共用重大基础设施规划建设，制定重大基础设施建设贯彻国防要求保障管理办法，构建母港型基础设施支撑体系。创新军地人才联培联训、互认共用模式，构建通用型军地人才培养机制。建立平台型军地科技共兴机制，建设军民两用技术交易中心。深化军队保障社会化改革，建设综合型社会化保障体系。突出平战结合，构建高效型应急应战国防动员机制。发展舰船海工研发与配套服务等军民融合产业，打造一批具有全球竞争力的涉海涉军产业集群和大企业集团，创建国家军民融合产业标准化示范城市。建立军民融合统计评价指标体系。到2022年，建成3—5个具有影响力的军民融合产业园区，军民融合高端研发机构达到35家，军队生活保障社会化率在95%以上，军民融合产业产值突破千亿元。

第四节　优化空间布局　勾画湾区城市格局

自1910年起，青岛市就确定了沿胶州湾东海岸由南向北带状发展的城市空间格局。青岛解放后至1989年，青岛的城市发展都没有脱离这一城市形态。1988年开始，青岛市不断优化城市空间布局，青岛城市空间结构由“点一线一面”不断优化，最终形成“三湾三城”轴带展开的组团式海湾型城市空间格局。

一、1988年以前，老城区带状城市空间结构

较青岛解放前而言，1988年以前的青岛市变化并不大，城市结构为“南、中、北三个组团式城市”发展。南组团、中组团、北组团，各有中心，以城市干道贯通，既相互独立，又互有联系，并以南组团海泊河以南地区为城市主中心。各组团内部功能分区比较明确，交通比较便捷，中间有大片的绿地隔开，借以净化空气，但城市总体布局仍呈带状分布。

二、1989年，布局环胶州湾态势的大青岛结构雏形

青岛市委、市政府于1989年对原城市总体规划进行了调整和补充，基本构架呈现环胶州湾态势的大青岛结构雏形；城市用地和人口规模容量也做了相应调整，城市用地规模达292.5平方千米，城市规划区达1526平方千米；初步确立了“一个中心、一个城市环、一个卫星城市群”的城市发展新格局，即逐步形成以老市区、崂山区、黄岛城区构成的中心城市与沿胶州湾近郊城镇形成的城市环及远郊的卫星城市群的城市布局。

三、1995年，围绕胶州湾开始形成“两点一环”发展态势

1995年的青岛城市总体规划确定，城市总体布局结构以胶州湾东岸为主城、西岸为辅城、环胶州湾沿线为发展组团，形成“两点一环”的发展态势。青岛市将主城和辅城规划为城市相对集中发展的区域，把环胶州湾的六个发展组团规划为城市适度分散发展的区域，形成“相对集中与适度分散”相结合的城市组织结构关系。

四、2002年开始，布局“三岛一湾”的“品”字形框架

2002年8月，青岛市委、市政府就青岛城市大框架和黄岛在其中的地位等问题明确指出，青岛发展的大框架有两步：第一步是完成以青岛、黄岛、红岛这三岛沿胶州湾形成“三岛一湾”的“品”字形框架构筑；第二步是自胶南的琅琊台一带起，经过海湾大桥，再通过崂山，延伸到即墨的田横岛，形成一条300多公里的青岛滨海交通大道。预期目标是：黄岛率先发展，而后与青岛共同带动红岛发展，形成核心区的“三岛一湾”布局，进而以此为核心，带动这300多公里的地区城市形成滨海卫星城市群。

五、2007年，打造“一主三辅多组团”环湾格局

2007年11月，青岛市委第十届第二次全会明确提出：“环湾保护、拥湾发展战略”，以青岛中心城区为主城，崂山、黄岛、红岛为辅城，周边拱卫多个各具特色组团的“一主三辅多组团”大城市框架，以及“依托主城、拥湾发展、组团布局、轴向辐射”的市域城市空间布局发展战略。“环湾保护、拥湾发展战略”，就是以胶州湾生态保护为核心，积极提升中心城区的辐射带动能力，促进胶州湾区域各城市组团间的联系协作，科学引导城市空间拓展，推动区域基础设施网络化与城市空间一体化发展，将环胶州湾区域规划建设成以轴向发展、圈层放射、生态相间为空间结构的国际化、生态型、花园式的环湾城市组群。

六、2012年，提出“三城联动、轴带展开、组团发展”城市新格局

2012年，青岛市第十一次党代会提出“全域统筹、三城联动、轴带展开、生态间隔、组团发展”的空间发展战略，拉开构建城市空间发展大框架的序幕，加快建设组团式、生态化的海湾型大都市。“全域统筹”，是指在全市11282平方公里的土地上，规划形成一个围绕胶州湾的中心城市、外围组团、重点镇和一般镇所构成的结构清晰、层次分明、职能明确、布局合理的新型城镇体系，实现全域融合发展。“三城联动”，就是以胶州湾为核心，东岸老城区重在做优做美，西岸城区重在做大做强，北岸城区重在做高做新，建设东岸、西岸、北岸三大主城区，形成功能互补、相互依托、各具特色的大青岛的核心区域。“轴带展开”，就是以主城区为核心，以骨干复合交通廊道为依托，沿“一轴三带”向纵深拓展，带动城市组团及县域发展，同时向周边辐射。“一轴”，即以青岛的母亲河——大沽河为生态中轴。“三带”，指滨海蓝色经济发展带、烟威青综合发展带和济潍青综合发展带。“生态间隔”，就是以山体、海湾、河流、湿地、滩涂、林带和各类自然保护区为生态屏障，加快构建支撑青岛永续发展的生态安全格局。“组团发展”，就是立足青岛全域，依托大沽河生态中轴和城市发展带，形成多个与中心城区优势互补、规模适度的城市组团。稳步推进鳌山湾新城组团向海洋科技滨海新城迈进，加快建设董家口港城组团，高标准打造空港新城组团。

七、2017年，提出“三带一轴、三湾三城、组团式”的城市空间布局

2017年，青岛市第十二次党代会提出，传承全域统筹的城市空间规划布局，严格落实“七线”管控，深化“三带一轴、三湾三城、组团式”的城市空间布局，构建覆盖全域、面向未来的城市群主体形态。提升城市功能品质，建设国际湾区都会。“三带一轴”，即辐射山东、服务海洋强国的滨海海洋特色发展带，面向东北亚、融入“一带一路”的烟威青协同发展带，联通欧亚、辐射沿黄流域的济潍青协同发展带和贯穿青岛南北、带动城乡一体化的大沽河生态中轴。“三湾三城”，即构筑“中心湾区、西部湾区、东部湾区”海湾型城市新格局。中心湾区，以胶州湾群为依托打造中心城区，优化城市功能，集聚高端要素，延续历史文脉，彰显“红瓦绿树、碧海蓝天”的城市风貌。西部湾区，以灵山湾群为依托打造西部湾城，建设董家口港城和古镇口军民融合创新示范区，打造海洋强国战略支点。东部湾区，以鳌山湾群为依托打造东部湾城，建设世界知名、以海洋教育科技为特色的“中国蓝谷”。“组团式”，即加快推进新型城镇化，完善形成“中心城区—次中心城市—特色镇（街道）—城乡社区”城镇体系。

第五节　扩大对外开放　打造国际城市框架

青岛市发展对外开放的条件得天独厚。青岛口岸历史悠久，对外商事往来较多。新中国成立后，国家重视发挥青岛作为重要外贸基地的作用，山东省外贸局及其各进口公司、山东商检局、青岛海关等机构和单位均设

在青岛。1984年，经国务院批准，青岛市被确定为全国14个首批沿海开放城市之一。从1984年开始进一步实行对外开放以来，青岛市对外经济贸易进展迅速，开放型经济实现了跨越式发展，城市对外开放水平、经济现代化水平和国际化程度大幅提升。

一、贸易进出口跨越发展向国际贸易中心城市发展

青岛市进出口贸易从80年代初开始经历了较长时期的高速增长，跨上了几个大台阶。1993年，青岛市进出口贸易总额突破10亿美元大关，达到13.9亿美元；2000年，突破100亿美元大关，达到108.3亿美元；2008年突破500亿美元大关，达到521.6亿美元；2011年，超过700亿美元，达到712.6亿美元。2011—2017年，青岛市的进出口贸易总额经历了7年盘整时期。2017年，全市实现外贸货物进出口总额5033.5亿元，增长15.7%。其中，外贸货物出口额3031.8亿元，增长7.5%；外贸货物进口额2001.7亿元，增长30.8%。对“一带一路”沿线国家市场进出口总额2485.3亿元，增长11.2%。其中，出口额1601.1亿元，增长6.8%；进口额884.2亿元，增长20.1%。全市跨境电商进出口总额241.3亿元，增长101.1%。

2013年，青岛市启动推进传统对外贸易向现代国际贸易转变，对外贸易转型升级实现新突破。2013年9月，青岛市人民政府办公厅发布《青岛市国际贸易中心城市建设纲要（2013—2020年）》（青政办发〔2013〕26号），创新实施“五大行动计划”，即电子商务引领发展、国际货物贸易提升发展、国际服务贸易跨越发展、国际转口贸易突破发展、国内外贸易融合发展，加快推进传统对外贸易向现代国际贸易转变步伐，为建设东北亚区域性国际贸易中心城市奠定坚实基础。

表2-1　　青岛市历年进出口贸易情况

单位：万美元、万元

年份	进出口总额（不含中央、省驻青公司）	比上年增长率	出口	比上年增长率	进口	比上年增长率
1988	28097		21731		6366	
1989	39327	39.97%	27797	27.91%	11530	81.12%
1990	41649	5.90%	33529	20.62%	8120	-29.58%
1991	54624	31.15%	44746	33.45%	9878	21.65%
1992	88600	62.20%	66291	48.15%	22309	125.85%
1993	139048	56.94%	100201	51.15%	38847	74.13%
1994	234978	68.99%	164135	63.81%	70843	82.36%
1995	376372	60.17%	245072	49.31%	131300	85.34%
1996	461950	22.74%	287123	17.16%	174827	33.15%
1997	521967	12.99%	338535	17.91%	183432	4.92%
1998	595826	14.15%	382657	13.03%	213169	16.21%
1999	775565	30.17%	446260	16.62%	329305	54.48%
2000	1083133	39.66%	611426	37.01%	471707	43.24%
2001	1235781	14.09%	712024	16.45%	523757	11.03%
2002	1409598	14.07%	850420	19.44%	559178	6.76%
2003	1784556	26.60%	1035528	21.77%	749028	33.95%
2004	2433188	36.35%	1391171	34.34%	1042017	39.12%
2005	3045542	25.17%	1758834	26.43%	1286708	23.48%
2006	3655737	20.04%	2164541	23.07%	1491196	15.89%
2007	4360499	19.28%	2677596	23.70%	1682903	12.86%
2008	5215886	19.62%	3146246	17.50%	2069640	22.98%
2009	4398639	-15.67%	2692197	-14.43%	1706442	-17.55%
2010	5614928	27.65%	3335141	23.88%	2279787	33.60%
2011	7126310	26.92%	4005572	20.10%	3120738	36.89%
2012	7320781	2.73%	4081968	1.91%	3238813	3.78%
2013	7791217	6.43%	4198605	2.86%	3592612	10.92%
2014	7988833	2.54%	4577696	9.03%	3411137	-5.05%
2015	7022243	-12.10%	4535015	-0.93%	2487228	-27.09%
2016	4350659	-0.2%	28219059	0.20%	15287600	-0.80%
2017	50335000	15.69%	3E+07	7.44%	20017000	30.94%

注：1988—2015年单位为万美元，2016年、2017年单位为人民币万元。

二、从“引进来”向“走出去”与“引进来”相结合

青岛市利用外资经历了起步阶段、高速波动发展阶段、持续高速增长阶段、回落下降调整阶段、恢复增长阶段，同时青岛对外投资近年开始迅速增长，国际双向投资合作取得新成效。

（一）起步阶段（1984—1991年）

1984年5月8日，青岛市第一个中外合资企业——华和国际租赁有限公司成立，拉开了外商投资企业入驻岛城的帷幕。1988年10月17日，青岛市批准第一家独资企业——青岛正大有限公司在青岛投资。这一阶段，国家和青岛制定了许多吸引外资的政策，利用外资遂年平稳增加。

（二）高速波动发展阶段（1992—1999年）

1992年，邓小平同志南方谈话的发表和青岛被确定为山东对外开放的“龙头”之后，青岛市调整并确定了“一园（高科技工业园）三区（经济技术开发区、保税区、旅游度假区）”“三线（沿济青、烟青、环海三条公路建设乡镇工业园区）”的对外开放格局。经山东省政府批准，在青岛市所辖的六个县级市（区）设立了六个省级开发区，随后青岛市又批准设立了40多个沿“三线”乡镇工业园。六个省级开发区和乡镇工业园成为利用外资的新载体。1992年8月，中韩建交，为青岛与韩国交往打开了便利之门。此前，青岛市贸促会先在城阳为韩菊胶带、荣山金属和托普顿电器三个韩国独资企业进行试点，仅用一周时间就办好了一切开工投产手续，被韩国新闻媒体广泛宣传，称青岛是中国投资环境最好的城市，在韩国产生了强

烈影响。于是，韩国企业在青岛的投资掀起了一个高潮，青岛也成为韩国在中国投资的热门城市和最集中的地区之一。这一阶段，虽然受东南亚金融危机及国内经济发展速度减缓的影响，外商直接投资也出现反复和波动，但是外商直接投资的整体情况较好，青岛市实际利用外资额基本实现稳步增长。1992年，青岛利用外商直接投资额突破2亿美元大关，达2.02亿美元；1992—1999年，累计外商投资项目6163个，合同外资额106.04亿美元，实际外资额50.24亿美元，分别占历年累计数的34.45%、23.9%和24.27%。

（三）持续高速增长阶段（2000—2004年）

2000年，为迎接经济全球化和加入世界贸易组织（WTO）的重大机遇和挑战，认真落实好省委、省政府提出的经济国际化战略，青岛市政府出台了《关于做好引进世界500强著名跨国公司工作的通知》，以兴办高新技术和资金密集型的大项目为重点，着力引进跨国公司特别是世界前500强企业来青岛投资。多渠道、多方式、多地域利用外资，构筑利用外资多元化格局。2000年，青岛利用外资额突破10亿美元大关，达13.08亿美元。2002年，是中国加入世界贸易组织的第一年，也是青岛市利用外资实现跨越式发展的一年。全市新批利用外资项目1832个，合同利用外资额55.2亿美元，实际利用外资额突破20亿美元大关，达23.8亿美元，分别增长45.9%、532%和48.7%。实际外资额约占全国实际外资额的5%，提前3年完成“十五”规划目标。2004年，青岛市实际利用外资额突破30亿美元大关，达37.99亿美元。这一阶段，累计外商投资项目8885个，合同外资额237.76亿美元，实际外资额118.15亿美元，分别占总数的49.66%、53.58%和57.08%；分别比上一阶段增长44.17%、124.21%和135.15%。

（四）回落下降调整阶段（2005—2009年）

2005年、2006年、2007年青岛利用外资经历高速增长后，进入停滞徘徊阶段，分别为36.56亿美元、36.58亿美元和38.07亿美元。2008年、2009年，受国际金融危机冲击，青岛利用外资额出现大幅度下降，分别为26.43亿美元和18.64亿美元，分别下降30.57%和29.47%。

（五）恢复增长阶段（2010—2017年）

针对前几年青岛对外招商投资过度依赖韩资出现的问题，开始调整招商引资区域和范围，招商引资来源国更加多元，青岛利用外资进入恢复增长阶段。2010年，青岛实际利用外资额又突破20亿美元大关，达28.38亿美元，增长52.26%。2012年，青岛实际利用外资额又创历史新高，达46亿美元，增长26.58%。2014年，青岛实际利用外资超过60亿美元，达60.8亿美元，增长10.14%。2017年，全市实际到账外资金额77.4亿美元，增长14%。目前，全市实际运营的外商投资企业近7000家，其中出口导向型企业3000余家，出口总额占全市比重超过1/3。

表2-2　　青岛市历年外商直接投资数据

单位：万美元

年份	青岛实际外资	增长率%	年份	青岛实际外资	增长率%
1984	54		1988	2765	97.50
1985	230	325.93	1989	5721	106.91
1986	1074	366.96	1990	4588	-19.80
1987	1400	30.35	1991	4647	1.29

（续表）

年份	青岛实际外资	增长率%	年份	青岛实际外资	增长率%
1992	20246	335.68	2005	365625	-3.76
1993	40004	97.59	2006	365815	0.05
1994	61142	52.84	2007	380652	4.06
1995	59308	-3.00	2008	264295	-30.57
1996	73587	24.08	2009	186397	-29.47
1997	83597	13.60	2010	283800	52.26
1998	72830	-12.88	2011	363400	28.05
1999	91742	25.97	2012	460000	26.58
2000	130797	42.57	2013	552000	20.00
2001	158094	20.87	2014	608000	10.14
2002	231214	46.25	2015	669000	10.00
2003	281480	21.74	2016	700000	9.80
2004	379917	34.97	2017	774000	14.00

（六）国际双向投资合作取得新成效

青岛坚决摒弃了内外各自为战、相互割裂的传统做法，转向了内外统筹、融合互动的全新路径。在这条全新道路上，青岛更加注重“走出去”在对外开放中的引领作用，全力构建“走出去”与“引进来”相结合，外贸、外资、外经、外包联动发展，“稳外需”与“扩内需”融合发展的开放型经济发展新体制。近年来，青岛市对外投资额开始迅速增长。2017年，青岛市新增备案对外投资项目156个，协议投资额64.3亿美元，新增实际投资额10.2亿美元，占全省的18.2%。2017年，青岛市对“一带一路”沿线国家和地区投资项目68个，协议投资额21.9亿美元。全市对外承包工程业务新承揽项目120个，新签合同额44.1亿美元，增长18.3%，占全省的34%；完成营业额38.2亿美元，增长4.9%，占全省的32.5%。全市对外劳务合作业务派出各类劳务人员18294人，占全省的25.6%。截至2017

年底，全市累计对外投资项目1542个、投资总额达295.5亿美元，涉及全球99个国家和地区。“海外青岛”的快速发展强力拉动了外贸的发展。其中，“‘青建+’走出去融合发展”模式带动了成套装备、工程设计、运营管理等的出口；家电电子、纺织服装等优势企业“走出去”建设境外生产基地和加工装配基地，显著带动产业链配套产品出口；远洋渔业、矿产能源、农业、林业等境外资源开发与合作，扩大了大宗商品和原材料的回运进口。

三、全面融入国家“一带一路”和自贸区战略，全球开放布局取得新进展

（一）着力打造“一带一路”开放合作平台

2015年，青岛与上海合作组织实业家委员会协商共建欧亚经贸合作产业园区，共同打造“一带一路”地方经贸创新型平台园区，成为商务部批准的目前唯一横跨欧亚大陆、境内外双向互动的经贸园区。这一园区以“物流先导、跨境合作、贸易引领、产能合作”为特色。境内，在国家级胶州经济技术开发区设立贸易物流先导区；境外，与沿线国家共商共建产业合作区和装配加工基地。目前，境内先导区已吸引21个项目，总投资额达238亿元，境外园区同样进展顺利。

（二）着力推进“一带一路”国际产能合作

青岛以重点海外项目为抓手，重点推动家电、轮胎、有色金属、纺织、机械等优势产能对外投资合作，目前，已经建立总投资额200亿美元的经贸合作重点项目库。其中，海尔集团在俄罗斯扩建了冰箱、洗衣机生

产线，在印度启动了白电扩产；海信集团启动墨西哥工厂和南非工业园二期扩建工作。以境外合作区为支撑，培育优势产能境外集聚区。目前，全市7个境外合作区建设顺利推进，其中海尔鲁巴经济区、海信南非工业园等5个境外合作区纳入2017年商务部重点境外合作区，累计吸引入区企业16家。

（三）着力加快实施自贸区战略，促进地方经贸合作

在全国率先建立国家自贸区战略地方经贸合作机制，重点建立对外谈判数据调研、政策培训、效果评价、创新试验研究、交流合作活动等5大基地，商务部将胶州多式联运互联互通综合贸易枢纽项目列入中日韩自贸协定谈判议题。青岛市企业对自贸协定利用率大幅提升，享受关税优惠超过1.9亿美元。积极复制推广中国（上海）自由贸易试验区可复制改革试点经验，完成34项试点经验的复制推广工作，启动在青岛前湾保税港区建立自贸试验区的申报工作。2015年，全市对自贸区市场出口额增长1.4%。如今，“一带一路”沿线国家和地区正在成为青岛提升对外开放水平的重要载体。贸易方面，2017年全市对“一带一路”沿线国家进出口总额增加到2485.27亿元，增长11.2%，占全市比重上升到49.4%；投资方面，2017年全市对“一带一路”沿线国家投资额达到21.9亿美元，同比增长14%，占全市比重提高到34.06%。

四、创新国际经济合作，推动国际城市建设

2014年，青岛市成功承办亚太经合组织（APEC）贸易部长会议和第二次高官会，创下青岛市承办国际会议规模最大、参会人员最多、会期最长

的“三项之最”。积极推进国际经济合作，先后与韩国釜山、大田，日本京都、川崎，美国旧金山、芝加哥等30个境外主要经贸城市建立经济合作伙伴城市（省州）关系，成功举办2014年经济合作伙伴城市圆桌会议，分别在新加坡、韩国、德国、美国等国家建立境外青岛工商中心，开展双向经贸合作交流与促进工作。积极推动建立地方经贸合作机制，自2013年起，商务部先后批准青岛市列入首批中国省与美国加州贸易投资合作联合工作组、中国市与美国芝加哥市贸易投资合作联合工作组和中英地方合作联合工作组首批成员。

2016年，以开放发展理念为引领，实施国际城市战略。青岛市委、市政府发布了《青岛市落实开放发展理念推进国际城市战略实施纲要》（青发〔2016〕9号）、《青岛市推进“国际化+”行动计划（2016—2017年）》（青办发〔2016〕31号），充分发挥市国际城市战略推进委员会工作机制的作用，全面提升开放型经济在国际城市建设中的重要作用，坚持开放发展，加快实施国际城市战略，对标国际先进城市，强化城市国际竞争新优势，积极融入全球经济，全面提升开放型经济发展水平。截至2017年底，青岛与全球215个国家和地区有贸易往来，与全球69个城市缔结为友好城市或友好合作关系城市；累计实际利用外资额超过600亿美元，有126家境外世界500强企业在青岛投资248个项目；累计对外投资项目1542个，投资总额达到295.5亿美元，涉及全球99个国家和地区；青岛港与180个国家和地区的700多个港口保持贸易联系，青岛空中航线达到186条。2018年6月，2018上合组织峰会在青岛举办。这是党的十九大胜利召开后，中国举办的又一场重要主场多边外交活动，也是上海合作组织扩员后的首次峰会，对于全面贯彻落实习近平新时代中国特色社会主义思想、开辟新时代中国特色大国外交新境界具有重大意义。扩员后的上合组织将重温“互信、互利、平等、协商、尊重多样文明、谋求共同发展”的“上海精神”，增进成员之间的互信与团结，开启上合组织发展壮大的新征程。青岛峰会成为上合组织发展进程中一座新的里程碑，开启这一新型区域组织的新时代。2017年，青岛市印发实施《关于建立现代国际贸易运行体系的意见》，在全国率先建立起涵盖货物进出口额、服务进出口额和境外投资贸易营销额的“三位一体”现代国际贸易运行体系，开创了国际贸易管理的新时代，有力地推动了货物贸易与服务贸易融合发展、双向投资贸易协调联动发展，积蓄了对外开放发展势能。2016年，青岛改革招商管理体制，整合全市力量，形成招商合力；同时，加快推动招商引资理念由政策优惠型、政府招商型为主的二元化传统招商模式，向环境优化型、资本运作型的现代产业招商创新模式提升，加快建立新型现代产业招商政策体系。

第三章
民主法治建设迈出重大步伐

第一节　依法履职　开创人大工作新局面

人民代表大会制度是我国的根本政治制度，是人民当家作主的重要制度保证。改革开放以来，随着中国改革开放的历程不断推进，青岛市的人大工作取得显著成绩。人大制度在坚持中完善，在改革中发展，彰显了无比的优越性和强大的生命力，开创了工作的新局面。回顾40年的历程，青岛市人大工作的开展有以下几个显著特点：

一、坚持党的领导，牢牢把握正确的政治方向

历届市人大及其常委会坚持以马列主义、毛泽东思想、邓小平理论和“三个代表”重要思想为指导，深入贯彻落实科学发展观，认真领会习近平新时代中国特色社会主义思想。在中共青岛市委的正确领导下，紧紧围绕全市改革发展稳定大局，解放思想、实事求是、与时俱进、开拓创新，认真行使宪法和法律赋予的各项职权，充分发挥地方国家权力

机关的职能作用，积极推进社会主义民主法制建设。对于人大工作中的重大问题，人大常委会党组坚持及时向市委请示报告。通过人大工作，党的主张经过法定程序成为国家意志，党组织推荐的人选经过法定程序成为国家机构领导人员。自觉维护党总揽全局、协调各方的领导核心作用，把各项工作置于市委的统一领导下，从制度和法律上保证党的路线方针政策的贯彻落实。

二、加强立法工作，推进科学民主立法

1986年12月，青岛市人大及其常委会依法享有了地方立法权，制定地方性法规成为市人大及其常委会的一项重要职权。30多年来，青岛市人大及其常委会勇于尝试，立足本地的社会发展需要，积极探索地方立法先行先试；先后制定了一批高水平、高质量的地方性法规，有多项立法都居于全国领先水平，并形成了独具特色的地方立法“青岛模式”。其中，2010年制定的《青岛市新型农村合作医疗条例》为所有农村居民充分享有合作医疗提供法制保障，是中国首部规范新型农村合作医疗的地方性法规。2012年制定的《青岛市金融发展促进条例》，对推动经济社会发展起到积极作用。2013年制定的《青岛市国有土地上房屋征收与补偿条例》，是全国首部关于房屋征收与补偿的地方性法规。2016年制定的《青岛市商品流通市场建设与管理条例》，完成了国家赋予青岛市的立法试点任务，为内贸流通体制改革立法提供了实践经验。此外，制定修订的《青岛市建设工程材料管理条例》《青岛市价格条例》《青岛市审计监督条例》《青岛市政府预算绩效管理条例》《青岛市税收征收协助条例》，充分发挥了立法对改革发展的引领和推动作用。截至2018年3月，青岛市现行有效的地方性法规

共有105部，涵盖经济、文化、环境、卫生、医疗、社会保障等各个领域，形成较为完善的法律制度体系，有力地支持和保障了青岛市各项事业的顺利开展，提升了青岛市的法治化水平。党的十八大以来，以习近平同志为核心的党中央对法治建设提出了一系列新的要求。其中“提高立法质量”成为新时期立法工作的重心。在新形势下，青岛市人大及其常委会紧紧围绕“提高立法质量这个关键”，深入推进科学立法、民主立法、依法立法，不断改进与完善立法工作机制，进一步提升地方立法的质量与水平。具体做法如下：

一是建立多元化的立法起草机制。近年来，市人大常委会多次委托律师事务所、科研院所等社会组织起草法规的代拟稿，在一定程度上纠正了法规起草环节的行政部门“一家之言”，对提高立法质量发挥了积极作用。

二是不断完善法规审议制度。对社会关注度高、意见分歧大的法规，青岛市人大常委会还安排多次或隔次审议，确保各方意见得到充分表达。例如，2011年制定的《青岛市城乡规划条例》(简称《条例》)，由于该条例事关青岛的统筹布局和长远发展，为保证对法规案的深入研究和充分审议，青岛市人大常委会在经过三次会议审议后才交付表决，以此来充分保证审议质量。

三是建立科学的立法评估制度。为保证法规的内容与社会的适应性，青岛市人大常委会积极开展法规实施效果的评价活动，对法规存在的问题进行及时修改。近几年，青岛市人大常委会先后开展了立法前和立法后评估活动，评估工作一直走在全国前列，并对立法评估实践经验进行及时总结，制定《青岛市人大常委会立法后评估暂行办法》，使评估活动有章可循。通过评估，青岛市立法工作达到科学立法目标。

四是积极探索公众参与立法的新途径。通过座谈会、听证会、论证会、问卷调查、网上征求意见等多种形式，公众的意见得以充分表达，广泛凝聚社会共识，使制定的法规真正体现民意、反映民意。

三、坚持问题导向，依法监督成效显著

青岛市人大及其常委会认真履行宪法和法律赋予的职权，不断加强和改进监督工作。为了提高监督实效，青岛市紧紧抓住经济社会发展中的重大问题、事关全局的重要工作和人民群众普遍关心的热点难点问题，及时开展工作监督和法律监督，有力地促进了“一府两院”依法行政、公正司法。改革开放以来，青岛市人大常委会先后听取和审议“一府两院”专项工作报告692项，对200多部法律法规实施情况进行了执法检查，推动了全市现代化建设和各项事业的发展。

从2006年开始，青岛市人大常委会依法制定了《关于执法检查的规定》《审议意见处理办法》《关于加强调研工作的意见》《关于组织青岛市人大各专门委员会和工作室参加市级财政专项资金项目评审监督的实施意见》《关于进一步加强规范性文件备案审查工作的意见》《关于市人大常委会行使监督职权情况向社会公开的试行办法》等一系列制度规章，使青岛市人大监督工作全面进入了法制化、规范化的轨道。这些政策规定的出台，确保监督工作有序开展、公正透明。

青岛人大常委在工作中不断创新监督手段和监督方式，成效显著。经过多年发展，青岛市现已形成执法检查、询问质询、述职评议、法院旁听、全口径预决算审查、实地调研等多种监督形式。丰富多样的监督手段

进一步提升了青岛市人大的监督力度，切实反映了人民群众的诉求。

四、行使重大事项决定权，推进依法决策

一是紧紧围绕社会经济建设的重要问题，依法决定事项。青岛市人大及其常委会每年都要对市政府提交的事关全市国民经济和社会发展的五年计划、国民经济和社会发展十年规划纲要等及时作出批准的决议、决定，保证了全市经济社会的持续快速发展。针对事关青岛长远发展的城市总体规划，青岛市人大及其常委会先后四次进行常委会审议。1984年3月，通过了《关于贯彻国务院〈关于青岛市城市总体规划出批复〉和实施〈总体规划〉的决议》。1996年11月，通过了《关于对青岛市城市总体规划修订草案审查的决议》。2009年1月，通过了《关于〈青岛市城市总体规划（2006—2020年）〉的决议》。2012年11月，通过了《关于〈青岛市城市总体规划（2011—2020年）〉的决议》，推动城市定位和职能要求更加符合青岛市实际和长远发展。

二是紧紧围绕全市中心工作，适时决定重要事项。青岛市人大常委会坚持从青岛实际出发，在政治、经济、文化、社会等各个领域深入研究和讨论决定重大事项，有力地保障了全市一段时期中心工作的顺利推进。例如，为保障2008年奥帆赛这一百年难得的重大赛事在青岛成功举办，2007年8月，青岛市人大常委会作出了《关于为成功举办2008年奥运会帆船比赛进一步完善法制保障工作的决定》，为奥帆赛的顺利进行创造了良好的法治环境，为实现青岛市委提出的举办一届有特色、高水平的奥帆赛的目标发挥了积极作用。

三是紧紧围绕加强环境保护和生态建设，认真做出重大决定。近年

来，青岛市人大常委会先后作出《关于建设生态市的决议》《加强浮山绿化管理和生态保护决定》《胶州湾保护控制线的决议》等。划定了全长203.8公里的保护控制线，围合370.6平方公里的保护面积，对胶州湾实施终极性、永久性保护。努力把青岛建设成为经济发达高效、生态良性循环、环境清洁优美、人与自然和谐，适于居住、旅游与创业的具有现代化、国际化滨海城市特色的生态市。

五、坚持主体地位，充分发挥代表作用

第一，不断提高人大代表履职能力。将代表培训纳入全市干部培训序列。青岛市人大常委会先后组织代表到全国人大、复旦大学、中山大学等地进行集中履职学习。建立“人大代表学习培训基地”。不断完善“初任培训、履职培训、专题培训”三种培训模式，提高了人大代表依法履职的能力和水平。第二，注重加强代表履职实效。2013年，青岛市人大常委会制定《充分发挥人大代表作用的若干意见》《加强市人大代表联系人民群众工作的意见》，探索市人大代表与区人大代表结对、街道设立代表活动室、代表进社区、代表向选民述职等新途径，进一步拓宽了代表联系群众的渠道。第三，努力提高议案建议办理质量。青岛市人大常委会主动为代表在人代大会上提出和形成议案创造条件，并采取多种方式督办议案的落实。邀请青岛市各级人大代表列席青岛市人大常委会会议和参加青岛市人大立法、监督等工作，认真办理大会议案和代表建议、批评、意见，积极为代表依法履职提供服务保障。改革开放以来，青岛市人大常委会共组织提出和办理人民代表大会议案103件，办理和督办代表建议、批评、意见22000余件，代表满意率和代表建议的落实率逐年提高。

第二节 开拓创新 实现政协工作大跨越

改革开放以来，青岛市政协在中共青岛市委的统一领导下，紧紧围绕经济社会发展需要，认真履行政治协商、民主监督、参政议政职能。坚持开拓创新、与时俱进、解放思想，在助推全市改革开放和现代化建设进程中取得重大成绩。

一、坚持党的领导，牢牢把握工作的正确方向

自1978年7月青岛市政协组织恢复活动以来，青岛市政协始终坚持和不断完善中国共产党领导的多党合作和政治协商制度，不断解放思想，自觉坚持把政协的各项工作置于中共青岛市委的领导之下，融入全市改革发展的稳定大局。认真贯彻落实中央和省委、市委的决策部署，积极支持政府工作，人民政协事业始终沿着正确的方向前进。改革开放以来，青岛市政协始终认真学习贯彻党的基本路线、方针、政策以及省委、市委的重大决策部署，旗帜鲜明地贯彻落实党的改革开放政策；努力把党的主张变为政协工作的实践，化为各党派、团体和各族各界人士的共识和行动；在思想上、政治上、行动上始终同中共中央保持高度一致。党的十八大以来，青岛市政协坚持准确把握政协的性质定位，坚持和落实好党对政协工作的领导；把发扬民主、宣传政策、增进团结、扩大共识、汇聚力量作为重大政治任务；把贯彻习近平新时代中国特色社会主义思想作为行动纲领；把各族各界群众紧密团结在党的周围，始终保持正确的政治方向；为协调推进“四个全面”战略布局、落实新的发展理念、实现“两个一百年”目标而共同奋斗。

二、围绕改革发展大局，进一步提升政协履职能力

一是围绕全市中心工作进行协商和监督。改革开放以来，青岛市政协围绕全市经济社会发展中的重大问题，组织开展了多形式、多层次的协商讨论，基本形成了全委会议广泛协商、常委会议专题协商、主席会议重点协商、专委会议对口协商的格局。在每年的全体会议上，委员们以高度负责的精神，就市政府工作报告、国民经济和社会发展计划、财政预算报告、市人民法院工作报告、市人民检察院工作报告等进行广泛协商讨论，提出意见和建议。同时，选择全市经济社会发展中的若干重要问题，通过大会发言、专题讨论等形式开展议政建言，探索新形势下开展民主监督的有效形式和方法。通过政协提案、委员视察、民主评议、反映社情民意等多种形式，打造“网络政协”的新模式，积极推进政协民主监督，取得成效显著。

二是积极开展参政议政，围绕社会问题建言献策。青岛市政协充分发挥政协人才荟萃、智力密集的优势，组织广大政协委员紧紧围绕事关经济社会发展全局的重大课题，深入开展专题调研，形成一批高质量的调研报告和决策建议；同时，得到市委、市政府的高度重视，许多意见建议进入领导决策。例如，2005年，青岛市政协围绕集约经营、循环经济和产业集群发展等重大问题进行专题调研，形成了6个调研报告和8个分报告，报告中的许多意见建议在制定青岛市经济社会发展“十一五”规划纲要时被吸收采纳。青岛市政协起草了《关于调整农产品出口退税政策的建议》(简称《建议》)的报告，在全国政协第十届第三次会议上，作为政协提案向大会作了提报。会后，国家财政部以书面形式给予回复，肯定了《建议》对国家调整出口退税政策起到的积极作用。2012年，青岛市政协向市委报送了《关于赴苏浙等

南方城市考察的报告》，为党政科学决策提供了有益参考。

三是广泛开展团结联谊工作，营造和谐有序的氛围。第一，加强同各党派团体和各族各界人士的合作共事。认真听取各民主党派和人民团体对青岛发展和政协工作的意见建议，通过党派提案、联合调研、大会发言等多种形式为他们知情议政、履行职能搭建平台，创造条件。加强同民族宗教界代表人士的联系，注重发挥少数民族和宗教界委员的作用，积极推动党和国家有关民族宗教政策的贯彻落实。第二，积极开展港澳台侨和对外联谊工作。拓宽海内外交流和交往，协助做好来青有关港澳台侨和外事团组的接待工作。近些年，青岛市先后接待多国政要及港澳台友好人士来访交流。积极服务对外开放的格局。

三、不断加强自身建设，工作科学化水平进一步提升

改革开放以来，青岛市政协不断推进制度建设，先后制定了《加强政协自身建设的意见》《加强政协宣传工作的规定》《双月协商座谈会工作办法》《加强政协界别工作的意见》《调查研究工作办法》等规章制度，修订完善机关考核办法，进一步厘清了职责，明晰了流程，做到有制可依。历届市政协都非常重视发挥委员的主体作用，尊重和保障委员的民主权利，完善委员联络制度，拓宽协商渠道，为委员履职尽责创造良好条件。青岛市出台了《政协青岛市委员会委员履职工作规则（试行）》《政协青岛市委员会办公厅关于委员履职档案管理工作的办法》等规范性文件，建立健全委员履职评价、激励和约束机制，切实做到严格教育、严格管理、严格监督。

第三节　依法行政　落实依法治国方略

一、全面加强政府立法工作

立法是实行依法治国的前提和基础，全面推进依法行政和依法治市，必须加强立法工作。1984年12月15日，青岛市被国务院批准为第一批“较大的市”，拥有了制定政府规章的权力。对于依法促进和保障地方各项事业全面、协调、可持续地发展发挥了重要作用。为规范政府的立法工作，青岛市人民政府先后制定发布了《关于起草制定地方性法规、行政规章程序的若干规定》《青岛市人民政府制定规章程序的规定》《关于改进市政府规章发布工作的通知》等若干文件，完善了法规规章制定程序。1996年5月23日，中共青岛市委印发《关于加强对地方立法工作领导的意见》（青发〔1996〕15号），对市委领导地方立法作了明确规定。1996年12月18日，青岛市人民政府办公厅印发《关于改进市政府行政立法工作有关事项的通知》（青政办发〔1996〕145号），对改进市政府行政立法工作提出要求。

青岛市政府还探索在实体培训班进行立法教学、完善公开征求意见反馈制度、建立政府立法联系点等多种形式，进一步完善民主立法、科学立法的有效途径。2014年1月24日，青岛市人民政府办公厅、青岛市政协办公厅印发《在政府法制工作中开展民主协商的试行办法》（青政办字〔2014〕11号），加强政府立法中的民主协商。2015年，青岛市政府法制办印发《关于建立政府立法联系点制度的通知》（青法制〔2015〕37号），建立了政府立法基层联系点制度，选取77家基层社区、企业、大学、民主党派基层组织、社会中介机构和行业协会等作为政府立法基层联系点。青岛市政府先后开展了4次大规模的规章清理工作。一是为适应改革开放和建立健全社会主义市场经济体制以及中国加入世界贸易组织新形势的需要，青岛市政府对截至2001年底现行的有关政府规章进行了全面清理，对30件政府规章予以废止。二是根据《行政许可法》规定，2004年青岛市对现行的法规规章予以清理，废止114件政府规章，修改37件政府规章。三是根据《国务院办公厅关于开展行政法规规章清理工作的通知》(国办发〔2007〕12号)的要求和有关法律法规的规定，2007年青岛市对现行的政府规章进行了全面清理，废止35件政府规章，修改11件政府规章。四是根据《国务院办公厅关于做好规章清理工作有关问题的通知》(国办发〔2010〕28号)的要求，2010年青岛市政府组织对现行政府规章进行了全面清理，废止67件政府规章，保留173件政府规章。

二、依法开展行政执法监督工作

1993年9月和12月，青岛市政府法制局重点对各级有关行政机关执行涉外经济法律、法规的情况进行了检查。1996年，青岛市政府成立检查组，对全市落实行政执法责任制的情况进行了检查。同年，青岛市政府法制局采取抽查的方式，对青岛市公安局等6个部门实施《中华人民共和国消防法》等6个法律、法规的情况及查处违法案件中法律文书规范化方面的情况进行了检查。1999年，青岛市被国务院批准为开展城市管理相对集中行政处罚权工作的首批试点城市之一，正式启动城市管理领域相对集中行政处罚权工作。2002年，青岛市政府制定《青岛市城市管理监察规定》，对城市管理相对集中行政处罚权工作进行了规范；制定《青岛市城市管理相对集中行政处罚权条例》，将城市管理领域相对集中行政处罚权工作纳入法制轨道，从制度上巩固了行政执法体制改革成果。2013年，青岛市部署开展政府职能转变改革试点工作，综合执法体制改革工作是其中一项重要内容。青岛市确定采取“先联合执法后综合执法”的方式推进综合执法体制改革工作。2014年1月，胶州市起草形成综合执法试点工作实施方案，提出实施跨部门行政执法，设立综合行政执法局，集中行使城市管理、国土资源、农业等7个方面法律、法规、规章规定的行政处罚权以及相关的监督检查权和行政强制权。2015年6月，山东省政府批复了胶州市开展综合执法工作方案，7月，胶州市综合行政执法局正式投入运行。2015年11月，黄岛区起草形成综合行政执法工作方案，提出设立综合行政执法局，作为黄岛区政府工作部门，集中行使城市管理、国土资源、文化市场等6个方面法律、法规、规章规定的行政处罚权以及相关的监督检查权和行政强制权。2016年4月，山东省政府正式批复同意黄岛区综合行政执法工作方案。

第四节　行政改革　打造高效政府

青岛市认真贯彻落实国家和省的决策部署，不断深化“放管服”改革，持续激发市场主体创造活力，营造优质透明政务环境、便捷高效营商环境、规范有序市场环境等“三大环境”，为全市加快新旧动能转换，推动经济社会持续健康发展提供坚实的体制机制保障。

一、着力削减行政权力事项，持续激发市场活力

实施行政改革以来，青岛市本着依法依规、应减尽减、便民高效原

则，行政审批事项数量从799项削减至目前的328项，累计削减471项，精简率达58.9%；彻底取消了110项非行政许可事项，堵死了变相增加行政审批的后门；组织对本市地方立法设定的21项审批事项全部进行了清理。经过改革，青岛市市级行政权力事项从8780项削减至目前的3821项，精简率达56.5%，梳理公布的责任清单事项达2699项。

做好上级下放事项的承接落实工作。对国务院和省取消下放的事项，及时制定衔接落实方案，确保“接得住、办得好”。青岛市依照“依法依规、应放尽放、权责一致”原则积极下放行政管理权限，有效地促进了区域经济发展，既充分调动基层工作积极性，推进区域经济发展，又充分考虑基层实际承接办理能力，确保平稳实施，先后向西海岸新区（黄岛区）、青岛高新区、青岛国际邮轮港等下放110余项行政管理事项，确保“放得稳、接得住”。

二、明确监管职责，营造良好的执法环境

针对监管过程中普遍存在的监管职责不清问题，青岛市于2015年1月在全国率先出台了行政审批批后监督检查管理办法，对监督检查的方式方法、程序步骤及配套措施作出详细规定。2015年，青岛市相关部门对全市正在实施的审批事项逐项编写批后监管办法，明确监管措施，落实监管责任，构建制度完善、职责清晰、协同有序、运转高效的事中事后监管的“青岛模式”。全面推行综合行政执法改革，在黄岛区、胶州市试点的基础上目前已在全市10个区（市）全面推开，建立权责统一、权威高效的综合行政执法改革新模式。区（市）执法队伍总数精简了35支，整合编制总数超过2500名。推进实施相对集中行政许可权改革工作取得突破性进展，

2017年平度市相对集中行政许可权工作方案获省政府批复，成立了山东省首家行政审批局。

三、推进办事流程优化，有效提升为民服务水平

营造便捷高效营商环境，实施“3540”改革压缩办理时限，实现开办企业3个工作日内完成、不动产登记5个工作日内完成、建设项目从立项到施工许可40个工作日内完成，最大限度地利企便民。2015年，青岛市在全省首先公布工商登记前置审批事项目录，并在此基础上于2016年建立全市商事登记审批信息互联共享平台，实现了商事登记注册信息第一时间告知、全智能推送，从而实现有效监管。加快推进青岛市“多证合一”改革，在达到“二十证合一”的基础上，实现“四十二证合一”，启动全程电子化登记上线运行。青岛市梳理公布市级公共服务事项1791项，数量居全省各市首位，包括日常生产生活类848项、创新创业类875项、涉行政权力运行类68项；梳理公布区（市）公共服务事项6648项，镇（街）公共服务事项19168项；公布取消市级证明盖章类材料30项，调整40项，有效地提高了政府的办事效率；公布15项保留的村（社区）开具证明清单，精简力度位居全国前列；清理公布保留市级证照年检事项36项、政府指定培训19项，分别取消42项和2项，削减率达54%和9.5%。

四、优化部门职能配置，进一步提高行政效率

根据中央、国务院改革精神，青岛市按照精简、统一、效能和上下衔接、因地制宜的原则，积极稳妥地推进城市管理、农业、文化等领域的部门体制改革。加大机构整合力度，优化部门职责配置，理顺权责关系，完

善协调配合机制，加快形成精干高效的政府组织体系。部门体制改革工作于2014年底完成。调整后，青岛市人民政府共设置38个工作部门，有效地推动了政府职能向创造良好的发展环境、提供优质的公共服务转变，进一步激发市场、社会的创造活力，切实提高政府管理的科学化水平。

第五节 司法改革 维护公平正义

2013年，党的十八届三中全会提出了司法改革的新目标："要维护宪法法律权威，深化行政执法体制改革，确保依法独立公正行使审判权检察权，健全司法权力运行机制，完善人权司法保障制度。"近年来，全市司法机关在认真学习领会党的十八届三中、四中、五中、六中全会及十九大精神的基础上，围绕"努力让人民群众在每一个司法案件中感受到公平正义"目标，忠实履行宪法法律赋予的职责，各项工作都取得了长足的进步。

一、司法公正性显著提高

按照本轮司法改革的要求，青岛市加快建立以审判为中心的司法制度，司法公正性水平获得显著提升。据有关统计显示，自2015年山东省试点司法改革以来，青岛市法院受理的案件中有336845件直接由独任法官、合议庭裁判，提交审委会讨论的案件仅有3505件。就检察系统而言，2017年全市检察系统依法监督立案138件，追捕追诉827人，监督撤案108件，决定不捕不起诉2750人；提出或提请抗诉90件，法院已改判和发回重审36件。加强刑事执行监督，共监督纠正不及时交付执行、违法留所服刑、拒绝收监收押等刑罚交付执行和监管活动违法案件159件，办理违法减刑、假释、暂予监外执行等案件67件。加强民事和行政诉讼监督，提出再审检察建议的案件72件，法院已改判、发回重审、调解结案和采纳检察建议的案件39件，以维护公平正义为价值追求，全面强化对司法活动的监督。

二、司法效率明显提升

三年来，青岛市各级法院共审执结各类案件349024件，收结案实现均衡发展，办案数量位居全省前列。青岛市司法机关通过采取一系列举措，努力提升司法效能。具体做法如下：

第一，严格落实案件分流制改革，进一步提高办案效率。在民事诉讼方面，青岛市基层法院适用简易程序和小额诉讼程序审结案件175188件，占一审民商事案件的53%。在刑事诉讼方面，率先建立轻微刑事案件快速办理机制，对轻微刑事案件简化诉讼程序，实行集中起诉、集中审判。2014年以来，青岛市基层法院共有9591件刑事案件通过速裁程序审结，审判周期缩短为七天，服判息诉率为97.6%，取得显著效果。2015年青岛市中院作为法院系统的唯一代表，在中央政法委组织的刑事速裁试点工作推进会上介绍了经验。

第二，推动多元化解矛盾纠纷机制改革，化解诉讼压力。目前，青岛市已经建成综合调解中心1家，建成医疗纠纷、劳动争议等专门调解中心16家；建成道路交通事故联调中心10家，绝大多数的纠纷在诉前得到化解。此外，加强诉调对接机制建设，完善诉前分流、委派调解、法律指导、效力确认等机制，支持发展行业性、专业性调解组织41个，交通事故、劳动争议、物业等纠纷的诉前化解率达到76%。积极推动社会各方参与矛盾纠纷化解。

第三，加快“智慧法院”建设。建立审判数据中心，完善审判辅助、庭审同步录音录像、移动办公等功能，建设四级联网的远程接访、执行调度、数据统计分析等系统，为法官办案、群众诉讼和司法决策提供技术支持。

三、司法权威进一步提高

第一，畅通申诉信访渠道，充分保障合法诉求。根据党的十八届四中全会决定提出的诉访分离的改革思路，青岛市法院在实践中不断强化“诉访分离”工作，实行领导带班接访、预约接访制度，建成网上申诉信访平台和远程视频接访系统，有序地推动了“诉访分离”工作的开展。第二，全面推进司法公开，提升司法公信力。加强审判流程、庭审活动、裁判文书和执行信息等公开平台建设，实现政务网站、微博微信全方位公开，方便当事人和群众查询信息。在全省率先实现庭审的微信微博视频直播，通过法院开放日、邀请旁听庭审、微信推送服务、微电影普法等方式，传递司法正能量。近3年，全市法院公开裁判文书数量位居全省第一。

四、司法职业化改革成效明显

通过司法人员分类管理改革和员额制改革，将办案力量配置在第一线，整体上提高了司法质量，提升了司法职业化水平。2017年，全市法院共遴选员额法官732名，组建审判团队476个。全市检察院共遴选检察官500名，85%以上的人力资源配置到办案一线。探索建立司法责任体系和检察权运行机制，推行法官、检察官办案责任制。2017年，全市法院员额法官人均办案数达到225件，位居全省前列，一审案件服判息诉率达到

88.1%，二审服判息诉率达到99.01%。

五、司法硬件设施进一步改善

一是着力加强基层基础建设。落实领导干部联系点制度，在法官培训、经费保障、物质装备、智慧法院建设等方面向基层倾斜，帮助基层改善办案条件。加大人才引进力度，2017年共为基层法院招录、引进干警70人，推动解决审判辅助人员不足的问题。基层法院共办结各类案件145298件，占全市法院的87.4%。二是加快司法信息化建设。建立审判数据中心，完善审判辅助、庭审同步录音录像、移动办公等功能，为法官办案、群众诉讼和司法决策提供技术支持。2017年，两级检察院建成使用综合控申举报、案件管理和信息查询、检查宣告等功能于一体的监察服务大厅，为群众提供“一站式”服务。全面开发应用案件信息公开系统和电子卷宗系统，公开案件有关信息，进一步提升了办案水平与效率。

第六节　学法懂法　提高执法者的法律意识

一、组织开展培训

1989年12月，在青岛市市长俞正声的倡导下，青岛市政府建立“市长学法日”制度，确定“市长学法日”活动每月举行一次。1989年12月27日，青岛市政府举行首次“市长学法日”活动，组织学习《中华人民共和国行政诉讼法》。根据国务院《关于贯彻实施〈中华人民共和国行政诉讼法〉的通知》(国发〔1990〕2号)的要求，青岛市政府下发《关于学习、宣传、贯彻行政诉讼法的通知》。1990年3月，青岛市政府举办3期《行政诉讼法》培训班，对近300名区（市）政府、市政府各部门的负责人和法制工作机构负责人进行培训。1990年4月，举办3期普法骨干培训班，为各部门、各单位培训宣讲骨干300余人。2000年12月27日，青岛市政府法制局和青岛市经济法研究会联合召开依法行政理论研讨会，研究、探讨和解决青岛市在推进依法行政进程中遇到的问题。2002年10月12日，青岛市政府法制办、青岛市经济法行政法研究会举办了行政审批理论研讨会。2003年4月17日，青岛市政府法制办和青岛市经济法行政法研究会联合举办行政立法研讨会。

2012年，青岛市邀请国务院法制办有关领导作《招投标法实施条例》专题辅导报告。此外，青岛市还举办市政府专题法制讲座，邀请省政府法制办主要领导讲授《山东省行政程序规定》。2012年以来，青岛市依托华东政法大学、中国政法大学等高校优质资源，举办多期青岛市领导干部依法行政专题研讨班。组建青岛市依法行政宣讲团，编纂《青岛市领导干部依法行政知识读本》，有效拓展依法行政宣传培训载体，提高依法行政宣传培训水平。2015年，青岛市政府印发《青岛市政府党组中心组2015年度集体学法计划》，学习《立法法》《行政许可法》《行政诉讼法》等法律法规，形成了领导干部集中学法的常态化机制。在全市行政机关中开展宪法和公共法律知识学习活动，通过举办行政诉讼培训班、新增行政执法人员培训班、网络在线法律知识专题培训、组织开展依法行政知识竞赛、收看宪法和公共法律知识视频辅导等形式开展大规模的法律知识培训。

二、搞好法制宣传

《行政处罚法》颁布实施后，青岛市政府法制局组织在《青岛日报》举办了为期两个月的《行政处罚法》专题讲座，在《青岛晚报》开辟了《行政处罚法案例评点》专栏，在青岛人民广播电台开设听众热线咨询专题节目，并对500余名行政处罚听证主持人进行了培训。《行政复议法》颁布实施后，青岛市在《青岛日报》开辟《行政复议法》系列讲座，在青岛人民广播电台新闻台《政法经纬》栏目举办6次《行政复议法》专题讲座，在青岛电视台《钟声》《今日》栏目进行《行政复议法》专题宣传活动。1999年，青岛市又在青岛政务信息网上设立“青岛政府法制”网页。2003年11月15日，青岛市政府举办全市领导干部《行政许可法》讲座，由时任全国人大法工委行政法室副主任的张世诚主讲。2003年，青岛市政府共举办3次大规模的领导干部《行政许可法》报告会，举办1期政府系统市管领导干部和有行政职能部门的处室负责人培训班，组织全市公务员进行《行政许可法》学习考试。青岛市政府法制局和青岛市监察局联合在青岛电视台、青岛广播电台举办《依法行政提高效能》系列访谈节目，市政府34个部门的领导就贯彻实施《行政许可法》问题进行解答，并向全社会作出承诺。2005年1月20日，青岛市政府法制办和青岛市经济法行政法研究会联合举办全面推进依法行政理论研讨会。2010年10月13日，全国副省级城市政府法制工作座谈会在青岛举行。

2016年2月，青岛市两会期间，邀请8位市人大代表和政协委员接受《青岛日报》和青岛电视台专访，就加快推进法治政府建设发表思考、理解和建议。2016年3月，青岛市印发《关于在全市开展建设法治政府宣传工作的实施方案》，青岛电视台也开设《法治政府建设进行时》专题栏目普及法治知识，宣传法治政府建设。2016年6月，青岛市组织对10个区、市政府分管负责人进行集中采访，采访情况分10期在该栏目中播出。开展《法治政府建设实施纲要》宣讲活动，组织召开第六届经济法行政法研究会换届大会暨法治政府建设研究会成立大会，深入开展法治政府理论研究，为法治政府建设提供理论支持。开展基层法治状况实地调查活动。2016年7月25日至8月31日，青岛市开展了“全市街镇村居基层法治状况实地调查活动”，积极推进基层依法治理与“七五”普法工作，及时宣传法治政府建设的实践情况和理论研究成果。

第七节　以人为本　实施人才强市战略

近年来，青岛市围绕人才优先发展战略和人才强市战略，牢固树立人才资源是第一资源的理念。通过建立健全人才政策体系，努力构建具有国际竞争力的引才用才机制，积极营造人才创业创新的良好生态，集聚了大批海内外高层次人才，为创新驱动、转型发展提供了强有力的人才引领和支撑。

一、加强顶层设计，构建更具国际竞争力的人才政策体系

一是密切跟踪科技前沿，大力引进顶尖人才。瞄准对促进全市产业发展具有战略引领作用的诺贝尔奖获得者、世界级水平科学家、两院院士等，面向全球引进顶尖人才。青岛市对引进的顶尖人才，最高给予500万元生活补贴，对新当选顶尖人才的培养单位一次性给予300万元奖励；对引进的顶尖人才团队，最高给予团队带头人500万元生活补贴；对青岛市科技创新和产业发展产生重大影响的项目，最高给予团队1亿元综合资助。二是突出“高精尖缺”导向，重点扶持领军人才。突出发挥领军型

人才在创业创新中的骨干带头作用，启动实施青岛市创业创新领军人才计划，对符合产业发展需求，能突破关键技术、发展高新技术产业、带动新兴学科和新兴产业发展的创业创新领军人才，给予100万元创业启动资金支持和30万元安家补贴。三是深度耦合重点产业，实施重大引才专项计划。坚持人才发展与全市经济社会发展的重点任务同步谋划、同步推进，及时研究推出重大人才专项计划。围绕实施国家海洋战略，打造具有国际领先水平的重大创新平台。青岛市在青岛海洋国家实验室启动实施“鳌山人才”计划，面向全球集聚高端海洋人才。四是强化青年英才集聚，积极引进硕博人才。青岛市高度重视硕博人才在产业发展中的基础支撑作用。从2016年7月1日起，青岛市进一步加大补贴力度，大幅提高补贴标准，将硕博研究生在青住房补贴分别提高到800元/月、1200元/月。在此基础上，新增急需紧缺专业的硕博研究生补贴项目，补贴标准分别提高至1200元/月、1500元/月，着力改善对海内外硕博研究生在青生活居住条件。

二、坚持海内外并重，构建多元化的引才引智体系

一是组织开展形式多样的国内引才活动。青岛市每年组织200余家单位赴北京、上海、深圳等国内重点城市，开展高层次人才招聘（推介）活动，重点引进急需紧缺专业人才。二是积极搭建开放有效的海外引才渠道。在欧美等发达国家设立了20家海外引才引智工作站，重点引进“千人计划”等高层次人才。紧紧围绕产业转型发展要求，每年组织海外招聘团组，赴美、加等国家和地区举办海外人才推介会，重点引进海洋经济、生物医药、金融、现代服务业等高端人才。启动实施了留学回国人员创业启

动支持计划，举办留学回国人员创新创业大赛，广泛吸引留学回国人员来青创新创业。三是开启引用并举的智力引进新模式。着力加强海外智力成果落地载体建设，大力推进国家和省、市级引智示范基地建设，共建立国家和省、市三级引智基地和示范单位42家。市政府与国家外专局签署协议，重点支持青岛西海岸新区建设国家级引智示范区，探索创新引智改革。针对一些国际顶尖专家因时间紧等原因无法长期来华工作的困难，鼓励有条件的单位到海外设立研究院、孵化器，实施就地引智、就地孵化。

三、坚持引育并举，构筑多层次的人才培育体系

一是加大高层次人才培育推报力度。对接国家、省重点人才工程项目，积极为各类人才成长创造机会。通过采取广泛宣传、上门服务、参选培训、模拟答辩等方法，帮助各类符合条件的人才积极申报各类人才计划、工程，提高入选率。二是大力实施博士后培养工程。突出产学研用结合的协同育人模式，拓宽青年创新人才成长渠道。启动实施“博士后培养留青计划”，加快培养高层次创新型青年人才，推动企业产学研发展。对新设立博士后工作站、博士后创新实践基地的单位，分别给予30万元、10万元资助；对新进站博士后，一次性给予5万元的项目启动资金，对合作导师给予2万元科研资助；给予出站博士后留青工作安家补贴10万元、留青创业安家补贴20万元。三是积极引进优质高等教育科研资源。围绕海洋开发、新一代信息技术、新能源、新材料、高端装备制造、轨道交通、船舶海工、财富金融管理等符合青岛发展趋势的学科专业，先后引进国家海洋实验室、中科院青岛生物能源与过程研究所等30余家高端研发机构。积极引进国内外高等教育机构来青办学，对新引进的高等教育机构给予不低

于3000万元补助，推进高水平人才资源、科教资源向青岛集聚，提升青岛市高学历人才培养能力。截至目前，青岛市已引进山东大学青岛校区、北京航空航天大学青岛校区等高等教育机构20多所。

第八节 网络问政 接受人民监督

针对传统服务管理方式中社会热点反应慢、民意诉求回应迟、政策措施点不准的问题，青岛市积极借力互联网，探索构建“听民意、聚民智、解民忧、惠民生”为宗旨的网络在线问政新模式，实现了网络问政的常态化、规范化、制度化，开启了社会公共治理的新模式。具体做法如下：

一、以扩大公众有序参与为出发点，巩固政民互动群众基础

一是创建政民互动新平台吸引群众参与。青岛市是全国最早利用网络平台进行政民互动的城市。1999年，在青岛政务网上开通“市长信箱”；2005年，青岛政务网开展“在线访谈”，不定时邀请市政府部门领导就群众关注的热点问题上线问政；2009年起，每年年中和年末集中开展市政府部门“网络在线问政”活动；2011年，市政府“网络在线问政”实现常态化，问政时间拓展到全年，全市50多个政府部门全部分批上线，实现了全天候、多方位、零距离政民沟通互动。截至2018年3月，青岛市共组织网络在线问政3900余场次，参与网民近200万人次。二是着眼群众需求，建立多样化主题生成机制。围绕全市中心工作和市民关心的热点问题，科学设置网络问政主题。市政府在年初统一制定部门上线计划，根据部门职责与社会民生联系紧密程度，将50多个部门分为4个不同上线频次的组别，

分别以周、月、季度、半年为周期，安排不同的任务量。同时，根据社会热点监测或部门实际需要安排临时上线，通过计划性与灵活性相结合，做到问政主题与社会关切相一致。三是强化问题受理办理机制，落实群众关切。针对不同的问题类型采取不同的办理方式，对咨询类问题现场给予答复，对建议类问题进行可行性判断，对不能现场解决的诉求类问题，初步回应后线下调查研究再办理回复。多年来，网络在线问政办理答复率始终保持在97%以上，社会效果显著。根据青岛市人力资源社会保障局粗略统计，该局信访量在开展网络在线问政第一年就下降了60%。

二、以加快政府职能转变为切入点，努力提高政府科学决策水平

一是建立分工明确的组织体系。建立由青岛市政府办公厅总牵头，有关部门参加的联席会议机制，统筹指导和推进网络在线问政各项工作。市政府办公厅负责年度计划审核、日常检查指导和督查考核，并为网络在线问政的正常运行提供技术支撑。各有关部门设立内部工作机构，负责本部门网络在线问政的组织实施。二是建立科学规范的运行机制。加强网络在线问政队伍建设，推动各部门加强政策法规、业务知识学习。每年将网络在线问政作为建设服务型政府的重要措施写入《政府工作报告》。经过几年运转，一些涉及民生业务量大的部门都成为网络在线问政的主力。例如，青岛市人力资源社会保障局2016年、2017年分别上线77次、69次，青岛市国土资源和房屋管理局2016年、2017年分别上线44次、42次。三是建立严格细致的督查考核制度。将网络在线问政情况纳入全市政府部门年度综合考核，实行不定期现场巡查和季度工作通报制度，及时发现问题、褒奖先进典型。

三、以丰富政府协商新手段为着力点，探索新形势下公众参与的有效载体

一是推动信息公开更加及时透明。对涉及公共利益、公众权益、社会关切及需要社会广泛知晓的重要政府信息，及时组织有关部门上线进行政策解读。目前，公众关注度较高的一些热点问题和政策信息，如“人力资源社会保障综合专题”“保障性住房政策”等，已成为每年定期上线的重点内容。二是推动公众有序参与更加便捷深入。坚持事前和事中协商，在决策前通过互动平台广泛征集意见，保障科学合理合法决策。在决策中及时公开信息，根据群众建议不断修正完善，增强决策执行力。三是推动网络监督更加规范到位。加强网络监督的组织协调、知情反馈、沟通联系等环节制度建设，做到开展监督有计划、有题目、有载体、有效力，确保网络监督取得实效。在充分利用网络平台基础上，加强与媒体合作，广泛宣传动员群众积极参与监督。同时，积极引导群众理性思考和发表意见。

四、以现代科技应用为突破点，为网络在线问政提供强有力的科技支撑

一是创建网络版多部门独立访谈室。针对以往网络在线问政只能由单一部门在固定地点上线，一些复杂的需要跨部门解决的问题无法及时答复处理的问题，青岛市创新技术手段，开发了多线程访谈模式和多部门联合访谈功能，通过快速建立访谈室，同时满足多部门在任意岗位上线，提高了工作效率。二是开发热点问题大数据分析工具。整合形成全市统一的

政民互动问题数据库，开发智能数据分析软件，对数据库各类问题多角度分析，挖掘分散无序的数据中隐含的社会热点，提前研判，及时处理。例如，2017年11月，根据数据分析结果，市民对物业管理问题反映突出，青岛市政府立即组织国土、物价、城建、城管、公安等部门联合上线，解释最新政策，办理意见诉求，得到市民和媒体的广泛关注。三是综合运用各类多媒体移动平台。充分利用青岛政务网APP、微信公众号、网站手机触屏版等移动平台，方便群众随时随地、及时快捷参与互动。将平台与现有的政府信箱、热线电话等传统平台相结合，采取统一的外网受理、专网办理模式，实现了流程统一和数据共享，有力地促进了网上政民互动有序稳定开展。

第四章
文化建设日新月异

改革开放之初，青岛市作为东部沿海港口城市，首先吹入了改革开放的春风。在大力发展经济、紧抓社会主义物质文明建设的同时，青岛一直坚持两手都要抓、两手都要硬的原则，坚持社会主义物质文明建设、精神文明建设和文化建设同步进行。尤其是党的十八大以来，在习近平新时代中国特色社会主义思想指引下，青岛在东部众多同质化的沿海城市当中脱颖而出，走出了一条独具特色的创新之路。特别是2018年6月，体现了世界水准，展示了中国气派、山东风格、青岛特色的上合组织青岛峰会成功举办之后，习近平总书记发表了重要讲话，提出“办好一次会，搞活一座城”，中共青岛市委为此开展了一场“解放思想大讨论”，这必将推动青岛市经济、政治、文化、社会、生态文明建设再上一个新台阶。

作为山东地区最早的开放城市之一，青岛市对科技和文化的巨大影响力有着清醒的认识，始终奉行“科学技术是第一生产力”的原则，坚持科技兴市、文化强市，花大力气引进高等教育单位、科研机构和人才，调动高校和科研机构的科研力量，为城市的振兴发展提供智力支持。

在社会主义精神文明建设方面，青岛极力提升城市宜居指数和幸福指数，倚靠城市依山傍海的地缘优势，保护和利用好地区特有的历史文化资源。一方面采取各种措施，提升城市文明指数，塑造市民文明品格的养成，提供优雅洁净的市容环境；一方面为市民们提供丰富多彩的精神产品，在文学艺术创作表演、群众文化活动、图书馆、博物馆、美术馆等公共文化方面提供高品质的服务内容。

在繁荣社会主义文化艺术方面，青岛市始终坚持文艺创作的社会主义导向，牢牢掌握着文学艺术创作的引导力和主动权，这样既保持了创作质量和较高的境界层次，为艺术家们潜心进行创作提供了良好的环境，同时也为人民群众提供了高质量的作品和精神生活。经过不断探索，青岛市的文化创意产业也开始逐步走上健康发展的道路，全面落实“创新、协调、绿色、开放、共享”的发展理念，实施文化创新与科技创新“双轮驱动”，促进传统产业转型发展，推动产业跨界融合，推进重大项目建设，优化保障措施，加快文化“走出去”步伐，文化产业实现快速增长，为城市发展提供了新动力。

第一节　加强理论引领　繁荣社会科学

改革开放以后，随着中国进入社会主义现代化建设的新时期，社会科学的重要地位和作用被重新认识。1981年，社会科学研究正式列入国家的“六五”计划，迎来了新的发展机遇。经过40年的发展，青岛市社会科学工作已形成一定的规模，建立了一批较为高端的科研机构，引进和培养了大批的社会科学人才，创办了一些具有影响力的社会科学刊物，出版发表了为数众多的社会科学专著和论文，其成果在国内甚至海外都产生了一定的影响，成绩斐然。

1978年，随着党的十一届三中全会召开，青岛市的社会科学工作开始蓬勃发展。青岛市委、市政府顺应时代的发展要求，引领理论潮流，带动党员和群众学习理论知识，推动了社会科学事业的健康发展。1978年，随着全国开展的“真理标准大讨论”活动，青岛市也开展了相关的理论研讨活动，对“实践是检验真理的唯一标准”高度认同。1982年开始，青岛市开展“解放思想、更新观念”的大讨论。1986年，青岛市组织学习邓小平建设有中国特色的社会主义理论。1989年春夏之交，青岛市组织学习坚持四项基本原则、反对资产阶级自由化的讲话。1992年，组织学习邓小平南方谈话和党的十四大精神。其后，社会科学界对党历年的重要会议精神和理论方针，进行了认真学习和研讨，并在理论研究中进行阐释和贯彻。

1979年9月，青岛市社会科学研究所成立。这是全国成立较早的市级社会科学研究所，也是青岛市第一个综合性社科研究机构。1994年，青岛市社会科学研究所更名为青岛市社科科学研究院。20世纪80年代开始，针对青岛市的城市定位和发展前景，一批侧重于海洋、经济、金融领域的专业化的社科科学研究机构逐步建立起来。山东省国际贸易研究所、青岛市史志编撰委员会办公室、山东社科院海洋经济研究所、青岛市金融研究所、青岛市教育科学研究所等专业社科研究机构纷纷成立。同时，青岛市哲学学会、青岛市经济学会、青岛市历史学会、青岛市财政学会、青岛市会计学会、青岛市教育学会、青岛市金融学会等数十个社科学术团体也如雨后春笋般地建立起来。中国海洋大学、青岛大学、中共青岛市委党校等高校社会科学部、系、院、所的建立和中共青岛市委讲师团的成立，进一步壮大了社会科学的工作队伍。1999年以来，青岛市城市发展研究中心、青岛应用经济研究中心等机构又先后成立。中国海洋大学成立了海洋发展研究中心、文科科研研究中心、山东高等教育研究基地、山东企业管理研究基地和全国海洋教育基地。2004年，中国海洋大学海洋发展研究院成立。青岛市社科院成立了老龄问题研究中心、科技经济与管理研究中心和中德、中韩关系研究中心等专业性的研究机构。青岛大学文学院成立了青岛市文科研究基地，引进了一批在国内外社会科学界都有一定影响力的高端人才。青岛市的社会科学发展进入新时期。

1984年，青岛市社会科学界联合会成立。这是一个学术性群众团体，是青岛市社会科学界各学会、协会、研究会的联合组织，对青岛市社会科学事业的发展起到了重要的推动作用。1999年12月，青岛市哲学社会科学规划领导小组成立，下设青岛市社会科学规划管理办公室，具体负责全市的社会科学规划管理工作。青岛市社会科学发展进入有序健康的发展轨道。在此基础上，青岛市先后制定了《青岛市哲学社会科学发展三年（1998—2000）规划纲要》《青岛市哲学社会科学“十五”（2001—2005）发展规划》《青岛市哲学社会科学“十一五”（2006—2010）发展规划》。2017年，根据新形势下市民对于社会科学的重视程度和兴趣的日益提高，又制定了《青岛市社会科学普及规划（2016—2020）》。

在这些文件的指引下，青岛市开始逐步设立本市的社会科学课题、奖项。从2000年开始，设立青岛市社会科学规划项目课题，2002年又设立了专门服务于青岛本地城市建设发展的“双百调研工程”课题。每年围绕青岛市经济、社会、文化发展中的重要问题，完成100份有理论深度同时又具有可操作性的调研报告，提出100条社会发展中急需解决的重要问题的对策建议，为政府的科学决策服务。

在这些机构、措施、规划和各种激励机制之下，青岛市的社会科学研究工作取得了辉煌的成就。截至2016年底，青岛地区共有学历高等学校25所。其中，本科层次高校16所，专科层次高校8所，成人教育高校1所。青岛地区有博士后科研流动站49个，其中博士学位授权一级学科点43个、硕士学位授权一级学科点171个。青岛地区有市级（含）以上各类重点实验室203个。青岛地区有山东省“十二五”高校人文社会科学研究基地12个。青岛地区有专任教师2.02万人，其中具有正高级专业技术职务资格者2541人、副高级专业技术职务资格者5817人，具有博士学位者5717人、硕士学位者11341人；有全职两院院士14人、外聘院士31人；国家级有突出贡献的中青年专家25人，长江学者25人，“千人计划”入选者30人，国家“百千万人才工程”第一、二层次人选17人，国家级“新世纪百千万人才工程人选国家级人选”29人，国家杰出青年基金获得者30人，国家级教学名师4人，国家学位委员会学科评议组成员13人，享受国务院政府特殊津贴人员331人，省部级有突出贡献的中青年专家146人，聘有“泰山学者”116人。青岛地区学者和专家在国内外学术期刊发表论文17647篇。

近年来，青岛市国内外高水平大学的引进工作获重大进展。截至2016年底，青岛市引进并初步运行的高校（机构）有13所，签署合作协议并正在推进的国内外高校（机构）15个，其中2016年与中国科学院、同济大学、四川大学、山东中医药大学、北京航空航天大学、复旦大学、北京大学、中国政法大学、中国人民大学、普华永道大学、联合国大学等11所国内外高水平大学签约。

青岛社会科学在改革开放之后取得了长足的发展，主要在于青岛市政府重视高等教育和社会科学对整个社会的影响及其带来的发展。青岛市坚持“科技是第一生产力”的原则，花大力气引进高等教育学校和高等科研机构以及人才，始终支持在青高校发展，并致力于加强高校和本地区的合作，发挥高校服务社会、服务青岛的职能，推动了青岛经济社会发展，获得双赢。

第二节　创建文明城市　提升城市文化软实力

一个城市的文明程度，决定了一个城市的精神高度、深度和广度，同时也决定了一个城市的宜居指数和市民的幸福指数。改革开放以来，我们国家在进行社会主义物质文明建设的同时，坚持两手一起抓、两手都要硬的原则，致力于社会主义精神文明的建设工作，将提升人民整体素质，提升国民文明程度作为社会主义建设的重要工作。在社会主义建设的不同时期，青岛市分别提出了做“有理想、有道德、有文化、有纪律”的四有新人活动，“学雷锋、树新风”活动，以及“五讲四美三热爱”活动，即“讲文明、讲礼貌、讲卫生、讲秩序、讲道德，心灵美、语言美、行为美、环境美，热爱祖国、热爱人民、热爱中国共产党”。1999年，中央文明委提出表彰第一批“全国创建文明工作先进城市”。2003年，中央文明委提出评选全国文明城市的标准，全国各个城市都以此为目标，积极采取措施，提升城市文明标准，争取创建全国文明城市。

青岛市建置之初，便受到德国的殖民统治。德国人意图将青岛建成“样板殖民地”，以展示德意志文化的优越性。他们颁布了严苛的法律法规条文，对青岛城市的卫生、市政、交通、农林等各个方面进行严格的控制。1914年，青岛就已成为“远东最洁净的城市”。改革开放以后，在社会主义精神文明建设的过程中，青岛市民响应国家号召，一直坚持严抓精神文明建设不放松，坚持已经形成的遵纪守法、文明卫生等良好习惯，形成了良好的市容卫生环境和秩序井然的社会环境。作为城市整体，曾荣获国家有关部委颁发的若干荣誉称号：从1993年起连续多次获得“双拥模范城市”的称号，1994年获得“全国科教兴市先进城市”和“国家历史文化名城”称号，1996年获得“国家卫生城市”“中国综合治理先进城市”“普法先进城市”称号，1998年获得“中国优秀旅游城市”称号，1999年获得“全国群众体育工作先进市”和“园林城市”称号，2000年获得“环保模范城市”称号，2003年获得“全国人居环境奖”和“科技进步先进城市”称号。

1999年，青岛市被评为全国创建文明城市工作先进城市。2005年，青岛市成为首批全国文明城市。2008年，以举办奥帆赛为契机，青岛市将创建文明城市与举办“人文奥运”相结合，开展“做文明市民、建文明城市、办成功奥帆赛”的城市形象提升活动。这些举措促使城市人文环境明显改善，城市管理明显优化，市民文明素质和城市整体文明程度明显提高。2011年，第三次全国文明城市评选，青岛又一次光荣地登上榜单。2017年11月，在第五批全国文明城市创建中，青岛市经过重重检验成功保持了文明城市的荣誉称号。

在文明城市的创建过程中，青岛市逐步走出了自己的文明之路，在巩固提升创建成果的同时，开拓新思路、探索新路子，在体制机制、平台建设、创建内涵等方面不断探索创新，正向着文明城市创建的“升级版”扎实迈进。

作为“老牌”的全国文明城市，青岛市在创建之初便确立了“不为创建而创建”的工作思路，提出文明城市创建重在常态、贵在坚持。而在持续推进文明城市创建过程中，青岛市更是不断创新体制机制，实施国际化、法治化、常态化的创建新路子，推动城市品质提挡升级。

在文明城市创建的过程中，青岛市将市民素质提升的着眼点，放在市民的“自我教育、自我提升”上，通过开展“您懂得，别忘了”文明礼仪宣传倡导活动，促成了一次社会认知度极高、全民参与度极广的文明活动。

青岛市大力促进志愿服务制度化，不断完善注册、培训、孵化、激励机制，成立志愿服务项目孵化中心，推进创益联盟激励回馈建设，提升志愿服务制度化水平，全市注册志愿者达到130余万人，组建各类志愿服务团队约1.2万个，推出经常性志愿服务项目约6800个，成为彰显志愿服务精神的亮丽名片。

好人要有好报，失信要受惩戒。青岛市建立信用信息记录平台，大力加强诚信建设，初步建成市级公共信用信息平台，归集52个部门89万条信用信息，“信用青岛”网站上线运行，与“信用中国”和“信用山东”网站实现对接，建立失信“红黑榜”发布、联合惩戒备忘录等制约失信的有效机制。

青岛市将大数据应用和文明城市创建结合起来，融入社会治理和服务群众的各领域各环节，通过数据分析形成问题导向，摸清群众关心的热点、难点和重点问题，在不断解决问题的过程中谋求群众利益最大公约数。

网络助政问政推动为民服务，青岛市一直走在全国前列。早年，青岛政务网开通的“市长信箱”，成为全国最早利用互联网进行政民沟通的桥梁，而青岛市政民互动指数在全国政府网站绩效评估中一直位居前列。“12319”服务热线作为城市管理政民连心线，成立17年来，累计接听处置市民需求1600多万件，处结率100%，群众满意率超过99%。

群众的安全感，是群众幸福指数的一个重要衡量指标，青岛市以“大数据”为基础，完善立体化社会治安防控体系，推进视频监控全覆盖工程，加强流动人口服务管理，规范110接处警工作，推广治安案件“警调联动”模式。持续实施文明交通行动计划，重点开展“礼让斑马线”“开车变道不打转向灯”等专项整治活动，优化城市交通秩序。

为加强城市精细化管理，青岛市实施数字化城市管理，建成“一线一网一平台”的智慧城市管理监督指挥体系，城市管理效率大幅提高。自数字化城管系统运行以来，全市共发现城市管理问题550多万件，结案530多万件，处置结案率达97%。同时，建立了环卫网格化管理机制，实现“全覆盖、无缝隙”保洁，坚持全域统筹、全面覆盖、全民参与，深化乡村文明行动，推进城乡环卫一体化。

青岛还全面实施生态修复工程，优化城市绿地布局，推进森林公园、湿地公园建设，构建绿道系统，保证城市居民500米至800米范围内就近享受公园绿地。大力建设海绵型绿地，提高绿地对雨水的消纳利用功能，将70%的降雨就地消纳和利用。

城市文明程度的提高，直接拉升了城市的文化软实力。在改革开放40周年之际，青岛市的城市环境、市民的精神面貌、文明程度都有了极大的提高，24字社会主义核心价值观深入人心，建设社会主义强国的信念大大增强，法治观念牢固树立，城市管理廉洁高效，整个城市呈现出一派繁荣、和谐、健康、向上的发展气象。

随着青岛文化软实力的不断提升，青岛也变得更加具有魅力、号召力和吸引力。自2007年以来，青岛多次入选中国最具幸福感城市、中国宜居城市、外籍人士眼中最具吸引力的中国城市，这座渤海之滨的璀璨明珠，一定会在文明之光的照耀下，在中华民族伟大复兴的征程中，更加熠熠生辉！

第三节　推动文艺创新　繁荣社会主义文艺发展

青岛是一个有着优良文学艺术传统的城市，也是一个当代文学艺术水平较高的城市，丰富多彩的文学艺术滋养着城市的灵魂，塑造着城市的精神，活跃着市民的生活。尤其是改革开放以后，青岛市文艺界一直遵循社会主义文艺以人民为中心、为人民服务的导向，坚持“百家争鸣，百花齐放”的原则，无论是阳春白雪的高雅艺术，还是通俗近人的群众艺术，都如同受到阳光照耀的花丛一样，绽放出万紫千红的色彩，散发出沁人心脾的芬芳。

青岛市的文学艺术在历史上就有深厚的底蕴和良好的传承。青岛地区在历史上深受儒家文化和道家文化的影响，历代诗词歌赋、文人墨客吟咏不绝。青岛建置后，随着国立青岛大学的成立，当时拥有一批中国最高水平的学者、作家曾云集于此，留下了诸多佳作。受到外来文化的影响，青岛在电影、话剧、古典音乐等方面很早就萌芽发展。而随着移民人口的增加，各地移民带来了通俗艺术，京剧、柳腔、茂腔、琴书、山东快书等在民众中风行一时。

新中国成立后，青岛市的文学艺术发展呈现出新局面，尤其是改革开放以来，反映新社会、新生活、新主题的文学艺术作品大量涌现，青岛文艺园地枝繁叶茂，人才辈出。1988年，青岛市文艺家联合会成立，作家协会、戏剧家协会、美术家协会、音乐家协会等十几个艺术家协会联合起来，组织全市专业和业余文艺工作者展开文化艺术活动，使青岛市文学艺术出现了空前活跃的局面。

在文学创作方面，小说创作不断有优秀作家出现，如长篇小说《渔港之春》《降龙湾》《中国一九五七》《生命通道》《欲望别墅》等在国内外都具有广泛的影响，为青岛文坛赢得荣誉。诗歌方面，耿林莽的《星星河》和纪宇的《风流歌》《20世纪诗典》等都是传颂一时的佳作。进入21世纪以后，随着网络媒体的出现和兴盛，文学创作呈现出新的态势。2014年，青岛市文联根据形势发展，积极跟进文艺发展动态，探索“作家签约”制度，在本土文学创作中寻找有能力有潜力的优秀人才，与他们签约，在资金上、制度上予以鼓励和支持，以保证他们的生活来源，激发他们的创作才能，使一批优秀作者可以心无旁骛地进行创作，繁荣了青岛的文学创作事业。

青岛市话剧团成立于1956年，是全国著名的表演艺术团体。1982年起，青岛市话剧团进入一个新的发展阶段。创作演出了《哥仨和媳妇们》《飞吧，海燕》《女儿城》《海边有个男儿国》《工人世家》《寻找父亲毛泽东》等优秀剧目。1994年，青岛市话剧团改建为青岛市话剧院。在新的形势下，青岛市话剧院积极探索新的发展模式和经营方式。自1993年始，青岛市话剧团与海尔集团“联姻”，成立青岛海尔儿童艺术剧团，海尔集团每年出资，支持剧团创作演出，产生了轰动效应和示范作用。随后，各个剧团开拓创新，一批企业伸出热情的手，组建了文企联合的新式文化团体，各个剧团都有了固定的后援单位，文艺创作演出有了相应的资金保障，这一做法产生了良好的影响，被国内多家媒体报道。2012年，通过文化体制改革，青岛市话剧院加入青岛市演艺集团，在青岛市文广新局、青岛市文联和国有资金的大力支持下，青岛市话剧院推出了一系列精品剧目。剧院曾五次获得中宣部“五个一工程奖”，五次获得文化部“文华奖”，三次获得全国优秀儿童剧展演一等奖，文化品牌“青话亲子场”享誉全国，创作剧目、保留剧目、儿童剧30余部，是全国唯一一家推出全年儿童剧演出季的院团。

青岛市歌舞团成立于1960年，创作改编了《柯山红日》《孔子畅想曲》《梦幻大海》等大型剧目。1994年改建为青岛市歌舞剧院，2012年加入青岛演艺集团。剧院近年来先后上演舞剧《红高粱》《东厢记》《法显》，民族歌剧《马向阳下乡记》，流行管弦乐《征程》、民族音乐会《中国梦》、现代民族音乐会《绽放》和音乐情景剧《致青春》，经典歌剧片段《向共和国致敬》，曲艺专场《孝感天下》《最美青岛人》，儿童剧《大懒猫》《奔跑吧，公主》等数十部作品。建院以来，累计创作、演出各类剧（节）目千余个，演出场次达万余场，先后出访俄罗斯、德国、韩国、新加坡、日本、马来西亚、赞比亚等近十个国家，在国内外享有较高声誉。其中，舞剧《红高粱》荣获中宣部“五个一工程”优秀作品奖、山东省“泰山文艺奖”、第十届中国艺术节“文华大奖”。青岛市歌舞剧院的舞者赴美国、澳大利亚、日本、柬埔寨、韩国演出10余场，赴北京等10余个城市演出170余场。大型音乐情景剧《誓言》荣获山东省“组织工作创新奖”。2016年9月，青岛市歌舞团登上了中央党校的舞台演出，反响强烈。

除了京剧团、歌舞剧团、话剧团三大剧团，青岛市本土戏曲剧种也得到了长足发展。青岛地处胶莱一带，原有的茂腔、柳腔、胶州大秧歌等是当地老百姓喜闻乐见的文艺形式。茂腔在胶州、高密一带已经有200多年的历史，1950年青岛市茂腔剧团成立。《花灯记》《罗衫记》都是群众喜爱的传统剧目。《西京》选段和《赵美蓉观灯》选段参加第四届“中国戏曲红梅荟萃”大赛，荣获“中国戏曲红梅花”称号。柳腔是流行于原平度、即墨一带的民间艺术形式，1956年即墨柳腔剧团组建。经过新老艺术家的共同努力，柳腔在演出剧目、唱腔板式、音乐伴奏等方面都达到空前完美的程度。1956年，即墨柳腔剧团应邀进京演出，三进中南海怀仁堂，向国家领导人汇报演出，取得极大成功。改革开放之后，柳腔剧团适应新的发展形势，焕发出新的生机。1985年，柳腔电视剧《王三卖鱼》获首届中国戏曲电视片“鹰象奖”二等奖。2013年，戏剧小品《有事说事》获第六届“泰山文艺作品奖”。

除了文化演艺团体之外，青岛市还注重组织举办丰富的群众文化艺术活动。“青岛之夏”音乐会于1978年首次举行，1986年更名为“青岛之夏”艺术节，文化活动形成了“青岛文化四季歌”，月月有活动，季季有高潮，全年活动不断。从2003年开始，青岛市文联每年组织“五月的风”大型文学艺术系列活动，搭建了一个高水平的文艺交流平台。它整合了全市的文学艺术资源，大大提升了青岛群众文化艺术生活的水准和档次，为人民群众带来了丰富的文学艺术享受。2014年，青岛市文联积极响应中国文联号召，成立了文艺志愿者协会，将文艺活动免费送入千家万户。

青岛市的文学艺术创作及演艺团体，在改革开放40年中不断地适应新形势，探索新路子，也做过将文化艺术事业完全推向市场的尝试。但是事实证明，文化艺术活动作为一种重要的宣传手段，其主动权和引导力还是应该掌握在党的宣传部门手中。一定的国有资金的保证，不但让艺术家们有充裕的生活和时间进行创作，也保证了文艺作品正确向上的导向和艺术质量。依托精品文艺创作而展开的群众性文艺活动也丰富了人民的精神生活，提升了人民的生活质量。

改革开放40年来，青岛市的文化艺术创作和活动确实呈现出“万紫千红总是春”的可喜局面。这与改革开放后人民群众日益增长的精神文化需求有关，也与党和政府正确的精神导向、文化导向有关。随着中国综合国力不断增强，文化自信和文化自觉不断提高，青岛的文化艺术活动也会愈加繁荣昌盛，欣欣向荣。

第四节　完善公共文化服务体系 推动文化事业蓬勃发展

近年来，青岛市公共文化服务体系建设取得显著成效，公共文化设施更加完善，公共文化服务和产品供给更加丰富，财政和队伍保障更加有力。

公共文化设施更加完善。作为国家首批公共文化服务体系示范区，着力完善“中心城区—次中心城区—小城镇—新型农村社区”的公共文化设施梯次布局。青岛市出台了《“千万平米”社会事业公共设施文化项目建设推进方案》，已基本完成市文化中心项目建设、市图书馆改扩建、市博物馆改扩建等市级文化设施建设项目，全省首家地市级少儿图书馆——青岛市少年儿童图书馆开馆，总规划20万平方米的青岛文化艺术中心项目全面启动；完成区（市）综合性文体中心建设、街道（镇）综合文化站以及社区（村）文化活动室改造升级等项目。目前，青岛市有6000多个社区村落实现综合文化服务中心全覆盖，新增公共文化设施面积超过32.68万平方米；全市书店、美术馆、博物馆等文化综合体超过400家，其中注册博物馆的数量从国有的10余家增至个人和企业占主导的70余家。

建立和完善公共文化产品和服务供给体系，着力推进公共文化场馆免费开放。目前，全市63处文化场馆实现免费开放，包括37处博物馆、美术馆、纪念馆，26处公共图书馆、群众艺术馆和文化馆，每年服务市民超过700万人次。各街道、镇综合文化站和社区、村文化活动室也全部实现免费开放。自2008年始，青岛市财政每年设立文化场馆免费开放专项经费400万元，让更多市民享受零门槛的公共文化服务。

公共文化设施纷纷开启“互联网+”模式。“青岛文化云”项目建设启动，未来市民可实现通过多种电子终端定制专属的文化活动；“移动互联”时代不仅带来了公共文化场馆的无线网络全覆盖，同时还有青岛微书城、24小时自助图书馆及青云图等线上借阅平台，作为新兴的公共文化服务载体，最大化地覆盖城乡人群，针对不同市民群体提供有的放矢的精品化、创新性服务，有效提升了城乡公共文化服务的效能。

创新本土演艺服务方式。2012年初，青岛演艺集团有限公司正式挂牌成立，标志着青岛市文化体制改革在重点领域、关键环节取得突破性进展。从2014年起，青岛演艺集团整合旗下市歌舞剧院、市话剧院、市京剧院等专业艺术院团和各区闲置文化演出场馆，创建演出院线。针对不同的观众群体需求，开展系列惠民公演。“走进剧场·5元看演出”“走进社区”“走进校园”等不同内容主题的低票价公演，每周至少举办两场，本土演艺机构拓展基层公共文化服务的品牌声势日益壮大。青岛市话剧院的童话剧演出几乎场场爆满，一票难求；连续3年，各院团每年演出超过300场，观众人次达30000

人次。专业艺术院团将精品创作与针对普通市民的公共文化服务相结合，不仅令本土演出市场重获生机，更有效地提升了基层演出的水准和品质。

生产内容上，打通文艺与市民最后的距离。“五王”大赛已发展为全国第一个面向市民、同时在一个平台进行五项艺术门类海选的市民才艺展示舞台，获得了“山东省政府文化创新奖”，其参赛范围已拓展至东亚和欧美，并从线下发展到线上，网民点击量超过5000万人次，比赛视频点播量达426万人次。从这项亲民赛事中脱颖而出的“五王艺术团”，则继续在公共文化服务的创新领域开疆辟土：以“走进经典”为主题的微演艺“六进”公益活动，以不期而遇的“快闪”形式深入商场、机场、车站、书店，这一时尚文化的开展赢得了公众喜爱，也彰显了城市的艺术气质。

城市文化品牌打造方面，2017年11月1日青岛成功加入联合国教科文组织创意城市网络，成为中国首个“电影之都”、世界第九个“电影之都”。加入城市创意网络也为青岛电影产业打开了一扇接轨国际的大门，有利于加快对外文化交流的步伐，让文创产业迈向世界。作为世界第九个“电影之都”，青岛还与其他“电影之都”建立了文化交流。目前，青岛市已经与布拉德福德市签订合作备忘录，达成9项影视合作并稳步推进。布拉德福德驻中国电影办公室已经落户青岛，青岛驻欧洲电影办公室筹备处也已挂牌。此外，青岛还与“电影之都”马其顿比拖拉市签订《巴尔干半岛电影城市与青岛电影城市合作备忘录》，将共同推动在电影艺术、影视教育、影视产业等领域的交流合作，支持民间文化交流，打造电影艺术、技术创新平台，以电影文化交流带动城市不断拓宽交流渠道及领域。

在每年举办农村公益电影放映、学生电影放映、城市广场电影放映等活动的基础上，青岛2017年组织举办了中法电影展映活动、华语电影展、亚洲影视文化论坛、第16届电影表演艺术学会奖“金凤凰奖”颁奖典礼、青岛电影交博会暨第十五届全国院线国产电影推介会、青岛市民文化艺术节等活动。青岛市建设开放了蝴蝶楼电影博物馆、1907电影博物馆以及位于西海岸灵山湾影视产业区的融电影、科技于一体的青岛电影博物馆等专业电影博物馆。

财政支持方面，自2011年青岛被文化部、财政部公布为国家公共文化服务体系示范区首批创建城市以来，青岛市积极开展创建工作，启动公共文化设施建设项目1132个，总投资91亿元。青岛市财政设立了1200万元的资金，用于对各区市创建工作进行奖补；设立5000万元的资金，用于对全市文艺精品创作进行奖补。

政策支持和队伍保障方面，2017年为巩固提升创建成果，进一步做好公共文化服务体系示范区的后续建设工作，青岛市文广新局制定《青岛市国家公共文化服务体系示范区后续建设发展规划（2017—2020年）》，推动了青岛市现代公共文化服务体系建设发展，充分发挥了示范区引领带动作用，更好地满足了人民群众的精神文化需求。

第五节　培育新型文化业态
发展文化创意产业

青岛文化产业全面落实“创新、协调、绿色、开放、共享”的发展理念，实施文化创新与科技创新“双轮驱动”，促进传统产业转型发展，推动产业跨界融合，推进重大项目建设，优化保障措施，加快文化“走出去”步伐，文化产业实现快速增长，为城市发展提供了新动力。

一、优势产业发展迅猛

影视产业已成为青岛转方式、调结构的十大新兴重点产业之一。目前，青岛市已确立“1+2+N”的发展思路：通过创建一个全产业链的发展模式，完善政策和服务两大体系，搭建N个高端影视文化交流平台。此举有利于吸引集聚国内外优质影视资源，为打造世界影视文化高地奠定坚实的基础。

2013年，全球关注的重磅级电影盛事东方影都的建设大幕开启。2017年，东方影都影视产业园一期工程竣工交付，首批制作区15个摄影棚、11个置景车间正式交付使用，迎来了包括张艺谋导演执导的《长城》以及美国著名传奇影业出品的《环太平洋2》等剧组的入驻拍摄。青岛走进美国好莱坞推介，让青岛东方影都吸引传奇、狮门影业等9家美国电影公司签订了11部大片入园拍摄协议。

《青岛市“十三五”时期文化发展改革规划纲要》《青岛市人民政府办公厅关于促进影视产业发展的若干意见》《青岛市影视产业发展基金管理使用办法》等政策的相继实施，不管是从政策的扶持力度、创新的服务机制还是从合理的业态分布，都为城市打造世界级影视高地注入源源不断的能量。《青岛市人民政府办公厅关于促进影视产业发展的若干意见》设立了连续5年、每年10亿元的影视产业发展专项资金，对在影视文化产业区内完成主要拍摄制作的优秀影视作品，最高给予制作成本40%的补贴。

二、传统行业稳中有升

广播电视、新闻出版、印刷复制等传统行业近年来也保持着良好的发展势头。2016年，青岛出版集团总资产突破60亿元，收入超过23亿元。根据国家新闻出版广电总局发布的《2015年新闻出版产业发展报告》，青岛出版集团所属青岛出版社总体经济规模位居全国地方出版社第五位，副省级城市第一位。另外，青岛出版集团青岛微书城逐渐形成“城市阅读O2O服务体系”；青岛出版集团依托《三江源》《云冈石窟》《世界文化遗产》等高端图片影像资源，启动了艺术图片数据库建设，推出的“人文中国”APP被来自五大洲的12个国家和地区的用户使用。

三、推动文化精品生产创作

青岛市发布了《青岛市文艺创作生产引导目录》，明确创作导向和重点支持方向。2016年，青岛市共征集各艺术门类申报项目300余个，3部剧本入选国家新闻出版广电总局电影剧本孵化计划，12部作品获“泰山文艺奖”。首次启动影视剧本孵化计划，目前已有20多部剧本进入孵化计划。

四、提升文化产品质量水平

精心创排舞剧《法显》并在国家大剧院成功首演；京剧《清贫之方志敏》等2个剧目获得国家艺术基金立项资助；《三中全会与改革开放》《新中国宣传画》《提高油气采收率理论与技术丛书》等3个项目获得2016年度国家出版基金资助。《少年读史记》获中华优秀出版物奖、当当中国力量主题童书奖；《致未来的你——给男孩的十五封信》入选2016年度国家新闻出版广电总局向全国青少年推荐的百种优秀出版物目录。《一回忆，就幸福》《C9回家》《中华传统美德教育系列》等3部动漫作品入选2016年弘扬社会主义核心价值观动漫扶持计划。纪录片《根据地》获得第十届“纪录中国创优评析”一等奖、山东省“五个一”工程、“泰山文艺精品奖”电影类一等奖，这是青岛市首次获得该奖项。

五、“文化+”效能集中显现

脱离以往“铺摊子”的窠臼，青岛文化产业渐渐走上了“上档次”的自我优化之路。“文化+金融”方面，青岛市文广新局联合青岛市委宣传部、青岛市财政局、青岛市金融办印发实施了《青岛市文化产业投资引导基金派出董事和监事的管理暂行办法》和《青岛市文化产业投资基金设立方案》，指导市文化产业投资，引导基金规范运作。“文化+科技”方面，作为国家级文化和科技融合示范基地，青岛市吸引了“水晶石”“金东”等知名文化创意公司汇聚于此，利用国内一流的数字影像技术，为全球数字娱乐及广告新媒体行业提供美术制作及可视化服务；中科院青岛科学艺术研究院依托中科院自动化所等专家智库资源，以视觉工业体系为主要研究方向，着力开展数字影像的技术研发、内容创作和人才培养等实践。“文化+旅游”方面，青岛市市南区举办了青岛市旅游文化商品创新设计大赛；西海岸新区推进茶叶产业、文化产业、旅游产业融合发展，打造北方最大的茶产品交易、茶工艺展示、茶文化交流、茶休闲体验基地，成功创建海青镇国家AAA旅游景区。“文化+休闲娱乐”方面，青岛“栈桥书店”将打造成为青岛旅游文化和时尚文化的出版基地，开启了青岛市阅读文化与休闲、娱乐、旅游融合的新模式。

另外，各区市推出的特色节庆文化活动已成为挖掘整合区域特色资源的重要力量。市南海洋节、市北元宵萝卜会、四方海云庵糖球会、李沧民俗文化节、开发区金沙滩文化旅游节、崂山旅游文化节、胶州秧歌会、即墨田横祭海民俗文化节、胶南琅琊文化节、平度大泽山葡萄节、莱西月湖文化艺术节等品牌影响力日益扩大。

第六节　突出山海特色　建设历史文化名城

青岛市因“山海岛城”融为一体的城市空间格局、“红瓦、绿树、碧海、蓝天”的城市特色风貌、丰富多样的异域风格建筑群以及在中国近现代历史上的重要地位，1994年被国务院批准为第三批国家历史文化名城。

青岛之所以跻身于国家历史文化名城的行列，主要是因为：

一是悠久的历史文化。青岛地域历史悠久，有灿烂的古代文化。距今约7000年前，东夷族原始居民就已在青岛地域集群而居。经考古工作者历年来的发掘和调查，特别是近些年来的文物普查，青岛地域发现了多处新石器时代文化遗址。北辛文化、大汶口文化、龙山文化、岳石文化等一系列古文化遗址证明早在原始社会，今青岛地域便生活着远古居民，他们以自己的辛勤劳动同祖国其他地区的人民共同创造了中华民族悠久的历史和灿烂的文化。琅琊台古航道遗址的发现，使青岛海洋文化发展的历史脉络日渐清晰。

二是独特的近代文化。青岛百余年的历史集中凸现了近代中国半殖民地半封建社会城市发展的轨迹。作为近代欧亚文化的交汇区，青岛具有独特的文化内涵和深厚的底蕴，对中国近代历史和社会发展产生过重要影响和作用。影响中国前途与命运的五四运动等重大事件与青岛紧密相连。20世纪二三十年代，青岛以驻青山东大学为依托，成为大批近现代中国文坛文化名人的集中地。梁实秋、老舍、闻一多、童第周等一大批文化名人及海洋学家汇聚青岛，从事进步思想文化及科学技术的创造和传播工作，对中国乃至世界产生了重大影响。青岛的文化名人故居达到50余处。

三是中国独一无二的城市街区风貌。青岛的独特历史使城市建设带有明显的欧洲特色，有“万国建筑博览会”之称的八大关建筑群，这其中的建筑精品如总督府、花石楼等则成为青岛的地标式建筑。

四是目前全市拥有70余处博物馆、纪念馆，包括啤酒博物馆、纺织博物馆、汉画像砖博物馆等特色场馆。

五是青岛市囊括了崂山、秦始皇三次出巡的琅琊台、天柱山魏碑、齐长城等体现海洋文化、道教文化与齐鲁文化交融的历史遗迹。

20世纪90年代以来，青岛进一步确立“保护老区，建设新区”的城市发展战略，城市经济重心平稳东移，形成新老城区毗邻并举、历史风貌建筑与现代城市新景观相衔接的城市总体建设格局，初步确立了“历史文化”在城市中的鲜明位置。1999年，在经国务院批复的《青岛市城市总体规划（1995—2010年）》中，青岛市率先编制了历史文化保护专篇，确定“新旧脱开布局、保护老城、发展新区”的总体保护发展思路。2002年，在1995版城市总体规划的指导下，青岛市编制完成了《青岛历史文化名城保护规划》，实施“历史文化名城保护工程”，提升城市历史文化内涵，延续历史文脉，拓展“山、海、城”自然和人文景观，为建设现代海洋文化名城奠定历史文化基础；同步编制完成了安徽路、观海路、小鱼山、八大关四片历史文化街区保护规划。保护规划体系的不断建立完善，有效地保护了青岛市的历史文化遗产，历史城区总体格局得以保留，文化保护单位和历史优秀建筑得到较好保护，历史风貌特色成为重要的城市名片。

2015年4月，青岛市第十五届人大常委会第二十七次会议表决通过了关于《青岛历史文化名城保护规划（2011—2020）》（简称《规划》）的决议。《规划》突出了青岛的城市特色，突出完善保护内容；将历史文化街区由原有的10片扩大到13片，将街区保护范围面积扩大为688.9公顷，建设控制地带面积扩大为674.9公顷；构建出自然环境、历史城区、历史文化街区、文物古迹、工业遗产、历史文化村镇和非物质文化遗产等7大类多层次的综合保护体系，力求按照“全面保护、真实保护、完整保护、合理永续利用”的原则，通过《规划》，延续青岛百年历史文脉，彰显“山、海、城”特色，着力加快城区改造提质和内涵式发展。

2017年，《青岛历史文化名城保护规划（2011—2020）》获省政府正式批复，进一步完善了青岛市历史文化遗产保护规划体系，为历史遗产保护和城市更新发展提供法定依据。省政府批复要求，整体保护青岛“山、海、岛、城”融为一体的城市空间格局、历史城区的空间特征及各个时期的历史文化遗存、标志性历史建筑，保持传统街巷、河道的空间形态与尺度，严格控制历史城区内的建筑高度和滨海视线走廊，延续“红瓦绿树、碧海蓝天”的城市特色风貌，加强配套基础设施建设，完善公共服务和综合防灾体系，不断改善人居环境质量。要求正确处理历史文化保护与经济社会发展的关系，处理好历史文化遗存、历史文脉与空间环境、自然景观的依存关系，体现出历史文化名城的特色，依法合理适度利用历史文化遗存，努力实现社会效益、环境效益和经济效益的协调统一。

历史文化名城是青岛的一张亮丽名片！

第五章
社会民生福祉不断增进

在改革开放40年的历史进程中，青岛始终将保障和改善民生作为发展的基本价值导向，着眼于解决人民最关心最直接最现实的利益问题，不断满足人民多层次、多向度、广泛性的美好生活需要，推动民生水平实现了稳步提升，取得了一系列的丰硕成果，为新时代坚持以人民为中心的发展思想，提高广大市民的幸福感、获得感、安全感，奠定了坚实基础。党的十九大报告指出："增进民生福祉是发展的根本目的。"2018年6月，上合组织青岛峰会胜利闭幕后，习近平总书记视察山东并发表重要讲话，强调要"切实把新发展理念落到实处，不断取得高质量发展新成就，不断增强经济社会发展创新力，更好满足人民日益增长的美好生活需要"。同时要求山东的领导干部："要坚持以人民为中心的发展思想，扭住人民群众最关心的就业、教育、收入、社保、医疗、养老、居住、环境、食品药品安全、社会治安等问题，扎扎实实把民生工作做好。"这无疑对包括山东省下一步民生事业的发展指明了方向。

第一节 可支配收入不断增长 人民生活安居乐业

居民可支配收入的提升是民生福祉增进的最直观体现。改革开放以来，青岛居民的可支配收入水平持续攀升，钱袋子越来越鼓，人民生活安居乐业。2017年全市居民人均可支配收入达到38763元，增长8.6%。其中，城镇居民人均可支配收入47176元，增长8.2%；农村居民人均可支配收入19364元，增长7.8%。全市居民人均可支配收入中位数36285元。幸福都是奋斗出来的。回顾青岛居民可支配收入40年的发展历程，这份成绩的取得，既是全体岛城人民勇于进取、努力奋斗的必然结果，也是市委市政府敢于担当、主动作为的集中体现。在此，《青岛篇》主要以关键时期和年份为线索展现青岛居民收入水平由低到高的发展历程。

改革开放以来，青岛居民收入水平得以较大幅度提升的第一个时期是20世纪80年代。据统计，1980年全市职工年平均工资为782元，在此基础上，整个“六五”（1981—1985年）期间，全市职工年平均工资平均每年递增7%。农民人均年纯收入达到730元，比上年增长12.8%，比1980年的209元增长2.5倍，“六五”期间平均每年递增22.1%。“七五”期间，全市居民收入水平提升较快的年份是1987年。在这一年，全市职工年平均工资1519元，比上年增加208元，扣除物价上涨因素，实际增长5.9%，比1980年的782元增长近1倍。城乡居民储蓄余额在这段时间也得以大幅增加。1987年青岛市城乡居民储蓄余额28.6亿元，比上年增长34.9%，比1980年增长5.6倍，平均每年递增27.9%。“八五”期间，收入增幅较大的年份是1994年。在这一年，青岛职工平均年工资达到5455元，比上年增长39.6%，扣除价格因素增长10%。城市居民人均生活费收入3880元，增长45.4%，扣除物价因素增长400多元，扣除价格因素增长7%。1995年，是“八五”规划的收官之年，职工平均工资为6164元，比上年增加709元，增长13%。全年市区居民人均生活费收入5357元，生活费支出4606元，分别比上年增长38.1%和32.4%，扣除物价因素，比上年实际增长18.8%和13.9%。农民人均纯收入2225元，比上年增加531元，增长31.3%，扣除物价因素，比上年实际增长8.7%。“九五”期间，作为“九五”规划的关键一年，1997年城市居民人均可支配收入为6222元，消费性支出5525元，扣除物价因素，分别增长1.8%和4.6%。职工平均工资7030元，扣除物价因素，增长1.8%。受自然灾害影响，农民人均纯收入2599元，比上年下降1%。1998年，是改革开放20周年，这一年青岛城市居民人均可支配收入为6554元，消费性支出5565元，农民人均纯收入3177元。在1998年之后的两年里，青岛城乡居民收支出现快速增长。2000年，全年城市居民人均可支配收入8016元，人均消费性支出6677元，农民人均纯收入3637元，全市居民消费水平不断提升，生活质量日益改善。

2005年，作为“十五”规划的收官之年，是青岛居民收入和消费结构发生变化的重要年份。这既是改革开放以来所采取政策的效应显现，也是未来居民收入和消费结构的新走势。居民收入水平不仅呈现大幅增长态势，而且收入多元化趋势开始显现。全市城市居民人均可支配收入达到12919.84元，比上年增长了16.5%，是五年间增幅最快的一年。城市居民生活正向饮食科学化、穿着个性化、用品高档化、住宅配套化发展。饮食消费讲究健康、科学、方便全年全市城市居民人均用于食品消费支出

3718.88元，增长8.6%，恩格尔系数（食品支出占消费性支出比重）由上年的38%下降到37.6%，下降了0.4个百分点。衣着消费追求时尚，个性趋向多彩化。随着生活水平的提高，城市居民对穿着的要求越来越高，衣着呈现出成衣化、时装化、个性化和多元素、多色彩的趋势。2015年城市居民用于衣着方面的支出人均1041.70元，比上年增长15.9%，占消费支出比重为10.5%。耐用品消费向高档化发展。20世纪90年代，以彩色电视机、电冰箱、洗衣机和电风扇为代表的大件耐用消费品，已步入更新换代期；科技含量高、环保节能、价格适中、功能齐全的家用电脑、数码照相机、家庭音响中心、空调器等新型耐用品快速进入普通居民家庭。“花钱买健康”成为家庭消费新亮点。随着生活水平的提高，居民对医疗保健方面的需求更加讲究，成为年内消费热点。交通、通讯等服务性消费支出快速增长。随着汽车进入普通百姓家庭，相关费用的支出也大幅增长。全市每百户城市居民家庭拥有家用汽车3.75辆，用于购买车辆燃料及零配件的支出增长2.9倍，交通工具服务支出增长21%；每百户城市居民家庭拥有固定电话97部、拥有移动电话152.8部、接入互联网的计算机26.8台，人均通讯支出达到600元，增长12.8%。

2008年，是青岛发展史上的重要年份，青岛成为北京奥运会帆船比赛的主办城市，“帆船之都”的称号自此以后更加响亮。这一年，青岛市城市居民人均可支配收入为20464元，同比增长14.6%，增幅回落1.9个百分点，扣除价格上涨因素，实际增长9.5%。全年的收入走势增幅出现前扬后抑、稳中回落的趋势。2008年，工资性收入、转移性收入、经营净收入、财产性收入均保持了较快增长。这是青岛居民收入的又一个新特征。第一，价格的上涨影响食品支出的增加。居民家庭用于食品的支出为人均

5606元，增加659元，同比增长13.3%。价格上涨因素影响了恩格尔系数的变化，全年居民食品支出占消费性支出的比重为37.4%，同比增长0.4个百分点。在外饮食消费人均支出954元，同比增长33.6%。食品价格上涨使居民家庭人均多支出587元，占消费性支出增支的87.2%。第二，衣着消费趋于时尚、个性，居民衣着消费已从低档、耐用型向高档、成衣转变，服饰品牌、款式更加齐全。第三，居住面积增加，居住环境改善，居住质量提高。青岛市政府加大旧城改造力度，建设经济适用房和廉租房速度加快，城市居民居住面积增加，居住条件和环境明显改善。第四，家庭设备用品及服务支出继续增长。全年人均家庭设备用品及服务支出1057元，增长8.2%。第五，保健意识增强，医疗保健支出快速增长。随着市民保健意识的增强，购买滋补品的居民越来越多。全年居民用于购买滋补保健品人均支出177元。医疗改革的全面推行，在一定程度上推动了居民家庭医疗费用的增加，全年人均医药费支出432元。第六，交通通讯方式明显改善。第七，教育文化娱乐服务支出稳步增长，培训支出增幅明显。随着生活节奏加快，人们的就业压力增加，具有开阔视野、陶冶情操、休闲时尚特点的户外活动越来越被市民所接受。

“十二五”时期，随着青岛经济的持续健康发展，居民的钱袋子也日益鼓起来。据统计，2015年底，青岛城乡居民人均可支配收入分别从五年前的24380元、9326元提高到40370元、16730元，年均分别增长10.6%、12.4%，城乡收入比从2.61缩小到2.41。

“十三五”时期，青岛在全面建成小康社会这一目标的引领下，为进一步提高居民收入水平，提出了一系列制度性建议，采取了诸多改革性举措，集中体现在宏观和微观两个层面。从宏观来看，精准界定分配的三个领域的功能定位，把握各个分配环节的基本原则，着重提高社会各成员收入分配的公平性。从微观来看，在工资方面，重点采取两项措施来保障工资的正常合理增长和农民工的劳动报酬权；在坚持按劳分配原则基础上，完善按要素分配的体制机制，提升社会全要素的活力，拓宽居民的收入来源，鼓励劳动者以资本、技术、专利和管理等参与分配，鼓励民间投资和创业致富，提高人力资本参与初次分配比重；完善机关事业单位人员工资制度，加大基层一线工作人员倾斜力度，并建立个人收入和财产登记信息系统，完善现代支付和收入监测体系。

第二节 教育体系不断完善 教育事业全面发展

青岛市委、市政府以率先实现教育现代化、让城乡居民学有优教为目标，针对在不同教育阶段的短板和弱项，采取了相应发展策略，着力促进各个阶段教育质量的提升、教育体系的完善和教育公平的保障，持续推动青岛教育事业实现全面发展，以精准满足居民对学有优教的教育需求。

在改革开放的前10年中，青岛市委、市政府千方百计增加对教育的投入，除从青岛市的机动财力中拿出相当一部分资金外，还从城市维护费、其他专门基金及社会财力中调剂一部分资金，保证教育事业优先发展的地位。1978年至1987年，全市用于教育事业的经费投资达7.94亿元，相当于1949年到1978年近30年来青岛市用于教育投资总和的1.5倍。青岛市对教育的投入不仅总量大，而且年增长率也较快。1978年青岛市教育投入资金3560.32万元，1987年达到17021.21万元。10年间，青岛市对教育事业的投入年递增率达4.78%。在持续增加教育投入的同时，自1981年始，青岛市委、市政府还先后召开4次教育工作会议，就教育改革、发展职业技术教育、加强师资队伍建设等问题作了具体部署。在这10年中，青岛的教育事业获得了快速发展，取得了显著成绩。从总体的学校数量和在校生数量来看，1987年青岛各个层次的教育机构基本齐全，教育规模得以扩大，体系得以完善。全市有小学2669所（市区146所），在校学生63.57万人（市区76797人）；普通中学592所（市区41所），在校学生31.52万人（市区60913人）；职业学校47所（市区18所），在校学生25971人（市区11021人）；特殊教育学校14所，在校生778人；中专（含师范）21所，在校学生8907人；技校24所，在校学生3798人；教师进修学校12所，在校学生7020人；成人高校8所，在校学生15156人；普通高校7所，在校学生13072人。从具体教育阶段的发展状况来看，基础教育、职业教育、高等教育和成人教育均获得了突破发展，取得了显著成绩。

在基础教育方面，主要涉及幼儿教育、义务教育和特殊教育。幼儿教育方面，1979年，青岛市托幼工作领导小组成立，促进了这一阶段青岛幼儿教育事业的迅速发展。全市幼儿园由1982年的595所发展到1987年的4707所；在园幼儿由1982年的53753名增加到1987年的20.74万名。1987年，全市城乡3岁以上幼儿入园率达78.3%，学前一年教育普及率达83.7%。义务教育方面，1984年，青岛的学龄儿童入学率为99.2%，巩固率为99.34%，毕业率为98.17%，普及率为99.5%，成为全省首先完成普及初等教育的城市之一。1986年，《中华人民共和国义务教育法》施行后，1986年12月，青岛市教育局作出了《关于加强市区初中教育工作的决定》。各学校制定了加强初中工作的3年规划，青岛市教育局每年拨款

50万元用于改善市区10所薄弱初中的办学条件。1987年，青岛市区已普及初中教育，农村小学毕业升初中率达到72.4％。特殊教育方面，在1979年以前，青岛仅有1所盲校，2所聋校，在校盲聋学生250余名，弱智儿童教育尚属空白。截至1987年，全市特殊教育已形成较为完整的体系。全市共有盲校8所，实现了市有盲校、县有聋校、区有弱智儿童辅读学校的要求，普及率达60％。其中，青岛盲校和青岛聋校成为全国唯一设小学、中学、中专3个培养层次的学校。

在职业教育方面，中等教育结构改革从1979年开始试点，青岛市政府成立了市中等教育结构改革领导小组，使职业技术教育得以迅速发展。1987年，全市职业学校已发展到47所，在校学生达25971人，全市各类高中阶段在校生总数的比例，市区为52.8％，农村为30％。

在高等教育方面，1978年，青岛市普通高校共有5所，在校生5628人。1985年，青岛大学正式建立。1987年，青岛市共有普通高校7所，即青岛海洋大学、青岛大学、青岛建筑工程学院、青岛化工学院、青岛医学院、山东纺织工学院和青岛师范专科学校，既有综合性大学，又有理工科、医科、师范类的专门院校，共设有94个专业，分别设有专科、本科和研究生3个办学层次，拥有学士、硕士、博士3种学位的授予权，在校生达13072人。

在成人教育方面，1979年，青岛市成人高校仅有2所“七二一”大学。截至1987年，全市已拥有成人高校8所，在校学生已达1.6万人。

1998年，是改革开放20周年，也是青岛教育发展史上的一个重要时间节点。1998年全市教育经费总额为17.5亿元，是10年前的2倍多，教育经费充足有效地保证了教育事业的各项发展。同年5月，青岛举行了实施“科教兴市”战略教育工作座谈会，提出了构建有青岛特点的现代化教育体系和推进教育现代化的构想。为加快构建以政府办学为主体、社会各界共同办学的格局，结合薄弱学校改造，首次在全市职业学校尝试“民办公助”办学模式，以公立学校为依托，引进私人投资，按照私立学校模式进行管理。青岛市教委先后制发《青岛市社会力量办学奖励办法》《关于规范私立中小学收费工作的通知》《青岛市私立普通中小学督导评估定级方案》等文件，依法对全市社会力量办学校进行年检，对年检合格的381所学校统一进行了编号，进行规范统一管理。这是青岛在鼓励社会力量办学方面迈出的重要一步，既发挥了社会力量在完善青岛教育体系方面的积极作用，又规范了社会力量办学的秩序。

在“十一五”期间，青岛持续推进中小学标准化建设，加强对农村薄弱学校资金投入，促进城乡教育均衡发展。从基础教育来看，在学前教育方面，通过规范办园行为，推动学前教育健康发展。青岛市有山东省十佳幼儿园10所、青岛市示范幼儿园410所。在义务教育方面，推进义务教育优质均衡发展。仅2010年，青岛市本级就安排2000万元支持五市改造154所薄弱中小学，五市镇（街道）级财政投入1.37亿元用于中小学标准化学校建设，七区全面完成标准化学校建设任务，全市60%的普通中小学基本达到省定标准。同时，加强对中小学发展的指导和推动，引导学校走内涵式的规范化学校创建道路。城乡中小学校办学公用经费得以提高统一，小学和初中公用经费财政预算内拨款标准为小学700元、初中900元。青岛市义务教育学校生均公用经费标准居计划单列城市首位、副省级城市前列。在普通高中教育方面，青岛市政府办公厅印发《关于调整市区部分直属学校布局工作的通知》，调整市区高中学校布局，发挥优质高中学校示范辐射作用，整体提升普通高中学校办学水平，满足市民日益增长的对优质高中资源的需求。从中等职业教育来看，制定了《青岛市职业教育园区建设方案》，推进中等职业教育学校和专业的布局调整，对照教育部新出台的专业目录，规范管理全市中等职业教育学校现有专业，确定全市专业布局调整目标。从高等教育来看，截至2010年底，青岛地区有高校23所，其中普通本科高校8所、独立学院3所、普通高职院校9所、成人高校1所、军事院校2所；有博士后流动站31个、博士点118个、硕士点554个，国家级重点学科15个、省部级重点学科85个市级（含市级）以上重点实验室126个。从成人教育来看，青岛通过整合资源，实施职业成人教育一体化、"农村大学堂"等举措，进一步健全了成人教育培训体系，结合劳动力转移培训、专项技能培训和职业资格培训，制定转移培训方案，推进服务三农的"订单式"培训、农村劳动力转移培训和实用技术培训。

"十二五"时期，教育事业实现了跨越式新发展，不仅在数量和规模上实现了历史性增加和扩大，在质量和结构上更有了创造性的提升和优化。其中，新建改建幼儿园数量高达969所，公办和普惠性民办幼儿园比重达到73.4%，有效缓解了入园难、入园贵难题。青岛市财政投资172亿元，新建改建中小学729所，分别是上个五年的4倍和2.1倍，87.8%的普通中小学达到市现代化学校标准。青岛的学前教育普及水平、义务教育校际均衡水平在副省级城市中位居第一。

"十三五"时期，青岛教育事业继续保持较快发展势头。全市教育体系更加完善，结构更为合理，质量得以提升，为青岛在新时代获得更大发展提供了人才支撑和智力保障。尤为值得关注的是，青岛在引进高等教育机构方面取得了丰硕成果，先后签约引进了中国社科院大学、剑桥大学、清华大学等知名国内外高校超过50所。在驻青高校中，山东大学、中国海洋大学入选国家“一流大学”建设高校，中国石油大学（华东）入选国家“一流学科”建设高校，青岛大学等高校共11个学科入选山东省“一流学科”。

第三节　大病统筹　医疗保险全面覆盖

十一届三中全会以来，随着各个领域市场化的深入推进，看病难、看病贵问题逐步凸显出来。为了解决这一难题，青岛市委、市政府始终将保障居民基本就医需求、坚持医疗公益属性作为核心理念，加大财政投入，朝着全体居民共同享有医疗保险福利的目标不懈奋斗。经过持续努力，青岛的医疗保险稳定可持续筹资和报销比例调整机制已经形成并逐步完善，基本确立了城乡居民大病医疗保险制度，大病统筹已经实现，医疗保险达到全面覆盖。

1999年，是青岛市社会保险体系构建和完善的关键年份。6月27日，青岛市政府决定，将市人事局、市民政局、市卫生局承担的机关事业单位社会保险、农村养老保险、公费医疗保险职能划归市劳动和社会保障局，建立起全市统一的社会保险体系。这为医疗保险改革提供了组织保障。同年，青岛积极推进医疗保险制度改革，制定并实施了《青岛市城镇职工基本医疗保险暂行规定》《青岛市城镇职工大额医疗救助金筹集使用管理办法》等17个配套办法。同时，为加强公费医疗管理，青岛市财政局共拨付市直享受公费医疗人员医疗经费2441.67万元，全年实际医疗费开支2738.33万元，扣除单位和个人负担后，医疗经费总体结余11.6万元。截至

1999年底，全市参加医疗保险的企业7298户、职工62.33万人、离退休人员23.03万人。当年共为患大病的职工和离退休人员24489人次拨付医疗费12592万元，基金支付率72.07%，人均5142元。

2000年，是青岛医疗保险改革取得重大突破的一年。在社会保障体系框架初步形成的大背景下，青岛的医疗保险制度改革进一步推进。至此，青岛基本形成了“小病自我保障为主、大病社会统筹为主”的新型医疗保险制度。按照国务院“低水平、广覆盖”的医改原则，制定出台了《青岛市城镇职工基本医疗保险暂行规定》以及配套办法，确定了按照在职职工工资总额的10%（单位8%和个人2%）的比例，为参加基本医疗保险的缴费标准，建立起比较完善的医疗保险政策法规体系。2000年底，全市参加基本医疗保险的单位1.18万个，参保缴费职工95万人，市内主城区职工参保率达到91%，基金收缴率达到92.3%，收缴基本医疗保险基金2.06亿元，支出医疗保险费1.95亿元，收支基本平衡。

2001年青岛医疗保险的覆盖范围再次拓展，市内主城区已将企业、机关事业单位和中央、省驻青单位全部纳入医疗保险范围，进而又将城镇个体、私营企业从业人员、自由职业者、非正规和非全日制就业人员纳入政策覆盖范围。通过医疗保险覆盖范围的拓展，青岛市参加医疗保险的单位已达到13185个、职工113.5万人，参保率达到90%，离覆盖全民目标又近了一步。市内主城区共收缴基本医疗保险费7.2亿元，其中记入个人账户3.77亿元，用作统筹金3.43亿元，统筹金支出3.19亿元，收支基本平衡。在医疗救助方面，收缴大额医疗救助金2750万元，为1344名大病患者支付医疗费2308万元，在基本医疗保险最高支付限额以上，平均每人救助1.72万元，在一定程度上有效缓解了大病致贫问题。2003年，为强化医疗保险支出管理，青岛提出修改完善医疗保险政策的建议，调整了医疗保险结算办法，保证了医疗保险基金收支平衡和医疗保险的稳健运行。2004年，为提高医疗保障能力，降低职工负担水平，重新制定并出台了《青岛市城镇职工基本医疗保险规定》，要求在总量控制、保证医保基金收支平衡的基础上，对16个病种实行单病种结算办法。2005年，全市倡导“诚信医保”“和谐医保”理念，开展了定点医院信用等级评价活动，将各定点医院的医保管理服务工作与信用等级评定结合起来，参保人数达到162万。

2008年，青岛的医疗保险参保人数达到196万。为保证基金的合理开支及收支平衡，青岛严格落实各项医疗保险规定，加强基金监管和医疗费审核工作。全市医疗保险基金征缴总额40.34亿元，其中征缴基本医疗保险基金36.44亿元、划入个人账户13.17亿元、基本医疗统筹金支付12.25亿元。全年市级统筹医疗保险基金征缴总额31.12亿元，其中征缴基本医疗保险基金28.17亿元、划入个人账户9.63亿元、基本医疗统筹金支付10.72亿元。七区参加城镇居民基本医疗保险47万人，征缴基金7427万元，支出5753万元。五市城镇居民基本医疗保险制度也已经启动。2010年末，政府办基层医疗卫生机构全部实施了基本药物制度，基本药物价格平均下降35%。

在“十二五”规划时期，城镇职工医疗保险、城镇居民医疗保险、新型农村合作医疗实现“三险合一”，在全国率先启动，基本实现城乡一体、同城同待遇。从覆盖面上看，全市城镇职工医疗保险参保人数达到323万，比“十一五”末增长27.5%，城乡居民医疗保险参保基本实现全覆盖，参保人数达到491.4万；基本药物制度覆盖政府办基层医疗卫生机构，基本和重大公共卫生服务覆盖城乡居民（2011年底）；为进一步提高大病救助比例，青岛筹资3亿元建立城乡重大疾病、罕见疾病医疗救助和城乡困难居民大病医疗特殊救助制度，同时，基本药物制度在政府办基层医疗卫生机构和规划内村卫生室实现全覆盖，建立了城乡重大疾病、罕见疾病医疗救助制度。城镇居民医疗保险和新型农村合作医疗（简称“新农合”）政府补助标准增至每人每年240元以上。职工医疗保险、居民医疗保险和新农合政策范围内住院费用报销比例分别达到89%、75%和75%。为解决“医院不能养，养老院不能医”的困境，青岛在全国率先探索实施了长期医疗护理保险制度，并荣获政府创新最高奖。

“十三五”时期，青岛将继续推进城乡一体的社会医疗保险制度建设，健全社会医疗保险体系，建立并完善城乡居民大病医疗保险制度，满足居民多层次的医疗需求，为全体居民提供覆盖范围更广、质量更好、更加公平的医疗保障服务。其主要措施集中体现为：第一，通过完善医疗保险稳定可持续筹资和报销比例调整机制，逐步提高全市居民社会医疗保险人均筹资标准和财政补助水平，统一居民基本医疗保险缴费档次及待遇标准；第二，为了进一步适应医疗联合体、全科医生制度、临床路径管理的要求，逐步推进按病种、人头、绩效等医疗保险支付方式改革；第三，为了进一步方便全体老年人灵活就医，在参保人医疗费省内直接结算的基础上，推动实现退休人员医疗费跨省直接结算；第四，全面实施城乡居民大病医疗保险和大病医疗救助制度；第五，鼓励发展补充医疗保险和商业健康保险，鼓励商业保险机构参与医保经办；第六，将生育保险和基本医疗保险合并实施。

第四节 就业持续改善 社会稳定和谐

就业是最大的民生。改革开放之初，由于历史原因，青岛待业青年就业问题突出。青岛市委、市政府始终将就业问题放在优先位置，从1980年开始，贯彻劳动部门介绍就业、自愿组织起来就业和自谋职业“三结合”就业方针，改革招工办法，并正式提出了16字招工办法，即“公开招工，自愿报名，全面考核，择优录用”，将平等竞争原则首次引入就业领域。在就业方针和招工办法的指引下，青岛利用国营企业办集体企业，建立劳动服务公司等途径，大力发展集体经济，辅以国家招工，鼓励自谋职业，先后筹办了1800多个集体企业，到1982年，基本解决了因历史原因而积压的10.5万回城知青和待业青年就业问题，使当年新成长的劳动力在当年得到安置。在就业领域逐步实行劳动合同制，是青岛就业领域中的一项大变革。1982年下半年，5个单位新招400名工人首次试点实行劳动合同制，随后，1983年1月，劳动合同制在青岛普遍实行。1984年，《青岛市城镇劳动合同制试行办法》颁布施行，对工资和保险制度进行了同步配套改革。1987年，青岛贯彻落实国务院关于改革劳动制度的4项暂行规定，结合本市实际，进一步完善了劳动合同制，制定了具体实施办法；从而在劳动就业中使竞争与选择、危机与压力有机融合在一起，既给企业带来了生机活力，也调动了职工的工作积极性。

劳动合同制的实行对象在当时只是新招工人这一少数群体，青岛职工总数的90%实行的仍然是固定工制度。在同一单位，新招工人和老工人之间采取两种不同的用工制度，就不可避免地会出现种种矛盾。面对这一难题，青岛市委、市政府又对固定工制度进行了改革，其关键举措就是采取优化劳动组合形式。按照先试点再逐步扩大范围的原则，1985年青岛市在两个企业进行优化劳动组合试点，搞活固定工制度，到1987年已经将实施范围扩大至76个企业的5.6万名员工。优化劳动组合这一创新形式打破了干部与工人的界限，触动了干部的铁交椅和工人的铁饭碗，畅通了能上能下的选人用人通道，改善了劳动组织，推动了厂长负责制的落实，有效缓解了新老用工制度的矛盾，为逐步实行全员劳动合同制奠定了前期基础。

1987年青岛在实施劳动组合搞活固定工制度的基础上，作为全国试点城市，进行了企业劳动人事工资制度综合改革，推行以劳动组合为重点的劳动制度改革、以选聘制为重点的人事制度改革和以工资总额同经济效益挂钩为重点的工资制度改革，从而实现以劳动保险社会化为目标的劳动保险制度改革。通过一整套改革，青岛逐步建立了能够切实体现按经济效益进行工资分配、劳动力合理流动、人事管理科学和劳动保险制度完善为特征的新型劳动人事工资制度。

从1978年改革开放至1987年，青岛在就业领域进行了大胆改革，提出新的就业方针和用工制度，逐步推行劳动合同制，通过采取优化劳动组合形式为僵化的固定工制度注入活力，有效解决了历史遗留下来的就业问题。截至1987年底，全市合同制工人达到140170人，占全市职工总数的14.67%，其中82.22%的合同工人享受到了17%的工资性补贴。

1993年，青岛市人才市场正式成立，标志着人才就业工作已逐步走向市场经济运行的新轨道。1995年，“八五”规划的收官之年，全市职工总人数111.6万，比上年增长1.3%，全市城镇私营企业从业人员和个体劳动者11.7万人，年增长38.5%。中小私营经济的蓬勃发展为广大劳动者提供了更多就业岗位，1995年青岛城镇登记失业率为2.18%。时值改革开放20周年之际的1998年底，青岛市职工人数为116.2万，全市城镇私营企业从业人员和个体劳动者55.2万人，年增长16.5%，城镇登记失业率为2.34%。2000年，全市累计登记城镇失业人员8.77万人，其中全年通过多种渠道多种形式实现就业3.87万人。整个“八五”“九五”期间，青岛的就业呈现出稳中有进的态势，就业岗位的种类逐步增多，就业途径日益拓展，劳动者就业的可选择性越来越多，社会稳定和谐。

“十五”期间（2001—2005年），青岛的就业促进工作得到进一步加强，就业政策体系进一步完善。青岛市委、市政府召开了全市促进就业工作会议，出台了《关于“十五”期间促进城镇就业工作的意见》。青岛市劳动社会保障局会同有关部门制定了14个配套操作文件，建立了本市促进城镇就业的政策体系框架。腾岗安置、公益性岗位补贴、“4045”（女40岁，男45岁）失业人员社会保险补贴、非正规就业劳动组织认定管理等一系列促进就业政策相继出台实施，弱势群体就业帮扶机制初步确立。2001年全市腾岗3574个，发展非正规就业劳动组织107个，开发岗位2125个（其中公益性岗位1244个），安置“4045”失业人员942人。其间，劳动力市场建设进一步加强，在全省劳动力市场“三化”建设评估中，青岛位居第一位。

“十一五”期间，青岛在促进就业方面专门投入资金16.4亿元，新增就业创业人员181万人。同时，为了鼓励大学生树立创业意识，以创业带动就业，专门设立了大学生就业创业扶持资金，助力大学生圆创业梦。2010年底，大学生就业创业率达到92.6%，全市单位从业人员269.4万人，增长3.4%。

“十二五”期间，青岛在就业领域的创新举动是实施了城乡就业一体化政策，建立了劳动力资源管理信息系统，实行重点建设项目与就业培训联动，着重推进大众创业工程，成为全国创业先进城市。其间，青岛市新增城乡就业41.4万人，政策扶持创业2.3万人。

2016年，作为“十三五”开局之年，青岛注重加强经济政策与就业政策的配套衔接工作，探索重点建设项目与扩大就业的联动机制建设，对以高校毕业生为重点的青年就业和城镇困难人员、残疾人就业问题进行了重点帮扶，提高了对灵活就业和新就业形态的扶持力度，确保了城镇新增就业30万人目标的实现。2016年底，全市城镇登记失业率为3.17%，实现了将失业率控制在4%之内的目标。在注重直接增加就业人数的同时，大力提升就业人员的创业能力，在创业资金、创业平台、创业技能等方面给予财政支持和技术指导，大力推进大众创业和返乡创业工程，实施了高校毕业生创业引领计划，推行终身职业技能培训制度，职业农民参加技能培训人数达1.5万，全年扶持创业人数达3万左右。这些就业政策的创新实施和取得的成就使青岛成为全国创业先进城市、国家新型职业农民培训示范市。

2017年，青岛市将高校毕业生和城镇困难人员、残疾人就业工作作为重点支持对象，从而保证城镇零就业家庭“动态消零”，实现了全年城镇新增就业30万人的目标。作为全国创业先进城市，青岛大力实施大众创业工程，支持创业投融资平台的发展，全年政策性扶持创业人数达到1.5万左右。在技能培训方面，青岛建立并完善了覆盖城乡劳动者的技能培训制度，全年技能培训帮扶1万人，新型职业农民技能证书培训1.5万人。这一年，青岛城镇新增就业73万人，政策性扶持创业2.05万人，全市劳动关系保持和谐状态，人民就业更加充分，更有质量，社会更加稳定。

第五节 租购并举 人民群众住有宜居

1978年青岛市城镇居民人均居住面积仅为3.88平方米，1989年全市竣工住宅面积138.6万平方米，城市居民人均居住面积为6.4平方米，农民人均居住面积20.7平方米，居民住房质量和居住环境有了较大改善。但是，青岛由于历史"欠账"较多，人口增长过快，加之财力物力所限，全市城镇居民人均居住面积在当时尚低于全国、全省的平均水平，市区部分职工住房紧张的状况仍未得到解决，有相当数量的家庭人均居住面积在2平方米以下。为了认真贯彻中共十三届六中全会《关于加强党同人民群众联系的决定》，推进青岛市民用住宅建设，改善人民群众生活，青岛市政府决定争取用3年左右的时间基本解决市内五区人均居住面积在2平方米以下的特别困难户的住房问题，力争到20世纪末使市内五区职工人均居住面积在8平方米以上。

1990年6月25日，市政府成立"青岛市解决住房特别困难户工作领导小组"。7月2日，市政府召开了"青岛市解决市区住房特别困难户工作会议"，部署了"解困"工作的任务和步骤。8月1日，青岛市"解困"办公室发出《关于做好住房特困户汇总上报的通知》；随后，又先后颁发了《关于催报住房解困办事机构与特困户申请表的通知》《关于做好住房特别困难户核实确认工作的实施意见》。10月，青岛市政府印发《关于在住房分配时优先安置住房特困户的通知》。1990年末，经市"解困"办统计，市内五区住房特困户为10594户，其中人均居住面积在2平方米以下的严重拥挤户6288户，无房户4036户，进一步提高了住房工作的针对性。

1993年11月，青岛市委、市政府又作出了加快市区四区棚户区改造的决定，计划用7年时间基本完成改造任务。1998年，青岛市又将其作为“民心工程”和头等实事来抓，并向全市人民做出承诺，制定出台了《关于进一步加快棚户区改造工作的实施方案》和《青岛市剩余棚户区拆迁改造办法》，制定了一系列优惠政策，加大资金筹措力度。截至1999年底，青岛市全面完成2.36万棚户区居民的动迁任务，24片棚户区全部拆除。

1998年，青岛在住房制度改革上迈出了重要一步。青岛市委、市政府在征求各方意见基础上，制定出台了住房制度改革实施方案，促进公房出售，启动住宅市场。全年商品房销售额、销售面积分别增长12.6%和8.4%。到1998年底，全市累计出售公有住房15.69万套，占可出售公有住房的54.4%，共计790万平方米，售房款累计达18.9亿元。

1998年12月，《青岛市深化城镇住房制度改革实施方案》《青岛市住房制度改革货币化分配暂行办法》《青岛市购买经济适用住房及租住廉租住房暂行办法》《青岛市公有住房上市交易试行意见》等一系列配合房改的文件相继出台，由此推行了近50年的福利分房宣告结束。

2005年，作为“十五”规划的收官之年，青岛市政府先后出台了《关于切实稳定住房价格的通知》（青政办发〔2005〕20号）、《关于稳定住房价格进一步推进住房保障体系建设的通知》（青政办发〔2005〕24号）等文件，采取金融、财税、行政等综合手段，从供求两方面进行宏观调控，整顿规范市场秩序，通过遏制投机型住房需求、控制被动型住房需求、抑制投资型住房需求、引导改善型住房需求，房地产投资和消费更加理性，房价增幅得到有效控制，同比增长从年初的11.7%降低到年末的7.7%，使房地产市场平稳运行。国家重点关注的投资规模、供应结构、住房价格和市场秩序四个方面都沿着政策调控目标发展。

“十一五”期间，“两改”（城中村改造和旧城区改造）和保障性住房建设规模空前。2008年至2010年，保障性住房建设规划全面完成，财政直接投入、土地收益让渡和配套费减免超过100亿元，基本建立起多层次住房保障体系，共建成6.2万套保障性住房，改造旧城区和城中村77个、实现回迁44个，整治旧住宅区16片，3.5万户低收入住房困难家庭实物配租配售率达到88%，市区10万户家庭住房条件得到改善。2010年，作为“十一五”规划的收官之年，为贯彻落实《国务院办公厅关于促进房地产市场平稳健康发展的通知》（简称“国十一条”）等房地产调控政策，青岛市政府办公厅于4月23日下发《关于促进房地产市场平稳健康发展进一步加快住房建设的意见》，着重从增加供应、优化结构、组合调控、落实责任等方面入手，采取一系列措施遏制房价过快上涨。12月，根据国家发展改革委、国家统计局数据，全国70个大中城市新建住宅价格指数同比上涨7.6%、环比上涨0.3%；青岛市新建住宅价格指数同比上涨6.2%、环比上涨0.4%，同比涨幅在70个大中城市中居第34位、环比涨幅居第30位，低于北京、大连等城市。

“十二五”时期，青岛开工建设保障性住房9.6万套，基本建成5.8万套，改造棚户区8万户、农村危房2.8万户，受益居民达30多万人。其中，2014年，是青岛住房保障体系进入实质整合阶段的关键节点。2014年8月，青岛将现有的廉租房、经济适用房、限价商品房、公共租赁住房四类保障房进行了资源整合，逐步确立了以公共租赁住房为主，实物保障和租赁补贴相结合的住房保障体系。2016年，作为“十三五”的开局之年，青岛以满足新市民住房需求为主要出发点，以建立租购并举的住房制度为主要方向，继续深化住房制度改革，大力发展住房租赁市场，优化房地产供给结构，积极化解房地产库存，取得了良好效果。2017年，青岛完成住房保障7052套（户），实施棚户区改造50677套（户），完成农村危房改造1050户。为14732户已入住居民补办不动产权证。2017年租赁补贴受益6557户，补贴总金额达4628万元。目前，青岛住房保障体系已日趋完善，集中体现为保障范围的扩大和保障方式的多样。一方面，保障范围扩大，将农民工、外来务工人员、引进的人才等新市民纳入保障范围。另一方面，多种保障方式并存，主要包括以下几种：老市民以实物为主、补贴为辅，对新市民发放租赁补贴，对引进的人才发放购房补贴，对公务员、事业单位人员发放一次性补贴（一次性补贴和增量补贴共占工资额的36%）。

第六节　社会治理体系和治理能力不断完善和加强

改革开放以来，社会建设地位日益凸显，并在党的十七大报告中上升为中国特色社会主义建设事业布局中的一体，构成“四位一体”总布局。作为社会建设的重要组成部分，社会治理也越来越得到党和国家的重视。尤其是2013年党的十八届三中全会提出了推进国家治理体系和治理能力现代化的目标以来，社会治理体系和治理能力的提升日益成为城市治理的重中之重。青岛在《“十三五”规划纲要》中明确提出了改革社会治理体制的任务，立足完善和加强社会治理体系和治理能力这一目标，着重完善党委领导、政府主导、社会协同、公众参与、法治保障的社会治理体制，在持续的实践中逐步实现了政府治理和社会调节、居民自治良性互动。

围绕提升社会治理体系和治理能力这一重要议题，青岛各区市结合自身情况，纷纷进行了创新性探索和实践，积累了诸多有益经验，形成了一系列成果。这些为青岛进行政策转化，形成制度体系，从而提高青岛的社会治理水平提供了实践支撑。其中，西海岸新区的诸多做法和经验已被部分区市借鉴推广。

作为新区代表，青岛西海岸新区以精细化为着力点来提升社会治理水平，取得了较好效果，其主要经验概括起来有以下几点：第一，夯实社会治理精细化的组织基础，优化治理体系的架构布局。西海岸新区对区、镇街和管区三级治理结构进行了调整，逐步形成了区级社会治理中心负责统筹调度、区直部门和镇街分级负责、管区网格进行基础支撑的社会治理体制框架。第二，理顺社会治理精细化的体制机制，畅通治理渠道。西海岸新区大胆创新，在责任划分、事件处置、监督检查等多个环节推进精细化治理，形成全程掌控、快速反应、闭环运作、高效联动的社会治理流程，并出台了《关于率先推进社会治理精细化的实施意见》，提出了责任精细化、处置精细化、监督精细化的实施方案，有效提升了治理体系的效率。第三，搭建社会治理精细化的信息平台，扩展治理体系的效能范围，促进社会治理能力的整体提升。以智慧城市建设为契机，积极探索实践“互联网+社会治理”模式，通过构建“三级平台”实现新区、镇街和管区三级在数据资源上的互通共享，从而形成社会治理的大数据中心，为社会治理提供信息和数据支持。第四，构建多元主体参与格局，由政府独奏转变为社会合唱，推动政府治理和社会调节、居民自治良性互动。新区政府专门出台《进一步推进社会组织改革与发展的意见》，设立专项资金，建立社会组织孵化园、创意园和公益园，培育社会参与力量。

青岛在“十三五”时期的开局两年，围绕完善社会治理体系、提升社会治理能力这一主题，着重从改革社会治理体制和健全权益保障机制两个方面来加以践行。在改革社会治理体制方面，重点推进社会治理工作重心向下移动，以社区网格化管理、社会化服务为方向，建立并完善社区、社会组织、社会工作、社区志愿者联动服务机制。改革社会组织登记管理制度，实行管办分离，推动行业协会商会和行政机关脱钩，重点发展行业协会商会类、科技类、公益慈善类、城乡社区服务类社会组织，实行依法直接登记。推行“互联网+”社会治理，完善公众参与机制，对关系公众切身利益的重大决策，以居民会议、议事协商、民主听证等形式广泛征求公众意见。在健全权益保障机制方面，完善行政复议、仲裁、诉讼等法定诉求表达机制，发挥人大、政协、人民团体、社会组织等诉求表达功能。完善党政主导，司法、行政、人民调解有机整合的“大调解”机制和社会矛盾纠纷排查预警、调处化解综合机制。推行“阳光信访”，实施依法处理信访事项“路线图”。在征地拆迁、环境保护、劳动保障、医疗卫生、道路交通、物业管理等领域建立行业性、专业性调解组织，健全市、区（市）、街（镇）三级矛盾纠纷化解平台，标准化建设人民调解中心。

2018年，正值改革开放40周年，也是贯彻落实十九大精神的第一年，青岛在完善社会治理体系和提高社会治理能力方面已经描绘出清晰的路线图。在目标举措方面，青岛将通过提升社会治理的社会化、法治化、智能化、专业化水平为切入点，着力推动共建共治共享的社会治理格局的逐步形成。在重点活动方面，青岛将持续开展“向市民报告、听市民意见、请市民评议”等系列活动，畅通政民互动渠道，保障公众对政府工作的知情权和参与权，支持市民关心城市发展、参与城市治理。在体系完善方面，青岛将重点通过激发社会组织的活力，充分发挥社会组织的力量，不断完善社区治理体系，加强人民调解组织和机制建设。

第六章
生态文明建设扎实推进

青岛市生态文明建设正式开启于党的十八大。改革开放以来，青岛市先后经历了从环境保护到生态文明的发展过程。

第一节　从环境保护走向生态文明的发展历程

一、建章立制，全市环境保护工作启动（1979—1996年）

1978年中共青岛市委决定，各区、县，各企业事业单位建立健全环保机构，人员列入正式编制，并把环保工作列入议事日程。1979年，青岛市革命委员会撤销了市环境保护办公室，成立青岛市环境保护局。翌年，又组建了青岛市环境保护监测站，各工业主管部门和大中型企业也开始组建环境保护职能部门。

1980年，青岛市依法对市区超标排放污染物的企业征收排污费。企业的“三同时”（同时设计、同时施工、同时管理）管理和产业结构调整开始得到重视。青岛市先后对全市的大气、酸雨、地面水、饮用水源地、海域滩涂、噪声、土壤、农作物、海产品及工业污染源、城市管网排污入海口水质等进行了监测，初步掌握了青岛市的环境质量状况和变化趋势。

1981年，青岛市委和市政府落实中共中央和国务院“环境保护是我国一项基本国策”的方针政策，把环境保护纳入青岛市国民经济发展计划和城市发展规划；制定了“六五”防治工业污染规划和“七五”环境保护计划，确立了到1985年基本控制青岛市环境污染继续恶化的目标，加大了环境综合治理和工业污染防治力度。1984年，青岛市辖各县、区相继成立了环境保护局，建立了环境保护监测站。1985年1月，青岛市环境保护局排污费征收所成立。全市环境保护的管理机构逐渐健全。1987年，青岛市把基本无黑烟片的建设作为城市建设和改善人民生活条件的大事。通过“三同时”严格控制新污染源，通过排污收费、限期治理、创建“安静小区”和安排环保补助资金等措施进行老污染源的治理，用3年时间完成创建基本无黑烟城市。1988年，青岛市实施省、市长环境保护目标责任制，把城市环境污染治理和环境综合整治纳入工作目标管理，签订《青岛市市长环境保护责任书》。青岛市先后被省政府授予“环境目标责任制先进市”称号，被国家环保总局评为全国环保计划、规划先进城市。

二、建成全国副省级城市中首个国家环境保护模范城市，青岛市的环境保护工作进入快车道（1997—2008年）

1997年，青岛市开展创建国家环保模范城市工作调研，初步提出了创建国家环境保护模范城市的构想。最终，青岛市委、市政府确定了“扎扎实实地开展创建国家环境保护模范城市活动，使青岛市以崭新的姿态跨入21世纪”的指导思想。1998年，按照国家环保模范城市的标准和条件，创建国家环境保护模范城市工作被纳入《青岛市环境保护工作纲要（1998—2002年）》，并印发《青岛市创建国家环境保护模范城市实施方案》，将环保模范城市27项考核指标分解细化，形成33个方面122项工作任务，并针对创建环保模范城市（简称“创模”）的重点和难点问题，制定了《青岛市创建环保“十、百、千”活动实施方案》《青岛市淘汰燃煤锅炉工作2000年实施方案》等8个专项工作方案，务求通过“创模”使城市整体面貌有一个新的变化。

1999年，青岛市成立了以市长为组长的“创模”工作领导小组及5个专业组，统一负责全市“创模”工作的组织协调和督导。同年，青岛市获得“国家园林城市”称号，城市环境综合整治定量考核名列全国47个环保重点城市第8名。2000年，青岛市上升至第2名。2000年9月，青岛市成功创建“国家环保模范城市”。与“创模”前相比，青岛市国内生产总值增长65.1%，接待国内外游客增长51.9%，实际利用外资增长76.6%。通过“创模”工作，青岛的环境保护工作有了跨越式的发展，城市形象和地位不断提高，经济、社会和环境发展更加协调。

青岛市在“国家环保模范城市”荣誉的激励下，以迎办绿色奥运、建设生态城市为目标，采取了一系列积极有效的措施，不断巩固和深化环保模范城市成果。一是建设生态市，不断增强可持续发展能力。在获得“国家环保模范城市”称号之后不久，青岛市委、市政府就作出了《关于进一步加强环境保护推进生态城市建设的决定》（青发〔2001〕4号），市人大常委会也通过了关于建设生态市的决议，市政府组织编制了规划，制定了实施方案，生态市建设工作得到稳步推进。二是转变经济增长方式，建设资源节约型社会。为正确处理城市环境、风貌保护与工业发展的矛盾，我们坚持生态标准原则，调整优化城市空间布局结构，同时积极加快发展低能耗、高附加值的高新技术产业和第三产业，重点支持一批节能、节水和资源综合利用项目。三是加快城市环境基础设施建设，不断优化城市功能。2001年以来，青岛新、改、扩建了5座污水处理厂，市区二级污水处理能力较2000年翻了一番。四是深入开展城乡环境综合整治，努力建设最适宜人居的城市环境。市区环境空气质量优良率从2001年的86.8%提高到2005年的90.7%。2003年，青岛荣获"中国人居环境奖"。五是加强环境管理，提高全社会的环境意识。青岛先后制定修改了11件地方环保法规和政府规章，对各区环保局实施垂直管理，开展了"绿色系列"创建活动等形式多样的环境宣传和教育活动，将环境保护工作引入各行各业。六是夯实生态基础，迎办绿色奥运。青岛市制定了《青岛市生态环境保护奥运专项规划》，大力开展生态建设。2005年，青岛市成为全国首批7个国家环保模范城市免检城市之一，当年获得"全国文明城市"称号。

三、统筹绿色发展，走向生态文明新时代（2009年至今）

2009年以来，青岛环境保护体制机制建设日臻完善，编制实施了《青岛生态市建设规划》《青岛市大沽河流域保护与空间利用总体规划》和《青岛市"十三五"生态环境保护规划》，环保基础设施建设不断加强，环境监管能力不断提升。2012年2月召开的青岛市第十一次党代会提出加快建设宜居幸福的现代化国际城市的奋斗目标。建设宜居幸福的现代化国际城市，就是要在加快经济发展、持续壮大经济实力的同时，着力打造生活舒适便捷、环境质量优良、生态景观怡人、公共安全良好的环境，让城市更加宜居；对照世界知名湾区城市标准，实施"全域统筹、三城联动、生态间隔、组团发展"的空间布局战略。"生态间隔"就是以山体、海湾、河流、湿地、滩涂、林带和各类自然保护区为生态屏障，加快构建支撑青岛永续发展的生态安全格局；突出“蓝色海洋、绿色城市”主题，加快生态系统建设，加快生态园林城市建设，全力办好2014年世界园艺博览会，提高城乡生态文明水平；深入推进节能减排，促进循环经济、低碳发展，坚持不懈地开展环境综合整治，逐步修复胶州湾生态环境，为子孙后代留下青山绿水、碧海蓝天。

党的十八大首次将生态文明建设作为“五位一体”总体布局的一个重要部分。青岛紧跟中央部署，将生态文明建设提升到新高度。生态文明制度体系加快形成，主体功能区制度逐步健全，单位国内生产总值能源消耗和二氧化碳排放量大幅下降，主要污染物排放总量显著减少。森林覆盖率提高，生态系统稳定性增强，人居环境明显改善。

党的十九大后，青岛自觉深入贯彻绿色发展理念，有效推进全面节约资源，形成绿色发展方式和生活方式，坚定走生产发展、生活富裕、生态良好的文明发展道路，加快建设美丽青岛，开创生态文明建设的新局面。

第二节　生态文明制度体系加快形成　主体功能区制度逐步健全

党的十八大把生态文明建设纳入中国特色社会主义事业“五位一体”总体布局，首次把“美丽中国”作为生态文明建设的宏伟目标。青岛市委、市政府紧跟中央决策部署，提出建设美丽青岛的目标。为实现这个目标，青岛市不断完善生态文明制度体系，在生态文明建设体制机制改革方面先行先试，实现经济发展和生态环境保护协同推进。

一、生态文明制度体系加快形成

近年来，青岛先后颁布《青岛市机动车排气污染防治条例》《青岛市胶州湾保护条例》等多部环保地方法规，出台《关于进一步加强环境与发展综合决策的意见》《关于建立健全青岛市生态补偿的意见》等一系列有利于环境保护的政策措施，制定了《大气污染综合防治规划纲要》《青岛市环境空气功能区划》《青岛市禁止销售使用高硫高灰分劣质燃煤规定》《青岛市高污染燃料禁燃区管理规定》和《青岛市环境空气质量生态补偿方案》《河流污染综合治理规划》等政策规章，同时采用建立大气和水污染治理指挥部等多个领域的环境保护协调沟通平台。青岛连续多年在全市开展环境综合整治、大气和水污染专项治理等重大生态环保行动，将环保工作纳入全市科学发展考核体系，建立大气污染防治目标责任制、重点流域环境保护河长制等责任制。青岛在淘汰黄标车、控制燃煤量等方面出台的一些政策措施早于国家和山东省。此外，青岛制定了重点流域生态补偿办法、农村污水治理项目管理试点、加强畜禽养殖业主要污染物总量减排、规模化畜禽养殖业污染减排治理项目资金补助、农村污水治理项目管理试点等制度，在流域污染防治、农村环境治理、总量减排等多个方面，基本形成"党委领导、政府负责、人大政协监督、部门齐抓共管、社会广泛参与"的工作格局，使生态文明建设步入科学化、规范化、制度化的轨道。

二、主体功能区制度逐步健全

2016年1月8日，国务院正式批复《青岛市城市总体规划（2011—2020年）》（简称《规划》）。该《规划》为城市树立"保护生态环境就是保护生产力、改善生态环境就是发展生产力”的理念，将创造优美人居环境作为中心目标，建设“青山绿水碧海蓝天”的美丽青岛。

《规划》为青岛的城市生态环境保护、空间资源合理利用提供了法定依据。《规划》依据青岛的发展现状、发展潜力和资源环境承载力的综合分析，将城市规划区划分为13个功能区，并结合各功能区的特点，制定相应管控要求，加强胶州湾、大沽河生态中轴、城市水源地、城市生态间隔带、生态湿地等重要生态资源要素的管控，把生态文明建设融入经济建设、政治建设、文化建设、社会建设各方面和全过程，将青岛打造成为生态良好、和谐宜居的美丽家园。13个功能区的具体要求如下：

大沽河地下水源地保护区：加大水源管理力度；加强水源涵养林的建设与管理；改变种植结构，限制农药使用，禁止工业发展，在不影响水源安全的前提下适度发展观光、休闲农业和旅游业；保障水源安全。

大沽河河口湿地保护区：严格控制湿地保护区周围区域建设用地规模，实施胶州湾湾底盐田生态修复工程，恢复自然湿地。

崂山风景名胜区：加强城市建设与村庄发展的管控，有效促进城市、村庄、风景区之间的协调发展。风景区的核心保护区、二级保护区范围内的保护、利用和建设，要以风景名胜区总体规划为依据；风景区的三级保护区、外围保护地带范围内的保护、利用和建设，以城市总体规划、风景名胜区总体规划为依据。编制三级保护区及外围保护地带的控制性详细规划，明确二级保护区界线的坐标，完善森林防火通道和环山旅游观光路建设。

大珠山、小珠山风景区：严格划定山体保护控制线，建设环山绿道，预留并控制与滨海联系的生态廊道，打造西岸城区的“绿心”。

铁橛山自然生态区：改善区内乡村的公共配套和基础设施；保护山体

资源，强化山体绿化，建设成为西海岸新区的自然生态腹地。

近岸海域：坚持陆海统筹，依据《青岛市海岸带规划管理规定》开展海岸带综合管理；依据《青岛市海洋功能区划》严格保护近岸海域；贯彻海岛保护法，完善海岛管理体制。

中心城区（东岸城区、北岸城区、西岸城区）：依据《青岛市胶州湾保护条例》保护胶州湾岸线；划定山体绿线、河道蓝线，保护中心城区的自然生态环境；严格保护历史文化名城。

原胶南组团：加强生态基底保护，划定山体绿线、河道蓝线等生态控制线，保护好大小珠山、铁橛山等山林生态资源；统筹资源配置，控制好滨海项目，保护好滨海岸线资源；按照国家级新区的标准和要求，依托胶南老城区，突出海洋产业主题，整合现有的工业产业园区；预留小珠山隧道建设条件，确保东西向主干交通联系的畅通。

空港组团：按照机场净空控制线要求，控制机场周边区域的建筑高度；加强机场周边区域用地功能控制，高效配置土地空间资源；控制城际铁路、市域快轨、高速公路等与机场衔接的综合交通廊道的建设用地空间，增强机场的集疏运能力。

胶州滨海区域：落实胶州湾生态保护控制线，保护大沽河、洋河入海口生态湿地，重点发展高端科技、教育研发产业等现代服务业，建立严格的产业准入审查制度，在实现职住平衡的基础上，严格控制住宅房地产开发比例。

蓝色硅谷核心区及田横地区：按照《青岛蓝色硅谷核心区总体规划（2013—2030）》要求，严格控制山体及滨海岸线，保护自然生态环境；严格控制鳌山湾北部田横地区（田横镇、金口镇）的建设，除农村新型社区以及支撑全域的交通、绿化、市政工程以外，给未来发展预留空间。

董家口港城组团：优先保证国际第四代物流贸易港的建设用地空间；加强港口周边区域用地功能控制，确保实现职住平衡；加强产业用地生态防护廊道的建设，严格控制山体及滨海岸线，保护自然生态环境；控制疏港交通廊道的建设用地空间，增强港口集疏运能力。

王台组团：重点保护五河口生态湿地资源，对接中德生态园，统筹建设国际合作与交流的先行示范区。

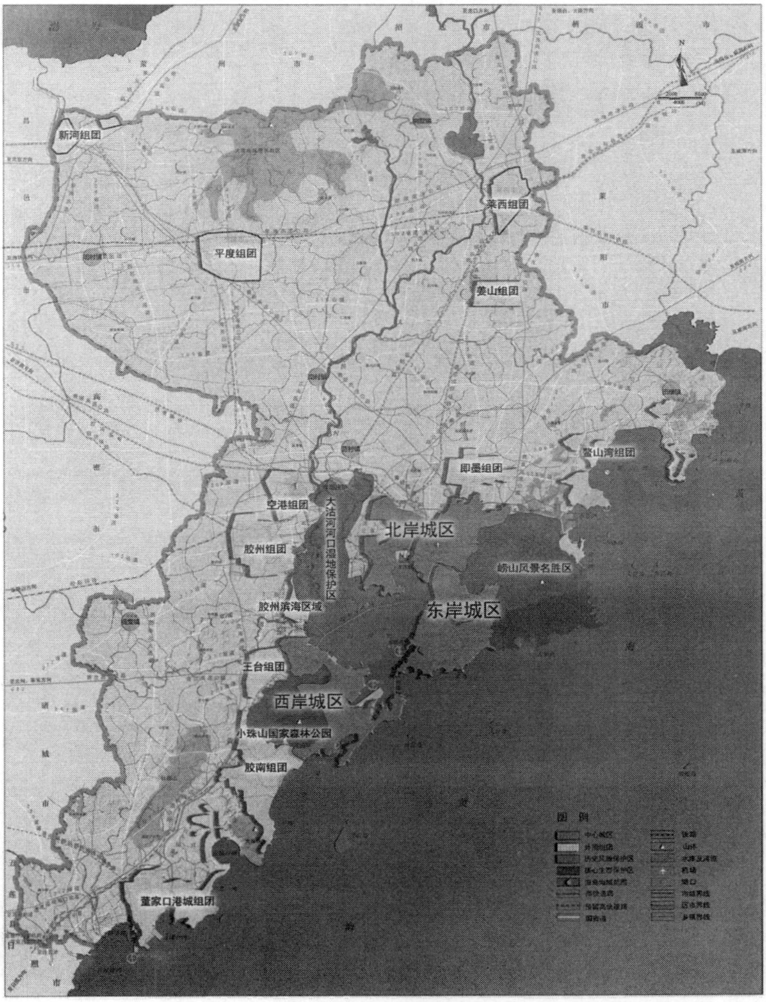

图6-1　青岛市城市总体规划（2011—2020年）

第三节　推进节能减排　构建节约型城市

随着青岛经济规模进一步扩大，居民消费结构逐步升级，城市化步伐加快，资源需求持续增加，资源供需矛盾和环境压力越来越大。在能源供需矛盾十分严峻的形势下，必须采取综合措施，形成长效机制，建立强有力的保障和支撑体系，全面推进资源节约，加快建设节约型社会。

按照党的十九大提出的“加快生态文明体制改革，建设美丽中国”的总体要求，在省委、省政府的坚强领导下，认真落实节约资源基本国策，以推进新旧动能转换重大工程为引领，深化工业节能，深入推进建筑、交通、公共机构等领域节能，突出抓好重大节能项目建设，大力开展节能新技术、新产品研发推广，加强重点企业节能管理和能源审计，各项节能措施落实到位，节能工作取得了积极成效，绿色发展迈出新步伐。2017年，全市万元GDP能耗下降3.99%，超额完成省政府要求青岛降低3.43%的节能考核目标。

一、建立绿色低碳的政策导向

（一）加强节能统筹规划

按照省政府《“十三五”节能减排综合工作方案》，青岛制定了《青岛市节能工作方案（征求意见稿）》，提出到2020年，全市万元国内生产总值能耗比2015年下降16%，能源消费总量控制在3380万吨标准煤以内。推进落实《青岛市“十三五”新能源和可再生能源发展规划》，到2020年，新能源和可再生能源年利用量达到253万吨标准煤。将年度能耗总量和强度“双控”目标纳入2017年国民经济和社会发展年度计划。按照全市能耗“双控”指标分配工作会议确定事项，将全市年度目标分解落实到各区（市）政府、有关部门及重点用能单位。

（二）构建节能降耗的工作机制

青岛市印发《2017年度青岛市综合考核办法》，加强能耗总量和强度“双控”目标责任评价考核；实施问责和奖励制度，对节能成果突出的企业进行奖励；成立了由市长任组长的青岛市节能减排工作领导小组，建立能耗总量和强度“双控”工作领导协调机制和循环经济联席会议制度。青岛市发展改革委成立了市节约能源办公室，具体负责协调全市节能和循环经济发展工作。

（三）探索建立青岛节能量交易机制

青岛市起草完成了《青岛市节能量交易工作管理暂行办法（讨论稿）》。青岛银行、青岛农商银行在全国银行间市场发行绿色金融债券，发行规模90亿元，主要用于节能、清洁交通、生态保护和适应气候变化等节能环保项目。加快智慧能源推广，举办青岛市综合智慧能源技术推广对接会；大力扶持智慧能源企业，加快分布式能源建设。

（四）碳市场建设先行先试

青岛市编制实施《青岛市低碳发展规划》，提出利用市场手段节能减排建设的方向和思路。核算2010年起城市层面和企业层面的温室气体排放量，印发并组织实施了《青岛市低碳城市试点碳排放权交易市场建设实施方案》和《青岛市温室气体排放清单编制常态化工作方案》，开展系列能力建设活动。完成重点企业历史排放核查，开展城市配额分配研究。

二、构建绿色低碳产业体系和能源供应体系

推动产业结构调整与工业技术改造升级，加快发展低能耗、低排放的高端制造业、战略性新兴产业和现代服务业，大力发展低碳支撑产业，构建“以传统产业低碳化为主线，现代服务业为主体，高端制造业为支撑，战略性新兴产业为引领，现代农业为基础，低碳支撑产业为特色”的具有较高竞争力的低碳产业体系。“十二五”末，六大高耗能行业总产值比重已降至17%，规模以上工业战略性新兴产业产值同比增长12.7%，产值占规模以上工业总产值比重达20.5%；服务业增加值增长9.2%，占生产总值比重达54.7%。

推进落实《青岛市“十三五”新能源和可再生能源发展规划》，加大天然气气源引进，推广天然气分布式能源系统。积极推进光伏应用，开发沿海和内陆风能资源，加快污水源、海水源与土壤源热能利用，推动生物质能源应用和海洋能源示范应用，发展可再生能源。争创国家能源生产消费革命试点。削减煤炭终端消费，提高外电使用比例，提升天然气、新能源和可再生能源利用水平。推进生物质热点工程、生活垃圾焚烧发电厂、太阳能小镇等项目建设。印发《青岛市2017年煤炭消费减量替代工作行动方案》，新上耗煤项目全部实行煤炭消费等量或减量替代。到2020年，青岛煤炭在一次能源消费中比重降至62%，单位生产总值二氧化碳排放量比2015年降低21%，力争比国家计划提前10年达到二氧化碳排放峰值。

三、大力发展循环经济

(一)不断强化法规政策的引导作用

青岛先后出台《青岛市资源综合利用若干规定》《关于发展循环经济的意见》《贯彻实施〈循环经济促进法〉的意见》等指导性文件。编制完成了《青岛市"十二五"循环经济发展规划》《青岛市海水淡化产业发展规划》等有关规划，将循环经济评价指标纳入统计体系，用于指导和规范全市循环经济发展。青岛市政府办公厅印发《关于加快青岛再生资源回收体系建设的意见》，大力推动全市再生资源回收行业向规范化、规模化、连锁化、产业化方向发展，为全面开展再生资源的综合利用奠定了坚实基础。出台《关于落实支持循环经济发展的投融资政策措施意见的通知》，建立加快促进循环经济发展的投融资政策机制。同时，完善财政政策，设立节能和循环经济市级专项资金，发挥财政资金的引导和放大效用，加速了全市循环经济重点项目建设步伐。2010以来，青岛市累计安排专项资金1.3亿元，主要用于支持节能技术改造、循环经济和资源综合利用试点示范等项目建设。

(二)大力推进循环经济重点领域建设

多年以来，青岛立足自然条件和产业特点，将工业固体废物资源化利用、废旧家电电子回收处理、海水淡化、废旧轮胎综合利用、秸秆综合利用等作为循环经济发展的重点领域，积极予以指导和支持，加强循环经济关键技术的研发和推广应用，取得了显著成效。目前，全市海水淡化能力达到21.9万吨/日，占全国总产能的18.4%。截至2017年底，全市累计资源化利用建筑废弃物6500万吨。顺利通过国家循环经济示范试点城市和国家餐厨废弃物资源化利用和无害化处理试点城市验收。加快推进董家口循环经济示范区、青岛经济技术开发区、胶南经济开发区循环化改造示范试点建设，推动城阳区创建国家循环经济示范城市。

（三）力促循环经济发展提质增效

在全市范围大力实施循环经济“3321”工程，打造海水综合利用产业基地、废旧轮胎综合利用产业基地等3个循环经济特色产业基地；建设崂山区、黄岛区和城阳区3个循环经济试点示范城区；培育20个循环经济试点示范园区和100个循环经济试点示范单位。1个区、2个园区和7家企业被确定为山东省循环经济示范单位，5家企业入围山东省循环经济典型模式案例。中石化青岛公司、青岛北苑建材等4家企业获评山东省资源综合利用先进单位。青岛率先实行生产者责任延伸制度试点，着力指导海尔、海信等6个试点企业分别在电器电子产品、汽车动力电池和纸基复合包装等领域有序开展试点工作。

（四）壮大资源综合利用等节能环保产业

“十二五”以来，全市资源综合利用产业呈现跨越式发展，资源综合利用企业数量由2011年58家发展到2014年的253家，经济效益、环境效益显著。目前全市有重点骨干企业15家，建筑废弃物综合利用示范基地于2012年11月入选首批国家资源综合利用“双百工程”示范基地，积极推进资源综合利用产业重点工程建设，全市工业固体废弃物综合利用率超过98%。青岛制定了《青岛市节能环保产业发展规划（2014—2020年）》，印发了《关于加快发展节能环保产业的实施意见》，制定了《高效节能产业、先进环保产业发展行动计划（2017—2021）》。2017年，青岛节能环保产业营业收入同比增长11.2%。

（五）加强循环经济成果展示和交流

青岛入选“中日城市典型废弃物循环利用体系建设项目”试点城市，有力地推动了青岛餐厨垃圾和废旧轮胎的资源化利用工作。青岛分别于2008年、2012年和2014年成功举办了三届中国国际循环经济成果交易博览会，系统展示了国内外循环经济方面的重要技术成果。2014年第三届循博会上集中展示了境内外循环经济产品、技术、成果4800余种（项），重点推介103项循环经济领域先进技术，境内外参展企业实现总交易额约48.6亿元。

四、推进资源全面节约和减少排放

（一）推进重点领域节能减排

“十二五”期间，全市共安排节能和循环经济专项资金1.04亿元，主要用于财政奖励节能技术改造清算、企业能源管理体系建设、公共机构节能改造和项目审核等领域，专项资金对102个节能技术改造项目给予补助，共实现节能量约36.72万吨标准煤，取得了良好的经济效益、环境效益和社会效益。青岛在建筑与交通领域节能成效显著。

1.在建筑节能方面，“十二五”期间，全市完成的建筑节能项目每年可节约237.7万吨标准煤，减排二氧化碳603万吨。同时，青岛积极推进既有建筑节能改造工作，强化新建建筑节能，推广绿色建筑。2016年，《青岛市“十三五”建筑节能与绿色建筑发展规划》出台，预计“十三五”时期可实现累积节约414.81万吨标准煤，到2020年，城镇绿色建筑占新建建筑比重达50%。

2.在交通节能方面，绿色运输综合交通体系、公交都市、青岛港绿色低碳项目试点建设加快推进。截至2017年底，青岛市加快推进《青岛市创建绿色交通城市实施方案》确定的项目建设落实，47个子项目已完成25个；完成青岛市交通运输能耗与碳排放统计监测体系建设示范项目；加大推广国家、省节能减排应用示范项目力度，全市范围内共推广新能源公交车3089辆。

3.在工业节能方面，“十二五”期间，企业清洁生产工作持续推进，全市累计完成清洁生产示范园区15个；累计完成清洁生产企业审核评估验收1262户，其中自愿清洁生产企业583户。

4.在公共机构节能方面，全面推行“山东省公共机构能源资源消耗统计系统”网络报送制度，提升公共机构能耗数据质量，逐步规范统计口径，按时限、按要求、及时规范地完成了数据报送任务。继续做好公共机构节能监测体系建设，在现有能耗监测平台基础上，对所有市级、区（市）级集中办公区安装能耗监测平台，并在市公共机构节能办安装能耗监测子站。与安装能耗监测平台同步，对所有安装监测平台的19个区域进行能源审计。积极推动节约型公共机构示范单位创建工作，共获评国家级7家、省级11家，评选出市级示范单位86家。“十二五”期间，全市公共机构人均综合能源资源消费同比下降17.93%，人均用水同比下降15.18%，单位建筑面积能源资源消费同比下降18.25%，完成“十二五”人均综合能耗、人均水耗下降15%、单位建筑面积能耗下降12%的节能目标。

5.重点用能单位和设备节能方面，定期开展重点用能单位节能目标责任评价考核。青岛市印发《关于加强重点用能单位能源管理负责人备案管理工作的通知》，依法对重点用能单位和企业能源管理岗位人员进行备案管理，重点用能单位均设立能源管理岗位。82家重点用能企业全面完成能源管理体系建设工作；印发《青岛市高效环保煤粉锅炉、水煤浆锅炉和高效环保煤粉、水煤浆推广工作方案》，做好燃煤锅炉节能减排和能效提升工作；制定《全市锅炉安全与节能集中排查整治攻坚战工作方案》，探索构建锅炉安全、节能、环保三位一体的监管体系。

（二）建设低碳主体功能区、城镇、企业、园区

编制重点生态功能区产业准入负面清单，参照国家《重点生态功能区产业准入负面清单编制实施办法》，会同崂山区在全省率先启动省级重点生态功能区产业准入负面清单编制工作。因地制宜，有针对性地对不符合主体功能区定位的产业进行约束，填补青岛主体功能区建设方面的政策空白。西海岸新区已纳入省级“多规合一”试点。中德生态园成为国家低碳城（镇）试点，通过给整个城镇碳排放设置“天花板”，开展海绵城市建设，率先打造开放式社区，推广可持续建筑、被动房、零碳房屋、泛能站等低碳技术，实施合同能源管理等系列工作，努力打造成全国园区建设发展的范本。青岛高新区、青岛港成为国家低碳工业园区和低碳港口试点。青岛啤酒、海尔、海信等企业从清洁生产、碳资产管理等方面推进低碳企业建设。中国海洋大学、青岛理工大学等5所高校相继被国家列为节约型校园示范。

五、倡导绿色低碳的生产方式和生活方式

（一）实施节能技术产业化工程

加大关键共性技术研究攻关和示范工程建设支持力度，实施企业工程技术研究中心培育工程，支持企业承担国家、省科技重大专项项目。对燃煤高效利用装备研发及应用示范项目等给予立项支持。组织相关单位参与国家、

省重点节能技术征集和更新工作，重点推广热电冷三联产及余热余能回收利用、蓄冷蓄热、电机系统节能等技术。开展节能技术推广应用工作。举办节能新产品新技术发布会，推广新型换代水煤浆锅炉等新研发技术。

（二）落实节能支持政策

落实居民阶梯水价和非居民用水超定额累进加价制度，开展居民生活用电峰谷分时电价政策试点，建立市内三区居民用气阶梯价格制度并调整居民用气价格。推进落实《青岛市供热条例》，加快推进供热计量收费。财政安排专项资金，对企事业单位节能减排低碳发展给予支持和奖励，重点支持节能、循环经济项目。积极落实节能节水和环境保护专用设备企业所得税优惠的相关政策。

（三）开展节能宣传周和低碳日活动

青岛市围绕“节能有我，绿色共享”和“工业低碳发展”的主题，组织开展节能讲座、研讨会等活动。推介“能效领跑者”高效节能产品，制定《绿色消费行为规范》，设计制作2400余份节能宣传画，发放给各区（市）单位在集中办公区的显著位置张贴，倡导资源节约的生产生活方式和绿色消费模式。

第四节　提高森林覆盖率　养护城市绿肺

一、推进园林绿化工作，提升城市景观环境

改革开放以来，青岛市园林绿化工作发生了巨大变化，依靠全市各行

各业的力量，广泛开展全民义务植树，深化园林改革，加强法制建设，大力发展公园、绿地，努力扩大城区绿地面积，建立健全市园林规划、科技体系，城市绿化面貌发生显著变化。

（一）园林规划体系逐步健全

1981年，青岛市园林处依据《青岛市城市总体规划》编制《青岛市城市绿化总体规划》，明确优先搞好风景游览区、名胜古迹和主要街道等的绿化，把青岛建成以海滨山头绿化为重点的园林化城市。1986年，青岛市完成《青岛崂山风景名胜区域规划大纲》和《青岛市海滨风景区规划》，以及《崂山区风景名胜区整体规划》。1997年，在创建“国家园林城市”中，依据《青岛市城市总体规划（1995—2010年）》的原则要求和《青岛市城市绿化管理办法》，在经过大量详细调查的基础上，编制《青岛市城市园林绿地系统规划（1997—2010年）》，对青岛市园林绿地总体布局。随着城市建设的发展和新一轮城市总体规划的编制，青岛市于2009年完成了《青岛市城市绿地系统规划（2007—2020年）》修编工作；编制完成了《浮山生态公园总体规划》和《太平山中央公园总体规划》，以及《青岛市城市绿地系统防灾避险规划》等。

（二）园林法规制度不断完善

1987年，青岛市园林绿化管理局根据国家《森林法》和国家城乡建设环境保护部《城市园林绿化管理暂行条例》等规定，制定了《青岛市市区园林绿化管理暂行办法》。此后，青岛不断建立和完善园林绿化相关政策法规、规章和标准规范，《青岛市古树名木保护管理办法》《青岛市城市绿化补偿费征收管理办法》《青岛市城市绿化管理办法》《青岛市全民义务植树条例》《青岛市绿线管理办法》《青岛市城市绿化条例》等一大批地方性法规、规章得以建立和不断完善，编制完成了《青岛市城市绿地设计规范》《青岛市城市绿地养护管理技术质量规范》《青岛市城市公园服务管理质量标准》《青岛市城市园林绿化技术导则》《青岛市行道树绿带技术导则》《青岛市立交桥桥下空间建设技术导则》《青岛市城市节点园林景观建设导则》《青岛市城市绿地养护管理导则》等地方标准和技术导则。2012年1月1日，《青岛市城市绿化条例》(简称《条例》)正式实施，2017年又进行了修订，该《条例》在绿化方案审批、绿地指标控制、工程监督、验收和执法处罚等方面有了新突破，重新确立了新的指导原则和执行标准，为依法治绿和推动园林绿化发展提供了有力保障，依法科学治绿逐渐走向规范。

(三)植树增绿稳步快速发展

城市绿地面积由改革开放初期的不足1600公顷增加到21570公顷。城市公园绿地面积由300余公顷增加到6767公顷，增长了20余倍。人均公园绿地面积由不足3平方米增加到18.55平方米。绿化覆盖率和绿地率由不足20%分别提高到38.59%和36.02%。青岛市推进太平山中央公园、浮山生态公园等一大批山头公园和公共绿地建设和改造；编制了青岛市绿道系统规划和沿胶州湾绿道慢行系统规划；实施大沽河、海泊河、李村河、张村河、楼山河、羊毛沟河、白沙河等滨水绿地综合整治。青岛市1999年被命名为国家园林城市，2007年被列为首批国家生态园林试点城市。2014年，青岛市成功举办青岛世界园艺博览会(简称“世园会”），园区荣获世界设计建造金奖，通过了“鲁班奖”评审，并被授予“全国生态文化示范基地”。

（四）行业管理进一步优化

十一届三中全会后，青岛市加强了城市园林绿地的规划、计划管理；开始编制城市绿化总体规划和相应的年度计划，制定各类绿地管理标准，推行承包管理责任制，加强法制建设，有效地加大城市园林绿化管理力度。目前，青岛城市园林绿化管理实行属地化管理。青岛市园林主管部门具体负责中山公园、动物园、植物园、文化公园、浮山生态公园的日常管理工作。其他城市公共绿地主要由各区（市）主管部门委托有资质的养护公司进行管理。单位、庭院绿化由各单位、小区物业各自进行管理养护。城市园林绿化管理纳入青岛市目标绩效考核，不断完善日常养护管理考核的机制，建立了由园林专家、各区（市）主管部门等共同参与的检查考核小组，通过城管综合考核的平台，建立了长效管理和常态检查督查制度，通过工作例会、现场观摩、明察暗访、督查曝光等方法，加大了园林绿化管理的力度，城市园林绿化管理水平显著提高。

二、创建国家森林城市，改善城市生态环境

近几年，随着“环湾保护、拥湾发展”和半岛蓝色经济区建设以及承办2014年世界园艺博览会，青岛市创建国家森林城市迎来了前所未有的发展机遇。青岛创建国家森林城市，能充分发挥城市森林在保障国土生态安全、平衡城市发展碳排放、扩充社会生态环境容量的重要作用，提升青岛生态环境竞争力和森林资源承载力，塑造城市自然品质和优美形象，是落

实中央统筹推进“五位一体”总体布局的必然选择，是实现率先科学发展的内在要求，也是建设宜居幸福创新型国际城市的重要举措。2012年6月，青岛市委、市政府印发了《关于创建国家森林城市的意见》（青发〔2012〕10号），吹响了全市创建国家森林城市的号角。

（一）绿化建设，规划先行

按照市委、市政府的部署要求，青岛市林业局提出了“全域生态屏障、大沽河生态中轴、三条生态间隔带、多点生态组团”的总体规划思路。为响应省委、省政府提出的“行政程序年”活动，进一步增强青岛市林业工作透明度，扩大人民群众对森林城市建设和林业工作的知情权、参与权，青岛市于2012年举办了首届“青岛市林业园林规划展”，全面集中地向全社会展示了青岛的林业园林规划成果。这次展会既开创了青岛乃至全省林业规划展的先河，也探索了青岛林业系统转变工作方式、提升工作效能的新路子，对进一步推动全市林业工作再上新水平起到了较好推动作用。2013年，国家林业局规划评审专家组评审通过了《青岛市国家森林城市建设总体规划》。

（二）城乡一体，统筹推进

一是开展植树造林，实施十大重点绿化工程。2010年，青岛市政府、市林业局提出了利用五年时间实施“十绿”工程建设项目，工程以绿景、绿村、绿园为“点”，绿廊、绿屏为“线”，绿城、绿山、“绿肺”为“片”，绿网、“绿肾”为“面”，突出路、田、山、水、海、城、村、园综合绿化，构建起以城市为核心，城乡一体化，点、线、片、面相结合的绿色生态网络体系。目前，青岛市建成区绿化覆盖面积总量达到23081公顷，覆盖率为44.23%；建成区绿地面积达20448公顷；共有公园104个，公园绿地总面积为6498公顷，人均公园面积为14.92平方米。二是创新发展模式，实施万亩林场建设。为进一步创新林业发展方式，青岛市出台了《关于加快林场建设的意见》。从2012年开始，全市实施万亩林场建设工程，拓展林业工程运作模式，以林场建设拉动造林积极性。胶南市的长阡沟万亩林场合作经营的模式和莱西市的宫山万亩林场外资经营的模式开创了林业招商引资工作的先河。创建国家森林城市期间，全市建成了35处万亩林场，完成新造林27.9万亩，补植造林7.1万亩，初步形成了分散在城乡之间的绿色生态间隔板块，有效地改善了城乡生态环境。三是实施生态间隔，打造低碳宜居生态环境。青岛市委、市政府已经确定了生态间隔与森林城市建设的总体思路，即“全域生态屏障、大沽河生态中轴、三条生态间隔带、多点生态组团”。“全域生态屏障”，即依托崂山、大泽山、大珠山、小珠山、铁撅山较完整的生态基底，重点建设莱西、平度北部的丘陵防护林，涵养大沽河水源，防风固土，打造外环青岛全市域的生态屏障。“大沽河生态中轴”，即保护大沽河湿地系统，建设沿岸景观绿带和沿线防护林带。“三条生态间隔带”，即以胶州湾为核心，建设环胶州湾生态保护带；以滨海公路两侧绿化为重点，继续完善提高沿海基干林带；以西岸、东岸、北岸城区为中心，依托高速公路分割，建设环城生态绿带。“多点生态组团”，即以西岸城区、东岸城区、北岸城区、蓝色硅谷核心区和五个县级市为中心，加强城市组团外部生态屏障和内部生态间隔建设，以道路绿廊、水系绿廊、城市片林、公园绿地为基本单位，形成全市域覆盖的生态网络。四是绿化大沽河堤，打造生态间隔中轴线。按照青岛市委、市政府印发的《关于实施大沽河治理的意见》，全面治理青岛的母亲河，青岛市林业局牵头编制完成了《大沽河区域湿地、林地系统专项规划》，并依据规划组织实施了230公里大沽河堤顶道路绿化工程。青岛市共设计乔木、亚乔木92种，灌木草本53种，优良乡土树种使用率超过80%，全面完成了大沽河堤顶路和河心岛绿化任务，共栽植乔木1049.8万株、灌木835.5万株，地被554.8万平方米，草皮57.3万平方米，呈现给市民林水相依、林路相连、绿意盎然的生态景观。大沽河丰富的生物多样性和良好的生态环境对周边区域经济和社会发展起到重要的保障作用。

（三）组织坚强，保障有力

一是组织领导有力。青岛市委、市政府出台了《关于创建国家森林城市的意见》，调整充实了创建工作组织领导体系和办公体系，把创建国家森林城市分别写入《青岛市第十一次党代会报告》和《政府工作报告》，下发《创建国家森林城市责任分解》文件，严格督查、考核。通过召开动员会、现场会、对接会、调度会、观摩会，采取强有力的推进措施，创建工作取得了实实在在的成效。二是保障制度不断完善。围绕建立长期稳定的林业投入增长机制，全市采取“投、争、融、筹”4种模式，引入市场化运作机制，采取企业出资、自愿捐资、冠名赞助、认建认养、股份造林、义务植树等多种方式筹措资金。2013年成立青岛林业投资开发有限公司，青岛市政府每年拿出500亩建设用地指标，由青岛林业投资公司负责融集资金进行森林城市建设。三年来，全市用于创建的资金达到100亿元，有力保障了生态林业建设和创建之需。三是森林资源和生态功能监测到位。青岛市高标准完成了第八次森林资源清查、林地保护利用规划、第二次湿地资源调查、种质资源清查工作。利用遥感（RS）技术、卫星定位（GPS）技术、GPS一体机及清查软件数据采集技术，通过对全市1075个固定样地调查和4301个卫星遥感图像样点判读，查清全市森林资源、沙化土地及湿地等现状和分布，进一步完善全市森林资源档案和森林资源数据库，为全市现代林业建设提供了决策依据。四是强化林业科技支撑。创建工作开展以来，青岛市建立健全了林业科技推广机构，支持各类林业协会和专业合作组织发展。到2013年底，全市各级林业机构拥有林业科技推广单位30多个，各类林业专业技术人员100余名，拥有花卉协会、苗木协会、林业产业联合会、野生动物协会、盆景协会等各类林业行业协会20余家，发展各类林业专业合作组织100余家。定期开展林业科研人员和林业推广技术人员培训，每年组织开展林木种苗花卉质量检验员、基层林业站人员等一系列业务培训，提高广大技术人员的业务水平。2002年以来，全市绿化以标准化模式推广，不断出台青岛市地方标准，规范绿化建设和管护。十多年来，青岛市先后出台了《造林设计技术规程》、《园林苗木栽植养护系列规程》（8项）、《山地直播技术规程》、《中幼林抚育技术规程》、《森林公园建设技术规程》等30余项地方标准，规范指导绿化建设和管护。五是档案资料完整精细。青岛市创建国家森林城市工作领导小组办公室成立了内业资料组，各市（区）、各部门抽调业务素质高、工作认真的同志成立档案资料组；制定下发了《青岛市创建国家森林城市档案管理工作方案》，对各类创建原始支撑材料和创建过程中形成的各类会议资料、文件、工作计划、实施方案、创建宣传、检查督导、工作汇报、工作总结和图片、音像等资料进行系统整理，形成了400余万字的汇编资料。

（四）生态搭台，文化唱戏

一是举办森林生态文化节。依托全市的森林公园、湿地公园、自然保护区和市级生态科普教育基地，以“植树节”“爱鸟周”“湿地日”“环境日”“防火宣传月”等为载体，2013年、2014年连续两年成功举办青岛市森林生态文化节。以“亲近森林、畅享自然”为主题，通过“寓教于游、寓教于乐”的多项活动向社会公众普及生态知识，增加生态意识，倡导人与自然和谐相处的价值观。这些活动主要包括生态摄影大赛、森林文化科普展、森林公园周末万人游活动、名贵花木展暨插花表演、我为小鸟安家活动、环保志愿者在行动、休闲健身展演活动、万人自行车游湿地等，活动期间承办景点免费向市民开放，并有专家专门向市民讲解各类专业知识。这些活动的开展，普及了林业科普知识，传播了绿色理念，提升了市民的生态文明意识，提高了创建国家森林城市的知晓率和支持率。二是建设生态文明教育示范基地。2013年，青岛市创森办牵头，会同市林业局、市教育局、市财政局、市科协等单位，依托全市的森林公园、湿地公园和自然保护区组织开展了市级生态文化科普教育基地评选活动；确定了青岛海滨小青岛风景区、城阳区青岛现代农业示范园、青岛滨海学院世界动物标本艺术馆等11处市级生态文化科普教育基地。三是评选全市生态文明镇村。青岛市鼓励镇（街）、村（社区）提升生态文明建设水平，出台了青岛市生态文化村和青岛市生态文明示范教育基地评选办法，开展了首次市级评选活动，市林业局牵头联合市教育局、共青团青岛市委印发了《“青岛市生态文化村”评选管理办法》，确定崂山区王哥庄街道办事处晓望社区等7个村（社区）为2015年青岛市生态文化村；评选、推荐青岛民超生态游乐园为山东省生态文明示范教育基地，胶东大店村为山东省生态文化村。2015年，青岛市绿化委员会办公室对9个市绿化模范单位、4个市绿化模范镇（街道）、14个市绿化模范社区（村庄）评选进行了表彰。

第五节　生态环境治理明显加强 环境状况全面改善

一、生态环境治理明显加强

（一）科学统筹空间与产业布局，加大生态系统保护力度

结合生态山东建设，青岛市第十一次党代会确定了建设宜居幸福现代化国际城市的目标，并对照世界知名湾区城市标准，强化全域统筹理念，提出了继续拓展、深化和提升“环湾保护、拥湾发展”战略，实施“全域统筹、三城联动、轴带展开、生态间隔、组团发展”新的城市发展战略，统筹推进胶州湾东岸、西岸、北岸三大主城区建设，优化产业发展布局，实行差别化的区域开发和资源环境管理政策，拉开“组团式、生态化”的海湾型大都市的城市空间发展大框架；修订了《青岛市城市总体规划（2011—2020年）》，在全市范围内谋划布局了一批重点功能区、新城、重点镇、新型农村社区等重点板块；编制实施了《青岛生态市建设规划》《青岛市“十二五”生态建设规划》，以山体、海湾、河流、湿地、滩涂、林带和各类自然保护区为生态屏障，打造城区之间、组团之间、产业功能区之间的生态间隔带；颁布实施了《青岛市大沽河流域保护与空间利用总体规划》，将大沽河建设成为贯穿青岛南北的防洪安全屏障、生态景观长廊、滨河交通轴线。目前，两岸堤防已全线贯通，227公里绿色长廊正加快形成。

（二）着力解决突出环境问题

一是注重源头防治。在国内较早开展PM2.5颗粒物源解析工作，在全省率先建成空气质量监测预警网络体系，全市大中型燃煤锅炉全部新上脱硫脱硝除尘设施，90%以上的燃煤锅炉达到新排放标准。全市建成21座城镇污水处理厂，污水集中处理率达到90%，环湾区域14座污水处理厂全部提升到一级A排放标准，胶州湾水质功能区达标率连年提升，主要污染物无机氮浓度连续三年下降8%以上。建设静脉产业园，废旧家电回收利用、废旧轮胎再制造等静脉产业走在全国前列，历史遗留的21万吨铬渣及渗滤液在全国率先实现无害化处置。二是突出结构减排，推进工程减排和管理减排。落实环保标准，严格环境准入，依法加强规划环评，强化重点区域流域、重点行业环评，以源头控制推动产业优化升级和布局优化。全面完成污染减排目标任务，为经济转型升级腾出环境容量。综合运用法律、经济、科技、文化和行政“五策”，从能源、工业、建设、交通、绿化等多个领域，研究采取重新划定环境空气质量功能区、扩大高污染燃料禁燃区、禁止新上传统燃煤项目、禁止销售使用高硫高灰分劣质燃煤、发展清洁能源替代、淘汰高污染黄标车、防治扬尘污染等多项措施，标本兼治、远近结合地防治大气污染。三是开展农村人居环境整治行动。把创建生态市作为加强城乡环保统筹推进的重要载体，实施国家生态市三年行动计划，即墨市、胶州市通过省级技术验收，城阳区、黄岛区通过国家生态区技术评估，全市90%的镇建成省级以上生态镇，建成市级以上生态村1065个。在全国计划单列市中率先成为全国农村环境连片整治示范试点市，争取国家财政资金4亿元，着力治理农村污水、垃圾和畜禽规模化养殖污染，推进农村污水管网和污水集中处理设施建设，全市75%的镇街驻地生活污水得到收集处理。

（三）改革生态环境监管体制，环境监管能力不断提升

实施环境监察执法综合改革，创新环境监管执法模式，开展环境违法行为有奖举报，加强重点污染源自动监控设施建设，实施企业环境监督员、企业绩效环境评估、企业污染环境责任险、企业环境信息公开、排污权交易试点等制度，企业环境绩效不断提高。购置先进监测设备，加强监测站点建设，拓展监测领域，建成覆盖大气、水、土壤、重金属、核与辐射等众多门类的现代化环境监测预警体系，总监测能力达到82类554项。增设环境应急管理机构，建设环境安全应急指挥中心，完善风险评估、隐患排查、事故预警和应急处置等工作机制，妥善处置突发环境事件，全市环境安全得到有效保障。

二、环境状况全面改善

（一）大气质量明显提升

1998年，青岛市区二氧化硫年均浓度仍然超过国家二级标准的1.1倍，一度被列入“全国十大大气污染城市”，对居民健康、城市形象和城市经济的持续发展产生了负面影响。2001年5月19日，《青岛市大气污染防治条例》公布实施，青岛市的大气污染防治工作全面进入法制化轨道。作为全国74个率先实施环境空气质量新标准的城市之一，青岛成立全市大气污染综合防治工作领导小组和全市大气和水污染治理工作指挥部，将各区（市）空气质量改善情况纳入全市科学发展综合考核，连续三年开展大气污染专项整治行动，组织实施《青岛市大气污染综合防治规划纲要（2013—

2016年）》和年度大气污染治理计划。强化考核奖惩，印发《青岛市环境空气质量生态补偿方案》，在全市范围内开展空气质量生态补偿工作。以“调结构、控燃煤、抑扬尘、治尾气、消减VOC”为整体工作思路，以治霾为核心，实行多污染物协同控制，不断健全工作体系，深化治理措施，持续提升大气污染综合防治水平，推动空气质量连年改善。2017年，青岛市区环境空气质量优良天数342天，比2016年增加24天，优良率93.7%，为近三年来最好水平。青岛市区环境空气中主要污染物可吸入颗粒物浓度、二氧化硫、二氧化氮、细颗粒物浓度分别为76微克/立方米、14微克/立方米、33微克/立方米、37微克/立方米，可吸入颗粒物、细颗粒物、二氧化硫浓度均为2013年以来最好水平，二氧化氮浓度与2016年基本持平。城市集中式饮用水水源水质达标率100%。

（二）工业废水综合治理效果明显

从20世纪70年代起，青岛市工业废水排放量、废水中各种污染物种类、数量呈突增趋势。20世纪70年代末期，青岛的个别企业开始水污染防治工作。随后，青岛市制定分期分批治理计划、污染源治理计划以及《青岛市小流域污染综合治理规划》，采取建设城市污水处理厂并配套建设排污管网，实行集中治理措施。调整水污染企业结构和布局，对不符合国家产业政策，能耗高、污染重、破坏生态环境，不符合城市总体规划和环境功能区划的项目严格把关，实行污染物排放总量和排放浓度的双重抑制，一批小化工、造纸、电镀等水污染项目被拒批。近年，地表水达到或优于Ⅲ类水质的断面比例为51.9%，同比基本持平。全市近岸海域一、二类海水点位比例为90.6%。

（三）水源地得到有效保护

1988年青岛市成立了用水源地工业污染源调查和防治工作领导小组，提出保护水源的规划，2003年6月和2004年6月市政府分别划定了全市11个地下水水源保护区和58个地表水源保护区名单，明确了各级保护区和准保护区的范围，完善了水源保护的执法依据。新建平度、即墨、城阳污水处理厂，扩建莱西、胶南和胶州污水处理厂，部分污水处理厂还增加了脱磷脱氮的能力，同时全市10余个紧靠水源地的镇实现了污水集中处理。莱西、即墨等区市还集中对重点过城河道及水源地汇水流域进行了综合整治，使大沽河、墨水河、白沙河等河流环境状况有了很大的改善，河流的水源功能逐步增强，受河水污染影响的地下水源水质恶化趋势得到一定遏制。

（四）流域综合整治成效显著

从20世纪80年代末开始，青岛市逐年加大流域环境污染治理工作。治理主要内容包括点源治理、城市污水处理厂建设、河道综合整治等，涉及大沽河、墨水河、李村河、北胶莱河等流域。“九五”末期，各级政府组织开展流域环境综合整治，包括河道清淤、河岸截污、护堤、绿化及流域生态保护等。2005年，青岛市完成《青岛市小流域污染综合治理规划》修编，实施李村河、张村河、大村河、杭州路河、郑州路河、墨水河、白沙河、板桥坊河等市区过城河综合整治工程，实施风河、洙河、云溪河、现河、龙泉河等县级市过城河段综合整治工程。“十一五”时期，河流功能区达标率和近岸海域水质功能区达标率分别由2005年的71.9%和60%提高到2010年的77.4%和87.5%。集中式饮用水水源地主要水质监测指标均达到地表水Ⅲ类标准要求，各年度水质达标率均为100%。经济快速增长的同时，实现了经济发展与环境保护相协调。重点环境工程取得显著成效。开展环胶州湾流域综合整治，对海泊河、李村河、娄山河、墨水河等河道进行了综合治理。加强了环境基础设施建设，新改扩建17座城镇污水处理厂，新改建城市污水管网1523公里。“十二五”时期，全市水环境治理取得阶段性成果，完成50条河流（河段）综合治理，整治污水直排口480处，新改扩建污水处理厂6座、污水管道795公里，新增污水处理能力43.5万吨/日。

生态文明建设是中国实现可持续发展的重要举措，也是中华民族永续发展的千年大计。党的十八大以后，生态文明体制建设的顶层设计初现端倪，大气、水、土壤等污染防治行动计划相继出台，新修订的《环境保护法》《“十三五”生态环境保护规划》颁布实施，《环境保护税法》获全国人大常委会审议通过；围绕生态环境保护展开的执法督察越来越严格，最高人民法院成立环境资源审判庭，中央环保督察启动，省以下环保机构监测监察执法垂直管理制度改革开始试点，新组建生态环境部等，充分体现了生态文明建设的重要性愈加凸显。做好青岛生态文明建设，必须紧紧围绕贯彻落实党的十九大关于生态文明建设的战略部署。一是对生态文明建设中存在的问题要有清醒的认识。根据中央环保督察组向青岛反映的问题来看，空气质量距离国家二级标准还有一定差距，部分扬尘防治措施落实不到位，部分地表河流水质超标，部分区域雨污分流不彻底，部分区市党委、政府和有关部门落实环境保护“党政同责、一岗双责”力度不够等现象，必须引起青岛高度重视。二是对解决生态文明建设中存在的问题要有清晰的思路和举措。党的十九大报告提出了明确的思路，就是必须坚持节约优先、保护优先、自然恢复为主的方针，形成节约资源和保护环境的空间格局、产业结构、生产方式、生活方式，建设美丽中国。报告还提出了详尽的生态文明建设举措，如加快建立绿色生产的法律制度和政策导向；提高污染排放标准，强化排污者责任，健全环保信用评价、信息强制性披露、严惩重罚等制度。这些举措需尽快落地，针对青岛大气、水、生态保护、基础设施、执法监管等存在的突出环境问题限期完成整改，同时从开展生态保护（如将湿地和饮用水水源地划入保护范围、实施海洋生态修复工程等）、优化能源消费结构、推动城镇化绿色发展、打造低碳产业体系等方面着手，加快建设美丽青岛，使青岛在美丽中国建设中走在前列！

第七章
全面从严治党成效卓著

第一节 明确责任抓落实 党委主体责任落实呈现新气象

习近平总书记指出："全面从严治党是各级党组织的职责所在，各级党组织及其负责人都是责任主体，必须担负起全面从严治党的主体责任。"[①]改革开放以来，青岛市委始终高度重视党的建设，通过扎实有效的措施，把党建工作牢牢抓在手上，确保了党委主体责任的落实，促进了党的建设整体工作上水平上台阶，为经济社会发展提供了坚强的政治保障。

一、统一思想认识，把抓好党建作为最大的政绩

改革开放以来，青岛市各级党组织，特别是党组织书记，从事关党的

① 习近平：《在十八届中央纪律检查委员会第六次全体会议上的讲话》，《人民日报》2016年5月3日。

执政地位与党和人民事业发展的高度，充分认识加强党的建设的重要性，牢固树立“抓党建是尽职，不抓党建是失职，抓不好党建是不称职”的观念，坚持把党建工作牢牢抓在手上。坚持从强化市委常委班子的责任入手，突出常委带头、以上率下，促进各级党组织把主体责任扛起来。青岛市在研究市委常委分工时，明确了每位市委常委抓好分管领域党建工作的责任。无论是历次党代会、全委会还是常委会，都把党建工作作为重要内容，坚持党建工作和中心工作一起谋划、一起部署、一起考核，自觉把全面从严治党主体责任扛在肩上、抓在手上、落到实处。特别是党的十八大以来，青岛市委常委会多次专题研究全面从严治党工作，及时传达学习党中央和省委关于全面从严治党的部署要求。坚持书记抓、抓书记，“一把手”亲自抓、带头抓的责任意识，建立健全党建工作长效机制，形成了党委统一领导、部门齐抓共管、一级抓一级、层层抓落实的党建工作格局。

二、健全制度体系，确保责任层层传导

青岛市落实全面从严治党主体责任，起初主要体现在建立党风廉政建设责任制，构筑反腐败工作领导体制和机制方面，早在1993年就制定了《关于领导干部抓党风廉政建设责任制的意见》。随着全面从严治党的不断深入推进，青岛市委不断加深对全面从严治党主体责任的认识，特别是党的十八大以来，不断探索党委落实全面从严治党主体责任的制度体系建设，形成了比较完善的责任制工作体系，厘清了责任边界，晒出了任务清单，为各级责任主体落实责任提供了“施工图”“考核表”和“问责尺”，有效改变了各级党委和党员领导干部对履责尽责认识不清、不到位的现象。为进一步提高各级党组织履行主体责任的能力和水平，2014年，青

岛市纪委编印了培训教材《“两个责任”扛在肩》，举办了党风廉政建设“两个责任”专题培训班，全市各级党委（党组）主要负责人和纪委书记（纪检组长）260余人参加培训；2016年，青岛市委出台了《关于落实党风廉政建设党委主体责任和纪委监督责任推进全面从严治党的意见》，这是青岛市强化“两个责任”落实、推进全面从严治党的指导性文件，是深入开展党风廉政建设和反腐败斗争的责任状，吹响了推进全面从严治党的号角。一是清晰界定了“两个责任”的关系，指出党委主体责任是全方位的责任，既包括主体责任内容，也包括全方位的监督职责；纪委是党内监督的专门机关，认真落实监督责任，在全面从严治党中找准职责定位，强化监督执纪问责。二是健全了横到边、纵到底的全覆盖责任链条，将“两个责任”延伸到各级各部门及企事业单位、镇（街道）、村（社区）等基层党组织，形成了上下贯通、层层负责的工作格局，解决了“谁来干”的问题。三是从责任内涵、责任主体两条主线，梳理出党委主体责任17项内容、30条清单任务以及纪委监督责任16项内容、24条清单任务，通过刚性约束解决了“干什么”的问题。四是围绕解决“怎么干”的问题，制定了硬性措施。青岛市要求各级党委主要负责人、领导班子成员按照分工，采取签订责任书（状）等形式，逐级明晰责任，层层制定责任清单。实行履责报告，各级党委每半年要听取一次同级纪委履行监督执纪问责职责、下级党委落实党风廉政建设责任制情况汇报，每年年底前将落实党风廉政建设责任制情况及检查考核、责任追究等情况书面报送上一级党委和纪委，等等。

三、加强监督检查，以严格问责倒逼责任落实

把全面从严治党主体责任落实情况纳入全市目标管理绩效考核，制定

下发《关于完善“一岗双责”制度严格责任追究的意见》《关于党风廉政建设责任制考核的实施办法》等文件，使责任追究程序规范、有据可依。按照失责必问、问责必严的原则，对履行“两个责任”不力、造成一定影响和后果的，在追究当事人直接责任的同时，还要追究主体责任、监督责任。坚持“一案双查”，加大问责力度，倒逼“两个责任”落实。特别是2016年，市委带头落实全面从严治党主体责任，加强对纪律检查工作的领导和支持，市纪委把落实责任制作为全面从严治党的重要抓手，推动责任落地生根。市委专门召开会议，研究部署落实全面从严治党责任，市委主要负责人出席会议并提出明确要求；市纪委常委与20名区（市）党政正职及25名市直部门（单位）主要负责人进行廉政谈话，把落实主体责任作为主要内容，督促强化责任担当；23名市直部门（单位）党委（党组）书记、135名区（市）党政领导班子成员、212名镇（街道）及区（市）直部门主要负责人分别向市、区（市）纪委全会述责述廉。严格责任追究，23名党员领导干部因落实“两个责任”（落实党风廉政建设责任制，党委负主体责任，纪委负监督责任）不力受到责任追究，其中8人受到党政纪处分。

第二节 培根固本放首位 党的政治建设迈出新步伐

1978年召开的十一届三中全会作出把党和国家工作着重点转移到社会主义现代化建设上来，做出改革开放的伟大决策，实现了政治路线的拨乱反正。这次全会标志着党重新确立了马克思主义的政治路线，也标志着党的政治建设重回正轨。

一、严守政治纪律，坚持党中央权威和集中统一领导

1984年12月17日至21日，中国共产党青岛市第五次代表大会召开。大会强调，党的领导是社会主义现代化建设事业胜利的根本保证；要严肃认真搞好整党工作，不断加强党的建设，努力把青岛各级党组织建设成为领导社会主义现代化建设的坚强核心。青岛市的整党工作从1984年12月开始，到1987年3月底全部结束。参加整党的中共党员共有324296名。这次整党工作取得了比较明显的成效。全市各级党组织普遍建立健全了党委工作制度、组织生活制度和基层组织的“三会一课”等制度，加强了思想政治工作，基本上改变了过去那种无章可循、有章不循、组织涣散、纪律松弛的状况。

20世纪90年代，青岛市委深入学习领会与认真贯彻党的十四届四中全会、五中全会精神，切实把领导班子的思想政治建设作为党建工作的一项突出任务，抓紧抓好。各级领导干部认真学习邓小平理论，自觉加强世界观和人生观的改造，树立坚定的社会主义、共产主义理想和信念，认真贯彻执行党的基本理论、基本路线和基本方针，坚持民主集中制原则，在政治上、思想上、行动上始终同党中央保持一致。

世纪之交，青岛市委以学习贯彻“三个代表”重要思想和党的十六大精神为主线，大力加强党的政治建设；通过学习，引导广大党员干部用马克思列宁主义、毛泽东思想、邓小平理论，特别是“三个代表”重要思想武装头脑，牢固确立“三个代表”重要思想在各项工作中的指导地位。

从2009年3月至2010年2月，青岛市在1.9万个基层党组织、50.4万

名党员中，开展了学习实践科学发展观活动。青岛市委对开展学习实践活动高度重视，坚持将思想政治建设放在首位，出台《加强领导班子思想政治建设的意见》。通过学习调研，广大党员干部受到了一次系统全面的马克思主义中国化最新成果教育。各级党员领导干部带头认真严肃开展党内政治生活，率先垂范、以上率下，为广大党员作出示范，推动全面从严治党在青岛落地生根，形成风清气正的政治生态。

党的十八大以来，青岛市委牢固树立“四个意识”，特别是核心意识和看齐意识，坚决维护习近平总书记的核心地位，在思想上认同核心、在政治上维护核心、在行动上紧跟核心，始终同以习近平同志为核心的党中央保持高度一致，坚定不移地维护党中央的权威。推进“两学一做”学习教育常态化、制度化，把学习贯彻习近平总书记治国理政新理念新思想新战略作为重大政治任务，切实领会精神实质，把握核心要义，增强思想认同、理论认同和情感认同。

二、坚定政治立场，忠实践行全心全意为人民服务的根本宗旨

1996年，党的十四届六中全会作出决定，对县处级以上领导干部进行一次以“讲学习、讲政治、讲正气”为主要内容的党性党风教育。从1999年3月开始，青岛市深入扎实地开展了党政机关“三讲”教育。通过开展“三讲”教育活动，各级领导干部增强了在改造客观世界的同时改造主观世界的自觉性，普遍提高了思想认识，找准了突出问题，有力地推进了改革、发展、稳定等各项工作。尤其是在政治建设方面，基本上达到了中央提出的“政治上有明显进步”的目标要求。各级领导干部都牢记全心全意为人民服务的宗旨，真正在思想上尊重群众、感情上贴近群众、行动上深

入群众、工作上依靠群众。全市各级领导干部按照市委的部署要求，积极参与“双学双做、一争一上”（学特色理论、学党章，做人民公仆、做孔繁森式的好干部，各项工作都要争一流、上水平）活动，振奋精神，鼓舞斗志，自我加压，知难而进。

从2005年1月至2006年6月，根据中央和省委部署要求，青岛市各级党组织牢牢抓住学习实践“三个代表”重要思想这个主线，按照坚持群众标准和实践标准、努力把先进性教育活动办成群众满意工程的总体要求，在全体党员中扎实开展了先进性教育活动。按照胡锦涛同志关于把先进性教育办成“群众满意工程”的要求，努力为群众排忧解难，进一步密切了党同人民群众的血肉联系，党员群众对先进性教育活动满意度在99%以上；在认真总结成功经验的基础上，逐步形成了使党员“长期受教育，永葆先进性”的长效机制，为不断增强党的生机活力提供了保证。

党的十八大明确提出，在全党深入开展以为民务实清廉为主要内容的党的群众路线教育实践活动。青岛市党的群众路线教育实践活动从2013年7月11日开始，到2014年10月中旬基本结束。通过教育实践活动，广大党员干部进一步强化了宗旨意识，增进了同群众的感情，增强了同群众一块过、一块苦、一块干的行动自觉。自第十一次党代会以来，青岛市委深入学习贯彻习近平总书记系列重要讲话精神，扎实开展党的群众路线教育实践活动、“三严三实”专题教育和“两学一做”学习教育，党内政治生活氛围焕然一新，党员领导干部的宗旨意识进一步加强。

第三节　信仰教育不动摇　党的思想建设开创新境界

一、重视思想建设，夯实党建伟大工程之基

思想的高度决定着实践的程度。一个政党是否有力量，组织、纪律、作风等固然非常重要，但是决定性力量是什么？这就是思想的力量。正因如此，中国共产党自建党之初，就一直高度重视从思想上建党，始终把思想建设看作党建设伟大工程的基础性工程。坚持把思想建设放在重要位置，是我们党加强自身建设的一条基本经验，也是青岛市党的建设的成功经验之一。

改革开放40年来，中国共产党不断成长壮大，已经成为拥有8900多万名党员的世界第一大党。在这期间，青岛市委也根据中央的部署，开展了多次的思想教育活动，并把党的思想建设纳入市委的重要工作日程和日常工作中。自十一届三中全会以来，青岛市委坚持解放思想，与时俱进，求真务实，要求广大党员必须始终坚持一切从实际出发，理论联系实际，实事求是，在实践中检验和发展真理的思想路线，积极探索，大胆试验，开拓创新，不断研究新情况，总结新经验，解决新问题，创造性地开展工作。例如，在改革开放之初，青岛市委组织全市的党员干部，开展多种形式的真理标准问题的大讨论，并在《青岛日报》上刊登系列文章，起到了全面拨乱反正、端正党的思想路线的作用，为青岛市实行改革开放奠定了坚实的思想基础。总体来看，青岛市委在党的思想建设上突出一个“实”字，措施扎扎实实，成果实实在在。

二、坚定理想信念，挺起共产党人的精神脊梁

“人民有信仰，民族有希望，国家有力量。”[①]一个政党，因有信仰而坚强，因有信仰而光明。思想建设的核心和灵魂，就是要塑造科学信仰，坚定理想信念。中国共产党人是用马克思主义武装起来的先进分子，共产主义是我们的坚定信念，中国特色社会主义是我们的共同理想，为中国人民谋幸福、为中华民族谋复兴，也是我党义不容辞的历史使命。中国共产党就是靠拥有共同的理想信念走在了一起，走到了今天，也必将走向光明的未来，实现自己的伟大目标。

改革开放40年来，我们党一直高度重视理想信念在党的思想建设中的重要地位。党的十九大强调：“革命理想高于天。”[②]共产主义远大理想和中国特色社会主义共同理想，是中国共产党人的精神支柱和政治灵魂，也是保持党的团结统一的思想基础。要把坚定理想信念作为党的思想建设的首要任务，教育引导全党牢记党的宗旨，挺起共产党人的精神脊梁。青岛市委针对青岛市部分党员干部在理想信念中存在的模糊、不坚定甚至丧失等问题，进行了多次的思想教育活动，并出台了若干措施。例如，在全市县处级以上党员干部中开展了以“三讲”为主要内容的党性党风教育活动，在全市党员中开展了保持共产党员先进性的教育活动，组织党员尤其是党员干部参观青岛市党史纪念馆、反腐倡廉教育基地，以及进行省内外的革

---

① 习近平：《决胜全面建成小康社会　夺取新时代中国特色社会主义伟大胜利——在中国共产党第十九次全国代表大会上的报告》（2017年10月18日），人民出版社2017年版，第42页。

② 习近平：《决胜全面建成小康社会　夺取新时代中国特色社会主义伟大胜利——在中国共产党第十九次全国代表大会上的报告》（2017年10月18日），人民出版社2017年版，第63页。

命传统教育等，有力地促进了青岛市党员的思想建设，进一步坚定了全市广大共产党员的理想信念。

三、强化理论武装，确保党的行动步调一致

马克思主义政党的先进性，首先体现在党的思想理论的先进上。近100年党的发展历程也告诉我们，理论上的成熟是政治上坚定的基础。正如列宁说："没有革命的理论，就不会有革命的运动……只有以先进理论为指南的党，才能实现先进战士的作用。"①中国共产党就是在马克思列宁主义的科学理论指导下成立的，并把强化理论武装作为加强党的思想建设的基本途径，常抓不懈。

改革开放40年来，青岛市委也一直高度重视全市党员干部的理论学习和修养。其中，把强化理论武装与建设学习型党组织、学习型干部队伍结合起来，实现理论武装的经常化、制度化，就是一条成功的经验。第一，建设理论武装阵地。理论武装既要靠党员、干部个人自学，又要靠党组织有计划地培训教育。经过几十年的努力，尤其是改革开放40年来，青岛市已经形成一个以市委和区（县市）委两级党校、行政学院、干部学院为主阵地，高校和其他干部培训机构配合的理论武装组织体系。第二，健全理论武装制度。理论武装必须常抓不懈，实现经常化、制度化、规范化。为此，青岛市建立了党员干部培训制度，制定了党委（党组）中心组学习制度，完善了党员干部个人自学制度，特别是逐步健全了理论学习考核制度，把理论学习情况作为民主评议党员、综合考核评价领导班子和领导干部的重要内容。第三，

① 《列宁选集》第2卷，人民出版社1995年版，第23—24页。

创新理论武装方法。长期以来，青岛市委根据理论武装的新任务，针对党员干部的思想实际，遵循思想理论建设的规律，积极探索行之有效的理论武装新方法。尤其值得一提的是，青岛市委紧紧抓住信息网络技术发展为强化理论武装提供的重大机遇，大力运用信息网络技术手段，加强党员干部远程教育、电化教育等学习教育网络建设，加强数字图书馆、数字出版物等网络学习教育平台和手机电子报、微信、微博等新媒体学习教育平台建设，推进文化信息共享工程建设，不断提高党员干部理论学习教育的信息化水平。

第四节　筑牢根基增活力　基层组织建设再上新台阶

改革开放以来，按照中央和省委部署要求，青岛市委、市政府高度重视固本强基工程，基层党组织整顿、村级组织建设和基层组织全面建设再上新台阶。

一、基层党组织整顿工作取得新成效

改革开放以来，按照中央和省委部署要求，青岛市委研究制定了《关于当前党的基层组织工作的几点意见》，要求各级党组织搞好思想教育，充分发挥党组织在国民经济发展中的作用。同时，指导各级党组织认真做好党员发展工作，全市各条战线上的生产、业务骨干被吸收入党的有4000多人。崂山、即墨、胶县、胶南等县党组织发展500多名生产队长加入党组织。按照中央决定和山东省委的部署，青岛市委于1984年12月至1987年3月在全市范围内开展整党工作。全市整党工作按市级机关、县（区）级机

关、乡镇和村级分四批进行，参加整党的党员达324296人。整党活动分为学习文件、对照检查、集中整改、组织处理和党员登记等四个阶段。全市共有2258名党员受到组织处理，同时还发展新党员2.2万名。根据中央和省委的部署要求，青岛市委在部分单位进行了党员重新登记工作。全市共211个单位、1254个支部（总支）、19512名党员参加了党员重新登记。通过整党，“文化大革命”遗留下来的党内组织不纯的状况得到初步改变，新时期党的建设获得发展，广大党员增强了党性，提高了政治素质，先锋模范作用得到进一步发挥。党的十八大以来，青岛市深入整顿软弱涣散基层党组织，选优配强“带头人”队伍，落实“三会一课”等制度，打造过硬基层党组织。

二、村级组织建设取得新局面

在改革不断深化的形势下，莱西县从1985年开始，坚持不懈地抓好村级组织、民主政治、社会服务三个配套建设，保证了党在农村各项方针政策的贯彻落实，促进了农村各项工作的迅速发展。为了宣传和推广莱西经验，青岛市委转发市委组织部《关于加强农村基层党组织建设的意见》。1990年8月5日，全国村级组织建设工作座谈会在莱西召开，会议推广了莱西县村级组织建设经验。会后，全市认真贯彻中央在莱西县召开的全国村级组织建设工作座谈会精神，进一步深化以党支部为核心的村级组织配套建设，莱西县村级组织建设经验在全市得到推广并受到中央重视。党的十四届四中全会后，青岛市委坚持重心下移，把党建工作重点放在全面加强基层党组织建设上；在农村，突出抓后进村党支部的整顿等工作。1994年，青岛市委研究制定了《关于进一步加强贫困后进村基层党组织整顿建设的意见》，确定将全市130余个贫困、后进村党支部列入重点整顿范围，争取利用三年时间整顿完毕。1995年，在全市农村开展以“创建百个红旗村”“整顿百个贫困后进村党支部”为内容的“双百工程”活动，使列入整顿范围内的132个后进村党支部普遍建立了整顿转化责任制，选派2000多名干部进入后进村开展整顿工作，使98个村发生明显变化。从1997年开始，开展了“双创”（创建“五个好”先进党支部，创建社会主义文明村庄）活动。1999年，通过选派干部挂职锻炼等措施，搞好后进村党支部整顿工作。2000年，推行农村党支部书记选拔任用制度改革，制定了《村党支部和村委会工作规范》。在深化改革开放和构建“和谐青岛”阶段，青岛市委出台了《关于进一步加强和改进以党支部为核心的村级组织建设的意见》，同时指导区市制定了《农村党支部和村委会工作规范》。党的十八大以来，村级党组织把发挥政治功能放在首位，团结带领广大群众坚定不移跟党走，因地制宜找准发展路子，努力增加集体收入，更好地带领群众发家致富。

三、基层组织全面建设取得新进展

在深化改革开放和构建“和谐青岛”阶段，以农村、社区、企业、机关为重点，全面加强基层组织建设。在非公组织建设方面，青岛市委出台了《关于加强新型经济社会组织党的建设工作的意见》。在企业党建方面，坚持把规模以上企业建立党组织作为重点，推行“单元+模块”的区域党建管理模式（以园区、市场、楼宇等实体为工作单元，以镇街党委为管理模块）。在全面深化改革与全面建成小康社会决胜阶段，坚决整顿软弱涣散基层党组织，基层党建工作更加扎实。2014年初，青岛市委党的群众路线教育实践活动领导小组办公室在第二批教育实践活动中组织开展了“整顿软弱涣散基层党组织”专题调研。各区市通过摸底排查，确定595个软弱涣散村党组织，派出专门工作力量，开展集中整顿。2014年4月，青岛市委出台《关于加强基层建设深化“六小六大”工作的意见》，明确提出按照基层建设“六小六大”整体思路，全面加强基层建设。2015年初，为继续巩固扩大整顿成果，青岛市委组织部又指导各区市倒排确定了257个软弱涣散基层党组织，采取领导帮包、组建工作组、逐一派驻第一书记等方式，进行整顿转化，并如期完成整顿任务。2016年初，将整顿软弱涣散基层党组织工作延伸到城市社区，全市共倒排确定322个软弱涣散村（社区）党组织，全部建立台账，进行集中整顿、销号管理。2017年6月9日，《中共青岛市委组织部印发〈关于开展“合格支部、过硬支部、示范支部”三级联创工作的实施方案〉的通知》下发，要求各支部稳步推进党支部建设三级联创工作。2017年以来，青岛市全面落实基层党建工作责任制，推进农村、社区、机关、企事业单位以及非公有制经济组织和社会组织等各领域基层党建工作全面发展，充分发挥基层党组织推动发展、服务群众、凝聚人心、促进和谐的作用。

第五节　持之以恒提素质　干部队伍建设取得新成效

“尚贤者，政之本也。”（《墨子·尚贤上》）党的干部是党事业的骨干。改革开放以来，青岛市委、市政府不断深化干部人事制度改革，重视干部队伍建设，以此激发干部队伍活力，提升干部队伍素质。

一、围绕大局，建设过硬领导班子

自十一届三中全会以来，在中央和省委的领导下，青岛的市管党政领导班子建设不断加强，领导班子调整配备工作有序推进，领导班子结构不断完善。

20世纪80年代，青岛市委、市政府全面贯彻干部队伍“四化”①方针和德才兼备的原则，紧紧围绕经济建设和改革开放，不断提升领导班子领导经济工作的能力，领导班子的整体素质有了新的提高。

1992年，党的十二大召开后，市委、市政府为了进一步增强领导班子领导经济工作的能力，注重选拔懂经济的干部担任党政一把手。1993年初，全市新进党委、政府领导班子成员中来自经济、管理部门和基层的占51.3%和82.8%。同时，不断改善领导班子的年龄结构。1995年，市委决定实施“跨世纪年轻干部选拔培养工程”，制定具体的规划措施，在市管干部中配备一批35岁以下的优秀年轻干部。

2002年，党的十六大召开后，围绕党政领导班子建设，首先，市委制定了《党政领导班子建设五年规划纲要》，加强党政领导班子、企业领导干部和科技人才等三支队伍建设；其次，选好配强党政正职领导干部，重点管理关键岗位干部，加强女干部、少数民族干部、党外干部培养选拔工作；最后，大力推进学习型党组织和学习型领导班子建设，严格落实党委中心组学习制度。

党的十八大以来，市委坚持“好干部”标准，把好政治关、作风关、

---

① 四化：新时期党的干部政策的指导方针，即革命化、年轻化、知识化、专业化。

能力关、廉洁关。结合平时掌握了解情况，开展综合研判，建立市直单位、区市领导班子及后备干部三个综合分析研判库。围绕中心、服务大局，做好市管党政领导班子调整配备，加强“一把手”队伍建设，选优配强市管领导班子。

二、任人唯贤，不拘一格选用干部

为了改变过去单一的选拔、任用方式，20世纪80年代开始，青岛市委、市政府逐步对干部的选拔任用制度进行改革，在探索过程中施行并不断完善公开选聘制度和竞争上岗制度。

1986年底，青岛市委首次决定对市计划委员会副主任等四个领导岗位进行公开选聘。以此为基础，逐步推行副局级领导干部聘任制，并扩大任期制范围。2004年，市委、市政府对已试行的关于公开选拔方面的规定进行清理、修改和完善，从而逐步形成了符合青岛实际的领导干部公开选聘、任用制度。

1999年，市委制定了《青岛市市级机关处级领导职务竞争上岗暂行规定》，并公开选拔了一批局级领导干部。在总结实践经验的基础上，又先后对市级党政机关处级及以下人员选配实行竞争上岗作出了规定。2005年，市委颁布了《处级职位竞争上岗和备案管理工作暂行规定》，使得竞争上岗工作更加科学化、民主化和制度化。

三、党校为主，多种途径培训干部

作为市委、市政府直接领导下专门培养党员领导干部、理论干部和国家公务员的学校，中共青岛市委党校、青岛行政学院在青岛市改革开放的历史进程中，对青岛干部队伍的教育培训事业作出了重要贡献。

1975年，青岛市委党校重新恢复。自十一届三中全会以来，党校教育得到较快发展，教学、科研水平普遍提高，干部培训能力大大增强。市委党校围绕党的基本理论、基本路线，坚持从青岛特点出发，坚持以培训现职市管党政领导干部为主，实行多层次形式办学。同时，结合青岛地方实际，不断拓展提升教学水平、科研水平、管理水平，较好地完成了干部培训任务。

此外，市委、市政府还通过多种途径，对本市干部队伍进行教育培训。例如，选派领导干部分赴中央党校和省委党校以及国内外知名高校进修学习；建立和完善领导干部“述学”“评学”“考学”及“每月一讲”等学习制度；举办讲座、论坛进行专题研讨；依托干部网络学院举办网上培训班等。

四、建章立制，全面深入考察干部

改革开放以来，青岛市委、市政府以进行跟踪考察、经常性考察为目标，不断健全本市领导干部考察制度，推动考察工作规范化、制度化。

1988—1989年，市委对党政领导班子进行了为期两年的考察。五年后，市委对市、区党政领导班子、领导成员进行了大规模考察。通过这些考察，市委进一步了解和掌握了被考核的领导班子及成员的工作表现情况，为加强领导班子建设打下了基础。

为了进一步对本市领导干部进行跟踪式、经常性考察，进入21世纪以来，市委、市政府不断推进干部考察制度建设。2000年，市委发布了《市管党政领导班子和领导干部素质考察意见》等文件，并以此为指导对市管领导班子及成员进行跟踪考察。2004年，市委制定了《市管领导班子和领导干部经常性考察工作实施意见》，开始对领导班子进行经常性考察，标志着对领导干部进行跟踪式、经常性考察的考察制度初步确立。

五、突出重点，从严从实监督干部

1995年2月，中共中央印发《党政领导干部选拔任用工作暂行条例》(以下简称《暂行条例》)。青岛市委、市政府围绕贯彻落实《暂行条例》，重点对领导干部的选拔任用和党政“一把手”的经济责任、领导干部懒政怠政进行监督检查，并在这一过程中逐步建立健全符合青岛实际的干部监督制度。到2012年11月党的十八大召开前，青岛市对干部监督制度的改革创新主要包括：建立干部监督工作巡视制度、领导干部经济责任审计制度、干部监督工作联席会议制度、“一报告两评议”制度[①]等。

党的十八大以来，青岛干部监督工作的重点主要在以下三方面：其一，组织开展全市经济责任审计检查工作，市委组织部多次会同有关部门分别对12区市和重点市直单位进行经济责任检查；其二，做好对区市干部任用、职务调整事前审核工作，实施“逢提必查”，防止“带病提拔”；其三，加强干部日常管理监督和对领导干部的提醒、函询、诫勉。

---

① 一报告两评议制度：地方党委常委会向全委会报告工作时，要专题报告年度干部选拔任用工作情况；在全委会委员中对干部选拔任用工作进行民主评议，评议结果报上级党委组织部门；开展全委会委员对本级党委新提拔的党政主要领导干部进行民主测评。

第六节 转变作风塑形象 党的作风建设书写新篇章

毛泽东同志在《整顿党的作风》一文中指出："只要我们党的作风完全正派了，全国人民就会跟我们学。党外有这种不良风气的人，只要他们是善良的，就会跟我们学，改正他们的错误，这样就会影响全民族。"[①]改革开放以后，以邓小平为核心的党中央恢复和重新确立了实事求是的思想路线，实现了党的工作全面的拨乱反正，开创了在新的历史时期加强和改进党风建设的新局面。

一、拨乱反正，实现党风根本好转

1983年10月11日，中共十二届二中全会通过了整党的指导性文献《中共中央关于整党的决定》（简称《整党决定》），确定从同年冬季开始全面整党。1984年12月，青岛市召开了第五次党代会，对认真搞好全面整党，加强和改善党的领导作了重要部署，提出了明确要求。青岛市的整党工作，是从1984年12月到1987年3月展开的，按照自上而下、分批分期的形式进行，共有市级机关、县区级机关、乡镇和村级四个批次，全市参加整党工作的党员共324296人。[②]

---

① 中共中央文献研究室、中央档案馆编：《建党以来重要文献选编（1921—1949）》第19册，中央文献出版社2011年版，第31页。

② 中共青岛市委组织部：《改革开放以来的青岛组织工作（1978.12—2010.12）》，中央文献出版社2011年，第36页。

在整党中，青岛市委和各级党组织始终坚持把整党和改革开放各项工作紧密结合的指导思想，突出抓好领导班子的作风建设，较好地完成了《整党决定》所规定的四项任务。通过整党工作，青岛市进一步统一了党员的思想，增强了党员的党纪、政纪和法制观念，初步实现了中央要求的在党的十三大之前实现党风根本好转的目标。

二、创新途径，加强和改进党的作风建设

1996年，十四届六中全会作出决定，对县处级以上领导干部进行一次以“讲学习、讲政治、讲正气”为主要内容的党性党风教育。从1999年3月开始，青岛市深入扎实地开展了党政机关“三讲”教育。通过开展“三讲”教育活动，进一步加强了领导班子和领导干部自身建设，增强了工作的责任心和主动性，激发了开拓进取精神，有力地推进了改革、发展、稳定等各项工作，在作风建设方面，基本上达到了中央提出的“作风上有明显转变”的目标要求。

2001年9月26日，十五届六中全会通过了《中共中央关于加强和改进党的作风建设的决定》(简称《决定》)。该《决定》强调了加强和改进党的作风建设的极端重要性和紧迫性，提出了加强和改进党的作风建设的指导思想和主要任务，阐述了在党的作风建设方面的“八个坚持、八个反对”[①]。同年，青岛市委认真贯彻落实十五届六中全会精神，围绕抓源治

① 八个坚持、八个反对：坚持解放思想、实事求是，反对因循守旧、不思进取；坚持理论联系实际，反对照搬照抄、本本主义；坚持密切联系群众，反对形式主义、官僚主义；坚持民主集中制，反对独断专行、软弱涣散；坚持党的纪律，反对自由主义；坚持艰苦奋斗，反对享乐主义；坚持清正廉洁，反对以权谋私；坚持任人唯贤，反对用人上的不正之风。

本防腐败，防止和克服形式主义、官僚主义开展了一系列工作。以加强和改进机关作风建设为重点，在市直机关广泛开展“学海尔，创机关服务名牌”活动；制定了《市直机关党的纪律检查工作若干规定》《市直机关基层党组织处分违纪党员工作程序的规定》《市直机关2001年党风廉政建设和反腐败工作意见》，查处机关党员干部违纪案件四起；继续抓好《市直机关党内谈话提醒制度》的贯彻落实，深入基层单位，对党员干部非工作时间监督问题进行了专题调研。

2002年，青岛市委突出抓好“转变作风年”“调查研究年”两大主题，开展了机关作风整顿，指导各机关党组织和纪检组织以密切联系群众、解决“五风”[①]为重点，强化教育和监督，全面落实“立党为公、执政为民”的要求。抓好深化“五项工程”、建设“四型机关”的有关工作。深化创建载体，突出创建效果；加强督查交流，及时在有关报刊和市直工委主办的网站、刊物上宣传推广各单位的经验做法；举办了市直机关创建“四型机关”培训班；做好全市建设“服务型机关”的有关工作；牵头成立了市级机关作风监督办公室，加强了机关作风的监督检查和明察暗访。2004年11月7日，中共中央下发《关于在全党开展以实践“三个代表”重要思想为主要内容的保持共产党员先进性教育活动的意见》。随后，青岛市的先进性教育活动如期开展并取得了明显的成效，按照胡锦涛同志关于把先进性教育办成“群众满意工程”的要求，努力为群众排忧解难，进一步密切了党同人民群众的血肉联系，党员群众对先进性教育活动满意度在99%以上；在认真总结成功经验做法的基础上，逐步形成了使党员“长期受教育，

① 五风：思想作风、学风、工作作风、领导作风、干部生活作风。

永葆先进性”的长效机制，为不断增强党的生机活力提供了保证。

三、纠正“四风”，持之以恒抓作风建设

党的十八大以来，以习近平同志为核心的党中央，坚持党要管党，全面从严治党。2012年12月4日，中央政治局会议审议通过了改进工作作风、密切联系群众的八项规定，吹响了作风建设的集结号。其后的五年，青岛市委深入学习贯彻习近平总书记系列重要讲话精神，扎实开展党的群众路线教育实践活动、“三严三实”专题教育和“两学一做”学习教育。全市各级党组织和广大党员大力弘扬党的优良传统，进一步转变工作作风，以优良党风促政风带民风。自觉贯彻党的群众路线，始终把群众放在心上，进一步密切党群干群关系。大兴调查研究之风，坚持深入实际、深入基层，研究新情况，解决新问题，创造新经验。保持艰苦奋斗本色，自觉抵制拜金主义、享乐主义和奢靡之风。持之以恒抓作风建设，开展“庸懒散慢拖瞒”专项整治，查处违反中央八项规定精神问题822起[①]。锲而不舍落实中央八项规定精神，驰而不息纠正“四风”，推进作风建设常态化、长效化。

第七节　严明纪律守规矩　党的纪律建设步入新阶段

党的各级纪律检查委员会是党内监督的专责机关，职责是监督、执纪、问责，对于维护党纪发挥着重要作用。1979年6月，经市委决定和省

① 统计数字来源于青岛市第十二次党代会报告。

委批准，恢复建立中共青岛市委纪律检查委员会。1980年2月22日，根据《中共中央批转中央纪律检查委员会关于改变省、市、自治区及以下各级党委纪委领导关系的请示报告》，由受同级党委领导改为受同级党委和上级纪委双重领导、以同级党委领导为主。1982年，党的第十二次全国代表大会后，改称为“中共青岛市纪律检查委员会”，列入市级领导班子。改革开放以来，青岛市委始终高度重视纪检检查工作，发挥纪检监察机关的职能作用，有力地促进了党规党纪的贯彻执行。

一、加强宣传教育，增强党员干部的党规党纪意识

青岛市委始终高度重视对党员干部，特别是领导干部的党规党纪教育，坚持领导带头，先学一步，发挥以上率下的模范示范作用。一是在重大学习教育活动中把党规党纪作为重要学习教育内容。从20世纪90年代开展的以“讲学习、讲政治、讲正气”为主要内容的党性党风教育到2004年开展的以实践“三个代表”重要思想为主要内容的保持共产党员先进性教育活动，从2008年开展的深入学习实践科学发展观活动到2013年在全党深入开展的党的群众路线教育实践活动，从2015年开展的“三严三实”专题教育到2016年开展的并且已经制度化、常态化的“两学一做”学习教育，青岛市委在严格按照中央部署抓好各项措施落实的同时，注重加强党员的党规党纪意识教育。特别是在“两学一做”学习教育中，通过集中研学、典型带学、文艺促学、基层送学等方式，全市党员干部党规党纪意识显著增强。同时，注重发挥先进典型的示范作用，在青岛电视台党建频道开设《两学一做进行时》等专栏，在《视线》栏目推出“两学一做”典型人物事迹节目，组织开展好党员主题教育，在全市举办三轮21场“我身边

的好党员”演讲教育活动，现场接受直接教育的党员5000余人，通过电视播放将教育面覆盖到全市党员。组织党性教育情景剧《誓言》省内巡演，并在中央党校进行汇报演出，受到高度评价。二是突出中央重大法规的专题教育。尤其是2015年10月18日，中共中央颁布实施新修订的《中国共产党廉洁自律准则》和《中国共产党纪律处分条例》后，青岛市委高度重视，迅速行动，通过邀请专家培训、集中学习、广泛宣传等多种形式，推动各级党组织和广大党员深入学习、宣传和贯彻落实。为确保学习效果，2016年7月11日，青岛市组织开展了全市党员干部德廉和党风党纪知识集中测试，共有14553人参加。三是依托教育基地开展针对性教育。对青岛市反腐倡廉警示教育基地进行更新，重点展示了山东省和青岛市32个违纪典型案例，着力运用典型案例，警示教育党员干部敬畏纪律、学习纪律、遵守纪律。

二、深化纪检体制改革，强化监督执纪力量

青岛市纪委按照上级纪委部署要求，推进纪检体制改革，完成区市纪委内设机构改革。同时，青岛市纪委指导督促区市纪委按照“5+X”模式①完成内设机构调整，规范职责，力量向监督执纪一线倾斜。实施提名考察工作，建立市级提名考察备用人选库，拓宽选人、用人视野。加强和改进巡视（巡察）工作，2016年，青岛市纪委巡视（巡察）单位17个，发现重要问题线索82个，党政纪处分46人，督促被巡视（巡察）单位整改问题

① “5”指5个必须设立的内设机构，即办公室、党风政风监督室、信访室、纪检监察室、案件审理室；“X”指其他若干根据情况设立的内设机构。

312个，建立健全规章制度162项。

三、正确运用监督执纪“四种形态”，严厉查处各种违纪行为

全市各级党组织履行管党治党政治责任，真管真严、敢管敢严、长管长严。各级纪检监察机关履行党章赋予的职责，把纪律放在首位，聚焦监督执纪问责，把握运用监督执纪“四种形态”。党的十八大以来的五年，全市各级纪检监察机关立案查处违纪案件5351件，党纪政纪处分5150人，司法机关依法处理党员干部1450人。一是青岛市委成立落实中央八项规定精神领导小组，建立工作机制。市委常委会在节假日等关键时间节点专题听取监督检查情况汇报，分析问题，正风肃纪，并提出要求。各级纪检监察机关围绕整肃“四风”，组织明察暗访，接受社会监督，加大对问题线索的发现和查处力度。2015年度，全市查处农村党员干部违纪案件685件，给予667人党政纪处分。市政府对不作为、慢作为、乱作为问题开展专项督查，监察机关会同有关部门问责处理130人。二是实施监督检查，开展明察暗访，对发现的问题通报曝光，建立月通报反馈制度，每月将查处情况排序，向市委报告并向各区市党委、纪委主要负责人反馈。三是畅通监督举报渠道。各级纪检监察机关向社会公布举报电话和邮箱，市纪委、市监察局在网站上开辟举报窗口，全天24小时受理群众举报。采取明察与暗访、自查与交互检查、普查与抽查相结合的方式，发现违纪问题线索。对发现的线索通过现场指明、反馈意见、跟踪督办等方式，督促有关区市和单位限期整改。

第八节　标本兼治不放松　反腐败斗争获得新进展

改革开放以来，按照中央和省委部署要求，青岛市委、市政府把党风廉政建设和反腐败工作纳入全市改革发展稳定的大局，反腐败斗争取得新进展。

一、领导干部廉洁自律取得新突破

改革开放以来，领导干部廉洁自律工作不断深化，从政行为进一步规范，围绕《中国共产党党员领导干部廉洁从政若干准则》等廉洁自律各项规定的落实，开展监督检查。在青岛市委的统一领导下，对领导干部的公权行为进行全方位的清理工作。组织力量对副局级以上干部的公有住房逐一进行实测，并向社会公示，对超标、多占住房的按规定做了处理，还督促、指导各单位对处以下干部的公有住房进行了清理。加强因公出国（境）管理工作，并对县（处）级以上领导干部持有的因私护照和本人及其配偶办理的前往港澳通行证、外国居留证进行了清理、登记。对在职县（处）级以上领导干部的配偶、子女和县（处）级以上离退休干部的从业情况进行清理。党的十八大以来，青岛市严格落实《中国共产党廉洁自律条例》，国有企业领导人员和农村基层干部的廉洁自律工作也取得了积极进展。

二、党风廉政教育迈出新步伐

改革开放以来，青岛市举办了全市党政主要领导干部党风廉政培训班、新任市管领导干部党风廉政建设专题培训班、副市级以上领导干部党风廉政教育学习会等。制作警示教育片《蜕变》，举办全市反腐倡廉成果展，建立警示教育基地。大力开展廉政文化进机关、进社区、进企业、进农村、进校园、进家庭等活动，开设《岛城廉政实录》等廉政宣传专栏。2007年以来，投资建设了反腐倡廉教育基地，举办了全市预防职务犯罪警示教育巡回展，开展了《农村基层干部廉洁履行职责若干规定（试行）》集中宣传活动。在全市市管领导干部配偶中集中开展了“争做廉洁贤内助、筑牢家庭防腐墙”教育活动。建立起覆盖各区（市）、镇（街道）、村（社区）的三级廉政宣传教育网络平台。党的十八大以来，崂山区打出了“四廉”宣传教育“组合拳”，城阳区打造“互联网+”廉政宣传教育的模式，取得了良好的社会效果。

三、查办违纪违法案件取得新成效

改革开放以来，青岛市始终坚持把查办违纪违法案件作为反腐败斗争的重要突破口，以查办党政领导机关、行政执法机关、司法机关、经济管理部门和县（处）级以上领导干部的违纪违法案件为重点，严肃查处贪污贿赂、徇私枉法、违反财经纪律、严重失职渎职等方面案件，加大了对房地产、建筑工程等领域以及违反政治纪律、组织人事纪律等方面案件的查处力度。开发应用了案件监督管理系统，中央纪委把青岛市确定为全国案管试点工作单位。2007年以来，青岛市在全国率先实行《案件审理工作目标管理责任制度》。2018年，青岛市坚持不松劲、不停步、再出发，巩固发展反腐败斗争压倒性态势。坚持无禁区、全覆盖、零容忍，坚持重遏制、强高压、长震慑，坚持受贿行贿一起查，推动反腐败斗争压倒性态势向压倒性胜利转化。

四、担当廉政责任达到新境界

改革开放以来，青岛市加大党风廉政建设责任制落实力度，成立了落实党风廉政建设责任制领导小组，严格责任追究。2007年以来，青岛市认真贯彻《关于实行党风廉政建设责任制的规定》，把党风廉政建设和反腐败工作纳入全市各级各部门工作总体规划，纳入领导班子、领导干部目标管理。加快构建具有青岛特色的惩治和预防腐败体系，健全了以市委主要领导同志为组长的惩治和预防腐败体系工作领导小组，在各区市和市直各单位都成立了相关机构。《青岛市落实〈山东省建立健全惩治和预防腐败体系2008—2012年实施办法〉责任分解》出台，整体推进了教育、制度、监督、改革、纠风、惩处等各项工作。党的十八大以来，青岛市构建层层传导责任的压力机制，抓住主体责任“牛鼻子”，推动管党治党责任全面覆盖、落地生根。

五、加强监督源头治腐取得新局面

改革开放以来，青岛市不断深化行政审批制度、财政管理体制、干部管理体制和投资体制“四项改革”，不断完善工程建设项目招投标、经营性土地使用权出让、产权交易和政府采购“四项制度”，深入推进政务、厂务和村务“三公开”。重视发挥人民群众的监督作用，畅通信访渠道，完善领导干部接待日和领导干部下访制度。充分发挥人大法律监督、政协民主监督、社会舆论监督以及特邀监察员的监督作用。开办《行风在线》栏目，搭建了政府与群众沟通的平台。2007年以来，青岛市不断强化对领导干部的审计监督；加强巡视工作，成立市委巡视机构，设立两个巡视组和巡视工作办公室；实施“现代科技+风险防控”工作模式，大力推行岗位廉政风险防控工作。2016年以来，青岛市委制定了《中共青岛市委关于建立市、区（市）党委巡察制度的意见》，全面建立区市党委巡察制度，推动巡察工作向基层延伸。

六、提升纪检干部素质获得新水平

改革开放以来，青岛市深入开展“做党的忠诚卫士，当群众的贴心人”主题实践活动。坚持多渠道、多形式加强纪检监察干部队伍教育培训，建立办案工作纪律等10多项规章制度。2007年以来，青岛市深入开展“创先争优”活动，以创建“廉政卫士”机关文化品牌为载体，切实加强对纪检监察机关干部队伍的教育培训和实践锻炼。党的十八大以来，青岛市纪委在全省率先开展纪检监察系统内部巡察，出台全市纪检监察机关（机构）自办案件“零立案”分析报告制度，倒逼各级强化责任担当。扎实推进监察体制改革试点，时任青岛市委书记张江汀同志亲自挂帅、靠前指挥，当好“施工队长”。到2018年1月底，市和区（市）监察委员会全部组建挂牌，试点工作取得重要阶段性成果。

总之，改革开放以来，青岛市委高度重视党的建设，坚持党要管党、全面从严治党，党委主体责任落实呈现新气象，党的政治建设迈出新步伐，党的思想建设开创新境界，基层组织建设再上新台阶，干部队伍建设取得新成效，党的作风建设书写新篇章，党的纪律建设步入新阶段，反腐败斗争获得新进展。

后 记

《波澜壮阔的历史篇章——山东改革开放40周年》系列丛书由中共山东省委宣传部组织编写。

《青岛篇》由中共青岛市委宣传部、青岛市委党校具体组织撰写，市委常委、宣传部部长孙立杰担任主编，市委宣传部常务副部长王为达、市委党校副校长王中、市委党校副校长王涛提出了许多指导性意见，市委党校科研部主任刘增禄负责拟定本书的框架结构和整体思路，市委宣传部理论处处长王春元、一级主任科员孙婧负责组织协调，市委宣传部孙珂恩负责提供资料图片。具体章节分工如下：总论和第一章由刘增禄撰写；第二章由程国有撰写；第三章由李志强、张珏芙蓉撰写；第四章由顾迎新、高莲莲撰写；第五章由敬志伟、刘晋祎撰写；第六章由刘文俭、陈超贤撰写；第七章由刘小利、黄建明、刘桂英、王政堂、牛月永、孙增德、高冠龙撰写。

本书在写作过程中，参考并借鉴了学术界有关成果，在此特致谢忱。由于时间和水平所限，书中难免存在许多不足，敬请专家和读者朋友不吝指正，以便作者更好地修改、提高。

本书编写组

2018年11月